经济学名著译丛

Business Cycles: A Theoretical, Historical, and Statistical Analysis of the Capitalist Process

经济周期理论

上

约瑟夫·A.熊彼特　著

贾拥民　译

JOSEPH
SCHUMPETER

中国人民大学出版社
·北京·

图书在版编目（CIP）数据

经济周期理论／（美）约瑟夫・A. 熊彼特著；贾拥民译. -- 北京：中国人民大学出版社，2025.6.
ISBN 978-7-300-33400-4

Ⅰ.F014.8

中国国家版本馆 CIP 数据核字第 2024WC7820 号

经济周期理论
约瑟夫・A. 熊彼特　著
贾拥民　译
Jingji Zhouqi Lilun

出版发行	中国人民大学出版社		
社　　址	北京中关村大街 31 号	邮政编码	100080
电　　话	010-62511242（总编室）		010-62511770（质管部）
	010-82501766（邮购部）		010-62514148（门市部）
	010-62511173（发行公司）		010-62515275（盗版举报）
网　　址	http://www.crup.com.cn		
经　　销	新华书店		
印　　刷	北京联兴盛业印刷股份有限公司		
开　　本	720 mm×1000 mm　1/16	版　　次	2025 年 6 月第 1 版
印　　张	78.5 插页 6（上、中、下册）	印　　次	2025 年 6 月第 1 次印刷
字　　数	1 160 000（上、中、下册）	定　　价	288.00 元（上、中、下册）

版权所有　　侵权必究　　印装差错　　负责调换

前　　言

　　分析经济周期，也就等于分析资本主义时代的经济过程。我们大多数人应该都能看出这是一个事实，而且这个事实本身揭示了这项任务的性质以及难度。经济周期并不像扁桃体那样，是可以单独进行处理的东西，而是像心脏的跳动一样，是呈现出周期性的（经济）有机体的本质所系。我之所以将这本书命名为《经济周期理论》，是为了简明扼要地说明读者在读这本书时能够期望看到的内容。

　　以这种态度对待我们这门学科一点也不新奇，尽管我可能会使它显得比其他经济学家所做的更加引人注目。我也不认为我把历史分析、统计分析和理论分析结合起来这种做法有太多的新颖之处——至少就目前而言，我只是顺应了它们正在"和平地"相互渗透的总体趋势。但在这本书中用来解释经济周期的原理则是我自己发明的。专业读者不难看出它们与我的前期论著——它们相当于建房子时所用的"脚手架"——之间的关系。不过，初学者或非专业读者也用不着为这个问题而烦恼，更不必为我的论述与传统的学说有所不同而担忧，而应该以他们平时面对常识的精神来接受我认定的这些基本原理，因为它们本身就是非常实用的常识，而不是别的什么东西。

　　现在，我终于把"脚手架"变成了一幢房子，尽管这花了比我当初预计的更长时间。这幢房子体现了我后来的研究成果，呈现了历史分析与统计分析之间的互补性，拓宽了我原先的视野。不过，我有些怀疑将我的研究结果用房子来比喻是否恰当。这幢房子肯定还没有完工，因为它没有装修好，也没配上家具——这本书实在有太多明显的缺憾了；它也承载了太多无法满足的愿望。其中一个缺憾是，对美国、英国和德国的历史和统计资料的搜集都受到了严重的限制，而且这并不是所有缺憾中最严重的一个。年轻一代经济学家应该把这本书看作一个可供批判的靶子，并以此开始自己的研究，即把本书视为一个能为进一步研究提供动力的研究纲领。无论怎样，再也没有什么比这种可能性更能令我兴奋的了。

读者将会发现，本书的论证结构非常复杂。对于这种合理的抱怨，我并不反对。但需要说明的是，其实一切都取决于读者是否期望阅读本书是一件轻而易举的事情。确实，对于本书，你不能指望粗略地翻一遍就能总结出全部结果。你必须细细地研读本书。而且我在这里可以大胆地说，如果你这样做了，书中所有的重复、所有的对证明的再证明、所有的犹疑、所有的明显的矛盾、所有的细节和案例研究，都可证明它们的合理性。愿意进行这项研究，掌握它的方法、采用它的建议、回答它留给他们的问题的那些读者，读完本书时肯定会觉得自己真正掌握了"经济周期"这个术语的含义。

没有捷径可走。但我已经尽我所能，确保即便是普通读者，只要愿意付出必需的努力，就能够按本书规划的路线图完成这个旅程。我在本书中插入了"导论"一章，并不断提醒读者注意技术性细节的常识意义，同时自始至终保证论述尽量简化，这些都是为了达到这个目的而采取的手段。

我在本书中没有给出任何政策建议，也根本没有提出政策建议的打算。想看到这些东西的读者，应该直接把本书放到一边。但是我并不认为这样做就意味着我对作为一个科学工作者的社会责任漠不关心，同时我也不认为这样做会使本书——包括它的历史分析部分——与当今的热点问题无关。我们的时代最需要和最缺乏的，就是对那些人们热切盼望加以控制的过程的理解。如果能够提供这种理解，那么这种希望就可以实现，并可以使之合理化。这是科学工作者唯一有能力提供的服务。一旦获得了这种理解，每个人就都可以得出适合他自己的个人利益或理想的用于指导实践的结论。而且，我们可以观察到（正如人们经常指出的那样），我的分析实际上既可以用来推导出最保守的用于指导实践的结论，也可以用来推导出最激进的结论；这就像同一种工程学或医学知识可以用于多种多样的目的一样。

但是，对经济"有机过程"进行科学分析这种说法很容易给人留下这样的印象：分析者这样做就是在"提倡"不要对这个过程加以任何干预。这样一个印象可能会演变为我与大多数读者之间的另一个心理障碍（除了在争论过程中，当我提出的一些重要观点挑战了原有的思维习惯时，不可避免地会出现的某些障碍）。为了移除这个心理障碍，并明确地表明我的分析并不支持任何自由放任主义的一般原则，我有时会指出我自己的观点的价值所在，尽管我认为这些评价本身并不重要，也没有太大意义。

我自然有我自己的"故事"要讲述。在讲述我自己的故事的时候，我从许多经济学家的论著中获益良多——事实上，在过去二三十年里，任何经济学家所做的研究工作，几乎总会以这样或那样的方式涉及经济周期问题。我尽了一切努力，在我的论点中结合进所有似乎适用于我必须实现的近似水平的东西，同时我还充分引用了我认为最重要的前进路线上的文献以利于进一步的研究（当然，这样做肯定不会把本书变成一个书目）。[①]不过，对于以"关于经济周期的一般理论"为名的那类文献，我却不能做出同样的保证。当然，对于那个领域截止到1934年前后的所有事实和想法，我在本书中都有所涉及。但是我没有分别对各个经济学家的一般理论进行讨论，因此许多我非常尊敬的经济学家的名字都没有出现在本书中。然而，大多数读者可能会希望我对这个领域的若干重要论著给出更多的评论，特别是凯恩斯（Keynes）、哈伯勒（Haberler）、哈罗德（Harrod）这三位学者的著作。我写作本书的计划和目标可以解释我为什么没有这么做。将我的分析框架（analytic scheme）与其他经济学家的理论进行系统性比较，是我留给读者的任务之一，我不希望我的评论影响他们的判断和选择——除了必须阐述我自己的理论外。事实上，读者应该不需要任何敦促就会想到那些经济学家。而且我可以向读者保证，我之所以没有因上述三位学者著作的出版而改变已经写好的内容和计划要写的东西，绝不是因

[①] 当然，还存在一些疏漏之处，不过这可以用本书准备付印所花的时间来解释。我特别感到遗憾的是，汉森（Hansen）教授和丁伯根（Tinbergen）教授以及马吉特（Marget）教授讨论价格理论的最新著作，以及麦考利（Macaulay）博士分析债券收益率、利率和股票价格的新著，都是在我交稿之后才出版的。

为不尊重他们。我也不想批评他们；这一点有必要特别补充说明一下，因为书中有一些段落读起来就像是在特意攻击他们一样。

在本书所总结的研究成果中，有一部分是在哈佛大学社会科学研究委员会（Harvard Committee on Research in the Social Sciences）的一系列资助下取得的。

此外，有许多制图和计算工作也是在哈佛大学社会科学研究委员会的统计实验室中完成的。在这里，我要感谢相关的工作人员，特别是它的负责人 E. W. 吉尔博伊夫人（Mrs. E. W. Gilboy）。

我还得到了三位研究助理的很多帮助，我对他们的合作精神非常感激。M. J. 菲尔兹（M. J. Fields）博士在我开始写作本书时就提供了帮助，他承担了许多非常烦琐的资料挖掘工作。小埃德加·M. 胡佛（Edgar M. Hoover, Jr.）博士现在已经是密歇根大学的教授。他接替菲尔兹，继续进行资料挖掘工作。他还完成了多项独立的研究，并提出了非常有价值的批评意见。现在宾夕法尼亚罗斯蒙特学院任教的爱丽丝·布默夫（Alice Bourneuf）博士参与了最后阶段的研究。另外，卡尔·E. 托马斯（Carl E. Thomas）博士与我的合作研究虽然主要集中在其他领域，但他还是在货币和银行统计方面的一些问题上提供了帮助。

我在本书中使用了多种多样的资料，这些资料有许多都是由个人编制或未公开发表的。在使用上获得必要的许可时，我从来没有遇到过任何困难。我在附录中说明了每张图表的资料来源，并对每一个来源（及其作者）都表示了谢意。我还要借此机会感谢为我的研究工作慷慨提供方便的所有学者、研究机构和出版公司。

然而，在某些情况下仅仅表示谢意仍然不能充分表达我的感受。到了今天，哪怕是再"个人化"的研究（像我的研究这样），其实也已经在非常大的程度上依赖于业内大机构的杰出工作。这些机构为我们提供的条件是所有人在二十年前做梦都不可想象的。因此，对于像这本书一样的书能够出版，几乎肯定要部分归功于这些机构，同时它们也肯定要分担一定的责任——无论它们喜欢与否。而且，我对如下先驱性机构所做工作的谢意，也绝不是仅仅通过注明资料来源就可以表达的（无论表达得如何细致），因此在此专门表示感谢：哈佛经济学会（Harvard Economic Society），美国国家经济研究局（National Bureau of Economic Research），联邦储备委员会研究部，纽约联邦储备银行研究部，恩斯特·瓦格曼（Ernst Wagemann）教授和他创办的经济状况研究所（Institut für Konjunkturforschung），伯恩哈德·哈姆斯（Bernhard Harms）教授和安德烈亚斯·普雷多尔（Andreas Predöhl）教授创办的世界经济研究所（Institut für Weltwirtschaft），伦敦和剑桥经济服务局（London and Cambridge Economic Service），以及其他几家机构。

  撰写本书是一个非常漫长的过程。在这个过程中，我对周围的一切所欠下的"债"无法在此一一尽述，有些甚至已经无法记起了。特别是，我同时还要把经济周期理论这门课讲授给一群虽然人数不多但是思维非常活跃的研究生。无论如何，对于哈佛大学的克拉姆（Crum）教授、哈里斯（Harris）教授和现在在加利福尼亚大学任教的戈登（Gordon）教授以及波恩大学的克劳辛（Clausing）博士等人慷慨地提供的帮助和建议，我在这里必须特别致以谢意。

约瑟夫·A. 熊彼特

简明目录

上 册

第一章　导　论 ··· 1
第二章　均衡与经济量的理论正常值 ························ 32
第三章　经济系统如何演化？ ······························· 79
第四章　经济演化轮廓之勾勒 ······························ 144
第五章　时间序列及其正常值 ······························ 215

中 册

第六章　　历史概述Ⅰ：1786—1842年 ······················ 247
第七章　　历史概述Ⅱ：1843—1913年 ······················ 341
第八章　　价格水平 ······································· 511
第九章　　实物数量和就业水平 ···························· 548
第十章　　个别商品的价格和数量 ·························· 588
第十一章　支出、工资、消费者余额 ························ 616
第十二章　利　率 ··· 682
第十三章　中央市场与证券交易所 ·························· 725

下 册

第十四章　1919—1929年 ·································· 787

第十五章　世界经济危机及其余波 …………………………… 1027

附录　对书中各图表所包含的统计资料的说明 …………………… 1190
译后记 …………………………………………………………………… 1233

目　录

上　册

第一章　导　论

第一节　经济状况与商人眼中的"正常状态" …………… 1
第二节　外部因素 …………………………………………… 5
第三节　外部因素的重要性 ………………………………… 11
第四节　常识符号学 ………………………………………… 14
第五节　对表征症状的序列的初步批判和处理 …………… 18
第六节　因素或症状之间的经验联系 ……………………… 26

第二章　均衡与经济量的理论正常值

第一节　模型的意义 ………………………………………… 32
第二节　基本问题 …………………………………………… 36
第三节　静态循环流转 ……………………………………… 39
第四节　均衡与理论正常值 ………………………………… 41
第五节　若干繁难之处及其澄清 …………………………… 50
第六节　不完全竞争 ………………………………………… 62
第七节　均衡经济学和对经济波动的研究 ………………… 75

第三章　经济系统如何演化？

第一节　变化的内部因素 …………………………………… 79

第二节　创新理论 ………………………………………… 95
第三节　企业家及企业家的利润 ………………………… 112
第四节　货币和银行在经济演化过程中的作用 ………… 120
第五节　作为当前余额对未来余额的溢价的利息 ……… 136

第四章　经济演化轮廓之勾勒

第一节　模型的工作原理与一级近似 …………………… 144
第二节　对"骨架"的观察 ……………………………… 152
第三节　次级波与二级近似 ……………………………… 161
第四节　多个同时发生的周期与三级近似 ……………… 180
第五节　其他形式的波动 ………………………………… 194

第五章　时间序列及其正常值

第一节　时间变量的性质以及时间序列分析的任务 …… 215
第二节　趋势这个术语的多种含义 ……………………… 222
第三节　单周期运动 ……………………………………… 229
第四节　许多个"波"同时出现的情形 ………………… 236

第一章 导 论

第一节 经济状况与商人眼中的"正常状态"

每个商人都知道,他的成败不仅取决于他管理企业的效率高低、他所从事的细分行业的运气好坏,而且取决于他以及他所在的作为一个整体的行业无法控制的一系列条件。这些条件构成了商人们所称的总体经济状况(business situation)。一个商人很容易就可以将这种总体经济状况与属于他自己的企业范围之内的导致成功(或失败)的各种因素区分开来,后者包括他工厂的"质量"、他进行管理或广告宣传的能力、他在购买原材料方面的技巧、他与员工合作的顺利程度等。他还可以将总体经济状况与影响自己所在细分行业的繁荣状况的另一组因素区分开来,后者包括该行业在市场竞争中的地位、总生产能力的变化率、客户需求状况、劳动条件或原材料供应状况等。他知道,还有别的东西在影响着所有单个企业的命运和所有行业的兴衰,而且这些东西并不是在单个企业或每个细分行业的范围内起作用的各种因素的简单加总,相反,它们构成了全国乃至整个工业世界的所有个体努力的一般背景,并使得个体的努力有时成功、有时失败。这种一般背景,在单个商人的眼中似乎与各单个企业、各单个行业自身的优缺点没有关系;因此,在这种一般背景的各个部分最后被"焊接"成一个相互连接的整体之后,就能够用相对较少的一些强轮廓线(strong contour line)来加以描述。价格结构和价格水平、信贷状况、消费者支出、就业率以及其他诸如此类的众所周知的因素，随时随地都构成了一组数据，这些数据是单个企业必须接受的，而且是单个企业必须设法去适应的。就目前而言，我们如果暂且先不考虑经济生活的一般模式的确切性质（那是本书要解释的目标），也暂且不进一步追问它的变化是否呈现出某种重要的规律，就可以将关于经济状况的常识性观点作为一个相当不错的讨论起点。从我们每天的日常经验，从每份报纸的商业版内容，从各种预测报告，我们就足以理解这里所说的"经济状况"指的是什么。如果我们的思路还不是十分清楚或明确，它可以提供补充，因为它的优势就在于充满了来自现实世界的事实。

我们不难观察到，（例如）商人们在给股东编写年度报告时，通常都会要么把生意描述为"正常"的，要么把生意描述为比"正常状态"更好一些（或者更差一些）。而且，每个人都明白这是什么意思。所谓"正常状态"，指的是一个企业成功地取得了足够的收入，能够在覆盖当年的支出、折旧、合同债务利息之后，为它的所有者付出的服务和资本提供充分的报酬——而且是恰好足够的报酬，即既不太多，也不太少，使得企业在不增加投资或减少投资的情况下就可以继续经营下去。[①] 如果一般经济状况使得所有企业都能不依赖自己特有的优势（或者，不用在自己特有的劣势下）运营，那么就称为正常的经济状况。稍后，我们会把正常的经济状况这个概念与另外两个相关的概念联系起来，尽管它们并不完全相同。第一个概念是统计上的正常状态（statistical normal），它源于对时间序列的分析（对于时间序列，读者在报纸或统计服务的图表中应该很熟悉了）。第二个概念是均衡（equilibrium），对此有些读者可能不那么熟悉，但它确实是科学地分析经济生活的长期非均衡性的一个不可或缺的工具。

然而，就目前而言，我们可以暂且先满足于对这个问题的这种基本常识式的理解。因此，在这里重要的是注意到，商人们实际上会将任何实际情况与正常情况进行比较。同时，他们的谈话和行动都证明，他们都有这

[①] 当然，这并不是一个令人满意的定义。下一句的解释同样不能令人满意。然而，在读者看来，我们甚至没有理由把这么多的错误归咎于不科学的头脑。但是，如果记住上面的定义其实只意味着每个企业都得到了管理层认为足够且不过量的东西，这种印象就会消失。

样一种感觉，即从长期来看任何一种事物总会"有办法"使自己符合正常情况，而且除非出了非常特殊的状况，远远高于它的情况和远远低于它的情况不太可能持续下去。这两个习惯体现了他们长期的甚至祖传的商业经验，是非常值得注意的。对于那些说正常经济状况的观念不重要（因为经济状况永远不可能是"正常"的）的人，以及那些进一步推论说经济均衡的概念没有用处的人，这种以损益账户的形式对实际结果与管理层所认为的正常情况进行比较的习惯，本身就给出了足够强的回应。稍后我们将会看到，经济状况有时会以一种特有的方式趋近或远离正常值。但是我们现在就已经很清楚，即便现实生活总是同样地远离均衡，我们这个作为诊断经济有机体的标准的均衡概念仍然是必不可少的——如果可能的话，它还可以作为衡量经济有机体的实际状态的标准。希望预期收益会回到正常水平的习惯则表明（这个习惯也解释了为什么人们会将损益账户的某种状态称为正常的），商人们对经济事物的固有逻辑已经有了非常完整的想法，而科学的经济学研究的任务就是将这种思想更加严格地阐述清楚。[①]

因此，商人们是参照他们关于正常经济状况的观念来识别繁荣（prosperity）、兴盛（boom）、萧条（depression）或衰退（slump）的。如果他们感到经济状况特别令人不安，他们就会说发生了危机（crisis）。这些术语虽然并不缺乏实际意义，但不仅是在日常用语中，而且在经济学家和历史学家对它们的使用中，人们确实未曾给出确切的定义。特别是，"危机"这个术语在我们这门学科的相关文献中的使用非常广泛，而且各特定种类的危机，如经济危机、金融危机和农业危机等，也经常被人提及。事

[①] 因此，正常经济状况这个概念虽然是一种抽象——它是实际生活强加给我们的许多概念中的一个——但却单纯仅是"虚构的"。此外，这个概念还不会导致循环推理；当我们把正常经济状况想象为可以获得正常的利润（在记账的意义上）并根据正常经济状况来定义正常利润时就会是那样。最后，它是直接源于观察的。但是，我们必须承认，在美国商人的头脑中，这一点并不像在他们的欧洲同行当中那样明显。这是我们第一次敲击这个音符——每一次，当我们讨论的主题要求对社会心理学态度进行反思时，这个音符都会不可避免地发出声音。在美国，拓荒者时代的精神并没有因为不适应的上层建筑而消失，相反，它仍然顽强地表现在对增长速度尤其是对资本价值增长速度的冲动信念当中。而在不那么清醒的头脑中，则往往会使我们的概念所包含的简单事实变得模糊不清。同样的精神也表现在对繁荣和"新时代"的纵情享受上，以及当令人震惊的大萧条灾难发生时相对应的沮丧上。这是塑造这些次要现象的一个真实因素，我们可以将其归因于"心理学"。

实上，这就是为什么不同的人给出的历史上发生过的危机清单会如此不同的主要原因——除了一些所有人都会将其包括在清单中的标准案例。我们不会给"危机"这个术语下任何一个技术性的定义，而只给出繁荣和萧条的定义。至于"周期"（cycle）这个术语，由于它并不是源于经济界，目前暂时与我们无关。

我们还可以从我们这位"商人老师"那里学到更多，包括他对我们所说的总体经济状况所持的观念。他试图——从他自己的立场和目的出发——对总体经济状况进行诊断和预测。确实，商人经常下意识地这么做，有时甚至还会贬低任何看起来像是"理论"分析的东西。这是有常识支持的：在许多时候，一个有经验的人的"未经分析"的直觉印象，有可能会成为比理论分析更加可靠的、可以用来纠正错误的行动指南，因为理论分析的本质是要求只关注数量有限的可度量因素，这会遗漏掉其他很多因素，因而失去事物自身特有的"切近的风味"。

当然，这种情况特别适用于短期的考虑，比如当试图预测股市每天会发生什么事件的时候；因为在这种情形下，关于价格技术位置和市场情绪的知识、领先群体的动机，往往比当日或当周的波动背后的更深层次的因素更有解释力。但是，这也适用于对长期预测的尝试，甚至适用于为了纯粹的科学目的而用科学方法进行的分析。例如，一名好医生坐在病人床边，通过他所看到的和了解到的一切做出的诊断，往往会比他只依靠精确的仪器提供的检验报告做出的诊断更准确；同样的道理，每个名副其实的经济学家，对于他所要研究的有机体（人）的生活中各种最切近的必需品（intimate necessities），都会终其一生之力，通过熟知当代事件和历史事实来获得一种视野或理解，这种视野或理解使他比只运用他能够利用的更精确的工具时看得更远、研究得更深入，在提出补救建议时其价值可能比那些可以证明的定理更大。

因此，没有理由认为我们无法衡量的东西就不存在。顺便说一句，这在一定程度上解释了这样一个事实，即对于应用经济学问题，如果只让纯粹的技术专家来解决，极少是令人满意的，而且即便是两个对"诊断结果"的科学依据所持意见完全相同的称职的经济学家，也可能像医生一样给出不同的建议。例如，要不要给一个病人动手术，不仅涉及关于病人及病痛的特定状态的知识掌握得好还是坏的问题，而且涉及对病人及病痛的"性情"或"脾性"（temperament）的了解。此外，即便非要说它是一个知识问题，也不可能完全是一个可证明的问题，更加不是一个完全可定量化的知识问题。

然而，每当新的情况出现时，我们这位"商人老师"就会进行分析。他要么自己动手进行分析——当然他不会采用科学家的方法，但是仍然会非常精明；要么让别人为他进行分析，即银行家、报纸上的专栏作家以及任何其他可能的服务提供者——他们在提供当前商业事实和推论时所用的方法不同，因此其科学价值也不同（低者为零，高者可以达到根据我们当前的知识状态能够合理要求的最高水平）。自从商业经营活动产生并在时空两个维度上扩展以来，就可能一直存在一些规律，使得商人能够对当前的经济状况和预期的变化形成自己的判断；但是，随着统计事实的日益丰富以及处理方法的改进，出现了越来越多的"指数"；它们看上去更客观（有时确实是客观的），使得即便是那些没有受过教育的人也能提供帮助。在这里，我们将列出一份比其他"症状"* 更容易观察到的"症状清单"。但现在我们想要做的是，学习——有可能的话，顺便加以改进——我们所观察到的商人运用摆在他面前的材料时的精神态度或方法。在试图诊断经济变化时，商人会对变化的各种原因形成某种观念。他对这些原因进行分类时所用的区分方法对我们来说也是至关重要的。

第二节　外部因素

在"诊断"当前的经济状况或预测未来的经济状况时，每个人都能意识到这样一个事实：例如，政治事件而不是经济现象本身，是需要考虑的非常重要的因素。每一次谈话，银行或投资公司给客户的每一份通知，股

---

* 这里的"症状"，原文为"symptom"，可译为"迹象""征兆"，译为"症状"似乎有点过，但是考虑到熊彼特经常将这个词与"诊断"并用，故采用这个译法。——译者注

东大会上的每一次讲话,每一份报纸的商业版都会讨论这个话题。而且,商人们也会欣然同意以下总结概括和进一步的区分。在决定任何特定的经济状况的各种因素中,有一些因素来自经济领域内部,有一些因素来自经济领域以外。经济上的考虑因素只能完全解释前者;后者则必须作为数据(data)接受,我们在经济分析中所能做的就是解释它们对经济生活的影响。由此我们就得到了非常重要的从外部发挥作用的因素的概念(我们称之为外部因素);当我们试图解释经济波动的因果关系时,也就是说在解释经济有机体自身的运行所固有的经济变化时,必须将它们抽象掉。[①] 这是理所当然的。我们可以把外部因素粗略地分为两类。第一类包括那些很容易识别出来的会对经济生活流量造成干扰的经济以外的因素,第二类所包括的外部因素则不那么容易识别出来。

(1)我们所说的外部因素的最好例子是像东京大地震这样的事件。从我们的角度来看,这类事件的特点就在于这样一个事实:至少到目前为止,没有人认为它们的发生应该归因于我们的经济系统。每当某种波动是社会进程本身的产物时,就会导致一个困难的问题,即它会不会是经济事件和经济状况的一个结果,而不是原因,即我们是不是真的有理由把它说成是"在经济领域以外'采取行动'的"。而且,从更深层的意义上说,尤其是对我们当中那些接受了马克思的社会过程理论的人来说,这个问题的答案无疑是否定的。但是,就我们的目的而言[②],还是可以在直接随经济系统的运行而发生的现象与因其他作用于经济系统的社会主体而出现的现象之间画出一条分界线的,无论这如何明显地受制于经济状况,也无

[①] 可以将这些外部因素的影响称为我们的材料的外生不规则性(external irregularities of our material),以区别于它的内生不规则性(internal irregularities)——定义将在后面给出。外部因素与内部因素之间的区分,与广泛用于对周期"理论"进行分类的另一个区分有关,即外生因素和内生因素之间的区分,尽管这两个区分并不是同义的——关于后者,请参见施皮特霍夫(Spiethoff)为《政治科学全书》(Handwörterbuch der Staatswissenschaften)撰写的"危机"词条。它也不是人们通常所理解的对经济因素与经济以外因素之间的区分的同义词。从起源上看,显然属于经济以外的因素的那些因素,只是这里所说的外部因素的最明显的一些例子。但是,在所有这些以及类似的区分背后分析原则却是相同的。它们都是为了阐明这样一个事实,即我们所面临的是这样一个经济过程,它所受到的扰动并不全是它自身所固有的。当然,究竟哪些是它固有的将取决于我们如何界定,以及我们决定将哪些事实和关系视为数据,将哪些视为变量。

[②] 应该承认,在某种意义上,这个目的会使我们局限于事物的表面。

这在多大程度上受经济目的或阶级利益的推动。因此，在一定意义上，我们可以在研究所及的范围内把战争、战争的风险、革命和社会动荡都视为外部因素。一个国家的税收制度的变化、关税政策的改变、社会福利的改善以及各种类型的政府管制，也都可以归为同一类。毕竟，对于我们对如下事实的认识，应该是没有什么可以反对的：在分析汇率的时候，将汇率完全由经济因素决定的情况，与汇率与某种货币"挂钩"的情况（例如，法国在世界大战期间就是如此）不加区分地混在一起处理，显然是不会给我们带来什么有益的结论的。① 到目前为止，这就是我们做出的所有区分了。但是，由于某些显而易见的原因，要在其他情况下进行区分就没那么容易了。而且，为了公平地对待我们要考虑的无穷无尽的社会模式，我们必须非常小心——甚至必须关注细节到吹毛求疵的程度。

（2）各种自然原因（比如说，天气条件或瘟疫）造成的农作物收成的变化之所以会给我们的分析带来问题，其实只是因为很难将它们与其他原因造成的变化区分开来。但是如果真想做到这一点，我们也可以把它们与地震的影响归为一类。② 金矿的发现也可以归为同一类——前提条件是，从商业组织的角度来看，它们可以被视为偶然事件。但是事实上，黄金供给量的变化往往是对经济状况的一种反应，这种情况下的黄金供给变化的表现形式与任何其他商品的供给变化完全相同。这就是说，黄金货币供给的变化从来都不是完全由偶然发现决定的。因此，这是"混合"的结果，并不总是很容易加以解释。

（3）然而，这也就引出了如何看待"新大陆"的发现这个问题，同时也引出了如何看待发明的问题。从我们的研究目的来看，这两者在性质和影响上是类似的。两者都创造了新的可能性，而且毫无疑问都是经济和社

---

① 当然，毫无疑问，英国的自由贸易政策是在一种明确的经济状况下产生的，而且对前者的每一种解释都是基于后者的。但是即便如此，以下观点也仍然是正确的，从工业和商业组织的角度来看，取消保护性关税是作为一种外部事件发生的，并不是在工业和商业组织的作用下出现的，即在这两者之间存在着另一种东西、另一种机制。

② 如果我们接受《经济学季刊》1934 年 11 月号发表的 G. 马塔（G. Mata）的论文给出的理论，那么通过影响人类行为而不是影响作物起作用的气象条件，就是理想类型的外部因素。马塔的理论是严格的外生经济周期理论的一个很好的例子。

会变革的最重要的原因之一。但是根据我们给出的定义，它们是外部因素吗？我们的答案最好通过举例来说明。如果我们仔细研究哥伦布开展探险活动的动机和方式，我们就会发现将他的探险活动称为商业风险投资绝对不能说是荒谬的。在这个例子中，"新大陆的发现"就与任何其他创业活动* 一样，都是"经济状况"的一个元素。但是，如果我们拒绝这样做，美洲的发现本身也不会因此立即成为一个外部因素，因为它与经济进程根本没有直接关系。只有当新的可能性变成了商业和工业上的现实时，它才具有相关性，因此，我们关注的是实现（可能性）的具体行动，而不是可能性本身。所有这些行动，例如成立新公司以利用新机会、到新的国家定居、向这些国家出口和从这些国家进口，都是经济进程的一部分，因为它们是经济史的一部分，而不是经济史之外的一部分。再说一遍，比如说，蒙戈尔费埃（Montgolfier）兄弟发明的热气球并不是当时的经济状况的一个外部因素；事实上，它根本不是一个"因素"。所有的发明也都如此。看看古代世界和中世纪的发明吧，几个世纪以来，许多发明都没有对生活的潮流产生什么影响。然而，一旦一项发明投入了商业实践，我们就有了一个经济过程，这个过程产生于当时的经济生活，并且是当时的经济生活的一个组成部分，而不是从外部作用于它的某个东西。因此，在任何情况下，发明都不会是一个外部因素。所有这些听起来可能很奇怪。我们并不是说美洲的发现对社会和文化的重要意义在于它所带来的商业交易，也不是说我们所采纳的观点对知识增长的更广泛结果的处理是全面公正的。我们这样做只是为了便于研究经济波动，对于这样一个目的，我们所关注的事物与一般的社会学研究所关注的有很大的不同；商人们肯定会同意这样一种视角。

我们将在第三章第一节和第九章第二节回过头来讨论这个问题。不过，在这里可以先给出两个例子，它们马上就可以表明，这绝不是在玩文字游戏。我们有时会看到这样一种说法，即在 19 世纪，一大批新国家的

---

* 这里的"创业活动"，原文为"enterprise"，通常译为"企业"，但是在熊彼特那里，"enterprise"一词的含义与一般所说的"企业"即"firm"有所不同。本书根据不同的语境，将"enterprise"一词分别译为"创业活动"、"创业型企业"和"企业"等。——译者注

出现构成了经济快速发展的背景。从某种意义上说,这种说法是正确的。但如果据此推断称这种情况就是我们所说的一个外部因素,也就是说,它们是某种可以与经济演化截然区分开来并能独立地影响经济演化的东西,那么这个推论就是不正确的;恰恰相反,我们所构想的资本主义的演化必定会把新国家的出现作为它的元素之一,而且认为国家的出现本身是产生了其他所有那个时代的经济特征的同一个过程的结果——其中一个经济特征就是工业机械化。另一个例子是,我读过我们这个领域的一位权威学者的一篇文章,大意是说,能够解释 19 世纪的总产出增长率的,不是"资本主义创业型企业"或"资本主义创业活动"(capitalistic enterprise),而是技术进步(发明、创造等)。很显然,对于这种说法背后的理论,我们能不能接受绝不是一个无关紧要的问题。这种理论意味着,工业机械化是一个不同于且独立地影响着"资本主义创业型企业"的现象——这种现象出现的方式,可能与社会组织出现的方式没有什么实质性的不同;与此相反,我们则认为(在这一点与马克思的看法完全一致),技术进步就是"资本主义创业型企业"的核心本质,因此不可能脱离它。我们这个观点将随着我们的讨论的深入而不断扩展,在这里提到它只是作为一个例子,用来说明我们对术语的使用。

(4)我们甚至不需要多加解释,为什么对于任何一个国家来说,应该把另一个国家的经济波动视为外部因素。但是,如果还是以这种方式处理人口数量和年龄分布上的差异,那么其合理性就不那么容易证明了。人口迁移受经济波动的影响尤其明显,因此,我们必须把它们包括进来——而且我们要把它们(至少其中的部分)作为内部因素包括进来——不然的话,任何对周期波动机制的描述都不可能是完整的。[①] 然而,由于我们无法在本书中解决这些问题——这当然是一个遗憾,而且作者对"围墙上的这道裂缝"的严重性有清醒的认识——所以为了方便起见,暂且将通常的统计数据所指的跨越领土边界的移民视为一个外部因素,而对于民众在一国领土内部的迁移则不可以同样看待,不过也会偶尔提起。至于移民以外

---

① 然而,还是有一种人口迁移,即因为受到宗教压迫而移民是完全意义上的外部因素。

的原因造成的人口数量和年龄分布的变化，有时是外部因素（或者是外部因素——例如战争——的结果）；有时则不是，例如结婚率变化的周期性因素。但是，由于不可能接受一个最低生存工资理论（minimum-of-existence theory of wage）——该理论必须以人口变化率与经济状况之间存在严格的对应关系为条件，又由于出生率和死亡率在很大程度上独立于经济波动（无论它们在历史上的变化与资本主义机器的潜在文化影响有多大关系），所以似乎最好将它们归类为外部因素（见第三章第一节）。①

（5）最后，我们还有很多其他例子（例如，关税政策、税收制度等方面的变化）都可以归为我们通常所称的制度框架的变化。它们的范围非常广泛，从根本性的社会重建（如1917年之后俄国发生的惊天巨变），到社会行为规则或习惯的细节变化（如保持个人流动性的手段从持有现金变为持有活期存款，或者以集体谈判的形式而不是以个人协商的形式签订雇佣合同），都在其中。至于这些变化是否体现在了法律条文当中，或者是否得到了立法机构的承认，则都是完全无关紧要的。无论如何，它们改变了经济博弈的规则，因此改变了指数的意义，以及构成经济世界的元素之间的系统关系。然而，在某些情况下，它们是通过经济行为直接发挥作用的，因此很难将它们识别为外部因素。对于欧文-格拉斯改革（Owen-Glass reform）——在美国国会通过了《欧文-格拉斯法案》（Owen-Glass Act，又称《联邦储备法案》）之后，美国联邦储备委员会成立——似乎很容易认为它是通过政治手段对经济运行环境的一部分进行重新安排；但是美联储或欧洲任何一个国家中央银行的行为惯例的变化，本身可能就是一种经济行为，因而是经济周期机制的一个组成部分，同时也是一个外部因素；经济世界自身采取的许多集体举措都可能是这样的。对于每一种情况都必须做到"具体情况具体分析"，而且做出决定可能确实是非常困难的。

---

① 读者将会看到，我们对人口问题的这种处理，部分是受事实命题推动，部分是出于对本书目的的解释的方便。当然，这并不意味着这种安排在这些目的之外也必定是令人满意的，也不意味着人口问题除了可以按这种方法处理别无他法。例如，勒施（Lösch）博士的著作《人口波动与迁移》（Bevölkerungswellen und Wechsellagen，1936年），一度几乎动摇了作者的信念。作者的信念一直很坚定：人口的变化虽然肯定是资本主义发展的最重要的条件之一，也是资本主义发展的最重要的隐秘后果之一，但是仍然不在经济周期的原因之列。

即便是在这种情况下，也必须记住我们给出的区分；但是这种区分越频繁，就越难以奏效。当然，这一切只不过是如下事实的一个结果：我们的经济系统并不是一个纯粹的系统，而总是处于向某种"其他东西"过渡的过程中，因而并不总是能用逻辑自洽的分析模型来描述。但是对于常识性的原则，我们可能要再次求助于我们那位"商人老师"，因为他在事实上每一次都会将经济状况的元素与作用于经济状况的元素区分开来。而对于可能会受到的社会学批评，我们也再次这样回应：如果这是一本讨论美国文明如何崛起的书，那么这样做就是相当合理的；而如果这是一本旨在实现现在这些目标的书，那么就是不合理的。[①]

第三节　外部因素的重要性

现在已经很明显了，经济变化的外部因素是如此之多，又是如此重要，以至于如果我们真的看到了一份完整的外部因素清单，我们可能会想，经济波动是否还有什么是可以用其他方式来解释的。而且，这种印象还会因为如下事实而进一步加深：外部因素的影响本身就可以解释繁荣和萧条的波浪形交替，这一方面是因为一些扰动的发生几乎是定期的，另一方面是因为它们中的大多数都会诱致系统出现一个适应过程，而每一个这种适应过程都会产生波浪形的振荡。

之后我们还会回到这个主题上来（详见第四章第四节），但是实际上不需要任何理论或工具就可以做到这一点。我们完全有可能写出一部只涉及外部因素的经济波动史，而且不会有任何明显的荒谬之处[②]；事实上，这样一部经济波动史所遗漏的重要事实，很可能比根本不想讨论外部因素

---

① "博弈规则"（或"游戏规则"）的变化和经济活动数据的变化，如果不是无足轻重的，就可以称为结构性变化（structural changes）。哈姆斯（Harms）、洛（Löwe）、瓦格曼（Wagamann）和其他一些人都用过这个概念，它对于某些目的来说是很方便的。但是，我们将避免使用这个概念，因为它还包含了我们希望考察的过程的一些更持久的影响，因此往往会抹消我们用于区分的一些重要的东西。

② 我强烈地建议，那些希望以这本书为工具来进行职业训练的读者，动手去尝试一下。这并不难。例如，可以通过阅读 W. 索普（W. Thorp）的商业年鉴、用这里提到的外部因素去解释某些经济指数（例如，克利夫兰信托公司发布的 Col. Ayres 指数）来进行尝试。

的另一部经济波动史还要少。因此，那种认为经济波动完全是由外部因素引起的理论，将不会缺乏可以证明它的证据；事实上，对一个没有偏见的人来说，这种理论很可能是最先想到的理论。

有很多例子涉及我们所要讨论的问题的相当大的范围，其中外部因素的影响完全盖过了其他一切，无论是在经济状况的单个元素的行为中，还是在作为一个整体的经济状况的变化中。第一种情况的一个例子是，在1866年后的美元"通货紧缩"期间，美元价格下跌，即便是1872年的繁荣也无力逆转这种趋势（尽管它确实阻止了通货紧缩）。而1914年至1920年的一系列经济事件的整个过程则可以视为第二种情况的一个例子。对于第二种情况，没有完全令人满意的补救办法。事实上，我们将从我们赖以得出基本结论的事实中将那些显然被世界大战、"疯狂的"恶性通货膨胀等事件污染了的资料排除掉。这就是我们要对世界大战后的周期加以单独处理，并尽可能只根据世界大战前的资料得出最基本的结果的原因——尽管要取得1919年后的事实和数据，要比取得1914年以前的事实和数据容易得多。[①] 当然，我们无法做到在不失去太多资料的情况下在这个方向上走得很远。而且，外部因素的影响从来都不会缺席。它们的性质决定了永远不会如此，因此我们可以根据这样一种模式来处理它们，这类似于，（比如说）一个处于不断发生的相互独立的很小的冲击下的钟摆。我们将会看到，经济机器的力量强大得惊人，足以稳固地维持自身，哪怕这一点只能通过最不完美的资料和构造得最不完善的指数呈现出来。但是，设计从来就不是完全正确的，尽管有时可能比其他时候更正确。从这里可以推导出一些重要的结论，不过有的结论可能包括了某种"阴险"（sinister）的意味。

第一，认为我们只需要利用统计资料就能推导出经济现象的轮廓线（contour line）这种观点是非常荒谬的。我们所能证明的恰恰就是不存在

[①] 在我们要引用的研究经济周期的杰出学者当中，施皮特霍夫教授就是这样做的。我们之所以不对拿破仑战争及其后果进行同样的处理，不仅是因为世界大战不仅扰动更大、对工业体的耗竭更彻底，还因为它催化了一种对待经济活动的不同态度（虽然它不是这种变化的原因），这对经济机器的正常运行的影响，比它的其他更明显的后果更深远（参见第十四章）。

规则的等高线。我们必须相信大胆但不能保证成功的心理实验，否则就只能放弃一切希望。在这里，我们还会讨论进行经济预测的一个基本困难——这个困难可以很好地解释为什么很多预测都会失败——甚至可以为一些预测的失败开脱。几乎在任何时间点上，统计轮廓线都是令人不安地与地震后城市的天际线相似的。因此，期望经济学家正确预测现实世界将发生什么，就像期望医生预测病人何时会不幸成为一起铁路事故的受害者，以及这将如何影响他的健康状况一样，都是不合理的。

第二，重要的是一定要记住，我们从经验中知悉的并不是资本主义本身的运行方式，而只是一种遭到扭曲后的资本主义的运行方式，这种资本主义满是过去对其机体造成的伤害留下的疤痕。这一点不仅适用于经济组织的运行方式，也适用于它的结构。世界各国工业组织的基本特点都受到了政治的影响。在任何地方，我们都能发现一些本来根本无法存在的产业，它们之所以存在，就是因为有了保护、补贴和其他政治刺激；我们还能发现许多因为政治因素而过度发展或处于不健康状态的产业，例如欧洲的甜菜制糖业和世界许多地方的造船业。这些产业是价值可疑的资产，在任何情况下都是问题的来源，而且往往会成为经济崩溃或萧条症状的直接原因。这种类型的经济浪费和失调可能比其他任何类型都更加重要。

第三，在某些情况下，我们可能会收集到足够的关于某大型扰动的性质、范围和持续时间的信息，从而或多或少地准确推断出我们的哪些数据被它破坏了。然后，我们要么放弃这些数据，要么试图去校正它们——我们有时确实会这样做，比如对通货膨胀期间价格的修正。但是，无论我们决定怎样做（或者决定什么都不做），以下这一点都是至关重要的：在我们根据时间序列数据的特点做出任何推断之前，必须先对那个时代、那个国家或行业（有时甚至是具体的企业）的经济史有一个透彻的了解。这一点是怎么强调都不过分的。通史（社会、政治、文化）和经济史（尤其是行业史）都不仅不可或缺，而且确实能就我们对相关问题的研究提供最重要的帮助。所有其他资料和方法，无论是统计的还是理论的，都是附属于它们的；如果没有了它们，所有其他资料和方法就都非但无益，反而有害。

第四节　常识符号学

在努力确定并评估了各种外部因素之后（它们或者是实际存在于经济环境中的，或者是预期中的），我们那位"商人老师"通常会认为，还有其他因素需要考虑。在被问及的时候，这个商人——事实上，作者发现每个人都一样——随时都可以证明如下信念或印象：即便是在不存在任何外部因素的情况下，经济变化也会发生，或者换句话说，除了作用于经济状况的那些因素，还有一些因素导致了通常被我们称为"自主变化"（autonomous change）的变化。因此，我们那位"商人老师"在分析中会采取第二个步骤，并试图诊断这类事实。我们只能说到这里，多说就有很大的风险了，因为正如我们在上面已经观察到的，至此之后，商人自己对他做出的诊断的贡献，就难以分辨地与来自各种来源的各种各样的信息、"理论"和建议融合在了一起。不过，恰恰是作为这种融合的结果，出现了一些实用的"处方"，而且这些"处方"反过来又揭示了一种分析经济状况的明确的方法（尽管可能很粗略）。这种方法在原则上与我们想做的事情没有什么不同——无论它们在技术上有多大的不同。

在所有这些实用的规则中，最有用的一个也许是：不要相信任何一个单一的"症状"，也不能过于匆忙地相信少数几个"症状"的简单组合，而是尽可能多地进行调查。这样做肯定有利于消除误判任何一个单一元素的重要性或显著性的不利影响，从而倾向于形成一个更接近真相的图景。另一个有用的建议是优先选择那些"敏感的指数"。然而，在根据这个实用规则采取行动时，我们还必须牢记，剧烈波动的指数容易夸大经济走势，因此在用于某些目的时可能具有误导性。还有一个规则是，尽量努力找出那些具有因果意义的症状，而不要过分关注那些只能揭示始动因素所发挥作用的结果的指数。如果这个建议是针对那些为科学目的而进行分析的研究者提出的，那么它所包含的智慧是毋庸置疑的。但是就实际操作目的而言，它却是不适用的。这是因为，首先，它预先假定对工业波动的原因必定会有一种理性的看法；其次，如果我们可以以一种悖论式的言辞来描述我们自己的工作的话，那么在我们这个研究领域，原因并不总是先于后果。当然，这里并不存在真正的悖论；我们只是想指出这样一个事实：对即将到来的事件的预期有时会对经济界的行为产生与这些事件本身相同的影响，而且症状有时会滞后于它们所指向的事件。这种情况确实可能会发生。例如，关于信贷扩张以及信贷扩张与价格上涨之间的关系：信贷扩张可能是价格上涨的"原因"或条件，但如果所涉及的商品的付款日期是在六个月之后，那么这种价格的上涨就会在企业的贷款增加之前锁定，而企业的贷款增加确实不一定发生在付款日期之前。在实干家给其他实干家提供的无数条具体建议中[1]，我们在这里只引用一条，因为它既有用又简洁。1907年初，有人问 M. 伊夫·古约特（M. Yves Guyot），他是否认为美国可能会发生经济危机。他给出了一个非常肯定的答案。不过，对于进一步的问题，即经济危机可以通过什么迹象来预测，古约特的回答却是："观察铁路公司、美国钢铁公司的订单和各种金属的价格。"

对这些症状的解释和协调，就是我们现在所说的符号学（semeiology）。在达到最高层次的时候，符号学就不再是经济学的一个分支，而是实际上变成了整个经济学本身——因为我们得到的所有科学知识，所有的统计、历史和理论工具都与它有关，并且都可以用来支持它；事实上，也正是在这里，它才遇到了终极检验，我们才开始意识到我们能做什么、不能做什么。因此，符号学研究并不局限于分析经济波动；它的主要任务实际上是诊断一个国家的经济状态。[2]

这种方法仅仅要求观察与现象有关的事实——如果可能的话，还包括数字。这些现象或数字根据经验被认为是重要的：要么本身就是重要的，要么作为症状是重要的；在最有利的情况下，数字在这两方面都是重要的。至少，根据粗略估计，每个数字都必须与某个参照水平相关联，即与

---

[1] 其中一些已经发展成了谚语，例如："土木兴，百事旺"（Quand le bâtiment va, tout va）。
[2] 在17世纪，分析单个国家给定的经济状况不仅是"政治算术"（political arithmetick）的首要任务，而且是经济学的一般应用的首要任务。然而，尽管这个传统不仅是很合理的，而且是很有前途的，但却在18世纪实际上就已经消失了，特别是在亚当·斯密之后（这在很大程度上就是由于他的错误）。一个多世纪以来，经济学家一直致力于取消统计专业知识的作用；直到最近，经济学家才再次意识到了它的重要性，并意识到一个新的、更现实的、更定量化的理论可能会从中发展起来。

经济状况正常时的水平相关联。此外，每个症状都必须根据相应的（不一定完全是同时期的）其他症状来判断；也就是说，要根据整个经济状况来判断。商人们之间的讨论、每天报纸上的商业版、银行和其他方面的通知、贸易杂志等，所有这些构成了一份全面的清单，从而不可避免地将大多数人认为能说明经济状况的相关事实"理论化"了（尽管并不是所有人都承认这一点）。除了删除最明显的重复之处之外，对于这份清单无须做任何修正；它包括如下项目：

（1）利润和预期利润。

（2）消费者（家庭）对消费品（consumers' goods）的需求——"消费者的购买力"。

（3）生产者对生产品（producers' goods，大体上相当于"生产资料"）的需求——"生产者的购买力"。

（4）批发和零售商品价格。到目前为止，经济学界还没有给出合理的价格水平概念，尽管在任何可能的情况下经济学家都会试图引出这个概念。"一般价格的斜率"（slope of prices in general）是迄今我们所能听到的最佳定义。最常提到的是"基本商品"（basic commodities）的特定价格水平，如小麦和生铁各自的价格以及电解铜的价格等。

（5）货币利率，债券收益率。

（6）银行利率（只有英国人会提及）。

（7）就业情况。

（8）银行结算额和借方数额，在纽约市及纽约市之外（只有美国人参与，但汉堡的一位商人除外，他完全熟悉分析经济周期的常用方法）。在被要求对"商业活动"或"业务量"等术语做出精确解释时，经常会被提到。

（9）美国钢铁公司的未完成的订单（欧洲人提及的次数至少与美国人一样多）。

（10）企业破产。破产企业的负债金额，银行破产。

（11）出口和进口，包括数量和价值。

（12）已批出的建筑许可证或合约。

（13）证券发行量。经过反思，这很容易被进一步归结为"国内企业的发行量"。

（14）股票价格。股票交易数量。

（15）生产：总产出；制成品；已完工设备产品；已完工消费品；金属半成品；钢铁；"材料"；电力。

（16）消费：与上面类似的分类。此外还有消费的转移，如消费品之间的转移。

（17）货币收入总额。有几次提到了收入总额在不同收入等级的接受者之间的分布的变化，但是每一次都怀疑有科学或意识形态的影响。

（18）存货：制成品或大宗商品的存量。可见的供给。此外，不管它们是在生产商、商人还是其他制造商处积累，都可以。

（19）连锁店、百货公司、邮购公司的销售额（主要在英国受到重视，但是零售商人的收据在欧洲也被提到）。

（20）银行的准备金率，特别是中央银行的准备金率。纽约市银行的贷款；外埠银行的贷款；"所有其他贷款"；贴现（率）；存款，特别是活期存款；银行外的合法资金；商业汇票。一旦提到了其中任何一项，就很容易引出构成银行对账单和通常的银行比率的全部数字。对于这些问题，总是可以利用诸如"宽松"、"紧缩货币"、"信贷状况的稳健性"和"紧张"等术语。

（21）经纪人贷款（美国）。

（22）汽车销量（美国），啤酒销量（德国）。

（23）生产成本，主要与工资率有关，而工资率本身也经常被认为是经济繁荣或萧条的"症状"，甚至是原因。

（24）新创办的企业数，新合并的企业数。反面为被清算的企业数。

（25）债权人催债的紧迫性和债务人还款的快捷性。

（26）消费者对产品质量和交货及时性的挑剔程度。

（27）银行界人士的"脾性"，表现在与客户打交道时是否"有理有节"、很有礼貌以及其他方面。他们是"追着客户"拉业务，还是对客户"趾高气扬"。

（28）黄金产量；某个国家的黄金流入量和流出量。

（29）货车活跃程度；货车装载量；基本材料运输量；杂项货物运输

量；零担货物发运量；客运收入；铁路运输收益；闲置车辆数。闲置车辆数虽然列在了最后，但是它受到了普遍的关注，不过其他各项所暗示的更精细的分析主要是美国的。

（30）房地产市场状况。

（31）公共财政（收入），主要是来自消费税、印花税和流转税的税收收入，也包括来自所得税的税收收入。

（32）外汇汇率。

（33）有效工业产能比重。

（34）已宣布的股息。

（35）结婚率。

（36）向工业中心迁入的移民数和从工业中心迁离的移民数；出境移民数和入境移民数。

（37）经济界人士的"性情"；信心；乐观程度。

（38）广告支出。

（39）在行业中的竞争地位；"生产过剩"。

（40）（消费）支出率；存款的流通速度；"囤积"。提到储蓄与投资之间的关系时，随之而来的是凯恩斯关于货币的论述。

（41）宗教活动的出席人数，其含义是，这种活动的出席人数与经济繁荣程度成反比。

第五节　对表征症状的序列的初步批判和处理

只需稍做一些改变，上面这份清单很容易就可以扩展为一个包括大约200个项目的大型表格。① 这样一来，如果我们把比较短的统计序列和其

---

① 不过，通过对统计序列按多种不同的方法进行分类，我们就可以在一定程度上理清它们。例如，我们可以根据价格、实物数量和价值（价格乘以数量）进行分组；或者根据统计序列是纯粹只显示波动，还是显示持续增加或减少的趋势来分组；又或者根据它们表示的是绝对大小还是关于绝对数量的变化率来分组；还可以根据它们是主要反映某个特定部门的经济过程（例如纺织行业的活动）还是直接反映经济过程的整体状态（例如利率）来分组。读这本书的人，如果有志于学会如何对关于经济周期的事实进行推理，都不能忽视这种非常有用的基本练习。

他情况下显得价值不太高的统计序列也包括进来，如果我们对每一种商品的统计序列单独计数（通常，它们是按不同的国家编制的，或者是在同一个国家之内独立编制的），那么与经济波动相关的可用的统计序列就会有成千上万个。因此，首先要做的一件事情是对它们做出判断，不仅要看它们的来源和编制方法的可靠性，还要看它们真正度量的到底是什么，以及它们在何种程度上准确地反映了我们希望它们表示的内容。很显然，这种"批判"是至关重要的；而且，尽管"轻信指数"的现象是如此司空见惯，但是对于实干家来说，以下情况是一点也不陌生的（或者，至少偶尔如此）：在付出一定的代价后，发现了某个指数的真正意义——它的实际作用其实是表示某种不能直接度量的东西。尽管这种"批判"适用于任何主题，包括那些允许保留其自然意义的主题（譬如给定质量的商品的价格），但是它在适用于我们通常所称的合成序列（synthetic series）时特别有力，比如总产出序列。这种序列代表着某个量的变化，但这个量是统计学家构造出来的。对于合成序列，在以批判的眼光审视它们的合成过程之前，我们绝对不应该直接使用。

然而，这还不是全部。我们的列表包括这样一些情况：商人会追问某个数字到底是什么意思。很显然，这样的情况可以很容易地成倍增加。例如，抵押贷款序列常常被用来表示从事投机活动的资源数量。但是，无论这种数字的准确性有多高，这种做法都肯定是错误的，因为抵押贷款还有许多其他用途。又如，发生在纽约之外的结算或借记序列有时被用来——在本书所总结的一些研究中也是被这样用的——增加对生产者和消费者在商品和服务上的支出过程的了解。是的，这些数据确实有可能带来一定的启发，但它们本身与支出序列肯定不是一回事（也不是支出序列的某个简单不变函数）。零担货物发运量数据本身并不是零售贸易数据；工资表统计数据也不能完全准确地反映工资劳动者的总收入；建筑许可证发放数量不是建筑物数量；定期存款不是储蓄；等等。

在所有这些以及更多其他例子中，一组数字实际度量的东西与我们希望从中推断出的因素或症状之间都存在着或多或少的差异。但至少在所有这些例子中，因素或症状的含义是完全清楚的。然而问题在于，在许多时候通常并非如此。在两种情况下会出现这种极端的困难。一种情况源于这样一个事实：即便我们很清楚某个因素是什么，我们有时也会觉得很难将该因素的给定行为前后一致地与经济状况的好坏联系起来。例如，当经济状况很好并持续变得更好的时候，这种不稳定的序列时而表现为增长，时而表现为减少。另一种情况是，无法界定给定的一组数字所代表的事物到底是什么（价格水平数据就是一个例子）以及阻碍这种常识符号学方法发挥作用的事物究竟是什么（当这种情况发生时）。

此外，某个序列还可能会掩盖原本要用它来表示的经济状况——通过展示它自己的某种与其余症状不相符的运动。例如，没有人会同意连锁店的销售量反映零售贸易的趋势，如果这种特殊形式的组织正在以牺牲其他零售企业为代价迅速扩张的话；也没有人会把一个正处于电气化过程的国家的电力生产量视为总体经济状况的一个令人满意的指标。每个人都会尝试以某种大体上"符合经验"的方式考虑这一点。

然而，在这一点上，一些微妙的"精练"方法马上就会显现出来。这些"精练"方法根植于日常生活中的精神态度，尽管专业化的分工已经使其中一些方法超出未经专门训练的人凭常识可以理解的范围。它们既与资料有关，又与利用资料进行推理的方式有关。对我们的事实证据进行"精练"的一个例子是，人们习惯于分别研究纽约市和纽约市之外的银行的相关统计数据，并以不同的方式加以解释。另一个例子是，只要能够做到，我们就会将建筑活动的统计数据拆分开来。原因显而易见：如果我们希望估计建筑业对某个给定的经济状况的影响，建筑活动的总量数据就是我们所需要的，但是建筑活动作为一个症状可能会因将为公共机构进行的建筑活动包括进来而失去一些价值，并且会因未能区分住宅建筑和工业建筑而失去更多的价值。又如，生铁产量数据的诊断价值会因为如下事实而大幅降低：有些行业的生产活动本身反映了对进口生铁的依赖，在萧条时期，出口可能会导致生铁产量减少，从而可能会导致亏损。[①] 也正是因为这个

[①] 当然，由于它的技术性含义的变化，其诊断价值将会进一步降低。对此还没有找到令人满意的补救办法。

原因，施皮特霍夫建议用生铁消费量（产量加上进口量，再减去出口量）来代替这个数字。当然，这个原则其实适用于所有的商品序列。

对于序列数据的整理或形式化处理，现在每个人都已经认识到了如下常识，用占某个固定基数的百分比或链式数据来表示数据、用半对数坐标纸来制图、使用平滑工具以及其他方法，具有很大的优点。但是，我们那位"商人老师"也知道，在评估他平时观察到的因素或症状的任何变化时，必须先形成这样一种观念，即那种变化究竟在多大程度上真正表明了经济基本状况的变化，抑或这种变化仅仅是季节性的。专业的研究工作只能使这种非常实用的思想的精确性提高一些。由于这个问题在本书的论证中并不发挥主要作用，而且这里的讨论也不能对它做出任何贡献，因此我们不妨一劳永逸地就此将它处理掉。当然，我们不能说这个问题已经圆满得到解决。因为，尽管这种现象比我们必须处理的其他现象，特别是在周期性这一点上，具有更强的规律性，但不幸的是，前者既不独立于后者，也不是不会影响后者。我们可以在一级近似中忽略这个问题，甚至用"经季节性变动调整的数据"这种适当的惯例来消除这个问题。但是，我们却不能忽视另一个困难，它源于如下事实——主要是由于持续的努力（也由于其他情况），季节性变动在时间上并不是一成不变的。一般来说，季节性变动倾向于减小波动幅度并使波动变得不那么重要。我们一直在想办法让母鸡下蛋更有规律性一些、让建筑活动更不容易受冬天寒冷天气的干扰、让资金利率的季节性不像在 19 世纪时那么明显。即便是在最终消费者的需求仍然呈现出一定季节性的领域中，现代生活的趋势也表现为尽可能地独立于那些会导致季节性变动的因素，例如，很多行业中的经销商（譬如汽车行业的经销商）的中间需求，已经在生产商的"教育"下实现了在一年内更加平均地分配。这种困难在很大程度上是利用由 W. L. 克拉姆（W. L. Crum）发明的一种方法解决的[①]，它包括用某种常用的方法找出季节性变动趋势，并利用每月的趋势值进行调整。这相当于使用一个移

[①] 参见：W. L. 克拉姆的论文《季节性的渐进变化》（Progressive Variation in Seasonality），刊载于 1925 年 3 月号的《美国统计学会会刊》（*Journal of the American Statistical Association*），以及本书引用的其他论文。这篇论文还向读者介绍了这个问题的背景和意义。

动的而不是一个固定的季节性指数。

本书总结的研究使用了由其他作者以各种不同的方法调整过的序列①，不过有的时候使用的是简单的平滑方法。但是，也有一些情况不会出现这个问题，因为必须使用年度数据；而在另一些情况下，人们认为最好不做任何调整，以避免出现"篡改"事实证据的问题。而且，我们在真的要使用调整后的数据时必须非常警惕，季节性影响是不是没有完全消除，或者这种操作会不会损害原始数据；不过，我们还是会认为必须这样做，就好像问题确实已经完全成功地解决了——我们把季节性影响视为一种独立的东西，要剔除它，就像摘掉一顶帽子那么容易。这是实现本书的目的所必需和允许的简化程序的一个重要部分。②

虽然外行人有时会表现出一种令人不安的习惯，即把数量和数量之间的关系与过去某个时代（例如战前最后十年）相对应的数量和数量之间的关系放在一起比较，但是他们大多数人都能认识到，正常的经济状况本身是随着时间推移而变化的。他们面临的问题是，如何从每个时刻的图形中分离出那个时刻的正常模式，并以它们为参照对这些图形进行评估。这是趋势分析的常识，统计学家所做的，无非设计某种正式的方法来帮助经济界人士实现这一点。我们稍后再来讨论这个问题（第五章），届时还会给出理由来质疑通常的程序的有效性，以及它所产生的趋势和波动的有效性。就目前而言，只要指出消除或校正趋势与修正季节性变动一样，也是一种切实可行的想法就足够了。这样一来，如果我们使用趋势的概念，并把自己限制在研究对趋势的偏离上，那么，就像哈佛大学商学院所做的那

---

① 在大多数情况下，作者更喜欢通常所称的"环比中位数法"（median-link-relative method），这种方法至少在 1925 年就得到了这个领域的权威克拉姆教授的支持，请参见本书所引的克拉姆教授的论文。

② 在这里，我暂时偏离主题介绍几篇参考文献：S. 库兹涅茨（S. Kuznets）的《工业和贸易中的季节性变动》（Seasonal Variations in Industry and Trade），唐纳（Donner）的《季节性波动：经济研究的一个重要问题》（Saisonschwankungen als Problem der Konjunkturforschung），刊载于《经济研究季刊》（*Vierteljahrshefte zur Konjunkturforschung*）的第 6 号专刊，以及同一本期刊的第 11 号专刊，它们分析了德国 1924 年以来的季节性变动。另外也请参阅亚伯拉罕·瓦尔德（Abraham Wald）的《季节性波动的计算和消除》（Berechnung und Ausschaltung von Saisonschwankungen），维也纳，1936 年出版；维希涅夫斯基（Wisniewski）的《季节性和周期性波动》（Seasonal and Cyclical Fluctuations），刊载于《计量经济学》（*Econometrica*），1934 年 4 月。

样，用标准差来表示这些偏离，可能是迄今为止设计出来的表示这些偏离的最原始的也是最合理的方法。但是，这里会出现的一个根本性的问题——趋势与偏离之间可能存在相关性——并没有因此得到解决。不过，这种方法还是可以用来改善在不同时期会表现出不同波动强度的数据。常识还告诉我们，对于经济的症状，还适用一种规则，这种规则原本适用于对不同人的"脾性症状"的评估。我们对出现在不同人身上的某种特定的表现的评价是不同的，所依据的是它出自一个我们知道是暴躁易怒的人，还是出自一个我们知道是性情平和的人。经验告诉我们，既存在"暴躁易怒"型序列，也存在"性情平和"型序列。在诊断经济状况的情况下，对于偏离两者的同样大小的量，赋予同样大小的重要性显然是行不通的。只有当用"标准单位"来表示时，他们的"脾性症状"才能等量齐观。

当一个时间序列经过了这样的处理①，也就是说，在对季节性变动和趋势进行了"调整"之后，它的各个项目就都是用标准单位表示了，然后我们得到的剩余部分会呈现出大致类似于波浪的形式。众所周知，这些"波"通常被称为周期（cycle）。"波"的含义是，它代表了序列所描述的历史现实的一个独特的因素，而且可以用这种方式将其与其他两个因素分离开来，或者更确切地说，由于外部因素的影响无法消除，这个独特的因素会受到外部因素的扰动。这就是所谓的哈佛方法的精髓。它的有效性，特别是它实际上成功地隔离出了周期性运动这一主张的合理性或者说不合理性，我们将在下文再深入讨论。现在重要的是，读者应该明白，这种方法是以常识为基础的；尽管对它的批评已经几乎成了一种时尚，这种批评不考虑它所取得的进步的历史意义，也不考虑它教导许多学者理解经济周期的事实，其中包括一些最激烈的批评者。② 这一方法忠实地遵循了并改

---

① 在下文中，各种时间序列都必须仔细地加以定义。目前，我们暂且假设每个人对时间序列这个术语在一定程度上都是熟悉的。

② 对基于这种方法的预测的批评尤其不公平。只要适当地考虑了经济预测的意义和实现，就知道结果绝不会是"坏"的，由于所采用的衡量成功和失败的方法以及我们对外部扰动的权重都是不同的，判断必定会有所不同。关于对各种预测者的努力带来的成功的衡量标准，请参见 G. V. 考克斯（G. V. Cox）的《美国商业预测的评估》（An Appraisal of American Business Forecasts, 1930）。但是，真正令那些人对这项预测服务恼火的并不是失败，而是成功。正如人们无法忍受萧条一样，他们也无法忍受不利的预测。

进着商人的想法，并赋予它们数值精度。我们可以很容易地看到，这些想法源于商人的需要和关注——当然，商人也可以赞成或反对。类似的结论也适用于其他旨在生成更多的信息的处理统计事实的方法，特别是其中一些最好的方法。①

此外，经济状况这个概念本身就暗示了一种部分基于潜意识经验的印象，即可度量的症状或因素的波动大致上是同步的。而专业研究者的努力所能增加的无非两点：首先是一个统计图，其次是一些改进。提供统计图的最原始但也最直接的方法就是在同一个图上绘制尽可能多的时间序列——只要你认为它们可能有用，或者这样做很方便。如果在绘制它们之前都按照前述哈佛方法进行了处理，那么对某些方面进行比较将会变得更容易、更有成效。不过，由于一些显而易见的原因，每个人都会试图减少需要绘制的时间序列的数量，从而导致了一些问题（下一节将会讨论）。例如，哈佛大学的"晴雨表"（barometer）把它想要传达的信息压缩成了三条曲线②；而其他一些方法，尽管它们在以多个其他时间序列来说明时从来没有失败过，还试图集中用一个单一的数字来表示经济状况。如果这个数字具有明确的含义，也就是说，如果只需要在刻画整个情况而构造的多个可用的序列中选择一个，就可以得出描述经济状况的这个单一数字，那么我们事实上就可以对这样的描述一定非常不完美这种观点提出反对，

---

① 我们在这里只提两种方法。第一种是美国国家经济研究局于 1935 年 7 月 1 日发布的第 57 号公报描述的方法，源自：韦斯利·C. 米切尔（Wesley C. Mitchell）和阿瑟·F. 伯恩斯（Arthur F. Burns）的《国家经济研究局对周期性行为的度量方法》(*The National Bureau's Measures of Cyclical Behavior*)，已经被美国国家经济研究局的研究者用于许多重要的研究。第二种是弗里基（Frickey）提出的方法，请参见他发表在 1935 年第 15 期《经济统计评论》(*Review of Economic Statistics*) 上的论文。我们无法在本书中花费太多篇幅讨论这两种方法，但是我们强烈建议读者熟悉它们。本书作者特别感谢米切尔教授，承蒙他慷慨允许，作者得以阅读他即将出版的伟大著作第二卷第一和第二章的初稿。

② 类似地，B. B. 史密斯（B. B. Smith）的"晴雨表"用四条曲线来比较经济活动指数（美国电话电报公司和克利夫兰信托公司的指数）。第一条是利率和债券收益率的平均值，第二条是美国联邦储备银行持有的黄金和美国国债，第三条是证券收益率随时间推移而变化的回溯 12 个月的后向回归系数，第四条是长期债券的新发行量。

Econostat 指数则有三个组成部分，分别代表金融、分配和生产。

德国经济情况 Axe-Flinn 指数也有三条曲线，分别代表投机（股票价格）、商业（价格、产出等）和货币（货币利率、银行预付款等）；请参见 1925 年 10 月号的《经济统计评论》。

而且除此之外没有其他异议。例如，一个完全由银行借方数额的时间序列构成的经济指数就属于这一类。同样地，那些为了这个目的而构造，但是利用了我们习惯在任何情况下用来合成指数的资料的指数，也属于这一类；仅仅用来描述实物总产出的变化的经济指数就是如此。后一种概念所固有的困难在我们这里并不重要——我们可以直接认定这个概念是完全可以接受的。我们也可以将它用于现在这个目的。[1]

但是，在其他情况下，单数字指数（single-figure index）本身并不具有这种意义，那么问题也就来了——它到底有没有意义？当然，没有理由假定任何有机体的状态都可以用一个单一的数字来表征。为了认识清楚这种尝试的本质所在，我们只需要把类似的想法形象化地应用于生物有机体，然后看看会有什么结果。例如，我们不妨设想一下：某个医生试图用一个数字来表示他对一个病人的诊断，或者用一组数字来表示病人的身体状况的变化。这种指数的概念与我们这个时代对指数的轻信是如此吻合，事实上只会让事情变得更糟。铁路营业收入、商品进口总值、生铁产值、棉花消费量、煤炭产值和结算额等指数的算术平均值，之所以没有立即被认为是没有意义的，只是因为这些序列与许多其他序列之间存在着一种大致的共变性。但是，在任何情况下，它对我们从单一的图表中得到的印象

---

[1] 我们在下面给出了正文所述类型的一些单数字指数的例子。1922年以来的美国电话电报公司的综合经济指数；实物序列；参见1922年1月号的《哈佛商业评论》。哈佛经济服务局的经济周期敏感商品价格指数（十大商品）；参见W. M. 珀森斯（W. M. Persons）和科伊尔（Coyle），《经济统计评论》，1921年，第353页，第369页。卡尔·斯奈德（Carl Snyder）的经济结算指数，参见他的《经济周期和经济测量》（Business Cycle and Business Measurements）。《纽约时报》的每周经济指数；实物序列。埃德温·弗里基（Edwin Frickey）的经济结算指数，参见《经济统计评论》，1925年10月。巴布森报告公司指数（Babson's Reports Inc. Index）；实物序列。斯奈德的存款周转率指数，参见《经济统计评论》，1924年，第253页。电力生产指数，参见珀森斯和马修斯（Mathews），《经济统计评论》，1928年，第196页。珀森斯的贸易指数；自1915年的实物序列，参见《经济统计评论》，1923年，第71页。

的基础上提高的数值精确性,却完全是假性的,只能起到误导人的作用。①

最后,商人的印象可以通过度量周期和振幅,以及每个序列相对于其他序列的波动的运动时序来加以提炼。这片土壤充满了新的理论问题,到目前为止我们只是触及了最浅的表面而已。特别是对波动的振幅的研究仍然处于起步阶段。事实证明,哈佛方法在用于度量领先指标和落后指标时特别有用。②

第六节　因素或症状之间的经验联系

当我们这位"商人老师"开始审查他所能得到的材料时,他首先会注意到这样一个事实:许多序列或非定量症状所度量或表明的其实是相同或几乎相同的东西。有时,不同的序列甚至会引向相同的材料或同一类材料;而且更加重要的是,不同的材料往往反映相同的因素或症状。在大多数情

---

① 下面这些单数字指数都属于正文所说的类型。美国电话电报公司的经济指数:1922年以前的实物序列,价格、结算额序列(参见上一个脚注)。奥格本-托马斯(Ogbrun-Thomas)经济周期指数:价格、倒闭企业数、实物序列、就业、结算额;参见 D. S. 托马斯,《经济周期的社会层面》(Social Aspects of the Business Cycle),第 57 页,以及《美国统计学会会刊》(Journal of the American Statistical Association),1922年9月号,第 824 页。《经济学人》经济活动指数:就业、实物序列、结算额、邮政收据;参见杰弗里·克劳瑟(Geoffrey Crowther)在 1934 年的《皇家统计学会杂志》(Journal of the Royal Statistical Society)上发表的论文。B. B. 史密斯的经济周期预测指数是前面一个脚注提到的四条曲线的加权平均(所选择的权重给出了预测指数和经济之间的最优相关性)。然而,对于这个指数,还是可以给出一定理由的。珀森斯的贸易指数:1915 年以前,结算额、实物序列、铁路收入和就业(见上一个脚注)。托马斯的英国经济周期季度指数:实物序列、结算额、失业、价格;参见 1926 年 3 月的《美国统计学会会刊》。艾克斯-霍顿(Axe and Houghton)经济活动指数:结算额、实物序列、价格;参见《安纳利特报》(Annalist),1916 年 1 月 15 日。卡尔·斯奈德的交易量指数:结算额、实物序列、就业和安全问题;参见他的《经济周期和经济测量》。卡尔·斯奈德的经济活动指数,是交易量指数的组成部分之一;借方数额、邮政收据、实物序列;参见他的《经济周期和经济测量》。Econostat 指数(见前面一个脚注)将三条曲线合并成了一个单数字指数,其中包括实物序列、银行存款、结算额等。

② 因此,最主要的是必须参考哈佛委员会的工作,特别是 1919 年的《经济统计评论》(第 184 页以下诸页)给出的结果。两个调整后的序列显示出最大相关性的滞后量揭示了这两个序列所反映的量在周期性过程中的基本关系,这种观点的理由值得我们进行比目前更加细致的考察。有关这个观点的介绍,请参见 W. M. 珀森斯为《数理统计手册》(Handbook of Mathematical Statistics, ed. H. L. Rietz)撰写的关于时间序列的论文。

况下，这一点是显而易见的。铁路运输的煤炭和生产出来的煤炭，是经济状况的两个在统计上相互独立的症状，而且它们并不完全一致。但归根结底，它们只是近似相同的事物的两个不同的度量值。美国钢铁公司未完成的订单量和生铁消费量在许多情况下也可以互换使用，而且只是在某些非常特殊的情况下才度量了不同的东西。从更广泛的意义来说，当把生铁和铜的消费量作为经济状况的症状进行研究时，也可以说是在度量同样的东西。在我们的列表中，有不少类似的情况都已经归在了同一个项目当中。

接下来，这位"商人老师"会发现，有些序列比其他序列更直接地反映了整个经济有机体的状况。我们将这种序列称为系统序列（systematic series），以区别于其他个别序列（individual series），后者只能反映经济有机体的某个部分的状况。很多综合性的序列，主要是价格水平和总产出序列，都是系统序列的很好例子；不过，许多自然序列也是系统序列，其中最重要的是结算额-借方数额序列、失业和利率序列。此外，我们还应该注意到，虽然某些序列，例如价格水平序列，只能是系统序列，而绝不可能是个别序列，但是也有一些序列随使用目的不同，既可以被认为是个别序列，也可以被认为是系统序列。例如，生铁消费量从性质上说是一个个别序列；但是，当把它视为装备行业活动的一个指标时，它就变成了一个系统序列。

在任何实际运用常识符号学的尝试中，至少在开始的阶段，可能还会存在着另外两个区分。第一个区分是，不同的因素，有的可能是因果性的（causal），有的则可能是结果性的（consequential）；第二个区分是，不同的因素，有的可能是主要的或初级的（primary），有的可能是次要的或次级的（secondary）。像以前一样，"因果性的"这个术语是按它在日常用语中的通常意义来使用的；不过，它也可以在相对意义上使用，在这种意义上，一个事件可能是某些现象的原因，也可能是其他现象的结果。"主要的"既不意味着时间上的先发性，也不表示相对意义上的重要性，而只是意味着，在我们这样的符号学家看来，被认定为"主要的"那些因素始终会存在于繁荣或萧条中，除非受到了某种意外事件的抑制或遮蔽。对于这一点，举一个简单的例子就能说明清楚。如果没有股票交易情况的相应波动就很难发现任何显著的经济繁荣或萧条，那么在我们这里所说的意义上，股票交易情况的波动将会被大多数人称为主要现象。但是，大多数人也会同意，这种波动与其说是经济繁荣或萧条的因果性因素，还不如说是结果性因素，尽管它可能是某些次要现象的因果性因素，例如，股市崩盘后对珠宝的需求会下降。这个例子还表明，这两种区分可能是相互交叉的；这就是说，一个主要因素可能是结果性的，而一个因果性因素可能是次要的。

这个概念工具看似普通，但是却有许多用途。甚至许多科学描述，特别是历史方面的描述，都不需要使用其他工具。一方面，它在商人手中特别有效，因为商人比统计学家更有可能了解统计数据表面下的工业过程和经济状况。在将他的症状列表中在统计上、经济上重复的东西都清理掉之后，他就可以形成对经济有机体的各个部门（农业、工业、矿业、批发和零售贸易、运输等）的聚合描述，并利用常识将它们链接到一起。例如，他将会认识到农业收入波动对农业机械和肥料的需求以及对农业区银行经营状况的重要性。他将会评估铁路收入和就业情况，它们既是造成经济状况的因素，也是经济状况的症状。他还将观察各个细分行业的建筑活动、货币市场状况等。在所有这些情况下，他都会设法对数量和趋势做出估计。

我强烈建议读者也这样做。这是一个非常有用的练习。当然，能否成功则取决于是否有能力摆脱所有理论上的先入之见，并倾听常识的声音，就好像从来没有听过或读过有关这个问题的任何论著一样。[1] 为了避免干

---

[1] 加一个注，记下这些结果应该是很有用的，在争论的转折点上可以引用它们，以代替根据日常经验似乎需要的支持或批评；因为作者想再次重申，在他的整个分析中，他没有发现任何不能用简单的经济事实加以说明的东西。当然，读者可以（但是却不一定必须）从我们的列表开始。读者自己习惯于使用的任何事实报告的常识性解释同样有用，只要他能够从理论建议几乎总是隐含着的结果中抽象出来。仔细阅读标准统计公司（Standard Statistics Corporation）或穆迪服务公司（Moody's service）的出版物，或再次阅读《伦敦经济学人》（*London Economist*）或《统计学家》（*Statist*）、《安纳利特报》、《商业和金融纪事报》（*Commercial and Financial Chronicle*）或德国《经济通讯》（*Wirtschaftsdienst*）等报道的事实，就可以得到很多非常宝贵的结果。有关经济周期的任何学术研究都不应忽视这一点。

本书作者为了阐明如何从这种关于因素和症状的常识性联系提升为更有效的经济分析，专门撰写了一篇论文——《经济生活的波动分析》（Die Wellenbewegung des Wirtschaftslebens），刊载于《社会科学与社会政策文库》（*Archiv für Sozialwissenschaft und sozialpolitik*），1914年。

扰读者的判断，作者将尽量避免"将各种症状联系起来"这一类做法。但是，作者仍然可以通过举例将自己的思想更加清楚地表达出来，并提出一些一般性意见。

例如，很明显，面向消费者（家庭）的商品销售快速是繁荣的经济状况的基本因素之一，而销售滞缓则是经济状况不佳的基本因素之一，这既是一种症状，也是一种因为经济状况的影响而出现的后果。现在假设，前面清单中的第 2、7、16、17、19、22、26、29、31、35、40 项，全都或多或少地以各自的方式与对消费者的实际和潜在的销售建立起链接（尽管它们中的大多数也将出现在其他链接中），而且可以归集到一起，并相互核对，用于诊断和预测的目的。不同事件链的各个方面和不同阶段可用于相互解释并相互吻合。如果我们从试图预测近期"消费者支出"的变化入手，那么经由货币收入，我们将被引导到"生产者支出"，并毫不费力地把它与利润预期联系起来——特别是那种意味着必须承诺付出非常可观的时间、进行建筑物（厂房）和设备投资的利润预期——这样也就推导出了（作为副产品的）常识性理论的一个元素，即重工业和出于经济目的而进行的建设在改变经济状况的过程中所发挥的作用。到目前为止，利润是因果性因素，但是它反过来并不依赖于价格水平，也不依赖于任何绝对价格，而是依赖于不同价格之间的关系，因此对于个别企业来说，一个重要的因果性因素显然是预期价格与成本之间的关系出现任何改变的可能性存在与否。因为影响商人的决定的，并不是简单的利润，而是他可以留给自己的那部分利润，所以我们也就在恰当的时候"发现"了税收和利息：利息的真正作用也在此显现出来，而不需要特地得出有待预测的事件的必要条件或充分条件。

无论我们从前述清单的什么地方开始，都有可能在所选的项目和其他项目之间建立起一些"短程链接"。它们可以让我们远远超越简单的印象，并且不需要使用任何精巧的统计技术或理论推导方法，而仅仅依靠我们对业务流程中事物之间关系的常识性理解。因此，我们可以用这种方式探索经济世界及其变化机制，并很容易地"完成"两个任务。首先，完全有可能从个别企业的立场和目的出发，得出合理的诊断和预测。对于该企业来说，以下事实也有利于这个任务的完成：大多数经济量都是它自己的行动无法影响的数据，以及与它无关的更深层次的关系。诚然，个别企业确实很有可能会犯错，因为它对事实的调查可能不够充分，或者因为它从事实中得出的推论有误。然而，只要给予自己的事实和推论合理的关注，企业通常都能做出非常有用的判断。其次，经济状况的所有因素或症状之间的普遍相互依赖性的事实和形式（粗略地说）都可以确定下来，而且可以凸显出来，从而再也不会弄错。例如，住宅建筑显然既是国民收入的一个功能，反过来（连同它的所有附属设施一起）也是国民收入形成的一个因素；事实上，对于前述清单中的任何一个项目，类似的说法都是成立的。我们可能经常需要利用这个"廉价"的概念工具（有时甚至是不可避免地要利用它），它通常是有用的，但是很多时候也会误导人，而且总是会在一定程度上歪曲真相——或者在一个双向或多向关系中忽视了较弱的一个方向，或者在某种特定的情况下假设只有 A 会影响 B，而 B 不会影响 A。例如，我们这位"商人老师"可能有理由假设，在不久的将来，利润不会出现大幅变化，但是利率却会。就他的目的而言，在这种情况下，利率实际上获得了因果性因素的地位。在实际判断中一些最严重的错误和一些最有害的理论的根源都在于这种方法，但是，如果在使用它的时候一直保持适当的谨慎，并且不自命不凡地宣称得到的结果必定是普遍性的，那么它确实有助于对经济世界的常识性探索。

然而，这也就是它所能做到的全部了。但我们想要得到的不仅仅是这些。要认识常识符号学所能达到的极限，只要看一看，当我们试图在以下两种意义上进行一般化时会碰到什么就很清楚了——试图得出适用于整个有机体的陈述，或试图得出永远是对的陈述；或者换种说法，当我们真的使用了"不可接受"的言辞时，即当我们问及根本性的原因和影响时。让我们举一个例子来说明。物价上涨对繁荣（或许是繁荣的程度）至关重要吗？它是繁荣的一个原因、一个结果还是一个征候？利润和意外损失可以归因于价格水平变化的"机械效应"吗？这种价格水平的变化会不会反过来只是利率变化的机械效应，进而可能是中央银行政策的机械效应？对于这类问题，常识符号学没法提供答案。人们可能会从序列之间的关系中寻找答案，但这种关系是可以用多种方式解释的。未经分析的经济事实的声音几乎是在嘲弄地重复着："相互依赖"这种说法如果试图表述普遍的真理的话，对于任何更加具体的事物来说，最好的结果也只不过比完全错误好一点点。我们也不能依靠在公共政策实施过程中积累下来的大量实验性结果，因为只要在我们讨论的那些方法之外没有其他可用的方法，对于这种数据的证据效力就无法得出结论。从这个角度来看，（例如）关于宽松货币政策在刺激经济方面是不是有效这个问题，我们只能说，它有时有效，有时无效。而外行人则完全有理由坦率而困惑地叫嚷："告诉我！到底是资本主义扰乱了货币，还是货币扰乱了资本主义？"①

---

① 这句话是从一本政治和文学期刊上抄录下来的。为了说明本书作者所要表达的观点，一个更好的例子是英国工业和贸易委员会（巴尔福委员会）报告的第四卷，题为《进一步提高工业和商业效率的因素》(H. M. Stationary Office, 1923)，它的第六章讨论了经济波动问题。如果那就是一群既能干又有经验的实干家在对工业事实进行如此细致的调查之后所能说的东西，那么我们当然有理由认为应该尝试一下其他方法能够给我们带来些什么。

第二章　均衡与经济量的理论正常值

第一节　模型的意义

在导论中，我们已经看到，只要对我们用经济状况这个术语表示的那些事实加以考察，并对它们进行常识性讨论，就可以完成很多事情。不过很显然，为了取得超越这种成果的更多进展，就必须收集更多的事实，并找到更严密精巧的统计方法来处理和组织这些事实。这一点应该是显而易见的，特别是我们不得不尽可能远地回溯历史，因为我们没有其他方法来观察大量的经济波动，因此历史研究必定是至关重要的——哪怕要处理的是最实际的当代问题。

但是，我们也看到了，在对经济事实进行的这类讨论中，我们会碰到一堵坚硬的"墙"，它隔断了我们获得许多问题的精确答案的道路，而且这堵墙是不能通过收集更多的事实（无论多么完全）、采用更高级的统计方法（无论多么精巧）来攻破的。导致这个结果的原因是，原始的事实本身就是一堆毫无意义的东西。即便是我们按照前面所说的方法获得的那些信息，也是由于我们对事实的"运行方式"（modus operandi）应用了常识性理解而获得的，它们与对事实本身的理解一样多。由此导致的一个结果是，我们现在必须努力改进我们的常识性方法，以便获得一种更强有力的分析工具，就像我们必须努力增加事实（数据）储备、改进我们的统计方法一样。这就是我们在本章和随后两章打算做的。

毫无疑问，这是最自然也是最必要的事情。但是，正如众所周知的，在这件事情上争议已经出现，因此我要先给出如下解释和辩护意见。

（1）如果我们在一开始时就在一个联合论证（connected argument）中提出某些特定概念和命题，这在一定程度上只是为了说明的方便。随后，在需要的时候，其他概念和命题还会陆续出现。但是这种解释方法也有被误解的危险。在许多读者看来，在那之后再引入的事实除了用来验证一个已有的理论之外，没有别的作用。我们不能在这里展开讨论"理论"与"事实"之间的关系，那是一个认识论问题。但必须强调的是，本章和后文将要讨论的内容在某种程度上只不过是对后面将要给出的一些事实的一般性表述。因此，"验证"（verification）这个术语并不能准确地描述这种关系。为此，我必须提出一个比"验证"一词的含义要广泛得多的观点——在这一点上，作者完全同意有些人的观点，他们自称是所有理论的敌人，除非用引号，否则永远不会提及它——而且在这里是为了直接研究历史和统计事实而提及它。

（2）然而，我们对常识的改进和精练在逻辑上确实要先于我们希望研究的事实，而且必须先引入它们。因为若没有这种改进和精练，我们就不可能对事实进行讨论。如果我们明确表示，在说到"理论"时，我们的意思与研究经济周期的学者通常对"理论"的理解不同，那么这种说法的含义将会变得更容易接受。即便是在那些从不认为理论是一种"胡言乱语"的人当中，也有许多人习惯于将理论等同于解释性假说。[①] 也正是这种鲁莽地提出业余级假说的做法要对以下情况负责（并在一定程度上证明了以下情况之所以会出现的合理性）：理论的信誉下降，同时从事事实研究（或者说从事"实际研究"或"经验研究"）与从事理论研究的学者之间出现了明显的对立。然而，假说的框定尽管有时在我们这门学科中与在其他学科中一样有必要，但是从它与"分析工具"同义这个意义来说，却既不是理论的唯一功能，也不是理论的主要功能。如果我们要研究价格水平并设计度量价格水平的方法，我们就必须首先确定什么是价格水平。如果我

---

① 这句话是卡尔·斯奈德说的。

们要观察需求，我们就必须先有一个精确的需求弹性概念。如果我们要讨论劳动生产率，我们就必须先知道，关于每工时总产值的哪些命题是成立的、关于总产值对工时的偏微分系数的哪些命题是成立的等。假说并不会进入这些概念；它们只包含描述方法和度量方法，并不包含定义它们之间关系的命题（即所谓定理）；但是，框定这些概念却是主要的理论任务，在经济学和在其他学科领域都是如此。这也就是我们所说的分析工具（tools of analysis）的含义。很显然，在我们能够掌握我们想度量和理解的主题之前，我们必须先拥有这些工具。一组这样的分析工具，如果用来处理一系列形成了一个独特过程的现象，我们就称之为这个过程的模型（model）或模式（schema）。至于它所依据的是什么这个问题，如果它不以所描述的过程的事实为根据，那么唯一可能的答案是它以其他事实为根据。

（3）我们这个领域的一些研究者不仅忽视了我们即将面对的任务，甚至为此感到自豪。他们的理由是，他们已经把自然科学的方法用来研究社会事实，因此用不着再考虑这些。但是，用完全不同的物理问题进行类比，与其说有帮助，不如说是误导性的，但是在这里，为了便于论证，我们可以暂且接受这种说法。即便是这样，我们那些同行的理由也不成立，因为他们完全忽视了理论在物理学研究中的作用；我们所说的这种工具箱在物理学中至关重要，甚至在构造假说方面发挥的作用远远超出了我们在经济学中所做的所有尝试。对于那些试图从我们的方法与物理学方法之间可能存在的相似性中获得安慰的人，我要请他们去翻阅物理学著作，譬如牛顿原理的"推论五"，或者玻尔的原子模型，那应该有助于阐明我们的意思。因此，尽管有时候对"先入为主的观念、推测和形而上学"进行"严正抗议"可能是正确的，但从这种物理学类比中并不能得出什么有分量的论据来支持如下观点——完成我们的任务的正确方法是收集统计数据，用正式的建模方法去处理它们，并把结果作为问题的解决方案提出来。[1] 这种观点背后的错觉，可以通过一个被我们称为"无意义归纳"

---

[1] 凡勃伦（Veblen）也说过类似的话，不过他还在统计学和数学中加入了常识。对于这种说法的谬误之处以及潜意识式的原始理论的危险，根本不需要进行更多的论证。我们的选择不是在有理论与没有理论之间进行的，而是在精致的理论与不精致的理论之间进行的。

(nonsense induction) 的例子进一步揭示出来。① 在每一次发生危机或陷入萧条的时候，我们都会观察到大宗商品变得滞销。如果我们以此为根据直接得出结论说，"人们生产得太多了，因此他们时常无法将他们生产出来的东西全部卖出去"，那么我们其实是在说一些就事实发现本身而言确实没有根据的东西。但是，我们不得不做出这样的陈述。当然，如果我们仅凭这种发现就这样做，那么我们就是在执行一项毫无意义的行动，尽管它可能以看起来很精确的术语来表述。

（4）我们在上面已经看到，一方面，统计的、理论的和历史的事实在我们构建对某种现象的认识过程中所起的作用，要远比验证从其他来源得到的理论重要。它们引致了理论研究并确定了理论研究的模式。但是，现在我们必须补充的是，另一方面，这些理论并不能完全令人满意地发挥"理论家"通常赋予它们的功能——验证的功能。这是因为，除了无意义归纳，还有一种叫虚假验证（spurious verification）的东西。我们最好用例子来说明虚假验证到底是什么意思。从利率是经济状况的一个重要因素这个常识性印象出发，我们跳到如下结论：利率是繁荣和萧条的因果性因素。事实上确实几乎总是如此——低利率先于繁荣出现、高利率先于萧条出现。如果这样就足以建立起因果关系，那么这个命题将是科学中最安全的一个。然而，这个命题是错误的，而且很容易证明这一点，即便没有任何统计事实与它矛盾，也是如此。这还不是全部。即便这个命题是正确的，统计数据也不能证明它是正确的，其中的道理显而易见：哪怕这方面的时间序列与这个命题相符，也可以用另一种关系来解释，或者用完全不具备因果含义的理由来解释——例如，在每一轮繁荣出现之前，必定会出现被我们认为与繁荣相反的一种状态，在这种"不繁荣"的情况下，对货币的需求很小，因此利率很低。因此，在繁荣出现之前，必定会先有低利率的出现，即使低利率与繁荣无关，或者即使低利率是繁荣的障碍，也是一样。

---

① M. F. 西米昂（M. F. Simiand）论述工资问题的著作给出了很多这方面的例子，非常值得一看。

当然，我们所观察的时间序列是我们所用资料的一部分，我们必须从这些资料开始，并且对它们做出解释。我们必须使每一个新的事实发现与经济过程的其他事实保持一致，而不是与我们自己的任何具有诗意的想象保持一致。但是，任何统计结果都不能证明或驳倒我们基于更简单和更基本的事实有理由相信的命题。这就是说，统计结果不能因为一个时间序列的同一行为可以用无数方法在分析的层面上加以解释而证明这样一个命题为真；它也不能证明这样一个命题为误，因为对所研究的统计资料起作用的其他影响，可能完全掩盖了一种非常真实的关系，使这种关系完全消失在数据图形中，而不会因此失去对我们了解情况的重要性。因此，要对统计归纳和统计验证做出结论，通常必须符合一定条件。像我们这样的资料，暴露在如此多的干扰之下，并不符合归纳过程的逻辑要求。①

第二节　基本问题

毫无疑问，当我们注视着某个熟悉的经济时间序列的图形时，例如，美国劳工统计局（Bureau of Labor）的价格指数、商业票据利率、银行结算额或借方数额、失业人数，或者当我们注视着某个经济状况指标（例如，美国电话电报公司的指标）的图形时，我们都会像我们那位"商人老师"那样，得出波动存在"不规则的规律性"这种印象。我们的首要任务是度量波动并描述其机制。也主要是出于这个目的，我们现在将尝试给出一套分析工具（模式或模型）。但是，像其他领域，在这个领域我们的大脑却永远不会满足于此。无论有多少人警告不要过早地询问原因②，也无论这个警告是多么明智，人们依然总是会急于询问这样的问题，直至最后

---

① 我们不难从韦斯利·C. 米切尔、W. M. 珀森斯和 A. 施皮特霍夫等研究经济周期的顶尖学者的论著中，引用他们的论述来支持这样的论断：上述观点其实不过是早就存在的观点，或者正在迅速成为人们普遍接受的观点。

② 当然，还有一个强有力的论据反对使用这个有问题的术语。我们通常都是以一种常识性的方式来谈论原因，而且人们相信，这种常识性的方式不受认识论的约束。如果如下定义被认为是可取的，那么我们就可以说，我们所说的现象的原因是指一组情况，没有这组情况，这种现象就不会出现。我们或许可以把这组情况定义为"必要且充分的条件"，但是更高的精度只会带来新的困难。

得到答案为止。此外，我们的大脑将永远不会止息，直到所有度量结果和对机制的描述以及关于那些关系的命题全都以这样一种方式与原因联系起来为止，即可以把它们理解为服从原因；或者用我们的语言来说，直到我们把所有原因、机制和后果都组织到一个模型里并说明模型是如何工作的为止。在这个意义上，无论我们可能以什么原因提出反对，因果关系问题都是最基本的问题（fundamental question），尽管它既不是唯一的问题，也不是第一个要问的问题。

现在，如果我们确实在相当一般的意义上对所有曾经观察到的波动、危机、繁荣和萧条都提出这个问题，那么唯一的答案只能是，没有能够解释它们的"第一推动力"或原动力（prime mover）。[①] 甚至也没有任何一组原因可以相当不错地解释所有这些问题。因为这些现象中的任何一个在历史上都是独一无二的，无论是从它产生的方式来看，还是从它呈现的画面来看，都不会与其他任何一个相同。想要弄清楚每一件事的原因，我们必须分析每一件事的事实以及背景。任何归结为单一原因的答案肯定都是错的。

而且，在这个问题背后又会浮现出另一个完全不同的问题。如果我们成功地通过一个通用的、体现了某些属性的模式描述了经济系统，那么提出如下问题显然是有一定合理性并且有很大的实际效用的：如此描述之下的这个经济系统会不会通过自己的运行产生繁荣、危机或萧条；如果会产生的话，是在什么情况下。类似地，试图寻找导致人们死亡的单一原因是没有意义的，因为很明显，原因有很多种。但以下问题却显然是既有意义又很有趣的：在身体没有受到任何伤害的情况下，完全通过人类器官或组成器官的细胞自身的运行，人是不是会死去、为什么会死去？这确实是无比令人着迷的问题，尽管几乎从未被从事医疗行业的人考虑过，因为通常的医疗实践只与实际发生的无数死亡模式中的某一种相关。下面，将这些问题扩展为一般形式：假设现在有一个"真实"现象集 X，出于某种目的，我们要用一个概念模式 X' 来处理这个现象集；如果某个事件 Y 发生

[①] 到目前为止，作者完全同意韦斯利·C. 米切尔教授的观点。

在了 X 中，那么这并不一定意味着要在 X 中搜索 Y 的某个单一的原因；但 X' 是否意味着 Y 的发生、X' 的哪些性质要为 Y 的发生"负责"，这样的问题却肯定是有意义的。

在按照我们希望理解它的方式表述这个问题之后，我们不得不承认，答案可能仍然是否定的。我们在前面已经看到，外部因素肯定在经济波动中发挥着很大的作用，它们甚至有可能解释所有的一切。这实际上相当于一种周期理论，它的表述可能非常简单：只要出现了足够重大的不利事件，危机或萧条就会发生。由于第一章所述的原因，我们不能先验地否定这种观点。此外，它还得到了传统经济学的一些支持。事实上，在人们认为经济生活不稳定的地方，最好的政府机构会把经济视为一个有机增长的过程，即使自身适应不断变化的数据的过程。除了很容易证明由自适应机制的特性引起的波动，这种观点并不指向周期的任何内部原因。事实上，有很多人干脆非常坦率地声称周期就是一个"骗局"，或者只是一种随机的波动。[①]

毫无疑问，事实的证明可能会使得经济过程固有的周期性成分的存在或不存在变成一种实际应用中的确定性。但是事实上，它们并不会只发出一种特定的声音——这尤其是因为（虽然不是唯一的原因）总是有充足的外部因素可供我们使用——而且无论我们怎么用正式模型去处理它们，它们都没有回答前述根本性问题。因此这不会留下什么，我们还是得构建一个经济过程模型，并通过研究时间序列来观察它是如何工作的。而且，在这样做的时候我们不能想当然地认为经济过程有一种内在的周期性运动，

[①] 当然，这些观点中的任何一种都有可能是正确的。然而，可以肯定的是，相反观点的许多支持者或者推理错误，或者未能证明他们所提出的周期是一种独特的现象的主张。在某种程度上，最后的决定仍然将仅仅取决于结果的丰富性如何和对事实的拟合程度能不能令我们满意。然而，就是在这里，重要的是要强调，即便直接否定周期的存在，也可能意味着非常不同的东西。以卡尔·斯奈德的观点为例，他的意思似乎就是经济周期本身而言，重要性经常被过分地夸大——这当然是千真万确的。然而，欧文·费雪（Irving Fisher）教授却在《计量经济学》上撰文（1933年10月号，第338页）称，"经济周期是一个简单的自我生成的周期的观念"只是一个神话。正如读者将会看到的那样，我们完全同意，经济周期并非由单一的波动构成，也不是"简单"的。很难判断费雪的话是否还有其他含义。至于另一些研究者，当他们否认周期的存在时，他们的意思只不过是否认恒定不变的周期这个意义上的"定期性"。无论如何，如果想否认我们迄今明确地或含蓄地断言的任何周期，那么就必须否认经济有时是好的、有时是坏的这个基本事实。

当然，如果这是经济经验的一个不容置疑的事实，我们是可以这样做的。

第三节　静态循环流转

我们现在的任务是在一个经济系统中对自发变化（autonomous change）的事实加以解释；为此，进行分析的一个方便的起点是，首先构建一个不变的经济过程模型，这个过程以恒定的速度在时间上流转，而且只是简单地复制自己。① 显而易见，这个模型将以最简单的形式呈现经济生活的基本事实和基本关系，而且没有这样一个模型就几乎不可能令人满意地凸显出这些事实和关系。因此，它一直以一种隐性的、基本的（未发展成熟的）形式存在于所有学派的所有经济学家的脑海中，尽管他们中的大多数人可能完全没有意识到这一点。有些人甚至在别人试图对它进行严格的定义并使之从抽象的所有粗糙性中脱颖而出时，就对它表现出了敌意。重农主义者就进行了这样的尝试，最终在里昂·瓦尔拉斯（Léon Walras）那里得到了实现。马歇尔的经济学实际上也基于同样的概念；由于马歇尔本人不喜欢这个概念，而且几乎使它从他的论述中完全消失了，所以强调这一点显得特别重要。

这种分析工具背后的常识、它的性质和事实根据，可以这样表述：首先，如果我们研究，比如说一只狗的有机体，我们对所观察到的事物的解

---

① 如果对经济学中的科学工具的严格性的耐心不如物理学中的（在物理学中，人们会理所当然地接受自己不那么熟悉的观点），非专业读者会发现这一节——也许还有其他几节——很难理解。事实也确实如此，尽管作者已经简化到了有可能导致表述错误的地步。反过来，专业读者则会对这种简化感到反感。特别是，专业读者会发现，作者使用的一些工具已经有些过时，而且在许多方面作者也没有将最近的进展充分考虑进来。这些工作将在作者的另一本书中完成。在那本书中，除了其他一些内容，作者将在一个更加宽泛的框架内详尽地考察本书论点的纯理论部分。不过，在本书中作者将只讨论现在选定的这些内容。

我们刚刚介绍的前两个工具——封闭经济和静态过程的思想——尽管对于直接的思维方式是绝对必要的，但也是有缺陷，必须加以说明。第一个工具虽然看上去是完美无缺的，但当把它应用于彼此之间相互联系并与整个世界存在着各种经济关系的国家时，它的有效性就非常可疑了，因为对于这些经济关系，我们必须采用最肤浅的解释。这是一个非常严重的缺陷，不仅因为我们遗漏了真正的经济过程的一部分，并把它作为扰动因素，而且因为国际贸易理论领域最紧迫的任务显然是从周期理论的角度对它进行重构。第二个工具甚至遭到了许多专家的反对。不过相反，我们希望它能揭示经济发展现象的轮廓。

释可以很容易地分成两个分支。我们可能对狗身体内部发生的生命过程感兴趣，比如血液循环，血液循环与消化机制的关系，等等。但是，无论我们对它们所有细节的掌握有多全面，无论我们在成功地将它们相互联系起来方面做得多令人满意，都不能帮助我们描述或理解狗这种动物究竟是怎样出现的。很显然，我们还需要面对一个不同的过程，它涉及不同的事实和概念，比如说自然选择、突变或进化。顺便说一句，我们可以观察到，从狗倒推到鱼是不可能的，尽管我们希望通过这种回溯来加深对狗身体内部发生的各种过程的了解；这是因为这些过程将会一直继续下去，进入一种从逻辑上看无穷无尽的循环流转，即总是假定以前转过去的车轮与现在正在研究的车轮相似——从而我们就遇到了先有鸡还是先有蛋的问题，它完全类似于我们在研究关于经济生活的循环流转的模型时所遇到的问题。就生物有机体而言，没有人会对我们试图阐明的区别感到反感。它没有任何人为的或不真实的东西，它对我们来说是自然的；事实确实把它强加于我们。从历史的角度来看，经济学是与生理学和动物学，而不是与机械学有一个类似的区分，而且这种区分正是我们对经济问题进行清晰思考的起点。

其次，这种区分从人们思考实际业务的方式来看并不陌生。每个商人都能够认识到，按照惯常的方式经营自己的工厂、完成所有日常业务流程是一回事，而创办新工厂或改变原来的架构则是另一回事。他处理这两类任务的态度是大相径庭的。试图将在这两种情况下要完成的事情和表现出来的行为类型融合到一种模型中是一种完全不得要领的做法；我们不能仅仅因为在"现实生活"基本上不存在这两类任务中有一类出现而另一类就不会出现的情况，或者因为现实世界必定是"动态的"，就把它们混淆起来。有人声称不愿接受我们这种区分，核心原因是它太理论化了。对于这种质疑，我们的回答很简单：每个人实际上都是这样区分的，无论在现实生活中还是理论分析中，尽管大多数时候是在潜意识中完成的，也是不太精确的。我们只是将逻辑明确性应用到这个普遍的做法而已。此外，我们还应该看到，这是理解经济周期机制的最重要手段之一。

构建这个模型时的严格程度，是与我们构建它的目标的多重性相对应的。当试图向一群初学者解释构成经济系统的关系的第一个概念时，最好的方法可能是先承认所有通常会发生的事件，并在尽可能大的程度上放松对完美的不变性假设的各种含义。但是，这种习惯无论从教学的角度来看多么合理，都有一个很大的缺陷，那就是很容易导致我们高估我们真正能解释的事实的数据，让我们不知不觉地以为，我们只要构建了一个足够全面的模型，我们就能解释一项纯粹的经济研究所涉及的所有事物。这样一来，如果我们将没有什么变化替换为"平衡的进步"或"均衡的进步"，从而忽略本来必然会出现的逻辑上的困难，那么我们就会得到这样一幅画面，它确实称得上"越不现实、越能给人以生动活泼的错觉"。这个评价特别适用于马歇尔的模型；恰恰是因为它的优点——它有一部分是特别精确的，并且提供了一些非常有效的工具——当把它应用于马歇尔所称的与"时间因素"有关的问题时，就会产生严重的误导性。G. 卡塞尔（G. Cassel）教授的"稳步前进的社会"（steadily progressing society）概念以及其他类似的概念也是如此。

第四节　均衡与理论正常值

就我们目前的讨论而言，我们可以认为经济过程是按恒定速度复制自身的：人口是给定的，人口总数和年龄分布都不会发生变化，人们的消费由家庭组织，生产和贸易由企业组织，所有人都生活和工作在一个不变的物理和社会环境（制度）当中。家庭的口味（需求）是给定的，且永远不会改变。从企业利益的角度来看，生产方式和商业用途都实现了最优（相对于现有的视野和可能性而言），因此也不会改变，除非基准发生了某种变化或者发生了某个偶然事件。

对于每一家企业而言，关于技术的数据都可以用一个函数来表示。这个函数把各种生产要素的数量——如劳动、"自然要素"提供的服务以及本身也是生产出来的生产资料（即"中间产品"，如原材料、设备等）——与可以生产出来的产品的数量联系起来。将生产要素组合起来生产出产品的方式可能有无限多种，具体取决于生产任务、技术惯例和整体环境。这个函数就是通常所称的生产函数①，它给出我们进行经济分析需要知道的关于生产工艺流程的所有信息。对于那些身为经济学"门外汉"的读者，我强烈建议他们熟悉这样一种观念，即在经济学的意义上，生产只不过是把一系列生产要素组合起来而已，而且就其经济目的而言，这种组合（生产性组合）穷尽了对生产的描述。为了更好地理解这个工具，我们只需要明确，对于静态经济状况，生产函数本身是一个基本数据（datum）和不变量；除此之外没有什么可以多说的。举例来说，生产要素的实际组合用生产系数来度量，是问题的变量之一，必定是由经济因素决定的。如果这些系数都是固定不变的——举例来说，为了生产出一蒲式耳小麦，所需的土地、劳动、种子、肥料等之间的比例关系是给定和不可改变的——那么除了要决定是否生产（这一蒲式耳小麦）之外，就不存在其他经济问题了。然而，如果有一定程度的自由，可以在生产要素的不同组合之间进行选择，那么情况就会不同。这意味着，（例如）在保持其他生产要素不变的情况下，为了生产出这一蒲式耳小麦，可以使用原来给定数量的土地和劳动，或者使用更多的土地和更少的劳动，又或者使用更少的土地和更多的劳动，那么这样一来就会出现必须考虑成本和价值的其他经济问题。这也就是通常所说的生产要素的可替代性。如果这种选择的自由不是绝对的，而且上述可替代性必须服从一定的规则并限定在一定的范围内，那么体现了这些规则和限制的生产函数，就可以看作是技术空间和经济环境结构对经济决策施加的一种条件或约束，或者视为经济决策竭尽全力试图实现的经济优势或利润最大化的条件或约束。只要这

---

① 到目前为止，讨论经济分析的基本工具及其性质的文献已经非常丰富。我们无法在这里深入讨论这些问题，而只能简略地提一下几个重要的概念。为此，我们用 P 表示任何一种产品，用 a、b、c 等表示在生产这种产品时使用的生产要素，并把生产函数记为 $P = f(a, b, c, \cdots)$。这样一来，P/a 就表示单位生产要素 a 的产品数量（假设 a 表示工时），a/P 则表示生产系数或进入单位产品中的生产要素 a 的数量，$\partial P/\partial a$ 则为单位生产要素 a 的实物边际生产率。H. L. 摩尔（H. L. Moore）将 $\dfrac{a}{P} \cdot \dfrac{\partial P}{\partial a}$ 称为组织的偏相对效率（partial relative efficiency of organization），不过我认为最好称为相对于生产要素 a 的产品弹性。因此，对于（在讨论劳动这种生产要素时）总是会被统计学家和工程师忽略的每工时产品与一个工时的生产力之间的差异，应该特别牢记于心。

种可替代性根本不可能存在，就会出现分析上的困难，不过那不是我们需要考虑的问题。

还有一点值得注意。如果所有的生产要素都是无限可分的，那么生产函数就是连续的，也就是说，我们"遍历"生产函数曲线的所有地方——只要每一步都无穷小即可。然而，许多生产要素都不是无限可分的，而只能以某个（相当大的）最小单位提供——例如读者可以考虑增加一条铁轨甚至一座钢铁厂的情况——因此，产出做出反应的单位也不会是一个很小的变化，而是相当大的一"跳"。这意味着生产函数在这些点上是不连续的。因此，我们称这些生产要素为"成块的"（lumpy）（作者认为这个术语是罗伯逊首创的；无论如何，这听起来就很像他会说的东西）。由于存在这种成块的要素，当产出低于一定水平时，生产有时可能必须在完全没有成块要素的情况下进行。工匠式的小规模生产就是一个例子；在这种生产方式中，使用昂贵的机器设备是不合算的。在这种情况下，仅仅在生产者的技术范围内增加产量，并沿着同一个生产函数增加产量，就可能意味着那个定义得非常糟糕的术语"生产方法"（method of production）的变化。同样的效应在其他情况下也会出现，不过不是依赖于是否存在"成块性"（lumpiness），而是由生产要素的相对价格的变化导致：在农业中，工资的上升可能促使耕作方式从集约型向粗放型转变；在工业中，工资的上升可能导致机器取代劳动，从而引发工艺流程或原则的全面变化。不过，这两种情况也可能出现在同一个生产函数中。

后面的阐述将表明，我们很难将这些类型的变化与其他类型的变化区分开来——其他类型的变化也可以描述为生产方法的变化，但是那些变化并不意味着生产函数的变化。区分标准是，变化是不是发生在商人的给定视野之内。换一种说法，区分标准是：假设企业在产出大幅增加后采用了某种生产方法，那么如果企业在一开始产出就有那么高，它会不会从一开始就采用这种生产方法？或者说，假设工资大幅上涨后企业使用了新机器设备，那么如果在一开始时工资水平就那么高，企业会不会引入新机器设备？一般来说（虽然不是普遍如此），这等价于，我们将维持一个不变的生产函数，只要产品数量的变化要么可以分解为无穷小的微小变化，要么完全是因为生产要素的成块性而无法进行此分解。

在这样一个静态社会里,除了由工人或经理就可以完成的正常的例行事务(ordinary routine),再也没有其他事情。而且,这里实际上也不存在任何管理职能——因为没有什么事情是我们通常所说的企业家才能做的。所能预见的只有重复执行命令和完成操作,而且即便是这种预见本身,也完全由事件来证明。[①] 生产过程是完全"同步的",这意味着不需要等待生产结果,所有的生产结果都会根据计划在需要它们的时候出现并进行更新,而且所有的一切都完美地适应了这个计划。所有生产都是通过当期收入进行融资。在研究这个过程的纯逻辑时,为了方便可以将储蓄排除在外——除非我们定义储蓄是为了满足更新需求——因为储蓄的人显然要做一些事情,要么改变他的经济状况,要么为他自己预见的改变提供资金;如果从最严格的角度来看,我们可以认为这些情况都违反了定义前述静态过程的假设。如果我们忽略了季节性变动等因素,那么收入流也是恒定不变的,它由工资(人们——包括经理——为生产和消费提供服务而获得的报酬)和租金(自然要素获得的报酬)构成。这个社会也可能存在垄断收益,但是它们必定要么被垄断者自己完全消费掉,要么被某个机构从垄断者手中夺走了,否则就会改变静态循环流转(stationary flow,或"静态流")。如果垄断收益的产生是因为某种要素的特殊性质,或者是因为拥有该要素的人组成的垄断组织,那么这种垄断收益就只会以工资或租金的形式出现,并可能被归入适当的类别。如果某些机器设备虽然本身就是产品,但是却无限经久耐用,那么我们也可以将它们的收益归入马歇尔所说的准租金(quasi-rent)这一类。但是不可能还有任何其他的准租金能够在如此完美的均衡状态下存在。读者如果相信这样的利息理论——利息这种现象会出现在一个完美的静态社会中(本书作者不这样认为)——那么还可以在这里插入一句:利息就是这种理论所认为的能够产生利息的

[①] 读者也许应该暂停片刻,思考一下这些陈述的性质。为了清楚起见,将在这种假设下出现的现象与那些以预见的事件没有成真为条件出现的现象区分开来,难道不是很有用吗?上述说法真的有听起来的那么不现实吗?如果没有大量确实符合预期的日常事务,那么当商人的预见不成真时,他为什么还会感到惊讶呢?

生产性服务的报酬。

　　年复一年，这个过程会带来同一种类、同样质量和同样数量的消费品和生产品，每家企业都会使用同一种类和同样数量的生产品和生产性服务；最后，所有这些商品都将年复一年地以相同的价格被买卖。但在下面这个意义上，所有这些价格和数量仍然都是"变量"：它们不是由经济以外的约束所唯一决定的，而通常是在物理和社会环境所施加的广泛限制之内发生变化的。如果在稳定状态下它们在这些限制之内没有发生变化，那么就构成了一个纯粹的经济事实，可以用纯粹的经济推理来解释。我们从经验中知道，价格和数量之间存在着一定的关系，而且它们会通过这种关系相互影响。也就是说，所有商品和服务的价格和数量都是相互依赖的，构成了一个系统。这些量实际上是每个包含了时间的元素的速率，但是在某些时候，把时间因素消去，用绝对量来表示更加方便。只要流量是常数，这样做就一定是可行的。这是因为，如果流量是常数，就可以任意选择一个周期来进行分析；或者说，如果它们有严格的周期性，那么被选中加以分析的那个周期就必定可以作为所有周期的"共同模板"。

　　经济分析的首要任务是研究经济系统的性质。这样做的方法类似于力学中通常所称的虚位移法（virtual displacements）。我们想要确定的是，已知存在于系统各要素之间的关系连同数据，是否足以唯一地确定这些要素、价格和数量。这是因为，我们这个经济系统是逻辑自足自洽的，当且仅当：我们可以肯定，只有在我们可以通过这些关系从数据中推断出价格和数量，并且证明没有其他的价格和数量与这些关系和数据相容的时候，我们才能了解经济现象的本质。这一点的证明是经济学成为一门独立科学的"大宪章"（magna charta），因为它能够保证经济学的主题是一个有序的宇宙，而不是一片混沌。它是不变的变量概念背后的基本理由，也是静态经济过程模型的合理证明。满足这些关系的价格和数量仅有的那些取值（数据则是每种情况下的数据），我们称之为均衡值（equilibrium value）。当所有价格和数量都取均衡值时得到的系统状态，我们称之为均衡状态

(state of equilibrium)。① 如果有不止一组变量的取值满足这些条件，我们就称之为多重均衡。稳定的、中性的（或无差异的）、不稳定的均衡等术语的含义都是不言自明的。当然，存在唯一且稳定的均衡，才是唯一完全令人满意的情况。

到目前为止，我们一直在使用一般均衡（general equilibrium）或瓦尔拉斯均衡（Walrasian equilibrium）的概念。一般均衡意味着，经济系统内的每个家庭和每个企业本身都处于均衡状态。对家庭来说，这就意味着，在现有情况下——口味和经济视野（economic horizon）也包括在内——没有一个家庭认为能够通过将自己货币收入中的任何一部分从实际消费的商品转移到任何其他商品来改善自身状况。对企业来说，一般均衡意味着，在现有情况下——技术和商业知识以及经济视野也包括在内——没有一个企业能够通过将货币资源（"资本"）中的任何一部分从实际所用的要素转移到任何其他要素来增加收入。说得更简单一些（这种表述也更一般化），所有家庭和企业都必定相信，在这种情况下，将它们有能力改变的经济状况的所有元素都考虑进去，它们都不可能通过改变自己的行为来改善它们的处境；也就是说，它们的消费模式（消费者的预算）和生产模式（生产者的预算或生产要素组合）都已经"修剪"为最完美的形式。当然，在数学上，这是用最大值定理和最小值定理表示的。要想让瓦尔拉斯均衡占据优势，价格和数量必须满足以下条件。每个家庭、每个企业的预算必须恰好平衡。企业生产的所有商品都必须被家庭或其他企业购买。所有现有的生产要素都必须按照其拥有者所希望看到的价格被使用，同时

---

① 对于不处于均衡状态的经济过程，摩擦也可能使之保持平稳。这种情形对研究经济状况及其变化，特别是研究经济状况对任何变化的脉冲反应，具有相当重要的意义。它又可以进一步划分为系统不存在均衡位置的子情形，以及系统没有向均衡位置移动的趋势的子情形（尽管在这个子情形中，均衡位置的存在是可以证明的）。就本书的目的而言，我们只需要顺便提一下，而不必深入讨论这个问题。不过，我们还是应该确定一个术语来识别这种情况，并把它称为"不活跃的"或"惰性的"（inactive）。无论何时出现了这种情况，我们都无法在正文所述的意义上"理解"此时的特定价格和数量。就我们的理论所包含的关系而言，它们在这种情况下也可以是不同的。但是，在所有采用不变价格和数量的经济理论有一定理由的情况下（我们将只限于用静态一词来描述这些情况），这种理论的基础却是由均衡的概念给出的。因此，在这些情况下，静态循环流转与均衡在分析上是等价的，并且在描述同样数量的事实时具有同样的经验基础，其中的统计部分主要包括关于消费模式在时间上的巨大稳定性的众所周知的发现。

在这些价格下所有有效的需求都必须得到满足。上面给出的最后一个条件为失业的严格定义提供了基础。

但是，我们说明另外两个经济均衡概念时需要特别注意，它们分别被称为局部均衡（partial equilibrium）——或马歇尔均衡（Marshallian equilibrium）——以及"总量均衡"（aggregate equilibrium）。如果一般均衡成立，那么每个企业和每个行业都处于各自的均衡状态；但是单个企业或单个行业处于均衡状态时，一般均衡却不一定存在。而且，在某些情况下，一个行业很明显可以说处于均衡状态，然而组成它的各个企业却不然。这个概念适用于马歇尔式的经济分析，并且由于其简单性和"易用性"而被推荐用于许多特定的研究目的。但是，除非真的有这种特殊目的，否则对我们来说，唯一真的重要、唯一严格正确的均衡概念，只能是瓦尔拉斯均衡。

使用局部均衡概念的人很快就会发现，他将不得不使用某种工具，使他能够处理在整个系统层面上进行的过程——而作为一个整体的系统是他的"局部均衡"工具所无法把握的。这样一来，他就很可能（如果他是在马歇尔传统下接受训练的话，尤其如此）会用一个表示各种社会总量——比如说总产出[1]、总收入、净利润——之间关系的方程组来补充他的局部均衡工具，并在此基础上结合对作为一个整体的系统的其他重要元素来进行推理，如货币数量（无论这可能意味着什么）、利率和价格水平。如果所有这些元素都被调整得恰到好处，以至于它们之间的关系没有任何产生变化的趋势，我们就可以称这种情况为达到了"总量均衡"，并提出一些关于它的命题。例如，凯恩斯在他的《货币论》一书中就使用了这个均衡概念。我们不否认这个均衡概念对某些研究目的确实是有用的。但是很明显，这种均衡实际上是可以与其他任何意义上的最强烈的非均衡相容的。

---

[1] 应当指出，严格来说，能够挑选出来用马歇尔式工具进行"局部均衡"分析的行业必定是小行业，即这个行业必须足够小，以保证在这个行业发生的一切都不会对没有这个行业时发生的事情产生实质性的影响。当然，从这个行业到"总产出"的过渡绝对不是一帆风顺的。不过，请参阅罗宾逊夫人（Mrs. Robinson）在《经济研究评论》（*Review of Economic Studies*）第 1 期上发表的文章，该文对这个问题的看法非常有趣。

这种非均衡会通过改变给定的情况，包括那些总量本身，来表明自己。因此，在总量均衡的基础上进行推理是有很强的误导性的，因为它似乎不但指明了引起变化的因素，似乎还证明了作为一个整体的经济系统内部的扰动只能从这些总量中产生。[①] 这种推理是对经济周期的错误分析的根源所在，因为它只是对事物的表面分析，而且会阻碍我们将分析深入到工业过程——那才是真正重要的。它还会导致对一些孤立的等高线和性质的机械化和形式化的处理，并赋予各个总量原本不拥有的"生命"和因果意义。只要我们仔细地思考一下这些总量到底是什么，我们马上就会明白，一旦将总量选定为分析起点，滑入像货币周期理论那样肤浅的理论陷阱会多么容易。不过，我们还应该注意到，就均衡的某些点而言，总量之间有一种关系是可以用所谓的交易方程式（equation of exchange）甚至可以用"货币数量论"来表述的，在这些点上——而且只有在这些点上——它们在形式上是正确的。事实上，这只是均衡的一个条件；我们可以称之为"货币韧带"（monetary ligament）。

　　这里还可以引入另一种区分，它适用于前述所有三个均衡概念，但是对一般均衡这种情况特别重要。如果经济系统的元素完全满足构成该系统的所有关系、条件或"韧带"，那么我们就说系统处于完美均衡（perfect equilibrium）状态。如果我们发现某个系统（它无须完全满足各种"韧带"要求）已经尽可能地接近完美均衡状态，而且不会从那个位置上移走——除非有什么事件冲击了它——那么我们就说它处于不完美均衡

---

① 请参阅第四章对"基础设施"的讨论。作为正文提到的这种态度的一个例子，我们可以引用哈罗德的主张来说明（《不完全竞争理论》，《经济学季刊》，1984年，第465页）："最终，经济周期理论必定与那些决定了作为一个整体的产出水平的均衡条件有关，而这与每个行业的特定均衡是截然不同的（各个行业的均衡是由本行业的需求和成本条件决定的）。"这只是他许多观点的其中一个，它们虽然不能直接说是不正确的，但是确实有效地阻碍了我们解决最核心的问题。只需在细节上做出些许必要的改动（mutatis mutandis），这个结论同样适用于前面提到的"局部总量"概念。例如，一个行业本身处于均衡状态，但是（在极限状态下）这个行业的任何一个企业均未处于均衡状态。

(imperfect equilibrium)状态。① 一个均衡的不完美性，主要体现在如下事实上：企业所使用的要素、积压的存货和货币余额的数量，要大于同等情况下以最高效率组织生产时的数量；同时在那些"懒惰"的资源所有者手中，有未使用的资源——或许我们应当向那些口味更"高雅"的读者道歉，不应该说这些人"懒惰"，而只能说他们有点"马虎"。

在前面，我们用绝对量代替了速率，自那之后我们就一直没有提及时间这个因素。事实上，这也正是我们在处理一个所有元素都通过必须同时得到满足的一系列关系联结起来的系统时本来就应该预期到的；而且我们没有机会把指向不同时间点或时间间隔的数量之间的关系引入系统。但是现在，遵循马歇尔的传统，我们将利用时间来定义另一种类型的不完美均衡，尽管这种做法在逻辑上并不是十全十美，但是操作起来却很方便。在上面所说的情况下，一个系统受条件所限，永远无法达到完美均衡。但是在另一些情况下，我们发现，虽然一个系统并不是在本质上就无法达到完美均衡，但是不断变化的条件或各种扰动需要它及时做出调整，不然就无法达到完美均衡。在这种情况下，就迅速变化的元素而言，可能存在均衡；就适应较慢的元素而言，例如合同和机器设备方面，则可能存在非均衡。这些"暂时的"或"临时的"或"短时间的"均衡，又或者用H. L. 摩尔的话来说，"初步的"均衡（tentative equilibrium），如果与"确定的"均衡或"长期的"均衡进行有效的对比，无疑是有益的。

这里需要指出的是，将某个特定的系统状态与特定的一段时间（lapse of time）对应起来存在一定的风险；在这段时间内，变化将不可避免地发生，从而导致原来满足均衡条件的价格和数量被一组完全不同的价格和数量代替（尽管系统在向这个均衡漂移）。然而，真正重要的是，马

---

① 当然，除了正文所述这个根本原因，还有许多原因会导致这种不完美均衡大量出现，因为真实现象世界的任何一个部分都不可能符合它的概念图景。但是，我们之所以要进行这种区分，并不仅仅是为了表达这样一个事实，即模式永远不可能完全符合现实。这一点很容易解决，因为我们完全可以说，完美均衡的理论模型只是我们所用的一个工具，目的是表达在现实中总是处于不完美均衡状态的某些方面。关键不在于模式与现实之间的区分，而在于两个模式之间的区分；这两个模式旨在考虑事实情况之间的差异，这些差异是不可忽视的、很重要的，而且会产生后果，值得进行相应的理论处理。

歇尔的支持者必定会认识到，如果所指定的条件对经济系统每个单独的元素都得到了满足，那么我们所说的完美瓦尔拉斯均衡概念就类似于马歇尔的长期均衡理论。各种元素要想满足这些条件必须取的值，即马歇尔所说的正常值（normal value），我们在这里将它们称为理论正常值（theoretical norm）。每个元素都符合它的理论正常值时的系统状态——无论这种状态与实际生活之间的距离有多么"遥远"——就是"理论家"所能得到的理论上的概念，对应于商人从正常的经济状况中所能得到的概念。在进行合乎逻辑的提炼之后，后一个概念与前一个概念是可以融合在一起的。①

第五节 若干繁难之处及其澄清

在继续分析之前，我们必须先停下来再审视一下我们这部"大宪章"。它在每一个方面都令人满意吗？或者说它能够令人满意地证明，对于每一组数据都存在一组唯一的价格和数量吗？不能。事实上，在这一点上，任何其他科学的"大宪章"都不可能是完全令人满意的，因为在每一个知识领域，在具备更深刻的批判精神、更强大的观察和分析工具之后，人们早就把早期发展阶段那种原始的简单性和令人安心的确定性摧毁了。尽管如此，在克服了合理的怀疑之后，还是有可能在一定的绝非不重要的限制条件下证明，经济系统存在一个唯一的被决定的均衡状态，这是一种特殊情况，根据通常的用法，我们称之为完全竞争（perfection competition）。下列条件确定了这种情况：（1）没有任何一个卖家和买家能够以自己的行动影响任何商品或生产要素的价格；（2）所有商品和生产要素在整个经济领域内（即在所有用途之间）都拥有完全的流动性。瓦尔拉斯用一系列方程

---

① 作者在这里还要重复一下前面一个脚注提出的一项警告。读者之所以会觉得本节的论述难以理解，可能恰恰是因为所有技术工具都没有包括在内。给一般读者最好的建议可能是直接跳过这一节，但是作者不愿意给出这样的建议，因为这一节的内容对理解我们要研究的一些现象是至关重要的。每一位读者还都应该仔细阅读第七节，但是在这里，还是要再次向"理论家"表示歉意，因为所给出的简短陈述几近于独断主义的论断，也因为没有提供证据，还因为所做的简化几乎接近于意味着不准确。

表示经济系统的各元素之间的关系，并证明它们足以决定各个变量的唯一值。虽然他的证明从技术细节来说还有许多可以改进的地方①，但是后来的研究都没有推翻这个原则。尽管如此，我们还是必须给出一些解释，即便是对于完全竞争情形中的完美均衡也如此。②

（1）这个证明即便在逻辑上是完全令人满意的，即给定特定的数据和特定的关系，存在唯一的一组变量值满足后者并同时与前者相容也不意味着企业和家庭所采取的行动必定能够使那些值实现，或者在某些扰动驱使它们偏离了那些值之后又能回到那些值上去。而且，我们不能满足于仅有一个前者类型的存在性定理的结果。对我们来说，重要的恰恰是系统向某个均衡状态移动的真实趋势究竟存在还是不存在；要让这个概念成为分析经济周期的一个有用工具，经济系统就必须能够在任何时候受到扰动之后"努力"重建均衡；或者换一种说法——用物理学中的勒夏特列（Le Châtelier）原理来说——作为对每一个扰动的反应，系统必定倾向于朝着抵消这种变化的方向移动。

这个问题最初是瓦尔拉斯观察到的，虽然许多批评者似乎根本没有注意到这个事实。瓦尔拉斯的解决方法始于如下观察：非均衡意味着至少有

---

① 必须承认，从数学上看，直到今天为止，我们给出的证明仍然是不完美的，而且只有在逐步补充更多的经济学内容之后，才会变得更有说服力。最初的证明方法很简单，就是数方程有多少个，并证明它们是线性相关的且数量与变量的数量相同；这种证明当然是不充分的。后来的一些进展，主要源于阿莫罗索（Amoroso）和瓦尔德（Wald）的贡献——后者是 K. 门格尔（K. Menger）在维也纳举办的数理研讨班的参与者之一，他的论著 1935 年出版——但是没能很好地解决上述问题。但批评者也忘记了，证明其实不完全依赖于数学推理（除了我们的证明所运用的数学工具并不比物理学当前使用的更差这一点）。

② 当然，这种情况的重要意义并不依赖于它在现实生活中出现的频率。各个组成部分都满足条件的系统很可能永远不存在。对于个别行业，这种情况可以通过如下例子说明：农场主作为个人，在他们各自的生产能力范围内，能够以当前价格售出他们愿意出售的任何数量的农产品，而且他们不能改变当前的价格水平。这样他们的行动的总和效应产生的结果就拥有完全竞争的特性。但是，即便这种情况的实际例子并不存在，它作为一个工具在科学上的重要意义也不会减弱，因为它给出的纯粹逻辑能够唯一地决定纯粹经济变量，而且能够使这一点成立的那种情况拥有很多很好的性质——例如，零利润、最优产出（在产出不断增加直到实现最小单位成本这个意义上）、生产要素价格等于实物边际产量乘以价格等。但是在本书中，如果不是为了服务于一个具体的目标，这个概念就不会被提出来并应用。这种情况起到的主要是垫脚石的作用，即为了继续研究更接近生活的其他模式。但以下说法也是成立的：在我们的材料所覆盖的时期，在许多情况下，它都给出了一种足够接近现实的近似；同时在其他情况下，真实模式虽然不满足条件，但是它们的运行方式与完全竞争并没有根本性的区别。

一种价格或一种数量偏离了它们的均衡值，必定会给非均衡出现的那些地方的某个人带来利润或损失。瓦尔拉斯认为，在完全竞争的条件下，这个人只能通过增加或减少他的商品数量来摆脱那种亏损或收获那种利润；而这种行为会推动他趋向均衡。而且，如果所有企业和家庭都以同样的方式同时做出反应，那么就会使整个系统重归均衡状态，只要所有行为和反应都不脱离熟悉的惯例的范围——这种惯例是从长期的经验和不断的重复中演化而来的。常识告诉我们，这种建立或重建均衡的机制，绝不是经济学的纯粹逻辑演练所虚构的东西，而是在我们现实生活中经常运用且行之有效的。然而，它还告诉我们，瓦尔拉斯式的，或者帕累托式的，抑或马歇尔式的描述只构成了一种一阶近似；它止步过早，未能给出我们分析一个不间断地发生扰动的经济世界的各种经济过程所需的工具，而且没有解释许多其他事实——它们即便在逻辑上是不重要的，在实践中也是非常重要的（至少与已经解释的那些事实同样重要，甚至可能产生完全相反的结果）。

（2）当然，在下文中我们还经常会遇到这样一些现实模式：它们要求限定、改进甚至抛弃瓦尔拉斯模型。在这里，通过引用前面已经给出的一些说明，同时也为了完成这个预备性讨论，我们将集中分析与这个原则性问题特别相关的几个要点。我们将会遇到的全部困难（或几乎全部困难）看上去似乎都可以化约为——直接或间接地——如下事实：

经济行为不可能完全令人满意地用我们的变量在任何一个单一时间点上的取值来描述。[①] 例如，在任何时刻，需求量或供给量都不仅仅是当时的主流价格的函数，还是过去价格和（预期的）未来价格的函数。因此，这就要求我们把属于不同时间点的变量值包含在我们的函数当中。为了尊重 R. 弗里施（R. Frisch）教授，我们把能够做到这一点的定理称为"动

---

① 据作者所知，马费奥·潘塔莱奥尼（Maffeo Pantaleoni）是第一个发现这一问题的人，他也是最早使用"无限期延续下去的现象"（che si perpetuano indefinitamente）这个术语的人——它在我们这个时代的思想中获得了极其显赫的地位。潘塔莱奥尼的论文最初发表于 1909 年，后来重印于他的《经济学文集》（*Erotemi di Economia*，第二卷，第三篇）中。该文集的第二篇论文也与我们的主题相关，它于 1901 年 10 月首次发表于《经济学家杂志》（*Giornale degli Economisti*）。

态的"定理。

　　这方面最简单的一个例子是技术上的滞后现象。在一个扰动在任一相当长的时间内都肯定会发生的世界里，技术上的滞后本身就足以说明这样一个事实，即在实践中，除了上面提到的那些暂时的或短期的均衡，我们从未观察到任何其他均衡。在企业组织内部以及在经济系统中，总有一些元素由于技术上的原因而不能迅速适应，同时其他元素却可以。这对我们现在的讨论的重要性，并不在于如下明显的事实，即因为完美均衡需要如此长的时间才能实现，以至于可能根本不能实现——因此，新的扰动总是会冲击一个不完美的均衡系统。因为这个事实本身并不能否定存在一种趋近完美均衡的倾向；这种倾向的存在就已经足够它"宣示"自己了，并有助于解释许多实际过程，即便它从来都没有达到它的目标；而这也就是我们所需要的一切。为了生成新的现象并"严重损害"瓦尔拉斯-马歇尔描述的有用性，对这种局部适应所产生的中间情况的反应，就必须抵消或扭转这种趋势，即远离完美均衡而不是趋向完美均衡。

　　但是一般情况并非如此。当然，中间适应的必要性以及对中间适应措施的反应的必要性，改变了系统要经历的路径，因而也就几乎不可避免地改变了最终会得到的那一组特定的值，但是这本身并不会阻碍走向某个均衡。使得这些成为必需的技术事实是数据。在这种情况下，我们仍然能想象到的完美均衡是相对于它们的均衡，并且不同于它们不一样时的均衡。然而，在一般情况下，这些就是全部了。我们当然还会遇到一些例外情况，但是必须承认它们只是例外，然后根据它们的特点进行处理，并对它们的特定原因予以充分考虑。对它们过分"压榨"没有任何好处（就像最近流行的那样），或者将确实由另一个过程导致的事物归因于它们——这种观念要对关于经济周期的某些"内生"理论的出现负责。而且，尽管这些理论在阐明适应性机制的某些特性方面可能很有用，但是它们只会掩盖我们面临的根本问题。

　　（3）这里举一个例子，虽然它与刚才设想的情况有些不同，但是仍然可以归为滞后影响这一类，而且在之后的分析中还将引起我们的关注。这个例子是，对于价格的变化，生产商的反应在一段时间内根本不会生效——比如对于许多农产品来说，要等到下一个收获季节才会生效——但一旦生效就是所有反应一起生效。在这种情况下，供给不会小步骤调整达到均衡点并停在那里，而是会一举超过均衡点。接着，价格又会以相应的猝然波动的形式做出反应，然后整个过程在相反的方向上重复。从理论的角度来看，我们不难想象，在没有任何新的扰动产生和完全竞争的条件下，这种波动永远不会停止，即价格和数量将围绕均衡值无限期地波动下去，甚至可能不会触及均衡值。这种波动会呈现出递增趋势还是递减趋势，抑或保持恒定的振幅（即它们是爆炸性的、有阻尼的还是平稳的）取决于需求函数和供给函数的常数。这也就是最近名声大振的蛛网问题，这种现象以前被农业经济学家形象地称为"东奔西跑"。最早引起广泛关注的是所谓的"猪周期"（hog cycle）。[①] 仅仅根据刚才这个例子，我们就可以注意到：首先，显然不是只靠滞后就可以产生现象；其次，如果这种波动是阻尼式的，那么当然会走向均衡。平稳波动必定会取代点均衡，但是不会影响我们的基本论点。

（4）不仅仅是第（2）点所设想的滞后，而是任何一种暂时的均衡，无论其条件如何，都可能导致这种困难。[②] 在任何一个市场中，如果市场不是以某种非常特殊的方式组织起来的，或者没有集中到一个单一的时间点上，那么即便达到了均衡或者没有发生任何可能改变均衡的事情，最终的均衡也通常取决于达到均衡的途径，即通常会随着形势的发展而以不同的价格进行的全部交易。从这个意义来说，结果是不确定的。瓦尔拉斯得到他所说的唯一均衡的方式是，从某种"喊价"（prix crié par hazard）开

---

① "猪周期"以及类似的周期下文还将会讨论。关于价格和数量的这种蛛网式波动所涉及的理论问题，继早期的一些研究之后——如 H. L. 摩尔和 U. 里奇（U. Ricci）等人的贡献——O. 兰格（O. Lange）在 1935 年的《经济学杂志》（*Zeitschrift für Nationalökonomie*）上发表的《调整形式与经济均衡》（Formen der Anpassung und wirtschaftliches Gleichgewicht）、W. 列昂惕夫（W. Leontief）在 1934 年的同一本杂志上发表的《价格调整的延迟与局部均衡》（Verzögerte Angebotsanpassung and partielles Gleichgewicht），进行了深入的研究。

② 参见 P. N. 罗森斯坦-罗丹（P. N. Rosenstein-Rodan）的论文《关于经济均衡中的时间的数理理论》（Das Zeitmoment in der mathematischen Theorie des wirtschaftlichen Gleichgewichts），刊载于《经济学杂志》（*Zeitschrift für Nationalökonomie*）第 1 卷，第 1 期。帕累托也谈到过"跟踪曲线"（curve of pursuit）。

始，并允许人们说出在这个价格上他们愿意接受的需求量和供给量，同时又无须真的买进或卖出，直到最初的价格——通过这种反复摸索（par tâtonnement）——调整为能够使得供给量和需求量相等为止。出于同样的目的，埃奇沃思（Edgeworth）也愿意接受"重订合同"（recontracting）。但是，如果在这种反复摸索的过程中，有一些人真的以最初的价格买进和卖出了，那么就会吸收掉一部分供给、使一部分需求得到满足，从而导致其余部分的均衡价格将不同于原来的整体均衡价格；而且对于后续任何一个还不是均衡价格的价格，都适用这种论证。然而，最终还是会达到某种平均水平：除了下面第（6）点所指出的那种情况，对出现的各种中间情况的反应都是纠正性的，而不是破坏性的。此外，在与他人打交道的过程中获得的经验以及关于每个市场交易期的盈利机会的知识（通过从以往的教训中习得），往往倾向于降低上面考虑的这种情况在现实世界中的重要性，从而使得结果接近瓦尔拉斯-埃奇沃思模型的结果。导致定价过程的非决定性的，是关于经济状况的数据的不断变化，而不是某种特定状况下的数据不足。由此我们可以得出结论：一方面，当我们在研究变化过程时（这是本书的分析任务），我们必须考虑上面这种模式，并预期到变化过程必定会导致这种情况的出现；另一方面，它并不能摧毁导致趋向均衡的趋势。[①]

（5）正如暂时的均衡可能是由滞后之外的原因导致的，滞后本身也可能是由技术之外的原因造成的。摩擦就是一个很好的例子。对于摩擦，读者可以思考一下因转换职业而产生的成本，因从生产某类商品（或某一质量水平的商品）转为生产另一类商品（或另一质量水平的商品）而产生的成本，或者思考一下通过买进和卖出来置换不同资产的成本，改革价格的

[①] 我们可以认为，上述结论与 N. 卡尔多（N. Kaldor）在《关于均衡的确定性的说明》（Note on the Determinateness of Equilibrium）一文中给出的分析结果基本相符，该文刊载于 1934 年 2 月号的《经济研究评论》（*Review of Economic Studies*）。本书作者需要再次指出的是，这里一再强调的这种区分——偶然出现的现象（或者说它们的重要性要归因于事物不停变化这个事实的那些现象），与经济过程固有的、与变化无关的现象之间的区分——并不是多余的，并不能简单地说因为不断发生变化是一个事实，因此对不发生变化时会出现什么的猜测是无关紧要的，于是就对它弃之不顾。这种区分是为了将不同的过程分离开来，它们同样真实；而且特别重要的是，它们都能增进我们对经济生活对发生的每一种变化做出反应的机制的认识。

阻力、执行长期合同的艰辛，以及说服自己或他人采取某些特定的行动的困难，等等。毫无疑问，摩擦的存在意味着，最后得到的均衡将不同于完全没有摩擦时所能达到的均衡，同时也会减缓达到均衡的过程。此外，如果系统中不同的元素或不同的部门受摩擦的影响不同步（通常都是如此），那么就会出现不和谐的情况，适应能力弱的元素与适应能力强的元素之间的步调越不一致，问题就越严重。在存在技术上的滞后的时候，同样的问题（以及答案）也会出现。对于这种调整期的存在性和时间长短，我们在下文还会详细研究。当然，这种现象的重要性并不仅仅是通过摩擦这个因素来证明的。

此外还必须指出一点，摩擦对系统向均衡状态发展的影响并不永远是负面的。摩擦的存在可能会使得系统不可能立即对每一个扰动以最大尺度做出反应，从而有助于系统稳步实现适应；在目前看来，这种影响似乎可能是有利的。有些摩擦甚至可以说是经济系统正常运行所必需的；这部分原因是摩擦减缓了供给的适应性，从而保证不会过于频繁地越过均衡点。可以做个类比：在物理世界中，如果一点点温差就足以让所有热量在一瞬间全部转移到温度最低的地区，那么将导致整个地球一片混乱，完全不适于居住；同样的道理，在经济世界中，（例如）如果汇率的一点点变动就会导致所有黄金都流动起来，那么经济系统也将无法运行。在利用现代技术来实现对这种状态的近似的地方，都出现了不稳定的情况，因此必须配备众所周知的防御措施。这个事实很好地说明了我们的观点。

（6）在许多情况下，特别是在商品价格和生产要素价格方面，对变化的摩擦阻力通常被称为黏性（stickiness）或刚性（rigidity）。考虑到这些术语在现代经济政策讨论和经济周期争论中所起的重要作用，有必要指出它们都是非技术性的，并且涵盖了许多不同的模式。同时考虑到定义的困难以及与之相对应的度量的困难，我们可以把刚性作为黏性的极限情况来处理。① 当然，还有很多原因可以解释为什么有些价格的变化速度会比其

---

① 参见米尔斯（Mills）教授在他的《价格行为》(*Behavior of Prices*) 一书中给出的度量价格行为可变性的方法。对于每一个适当选择的时间单位，用振幅加权后的相对变化数量也许提供了一个有用的度量指标，它可能正是我们所期望的。

他价格慢一些、变化幅度会小一些，或者所有价格的变化速度都比系统中的其他元素慢一些或弱一些，总之我们不能仅仅从统计事实中推断出所有东西。统计事实甚至可能仅仅意味着，某些行业的需求和成本状况比其他行业更为稳定，或者在事件发生的时间序列中，某种价格的变化滞后于其他价格。[①] 然而，确实有一组与众不同的事实应该有自己的名称，即我们所说的"任意黏性"（willful stickiness）。不过，一种价格受到了"管制"（无论是被某个公共当局管制，还是被控制了供给的个人或组织管制），并不一定意味着它的变化肯定要比完全由竞争性的定价过程决定时更加不频繁或更加不剧烈。即便真的是这样，也可能仅仅是由摩擦所致，例如摩擦的存在使得一个公共当局在做出新的决定时行动迟缓。而且也有可能政府部门或私人集团的政策就是要"稳定"相关的价格。这样一来，我们就将面对一种相当独特的现象（sui generis），我们在下文将不止一次地回过头来讨论这种现象。

不过在这里，我们只需要指出两点。首先，我们在下定义的时候，其实就是在将价格的实际行为与完全竞争下的价格行为进行比较。虽然不得不承认这个标准其实极难处理，但是如果更容易运用的其他标准缺乏确切的意义或相关性，那么就不能构成对这种定义的有效异议。其次，我们应该注意到，我们所定义的黏性或刚性的出现——特别注意与摩擦类型的区别——是以不存在完全竞争为前提的，尽管它们本身并不足以产生完全竞争。从这个意义来讲，一个完全竞争的体系不可能表现出黏性，无论它的反应是何等的迟缓。

如果公共当局把一个不是均衡值的值（例如，某个价格）强加于一个完全竞争系统的元素（不然这个系统就可以处于均衡状态），那么我们就会得到一种特殊的不完美情况。系统会调整，使自己适应这种条件，但是当它这样做时，也就不再满足所有其他完美均衡条件。由于在确定的系统中插入一个新条件会导致过度决定性（overdeterminateness），因此必须

[①] 顺序和滞后之间的区分是我们通过术语转换引入的，但是这种区分往往很难实现。然而，它的现实性却是无可置疑的。从统计学意义来讲，甜点的享用"滞后"于汤的享用，但这只是因为进餐是一个需要一定时间才能完成的过程，而与反应的快慢无关。

删除其他一些条件。到底要删除哪一个条件则是一个"事实问题"（quaestio facti），单个企业的选择将以最小化扰动的影响为指导原则（以货币衡量）。如果变得刚性化的元素是原始生产要素或非生产出来的生产要素的价格，而且该价格高于均衡价格，那么被违背的条件就是先前定义的资源已经得到充分利用这个条件。对于完全竞争而言，这是资源在一个完美均衡状态下出现利用不充分的唯一可能情况。当然，由于我们在现实生活中从来没有达到过完美均衡，因此，即便不存在刚性，甚至即使不存在摩擦，一般也会有许多其他的情况，因此单凭资源利用不充分的事实无法证明这一点。

（7）当然，我们不会像 F. H. 奈特（F. H. Knight）教授那样（《风险、不确定性与利润》，1921年，第197页）赋予企业和家庭无所不知的能力，也不会采用任何需要这种全知性发挥一定作用的理论解释；相反，我们假设企业和家庭实际上只拥有一定数量的信息，而且拥有的信息在不同群体之间存在着很大的差异。在一个不受任何扰动的静态过程中，这个问题是无关紧要的，因为每个人都能从经验中学习，从而懂得要去追随引导他的指路明灯，而且他自己不需要去探索那些指路明灯到底有什么意义。因为每个决定都指向未来，这种假设就意味着预见（foresight）；而且，由于所有努力的成果都是在未来收获的，因此这种假设还意味着对未来的关注——远虑（forethought）。例如，瓦尔拉斯式的行为主体知道至少应该完整无缺地保存好他们的耐用工具和存货。因此，把瓦尔拉斯和帕累托的系统称为无时间的，并不比指责它们荒谬地假设了全知性更有道理。特定种类和数量的信息、理解、预见或远虑，也是一种数据，在这一点上与任何特定人的特定口味或特定技术知识完全一样。对一个关于竞争情形的静态理论而言，我们完全没有理由为前者而烦恼，正如没有理由为后者而烦恼。因此，真正的假设仅是人们只对当前价格做出反应[①]；而且

[①] 在这里，我们不需要加上"以某种方式"的说法，因为人们在瓦尔拉斯-帕累托图景中做出反应的方式，就是唯一可以合理地认为他们会采取的反应方式，如果他们在做出决策的那一刻真的只考虑当前的价格。因此，在瓦尔拉斯的分析中没有什么是无限期的；有人抱怨说，他忘记说明对预见的假设，这种指责是完全没有道理的。

也正是这个假设给我们带来了困难，只要我们从某种非均衡状态开始分析，或者试图研究任何不仅仅是正常的例行事务的一个孤立的中断的扰动所带来的影响时，预期就会出现，并威胁到均衡趋势的存在。①

然而，关于预期首先要注意的一点是，在许多情况下，它在实质上促进了趋向均衡的运动和均衡的维持，这种作用有时甚至达到了防止非均衡出现的程度（当不存在预期时，瓦尔拉斯的模型非均衡）。读者只要回顾一下前面提到过的几点就会发现，根据预期采取的行动，比如说企业根据预期做出的决定，往往能够使事态趋于平稳，并消除（如果没有这样做）可能出现的波动。举例来说，技术上的滞后的影响将会减少，如果这种变化被预期到了（作为对它们的发生的适应）；"猪周期"也将完全消失，如果它的发生真的可以归因于无法预见到对有利的饲料猪肉比的"过于浪费的"反应的规模效应（mass effect）（在下文中我们将看到，完全有理由对这种解释提出质疑），同时如果农民的预期的时间范围扩大。经典理论所描述的那种投机行为——在预见到价格上涨时提前买入，在预见到价格下跌时提前卖出——也是如此。在这种情况下，预期可能会为最终的（尽管可能是另一个）均衡状态开辟出一条捷径。

当然，事实并非总是如此。说预期是不确定的，或者说预期必须不时修正，又或者说不同的人形成的预期在范围和合理性上可能不同，都不能充分说明问题的根源。毫无疑问，未来事态发展的不确定性会引发许多对任何有现实意义的经济周期研究都非常重要的现象，这其中就包括调整时间的拖长。长时间的调整会造成重大的社会损失和产能过剩。② 然而，正

---

① 我们不是在寻找悖论，也不能深究人们是如何按照他们对其他人关于他们的预期的预期来行事的。如果我们要研究的是经济理论的逻辑基础，这个问题确实能够引起我们极大的兴趣。但是在这里，我们事实上有更紧迫的事情要做。关于夏洛克·福尔摩斯（Sherlock Holmes）和他恶魔般的敌人莫里亚蒂（Moriarty）互相追逐的故事，参见 O. 摩根斯坦（O. Morgenstern）教授的论文，刊载于《经济学杂志》（*Zeitschrift für Nationalökonomie*），第 6 卷，第 343 页。这种情况对寡头垄断问题有一定的重要性（尽管重要性有限）。但是，只要有许多个像夏洛克·福尔摩斯和莫里亚蒂这样的人，而且他们的预见程度各不相同，那么这个问题就不值得我们担心。

② 就作者所知，这一点在 F. 拉文顿（F. Lavington）的论文《经济风险理论的研究方法》（An Approach to the Theory of Business Risks）[刊载于《经济学杂志》（*Economic Journal*），1925 年 6 月号] 中得到了最充分的论证（尽管有些夸大）。这篇论文包含许多对我们的目的很重要的内容，我强烈建议读者好好地读一下。

如我们将会看到的，要处理这个因素，在原则上并不存在很大的困难，因此在这里我们可以暂且不予考虑，尽管我们有充分的理由为缺失有关这个主题的可靠的事实研究而感到遗憾。同时，我们也不需要为如下简单的事实而感到担忧（这个事实从我们的共同经验来看是显而易见的）：根据某些类型的预期采取行动可能会造成破坏性的后果，并会推动系统偏离均衡。在接下来的讨论中，这些类型的预测——例如那些只是简单地把某个数量的实际变化率投射到未来的预测——会在我们前进道路上的不同转折点再次出现，从而使得经济波动在某些阶段的机制变得完整。然而，尽管它们经常能够暂时阻碍实现均衡，但它们本身并不能消解均衡趋势的存在，也不能驳倒如下命题：它们有时会以一种使系统趋向均衡的方式出现。

"理论家"面临的真正意义上的困难源于这样一个事实：引入变量的预期值——我们现在假设，一方面人们对它们的预期是相当确定的，另一方面它们包括变量在过去的取值——改变了整个问题的性质，使问题变得在技术上很难处理，因此"理论家"经常会发现自己无法证明均衡趋势是否存在，甚至很难证明均衡位置本身的存在性和稳定性。当然，在这里我们不可能也不需要深入讨论有关的技术细节。[①] 但是，对于我们面临的困难的性质则可以说明一下。假设任何类型的经济主体要对某个经济量进行决策——例如，考虑竞争性行业中的企业要决定生产多少数量产品时的情形——并且必须考虑它们认为与决策相关的所有经济量的过去值、当前值和（预期的）未来值，赋予这些值的权重则为决策时间的函数（一般都会迅速下降到零）。很显然，所有预期都是数据，而且都是相当武断地任意给出的。考虑这些决策者的类型——给定它们的反应倾向，即在关于一致性等可以接受的假设下，我们有可能得到一个唯一的决策。然而，当这个决策真的起作用的时候，工业和整个系统因为它而更远离静态的可能性和因为它更接近静态的可能性一样大。现在，如果这些企业突然开始以瓦尔

[①] 例如，参见丁伯根教授于在 1932 年 7 月号的《计量经济学》杂志上发表的《动态经济学中的视野概念和预期概念》(The Notions of Horizon and Expectancy in Dynamic Economics) 一文。

拉斯的方式行事，那么无论在哪种情况下，都会走向瓦尔拉斯均衡；但是根据假设（ex hypothesi），它们不会这么做，恰恰相反，它们会以某种方式修正它们的预期，然后再根据它们的反应倾向做出决策，因此它们有可能会永远偏离在任何意义上可以被称为均衡的状态，或者也可能趋近均衡，又越过均衡，然后回头。

但是就我们的实际目的而言——我们不用承受纯粹的逻辑学家所受的痛苦——只要我们意识到了出现这种困境的原因，它就会消失：因为我们接受了任何预期，并且把它们当成是给定的。对于第一点，如果我们不能以如此巨大的"包容性"换取任何结果，那么也就只能怪我们自己。至于第二点，我们已经清空模型中所有重要的东西。换句话说，如果我们摒弃把预期当作最终数据来对待的做法，并恢复本来应有的样子——它们都是变量，解释它们是我们的任务——将它们与产生它们的经济状况恰当地联系起来，我们就能成功地把预期限制在那些我们实际观察到的事物上，从而不仅将它们的影响降到适当的比例，而且可以理解事态的发展是如何塑造它们并在特定的时间使它们转向均衡的。不过，就目前而言，对于这个问题还必须保持开放。

在不存在出现歧义的危险的特定情况下，我们还可以讨论正确和错误的预期。但是在这里没有进行这种区分的必要，因为预期与结果之间的相互依存关系，充其量是有一定难度的问题，因为与我们相关的事物，绝大多数同样适用于所有预期，因此我们不需要附加任何一般性的意义。[①] 毫无疑问，用"全等事件"（congruent event）来定义预期的正确性，或者假设正确的预期必定趋向均衡，当然是行不通的。至于另一个一般命题（许多人往往会未经周详考虑就草率地给出这个命题），即预期往往会自我实现，见庇古（Pigou）教授的《工业波动论》（*Industrial Fluctuations*）一书的第77页。

[①] 关于避免这样做的好处，本书作者已经被罗林·贝内特（Rollin Bennett）说服。

第六节　不完全竞争[①]

从对完全竞争的讨论中，我们得出了这样的结论：在一个完全竞争的世界里，存在着一种趋向于均衡状态的真实趋势。当然，这个结果有很多限制条件，对它也有不少"保留意见"。但是，这些限制条件和保留意见并不会对我们的工具造成重大损害。恰恰相反，它们改进了我们的工具（虽然它们同时也使得问题复杂化），为我们提供了丰富的可能情况，关于这些可能情况的理论在经济周期研究的许多关节点都非常有用。但是，许多读者尽管能够承认这一点，他们还是会质疑，当我们离开完全竞争的范围时，结果是否依然如此。在这里，至少有必要给出这个问题的答案的梗概，那些已经对这个答案深信不疑的读者可以忽略下面的概述。

在完全垄断的极限情形下，这个问题仍然非常容易解决。如果一个个体或若干个体的组合（这并不一定意味着有明确的或合法有效的协议，甚至不意味着有意识的合作）控制了某种商品或服务的供给或需求，那么我们就可以得出该商品或服务确定的价格和产出[②]，这甚至与垄断者是否设定价格或决定对他最有利的供给量（不然的话，价格和数量可以通过拍卖产生）无关。[③] 但是，即便是在这种情况下，我们也会遇到一个元素——这个元素对所有的分析目的都很重要，对我们的分析目的尤其重要——这个元素往往会使这种决定性失去它在完全竞争情况下的那种严格

[①] E. H. 张伯伦（E. H. Chamberlin）教授的《垄断竞争理论》(*Theory of Monopolistic Competition*, 1936 年，第 2 版）和罗宾逊夫人的《不完全竞争经济学》(*Economics of Imperfect Competition*, 1933 年），都是读者应该认真阅读的基本著作。对于这个在过去的十年里吸引了许多理论经济学家的注意力的重要主题，我们在这里只能涉及一二，所以建议读者参考希克斯（Hicks）博士 1935 年 1 月在《计量经济学》杂志上发表的极其出色的综述。在下面各相关章节中，我们还会给出一些其他的参考文献。

[②] 至少在仔细界定的假设下如此。关于这里涉及的问题，参见《经济学季刊》(*Quarterly Journal of Economics*) 1937 年 2 月号发表的 P. M. 斯威齐（P. M. Sweezy）的论文：《关于垄断定义的讨论》(Note on the Definition of Monopoly)。

[③] 我们在这里忽略了需求函数和成本函数的特定形式可能导致的非决定性，因为这对我们的目的来说并不重要。例如，如果成本为零，而需求曲线在部分或整个有效区间内呈现为一条等轴双曲线，那么许多价格（严格地说，有无穷多的价格）对垄断者是同样有利的。

性。在完全竞争情况下，个体企业不仅无力改变市场价格，而且必须被迫接受市场价格，因而企业只要提高价格，就会损失全部业务。当然，企业也可以选择收取更低的价格，但是那样做它将不得不蒙受损失，而且无法取得盈利这个事实意味着，从长远来看，它自身的生存也会受到威胁。如果垄断者收取的价格高于或低于能使其收益最大化的价格，那么它也将蒙受损失，但这种损失只是从收益将在一定范围内低于本来能获得的收益这个意义来说的。因此，如果它愿意，它是有能力无限期地继续这样做下去的，而且这除了因为犯错、懒惰和仁慈，也许还有别的原因。它可能不得不考虑公众意见，它可能希望最大限度地增加长期而非眼前的收益，同时"刺激需求"。垄断者可以实施价格歧视，也可以不实施价格歧视。一般来说，它有许多可供选择的行动方案，也有许多应对扰动的方法。不过，每一个都会产生一个确定的结果，并提供一种实现均衡的机制。[1]

只要每个垄断位置都被一个足够大的完全竞争区域所包围，那么在决定性方面就不会出现新的困难，即便这个系统包含相当多的完全竞争区域。然后，每个垄断者都会提出一个相对于给定的买方需求曲线和由竞争决定的要素价格孤立的最大化问题。但是，只要这些垄断者之间的距离小到足以影响彼此的"轨道"的程度，或者干脆不采用这种形象说法，当每个垄断者觉得有必要根据一个或多个其他垄断者的策略来决定自己的策略时，困难就出现了。为了说明这一点，我们可以先看一看极限情形，即每一种产品和服务、每一种产品和因素都已经被垄断的情形，即普遍垄断。在这种情形下，困难不在于我们没有能力证明决定性的存在[2]，而在于我

---

[1] 关于垄断，还有一个更精细同时也更现实的理论，见 G.C. 埃文斯（G.C. Evans），《垄断的动力学》（The Dynamics of Monopoly），刊载于《美国数学月刊》（*American Mathematical Monthly*，1924 年）；G. 丁纳（G. Tintner），《垄断中的需求问题》（Die Nachfrage im Monopolgebiet），刊载于《经济学杂志》（*Zeitschrift für Nationalökonomie*），第 6 卷，第 4 期。如果我们有足够的篇幅来深入讨论这一问题，就必须引用一长串的文献。但是我们只能讨论泽森（Zeuthen）教授在 1930 年出版的关于垄断和经济战的重要著作。

[2] 参见 E. 施耐德（E. Schneider），《垄断经济形态理论》（Theorie der monopolistischen Wirtschaftsformen），1932 年，第三章，作者用一个非常简单的数值例子说明了这种情况；同时参见 H. 冯·斯塔克尔伯格（H. von Stackelberg），《市场形式与均衡》（Marktform und Gleichgewicht），从中读者可以发现反对这种观点的论据。罗宾逊夫人在她讨论垄断世界（不过，在这样一个世界中，生产要素不是垄断的）的那一章中同意我们的看法，认为均衡的存在是理所当然的。

们没有能力证明现实有服从这种决定性的趋势。一般来说，这样的系统就是我们所说的非活跃系统或惰性系统（inactive system）。但是，我们不能在这里讨论这种系统，而只是直接指出就我们的目的而言，必须特别关注不完全竞争的三种标准情况：双边垄断、寡头垄断和垄断竞争。

一、双边垄断

当一个卖方垄断者面对一个单一的买方垄断者时，就出现了双边垄断。如果这两者之间的交易是孤立的——这里所说的"孤立"是就以下两个意义而言的：第一，它们只相遇一次，不会"见第二次面"；第二，就目前的目的而言，经济系统只由这两个垄断者组成——当然，两者之间的交换比例必定下降，同时一种交换比例与另一种交换比例的可能性相同的区域是有极限的，而且在这个区域内不存在均衡。① 尽管这种情况相当无趣，但是对经济周期的各个阶段实际可能出现的情况仍然有些启发意义：某些短期现象经常会导致不稳定的行为，是经济舞台上的行动者非常不理解的，但是却或多或少符合这种类型。比如说，在经济过度繁荣阶段，买入和卖出一些持续经营的企业的行为，就是一个很好的例子。我们能做的唯一事情，即便是在不那么极端的情况下，也只能是用一个均衡区域去替换一个均衡点。应当注意到（见上文第五节），在这些条件下，即便是完全竞争也不会产生确定的结果，特别是在当事各方没有相互交往的经验且在市场开始时就出现了实验性交易的情况下。在"可能性天平"的另一端，则是卖方垄断者和买方垄断者定期相互交易的情况，它们从经验中获悉了对方的情况和交易方法，并且都渴望达成一个协议，该协议能够涵盖它们所设想的整个全部交易期，因此不会有实验性交易影响日后的交易条款。我们还假设，卖方垄断者和买方垄断者双方的选择自由会受到它们与经济其余部分的关系的限制。按照这些思路，我们可以证明以下结果：如果一个工会组织得极其严密，以至于能够完全不受成员离开和外部势力入

---

① 然而，这并不完全正确。任何一方都不太可能获得这笔交易带来的全部好处，它们更可能以某种方式瓜分这笔交易带来的好处。这个事实——它还可能在引入其他因素后而得到加强——可用于对这种情况进行更精细的理论研究。

侵的影响，那么它就可以与一个垄断的雇主打交道。反过来，这个雇主在自己的产品上是一个垄断者，它把产品卖给一群完全竞争的消费者。这个雇主在竞争性市场上购买的所有生产要素都是它自己无法通过自己的行动来加以影响的。它所能垄断的这个行业太小了，无法影响这些生产要素的价格，也无法通过支付的工资来影响大众的购买力。

那么在这种特别有利的情况下，我们至少有一条确定的需求曲线，即作为垄断者的雇主对劳动的需求曲线。虽然这条需求曲线在经济周期中发生变化，但它不仅是雇主所知悉的，而且是劳动者一方（比如说工会主席）所知悉的。反过来，雇主也可以在自己与工人打交道的长期经验中确切地知悉工会主席能够接受的每小时最低工资。双方都不想"发动战争"①，而这就意味着双方都不会使用撤回全部劳动（或就业）的威胁。双方的全部策略是不断地改变价格（工资率）和数量（工时数），而不是虚张声势地进行威胁。在这些条件下，存在一个确定的工资率（连同相对应的工时数），是对雇主最有利的；同时还存在另一个确定的工资率（连同相对应的工时数），是对劳动者和工会最有利的。但是一般来说，这两个工资率并不相等。在这两者之间，我们又可以看到一个不确定的地带。

尽管这个领域某些最权威的专家，特别是古诺（Cournot）、维克塞尔（Wicksell）以及许多最近的经济学家的观点可能与此相反，但这确实是大多数学者的观点，尤其是鲍利（Bowley）教授的观点。不过，这确实只适用于一般情形，而且只适用于没有任何进一步的资料时。均衡机制并不是在真空中起作用，而是在每一种情况的特定条件下起作用。因此，这种非决定性并不一定意味着——用我们在前面引入的一种表达方式——这样一个系统从根本上说就是没有能力实现均衡，而只是意味着这种情形必须划分为若干个子情形，且每个子情形的问题都必须单独处理，就像在直接垄断的情形下那样。在这些子情形中，显然有许多是确定的。例如，如果

---

① 然而，泽森教授已经证明，在"发生了战争"的情况下，非决定性的范围会缩小很多。参见他的《垄断问题与经济战争》（Problems of Monopoly and Economic Warfare），第四章。

工会要求达到某个特定的工资率水平，而雇主则直接用在这个工资率水平下对自己最有利的工时数来做出回应，那么显然可以达到一个均衡。我们还可以构造出一些不确定的子情形。实际上，对于我们的目的来说，从实际操作的角度来看更加重要的是，在我们将适当的分析工具组合起来进行分析的过程中，情况变化得如此之快，以至于我们不应该接受完美知识和不变反应的假设。然而，情况不断变化这个特点反过来又恰恰可能在某种程度上向我们提供了用来减小非决定性的范围所需的信息。但是，暂时的需要、有意识地计划好的策略和对一般事件过程（事态发展）不断变化的预期所构成的范围要比前面分析所假定的广泛得多。这样一来，我们要面对的不仅仅是一些均衡区域，还是一些不断变化的均衡区域。此外，在许多情况下，需求曲线和供给曲线并不是相互独立的。

无论它们的重要性如何，双边垄断产生决定性均衡的子情形都可以用来表明（当然，资源所有者直接垄断的情形也可以用来表明），在完全竞争的情形之外，完美均衡可以与部分资源未得到充分利用相容。因为很明显，在我们的例子中，对工人最有利的交易一般来说并不会导致每个工人能够卖出的工时与每个工人愿意以同样的价格卖出的工时相同。当然，并不是真的要让有些人失业，但有些人是不是会失业则是工会主席与雇主之间要解决的一个次要问题，因此，总是有可能通过把一定数量的完全失业的人与它联系起来来描述这种情况。事实上，非常有可能出现这种情况：实际工资总额最高时的工资率水平，即相对于闲暇价值和所设想的期间长度的价值最高的工资率，一般都意味着某种程度的失业。即便失业人员必须被排除在"工会同志"的收入之外，这种工资率水平无疑也将会是最有利的。如果失业人员部分或全部不受其他来源的收入的影响，这个建议就更加适用，但是最大化的条件将因此而改变。

二、寡头垄断

如果供给处于一个完美市场中，即在这个市场中，由于商品的完全同质性、市场的完美流动性和买家的无差异性，只有一个价格，且由一些企业控制，这些企业能够通过它们各自的行动影响价格（例如，寡头垄断，或如果只有两个垄断者，则是双寡头垄断），那么很容易看到，我们将失去完全竞争情况下保证行为决定性的条件，以及垄断情况下可以解释行为决定性的条件。这种模式意味着，所有消费者只要受到最轻微的刺激，就会立即从一家企业转向另一家企业；不过我们对这种行为几乎毫无兴趣，因为这是另一种极限情形，在现实世界即便不是完全不存在，也必定是非常罕见的。任何一家发现自己可能处于或实际上已经处于这种情况的企业都会试图改变它，这是显而易见的。因此，与纯粹的寡头垄断的逻辑相比，我们在实践中为实现这个目的而采取的典型做法更为重要。[①] 它们大体上可以分为以下三点来讨论。

第一，企业可能会选择主动攻击以消灭或威慑对手。这可能导致垄断的出现（在大多数情况下，那将是一种不稳定的、需要采取无穷无尽的防守性行动的垄断）；也可能导致这样一种情况，虽然不存在技术性的垄断，但是仍然或多或少地处于"主动攻击者"的完全控制之下，而且所有"未被征服者"或者是无关紧要的，或者屈从于"主动攻击者"的领导（不过，这样一个"跟随领先者"系统，也可能以其他形式出现）。就像在讨论倾销时一样，试图用一个术语和一种论证来包含各种不同的模式是不可取的，因此在所有出现这类攻击的情况下，我们都应避免过于简单地谈及残酷的"割喉"式竞争；例如，新的、更优越的生

[①] 当然，这并不是说从纯理论的角度来看寡头垄断这种现象没有什么意思。最早研究寡头垄断情形的经济学家是古诺，他的解决方案先是遭到了伯川德（Bertrand）和埃奇沃思的负面批评，不过后来又得到了维克塞尔的支持，直到今天仍然是讨论的起点。我们在本书中将只提到哈罗德［《双寡头均衡》（Equilibrium of Duopoly），载于 1934 年 6 月号的《经济学期刊》、H. 冯·斯塔克尔伯格（《市场形式与均衡》，1934 年）、列昂惕夫［《斯塔克尔伯格对垄断竞争的研究》（Stackelberg on Monopolistic Competition），载于 1936 年 8 月号的《政治经济学杂志》］，以及希克斯的贡献（我们在前面已经引用过他的综述）。关于埃奇沃思对这个问题的研究，参见 A. J. 尼科尔（A. J. Nichol），《埃奇沃思的双寡头价格理论》（Edgeworth's Theory of Duopoly Price），载于《经济学期刊》，1935 年 3 月号。在这个问题上做出了很大贡献的还有 T. 帕兰德（T. Palander）［《区位理论略论》（*Beiträge zur Standortstheorie*），1935 年］，以及弗里施教授［《垄断-寡头垄断的经济概念》（Monopole-Polypole-la Notion de Force dans l'Economie），载于《国民经济杂志》增刊，第 71 卷］。不过，寡头垄断价格是不确定的这种泛泛而论的说法有一定的误导性。我们应该说，寡头垄断可以分为很多情形，其中有一些情形是确定的，而另一些则不是。

产方法的"入侵"(这是一个对本书的主题特别重要的事件),就可以确定为一种特殊情况,对它应该专门处理,并与真正意义上的"割喉"式竞争区分开来。在真正意义上的"割喉"式竞争情况下,存在着或可能存在着"浪费型"竞争、产量过大和产能过剩;产能过剩与产量过大并不是一回事(尽管两者实际上都出现了"割喉"现象)。当然,无论斗争的性质如何,只要斗争持续下去,就不可能有任何均衡。然而,总的来说,它将导致这样一种状态,虽然可能永远不能严格地满足均衡条件,虽然常常有些草率或缺乏稳定性,但却足以达成我们的目的——或者更准确地说,是足以达成绝大多数最有实际操作意义的目的。在这里,我们只需再次指出,这种特殊类型的"均衡趋势"会导致一系列与经济系统原本能够得到的值不同的均衡值或准均衡值。不过,在现实世界中,不顾总体经济状况而强行展开这种活动的情况是很少见的;通常,在周期中所处的阶段将为结果提供确定的条件。正如一般经验告诉我们的,当需求曲线向上移动、市场处于扩张阶段时,或者当需求曲线向下移动、市场处于收缩阶段时,情况就会有所不同。当然,通常发生的是后者,这个事实对一个"大单位"占主导地位的社会中经济周期机制的图景具有相当重要的意义。

这种分析同样适用于在寡头垄断情况下企业可能走的第二条道路——订立协议。无论是秘密的还是公开的,默示的还是明确的,完整的还是局限于特定的区域、产品、做法的(如对客户的授信),也无论是直接以达成协议为目标并真的实现,还是在交易中经历了份额争夺战后达成的,都不会影响这个原则。无论如何,结果都属于类垄断(monopoloids)的范畴。创造过剩产能作为战争储备,或者仅仅为了作为阻碍价值(nuisance value),是这种情况特有的特征,在这里,卡特尔与第一种情况下的"托拉斯"一样具有典型意义。前者是最有可能的结果,只要一方面没有什么可以改变产品的同质性,另一方面没有企业足够强大或认为自己强大到了可以冒险战斗到最后的程度。这也是一种均衡趋势,尽管得到的值集与其他过程得到的值集不同。埃奇沃思用一个古雅的比喻说明了寡头垄断的非决定性,不过这个比喻同样可以用来说明某种组合或理解为什么非常可能出现：南森和约翰森是极地探险队幸存的两名考察员，但是他们希望将仅余的那架雪橇拖往不同的方向（见埃奇沃思的《政治经济学文集》，第一卷，第124页），尽管我们仍然有理由认为两人不会永远朝两个相反方向拉。这也就表明，他们的最终路线并不只是由拉雪橇这种行为自动决定的结果。撇开这个隐喻的表象，我们必须认识到，除了一些非常特殊的情况，垄断的出现（即便比通常可以预期的情况更加完全、更加持久）其实是一种妥协，从经济理论的角度来看，它出现还是不出现往往在两可之间。在垄断情况中有一个因素，即利润的分配，在理论上是不确定的，必须通过（比如说）固定"卡特尔配额"来解决，以提供缺失的数据。因此，理论家必须不能安慰自己说，既然完全垄断是唯一合理的解决方案，那么这就是一个确定的问题。不过事实上，这对我们来说并不重要。

还有第三条道路，那就是企业可以尝试减弱或消除产品的同质性，或者更确切地说，增加产品的异质性，并以产品的异质性为掩护——这种同质性的缺乏在大多数情况下原本就已经存在。虽然这种选择也可以用于攻击目的，但它主要是一种防御措施。它可以将寡头垄断并入不完全竞争的第三种标准情况——垄断竞争。因此，尽管我们不必否认偶尔出现的纯寡头垄断，尽管我们不能否认它的逻辑可能性，但是我们可以否认它的决定性问题的现实重要性。不过，这里还需要补充两点。首先，如果"纯"寡头垄断实际上持续了一段时间，那么对于在此期间可能出现的任何不确定的情况，都不得与因数据的不断变化而存在的非决定性混淆起来，这种数据的变化是企业在一个充满实际的和预期的变化的世界里必须面对的，而且是企业在任何时候都无法完全知悉的。后一类非决定性与前者无关。其次，第一类和真正的非决定性情形也足以产生过剩的生产能力，这与我们在上面所看到的预期出现过剩的特殊原因无关。这是由于这样一个事实，即无论是在短期还是在长期的意义上，发现自己处于某种非决定性情况下的企业，除了一定范围内的价格和产量，永远无法做出任何计划。

三、垄断竞争

垄断竞争这个术语还被用来表示产品差异化（参见张伯伦教授，前引论著),而且不是在庇古教授所说的意义上。在一个垄断竞争盛行的经济系统中,任何一个行业的每家企业所提供的产品都在一定程度上不同于该行业其他任何一家企业的产品,这样就形成了一个属于它自己的特殊市场。在解释这种产品差异化的时候,必须参照其原理——建立一个专属于本企业的特殊市场——因此产品差异化的范围非常广泛,不仅包括"真实的差异",而且包括"推定的差异";不仅包括产品本身的差异,而且包括提供产品时服务的差异(甚至包括商店的位置和氛围)。说到底,任何能够让买家把他买的东西与某个特定企业的名字联系起来的事物,都可以包括在内。地理位置[①]和其他方面的差异,能够诱导顾客理性地或不理性地[②]更偏好一家企业而不愿选择另一家企业;这些差异当然是不可避免的,无论企业是否打算创造出这种差异。事实上,世界上根本就不存在完全同质化的产品——无论是汽车还是鱼肝油丸。

乍一看,垄断理论似乎涵盖了这种情况;而且这种情况下均衡的存在性以及朝向均衡的趋势等问题也是用垄断理论来处理的。这个领域的部分权威专家,尤其是罗宾逊夫人,似乎实际上就持这种观点。否则,就很难

---

① 这个问题本来也应该加以讨论,但是本书限于篇幅无法展开。最早的研究出自霍特林(Hotelling)教授的一篇著名论文;随后泽森教授和张伯伦教授做出了宝贵的贡献;帕兰德在我们前面引述的重要论著中又把研究向前推进了一大步;A. P. 勒纳(A. P. Lerner)和 H. W. 辛格(H. W. Singer)的论文《论双头垄断和空间竞争》(Duopoly and Spatial Competition)是几年前就写好的,最后发表在了《政治经济学杂志》1937 年 4 月号上。

② 应该注意的是,在这里和在其他地方一样,不理性(a-rational)行为并不一定意味着非理性(irrational)行为或反理性(antirational)行为。一个理性的动机也可能是潜意识的。一个反理性的有意识动机可能掩盖了某种利益,而这种利益本身是可以用理性的理由加以辩护的。有的行为从短期甚至从个体来看,似乎是反理性的,但是从长期和结果来看,却仍然是理性的。有些研究垄断竞争的理论经济学家在谈到消费者的"非理性行为"时,特别是当假设消费者"被蒙住了眼睛"时,似乎没有充分考虑到这些事实所包含的意义。此外,另外两点也与我们的讨论密切相关。首先,如果科学观察者应用他自己的私人标准,认为某些产品差异是微不足道的,因此是浪费性的,这并不意味着从购买者的角度来看也是如此。其次,如果在科学观察者看来垄断竞争似乎导致太多的小企业(比如理发店或加油站)存在,那么他在声称这造成社会浪费之前应该考虑一下,如若不然会有很多人失业,这种边缘性的小规模企业的存在本身恰恰构成资本主义制度解决某种类型失业的方法。

理解他们对自己广为人知的模型以及它产生的均衡的信心。① 当然,在某种程度上他们是正确的。创建一个专属于本企业的特殊市场这种做法也可以描述为一种增加摩擦的手段,这种摩擦阻碍了买家从一家企业转向另一家企业。如果这种摩擦足够大,那么它在许多其他情况下就可以实质性地降低、在极限情况下甚至可以完全消除对不同企业产品的需求之间的相关性;因为这种相关性就是导致企业难以建立寡头垄断的原因所在,因此至少在短期内这种摩擦能够创造出垄断,并且在所有情况下都能创造出近似垄断的情形。当我们想到在现实生活中几乎不存在绝对垄断,而且用约翰·B. 克拉克(John B. Clark)的话来说,至少在大多数情况下都存在潜在竞争时,这种"亲和性"就显得更加引人注目。因此,我们注意到,这个理论充分考虑了经济现实的一个方面。

然而,一般来说情况并非如此。垄断竞争的本质体现在如下事实上:在任何时候都可以售出一定数量产品的那个价格,既是企业本身行为的函数(不独立于企业的成本),也是同一领域所有其他企业行为的函数。当然,这也许仍然可以描述为一种需求曲线不断变化的垄断。但是,当这种变化不再外在于个体企业的行为,而是它的机制的一部分时,当这些变化如此重要,以至于完全遮盖了任何沿着这样一条曲线的运动时,上述对这种情况建模的方法就不再有用②:像这样的有过多限制的、"脆弱不堪"的

---

① 非专业读者应该阅读一下罗宾逊夫人和张伯伦教授的著作,以及哈罗德先生的论文(它们在本书前面章节中都已提及)。不过,我们可以在这里给出如下评论。假设企业被赋予一条 U 形单位成本曲线和一条对特定品种产品的需求曲线,曲线向下倾斜,表明个体企业的产出会对价格产生影响。假定利润率是"正常的",并包括在成本内,这样所研究的工业部门的均衡是由该成本曲线与该需求曲线相切的点决定的。这种情况只可能发生在该 U 形曲线的下降区间。对于短期现象的分析,这种成本曲线的有效性似乎是毋庸置疑的(因为这种有效性源于某些生产要素的短期固定性)。但是在短期内,我们不能依赖于企业净收益(即这些理论经济学家包括在成本内的正常"利润")趋向于相等的趋势;这种趋势是平均成本应该与价格相等的唯一原因——如果那个切点表示均衡,那么就必须如此。而从长期来看,U 形曲线的形状——对它下降部分的解释,此时就只能依赖于所谓的"成块性",而且它的底部可能很宽——以及这种理论的一些结果就变得不那么令人信服。哈罗德先生并没有坚持认为 U 形曲线是一种普遍有效的长期平均成本形式。相反,他将长期成本曲线表示为一系列短期成本曲线的包络线,其中每条长期成本曲线的最小值都低于前一条曲线的最小值,从而确保关于资源利用不充分的类似结果。但是,我们不能仅仅依赖于仅仅用这种技术得到的结果去反映经济过程的性质。在正文中,我们将对垄断竞争的需求曲线提出质疑。不过,我们并不认为这个技术是错的或没有用处的。

② 由此看来,P. M. 斯威齐在强调这种区别的基础上给出的垄断的严格定义有相当大的优点;参见我们之前引用过的他的论文。与此相反,哈罗德却强烈建议——这种建议最初是由斯拉法(Sraffa)提出的——将垄断理论作为理论困境的救助工具;这种建议并不像最初人们认为的那样有帮助。

需求曲线，还不如直接完全舍弃。而且，尽管我们在垄断的方向上丢掉了一些阵地，但是我们可以在竞争的方向上收回失地：在现实世界中，几乎每家企业实际上都有能力生产，或者在收到通知后的很短时间内就能做好准备生产出各种类型、各种品质的商品，其中一些是竞争对手的产品的几乎完美的替代品，这可以说是一个一般原则；而且，这种价格和数量的调整通常不会与完全竞争情形有根本性的不同。也就是说，如果我们一定要坚持使用垄断竞争理论的语言，那么从总体和长期来看，单个企业的产品需求曲线将会显示出很高的弹性——尽管还不是完全竞争条件下的那种无限弹性。这反过来又会导致实现的结果近似于完全竞争条件下的结果——尤其是不同质量或种类的产品的价格差异，往往与生产这些产品所必须付出的成本的差异相对应。因此，企业将倾向于为专属于自己的特殊市场寻求制度性保护。

严格来说，上述分析只适用于这样一种情形：与完全竞争的差异只体现在产品差异化这一点上。毫无疑问，对于这种情形，必须允许一个例外，那就是不存在产品差异化时的完全寡头垄断。相当多的非决定性都源于此。如果潜在竞争只是一种非常遥远的可能性，那么这个例外就可能对特定行业的事态发展很重要；但是它几乎从来没有重要到足以实质性地扰动整个系统的运行的程度。还有许多其他条件。此外，产品差异化也不可能是连续的。某个地区的工厂和商店不可能是连续分布的。但所有这些都不是非常有意思或非常重要的。[1]

---

[1] 在作者看来，上述观点与希克斯在我们之前引用的那篇综述中的观点是基本一致的。他在论述中也含蓄地提出了我们在正文中提出的条件，如同我们在前面那个脚注中明确指出的关于成本曲线的观点。为了不失公正地对待张伯伦的观点，在这里必须强调的是，对于不存在寡头垄断的、接近于完全竞争的垄断竞争情形，他并没有忽视，而是单独列了出来。我们与他的意见分歧，并不是来自他犯了我们必须严肃指出的理论错误，而是来自他对确实偏离了这种准完全竞争模式的其他情况的实际重要性的评估。尽管我们马上就会在正文谈到很多东西，但是无论如何似乎很难有理由声称，对垄断竞争模式的观念改变了我们对整个经济现实的总体看法，或者像张伯伦教授所声称的，创造了一种新的经济"世界观"（Weltanschauung）。这似乎是一种视觉错觉（其中一个原因将在正文中解释）；我们还将看到，哈罗德的主张有更大的合理性。他认为，不完全竞争理论在很大程度上有助于我们对经济周期机制的理解。我们还可以补充一二：我们认为，在很多非常重要的情况下，对于垄断竞争条件下实际发生的许多现象，完全竞争模式所能够提供的描述，实际上比垄断竞争理论本身更好；但是我们不认为（希克斯先生似乎也一样），我们现在可以心满意足地回到马歇尔式的框架。因为如果缺乏产品的同质性，行业需求曲线和供给曲线就不可能是很好的处理问题的工具。至少供求曲线将不得不用更加复杂的供求域（demand and supply field）来取代。但是我们在这里不需要考虑这些。

还有两种情况需要讨论。第一种情况是摩擦的大幅增加。如前所述，垄断竞争会给系统带来摩擦。摩擦的大幅增加还会产生更多的马虎行为（sloppiness），在某些部门还会导致我们所说的意义上的不活跃（inactivity）和刚性。尊崇传统的、倾向于合作的行为规范，往往会导致这些东西并被它们所强化。我们可以很肯定地预期系统的运行——特别是它的均衡趋势——会比不这样做时更不迅速、更加低效，而且任何地方的均衡点都将被均衡区域所取代。此外，我们并不否认，当条件有利时，例如在某些行业和零售业的许多分支中，那些权威经济学家基于垄断竞争所预测的结果甚至有可能在长期中出现。举例来说，如果新人大量涌入法律行业的同时收费标准保持不变，那么所有律师的业务量都会不足并感觉到自己无法维持体面的生活。按照众所周知的思路行事，他们很可能会试图通过提高律师费来解决这个问题。个体出租车司机、牛奶零售商等，都很可能采取同样的行事方法。这样一来产能过剩，以及价格随潜在供给量增加而上升的悖论也就随之出现了。当然，与往常一样，在解释经济状况的各种细节时，必须考虑所有这一切。但是，在这样做的过程中，我们不能忘记这只是许多可能的行为模式中的一种，而且作为一个规律，价格和产能这种金字塔状的堆积最终肯定会因资本主义机器本身而颠覆：落后零售商的和平牧场会被百货商店和邮购公司侵入。在将理论应用于现实世界的时候，如果无视这种机制，就会犯下与只根据完全竞争假设来推理同样严重的错误。

　　第二种情况是，在一个不断受到外部和内部变化因素扰动的经济世界里，在短期内垄断竞争下与完全竞争下的即时反应确实是非常不同的。这是因为，拥有一个专属于自己的特殊市场（无论这个市场多么不稳定），就为制定短期策略提供了空间，即为反之不可能存在的行动和报复行动提供了空间。更具体地说，以减少产出而不是通过降低价格来做出反应这个事实本身就可能表明那是一个短期行动策略[①]；而且，如果预期到任何一

---

① 但是，对于上述陈述，我们将在第十章最后一节加以限定。我们不能把这种策略与另一种策略（即提供更好的质量和其他优惠，而不是降低价格）混淆起来，后者也具有垄断性的特点，并且在统计上与第一种策略没有什么区别。后面这种策略在萧条时期经常被用来代替降价，而且在对垄断竞争的影响进行一般评价时往往不能得到适当的考虑。

个给定的经济状况都将是短期的，那么建造一个比可以实现最优产出的工厂更大的工厂，也就会变得有利可图。因这个原因而出现的产能过剩，而不是源于垄断竞争下通常的均衡的任何特定性质的产能过剩，解释了无论是实际发生变化还是只是预期会发生变化都会出现的那些现象。[①] 再一次，垄断竞争的存在不仅意味着一种不同的调整技术（其特点可以用许多有时似乎不稳定的运动来刻画），而且可能意味着一种不同的均衡（如果最终确实能达到均衡的话）。但值得注意的是，在这种情况下失业的出现可能只是因为均衡的不完美性。

因此，一方面，来自系统内部的变化以及来自系统外部的变化，都会影响形势，导致短时间的适应，并产生短时间的均衡——在许多情况下，这与倡导垄断竞争理论的经济学家所描绘的图景非常吻合。另一方面，用新方法生产新产品或旧产品的新企业，通常会按照新方法行事，因为那显然是充分利用和保持它们所享有的短期优势的有效方法。随着讨论的展开，我们会发现这对本书的主题有多么重要。事实上，这个理论提高了人们对周期性事态发生机制的认识。在这方面，哈罗德的论断并不过分（见前引论著，第 465 页），尽管他的论断所根据的理由是我们不能完全接受的。

---

① 这似乎是对一些事实的更直接的解释，例如，似乎有理由将垄断竞争与产能过剩联系起来，而不是人们通常会给出的原因。我们不难观察到，它并不适用于那些真正近似垄断的情况，而且它不同于我们在完全寡头垄断情况（如果这种情况存在的话）下的产能过剩理论。哈罗德在将产能过剩与一般的垄断竞争的基本性质联系起来后（前引论著，第 451 页），像那个理论经济学家群体的习惯做法那样（但是，张伯伦做出这种论断时却更加谨慎，理应受到赞扬），继续在这薄弱的地基上构建了一幢相当沉重的"上层建筑"（第 466 页及以下各页）。他认为，在一个只有两个行业的经济系统中，如果其中一个行业的成本是递减的（他认为，在不完全竞争条件下，这种情况总是存在），那么经济衰退时产出的收缩将会特别严重。如果一个成本递增的行业意外出现了收缩，那么另一个行业将"不得不受到更大的限制"，因为一旦它开始收缩，它的单位成本就会增加。于是，前者又开始收缩；这样一来，它们就可能"无限期地相互追逐着收缩下去"，直到它们达到一个新的均衡为止，那时产出也许已经变得异常低。这个论证显然是为了某些众所周知的现象而提出的，哈罗德认为他可以用它来解释那些现象。但是，由于它们本质上只是短期现象，所以边际成本必须下降才能产生这种模式，而且很容易看出（还有其他原因），这种模式所描述的充其量是一种非常特殊的情况。

第七节　均衡经济学和对经济波动的研究

为了总结本章的部分论点，并开始进一步的深入讨论，我们现在回过头来考虑这个问题：对于我们的目的来说，前面（不完全地）描述的分析工具有什么用？为了简洁起见，我们将只考虑完全竞争情形，尽管将下面的讨论扩展到所有其他情形并不会遇到什么实质性障碍。

首先，正如我们已经看到的，均衡理论或静态循环流转理论（就下面这点而言我们可以说它们是一样好的），给出了经济逻辑的基本骨架，尽管非常抽象或者说远离现实生活，但是它们为严格的分析奠定了基础、清理了场地，这种作用是无可取代的。为了让我们自己确信这种服务的必不可少的价值，最好的办法是尝试着给诸如过量生产、产能过剩、失业、经济失调等现象下一个明确的定义。稍微反思一下就足以表明，这些术语尽管非常常用，但是却根本没有确切的含义——事实是，它们确实没有准确的定义，这也就解释了用这些术语表达的许多观点的非决定性。一旦我们试图为它们找到精确的含义，并试图让它们适用于确定经济有机体的特定状态这个任务，那么回归均衡关系的必要性就会变得显而易见起来。

其次，虽然每个事件都会冲击已经受到扰动并处于非均衡状态的经济世界，但是我们对经济有机体对任何给定的新发生事件的反应方式的理解，都不可避免地必须基于我们对这些均衡关系的理解。例如，经济学中一种历史悠久的做法，即试图通过大度地允许"所有其他条件都保持不变"（ceteris paribus）来确定对某些商品征收小额税或者让劳动力供给小幅增加的后果，实质上也都是探索这些均衡关系的本质和性质的一种方法；均衡关系决定了任何给定的数据变化将如何被经济系统吸收，以及最终会出现什么样的结果。现在，引发波动的既可能是从外部影响系统的单个冲击，也可能是系统本身产生的某种独特的变化过程，但是在这两种情况下均衡理论都为我们提供了最简单的规则。系统做出的反应将符合这些规则。我们通常说的均衡理论是对反应装置的一种描述，就是从这个意义而言。我们知道，这仅仅是朝着这样一种描述迈出的第一步，但即便如此，它对研究波动的重要性还是与关于扰动事件的理论或扰动过程本身一样重要。

再次，虽然均衡状态可能从来没有真的达到过，但是在进行分析和诊断的时候，均衡状态概念作为一个参照点还是非常有用的，实际上也是必不可少的。有了这个概念，我们就可以很方便地用与均衡状态的距离来定义实际状态。就这一点而言，理论经济学家的思维虽然更加严谨，但是基本过程与经济学外行人的思维并无本质区别。例如，在整个战后时期，无论是个人研究者还是相关组织，都经常通过对商品的绝对数量和相对数量、绝对价格和相对价格、绝对收入和相对收入与同一变量在1913年的值进行比较，来证明他们自己的论点。当然，这样做并不一定是合理的。例如，经济系统的所有数据都发生了变化，没有理由认为农产品价格与其他商品价格的比率应该与当年相同。但这种习惯背后的思想观念却显然是有理由的。它可能意味着承认经济量之间存在着均衡关系，偏离这种均衡关系就会造成困难和无法持续的状况，同时比较经济量是估计实际偏差的性质和程度的一种显而易见的方法。如果不是将实际情况与对应于它的数据的均衡状态进行对比，而是与过去的（并不是一个均衡状态的）情况进行对比，那么就将不再有什么意义（哪怕在以往这样做是有意义的）。这种做法只是基于这样一种信念：1913年的情况无论如何都比以后的情况更加正常，而且不会远离被我们用作标准的状态。当然，这种信念可能是错误的，但是将实际值与正常值进行比较的基本原则并没有因此而失效。商界和政界最有理由期待经济学家提供的一项服务恰恰就是，设计出一种更加令人满意的方法以实现上述原则。

因此，一些统计学家和经济学家努力从一个长期处于非均衡状态的经济世界的统计资料中提炼出均衡值的时间序列。这种努力的意义和重要性远远超过了我们大多数人愿意承认的程度。也许可以这样说，任何一个统计学家在计算趋势时脑海中都一定会出现一些类似的想法。这个统计学家可能没有别的目的，只是想要消除扰动，以使波动更加明显。但是，波动一定是围绕某种东西的波动，如果别人继续追问，他可能会用或多或少与我们的均衡概念相关的术语来定义这种东西。第一个有意识地提出了这种观点，并至少在概念和意图上走完了整条道路的经济学家是 H. L. 摩尔。在他的《综观经济学》(Synthetic Economics) 一书中，摩尔总结了自己的研究，这本书从头到尾贯穿了这样一个原则：趋势是点的轨迹，每个点都表示与同一时间点上每个时间变量的实际取值相对应的理想均衡值。不过我们不会走那么远，部分原因是我们会找到一些理由来怀疑实际使用的趋势分析方法的有效性。但这不是最关键的一点。我们有一个更具根本性的反对意见。

最后，我们对均衡概念的最重要应用取决于均衡趋势的存在性。我们在前面已经看到，对均衡趋势的存在性的论证会受到许多限制，并不像老一辈理论经济学家所认为的那样是一件简单的事情。因为变化的因素所影响的世界实际上是一个已经受到扰动的世界，又因为即便变化的因素有机会侵扰一个原本处于完美均衡状态的世界，反应的过程在大多数情况下也不可能通过一种简单的方式直接导致均衡，因此我们关于均衡趋势（即在每一次偏离之后吸引系统回到一个新的均衡状态的趋势）的存在性的信念必须一直接受审判，直到本书的最后一页为止，尽管最普遍的观察事实比一般理论更有力地支持这种信念，而且一般理论非常正确地努力考虑到了那些哪怕是最怪异的情况。然而，对于我们来说，重要的是把这种倾向看作一种实际的力量，而不仅仅是可参照的理想均衡点的存在性。我们是在如下事实的基础上坚持自己的立场的：经济变量的值在经济周期过程中的波动，会处于"最粗略的实用常识"所识别出来的异常高的数字与异常低的数字之间，而在这两个数字之间还存在着一个被"最粗略的实用常识"识别为"正常"的值或范围。我们希望将系统偏离均衡的那些有限周期与系统趋向均衡的那些有限周期区分开来。为了把我们的均衡概念应用于这项工作（这是我们的分析技术的基础），我们不会在均衡状态不存在时直接假设均衡状态的存在，而只会在系统确实在向某个均衡状态移动时做出这样的假设。例如，当现有的状态正受到扰动时，比如说受到了一场通过政府法定货币来提供军费的战争的扰动时，或者受到了铁路建设的"狂热"的扰动时，再去讨论理想的均衡能不能与所有这些非均衡共存就没有什么意义了。更自然的说法是，当这种因素发挥作用时就根本不存在均衡。当这种因素停止发挥作用时，当我们观察到重新调整开始时，我们把它解释为一种趋向均衡的运动；到了那个时候，也只有到那个时候，理想的均衡才会成为经济过程的目标。因此，到了那个时候，也只有到那个时候，均衡才会成为我们之前所说的那种东西，即经济量的"理论正常值"。因此，对于我们的目的，我们将只在系统位于时间尺度的这样一些离散点上时承认均衡的存在：系统接近这样一个状态，当真的达到该状态时，就能满足均衡条件。而且，由于系统在现实世界中永远不会达到这样的状态，我们将不再考虑均衡点，而只考虑均衡范围，在这个范围内，系统作为一个整体比不在这个范围内时更接近均衡。我们把这个范围称为均衡的邻域（对这个术语不能从数学意义的角度来理解）。①

---

① 现在，人们越来越认识到均衡概念在分析经济周期问题时的重要意义。例如，参见 K. 普里布拉姆（K. Pribram），《均衡概念与经济周期统计》（Equilibrium Concept and Business Cycle Statistics），国际统计学会第二十二次会议（伦敦，1934 年）；《经济理论中的均衡思想》（Gleichgewichtsvorstellungen in der Konjunkturtheorie），载于《经济学杂志》（*Zeitschrift für Nationalökonomie*），第 8 卷，第 2 期。

第三章　经济系统如何演化？

第一节　变化的内部因素

我们从上一章描绘的经济过程的图景开始讨论。在这个图景中，经济过程只是以恒定的速度自我复制，并且在任何时刻都处于均衡状态。我们先回顾一下，这样做有两个动机：第一，我们希望有效地防止循环推理；第二，将这个过程中把各经济量联系起来的许多关系作为一种"反应装置"（apparatus of response）加以利用。然后，我们提出这样一个问题：是什么让这个过程在历史上发生了变化？

这个过程为什么会发生变化？或者说，为什么在不同的日期，不同的商品会以不同的价格和不同的成本生产和销售？显而易见，其中一个原因是，这个过程受到了我们所说的外部因素的作用。再回顾一下，这种外部因素是我们在进行推理时应当排除在外的；然而，它们不仅总是很重要——有时甚至会起到主导作用，经济系统对它们的影响的反应必定总在我们观察到的经济变化中占据很大一部分，而且它们的出现可能（且经常）影响我们要考虑的这种变化。无论如何，这两类事物必须明确加以区分。我们所说的反应（response），只是指通常所称的被动适应（passive adaptation），即在系统的基本数据范围内的适应。然而，适应还可能包括使那些数据的其中一部分发生改变，而且这种创造性的反应属于内部变化的类别。例如，如果政府的任何给定类型的武器需求上升，那么经济过程就可能会根据游戏规则进行调整，使自己适应这种变化，而且这个游戏规则就是我们（虚拟地）在静态过程中观察到的那一个。于是，那种类型的武器的产量会不断增加，成本和价格也持续上升，而且这种冲击可能会按照相同的规则传播到整个系统中。但是，经济过程也可以通过生产另一种类型的武器或生产某种新方法所需的武器来让自己适应。这些就是受外部因素调节（condition）的内部变化。

经济系统内部变化的因素是消费者口味的变化、生产要素数量（或质量）的变化、商品供应方式的变化。我们的均衡系统所能提供的一种"服务"，就是让我们确信，对内部因素的这种分类在逻辑上已经穷尽，因为系统中的其他一切都可以从口味、生产性资源的数量和分布以及生产函数中推导出来。必须记住的是，自主的货币变化被纳入了外部因素的范畴。接下来，我们依次考察这三个因素。

一、消费者口味的变化

我们的论述始终基于这样的假设，即对于改变他们的口味（这也就是说，对于改变一般理论中包含在"效用函数"或"无差异品种"概念中的那组数据）消费者的主动性是可以完全忽略不计的，同时消费者口味的所有变化都可以归因于生产者的行为并由生产者的行为引发。对于这个假设，我们需要给出理由和限制条件。

当然，我们所依据的事实其实不过是常识。铁路之所以出现，并不是因为有消费者主动提出了更偏好铁路服务而不是邮车服务的有效需求。消费者也从来没有表现出任何如下主动性，希望拥有电灯或人造丝长筒袜，或乘坐汽车或飞机旅行，或听收音机，或嚼口香糖。下面这种观点显然是符合现实的：消费者消费的商品的绝大多数变化，都是生产者"强加"给消费者的，而且消费者在许多时候往往会抗拒这种变化，因此生产者不得不通过精心设计的广告来"教导"消费者。对于我们的研究目的来说，我们的观点的依据不会因为如下事实而受到削弱：只有消费者满意了，才能为所有经济活动提供社会意义；而且所有新的和不为人熟知的商品最终必须由消费者"使用"或者得到消费者的"批准"，因此在一定意义上可以说是按照消费者的潜在意愿和隐性欲求生产出来的，或者说是在预见到了消费者的愿望的基础上生产出来的；又或者说是根据有效需求之外的其他迹象生产出来的。就口味的变化而言，这些与我们要分析的过程的机制完全无关。此外，诸如"消费者研究"这样的工作，通常是对商品、品牌和质量的批评，这个事实也说明了上面这一点。

但是，无论"消费者口味的变化是由生产者的行为引发的"这个命题与人们对这个主题的普遍看法的一致程度有多高，它都不能说是十分准确的。我们很容易举出消费者主动改变自己口味的例子，甚至可以把它们分为若干熟悉的类别。在这里，我们特别提一下其中两个类别。在每个社交圈中，尤其是如果它的规模不太大，而且它的成员都拥有最低水平之上的收入和闲暇时间（在我们的材料涉及的那个历史时期的早期阶段，我们可能会想到宫廷社交圈，它是有关休闲的一个不错的例子），那么我们就可以观察到一些"时尚领袖"，他们是创造新的私人生活形式和习惯的专家。再一次，有一些"运动"可能会对家庭要购买的消费品组合产生强有力的影响——禁酒运动就是其中一个很好的例子。

然而，我们认为，这类事实并没有重要到会"影响大局"的程度，事实上，忽略这类事实也不会使我们前面给出的图景失效多少。此外，通过这种方式产生的需求变化只不过意味着在现有商品之间做出不同选择，而且如果没有实际收入变化的支持（它本身并不会导致实际收入发生变化），那么它最多只能导致一种行业使自己适应经济形势且以被动的形式适应。而且，每当我们遇到例外情况时（政府的战争需求似乎是最重要的例外情况），也没有什么能阻止我们根据这些情况的实际特点来处理它们，但是我们不需要把这些情况纳入我们的一般模型。

读者现在应该已经注意到，这种安排是建立在关于事实的几个断言的基础上的，当然，这些断言自有它们的长处和短处。如果有人坚持认为，在经济史上口味的变化无论从哪个角度来看都是最明显的现象之一，并且消费者经常性、系统性地在前述意义上主动改变口味，以至于这种主动性构成了经济演化的一个主要推动力，那么就必定会在逻辑上否认我们的分析模式的有效性。

二、生产要素数量的变化

乍一看,生产性资源的增加似乎是内部经济变化过程的至为明显的原动力。如果把自然环境视为固定不变的(我们前面已经看到,新国家的建立则属于另一个范畴),那么生产性资源的增加就可以分解为人口的增加和生产品存量的增加。当然,这两者都不能被当成自变量来处理,因为它们都会受到经济变化和其他经济变化条件的影响。我们之所以把人口变化列为外部因素,原因在于,这种因素与商品流的变化之间不存在唯一的关系。因此,尽管在其他一些经济学家看来仅把人口增长视为制约某些现象的环境变化是不够的,但是对于我们的目的来说这样做可以带来很大的便利。此外,我们还可以用一些人们熟悉的例子来证明(比如说印度),仅仅是人口增长并不会导致任何一种以人口的某种密度或某种增长率为前提条件的经济现象的发生——只有实际人均收入下降是一个例外。最后,人口变化的"连续性"非常高,完全可以做到当期吸收。[①] 例如,结婚率在短期内的变化很明显是对经济波动的反映,而不是造成经济波动的原因。

同样的思路也适用于对耐用生产品的存量增加的分析,这种现象通常出现在一个净储蓄率为正的社会中。我们将利用这个机会引入一些概念、约定和命题,以便以后使用。

我们所说的储蓄(saving)是指家庭将自己的一部分当期收入——这有别于"资本利得"(capital gain)——用于获取能够带来收入的(资产)所有权或用于偿还债务。但是,如果是一家企业用它销售产品和服务的一部分净收入来做同样的事情,我们就说那是积累(accumulation)。储蓄和积累之间的这种区分还适用于"企业"和"家庭"是一体的情形(就像许多农民那样),虽然在那种情形下要做到这一点可能很困难。我们将这两

[①] 事实上,与有报酬的已就业人口相比,每月新增的试图实现有报酬就业的人口的数量是非常小的。即便是每年的增长——如果我们必须考虑年度指标的话——也非常有限,因此除了摩擦和刚性之外,这种增长本身永远不会引起任何扰动。以德国为例,有记录以来战前最高的数字是 2.25%(1902年)。参见洛施(Lösch),《人口波动与迁移》(Bevölkerungswellen und Wechsellagen,第 23 页)。然而,正如已经指出的,洛施还提出了一种观点,认为"人口波动"在经济波动中发挥着因果性作用;对于这种观点,我们无法深入评析,也不能简单地通过前述评论来加以处理。

个概念都限制于关于货币基金的决策,同时为了方便起见,我们还忽略了可能需要对商品做出的任何类似决策。因此,储蓄和积累将被视为货币过程的组成部分;商品世界中的互补过程则构成了另一个不同的问题。在不容易出现混淆的地方我们也可以用"储蓄"一词来表示"积累"。两个相反的概念,负储蓄或储蓄减少(dissaving)——包括消费者用"资本利得"进行的支出——以及负积累或积累减少(decumulation)的含义是不言自明的。①

因此,储蓄(在适当的语境中也包括积累)并不意味着:

(1)筹集一笔"专款"用于购买某种耐用消费品,或者用来满足当前收入无法满足的某个支出项目,例如为了买一辆非商业用途的汽车或一幢用来自己住的房子而"存钱",或者为了度假而"存钱"。这些都不是我们所说的储蓄,而只是重新安排消费支出,以满足对"奢侈品"的消费需求。此外,仅仅重新安排一个人的实际收入流的时间形态也不一定是储蓄。

(2)不支出或延迟支出②。我们的定义所依据的储蓄决策,可能会(但不一定会)导致货币在离开了储蓄者的账户之后最终到达某个商品市

---

① 如果不在本书的基础上继续深入研究货币理论,就不可能为这里所采用的概念体系提供充分的理由。作者希望能在未来研究货币理论的专著中完成这项工作。关于储蓄的概念,比如说为老年生活而做的准备,当且仅当意图是依靠为了这个目的而筹集的款项带来的收入而生活的时候才是储蓄;如果意图是年老时把那笔钱花掉(这样,在最理想的情况下,死的时候一分钱也不剩),那么就不是储蓄。这个说法乍听起来相当奇怪,这就像说如果某个人存下一笔"专款",如果目的是用来买房并出租,那么就是储蓄,如果目的是用来买房并自住,那就不是储蓄。同样地,有人还会反对说,既然定义储蓄的标准是一种意图,那么在那种意图真的落地之前,我们都不可能从可观察的行为中确定那到底是储蓄还是什么别的行为;而且,即便是到了那个时候,我们仍然不能确定,因为我们看到的可能只是短期投资(它的定义马上就会在正文中给出)。但是,只要牢记我们这些定义的目的和逻辑,这些反对意见(以及类似的反对意见)就会消失。以这种方式定义的储蓄是一种独特的现象,它所起的作用和产生的后果,不同于其他行为以及通常包括在储蓄中的决策所产生的后果。清楚地将它们区分开来可以避免许多混淆。在某种程度上,随着我们讨论的深入,这一点的重要性将变得越来越明显。我们还将研究为偿还债务而将部分收入指定为"专款"的情形,不过那需要用单独的一节来处理,因此不在本节中考虑。事实上,在我们当前这组假设下还没法讨论这个问题。

② 有人反对延迟支出(deferment)这个术语。事实上,他们的理由不但多种多样,而且在性质和后果上各不相同,同时在任何情况下都不能表示节俭的社会意义。储蓄者本人是从来不延迟支出的,他只是明确地决定不将存下来的钱用于消费品支出,而其他人则可能毫不迟疑地将它们用于消费品支出。

场的时间，晚于将货币保留下来用于消费支出的情况下到达商品市场的时间。当然，它也可能会更早到达。储蓄决策本身并不是决定不支出或延迟支出的原因，因为在将货币保留下来用于消费——或者对于企业来说，保留下来用于维持日常业务运行——的情况下，仍然可能发生不支出或延迟支出的现象。不支出的决定是发生在这些领域还是发生在储蓄领域，都既不构成储蓄，也不能仅凭储蓄本身来解释，而是一种需要做出明确解释的独特现象。当然，囤积（hoarding）——我们稍后会给出它的定义——也不是储蓄的同义词。

执行旨在得到收益权的决定的行为，被我们称为投资（investment）。就家庭而言，我们所说的投资主要涉及购买股票和债券（包括抵押贷款等），以及为了用于商业目的而购买土地或建筑物。不过，就企业而言，我们所说的投资则包括在各种生产品上的所有支出——除了用于更新目的之外，以便暂且忽略到底什么构成了更新（replacement）这个问题所带来的困难。对于家庭和企业的这些行为，我们将一律用"实际投资"（real investment）这个术语来指称。

毫无疑问，由于忽视了货币因素，并将投资——尤其是实际投资，或者更具体地说是对厂房和设备的更多实际投资——与储蓄联系在了一起，旧式学说将大量事实排除在自己的考察视野之外。储蓄和投资，正如这里所定义的，当然是不同的事件。前者能够独立于投资发挥作用，而后者则可以从储蓄以外的来源获得资金。我们在下文中很快就会看到它们之间的区别。不过其中一点因为对我们的主题非常重要，应该立即提一下。假设某个人有每五年买一辆新车的习惯，为此他需要不间断地往他的某个支票账户存入买车所需的钱，但是这并不意味着专用于这个目的的指定账户中的钱就被从流通中提取了出来。它们处于同样意义的"流通"当中，只不过它们的流通周期更长一些（即流通速度更慢一些；流通速度的定义将在下文中给出）。在现代社会中，有了货币市场提供的便利，我们这个例子中的那个人可能会决定当他的买车资金增加到一定程度时买入国债，然后在买车时间到来时卖出国债。他这样做不是在储蓄，因为他的消费行为和消费意愿没有改变；但是他确实投资了。这些钱变成了一种"双重存在"，既服务于特定用途的现金项目的所有用途，又服务于借款人的所有用途。我们将这种情况称为临时投资（temporary investment），并将认真考察它所具有的一些明显特点。

此外，储蓄即便用于投资也不一定能像老一辈经济学家的推理所暗示的那样，轻而易举地转化为实际投资。储蓄者不仅可以通过为他人的消费提供资金来进行投资，还可以用他的钱来为生产者的赤字融资或偿还债务。即便不用于这些用途，他的钱也不是非要用于能够增加耐用生产品存量的用途，尽管这种趋势是显而易见的，因为增加储蓄意味着利率比不储蓄时更低。此外，作者非常欢迎读者自行在这里插入一章，用来描述各种各样的事件和意外——包括差错、摩擦和滞后等——它们可能导致储蓄在进行过程中损失掉或停下来，或者可能将储蓄引导到错误的地方或浪费掉，从而导致储蓄和投资之间无法实现完全协调。但重要的是要清楚地认识到，我们可能观察到的储蓄和投资之间的任何缺乏协调的现象，并不仅仅是由于缺乏一种均衡机制；因为，尽管它们是不同的行为（而且往往是不同的人的不同行为），但储蓄和投资是相互依存和相互关联从而相互影响的。

储蓄的这种定义意味着存在获取收益权的明确意向，也意味着储蓄决策是根据给定或预期的投资机会及其提供的收入前景做出的。此外，储蓄决策还可以随着这些情况的变化随时修改。储蓄者的情况与农民的情况不同；农民必须做出的决定的后果在一年之后才出现，而且是所有决定的后果同时出现。但是，我们确实可以说，在涉及实际投资的储蓄决策中，决策的执行与相应的设备产品的完成之间有一个滞后期。这种滞后性为很多意外事件提供了空间，不过它并没有为上面这种特殊的失调提供空间——因为利率是可以立即做出反应的。最后，从下面的论证可以非常清楚地看出，即便（比如说）储蓄变成了一种习惯，压倒了它的基本理由——这是一个必须添加到任何关于经济行为的命题中的限制条件——失调也不一定会持续，因为无论储蓄者是不是理性的，他们的行动在任何情况下都会影响投资机会，而投资机会反过来又倾向于与储蓄数量及储蓄率相适应，就像它会影响储蓄数量及储蓄率一样。当然，在这种情况下，应用马歇尔的需求曲线和供给曲线并没有什么意义。它们非但不能说明储蓄、投资和利率之间关系的性质,反而只会使这种关系变得更模糊。由于这种关系是系统的所有变量相互作用的结果,所以只能用瓦尔拉斯的工具来表示。试图只通过两个独立的关于利率的单值函数来达到这个目的,所得到的结果只能是一幅漫画。

当然,在现实世界中我们会发现这种均衡机制经常无法发挥作用。但是,要想做出正确的诊断,就不能否认它的存在,也不能从构造诸如"乐观主义""悲观主义""储蓄本能"之类的实体概念入手,更不能简单地断言人们进行选择的行为方式必定会导致失调,而且储蓄和投资将会无限期地相互独立地"各走各的路"。为了取得进展,我们必须找到问题的根源。它们将出现在与我们即将要描述的经济变化过程相关联的经济状况中,并与不支出以及实际投资(而非储蓄)的变化相关联。然而,由于非常容易受到误解,所以就目前的讨论目的而言,最好是确保储蓄-投资机制本身不会产生任何能够胜任解释危机或萧条的角色的东西。①

为了这个目的,我们将设想这样一个社会,除了呈现出正的储蓄率之外,它在所有方面都是静态的。生产函数是固定不变的,也不存在外部扰动,利率也是正的。同时我们假设——但这只是为了讨论方便和行文简洁——除了贷款给企业之外,没有任何投资机会(这也直接排除了消费者信贷),并假设除了企业自己的当期收入之外,储蓄是它们能够利用的唯一的货币供应来源(这个假设排除了信贷创造,即货币由一定数量的金币

---

① 根据我们的定义,有读者可能认为这是显而易见的,那就更好了。特别是,如果他认为,我们之所以要严格区分储蓄和不消费,无非是为了回避问题,那么这恰恰意味着他同意作者的观点。不过,确实有许多经济学家将这种简单的储蓄-投资机制用于上面提到的那种研究目的,读者很快就会认识到,许多问题都应该归咎于他们(尽管本书作者认为这些问题微不足道)。还应该注意到,虽然上述论点的基础是沿着我们非常熟悉的思路论证的——除了瓦尔拉斯、穆勒(Mill)、庞巴维克(Boehm-Bawerk)、哈耶克之外,还有汉森 [对于后者的观点,请参考他对福斯特(Foster)和卡钦斯(Catchings)的经济周期理论的批评] ——但是在这些论点之外,一致之处就不复存在了。这是因为,除了受篇幅所限、无法全面阐述储蓄理论而未能在此讨论的一些观点之外,有一个根本的区别是我们必须牢记在心的:所有这些经济学家都认为储蓄有一个我们在这里坚决否定的作用。而且他们都把要提出的论点或者类似的论点,看作一个令人满意的储蓄理论,而不是一个关于外部摩擦和扰动的附加条件,要让它适用于对现实的解释,就必须加上这个条件。然而,事实并非如此。对于我们来说,将要做出的静态假设只有用于初步澄清的目的才是重要的,而且从一开始我们就承认它只是一个不充分的假设,如果只凭它本身,那么只会误导人。在这个问题上,读者可以参考布雷夏尼-图洛尼(Bresciani-Turroni)的论文《储蓄理论》(Theory of Saving),载于《经济学》(Economica)杂志,1936年2月和5月号,以及罗伯逊的《论储蓄与囤积》(Saving and Hoarding),载于《经济学杂志》(Economic Journal),1933年9月号。

构成，要完成一项交易，就必须有货币易手）。显然，这个模型只会显示储蓄和投资的效果。我们从竞争均衡开始讨论，而且将它推广到不完全竞争的情况也不会出现任何困难。现在，这种均衡不断地被提供给企业的"新储蓄流"所扰动。然而，如果这个系统已经适应实际储蓄率——这种假设不仅在这个模型的情况下是合理的，而且比过度储蓄理论的支持者通常愿意承认的更接近事实——那么这种扰动在当期就能被吸收掉；这是因为，只要储蓄还在继续，每笔"分期付款"就会把利率压低到创造投资机会所必需的程度。其他价格，无论是消费品的价格还是生产品的价格，在这个阶段都不会受到影响。以消费品而论，储蓄会不会普遍地降低消费品价格这个问题在这里是无关紧要的，因为无论如何这些商品都会按原来的数量生产出来——关于这种商品的生产决策已经考虑到了储蓄率。对于生产品，基于同样的原因，类似的问题——投资是不是会提高它们的价格——也是无关紧要的。新的生产品肯定能找到买家，这是因为，由于利率的下降，之前的生产要素组合不再是最优组合，现在的最优组合需要增加更多的耐用元素（我们不妨称之为机器），而且新增的数量恰恰等于新增的储蓄提供的价值以及成本，这就是我们所说的储蓄创造自己的需求的含义。我们很容易就可以看出，在这种情况下，上面被我们描述为"一幅漫画"的那套东西却令人满意地发挥了自己的作用，原因在于我们给定的假设使一切可能发生变化的东西都"瘫痪"了。事实上，由此得到的结果是系统的"工业装备"（industrial outfit）的稳定增长，即新的工厂和机器将稳定地得到增加。但是，它们的类型必须与那些已经在使用的工厂和机器相同，或者与因为成块性而即将投入使用的工厂和机器相同，只有这样才能将一个新的和不同的元素排除在外，不然它就会侵入进来。①

　　储蓄和投资的基本含义或"社会功能"，如古典经济学理论所解释的那样，是非常明显的，不需要我们在此赘述。重要的是一定要注意，既然生产消费品的生产者不会因家庭未能将全部收入用于消费目的而蒙受损失，那么生产者就没有任何理由拒绝接受新增的"资本"（因为出现那种

---

① 这里并不要求每家企业都只增加以前使用过的机器。由于存在不可分割性，增加的机器可能与以前使用过的机器不同，因为随着产量的增加，其他类型的机器可能成为更能赚钱的机器。但是它们必须处于现有生产函数的范围之内。请参阅第二章对后者的讨论。

损失时生产者就会想收缩业务，而不是扩大业务）。当用新机器生产的产品进入消费品市场时，也不会出现任何"供过于求"的现象。现在，虽然价格会下降，但是这种降价并不意味着亏损，因为每单位成品的成本也必然已经相应地下降。当然，也可能会出现一些困难，比如说不可能非常迅速地调整原来的贷款合同，但是这些都属于摩擦的范畴。除非利息下降至零——到那个时候，我们所说的意义上的储蓄就停止了，不过，"出于未雨绸缪目的"的储蓄则可能会继续下去——不然的话这个过程将可以无限期地进行下去，它本身不会产生任何问题，而且生产函数将恒定不变！在这种情况下，后者的连续性的限制并不比在其他情况下更加严重。然而，值得注意的是，这种增加耐用生产品存量的做法可能会损害工人阶级的利益——到底会不会出现这种结果，则取决于劳动与那些商品之间的替代弹性。[①] 但是这个问题与我们现在的讨论无关。

然而在任何时候，如果系统没有适应实际完成的储蓄，那么分析就会变得复杂。接下来，我们假设储蓄者突然间开始了令人意外的储蓄行为，比如说，把迄今为止单位时间内的储蓄数量增大了一倍，这时，我们应该立即可以注意到，这种通常与节俭联系起来的剧烈波动，其实是消费率的变化。[②] 因此，我们要解决的问题无非是一种纯理论的推理练习：因储蓄

[①] 关于这个概念，参阅罗宾逊夫人的《不完全竞争经济学》、希克斯的《工资理论》（Theory of Wages），以及发表在《经济研究评论》（Review of Economic Studies）上讨论这个问题的一系列论文，特别是希克斯的《收入分配与经济发展》，1936年。此外，也请参考庇古发表在《经济学杂志》1934年6月号、钱珀努恩（Champernowne）先生和卡恩（Kahn）发表在《经济学杂志》1935年6月号上的论文。经济学界存在一种贬低这个概念的价值的倾向，这主要是因为它只有在两种生产要素的情况下才能有效地发挥作用，而且一旦纳入更多的生产要素，它就会变得很难处理。这当然是正确的。但是，上面的例子充分证明了它的实用性。一个多世纪以来，这个问题一直是一个聚讼纷纭的主题；然而，在生产函数保持固定不变这种特定情况下，替代弹性这个概念使得我们能够直接用罗宾逊夫人给出的一个定理来做出回答：如果对"资本"的需求弹性大于（小于）"资本"与劳动之间的替代弹性，那么劳动的（货币形式的）需求价格就会随着利率的下降而增大（减小）。

[②] 这一点稍后会变得非常清楚。与此同时，我们还必须再次强调，无论在理论分析上还是在政策意义上，把这两者混淆起来都会导致一些严重的后果，因为它们在本质上和行为上都是不同的。大多数不会犯基本错误的经济学家都把实际上适用于不支出的东西归因于节俭——特别是，当他们说到"储蓄为它造成的损失提供资金"和"储蓄有助于摧毁而不是增加社会实际资本的存量"时，基本上没有错。因此，尽管我们不可能给出储蓄的一个定义，使得储蓄不那么难以进行统计评价（这当然是非常令人遗憾的），但是我们仍然没有选择。如果可度量的事物没有意义，或者带有另一种含义，那么统计可测量性再高也没有任何优势可言。

率的长期变化实际上是通过无穷小的步骤发生的，同时虽然它在经济周期内的波动相当大，但是由于利润组成部分的巨大可变性，我们必须记住，这些都是周期性所带来的后果，而在这里我们关心的主要是储蓄自身会不会出现萎缩的问题。自发的、突然的储蓄率变化几乎从来都没有发生过——至少，除了恶性通货膨胀时期的有限例子之外，本书作者不知道还有其他任何例子。

但是，假设确实发生了这种变化，那么在大多数情况下，这类扰动会伴随着贸易渠道的突然变化而接踵而至。不过这类扰动的确切性质以及最终结果在这时将取决于许多变量，也取决于过程和系统的其他性质，例如储蓄-投资过程中各个步骤的数目和顺序（即"周期性"；在这里，产业的垂直一体化程度变得相当重要①）。我们还将进一步简化问题，排除银行信贷并假设储蓄者会把他们新增的储蓄提供给企业；至于企业，在以前的竞争均衡利率下是不需要它们的，只有当利率适当降低，企业才会需要它们，而且除了用于在现有的机器存量的基础上增加新的机器之外，现在也没有其他的用途。

现在，很容易构造出这样一个例子：储蓄者在决定将储蓄率提高一倍之前，他们对以往一直会购买的消费品的需求突然从市场上消失了，从而导致了灾难。这种撤出一方面会迫使生产这些消费品的企业紧急借款（现在它们已经无法售出这些消费品），另一方面会使所有企业都不敢承诺进行新的实际投资。如果在此之后储蓄继续进行，我们甚至可以通过正确地选择序列，得到所有值在经过一段时间后都将渐近于零的结果。

要构造如下例子也不会很难：所有消费品的价格都不会下跌，因为在它们的价格有时间下降之前，新增的储蓄已经被提供并被接受，新机器也开始被用于生产，机器生产行业需求的增加，填补了储蓄者需求不继留下的空白，因此除了在消费品领域的范围内可能出现上述转变之外，没有其他事情发生。而从货币的角度来看，这种情形只是对"储蓄和投资从根本

---

① 如果我们要研究的是储蓄的全部影响这个问题，那么我们应该考察现金持有量的反应和银行信贷的反应，而且最重要的是（比任何与货币总量行为联系起来的东西都重要），考察那些由储蓄提供资金的目的，以及取得成功的程度。

上说是把个人对消费品的所有权转交给劳动者和其他生产性服务供应商，以便让他们从事（比如说）中间产品的生产"这种观点的一种演绎而已。就这一点而言，这些生产性服务之前是不是得到了利用是没有任何影响的：如果之前得到了利用，那么储蓄就不会"流产"。但是，到那个时候，当它们在机器生产行业得到利用时，就会暂时减少消费品的供给，因此在这种情况下将出现这样一个时期，储蓄和投资会导致消费品价格的上涨。①

对于为什么要构造上面这两个例子，最好的一个解释是，尽管它们是对一种不可能情形的"可能变体"的荒谬的夸张描述，但是它们仍然可以发挥放大镜的作用，用来找出不这样做就不可见的现实的特征。第二个例子可能更有利于揭示一些外行人不太清楚的基本事实，但是就我们的目的而言，我们对第一个例子特别感兴趣。当然，这个例子本身可以说是微不足道的，因为它能够告诉我们的无非是储蓄率的剧烈变化会引发麻烦：如果我们允许适当的预期发挥作用，那么这种变化就会加剧，从而使得新的储蓄率与新的投资率偏离相当长的一段时间。但是，这个例子真正有意义的地方是，如此剧烈的变化是自发发生的，并导致了储蓄本身与经济萧条的原因产生联系的唯一可能情形（在储蓄本身就可能造成经济萧条这个意义上）。此外，这些变化必定会定期发生。

接下来，我们回到我们的论点上来。当然，我们并不会把储蓄和积累排除在造成经济变化的内部因素之外，这是因为，与人口的变化不同，它们肯定是一种纯粹的经济现象。但是，我们还是要把它们排除在我们的分析模型的基本轮廓线（fundamental contour lines）之外。这个决定听起来很奇怪。对许多人来说，这种做法似乎恰恰排除了问题的本质。② 然而，只要稍微反思一下就能很快消除这种错误印象。一旦我们意识到对经济变化的分析必须从完美均衡这个静态出发，那么将能合乎逻辑地推导出必须

---

① 无论如何，注意到如下这点是有益的：所得税意义上的收入总额总是会随着记账期内重新出现在其他人收入中的储蓄额的增加而增加。

② 但是，后面将重新引入储蓄这个元素，到那个时候读者将能够判断分配给它的"地位"是否正确地反映了它的实际重要性。

将储蓄排除在导致变化的主要因素之外，因为不管读者采用的储蓄定义是什么，以下这一点都是非常明显的，储蓄的绝大部分来源和绝大部分动机在静态下都是不存在的。如果我们尝试以统计的方法估计任何国家在任何一个时间点上的储蓄金额（这种尝试是我们所熟悉的），我们立即就会发现，大部分储蓄，无论是在商业领域内实现的，还是在家庭部门内实现的，都源于在静态中不可能存在的收入或收入元素，或者来自先前的经济变化创造出来的或扩大了的其他收入。

至于动机，同样显而易见：绝大多数储蓄动机都源于经济变化所引起的某种情况。不过，我们要不要严格地定义静态以便排除所有的储蓄现在变得不重要了。真正重要的是如下事实：储蓄在定量意义上的重要性是非常小的（只要经济过程以任何一种方式趋近于均衡图景，其重要性就无论如何都会比实际的要小得多），它将会成为一个极小的"细流"，仅凭它本身不可能引发任何"麻烦"。事实上，这也正是"原始"国家发现很难仅凭自身努力完成融资，并启动资本主义工业发展的原因。因此，如果我们把储蓄作为引发经济变化的一个主要因素纳入模型，我们就会在前提中把我们试图解释的一部分东西包括进来。因此，从分析的简洁性来看，建立一个不把储蓄作为基本组成部分的模型似乎是更可取的。采用这样的模型我们才可能对储蓄的本质和作用有更好的了解，这比"过早地"试图让模型更符合现实（从一开始就把储蓄纳入模型）要好得多。

总而言之，我们将用增长（growth）这个术语来表示人口的变化（正向的或负向的）——严格地说，也包括年龄分布的变化——以及经单位货币购买力（之后将会定义）的变化修正的储蓄和积累总额的变化。这个术语不仅强调了这两个变量的变化在数学意义上是连续的（也就是说，例如假设我们将人口视为时间的函数，那么在任何一个时间点上，这个函数都有一个有限值，它等于时间变量趋近于选定的那一点时的极限），而且强调了增长的速度是不断变化的（但变化速度相当缓慢），同时仅凭它自身并不能导致我们感兴趣的工业和贸易的波动。这样说并不意味着它不会引起任何波动；它显然会引起波动。同时，这也不是说这个变化因素与我们所研究的那些波动无关，或者说它在定量的意义上是无关紧要的。只有在

50年、60年后,或者至少在 9 年后——我们在下文中将会看到,对我们来说这几种时间跨度是非常重要的——由于增长而产生的累积变化会在我们的许多数字中清晰地显现出来。这意味着,正如我们在前面所指出的,增长的影响在当期是可以吸收掉的(在如下意义上:任何劳动力市场上新增加的每一个劳动者,或者货币市场上新增加的每一美元储蓄,在正常情况下都可以得到修正而不会引起任何可见的扰动),仅凭它自身不能创造出我们观察到的繁荣与萧条的交替。此外,增长,尤其是储蓄的增长,在现实世界中的定量重要性还要归因于另一个变化因素,没有这个因素我们就无法理解它在资本主义世界中发挥作用的方式。诚然,在增长与这个因素之间存在着相互作用和相互依赖的关系,而且实际结果是增长和这个因素的共同产物。但是,只有后者的作用方式才真的解释了繁荣和萧条,而且可以在没有增长的情况下让我们理解繁荣和萧条,因此,在我们为了完成整个研究而必须重新引入它之前,我们将会把增长放在次要的位置上。

三、商品供应方式的变化

我们所说的商品供应方式的变化,指的是一连串的事件,它们的范围远远超出人们对这个术语的字面理解,例如新产品的引入也包括在内——它甚至可以作为标准情况来看待。已经在使用的商品的生产技术的变化、新的市场或新的供应来源的开发、工作流程的泰勒化(Taylorization)、材料处理方法的改进、新的商业组织的设立(例如,百货公司的出现)……一句话,经济生活领域中任何"不同的做事方法"都是我们接下来要说的创新(innovation)。读者应该马上就会注意到,这个概念不是"发明"的同义词(见第一章第二节)。无论发明所指的到底是什么意思,它与创新这个概念都只有一种非常遥远的关系。此外,它还会引发一些误导性的联想。

首先,发明这个词意味着一种限制,这是最不幸的,因为这样一来往往就会掩盖现象的真实轮廓。创新是否意味着科学上的新颖性,这一点完全无关紧要。尽管很多创新都可以追溯到在理论知识领域或实践知识领域的某个突破(它们可能发生在不久的过去,也可能发生在遥远的过去),

但仍然有许多创新是无法进行这种追溯的。在没有任何我们应该认定为发明的东西的情况下，创新仍然是可能的；而且发明不一定能诱导创新，同时发明本身的简单重复，正如我们在第一章所指出的，在经济上是没有任何重要意义的。创新与发明重合只是一种特殊情况；我们在这种情况下观察到的经济现象，与我们在利用已有知识的情况下观察到的经济现象并无不同。因此，强调发明这个元素，或者用发明来定义创新，不仅意味着过于强调一种对经济分析并不重要的因素，而且会把相关的现象缩小为本应研究的现象的一小部分。

其次，即便当创新体现在通过商业行动让某项特定的发明发挥作用的时候——这项发明可能是自发出现的，也可能是专门为了实现某个特定商业目的、作为对给定经济状况的反应而出现[①]——但是发明的完成与相应的创新的实施，依然是两种完全不同的事物，无论在经济上还是在社会上都是如此。它们可能由同一个人执行，而且常常由同一个人执行；但这只

[①] 在许多重要的实际事例中，发明和创新是有意识的努力的结果，是为了解决当时的经济形势或经济中的某些部门向人们分别提出来的特定问题，例如，16、17和18世纪英国的木材短缺问题。有的时候，创新是受条件限制的，相应的发明却可能独立于任何实际需要而产生。这是必然的，无论创新对一项发明或发现的利用是由于一个令人愉快的意外，还是由于其他原因，都是如此。有人也许会认为，创新永远只是应对特定经济形势的一种努力；在一定意义上，这种观点是正确的。要让某项给定的创新成为可能，就肯定必须满足某些"客观需要"和某些"客观条件"；但是这些"客观需要"和"客观条件"却极少唯一地决定什么样的创新能够满足它们（如果真的能决定的话）。这里的规律是，它们可以通过多种不同的方式得到满足。最重要的是，它们可能会在一段非常长的时间内一直得不到满足，这表明它们本身不足以产生创新。汽车工业的兴起可以作为一个例子。在某种意义上，汽车可能是在某些条件"需要"的时候出现的，但是这种"意义"与经济学研究无关。因为对汽车的可能存在的任何"需求"，都必定是潜意识的，并不是当时已经存在的经济价值体系的一个组成部分。在经济上有意义的对汽车的"需求"，是由汽车工业创造出来的。很明显，如果没有汽车，人们也可以继续生活下去。因此，一方面，当每个人都要求某种创新，而且每个人都努力去实现它时，承认它似乎是合理的；另一方面，当它还不存在时，不坚持认为看到了它，似乎也是合理的。要确定"需要是发明之母"这个观点在多大程度上有效，是一个相当困难的问题。对于不同的分析目的，它的答案可能会有不同的解读。我们必须一而再、再而三地强调这一点。同时，应该指出的是，我们完全可以在接受一个关于发明的理论的同时——例如，S. C. 吉尔菲兰（S. C. Gilfillan）先生在他的《发明社会学》（*Sociology of Invention*）一书中提出的理论；而且事实上，本书作者也是在提出一个类似的理论——为了我们的经济分析目的采用另一种观点。在这个方面，我们可以参考 A. P. 厄舍（A. P. Usher）教授1929年出版的《机械发明史》（*History of Mechanical Inventions*），本书作者从这本著作中获益良多。也请参阅 R. K. 默顿（R. K. Merton）先生的论文《工业发明速度的波动》（Fluctuations in the Rate of Industrial Inventions），载于《经济学季刊》1935年5月号。本书作者在这里还必须向吉尔菲兰先生致谢，因为他提供了一份关于发明问题的报告。

是一种偶然的巧合，并不影响这种区分的有效性。个人的能力倾向——对于作为发明者的个人来说，主要是智识上的能力；对于把发明转化为创新的商人来说，主要是意志上的能力——以及完成这两种工作的方法，属于不同的领域。产生发明的社会过程和产生创新的社会过程之间没有任何固定不变的联系，而且它们之间的这种联系要比乍一看时复杂得多。

创新一旦与发明分离开来，人们就很容易看出它是变化的一个独特的内在因素。之所以说它是一个内在的因素，是因为将现有的生产要素转用于新的用途是一个纯粹的经济过程；在资本主义社会中是一个纯粹的商业行为。① 之所以说它是一个独特的内在因素，是因为它不包含在任何其他因素中，也不只是任何其他因素的结果。当然，在现实生活中，口味的变化、增长和创新这三个因素是相互作用、相互制约的，而且我们在历史上观察到的变化都是它们共同作用的结果。但是，我们可以通过想象这样一些社会来理解它们的逻辑独立性：内部变化仅仅是由消费者口味的自主变化引发，或者是仅仅由增长引发，又或者是仅仅由创新引发。

如果我们这样做了，那么我们马上就会意识到，创新是资本主义社会经济史上的突出事实，或者说它是纯粹经济史上的突出事实，而且我们乍一看就归因于其他因素的大部分现象在很大的程度上都应该用它来解释。下面这个例子可以很清楚地说明这一点。现代经济进步在很大程度上依赖于城市人口的聚集和公共部门提供给商界使用的基础设施。这些虽然是进一步创新的条件，但它们本身在大多数情况下都是（尽管不总是）我们的创新概念意义上的工业化过程的结果——或者是在这个过程中直接产生的，或者是这个过程使之成为可能的。②

对于创新在经济过程中带来的变化以及它们的全部影响，还有经济制度对这些变化的反应，我们将用"经济演化"（economic evolution）这个

---

① 当然，这种商业行为不仅可能会受到一般环境条件的影响，而且可能会受到其他社会组织（例如政府）的具体行动的影响。这个问题将在本书第六章讨论。

② 这个命题只在经济分析的目的下才有意义。在更广泛的背景下，创新本身也是由其他社会因素决定的，这些社会因素与其他一些事物一起创造了经济史和更一般的历史。本书的每一句话都只为一个有限的目的服务，并在一个有限的范围内只为实现这个目的而展开论述。这一点再怎么强调也不为过。

术语来表示。虽然这个术语在有些方面可能会令一些人反感，但是它确实比任何其他术语都更接近我们要表达的意思，而且它还有一个很大的优点，那就是能够避免另一个同类术语"经济进步"（economic progress）可能带给人们的联想，特别是后者所暗示的那种"自满"情绪。当然，之所以决定用这个术语，只是为了更好地表达一种分析意图，那就是将创新的事实作为我们关于经济变化过程的模型的基础。当然，只有成功地证明了与创新相关的各种过程确实能够解释我们想要理解的现象，我们才能证明这种意图是正确的。但是，读者很快就会看到，它是多么自然！我们在本书中给出的分析模式的最糟糕的结果可能是给人留下这样一种印象，那就是它要么是匠心独运的，要么是牵强附会的。诚然，再也没有什么命题能比如下命题更简明、更平凡[①]，更符合人们熟知的常识了：创新，如我们所设想的，是资本主义社会经济生活的几乎所有现象、困难和问题的中心；而且，如果生产性资源每年都以不变或不断增加的数量，通过基本相同的渠道流向基本相同的目标，或者仅仅因为受到外部因素影响而做不到这一点，那么创新以及资本主义对扰动的极端敏感性将不复存在。再者，无论发展这个简单的思想以便处理我们将不得不直面的所有复杂的模式这个任务有多艰巨，也无论在这条道路上它会不会失去全部简单性，我们都不应该忘记，在一开始的时候我们需要对那些怀疑者说的就是一句：看看你自己的周围吧！

第二节　创新理论

现在，我们通过前面引入的生产函数来对创新下一个更加严格的定义。如我们所知，生产函数描述的是当生产要素的数量发生了变化，产品数量是如何变化的。如果我们改变的是生产函数的形式，而不是生产要素

[①] 如果将这个命题转述为如下形式，即经济变化是由外部因素、增长和创新导致的，那么作者想要强调的这种平凡性（triteness）就会变得特别明显。但是我们还应当注意到，即便是在这种形式下，并且去掉关于这三种变化因素的相对重要性的任何暗示，这个命题也不是我们的定义的同义重复的结果。

的数量，那么我们就是在"创新"。① 但是这种定义有很大的局限性，它不仅会把我们限制在有限的创新形式上，即只生产与以前生产过的产品相同的产品，并且只利用以前利用过的生产要素，还会带来一些更加微妙的问题。有鉴于此，我们将简单地把创新定义为一个新的生产函数的建立。这既包括生产某种新产品，也包括设计一种新的组织形式，例如企业合并和开辟新市场等。请读者回忆一下，在经济意义上，生产就是指将生产性服务组合起来。同样的道理，我们可以说创新就是以新的方式将生产要素组合起来，或者说创新就在于实施新的组合（new combinations）。虽然从字面上讲后者还包括我们现在并不打算包括进来的东西——对当前生产函数的系数的调整（见本书第二章）；这种调整是在给定的生产函数下完成的最普通的日常经济事务的不可缺少的一部分。

对于技术创新这种情形，我们可以直接参照所谓的实物回报定律来定义。除非存在不可分割性，否则每种生产要素的实物边际生产率（定义见第二章第二节）在无创新的情况下必定是单调下降的。创新则可以打破任何这样的"曲线"，并用另一条曲线取而代之，这条新的曲线（再一次，除非存在不可分割性）自始至终都会呈现出更大的产品增量②；当然，它也是单调递减的。或者，如果我们接受李嘉图的收益递减规律并将其推广到整个行业，那么我们就可以说（例如，像李嘉图就农业所说的那样）创新会中断这个规律，而这无非意味着当前用来描述资源的额外增量的影响

---

① 精通经济学理论的读者可以很容易地将上述内容转而采用等产量线的语言来表述。他们还会认识到，正文下一个句子指出的那种困难并不是完全无法克服的。但是，那会使人误入歧途，从而无法全面深入地研究这个问题。再重复一遍，上述定义并不意味着创新等同于生产的"方法改变"或"技术改变"。这些变化的发生可能只是对生产要素相对价格的变化的反应。

② 当然，这并不意味着，除非有创新，否则每个生产系数都必定是产出的增函数，也不意味着每个生产系数都必定会因创新而减小。这只是阻止了我们通过这些系数的行为来衡量创新。更加不可取的是试图通过它们中的某一个的变化来衡量创新，例如每单位产品的工时数或其倒数。这种错误的比较的危险在于，举例来说，对农业中 1700 年生产一蒲式耳小麦所需的劳动时间与 1900 年所需的劳动时间进行比较，这样做必定会忽视如下事实：最终纳入每蒲式耳小麦的总工作，在农场完成的那部分所占的比例，在前一个年份要比在后一个年份大得多。但这其实并不是这种思路面临的最大障碍。其他要素的存在，特别是可替代要素的存在，使得任何类似的度量都毫无意义。不过，创新当然必定会减小某些系数，而且如果我们能够容忍近乎莽撞的粗略近似，那么我们在某些情况下还是可以通过每工时的产品来度量，即把它作为一个关于劳动的合理化指数（index of rationalization）来使用。

的这个规律会被另一个规律取代。在这两种情况下，过渡都是通过从旧曲线跳到新曲线来实现的；现在这条曲线不仅适用于超出以往用旧方法实现的产出，而且适用于全部。

我们还可以参照货币成本来定义创新。在不存在创新且生产要素价格保持不变的情况下，单个企业的总成本必定是它的产出的单调函数。① 因此在任何时候，只要特定数量产品的生产成本低于以前同样数量或更小数量产品的生产成本或本来成本，我们就可以肯定，如果要素价格没有下降，那么就必定在某个地方出现了创新。② 由此可知，在这种情况下，说创新会生成一条下降的长期边际成本曲线是不正确的，说创新在特定的时间区间内会使边际成本为负也是不正确的。正确的说法应该是，旧的总成本曲线或边际成本曲线被破坏了，每次出现创新的时候总会有一条新的总成本曲线或边际成本曲线取而代之。如果存在不可分割性，而创新只在产出超过一定数量时才能成功，如果低于这个数量，那么旧的方法就仍然是更加优越的，同时假设在产出降到那个数量之下时能够立即采用旧的方法，那么我们确实能够画出一条成本曲线，在一个时间区间内呈现使用旧方法的成本，在另一个时间区间内呈现使用新方法的成本。但是，只有当新方法变得为人熟知并使得整个系统都适应它时，这种情况才真的有可能出现，而这就意味着它进入了生产函数（即进入了所有人都可以选择的实用选择范围），因而不再是一种创新。

如果各生产要素的价格不是恒定的，而是独立于企业的行为发生变化，那么它们对成本曲线——总成本曲线、平均成本曲线和边际成本曲线——的影响就与创新的影响完全类似：旧的成本曲线会遭到破坏，而新

---

① 正如我们可以预料到的，上述命题是不证自明的。例如，请比较亨利·舒尔茨（Henry Schultz），《需求和供给的统计规律》（Statistical Laws of Demand and Supply），第 104 页。这里有一个基于外部经济的可能的反对意见，不过随着我们的讨论的展开，它将会得到澄清。同样地，我们将讨论的内部经济显然也不能将生产特定数量的产品的总成本降到低于生产更小数量的产品的总成本的程度。除非它意味着创新。

② 它不一定发生在研究者正在考察的行业中，这个行业可能只是应用了或受益于在另一个行业中发生的创新而已。另外，这个准则也可以推广到新产品上，如果我们将新产品中某一项支出的收益与旧产品中最有利可图的一项相同的支出的收益进行比较。我们还应该注意到，除非我们排除了不可分割性，否则这个准则只能保证最低限度的充分性，而不一定适用于每一个产量。

的成本曲线将会取而代之。因此很容易看出，我们无法在历史上的成本曲线之外构建出这样一条理论上的成本曲线，（例如）在一段时间内指的是某个给定的工资率，而在另一段时间内指的却是另一个不同的工资率。这个类比还可以更加清楚地说明，在连续创新的影响下，不可能在生产函数中将边际成本表示为下降的（无论是不是连续下降）、将总成本表示为下降或上升的（幅度小于原来情况下的幅度）。如果各要素的价格变化是企业行为的函数——在细节上做必要的修改之后，这个分析同样适用于行业成本曲线——那么情况就会不一样，成本曲线必须将这些变化都纳入。但是一般来说，在那个时候要素的价格可以随着产品数量的变化而只在同一个方向上变化，除非在它们的生产或供给中出现了成块性①或创新，因此我们不必担心沿着成本曲线的任何下降都是由这个原因引起的。

很显然，这有助于澄清人们讨论得非常多的关于成本理论的一些观点，而且这些观点对我们的主题相当重要。为了简洁起见，我们将只考虑单位总成本（平均成本），并参照它来定义所谓的成本递增规律（这样说可能不太准确）。从上面的阐述很容易推出，从长期来看，也就是说，当可以把间接成本视为生产函数中的一个变量时，平均成本曲线只能因为成块性要素的存在而下降，所有其他可能导致平均成本下降的原因都不会导致沿着平均成本曲线的下降发生，而只会导致从更高的曲线向更低的曲线切换。因此，它不可能自始至终都在下降，而只能在一定的时间区间内下降，而这种区间的长度则由那些成块性要素的性质决定。在那种区间之外，它必定会重新上升。现在，暂且不考虑成块性的影响，或者通过在平均成本上升和下降的交替区域画一条单调的曲线来将这种影响平滑掉，那么严格地说，我们应该可以得到一条与数量轴平行的曲线，即单位总成本不变。然而，如果我们认为，即便从长期的角度来看某些要素的供给也是绝对无弹性的，那么成本递增规律就会出现，例如，管理这个要素就是如

---

① 特别是，如果一个小企业在购买更多的原材料时能以更低的价格获得某种原材料，那可能只是因为供应商的成本组合中存在某个成块性因素。这也可能发生在一个大企业和一个行业中，但是在这种情况下就可能会涉及其他更多因素。一个大企业可能比一些小的相互竞争的企业获得更便宜的原材料，这个事实可能是因为垄断或寡头垄断，但是这与我们现在的讨论无关。

此。此外，对于一个行业或一个大企业来说，如果要素价格随着产量的增加而上涨，那么单位总成本就会增加。这样一来，我们不仅能够解决基本原理领域中的一个困难问题①，即在成本递减的情况下如何实现完全竞争均衡，而且能够处理——通过创新这个概念——大量似乎很难被那些原理"驯服"的工业模式。

实际上，由于递减的单位总成本必定只在有限的程度上中断任何给定的单位总成本曲线的基本性质，使其上升或保持水平，因此递增的成本与递减的成本并不是两个协调的备选方案。只有前者才是真正的"规律"；后者只是表达了一种偶然的技术环境对前者的修正，这种技术环境虽然确实能够阻止完全竞争均衡的出现，但是它并不能无限期地做到这一点，因为它最终必定会"投降"。因此，在同等条件下，并不存在与成本递增规律并行的成本递减规律，也没有任何原因可以保证在任何时候都能画出单调下降的成本曲线（尽管有时能够画出来）。然而与此同时，我们还得承认以下几点。首先，在某些情况下，那些成块性要素的"块"可能会非常大——例如，铁路要增加就只能增加一整条——以至在接下来的很长一段时间内整个有用范围的单位总成本都落在下降区间。其次，因为间接成本（overhead）是固定的，对于短期单位总成本，在几乎所有情况下都存在一个重要的下降区间，企业可能在好几年内都可以处于这个区间。在出现"超前于需求进行建设"的时候，如果存在不完全竞争，特别是在存在寡头垄断式竞争时（比较第二章第六节），后面这种情况将会更加明显——企业甚至有可能会在边际成本曲线的下行区间运行。这些可以解释很多"生产过剩"和"产能过剩"的实例。

但是说到底，主导资本主义生活图景的还是创新。我们之所以会有成本递减非常普遍这个印象，最主要的原因就是创新，它意味着用不断改变现有成本曲线的新生产函数入侵经济系统，从而导致了非均衡和割喉式的残酷竞争等现象。我们知道，对于那种依赖单调下降的成本曲线概念的分

---

① 例如，参见1930年3月号《经济学杂志》上发表的关于收益递增问题的研讨会论文，它们是对斯拉法关于收益规律的重要论文的回应，《经济学杂志》，1926年12月号。

析，可以从多个角度以多种理由提出质疑；而且现在我们看到，其实我们不需要它，因为成本曲线在创新的影响下会切换这种观念，给了我们解释以往需要专门设计特定的不断下降的成本曲线才能处理的那些事实所需的一切。① 即便是在上面提到的情况下，即当成本递减确实构成了经济状况的一个重要元素的时候——在生存空间"狭窄逼仄"的情况下，每个人都试图收缩，尽管每个人都可以扩张，在某些时候甚至在单位直接成本递减时也可以扩张——也可以在这种分析框架中找到适当的设定和解释；正如我们在前面指出过的，这给了短期分析和不完全竞争理论（作者所认为的）真正的意义。有人说，企业在成本递减区间内的行动往往构成了工业活动变迁的中心，这种印象是对的。但这是与创新联系到一起的，因为那些沿着这种成本区间"往前冲"的企业，其实也正在颠覆现有的产业结构，而且就像有时看上去那样，正在走向垄断；一般来说，这些企业通常也正是那些建立了新的生产函数并且正在努力征服市场的企业。如果不是因为这一点，那么经济学家在心中念念不忘的成本递减空间就会迅速地缩小到非常小的比例。

在继续讨论之前，最好先对由马歇尔提出并为人们所熟知的两个概念——内部经济（internal economies）和外部经济（external economies）②——进行同样的质证。就前者而言，如果说单个企业内部的规模经济（如果要用它们来解释成本曲线的形状）必定可以归结为成块效应的话，初看似乎有点奇怪。但是，事实确实如此——不仅在可以以昂贵的机器为例来说明的情况下，而且在更合理的劳动分工的情况下，或者更一般

---

① 这是对罗伯逊的评论（刊载于《经济学杂志》1930年3月号，第84页）的一个回应。他说，本书作者对下行的长期供给曲线的抗拒（这些曲线与相应的单位总成本曲线之间的这种关系不应该会使我们产生困扰）只是"一个绝望的忠告。马歇尔很早以前就考虑过了，而且拒绝了"。罗伯逊之所以持这种观点、马歇尔之所以会采取那样的举动，正是因为他们相信，长期供给曲线的下降在处理（似乎需要它们的）大量事实时是不可或缺的。然而，我们却看到实际情况并非如此。我们可以用另一种方法更自然地处理这些事实。在我们看来，罗伯逊对围绕这些供给曲线的困难的解决方法更像是绝望的忠告（而不是我们自己的方法）。这些困难本身就是下降的曲线必定有错的征兆，因为不充分的分析通常会产生伪问题。

② 不熟悉这两个概念的读者请阅读马歇尔《经济学原理》的第四卷。在这里，作者并不认为马歇尔在处理这两个概念时犯了多大的错，同时作者也无意否认他引入这两个概念的历史贡献，并认为它们在某些特定的目的上仍然是有用的。

地说，当产出扩大时通常认为肯定会发生的对各种要素有更好的"组织"的情况下，都是如此。举例来说，假设一个小裁缝之所以决定雇用一个缝纽扣的专家，只是因为他的业务规模扩大了，那么，如果在一开始时产量就有现在这么大，他早就做出了这个决定（再重复一次，如果那时他没有这样做，那么现在做出这个决定就构成了创新，且与成本曲线的向下倾斜无关；我们必须努力抛弃创新必然意味着某种非常重要的东西的成见），他没有在一开始就做出这个决定的唯一可能原因是，在他平时要面对的通常环境下，劳动力是一种成块性要素。如果内部经济这个概念是用来表示我们在谈到大规模工业时实际上想到的那些突出的工业事实，那么内部经济就应该归因于创新，并且不能用一个简单的生产函数来表示，尽管从历史上看，内部经济会受到产出增长的影响。在这些情况下，无论是关于成本递减与竞争均衡不相容的问题，还是对我们实际观察到的非均衡的解释，都不会出现任何困难。

外部经济指因为环境因素对某个行业的增长有利而出现的单位成本的降低[①]，特别是包括某个地区的增长所导致的单位成本的降低。正如庇古在他的论文中所指出的（载于1928年6月号的《经济学杂志》），将外部经济与内部经济区分开来并不容易，两者之间存在着许多中间情况。不过在这里，我们将忽略这一点。重要的是，正如卡恩所说，"外部经济通常必须以某个附属性行业的内部经济为最终来源"（《经济学杂志》，1935年3月号，第11页）。如果有一个行业成长起来了，那么有些企业可能专门生产该行业所需的机器（它们不能用于其他行业），或者有人可能会设立一家经纪公司来专门为这个行业提供原材料，甚至创办一份行业杂志。这种情况的出现，要么是由于成块性——例如这份行业杂志的经常性支出（包括所有者-管理者的薪酬）要求读者和广告客户的数量必须达到某个最小值，不然无法维持下去），要么是因为它构成了一种创新（行业杂志很

[①] 我们不需要单独考虑这种情况的外部经济：它不是源于任何个别行业的增长，而是源于整个工业环境。我们在正文中给出的分析很容易应用于这种情况。我们也没有必要讨论代表性企业这个概念的作用（以及它所取得的无关紧要的成功）；在作者看来，它似乎只是用来掩盖经济变化这个根本性问题的又一种手段。

可能就是其中之一）。这两种情况都不会将外部经济与外部不经济混同起来，或者无论如何都不会将外部经济与外部不经济最重要的例子等同起来，即要素的价格会随着对这些要素的需求的增加而上涨。对其他情况的讨论也不会改变结果。例如，考虑某个行业对工作特别熟练的工人的需求增加的情况。缺乏这种工人确实是创新经常会遇到的主要困难之一。这个困难是随着行业的发展和成熟而逐步克服的——成熟意味着行业在规模上适应了环境。在这个过程中，行业和个人的成本曲线都在不断发生变化，描述这个过程的任何单一成本曲线除了具有历史上的意义外，没有任何别的意义。当这个过程结束时，外部经济的这种来源则不复存在。事实上，除了与新产业相关的例子外，很难再找到任何与这种现象相关的例子。因此，不能从外部经济中推导出单调下降的成本曲线。尽管如此，这个术语仍然是有用的，它可以表示一个行业中的创新对另一个行业的部分影响。当然，如前所述，创新是我们这里所说的经济演化机制的最重要的组成部分。但是，我们绝不能把经济演化机制当成一块屏幕，将创新隐藏在它背后，或者将它表示为一个与创新不同的独特因素。

现在，让我们回到"主论题"上来。为了突出创新的运行方式，我们下面要着手把一些与成本分析有关的常见观察事实提升到假设的级别。

第一，我们注意到，重大创新和许多次要创新都需要建造新工厂（和设备）或重建旧工厂，而这些都需要不可忽略不计的时间和支出。在下面的推理中，我们将假定它们总是如此。如果这个假设不成立，那么我们将要使用的理论模式的很大一部分就需要修正。不过，这些修正虽然具有相当重要的理论意义，但只有当能够立即进行而且不需要付出可观费用的创新本身非常重要的时候，这种修正才具有实践意义。然而，经验告诉我们，创新实际上当然不是这样的，这也就意味着，我们的假设即使不符合事实，也只发生在创新没有什么重要意义的情况下。对于那些情况，我们可以安全地选择忽略它们；但是我们必须时刻准备着应对那些不能这样处理的情况（尽管从逻辑上看，没有这种必要性）。有鉴于此，我们应该对我们的创新概念加以限制：从这里开始，我们把创新理解为生产函数的一种特定的变化，这种变化是一阶的，而不是二阶的或更高阶的。本书所给出的许多命题都只有在这种受到了限制的创新的意义上才是正确的。

当然，反过来说就不成立了：并非每个新工厂都代表一个创新；许多新工厂都只代表某个行业的现有生产设施的简单增量①，与创新没有什么关系；或者除了如下这一点，与其他地方发生的创新也没有什么关系——它们的建造是对需求上升的一种反应，而且需求的这种上升最终可以追溯到发生在其他地方的创新的影响。当然，这些情况的相对重要性各不相同，而且很难估计。事实上，我们在这里遇到的是本学科最大的统计困难之一。在这样一个演化过程如此强劲地展开的系统中，如果说几乎所有正在建造的新工厂都不是只为了更新，而且即使是那些正在建造的用于更新的工厂也体现了一定的创新，那就是对某个可以追溯到某种创新情况的反应。

第二，我们一般都会认为，每一项创新——按照现在给出的定义——都体现在一个出于这种目的而设立的新企业（new firm）当中。这个假设显然是有很强的现实性的。② 不过有一个重要的例外；对于这个例外，以及它发生的原因，我们将在下一章进行讨论。话说回来，乍一看甚至相反的命题也似乎比它更接近事实：大多数新企业的成立都基于特定的想法和有明确的目标。③ 当这些想法或目标已经实现或变得过时（甚至，即使没有完全过时），就不再是新的了，生命就从这些想法或目标中消失了。这

---

① 当然，这种情况在已经建成并高度标准化的行业中尤其常见，比如制鞋业：购买一家鞋厂几乎与购买一双鞋子一样容易。

② 最具指导意义的一个例子是麦格雷戈（McGregor）教授关于企业与贸易周期的论文——收录于《企业、目标和利润》(*Enterprise, Purpose and Profit*，1934年) 一书中。他非常令人信服地证明，反映在新企业设立上的创业活动对繁荣的开始有决定性影响；他还说失败则会引发向下的运动，不过这一点就不那么令人信服了。

③ 的确，许多人之所以经营小型零售企业——例如，出售牛奶或经营加油站——确实只是因为他们不知道如何安排自己的人生，或者只是把这些作为失业期间的一份临时性工作。在其他情况下，特别是在一些欧洲国家的工匠阶层中，当一个人到了一定的年龄并获得一定的经验时，他就会理所当然地创办自己的企业。在这种情况下，并没有任何特定的想法或目标——在是否存在一个明确的新机会并决定利用它的意义上。即便是在小企业之外，这种情况也时有发生。但是这并不会实质性地影响我们在正文中的论述。

就是企业不会永远存在的根本原因。① 当然，其中许多企业从一开始就是失败的。就像人类一样，企业不断地诞生，有些却没能存活下来。另一些企业中途夭折，就像人可能会因意外事故或疾病而死亡一样。还有一些企业"自然死亡"，就像人死于年龄大一样。就企业而言，"自然死亡"的原因恰恰就在于它们无法跟上创新的步伐；而且创新的步伐正是它们自己在充满活力的时候设定的。在资本主义社会中，任何一家企业，不管它对日常业务的管理多么认真，只要是按既定的路线经营，都不可能成为利润的来源；而且每家企业都会有无力支付利息甚至折旧的那一天。每个人只要环顾一下四周，就能理解我们在这里所考虑的这类企业——依靠它们在"年轻"时获得的名声、人脉、准租金和资金储备，优雅地退居幕后，在无可挽回的、不断变重的、令人肃然起敬的暮色中徘徊。② 从分析的角度来看，我们的假设是一种工具，它使得理论能够涵盖资本主义普遍现实的一个重要特征，以及经济波动的一个物质因素。我们设想，新的生产函数通过出于这个目的而创办的企业的行动"闯入"经济系统，而原有的企业或"老企业"则会在运行一段时间后在来自向下切换的成本曲线的竞争压力下做出反应——带着各种各样的滞后特点、以各具特色的方式——适应事物的新状态。在作者看来，这种理论准确地描述了我们在考察资本主义

---

① 关于单家企业的寿命的定量信息，以及对它们的"生命周期"和"年龄"分布的分析性解释，是我们最迫切需要的。除了用于研究经济波动，它们在其他许多方面也很重要，例如可以让我们对资本主义的结构和运行方式有更多的了解。目前，资本主义的结构和运行方式已经完全被大量言之无物的空洞词句和伪理论性质的先入之见所遮蔽。本书作者认为，特别重要的是这些东西能够消除传统理论中最根深蒂固的一个偏见，即耐用品生产商的产品组合本身就是——原则上的——永久盈余的来源。这方面已经有一些资料，但是太过零碎，还不能得出确定的结论。困难在于，有些企业虽然已经依法成立，但是还没有开始营业就消失了，还有些企业只不过是不断改变的目标的外壳。在这个方向上已经形成了一些成果，例如，J. 阿尔夫特（J. Alfter），《股份公司的命运》（Das Lebensschicksal der Aktiengesellschaft），载于《波恩政治学研究》（Bonner Staatswissenschaftliche Untersuchungen），1932年。但是，阿尔夫特处理的只是一个很小的样本。本书作者从纽约国民城市银行的 G. B. 罗伯茨（G. B. Roberts）先生提供的 50 家美国企业的故事中也得到了类似的印象（这些企业都曾一度在自己所在的细分领域处于领先地位）。然而，这份名单只包括那些资本在 1 亿美元及以上且实际上已经破产、被清算或被重组的企业。此外应该指出的是，马歇尔《经济学原理》整本书的行文都表明他对我们试图阐明的观点一直保持着敏锐的感受力，尽管他没有把这一点作为他分析的核心。

② 创新与新产业的崛起之间也存在着明显的联系，当然，创新也可能使老产业重新焕发活力。正如亚当·斯密所指出的，这就是新产业通常比老产业利润更高的原因。当然，它们将为我们的创新理论提供最有说服力的例证。但是我们在这里不需要强调这一点。

演化过程中实际观察到的各种情况和斗争，特别是资本主义演化过程的非均衡性和波动性。它还描述了企业和产业的不断崛起和衰落的过程，这是资本主义机器的核心——尽管这一点以前在很大程度上被忽视了。

第三，我们将假设创新是永远与"新人"（new man）的领导权的崛起联系在一起的。与前一个假设一样，这个假设不但不缺乏现实性，而且阐明了关于工业社会的一个社会学基本原理。① 关于这个假设的现实性，在任何一本教科书（比如说，讨论工业革命的教科书）中都可以找到大量的证据，不过只有当我们对这些人通常所称的"个人奋斗史"（personal history of industry）有了比现在更多的了解，我们才能对这个事实的范围和重要性有充分的认识。之所以要将这样一个假设引入现在这个不是主要讨论社会结构的纯经济学理论，主要原因在于，它为前面的假设提供了理论基础。事实上，它解释了为什么新的生产函数通常不会从旧的业务中"生长"出来——如果一个"新人"接管了一家老企业，那么倒是有可能——因而也就解释了为什么新的生产函数的"插入"，是通过把旧的生产函数剔除或强制转换旧的生产函数来实现的。因为这是我们的模型的一部分，并且会用来解释作为本书主题的那个过程的一些特征，我们必须特别注意大企业——特别是"大巨头"——的情况，这些大企业往往只是一个外壳，不断有不同的人在它们内部不断地进行创新。因此，它们不是我们的第三个假设的例外，不过它们有可能是我们的第二个假设的例外，因为出现了这种大企业之后许多创新就可能——而且事实上经常——会发生在同一家企业内部，这家企业的作用是协调创新与原有设施之间的关系，因此创新也就不一定需要呈现为行业中的一个独特的竞争过程。

为了更好地解释这种情况（这种情况在未来可能会变得越来越重要），我们引入一个新概念——托拉斯化的资本主义（trustified capitalism），以区别于竞争资本主义。如果这种组织形式在整个经济有机体中普遍存在，那么经济发展或"经济进步"将与我们描绘的图景大相径庭。当然，巨型企

---

① 对于这一点，我们在下一节的解释中将会顺便给出一个非常不充分的说明。作者建议，读者如果想看到更加详细的说明，可以阅读《经济发展理论》（*Theory of Economic Development*）一书。

业仍然必须对彼此的创新做出反应，但是它们的反应方式将会不同，而且会比那些在竞争的海洋中沉沉浮浮的企业更难预测，那样的话我们的模型的很多细节——在某些方面，甚至不仅仅是细节——都必须进行修正。我们必须认识到，在这方面与在其他方面一样，我们正在研究的是一个受到制度变化影响的过程，因此，在每一个历史时期，我们都必须确定我们的模型是否仍然符合事实——无论它是不是准确无误地复制了其他时期的历史。然而，虽然大企业部门已经相当"大"——例如，在作者计算出来的美国前200家大企业控制的资本占美国总资本的比例这个意义上——但是在目前这种观点所要求的规模的意义上，它们还不够大，在任何一个国家都没有占据主导地位。而且，即便是在大企业的世界里，也会有新企业的崛起，那时其他企业就会沦为背景。创新仍然会主要出现在"新企业"中，而"老企业"通常会表现出那种被人们委婉地称为"保守"的症状。因此，总的来说，对这种例外情况的处理似乎可以归结为一句话：要根据每个实际案例的特点进行适当的修正。

　　这就是说，我们的第三个假设将一组"行为主义"类型的事实插入我们关于经济生活的模型当中。这个假设有助于我们找到并解释我们观察到的向下移动的成本曲线的原因和影响（只用单调下降的曲线这种工具是无法充分地描述它们的），并且有助于描述经济系统对它们的反应方式。特别地，它解释了为什么创新不会同时发生，也不可能是所有企业同时进行（当然不会），或者如果创新涉及成块性要素，那么也不会由所有规模大于一定程度的企业同时进行[①]；这一点类似于，在其他条件相同的情况下，如果劳动力变得更便宜，那么企业就会雇用更多的劳动力。如果确实是这样，那么所有的重大创新仍然会造成非均衡。但是，如果创新在技术上和商业上变得可行，旨在实施创新的行动就对所有人开放，那么这种非均衡也就不会与源于当前的数据变化并且没有多大困难就被吸收的非均衡有什

[①] 事实上，这也正是传统的分析通常所隐含的。确实，可能有一些理由把创新——也许，"革命性"的创新除外——视为企业规模的函数（规模可以用产出来衡量）并得到一条下降的成本曲线，毕竟它包括生产函数在假设了一定规模的情况下发生的变化，这对于大企业来说更容易实行。但是正如我们现在看到的，这样做意味着强调次要因素，而模糊了主要因素。

么区别，也不会更严重。这里不存在"革命"或剧变——在政治领域也不会发生现在经常会发生的那些事情，如果所有人都能同样迅速地接受新的政治事实的话。① 我们可以认为，作为一个"连续流"的创新在"客观上"是有可能的，而且它会导致即时的和连续的吸收过程，除了在那些不会显示出任何规律性的例外情况下之外。然而，我们所观察到的非均衡具有不同的性质。它们的特征恰恰就是，有一定规律地、周期性地反复出现，而且它们不能在当期就被非常顺利地吸收掉，而只能通过一个独特而痛苦的过程来吸收掉。这是因为只有一些企业进行创新，然后沿着新的成本曲线行动，而其他企业则不能，因此只能让自己变得适应周围环境——在许多情况下，这通常意味着死亡。这个事实反过来又迫使我们承认我们的第三个假设所规定的元素。

我们所做的这些意味着，我们不会去攻击传统理论本身——无论是瓦尔拉斯式的，还是马歇尔式的。特别是，我们不会对它们关于经济行为的基本假设感到反感，即不会对它们所假设的对某种情况的数据的迅速识别以及对这些数据的合理反应过于介怀。当然，我们知道这些假设与现实相去甚远；但是我们认为，传统理论的逻辑模式在"原则上"仍然是正确的，只要引入摩擦、滞后等因素，对它的偏离就可以处理得很好；事实上，最近一段时间以来，在传统的基础上进行的这个方面的尝试可以说越来越成功。然而，我们也认为，传统理论的模型所能涵盖的范围比通常设想的要小得多，而且整个经济过程仅凭它是不能得到充分描述的，即便加上对它的偏离的分析（二阶分析）也仍然不够。只有当被分析的过程是静态的或稳定增长的（在我们对增长一词所给出的定义上）时，这种理论才可能是令人满意的——当然，任何外部干扰都可能进入，不过只要对它们的适应是被动的，就没有关系。这就相当于说，如下假设——经济行为是理想地理性和即时的，并且所有企业在原则上是完全一样的——只有在有经验可据和熟悉的动机的范围内才是行得通的。只要让我们研究的经济团

---

① 这不仅仅是一个说明性的类比。作者认为（虽然在这里没有办法停下来证明这一点），这里所阐述的理论只是一个非常宏大的理论的特例（只适用于经济领域）；那个宏大理论适用于包括科学和艺术在内的社会生活的所有领域的变化。

体离开了它们各自的"管辖区"(precinct),并让它们面对任何新的经济行为的可能性,那么这一切就会崩塌;这里所说的新的经济行为是迄今一直没有被尝试过、即便是最完整的"常规经济行为指南"也付之阙如的(而不是仅仅让经济世界面对新的状况,因为一旦外部因素侵入,也可能出现新的经济状况)。位于不同的"管辖区"的经济人士的各种行为差异[1],本来只解释了一些次要的现象,但现在却变得至关重要,因为它们现在解释了现实的突出特征。在瓦尔拉斯-马歇尔理论的基础上描绘的图景现在不再正确(尽管在静态的或稳定增长的过程中,它仍然是正确的),因为它忽略了这些特征;而且事实上,当它试图用它自己的分析去解释那些被分析的假设排除的现象时,它就已经错了。因此,对我们来说,合理的做法似乎是把传统的分析方法限制在我们认为它们仍然有用的范围内,然后在此基础上采用其他假设——上面给出的三个假设——来描述这个范围之外的那类事实。当然,在分析以这些事实为主导的过程时,传统理论仍然可以保持它的地位:它可以描述那些本身不创新的企业对创新的反应。

我们可以用视野(horizon)这个概念来表示同一点。我们将视野定义为一个选择范围,在这个范围内,商人可以自由行动,而且他在某个行动上的决定完全可以用盈利能力和远见来描述。[2] 毫无疑问,视野会随着商人所属的类型不同而有很大的不同,不同个体的视野也会有很大的不

---

[1] 这些差异作为一种特别的情况属于通常在"领导力"(leadership)这个概念下研究的那一类事实。弗朗西斯·高尔顿(Francis Galton)爵士描述的南非公牛的不同行为,很好地说明了这一点。在南非公牛当中,有一些在领导行动时表现得与跟随行动时一样平静自如,而其他大多数公牛在领头时却根本不知道如何行动。

[2] 我们将会看到,预见(foresight)或预期(anticipation)与视野(horizon)并不是同义词。只需举一个简单的例子就可以说明它们之间的区别。轮胎出故障是一个非常罕见的事件,而且在任何情况下对我们一般人来说都不是可预见的。但是,如果一个司机非常清楚在轮胎出故障的情况下应该如何处理,那么它就仍然在他的视野之内。当然,实现预见在一个被创新扰动的环境中会更加困难;而且一旦我们对那种环境给出独立的解释(用预见这个原因去解释是很难的),那么我们也就可以用缺乏预见能力去解释一些次要的特征,这时不会有被人批评借助"天外救星"(deus ex machina)来解围的风险。但是,缺乏预见能力与创新的关系不是主要的,如果强调它而不强调创新,就是强调了错误的地方。此外,尽管预见能力的差异无疑是与经济周期研究有关的许多现象的根源,但是预见能力的差异与"独自前行"和在未经经验检验的基础上采取行动的能力的差异是不同的。

同。但是，在一个静态的或稳定增长的过程中，我们可以假设，每家企业的管理人员都拥有这样的视野，即使得他有能力完成当前工作并处理普通的紧急情况。然而，在这种过程之外，不同人的视野是不同的；判断标准是，某些人的视野受限于在商业实践中尝试过的各种可能性，而另一些人的视野则不受此限制。这种能力——做出有利于未尝试过的可能性的决定，或者既能够在尝试过的可能性之间也能够在尝试过的可能性与未尝试过的可能性之间做出选择——在人口中的分布可能服从高斯分布，尽管似乎更有可能服从偏斜分布。我们认为，这种情况不会只局限于少数例外。

就我们的目的而言，我们在这里既不可能也不需要深入探究这个分布问题。因此我们只需直接指出我们强调行为差异的一个常识性的理由，那就是，如果没有这种差异，有些现象将是不可理解的。毫无疑问，正如每个人都知道的，做一件全新的事情要比做一件常规的事情困难得多，而且这两种任务不仅在困难程度上不同，而且在性质上不同。这有很多原因，我们可以将它们分成三类来讨论。首先，在尝试新事物的情况下，当环境以至少是善意的中立态度看待对熟悉的行为的重复时，它其实也就等于是在抵制新事物。仅仅是不赞成——例如，对机器制造的产品的不赞成——就是一种阻力，至于防范（例如，禁止使用新机器）和攻击（例如，破坏新机器）就更不用说了。其次，对于重复的常规行为，环境自然而然地提供了许多有利的先决条件，而对于新事物，环境则不会提供这种条件，有时还会拒绝提供这种条件。例如，贷款人只愿意为常规的用途提供贷款；日常工作可以在适当的地方得到适当的劳动力供给；顾客更愿意购买他们能够理解的东西。最后（这一点必须与第一点和第二点区分开来），在踏上新道路的可能性呈现在他们面前时，大多数人都会觉得拘谨不安。这种反应在一定程度上可能是有合理基础的。事实上，我们要考虑、计算的项目是来自日常经验的事实还是完全来自估计中的某种事实，是有很大的不同的。当然，即便是我们熟悉的数据也会有所不同，而且它们的演变往往很难预测，但由于它们毕竟是在一个熟悉的框架内，一般商人还是知道如何处理它们的。如果需要构造一个全新的框架，那么任务的性质就会发生变化。为了说明这一点，我们只需要想象如下情形：假设一个人目前正在考虑建立一家生产廉价飞机的新工厂，但是只有当能够诱导所有现在开汽车的人都转而开飞机时，他才可能成功。决定这样一项事业成败的主要因素是无法预知的。在这种情况下，大多数人肯定是谨慎的。而且，非理性的抑制因素会发挥作用。无论是差错还是风险，都不能充分表达我们在这里要表达的意思。

　　这类考虑会导致这样的结果：一个新的生产函数成功地建立起来后，也就是说新事物已经出现、相关的主要问题已经得到解决，其他人也就能够更容易地完成同样的事情，甚至能够做出改进。事实上，他们是被迫去这样做的，而且只要有可能，他们就会去复制，其中有些人会立即这么做。我们应该不难注意到，不仅做完全相同的事情会变得更容易，而且在类似的行业中做类似的事情会变得更容易（无论是子公司，还是竞争对手，都是如此），因为有些创新，如蒸汽机，会直接影响很多行业。这样一来，就似乎给我们观察到的两个非常突出的事实提供了一个很简单、很现实的解释：第一，创新不是孤立的事件，而且不是均匀分布的，相反，创新倾向于"集群"，倾向于"成堆成束"地出现，这是因为在成功的创新之后，首先会有一批企业跟进，然后会有大量企业跟进；第二，创新在任何时候都不是随机地分布在整个经济系统中的，而是往往集中在某些部门及其周围。[①] 这两个观察结论对任何人来说都不是新鲜事。在这里我们想要说明的是，这两者都服从我们的前提假设，并能够在我们的分析模式中找到它们的位置，而不是停留在我们的分析模式之外，属于偏差或修正条件的范畴。第一个观察结论恰到好处地阐明了我们之前的观点，即创新所导致的非均衡是不能在当期就顺利地吸收掉的。事实上，现在应该很容易认识到，这些扰动一定是"很大的"，因为它们将破坏现有的系统，并执行一个完全不同的适应过程——这个过程在任何时间序列材料中都会显示出来。这与创新的那家企业或那些企业的规模无关，也与它或它们的行动本身所产生的直接影响的重要性无关。我们第一眼就可以看到的东西很

[①] 这两个观察结论都主要基于创新过程发生的客观情况。除了一些常识性的评论之外，过于强调心理方面既没有必要也不可取。我们不会诉诸"模仿心理学"，也不会诉诸任何其他心理学。关于这一点，我们之后再谈，因为在这里讨论的话可能会导致有人误以为我们偏离了主题。

可能集合了大量的反应，而且这些反应很难追溯到它们背后的任何明确的创新。但是，在许多包含了历史上出现过的重要创新类型的案例中，单个创新就本质而言往往意味着很"大"的一步和很"大"的变化。例如，一条穿越一个"新国家"（即以前没有铁路服务的国家）的铁路，一旦正常运行，就会"破坏"它能够影响到的范围内的所有的地理条件、所有的成本计算和所有的生产函数；而且在这条铁路出现之前那些最优的"做事方法"，在那之后几乎不可能仍然是最优的。如果我们把整个世界的铁路化和电气化看作一个单一的过程，这个例子可能会更有说服力。然而，过分强调这些明显的例子也有一些风险，因为这很容易导致一种我们向来熟悉的态度，即把这种现象仅仅限制在这种类型中，而忽略了其他所有的类型，进而忽略了创新的真正维度。①

第二个观察结论也同样明显，而且用我们的一般模型就可以自然而然地解释它。工业变革从来都不是通过经济系统各元素的"和谐共进"——所有元素都（真的，或倾向于）步调一致地向前移动——实现的。在任何一个时刻，总有一些行业在向前推进，而有些行业则会停滞不前；由此产生的不一致正是发展的经济状况的一个重要元素。工业进步以及社会生活或文化生活任何领域的进步，不可能都是只通过协调一致的猛拉和急冲来取得的，还要通过很多单方面的突进来取得，这种单方面突进带来的结果是协调好的冲刺所不能产生的。在每一个历史时期，我们都很容易确定这种过程的起点，并将之与特定的行业联系起来；在这些行业内，又可以与某些企业联系起来，而源于这些企业的扰动将会蔓延到整个系统。

前面已经说过，我们给出的三个假设是把这些事实引入我们的分析模型的手段，这些事实不仅解释了各种次要现象，而且解释了我们所理解的

---

① 正如我们在前面提到过的，这正是我们（除了我们反对用"发明"这个术语来替代创新之外）怀疑"革命性的发明"（revolutionary inventions）这个概念的价值的根本原因（相对的概念为"小发明"），如果认为它们或它们的影响与其他发明在定性的意义上有所不同的话，或者这种不同对理论有重要意义的话。我们也不应该使用"自主发明"（autonomous invention）这个概念，尽管它似乎包含了与我们的论点更相关的内涵。不过，我们将偶尔使用诱致性创新（induced innovation）这个概念，以表示一些额外的改进。这些改进出现在人们将最初的创新复制到另一个领域的过程中，以及当现有企业调整自己的行为以适应创新的过程中。

经济过程的基本特征——或者如本书作者所认为的,实际上解释了所有其他特征。我们将会遇到许多这样的例子,就像在下一节将要概述的利润理论那样。不过在这里我们注意到一点就足够了,即它们对我们关于进步的一般概念的意义。很显然,我们必须立即抛弃以下观念:进步本质上是平滑的、和谐的,所有惊涛骇浪般的旅程、所有不和谐的当前现象都是与进步本身的机制无关的现象,需要用不包含在它的纯模型中的事实来做出特殊的解释。相反,我们必须认识到,进步本质上是不平衡的、不连续的、不和谐的——这种不和谐性是构成进步的各种要素固有的运行方式。毫无疑问,这个结论没有违背观察到的事实:资本主义历史充斥着激烈的暴乱和灾难性事件,它们显然与我们摒弃的那个备选假设是不一致的,而且读者应该已经发现,出于这个原因,我们在得出如下结论时费了很大的、不必要的麻烦:演化是对现有结构的一种扰动,它更像一系列"爆炸",而不像柔和的不间断变形。

第三节　企业家及企业家的利润

我们把围绕着创新进行的各种活动称为"创业"(enterprise),同时把实施创新的个体称为"企业家"(entrepreneur)。* 我们之所以决定采用这些术语,是基于对一个历史事实和一个理论命题的考虑,即在历史上进行创新一直是企业家承担的唯一的基本职能;同时,在理论上,创新也是通常用企业家这个词来表示的那类人必不可少的工作。将企业家与按照成规管理企业的主管或经理区分开来,或者当企业家与管理者这两个身份由同一个人承担时(这种情况经常会发生),将企业家职能(entrepreneurial function)与管理者职能(managerial function)区分开来,并不比将一个

---

* "enterprise"一词,在熊彼特所用的语义上,有时指进行创新的创业活动,有时指(创新型创业家创办的)企业。熊彼特对"enterprise"和"firm"("concern"、"company")有一定的区分,但是并没有一直明确地坚持这种区分。为了与中国人常说的"企业"相区别,在文中有时将"enterprise"译为创业(活动),有时则译为(创业型)企业,偶尔也直接译为"企业"——如私人企业(private enterprise),而将"firm"、"concern"等译为企业或厂家(厂商)。——译者注

工人和一个地主区分开来更加困难。就地主而言，他同样可能形成一种"复合经济人格"，（在美国）那样的话他就会被称为一个农场主（farmer）。当然，我们都能认识到，决定为现成的生产过程购买多少羊毛的经济功能，与引入一种新的生产过程的经济功能，无论是在实践上还是在逻辑上，都是全然不同的。这只是常识。

关于这两种类型的人、这两种职能的经济学和社会学分析的纲要，我们在其他地方阐述过了。[①] 在这里，我们只简要地阐明对我们的研究目的最重要的几个要点。

一、谁是企业家？

在给定的某种情况下，要分辨出谁是企业家并不是一件容易的事情。然而，这并不是因为我们对企业家职能的定义不够精确，而是因为很难找出某个人是真的完全适合这个职能。没有人永远都是一个企业家，也没有人永远只是一个企业家。这是由企业家职能的本质决定的，这种职能必定会与其他职能结合起来，并且还能诱导出其他职能。例如，任何一个实施"新组合"的人，在实施过程中必定还要从事某些目前来看似乎不包含什么"企业家精神"的活动；一次成功的创业（在我们所说的意义上），通常会导致创办的企业在相应的行业中占据一定的位置，而且自那之后需要涉及的就只是管理老企业的那些职能。然而总体上说，在竞争资本主义时代，我们并不难发现企业家精神。在那个时代，企业家通常出现在企业的领导者中——主要是在企业的所有者中。一般来说，企业家一般是一家企业或一个工业家族的创始人。然而，到了巨型企业当道的时代，谁是企业家这个问题就往往与现代军队中谁是领袖或谁真正赢得了一场战争的问题一样难以回答了。领袖可能是拥有或获得了官方任命的领导职位的那个人，但又不一定是。他也可能是经理或拿工资的其他雇员。有的时候，他可能是一个控股集团的所有人，但是却根本没有出现在某家企业的高管名

[①] 参见本书作者的另一本著作《经济发展理论》，特别是其中的第二章和第四章。同时请比较作者为《政治科学全书》（*Handwörterbuch der Staatswissenschaften*）中的"企业家"（unternehmer）词条所描述的历史。

单上。尽管公司发起人（企业创办者）并不一定是企业家，但是在这个职能出现空缺时，他们偶尔可能会去填补。在那个时候，他们就会接近一种特殊的企业家类型，即职业企业家（entrepreneur by profession）。除此之外，没有别的特别含义。

二、企业家职能

但是，我们应该很容易就可以把企业家职能与其他职能区分开来。那些职能虽然经常与企业家职能结合起来，但对企业家职能却并不是必不可少的。前面我们已经看到，企业家可能是（但不一定是）所引入的产品或过程的"发明者"。此外，企业家还可能是（但不一定是）提供资金的人。这是非常重要的一点。在资本主义体制下存在一种机制（它的存在构成了资本主义的一个基本特征），使得人们在事先未获得必要的生产资料的情况下也能作为企业家发挥作用。重要的是领导力，而不是所有权。未能认识到这一点，并因此未能将企业家的创业活动明确地视为一种独特的职能，正是古典经济学和马克思的经济学和社会学分析所犯的一个共同错误。对于这一点，部分可以用如下两个事实来解释：第一，如果一个人以前就拥有必要的生产品或可以用来抵押的资产，又或者拥有比较多的金钱，那么他就更容易成为一个企业家；第二，正如上面提到过的，一个成功的企业家的企业家精神通常可以为他以及他的后代在资本主义体系中赢得一个位置，因此我们可以发现，成功的企业家确实很快就可以拥有一个工厂和其他机器设备。由此产生了两个结果，从性质来看，一个是经济（学）上的，另一个是社会（学）上的。

首先，承担风险不是企业家的职能。[①] 承担风险的是资本家。如果一个企业家也承担了风险，那只是因为他除了是一个企业家，还是一个资本家，而且他要以企业家的身份让另一个"我"出钱。其次，企业家本身并

[①] 当然，风险也会进入企业家的工作"模式"当中。但那是间接的，而且是一次性的：风险——从常规的例行工作没有风险这个意义来说，任何一种新事物都是有风险的——会导致企业家在获取必要的资本时更加困难，从而构成了企业家必须克服的其中一个障碍，因而也是抵制创新的环境的一个组成部分。正是这种环境解释了为什么创新不能顺利地进行（这是理所当然的）。

不构成一个社会阶层。虽然在获得成功的情况下，他本人或他的后代可以上升为资本家阶层，但他在最开始的时候不属于资本家阶层或任何其他明确的阶层。作为一个历史事实，企业家来自各个阶层——无论什么阶层，只要他们出现时恰好存在就行。大量企业家的家谱表明，他们的出身是极其多样化的——工人、贵族、专业人士、农业工人、农场主以及工匠等，因此从社会学的角度来看，企业家不构成一个统一的阶层类型。不过在这里，我们不能停下来先阐明关于资本主义社会（资产阶级社会）的社会学分析的一个基本构件已经包含在这些陈述中，也不能先说明应该怎样把经济学理论和社会学理论结合起来，以解释它们的制度模式。[1]

上面说的这些也意味着，明确指出如下这点并不是多余的：虽然企业家有可能成为自己企业的股东，但是仅仅持有股票并不比仅仅拥有所有权更能造就企业家。关于股东，唯一符合现实的定义是，他们是一类特殊的债权人（资本家），他们放弃了通常对债权人的部分法律保护，以换取分享利润的权利。在经济学家看来，在这种情况下，所谓的股东权益的构建其实只是律师的一种虚构，几乎是对实际情况的讽刺。

三、企业家利润的涌现

现在，让我们想象一下这种情形：在一个完全竞争的社会中，一个企业家通过创新，能够以低于任何现有企业的单位总成本生产出一种有广泛用途的产品，因为利用他的新方法，单位产品只需要耗费更少的部分或全部生产要素。在这种情况下，这个企业家能够以适应"老企业"成本条件的现行价格购买他所需的生产品，并以适应"老企业"成本条件的现行价格出售他的产品。由此不难看出，他的收入将超过他的成本。我们将这种差异称为企业家利润（entrepreneurs' profit），或者简单地称为利润（profit）。利润是资本主义社会[2]赋予成功的创新的溢价，它在本质上是短

---

[1] 当然，上述原则适用于所有社会类型。请比较一下作者撰写的论文《同质种族环境中的社会阶层》（Die sozialen Klassen im ethnisch homogenen Milieu），载于《社会科学与社会政策文库》（Archiv für Sozialwissenschaft und sozialpolitik），1927年出版。

[2] 当然，在社会主义社会中，利润这种形式的增值在向新的生产过程过渡的那一刻也会出现。

期的，因为它将在随后的竞争和适应过程中消失。但是这些暂时的溢价不会出现趋于均等化的趋势。虽然我们只对一个特定的创新案例和完全竞争条件下的利润进行推导，但是这个结论很容易就可以推广到所有其他情况和条件。无论如何，利润虽然是暂时的，但它显然是净收益，也就是说它不会通过所谓的归算过程或归属过程（process of imputation）被任何成本因素的价值所吸收。① 然而，我们还应该注意到，利润要想出现，那种"利润的自杀性刺激"不应马上起作用，这一点是至关重要的。在上一节中，我们阐明了为什么从原则上看通常不会这样。但这种情况的偶尔发生还是不难想象的，而且未来可能会发生得更加频繁。到那时，我们就会观察到没有利润（或者几乎没有利润）的创新，从而认识到出现一种我们可以用"无利润繁荣"（profitless prosperities）这个术语来描述的状态的可能性。②

当然，在一种静态经济中，即便受到了外部因素的扰动，企业家职能和企业家利润也不会出现，人们通常所说的利润的大部分也不会存在。这是因为，虽然企业能够拥有要素的租金和准租金，同时企业的经理-所有者可以获得"管理收入"或工资，以及我们在讨论时为了使论点更加严密而加到这些项目上的利息，尽管可能存在垄断收益和（如果我们承认外部扰动存在的话）意外收益以及可能的投机收益，但我们还是很容易就可以看到，在静态经济甚至稳定增长的经济中，所有这些加起来仍然要比实际小得多。创新不仅是最重要的直接收益来源，而且通过它所启动的过程间接地造成意外收益和亏损出现、投机活动得以进行的绝大多数情况。

由此可见，在资本主义社会中，大部分私人财富都直接或间接地源于以创新为"原动力"的过程。投机活动也解释了一部分财富来源，但是很显然，投机活动是发生在我们这里所说的经济演化过程中的；此外，自然资源的所有者（例如城市土地所有者）获得的非劳动增值收益在很大程度上也是如此，它构成了另一个私人财富来源。从表面上看，储蓄是可以代

---

① 这个问题以及与之相关的其他理论问题都在作者的其他著作中得到了充分的论述。
② 这种可能的情况不应与前面提到的另一种可能的情况相混淆。在那种情况下，没有厂房建设期的支出和"孕育期"（period of gestation）的支出。

代相传的[①]，但是如果没有创新带来的剩余，储蓄就无从谈起。而且，典型的工业家族、商业家族或金融家族的地位，都直接源于某项创新行为或一系列创新行为。诚然，当他们的创业期结束，这些家族就得依靠准租金生活（通常得到了垄断的支撑），或者如果他们完全切断了与企业的联系，那么就得依靠利息生活。然而事实上，如果我们追踪这些准租金、垄断收益或货币资本的来源，总是会浮现出一个新的生产函数。在我们下面将要进行的历史研究中，我们将会看到许多这样的例子。作者认为，尽管这些例子看上去似乎是零碎的，但是它们已经足以证明我们分析的主要结论，并排除了任何合理的怀疑。

四、对功能性利润份额的争夺

在我们这里所说的意义上，利润是一种功能性报酬（functional return）——它的独特性，尤其是它的暂时性，使得我们有理由在将它称为一种收入（income）时犹豫不决——但是，根据权责发生制的标准来确定企业家职能也并不总是对的。企业家是否能从创新中受益，是一个取决于制度模式的问题。在一个以家族企业的普遍存在为特征的制度模式中，企业家利润受益权是最彻底的。正是在这种制度模式下，通过再投资或直接拥有对工厂的所有权，利润成了工业王朝的经济基础（再加上投机和垄断地位带来的收益）。在企业化经营的行业中，当利润全部归于企业，且利润的分配变成一个政策问题时（而不再是自动进行的），股东、高管（无论是不是企业家）和员工会得到形式多样的不确定的利润份额（奖金、分红等），或相当于利润份额的按合同规定的等价物。但是，企业家也会努力试图收回没有合法的请求权的利润，这在一定程度上解释了一些常见的超越法律（praeter legem）或违背法律（contra legem）的做法。

然而，对于我们的研究主题来说，这种为分得利润而进行的斗争，并

[①] 马克思把这称为"儿童故事"（kinderfibel）。如果把它作为关于私人财富的一般理论来使用，那么也是一样的。但是，我们不应该因此而忽视它的真实含义以及与之相关的真正的"节制"（abstinence）。

不如为保住利润流本身而进行的斗争那么重要。工艺机密、专利①、明智的产品差异化、广告等，都会时不时地被企业家用来针对实际的和潜在的竞争对手发动攻击，这些都是我们熟悉的策略的例子。但是，当民众和专业人士考虑这种策略的时候，它反而会在很大程度上掩盖利润的来源和性质，这特别是因为在其他情况下本来也可能采用这种策略。因此，我们立即就会认识到，这些工具发挥的作用与那些在垄断竞争情况下使用的工具是一样的，而且在这里之所以也会发现它们，是因为另一个事实：我们所称意义上的（创业型）企业几乎一定会发现自己处于"不完美"的情况，即便经济系统原本是完全竞争的，也如此。这就是我们一直强调演化和不完全竞争之间的关系的原因。由此可知，可能也可以将利润纳入垄断收益的范畴。然而，这样做将会模糊我们这种情况的特征。并不是每种一般化都对分析者有益②——正如并不是每项创新都对创新者有益一样。此外，利润在这种斗争过程中会改变它们自身的性质。

事实上，每个创业型企业一成立就会受到威胁并被迫展开防御，同时它也几乎不可避免地会威胁它所在行业或部门的现有结构体系，就像它必定会在某个地方（不是这里就是那里）造成失业一样。有的时候，一项创

---

① 专利法是资本主义社会中少数几个通过立法承认利润的社会功能的例子之一。当然，专利也可能会使利润存在的时间超过这些功能得以实现所需的时间，那样的话，专利保护的性质就会变得类似于未获批准时的做法。我们既不打算进行社会批评（social criticism），也不打算推动"社会护教学"（social apologetics），但指出以下这点也许是有必要的和有益的：这些做法是社会改革的流行论调中经常出现的一种观点的原因，根据这种观点，利润必定是反社会活动的结果，利润获得者的利益与其他人（例如消费者或工人）的利益之间必然存在着对立。在这类命题中（它们的具体含义千差万别）所使用的"利润"术语在一般意义上与我们的不同。但是，上述情况表明，确实存在着一系列现象。在这些现象中，我们所称意义上的利润与剩余几乎无法区分，而且上述指控确实适用于这些现象。

② 出于类似的原因，我们不会把利润包括在工资中，尽管前者是对个人努力的回报，尽管我们确实将后者定义为对个人服务的报酬。在一篇尚未发表的讨论利润问题的论文中，斯威齐认为，由于这些原因，利润是无法与垄断收益区分开来的，因此我们这个意义上说纯利润是没有任何意义的。任何人都应该很容易就认识到，利润的多少并不是衡量社会服务的标准——不管它的定义是什么，社会服务往往比利润所显示的要更多或更少。尽管如此，重要的是要指出这是垄断剩余的来源，它与其他来源不同。此外，回报与垄断有关这个事实并不影响其经济性质。一个男高音歌唱家的收入可能有很大的垄断因素，但这种收入仍然只是工资。任何一个强大的工会都能确保垄断收益，从而工会成员所获得的效率工资都是一样的。某种"服务"的本质是一回事，应用于该服务的定价方法则是另一回事。出于类似的原因，我们也没有把利润包括在摩擦收益中，虽然摩擦对瞬时适应的阻力对利润的产生至关重要；如果我们这样做了，我们仍然必须强调这种特殊类型的摩擦的特殊性和特殊作用。

新可能仅凭其可能性就能做到这一点，甚至在它具体化为一个创业型企业之前就能做到这一点。那个结构体系是作为一个有生命的有机体出现的，而不仅仅是传统经济学理论所描述的那种"理性"台球的集合。这就是说，它"憎恶"受到的威胁并能"设想"进行防御的可能性，而不只是通过竞争来挣扎着被动适应，因为那通常意味它的许多组成单位的"死亡"。随后出现的情况则会产生这样一种悖论：行业有时会试图破坏这种"进步"，而这种"进步"则会根据自身的生命规则不可阻挡地演化下去。当然，这里并不存在矛盾。不过我们还是得承认，我们的一般模式从如下事实中得到了一些支持，即它如此容易地解决了这个悖论，并向我们表明了，在某个给定的时间，当来自外部的攻击出现时，行业"进步"是如何以及为什么会发生在现有的大多数企业中。[1] 行业作为一个整体，总有一个与创新领域并存并相互竞争的"旧领域"。这个"旧领域"有时会试图禁止新的做事方法，例如，在19世纪80年代，欧洲的许多"工匠代表大会"仍然要这类花招：或者极力诋毁新的"机器生产的产品"，或者将刚出现的创新成果买下来（在许多时候，这是卡特尔化的真正理由），又或者通过财政立法或以其他方式惩罚创新者，包括在萧条时期祭出公共"计划"这项法宝。

五、企业家职能重要性的下降趋势

正如上面已经提到过的，我们给出的新企业克服老企业的对抗、将新事物付诸实施的假设，虽然很好地描述了新老企业在面对新可能性时表现出来的不同的行为特征，但是这个假设有时也可能会失败。在过去，这个假设显然是非常符合现实的；而且即便是对于现代，本书作者也从来不认为有多少重要实例可以证明它与事实相反。但是本书作者确实观察到了几个小问题。其中一个问题特别值得在这里指出。没有任何摩擦的情况并不一定会使得"进步"的道路更加平坦。例如，假设在 X 国，Y 行业中所

---

[1] 从社会学的角度来说，这种情况与在科学研究领域新的科学原理（或者在绘画领域新的审视自然的方式）会受到原有的科学思维（或者绘画习惯），或者阐述或执行成规的人的敌意抵制的情况，并没有太大的区别。

有的企业大约在15年前于同一时间采用了一种新的、成本更低的方法来生产Z产品。随后就出现了僵局，不过很快就通过一项协议得到了补救——该协议剥夺了这种创新除了盈余、失业和一定的过剩产能之外的任何效应。① 我们有理由预期这种情况会变得更加重要：一方面，技术研发变得日益机械化和组织化；另一方面，对新方法的抵制在减弱。任何正在"客观上成为可能"的技术改进，往往都会付诸实施。这不仅显得理所当然，而且一定会影响作为本书研究主题的现象。它还必定会影响社会功能的重要性，进而影响资本主义社会中因企业家的成就而得以存在的那个阶层的经济和社会地位，就像中世纪的骑士是因受惠于特定的战争技术而得以存在一样。

过去成功的企业家所具备的意志能力（volitional aptitudes）现在变得没有那么必不可少，其发挥作用的范围也比过去小了很多。在这个企业家职能的重要性逐渐下降的时代，同样也是所谓的"资产阶级"（bourgeoisie）的社会和政治地位开始呈现出明显的被削弱的趋势、资产阶级遭到攻击的时代，这不可能是一个简单的巧合。但是，高估这个进程迄今为止所经历的时间长度，与忽视它一样，都将是一个巨大的错误。就我们的研究主题而言，即便是对于战后时期，人们也应该会承认这个进程并没有取得足够的进展，不足以影响总体轮廓。

第四节 货币和银行在经济演化过程中的作用

对于这个问题，在下文我们将从两个维度进行更加深入的讨论，一是在讨论历史时（参见第六章和第七章），二是在讨论相关的时间序列时（参见第九章和第十四章），其中复杂的信贷结构将在本书所允许的范围内完全展开。不过在这一节，我们将只限于揭示开它的逻辑基础（这不同于它的历史根源）。这项工作是在与本章的所有分析相同的抽象水平上完成的。得到的结果看上去极其不现实，而且在这种情况下比在其他情况下更

---

① 一个"政治家"如果成功地促成了这种协议，就会对这种计划感到非常自豪。

加与事实"完全相反"。在大量的诱致性（induced）、派生性（derivative）和偶发性（adventitious）现象的影响下，要辨别出创新的要素绝非易事。特别是在货币和信贷领域，这层隔膜是如此之厚，以至表面的过程与表面之下的过程完全不同，因而读者的第一印象很可能会带给他们致命的偏误。然而，我们在此不妨指出，要分析一块布丁，证据要到吃布丁的过程中去找；我们模型中的货币部分也只不过是一个工具，用来把握读者在反复阅读时可能倾向于在反驳中指出的那些事实。[①]

一、信贷创造在我们的模式中的地位

在本小节中，我们暂且不考虑消费者的借贷行为，包括公共借贷和私人借贷，这些将会在下文中引入；我们也暂且不考虑储蓄和积累。在这种关于基本原则的讨论中，暂且不考虑消费者的借贷想必不会遭到无法辩驳的反对。因为这仅仅是一种简化的方法，并不意味着消费者的借贷在周期性过程中是不重要的。事实上恰恰相反，消费者的借贷是一切繁荣次生现象中最明显的"危险点"之一，同时消费者的债务也是衰退和萧条中最明显的薄弱环节之一。不考虑储蓄和积累，不仅仅是出于一种简化分析的需要，还隐含了这样一种观点：用原先的储蓄或积累来为创新提供资金，事实上就假设了一个先决条件，即以前就存在利润的先决条件，因而也就意味着假设在以前就出现过若干轮演化，这样的模型不配称为一个能够显示逻辑本质的模型。这一点是根据本章第一节的论点推导出来的，并不涉及历史上实际发生的创新事例中（企业家自己或他人的）储蓄对创新融资所发挥的作用。在下面的讨论中，我们将把我们能够设想的它应该会具有的一切重要性都赋予它，并描述它的运行方式，虽然作者认为这种重要性要小于一般人所认为的重要性，其运行方式也不同于一般人所认为的运行

[①] 本节将要介绍的信贷分析的理论背景，在作者讨论货币问题的许多论著中都有所涉及。最早的货币分析出现在作者的《经济发展理论》一书中（该书最初是在1911年以德文出版的）。在当时，人们对作者的货币理论的批评主要是针对关于信贷创造的某些观点，不过这些观点现在变得非常普遍。事实上，真正有争议的命题是关于信贷创造与创新的关系，但是当时根本没有讨论。事实上，从经典银行理论到关于银行融资不是创新的观点，而是当期商品交易的观点，所有讨论都完全没有抓住要点。

方式。

根据我们提出的"新人"创办"新企业"的观念，我们还假设，这些潜在的企业家不拥有实施自己的计划所需的部分或全部生产品组合，也不拥有可以换取他们所需的这些东西的任何资产。总会有这样的情况发生，尽管只有在演化过程全面展开并产生一种我们现在无法设想的出售资产的机制时，它们才会像我们所知道的那样频繁。[①] 但是，除了我们在前几节中讨论过的那些问题，这类情况并不会带来任何新问题。同时，在作为我们的分析的起点的静态过程中，"老企业"也不存在明显的融资问题。它们有自己的厂房和设备，而且它们当前的支出——包括维修和更新——所需的资金都可以从当前收入中获取。最后，在假设它们以上述方式获得融资的条件下，我们可以得出以下三个命题（这些命题乍一看可能很奇怪，但是对于一个符合我们的假设的经济世界来说，这三个命题其实都是"反复真命题"）。企业家要借入创办和经营工厂所需的所有"资金"。除了企业家，没有任何人会借款。这些"资金"由一些特别（ad hoc）创造出来的支付工具组成。然而，尽管这些命题本身只是分析所用的"脚手架"的组成部分，一旦它们实现既定目的就会被移除，但是它们所体现的"银行的信贷创造"与创新之间的逻辑关系却不会因此而失去。这种关系是我们理解资本主义发展引擎的基础，是所有货币和信贷问题的根源——至少就它们不仅仅与公共财政问题相关而言是这样的。

二、对信贷创造的含义的说明

在继续讨论之前，我们还要先阐明"信贷创造"作为创新的货币互补品（monetary complement of innovation）的含义，方法是将它与社会主义社会中相对应的"信贷创造"进行比较。因为社会主义国家的中央计划当局控制了现有的所有生产资料，所以如果它决定建立新的生产函数，需

[①] 这个例子很好地说明了对我们模型的一类反对意见的来源：由于我们现在能够观察到的是一个完全发育成熟的工业和金融体系，因而很多人往往不自觉地倾向于在讨论"脚手架"时就引入已经建好的"大厦"的一些特征。

要做的无非是向那些掌管生产资料的人下一个命令，将一部分生产资料从原来的用途撤出，并用于设想的新用途。我们不难设想出这样一个"国家计划委员会"（Gosplan）来说明这一点。在资本主义社会中，所需的生产资料也必须从它们原来的用途中抽取出来——存在未被利用的经济资源的情况也不难考虑——并将其投入新的用途；但是，由于它们是私有的，必须到各自的市场上去购买。对企业家来说，要特别创造新支付工具的问题在于，既然他们没有自己的支付工具，而且——到那时为止——没有储蓄，那么在资本主义社会中有什么东西是与社会主义社会中国家计划委员会发布的命令相对应的呢？

在这两种社会中，实施一项创新所涉及的不是在现有生产要素的基础上增加更多的生产要素，而是将现有的生产要素从原来的用途转移到新的用途上。① 但是，这两种社会转移生产要素的方法之间存在着很大的差别：在社会主义社会中，给掌管生产要素的人的命令下达后，也就取消了原来的命令。在资本主义社会中，如果创新是通过储蓄来筹集所需资金的，那么在这个范围内，转移生产要素的方法将会类似于社会主义社会所采取的方法，因为储蓄者将资金借给企业家就是支付工具的转移，这种转移对生产要素转移的影响，与取消原来的命令并向生产要素的掌管者发布一个新命令非常类似。但是，如果创新是通过信贷创造来实现融资的，那么这些生产要素的转移就不会受到资金从老企业撤出（即"取消原来的命令"）的影响，而只会受到现有资金购买力降低的影响（"现有资金"是指

---

① 对于当期积累起来的生产要素来说（比如说，当人口不断增长时），由于它们在用于新的目的之前未使用过（没有所谓的"原来的用途"），因此更准确的说法是，它们被从原先决定要服务的目的转移到了新的目的上，而不能说它们直接被用到了新用途上。这一点是很重要的，因为在传统模型中经济进步的主要动力是生产要素的增加，而不是生产要素的转移。但是，经济周期过程的基本现象则取决于用途的变化。

在将新创造的资金交给企业家处理后，留给老企业使用的资金）。① 因此，"对生产要素的新命令"到来之后是堆叠在原来的命令之上，而不会取消原来的命令。后面我们将证明这一点对价格有重要的影响（这个结论其实非常明显），并具体说明这种影响是怎样产生并导致一系列重要的后果的——这些后果可以解释资本主义过程的许多特征。信贷创造的这个方面同样可以通过与政府发行的法定货币进行类比来加以澄清，尽管在所有其他方面两者之间的差异比相似之处更为重要。

现在，假设在我们所举的例子中社会主义国家发现采取如下统治方式能够带来极大的便利之处：将国家希望施行的每项创新提交给某个机构，然后再由该机构审核是不是真的要付诸实施——它可以批准，也可以不批准。如果它支持这个创新计划，那么它就会确认该计划并发布命令，让相应的生产要素构成新的组合。这个机构承担了资本主义社会中银行的职能。银行为企业家提供购买生产要素或生产性服务的支付手段，就类似于发布这种命令。我们现在将这种新的企业类型引入我们的模型。简单地说，它们无非是创造支付工具的场所。我们要将会员银行（member banks）与银行家的银行（bankers' banks）——如果全国只有一家这类银行，那么它所指的就是中央银行——区分开来，前者为企业和家庭记账（到目前为止，仅为企业家记账），并为它们提供创造余额的服务；后者为会员银行记账，并为会员银行提供创造余额的服务。在讨论一般原则的时

---

① 如果有一些储蓄者会借给企业家等价的（但不相等）的储蓄资金，那么所起到的效果仍然是企业家获得了调动生产品和生产性服务的权力，因为这个原因，许多经济学家（包括现在的经济学家）曾经用"强制储蓄"（forced saving）这个概念来阐述这件事情（不过罗伯逊所使用的术语则为"强制匮乏"）。但是，我们最好避免使用这样的术语，因为它在强调一个方面的重要的相似性的同时，可能在其他方面误导人。它不仅倾向于掩盖这两种现象在机制和效应上的重要差异，而且意味着一些绝对错误的观点。此外，它也无法用来强调一个重要的事实，即为了满足企业家的需要，降低的主要是其他企业的购买力，而某些家庭的"实际"购买力的降低则只是一个次生现象，更何况这部分家庭的购买力的降低还可以由其他家庭的实际购买力提高所补偿。

顺便还需要指出一点，自愿储蓄可能与信贷创造相互叠加，从而抵消后者的一些影响，这一点并非不重要。例如，如果银行为企业家创造了一定的余额，供后者支出，而且如果货币收入这一增量的收受者将它储蓄起来，并把它借给企业家，而企业家则反过来将它用于偿还贷款，那么这里就既出现了实际投资（例如，一台机器被添加到厂房设备中），也出现了自愿储蓄，而且存款的数字回到了原来的样子。当然，这种情况已经包含在我们关于储蓄的作用的命题当中（这些命题将在我们论证的后期引入）。

候，为了方便起见，我们假定银行家的银行除了（会员）银行之外没有其他客户，并假设没有会员银行会承担银行家的银行的职能。尽管在现实世界中我们还必须考虑如下事实，许多银行家的银行也是企业和家庭的银行，同时许多会员银行也充当其他会员银行的银行家的银行。在某些国家（其中最突出的例子是 1914 年以前的美国银行体系），中央银行的职能是完全由银行体系的一些成员履行的（也许还要加上某个政府部门，比如说美国财政部）。重要的是一定要记住，对经济有直接的重要影响的是会员银行所创造的信贷数量。银行家的银行所创造的信贷与经济活动隔了一段距离，而且这两种信贷是不可相加的。银行间存款的存在意味着各会员银行为彼此提供了银行家的银行提供的服务，因此对于银行间存款我们始终应单独考虑，并且在计算有效存款总额时将银行间存款扣除掉。

三、信贷创造的各种形式

我们将信贷的创造限于银行这种做法大体上是与事实相符的。不过这种限制并不是必要的。企业可以通过各种方式自行创造支付工具。需要注意的是，汇票或本票本身并不属于这种支付工具。相反，它们通常需要融资，因此反映的是货币市场的需求而不是供给。但是，如果汇票或本票的流通方式能够影响支付（经济意义上的，而不是法律意义上的），那么它们就能成为流通媒介的一种补充。从历史上看，这种情况确实一再发生。兰开夏郡的棉纺织业一直盛行到至少 19 世纪中叶的一种做法就是一个很好的例子：制造商和贸易商相互开具汇票，汇票经承兑后被用来清偿欠其他制造商和贸易商的债务，就像银行票据一样。在实际估计信贷创造的数量时，我们必须考虑到这一点，但是在这里的分析中我们将始终忽视它，因为所要涉及的统计上的难度完全超出了我们的能力。而且这是一种特殊情况，不能与其他情况相混淆，例如为短期投资而发行的融资汇票或票据，它们虽然也可以流通，但是绝不可以直接用于购买商品。

政府的法定货币也可以服务于为企业融资的目的。这方面的例子有很多。例如，巴西政府在 19 世纪 70 年代就开始用这种方法来为咖啡种植园提供资金。然而，更常见的情况却是，有许多人提倡这种方法，但是实际上却没有付诸实施。弗里德里希·李斯特（Friedrich List）曾经建议用这种方法为铁路建设融资（这足以证明他是多么谙熟如何从美国的历史中总结经验教训）。不过，我们还是像前面一样，坚持认为政府法定货币的发行与银行的信贷创造之间存在着根本性差异，这不仅是因为创造机构之间的差异，更重要的是目的上的差异，而且正是这种目的上的差异导致了后果上的极大不同。因为我们绝不能忘记，信贷创造理论——就这个要点而言，与储蓄理论一样——完全取决于创造支付工具（或储蓄支付工具）的目的，以及在这个目的上的成功。至于这种行为的数量方面，或者我们也可以说，实际创造出来或储蓄起来的支付工具的总量，则完全是次要的。约翰·劳（John Law）的问题不在于他"凭空"创造了支付工具，而在于他将它们用于未能成功的目的。这一点必须一再强调。我们现在把政府的法定货币排除，因为它与消费支出有历史关联，这样一来就只剩下"银行创造的信贷"。

　　读者可以期待，我们在接下来的章节中给出的讨论可以立即将银行理论从明显的不现实中解放出来。为创业型企业进行的融资被赋予了逻辑上的优先地位，因为只有在这种情况下贷款和特别创造的支付工具才会成为经济过程的基本组成部分；没有它们，关于经济过程的模型在逻辑上就是不完整的。而且从这个因素出发，我们很容易就可以勾勒出银行业务的全貌。向企业家提供的贷款不一定需要偿还（至少不一定需要全部偿还），而是可以不断续借（而且事实上经常这样做），使得相应数额的支付工具永久性地或无限期地成为流通媒介的一部分。在创新造成的非均衡中，其他企业也将不得不进行投资（这种投资无法通过当前收入来融资），因此也会成为借款人。因此很容易理解，只要这种演化过程完全展开①，在任何一个时点上，未偿还的银行信贷的大部分就会用于给当前业务提供资金；这种当前业务已经失去了与创新或创新所引发的自适应活动之间的联系，尽管每笔贷款的历史都必定可以追溯到创新或创新所引发的自适应活

---

① 应该再次重申的是，这种说法并不意味着任何关于历史序列的结论。见第六章第二节。

动。① 最后，如果我们一方面插入消费者的借贷，另一方面插入储蓄，那么摆在我们面前的就不仅仅是银行业务实际上包括的所有元素，还包括对如下事实的解释：有人将对当前业务或"日常"业务的强调，上升到了创建一个银行理论的程度，这种理论只承认银行为当期的商品贸易提供资金，并将剩余的资金借给证券交易所；而银行业的道德准则（我们赋予了它的作用逻辑上的优先性），则几乎被排除在了银行家可以做的适当的事情之外。然而，正如我们将会看到的，这并没有使我们的观点失效，以创新为目的的信贷创造仍然存在，而且依然是未偿还信贷的变化的主要动力。

在我们对货币时间序列进行分析时，还必须证明上面给出的后一种说法是正确的。但是，现在就有必要立即指出它对现代争论的影响，即围绕着银行商业理论（commercial theory of banking）与银行投资理论（investment theory of banking）展开的争论——这实际上是一个非常古老的争论的现代形式。这里所说的商业理论或古典理论，指的就是我们前面提到过的那种理论。至于投资理论——现在还没有一个固定的术语来描述它——则是指在定义银行体系的功能的时候，不是根据任何特定类型的交易，而是根据银行所有可以从事的可能交易所产生的存款数额。我们之所以选择"投资理论"这个术语，是因为投资——主要是购买资产（尤其是购买债券）——是银行自己的主动性几乎可以完全影响的一种交易，也就是说，在这种交易中银行对客户的主动性的依赖程度低于其他任何交易。就目前而言，要准确地权衡这两种理论的相对优缺点，并且说明我们不得不同时反对这两种理论的原因，是极其困难的。这个困难不仅是因为这两种理论都算不上科学的理论这个事实——它们都旨在提供实用的建议，即银行家应该怎样做，或者应该让银行家怎样做——而且因为它们提出的命题（或它们给出的暗示）不能简单地说是相互矛盾的，或者是对的、错的。

赞同银行的商业理论的人可能倾向于否认信贷创造的事实——老一辈

---

① 上述命题将在下文中证明，届时将考虑为商业上的亏损融资的情况。

经济学家经常持这种看法——有的时候这些人会这样说：银行家只能用存款人委托给他们的资金放贷。不过，除了对存款银行的含义的这种误解之外，商业理论所持有的观点并没有明确的错误，它所倡导的观点也不乏智慧。① 特别是，我们应该清楚地认识到，从我们的理论出发并不能推出银行长于商业票据贴现等当期业务的结论，也不会反对如下命题（尽管它在很大程度上不是完全正确的）：这种业务与将剩余资金借给证券交易所一起，可以产生的存款数量能够使系统避免"通货膨胀"和"通货紧缩"冲动。我们之所以要反对商业理论，原因在于，它完全没有触及它只描述了表面部分的那个过程的根源，也没有正确地"诊断"出除了为当前的商品贸易融资之外的其他目的而创造信贷的性质。这样一来，它也就模糊了即便是"经典"的短期信贷创造与创新之间的关系——最好的例子是向证券交易所提供的贷款，这种贷款有助于发行新证券——并导致人们对融资票据和信贷在经常账户中的功能持过于狭隘的看法。因此，这种理论的唯一贡献在于，通过在它的帮助下创造出来的一套术语，对说明信贷创造的模仿性做出了贡献，特别是对于为创新目的而进行的信贷创造，这种模仿性表现为它往往隐藏在为当前贸易目的而创造的信贷背后。从这个角度说，投资理论是更加优越的。但是，投资理论却将经济过程中的一种因果作用赋予了"对银行资金流的监管"，而这种因果作用本来是不属于它的，而且由于一味坚持强调未偿还信贷的数量，从而完全失去了对目标基本元素的洞察力。②

值得注意的是，对于我们正在试图为之构建模型的系统的运行，银行

---

① 对这一点的认识被一个次要的争议所掩盖。这个争议关于对银行可能贴现或购买的票据或其他资产施加或将会施加的资格要求的实际价值或其他什么价值。这些要求（无论是法律施加的，还是银行业务惯例施加的）在一些国家可能行之有效，而在另一些国家则完全行不通。当然，这也是一个重要的问题，但是它与我们在这里要关注的原则问题毫无关系。此外，它还因为过于强调票据上应该有多少个签名而变得模糊。

② "目标"基本元素有时构成了"资产质量"一词的基础。这也给误解提供了肥沃的土壤。当然，在任何情况下，质量都与良好的业务惯例密切相关，也是抵御灾难和诈骗的主要手段。但这个意义上的"质量"，并不是与"数量"对立的那个意思。它的含义似乎指向了一个错误的方向，虽然资产（或担保品）的类型往往与其目标有某种关联，从而使得这种强调这个意义上的"质量"的观点，偶尔会从"后门"带进一个真正相关的元素。

家应该知道并且有能力判断他的信贷是用来做什么的，同时他还应该是一个独立的行为主体，这一点是非常重要的。要认识这一点，就意味着必须理解银行业务究竟意味着什么。强调了这一点（或者，至少暗示了这一点），正是商业理论的主要优点之一，也正是投资理论的主要缺点之一。投资理论是一个典型的"局外人"的想法，它不像商业理论那样是从现实世界的银行业务实践中成长起来的，它使银行业变成了一种机械化的功能，似乎银行由政府部门来管理也运行得一样好（如果不是更好的话）。事实上，即便一个银行家将自己的业务限制在最普通的商品票据上，回避任何估计出来的大致数字，他也不仅要搞清楚别人请求他提供资金的交易是什么、结果会怎样，而且必须了解自己的客户和生意，甚至包括客户的私人习惯，并经常"与客户交流"，以便全面掌握客户的情况。但是，如果银行要为创新提供资金——无论在技术上是否被称为创新——所有这些都会变得无比重要。有人否认这种知识是可能的。但是对这种观点的回答是，所有的银行家都拥有这种知识，并根据这种知识采取行动。例如，英国的银行业巨头都有自己的分支机构或子公司，这些分支机构或子公司使得它们能够延续如下这个古老的传统：（例如）在伦敦货币市场上，大银行与贴现公司之间要进行分工的其中一个原因，就在于必须照顾好客户，随时感受到他们的"脉搏的跳动"。然而，从另一个角度来看，很明显这不仅是一项需要很高技能的工作，而且是一项对智力和道德素养要求很高的工作，这些并不是所有从事银行业的人都具备的素质。因此，与经济现实中只需要"经济人"的一般智力和道德素养的那些部门相比，我们必须预料到银行业偏离理论描述的类型这种情况要频繁得多。当然，这种困难并不是我们的模型所特有的。任何试图描述资本主义经济运行方式的模型都会遇到这种困难。无论我们的理论模型是什么样子的，我们都必须认识到——尽管我们可能从理论模型中提出不同的实践意义上的结论——它最主要的功能并不是简单地意味着，就像可以预期工人在就业时会舍低就高（放弃工资较低的职位，转而选择工资较高的职位）、就像可以预期农民在发现生产菜豆更划算时就不会生产豌豆，它还可以预测哪些人可以很好地完成这些银行业务；但不是这样的，这些业务是很难完美地做成的，事实上，我们可以说许多试图去完成它们的人都是根本无法完成的，这种差距比低于平均水平的工人、工匠和农民与标准之间的差距还要大。当然，对于企业家不能这样说。但是就企业家而言，我们从一开始就已经认识到，大多数想成为企业家的人从来都没能让他们的项目扬帆远航，而且在那些真的让他们的项目扬帆远航的人中，90%也未能取得成功。然而，就银行家而言，如果未能达到一个很高的水准，就会妨碍整个系统的运转。此外，在某些时间和某些国家，银行家可能整体上都不及格；也就是说，传统和标准缺失得非常严重，以至几乎任何人，无论多么缺乏资质和培训，都可以随意进入银行业，找到客户，并按自己的想法与客户交易。在这样的国家或时代，野猫银行（wildcat banking）——顺便提一句，也包括野猫银行理论——就会大行其道。仅凭这一点——不管有没有关于抵押品的法律和其他规则——就足以把资本主义发展史变成灾难史。事实上，我们的历史研究的其中一个结论就是，被很多观察人士称为"灾难"的那些事件的大多数，恰恰就是银行业未能按照资本主义系统结构所要求的方式运行所导致的。这是很自然的。因为这种失败主要出现在处理一些"新异"的提议时——那也是做出判断最困难、诱惑最强烈的时候——真正意义上的对创新的融资与"误判"或不当行为之间的区分很微妙。尽管这也是可以理解的，但是肯定不会使分析变得更容易。

  对于资本主义机器的运转，同样重要的是银行应该成为独立的行为主体。如果它们要履行上文所述的职能（通过将银行与社会主义国家中要审查和批准行政当局设想的"创新"的机构进行类比），就必须首先独立于它们打算批准或拒绝其计划的企业家。而这就意味着，在实际操作的意义上，银行及其管理人员与创业型企业之间不得①有超越贷款合同规定的利害关系。在做得最好的英国，银行业原本几乎实现了这种独立性，但遗憾的是，它一直受到企业家试图控制银行以及银行或其管理人员试图控制工业的威胁。我们稍后将会看到，这些尝试在多大程度上取得了成功，以及

---

  ① 这里所说的"不得"（must not）并不是道德上的强制性要求，它只是指这样一个事实：除非这个要求得到了满足，否则资本主义引擎的一个重要因素就会失灵，并由此产生一定的后果。

它们在多大程度上干扰了系统的运转。但是，另一种独立性也必须被添加到要求列表中，那就是银行还必须独立于政治。在社会主义国家，屈从于政府或公共舆论显然会使前述委员会的职能陷于瘫痪。同样地，这也会使银行体系瘫痪。这个事实之所以如此重要，是因为银行家的职能本质上是一种批评、检查和警告的职能。就像经济学家一样，银行家只有在使自己完全不受政府、政客和公众欢迎的情况下，才有可能说是称职的。这个要求在完整的资本主义（intact capitalism）时代并不那么重要。而在腐朽的资本主义（decadent capitalism）时代，资本主义机器的这个片段很可能会被立法所淘汰。之所以要阐述这种理论类型以及现实世界偏离理论类型的程度，动机和理由就在于这种区分的诊断价值，我们下面的历史研究将给出一系列例证。

四、储蓄的类型

银行可以通过多种方式来创造支付工具以履行其贷款承诺。[①] 在这里，我们只对其中的两种方式感兴趣——银行票据的发行和余额的创造——它们都被误导性地、不真诚地称为存款。除了技术上的一些差别之外，它们之间实际上没有任何区别（这种技术上的差别可以解释统计方面的困难）：票据是一种体现在完全流通的票据上的余额，余额是一种可转让的票据，不过不是实体性的，而是通过支票支付的。因为从19世纪40年代至今，前者的功能发生了变化，从而迅速剥夺了它作为会员银行的工业贷款和商业贷款载体的角色，因此我们一般只考虑后者（除非在讨论银行票据实际上仍然充当这种角色的那些模式的时候）。

在形式意义上，所有的余额当然都是"创造出来的"！但是我们要限定这个术语的范围，即只用它来指余额的创造增加了现有支付工具这种情况。它们不一定是"借来的"，也可能是出售资产给银行的结果。在后面这种情况下，客户就获得了"自有的"余额，就像他存入法定货币、新开

[①] 可以看出，与目前的普遍做法不同，我们强调的是贷款（也包括了贴现），而不是银行的投资。我们不能在这里说明这样做的理论原因（稍后就会变得很明显），但是几乎没有研究银行业的学者会否认，就战前的银行业实践而言，无论如何，重点都必须放在贷款上，而不是放在投资上。

采的或进口的用作货币的金属，并因此获得了"自有的"而不是创造出来的余额时一样，也只有在这种情况下，存款这个术语（在不定期存款的意义上）才是合适的。如果我们用存款这个术语而不是余额这个术语，我们将用原始的存款（original deposits）和创造的存款（created deposits）来区分这两种情况。尽管这些存款不会增加支付工具，但是新开采的或进口的用作货币的金属本身则会增加支付工具。在这里值得指出的是，在时机适当时，法定货币存量的增加可能会取代原本会出现的信贷创造。存入以前流通的"旧"法定货币会增加存款，但不会增加现有支付工具。在世界大战之前，美国、英国和德国的存款银行业务虽然没有完全成熟，但是在其发展过程中曾经在银行体系之外流通的法定货币不断流入银行。只要这个过程仍然在发挥重要作用，那么总存款的数字就会呈现一种特殊的趋势，同时关于存款的一些通常的主张要想成立就需要对特定国家和时期做出限定。最重要的是，我们要考虑的是一个完善的存款银行体系，在这个体系中，无论在正常的经济状况下还是在恐慌情绪的影响下，法定货币在进出银行体系的过程中，除非是新发行的，否则就绝不会是第一次进出银行体系。同时，还应该铭记在心的是，在这样做的时候，从原则上看我们忽略了一个可能非常重要的事实。例如，关于1878年后黄金产量下降会对价格产生多大影响这个问题，答案在很大程度上取决于我们对恰恰在同一时期流入银行的法定货币的估计。

　　如果付款是用"借来的"余额实现的，那么收款人就获得了对他来说是"自有的"存款，尽管就我们的目的而言，最好的说法是"借来的"余额发生了转移，而且没有失去其性质。我们之所以这样做，是因为在任何情况下，收款人余额的增加都是通过借款人余额的减少来补偿的。当我们区分定期存款和活期存款，从活期账户转到定期账户，或者从活期账户转到活期账户，都会导致两者的无补偿变动，但是在所有存款的总额中，这种补偿则是仍然存在的。如果用"旧"法定货币进行了原始存款，那么就会在支付工具总额以内给予补偿。这时没有新的"消费力"出现。如果顾客兑现了支票，也不会有任何"消费力"消失。但是从另一个意义来说可能仍然存在某种补偿。从商业理论的观点来看，在最理想的情况下，余额是依靠商品——例如原材料——通过贴现商业票据创造出来的。在这个术语的上述任何一个意义上，这些余额都是未补偿的余额。但是，从下面这种意义来说，也可以说它们得到了补偿，因为货币流的增加对价格的影响通过商品流的同时增加得到了补偿，而且即使存在未充分利用的资源也可能是这样。虽然这个命题在许多方面都可能受到批评，但是它仍然表达了一个粗略的常识性的真理，并且也许可以用来刻画信贷创造的经典情况与用来给创新融资的信贷创造和用来给消费融资的信贷创造（例如，政府的法定货币）之间的差异。在后面这两种情况下创造出来的余额在任何意义上都没有得到补偿。但是在用于创新的情况下，当新产品发布时，它们的影响将会得到补偿且有余。而在政府通货膨胀的情况下，它们的影响却永远不会得到补偿，而且只能通过一种独特而令人痛苦的操作来消除。

在描述战前模式的时候，考虑如下这个从理论的角度来说非常特殊的情况可以带来很大的便利，那就是彻底的黄金单本位制（gold monometallism）。我们把黄金单本位制视为一般情形，并把所有其他情形——包括金汇兑本位制、金银双本位制、政府纸币制等——都视为对它的偏离。不过，我们应该清醒地认识到，这样做只是为了方便，而不是因为黄金单本位制具有任何逻辑上的优先性；因为我们当然不会认为法定货币必须由黄金组成，或者必须有黄金的支持。在这种理解的基础上，我们一般会假设，在我们考虑的这种制度下，实际流通的是黄金铸币和中央银行以及其他一些银行发行的银行券，而且铸币可以依法熔化或出口，同时任何私人都可以将黄金铸成金币（既不会产生费用，也不会损失利息）；会员银行必须根据要求，用黄金或中央银行发行的票据随时赎回它们的存款（或票据）；中央银行作为票据交换所（清算机构），则必须用黄金赎回票据。

很显然，用法定货币或者用独立于银行的行为而存在的任何东西去赎回余额或票据的义务，显然限制了银行创造这种余额或票据的权力。在我们设想的系统中，赎回必定会受到同时承担着为当期的商业交易和私人生活提供小额现金的任务的那种货币的影响；而这就意味着，对于每家银行，一方面必须持有一定数量的小面额货币来满足客户的日常和额外现金需求，另一方面必须将票据交换所逆差保持在中央银行的惯例所规定的限额之内。对于作为整体的银行体系来说，这个限额可以通过保证记账单位与法定货币单位相等所必需的水平来确定——在我们的例子中，那就是指一定数量的黄金。对于某个给定的系统，我们并不需要求出这个限额的具体数值（那需要做各种各样的尝试）①，但以下几点显然是有迹可循的。

第一，可赎回性是对信贷创造的一种限制。这种限制并不隐含在"古典银行业"的其他规则中，而是对这些规则的补充；一般而言，可赎回性限制将排除一些交易——如果不考虑可赎回性，这些交易即便是在最保守的原则下也会得到批准。它是黄金单本位制自动插入发动机的安全制动器。在这样一个货币体系中，如果法律或惯例施加了进一步的限制，那么除了加强这个制动器并确保它能够发挥作用外，没有任何其他意义。许多试图评估信贷创造限额的研究通常只涉及这种限制的影响，而极少提出根本性的问题。

第二，在没有进一步的法律或惯例的情况下，实际上是很难（如果不是不可能的话）确定这个限额的具体数值的。对于单家会员银行，这个值取决于它的客户类型和客户办理的业务类型，也取决于通过它自己的账户支付的内部补偿的数量——对于英国和德国的巨型银行来说，支票支付的总额中有相当一部分是本银行的客户支付给本银行的其他客户的——还取决于银行愿意承担的风险有多大，以及它在多大程度上愿意依赖中央银行和中央银行的态度。

第三，这个限额有非常大的弹性，尤其是它会随着时间的推移而改变。任何一家银行都不会单枪匹马地扩大信贷。但是当别人都这么做时，它也会这么做。因此，如果其他银行落在了后面，那么清算机构逆差就不太可能会出现。客户也是可以教育的，而且在一定程度上他们也会自我教育，从而懂得在交易中尽可能少地使用现金。这样，流通的非银行领域也可能会被征服。技术可以提供一定的帮助：每当关于透支的安排取代将全部贷款贷记于客户账户的做法时，只有实际支取的金额才会计入存款总

---

① 这样的尝试经常（虽然不一定总是如此）与假设银行真的会扩张到这个限额有关。而在这种情况下，我们就得到了一个现代形式的旧货币数量理论，它"大有希望"地重复全部旧有错误，这简直是一次完美的复仇。

额。在德国，承兑信用证并不会直接增加活期负债，它也非常受欢迎，被广泛用于为国际贸易融资以及其他许多用途。还可以对银行间的现金流动进行监管，使其支持更庞大的存款上层结构。因此，有太多的方法，几乎无限期地降低准备金要求，其中一些方法甚至在有法定限制的情况下也是有效的。最后，法律和惯例本身只是决定限额的各种因素的表达方式——尽管这种表达可能有很大的缺陷——并且会随着这些因素的变化而变化，例如，法兰西银行的票据的法定最高金额的连续增加就说明了这一点。如果它们不这样做出改变，那么就会被规避；在美国，信托企业与受到了更严格监管的银行的肩并肩发展就是很好的例证。①

因此，对于信贷，再也没有什么能够比采用一个机械的和静态的观点并忽视如下事实更容易产生错误印象了：我们的过程完全通过它自己的运行使得限额变大，尽管这种限额在给定的某个时间内似乎是一项刚性的"枷锁"。如果这个事实被称为通货膨胀，那么通货膨胀实际上一直在持续，而且没有任何地方比这个国家更严重。不过，认为通货紧缩的影响源于货币体系——例如，可能因为黄金和这类贵金属的短缺——的说法只是一个迷思。根据一个人所持的不同立场，这可能是美德，也可能是罪恶。或者，在原则上可能是好的，但在实践中可能是坏的，或反过来。这可能是支持也可能是反对货币管理或者更一般的计划经济的理由。但是，如果我们要理解资本主义的演化，就必须时刻关注这个事实。我们将在讨论历史时看到它实际上是如何运行的。它对经济波动意味着什么？我们将在第六章、第七章、第十一至第十三章展开讨论。

对于给定数量的新创造的信贷能够从以前的用途中撤出多少商品和服务（实际征税）这个问题，我们也没有一般性的答案。我们必须掌握信贷

---

① 最终的限额或绝对的限额，超过这个限额时，在一个封闭领域内银行体系就不能在不违背记账单位与黄金单位的平价条件下继续经营；在理论上，这个限额是由货币用黄金到最后全都流出时后者的价值给出的。但是，当然，那将意味着这个价值出现了大幅下跌，从而说明这个限额实际上确实会很大。在达到这个目标之前，扩张的趋势可能会出现。基于归结于它的多个原因，说每家银行的扩张都将危及其对客户或清算机构的偿付能力，因而导致整个体系无法扩张是不正确的。每家银行都可以发挥一点作用（即便没有得到其他银行的支持），但是在大多数情况下，它们会齐心协力。我们在所有国家中观察到的现金与存款之间以及流通中的货币与存款之间关系的下降趋势，就足以说明这个过程。

创造所影响的总体经济状况，以便形成关于它在这方面和在其他方面的行为的预期；我们还必须明白，这种经济状况不仅将决定创造出来的任何给定余额的影响，而且将决定所能创造的余额的数量本身。这个问题与我们这里的论点没有直接的关系，我们将引用庇古教授的处理方法（见他的《工业波动论》，第十四章）来驳斥它。即使是会员银行创造的信贷，要想用货币来衡量其数量也是极其困难的，更难的是净数量，即会员银行的信贷创造加上商业活动在没有信贷创造的情况下将会使用的金额的总和。困难不仅源于信贷创造与储蓄之间会相互干扰，以及创造出来的余额除了用于生产性投资还会用于其他用途的事实，还源于如下事实，商业活动实际使用或将要使用的信贷与置于它的处理之下的便利性数量不同，而且不存在信贷创造时的价格水平和价格的截面关系都不同于存在信贷创造时。

第五节　作为当前余额对未来余额的溢价的利息[①]

在前面的章节中，我们一方面阐明了什么是企业家，另一方面说明了货币和信贷所发挥的作用，现在我们将在此基础上推导出一系列关于利息的命题，它们是我们试图描述的经济过程的一个元素，或者说是我们正在努力构建的模型的一个元素。对利息现象的解释众说纷纭，但是在诸多解释中，我们所有人都会同意下面的定义（尽管有些人可能认为它很肤浅）：利息是对现在就控制的未来支付工具的一种溢价，或者如我们将会指出的，是一种更重要的（potiori）余额。利息——更准确地说，资本金额再加上利息——用我们这里的术语来说，是社会所"特许"的、借款人为了以如下方式获得商品和服务而支付的价格；借款人在获得商品和服务之

[①] 与信贷理论一样，本节介绍的利息理论也是在作者的《经济发展理论》（1911年）一书中首次发表的。尽管受到了许多不利的批评，但是它们都未能使作者信服。不过，由于作者很自然地希望尽量减少可以避免的意见分歧，因此在本书中将自始至终以如下方式阐明各种命题，即尽量使这些命题在可能的情况下也能为那些有不同的理论兴趣并持不同看法的人所接受。这一点也适用于本节。这里给出的大多数命题都可以用任何其他利息理论的术语来表述。关于利息与货币数量的关系，也可以参考作者的论文《利率与货币构成》（Zinsfuss und Geldverfassung），载于《奥地利经济学家学会年刊》（Jahrbuch der Gesellschaft der Oesterreichischen Volkswirte），1913年。

前，并不满足于资本主义通常设定的制度模式，即他们在以前并没有向社会的商品流和服务流贡献过其他商品和服务。

正的溢价要出现，必要条件是（尽管还不是充分条件；不过在这里这一点并不重要），至少有一些人对现在的美元的估价比未来的美元高。这种情况可能是由许多原因造成的。大体上，这些原因可以分为两类。一个人可能会认为，自己现在作为一个学生，在未来会有比现在更高的收入；同样地，政府可能依赖于未来收入的增加，也可能发现自己在某些时候急需用钱（当然，任何个体都可能会面临这种困难）。这是第一类。或者，我们所有人可能会系统性地低估未来的需要，以为它与现在的需要处于同样的等级。如果我们认为收入的边际效用表或边际曲线这样的东西真的存在，那么对于上述第一类原因，我们可以这样表述：我们希望在未来"站在"收入的边际效用不变的曲线的较低位置上；而对于第二类原因，我们可以这样表述：有两条收入边际效用曲线，第一条对应现在，第二条对应未来，而且第二条比第一条更低。如果将现在的一定数额用于商业和工业，能够在未来产生更大的数额，那么就会产生正利息；如果即便是商人在整个期间最赚钱的业务所带来的收入在扣除成本之后也不超过执行所要求的数额，那么利息为零；如果无论做什么都无法覆盖成本（这种情况有时确实会发生），那么利息为负。很显然，这些情况之间并不存在什么矛盾之处。

我们还可以将分析向前推进一步，并且仍然不会触及有争议的领域。很显然，消费者的借贷，特别是政府的借贷本身就足以在工业和贸易领域实现正利率，作者并不想将这种情况排除在外，也无意弱化消费者的借贷在定量意义上的重要性。但同样明显的是，在商业领域，只有创新才是利息的支柱，这不仅是因为创新给成功的企业家带来的利润是他们愿意支付利息的主要原因（即，他们将现在的美元视为一种能够在未来为他们创造更多美元的工具），还因为正如我们已经看到的，借款也是企业家获得现在的美元的主要途径。从我们之前的论证很容易就可以推导出这一点与信贷创造之间的关系。

更有争议的是如下命题，如果只考虑经济过程本身并排除消费者的借贷，那么企业家的利润以及相关的收益（它们源于创新的影响所造成的非均衡），是利息支付的唯一来源，也是导致正利率在资本主义社会的市场中起支配作用这个事实的唯一"原因"。这个命题意味着，在完美均衡中利息为零，因为它不是生产和分配过程的必要元素；或者换一种说法，这个命题意味着，当系统接近完美均衡时，净利息将趋于消失。对这个命题的证明是非常烦琐的[①]，因为需要证明为什么所有导致不同结果的理论在逻辑上都是不能令人满意的。不过令人高兴的是，我们并没有必要在这里给出证明，因为除了在极少数情况下，我们用不着这个命题。作者必须问的问题无非是读者是否同意前一段给出的温和陈述。读者完全可以保留自己对利息的性质的看法，并在对完美均衡状态的描述中允许某种利率的存在。如果对上面这个问题的答案是肯定的，那么我们只需直接指出几点，就可以继续下面的讨论。首先，资本家阶层的生存基础来自创新或创新直接引发的过程的一种回报（除了为消费提供资金的情况之外），如果经济演化停止，那么这种回报就会消失。这个命题对所谓的资本主义的经济社会学来说是非常重要的。其次，虽然也许可以否认创新是生产和贸易范围内的利息的唯一"原因"，但不可否认的是，只要有了这个"原因"，即便没有任何其他原因，就足以产生利息；或者说，在我们关于演化过程的模型中，当前余额的溢价出现的方式免受任何针对其他利息理论提出的那些逻辑上的反对意见的影响。任何人，即便不同意作者的观点，也都必须承认这个原因存在于他的现实图景中，并且预期到它会在利率的变化中表现出来。[②] 最后，虽然政府借贷、不断变化的承担风险的溢价、货币问题、额外的经济压力，以及贷款市场组织的不断变化，这些都会扭曲经济图景，但是正如我们将会证明的，所有这些事实大大有利于这个理论而不是"理论家"提出的其他理论——有利于这个理论的程度是如此之高，以至于只要我们接受科学研究的普遍规则，就没有任何理由去使用其他理论。

不过，我们还有一点是以一个有争议的定理为前提，而且在这一点上

[①] 请参考《经济发展理论》第五章。
[②] 因此，他们通常不得不承认作者的利息理论的优胜之处，即通常只有企业家的"资本需求"才是利润行为最重要的单一因素。这种承认实际上的让步要比字面上的大得多。

不太容易让持不同意见的读者妥协,接受我们的主要论点。在前面我们已经从货币的角度给出了利息的定义,但是现在有必要进一步坚定地指出,利息确实是一种货币现象——不仅在表面上如此,在实质上也如此。如果我们试图刺穿这层表皮,那么我们就会失去它。利息是对用来购买商品和服务的余额的支付,而不是对用余额买来的商品和服务本身的支付。正是"归功于"这个事实,利息才拥有了作为一种——潜在的——永久性收入的特征,因为我们所说的利润本质上是一种暂时的现象,不会与任何生产或贸易过程自始至终相伴,也不会与任何可能体现为一个企业的生产品("实际资本")的聚集永久相随。但是即便如此,贷款人仍然可以获得永久性收入,方法是在每个机会出现时将资金从一个机会转移到另一个机会。毫无疑问,其中某些技术会比其他技术更加"经久耐用",同时在某些企业内部的创新会在好几代人的时间内一直持续下去。此外,这种转移的必要性并不适用于那些向生命期限不确定的消费者——比如说,政府或市政当局——提供贷款的贷款人。但是无论如何,没有任何从事经营活动的企业能够保证永久性的盈余,因此任何贷款人在采取行动的时候,如果过于相信那些理论(节制理论是其中的一个典型的例子),或者过于天真地认为利息真的是某些生产性服务的价格(在与"工资是劳动服务的价格"这种信念相同的意义上),那么就必定会付出代价。

因此,我们在上面匆忙勾勒出来的利息理论能够清理掉许多虚假的问题,这些问题在这里与在其他任何地方一样,都是不能令人满意的分析框架的内在逻辑紧张关系导致的结果。而且,与其他理论相比,我们这个理论对利息与其他货币指标之间的关系(那是明显存在的),以及利息对货币政策的特殊敏感性,都能够给出更加自然的解释;此外,如果我们把工业波动看作对均衡状态的偏离,那么在研究工业波动时,这种理论就会显得特别合适。这样一来,利息,或者如果读者更喜欢如下表述的话,利息对(他所认为的)均衡值的偏离,就会因为它的中心位置,作为系统的一种张力系数(coefficient of tension)而出现,可以比几乎任何其他单一数字都更好地表达后者存在的不均衡程度。

现在对未来的溢价是在借款人(主要是政府、工业和商业非银行企业）与贷款人（主要是银行及其附属机构）之间结算的，它们共同构成了货币市场（money market）。在这个市场上，每家银行都有一个属于自己的"部门"（由此又出现了另一个不完全竞争的例子），它由或多或少的固定客户构成；而跨越这些部门的交易则构成了公开市场（open market）。正如我们在前面已经看到的，在这个市场的背后是中央市场，它由中央银行与它的银行客户之间的交易构成，除了前者可能在公开市场上进行的任何操作，这些交易只能间接地影响货币市场本身。

要用我们这个利息理论来解释货币市场事件就必须遵循一些原则，而且这些原则与过去和最近的其他理论都有很大的不同。将非货币理论与明显存在于货币和信贷领域的各种事实协调起来的所谓必要性，是如下这种观点出现的原因：有两种利率，一种是"自然利率"或"真正利率"，这种利率存在于以物易物的经济中，代表了利率现象的本质，表示源于物质生产资料的永久性的净收益；另一种是货币利率，从根本上说它不过是前一种利率在货币领域的反射。然而，当然，这两种利率又是有所不同的，或者说货币政策的变化、银行信贷的扩张和收缩会使这两种利率互不相同。这样就构成了一种扰动，从中可以推断出一系列明确的后果，其中包括经济周期本身。这种观点的根源可以追溯到很久以前，至少在19世纪四五十年代的英国货币政策争论中就可以清楚地看到。它在我们这个时代的经济思想中所起的作用，则要归功于维克塞尔的倡导，以及一大批杰出的瑞典和奥地利经济学家的努力。但是，对于我们来说并不存在所谓的实际利率（real rate of interest）——除非是在与实际工资（real wage）完全相同的意义上[①]；这就是说，只要以价格指数的预期变化为工具，将利息和任何贷款交易的资本项目"转译"为"实际的"（real term），那么通过事后执行相同的操作，我们就可以得到一个预期的实际利率，它能够"指挥调动商品"。但是在这个意义上，名义利率（货币利率）和实际利率其实只是对同一事物的不同度量；或者，即使我们更愿意说它们是不同的事物，在这种情况下也只能说名义利率代表了基本现象，而实际利率则代表了派生

[①] 参见费雪，《增值与利息》（*Appreciation and Interest*），1896年出版。

现象。因此，对于我们来说，货币市场及其所发生的一切所具有的深刻意义，远远超出了我们刚才所看到的那类观点所能赋予它的意义。它成为资本主义有机体的心脏，尽管它永远不会成为其大脑。[①]

然而，我们也不难看到，大多数归入利息名下且以传统方式处理的问题，都可以用我们的方法处理，而且利息与系统的其他元素之间的诸多关系，都必须以与通常的方法差不太多的方法表示。对于这一点，我们可以马上说服自己。我们刚刚否认了所谓的自然利率的存在，并且不打算用另一个想象的实体来代替它。但是这并不意味着，在我们的分析中，它与名义利率之间的所有关系都必定会消失。这是因为，只要利润是与利息及其来源和"原因"有关的基本事实，利润就会在我们的模式（模型）中发挥与自然利率类似的作用，尽管不会有永久性的收益[②]，尽管利润的表现不会完全像自然利率所应该表现的那样；而且自然利率与名义利率之间的关系的许多方面（尽管不是全部方面）都会被替换为利润与利息之间的关系（它们不是完全不同的）。利息在这里被定义为一种货币现象，因而必定与"流通媒介的数量"有关[③]，这个事实也不应该会导致夸大化的希望或恐惧（到底是希望还是恐惧，则视情况而定），即作者是不是想推出什么惊人的结论。关于消费者余额数量的变化（现有的或潜在的）的直接影响，在任

[①] 在凯恩斯1935年出版的《就业、利息和货币通论》(General Theory of Employment, Interest and Money) 一书中，读者还会发现另一种货币利息理论，它在某些方面与我们在上面提出的理论一致，而在另一些方面有所不同。我们欢迎读者对这两种理论进行比较，但是建议将这种比较推迟到读完本书第十二章之后。然而，由于在前面提到过的原因，作者本人并没有试图将自己的理论与凯恩斯的理论联系起来。凯恩斯和读者对这些表面上的相似性和差异应该保持警惕。当然，认为利息是货币的价格这种观点，事实上比任何可以被称为科学分析的东西都要古老。而且很多思想家在20年前都被认为犯了某种"前科学"式的错误，例如孟德斯鸠，就因这一点而受到了斯密的适当批评。

[②] 此外，在我们的意义上，利润并不会趋向于均衡。这一点，再加上在我们的意义上利润本质上是暂时性的，应该足以使读者非常清晰地认识到，我们对利润与利息的区分，以及关于它们之间关系的观点，是与以往的理论对正常的商业利润和合同约定利息的区分是不同的。尽管作者无比欢迎任何将本书的观点与更古老的学说联系起来的努力，但是仍然必须指出以下两点。首先，根据这种观点，正常的利润和利息仍然是同样的东西——就像是自然行为主体的合同约定租金与直接获得的租金那样——而他认为这是错误的。其次，他运用他的利息理论所着手解决的理论问题，正是为了说明理论上的永久性收益是如何可能从本质上是暂时性的来源中流出来的，而且它不会通过归算过程以净收益的形式消失。

[③] 本书第十一章第一节将会指出，这个"数量"非常值得怀疑。但是，以上所述对当前这个问题已经足够。

何情况下都不会有很大的意见分歧；而且任何超出直接影响的东西，都必定与所借或所贷的余额从所有或某些种类的商品的角度来看有什么含义有关，因而也必然与一般价格水平和部门价格水平的高低、与这些值的预期变化和实际变化有关。而且，这种必然性在变化为零的情况下与在其他情况下同样明显——在资源未得到充分利用的情况下很可能会出现这种情况。或者换句话说，与利率相关的从来不是市场上实际"资金"和潜在"资金"的数量，而是这些资金与实际流通的余额的比率（当然，这是一个变量）。一旦认识到这一点，我们的方法与人们更熟悉的方法之间的鸿沟就会大为缩小。

最后，尽管本节给出的理论将一些对其他理论来说最基本的事实排除在了对利息的本质的解释之外，但是并不会将这些事实排除在所有关于利息问题的讨论之外——只要它们确实是事实。节制（abstinence）就是一个例子。储蓄真的（或者，至少可能）意味着一种牺牲，但是这个事实对解释利息存在的充分性或必要性，并不比劳动有负效用这个事实对解释工资存在的充分性或必要性更高。本书作者还认为，节制和负效用对我们理解利息或工资的特点都没有多大帮助。但是，这并不意味着节制或负效用是不存在的，也不意味着它们与利息或工资无关。无论何时，可用于放贷的资金中总有一部分是由储蓄提供的，从长远来看，这部分资金及其变化必定与节制有关（尽管这种关系不会是简单的线性关系）；而且这种关系——不管它到底是什么关系——当然可以用一个边际条件来表示。另一个例子是消费者的时间偏好。无论产生时间偏好的原因是什么，无论它是不是一种基本数据（如果我们假设人们对现在的收入和未来的收入有不同的效用表，那么就是如此），又或者，也无论它在一定程度上是不是一个周期性变量（只要它取决于对未来的收入增长的预期，那么就是如此），都有助于利息的决定：如果后者不表现为一种变化的趋势，那么从严格的理论来说，它必定等于可能存在的这种时间偏好的任何边际率。[①]

与这种货币利息理论相对应的是货币资本理论。一方面，货币资本理

[①] 对于费雪关于（高于成本的）边际收益率的概念，也没有任何反对意见，相反，本书作者完全承认这个概念的有用性，尽管我们对这个概念的解释与费雪的不同。参见费雪的《利息理论》，第155页等处。这个原则也隐含于瓦尔拉斯的利息理论。

论把资本视为一个会计概念,即以货币的方式对委托给企业的资源进行衡量[1];另一方面,又把资本看作一种货币数量。有鉴于此,最好的做法也许是避免使用这个术语,因为它已经成了诸多混乱的来源,并用它在每种情况下所指的东西来取代——设备或半成品等——我们在下文中将这么做,除了那些完全不可能出现误解的情况之外。但是,有人认为,这两个货币概念打开了一扇有用的门,通过这扇门,可以把货币这个元素引入一般理论。然而,在这里,只有第二个概念是真正相关的。从这个意义来说,资本不是商品,而是余额;不是生产要素,而是介于企业家和生产要素之间的一种独立的中介物(distinct agent)。它可以是由银行创造的,因为余额就可以。它的增减不等于商品的增减,也不等于任何特定种类的商品的增减。它的市场就是货币市场,因为不存在别的资本市场。关于后一种说法,即"资本"(这种或那种生产品)正在"以货币形式贷出",是没有任何现实意义的。但是,与利息的情形一样,在这里有必要补充一点,将资本的概念引入我们的分析并不能把与通常所称的实际资本相关的问题清除掉——恰恰相反,它们会以新的面目重新出现;而且,通过货币资本理论得到的结论虽然并不总是无效的,但在许多情况下仍然只是"实际资本"理论得出的命题的重新表述而已。如果说我们对资本主义社会进程的理解在许多非常重要的方面都取决于能不能认识到货币资本是一种独立的中介物这个事实,那么在同样重要的很多方面,这也取决于对货币资本与商品世界的关系的认识。

---

[1] 资本在这个意义上包括所有的债务,无论是欠银行的、欠其他企业的,还是欠债券持有人的。这符合会计原则。根据会计原则,通常意义上的资本是与资产负债表负债一侧的所有债务一起计算的。

第四章 经济演化轮廓之勾勒

第一节 模型的工作原理与一级近似

到目前为止,我们已经描述了一系列分析工具,将它们组合成一副完整的"骨架"呈现给读者无疑将是有益的。它可以作为我们的模型的基础。不过,经验告诉我们,这样做也有一定的风险;而且,另一个需要读者同意的地方是,保留判断和暂时接受简化假设,特别是分析时要以关于完全竞争("孤独"的垄断地位是一种可能的例外)和完美均衡状态的假设为开端。在里,不存在储蓄,人口也是恒定的,而且其他的一切都处于符合我们所假设的"理论正常值"(theoretical norm)的状态。然而,我们知道(这并不是假设),在资本主义社会的制度模式下,总是存在着出现新组合的可能性(即便是在没有所有其他东西的情况下,由于知识的稳步增长,它们也会出现),而且总是会存在这样的人,他们有能力实施并且愿意去实施它们。我们知道为什么会这样。我们在这里需要再重复一遍(这一点经常被误解):绝不能把这类人看作是"特别稀有的"。我们在这里只需要直接假定,这种能力的分布是不均等的,就像其他能力一样。我们认为,这个事实对经济变化的机制有重要影响。这个论断并不鲁莽,相反,它比每个理论经济学家都熟知的假设集当中的任何一个假设都更加符合现实。我们的动机源于我们所说的意义上的利润(如读者所愿,与其他刺激因素混合在一起)的前景——我们一定要记住——这种前景并不是以实际的或预期的价格上涨和支出上升为前提。由此可知，除了一些基本的制度上和技术上的假设，其他假设仅仅是说明性的。为了使这一原则更加清晰地凸显出来，我们还需要首先给出一个特别的假设，即某些在现实中非常重要的元素是不存在的，更具体地说，我们假设在"诊断"或"预后"当中不存在误差和其他错误。

这样一来，有些人就能够（各以不同的机敏程度）设想并制订出不同的创新计划，这些计划对应不同的（在理想情况下是正确的）利润预期，并致力于克服各种障碍（我们在前一章已经讨论过这些障碍），去做一件全新的和不熟悉的事情。我们把领头的能力视为企业家才能（创业天赋）的一个重要组成部分，由此我们就能够——就目前的目标而言——识别出创新的企业家（正如我们可以从人口中识别出最高的那个人一样），例如第一个决定生产某种新的消费品的人。他之前之所以没有这样做，原因就在于扰动——我们假设扰动先于我们开始时的均衡。根据前面的讨论，我们假设他成立了一家新企业，建造了一座新工厂，并从现有的企业订购了新设备。他所必需的资金（即他进入"社会生产资料商店"的入场券）是他从银行借来的。依靠从这个途径获得的余额，他可以开具支票交给为他提供商品和服务的人，或者可以得到支付这些商品和服务所需的货币。在我们的假设下，他通过对生产品的（更高）出价，将生产品从它们以前的用途中抽取出了他需要的数量。

然后，其他企业家就会跟进，而且之后还会有更多的人走上创新之路。当然，对于跟进者来说，创新之路将变得越来越平坦，因为积累下来的经验越来越多，同时障碍则越来越少。我们在前面已经阐述得很清楚了，在同一领域和相关领域（或者在技术上相关，或者在经济上相关），之所以会发生这种情况，原因就在于，虽然从原则上说一项成功的创新使得任何领域的其他创新都更加容易执行，但是这种促进作用主要表现为对它的全部或部分的直接复制，或者体现在它所开辟的新机遇上。由此，创新的结果在整个系统就将以完美的逻辑连接方式呈现出来。这一点是非常明显的，无须多加描述。在这里，我们只需指出以下几点。

第一，在上面设想的情况下，说企业家可能会迅速花掉他们的存款

（除了保留最低的准备金之外），应该是可信的。同时——仍然是在我们假设的这种情况下——我们还可以肯定地说，如果将创造出来的余额的数量乘以在之前的均衡中实现的速度，那么我们就可以在最粗糙的数量理论的意义上，得到一个对总量的相当不错的近似值，其大小将只因这种支出而增加，因为在那些收到了来自企业家的支付的人当中，没有人会有任何债务需要偿还，或有任何动机将自己的现金储备增加到高于交易一定比例的程度——同时也因为我们考虑的是一个封闭的经济领域。①

第二，由于在一开始时不存在未被利用的资源可供使用，所以生产要素的价格将会上涨，货币收入和利率也会上涨（或者，采用本书作者认为的更正确的说法，将会出现正利率）。老企业和企业家的成本都会上升。

第三，但是，他们的收入也将相应地增加，这与企业家在生产品、工人（工人现在将以更高的工资受聘）等方面的支出，以及其他所有收入得到增加的接受者的支出相对应。在这一过程中，单个企业、行业或行业部门将如何发展演化，具体取决于作为结果的需求所发生的变化。显而易见的是，有的人会获益，而有的人则会遭受损失。尽管我们必须承认，某些行业在这些条件下会遭受损失就是这个过程本身的特点之一，但是所有老企业加在一起仍然会出现净盈余，这是理所当然的。对于这一点，如果只考虑前两步而忽略所有其他东西（即只考虑企业家带来的扰动以及获得收入的人带来的进一步的扰动），我们可以假设劳动是唯一的生产要素，工资是唯一的成本。很显然，老企业将只需支付增加的总收入中的一部分，即只需支付仍然留下来的工人的收入的增加部分，而且他们在新产品到达市场之前，当"车轮"转到第二轮时，还是可以获得全部收入的。无论多么不现实，在这种情况下给出的原则没有任何矛盾和复杂之处，也不依赖于实物意义上的边际成本的任何反应。无论在何种情况下，这都应该归因于企业家活动的影响在整个系统中扩散的过程——在我们目前的假设下，这种影响会迅速扩散，使价值错位，并破坏以前存在的均衡。意外损益

---

① 稍后我们将看到，有理由假定这种影响实际上比上面所描述的更大，但是现在我们不希望问题过于复杂化。

（windfall）这个术语非常准确地表达了这种收益和损失的性质。

第四，在我们的假设下，一般来说，并不会出现总产出的净增长。由于后一个概念所固有的困难，这个命题可能会受到一些看似有理由的质疑。我们的意思很简单，就是在假设的这些条件下，所有行业的产出都有所增加是不可能的。当然，所有能够获得回报的行业都会努力争取做到这一点。但是只要我们记住，一方面，在如前所述的完全竞争的完美均衡中，它们的产出都已经处于最优水平，即对工厂的利用率达到了总单位成本最低的那一点，另一方面，之前已经得到利用的大量生产要素则被抽取了出来，我们马上就可以得出如下结论：如果只有一种消费品，那么它现在的产出肯定会比之前均衡状态下的产出要少——相反，会有更多的生产品被生产出来。这些生产品，再加上以往为老企业生产的那部分生产品，都会被我们的企业家获得。如果有多种消费品，而且其中某些消费品的产出增加了，那么另一些消费品的产出就必定会减少，因为只有这样才能腾出更多的生产资源（而不是仅限于扩大前者的生产）。如果我们把当前建造新工厂这项工作的中间结果也包括在总产出中，那么在这种度量方法所指的意义上，总产出将会是恒定的。如果不包括它们，那么这个数字就会更小。无论如何，消费品的产出都会下降，除非"孕育期"根本不存在。不过，需要指出的是，以货币计算的对消费品的需求并没有减少——恰恰相反，它增加了。我们在此热切地邀请读者来完成这个图景，他们很快就会看到它的元素对本书的论点具有根本的重要性。

在我们目前的假设下，以上就是第一个企业家的工厂正常运转之前所发生的一切。然后，场景就会开始发生变化。一个新的经济状况出现了，它与我们在前面看到的那个不一样，不过理解起来并不会更加困难。新产品——比方说，新的消费品——流入了市场。由于一切都是按照预期进行的，新产品很容易以企业家预期的价格被吸收。我们还假定，从那一刻起，新企业将继续源源不断地生产出数量不变的消费品，而且它们的生产函数不会出现任何进一步的变化。因此，将会有一连串的收入流入企业家的账户，其速度足以偿还最初购置的工厂和设备在整个生命周期所发生的全部债务，并能给企业家留下利润。我们不妨想象一下如下这个强有力的实例（当然，它只有在非常特殊的情况下才会发生）：在一个不长于企业家从得到第一笔贷款到建成工厂所需的时间的时期的最后阶段，企业家用获得的收入完成了所有必要的更新、还清了对银行的所有债务，从而消除了所有新创造的服务于他的创业活动的余额，使得他的工厂和设备完全没有任何产权负担，处于良好的正常生产状态，并且能够产生足够的盈余作为他的"流动资本"。现在，如果跟随第一个企业家的其他企业家身上发生了同样的情况，并假设（仅仅为了满足论证需要）他们拥有类似的预见能力，那么就会出现下面的情况：渐次进入正常状态的新企业都会将生产出来的消费品投入市场，从而导致此前减少的消费品的总产出上升。在一定意义上，我们可以认为，在我们的假设条件下，产出最终增加的数量，将会比在孕育期下降的数量"更多"。也就是说，如果我们将所有新企业都开始生产时的消费品总产出的各构成元素，与前一个均衡的邻域中的总产出进行比较，而且如果我们撇开同时出现在这两个组合中的所有项目，那么就会得到一些加项和减项，它们会使得（按那个邻域中的主导价格来评估）前者的总值必定大于后者的总值。如果只有一种消费品，且如果创新体现为引入一种生产这种消费品的新方法，那么新的总产出的单位时间实物产量将大于老的总产出的单位时间实物产量。

由于如上一章所述的各种原因，这些新产品将"侵入"原本存在的经济世界——以一种很难被顺利吸收的速度侵入。不过，它们仍然是逐渐侵入的：一般来说，第一个企业家的供给不会引起明显可见的扰动，或者说不足以作为整体的经济状况的"颜色"，尽管其他企业可能会直接受到新产品的影响，或者用新方法生产的产品构成了对它们的产品的直接竞争。但是，当创新进程的发展势头变得越来越大，这些影响的重要性和非均衡性就会稳步增强，从而导致适应过程的出现。在我们继续增加任何其他元素之前，读者应该对这个机制有透彻的理解，这一点非常重要。

对老企业的影响的性质很容易理解。这种影响会叠加在由于新工厂的建造和新设备的购置以及随它们而来的支出所导致的非均衡上。而且，虽然这种影响会因为那种支出流而有所减轻（即便是在造成净损失的情况下），但新的不均衡还是会使适应变得更加困难。它们并不完全是在损失的刺激下进行的。对于其中一些老企业来说，这也意味着新的扩张机会的出现：新方法或新产品创造了新的经济空间。但是对于其他一些老企业来说，新方法的出现意味着"经济上的死亡"；还有一些老企业则不得不收缩，然后逐渐消失在背景中。最后，相关的企业和行业都将被迫经历一个困难和令人痛苦的现代化、合理化和重建过程。我们还应该注意到，经济发展机制的这些至关重要的组成部分是永远不能通过度量产出指数的变化以统计方法揭示出来的，也不能只从总产出的角度在理论上进行分析，尽管人们很容易看出，这些组成部分支配了诸多经济状况，并且产生了许多具有根本重要性的结果。这样的指数只能说明总产出有所增加。但是，仅凭总产出的增加并不能产生这些影响。重要的是总量内部的不协调或单方面的增长和变动。与其他地方一样，总量分析（aggregative analysis）非但不能讲清楚故事的全部，反而只会抹杀故事的关键要点（也是唯一有趣的一点）。

然而，只要新企业持续不断地出现，并且把它们的支出流注入系统当中，那么所有这些影响都可能会得到过度补偿（overcompensated）。"转折点"不一定会到来；也就是说，在企业家的创业活动放缓并最终停止之前，之前描述的情况不一定会让位于我们现在试图描述的这种情况。因此，非常重要的一点是，我们必须清楚地说明，企业家的创业活动为什么确实会在某一个从理论的角度可以明确确定的时间点减缓甚至停止。在现实世界中，由于这个结果是由结合在一起的一系列事件和意外共同导致的，所以我们在任何情况下都不会缺乏合理的理由来解释这种减缓或停止。然而，这也会掩盖我们现在关注的原则问题——上面描述的机制在这样的事件和意外没有发生的情况下，是会永远运转（在一个"繁荣的高原"上），还是会因为它的某些内在原因停下来（通过自己的影响和它所创造的经济状况）。

首先，由于创业活动的一个典型特征就在于它有一个明确的起步方向，而且不会均匀地分布于整个行业领域——这是因为创业活动通常是针对某种产品或一组给定的产品展开的——所以它的可能性必定是有限的（在任何一个具体事例中、在任何一种经济状态下都是如此）。创新的结果直接作用于特定的个别价格，因此也就对该方向上或相关方向上的进一步发展设定了明确的限制。由于我们目前在意的只是如何阐明我们的研究对象的纯逻辑，同时还要力图避免任何间接性或附带性的特征（无论这种特征在现实世界中可能有多重要），因此在当前的情况下我们仍然会保留如下大胆的假设：不仅第一个进入该领域的人能够完全正确地预见到新产品的全部增量（它们将由越来越多的新企业生产出来），以及随之而来的价格下降，而且后来跟进的那些人也能够正确地预见到留给他们的可能机会。因此很容易看出，如下这一点必定会达到：新产品将以与销售价格相等的最低单位成本生产出来。到那个时候，利润将会消失，创新的动力将会暂时耗竭。

但是其次，因为创业活动破坏系统的均衡，特别是因为新产品的发布会使这种失衡达到高潮，因此有必要对系统的所有元素的价值进行修正，而这就意味着相当长的一段时间的波动和不断尝试——以适应不断变化的"临时情况"。反过来，这也就意味着以某种令人满意的方式计算成本和收入是不可能的，即便在此期间必要的利润空间不会完全不存在。这样一来，规划新事物的难度和风险就大大增加了。因此，为了进行更多的创新，有必要先等一等，待相关的一切安定下来，就像在一开始时，在着手创新之前（我们现在正在讨论创新的后果），有必要先等待均衡的建立一样。① 因此，随着新产品不断流入市场，随着偿还额在数量上的重要性不断增加，创业活动会趋于减缓，直到最后完全停止。

对于这个图景，我希望读者自行补充更多的细节，并形成自己关于各个要素在这个过程的特点和本书第一章所列出的经济状况的各种衡量指标

---

① 虽然我们现在一直专注于完成雕琢我们的逻辑模式这个任务，但是指出这样做的"事实"依据无疑是有益的。英国于17世纪末期出现的繁荣始于1688年，美国19世纪60年代末经济活动的井喷出现在内战结束之后。毫无疑问，类似这样的例子还可以找出很多。但是，如果读者认为这种现象在发生外部扰动的情况下是不证自明的，那么同样的结论也适用于通过任何其他原因（即内部因素）使得相对价值发生扰动的情形。马克卢普（Machlup）教授在作者的课堂上讲授经济周期时，就非常恰当地表达了这个观点（尽管具体细节略有不同）。他表示，在均衡状态下，创业失败的风险最低，而且随着繁荣程度的提高，这种风险会慢慢上升。创业活动在风险最大的时候停止。我们将会看到，这种观点乍一看时似乎与我们的主张矛盾，但其实不然。（我们的观点是，承担风险不是企业家的职能。）

的看法。这对理解下面要讨论的时间序列很重要（它们会再一次涉及这些问题）。在这里，我需要提请读者注意以下两件事情。

首先，使得影响扩散到整个系统的杰出"指挥者"（尽管其因果重要性很容易被夸大，尽管其运行方式更容易被误解）是企业家的支出，而且这种支出现在正在减少。这个命题与孕育期的类似命题并不十分对称，因为在孕育期的情况下不存在"挤出老企业"的因素，所有的影响都是通过这个通道到达系统的。我们还应该注意到，只要这种情况出现，仅仅是额外借贷的停止（记住，到目前为止，除了企业家之外没有任何人借贷）就足以使许多企业狼狈不堪——特别是，它会压低价格水平[①]；不过，这还不是全部。企业家偿还银行贷款、消除余额会进一步强化这些后果。为了将这个过程与存款收缩的其他情况区分开来，我们将用"自动通缩"（autodeflation）这个术语来表示它。在银行方面没有任何动力的情况下，这也会发生。而且，即便没有任何人破产或收缩经营规模，即使没有银行收回贷款或拒绝贷款，也会发生这种情况。我们并不关心如下问题：另一种不同的、不那么被动的货币机制，会不会加剧或缓解我们正在考虑的这些现象，以及在这种情况下"应该"采取什么样的货币政策。就目前而言，我们感兴趣的是，货币和信贷确实会以某种确定的形式做出反应，它们的"行为"只不过是对一个基本的经济过程的适应，这种行为以及所有总量变量的行为，都可以用这个基本过程来解释。但是反过来则不一定成立。

其次，我们所考察的现象的总和构成了一个有明确意义的相互联系的整体；而且，如果允许采用"目的论"视角，那么我们还可以说它有明确的功能。它构成了系统对创业活动的结果的反应，即对创造出来的新事物的适应，包括消除无法适应的东西、将创新的结果吸收进系统、重构经济生活使之与被企业改变的数据一致、重塑价值体系、清算债务等。很容易

[①] 然而，在我们目前的假设下，没有一家本来能够生存的企业会仅仅因为价格水平的下降就"隐没不见"。由于我们现在假定不存在固定债务费用，也不存在任何成本要素的"黏性"，因此这是一个不言自明的结果。不过，这是一个应该牢牢记住的结果，因为它足以消除围绕这个主题的一些错误观点。这也正是为什么读者应该提供正式的证明。

就可以看出，在我们的假设下，只需要很少的条件，这一系列现象就会导致均衡的一个新邻域（在均衡中企业将重新开始）。与之前不同，这个新邻域是通过以下事实来刻画的：源于一个不同模式的"更优的"社会产品、新的生产函数、与货币收入相等的总额、最低利率（严格为零）、零利润、零贷款、不同的价格体系和较低的价格水平。这种事实的根本体现是，在这一特定的创新热潮中，所有具有持久性的成就，全都以实际收入的增长这种形式传递给了消费者。因此，一旦推动系统远离它的前一个邻域的创业冲动不复存在，系统就会开始"努力"趋向一个新的邻域，即在各种力量的作用下（到底是哪些力量，现在应该非常清楚了）[①]，最终到达那个邻域——除非发生了外部扰动。当然，这个过程需要一些时间，而且可能会出现振荡和反复。但是，在这些显然不规则的运动的表面之下，损失似乎随机地散布在了整个经济生活中，而且根据当前的假设，直到它的"任务"完成为止，否则这种情况不会停止，尽管许多新安排在第二天就会取消。

从这样一个模式，到与历史事实的充分结合，还有很长的路要走。这里存在着无数个层次，涉及诸多次生性的、偶然性的、突发性的和"外部"的事实和反应，以及所有这些事实和反应之间的反应，它们遮盖了经济生活的"骨架"，有时甚至完全隐藏了这个"骨架"。但是，如果读者读了本书后无法认识到这个理论世界的常识和现实对应物，那么一定是作者非常缺乏说明技巧的缘故（实在可悲！），因为这个理论世界的每一个元素都与日常经验的事实相联系。我们将把这种理论建构称为"纯模型"（pure model）或一级近似（first approximation）。

第二节 对"骨架"的观察

当我们观察"骨架"时，我们看到的是一个独特的过程在时间上的图

[①] 当然，这里所用的"力量"（force）这个术语没有任何讽喻意味；用施皮特霍夫的一句很生动的话来说就是，这些"力量"是由"收益的糖果和损失的鞭子"组成的，而且它们最终的成功可以用第二章给出的那种形式的正式证法来证明。

像，它显示了该过程的各组成部分之间的功能性关系，并且在逻辑上是自包含的（self-contained）。① 此外，这种经济演化过程是以一系列相互独立的单元的形式推进的，这些单元由均衡的邻域隔开。每一个单元又由两个不同的阶段组成。在第一个阶段，在企业家创业活动的推动下，系统向远离某个均衡位置的方向运行；在第二个阶段，系统向另一个均衡位置靠拢。

这两个阶段的特征可以分别用明确的现象序列来加以刻画。读者只需要稍稍回忆一下它们都是些什么，就能发现它们正是可能会联想到的"繁荣"现象和"衰退"现象。因此，我们的模型只需要通过它自己的运行，就可以再现我们在经济生活的波动过程中观察到的那个事件序列——这种波动就是人们通常所说的经济周期。如果用图形来表示，经济周期呈现为绝对数或变化率的上下起伏或波浪形变动。为了恰当评论这个事实，我们有必要先停下来再说几点。

第一，说"进步"（progress）破坏了经济世界的稳定，或说"进步"从其机制来看就是一个周期性过程（cyclical process），绝不是牵强附会或自相矛盾的。从外部因素和创新来解释经济运行的经济波动理论可以说是不证自明的，或者说它只是下面这种观点的另一种表述：在一个不存在任何扰动的静态的或稳定增长的经济中，不存在周期。在接下来不可避免的将会出现的非常复杂的讨论中，读者应该牢牢记住这一点，这还因为我们不得不面对这样一个事实，即通常的理论和公共舆论都坚决拒绝对这个问题采取常识性的观点，并坚持认为"进步"是一回事（自然是平稳的），波动是另一回事——波动不仅与进步不同，甚至还可能是有害的。毕竟，认识到如下这一点只需要常识：如果仅仅是因为经济生活处于不断的内部变化过程中，那么我们所知的经济周期就不会存在。因此，既然这个元素是如此重要（这显而易见），最好应该将对资本主义经济（尤其是经济周

---

① 如果忽视外部因素和增长的影响，那么在逻辑上这就像静态循环流转一样。事实上，时间是在另一种意义上进入的，但它仍然是理论上的时间。也就是说，时间是作为事件的逻辑序列（而不仅仅是历史序列）的轴而发挥作用。与此同时，读者还应该牢记上一章关于无利可图的无繁荣周期的可能性的论述。

期）的任何解释都与它系统性地联系起来。我们已经证明，尽管到目前为止，我们的模型只包含少数基本事实，但是它足以生成一种"波"，渗透到经济生活的方方面面。无论如何，我们的证明必须具有诊断价值，并能够阐明我们所观察到的这类波动。

第二，创新足以引发繁荣与萧条的交替这个事实并不能证明这些周期实际上就是我们在历史上识别出来的那些经济周期。这一点是理所当然的。即便我们仅保留外部因素，也可能还有其他"原因"，这显然必定如此。我们的命题，创新——再一次，这必须是真实范围内的创新，而且不能局限于我们所说的创新的某一部分或某种形式——实际上就是可以解释这些历史和统计现象的主导现象，到目前为止只有一个研究假说，它将在本书中受到审查。此外，我们这个假说还没有完全成形，即还有多少与它目前的内容无关的东西将会加入仍然有待观察。

第三，从一个来自经济史的印象出发（这个印象事实上起到了很好的作用），我们觉得自己大受鼓舞，不仅是因为我们的模型生成的"症状"与我们在历史上的经济周期中实际观察到的"症状"大体上一致而大受鼓舞，而且因为到目前为止一直被驱逐出我们的图景的那些元素，都很容易拟合这个模型并得到很好的处理，同时我们也不必因任何折中主义而受到批评。事实上，它们似乎只有参照这个模型才能获得真正的地位和意义。有很多例子可以很好地说明这一点。

研究经济周期的大多数学者都对一个周期性情况产生下一个周期性情况的逻辑有很深刻的印象。这是一个真正的发现，它引领了对经济周期的机制的科学研究，米切尔教授最近也对此进行了强调。但是，如果我们就此打住，那么我们所得到的东西显然不能令人满意，因为这个过程缺乏动力，看上去就像一台永动机（perpetuum mobile）。但是，只要接受我们的模型，这种困难就会消失，尤其是，到底是什么导致了经济从繁荣转向衰退这个关键问题的答案就会非常自然地浮现出来。我们也就可以把衰退看作对繁荣的反应——这一点是朱格拉（Juglar）最先明确认识到的——

而不必反过来用先前的衰退来解释繁荣。①

同样，大多数人会将衰退与判断错误、过剩（过度行为）和不当行为联系起来。但这根本不是解释，因为可能导致普遍的萧条效应的，不可能只有一个错误，而只能是一大堆错误。任何满足于这种解释的"理论"都必须假设，人们会周期性地以对经济学家的分析来说最方便的这种方式犯错。而在我们的模型中，通过证明一种很容易理解的情况必定会出现——在这种情况下，所有类型的错误都应该比正常水平下更频繁地出现（即当未尝试过的事物正在被付诸实践、当对事物的状态的适应变得必要时，这种事物的轮廓却未形成）——排除了这种假设，并说明了错误这个元素发生在过程的不同阶段什么地方，而无须将它作为一个独立的元素引入，更不必说作为一个必要的元素了。②

另一个"天外救星"（deus ex machina）也与所谓的错误密切相关，那就是"预期"。在第二章中，我们已经指出，引入预期这个元素确实构成了技术上的一个实质性改进，但是预期并不能像"对烟草的口味"那样

---

① 朱格拉的公式是，繁荣就是萧条的唯一原因，几乎所有的"理论"都会同意这个公式。此外，各种"自生理论"（self-generating theories）也声称，繁荣的原因在于宽松的货币、低库存、廉价的劳动力和在萧条时期发现的原材料，而且繁荣只能是这些因素的结果。但是，这种推理也许可以（尽管对此有一些怀疑）用来解释向正常水平的复苏，然而却显然不能解释超出正常水平的繁荣。到目前为止，我们还没有讨论任何导致经济低于正常水平的"萧条"，因此我们可以认为，就算不引用经济衰退，经济繁荣也是可以解释的。这个问题之后还会进一步讨论。

② 我们认为，在我们的模型安排中，不仅能给予各种类型的错误恰当的位置，而且能给予其他类型的经济行为失常恰当的位置，并使得它们在分析上是可行的。但是，错误这个元素的实际定量重要性则是另一个问题。作者现在还不能给出关于这个问题的令他自己满意的答案。在这个问题上，由于很大的程度上取决于个人观察（而这种观察只能涵盖现实极其微小的一部分），同时通常的新闻报道也认为这种事情没有多大的价值，因此，我们不得不在非常不充分的事实基础上得出结论，并且在给出结论的时候"理所当然"地表现出"畏首畏尾"的态度。当然，就导致所有人都知道的那些巨大危机的事件的历史而言，不乏各种可能的错误和不当行为的明显事例。但是，就他自己的观察所能涉及的时间跨度而言，作者不得不在此向读者坦承，他觉得这两者的因果重要性可能都被夸大了。这里存在着一个处理新业务主张的例行程序，这使得"摆脱"一个愚蠢的或欺诈性的计划不会过于困难（当然也不会很容易）。技术可行性和商业成功的条件，包括实际的或潜在的竞争，通常都会由几组独立的专家相当仔细地加以审查，其中一些专家有兴趣并习惯于提出倾向于谨慎的建议。当然，它们都可能是错误的，因为它们都可能是迂腐的。但是对于作者来说，这似乎不是一件经常发生的事情，仅仅依赖它本身不足以构成充分的解释。因此，从原则上说，除了错误和不当行为外，还有另一个明确的原因通常也是解释失败所必需的。这样说来，作者本人的观点很可能就是错误的，而且受到了一些获得了很多关注、得到了充分研究的非常特殊的案例的太多影响。但是无论如何，都必须把他对错误这个元素的这种看法（不论错误元素有多重要或多不重要），与他对错误元素如何处理的看法区分开来。

成为我们最终数据的一部分。除非我们知道人们为什么会预期到他们所预期的，否则任何试图将预期称为动力因（causae efficientes）的论点都是完全没有价值的。这种诉求属于伪解释，莫里哀（Molière）很久以前就对这类解释进行了辛辣的嘲弄。① 但是，如果我们能够独立地理解这种情况是怎么发生的（在这种情况下，很多事物，如意外收益、物价上涨等都会导致乐观心态的波动），那么我们可以自由地利用如下事实来做出解释：这种乐观心态能自我激发，而且能"结晶"成为周期性事件的机制的一个元素，从而构成了次生现象的"原因"。以庇古教授为例，他所持有的并不是任何其他意义上的乐观-悲观周期理论。因此，他的论述不受前面提出的原则的反对。但是，商人的乐观主义和悲观主义情绪到底有多重要（即便是在它们正当的领域内），这个事实问题仍然存在。虽然根据我们熟悉的关于股票交易或土地投机的事实进行归纳这种做法有一定的危险性，但是，对这些事实的观察本身就可以清楚地告诉我们，市场情绪不是独立的原因，而是结果性现象（consequential phenomena）。工业和贸易很少受到情绪的影响。此外，作者承认，他有时会觉得很奇怪，那些"理论家"到底生活在一个什么样的世界，以至于他们一点也不怀疑"精神上的抑郁状态"在加重萧条方面的有效性（更不用说独立地引发萧条）——有一位著名的经济学家似乎认为这是通过"大吹大擂"的方式实现的。他的经验之谈大概是，年纪较大的商人总是在绝望中抱有希望，总是认为自己看到复苏"就在拐角处"，总是试图为此做好准备，但是他们每一次都会在"坚硬如铁"的客观事实面前败退下来，尽管只要有可能，他们总是固执地试图忽视这些事实。例如，最近这场世界危机的历史几乎可以描述为一种试图"遏制潮流"的徒劳尝试。在这场危机中，所有的"先知"都坚信，几个月后经济就会"嗡嗡嗡地"重新走向繁荣。当然，这并不意味着

---

① 在他的笔下，考官提出的问题是：为什么鸦片会使人发困入睡（Quare opium facit dormire），考生的答案则是：因为它本身就具有促进睡眠的效能，所以自然会令人发困（Quia est in eo virtus dormitiva cuius est natura assopire）。那些采用了回到"心理学"的分析方法的理论家，也一直有陷入这种论证方式的危险。因此，这里有一点很重要，那就是读者必须认识到，我们在这里给出的分析模式并不是一个心理学理论，尽管企业家的行为也可以用心理学术语来描述。

商人总是乐观的。远非如此。这只意味着乐观之波和悲观之波都并不是显而易见的事实，尽管在那些狂热的观察者看来可能是这样。

经济学家强调的许多其他事实，也都符合我们的模式，这样的例子比比皆是。例如，我们无法凭空为所谓的生产过剩理论和消费不足理论提供任何辩护。但是我们很容易就可以看到，我们的过程可以生成一些情景，对于那些未经训练的人来说这些情景给那些原始的解释提高了可信度。很多理论将经济周期归因于耐用生产品的过度投资或在错误方向上的投资（不当投资），对于作为这些理论的基础的事实，我们也很容易看到：首先，实际投资的变化事实上是与经济周期的因果关系和机制紧密联系在一起的；其次，在我们的过程中，过度投资和不当投资这两种情况的出现都是可以理解的；最后，在其他情况下也会出现过度投资的表象。

我们还会遇到其他一些例子，但是在这里还应该再指出一点。本书给出的分析模式显然不属于货币周期理论的范畴。虽然它确实预设了货币和信贷的特定行为，而且这种行为的许多特征对它来说是必不可少的，但是如果仅凭这一点就说它是一个货币周期理论，那么就不会存在非货币周期理论，因为任何一个周期理论都必定要给出这样的预设（或者是显式的，或者是隐式的）。如果我们希望理论的命名有很强的区分性，那么我们就必须追随霍特里（Hawtrey）先生的做法，根据如下标准来定义货币理论：将周期视为"纯粹的货币现象"，而且是在如下意义上——货币和信贷领域的特性解释了它们的存在，如果没有这些特性，它们根本就不会存在。现在应该很清楚了（而且之后还会更加清楚），本书作者认为，这类理论是错误的，而且其实践含义是有极大的误导性的。但是，这类理论所依据的所有事实，特别是货币时间序列与其他时间序列之间的关系，都可以在我们的模式中找到它们的位置和对它们的解释。与此同时，我们必须认识到，经济演化的周期性过程的基本逻辑完全独立于所有这些附属品，而且这些附属品无论多么重要，终究只能作为很差的基石。因此，我们马上回到我们的论证上来。

第四，在某一点上，我们模型的工作图景所呈现出来的特征似乎与广泛接受的（尽管不是一致同意的）观点不同。它没有赋予繁荣和衰退任何相对于对方的福利内涵，而公共舆论一般都会这样做。人们通常认为，繁荣与社会福利提高有关，而衰退则与生活水平下降有关。在我们的图景中并非如此——甚至还有相反的含义。在一定程度上这可以归因于某些本书尚未引入的事实，它们在某种意义上似乎证明了大众的意见是正确的。但是，我们并不希望我们目前给出的图景的这个特点消失。它包含了一个重要的事实。事实上，我们所说的意义上的繁荣远非福利的同义词——例如，"饥饿的四十年代"（hungry forties）就是一个例证。同样地，长时间的"衰退"也远非苦难的同义词——例如，在1878—1897年间，工人阶级生活水平的提高就是很好的例证。我们的模型解释了这些事实；我们将一再强调这一点。

社会主义组织形式的一个优点是，它能够比资本主义更清楚地揭示事物的经济本质。例如，在社会主义社会中，每个人都很清楚，一个国家从国际贸易中获得的利益就在于进口，出口则是它为确保进口而做出的牺牲。同样地，很明显，创新的时代——以"国家计划委员会"为例——正是努力和牺牲的时代，是为未来而奋斗的时代，而收获则是在创新之后。在资本主义社会其实也是如此；尽管这种收获在资本主义社会中伴随着衰退的症状和更多的焦虑（而不是喜悦）。这一点很容易解释，也不会改变基本原则。① 再一次，我们可能还会注意到，衰退时期除了是收获先前创新的成果的时期之外，也是收获创新的间接影响的时期。新方法正在被复制和改进；对新方法或新产品的影响的适应，在一定程度上都属于"诱致性发明"；作为企业家创新的成果，一些行业扩大了，提供了许多新的投资机会；其他行业也会做出反应，即在压力下对自己的技术和商业过程加以合理化；许多"枯木"则以消失告终。因此，"做生意需要有更强大的头脑"这种流行的说法在经济衰退时期比在经济繁荣时期更

---

① 无须多说，正文中对衰退阶段的这种"评价"并不包含任何鼓吹自由放任的政策含义。首先，政策主要关注的不是经济衰退，而是我们现在尚未讨论的经济萧条。此外，这也不意味着衰退症状是不能控制的且与引发衰退症状的适应过程截然不同。尽管如此，这种评价与政策问题仍然有两方面的联系。第一，它表明经济衰退是一个履行职能的过程，而不仅仅是一种不幸；第二，它表明人们不喜欢的衰退症状是这个过程的机制的一部分，而不是偶然的，因此，对衰退症状的任何管理，如果希望不会损害这个过程，那么必定是一项极其微妙的任务。

加符合现实。而且，这个观察结果并不会与从我们的模型中得出的任何推论矛盾。

第五，如果认为"定期性"（periodicity）这个术语意味着一个恒定的期间（period），那么我们的模型没有任何东西可以用来指经济演化的周期性过程中的这种"定期性"。如果我们根据这种意义上的"定期性"来定义节奏（rhythm）和周期（cycle），那么事实上也就不会存在节奏和周期。但是，节奏和周期在更加重要的意义上无疑都是存在的。因为这里存在着一个过程，它通过一个确定的机制的运行，系统性地生成了相互交替的繁荣阶段与萧条阶段，而且这个确定的机制又是由一个确定的"力"或"原因"所启动的。到目前为止，关于这个过程的各个单元的持续时间、关于这两个阶段的持续时间，我们所能说的无非是它们取决于带来这个给定的周期的特定创新的性质、对创新做出反应的工业有机体的实际结构，以及每种情况下具体的金融环境和商界的习惯做法。但是，拥有这些也就足够了，因为如果一种现象不符合某种武断的"规律性"标准就否认它的存在似乎是完全没有道理的。① 借此机会，我们还可以回忆一下内部无规律性（internal irregularity）这个不言自明的概念——同时对比一下它与外部无规律性概念的不同，后者因外部因素的作用而产生。

第六，社会总量的变化与个别行业和个别企业的数量和价值的变化之间关系的一个方面，也值得在此专门提一下。从总量理论的角度来看，说局部非均衡——创新以及对创新的反应在第一时间创造的就是这种局部非均衡——导致了作为一个整体的系统的一般均衡（见本书第二章第四节，尤其是其中对哈罗德论述的引用），在本质上是一个悖论。但是，我们现在已经很清楚地认识到，在什么意义上会是这样、它是如何产生的，以及总量是如何因此而发生变化的。也许，只要利用常识就可以认识到，为了

---

① 例如，欧文·费雪教授在他于 1923 年发表在《美国统计学会会刊》上的一篇论文中指出：在时间序列的基础上加上或减去正负偏差并不揭示特征性的阶段，也不会重现。这只有从这种武断的标准的立场出发才是正确的（甚至才是可以理解的）。在任何其他意义上，"偏差"确实会反复出现，并确实反映出阶段的特征。本书作者完全同意米切尔教授的观点，他毫不犹豫地接受了没有这种严格的定期性的"反复出现"。不过，我们要把原理和事实问题都放到以后讨论。

对总量产生影响，一个因素或事件本身不必是一个总量，或者不需要直接作用于那个总量。因此，一方面，由于总量之间的关系完全不足以让我们了解影响它们的变化的过程的本质，因此关于经济周期的总量理论一定是不充分的；另一方面，对于分析经济周期的某个理论，说它"只"处理局部情况并不是一个有效的反对意见。当然，这一点适用于许多"理论"，例如对于"收获理论"（harvest theory）：无论它有多少其他缺点，都不应该仅仅因为它只在系统的某个部分去寻找原因这个事实，就把它打入另册。

第七，我再强调一次，我们的模型及其运行具有极强的"制度性"，这一点是理所当然的。它不仅以资本主义社会的一般特征为前提，而且以其他几个特征为前提——我们坚定地认为这些特征事实上是可以得到证实的，但它们并不是逻辑地隐含于经济活动或资本主义的概念。我们的论点是建立在历史事实的基础上的，这些历史事实可能属于一个正在迅速逝去的时代。从这个意义上说，这里给出的分析实际上本身就应该被认定为历史分析。没有人能够反对这一点。在每一种情况下，对理论的任何应用都必须先等一下：先要证明假定的条件在设想的时代确实存在，或者至少可以合理地认为它们在设想的时代应该存在过。我们不仅假定了私有财产和私人能动性，而且假定了这两者的明确类型；我们不仅假定了货币、银行、银行信贷，而且假定了一定的态度、道德规范、商业传统和银行业务的"利用"；最重要的是，我们假定了一种工业资产阶级精神和一种动力模式，在现代由大企业主导的世界里——在我们所称的"托拉斯化的资本主义"世界里——在公众思考的现代立场中，这种模式正在迅速失去它的"领地"和意义。也正因为如此，我们在讨论战后发生的事件时将会提出这样的问题：上面这个过程是否仍然在继续？它还能持续多久？但是，作者将满足于阐明一段经济史，并留待读者自行决定这段经济史是不是与实际问题有关。至于资本主义演化过程本身是否创造了资本主义消亡的社会环境这个牵涉甚广的深刻问题，我们在这里只能从外围稍加探讨。

第三节　次级波与二级近似

我们已经看到，如果创新体现在新工厂和新设备上，消费者的额外支出将与生产者的额外支出一样快。这两者会结合起来，从它们最初冲击系统的一个或多个点开始扩散，进而创造出我们称之为"繁荣"的那种复杂的经济状况。在这个过程中，有两件事情几乎肯定会发生。第一，老企业会对这种情况做出反应；第二，有许多老企业会对这种情况进行"投机"。例如，一个村庄出现了一家新工厂，对当地的杂货商来说这意味着更好的做生意的机会，他们会相应地向批发商下更大的订单，批发商又会向制造商下更大的订单，这样就会导致生产的扩大或至少会导致许多人试图这样做，依次类推。但是，在这样做的过程中，许多人在进行交易的时候都假定他们所观察到的变化速度会无限期地持续下去；一旦事实无法证实这种假定，他们就会蒙受损失。在投机这个术语的狭义意义上，投机者对相关的线索和暗示心领神会，这种活动马上就会开始，然后进入人们熟悉的轨道，或者更确切地说，人们会预见到所有这一切，因而甚至在经济繁荣本身真的有时间发展起来之前就已经启动了繁荣。到那个时候，新的借贷将不再局限于企业家，"存款"将被创造出来，为一般性的总体扩张提供资金，每笔贷款都将引发另一笔贷款，每次价格上涨都将引发另一次价格上涨。正是在这里，这类交易进入了我们的图景；这种图景要真的成为可能，需要预设实际或预期的价格上涨。[①] 不过，除了以下两点之外，我们的分析没有给这个著名的机制增加任何东西：一是它得以"点火"启动的途径，二是用来将它与启动它的更基本的过程区分开来的方法。这就是我们所说的次级波或第二波（secondary wave）——作者在这里保留了他在1911年的著作中引入的一个可能会引发一定争议的术语。次级波会把它

[①] 然而，正如我们在前面已经看到的，从原则上讲，这种价格上升并不是启动创新所必需的；而且，虽然在"纯模型"中，即使没有价格的上涨，创新也是有利可图的，但是只有在预期到价格会上涨的情况下，创新才更有可能出现且通常将会出现。它们属于这里所说的机制而不属于"点火启动"机制。

的影响叠加在初级波或第一波（primary wave）的影响之上。*

现在，大量的相关事实进入了我们的视野——我们无须强调它们是何等之多。事实上，次级波现象从数量上看可能比初级波现象更加重要——而且在现实世界中通常确实如此。由于它们的覆盖面更加广，所以也更容易被观察到；事实上，它们才是最早闪耀并让人们眼前一亮的东西。它们可能会连成熊熊野火，但是要找到作为引发这场大火的第一把火的最初的创新却可能有些困难，尤其是当创新是个别发生的且特定的单项创新的规模很小的时候。这正是创新这个元素经常被分析经济周期的传统理论所忽略的一个重要原因。人们观察到的往往是乍一看像是一场简单的普遍繁荣的现象，而创新则往往隐藏在后面，有时甚至会被完全覆盖。在某些部门和层次上，普遍繁荣似乎与任何可以被称为创新的活动无关——至于"发明"就更不用说了。因此，很多人会非常自然地认为，对于这种普遍的繁荣，应该可以找到一种同样普遍的解释（即货币的解释）；而且，他们认为——实际上许多工人都是这样看的——应该把繁荣以及对繁荣的反应看作是对经济生活和进步过程的毫无意义、毫无作用的干扰。

正如我们在前面已经指出过的，周期性的错误集中发生、过度的乐观和悲观等都不一定是初级波过程所固有的——初级波过程当然也会导致各种各样的起起落落，但特别要牢记的是，初级波过程还会在没有出现任何错误的情况下造成损失。此外，尽管初级波过程也足以激发这些现象，但是直到现在它们才拥有了更大的重要性。事实上，很大一部分次级波现象恰恰就是由它们而不是别的什么东西构成。我们要增加一些在逻辑上无关紧要、在实践中却非常重要的事实，在它们当中有一个虽然在上面已经提到过，但是可能值得进一步分析。我们将把这个事实放到欧文·费雪关于

---

* "primary wave"和"secondary wave"分别指的是构成了周期的繁荣阶段的"第一波"活动和"第二波"活动。"第一波"指的主要是导致周期的基本创新活动本身，"第二波"则包括了由此引致的各种活动，包括投机——而不是指因创新而出现的经济周期本身形态上的"第一个波浪"和"第二个波浪"。熊彼特将一个周期分为繁荣、衰退、萧条和复苏四个阶段，在中文世界里有人称这四个阶段为周期的"四个波"。为了避免混淆，译者觉得译为"初级波（繁荣）"和"次级波（繁荣）"可能更加合适，但是考虑到"第一波"和"第二波"这种说法已经广为接受，因此在译文中也采用了这种译法，在不同的语境下分别或同时使用。——译者注

大萧条的债务-通缩理论（debt-deflation theory）的语境下来加以讨论——这不是一个经济周期理论，因为费雪教授否认经济周期的存在。① 在所有债务的"发起者"当中，"最常见的似乎是在与通常的利润和利息相比，有很大的潜在利润时的新投资机会，例如通过新发明、新产业、新资源的开发、新大陆或新市场的发现等"（见前引论著，第348页）。确实如此。但是，正如我们已经看到的，如果借款者是企业家，同时一切都如我们在"纯模型"中假定的那样，那么这些就不一定会产生任何可怕的后果，哪怕存在自动通缩（autodeflation）也一样。因而就此而言，我们只需要再加上一个描述企业家在创业时的误算的限定条件即可。无论如何，只要贷款的使用方式能够降低单位产品的成本，那么同样的情况就可能适用于非企业家的借款，甚至适用于那些为了实现适应而借款的老企业（只要这种适应被证明是足够成功的）。也正因如此，费雪教授正确地强调指出，过度负债主要是由宽松的货币造成的。但是，他并没有对过度负债下定义。当然，要下这个定义并不容易。作者所能想到的唯一方法就是参照"生产率"（productivity）。事实上，次级波过程为我们提供了大量非生产性贷款的例子。一旦繁荣开始，家庭就会为了消费而借贷，因为他们预期实际收入能够永远保持当前的水平甚至会进一步增加；企业也会借款来扩建生产线，因为它们预期高需求将持续甚至会进一步增加；农民也会加大采购力度，而且他们支付的高价只有在农产品价格保持原有水平或有所上涨的情况下才是他们能够承担的。② 在这些情况下，借款都没有提高生产率，

---

① 请参见费雪教授1933年10月发表在《计量经济学》（*Econometrica*）杂志上的同名论文，或者他于1932年出版的著作《繁荣与萧条》（*Booms and Depression*，1932年）。因为费雪教授也承认，过度负债必定有"发起者"，而且在那些"发起者"当中，他强调的一些事实接近我们提出的创新（伊利运河、铁路、棉花产业的发展），同时，另一些则接近我们所说的外部因素，因此他的解释显然与本书给出的解释有相当高的"契合度"。此外，本书作者还完全同意费雪教授在他的论文中阐述自己的"信条"时提出的"49条"中的某些观点。对于作为繁荣与萧条理论的基础的债务-通缩，本书作者只能再次重复他在与这位杰出的经济学家在一次交谈中讨论这个问题时极力主张的观点："如果一个人死于消费，我会说他死于消费，而不是死于高烧，后者只是这个过程的伴生现象之一。"

② 对此，还可以这样表述：在繁荣时期，当前暂时的收入和未来想象的收入都被资本化了，从而促进了过度借贷。随后的价格下跌会令这些价值受损，甚至可能导致在任何利息支付被违约之前（并独立于利息支付违约）强制清算。海丁（Hytten）教授1937年在澳大利亚和新西兰科学促进协会G部分的主席演说中也强调了这一点。

这无疑是一个事实。这个事实本身就可以解释灾难性的价格下跌——即便不存在狭义意义上的投机活动（尽管投机总是会对债务结构产生影响）。因此，"很显然，通过债务和通货紧缩，可以用一种非常简单的合乎逻辑的方式成功地解释大量现象"（第342页）。

然而读者将会看到，从这一点跳到具有某些误导性的结论是多么容易。事实上，可以从这里得出的唯一结论是，信贷工具的设计初衷是服务于生产性工具的改进，同时惩罚将贷款用于任何其他用途的行为。但是，这句话并不能解释为设计是完全不能改变的。它当然可以，而且现有的信贷工具已经被改用于许多不同的用途。例如，费雪教授本人就建议进行"通货再膨胀"的公开市场操作；这是非常有启发性的，它说明除了所提议的措施的有效性及潜在后果之外，还有多少问题进入了任何此类建议，它还说明了如此杰出的"货币规划师"是如何完全忽视这些问题的。当然，这类建议现在与我们的论题无关。然而，尽管提出建议不是本书任务的一部分，但我们还是应该指出，根据目的对债务进行区分无论多么难以进行下去，都总是与诊断有关，并可能与预防性政策有关。

次级波繁荣的中断同样是由基础过程的转变引起的；后者提供了对前者的唯一的充分解释。这种解释实际上构成了那些试图处理次级波繁荣的循环理论的核心问题。① 同样地，我们在这里也不会止步于对每个人都熟悉的模式的细节进行描述。任何繁荣，无论多么理想地只限定在基本过程或初级过程之内，都会导致一个清算期。在这个清算期内，随着新的均衡系统的轮廓的出现，除了淘汰那些已经过时严重以至完全无法适应的企业之外，还会包括一个令人痛苦的调整价格、数量和价值的过程。但是，当我们将构成次级波的现象也考虑进来时，我们立刻就会意识到，还有更多的东西需要清算和调整。在次级波繁荣的图景中会出现很多因鲁莽、欺诈行为而失败的企业，以及大量因其他原因而不成功的企业。这些企业无法

---

① 大多数理论都如此。因此，有人提出了这样令人尴尬的问题：到底为什么会出现这种中断？到底是什么终结了繁荣？当然，这只是我们称之为次级波现象的一个自然的结果，所有学者都应该能够看到这一点。

经受衰退的考验。"投机头寸"很可能包含了许多不堪一击的因素，只要抵押品价值受到哪怕最轻微的损害，这些因素就会崩塌。一旦价格有所下跌，相当大一部分经常性业务和投资业务就会出现亏损，就像初级过程造成的亏损一样。从而，债务结构将部分崩溃。

当然，所有这些并不一定意味着恐慌（panic）或危机（crisis）——让我们回忆一下，这两个词都不是技术性术语——但是，确实很容易引发恐慌或危机。如果真的发生了恐慌或危机，那么还会引发另一种情况（而不是普遍存在的情况），从而要求做出更多的调整。而且，即便没有导致另一种情况，我们也很容易观察到如下两个效应，它们定义了恶性循环。一方面，任何迫使清算不得不进行的价值下跌都会相当"机械"地导致价值的另一次下跌。"价格下跌是因为它们已经下跌了"（马歇尔语）。各种各样的防御性措施——企业或家庭为了偿还贷款所做的努力，或者是银行为了提高流动性而要求偿还贷款所做的努力——都会将债务人推入本想通过采取这种措施来避免出现的危险境地。这已经是一个众所周知的事实。冻结信贷、收缩存款以及所有其他措施，都会在适当的时候跟进。另一方面，不仅是作为观察者的我们，当事人也都会意识到有非常多的东西要清算，许多人甚至因此而变得歇斯底里。这样一来，悲观的预期可能会在一段时间内发挥一定的因果性作用。但是，有必要再次提醒读者，不要高估它的重要性。最简单直接的经验应该就足以证明这一提醒是正确的。任何严重的危机的发生，从来都不是当时的客观事实所不能充分解释的。如果没有这种条件限制，那么预期永远不会导致比短暂的爆发或中断更严重的情况。这种分析不仅适用于总体经济状况，也适用于任何特定的市场。除非事态的发展给予独立的支持，否则任何一种预期都不会成真。再乐观的预期也无法将铜价维持在 20 年代的高位；如果像最近新增加的供给来源那么重要的供给来源都突然枯竭了，那么再悲观的预期也无法压低油价。

只要这类事实在定量上具有足够大的意义，那么就可以对我们的模式发挥重要的作用。如果我们没有考虑到这类事实，那么对于循环过程的每个单元，我们就只能得到两个阶段，即繁荣和衰退。但是现在我们应当明白，在次级波崩溃的压力之下以及由此导致的悲观的预期之下，我们的过程通常会——虽然不一定会——越过（通常也就是错过）它本来趋向的均衡的邻域，而直接进入一个新的阶段；这个阶段在一级近似中是不存在的，它的特点可以用我们所说的非正常清算（abnormal liquidation）来刻画，这也就是说价值的向下修正和业务的收缩使得价值经常不规则地低于均衡数额。当经济衰退时会有一种机制发挥作用，使得系统趋向均衡，但是现在出现了新的不均衡：与繁荣时期一样，系统再次偏离了均衡的邻域，同时受到了另一种动力的影响。在目前这个阶段，我们将保留"萧条"这个术语。但是，当萧条发展到一定程度的时候（然而，参见本节的第二小节），系统就会回到一个新的均衡的邻域。这构成了我们的第四阶段，我们将它称为复苏（recovery）或复兴（revival）。扩张到均衡水平后就会产生临时性的盈余，或者说经济运行在波谷水平时发生的损失将消失。但是，即便不存在不完美性，这个新邻域也不会与没有发生非正常清算时就能达到的邻域完全一样。[①] 这是因为，首先，非正常清算会破坏很多东西，它们在不存在非正常清算时本来是可以生存下来的（特别是，非正常清算经常会清算并清除那些无法获得足够的金融支持的企业，尽管它们的业务本来可能是稳健的；而且非正常清算不会清算那些能够获得金融支持的企业，尽管它们可能永远没有能力偿还债务），从而产生一个或多或少不同于正常的过程所能演化出来的模式。其次，进入萧条以及从萧条中恢复过来都需要时间——可能需要好几年的时间。在这段时间里，数据已经发生了变化，当经济的萧条阶段结束时，均衡的邻域将不再是经济萧条开始时的同一个邻域。我们把繁荣和复苏称为周期的"正性"阶段（positive phases），而把衰退和萧条称为周期的"负性"阶段（positive phases）。

---

① 那个邻域或任何一个邻域的状态仅仅用存在着位移力（forces of displacement）与复原力（forces of restoration）之间的均衡这种说法是无法正确描述的。在理想情况下，这两种力量都不存在：位移力还没有出现，而复原力已经完成了它的任务，并且耗尽了自己的力量。

再一次，我们把描绘萧条和复苏图景的任务留给读者去完成。[①] 我们在这里只集中讨论如下几点。

一、萧条的非常态性

正如我们在前面已经看到的，尽管经济衰退和经济复苏都是经济演化的周期性过程的必要组成部分，但萧条本身却并非如此——如果出现了经济萧条的话。我们不难理解，或者说我们可以合理地认为，从在经济衰退中必然出现的经济状况出发，很可能会发展为萧条，但是从它的所有必不可少的基本方面来看，即使没有萧条，循环过程在逻辑上也可以是完整的。萧条是否发生是一个事实问题，取决于偶发性的环境条件，如商界人士和社会公众的心理和情绪状态、以快速致富为先的道德观念的流行程度、在繁荣阶段处理信贷的方式（是谨慎尽责，还是相反）、公众有没有能力形成关于繁荣的特点的共识、人们对经济能够长期保持繁荣且货币管理能够创造奇迹的信念的强弱等。此外，对于萧条的发生频率和严重程度，我们也无法形成理论预期。我们可以在任何特定的情况下尝试评估当前存在的失调程度、欺诈性计划的存在性、"不稳健的信贷"的多寡等；但是只能到此为止，我们不能超越这些指标。在某种特别困难的情况下，例如形势由于严重的外部事件而恶化时，商界可能高度紧张，从而可能因很小的"挑衅"而感到害怕。说到底，恐慌可能发生在周期的任何节点——尽管在某些节点比在其他节点更有可能发生。这种恐慌本身虽然可能没有什么特别的意义，但是也会猛烈地降低价值甚至减少某

[①] 如果读者真的希望掌握我们在这里给出的分析模式，学会如何运用它并从中获益，即通过本书的研究为他自己的经济思想汲取营养，那么他就绝不应该忽略这个练习。他应该首先学会如何对十几个（其中两个更加重要）时间序列的行为形成预期。在下文中，当我们研究统计资料时，我们也会这么做，但重要的是，读者应该自己先完成这个工作，并将他的结果与他将会读到的内容进行比较。他会遇到一系列熟悉的现象，比如说存款速度的下降，这会进一步加剧经济自身的收缩。他将希望搞清楚，对于这一切银行收回贷款的要求会起到多么重要的作用，银行的支持对岌岌可危的企业是何等重要。他将学会在适当的位置插入日常经验引导我们将它们与萧条和复苏联系起来的所有现象。

些实物数量。从这一点可以推出关于时间序列分析的一个教训：我们一定不要完全相信图表。波峰和波谷都很容易误导人，而且毫不夸张地说，在关于基本过程如何展开的阵列中，它们恰恰是所有信息中最不可靠的。①

二、对复苏点的理论分析

接下来要讨论的是人们通常所称的复苏点问题（problem of the recovery point），这正是它出现的适当背景。当经济系统进入了一个负性阶段时，它是不是能够自行停止，然后自行进入一个正性阶段？对此，人们争论不休，但是这种问题只会出现在包含四个阶段的经济周期的情况下。这是因为我们已经知道（也知道为什么），在只有两个阶段的循环中，构成衰退的清算和吸收过程在完成自己的"使命"后就会消失——尽管会出现轻微的振荡。我们还知道（也知道为什么），只要资本主义机制和资本主义动机仍然存在，企业家的创业活动就会在没有任何外部刺激的情况下恢复过来。

到目前为止，我们的分析告诉我们，应该同意那些相信"恢复力"存在的学者的观点，不过我们赋予了了这个术语更加精确的含义——不然它就没有多大用处。但是，在包含四个阶段的经济周期的条件下，情况就不一样了。正如我们在前面已经看到的，萧条并非简单地意味着要"完成一定数量的工作"。恰恰相反，它以一种"自食其力"的方式去启动一种机制，这种机制在孤立地加以考虑时实际上能够以自己的动力无限期地运行下去。我们已经在前面指出"恶性循环"所包含的内容。为了说明这种机

---

① 然而，对于所有这些，有一个重要的限定条件——这个限定条件的重要性之后将变得更加清楚。只要我们坚持如下假设（现在它已经被舍弃），即演化的周期性过程是由单一类型的某种波的一系列单位组成的，那么上面说的这一切就都是正确的。一旦我们放弃这个假设，那么一个对诊断甚至对预后更有帮助的结果就会出现。然而，事实仍然是，只有进行历史研究，才能证明在某个特定的案例中是否真的出现过萧条症状。

制，人们构建了多种多样的模型。① 但是，从这样一个机制的性质出发证明这个过程将继续自我强化（这种机制的元素已经被从它们原来在经济有机体中的位置剔除），并不等于证明它的真实对应物也确实会自我强化；否则的话，我们将同样可以辩称，既然咳嗽会刺激我们的喉咙，从而导致进一步咳嗽，那么我们就必定会永远咳嗽下去。因此，问题在于如何分析一个由许多短时情况构成的复杂序列——在这些情况下，利用这种"螺旋理论"描述的事实只是许多组成部分之一。

接下来，我们将先对工业和商业中的事件发展过程与证券交易所和其他投机市场中的事件发展过程加以区分。后者很可能符合螺旋模式。传统学说依赖于从衰退中复苏的三个因素。首先，"熊"会提供掩护，并提供一顶降落伞。所以当"熊"时不时地这么做的时候，如果不存在客观的原因导致市场再次下跌，就会推动市场反弹。如果确实存在这样的原因，因为割肉抛售仍在继续且前景暗淡，每次熊市过后都会继之以一次更猛烈的打击。此外，正如我们稍后将会看到的，传统学说似乎在总体上夸大了投机的调节和平滑效果。其次，"内部人士"将会悄悄买入。事实上，他们几乎总能在一定程度上做到这一点，但是总的来说尚不足以在数量上扭转局势。最后，普通投资者的态度将会改变，因为价格的不断下跌似乎提供了某种吸引力，使投资者对投资的兴趣变得越来越大。不过在作者看来，这一点似乎是最不现实的。普通投资者在这种情况下会认为厄运就在眼前，因而回报率越高，他们的买入量反而越少。这种观点完全忽略了投资者需求曲线的变化，并假设它的位置不会受周期性阶段的影响。也就是说，是正在改变的经济前景——一个外在于这些市场的事实，将市场从萧条中拉了出来。然而，如果读者不同意这种观点，那么下面的论点无疑会

---

① 在这里，我们只需提到其中一个理论。拉格纳·弗里施（Ragnar Frisch）教授在他 1934 年 7 月发表于《计量经济学》杂志的讨论流通规划的论文中，对他所称的"封装"（incapsulation）现象进行了分析。他的假设是，价格保持不变，人们以如下方式定期交换产品：每个人的购买金额是前一轮的销售金额的某个固定比例。在这样的假设下，不难得出这样的结论：在没有任何转让限制的情况下，经济系统要么会自行"膨胀"，要么会自行"收缩"。这个模型似乎能很好地描述某些情况。它也是正文给出的论点的一个很好的例子，因为很明显，它比其他例子更能消除系统中所有的适应性"器官"——这些器官的存在恰恰是另一种相反推论的基础。

显得更有说服力。

至于工业和贸易，第一步是要证明，如果萧条过程停止，那么复苏就必然会开始（实际上，只要萧条明显放缓就足够了）。要证明这一点很容易。如果存在一个萧条阶段，那么正如我们已经看到的，谷底将不再与只有两个阶段的周期一样，即不再是一个均衡状态。① 只需稍稍思考一下我们就可以认识到，仅凭这个命题本身就足以证明这一点，而无须诉诸乐观的预期，尽管乐观的预期不久就会出现并提供帮助。这是因为，说企业不会采取将导致最终复苏并达到均衡的邻域的行动，就等同于说它们会故意放弃收益并承担损失（而这种收益或损失是它们自己有能力去获得或避免的），并废弃可以用来获取利润的厂房和设备。有时，有人会反对有限的、更低水平的均衡可能会出现而不需要人们主动采取行动这种说法。在个别具体情况下可能是这样，特别是在非完全竞争的情况下。但是，这种状态在整个经济系统中、在所有行业中、在所有企业中（因为这是证明推论的必要条件）普遍存在的概率，基本上等于零。因此，我们的问题可以归结为这样一个问题：从理论上看，萧条过程本身是否会自行停止（即不需要先出现"遍地饥馑"的情况）。

然而，对于这个问题并不存在一个普遍适用的答案。不过，我们确实可以证明，来自螺旋的压力会在系统中产生反应，使之趋于停止。一方面会出现我们通常所说的扩散效应或稀释效应。这个螺旋过程是由一系列不利的单个事件引起的②，例如破产、个别市场的崩溃、倒闭等。这些事件会引发类似的事件。但是我们很容易看到，随着效应的扩散，每个单个事件都会失去动力。一个企业的失败可能会导致其他企业的失败，但是它的部分债务将由其他能够承受损失的企业承担，因而这些企业可以发挥缓冲

---

① 这应该是足够明显的，但我们还是要再次重复，峰顶从来都不是均衡状态。这一点很重要，因为很多错误的分析都以相反的观点为核心。至于为什么会如此，真正的原因可以在"繁荣高原"理论中找到。

② 为了理解螺旋的机制，有必要从那些影响企业、行业、部门的事件入手，而不是从总量的行为入手。当前的问题为说明宏观动态方法为什么可能是误导性的提供了一个很好的例子。价格水平、存款总额和支出总额、净损失等都成为要处理的变量，处于萧条中的整个经济系统就具有了一个失败企业的特征，但这个过程的本质却正是构成这些总量的个别因素会受到不同的影响。

的作用。失业的人每增加一个，都会导致更多的人失业，但是单独来看失业的这种增加速度是递减的。个别企业的经济产出的收缩会导致周边企业的全面收缩，但是每一次收缩的影响都会减弱，并在达到一定程度后停止。毫无疑问，一旦经济系统开始一个累积性的下降过程，我们总是会观察到经济状况的迅速恶化。但是，这种恶化并不仅仅是由于自我维系的螺旋过程，而主要是由于源自外部的事实，即分解和收缩，它们的发生独立于螺旋过程。由此可以看出，我们观察到的总效应的增加，与每一个单独的效应趋于消失的命题是完全一致的，而且有理由根据这些线索认为螺旋本身也将逐渐消失。

另一方面存在我们可以称之为因萧条而来的业务（depression business）。例如，一家企业的倒闭导致了失业，而这又导致了一家杂货店的倒闭，因为这家杂货店的顾客正是那些失业工人。然而，这家杂货店所服务的市场本身并不会完全消失，而且当这家杂货店结束自己的业务时，其他杂货店将获得一些扩张业务的空间。一般来说，螺旋过程是远离均衡的运动，正如我们从价格的日益分散和对物理量之间的均衡关系的日益偏离中所观察到的那样。这不仅意味着实际和潜在的损失，而且意味着实际和潜在的收益。因此，无论净损失总额有多大，它都不仅会引起收缩，而且会引起扩张，尽管后者可能暂时无法在统计上表现出来。人们通常认为，是成本要素、劳动力、资金和原材料的低廉最终打破了这种恶性循环。但这种观点其实并不恰当，因为它没有考虑到需求曲线的向下移动，而需求曲线的向下移动可能会使生产无法进行——即便钢铁和铜可以免费获得也是如此。而且，我们能够说的是，由于需求曲线和成本曲线的变化并不一致，因此交易机会会出现（不然这种交易将是不可能实现的），而这些交易将对抵消这种螺旋的破坏性起到一定的作用。毫无疑问，悲观的预期将会阻止许多账面上有利可图的交易变成现实。但假设这就是一般情况完全没有必要。正如我们在上面已经指出的，无论商人的心态如何，他们都会接受当前呈现在他们面前的商业机会。事实上，这正是实业市场和投机市场的运行的主要区别之一。

然而，尽管有可能据此证明一种"复苏的倾向"将会发展出来，而且它能够对抗前述螺旋过程，但并不能证明它一定能够战胜螺旋过程。只要我们把论点完全一般化，我们就必须承认如下可能性：在经济系统的现有条件下，螺旋如此强大，使得这种"复苏的倾向"在任何一个给定的时刻都可能败下阵来，因而从理论上说系统有可能永远都无法获得喘息的空间以实现复苏。因此，看起来通常流行的观点似乎包括一些真理的元素：为了实现复苏（或者，为了保证复苏前无须经过一个彻底失序的时期或漫长的痛苦阶段），必须从经济有机体之外获得一定的帮助，例如政府必须采取一定的行动，或利用某种有利的事件创造的机会。

但对于这个结果还需要补充一些额外的说明。

首先，上述分析并没有将螺旋与萧条等同起来。或者我们也可以将螺旋与人们在某些时候所说的深度萧条等同起来。但是，在我们的意义上，萧条阶段持续的时间通常比任何螺旋过程都更长久，螺旋过程则可能发生在萧条的发展过程中，而且很可能发生在萧条阶段的初期。总的来说，复苏是从某个波谷开始的，在这个波谷中经济形势不再由一个不断下降的过程所主导。然而，螺旋问题与复苏点问题是相关的，因为正如我们已经看到的，当萧条过程停止时，复苏就会随之而来，而且恰恰是因为螺旋的存在提供了怀疑萧条过程是不是真的会自行停止的唯一理由。

其次，我们应该注意到，我们的结果的非决定性要归因于我们希望正视一个一般理论问题。当然，我们还可以依靠一些已经得到常识和历史事实充分验证的限制性假设得出的更强有力的理由，相信在没有异常不利的外部因素的情况下，系统将在任何实际上可以想象到的情况下"自行"复苏。其中一项历史事实经常表现为如下观察结果：总收入的波动小于总产出、工资加薪金小于总收入、消费品支出小于工资加薪金。这大体上是正确的，而且部分可以用我们的稀释效应理论加以解释。但在一定程度上这也取决于对经济萧条并不敏感的收入的存在，还取决于几乎不受经济萧条影响的社会阶层的存在，即取决于那些不是资本主义引擎的逻辑的一部分的事实。无论如何，以下观点仍然是正确的：在任何一个历史上的例子中，对于某次给定的复苏是不是"自然的复苏"这个问题，都必须直面在每一种情况下必定会困扰此类研究的全部困难，重新加以回答，即便参与讨论的双方事先没有什么定见，一个总是会得出肯定的答案，而另一个总是会得出否定的答案。

再次，许多人都一再强调，不同于经济衰退，经济萧条只是一个"病理"过程，无法将之归因于任何有机职能。但是这个命题其实不完全正确。在我们的模式中，每一个阶段都被赋予了最具特色的特征，而且这种特征与现实生活并不相符。一方面，许多按照均衡理论所提供的标准可以存活的东西，在正常的衰退中却可能会消亡。另一方面，许多按照同样的标准无法存活的东西（以及许多失调和刚性），则不会被衰退消除。因此，许多重组和适应的工作也在萧条阶段完成。但我们的主张基本上是成立的。由此可见，即便对萧条能够自己找到一个"自然"的结局这种说法的证明比实际情况更令人满意，它本身也不能构成让一切顺其自然或相信"自然的复原力"主张的有力论据。政府在萧条时期采取行动的理由，特别是采取某些类型的政府行动，即便是在不考虑人道主义因素的情况下，也仍然比在衰退时期采取行动的理由要强得多（不论我们如何看待这个证明）。

最后，对关于"下转折点"（lower turning point）的理论与关于"上转折点"（upper turning point）的理论的形式化类比，我们应铭记于心。

三、周期的单元和周期的阶段

由此可见，把经济演化的周期性过程的各个单元划分为两个阶段或四个阶段并不仅仅是一个哪种描述方式更加方便的问题。① 每个阶段都是一个独特的复合现象，不仅可以用一组特征来区分，而且可以用支配着它并产生了这些特征的不同"力"来解释。正如我们已经知道的，这些"力"

---

① 我们这里的论述并没有太多的独特性。实际上，对于所有学者来说，经济周期最常被划分为两个、三个、四个或五个阶段，这意味着不同的过程和不同的特征集，而且这种划分本身就很好地体现了他们的分析的相当一部分结果。因此，在这个问题上说这种划分失于武断是不完全正确的。在所有对统计资料有深入接触的学者之间，意见都表现出了令人满意的一致倾向。尽管在细节上存在一些差异，但是施皮特霍夫、柏林研究所（Berlin Institute）和哈佛委员会（Harvard Committee）给出的模型都呈现出了一种明显的"家族"相似性。它们都有四个阶段，施皮特霍夫所说的第五个阶段是"危机"，但正如我们已经看到的，它实际上没有资格被认为是一个阶段。

包括一系列具体的可观察现象：创新（企业家的支出）、系统对新工厂产品的影响（以及自动通缩）的反应、非正常清算的推动力（以及由非正常清算引发的萧条预期带来的推动力）及遇到的不断增大的阻力、系统对负的偏离均衡的趋势（即回到当前正常数量和价值的趋势）的反应。第二阶段和第四阶段（即衰退阶段和复苏阶段）偏离均衡的性质——清算与吸收——不同，符号也不同。但它们在发挥作用的机制的性质上却是相似的：在这两个阶段，相应的机制都是由系统中各元素之间的均衡关系构成的。而在第一阶段和第三阶段（即繁荣阶段和萧条阶段），推动系统的动力和出现的偏离的性质都不同。它们的相似之处在于，在这两个阶段，系统都偏离均衡状态并向非均衡状态靠拢。不过，在一个只有两个阶段的周期性运动中会形成一条通过各正常值的直线（不稳定的运动除外），并构成图上所有时间序列的边界线，我们的材料要么没有任何点位于它的上方，要么没有任何点位于它的下方（依图中描绘的具体时间序列而定，价格序列将位于边界线上方，失业序列则运行于它的下方）。在有四个阶段的周期性运动中，通过各正常值的直线或曲线必定会穿过各个序列。

因为每个周期都是一个"历史上的个体"，而不仅仅是观察者自己创造的一个任意的单元，所以我们不能随意地从我们喜欢的任何阶段开始计算周期。只有从繁荣之前的均衡的邻域开始，到复苏之后的均衡的邻域结束，这种现象才会变得可以理解。因此，从一个波谷到另一个波谷或从一个波峰到另一个波峰的计数方法不仅容易招致前面提到过的那种反对意见（即波谷和波峰都可能被证明是非常不可靠的"信标"），而且从理论上说从来就不是正确的。尽管在有些时候这种计数方法运用起来可能会比较方便，但是它在好几个方面都很容易诱发错误的分析，其中一个方面对我们有特别重要的意义。

复苏是一个周期的最后阶段，而不是第一阶段。如果我们从波谷开始计数，那么就会把这个阶段从它所属的周期中切割出来，然后把它加到它不属于的周期中去。以这种方式计数，我们也就消灭了复苏与繁荣之间的根本区别。虽然大多数经济学家都能认识到它们在程度上和类别上的区别，但是许多人都没能认识清楚它们在推动因素上的区别。他们在观察到指数从波谷上升，最终上升到繁荣水平（这些水平大多是在定量的意义上定义的）之后，就想当然地得出结论，说是相同的因素导致了这种整体性的上升。因此，他们拼命在经济复苏的过程中寻找整个经济增长的"原因"。但是他们所能发现的，除了当时存在的各种异常现象（低库存、废弃的工厂、失业的劳动者、闲置的信贷工具等）逐渐消失之外，再也没有其他东西；更直接地说，他们不可能发现任何其他类似于创新的东西。因此，他们得出的结论是，创新与繁荣的启动没有任何关系，即便他们可能觉察到了这种可能性，也是如此（当然，他们中的大多数人并没有看到这种可能性）。这样的分析就很容易忽略真正的关键之处，从而流为某种永动机式的解释，尤其是从货币的角度给出的解释。①

四、完成二级近似需引入的更多因素

为了讨论次级波现象，我们还需要引入一些其他的事实，以便完成二级近似。

第一，我们必须放弃前面为了便于分析而给出的如下假设：我们所讨论的波是它所属的那一类波的第一个，它不仅是从均衡的一个邻域开始的（在所有的条件中，我们都必须坚持这一点），而且完全不受之前的经济演化结果的影响。也就是说，现在我们必须考虑这样一个事实：每个邻域都包含以前的繁荣和萧条未被"消化吸收的"元素、尚未完全实现的创新、错误或不完美适应的结果等。这些事实并不会使我们的模型失效。相反，它们只是我们的模型所描述的过程的结果。不过，它们极大地增加了分析

---

① 这里有一个例子，它既能够说明使用均衡概念的必要性，又能够揭示拒绝使用均衡概念的后果。这里提到的一些经济学家确实提供了一个关于复苏点（以及复苏点出现后接下来会发生什么）的理论，但是他们没有意识到还需要一个不同的繁荣理论。此外，在这里我们还应该注意到作者经常被问及的一个问题。如果我们承认下面这种可能性，即在萧条的影响下各种因素会"结晶"并聚集动能，系统在下行时越过了均衡的邻域，那么为什么在复苏阶段向上的趋势同样"结晶"并聚集动能，从而使得均衡的邻域在上行路径上同样被超越的可能性会小得多？我们认为，这确实更不可能发生，因为不存在类似于次级波的断裂的现象。在复苏中也不存在相应的过度乐观的冲动。但是，即便并非如此且投机只根据有利的利润强度做出（从而将系统抬高到均衡之上），在不存在源于创新的刺激的情况下（或者，在不存在外部因素的情况下），向均衡回归的情况也会迅速发生。换句话说，回归均衡可能确实会伴随着围绕均衡的波动，但是它们很快就会消退。我们稍后将会讨论这些波动。

的难度，并使得我们必须处理的经济状况的模式更加复杂。

有一点需要特别注意。生产者熟知在周期的各个阶段中需求的反复变化（recurrent shifts）之后，就能够学会如何满足繁荣时的最高需求——从利润最大化的角度以及其他更广泛的角度来看，这个学习过程可能是理性的，而且往往确实是相当理性的。比其他行业更容易受到这种波动影响的那些行业（例如，生产工业设备或工业材料的行业），尤其可能出现这种情况，我们可以将它们称为周期性行业。它们将建立只有在繁荣时期才能得到充分利用的生产能力。[①] 我们还应该注意到，这种趋势在现实世界中实际上总是以不完全竞争为先决条件，而且会因即便是更新换代需求也具有很强的周期性这个事实而强化，尽管在有些时候这种周期性是非常不合理的。例如，铁路企业本应知道萧条不会永远持续下去，但是它们却往往在复苏后期甚至在繁荣时期开始后才建造新铁路、订购新机车。很显然，这会带来一系列重要的后果。在繁荣时期，产出将比我们根据"纯模型"得出的预期更容易增长，而成本和价格的涨幅则将低于我们预期的水平。此外，还可能会出现一种类似于季节性失业的特殊失业；这是因为，在许多情况下，那些在繁荣需求停止时被解雇的人，既不能也不愿在他们自认为只是暂时中断就业（他们已经习惯了这种中断）期间寻找其他工作，因而只能"无所事事地闲荡着"。这一点很重要，是任何讨论短期失业的理论都需要记住的。

第二，我们还必须纳入增长因素。尤其是储蓄，我们不可以继续忽视它，因为我们的过程所提供的资源和动机已经足够充分、足够强大，使得储蓄在定量上具有了重要意义。事实上，我们完全有可能构建一个"金融飞轮"模型，一旦周期性过程开始启动，"金融飞轮"就可以完全由储蓄组成，而且它所发挥的功能将有所不同。但我们不会构建这样的模型，因为即便是少量的信贷创造也足以产生我们所描述的现象。不过，我们必须把它纳入我们所设想的它的实际作用。为了方便起见，在我们讨论货币时间序列的行为之前，我们将推迟将它纳入。就目前而言，我们只要求读者

---

① 这种情况必须与基于"对需求的超前估计"的产能建设区分开来。但既然这样做是基于一种预期，而且这种预期反过来又依赖于对经济演化结果的熟悉程度（依赖性远远超过对增长的熟悉程度），这里也应该提一下这种情况。这也是为什么会有如此多的产业即便是在繁荣时期也会处于"最优点的左侧"。

先记住这一点并形成如下观念：通过储蓄而不是信贷创造为创新融资将如何影响我们要讨论的波的轮廓，尤其是在价格水平方面。

第三，我们必须记住，信贷创造会从它的"合乎逻辑"的源头——为创新融资——扩散至整个经济有机体。它侵入市场的途径多种多样，既可以通过为仅凭现有资金无法提供融资的任何形式的扩张创造信贷的方式，也可以通过企业家在特定周期内不偿还贷款的方式（企业家确实往往永远不偿还全部贷款，或者定期再借入一部分流动资金）。因此，从表面上看，信贷创造往往显得不再与创新联系在一起；这样一来，正如前面已经指出的，信贷创造变成了一种一般的商业融资工具，信贷创造的数量则会呈现出"纯模型"无法解释的变化。例如，在复苏阶段，当通常的经济活动恢复原来的规模时，信贷创造可能会增加。而且，它在衰退阶段的减少幅度也将小于一级近似的预测——或者根本不会减少——这是因为，老企业为了适应变化而发生的支出、某些老企业为了进入由最近的创新打开的新经济空间而进行的扩张，都将由银行信贷提供融资（见本书第十一章）。

第四，创新能够为那些仅凭自身无法改变生产方法的行业提供新的投资机会，怎么强调这种影响都不过分。而且，这种影响并不局限于创新产业的附属产业，也不局限于提供了各种各样的新的可能性（美国横贯大陆的铁路建成就是一个最好的例证）。新的经济空间的开创也表现在如下这个简单的事实上：新增的生产可能会"唤醒"用来支付它的其他生产。假设在一个封闭的领域中只有两个原本生产均衡数量的行业，如果其中一个行业引入了一项创新使得它（例如）用相同数量的资源生产出了更多的产品，那么作为反应，另一个行业就有可能会扩大生产。这正是在经济衰退中普遍发生的情况，然后在复苏中会再次发生，尽管萧条——如果"恐慌"程度足够高的话——会经常打断这个过程（尽管不一定如此）。[①]

[①] 罗伯逊提出的努力弹性（effort-elasticity）在阐明上述论点的其中一个方面时可能是有用的，但在解读它时应适当考虑货币机制的功能。无论如何，我们在这里再次见到了怀疑这种衰退画面的有效性的一个理由。这种画面似乎过分强调了单个企业和家庭的担忧和麻烦，以及投机者的"血泪"的重要性，而没有充分考虑到整个经济有机体变得比以往更加富裕了——无论是满足人们的需要的实际能力，还是可能性，都如此。

对于这些情况，还有必要与另一种可能产生类似结果的情况加以区别。一些行业对利率非常敏感，以至它们主要根据利率来制订自己的发展计划。例如，在战前的德国，公寓住宅建筑业——不是工厂建筑业，这一点非常重要——的产值可以相当令人满意地近似表示为抵押贷款利率的函数。在美国也有类似的情况发生：美国住宅建筑业的活动水平领先哈佛晴雨表曲线 B（Harvard barometer's curve B）几个月，这使得在短期内它与货币曲线 C 大致相反。这个事实比表面上看起来的要更加重要，因为除了利息的影响之外，我们本来应该预期会出现滞后。然而，过分相信这种关系是不安全的。

第五，创业冲动不仅仅会影响一个不完全竞争的世界，企业家和他们的"卫星"几乎总是会发现自己处于短期竞争不充分的情况——即便是在一个完全竞争的世界中也如此。事实上，我们所说的演化正是造成这个不完全竞争世界的最强大的影响因素。因此，我们现在彻底放弃完全竞争的假设，以及在本章开始时所做的假设（即，在开始时存在完美均衡）。相反，我们转而假设从一开始竞争是不完全的，均衡是不完美的，且独立于我们的过程的影响；我们甚至可以假设系统在第二章定义的意义上是不活跃的。我们很清楚这将导致什么后果：命题和证明将变得不那么严格、非决定性区域将会出现、事件序列的呈现将不再那么及时、缓冲区将会插入到我们的机制的各个部分之间从而使得它的齿轮的啮合速度变慢。与此同时，个人的策略、行动和制衡行动将会有更大的空间，它们可能会阻碍（尽管也可能促进）整个系统朝着均衡的方向努力。这肯定会产生许多奇怪的模式，而且经济学家创造悖论的"引擎"将会满负荷运转，甚至可能需要超负荷运转。不过仅此而已。我们需要牢记的非常重要的一点是，即便是在均衡状态下，相关行业也有可能甚至极有可能在平均成本下降的区间运行。[①] 事

[①] 读者现在应该有了非常清晰的理解：这到底意味着什么和不意味着什么。我们现在不用收回对 U 形平均成本曲线的怀疑，因为这些怀疑所针对的是独立于周期性情况的长期状态。虽然我们确实意味着"位于最优产出点的左边"会更容易在短时间内扩大产出，但是我们并不愿意容忍这样一种错误，即由于间接支出可以分摊到更大数量的产品上，产出在如果没有出现这种情况时增产将不合理的情况下将会增加。当然，这并不适用于间接支出原本已经存在的情况。

实上，理论上的预期是，在除了繁荣阶段之外的所有阶段，都是为了这个而不是为了相反的选择，而且这个结论很可能也适用于繁荣阶段的开始阶段。

在许多经济学家中已经形成了这样一种时尚：将未被利用的资源的存在——特别是未被利用的劳动力资源的存在，即失业的存在——视为考虑周期问题的基准条件。他们将自己的理论建立在这个基础之上，并且以其他理论忽视了这个基础为由而反对它们，说它们失败的原因也就在这里。我们将再次表明我们在这个问题上的立场。竞争的不完全和均衡的不完美以及外部的干扰，都可以解释为什么会存在未被利用的资源，且不受演化的周期性过程的影响。我们并没有把这个事实引入我们的"纯模型"，目的是减轻非本质的和次要的因素给"纯模型"造成的负担。但是，现在却可以毫不费力地纳入这个事实，并在任何出现了资源遭到闲置的特定情况下加以考虑。此外，由于我们的过程本身就能产生竞争的不完全性和均衡的不完美性，而且它们可以解释资源得不到充分利用的情况在产生这种情况的周期单元结束之后仍然在延续的现象，所以在承认每个周期都是之前的周期的"继承人"的前提下，我们可以将始于任何给定单元、可能对资源未得到充分利用的总体情况有所"贡献"的所有来源都纳入进来。在"纯模型"中，这会被认为是循环推理，但是现在则不会再有人提出异议。然而，必须记住，只要资源利用不足是由竞争的不完全性造成的，资源充分利用就不再是均衡状态的一种属性，相反，它将成为某种类型的不均衡的一个指标（尽管这听起来似乎是自相矛盾的）。这一点很重要，因为它为那些在周期性波峰中寻找均衡的经济学家的论点提供了答案。无论如何，现在应该已经非常清楚，在经济繁荣阶段的初期就存在资源利用不足（不仅是在经济上行之初，那或许是大多数经济学家所认为的），并不一定会成为接受我们分析的障碍，这值得对那些希望强调这一点的人着重指出。如果说有意见分歧的话——在许多重要的情况下，这种意见的不同相当于诊断的不同——也只有在认为资源利用不足（除了刚性之外）与完全竞争情况下的完美均衡相容时才会出现。

第四节　多个同时发生的周期与三级近似

到目前为止，我们的论述一直隐含地假设，如果能够消除外部干扰的影响，那么从我们的材料中就可以得出一个单一的周期序列，其中每个周期都与它的所有先行者和后继者的类型相同。每个周期都被认为是残缺的或是在持续时间上被拉长的，其波动幅度则由于各自的历史背景（战争、农作物收成等）而有所加大或减小；而且，每个周期都与其他周期"平等"。但是，在我们的理论模式中没有任何东西可以保证这一点。没有理由说经济演化的周期性过程就应该只产生一个波浪状运动。恰恰相反，有许多理由可以预期它会引发多个波浪状波动，这些波动会同时继续延伸，并在这个过程中相互干扰。我们从经济时间序列图中得到的印象也不支持单周期假说。相反，读者只要查看本书中的任何一个图表，就可以确信假定存在多个不同跨度和强度的波动是更为自然的。这些波动似乎是相互叠加的。接受从理论中得到的推论并承认上述事实，我们就已经与研究经济周期的一般倾向保持了一致。

壮观的繁荣和悲怆的崩溃最能吸引经济学家和商人的注意力。因此，这个问题从一开始就表现为一个关于"危机"的问题。危机通常主要被视为个别的灾难，据信它们打断了平稳的"流"或扩张过程，不然的话这些流或扩张过程本身是不会产生灾难的。危机相当于生理过程中的病理事件。即便是那些能够在过剩、不当行为或不幸的孤立影响之外看到更多东西的经济学家，即便是那些能够认识到它们的复发性和家族相似性的经济学家，哪怕他们试图用足够一般的术语（可应用于它们的全部或大部分）去描述它们，并将它们与其他类型的崩溃（如战争、瘟疫、饥荒等导致的崩溃）区分开来，也总是认为危机构成了他们所要解释的现象。这些经济学家给出的解释大相径庭。即便是在今天，我们仍然习惯性地把大多数这方面的观点归入"周期理论"的行列；它们大多是在同一个时期，即18世纪的最后25年和19世纪的上半叶开始发展起来的，特别是所有的货币周期理论，以及各种各样的生产过剩理论、消费不足理论等。其中一些理论对后来的分析有宝贵的贡献，另一些理论则与今天的某些学者给出的许多解释一样毫无价值（尽管并不比它们更差）。而且，在这些经济学家中没有一个人觉得在判断危机实际发生的时间方面有任何困难。他们各自给出的判断标准确实有所不同（读者如果希望更加深入地了解这种差异，请参阅米切尔教授的著作），但是考虑到他们所处的年代久远、所依赖的材料也严重匮乏，这些差异其实意义不大，尤其是它们并不能说明这些学者对究竟什么才算是危机的看法彼此相去甚远。只要对每个案例涉及的事实稍加辨析，就有可能形成一份大多数学者都会同意的清单。① 在这个问题上，超越上面这类观点的重大进展是许多学者共同努力的结果，但是最主要的贡献则来自朱格拉②，他是第一个对如何在我们这个领域里将理论的、统计的和历史的研究结合起来有明确想法的学者。朱格拉的重大贡献在于，他把危机推入了背景，并在危机之下发现了另一个更加基本的现象（即交替出现的繁荣和清算）的机制。在另一本论著中，朱格拉把清算解释为经济系统对繁荣事件的反应。在那之后，"波"就逐渐取代了"危机"，占据了主角的地位，尽管他的新观点花了几十年的时间才真正流行开来。但也正是对那个"波"的探索和解释，使得那个年代的学者虚掷了

---

① 在这里值得强调的重要事实似乎是所有或大多数研究者所共享的基础是如何之大，而不是如何之小。为了给我这个说法提供论据，我们可以引用一本通俗著作，它只是当时描述性文字的摘录，除了以一种明智的方式收集了关于 19 世纪危机的最容易理解的一系列事实之外，没有什么特别之处。这本书就是 H. M. 海德曼（H. M. Hyndman）所著的《十九世纪的商业危机》（1892 年，第 1 版）。它列出了 1815 年、1825 年、1836—1839 年、1847 年、1857 年、1866 年、1873 年、1882 年、1890 年欧洲发生的历次经济危机（名义上说的是"欧洲"，实际上包括美国、西欧和中欧）。在 1892 年，几乎没有其他学者认为他的说法是错的。

② 朱格拉的著作为《法国、英国及美国的商业危机及其周期》（*Des crises commerciales et leur retour périodique en France, en Angleterre, et aux États-Unis*），1860 年出版第 1 版，1889 年出版第 2 版。他的第一个发现是，法国结婚率、死亡率和出生率都呈周期性波动。相关论文发表于 1851 年 10 月至 12 月、1852 年 1 月至 6 月的《经济学家杂志》（*Journal des Économistes*）。他在 1856 年出版的《政治经济学年鉴》（*Annuaire de l'économie politique*）中首次研究了法兰西银行的贴现率时间序列，并在 1857 年 4 月至 5 月的《经济学家杂志》上发表了更全面的论述；然后同年在同一本杂志上发表了研究英国的时间序列的论文。读者应该把上面这些内容与米切尔（前引论著，第 452 页以及其他各处）和施皮特霍夫（前引论著，第 61 页）对朱格拉的评价加以比较。

很多时间和精力。因为朱格拉和他的追随者想当然地认为，他们所发现的是一个单一的波浪状运动，而没有意识到这样一个事实，即通过这个假设他们实际上引入了一个全新的、大胆的、非常不现实的假说。

不过，这个假说在一开始时运行得相当不错。朱格拉从银行数据、利率和价格序列中得出的结论，得到了结婚率和其他证据的支持，与他之前的学者公认的各大危机的日期非常吻合。由于观察的准确性越来越高，这个假说确实遇到了一些困难；一线的工作人员由于无法继续通过危机的"壮观"症状得到指引，而且必须面对的是一种温和得多的情况，因此开始对持续时间和阶段划分产生动摇。但是，他们仍然坚持只有一个单一的波的假设，尽管有人想到了承认同时有几个波存在对他们现在所面临的不规则现象是一种自然的补救办法。这种态度——突出表现为不愿放弃一种熟悉的分析工具和否认现实（即否认存在值得考虑的其他波浪状运动）——无疑是非常有趣的，从其他科学中也可以观察到许多类似的例子。而且，这种态度即便是在今天也没有完全绝迹。或许更准确的说法是，大多数学者还没有成功地摆脱自己的"系泊之地"（moorings）。然而，对于另外一些学者来说，这个问题却再一次改变了它的面貌。这不再是那个"波"本身的问题。这是一个如何识别和分离许多个"波"的问题，而且如果有可能的话，还要研究它们之间是怎样相互干扰的。本书作者差不多在30年前开始研究经济周期时也不假思索地接受了单周期假说，认为发展是一种非常重要的进步，而且是这样一种进步——会先"创造"出与后来将解决的困难同样多的困难。如果未来的经济学家效仿天文学家，认为拥有自己的"私人周期"是一个关乎自尊的问题，他是不会感到惊讶的。

我们将只关注与我们的研究直接相关的前进道路上的文献。它们所指的是一个比朱格拉所描述的"波"长很多的波浪状运动和另一个比朱格拉所描述的"波"短很多的波浪状运动。[①] 在总结他的早期研究的一篇专题论文中（为《政治科学全书》撰写的"危机"词条，1923年，第4版），

[①] 关于这方面的进一步的参考文献，请参阅米切尔教授的著作，特别是其中的第227页和第385页。

施皮特霍夫证明，繁华在某些时代、萧条在某些时代相对来说更为明显，而且施皮特霍夫把这些时代视为一些更大的单位，然而，他并没有将它们组合成包含上升阶段和下降阶段的周期，而且止步于下面这个结论——它们不是由他其实已经做好了准备、可以直接命名的周期导致的，而是由其他原因造成的。以铁的消费量为标准，他发现英国在 1822 年至 1842 年间陷入了（普遍的）萧条（Stockungsspanne）；德国在 1843 年至 1873 年间、1895 年至 1913 年间两度进入了（普遍的）繁荣（Aufschwungsspanne）时期，而在 1874 年至 1894 年间则进入了萧条时期。不过，最终将这个现象充分地呈现在学界面前的是 N. D. 康德拉季耶夫（N. D. Kondratieff）。他以假定代表了资本主义过程的特征的长波（long wave）的存在为基础，系统地分析了他所能获得的所有资料。① 康德拉季耶夫将资料所覆盖的时间确定为三个长波：第一个长波始于 18 世纪 80 年代末或 90 年代初，终于 1844 年至 1851 年；第二个长波始于 1844 年至 1851 年，终于 1890 年至 1896 年；第三个长波则始于 1890 年至 1896 年，在康德拉季耶夫有生之年尚未结束。② 其他学者也提出了很多证据，证明经济运动的平均周期要比通常人们所认为的朱格拉周期更长。我们还将提到 S. S. 库兹涅茨（S. S. Kuznets）教授的著作（《产出和价格的长期变动》，1930 年出版）和 C. A. R. 沃德韦尔（C. A. R. Wardwell）博士（《各主要周期的经济数据调查》，1927 年出版）的研究，他们分别发现周期的平均长度大约为 25 年和 15 年。

1923 年，W. L. 克拉姆（W. L. Crum）教授发表了他对 1866 年至

---

① 关于他早期的研究成果，请参阅他的论文《经济生活的长波》（Die langen Wellen der Konjunktur），发表于《社会科学与社会政策文库》，1927 年。这篇论文的节略版后来由 W. 斯托尔珀（W. Stolper）先生译为英文，发表在 1935 年 11 月出版的《经济统计评论》（*Review of Economic Statistics*）杂志上。

② 米切尔教授（前引论著，第 226 页和第 468 页）也认识到了这种长期运动的"存在性"（关于"存在"这个词的含义，稍后我们将给出一些评论），但他又称它"仅仅是经验上的"。如果本书作者的理解是正确的，那么通过我们下面的论述应该可以省去这个条件，至于理由，只要相信这些运动（至少）与行业中某些确定的历史过程相关，它们的性质和产生的周期与可以解释且造成了普遍公认的周期性症状的那些过程是相同的。

1922年纽约每月商业票据利率的周期图的分析结果。克拉姆有力地证明了，在他所分析的序列中存在一个为期大约40个月的周期。这是迄今为止对经济数据进行周期图分析的最成功的应用；不过，克拉姆的这个贡献最重要的地方在于如下事实，它证明了一个重要的周期的存在性——至少对一个序列证明了，且不需要任何进一步的假设——这个周期几乎在所有时间序列中都可以观察到，而且确实是所有时间序列中最明显和最有规律性的。与此同时，约瑟夫·基钦（Joseph Kitchin）先生用一种虽然不那么严格但适用性更强的方法证明了，在1890年至1922年间，英国和美国在银行清算价格和批发价格以及利率中都存在一个明显的周期。此外，他还对这个周期与朱格拉周期和更长周期（其时间跨度大致上相当于施皮特霍夫的周期）进行了对比，并将之与黄金产量联系起来考虑。[①]"40个月的周期"虽然一开始并没有得到很多人的接受，但是在那之后就获得了"周期界的公民身份"——我们将会看到，对这个周期是无法进行合理质疑的。米切尔教授的权威研究似乎也为这种周期提供了支持（前引论著，第339页和第385页）。他在分析了美国五个系统性的序列（其中两个是清算价格序列和存款序列）之后得出的结论是，在1878年到1923年期间，一般周期的平均持续时间为42.05个月，标准偏差为12.37个月，而中位数则是40个月。标准偏差的值很高，但是这一定不会使我们感到惊讶。从我们现有的资料中再也不可能得出更有规律性的结果了。周期图方

[①] 这两项研究都发表在《经济统计评论》杂志的试刊号上，一篇从第17页开始，另一篇从第10页开始。我们必须立即指出（不然会对克拉姆教授不公平），他其实不同意本书作者对他的发现的重要性的乐观看法。"理论上的周期性曲线与我们的实际数据的拟合并不是很好，因此我们不能确定这种拟合欠佳仅仅是因为偶然的不规则偏差，还是因为理论上的周期需要根据实际来修正。在缺乏确凿的相反证据的情况下，我们认为经济周期不应假定为恒定不变⋯⋯周期图可以帮助我们找到平均长度，条件是：第一，如果它是相当典型的⋯⋯第二，如果周期的形式不会发生很大的变化"（第24页）。但是，正如读者将会看到的那样，其实更少的条件就足够了。最近一项非常有意思的研究也值得一提：C. E. 阿姆斯特朗（C. E. Armstrong）的《短期经济周期》（The Short-term Business Cycle），发表于1936年5月的《经济统计评论》杂志。他所用的材料是：Axe-Houghton商业指数；采取的方法是："周期图法"，实际上是一种链式平均差法，在某些方面比周期图法更有用；结果：周期为41个月的正弦形曲线。

法的任何变体都不能使所有人绝对满意。①

当然，断言或否认多个周期性运动的共存可能意味着许多不同的事情；毫无疑问，在每一种情况下，在讨论之前先对它们进行区分肯定是有益的。例如，一个学者在提交关于他认为是一个明显的周期性运动的发现时，可能只是宣称自己证明了一个统计事实。但是，他可以明确地表明或隐式地暗示自己的发现要"更大"一些或"更小"一些。一方面，他可能只是认为，假设同时存在几个周期将被证明是一个有用的描述工具。另一方面，他可能认识到他的每一个周期都与不同的经济过程相对应，并且与不同的原因相联系。在这两者之间和这两者周围还可以存在各种各样的其他观点，以至直接断言或直接否认任何人所说的周期都几乎没有任何意义。我们还是回到我们的论证上来，将我们自己的观点表述得尽可能清楚一些。

首先，如果创新是周期性波动的根源，那么就不能指望这些波动会形成单一的波浪状运动，因为一般来说，经济系统孕育和吸收各种效应所需的时间不可能对所有创新都是相等的（而且创新在任何时候都可能出现）。

---

① 因为周期图分析——以及它的结果——偶尔会在我们的讨论中被提及，同时因为它在经济学中正取得一定的定义，我们借此机会对它进行评论，并给出部分参考文献。也许，我们可以把 H. L. 摩尔称为这个领域的先驱者——在某种意义上，他也是守护者；而 W. 贝弗里奇（W. Beveridge）则是第一类应用的倡导者（他的论文《西欧小麦价格与降雨量》在 1922 年发表于《皇家统计学会杂志》）。克拉姆教授在他的论文中给出了他引用过的一些参考文献，并在他为里茨（Rietz）主编的《数理统计手册》撰写的文章中介绍了周期图的基本形式。入门知识和对基本原则的讨论也可以在 B. 格林斯坦（B. Greenstein）先生的一篇论文中找到。尤其请参阅科洛内尔·艾尔斯（Colonel Ayres）利用周期图对美国从 1790 年到现在的月度商业活动指数的分析，他明确了许多相关的方法论问题。E. B. 威尔逊（E. B. Wilson）教授认为，掌握这个方法是经济学家的重要责任（见《美国商业活动的周期图》，发表于 1984 年 5 月号的《经济学季刊》）。正式的检验方法（如卡方检验）表明，这种尝试的结果是否定的，并呈现出了许多令人沮丧的特征——例如，在不同子周期的周期图的形状之间、在每个子周期的周期图与整个周期的周期图之间，都存在着相当大的差异。但是，阿瑟·舒斯特尔（Arthur Schuster）发展出了一种方法来发现隐藏的周期现象，并确定结果是否可能是由偶然因素造成的；他的方法原本是用于气象方面的用途，即适用于比我们这个现象更符合瓮模式的现象，特别是对于观察的独立性方面而言。各个组成部分之间的无规律性和相互干扰不用非常大，就足以破坏一切，并导致解释上的难题，将发现本身完全抛到"背景"中去。因此，有人可能会问：既然作者是这样想的，而且完全不愿意被分析结果所限制，那么为什么仍然重视周期图的作用？答案很简单，因为它们为探索和利用我们手头的资料提供了便利，即便结果是否定性的或不可信的——我们的一些问题可以用我们得到的周期图来表示。然而，这种重要性主要是赋予自然序列或那些意味着某件确定的事情的序列（尽管仍然是统计过程的产物）——战前的商业票据利率序列是前者的一个例子，价格水平则是后者的一个例子。科洛内尔·艾尔斯的指数的组合包含了太多的元素，这些元素的运动会相互干扰，因此很难令人信服，而且伪组成部分的危险因此而加大。在下一章中，我们还会给出一些其他评论。

肯定会有时间跨度相对较大的创新，在这些创新持续的过程中，时间跨度较小的其他创新将会发生，后者将在前者所创造的浪潮的推动下进行。我们马上就会知道，这也就意味着"波"的多重性以及我们所预料的它们之间的相互干扰。当一时间跨度很大的"波"处于繁荣阶段时，更小的"浪花"就会更加容易出现——这是一个规则，这些更小的"浪花"对应不那么重要的创新；而且只要"基础"波的繁荣仍然在持续，就会给这些小创新提供一个缓冲；或者换种说法，在"基础"波进入萧条阶段之后，这些更小的"浪花"可能根本无法出现在观察者眼前，尽管它们仍然可以用如下形式宣告自己的存在：通过自身的繁荣来缓和"基础"波的萧条，并且通过自身的萧条来加剧"基础"波的萧条。我们许多人都有这样一种印象，季节性波动在长期萧条时期特别强烈，原因很可能就在这里。每一类周期之内支出的变化都会加重或补偿在所有其他同时出现的周期过程中发生的支出变化的影响，如果没有其他周期，变化也就不会呈现出这个样子。这些周期的波峰和波谷可能会相互抵消，因此对于在它们的共同作用下产生的轮廓线，如果未能很好地认识到任何一个给定周期的特定阶段都可能恰好落在其他周期的某个阶段，就可能是完全不可理解的。那些看似违背了我们的预期的时间序列的特征，通常都可以用这种方法来解释。

其次，那种呈现了不止一个周期性运动的统计和历史图景，可能源于这样一个事实：在构建模型时，前后相继的周期单元并不像我们所假设的那样是彼此独立的——这种假设有很大的方便之处，但并不是必要的。当一些创新被成功地付诸实施时，下一波创新浪潮更有可能从同一领域或相邻的领域开始启动，而不是出现在其他领域。重大的创新几乎从来不会以最终的形式出现，也不会一蹴而就地只限于覆盖它们自己的领域。铁路化、电气化、机械化都是很好的例子。在给定的环境中、在给定的时间内，最多只能成功地建设一条铁路或几条铁路（或者还会更多一些）；但是在新一波铁路建设浪潮成为可能之前，反应和吸收必须跟上。如果汽车一直维持三十年前的样子，如果汽车迄今也没能改变道路等环境条件，那么汽车就不会具有现在这种重要性，也不会成为经济和社会生活变革的强有力的推动器。在这些情况下，创新是分步骤进行的，每一步都构成了一个周期。但是，这些周期可能呈现出家族相似性，它们彼此之间有紧密的关系。这很容易理解，而且正是这种联系将它们焊接成了一个更高层面上的单元，后者将作为一个"历史个体"脱颖而出。这与前面那种情况完全不同。在前面那种情况下，我们面对的是多重周期，每个周期都是一个独立的实体。但是在这里，我们看到的是属于同一类型的周期组成的一个序列，而且更高等级的周期就是这些周期的产物或组合，它是不能仅凭自身而存在的。

最后，这一系列周期，无论它们是否相互独立，都可能是这样一些过程的结果：除了这些周期本身所显示出来的影响之外，这些过程还对其他东西有影响。再一次，铁路化可以作为一个很好的例子。一般来说，新的铁路线路的建设和开通运行，对总体经济状况、与之有竞争关系的运输工具以及生产中心的相对位置，都会产生一些直接的影响。然而，要充分利用铁路新创造的生产机会或消灭其他机会，无疑需要更多的时间。作为对铁路化所改变的环境的适应，人口的迁移、新兴城市的发展、其他城市的衰败以及国家新面貌的形成，则需要更长的时间。另一个很好的例子就是通常被称为工业革命的过程。它由一系列时间跨度不同的周期组成，这些周期相互重叠。但是它们结合在一起，共同促成了社会经济和社会结构的根本性变化，而且社会结构本身呈现出了一些明显的周期性特征。社会结构的这种周期性在价格、利率、就业、收入、信贷和产出的不同变化阶段都有所体现，就像它们在公认的周期性波动中所表现的那样。如果我们拒绝将这一点考虑进来，那么我们就会失去一个让我们的分析进一步深入到经济史材料中的很好机会。再一次，这种周期——如果我们称之为周期的话（或者更确切地说，这是我们通常所称的"长波"的一个方面）——与第一种情况及第二种情况完全不同。与第二种情况的不同之处在于，它是一种真实的现象，而不仅仅是一系列真实现象的统计效应。这些真实现象序列彼此之间的共同点，比这些真实现象与序列之外的类似现象之间的共同点更多。与第一种情况的不同之处在于，它不能与某个特定类型的创新联系起来（与同一时代进行的其他类型的创新相对照），而只是那个时代的所有工业和商业过程的结果。

我们接受所有这些事实，并且如前所述，我们得出了这样一个结论：从理论上说，在任何时刻，在我们的材料中都存在着无限个波。波现在意味着，它们是在真实因素的作用下产生的，而不仅仅是从材料中用形式化的方法分解出来的；这个区分的重要性在下一章中将会变得更加清楚。它们的持续时间（期间）变化很大——因为我们知道其中一些与只运行一两年的过程的影响有关，而另一些与本质上长期的影响有关——但在极限情况下可能是连续变化的。当然，事实上我们并不期望会出现这种情况，相反，我们的预期是，期间将聚集在某些平均值的周围，且只呈现出有限的差异。在这些期间当中，有一些彼此非常接近，以至无法区分开来，或者无法通过形式化的方法（如周期图分析）来发现，而且这些形式化的方法所显示的可能不是真实的期间，例如某个"中间"期间。其他的期间则可能会分隔得很开，从而几近理想地满足了周期图分析的这个要求。

我们的这种说法并没有隐含任何假说。如果非要说它与假说相关，那也只有一点，即它意味着要拒绝接受一个假说——单周期假说。而且，我们也不打算用另一个假说来代替单周期假说。但我们还是要做出一个决定。对于我们的目的来说，就像对其他目的一样，在上面这些结果的基础上构造问题，并试图处理数量无限的周期或无限的周期类型，将是非常不便。事实上也没有必要这样做。很显然，当我们放弃单周期假说时，我们在最初阶段将可以收获所能期望的大部分好处，然而，之后这些好处就会迅速减少。因此，基于本书的目标，我们现在决定只考虑三种类型的周期，并将它们依次简称为康德拉季耶夫周期、朱格拉周期和基钦周期。之所以用这三个名字，是因为我们选择用来识别某个周期是不是属于这三种类型的平均时间跨度大体上分别对应这三位研究者"发现"的时间跨度。[①]

[①] 因为本书作者在决定将"40个月的周期"（当然，这不是说周期的时间跨度刚好是40个月，甚至也不是说周期的时间跨度的众数是40个月）作为自己的模式的一个元素时，所依据的思想主要是基于克拉姆教授的论文给出的工具提炼出来的，所以本书作者原本倾向于将短周期称为"克拉姆周期"而不是基钦周期，但是克拉姆教授的学术良心非常强烈，反对任何看上去可能会显得过度一般化的东西（正如我们在正文中所说的，虽然我们的做法绝不意味着过度一般化），因此作者认为克制一些的做法更正确——而且，基钦的研究也确实旨在为一种无所不在的运动，即一种真正具有一般性的周期提供证据。

由于这个安排在本书下文的分析中发挥着相当大的作用,而且对它的任何误解都很容易给我们对经济周期的研究造成不利的影响(而本书恰恰希望对经济周期研究做出贡献),因此现在必须停一下,对它做些说明。

一、三周期模式不只是"另一个假说"

有一点是我们必须说明的:采用这样一个三周期模式(three-cycle schema)并不意味着我们给出了任何一个用来代替单周期假说的假说,这只是一个决定。这也就意味着,对于这个模式,除了我们接下来将会阐述的内容,我们放弃了任何其他主张。选择一个由三种类型的周期构成的模式,并不是因为它有什么特别的优点。五种类型也许会更好;尽管经过一些尝试之后,本书作者得出的结论是,这种画面的改善并不能保证冗余性的增加。特别是,我们必须一再强调,三周期模式并不是我们的模型的一个推论——而周期的多重性则是——而且无论是赞成它还是反对它,都不能增加或减少我们的基本思想的价值(或问题)。我们的基本思想在采用其他许多模式时仍然是同样正确的(或错误的)。我们在本书中之所以用康德拉季耶夫周期、朱格拉周期和基钦周期这样的术语来讨论时间序列的行为,只是因为作者发现这样做对自己的研究很有用,而且便于整理各种各样的事实。因此,到目前为止,我们可以把三周期模式视为一种方便的描述工具,希望利用这种工具的读者永远不应该从其他角度来看待它。就这一点而言,我们将禁止将单周期模式称为"错误"的:我们唯一可以指责的是它不方便。

二、采用三周期模式的动机

我们做出这个决定的其中一个动机就在于,根据需要运用更可能的周期类型或周期等级(order),以确保周期的多重性的三个原因都有机会发挥各自的作用,同时又不能比需要的更多。[①] 另一个动机是,让"周期

[①] 事实证明,3是满足这个要求的最小值;但是这并不意味着我们可以把每一种周期类型都与其中一个原因一对一地联系起来。由于第二个和第三个原因涉及的效应必须经过较长时间才能呈现出来,所以康德拉季耶夫周期与它们有特定的关系。除此之外,就仅仅是一个偶然的巧合:在讨论了周期的多重性的三个原因之后,我们又将这种多重性限制在三个周期等级或三种周期类型之内。

族"中的长、中、短周期都有各自的代表。最后一个动机是，人们要求所选定的每个周期都应该有明确的历史意义和统计意义。这个要求是合理的，它解释了如下事实：我们给各类周期取的名字，正是"发现"这些周期的研究者的名字，无论对他们的材料和方法会有多少例外，也无论对他们的发现的细节有多大的不同意见；而且许多更加广泛的事实（它们往往是学者在没有任何意图去发现某种周期时观察到的），都非常有力地证明了这三种周期的历史意义和统计意义。

我们现有的材料表明，从历史上看，第一个康德拉季耶夫周期就是工业革命时期，包括漫长的吸收过程。我们把它确定在 18 世纪 80 年代到 1842 年。第二个康德拉季耶夫周期是人们通常所说的蒸汽和钢铁时代，运行于 1842 年至 1897 年间。第三个康德拉季耶夫周期则为电力、化学和汽车时代，始于 1898 年。这种分期方法有很强大的历史依据。但这些周期的界定不但是暂时性的，而且从根本上说是近似性的。它们中的大多数都面临很大的疑问，这一点稍后将会更加清楚。每一个朱格拉周期不仅有它自己的"大"危机——尽管我们不太重视周期的"危机"这个方面——而且都可以与工业和贸易中明确的创新过程建立起联系。一个朱格拉周期的平均持续时间为 9~10 年。不过，这类历史联系疑问最大的还是基钦周期，这部分是因为本书作者未能细致地考察每个基钦周期的任务（这是一个极其繁重的任务），而不得不满足于对其中若干个周期的简要评述。我们得到的结果也不是决定性的；事实上，甚至连基钦周期会不会只是一种适应性的波动这个可能性也没有完全排除（见本章第五节）。[①] 当然，至于统计证据对历史证据的支持是否达到了足以使我们的模式成为一个有用的分析工具所需的程度，我们也留给读者来做出判断。在不同的时间序列和不同的国家，所有类型的周期或所有等级的周期都会有不同的表现：在

[①] 它们可能就是弗里施教授所讨论的那种周期，见他的《传播与脉冲问题》一文，收录于《纪念卡塞尔文集》第 190 页。弗里施得到了这样一些周期：为期 8.5 年的"主"周期、为期 3.5 年的"次"周期以及（可能的）略长于 2 年的"第三"周期。他还设想，后两种周期的性质可能是不同的："次"周期与投资有关，"第三"周期相当于下一节所称的"振荡"（oscillation）。这将使得基钦周期成为一个与朱格拉周期性质相同的真实周期；但是它也可能符合弗里施教授所说的"第三"周期的性质。

某些时间序列中，如生铁消费量和失业率中，朱格拉周期表现得最明显；而在其他大部分序列中，表现最明显的则是基钦周期。而且总的来说，基钦周期在美国比在英国更突出，朱格拉周期则在德国比在英国更突出。[①] 所有这些也就定义了我们要用周期的三个等级来表达的"真实存在"的意义。

三、康德拉季耶夫周期、朱格拉周期和基钦周期之间的关系

从上面给出的多个不同等级的周期同时出现的诸多理由中可以看出，对于我们来说，一旦我们认识到存在不止一个周期性运动就会出现的问题只不过是一个相互干扰的问题而已（不过，附带条件是要令它只关于基钦周期），而不是一个不同原因的问题。它们都需要通过我们的模型所描述的经济演化过程来解释。创新、创新的直接和潜在影响，以及系统对它们的反应，是所有这些的共同"原因"，尽管不同类型的创新和不同类型的创新影响可能发挥不同的作用。有了这个条件和下一节将给出的另一个条件（即不同类型的波动的存在），就可以说我们在所有这些情况下观察到的现象和机制都是相同的。特别是，我们在所有情况下都有同样的理由期待两个或四个阶段。单是持续时间的差异就足以改变由不同等级的周期所

[①] 虽然会有不少机会，但是关于这些不同之处我们很少提及。这样一来，我们在这里强调如下这一点也就显得更加重要了——它们在未来可能被证明是很多类型的问题的非常有用的线索。同样的序列（或密切相关的序列）在不同国家之间的行为差异，可以告诉我们关于这些国家的经济结构、它们的经济引擎的特点以及它们之间的经济关系的很多信息。不同的周期在不同的序列中所表现出的不同程度的差异，充满了关于周期机制的细节和不同周期的特征的潜在信息。此外还应该补充的是，尽管在任何单一的序列中某个给定类型的周期不存在或显得非常弱这个事实肯定是非常有意思的，但是它绝不能与这种类型的周期的"现实"相违背。例如，B. 格林斯坦（B. Greenstein）先生在他的周期图研究中发现了一个周期——他的研究在同类研究中有很高的地位（《周期图分析及其对美国1867—1932年企业倒闭数据的具体应用：相关数据源于〈邓氏评论〉》，发表于《计量经济学》杂志，1935年4月号）——其典型持续时间为9.4年，本书作者对此非常满意（当然，现在读者已经知道他是多么容易满足），认为可以将之列为朱格拉周期的主要统计证明之一。在这种周期中也有小小的波峰，但是没有任何迹象表明它与基钦周期有任何相似之处。然而，这正是我们应该期待的。萧条阶段的波动既然像在基钦周期中一样短暂而温和，那么就不太可能导致异常数量的企业破产（或者更一般地说，导致企业失败），而由于更深层次的工业变革而产生的朱格拉周期的波动自然会更加剧烈。在这个方面，这种情况类似于失业率或生铁消费量的波动——在基钦周期中，它们的变化不会很大。

呈现的图景的许多细节；而且，在许多情况下需要对不同时间跨度的周期分别形成不同的预期。但是，从原则上说，我们的一般命题适用于所有这些问题。

在分析给定的现实模式时，经济演化过程生成了多重性（同一时间有多个波出现）这个观念是非常重要的，因为它让我们看到了经济过程的一个简单的原则（尽管它并不涉及由外部因素产生的那些现象，这是理所当然的）。因此，似乎有必要将它用作解释的一种模式，并且通过将它与我们所了解的周期机制所暗示的附加属性一起加以考察，从而使之适合这项工作，便于分析。在实际分析时，将之表示为三个等级的周期的无限多重性是一个基本步骤。现在我们继续假设，每一个康德拉季耶夫周期都应该包含若干个（整数）朱格拉周期，同时每个朱格拉周期都应该包含若干个基钦周期。产生上述多重性的环境的性质，保证了这种假设的合理性。如果时间跨度小的创新形成的波，在性质相近但时间跨度更大的创新形成的波的周围运行，那么后者各个阶段的顺序就能决定前者的条件，即前者将在这些条件下上升和破裂，并形成更高等级的单元，即便在导致它们的创新完全独立于导致了更长的波的创新的时候，也是如此。这两种运动的各个阶段之间将产生一种关系，这种关系往往使较短的阶段保持在较大的时间跨度之内。显而易见，对于多重性的第二个和第三个原因，也可以得出类似的命题。我们不能认为一个特定等级的周期性运动的单元是相互独立的（不可能比任何一个时间序列中单个项目之间的独立性更高），这个事实可以解释用正式统计方法进行分析时所遇到的许多困难。

落在了下一个更高等级的单元内的那些单元，将显示出一种特别的联系，这种联系可将它们与其他单元区分开来；而且，如果某个等级的周期性运动的若干单元刚好落在了高一个等级的周期性运动的对应阶段内，那么这些单元也会拥有一些共同的特征，在一定意义上，这使得它们构成了一个独特的"团体"。此外还可以推出，每一个较长的波的"扫掠"（sweep），都能够为低一个等级的波提供若干个均衡的邻域。当然，因为在大多数情况下短波必定会出现在这样的条件下，即不是均衡的邻域，但同时又会受到当时运行的长波的影响，所以我们必须修正我们先前的命题

（创新的过程必定始于这样的邻域），而且我们的邻域概念本身也必须修正。从带来短周期波动的交易的角度来看，更长的波的"扫掠"实际上构成了开展经济活动的长期条件，尽管即便从理论上说完美均衡也只存在于所有周期都超过了它们的正常值的那些点。这与企业界对经济波动的态度也是完全一致的。一个商人所能观察到的、感觉到的和考虑到的，都是相对较短的波——在我们的三周期模式中，它们就是基钦周期。其他比这些长得多的波，商人不会认为它们是"波动"，而只会认为它们是好或坏的年代，抑或是"新时代"，等等。因此这里的一个原则是，商人会根据更长的周期的某个阶段的条件采取行动，就像这些条件是永久性的一样。显然，在康德拉季耶夫周期情形中也是如此。在这方面，就像在其他方面一样，朱格拉周期是一种中间情形。因此我们可以说，对于每一个时间序列，任何周期的"扫掠"也就是低一个等级的周期的趋势。当然，我们这样说并不意味着要给出关于不同等级的周期之间的关系的精确假说。特别是，我们必须一再强调，它们的影响不仅仅是加性的（尽管对于我们粗略的分析目标，假设它们是对数加性的可能就足够了）。但是很明显，即便如此，当这三个周期的对应阶段在任何时候发生重合时，总是会产生异常强烈的现象，尤其是当这三个周期同时出现的阶段是繁荣阶段或萧条阶段时。在我们的材料所涵盖的时间范围内，三次最深重、持续时间最长的"萧条"——1825—1830年、1873—1878年和1929—1934年——都清晰地展现了这个特征。

正如读者已经看到的，对于我们现在引入的周期性运动的另外两个特性，是有一些合理的理由的。但是，对于朱格拉周期中的基钦周期和康德拉季耶夫周期中的朱格拉周期的数量都应该是整数这个假设，本书作者却无法找到合理的理由。不过，从对现有的时间序列的研究中我们确实可以得出一个大致的印象——"事情就是这样的"。除了极少数难以处理的情况之外，无论是根据历史证据还是根据统计证据，都可以在一个康德拉季耶夫周期中"数出"六个朱格拉周期、在一个朱格拉周期中"数出"三个基钦周期——而且这不是平均值，而是在每一种情况下都如此。在接下来的论述中，我们将利用这个事实；但本书作者必须马上澄清的是，不但没有任何重大的结果依赖于这一点,而且整个理论模式的任何部分都与此无关。当然,这里没有什么可以保证任何关于规律性的预期能够实现。相反,从基本理念出发的合乎逻辑的预期恰恰是无规律性,因此,为什么在孕育期和系统吸收它们所需的时间上都有如此大的差异的各种创新,却总是会分别产生略少于60年、略少于10年和略少于40个月的周期?确实很难看出原因所在。当然,我们陈述的事实在我们看来是相当有规律性的[①],偏差在任何情况下都很容易用外部干扰来解释,因为我们相信这是一个事实,而不是基于任何有利于它的理论上的先入之见。如果读者接受这个事实,那么他应该认为它不支持(即反对)这里给出的分析模式。如果他拒绝接受这个事实,那么这样的分歧最多也只会导致描述变得复杂一些,而不会有任何其他后果。然而,应该补充说明的是,我们的观察大体上符合许多关于周期持续时间的著名估计结果,而且看上去就像实际情况一样令人奇怪——这只是因为我们将通常不会同时提出的估计合并在了一起。

第五节 其他形式的波动

我们一直试图描述其机制和原因的这些波动,并不是仅有的经济波

---

① 当然,这在很大程度上是一个见仁见智的问题——或者说是一个检验的问题,关于检验的有效性是一个见仁见智的问题——我们究竟应该在多大程度上承认这个事实。本书作者已经非常清楚地阐明,周期是一种无规律性的现象,在一个被其他无规律性因素干扰的环境中发挥作用。对于他人对自己的模式的意义的任何误解,如果这类误解不会经常发生,那么本书作者就不会过分在意。当然,从那种显然不适用于我们这里的材料的标准来看,人们也很容易辩称本书作者或任何其他学者都没能证明任何规律性,特别是我们的三周期模式并没有被后面提出的证据充分证明。因此,再一次强调我们将要运用的概念(例如,基钦周期)的含义,也许并不是多余的。我们认为,存在一些波动,它们比朱格拉周期的波动要短,但是我们仍然认为它们具有类似的性质,并且我们认为它们可以用稍稍超过三年这一典型的持续时间来表示。我们并不是说它们的时间跨度正好是40个月——在大多数情况下,它们要更短一些。我们也不认为"略微超过三年"代表了一个平均值或众数,满足任何形式的弥散检验。本书作者认为,任何这样的检验都没有太大意义。这也正是他要把时间跨度设定为不那么确定的原因。本书作者清晰地记得,有一次当他满足于用一种为期48个月的"定期性"来说明"40个月的周期"的存在性时,他最好的助手惊恐不安地举起了手。本书作者可以坦率地承认,这听起来似乎很荒谬,但是他的本意并非如此。他只是觉得有理由去寻找那种明显大于1年并明显小于9年的波动的轨迹。它们总是可以找到,尽管往往只是以变化的速度这一形式存在。

动。这一点是显而易见的，读者只需要考虑季节性波动就会非常清楚。统计分析和理论分析清楚地揭示了，在我们的材料中还存在着许多其他的波浪状运动。除了静态均衡理论的目的之外，确实应该把经济过程视为由许多性质相异但却同步的波构成的非常复杂的组合，它们与我们在这里感兴趣的那一类波全然不同。未来理论研究最重要的任务之一也就是在这个方向上。

我们所关心的经济周期实际上完全不是人们通常在使用"波"（wave）和波动（fluctuation）这两个术语时所想到的东西。它们是这样一个过程的结果：它们虽然确实会在图形上生成向上和向下的运动，但是这些运动并不类似于一条弹性弦或一片弹性膜的振动（一旦启动，如果没有摩擦，就会无限期地继续振动下去），因为它们要归因于创新的"力"的间歇性作用，而均衡的"力"的作用每一次都是由它们带动着发挥出来的。当然，还有其他一些经济波动更接近那种物理类比。

一、外部因素，特别是战争、黄金产量的偶然变动、作物收成等产生的"特殊的波"（特殊周期）

然而，在讨论这类经济波动之前，有必要再次指出，我们说的这个周期即便是置身于所属的类别中也并不"孤单"。许多现象都是在多个外部因素同时起作用的情况下产生的，这种现象序列从许多方面看起来类似于周期性过程的一个单元。在某个世界中，如果它们发生的频率足够高，如果它们是仅有的作用于静态过程的因素，那么时间序列就可能会呈现出波浪状运动的图像，即便不存在围绕它们的振荡也是如此。战争融资就是一个很好的例子。虽然战争需求是用通货膨胀的方法来融资的，但是我们可以观察到许多我们可能会将它们与周期的繁荣阶段联系起来的现象。当战争需求停止、预算再次恢复平衡时，我们又将观察到经济衰退和萧条阶段的大部分表面现象——与次级波叠加——而且在此之后又会出现一个时期，它应该会表现出周期的复苏阶段的许多特征。工业组织在这个过程中也会发生相应的转变，首先会从和平生产转向战争生产，然后又从战争生产转向和平生产，这些都将提供进一步的可类比性。当然，原因和结果都是不同的，但是总会出现"波浪"。事实上，有许多研究者对周期性过程进行的推理都更加适用于这种"战争之波"，而不太适用于经济周期。在我们看来，有相当一部分错误的分析可能是由与外部干扰的模式或运行方式进行类比导致的。因此，进行系统性的研究以找出各种相似之处和不同之处，应该有一定的意义（尤其是在参照货币机制的行为的情况下），但是我们不能在这方面花太多时间。

另一个可能导致我们的部分或全部序列产生"波浪状"行为的外部因素是黄金产量的变化，或者更严格地说，这个外部因素是指仅仅由于黄金矿藏的偶然发现或"自主"发现而导致的黄金产量的变化。由于那些用这种因素来解释短波（例如我们所说的朱格拉周期和基钦周期）的理论已经不再有追随者，所以唯一有待解决的问题是长波是否还可以用它们来解释。对于这一问题的答案，本书作者将在下文的许多地方陆陆续续提到，尤其是在讨论历史的各个章节以及讨论价格和中央银行的章节中。[①] 但在这里我们首先要再次直接指出一点，那就是，无论我们对这些相关性的价值有什么看法（它们明显支持这样一种长波理论），也无论我们对这个问题的净效应的深度有什么看法（同时考虑到货币立法的变化、付款习惯以及保持储备的习惯），我们都不用面对另一种解释，接受它就意味着必须放弃我们在本书中给出的解释，反之亦然。首先，这一点就黄金产量的变化而言是显而易见的，因为这种变化本身也可以认为是由我们的生产过程引发的；而且这也适用于自主发现。它们只会改变企业家的创业活动的某些条件；正如我们必须不厌其烦地反复指出的，如下说法肯定是极其荒谬的——加利福尼亚和澳大利亚的黄金大发现引发了铁路大建设，或者说南非的黄金大发现导致了经济世界的"电气化"。这些都是在黄金产量出现这种变化之前就开始发生的，没有任何理由说没有黄金产量的变化这些就不可能发生。其次，黄金的发现是通过利率和价格对整个经济系统发挥作用的，而且通过利率发挥的作用是全部经由银行机制、通过价格发挥的作用是主要经由银行机制实现的。因此，这种影响永远不能直接从黄金产量

[①] 本书作者将在他论述货币问题的著作中更全面地处理这个问题。

或用作货币的黄金数量的变化（用作货币的黄金数量的变化，也是黄金产量以外的其他变量的函数）中剔除，而是体现了银行及其客户的反应。不过，最后显而易见的是，只要黄金在货币体系中扮演着主要的角色，那么从长远来看，当黄金产量出现很大的变化时，价格和价值将不同于黄金产量没有发生变化的情况，尽管这种变化不会像货币数量理论所预期的那么大。这个事件图景的许多细节都可以这样追溯下去。由于价格和价值的"水平"和"趋势"都会受到影响，因此在一定意义上甚至可以说这种波是一个因黄金的影响而产生的相当独特的现象（sui generis），当然，在这种波上还要叠加我们所说的过程（不过，不是加性的）。

更有启发性的是所谓的"收成周期"，这不仅因为它本来就一直被人们称为一种"周期"，还因为正如读者所熟知的，一些学者还将它作为一般性的（中等长度的）周期理论的基础——例如，W. St. 杰文斯（W. St. Jevons）和 H. L. 摩尔。在这里，我们又看到了一种作用于经济系统的间歇性的力量。[①] 至于"收成周期"到底是不是严格地周期性地或准周期性地发挥作用，我们完全可以不讨论，因为这只会影响这种周期本身的规律性，但在我们看来这种规律性在任何情况下都只能是次要的。不过还有另一个问题，即收成如何影响总体经济状况，却不像我们最初想象的那么简单。就其本身而言，农作物收成的自动变化（也就是说，对当前系统所适应的产量的偏离，必须只考虑天气、瘟疫等因素的影响，而不能考虑农业领域的创新的影响，也不能考虑耕作面积或耕作强度对创新的适应性的增加或减少，因为所有这些都是我们的模式之内的东西），更直接相关的是福利状况而不是繁荣或萧条。对于后者而言，重要的只是此类事件将会对价值和收入产生的影响。如果不正常的收成和正常的收成能够卖的钱一样多，那么就不会产生很大的影响；不过，如果每个家庭和企业在农

[①] 读者可以比较本书后面的内容与庇古教授在他的《工业波动论》一书中给出的相关论述。在这里和其他地方，我们都只是对这个主题做出了一些浅尝辄止的评论，因为除了用于解释某些特殊情况之外，最好单独处理它。因此，我们不讨论所涉及的技术性问题，这些技术性问题要从什么是坏收成开始问起。例如，在德国不利于小麦生长的降水和温度却有利于增加土豆的收成。确实，即便是在德国等领土延伸范围并不算太大的国家里，对境内某种特定的作物的这种补偿效果也不是微不足道的，尽管全境性的灾难可能足以影响总体经济状况。

产品上花的钱不是与以前一样多，那么还是会出现一些干扰。如果价格上涨或下跌，那么收入和支出将发生变化，但是在一个孤立的国家繁荣或萧条并不一定随之而来。这是因为，就算在农业部门真的会发生繁荣或萧条随之而来，也会被其他部门的方向相反的情况所抵消。

这个结论牢不可破，下面这两种反对意见都不能影响它。有人声称更低廉或更昂贵的面包价格会影响工资，但是正如古典经济学派所阐明的，这种影响的效应从英国、德国和美国的情况来看（至少是自19世纪70年代前后以来）是完全可以忽略不计的，除了一些实质上属于短期内的特殊情况之外（而且它们相对于农作物收成的变化从来都不是重要的）。还有人声称这会影响努力弹性，例如在美国，非农业部门会希望扩大产量，以买下超常的农作物，因为明确不存在任何机制来实现这种愿望。如果说这个结论看上去似乎违背了所有经验（特别是，如果这个国家的每个人都已经习惯于期望好收成能够造就更好的经济状况），那么这主要是由于如下事实：在大多数情况下，尤其是在欧洲，如果恰逢粮食歉收，那就意味着出口价值的上升，从而直接对整个经济系统产生影响。然而，还有一些其他的可能性。在预期能够获得更高收益的时候，农民的借贷和支出就会迅速上升，远远超出收割和转运销售农作物所需的（如果收成是超常的，这些也将会变成超常的，尽管不是按比例出现）。事实上，我们在美国的农业区可以观察到，银行活动在这种情况下确实有所增加。这样一来就可能会给所有行业带来活力。此外，许多行业都将主动为满足农民的需求做好准备，并进行借贷和扩张，直到其他行业的需求出现抵消性下降为止（但是这种下降可能根本不会出现）。不过，虽然我们因此能够观察到农作物收成的偶然变化会对总体经济状况产生一定的影响（甚至除了对出口价值的影响之外，还有其他影响），但我们也要看到这种影响主要取决于信贷结构的反应——这就意味着取决于借款者和贷款者的反应——既不那么稳定可靠，也不像通常所认为的那么强。它可能会减轻萧条或促进繁荣，因此往往有助于扭转局面。在其他一些情况下，它甚至似乎能自行扭转局面，尤其是如果我们承认存在变量的滞后。但是毫无疑问，任何声称它解释了经济过程的周期性特征的论断都会被推翻（只要证明经济过程会显示出自己的周期），即便没有外部因素对它起作用也是如此。因此很自然地，我们要做的是把农作物收成的偶然变化所引起的常见波动看成一种特殊类型的周期——下文简称为"特殊周期"（special cycles）①。这类周期可以叠加在作为本书研究对象的那些周期之上（再一次，不是加性地叠加在那些周期之上）。② 对于这种特殊周期的相对重要性，我们不会给出理论上的假设。但是毫无疑问，它在不同的历史时期和不同的地理区域之间有明显的不同。在某些时期和某些国家，这种特殊周期可能会主导观察到的波动。在这方面，1900 年前后的俄国提供了一个很好的例子——尽管它不是一个简单的例子。

当然，至于它会不会就是这种特殊周期的唯一实例，这是一个事实问题。如果我们的回答是肯定的，那么也只意味着我们不知道还有别的什么例子。在构建实例时我们已经看到，某种看起来非常特殊的运动最后仍然可以纳入周期性事件的模式当中，并将之解释为某个可以追溯到我们的过程的条件的结果。除了受天气影响的农作物之外，本书作者还没有遇到过如下情况的其他例子：在这种情况下，除非我们选择把战争和金矿的自主发现包括在内，否则就不可能这样做。

---

① 我们一定不能把特殊周期与（比如说）某种商品的价格或数量对均值的偏离相混淆。构成一种特殊周期的并不是特定的反应形式，而是特定的因果关系。此外，特殊周期这个概念与米切尔教授提出的特定周期（specific cycle）概念无关。

② 有人认为上面这种表述与米切尔教授的观点是一致的。此外，它与 V. P. 季莫申科 (V. P. Timoshenko) 的理论（见他发表于《密歇根商业研究》杂志上的《农业波动在经济周期中的作用》一文，1930 年），以及 H. L. 摩尔的理论也相去不远。摩尔的理论体现在他的《经济周期》（*Economic Cycles*，1914 年，第 127 页）一书中。他在书中指出："工业活动的周期和一般价格的周期根本而持久的原因就在于每英亩作物产量的周期性波动。"他用 9 种作物的产量指数来表示这种波动。当然，摩尔所声称的这种因果关系并不成立，即便对作物产量指数的线性趋势的偏离与对生铁产量的线性趋势（有两年的滞后期）的偏离之间的相关性比原来的更加令人信服也是如此（关于这一点以及滞后的不稳定性，请参见季莫申科的论著，第 50 页）。相比之下，季莫申科的结论不仅更加谨慎，而且主要强调的是总体的农业发展的周期重要性。当然，关于这一点我们并没有什么可争论的。我们愿意在此重申，我们所要处理的只是作物收成的偶然变化的影响，而无意尽量降低农业部门在我们的过程中的重要性。我们也从来没有反对 S. A. 佩尔沃申（S. A. Pervushin）对苏联经济波动的分析，他的分析纠正了杜冈-巴拉诺夫斯基（Tugan-Baranowsky）对农业波动的重视不足的缺点［刊载于《经济研究季刊》（*Vierteljahresheft zur Konjunkturforschung*）的第 12 号专刊]。关于农业与经济周期之间的复杂关系，本书讨论历史和战后经济的各章节还会涉及。关于"天气和收成周期"，也请比较威廉·贝弗里奇（William Beveridge）1921 年 12 月在《经济学杂志》（*Economic Journal*）上发表的文章。

二、适应波和振荡波，斯勒茨基效应，累积、加速和自我强化及一个示例

现在我们继续考虑更接近弹性波模型（声波模型）的那些波动。我们可以从一个一般性的评论开始。关于如下事实，即一个遍及一切的周期可能是由经济系统内的某个特定原因或部门性原因引起的（例如，农业部门的产出的偶然变化），我们有了另一个例子——当然，创新机制永远是最突出的例子。我们现在必须进一步注意到这样一个事实：产生波浪状运动所需的冲击或"力"或因素——简言之，对波浪状运动"负责"的那种事物——本身却不一定是间歇性地运动，或者说不一定是以波浪状形式运动。它的图形不一定会显示出任何波动性。在这里有一种情况，我们可以把它想象成这样一个容器：水以完全恒定的速度流进这个容器，这个容器的特定构造使得每当水累积到一定的重量，就会通过一个阀门放出来。储蓄或许可以作为一个经济实例，尽管我们不可能真的认为储蓄会以这种方式独立于打开和关闭阀门的过程。而为了举例说明另一种情况，我们将借助弹性弦类比：在不存在摩擦的情况下，只要拉一次弦，它就会一直继续振动下去。我们对这种情况的兴趣主要限于这里。然而显而易见，前述两种情况都产生于我们所说的"某种事物"所作用的系统的特定性质，并且在很大程度上独立于后者本身。这类经济"波"构成了一个独特的类型。丁伯根教授甚至认为它是唯一"内生"的波，因而是真正意义上的经济周期分析的主要对象。当然，从我们模型的设计就可以清楚地看出，为什么我们没有在这个问题上追随丁伯根教授的思路，以及为什么这种类型的波在本书中只能占次要的地位。但是，在研究我们的材料时，我们必须时刻注意到它们，而且现在我们就必须清晰地界定它们与我们说的周期之间的关系。我们将把它们称为适应波（wave of adaptation）或振荡波（wave of oscillation）。

那么，某个经济系统在没有任何特定的"力"施加于它时，会不会完全只因为它自己的结构而以波浪状形式运行呢？这是一个很好的问题（在第二章的讨论基础上，我们知道这个问题的答案应该是否定的），不过我们要先把它放到一边。接下来，我们将先讨论斯勒茨基教授提出的一种可能性，即大量随机的小型冲击对某个过程的持续作用，会赋予这个过程

某种波动性质（undulatory character）。这就是通常所称的斯勒茨基效应（Slutsky effect）。① 为了呈现这种现象，我们可以设计出这样一个模型：由完全随机的项目（例如，彩票的最后一位数）组成的那些序列，都变成了由相关的项目组成的序列，方法是进行 n 阶移动求和，以使得在后者当中"对于每两个相邻的项目，每个项目都有一个它自己的特定原因和 $n-1$ 个与另一个项目共同的原因"。在进行这样的操作之后，非常强的周期性运动立刻就会呈现出来。例如就未加权的 10 年移动求和的情况而言，它非常好地模仿了多萝西·S. 托马斯（Dorothy S. Thomas）博士给出的英国经济（剔除趋势后的）季度指数。

把关于随机事件的分布的经典假说推广到随机事件移动的分布之后得到的这个结果是最有趣的，不过，在此我们不能讨论这个结果所提出的经济、统计和认识论问题。常识告诉我们，小型扰动的影响不断累积的情况确实经常会在经济生活中遇到，然而尽管如此，由于经济系统中广泛存在着各种各样的减震器，我们不应过分依赖这个事实，也不应该在没有对每种情况进行有针对性的经济分析的前提下贸然套用斯勒茨基定理。虽然对于仅仅由这个事实就会产生波动性运动的可能性可以立即加以承认，但是斯勒茨基教授在提出将这个定理应用于经济过程时就表明了如下态度。首先，他认为这是对现实经济周期的一个可能的解释；其次，他认为他的序列的协变与周期的指数之间有一定的关系。因此，以下评论并不是完全多余的：从斯勒茨基教授的第一点来看，任何一个经济过程模型，如果可以通过这样的解释得到辩护，那么必定是完全不切实际的；而且，从斯勒茨基教授的第一点来看，用最小二乘法（或任何依靠类似假设的方法）来剔除趋势当然大大有助于偏差符合斯勒茨基模型。即便不存在任何需要剔除的趋势，只要选择适当的期间，也可让任何具有足够规律性的波动序列近似地再现于任意随机序列。为了便于讨论，我们假设所有的序列都符合规则的正弦函数。那么，关于这些正弦可能由随机原因的累积而产生的证

---

① 请比较 E. 斯勒茨基（E. Slutsky）在他的论著（《累积的随机原因作为周期性波动的来源》，1927 年）中的论述。但他的这部作品是用俄文写的，本书作者只读过它的英文摘要。不过最近，斯勒茨基教授又以英文发表了他的理论，其中包含一些重要的结果，而且这些结果完全没有包含在那篇摘要中，请参见 1937 年 4 月的《计量经济学》杂志。

明，无论多么有趣，都不能作为证据，甚至不能作为理由，去怀疑它们就是这样产生的，否则所有的类正弦过程都必定是这样的。但这个证明还是为我们做了以下两件事：首先，它否定了这样一个论点，即由于我们的序列显示出了明显的规律性，因此它们的行为不可能是由随机原因的影响造成；其次，它为我们探索经济机制的一个重要组成部分开辟了道路。R. 弗里施在一篇很有影响力的论文中对这个问题进行了探索。①

在一个随机数序列中运行这种"累积"操作可以创造出"周期性"波动，而且这种波动可能很便于用来描述经济时间序列的运动，这种情况在布洛克（Bullock）教授、克拉姆教授和珀森斯教授那里也得到了讨论。他们的思路与 K. G. 卡斯滕（K. G. Karsten）先生的解释有关，受后者关于哈佛曲线的正交理论的启发。对于这种解释所涉及的经济或统计数据，我们无须在此专门加以评论。② 但有必要再次强调这样一个事实，即在许多经济过程中，这种效应的累积与加速、自我强化和倍增一样，都是显而易见的"现实"。所有这些现象，都是每个人熟知的（因此几乎没有必要专门去下定义）。在通常的关于繁荣和危机的历史报告中，它们全都属于最古老的那些类型——在某些情况下，它们就是全部。在我们的整个分析中，之所以没有对它们在周期机制中的作用加以进一步的强调，原因仅仅在于这种作用已经从多个方面得到了充分的考虑，特别是通过次级波和恶性循环等概念。在理解这些概念时，必须包含它们；而且这些概念是嵌于其中的，因为它们本身就处于一个明确的过程当中，是这个过程给了它们适当的背景和推动力。

我们现在必须补充的是，这些现象当然也可以因在它们当中偶然发生的外部因素的影响而产生，因此，每当这些因素冲击系统时，部分循环机

---

① 见 R. 弗里施《传播与脉冲问题》一文，收录于《纪念卡塞尔文集》第五部分。虽然弗里施引用了维克塞尔和斯勒茨基的论著，并以之为出发点，但是他的论点却完全不同；他提出的变动谐波（changing harmonics）概念就是一个例子。关于这一点，也可以参见他发表在 1928 年的《斯堪的纳维亚精算杂志》（*Skandinavisk Aktuarietidskrift*）上的论文。

② 感兴趣的读者可以参考他在《经济统计评论》上发表的那篇论文（1927 年）；也可以阅读布雷夏尼·图洛尼（Bresciani-Turroni）教授在 1928 年 1 月、5 月和 7 月的《经济学家杂志》（*Giornale degli Economisti*）上发表的论文《对经济晴雨表的分析》（Considerazioni sui Barometri Economici））。卡斯滕先生的解释则发表在 1926 年 12 月 19 日的《美国统计学会会刊》上。

制就会再现。然而，接受它们作为对历史周期的充分解释似乎还是存在一定的风险。正如我们在第一章已经指出的，对于那些用外部因素来解释经济波动的理论，绝不是简单地说一句"它们明显是荒谬的"就可以。事实上，这些外部因素能够通过累积、加速等方式发挥作用，只不过没有必要将它们的重要性拔高到足以生成重大的经济起伏而已。特别是，有人或许还会认为，如果这样的事件启动了一个自我强化的繁荣过程，那么它就会自行继续进行下去——比如说，对消费品的需求的每一次上升都会增加对生产设备（资本品）的需求，而生产设备的产出的增加又会再一次提高消费者的购买力，如此循环反复——从而导致一种越来越不稳定的情况；因此，它持续的时间越长，崩溃所需要的冲击就越小（当一个同样自我强化的萧条过程开始时）。这种解释的不足之处并不在于如下事实，即在讨论单个危机的通俗和半通俗的作品中（类似情况主要发生在单个危机中），累积、加速等都只不过是一些与缺乏精确性的表面观察有松散关联的词语而已。毫无疑问，我们完全有可能表述得更好。因此，我们在这里要极力敦促两点。首先，要想构建这样一个理论来提供符合逻辑的根本性解释，就必须证明，通过在"自我强化"这个标题下所包含的要素，一个小小的扰动就可以导致严格的静态过程出现一个周期——在这个静态过程中，所有的稳定"力量"和机制都完全不受影响，就如同未灭的烟头落在了潮湿的草地上一样。如果不能成功地通过这个检验，那么这个理论就会被打回原形，即仍然不得不认为经济波动源于战争、严重的社会动荡、货币或经济政策的突然变化等重大干扰；那当然是任何人都会同意的。如果以"实际状态从来都不是稳定的"为由拒绝接受这个检验，也就等于回避了问题的关键。[①] 其次，我们再次强调，正如我们在讨论恶性循环时所做的那样，从历史上看，从未出现过任何一个必须通过这种方式来解释的"波"。

---

① 不过，在一种情况下这样的拒绝必须被接受，尽管这样做只会导致对原则性问题的冗长讨论。这种拒绝又是以否认系统中存在任何均衡趋势、均衡机制或保守"力量"为基础，因而系统的方程组根本不存在稳定解。当然，这也就意味着一幅与我们一直试图描绘的经济现实完全不同的图景。然而，由于两者都只是分析模式，所以在它们之间进行选择（只要不是基于科学以外的偏好）就不得不依赖于各自的结果。在一个永远只会通过加速方式来做出反应（以及对反应做出反应）直到出现灾难为止（或者直到最低点，然后向上拉起）的系统中，解释波动确实非常容易——事实上，这种解释根本就是多余的。

约翰·阿克曼（Johan Akerman）给出的命题本身——小的干扰可能导致大的干扰——也没有因为这些考虑而完全失效，见他的论文《经济生活的节奏》（Det ekonomisk livets rytmik，1928年）。

然而，简单地通过自我强化的方式放大的小扰动产生的波，并不是"弹性"波。不过，值得一提的是，我们或许也可以从这种加速中推导出"弹性"波。以价格水平为例，为了便于论证，我们假设它受到存款水平 Q 的影响。考虑它随时间变化的形状 $P(t, Q)$、它在时间上的变化率 $\dot{P}$，以及后者本身的变化率 $\ddot{P}$。接下来，我们用这个例子证明如下假说（你不一定相信它是真的，而且在任何情况下都没有太大的意义）：这种价格水平的加速度与价格水平对 Q 的二阶偏导数 $\ddot{P}=c^2 P''$ 成正比（这个偏导数也是一种加速度），其中 c^2 是一个常数比例系数。我们只需要采用通常的方法就可以解出这个偏微分——它有一个很应景的名字波动方程，尽管并不一定代表着一个波——通过将 P 表示为两个函数的乘积，每个函数都只针对两个变量中的一个，即 $P=f(Q) \cdot \varphi(t)$。为了满足我们的微分方程，下式必须成立：

$$\frac{f''}{f} = \frac{\ddot{\varphi}}{c^2 \varphi}$$

而这个式子只有当等号两边都等于一个常数时——比如说等于 $-K^2$——才可能成立，这是因为它们分别依赖于不同的变量。这样一来，我们就能分别对每一边求解，并且很容易就可以得到一个用正弦和余弦表示的通解①，然后在这个通解上施加与我们的事实相适应的边界条件。我们不能在这个例子的基础上做出任何断言，而只能说它确实表明了一种乍一看可能令人怀疑的可能性。

三、"犹豫"和振动、总量（宏观动力学）的波动、卡莱茨基的理论以及其他模型

对于适应波或振荡波，正如我们在第二章已经指出的，任何一个碰巧

---

① 当 R、S、T 和 U 均为常数时，通解为：
$$f(Q) = R \cos KQ + S \sin KQ$$
$$\varphi(T) = T \cos cKt + U \sin cKt$$

位于均衡之外的价格都可以作为说明它们的最简单的例子。即便没有进一步的干扰发生，我们也不能说已经观察到它立即恢复了均衡值，或者说它直接趋向那个均衡值并停留在那里。通常，它会错过或者超过，然后再回过头来。对此，瓦尔拉斯的说法是，要通过一个"不断摸索"的过程才能达到均衡。我们的大多数序列都是这样的，有时这是某种技术原因所致。例如，在证券交易所，多头和空头会不时地巩固头寸并进行回补，然后再继续进行交易。但这并不是绝对必要的。我们所能得到的周序列（甚至月度序列）的图形，都呈现出了这种性质的振荡——表现为更高层级运动的锯齿状的轮廓。对此，我们或许也可以称之为"犹豫"（hesitation）。相反，如果某个序列以上述方式做出反应的变化，不是源于该序列自身，而是源于另一个序列——例如，考虑利率可能由于价格水平的给定变化而产生这种类型的振荡［参见津恩（Zinn）先生1927年10月发表在《经济统计评论》上的论文］——我们就称之为"振动"（vibration）。

犹豫和振动是循环机制的重要组成部分，尽管在本书中它们似乎没有呈现出应有的重要性，这是因为本书除了深入阐述基本原理和描述最一般的事实轮廓之外，基本上无法继续对任何其他东西展开讨论。但是我们必须再次强调，它们都不会只局限于特定的周期性干扰。相反，任何干扰，无论其性质如何，都会产生犹豫和振动。因此，我们说的周期和其他波动之间的表面相似性将会加强，而且它们启动的所有振荡都将相互干扰。对于那些由于引入了滞后变量或滞后变量及其对时间的导数，又或者由于引入了变量的过去值和（预期的）未来值的影响而产生的适应波来说，也可能会是这样（虽然它们不一定会如此）。[①] 在有些情况下，比如说某种商品的数量——例如，在那些会导致蛛网效应问题的情况下——会适应自身的滞后，或者不同滞后的长短或对不同滞后的适应速度在系统的不同部分

---

① 在技术方面已经取得了相当可观的进步。与在其他方面一样，在这个方面所有研究经济波动的学者都要感谢埃文斯教授和鲁斯先生。特别是，他们（以及丁伯根教授）是最早认识到维托·沃尔泰拉（Vito Volterra）的函数演算的用途的人。关于泛函分析对经济学研究的重要性，也请参见（例如）丁伯根在1933年1月发表于《计算经济学》杂志上的论文。弗里施教授则发展出了一种最直接有用的技术（见《计量经济学》，1935年4月号）。

之间是不同的，从而导致某种中间状态的出现，它们做出反应的方式将使得波浪状运动不断持续下去。对于这种情况，我们在第二章讨论过了，而且在第十章还会再次讨论。显而易见，从常识就可推知，它们的出现是完全可以理解的。不过，关于它们的精确理论，虽然对一般价格理论来说堪称最重要和最有希望的贡献，但是除了少数情况，超出了本书论述的范围。① 在这里，再一次重复下面这一点就足够了，不管它能在多大程度上阐明循环过程和其他干扰机制的细节，它都必须与其他命题结合起来，才能成为一个关于循环过程的理论。除非这样做，否则这种工具就无法与任何解释兼容，并向每一种解释提供相同的"服务"。F. C. 鲁斯（F. C. Roos）对周期性问题所持的非常普遍的观点，从他给自己设定的任务的角度来看，是可以理解的，也是正确的。

通过相同或相似的方法，可以将总量理论"动态化"（"宏观动力学"）。例如，交易方程（$MV=PT$）这个最古老和最广为人知的总量理论命题，就其本身而言只是一个均衡条件。但是，通过引入滞后和变化率，很容易就可以使它具有动态性。或者我们可以简单地假设某一时刻的工业产出是某一更早时刻价格水平变化率的函数，即假设工业生产对刺激的反应有一定的滞后。在使用这个模型的时候必须很小心，因为对于一个存在着许多个量之间（甚至是总量之间）的相互作用的过程，用这样的双变量关系来处理必定会造成扭曲，但好处是很容易看清楚这些变量的波浪状时间形状是如何生成的。价格水平和产出量之间的滞后本身不会产生这种形状，除非我们假设工业的行为就像养猪人通常应该会做的那样。然而，如果工业在任何时候对价格水平在早些时候的变化率做出反应，例如以总产出增加的形式对正的变化率做出反应，那么这种增加就会倾向于反过来导致价格下降，即一个负的价格水平的变化率——只要我们愿意，除了这个模型隔离出来的这种关系之外，我们选择忽略其他一切，那么这种情况将

---

① 然而，我们将引用 J. B. S. 霍尔丹（J. B. S. Haldane）先生于 1934 年 6 月发表在《经济研究评论》上的论文和 F. C. 鲁斯先生于 1930 年 10 月发表在《政治经济学杂志》上的论文。读者可以在丁伯根教授发表于《计量经济学》杂志上的一篇综述（1935 年 7 月号）中看到他对这个主题的入门介绍非常精彩，特别是其中的第 15 节和第 16 节（讨论了滞后方法和波动条件）。

永远继续下去，甚至可能以一种爆炸性的方式继续下去。根据欧文·费雪教授的建议（我们将在其他地方讨论这个建议），路易吉·阿莫鲁索（Luigi Amoroso）教授对这个模型进行了扩展，使其包含所有的总量过程。然后，费利斯·芬奇（Felice Vinci）教授的研究以类似的思路又向前迈出了一步。[①]

作为另一个例子，还可以讨论一下卡莱茨基的理论。[②] 传统上，在描述周期性序列时，投资起着至关重要的作用，卡莱茨基的理论遵循了这个悠久的传统，但它是以一种独创的方式做到这一点的。为了推导出投资的周期，而不是由周期性冲击产生的周期，卡莱茨基引入了一个期间概念，即从订购设备到设备交付所必须间隔的那段时间；为了简单起见，他还进一步假定这段时间是恒定的（或几乎是恒定的），而且对所有投资品都是如此。现在，我们可以试着让这种滞后产生一个周期。具体方法是，将丁伯根教授构造的那个造船业的特殊例子一般化（我们在第十章讨论那个例子）；也就是说，我们令新投资品（减去那些用于替换的投资品）的交货期直接取决于某个更早的时间点上的投资数量。不过，卡莱茨基并不是这样做的。相反，他明确地引入了利润加利息（等于"资本家"的消费加储蓄）[③]，并令超过替换所需的设备的订单——假设整个周期的替换需求都是恒定的——线性地依赖于它们和当时存在的工业设备总量。然后他用新设备的订单来表示这两项——这是他的原创之处。为了更好地说明这一

[①] 见阿莫鲁索的《数学理论对经济动力学的作用》（Contributo alla Teoria Matematica della Dinamica Economica），发表于《经济学家新论》（Nuova collana di Economisti），第五卷，1932年；《价格动态》（La Dinamica dei Prezzi），刊载于《法西斯蒂大学集团》（Gruppo Universitario Fascista），罗马，1933年（油印本）。芬奇的理论已于1934年4月发表在《计量经济学》杂志上，它无疑是一项非常有意思的贡献。不过，他所给出的方程组（第137页），尽管为八个未知数设定了八个方程，但是在本书作者看来仍然不容易处理（考虑到方程Ⅲ和方程Ⅳ的形式）。丁伯根教授（建议读者阅读的那篇综述包含了他对这个模型的批评）似乎比本书作者对解的唯一性更有信心，但是对其中所包含的经济假设的合理性则更缺乏信心。

[②] 这个理论曾多次发表。最早的一个版本是用波兰语写的，因此本书作者未能了解。1935年7月的《计量经济学》杂志（与此相关的评论发表在1936年10月的《计量经济学》上，说明了价格和工资是如何隐式地进入模型的）、1937年2月的《经济研究评论》分别发表了它的英文版。在后者中有这种理论与凯恩斯理论的比较。我们不能在这里详细地讨论这个问题。本书所能介绍的只有基本思想和对所涉及的原理的评论。

[③] 在丁伯根教授的造船周期模型中，它们当然也存在，但只是隐含的。

点，我们在这里复述一下他的论证过程。令 $l(t)$ 为 t 时刻的订单量，θ 为滞后，A 为"资本家"所储蓄的那部分收入（除了"资本家"之外没有任何人储蓄）。为了简化卡莱茨基的假设，我们将忽略这些"资本家"在消费品上的那部分支出，这样一来 A 就变成了"资本家"的净收入总额，等于在一个（很小的）时间单位内生产的超过替换所需的设备的货币等价物（已经根据价格水平加以修正）；这是因为，卡莱茨基自己就是令"资本家"的收入等于消费加上在设备上的积累。从而，$A\theta$ 为在滞后期内定下的、支付的和接收的订单数量。如果令 $K(t)$ 为 t 时刻存在的设备"总量"（等于修正值），那么下达的订单"数量"就可以表示为利润率和利率的线性函数。跟随卡莱茨基的思路，我们选择的不是订单的数量 I，而是订单的相对数量 I/K；不过，这里是把它作为因变量。此外，我们不考虑利息，理由是它只是利润率 A/K 的一个单值递增函数。这样一来，我们就有

$$\frac{I}{K} = \varphi\left(\frac{A}{K}\right)$$

而且既然我们假设这个函数是线性的，那么我们有：

$$\frac{I}{K} = m\frac{A}{K} - n$$

这里的 m 和 n 是常数；上式也可以写为：

$$I = mA - nK$$

又或者对时间求导，我们有：

$$\dot{I} = m\dot{A} - n\dot{K}$$

但 $A\theta$ 等于期间 θ 内每个时间单位上的订单的积分，因此 A 等于这个积分除以 θ。从而在 t 时刻 K 的增量就是 θ 个时间单位之前下的订单，即 $I(t-\theta)$。这就是滞后进入模型的途径，如果现在我们用订单来表示所有东西，则有：

$$\dot{I} = m\frac{I(t) - I(t-\theta)}{\theta} - nI(t-\theta)$$

或者

$$\dot{I}\theta = mI(t) - (m+n\theta)I(t-\theta)$$

这就是我们想要的混合差分和微分方程，有了它们就可以应用一系列新技术。经济学家已经开始熟悉这些技术，丁伯根教授在讨论他的造船业的例子时也展示了应用这些技术的方法（对于这个例子，我们将在下文加以讨论）。用一个复数型指数替换指数型指数，就可以很容易地揭示出周期性过程的可能性。利用美国和德国的材料，卡莱茨基毫不费力地得到一个主成分，它呈现出一个时间长度为10年的周期。这样就解释了经济周期的存在，尽管根据该模型这个经济周期还需要一个"启动脉冲"，但是在那之后周期就可能永远持续下去。之所以如此，是因为"被视为资本家的支出的投资正是繁荣的源泉……与此同时，投资又是对资本设备的补充，从一开始它就要与这种设备的老一代相竞争"（《经济研究评论》，第4卷，第96页）。对于那些可能会认为这是一个"悖论"的读者，卡莱茨基也给出了答案；事实上，在他之前，当许多经济学家面临"那种自己造成的、不可能的结果"时，这个答案就给他们带来了极大的安慰，那就是"自相矛盾的不是理论本身，而是它的主题——资本主义经济"。

当然，这个答案是不充分的，而且在不存在其他因素的情况下卡莱茨基所说的这种投资本身不会引起任何波动或危机，这一点已在前一章第一节第二小节说明。但是，由于类似于卡莱茨基思想的这种论点经常会遇到，而且似乎成了取之不尽的"悖论"的源泉，因此，对于这种乍一看时似乎不可调和的原则分歧，必须明确指出其原因和性质。这绝不是多余的。首先，存在的这种分歧并不像有的人可能认为的那样，源于对储蓄的不同定义，或者来自对储蓄与我们所定义的实际投资之间关系的不同看法。恰恰相反，在第三章关于储蓄的讨论中，我们假设——在本书的任何地方我们都不再这样假设——储蓄转化为设备，就像卡莱茨基所假设的储蓄产生新设备订单一样迅速。诚然，他并没有把这两个步骤区分开来，而是把它们融合成了一个步骤，而且正如我们将会看到的，这一点与他得到的结果有一定的关系。但是从根本上说区分并不在这一点。不同之处在于，我们一直在讨论的过程在其他所有方面都是静态的。如果我们重复这样做的目的是查明储蓄和投资是不是会产生波动（确实如此），那么有人可能会回应说，因为初始的扰动在任何情况下对启动卡莱茨基的模型都是必不可少的，因此我们的结果即便是正确的也与对他的批评无关。然而，事实并非如此。如果我们的结果是正确的，那么除非出现了新的扰动，否则由于存在一个运行起来无任何滞后的均衡机制，最初的扰动可能产生的任何投资浪潮都必定衰竭。不过事实上，这反而使得我们有机会更真切地认识清楚卡莱茨基所建构的理论的贡献：它在可能出现的"适应波"的清单上增加了一个项目，或者说它在预期周期内会出现波动的原因清单上增加了一项。

关键的一点现在应该很清楚了。卡莱茨基假定货币利率的变化方向与 A/K 相同，从而消除了上述均衡机制——所有这类模型都一样，都以某种方式消除了某种机制的重要部分。现在我们应该进一步指出的是，之所以要反对这个假设，理由并不在于它不能被观察结果证实。相反，我们完全可以承认，在一级近似中这个假设确实符合事实。但这依然是一个有待解决的问题，而不是一个可以接受的数据。因为正如我们已经看到的，储蓄本身降低了利率，从而创造了互补性的投资机会，这就是我们不能指望仅凭储蓄-投资过程本身就能产生波或任何危机或困难的原因。因此，与储蓄-投资过程无关的其他因素，对解释贷款需求时间表的变化仍然是必不可少的，因为贷款需求时间表的变化抑制了这一趋势，并使利率表现出那种行为。这些因素无疑是可以找到的。但这就告诉我们，我们可以用来解释的不再是会对自身做出反应的投资本身。

读者如果想了解其他具有类似形式的模型，可以参考丁伯根教授的论著。[①] 这些模型的构建者越能意识到它们的局限性，特别是意识到它们只不过是对经济生活的适应性机制可能产生的影响的某个方面的表述（"传播"）这个事实，它们就越不容易遭到反对，也就可能越有用。这尤其适用于我们将要讨论的唯一额外实例，即弗里施教授在他为纪念卡塞尔而写的那篇论文中提出的优雅模型（我们在前面引用过这篇论文）。它通过三个简单的关系连接起了三个元素。其中，第一个元素是 $z(t)$，它在形式上类似于卡莱茨基提出的 $A(t)$，但它只表示了处于生产过程中的设备，而

---

① 要开展研究，那么从这篇综述给出的纯滞后模式（第 274 页）入手将会非常方便。

没有将之（以一种我们认为有理由反对的方式）与储蓄联系起来。第二个元素是 $y(t)$，它不同于卡莱茨基提出的 $I(t)$，因为把替换需求也考虑进去了。第三个元素是售出的消费品的数量 $x(t)$。丁伯根教授的假设是，第二个元素不仅是对新投资的需求（这被假设为与 $\dot{x}$ 成正比），而且包括替换需求（它与第三个元素成正比）。后者（$\dot{x}$），即消费者购买的变化率，则被假设为线性依赖于现金持有量，现金持有量则被视为生产和消费领域中货币交易量的一部分。如果这样一个模型的构建者声称它能够代表循环过程，那么我们必须再次提出与上面类似的反对意见。但是，既然现在它不是另一种经济周期的"永动"理论，而只是一种机制的表述，那么我们不仅可以接受它的简洁性，而且可以用它来证明一种独特类型的振荡的可能性。

四、"设备更新波"和"同源"问题

至于其他一些问题，在这个模型中处理起来也很方便。自马克思那个时代以来，工业设备的更新（替换）就一直（断断续续地）与经济周期联系在一起，一些作者甚至将之作为因果关系的核心元素。分析设备的更新（替换）有两种方式。

首先，很明显，周期性的经济状况对设备替换决策并不是无关紧要的。不那么明显的只是它们这种影响的确切性质。之所以有必要对设备进行替换，并不是因为磨损——就我们的研究目的而言，我们可以把这一点包括在时间流逝的物理效应中，而不管设备使用与否——也不是因为过时。在经济繁荣时期，陈旧的机器通常并不会被替换掉。相反，我们发现，通常是经济衰退和萧条时期的激烈竞争迫使企业普遍安装最新的可用设备，而且这种竞争有可能导致深度萧条（经济陷入萎靡，甚至瘫痪）。然而，如果我们可以相信我们所掌握的不完整的资料，对正在磨损的机器的替换则情况正好相反。例如，毫无疑问，美国和英国的棉纺织业会在生意兴隆时更新设备，尽管对这个事实的解释仍有一些疑问。当然，一栋建筑或一台机器的寿命并不全然是一个技术变量，它还是一个经济变量。除非彻底过时，否则设备的寿命要在一个合理的时间点上决定——从这个时间点起，与保留一台旧机器相比，安装一台新机器能以更低的成本生产产品，因此它是包括了实际和预期利率在内的许多变量的函数。这些变量是循环波动的，特别是，如果一台新机器的技术优势随着利用程度的变化而变化，而且如果机器的价格是没有弹性的，那么在经济繁荣时期更新机器往往比在经济衰退时期更有利。但是这些考虑几乎没有什么重要意义，因为在任何情况下一般机器的寿命都要比大多数周期长得多（除了最长的周期之外）。例如，大多数普通的纺织机械在 30～40 年的时间里仍然能够保持很高的效率——"骡机"如果维护得好，寿命比这还要长。[①] 事实上，从我们手头拥有的统计数据来看，我们没有理由相信这些或其他的理性考虑在设备替换决策中发挥了主导作用；在那些（大量）使用稳定的成熟技术的历史悠久的行业中，在任何时刻仍在服役的设备中，都有相当大比例的设备的使用年限超出了专家的标准。无论如何，这是一个不需要深入细究的问题。但是，如下事实毋庸置疑，这或许是另一个事实的直接结果：当价格下跌时，人们会相当天真地、非理智地感到气馁，因此，当情况再次好转时，他们不得不补上被推迟的设备更新。很明显，这不是次要现象清单上的一个不重要的项目，但它确实必须以周期性运动的存在为前提。甚至"下拐点"（复苏点）理论也不能"安然无恙"地建立在这个基础之上，因为在现实世界中以下情况从来都不会发生：在某一特定时间，在受到崩溃的惩罚时才有必要进行更新。正如我们在前面已经看到的，只有在由于其他原因而出现复苏时，这种对设备的替换需求才会恢复。

其次，如果一个行业的设备的"年龄分布"群集在某个特定的值周围，那么就会出现真正的替换浪潮。但是这必须在每一种具体的情况下进行解释，而不能抽象地作为波动的一个独立的原因加以解释。而且一般来说，这样的原因并不难找到。外部因素往往就能提供这种原因。例如，如果某个地区的设备被地震摧毁，并且在（比如说）随后的两三年内完成了替换，那么我们或许可以推出，一个看上去完全规则的波将延续下去，直

---

① 本书作者一直不明白马克思为什么会说——他在谈到资本主义工业时指的主要就是纺织业——那个行业的固定"资本"只有"十年的生命周期"。

到永远，代价是必须假设设备的所有元素的寿命都是严格固定且相等的，并假设在地震之后所有元素实际上都进行了替换。但很明显，这样的假设是非常不合理的。然而，在大多数情况下，振幅持续减小的波浪状隆起会持续一段时间，并影响我们的时间序列的行为。现在，我们的模型提供了一个"内生的"实例：我们很容易理解，当创新者在某些细分行业取得了成功，而且新的组合开始传播开来时，这个细分行业和与它互补的细分行业就会大量安装新机器，新机器通常也会扩散到其他行业（因为经济受到了普遍的推动），而且由于不同行业安装新机器的速度不同，实际上会产生所需的（偏斜的钟形）年龄分布。这是我们的机制的一部分，取决于它能否发挥作用。但没有新的或独立的波动原因，尤其是永久性的那些；因而专用性机器的效果往往会在扩散过程中消失（不同的企业会在不同的时间重置，有些企业甚至完全不进行重置），尽管在不同领域的连续创新会让它在生产非专用性的半成品金属制品的更高阶段继续存在。

用于解释经济的上下起伏的设备工业和建筑行业产出的波浪状隆起，还可以用许多其他的方法推导出来。其中一种方法值得在这里简述，它的最粗糙、最原始的形式可能是这样的：为了突出最关键的地方，我们假设某个行业使用100万台某种类型的机器（这种机器是严格同质的），我们不妨将这种机器命名为"旱船"（hobby horse），它的寿命为整整十年，既不多也不少。这些"旱船"以每年10万台的速度均匀地安装到位，供该行业使用和装备。一切都达到了完美均衡——每年生产、销售和更新的"旱船"的数量都是10万台。如果我们假设所有企业都知道这个行业会以恒定的速度进一步扩张，那么这个模式就不会受到实质性的影响。但我们现在要假设的是，"某种事物"会以某种突如其来的方式永久性地使该行业对该产品的需求提高10%。如果以往对"旱船"的利用都达到了最优水平，那么现在将要求它们增长10%。因此，生产商在第二年将会售出20万台"旱船"；但是在那之后，更新需求将再次下降到10万台，直到这次"新增"的"旱船"也需要更新为止，那时将出现另一次需求膨胀。

当然，从来没有人以如此怪诞的形式提出这种论证，但是实质上与之相去不远的推理却不断出现。因此，为了认识到它的荒谬性，继续往下推理是值得的。"某种事物"绝不是一个可以接受的理由。只要将它变得更加具体，我们就会看到，这种突然的波动是不太可能发生的（除非是创新的结果）；而且，如果增长不是突然的，许多后果都将不会仅仅因为这个原因而出现。更重要的是，即便对这种产品的需求真的突然增加，也不能说明生产它的企业会立即按比例提高对更多的"旱船"的需求。在实践中会有过剩的产能作为缓冲。即便在完全竞争条件下实现了完美均衡，所有生产企业也不会以同样的方式同样迅速地采取行动。例如，有些企业会过度使用自己的"旱船"，或者在它们达到正常寿命之后继续使用它们（因为严格一致的寿命自然是一个最不现实的假设）。然而，就算企业全都多订购了10%的"旱船"，也不一定会促使"旱船"的制造商一次性将工厂的产能提高10%。它们有同样的可能提高价格或增加未完成的订单。由于在这个过程中每一步都有缓冲，也由于每个行动者都有正常的预见性，因此影响不会在每一步都聚集力量，而是倾向于自行消耗掉。如果没有消耗掉，也不能构成对前述论点的验证，而仅仅是有另一个过程在起作用的证明。在这种情况下，就像在所有类似的情况下一样，对任何影响均衡的因素的忽视都将构成理论上的错误。

但更应该强调的是，现在讨论的这种论点完全缺乏现实性。从技术上进行改进的任何努力——例如，在新的投资品支出对消费品价格的影响与随之而来的投资品供给增加的影响之间插入一种相当可观的滞后——都不可能抹杀如下事实：对商业行为的这种画像不是出于现实的需要，而是出于"理论家"的需要。此外，我们也没有任何理由相信任何此类隆起能够同步到足以产生实质性影响的程度。但是，我们还必须再次指出，这种批评只适用于将这种论点本身作为对周期的解释的主体的情况。不可否认的是，"旱船"的制造商或至少其中一些制造商，可能会做出这种愚蠢的行为，而且它们最有可能在繁荣的氛围中这样做；但如果是那样的话，对于繁荣本身，我们将不得不给出独立的解释。

第五章　时间序列及其正常值

第一节　时间变量的性质以及时间序列分析的任务

在这一章中，我们把似乎有必要给出的关于统计方法的所有原则问题，组合成一个相互关联的论点。这样的原则问题确实很少。我们在这里不可能对技术性问题细加阐述，不熟悉常规程序的读者应该阅读一些关于这个主题的专著。[①] 此外，如何消除季节性变化的问题仍然被排除在外。

[①] 读者如果对统计学理论没有任何概念，那么要他花太多心力从头学习确实很难。但是，在目前的环境下，任何一个人，如果不掌握如克拉姆和佩顿（Patton）的教科书，或 F. C. 米尔斯（F. C. Mills）的著作所介绍的那么多的经济学知识，是不可能成为一个称职的经济学家的。关于概率论，一本相当流行的入门级著作（同时又具有充分的新颖性和原创性）是 R. 冯·米塞斯（R. von Mises）的《概率、统计与真相》（*Wahrscheinlichkeit, Statistik und Wahrheit*）（第 2 版，1936 年）。对数学有很好的掌握的读者，则可以从 G. 达莫伊斯（G. Darmois）的专著《统计数学》（*Statistique Mathématique*）中找到对相关原理的精练表述。里茨主编的《数理统计手册》对绝大多数必须掌握的工具都给出了非常充分的解释，不过它没有提供完全理解各项技术和各种假设所需的理论基础。然而，这种忽视恰恰是这些技术在有些时候的用途的唯一解释，也是使用者对结果有很大信心的唯一解释。我们希望，对于给定的方法和给定的结果意味着什么——特别是它们不意味着什么——读者能够形成自己的观点，这也正是这个注释要给出这些建议的主要动机所在。无论如何，我们相信，正文给出的评论，哪怕是肤浅的和无系统的，也将有助于这个目标的实现。正是基于这种希望，作者在组织正文的时候尽了自己的最大努力，将它们以尽可能简单的方式呈现给读者，使得它们可细读，使得它们的主要含义可理解，即便是那些不理解每句话的人也能理解整体含义。这就是为什么作者一方面不建议读者跳过这一章，另一方面又认为在需要时直接使用专业术语（而不先对它们加以解释）是可以原谅的——这些术语可能只对专家有意义。在阅读本章时，读者还应该参照本书第一章、第四章以及后面要引用的一些论著，特别是 O. 安德森（O. Anderson）的著作。最后，我们不能不提一下楚波罗（Tschuprow）和 R. A. 费希尔（R. A. Fisher）的论著。作者非常感谢 G. 廷特纳（G. Tintner）博士，他的批评非常有益且极有启发性，即便在我们之间的讨论没有达成一致意见的情况下也是如此。他的一些评论也表明，有必要先对读者提出一个警告：如果没有先对本书前几章做些研究，那么就不可能顺利地读懂本章。

因此，我们的讨论也就仅限于分析那些能够反映经济增长的时间序列，以及那些受外部因素影响而遭到扭曲的周期性演化过程。为了便于讨论，我们首先从单周期假说（第三节）开始，然后（第四节）我们将讨论由于存在多个周期而产生的问题。

为了阐明时间序列及其所引出的统计问题的性质，我们将区分三种类型的变量——我们分别称之为理论变量（theoretical variable）、随机变量（random variable/stochastic variable）和历史变量（historical variable）。如果我们面前有一个系统，即一组已知存在着某些关系的量，那么我们可以通过允许这些量"虚拟地"变化来研究这些关系。作为这种研究的结果，我们可以得到一些理论"定律"，并可以用它们来开展研究。如果把时间也纳入进来，那么它不以任何特定的日期为参考，而只作为一个坐标。一个理论定律一旦得到证明，就会超出它所据以总结出的实际结果的范围，因为决策在有进一步的证据之前都要依赖于它。当然，这个意义上的每个定律都是相对于系统的一般性质来说。如果在一个系统的一般条件下，一个变量通过一个"定律"与一个或多个或所有变量相联系，我们就称之为理论变量。在经典力学的命题中出现的任何量都可以用来说明这一点。这种变量的一个经济实例是在瓦尔拉斯世界中"被有效地需求着的"商品数量。

理论变量的逻辑对应物是随机变量。① 对一个随机变量的定义，不是通过它与另一个变量之间已知的或应该知道的函数关系来进行的。恰恰相反，不存在任何这种关系才是随机变量的突出特点。我们不像"理解"理论变量的变化那样"理解"随机变量的变化，因为它们只是实验性的或观察到的事实。对于一个随机变量，我们注意的是在一定条件下进行的实验或观察过程中，它的不同值出现的相对频率——在同样的条件下，一个理论变量将显示出一个常数值。我们可以将这种实验想象为从一个放着一些黑球和一些白球（它们的比例是恒定不变的）的瓮中抽取出一组球并据以

---

① 楚波罗的定义——"随机变量是一个可以假设不同值的变量，每个值与不同的概率相关"——过于宽泛，因为那样的话就会把混合情况也包括进来。此外，他在定义时所使用的这种属性（property）要随着随机变量的性质（nature）而变，但却没有很好地说明这个性质是什么。

形成特定的度量和数学期望（无论所依据的逻辑是什么）的过程；这里的一切都围绕着"概率"——这是一个"不幸"的术语，或者应该采用不那么令人反感的另一种表达，即相对频率的极限值。当然，我们在学习统计方法的时候不一定要亦步亦趋地按照埃米尔·博雷尔（Émile Borel）的思路，采取他在《概率论要义》（*Éléments de la Théorie des Probabilités*）中给出的瓮模式，但我们必须时刻牢记在心的是：关于随机变量的所有推理的前提就在这里，即随机变量的值（实际的和可能的），在技术意义上应构成一个"世界"，而且只有当我们在这个严格受限的条件构筑的"高墙"之内活动时才是"安全"的。

一旦我们走出理论模式的世界，并试图将在理论模式中成立的任何理论关系与事实联系起来，我们就会得到混合变量，它既非理论变量又非随机变量，而是借用了这两类变量的特征。特别是，对于一个理论函数，如果我们希望得到比理论所能给出的更具体的形式——比如说，马歇尔式的需求函数——那么我们就会面临如何区分这两类特征的难题；除此之外，我们还要面对弗里施所指出的一个风险（当然，这并不是唯一的风险），即由于我们没有能力做到这一点而被完全误导的风险。不过，暂且忽视这一点，我们可以通过下面这个例子来说明理论变量与随机变量的差异以及它们同时出现在实际材料中的形式。假设我们知道一个给定的价格-数量数据集合代表了一条马歇尔式的需求曲线，它在由这些数据确定的时间区间内是完全不变的。这样一来，在这个区间内对应着一个"真实"价格的每个数量，就是一个理论变量。现在，再假设对价格的观察有很小的随机误差，这就是说，对于每个数量，我们都要得到几份"报价"，或者单份报价会在某种程度上偏离"真实"价值。因此，每份报价本身都是一个随机变量，在技术意义上可以把它看作一种观察。如果每个数量有多个价格，那么它们都是同一事物的观察值，构成了一个"世界"（一个样本），可以说是一个频率分布的片段。但是很明显，整个价格集合却不能这样解释。在关于所有这些事物的图表中，理论上的变化是不言而喻的。然而，既然我们知道在这个意义上理论规律是不变的，我们就有可能从材料中用纯粹的统计方法找到它。① 但使得我们有能力这样去做的，并不是这种统计逻辑本身，而是知道可以这样做的知识。

在一定程度上，历史变量正是这样一种"混合体"。但是，历史变量又不同于刚才所讨论的情况，因为它的理论规律是处于变化过程中的。为了简单起见，我们假设每个"真"的点的频率分布保持不变。让我们从一种完美的瓦尔拉斯均衡经济开始，并且关注任何一种商品的质量都严格不变情况下的价格。与其他所有事物一样，这个价格位于理论正常值（在本书第二章给出的定义的意义上），而且我们观察到的任何报价的变化（除非我们允许数量出现小的变化，但是我们所做的不允许这种变化）只能归因于错误的观察或小概率的偶然事件，后者也可以视为错误的观察。因此，除了频率分布情况之外，它什么也不能揭示。接下来，我们让这个系统在企业家的创业冲动的驱使下开始一次繁荣之旅。我们看到，商品的价格和数量现在都会发生变化，但是它们所取的新值不能直接用于对该商品的（马歇尔式）需求曲线的推导②，因为它们并不位于初始的需求曲线上，也不会位于任何其他单一的某条需求曲线上，而是先后位于不同的需求曲线上——对于这种情况，人们通常会说需求曲线发生了移动（虽然这种说法并不完全正确）。原有的理论正常值已经被摧毁，但是还没有被另一个理论正常值所取代。事实上，我们可以设想，每个价格-数量对都位于一条"临时的"需求曲线上，并将其值解释为两个组成部分的结果：需求曲线的移动，沿着需求曲线的移动。但是，一般来说，如果没有进一步的信息或假设，我们是无法区分这两者的。

这种情况会贯穿整个周期，直到达到新的均衡为止。然后，与之前一样，我们又将得到一个理论正常值，但那已经是一个不同的值了：到那

---

① 在这种情况下，正如我们在第二节第二小节所讨论的那样，能否成功将取决于"运动定律"是否足够明显，使得我们能够用我们选择的公式"命中"它。这两种情况都可以归结为这样一个类比：向根据某种未知的运动定律移动的靶子开枪射击。如果需求曲线发生移动，那么就可以这样进行类比：向根据某种未知的运动定律移动的靶子开枪射击，而且那种未知的运动定律本身也以一种未知的方式在发生变化。

② 当然，这并不意味着我们对它们无能为力。我们在这里所关心的只是一项原则，我们认为掌握这项原则很重要，但它并不会构成在这个方向上取得进展的绝对障碍。关于周期机制的理论正是取得进展的最有力工具之一。

时，我们这种商品价格和数量将会适应一个新的瓦尔拉斯世界的新条件，在那个世界里，新的均衡值源于新的需求、供给、成本函数等，并且会——按严格的逻辑，只是虚拟地——随它们的变化而变化。这种性质，在不同时期属于不同系统的性质，或者说代表不同的理论正常值的性质，就是历史变量的最突出的事实，决定了历史现象的本质。除此之外，也正是这个事实引出了（而且只需这个事实就可以引出）历史时间轴，使得这些变量的实际日期或它们在那个轴上的实际位置，对它们的意义至关重要。如果没有它，日期就是无关紧要的，并且会使得根据日期排列项目变成一种非常不方便和不具有启发性的表示方式。因此，根据我们的目的，我们可以把一个历史变量定义为这样一个变量，其随机正常值（stochastic normal）会因其理论正常值的变化而发生变化。[①] 对于这样一个历史变量的一系列的值，我们称之为一个按时间顺序排列的系列值（time sequence），或者稍有点不那么准确地称之为时间序列（time series）。现在，我们可以采用通常的定义了（尽管这个定义本身并不能传达我们的意思）：根据发生的日期连续排列起来的变量值的序列。

到目前为止，关于时间序列，唯一普遍成立的结论是，它们不满足概率的要求。然后，我们必须马上补充一点：由于反映在每个时间序列中的演化过程是以不同的循环单元的形式进行的，因此每个单元中的各个项目并不是相互独立的。严格地说，周期本身也不是独立的，但是我们可以在一级近似中忽略这一点，并把它们视为我们的观察单位。然而，这样做将会把我们的观察数量减少到一个危险的程度。事实是，只有对于我们所称的基钦周期，我们的材料才涵盖了一些足以进行统计处理的单元，但即便

[①] 本书作者被告知上面的论述可能会被误解，因此他想补充一个解释，尽管他自己并不认为真的非常有必要这样做。我们假定，除了我们所说的意义上的周期性演化之外，没有任何东西会干扰经济过程。我们观察一个变量在连续两个理想的瓦尔拉斯均衡状态 A 和 B 下的情况。它在 A 和 B 下的值都是恒定的均衡量（尽管在 A 和 B 之间是不同的）。在这两种情况下，我们应该都能够完成许多服从度量误差的观察，并形成同样的频率分布——我们说它们是对称的。当然，这种分布是可以改变的，但是为了简单起见，我们暂且假定不会改变。当然，当我们说统计上的正常值确实会变化时并不是指描述分布的函数，而是指变量的值，它们在 A 和 B 下在观测误差理论的意义上会成为"真实的"值，并且根据我们的假设它们恰好与理论正常值吻合；而且它们在 A 和 B 之间不同的原因在于，在演化的过程中，变量在 A 下的理论值或均衡值，已经变成同一个变量在 B 下的均衡值。

是这些单元的价值也会因为在这段时间内发生系统性变化的可能性而大打折扣。对于大多数序列来说,可以得到的朱格拉周期都太少。这是因为,在技术的意义上可以说没有哪个序列是足够"多"的;在最好的情况下,对于战前时期,我们所能得到的序列最多也只有 12～14 个。至于康德拉季耶夫周期,直到 1914 年我们只能得到 2.25 个序列或略多一点。最后,如果我们还记得我们的过程所涉及的外部和内部的无规律性,那么就会知道我们还要面对时间序列分析所涉及的统计任务的性质问题。

通常,这又指向了两个问题。首先是如何将任何单个时间序列分解成它的各个组成部分的问题。作为一个常识,我们把一个时间序列看作一个组合,我们很自然地希望通过形式化的方法来分解它;在分解过程中,我们希望采用的方法尽可能不涉及理论,因为我们这样做的主要目的之一,恰恰是要用得到的结果与理论命题来相对照。其次是不同时间序列之间是不是存在"相关性"的问题。同样根据常识,我们把每个时间序列视为我们感受到的某个过程的一个元素,因此同样很自然地,我们在进行探讨的时候会试图令我们的时间序列呈现出一定的形状,以便显示出专属于该过程的经济量的变化之间的关系。因此不难理解,我们同样希望通过形式化的方法来推导这些关系,以使它们尽可能独立于理论。但是,正如我们从其他角度已经看到的一样,当我们现在从统计理论的视角来看时还是会发现,这两个问题都不能用形式化的方法来解决,或者说如果用形式化的方法来表述的话,实际上将没有任何意义。

读者一定要搞清楚这样说意味着什么、不意味着什么。这是非常重要的。当然,任何事物都可以分解为它的组成部分(比如说,波分解为正弦波、余弦波),而且可以按无限多种方式来分解。这早就是一个非常著名的命题了——例如,请参见兰姆(Lamb)为《不列颠百科全书》撰写的关于谐波分析的词条。即便是用来表示该事物的函数的常数服从足以令问题变得有确定性的限制——傅里叶分析隐含了这一点——拟合的紧密程度再高也不能证明单个组成部分是有任何意义的(在它明确地与某个现象相对应这个意义上)。因此,在没有进一步的材料的情况下,从形式的意义上说，在任何给定的材料中"存在"什么样的组成部分这个问题在逻辑上是没有意义的，而且即便是在"视觉上"看起来似乎很突出的"定期性"（以及明显缺乏"定期性"），也都有可能被证明是非常有误导性的。例如，不仅可以用傅里叶级数近似出一条直线（想近似到多"直"都可以），而且一条直线实际上可能就是两个周期相同、振幅相同、相位相反的正弦运动的结果。但是，我们的分析将引导我们远远超越这些以及类似的为人熟知的论点。所谓"形式化的方法"，根据我们这里的理解，是指源于并利用了概率模式的方法；但我们的观点是，这些模式在严格的逻辑层面上，在给出了我们所定义的时间序列的那种条件下会变得不适用，因而运用基于它们的方法可能会产生虚假的结果。我们必须引入更多的信息或假设，这样才有可能让它们变得有用。但即便如此，它们也仍然可能有很大的缺点。因此，我们不能依靠它们来发现和分离出任何组成部分。仅仅是出于这个理由（即便再也没有其他的理由），就意味着它们不能解决时间序列分析的第二个问题。

然而，我们不会走得那么远，说它们必然会失败，而且永远不能得出至少在一级近似中是合理的结果。恰恰相反（至少在某些情况下），清理地面、腾出空间以便更合理地利用它们，才是我们进行上面这些分析的其中一个目标，这也是本书第四章所决定的许多安排的目标之一。① 例如，我们对三种类型的周期的选择，就是要令它们在周期长度上有显著的差异。这样就为一些本来会被排除在外的方法打开了大门。此外，我们还强调过三周期模式的优点就在于它肯定比假定每一类周期的时间长度都近似相等更加不可能是"荒谬"的。当然可以肯定的是，这并不足以直接证明其合理性，而且即便证明了这一点，也不足以使傅里叶分析（Fourier analysis）或舒斯特分析（Schuster analysis）的应用一帆风顺，但是它确

---

① 如果事实证明统计理论的各种工具适用于我们的材料，那么概率基础将会发生什么变化，以及它们将需要什么样的"转型"，都是我们无法在本书中讨论的问题。我们也无法系统地列出并讨论处理时间序列的方法或建议采取什么方法。但是，我们很容易看出，从我们的论证当中，类似于在法国刑事诉讼法中被称为"可减轻罪行的情节"（circonstances attenuantes）那样的理由是可以推导出来的，它们会支持（比如说）移动平均线法、面积法及附属于面积法的方法（移动积分法等），以及其他一些方法。

实能够使问题变得更加便于应用这两种分析。① 我们还指出过，我们可以合理地假设每一个"更高等级"的周期都跨越了整数个次一级的周期。由于傅里叶分析由一个基项（fundamental term）及其谐波组成，这种假设就消除了在傅里叶分析应用中遇到的一个很大的困难。从某种意义上说，我们对经济周期的分析实际上也是一个基本相同的过程（无论是就其性质而言，还是就其表现而言，都如此），这个事实本身可以在一定程度上化解极端的怀疑主义态度（这种态度乍一看似乎与给出的注意事项是一致的）。因此，说统计学家的时间序列分析完全不知所云也是不对的。

然而，最根本的指责仍然没有消除。我们可以将这种指责归结为，统计方法并不像我们的逻辑那样具有普遍性，而且在概率论模式的范畴之外，它们必须从它们要应用的模式的理论中发展出来。从关于有待处理的现象的知识出发——当然，这种知识基本上是经验的，但同时对于每个单独的任务来说也是先验的——我们必须努力形成一个关于统计轮廓的性质的观念并设计适当的统计程序来表示这些性质。我们把这个要求称为"经济意义原则"（principle of economic meaning）。② 本书的全部论证都可以视为试图提供满足这个要求的材料的努力。

第二节 趋势这个术语的多种含义

读到这里读者也许会产生一个强烈的印象——我们非得把趋势和周期

---

① 再重复一遍：我们的周期性演化过程理论与那个假设之间没有任何联系。然而，如果与事实相距过远，那么傅里叶方法将变得不再可行，周期图方法也是一样。因此，再一次强调绝不是多余的：只要我们放弃单周期假说，就会明白"经济周期的核心特点之一，它们的长度即便是在很短的时间内也会有很大变化"这个观点（廷特纳博士对上面这一段的评论），并不像它初看起来那样令人信服。也正是因为如此，我们提出了这样一个问题：即便对这些方法的实践和理论进行适当的改革，是否也不能提高它们的价值？对此，只要举出一个例子就足够了。我们有时会观察到（试比较 E. B. 威尔逊前引论著第 399 页的图表，特别是最上面的那条曲线），虽然周期图的纵坐标在通常的检验意义上都达不到显著的高度，但是仍然有一种趋势，即相对较高的那些会集聚到一起。这也许是一个属于统计方法专家的专门领域的问题，本书作者不敢表现出过于自信。但是我们确实认为这种集聚绝不是没有意义的，它们应该被注意到（而不仅仅是高度）。

② 累积法（cumulation method）以及它的一些应用很好地说明了这个原则以及忽视这个原则可能带来的后果。参见《经济统计评论》就"哈佛商业环境指数"发表的社论，1927 年，第 80 页。

区分开来不可——这可能体现在它们相当含糊的定义上。对于一个序列，如果可以将该序列所覆盖的整个时间区间分割为若干个子区间，使得对这些子区间的时间积分的均值在时间上是单调增函数或单调减函数，或者使得它们只会让同样的数值出现一次，那么就说这个序列表现出了一种趋势（trend）。至于周期（cycle）这个术语，我们指的是这样一个事实，即在某个经过季节性校正的序列的项上或其一阶或更高阶的时间导数上，同样的数值多次出现。由于这些波动并不是独立地发生在单个序列中，而是呈现出了与其他序列的波动的关联性（或同期，或滞后），因此我们还可以扩展周期的定义（至更多的序列），以涵盖这个附加事实。不会显示出这种周期的序列称为洁净趋势序列（clean trend series）；不会显示出上面所定义的趋势的序列，则称为洁净周期序列（clean cyclical series）。由于这些纯形式的定义不涉及对要研究的时间区间长度的任何限制，上面这两种序列当然都可以举出很多例子。然而，对于我们在本书中要考虑的那些时期，则不存在洁净趋势序列的例子，而只存在两个主要的洁净周期序列的例子，即失业率和利率。

在继续阐述我们自己关于经济量的趋势的确切性质和分享趋势的方法的观点之前，我们将先在本节讨论趋势这个已经"负载过重"的术语的一些更重要的含义，希望这将有助于澄清相关的问题。[1] 而且，在这样做的时候，我们将试着给每一种含义"搭配"可操作的方法，也就是说，对于每一种含义，我们都将指出哪一种趋势决定方法在逻辑上对应于它或隐含于它。我们忽略了两组含义，这两组含义都会使得趋势这个术语变成倾向（tendency）一词的替代品（然而倾向这个词似乎已经过时）。第一组含义的例子是，价格在某一天显示出下降的"趋势"；这当然与我们在这里所

---

[1] 在这里，本书作者要提请读者注意1934年10月《经济统计评论》杂志发表的E.弗里基教授讨论长期趋势问题的论文。这篇论文的观点在许多方面与作者在本节提出的观点相似。也请参见，艾伦·奎特纳·贝尔托拉西（Ellen Quittner Bertolasi）1933年发表的《经济趋势与经济周期之间的关系：作为一个数学-经济学问题》（Das Verhältnis von Trend und Konjunkturzyklen als mathematisch-ökonomisches Problem）。

关心的趋势无关。第二组含义则可以以通俗学者或公共鼓动家经常会说的一些正确的废话为例，他们似乎非常容易满足于以非技术性和非定量的方式讨论的所谓的"趋势和力量"。

一、描述性趋势

我们希望（这是可以理解的）考察任意经济量在任意长的时间区间内的行为，而不必受图形上的任何波动或凹陷所干扰；或者换种说法，我们希望摆在我们面前的是那个经济量在那个时间区间内的"一般坡度"或"基本运动轨迹"；通常来说，这个愿望意味着需要进行经济分析（无论这种分析多么粗糙），因为显而易见，那个平滑的"斜坡"把哪些东西排除在外并不是一个无关紧要的问题。然而，我们也可以通过应用平滑法或分度法，以完全形式化的方式来满足这个愿望。[①] 在这方面，最彻底的途径是用一条简单的曲线来拟合现有的材料，例如直线、抛物线、贡珀兹（Gomperz）曲线、逻辑斯蒂曲线以及许多其他曲线。举例来说，如果我们感兴趣的是某个经济量在一个历史期间表现出来的平均变化率，那么指数曲线 $y=cr^t$ 就能很好地满足我们的目的（其中，c 是一个常数，r 表示平均变化率），虽然从某些正式的检验结果来看可能拟合得并不是太好。对此，读者可以参考米尔斯教授的《价格行为》一书，其中第 66 页给出了一个很好的应用实例。对于以这种简化形式表示时间序列的曲线或函数，我们可以称之为描述性趋势（descriptive trends）。

对于这种曲线或函数，没有人会反对，但前提是人们必须清楚地认识到，它们只不过是经济史的一个以曲线形式表现的片段。这是所有平滑工具中最激进的一种。一方面，要考虑表示的适当性或拟合优度；另一方面，要考虑计算的方便性或成本。这些考虑都是合理的。诚然，这些结论的高度主观性与结果突出的精确性和客观性形成了鲜明的对比，的确耐人

[①] 例如，读者可以参考 F. R. 麦考利（F. R. Macaulay）1931 年发表的《时间序列之平滑》，它很好地阐述了相关的原理，并对不同方法进行了比较。

寻味。但这是目的本身的无定性的自然结果。这个问题从根本上说是如何达成合理的妥协的问题。一条常数个数很少的简单曲线很容易计算，但却可能只是一个很差劲的表示。一条高阶抛物线不但计算起来很费劲，而且可能会呈现出太多我们希望忽略的波动。使用正交函数有许多优点，其中之一就是它的实用性：由于每个常数与函数的阶无关，所以只需增加新的项就可以进行更高的逼近，而不需要重新从头完成所有的计算。① 这些因素不可能变为确定性的，但这并不是"谴责"它们的理由。即便是"排除明显异常的野点"并承认"趋势当中的中断"（这意味着可以用不同的形式简单的函数，例如直线，去拟合不同的子区间）这样的实际做法也有自己的位置，尽管它们意味着在每一种情况下做出的判断都必须给出合理的理由。

然而，一旦我们试图把描述性趋势用于定量地表示我们的材料的粗略轮廓之外的任何其他用途，就会碰到上一节提到的困难。首先，我们无法保证任何外推的合理性。此外，我们也不应该想当然地认为这种趋势描述了一个截然不同于那些会产生波动的过程的真实过程——更不能认为它描述了一个真实的平滑过程；我们也不能想当然地认为从我们的材料中消除了这种趋势之后，我们就消除了某些特定的因素、分离出了其他因素的影响，因此完成了经济分析。为了更加清楚地说明这一点，让我们形象化地剖析一下用最小二乘法（或最小矩法）来拟合这种特殊情况。正如我们已经看到的，由于我们的材料明显缺乏足以证明应用概率论方法的合理性的各种性质（这些性质包括零相关性、均匀方差、偏差的正态频率分布等），所以应用最小二乘法从严格的逻辑的角度来说是没有根据的。② 但是，只要我们严格限于我们归因于描述性趋势的意义，那么应用它就没有太大关

---

① 据本书作者所知，正交函数的优点以及如何应用它们最早是 P. 洛伦兹（P. Loronz）在他讨论趋势的专论中给出的，该文刊载于《经济研究季刊》（*Vierteljahreshefte für Konjunkturforschung*）的第 9 号专刊。廷特纳博士也曾向本书作者指出它们在物理学中的应用要更早一些。毫无疑问，R. A. 费希尔的方差分析以及他提供的检验（"Z"检验）为我们对常数的数量的处理提供了合理依据，但是在本书作者看来这似乎不会影响正文中的论点。

② 这个命题并不依赖于高斯最初推导最小二乘法的方法。在更现代的表述中导致这种困难的假设仍然存在。

系，因为没有特别令人信服的理由来解释任何这类趋势线。然而，一旦我们赋予这种操作分析性意义，并期望利用它来实现对不同过程的分离，那么就会有所不同。我们所决定的趋势将决定那些波动到底是什么。但是，无规律性和周期性波动又将反过来决定趋势。因此，这些方面的分析没有取得任何进展完全是可能的；而且剩下来的东西的相关性，即"进行了趋势校正"的序列，将几乎（尽管当然不是完全）与原来就根本无关的值之间的相关性一样可疑。[①]

再一次，与前一节一样，我们必须指出不但这种批评不会影响将描述性趋势用于对我们的材料进行初步探索这个目的，而且趋势分析确实可以通过对传统的理论信息和历史信息的平滑和拟合，获得自身不自然的或一般意义上的"生存权利"。为了说明这一点，我们可以引用弗里基教授对长期趋势问题的一个研究结果（前面提到过了）。他证明（请参见他发表于1934年10月号《经济统计评论》杂志的论文中第204页和第206页的表），或者更准确地说，他试图证明几乎所有的周期都可以通过对序列的不同区间拟合不同函数得到，或通过针对长度不同的期间计算移动平均值得到。但是，在赞同他的主要观点的同时，本书作者还要指出，弗里基教授从中得出的完全悲观的推论并不完全恰当。因为我们得到的并不只是无意义的周期，更是可以用历史分析来证明其合理性的周期。至于造成这种情况的原因，以及我们希望用来将后者与前者区分开来的方法，则最好在一个稍微不同的论证的背景下加以讨论。

二、真实趋势

如果我们能够假设，作为一个经济事实，我们的材料反映了以下两点，那么情况将会全然不同：第一，一个平滑和稳定的运动；第二，围绕着这

[①] 鲍伯罗夫（Bobroff）提出的"移动相关"（moving correlation）概念虽然仍然无法避免正文提到的一些批评意见，但是确实使得情况有了很大的改善。关于这方面进一步的进展，请参阅津恩（Zinn）的《时间序列相关的一般理论》，1927年10月刊载于《经济统计评论》。此外，请比较O. 安德森1929年发表的《经济周期研究中的相关性的计算》（Korrelationsrechnung in der Konjunkturforschung）。还有一类能够完全避开上述概率论难题的方法，即弗里基教授的方法和米切尔教授的方法，我们在本书第一章介绍过了。

个运动的那些波动是由随机冲击所致，或者由表现为随机冲击的干扰引起。应用概率论模式所缺失的依据将由此而获得；而且我们的任务将简化为设法找到这种运动的"经验法则"的精确形式——在排除了"大干扰"的情况下，出于这个目的而使用最小二乘法就会在原则上得到辩护。事实上，"哈佛大学法"就是从这样一个假设出发的，我们可以从它的发明者的说法和"长期趋势"这个术语的用法（它指向这个方向）中得出这个结论。

然而，这意味着一个确定性的经济演化理论，而且给它取个名字也不难：马歇尔-摩尔式有机增长理论。既然我们认为这种理论是不能令人满意的，同时"稳步前进"的前景也是误导性的，那么我们也就被禁止沿着它似乎已经打开的道路前进。但是，除了有助于阐明统计方法与经济理论之间的关系以及"摆脱理论上的先入之见式的立场"这两个用处之外，这个例子再次表明，原则上不能接受的方法的结果不一定是毫无价值的。如果演化的周期性过程（如我们所设想的）真的被清楚地标记，那么就有一定的可能性——从这里讨论的假设出发得到的结果，在适当选择的区间上，可以作为对我们在下一节中将定义的趋势的一级近似，因而是有价值的。这是一个非常重要的事实。我们必须再次声明，哈佛大学法在如下意义上受到了挑战：在针对 1896—1914 年的材料时，它得出了显然非常合理的波动（相对于一条同样非常合理的趋势线）；但是在将同样的处理方法用于整个材料所覆盖的全部区间（1875—1914 年）时，却出现了很大的困难。利用一些将在下文中获得全部意义的术语，我们或许可以说最小二乘趋势在第一种情况下近似地"偶然发现"了存在于更短的周期的正常值之间的界线[①]，而在第二种情况下则没有。这是因为，在第一种情况下

[①] 基于如下理由，廷特纳博士反对上一段阐述的观点：只要所拟合的函数没有定义，"最小二乘趋势"这个术语就是含糊不清的；而且，要服从经济假设的并不是拟合的方法，而是函数的形式。本书作者在这里试着先将他的意思重述一下：从存在某个因素或一组因素使平稳增长得以实现，而且这种因素不同于导致周期的随机因素这个假设出发，所能得到的恰恰就是像最小二乘（或最小矩）这样的拟合方法现在变得在概率论上能站住脚。可是，它得到应用并不是因为这个原因——这一点从我们对移动目标的类比可知——而是因为在这种情况下没有任何合乎逻辑的反对意见。当然，对拟合的函数的选择也必须根据经济意义原则来证明合理性。但那是另外一件事，而且我们现在不关心那个问题。也许必须有一个简单的指数形式或逻辑斯蒂形式的"有机增长定律"，但是无论它到底是什么，都与我们想要表达的观点无关。这就是为什么我们要使用最小二乘趋势这个术语来指称这种方法拟合的任何函数（暂且不考虑函数形式的非决定性）。

它大体上是随康德拉季耶夫周期的一个阶段"扫掠"的，而在第二种情况下则不然。无论何时，当它如此的时候，弗里基教授的"指控"都需要一个限定条件，但是这并不影响它在严格合乎逻辑意义上的有效性。

我们将用真实趋势（real trend）这个术语来表示如下这种趋势，它体现了一个真实过程的轮廓，但是不同于任何导致周期的原因，即如果满足上述条件（如果马歇尔式的画面是足够逼真的），最小二乘趋势线就描述了趋势。我们所说的增长的影响就是一个例子。毫无疑问，增长的影响存在可以解释一种真实趋势，但这种趋势被其他更重要的外部和内部因素的影响所掩盖，因此无法通过任何曲线拟合过程来发现这种趋势。描述我们所说的增长的曲线没有任何理由会穿过各种观察值的曲线图的中间，也没有任何理由显示出与它们的任何确定性的（更不用说固定不变的）关系。真实趋势永远不会这样，除非它所表示的因素完全主导了给定的材料，以至所有其他因素的影响都可以安全地被视为"微小的"偏差来进行处理。

三、参考趋势

和我们一样，有些经济学家对拟合出来的趋势的有效性表示怀疑；还有些经济学家则不这么认为，他们在分析某个给定的时间序列的时候，有时会参照另一个具有更广泛或更根本的意义的序列。这就是说，一个表示个别商品价格变动的序列，可以参照一般价格指数来表示，或者说用一般价格指数来修正。据本书作者所知，布雷夏尼·图洛尼教授是第一个提出用这种方法代替用于趋势分析的形式化的方法的人，他在对出口的研究中把总产出作为参考量。沃伦·珀森斯（Warren Persons）教授通过比较短期利率和债券收益率，也在这个方向上得出了另一个领先的结论。这种趋势可以称为参考趋势（reference trend），它们的含义和作为其基础的思想的正确性是毫无疑问的。它们所表达的特定序列的基本运动的含义，当然比描述性趋势更加丰富。但是它们不能直接帮助我们分离出周期。事实上，它们不可避免地包含了趋势分析旨在分离的所有元素。

四、特殊趋势

与某个周期性演化过程无关的因素也可能会对经济系统的某个（或某些）特定元素产生稳定的影响，将它分离出来加以研究，或者将它去除可能是值得的。如果它直接作用于整个系统，那么对我们的图形的影响将构成一个真实趋势。如果它只对系统的一部分起作用——因而只是间接地对整个系统起作用——那么我们将相应的趋势称为特殊趋势（special trend）。口味的自发性变化，比如对酒精饮料或重口味食物的口味变化，就是一个很好的例子。这种趋势既可能符合也可能不符合我们关于趋势应该是什么的一般概念，但是在任何情况下都不能通过形式化的方法找到。此外还应该注意到，根据我们的分析，本质上属于周期性演化过程的一些元素在许多情况下看起来却像是这种特殊趋势。例如，对于某种新商品的产量，很容易画出一条韦吕勒（Verhulst）曲线，许多学者会毫不犹豫地把它解释为该商品的一种特殊趋势，与同一时期可能出现的任何周期都不同。当然，从我们的立场来看，严格来说这种说法永远不可能是不正确的，尽管出于局部分析的目的这样表达确实有方便之处，特别是在处理与那些最短的周期有关的问题时。

五、康德拉季耶夫周期运动经常被误认为是趋势

最后，我们再回忆一下，大部分学者都不承认康德拉季耶夫周期是周期；此外，还有许多其他漫长而缓慢的向上和向下的周期性运动，也被许多学者归入趋势的类别（他们认为这种归类是恰当的）。这些都会导致理论分析出现一些很重要的分歧。但不应将这类观点（即这些运动本质上是非周期性的）与本章第四节提出的主张相混淆（即每一个高等级周期都可以看作次一级的低等级周期的趋势）。

第三节　单周期运动

我们再回到经济意义原则和我们对时间序列的定义上来。为了便于说

明，我们在本节不仅假设不存在季节性变化和（在我们的意义上的）增长——或者说假设它们都已经被成功地去除，而且假设我们的模型所体现的经济演化过程所采取的运行方式只会产生一个周期性运动。当然，这些假设本身就构成了"额外的知识"（additional knowledge）。此外，我们还知道满足这些要求的任何时间序列所反映的过程的性质。这种时间序列的每一项都以一种与该序列所表示的元素的性质相适应的方式，表明了这个过程的一个阶段，而且正如我们已经看到的，这种阶段有时会使系统远离均衡的邻域，有时又会使系统趋向均衡的邻域。因此，即便没有正式的证明，我们也可以推知在图形上必定存在一些离散的点，或者更符合现实地，是存在一些离散区间，在那里，这个序列会通过均衡的邻域，或非常接近均衡的邻域（只要它的非活跃性、刚性或惰性允许）。这是一个对我们至关重要的事实。它给出了我们所说的理论正常值（theoretical normal）与其统计影子（statistical shadow）[即统计正常值（statistical normal）]之间的联系。对于统计正常值这个术语，我们以后还会用到，它与频率分布无关。它的含义是相比较而言的：它是相对于人们说经济状况优于或差于正常情形而言的。事实上，我们所要做的仅仅是提供一个更精确的定义和对这个思想的一个稍有不同的解释；这在经济实践中已经非常常见。

因此，从我们的观点来看，在图形上确定与均衡点相对应的点，或与均衡的邻域相对应的区间，是时间序列分析的首要任务。这是因为，这些邻域的经济系统状态总结并呈现了（尽管可能非常粗略）前述"演化井喷"（spurt of evolution）的净结果（当然，这会被经济系统的反应所塑造和吸收）。它们标志着经济演化的路径，就像横跨小溪的踏脚石标志着过河之路一样。它们是一个时间序列中最重要的项目，包含最多的信息，也是最重要的参考点。通过这些点的一条直线或曲线，或通过这些区间的一条带或窄区域，给出了一个真正具有经济意义的趋势。我们将主要在这个意义上使用趋势这个术语。从第二章和第四章的分析中我们知道，这种趋势并没有描述任何与周期不同的现象。恰恰相反，由于经济演化本质上是一个周期性运动的过程，所以趋势只不过是周期性过程的结果或周期性过程的一种性质。为了表达这个含义，我们将这种趋势称为结果趋势（trend of result/result trend）。此外，我们还知道它只有在离散的点或区间上才具有现实意义。如果我们用直线把它们连接起来，或者用平滑的曲线去拟合它们，那么一定要牢牢记住，邻域之间的延伸只在视觉上起一定的帮助作用，但是却没有任何现实意义。没有任何事实与它们对应。真实的只是周期本身。[①]

正如关于某个问题的命题只能从所涉及的情况的经济角度出发进行陈述一样，解决问题的方法也不能从任何其他方面得出，因为它们只不过是我们能够掌握的信息利用统计工具完成的一种翻译。但是再一次，我们必须强调，关于每一个具体案例的历史信息是唯一的工具，可以用来将外部因素的影响减少到可以忍受的比例，并对每一个似乎可以被称为均衡的邻域的情况进行研究和讨论，而且不可避免地，那种粗略的估计也就是接近可信结果的最可靠方法——至少在一段时间内必定如此。这也是本书作者所依赖的主要方法。它用于阐明原理，而不是用于我们在关于时间序列的研究中所用的那种用途（当然，在这方面也有过一些尝试）——现在，那种用途就是用来抨击纯粹的统计程序的问题。

在两阶段周期的情况下，求解将会变得非常容易。第一步，我们应该证明某个给定的周期只呈现出两个阶段，并确保介于周期之间的那些点确实处于"常态"，而不是"奇异"的——显然，在某些情况下肯定会有部分或全部越过均衡位置的时候，但反弹是如此之快，以至几乎不存在萧条的症候，因此也就没有复苏。第二步，在关于这些点的要求得到满足之后，我们所要做的就是根据每个序列的性质，按照具体情况标记出最高点或最低点；接着将这些点连接起来，得到的平滑曲线就可以给出趋势，如前所述，在这种情况下，这些趋势不会穿过给定的材料，而是在某些特定

[①] 上面这一段其实只是重述了前三章得出的结论，因此应当结合起来阅读。仔细阅读之后，读者应该会很清楚地认识到：首先，为什么摩尔提出的不断移动的均衡的概念，尽管可能适用于其他目的，却并不适用于我们的目的；其次，在何种意义上我们有资格说这个周期是一个"真实"的现象，而这种趋势则不是——后者不是一组独特的原因的产物（除非它反映了增长）。

的位置上沿着与材料相邻的曲线行进，在另一些地方则会偏离该曲线。当然，不难想象，外部因素必定至少会产生齿状突起（而且，从原则上说也会产生波动），它们将打乱周期性模式，因此必须从历史的角度进行诊断。同时必须认识到，它们可能会永远而且肯定不时地偏离整个序列。因此，我们所能得到的从来都不是一种仅仅由周期性过程造成或产生的趋势，而是由被外部因素扭曲的周期性过程造成的趋势。

在四阶段周期的情况下，解决问题的方法原则上是一样的，但在实际操作上要困难得多。例如，在严格的理论层面，价格水平在繁荣阶段和复苏阶段都会上升，而在衰退阶段和萧条阶段都会下降。但即便实际情况总是如此，均衡的邻域可能仍然位于波峰和波谷之间的任何地方，而且显然没有原始证据可以保证它应该位于特定位置——例如中间。因此，我们从时间序列本身出发识别邻域的唯一希望是，它们的图形在这些邻域内或其周围显示出了一些特征性行为的可能性。当然，有人可能指望它们取了某个特定的数值，而这显然是不可能的。而且，均衡位置可能被图中更一般的性质所出卖。无须多说，对这种开放性的考虑从一开始就让我们付出巨大的代价。因为除非我们能够满足于一个视觉印象（这也许是可以做的最聪明和最简单的事情，因为任何结果，无论是怎么得到的，都必定用历史信息来检验），我们就不得不先执行一个平滑操作，来去除振荡、振动、犹豫以及一些外部因素的影响。[①] 然而，一旦付出这个代价，我们接下来在每一个点上就都只需要处理平滑曲线的微分性质（以及更高阶的微分；但由于错误会累积，在这个方向上走得太远也是有危险的）。这是一个巨大的好处。

[①] 如果在试图揭示所研究现象的基本形式的分析过程中进行平滑处理，那么它的含义就比我们的一些同事已经意识到的要严重得多。特别是，除了将某些有重要意义的点的精确位置替换掉之外，它还会暗示材料拥有某些实际上并不存在的性质。但是，平滑处理（或者，就此而言，曲线拟合）也可能比原始图形本身更真实地反映那个现象的本质特征。这是一个事实问题（quaestio facti），无法通过设定什么形式化的标准来解决。在我们这种材料中，最优拟合也可能是最大的谎言。任何拟合或平滑处理都涉及对材料的行为的特定假设，对这种假设的合理性应在每一种情况下进行检验。

上述思想源于拉格纳·弗里施。① 为了说明他的正常点法（method of normal points）的要旨，我们将跟随他的思路，首先考虑如下经济时间序列，即平滑图可以表示为一个轴上的一条正弦曲线，而且呈现出了一个正的梯度。当然，在这种情况下，普通的傅里叶分析和其他一些方法也不会受到什么反对。但是，它同时也表明，无论曲线何时穿过均衡的一个邻域（在这里就是一个点），这条曲线事实上显示了特征性行为，即拐点（point of inflection）：在这些点上，二阶导数会消失，因为 $\sin n\pi = 0$（$n=0, 1, 2, \cdots$）。为了理解这种情况的经济意义，让我们选择一系列就业数据。假设这个序列已经剔除季节性因素并消除了意外波动的影响，并且其运动呈现为一个四阶段周期。很明显，一个合理的预期是，在经济繁荣阶段就业将增加，但增速持续放缓，而在经济衰退阶段就业将加速下降。当经济进入衰退阶段时，就业下降的速度将达到最高点，然后在萧条阶段，就业继续下降，但下降速度逐渐降低，直到触发复苏为止。在那之后，就业将会增加，尽管复苏刚开始时就业的增加显得"犹豫不决"，但是随着复苏过程渐渐占据上风，就业的增加越来越明显，直至达到均衡。当然，所有这些都是高度模式化的，离实际经济运行过程的真实图景很远，但是并不荒谬。无论如何，它说明了我们所知道的那些确实在发挥作用的经济因素是如何产生我们的图表所示的行为的——不仅在不同的阶段之间有不同的特征，而且指明了邻域本身。在这个过程自身的逻辑中，没有任何东西会阻止这些方向上的发展，尽管在前进的道路上还有许多其他障碍。

---

① 最初是在 1927 年以油印本的形式发表，标题为《统计时间序列分析》。这篇论文的参考价值应该比他后来的论著更高，因为只有它完整地阐述了相关的数学背景（第三节和第四节），也只有它充分地讨论了近似的性质和所能达到的程度。后来，在 1928 年，他在《斯堪的纳维亚精算杂志》上发表了这篇论文的浓缩版，其中还包含后来研究的一些成果。然后于 1931 年 3 月，他又在《美国统计学会会刊》的增刊上发表了一篇短文。在本书作者看来，弗里施的方法确实是天才的神来之笔，而且是一个极好的范例，说明了统计方法是如何根据经济意义原则从我们关于它所应用的特定现象的知识中生长出来。这种知识体现在两个假设当中（它们都将在正文中提到），不过，它们在有些方面的一般性不如我们的理论，在另外一些方面则更一般。还有另一种方法也是弗里施教授提出来的——动差法（moving difference）——不过不在这里讨论。

经济意义也"并不匮乏",我们甚至可以走得更远(但是我们不应如此冒进),即将这种特定的形状作为一种模式来表达现象的基本特征,并将之与实际行为进行对比。继续我们那个就业的例子。如果在那个从历史的角度可以证明是一个真正的繁荣阶段的最开始,就业是不增加的,然后在之后的一段时间内以越来越快的速度增加,那么就肯定有理由怀疑这种行为是由外部因素所致,然后人们就会开始寻找它。如果可以令人满意地证明确实存在这种因素,那么我们可能就可以利用正弦函数图形的拉伸形式来连接空白之处,这就像考古学家必须用古庙遗迹加上他自己对古庙的认识,去重建古庙的"真实"形式一样。只有当我们完全无视历史证据的时候,这种做法才会显得荒谬——当然这不可能;事实上,在每一种情况下,我们都必须领先历史证据提供的保证。

弗里施教授毫不费力地消除了那个模式明显最不可接受的性质,即恒定的时间长度[①],在正常值两边的时期延续的时间相等,各个阶段的长度都相等;等等。如果在微分方程 $y''+cy=0$ 中(这个微分方程的解是正弦曲线),我们将常数 c 替换为一个对时间的函数 $F(t)$,并假设它是正则的且总为正,那么我们就可以得到一个一般形式的二阶微分方程 $y''+F(t)y=0$。这样一来,我们就有可能处理一系列更接近现实的模式。特别地,我们不再需要假设均衡带(equilibrium ligamina)的作用的强度与距离成正比。关于持续时间和数量,"高于"和"低于"的偏离之间可能存在任何关系。但是,与在正弦曲线的情况下相比不遑多让,可以假定趋势为平滑后的曲线的重力轴,即后者总是会将其凹面转向这一趋势。同样地,这种情况也有一个完全合理的经济意义。事实上,从我们的模型的角度来

[①] 然而,在1927年私人印发的《对主要周期经济数据的考察》一文中,C. A. R. 沃德韦尔使用的却是期间的移动平均值,它随周期的长度而变化。类似的思想也隐含在了美国国家统计局所用的方法当中。

看，我们应该认为以下假设是高度可信的[①]：系统越远离均衡，均衡带的作用越强（不均衡带来的收益和损失越大）——如果没有异议的话，甚至可以直接假设是成比例的。只不过，这只说明了一种倾向（tendency）。无论阐述得多么完美，表达得多么充分，它都不会在现实中或图表中占主导地位，除非所有反映在图表中的其他倾向——特别是创业冲动和导致外部和内部无规律性的因素——都以某种特定的方式发挥作用。因此，这种方法暗示了某些附加假设。例如，考虑一个像 $y(t)=t^3(t^2-a^2)$ 这样的没有什么出奇之处的函数。它的图形（读者应该把它画出来）呈现了一个清晰的周期，跨据 $t=0$。但是，拐点不仅没有出现在应该出现的位置上（那应该是 $t=a$ 和 $t=-a$），而且在周期中有三个拐点，其中两个拐点在更复杂的情况下可能会有非常强的误导性（$t=0$ 时的拐点则没有问题）。

我们举这个例子只是想说明基本假设其实非常可能无法实现。在许多情况下，如上所述，在繁荣阶段和衰退阶段，曲线都会在相当长的时间内凸向轴线——这是因为（例如），投机在繁荣阶段会自我加强、在衰退阶段会自我抑制。在其他一些情况下，拐点可能不会出现在"真实"位置上，或者很难定位。而且，这有另一个额外的困难——进行平滑处理可能会产生虚假的拐点并掩盖真实的拐点。这就是我们不会一般性地建议采用这种方法的原因，至少在目前的实际工作中是这样。虽然在许多情况下是

[①] 在严格的理论意义上，这个假设不仅仅是可信的；甚至有可能被认为——尽管本书作者必须承认，他对此有一些怀疑——根本就不是假设，而是系统的基本性质的结果。然而，这并不能排除它对事实的拟合非常糟糕的可能。对此，可以用一个类比来说明：如果弹性弦受到的拉力超过了某个特征性的常数，它就会断掉。此外，如果反复被拉伸或者在足够长的时间内一直被拉伸，那么它就再也弹不回来（尽管不会断），或者到了某一点就只能以较小的力量弹回来。这个例子对进一步的分析应该有所启发。但是除此之外，除了正文所讨论的假设，还有其他的假设，那些假设也可以帮助我们探究事实。勒·柯布西耶（Le Corbeiller）先生提出了一个似乎很有前景的方法［试比较他于 1933 年 7 月在《计量经济学》杂志上发表的论文《论自调节系统和松弛振荡》（Les Systèmes Autoentretenus et les Oscillations de Relaxation）］。这也体现在范德堡尔方程 $y''-\varepsilon(1-y^2)y'+y=0$ 中［请比较：B. 范德堡尔（B. Van der Pol），《振荡正弦和弛豫》（Oscillations sinusoidales et de relaxation），刊载于《电波》（L'Onde Électrique），1930 年 6—7 月］。如果 ε 很大，那么它就描述了这样一个过程——能量逐渐积累，然后快速释放。然而，在本书中，我们不再继续跟进这条线索。克拉姆教授在下文将会引用的一篇论文中建议使用"倾斜正弦"（skewed sines）这个术语。

成功的，也具有实际操作价值①，但是我们看到，它主要的重要性在于它为时间序列分析领域的所有探索提供了理论基础和标准。

第四节 许多个"波"同时出现的情形

上述分析只是用来说明基本原则，进而引出真正重要的情形，即复杂的周期性运动。为了简单起见，我们只讨论同时包含康德拉季耶夫周期、朱格拉周期和基钦周期的情形，而不考虑上一章第五节提到过的所有其他类型的波动。对于前文讨论过的外部扰动的影响和消除这些影响的可能性，我们现在也没有任何补充，因此为了方便起见，我们假定这类影响不存在，同时季节性波动和增长也不存在（或者已经得到校正）。虽然从原则上说我们当然不能直接假设存在内在的规律性，更加不能直接假设周期是正弦曲线形式的，但是将多个同时存在的周期用三个振幅与持续时间成正比的正弦曲线来表示（如图 1 所示），并给出复合曲线的一阶差分的图

---

① 读者如果希望有一种万无一失的方法能以机械的形式得出结果，那么肯定会不可避免地感到失望，并觉得难以理解本书作者对现在这种方法的钦佩之情。然而，在本书作者看来，对这种方法的大多数反对意见都是建立在误解的基础上。本书作者不认同那种心态。虽然非常不喜欢"不可能"这个词，但是他相信可以有把握地说，就目前而言，就我们现有的材料而言，没有任何形式化的方法可以同时用理论和材料来代替常识和经验。要求拥有万无一失的方法是不合理的，就像要求得到一台能够自动地以理想的万无一失的方式进行外科手术的机器一样。蔑视"徒手"的方法是不合理的，就像蔑视外科医生的主观判断或声称徒手的动作不精确一样。因此，说弗里施的方法在非常多的情况下将会变成一种"徒手操作"程序并不是对它的贬损；只有这一程序才能把我们在历史上或在其他方面得知的一切运用到我们的研究中去，而且在某种程度上只有这一程序才能应对这样一个事实，即我们的材料除了内部的无规律性之外，还会受到外部因素的扭曲。这一点在 L. A. 马维里克（L. A. Maverick）讨论时间序列分析中的连续平滑问题的论文（刊载于《计量经济学》杂志，1933 年 7 月号）中也得到了明确的说明，尽管本书作者并不完全同意他的观点（尤其是关于中间线的作用的重要意义）。而且在许多方面，弗里施教授的方法比其他人的方法都要更好，即便从实际应用的角度来看也是如此。它最大的优点是只需要知悉曲线的局部性质（而不需要知悉曲线的全局性质）就可以发挥作用，这使得它能够防止不稳定的那些项对趋势产生直接的影响（即这种影响是由于它们的存在，当然不是由于它们对其他项目的影响），除非无规律性恰好发生在均衡附近。它还排除了波峰和波谷的影响（它理当如此），甚至还排除了两者不稳定的可能性。因此，说弗里施的方法对消除随机波动毫无帮助是不正确的——这是有些学者更喜欢安德森教授在之前引用的著作中提倡的那种方法的原因。在任何情况下，其他方法与弗里施的方法相比都不会占到什么优势；声称它们在应用上比弗里施的方法更可靠，认为我们应该更多地考虑它们，其实是没有道理的。这是因为，只要它们在原则上是错误的，那么这种所谓的可靠性就只能构成抛弃它们的另一个理由——说它们以一种完全客观和准确的方式制造了错误难道是一种赞美吗？

形（如图 2 所示）仍然是非常有用的。然而，这里不存在趋势；或者用我们的术语来说，图形表示的周期性运动是"洁净的"。除此之外，我们还可以把这些图形看作所有最大胆的但在某种程度上又是可以允许的可能假设的例证，给出这些假设是为了简化描述并构建一个可以用来与观察结果进行比较的理想模式。更具体地说，这包括，所有的周期都有四个时间长度相等的阶段，它们的正负偏移距离（振幅）全都相等且保持恒定，周期持续时间也是恒定不变的；同时，两个等级较高的周期都由整数个次一级周期的周期性运动组成，而且个数恒定不变。对于那些不熟悉统计技术的人来说，如此三个有极强规律性的组成部分却可能形成一个看上去极其没有规律性的组合，这个事实本身就应该具有很强的启发意义。而且，这些图形还可能有助于我们形成这样一个观念，即特定的统计方法所强加给我们的假设离现实有多远（多近）。①

我们不难回忆起对这样一个组合进行分析有许多方法，虽然严格来说它们并不适用于我们在实际中遇到的经济时间序列，但是仍然可能产生一些结果——从历史分析的角度来看，我们认为这些结果是可以接受的近似结果。这个事实再次表明，与我们在理论基础上所期望的程度相比，我们的材料更接近于满足"有一定规律性"的条件，或者更具体地说，满足傅里叶分析和舒斯特分析所要求的条件。② 这也就使得，在我们这个领域中一个应归功于 N. S. 杰奥尔杰斯（N. S. Georgescu）博士的优雅的方法拥

---

① 欧文·费雪教授在他为《经济文稿：献给 C. A. 韦里恩·斯图尔特教授》（*Economische Opstellen, aangeboden aan Professor Dr. C. A. Verrijn Stuart*，1931 年）一书撰写的文章中，以风琴管音调的和声成分为类比，表达了类似的观点。我们希望读者注意这篇文章，它阐述的观点与我们的观点之间的距离，要比其他论著所表明的近得多。

② W. L. 克拉姆教授指出——见他的论文《周期图纵坐标与相关系数之间的相似之处》（The Resemblance between the Ordinate of the Periodogram and the Correlation Coefficient），刊载于《美国统计学会会刊》，1923 年 9 月——周期图方法只有在波动不会离开偏离正弦形式太大时才能起到令人满意的作用（第 892 页）。因此，他自己对短期利率的周期图分析的成功证明，在他的序列的所有事件中和研究过的那些期间（第 898 页），波动确实与正弦形式非常接近。这篇论文对若干其他重要问题也提出了很多的建议；例如，请阅读其中的第 896 页。

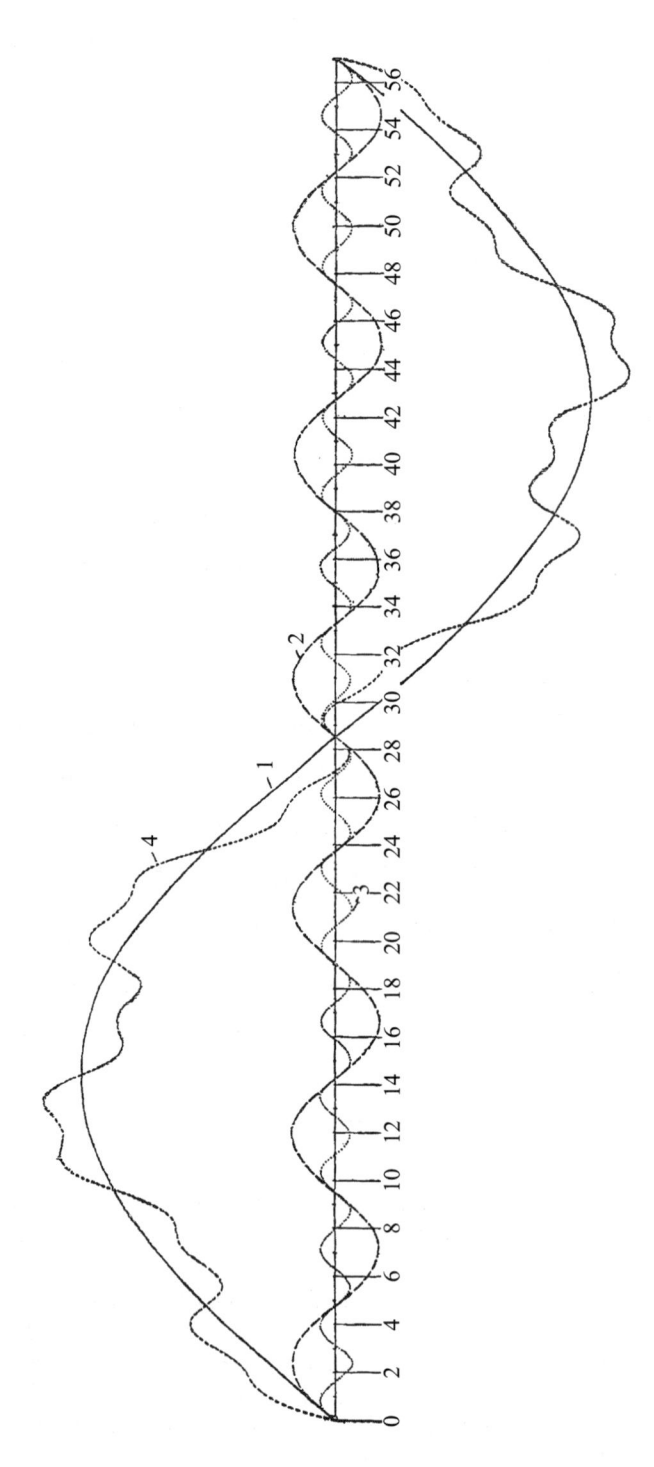

图 1 曲线 1, 长周期; 曲线 2, 中等周期; 曲线 3, 短周期; 曲线 4, 曲线 1 至曲线 3 的总和

图 2 复合曲线的一阶差分

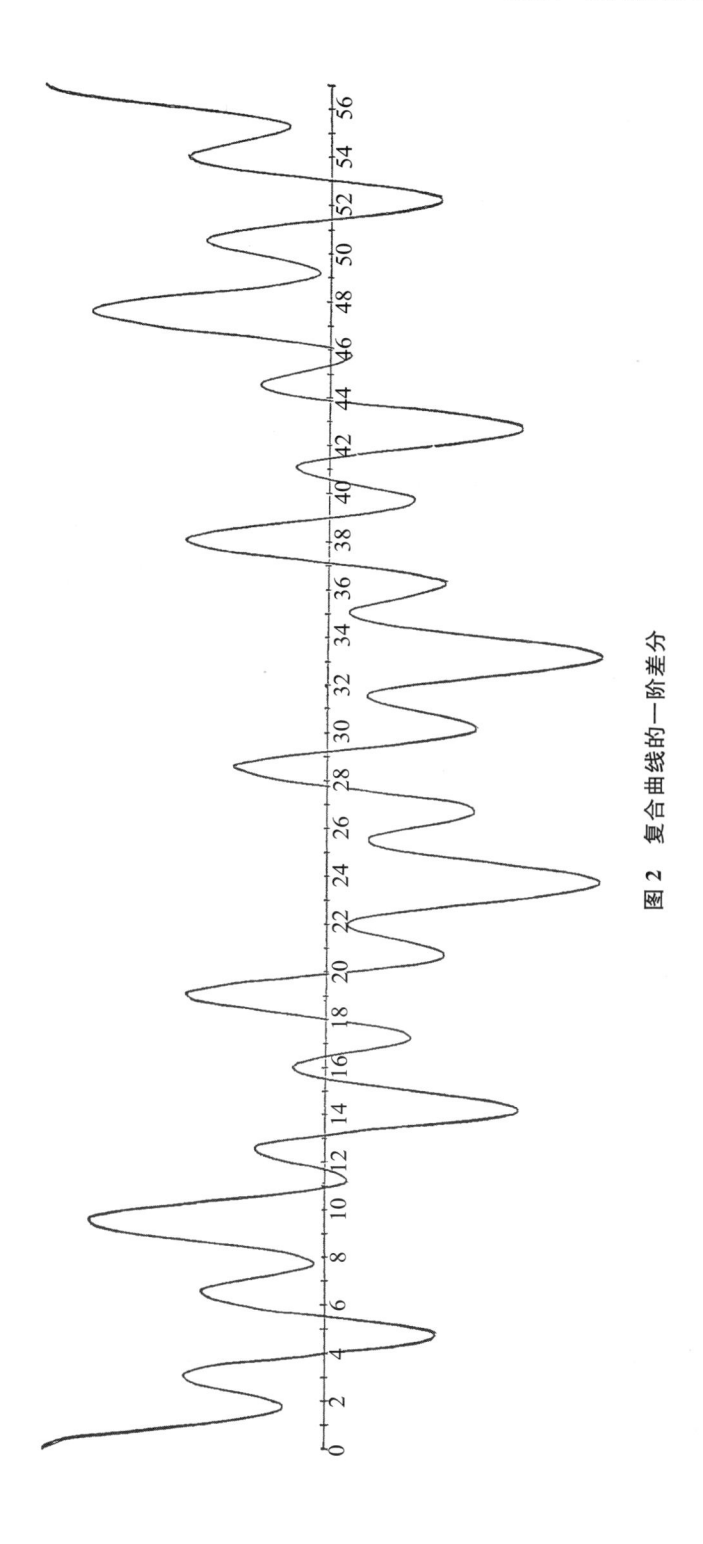

有了额外的重要性；事实上，我们对一个时间序列的分析使用了这种方法（见图 24），虽然它要求根据一个概率检验的结果来拟合正弦曲线，即找出一系列已知数量的正弦波动的未知周期的最可能的值[①]——在假设"误差"按高斯定律分布的情况下。[②] 而且，也正是这同一个事实为一些"很原始"的研究方法提供了相当大的支持，如通过观察来研究（即直接数一数我们看到了几个波峰、波谷），或者通过计算平均期间来研究，这种方法几乎从来不会与观测结果严重不同步（除了我们可以合理地用外部干扰来解释的那些情况）。基钦先生所取得的成功（见《经济因素的周期和趋势》一文），无疑是通过简单地计算他的短周期取得的。他观察到，短周期中有两个或三个似乎形成了更高等级的周期单位，并且在这两者之下都存在着某种"涌浪"，从而很好地说明了上面这一点。[③]

但在这里，我们还是要暂且将自己限定在弗里施教授提出的正常点法的范围之内。[④] 因而，目前的问题与单周期情形下的基本一致：再一次，我们必须找到统计正常值，它们可以解释为均衡的邻域并表示为拐点。而这就意味着，我们将继续假设每个周期都是一个形式为 $y_n'' + F_n(t) y_n = 0$ 的方程的解。首先要理解透的是，在这里使用这种方法并不会受到傅里叶分析受到的那种攻击——它可能产生假分量（spurious components）。该方法的微分特性实际上避免了这种危险，因为它是建立在对材料在（光滑）曲线上每个点附近的行为的独立研究的基础之上的。无论如何，任何

[①] 但是，我们还应该注意到，这种方法不能处理多于三个周期的情形。

[②] 请参见法国科学院 1930 年 7 月 7 日的会议报告，《关于概率的计算问题以及将其应用于未知周期长度的周期》（Sur un problème de calcul des probabilités avec application à la recherche des périodes inconnues d'un phénomène cyclique）。由埃米尔·博雷尔先生宣读的乔治斯库先生的信给出了基本思想。

[③] 移动平均"方法"虽然遭到了一些优秀统计学家的严重非议，但是也从这些方面得到了一些支持。我们也会以这种方式来处理序列。

[④] 辛辛那提大学的沃尔特·A. 鲍德教授（Walter A. Baude）教授也独立地提出了一种基于拐点的方法。鲍德教授用一条三阶抛物线（third-degree parabola）来表示趋势，然后分析了劳工统计局批发价格指数和两个合成的复合周期，其中一个由康德拉季耶夫周期、朱格拉周期和基钦周期组成。他的结果显然是令人鼓舞的，虽然高阶趋势需要两次以上的微分，这会对累积误差的评价造成困难。他在 1936 年于纽约举行的计量经济学会年会上公布了这种方法，请参见《计量经济学》杂志，1936 年 4 月号，第 183 页。

周期性运动，只要持续不断地出现，就不太可能是毫无意义的。[①] 这当然是毫无疑问的。但是现在，一旦超出这个范围，这个原则的应用就会遇到一些困难。

我们已经注意到，我们并不能保证以下假设的合理性：我们所说的这三种周期或任何不同等级的周期，是可以加性地相互叠加到一起的。对于一般情况，虽然利用对数乘法关系也许可以在一定程度上加以处理，但到目前为止总是无法令人满意。不过，就我们现在已经掌握的对这种现象的知识而言，这一点并不太重要。乍一看似乎更严重的是，这种方法只能给出每个周期内的若干离散点，而不能告诉我们邻域之间更高等级的周期是什么形状。但是对于这种质疑，从我们的理论的角度来看可以这样回应：同时出现的周期的区别主要在于邻域之间，而邻域之间的区间则不具备同样的"现实主义"含义，即我们的趋势在这些区间上并没有现实意义。从现在讨论的这种方法的角度来看，这似乎推动我们得出这样的结论，即便我们丢弃每一个出现在周期下行阶段的似乎不那么可靠的邻域，每一个朱格拉周期也仍然有三个基钦邻域、每一个康德拉季耶夫周期也仍然有六个朱格拉邻域；而且，只要我们能够拟合它们——这里需要考虑的，一是两阶段周期的可能性，二是我们对平滑度和曲率的假设——我们就不太可能偏离现实太多，尽管有时我们可能会怀疑相对振幅的精确性。

在本书作者看来，这种困难似乎不像拐点的可靠性问题那么严重。拐点的可靠性问题在单周期的情况下已经受到关注，现在又以非常引人注目的形式重新出现。但是，在它背后还有一个更具根本性的问题。除了所有等级的周期的正常值完全重合这种特殊情况之外，低等级周期的拐点显然不可能恰好位于一条表示高等级周期的扫掠轨迹的曲线上。因此，即便在理想的条件下，通过在这些点之间进行插值得到的曲线也不可能追踪到"基础"周期，而且通过复合周期的拐点的直线也不会经过最低等级周期

[①] 当然，一个给定等级的周期的波动，仍然可能由另一个不同等级的周期的波动"生成"。关于这一点，任何分解方法都不能告诉我们任何东西。但这样产生的波动仍然是一个真实而重要的运动，而不是上述方法的产物。

的正常值。我们在上一章做出的决定——将每一个"基础"周期视为次一级的低等级周期的"趋势"(在后者的正常点的轨迹这个意义上)——似乎包含着内在的矛盾。然而,我们将会看到,这差不多等于说现在这种方法本质上变成了一种近似的方法,而且这是对统计方法的有效辩护,正如它是对理论观点的有效辩护一样。当然,这种近似是否令人满意确实必须根据每一种情况的具体特点来判断,不能一劳永逸地给出某个定论。如果复合周期的"表面运动"是由最短的周期所主导的,那么再一次,消除它们后出现的轮廓将由上一个更高等级的周期所主导,依次类推。通过复合周期的拐点、依次通过剩下的各等级周期的拐点的曲线,都将显示(虽然不能说是给出)相应的状态位置,它们就是(相对于每一个周期性运动的)不完美均衡的邻域。这个假说在很多情况下无疑不成立,但是确实在许多情况下成立,它们可以从图表中看到并用工业史来加以解释。这里将引出一系列微妙的干扰问题,但就本书的目的而言,我们不需要对这些问题展开讨论。

如果除了这三种周期之外在材料中还有其他类型的波动,那么通过弗里施的方法可以将它们全部显示出来,包括季节性波动、"犹豫"等。如前所述,它比周期图分析更可靠,因为它所拥有的灵活性使它不太可能会抑制实际的(尽管不规则的)波动,也因为它不会生成无意义的波动。如果各组成部分波动的持续时间的差异性足够大,那么一个非常简单的图形化操作就能给出良好的临时性结果。图3给出了一个例子,它显示了季节性和基钦波动。[①] 关于弗里施方法的应用,另一个例子将在本书讨论价格水平的周期性行为时给出。

[①] 1930年至1931年,在弗里施教授召集的、于耶鲁大学举办的研讨会上,S. N. 惠特尼(S. N. Whitney)先生分析了载货汽车每周平均收入这个时间序列。本书作者非常感谢弗里施教授同意本书使用这个时间序列。对于本书提到的关于价格水平序列的研究,他不厌其烦地提出了很多建议和批评,实在感激莫名!

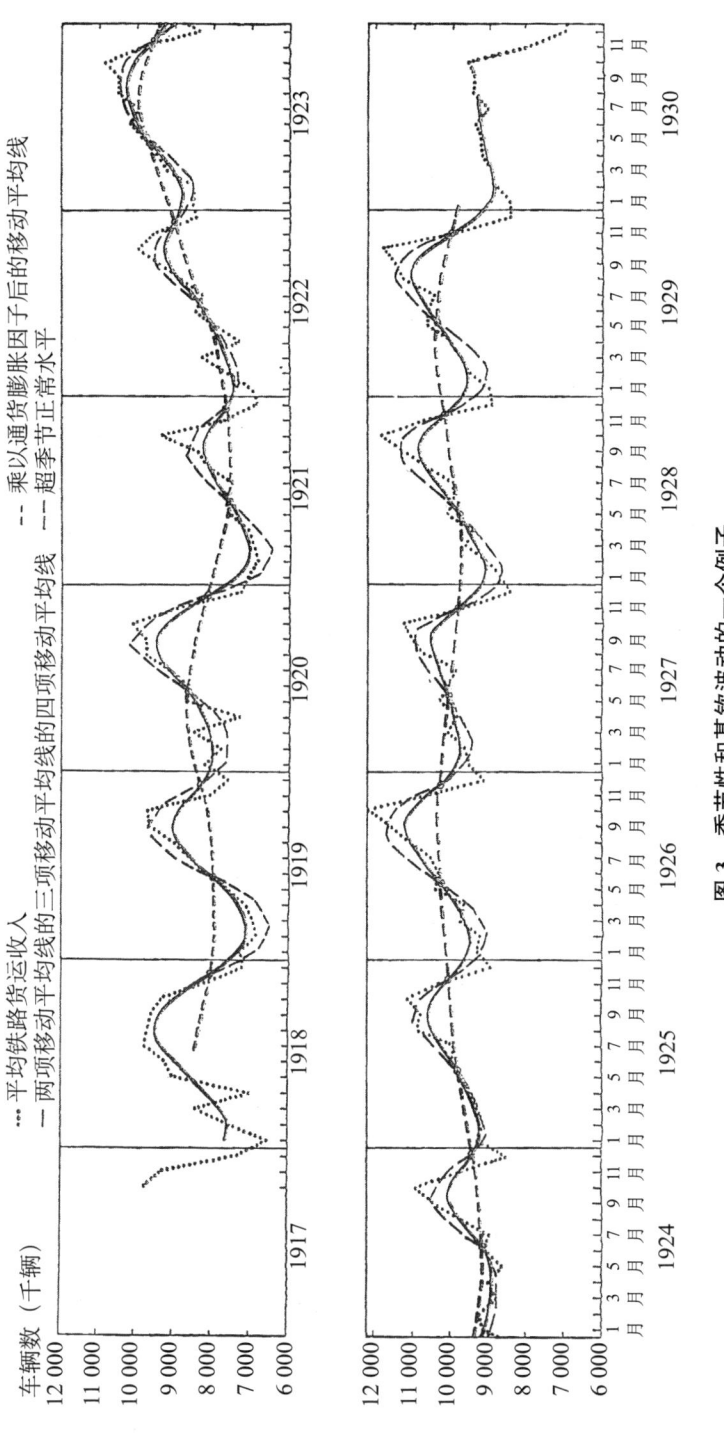

··· 平均铁路货运收入　　--- 乘以通货膨胀因子后的移动平均线
— 两项移动平均线的三项移动平均线　-·- 超季节正常水平
— 两项移动平均线的四项移动平均线

图 3　季节性和基钦波动的一个例子

因此，这种方法确实有助于探究我们的材料，而且在这种探究过程中显示出了一定的优势；然而，它当然不能从所有周期性运动中选出我们所说的基钦周期、朱格拉周期和康德拉季耶夫周期。[1] 要做到这一点，还需要进行进一步的经济分析，包括理论分析和历史分析。在这个方面，这种方法尽管确实有优点——它能够很好地利用均衡概念以及周期性过程的某些性质，以进行统计分析——但除此之外，它仍然只是形式上的。它也没能揭示出任何实际在起作用的组成部分，而只是显示出了被其他因素扭曲的组成部分。因此，只要我们能够利用有关所研究的具体问题的额外知识构造出一个组成部分的"真实"形式——由拥有自适应过程的结构引发的波动，如所谓的"猪周期"，那是目前来看最接近这个目标的——我们就必须抛弃它，而采用其他方法。但即便是在这种情况下，它也可以作为这个方向上的研究的一个起点——尽管在这个方向上展开的"战线"最终可能远远超出我们目前的视野。

当我们着手研究如何比较时间序列时，经济意义原则就变得更加重要了。弗里施的方法能够为我们做的无非以下两点：第一，通过指明位于每个均衡的邻域的时间变量的值，将均衡的邻域的马赛克拼凑出来；第二，让我们能够研究它们在各个阶段中或者在趋向或远离均衡的运动中相对于彼此的行为。再一次，使得这些成为可能的则是经济概率与统计正常值之间的联系。但是，如果想取得超出这个范围的进展，那么就还需要进一步的事实材料和理论材料。[2] 从单个序列出发的例证与从总量序列或系统序列出发的例证不同，它们特别能说明问题，因为前者通常比后者呈现出更

---

[1] 然而，我们已经看到，它在消除个别扰动的直接影响方面还是起了一定的作用。

[2] 当然，这并不是说形式化的方法是没有价值的。我们前面提到过，津恩先生发表在《经济统计评论》1927年10月号上的论文给出了一个纯粹通过形式化的方法获得（部分）重大成功的例子。假设我们有一个时间变量 y_t，它依赖于另一个时间变量在同一时间及以前的值 $f(x_t, x_{t-1}, x_{t-2}, \cdots)$。如果我们把这个关系进一步发展成一个幂级数，然后忽略二次幂和更高次幂，那么我们可以得到一个线性表达式 $y_t = A + Y_0 x_t + Y_1 x_{t-1} + \cdots$，其中常数 $Y_0, \cdots, Y_n$ 可以构造为 i 的函数，描述了 x 和 y 之间的关系，津恩先生非常有启发性地称之为系统因子（system factor）。如果函数 Y_i 对于两个级数的不同除法是一样的，那么我们就可以得出如下结论：Y_i 独立于 x_t，因此依赖于"系统"，由此就可以探究系统的性质。津恩先生还将它应用于利率和批发价格指数之间的关系，这是对振动理论或波的传播理论的一项非常有趣的贡献。

加复杂的关系。例如，如果我们用弗里施的方法分析一种商品的价格和销售量之间的相对关系，我们就能得到每种周期组成部分之内的总关系，这种关系是由"沿着需求曲线的移动"和"需求曲线的周期性变化和其他变化"共同产生的。由此，我们从附加的信息知悉的各种参数，比如说与周期性变化相关的参数，都要纳入传统理论所提供的熟悉的关系中去考虑。在这一点上，问题将合并成一个更一般的问题——这个问题已经在未来若隐若现地向我们招手。[1]

---

[1] 在这类问题上，学者已经做出了许多研究，而且更多的研究仍在进行中。这些研究可以与我们的理论和上面讨论的方法有效地联系起来。多重曲线相关性是其中一个特别重要的例子，尽管在时间序列的情况下相关性的概念会面对很多困难。然而，这方面的所有问题仍然只是间接地触及了本书的核心论点，因而我们将只在第十章进行简短的讨论。

经济学名著译丛

Business Cycles: A Theoretical, Historical, and Statistical Analysis of the Capitalist Process

经济周期理论

（中）

约瑟夫·A. 熊彼特　著

贾拥民　译

JOSEPH
SCHUMPETER

中国人民大学出版社
·北京·

简明目录

上　册

第一章　导　论 ………………………………………………………… 1
第二章　均衡与经济量的理论正常值 …………………………………… 32
第三章　经济系统如何演化？…………………………………………… 79
第四章　经济演化轮廓之勾勒 …………………………………………… 144
第五章　时间序列及其正常值 …………………………………………… 215

中　册

第六章　历史概述Ⅰ：1786—1842年 …………………………………… 247
第七章　历史概述Ⅱ：1843—1913年 …………………………………… 341
第八章　价格水平 ………………………………………………………… 511
第九章　实物数量和就业水平 …………………………………………… 548
第十章　个别商品的价格和数量 ………………………………………… 588
第十一章　支出、工资、消费者余额 …………………………………… 616
第十二章　利　率 ………………………………………………………… 682
第十三章　中央市场与证券交易所 ……………………………………… 725

下　册

第十四章　1919—1929年 ………………………………………………… 787

第十五章　世界经济危机及其余波 …………………………… 1027

附录　对书中各图表所包含的统计资料的说明 …………………… 1190
译后记 ……………………………………………………………… 1233

目　录

中　册

第六章　历史概述Ⅰ：1786—1842 年

第一节　历史方法对研究周期性经济演化过程问题的根本
　　　　重要性 ·· 247

第二节　若干原则问题 ·· 250

第三节　关于通常的经济周期分析所针对的那个时代之前的
　　　　300 年中的条件和过程 ································ 259

第四节　从 1787 年到 1842 年的长波 ·························· 283

第七章　历史概述Ⅱ：1843—1913 年

第一节　1843—1897 年 ·· 341

第二节　这个时期的农业发展状况 ······························ 359

第三节　铁路化 ··· 367

第四节　德国、英国和美国制造业发展的若干特点 ········· 397

第五节　第三个康德拉季耶夫周期的前 16 年
　　　　（1898—1913 年）······································· 451

第八章　价格水平

第一节　价格水平变化的因果重要性和症状重要性 ·········· 511

第二节　关于价格水平的各种理论 ······························ 515

第三节　若干实际操作问题 ·· 522
第四节　对价格水平序列行为特征的分析 ······················ 525
第五节　分组价格 ·· 540

第九章　实物数量和就业水平

第一节　个别数量、组合数量和标记总产出变化的
　　　　三种方法 ·· 548
第二节　对工业总产出的趋势分析和发展迟滞问题 ············ 557
第三节　实物产出的周期性行为以及对产出和价格水平的变化
　　　　特点的比较 ·· 567
第四节　就业水平 ·· 577

第十章　个别商品的价格和数量

第一节　个别商品（包括服务）的价格和数量 ················ 588
第二节　几个例子 ·· 597
第三节　造船业的周期与丁伯根的模型 ···························· 603
第四节　促进创业活动的价格政策 ···································· 606

第十一章　支出、工资、消费者余额

第一节　关于货币的若干命题 ·· 616
第二节　系统支出（外部结算额）以及生产者支出和消费者
　　　　支出的同期性变化 ·· 621
第三节　国民收入和工资 ·· 635
第四节　存款和贷款 ·· 654

第十二章　利　率

第一节　继续前面的论述 ·· 682
第二节　对各种利率的讨论 ·· 696
第三节　对利率的时间形态的讨论 ···································· 710

第十三章 中央市场与证券交易所

第一节　银行与工业的"脉搏" …………………………… 725
第二节　处于一个孤立领域内的中央市场 …………………… 735
第三节　作为一个周期性因素的国际关系 …………………… 756
第四节　证券交易所交易数据序列 …………………………… 770

第六章　历史概述Ⅰ：1786—1842 年

第一节　历史方法对研究周期性经济演化过程问题的根本重要性

　　本书从一开始就强调了历史方法的重要性。既然我们试图理解的是历史上的经济变化，那么毫不夸张地说，我们的终极目标就是建构一段合理化的历史（在概念上得到了澄清的历史），不仅仅是危机的历史，也不仅仅是周期或"波动"的历史，更是包含所有方面和所有含义的经济过程的历史；对于它，理论只是提供了一些工具和模式，统计则只能给出部分材料。因此很明显，只有详细的历史知识才能确切地回答大多数关于具体的因果关系和机制的问题，而且没有历史知识对时间序列的研究都必定只能是"无定论"的，理论分析也只能是空洞的。同样非常清楚的是，只考虑当今世界的同时代事实，或过去 25 年乃至 50 年的事实，是完全不充分的。这是因为，除非经过长时段的历史研究，否则就不可能揭示本质上具有历史性质的现象的真相。因此，对 17 世纪的 25 年和整个 18 世纪的经济进行深入细致的研究，就成了一项极为紧迫的任务，因为经济周期研究人员必须依赖长期的、有精确日期的定量记录——最低的要求是 250 年——这种记录的存在可以说是这些研究者得以"生存"的条件。

当然，这个条件正在慢慢实现。对"危机"的历史研究[1]以及对个别危机的详细描述从 19 世纪初就开始了。文献似乎比初看时的更加丰富，因为它们包括对所有特定方面的描述，还包括所有从不同的角度给出的描述——特别值得一提的是那些试图分析货币运行机制和投机活动的论著，许多人从一开始就认为这两种现象是与危机联系在一起的。但我们所说的并不是这些。既然经济系统的发展天生是"周期性"的，那么我们要完成的任务就必须远远超出对那些壮观的崩溃的简单描述，而且必须不限于对总量行为的刻画，我们必须完成对它们背后的工业过程的详细描述。这当然是一项极其艰巨的任务。研究危机的历史学家主要讨论证券交易所发生的事件、银行状况、价格水平、工厂倒闭、失业、总产出等——但所有这些都很容易被认为是表面现象或复合现象，它们是对潜在的经济过程的总结，而且是以一种隐藏了真实特征的方式加以总结的。因此，这种类型的历史研究的价值，不仅会因它们不符合最低要求的学术规范且经常会受到前科学理论的"污染"这个事实而受损，而且会因为如下更加重要的事实而受害，除了极偶然的情况之外，它们根本没有触及最根本的东西。同样的反对意见也适用于最近的一种尝试，这些尝试就本身而言也许是有价值的，它们每年都在跟踪不断变化的经济状况，目的是为我们提供经济年报。对于这种努力[2]，以及类似的在现有的资源和技术条件下可以做的一切，我们在尊重和感激之余必须指出的是，根据新闻媒体所报道的经济总体上的"冷暖"情况，简单地给每一年贴一个标签，再附上一些关于货币市场状态、就业、收成、对外贸易等的简略指标，以及对若干外部因素的描述（如政治事件），所能告诉我们的除了时间序列本身提供的证据之外，并没有多少。这类年报如果是从一个（部分）独立于时间序列的资料来源

---

[1] 沃思（Wirth）、杜冈-巴拉诺夫斯基（Tugan-Baranowsky）和布尼亚蒂安（Bouniatian）撰写的危机史著作，以及施皮特霍夫对危机历史的凝练而优秀的描述，即他为《政治科学全书》撰写的"危机"词条，可以说是这个方面的巅峰成就。关于具体的单个危机的文献更是不胜枚举，但是在这里本书作者只想提一下在他看来最好的一篇论著，那就是邓巴（Dunbar）关于 1857 年危机的文章，稍后还会提到。

[2] 它们主要出现在各个国家的经济类周刊的年度报告和增刊上（有些日报也有）。然而，本书作者在此还要感谢 W. L. 索普（W. L. Thorp）先生主编的《商业年鉴》（美国国家经济研究局，1926 年），以及米切尔教授为该年鉴撰写的导论所提供的帮助。

得到的，那么也许可以提供一个有用的检验途径。但是，它们很容易因为过分强调主要反映在商业和金融杂志上的那些方面而被误导，而且如果它们真的独立于时间序列，那么它们给出的"诊断"大多缺乏精确的标准。此外，除了少数情况外，它们所传递的信息完全是总量层面的。

我们真正需要的东西更有可能在一般经济史论著中找到：它们能够使我们更靠近那些生成了我们在时间序列中观察到的波动的过程。但更加重要的是关于具体行业的无数专题论著。它们虽然不是直接针对我们现在面对的这一系列问题[1]，而且对实现我们的目标所需的信息和准确的年代界定往往有所保留（有些时候几乎到了令人着急的程度），但它们基本上都表明了一个产业是如何产生的、是如何被经济有机体吸收的，该产业又是如何影响经济有机体的，以及经济系统是如何做出反应的，以及相应的周期性行为是什么。事实上，它们的作者在很大程度上都同意哪些方面是重要的或有趣的，还认为很容易就可以勾勒出一个适合大多数情况的通用模式，而且这个模式很容易就可以加以改进。如果真的能将研究工作协调起来并实现系统化，那么无疑将是极其有益的，但是我们也许不能抱太大的希望。此外，我们还有越来越多的关于具体的企业和企业家的专题论著、纪念文集、传记等文献，无论它们有什么样的缺点，都可以成为有用的资料"仓库"。[2] 现在，人们对非贵族家族的家谱也越来越感兴趣，这就为我们提供了更多的可能性。当然，在银行和企业、在各行业协会和与经济相关的政府部门的档案材料中，以及在每日和每周出版的报纸和专业杂志上，都有很多资料，它们都构成了有益的补充材料。在许多情况下，甚至就是现在，技术发展的历史、贸易路线开拓的历史、各个城镇和工业区兴衰的历史，也能提供不少我们想要的东西。

---

[1] 唯一的例外是由施皮特霍夫教授主编的《经济波动研究丛刊》(*Beiträge zur Erforschung der Wechsellagen*)，它提供的关于德国工业的若干信息恰恰是我们需要的。

[2] 作者必须感谢弗里茨·雷德里奇（Fritz Redlich）博士，他提供了一篇参考文献。该文献表明，在这个方面比较全面的书目出现了，请参见：赫尔曼·科斯滕（Hermann Corsten），《德国企业百年史：一部有关企业和经济历史的书目》（Hundert Jahre Deutscher Wirtschaft, eine Bibliographie zur Firmen-und Wirtschaftsgeschichte），由科隆的科特·施罗德（Kurt Schroeder）出版，第一版，1936年。

与这个庞大的研究计划相比，我们在下面给出的论述或描绘的草图虽然也是付出艰辛努力的结果（远比第一印象更加费力），但自然是远远不够的。在本章和下一章，我们所能提出的只是一些例证和说明，不过我们希望这些例证和说明至少能在某种程度上用活生生的事实填充原本无血无肉的理论模式，使统计轮廓丰满起来，从而使得我们要阐述的意义更加清楚和生动。但即便是定位历史上的周期这个紧迫的任务，也只是开了一个头，而没有得到深入的讨论。此外，众所周知，如果不考虑资本主义在荷兰和意大利的"起源"以及后来在法国的发展，也就不可能写出令人满意的资本主义史。然而，事实却早就证明，要完整地呈现荷兰、意大利和法国的材料不但不可能，而且本书作者所能完成的也无法超出最常见的一般性论文和最杰出的专题论著。最后，对美国经济史、英国经济史和德国经济史的分析，比较深入的也只是1780年之后的那个时期，而且即便是在这个非常有限的领域也仍然存在着许多空白——不仅在接下来要评述的论著中如此，而且就本书作者的知识而言也如此。众所周知，虽然问题的核心就在于细节当中，但是细节却只能通过举例来说明，而且是为了便于讲授我们的理论模式的应用方法而给出的。为了节省篇幅，我们将引用严格限制在了本书作者觉得特别需要感谢的作品和必须明确指出谁对某个陈述负责的情况下。①

第二节　若干原则问题

在展开讨论之前，有几个原则性问题必须首先加以解决。

---

① 在本书中，除了已经发表的材料——图书、文章、政府报告、报纸等，实际上没有使用其他材料。大多数的事实和来源都是所有学者熟知的，可以很容易地检查。至于解释，除了特殊情况，则都是本书作者自己的。因此，本书作者认为自己有责任指出，他既不是历史学家，也不是数学家。尽管他年轻时接受过历史学及其辅助科学的学术训练，并且拥有档案工作方面的经验，因此他可能认为自己知道什么是历史记录，但是他没有广博的历史知识（更不用说紧紧跟上最新的发展了），而那是证实他给出的一些观点所必需的——因而，尽管他对所有具体的事实给了一切合理的关注，但个别事实仍然有可能是错的。通常，这样说是为了警告读者——当然不是为了减轻责任。

一、资本主义的定义问题

因为我们要将非资本主义的变化排除在外，所以我们必须对"资本主义"这个术语下一个定义，尽管许多优秀的经济学家一直都在试图避免这样做：资本主义是一种以私有财产权为基础的经济形式，创新是通过借入的钱来实现的，而这通常意味着信贷创造（尽管在逻辑上并非必然如此）。根据这个定义，一个社会，即便它的经济生活的特点在于私有财产和私人控制经营活动——即便存在私营工厂、受薪员工，以及商品和服务的自由交换（无论是以实物的形式，还是以货币为媒介进行）——也不一定是资本主义社会。企业家功能本身并不限于资本主义社会，因为它所隐含的经济领导作用还会以其他形式存在，即便是在原始部落中或在社会主义社会中。

如果给出这样一个定义只是因为我们想行使我们拥有的"术语自由"的逻辑权利，那就不必再多说什么了。事实上，有一些学者确实是这样做的，其中就包括著名经济学家庞巴维克，他对资本、资本主义生产和资本主义的定义就是如此。另外一些学者——马克思和桑巴特（Sombart）是其中的两个例子——给出的定义（或从他们的文本中总结出来的定义），则隐含着一种对事实的陈述，也就是说，他们给出的定义性特征（defining characteristic）道出了某个明确的历史现象的本质。但是，后面这种类型的定义也可能因学者的立场和目的的不同而不同，这是合情合理的，而且这种不同并不一定意味着对现象的本质有不同的看法（虽然往往可能意味着）。我们给出的定义就属于后面这一类。乍一看这无疑显得有些奇怪，但是读者只要稍加思考就会明白，在一个没有信贷创造的社会的经济过程和文化过程中，通常与资本主义概念相关联的大部分特征都将不复存在。然而，我们给出的定义性特征并不意味着因果性内涵。此外，我们还应该注意到，就如同关于资本主义的大多数其他定义一样，我们的定义也是制度性的（institutional）。但是，当然，除了某些非常罕见的例外，我们始终把这些制度当作数据来对待，它们本身就是我们希望研究的过程的结果和元素。关于这一点，唯一可能有争议的是我们还有一个主张，即资本主义社会的经济过程就是引发经济周期的那一系列事件，两者是同一个。

因此，我们对资本主义的追溯一直持续到信贷创造这个元素刚开始出现的那个时期。也就是说，这至少可以追溯到可转让信贷工具的存在，使得信贷创造的出现实际上成为必然（如果不是在逻辑上成为必然的话）的时代，这就像在史前地层中发现武器就可以确定那个时期必定存在着战争一样。但是，我们还必须进一步往前推，直到先于非完全流通票据出现的不可流通票据以及存在银行的存款出现的可能性（无论它们是以多么笨拙的方式进行的）。当然，这些本身与信贷创造没有什么关系，但是我们掌握的这方面的信息有力地表明，信贷创造的实践与存款银行业务一样古老。例如，对于南欧各国来说，这将把我们带回到12世纪末和13世纪初。

二、资本主义有多古老？

这些分析应该有助于回答这样一个问题：我们可以把多早的历史时期的波动"标记"为我们现在用周期这个术语来指称的那类现象（那些波动就相当于我们现在所说的周期）。我们假设读者熟悉学界在这个问题上的争论或意见分歧。许多研究周期的学者，其中特别著名的是米切尔教授和施皮特霍夫教授，都强烈地拒绝承认我们可以将18世纪末之前的经济波动称为上述意义上的周期，而包括许多历史学家在内的其他一些人，则毫不犹豫地声称远比这个历史时期更早的时候就已经存在周期。[①] 当然，现在我们必须接受这种适当的学术保留不应作为一个事实来陈述（由于缺乏数据，我们无法充分证明）。然而，问题在于是否真的有任何理由将关于周期性过程的模式作为一个启发式假说应用于更早的历史时期——因为我们永远不会发现我们没有试图去寻找的东西——并且在这个意义上对我们所能得到的不完整的材料给出临时性的解释（例如价格序列）。我们还必须承认，资本主义部门在另一个前资本主义世界中所占的比例越小，资本主义过程所具有的波动特征就越不明显，而引发波动的其他原因的作用就

[①] 读者也许应该允许作者引用盖伊（Gay）教授的观点，该权威似乎同意本书作者所提出的观点，尽管他没使用如第一小节所述的标准。

会越大——用我们的术语来说,外部因素将占主导地位。从这个角度来看,以下说法无疑是正确的:在18世纪之前(甚至就在18世纪那个时期),农作物、战争、瘟疫等因素不仅在绝对意义上非常重要,而且在相对意义上非常重要。在这种情况下,创新的影响显然是不同的,只会在一个小得多的资本主义环境中被感受到,这个环境被一个非资本主义世界所包围,那个世界在数量上的重要性要大得多[①],且几乎不受资本主义世界中发生的事件的影响,反而起到了一种缓冲垫的作用。在这种情况下,我们不难预期我们所说的现象中会有一部分——甚至包括我们确实能观察到的一些现象——可能会变得难以察觉,并很难与我们所说的过程联系起来。例如,手工业从业者的苦难和不满以及因此而导致的内部社会斗争,无论是行动者还是观察者都不会轻易追溯到这种根源,尽管我们所称的经济进步无疑是衰退的主要原因,而这些斗争则只是衰退的症状。除此之外,上述学者的态度也是难以理解的,尤其是在南海泡沫破裂这样的事件上。南海泡沫的破裂与1873年或1929年的危机有着惊人的相似之处(当然,这种相似性可能是相当表面的)。尽管完全的证明还必须留待未来的研究给出,但是我们目前确实没有理由期待最终可以证明这些"危机"都只是某个周期性运动所致,而且外部因素无疑会扭曲它,就像今天这样的扭曲。从我们现有的材料中获得的所有证据都指向了我们的方向,而且可以追溯到16世纪,一直追溯到金融实践的细节。[②]

[①] 然而,我们应该非常谨慎地看待这一点,因为规模较小的并不仅仅是资本主义部门。据说,在查理五世颁布那道著名法令时(1525年),德意志帝国有10万名矿工,这个数字即便放到现在也不容忽视,在当时当然更不可能是微不足道的。当时采矿业的产值高达200万金盾(goldgulden),同样不容忽视。本书作者对查理五世时代这些统计数字的可靠性并不了解,但作为比较还可以举出另一个例子。在那个时期,哈布斯堡王朝从它位于德国和"勃艮第"的产业中获得的全部收入(在通常情况下)达到了每年58万金盾。

[②] 本书作者所拥有的关于1565年荷兰危机的一切知识,都来自埃伦伯格(Ehrenberg)那本广为人知的关于福格尔(Fuggers)时代的著作。当然,那本著作给出的证据并不是结论性的。更重要的是关于贸易方法和财政状况的资料(这些资料将在下一节需要提到)。毫无疑问,这些会让我们设想一个能够产生我们模型所描述的那种资本主义波动的事物。关于佛罗伦萨纺织品(羊毛)贸易的很有意思的资料,出现得还要更早一些(例如,戴维森的不朽著作)。此外,也有关于周期的纺织机械发展状况的资料。厄尔·J. 汉密尔顿(Earl J. Hamilton)教授给出的时间序列则提供了一个最令人印象深刻的给出"现代"印象的材料的例子,请参见他在1936年发表的《瓦伦西亚、阿拉贡和纳瓦拉的货币、价格和工资:1351—1500年》(Money, Prices and Wages in Valencia, Aragon and Navarre 1351—1500)。

在地中海沿岸各个国家，我们发现存款银行的历史还要更早。也许，这只是罗马的"银行家"（bancarii）、"书契人"（tabularii）和"钱庄主"（argentarii），希腊的"换钱人"（trapezitai）的延续或复兴而已。[①] "不可转让汇票在14世纪下半叶开始得到广泛使用，这是银行信贷业务的一个重要因素"[②]，然后到15世纪，我们从收集到的一系列关于可转让汇票的禁令可知，各种各样的可转让汇票逐渐被世人熟知，走上了稳步扩展的道路，尽管可能直到17世纪都还没有正式合法化——这是我们从弗雷恩德（Freundt）的《后注释法学派的交易法》（Wechselrecht der Postglossatoren, 1899年和1909年）以及《证券法》（Wertpapiere，1910年）推出的结论。另外，早在1526年，威尼斯就通过立法禁止使用支票，目的是遏制信贷扩张，但是收效甚微（请参见厄舍，前引论著）。"经常账户必须予以核对"这个原则的发展过程，与对利息的限制逐步取消一样令人感兴趣、一样与我们的目标相关。然而，我们不再往下深入讨论这个问题，在接下来的章节中除了顺便提一下，我们也不讨论银行业本身的发展。我们必须假定它们的主要轮廓已经为读者所熟悉。

[①] 关于资本主义生活的一般特征，特别是与我们今天所观察到的周期性运动类似的波动，是否也存在于古代世界这个问题，我们将通过如下参考文献来回答：黑切尔海姆（Heichelheim），《古代的经济波动：从亚历山大到奥古斯都》（Wirtschaftliche Schwankungen der Zeit von Alexander bis Augustus），1930年。毫无疑问，一段时间以来相当盛行的一个观点，即希腊"家园"（Oikos）从原则上说是一个自给自足的有机体，它先于资本主义的组织形式，是完全错误的。我们对希腊和罗马的银行业和金融业知之甚少。但是从我们已经知道的那些类似组织来看，它们看上去似乎都非常"现代"。当时政治家的态度也是如此。读过西塞罗（Cicero）的信件的人都知道这一点，观察到了税人公司（societates publicanorum）所发挥的作用的人也都知道这一点。更多的迹象还包括非常保管业务（depositum irregulare，或译为紧急寄托业务）和海运借款利息（foenus nauticum）的出现（见本书第十二章第一节）。当然，对于当时的资本主义性质的企业来说，主要（虽然不是全部）是从事海上贸易。

[②] 请比较A. P. 厄舍（A. P. Usher）教授的《银行业的起源》（The Origins of Banking），1933年刊载于《经济历史评论》杂志。本书作者还要感谢厄舍教授的口头教导，他的影响不仅体现在这里，而且体现在本书许多其他地方。这篇论文也提到了其他一些文献，可以作为在这个领域的进一步阅读的一个导引。不过在这里，作者还想补充的是，萨尤斯（Sayous）的论著也值得列为参考文献。关于证据的讨论以及对它们的社会学和经济学解释，本书作者将在关于货币的专著中给出。也请比较R. D. 理查兹（R. D. Richards）的论文《英国银行业的先驱》，刊载于《经济历史》（这是《经济学杂志》的增刊，1929年1月出版）。理查兹认为，早在14世纪英格兰就出现了利用汇票转让商业债务的做法。

三、连续性与经济变迁中的革命、"资本主义的产生"、"原始积累"以及若干伪问题

最后，为了消除存在于我们看待经济变化（或更一般地，社会变化）的方式与历史连续性原则（在历史分析中，随着材料的增加和研究方法的改进，这个原则会突出）之间的明显矛盾，我们还必须讨论一个属于一般方法论领域的问题。我们的变化机制理论强调的是非连续性。对此，我们可以这样表述：演化是通过前后相继的"革命"推进的，或者说在演化过程中存在着一系列的猝动或跳跃。这可以解释它的许多特征。然而，当我们在研究社会的历史或社会生活的任何一个特定部门时，我们立刻就会意识到一个初看时似乎与这种观点不符的事实，即每一个变化似乎都是由非常多的很小的影响和事件累积而成的，而且每一个变化发生的"步伐"是如此之小，以至任何精确的年代测定和任何对不同"时代"的着意区分几乎都是毫无意义的。生产技术的发展可以作为一个很好的例子。我们所认定的任何一项重大发明从来都不是从事件流中突然迸发出来的；而且，我们所能想到的每一个例外，只要进行更仔细的考察，实际上就会基本上完全消失。许多思想和许多小经验会"合作"，协调起来作用于某个给定的客观情况，慢慢演化出新事物——只有当我们略去各个中间步骤，并比较在时间或空间上彼此相距遥远的类型时，它看上去才会像真正的新事物。在大多数情况下，一种新事物的出现或实际上最终成功的决定性步骤，只是压垮骆驼的最后一根稻草，而且究其本身往往并不重要。无须多说，这个结论也适用于社会制度、社会结构等变革过程。从技术上讲的所谓革命是永远不能光从革命本身（即不提及导致革命出现的各种事态的发展）来理解的；革命是"总结"而不是"启动"。现在重要的是要注意到，我们的理论与以这些事实为基础的历史理论之间没有任何矛盾。不同的只是目的和方法。事实上，只要我们稍微思考一下任何给定行业的发展过程，这一点就会变得非常明显。以家庭的电气化为例，从单个企业的角度来看，新生产函数的建立过程可能涉及很多个不连续的事件，然而从别的角度来看，这却似乎是一个从几个世纪之前奠定的根基起步的稳步推进的连续过程。作为本书所要完成的任务的性质所强加给我们的诸多粗糙甚至肤浅的

东西之一,我们也可以把它描述为微观观点与宏观观点之间的区别:它们之间的"矛盾"之处非常少——就像下面这种情况下的两种描述之间的矛盾之处一样少:出于某种目的把森林的轮廓描述为不连续的,出于另外的目的把森林的轮廓描述为光滑的。

我们不应该对强调连续性的历史理论吹毛求疵,相反,我们应该认为它是现代历史分析的最有希望的特征之一。[①] 我们将会利用它来指出(尽管只是通过例子),一旦这个原则得到适当的利用,许多由于忽视连续性原则而存在的虚假问题马上就会消失。第一个问题是"资本主义崛起"这个说法本身所带来的问题。(例如)如果观察西欧地区 16 世纪的经济生活并简单地与同一地区 10 世纪的经济状况相比较,我们很容易得出这样的结论,即所有的一切都从根本上发生了改变,然后我们会据此提出资本主义过程是怎样出现的问题。但更细致的分析则表明,即便是在 10 世纪,资本主义的(尚未发展的)基本形式也已经存在(而且在威尼斯超越了基本形式),同时我们所拥有的信息(尽管是非常不充分的),也足以让我们看到它们的力量是如何一步步地凝聚起来的、它们的重要性是如何一天天地增加的。所以,我们其实不会碰到一个明确的、在逻辑上自洽的资本主义如何诞生的问题,或者任何一种新的经济活动类型如何"爆发"出来的问题。

因而也就引出了第二个问题。我们也不能说(像桑巴特和其他一些人那样)在 1400 年至 1600 年之间出现了某种全新的"精神",使人们的思维方式和行为方式都变得截然不同;或者说一个全新的经济系统(从根本上不同于前一个经济系统)出现了。特别是,我们不需要像这些学者所做的那样(那是完全不切实际的),将一种全新的理性主义和一种全新的追

[①] 厄舍教授的《机械发明史》以及他早期关于英国工业史的论著,在作者看来似乎标志着我们在这个方向上取得的重要进展。《机械发明史》的前两章是对技术变革社会学的概述,它为我们讨论这个问题提供了一个非常好的起点,令人钦佩。

此外,还请比较 S. C. 吉尔菲兰的《发明社会学》。本书作者认为它给出了关于这一系列问题的一个极其出色的导论。吉尔菲兰提出了"发明的社会原则"(第 5 页),其中第一条是这样的:"任何一个人所说的重要发明,都是一些小细节的不断积累,可能既没有开端,又没有终点,也没有可定义的限制。"本书作者并不同意《发明社会学》一书的所有结论,但现在最重要的是确保读者认识到正文所阐述的那两种观点之间并不是不相容的,然后根据刚才所说的这些东西再思考一下我们在前一章的讨论给自己留下的印象。

求利润的态度（马克斯·韦伯）归结为宗教的变化——毫无疑问，这种思路与它试图改进或取代的对历史的经济解释相比其实毫无任何优越之处。特别是，当我们不再把企业的每一种形式都看作一个独立的世界（与所有其他这样的世界都不相容）时，企业形式的历史序列就会以一种不同的、更有希望的面貌出现。中世纪工匠的类型，他们的组织和行为，完全取决于他们所处的环境条件，特别是市场条件。他们"屈从"于一种当时在商业上更有优势的组织方式，即包买制（putting-out system）；正如我们将会看到的，这很好地说明了我们所说的新事物"与旧事物竞争，令旧事物消失"的过程的含义，而不需要额外增添任何无关的解释原则。理所当然地[①]，在必须由包买者提供原材料的小规模生产的基础上，建成批发业或发展出一种大规模的贸易业务，都是我们所说的创新概念的一个典型例子。因此，它不是一种适应，而是对不断变化的环境的创造性反应。它不是唯一由环境决定的，它本来也可能无法成功地构建出来。所有这些都在我们模型所描述的经济生活的一般机制之内。但这并不意味着，必须先有新的社会、文化和精神世界的出现，才能使之成为可能。同样地，从整体来看，商业企业的出现先于工业企业的事实、商业企业直到16世纪一直支配着工业企业的事实，以及随之而来的在很多情况下后者的建立是由前者引致并依赖前者的利润来融资的事实，利用环境因素都可以得到很好的解释：在当时，交通运输条件非常恶劣，对于远距离贸易来说这构成了一个有待解决的主要问题；同时，在能够成功运输的范围内，生产方法的改进则成了要考虑的第二个因素。因此，商业型企业家潜移默化地向工业型企业家转变，而且这两者之间的转变并不构成一个独特的问题。

第三个问题是所谓的原始积累问题。很显然，只要我们运用连续性的原则，原始积累问题就会自动化解。这个问题最初是由那些坚持剥削理论

[①] 上面提到的一系列问题与我们的主题相关的地方远远不止这一点。对此，本书作者请读者参阅他为《政治科学全书》撰写的"企业家"词条。这些问题在很大程度上要归功于施穆勒（Schmoller），他也是研究经济史的学者中最早在迥然不同的文化形式下识别出了基本同一性的人之一。当然，如果他也是那类历史哲学家中的一员——对历史事实视若无睹，似乎只生活在空泛的概念当中——那么这一点也不会受到高度赞扬；但施穆勒的情况并非如此。相反，他对历史细节进行了细致的研究，并取得了很大的成就，例如，他将13世纪的德国商人公会与现代卡特尔联系在一起加以考虑，并从这种情况中得出了它们的意义（这些成就都源于他的"事实"研究）。请参阅下一个脚注。

的学者提出来的，他们既然强调剥削，就必须回答剥削者如何安全地控制初始"资本"存量的问题（无论他们怎么定义资本），那是剥削者进行剥削的前提。但他们的理论本身是无法回答这个问题的，而且很明显，它可能只能以一种与剥削高度不相宜的方式来回答。此外，还有其他一些学者——他们基本上都属于德国历史学派——也出于同样的原因遇到了类似的问题，因为他们必须解释他们所说的资本主义精神最初是怎么出现的。① 事实上，根本不需要深入了解这两派学者给出的各种各样的解释，我们自然就能注意到很多事实，它们都指向如下结论：这样的问题其实根本就不存在，这将在一定程度上为我们接下来讨论不同时期的企业如何融资的问题做好准备。

我们必须理清这个问题与我们的信贷创造功能理论之间的关系。由于制度模式的逻辑"起源"和历史"起源"是两种完全不同的东西，因此这种理论根本不会甚至从来不曾意味着会把我们束缚在任何可能被称为原始融资的特定解释上。这是因为，如果认为一种现象的逻辑本质必定会在它的历史起点呈现出来，那就会大错特错。我们确实认为，信贷创造的历史可以追溯到很久以前——与任何定义下的资本主义的历史一样久远——但是，我们既不需要认为，也确实不认为，信贷创造从一开始就发挥了决定性作用。首先，许多"原始"企业需要的生产资料的数量是相当少的。在某些情况下，这个结论甚至适用于诸如采矿业或造船业等行业中的企业，不过它更适用于各种一般的工业企业。进行工业生产所需的"厂房"和"设备"，许多企业家其实可以通过自己的双手建成，或者借助碰巧拥有的某些生产要素建成，尤其是如果他是一位封建领主的话。因此在这个意义上，当一些古典经济学家将"资本"的起源追溯到"工业"而不是"节俭"时，他们的观点确实有一定的历史依据。但这也不意味着相反的观点就是错误的。当时，储蓄实际上往往是以蓄积现金的形式进行的，人们持

---

① 再一次，我们在这里必须提到马克斯·韦伯和 W. 桑巴特。不过，在施穆勒身上，这个问题要小得多，其冷静的现实主义使他不会为那些虚假的问题花费过多精力。虽然 G. V. 贝洛 (G. V. Below) 作为从历史的角度对德国历史学派经济学的著作进行批判的学者的主要代表对施穆勒提出了比对桑巴特更加严厉的批评，但是毫无疑问，施穆勒的著作从根本上说肯定更接近历史研究的真正精神，并且对历史研究的范围及其在经济学中的作用有更贴切的把握。

有的现金数额在任何情况下都必定相当高。因此，用现成的资金为自己的企业或通过合伙关系为他人的企业提供资金的可能性，实际上比之后要大得多。此外，当时创办企业的要求无论在绝对意义上还是在相对意义上都较少，而且在很多情况下所需的孕育时间也较短，所以在一个企业的初创阶段可能会出现许多临时性的权宜之计，它们不仅从表面上看似乎非常不同于而且在实质上的确非常不同于巨大的现代机器创造的信贷，但是仍然服务于同样的目的。如果在开始阶段就获得成功，那么获得的利润就可以用来资助同一方向上或其他方向上的进一步推进。最后，如果一位君主通过货币贬值来为支出融资，那么他所做的事情就与现代政府以"不足填补票据"（deficiency bills）向银行借款时所做的事情非常相似。这会带来意外的利润，使得商界能够满足创业型企业的需要；当然，后者同时也可以通过借款来满足创业所需的条件。这样一来，在这几个世纪中普遍存在的各种各样的所谓"货币失序"最终也恰恰做到了不存在这种失序时所能做到的事情，尽管在不存在货币失序的情况下原本应该可以通过更快地发展出各种信贷创造方法来做到这些事情。

第三节　关于通常的经济周期分析所针对的那个时代之前的300年中的条件和过程

在本节中，通过概述背景、说明对我们的模型很重要的几个问题，我们将给出有助于澄清前面提到的条件和过程的一些事实。[1] 首先有必要将

---

[1] 我们这些评论主要限于英国，而不涉及殖民地时期美国的经济史。读者可以阅读 V. S. 克拉克（V. S. Clark）所著的《美国制造业史》（History of Manufacture in the United States）一书的第一卷，从中不难找到我们需要了解的关于美国的必要资料。英国和德国的经济史只有在1618年之前才具有可比性，在那之后直到19世纪下半叶都没有可比性。这要归因于三十年战争及其后果。这个事件使得德国社会经济生活的各个方面的演化出现了无论怎么强调都不过分的彻底断裂。当然，具体来说，这是由大量的灾害所致。这些灾害使这个国家的大片土地变成了荒漠，有些地方的人口减少到了只剩百分之几。不考虑这个事实就无法理解整个德国历史，甚至现代德国文明的许多特征。经济、政治和文化历史由于这一可怕的经历而走上了不同的道路，任何解释都必须参照这种可怕的经历。更加遗憾的是，受篇幅所限，本书作者在本节中不得不仅限于考虑英国的情况，事实上至少到15世纪末，德国的材料更加有用、更加有意思，它们反映的是一种几乎完全成熟的资本主义，因而呈现了"高融资"（high finance）和大企业（big business）的所有问题。

在我们许多人心里已经根深蒂固的一个关于下面这种因果关系的重要性的夸张想法降到合理的程度：对于那个时代的经济发展，来自美洲的贵金属大量流入至关重要，这始于16世纪早期，一开始似乎微不足道（然而，一方面恰逢欧洲本地矿山产量的增加，另一方面恰逢欧洲许多地方的各种形式的政府规模扩张和经济上的通货膨胀）。这种流入出现在波托西矿投产之后，并一直有增无减地持续到了1630年左右。当然，首先受影响的是西班牙的经济过程；最近，厄尔·J.汉密尔顿（Earl J. Hamilton）教授的研究揭示了许多我们以前不了解的东西。

可用作货币的金属供给增加并不会产生任何确定的经济后果，这与任何其他货币数量的自动增加不会产生任何确定的经济后果一样。很明显，实际的后果将完全取决于新增货币的具体用途，以及它们流经经济有机体的途径。只要它们仅仅通过商业机构进入贸易渠道，甚至在更加特殊的情况下，即便它们提升了信贷便利性，仅凭这些事实也不能确定新增货币是主要为消费还是为生产融资、它们有没有服务于能够增加社会产出的目标，以及如果它们服务于能够增加社会产出的目标，也不能确定企业又会向哪个方向发展。就存在贵金属的流入这个情况而言，我们也完全可以想象它们可能会被囤积起来，因而"消失"不见。或者，贵族或封建君主出于对自身利益的考虑也可能会命令将贵金属加工成宫廷使用或用于装饰的物品。事实上，只要考虑到这种用途，即便没有任何其他"消极用途"，就可以证伪关于资本主义崛起的货币数量理论。此外，16世纪的经济事业以及文化事业——只要回顾一下我们的创新理论，读者就应该能够理解我们为什么要采用这种表达方式——只是15世纪所取得的成就和当时正在形成的东西的延续。我们不难注意到，就西班牙自身而言，新增财富在很大程度上是直接用于——加上间接用于，实际上是全部——为哈布斯堡王朝的政策提供资金。人们推测，正是流入的这些贵金属使得查理五世和腓力二世有惊无险地渡过了所有的财政劫难（在腓力二世统治期间，法国王室的财政甚至偶尔出现了一些悲剧性的情况），维持了他们作为多金君主的稳健形象。因此，贵金属的大量涌入为王室提供了货币贬值之外的另一种政策选择（否则，它们就不得不更早地采取货币贬值的政策措施），从而成为战争通货膨胀的工具,并成为贫困化和社会失序等常见过程的动力。随之而来的惊人的物价上涨,则不过是这一连串事件中同样为人所熟知的环节而已。它从金钱方面搅乱了人们安定的生活(特别是在农业世界),而且很可能引起了宗教纷争,并导致了我们观察到的各种各样粗鄙和衰败的现象,尽管上一个世纪就做出了种种承诺,称要消除这类现象。

所有这些方面确实都会对资本主义的发展造成一定影响,但是最终,流通媒介的这种扩张非但没有加速反而阻碍了资本主义的发展。当然,这种扩张使得牟取暴利变得更方便。大企业发现很多事情也比原来更容易做了。但是,在表面的光鲜之下,严肃的创新型企业却受到了价值观错位和社会动荡的阻碍。要理解这一点,读者回忆一下第一次世界大战期间经济和其他方面的经历就足够了。法国和英国的情况与西班牙有所不同,不过这只是因为影响被弱化了。私掠船的战利品(以有效的宝藏的形式出现),理所当然地受到了伊丽莎白女王的欢迎。这种财宝可用于缓解王室的财政困境,不过对社会有机体的伤害则不那么明显。但是,从根本上说,情况可以说是一样的。英国工业和商业的所有持久性的成就,都可以在不考虑大量贵金属流入的前提下得到解释,不过我们并不用否认上一节末尾提到的这个因素的有限作用。由于这个解释与(在几个世纪前就得到广泛接受的)旧观点大相径庭,因此我们在下面的脚注中重新进行了阐述和说明。①

---

① 我们的观点可以分为三个部分来表述。第一,货币金属的丰富性或稀缺性的影响以前一直被夸大,现在仍然在被夸大。这种夸大背后的错误既古老又常见。有一些作者将罗马帝国的衰落归因于黄金的日益稀缺;这种理论似乎在古罗马时期就已经出现,因为普林尼就曾经哀叹过多黄金出口至外围的亚洲,在今天,他的这种言论很适合一位奉行保护主义的美国参议员借用。然而,任何拥有常识的人都能驳斥这种观点,并告诉我们额外的黄金的影响取决于用它做些什么,同时贵金属供给的增加尽管与某些重大的事件同时发生,但是这并不能证明它们之间存在因果关系(尽管这种供给的增加有利于融资)。将3世纪和16世纪的社会过程简化为货币过程无疑会被贴上货币偏执狂的标签,应该很容易看出其中的荒谬之处。第二,我们认为这种因素产生的影响并不是发生在开始新的——经济的、政治的、艺术的等——创造这个方向上。这一点是可以加以严格证明的,任何相反的意见都只能归因于集体思维方式的诅咒,这种思维从来都不能一步一步地变成真实的因果关系,而真实的因果关系是有效的解释所必需的。新事物的条件是如何形成的,以及新事物到底是怎样产生的,对这些问题的探究产生的不仅仅是一个结论性的答案,更是一个标准;通过这个标准,我们可以区分哪些因素(例如,在宗教运动时期)可以归因于通货膨胀,哪些因素不能归因于通货膨胀。第三,我们认为通货

如果篇幅允许，我们还应该仔细地对另一种已经模式化的想法进行类似的梳理。由于屈从于只用纯粹类型和加诸它们的哲学标签来说明问题的惯例（而不是考虑不断变化的社会环境所要求的实际生活必需品），我们构建了"重商主义时代"这个"历史实体"，同时赋予了它一组内在一致的原则，并且在随后的时代中谴责它或颂扬它。但所谓的重商主义时代的政策却不是这个时代所特有的，那种认为这种"重商主义体系"是在克伦威尔时代或柯尔贝尔时代，或者在更早的亨利八世或萨利时代演化形成的印象也是完全错误的。重商主义政策也从来没有体现为一整套明确的经济目标或原则。与所有的政策一样，它也受到当时各种力量的影响，只能"试图尽其所能"应对它必须应对的各种各样的变化，而且这些变化在很大程度上是它自己造成的。重商主义政府有时会取消、有时会实施多种多样的管制政策、限制标准和激励措施。例如，在英国，重商主义和保护主义政策盛行之际，也正是价格管制政策开始被废弃之时。在某些方面，重商主义者致力于促进更加自由的贸易，例如亨利八世在这个方向采取了很多措施，柯尔贝尔也放松了许多限制；但是在其他方面，他们却致力于加强贸易保护、强调国家的自给自足。他们有时会制造垄断，有时又与垄断

（接上页脚注）膨胀的影响——本书作者认为，无论是从历史的角度还是从理论的角度来看，通货膨胀的影响都被夸大了，但是他并没有否认会有影响——几乎完全是破坏性的。通货膨胀如何以及在何种意义上损害演化机制，现在应该已经相当清楚了，而且将通过下文给出的各种大大小小的例子变得更加清楚。当然，任何诸如"失调的累积"这样糟糕的公式，甚至无法令人满意地表达一小部分事实。但是，现在连杰出的历史学家都不加批判地屈从于经济学家的流行口号，这当然是一种极大的不幸。G. N. 克拉克（G. N. Clark）先生一篇关于早期资本主义的论文（刊载于《经济历史评论》，1936年4月号）就是一个很好的例子。这篇论文的优点是认识到了技术变革这个因素的重要性，因此它原本应该可以写得很有启发意义，但是它不仅未能认识到通货膨胀的破坏性影响，反而实际上一直在大谈特谈"美洲白银价格的不断上涨"使人们有可能引入新的、昂贵的生产过程。至于社会生活的其他方面，从表面上看，我们的论述似乎暗示了对巴洛克式宗教、艺术等成就的（负面）评价。然而，事实并非如此。天主教的复兴无疑是在通货膨胀时期发展起来的，其他宗教也是如此。我们并不认为通货膨胀会抹杀文化成就。但是，本书作者发现，与特伦特议会（Council of Trent）和科瓦鲁拜厄斯议会（Council of Covarrubias）相比，它确实更容易与农民战争和梅毒的传播联系起来。德国的农业动荡不应完全归咎于此（那种看法是货币数量理论的又一种肤浅表现）；但是很明显，通货膨胀与德国农民的不满有很大关系。在13世纪和14世纪，德国农民对领主的封建义务在很大程度上转变成了货币支付。价格的上涨（如上所述，在美洲白银涌入之前就开始了）剥夺了贵族的财产，于是贵族（尽管还有其他原因）试图加大这些支付。这虽然不是唯一的原因，但却是导致农民拿起武器为捍卫原有法律而战的主要原因，于是动乱频仍。至于这些事件以及类似的事件对经济和文化的进步能有什么好处，读者不妨自己做出判断。

斗争。他们试图鼓励创新，但是又常常加以禁止。无论如何，如果我们根据具体的历史情境来解释，那么这一切都是完全可以理解的。但可以肯定的是，无论是关于经济生活，还是关于国家在经济生活中所扮演的角色，从来都没有形成一种统一的"重商主义哲学"。

此外，个别政策措施的重要性往往被极度夸大。例如，有时候我们很难理解，历史学家为什么对1489年的《航海法案》抱有如此高的热情，因为我们现在已经认识到这个法案从来没有全面得到实施，而且即便是在那些得到了严格执行的情况下，它也立即导致了很多"并发症"和反对意见。执行这个法案的方式也有力地表明，有理由怀疑它最初的立法目的是增加一个收入来源（通过颁发免税许可证）。后来，在1559年，议会废除了这个法案，并宣布这是一项失败的立法。① 不过，我们对这种"历史建构"的反对意见，其实并不是基于这类论证；而且，我们反对的意图也不在于尽可能地贬低产生于正在崛起的民族国家的形成期及之后的经济活动的重要性，或产生于德国和意大利各公国的经济活动的重要性。尤其是在德国，几个世纪以来，君主以及他们的官僚机构一直是经济生活中的主导因素。在德国的许多地区，三十年战争之后的重建工程几乎全部是由君主完成，后来发展的全部基础也是由他们奠定。

问题在于，这种经济活动与我们的模式之间的关系究竟怎样？不是说是企业家而不是政府开创了现代工业吗（再一次，尤其是在德国，政府的作用特别突出）？答案当然仍然是肯定的，只不过有一个限定，即三十年战争造成国家的活动几乎包揽了一切的局面；对于其他国家也必定可以得到类似的答案，只是国家的活动的"适当比例"要视具体情况而定。德国的各个公国在许多情况下直接发挥了企业的作用，特别是在采矿业方面（下文将选择其中一些例子略加介绍）。事实上，它们除了通过重塑制度框架（推进法律改革等）和改善环境（修建运河和道路等）来为企业的发展创造条件，甚至还直接出台政策，以各种方式培育企业——其中许多政策

---

① 就这一点而言，我们也不应仅从表面上看待托马斯·格雷欣（Thomas Gresham）关于其卓越的外汇管理方法的"证词"。在这方面，他的处境与他一些更晚近的继任者的处境其实相差无几。另外，他有充分的理由说他的理论并不比后者的理论更差。

实际上完全符合我们通常给重商主义政策下的定义。这个事实使得我们有机会让我们的一般模式免受一种非常自然的误解。我们正在处理的问题是有特定范围的，而且我们的模式是为了服务于这个目的而设计的。在我们的模式中出现的"原因"和"结果"，不一定是其他分析层面上的、其他问题范围内的原因和结果。我们并不认为企业家就是社会生活的原动力（primum mobile）。企业家所扮演的角色离这种"原动力"有多远也不是我们想要解决的问题。当然，就别的研究目的而言，强调其他因素可能更加正确——其中包括所谓的治国方略。与此同时，治国方略——重商主义政策或其他政策——也没有作为一个独特的协因素（coordinated factor）进入我们的视野；对于我们来说，它要么是一种特殊的企业家精神，要么是一种塑造数据的力量。这一点可能难以接受，但是必须理解它。

然而，在其中一个方面，同样的结论也适用于贵金属，那就是国王、教皇和亲王的消费支出是早期资本主义演化过程的一个推动力量。在这方面，英格兰是一个很大的例外——此外还有几个小的例外，其中最重要的是匈牙利——因为在英格兰，君主的统治要得到民众（农民）、贵族、士绅和资产阶级的认可（不一定是按这个顺序）。君主和他们实现了和解，并把他们安置在国家机器的适当位置上。民众可以获得一定的保护（尽管这种保护措施在不同的时代和国家之间差别很大），而且君主采用的是一种只对民众进行有限度的剥削的制度。贵族和士绅则不得不臣服于君主，但他们因此获得了食物和工作。资产阶级则受到了"科学的"剥削和保护——他们就像养在一个秩序井然的公园里的动物一样，既受到了适当的压制，又能够在相当程度上得到满足。这个奇妙的工具是专门为君主、宫廷和军队的奢华生活而设计的，它能够最大限度地汲取剩余，用来维持一个巨大的支出中心。（这正是柯尔贝尔主义的真正含义所在。）

在这里，我们有必要提请读者注意的一个理论是，之所以说支出是资本主义"进步"的积极力量，第一是因为它意味着对消费品的需求，第二是因为它所创造的财务状况和方法。关于第一个论据，我们绝不能认为如果没有宫廷的这种铺张浪费，农民和资产阶级对消费品和设备品的需求就不会存在，不要忘记，后者也可以采用同样的工具——当危机刚刚结束时，如果每个人的眼前都放了一台巨大的生产设备，对这种情况下消费者过度支出的好处的根本性的错误认识，无论有什么借口都是无法原谅的。至于第二个论据，以下说法当然是正确的：对贷款的需求——对于更高的收入意味着还要更大的债务的那种社会形式来说——倾向于导致借贷制造机器（credit-manufacturing engine）的出现，而且雅克·科尔（Jacques Coeur）、阿戈斯蒂诺·齐吉（Agostino Chigi）、雅各布·福格尔（Jacob Fugger）等人，以及法国很多君主的成功，在很大程度上都要归功于这种需求（不过，当然不是全部的成功都应归功于此）。① 但是，无论是通过增加财政收入的方法，还是通过财政收入融资的用途，把这些细节与它们对经济活动所造成的破坏和所造成的四处蔓延的瘫痪相比较，似乎是缺乏比例感的。就这一点而言，这些支出在很大程度上起到了与贵金属流入相似的作用，尽管两者在超经济层面上的情况可能有所不同。历史学家——已故的G. 昂温（G. Unwin）就是其中一位——早就注意到了，资本主义经济活动在16世纪的成功未能在17世纪得到延续，而且有些观察家所说的自然的延续事实上被推迟了大约2个世纪。研究历史的货币理论工作者会将这种情况归因于白银供应的枯竭。但很明显，更加合理的说法其实是当时的社会制度"耗尽"了经济。

下面，我们来分析一下英国资本主义演化过程的几个众所周知的特点②，这是我们的讨论必定涉及的，但是在谈到这些特点时我们必须时刻牢记一点，即英国经济有机体在一开始时是"小"的并"以农业为本"。甚至在斯图亚特时代末期，当英国工业的发展超过其他国家的时候，英国

---

① 贷款给宫廷尽管利息通常很高，但本身却往往不是一笔好买卖。然而，也正是因为这种贷款很可能无法得到偿还——事实上，这是一个规则——它们可以用来购买特权和君主在工业和商业领域的让步。这在当时是一种很大的生意。例如，向教皇发放贷款，即便以教皇的头饰为担保，本身也不是一笔有吸引力的买卖，但是在教皇得到贷款之后，债主就要求教皇做出一些让步，比如说由自己来承接教会的工程，教皇几乎无法拒绝这种请求。此外，对教皇来说做出这种让步可能是他获得收入的唯一途径。类似地，福格尔家族的崛起与查理五世的尴尬处境也有很大关系。

② 我们别无选择，只能假设这些特点是众所周知的。无论如何，我们在此都必须再重复一遍，对周期性演化过程的本质的真正理解（即便是对它最"现代"的那些方面的解释），如果缺乏一些关于中世纪经济史的知识，是不可能的；正如不可能在不掌握任何统计方法或统计理论知识的情况下完成这个解释任务一样。此外还应该补充的是，正文给出的那些片段是根据理论目的而不是根据它们的一般重要性来选择的。仅从它们看到的这个社会过程的画面完全是误导性的。

也仍然至少有四分之三的人（即大约 550 万人）靠农业生产维持生活——如果我们认为格雷戈里·金（Gregory King）提供的关于自耕农、佃农以及"以耕种为生的仆人"的数量的数据是可信的。在当时，除了伦敦之外，英国其他城市的规模都很小——当然，这个事实本身并不是为了说明工业的相对重要性，因为当时英国的工业在相当大的程度上分布于乡村地区——甚至连布里斯托尔和诺维奇这样的著名城市也只有不到 3 万居民。

一、农业领域的创新和创业活动

在当时，农业是英国主要的生产部门；而且如果将 1500 年到 1780 年这一时期作为一个整体来看，农业也是最重要的"超商业创业活动"的领域。第二点初听时似乎很奇怪；不过没关系，只要读者看一看中世纪以后发生在农业领域的一系列事件，体会一下这个过程与我们所说的第三个康德拉季耶夫周期中电气工业崛起过程的相似之处，就会发现不难理解。无论如何，我们都有必要熟悉这种视角，并学会如何透过表面上的各种差异——制度方面和其他方面的所有差异——洞察基本经济过程的根本同质性。举例来说，这个时期英国农业发展的特点也许可以用下面这个结果来刻画：自 1500 年到 1785 年，每英亩小麦的产量翻了一番。[①] 这个结果只能归因于创新，除非我们可以假设气候发生了有利于亩产增加的变化。而且，创新的影响一定相当大（除了选择的估计值高于我们所采用的估计值这种可能性之外），因为我们不可能假设不需要克服收益递减问题（收益递减用给定生产函数和不变的土壤肥力来定义）。在羊的育种、牛的育种

[①] 我们接受 M. K. 班尼特（M. K. Bennett）先生提出的"英国小麦产量的一般曲线"以及大部分观点，刊载于《经济学杂志》经济史增刊，1935 年 2 月，第 12 页及以下各页；我们不同意 M. 惠特尼（M. Whitney）在《科学》1926 年 10 月号上发表的论文的观点。关于中世纪英国的土地枯竭这个问题，由于这只是一个与我们的主要论点没有太大关系的问题，所以本书作者不再对这个领域的研究者的能力多做比较，而是直接采纳了 R. 林纳德（R. Lennard）在以下论文中的观点，《中世纪英国土壤肥力枯竭问题初探》，刊载于《经济学杂志》，1922 年 3 月号，第 22 页。至于其他问题，也请参阅尼舍，《土壤肥力、土地枯竭及其历史意义》，刊载于《经济学季刊》，1923 年 5 月号。本书作者对关于英国当时的每英亩产量的估计方法没有第一手知识，但是他很清楚，对于自己所了解的那些大陆国家来说，任何这种形式的数字的含义都是非常可疑的——至少对于 1700 年前后的估计结果是如此。然而，正如班尼特先生所证明的那样，自 1200 年以来，亩产一直在缓慢地（长期）增长似乎是最合理的猜测。

和育肥方面取得的成功比在小麦亩产上取得的成功更大。关于这一切，几乎没有什么"发明"；这个例子也很好地说明了本书作者尽量避免使用"发明"这个概念的原因，因为它会严重地制约我们的视野。这里所涉及的只是如何发现原已存在的有利可图的改进的可能性，并完成这种改进的问题。

在那些时期——不同于后来的时期（大约 18 世纪中叶，政府和行会开始产生对农业改良的系统性兴趣）——改良推进的模式（modus procedendi）完全符合我们的理论模式。个人——自发地，或者在一些提倡改良的人的指导下——主动进行探索，创造了新的生产函数，这些生产函数的成功促使其他人纷纷效仿，一开始只有很少人，后来变得越来越多。这方面的第一个例子是所谓的"圈地运动"。圈地本身只是一种组织上的创新，并没有任何其他创新（就像对不方便的分散而狭长的土地直接进行交换一样），但是它很快就带来了其他创新。这个运动始于都铎王朝时期，根据盖伊教授的估计（《经济学季刊》，第 17 卷，第 576 页及以下各页），在 1455 年和 1607 年之间，当时大约只有 3% 的庄园的土地被"圈"了起来；这是一个规模很小的运动，但是它导致了极度不成比例的强烈抗议，并遭到政府和民众的强烈抵制。当然，这也是可以理解的。在这种情况下，企业家的创业行为主要就体现为克服这种环境阻力。之后大规模的圈地运动并没有受到政府或议会的抵制，尽管仍然遭到了不少反对——见《荒村》（The Deserted Village）。这个浪潮出现在 18 世纪，特别是 1760 年以后，它是与人们熟知的工业革命过程联系在一起的，而且部分地决定了工业革命过程，正如它本身受制于更早期的类似过程一样。

发生在不同领域的创新之间相互影响的方式（以及发生在不同国家的创新之间相互影响的方式；在这个时期的大部分时间里，羊毛和小麦一直是重要的出口商品），可以用我们的例子很好地加以说明。我们的例子同时也有助于阐明创业活动的条件与创业活动本身之间的区别——对我们的分析方法来说，这是一个根本性的区别。圈地的可能性或盈利性——这其实只是我们所称的条件的另一个名字——从以下事实出发很容易就可以分析清楚：土地占有权制度的变迁（其方向是使土地的使用越来越自由）、人口的增长和集聚、(实际)购买力的不断提高、持续改善的交通设施等。我们没有必要回过头再谈中世纪的农业生产方法导致的土地枯竭，当然也没有任何证据表明它发挥了重要作用①，而且即便它真的发挥了一定的作用，也必须把它与这些条件列在一起。当然，从决定进行圈地的个人或决定推进圈地行动的群体的角度来看，在任何时候所有这些条件都是客观地、独立地给定的。但是，它们并不会因为这个原因而独立于一般的创业活动；当我们使用"市场的不断扩大""外部经济"等一般性的术语时，就会被诱导认为如此，因为这些术语意味着某种外在于、独立于我们正在研究的机制的环境变化。再一次，各种条件，无论其性质如何，仅凭它本身并不能产生我们所观察到的结果。就"通史"的目的而言，列出这些因素并直接假设它们就是圈地运动的原因可能就足够了。然而，事实并非如此。这些条件能够自动带来的，最多只是一种在旧的框架内生产更多产品的尝试，以及一种对以前耕种并不合算的那些土地进行耕种的趋势。当然，这两者都没有"缺席"，但是圈地运动的意义并不在于两者之一，也不在于两者兼而有之。事实上，圈地运动可能根本就不会出现，或者农业的重组可能以任何其他不同的方式实现。

有些经济学家会直接把圈地运动与调节因素联系起来，这样做要么是在暗示这些因素本身唯一地决定了观察到的结果（在这种情况下，这些经济学家就错了），要么遗漏了某种联系，而这种联系可以解释这种结果并说明没有其他结果会以其他形式出现，因此对关注经济机制和结果的分析来说有根本性的重要意义。最后，我们还应该再补充一点，如果我们处于狭义的经济分析的范围——在本书中，我们就是在这个范围内进行讨论的——那么利用作为自变量的条件进行推理的可能性就会更小。在同时产生了土地的自由所有权、人口增长、农业革命和工业革命的整个社会过程中，以及在作为所有这一切的一个组成部分的圈地运动中，除了相互作用外无他。使用了"依赖于"一词的任何论证除非用于最严格受限的目的，

---

① 见上一个脚注。小麦价格的走势本身并不支持这种假设。然而，在需求不断增长的情况下，（早在1361年就出台的）谷物出口禁令确实相当严酷。

否则不可能有任何意义。

英国伊丽莎白时代的农业世界提供了关于其他创业活动的一系列例子。实际上,这些例子几乎占尽了理论上可能的所有创新类型。它们包括:用新的方式完成原有的事情,例如更好的农作物轮作制度;生产新的商品或以前在英国不生产的商品,如三叶草、芜菁、亚麻、土豆等;以一种前所未有的规模生产各种商品,如啤酒花、水果、蔬菜等。当然,投资机会因此大幅增多,同时适应性反应也明显存在,尽管由于一般农业生产的特殊性或特定时代条件下的农业生产的特殊性,我们的模式的其他特征可能不会表现出来。此外还有许多事件——其中特别值得注意的包括那些不适应环境的"企业"的消失,以及这些企业的所有者或管理者的"沉没"——也都毫无疑问地发生了,但是由于它们因具体个案的特殊性而变得复杂,以至很难把它们识别出来。这个过程是否呈现出了周期性以及它们到底是什么,我们往往无从得知。这个社会过程的步伐在18世纪确实加快了,就像在圈地运动和牛羊饲养业中表现出来的一样,而且在1770年前后发生了一场农业危机。但是,我们在后来的文献中读到的大多数东西(在那些文献中,农业的改良与其他一切进步一样,已经成为一种时尚),似乎并不是特别新颖。毫无疑问,改良的普及者和倡导者发展了(有时是重新发现了)原先就已经存在的一些做法。通过系统的实验,人们明确地确立并推广了连续轮作、深耕、条播等技术;工业则提供了更好的工具。但是,后来出现的"重大"的新事物,如农机和化肥,在19世纪之前却没有任何价值。然而,这并不意味着没有创新;相反,它正好说明了我们对这个术语的理解。尤其是在农业社会中,创新往往可能意味着去发现或者一遍遍地去重新发现某些原本已经广为人知甚至在某些地方已经存在几个世纪之久的事物;因此一定要记住,我们的标准是,某种方法在特定的时间和地点是不是日常工作的一部分,或者换一种说法,是不是大多数生产者现有生产函数的一部分。

二、羊毛纺织业中的创新

羊毛纺织品是16世纪英国的主要工业品和出口支柱,羊毛纺织业则可以作为非农业领域的第一类创业活动的一个例子。按照在顾客数量很少的环境中小规模生产的逻辑组织生产的工业，无法成功地应对由于远距离销售而产生的问题，也无法为顾客数量不定且彼此不认识的市场生产商品。在这种情况下（与在所有其他情况下一样），企业家的创业活动就在于全力冲击那些虽然"在客观上说可能"，但在目前环境下不可能完成且社会绝大多数成员无法胜任的任务，然后转而着手克服空间和时间上的距离，而且在一开始时完全不涉及生产方法。企业家必须在小业主（小企业）的组织之外采取行动——如果他自己就是小业主中的一员，就必须离开——而且往往必须搬出由小业主控制的城镇，搬到乡村地区，在那里他能找到廉价的劳动力，能筹到资金和实施相应的商业计划。他必须克服各种阻力，并与地方当局一起"解决各种问题"——后面这个表述的含义很好地体现了任何时代的企业家所进行的创新活动的其中一个方面。不过，在这里我们既不能也不需要过多地描述人们熟悉的这些事情。重要的是，读者应该学会从我们的模型的角度来看待它们，然后再反过来从这些活生生的事实出发解释这个模型。特别是，我们可以非常清楚地看到，"新事物"并不是从旧环境中和谐地发展出来的，相反，"新事物"总是出现在旧环境的边缘，与之竞争，并使之不复存在。至于究竟是如何做到这一点的，我们可以利用各种具体的经济、社会和文化资料来证明，但是限于篇幅，我们必须讨论下一个问题了。

三、其他行业的发展及创新对国内市场的征服

与此同时，我们还观察到了另一种不同类型的发展，这种发展摧毁了小业主制和包买制，并使生产发生了革命性的变化——如果革命这个术语指的是一个从 13 世纪延续到 20 世纪的过程的话。虽然因为一系列广为人知的专题论著，我们对这个过程的比较重要的一个分支——英国的工业化——的历史，有了相对较多的了解，但对于工厂化生产的兴起在定量的意义上变得很重要的经过（完成于 16 世纪下半叶和 17 世纪上半叶），我们拥有的仍然只是一系列碎片化的知识。然而，它的性质和机制却十分突出。新的发明主要来自国外，英国的创新主要体现在把外国的通行做法移

植到一个至今仍不适宜的环境，克服阻力，取得商业上的成功（这种成功的条件是必须自己创造出来的）。这是一个新的本土产业征服过程和发展以前由外国人供货的本土市场的过程。显然，这不是一个市场首先得到扩大并以半自动方式带动工业发展的例子。[①] 向原有的产业引进不同的方法是如此，引进全新的产业也是如此。在这两种情况下，我们都看到了我们所说的企业家的身影；他们从现有的工业有机体之外走到前台，打破了均衡、引起了模仿、实现了适应，从而为未来的进一步探索开创了新的需求和新的经济空间，并以更低的销售价格把环境中不适应的元素驱逐出去。

接下来，我们举几个具体的例子。在纺织业中，除了"布商"（drapers）、"衣商"（clothiers）、"织棉师"（master combers）和"批发商"（merchants）等"企业家"的创业活动之外，缩呢厂（fulling mills）——它们的历史其实要久远得多——也开始在生产过程中引入机械，而且开始在打裥机（tucking mills）、拉绒机（gig mills）中使用水力。同时，还出现了以脚踏方式运行的针织机和其他机器。在采矿方面，中世纪出现的用来排水的坑道，也利用从德国引进的方法和新式抽水机和牵引机进行了改进。竖井和坑道、通风井等设施也逐步出现并得到完善，尽管非常缓慢——从技术的角度来看，16世纪英格兰的普通矿井还只是一个采石场。来自德国和荷兰的技术改变了钢铁工业，更大的熔炉开始出现，许多其他各种各样的改进——仍然主要是在直接的过程中——也都在16世纪末得以实现。不过，直到18世纪，煤炭似乎才开始大规模用于工业用途，尽管在玻璃工业中煤在17世纪初就开始取代木材。在詹姆士一世统治时期，用驳船运输产自泰恩矿坑的"海运煤"，是英国国内燃料供应上的一项重要创新，但是与此同时，沃里克郡和斯塔福德郡日益壮大的五金行业所需

[①] 原已建成的毛纺织业和精纺行业一直持续到了18世纪中期，它们提供了主要的出口商品，也成了政治上的主要争议对象——尽管当麦考利说政治家认为禁止出口羊毛的重要性仅次于绞死罗伯特·沃波尔爵士，也许夸张了一点——这个事实表明，它们在16世纪的进步比别的行业更少。这是因为，由于已经"征服"国内市场（这是在我们将要讨论的第一个康德拉季耶夫周期内实现的），商船队的吨位数和清关的船舶数量已经不足以准确地衡量总产出的增长。出于同样的原因，说船舶构成了当时的耐用性资本的大部分可能并不十分正确，尽管它们确实很可能是最重要的项目。然而，16世纪最后25年的数据表明，经济活动是相当活跃的，尽管经济在1660年至1760年间实现了较大的增长。请参见 A. P. 厄舍，《英国航运业的发展》，刊载于《经济学季刊》，1928年5月号。

的原材料在很大程度上仍然是由苏塞克斯（木炭）、迪安（林木）和肯特郡威尔德提供。事实上，当时五金行业的发展造成了木材的短缺，引发木材价格的持续高涨，进而导致了各种各样的保护森林的政策措施。这也是本书作者所知道的唯一一个原材料在被其他材料替代之前确实一度接近完全枯竭的例子。[①] 标准化的中间产品——例如精加工行业所用的钢锭、薄板、棒材和线材——的大规模生产，是说明我们的机制的运行方式的一个特别有指导意义的例子，而精加工行业仍然掌握在小企业主的手中。铜矿开采和黄铜制造是伊丽莎白时代的新兴产业；加农炮铸造厂、明矾厂、陶器厂、制糖厂（原料来自巴西）、玻璃厂、肥皂厂、火药厂和制盐厂则是其他一些行业的例子。在伊丽莎白时代，由水力驱动的造纸厂尽管从技术上看并不是特别新颖，却是旨在实现有经济效益的大规模生产的创新的很好例子。水力的利用方法传播得非常快，而且在那个时代的重要性不亚于后来的蒸汽发电。但是，由于必须使用上射式水轮（overshot wheel），费用仍然很高。

  正是这种工业化（以及作为补充的农业进步），而不是任何其他东西，使得生产函数发生了变化，从而改变了都铎王朝和斯图亚特王朝时期英国的整体面貌。有人称，此时创新较少，在定量意义上的重要性也不高，但这种论证是失败的，因为它只考虑到了"发明"，而忽视了更加广泛的一类创新活动；如果把这类活动包括在内（它们本应被包括在内），那么它们相对于环境来说就绝不是不重要的。而且很容易看出，这个过程完全符合我们的模式。确实什么都不缺：不缺在特定方向上的不协调推进，这是一个典型特征，它使新产品变得相对便宜，从而创造了市场，改变了消费模式；也不缺源于环境的阻碍因素。

[①] 但即便如此，这也只在这里讨论的那个时代是正确的。在那个时代，木材的供给情况是所谓的"瓶颈"的一个很好的例子。在今天的美国却并存在着另一个与之相反的木材问题。在17世纪，木材的短缺可能被视为一个阻碍因素，并被列为企业家能否在研发替代材料方面取得成功的一个条件。但这只是许多条件之一，因为即便没有这个条件，煤炭的使用和木材的使用也仍然都是有利可图的。

四、环境阻力的表现形式

在这里,我们将简略地提一下环境阻力的其中一些比较重要的表现形式。但即便没有这种阻力,当时企业家要走的道路也已经非常艰难。那时的新产品或新生产方法,很可能比现在更加不能令人满意。在许多情况下,机器制造出来的产品都是"劣等品"。在我们现在这个时代,这种困难的重要性因种种原因小得多(尽管并非完全不存在),以至经济学家在分析企业家的作用时几乎忽略了它。然而,在那个时代,它却造成了对机器制造出来的产品的不信任——而且这种不信任一直延续到了今天。竞争对手根本不需要去指责铸造的铜质纽扣太脆——它们实际上确实是非常易碎的。除此之外,还有消费者的传统抵制心态。仅仅生产出令人满意的肥皂是不够的,还需要诱导人们多洗东西——这是广告的社会功能,但是这种社会功能往往得不到充分的重视。再然后就是我们的模式所称的"老企业世界"的阻力。就英国而言,老企业世界的最主要的代表就是手工业行会(尽管不是唯一的代表)。对创新的反对(有时会与对垄断和"投机者"的敌意结合起来)在许多情况下都非常强烈,以至它们能够比后来的例子更清楚地揭示我们要表达的意思。企业家不一定会被勒死[①],但是他们确实经常会面临生命危险。工人们的态度也同样充满敌意。例如,在1663年,暴力行为导致米尔斯当时新建成的锯木厂无法运行。这些暴力行为最初的起因是,用老方法工作的其他工人失业后陷入了困境,或者产生了对失业的恐惧。而且到了后来,进入18世纪后,在工厂工作的工人自己动手破坏机器的做法就司空见惯了。

手工业行会还试图利用它们自中世纪以来就拥有的权力阻止行会成员和外部人士运用新方法——那是老派生产者不可能与之竞争的(因此偶尔

[①] 这指的是织带机发明者在1579年被丹泽市政府下令勒死的故事。不过这个故事的来源不是正式的文件,而是17世纪一位意大利人写的一篇"文学报告"。本书作者不清楚这篇"文学报告"是不是有严肃的真凭实据;但无论如何,这个故事即使不是真的,也是合乎情理的(se non è vero è ben trovato)。

会将新行业驱赶到远离它们所在的城镇的地方),它们有时还会请求政府或议会颁布一般性法令,这种法令的本质就是令新工厂的设立不再可能(在欧洲中部地区,工匠们直到 19 世纪 80 年代末期还这么做),或者请求政府发布特殊法令,如对某种机械设备的禁令。关于旨在确保大规模生产的行业无法建立起来的一般性法令,1555 年颁布的《织工法案》(Weaver's Act)就是一个突出的例子;至于有具体对象的特殊禁令,一个例子是 1624 年颁布的《王室公告》(Royal Proclamation),它要求销毁一种生产针的新机器。政界的态度和动机当然随时都可能动摇,但从根本上说是随着事件的发展而变化的,而且到最后结束了对创新的系统性敌意——那大约是在 17 世纪行将结束的时候(当时,行会请求禁止一种菘蓝染料上市,但是遭到了拒绝,这种染料随后用于生产哔叽布。这是一个很好的例子①)。公共舆论和饱学之士的态度也是如此。定义工业企业家角色的所有困难、刻画工业企业家类型的所有特征,全都在达德利(Dudley)的一生中被戏剧化地表达出来,其生动性无人能及。② 而且毫无疑问,现代人在态度和观点上的相似之处也不像人们原来想象的那么难以找到。

五、垄断问题

在那个时代,垄断问题不是主要与工业企业有关。当然,"投机家"在试图获得专利权的时候,不仅出于与现在专利申请人相同的目的(现代意义上的专利,即对新工艺的保护,是在 17 世纪在关于垄断的斗争中逐步演化形成的,当时还有授予特许企业的专利),也是为了为他们的事业争取一个明确的法律地位,那是他们最缺乏的——就这一点而言,垄断只是法律承认的一种形式,适应半封建政府的精神。但不久之后这种做法就

---

① 这个例子取自霍斯金斯(Hoskins),《工业、贸易与埃克塞特人》(Industry, Trade, People in Exeter),1934 年。关于动机、措辞和态度等方面的信息,一个宝库是都铎王朝和斯图亚特王朝的公告集[由斯蒂尔(Steele)和克劳福德(Crawford)主编]。当然,我们看到的是合理化的方面,主要是福利和社会保障。

② 关于这个故事,请参见(例如)厄舍的《英国工业史》的摘要,第 320 页。

不再是理所当然的,而是以另一种形式出现,这一点在财政利益方面授予的垄断或"优惠",以及贸易商的联合中表现得更为明显。我们应该参照这些来讨论这个问题(如果我们要讨论的话)。然而,我们在这里只能指出,垄断地位的获得在这种情况下是创业成就的一部分,在某些情形中甚至构成了创业成就的全部,特别是如果"企业家"是属于达德利类型的、拥有伊丽莎白式的名声的。[①]

六、商业殖民企业

商业殖民企业是我们必须加以讨论的第三种类型。因为在那个时代的条件下(在克伦威尔让国王的舰船保护海峡之内的贸易之前),个人几乎不可能自己承担风险从事海上贸易,还因为即便是"闯入者",在开展经济活动时也需要以现存的组织及其提供的便利为前提并依赖之,所以中世纪的组织形式在很大程度上提供了创业所需的东西,它们不仅存活了下来,而且其功能和意义在英格兰的保守主义表面下一直在变化(因为有那么多的东西都发生了变化并仍然在改变),因而在经历了新的冲动后,又成了新发展的载体和推动因素。当然,这些殖民企业——不管是否受到了"规约"——在最开始的时候并不是我们所理解的创业型企业,而是现代"国营公司"(Stato Corporativo)意义上的所谓公司,也就是说,是提供法律框架的组织,企业就是在这样的框架内运行的。这种公司的目的是建立共同体、培育共同体精神(这里所说的共同体具有道德和宗教意义,其行动包括定期祈祷)、构建法律和人身保护体系,而把创业或经常性业务

[①] 从上文已经可以看得非常清楚,那个时代的"垄断"从来都不构成一个同质问题。正文提到的四种类型,每一种都包含了若干种在性质上有很大差异的情况,当时甚嚣尘上的争论,以及后来的历史上和经济上的讨论,由于把这些情况归到一起而造成了混淆。此外,手工业行会和其他可以追溯到中世纪的组织则构成了第五类。它们没有构成在"垄断"这个术语通常意义上的垄断,但是却被赋予了属于卡特尔式垄断的规则。然而,它们对价格、质量和数量的规定其实很少得到严格的执行。在这里应该提一下 P. M. 斯威齐(P. M. Sweezy)的论著《限制出售的限制》(The Limitation of the Vend, 1938);这是一项非常有意思的研究,讨论了对泰恩河的煤炭供给的控制、公众对此的态度,以及最终打破这种局面的经济力量。

交给成员或这些成员之间可能自由结合而成的协会。① 为创业活动提供的资金，通常是由合伙机构筹集的，同时由临时性协会筹集的也不在少数。公司本身是完全没有资本的，需要筹集资金——根据成员评定的估值来筹集——而且只用于满足如下需要：在外国建立分支机构和防御性的要塞、维持治安以及满足政府的要求。在有些时候（例如，在 1560 年），政府为了向这些公司"敲诈"一笔贷款或外汇，甚至会选择没收整个舰队及其所载货物等非常激烈的方法。

所有这些都可以轻易地从哈克鲁伊特（Hakluyt）的新版（1903 年起）《英国的主要航海、航行、交通和发现》和卡尔（Carr）所编的选集中得到证实。在这里，我们只引用其中几个最著名的例子。在 16 世纪，一项非常重要的发展是贸易商的专业化，即零售商与批发商之间出现了分工、内贸商与外贸商之间也出现了分工。这种专业化分工是创业活动蔚然成风的重要标志，集中体现了当时企业家的创新对"做生意"的方式的影响，很显然，它是具有"外部经济性"的。当然，向这个方向演化的趋势很久之前就已经存在，而且确实得到了政府和有利害关系的各方的大力推动，当时甚至有制度规定，在以往某些时候从事过零售业务的人，将丧失作为公司成员的资格——公司成员只限于被称为"商人"（mercatores）的人。那些专门从事海上贸易的人，则被称为"冒险家商人"（mercatores venturarii）。他们形成了自己的团体，经常共同采取行动，早在 15 世纪 90 年代的议会记录中就出现了他们的身影。到了 16 世纪下半叶，一家名为"英国总督、助理和冒险家商人会社"（Governor, Assistants and Fellowship of the Merchant Adventurers of England）的规约公

---

① 当然，这些受到"规约"的公司至少在一定意义上属于所谓的"公用财产"（publici juris）。但是，设立这种规约公司的国家法令只承认一个原先就存在的机构，只是批准了某些条件，而这些条件本身是独立于任何此类法令的。因此，无论是社会学理论还是司法建构，在对待"规约公司"和"非规约公司"时，都必须遵循同样的路径。但是，本书作者在这个问题上还没有明确的答案。读者可以参考 R. W. 斯科特（R. W. Scott）的奠基性著作《到 1720 年止的英格兰、苏格兰和爱尔兰的股份公司：宪法与财政》，三卷本，1912 年；也可以参考赫克歇尔（Heckscher）的解释：《重商主义》（Der Merkantilismus），第一卷，德译本，1932 年。

司终于粉墨登场。这家与东地公司（Eastland Company）（东地公司于1579年成为许可公司）一起，成了16世纪最强大的组织和保护海洋贸易的机构，享有各种专有特权（例如，直到1688年，享有向低地国家出口布料的独占权）。但它们并不是我们在这里所说的贸易企业，事实上，它们的律师曾毫不迟疑地指出，在技术的层面上它们并不是垄断者[①]——从表面来看这种说法是相当正确的。

但是，公司制企业或法人性质的企业（corporative enterprise）很快就从中发展了出来。这种企业意味着需要筹集"资本"，首先要为每一个具体的项目筹集相应的资本（即便在东印度公司的情况下也是如此），即实现若干"首席冒险家"与多个"合伙人"的资本的一次性联合，这并不困难；然后要为一系列项目或将在某个确定的期限内实施的项目筹集资本；到最后，属于企业的独立的、非人格化的资本就出现了。这些资本的份额可以自由买卖，因而其"精神实质"和含义都与先前的资本形成了鲜明的对比——不过尽管如此，原来的资本形式在整个17世纪仍然继续存在[②]；而17世纪正是股份公司（joint stock company）开始出现的时期。然而，股份公司的出现需要一些前提条件，即在法律和金融工具方面必须有许多新的发明，这些发明的意义相当于蒸汽机的发明。[③] 现在能够使我们马上联想到股份公司的这种提供资本的方法，乃是人们尝试过的许多方法中最适合的"幸存者"（例如，彩票也是当初尝试过的一种方法）。但是

[①] 例如，约翰·惠勒（John Wheeler）早在1601年就提出了这样的观点，当时德国以垄断剥削的罪名驱逐了商业冒险家。现在某些经济学家看到"垄断的假面舞会"（masquerade of monopoly）这种例子时，可能会很高兴。这可以与更接近我们的情况进行类比，这是显而易见的——"万变不离其宗"（plus ça change plus ça reste la même chose）这句话并不意味着本书作者对惠勒所辩护的情况能够挑出任何毛病来。

[②] 如果在英国"股份公司"永久资本份额的出售（或"拍卖"），直到17世纪初确实一直都不是经常发生的（东印度公司从那时起开始在自己的商品拍卖会上出售股份），那么德国在这个方面的发展大约领先英国一个半世纪。事实上，直到16世纪中叶，德国在资本主义发展中一直处于领先地位（低地国家除外），并对英国的发展进程产生了巨大的影响——直接通过为英国工业企业提供资金或向它们输出管理。但是这种"滞后"之大似乎有些令人难以置信。

[③] 本书作者的这个想法要归功于已故的浪漫主义者和社会学家尤金·埃利希（Eugene Ehrlich）。这是肯定的，虽然作者一直未能找到他的原话。

我们在这里不能对它们进行深入研究。历史的真实在于它的细节；甚至在描绘这些历史时，作者痛苦地意识到每次当自己试图进行一般化时，就是在扭曲原本想要传达给读者的事实。

工业比贸易更需要企业进行长期融资。事实上，我们发现当时的许多企业都可以证明这一点。在最早的一批企业中，有两家矿业企业——成立于1568年的皇家采矿公司（Mines Royal）与采矿和排炮工程公司（Mineral and Battery works）——和一家成立于1618年的水运企业——新河公司（New River Company）。一些贸易企业和殖民企业（例如南弗吉尼亚公司和普利茅斯公司），也有发展工业的计划。然而，直到19世纪中叶，这种简单的合伙关系一直主导着工业领域。不过，股份公司一旦作为某些类型企业的正常形式出现（尽管在很长一段时间内，股份公司都被披上了一件过时的法律外衣），一旦一个企业的建立真的开始意味着原有的企业所不包含的什么东西（这就是说，真的建立了"新企业"），那么我们可以直接将特权和章程作为数据来使用（尽管严重倾向于一方），从中感受到创业活动的脉搏，并识别出周期的各个阶段。① 就英国而言，这项工作在一定程度上可以在斯科特对英国公司的研究的基础上完成。我们可以追踪从光荣革命开始的"公司创办潮"，将创办公司的热潮视为经济繁荣阶段的支柱。因为就我们能做出判断的情况而言，我们现在所指明的特征没有任何一项是不存在的，因此我们就更有信心了。② 创办这类公司的热潮一

---

① 当然，与股份公司相关的材料表明这种类型的公司在当时的经济中所占的比重要比19世纪中期以后小得多；但是即便如此，这也提供了许多有价值的信息。对于股份制工业企业还可能由于没有普遍采用规定的法律形式而只得到了很少的和不系统的报告（已经报告了造纸厂、丝绸厂、玻璃厂以及生产许多其他产品的企业，包括一个假发厂在内）。如果确实如此，那么我们所期待的其他一切就会更加引人注目。我们这里的分析尚未考虑空间因素；例如运河的建设，从1761年起就是一个重要的特征，对此我们稍后将会给出一个简短的讨论。

② 麦考利在一段著名的文字中把那个时期称为"国家繁荣的最低点"。正如我们在前面指出过的，在我们所说的技术意义上的繁荣与普遍福利的缺乏之间并没有矛盾；事实上，我们有理由认为繁荣和福利不会同时出现。不过，麦考利似乎有些夸大其词了。例如，外贸清关总吨数由1663年至1669年的142 900吨增加到了1699年至1701年的337 328吨；然后有所下降（这是可以理解的）；不过接着在1714年再一次上升到了478 793吨的最高值（见厄舍，《英国航运业的发展》，表2）。尽管西班牙王位之争造成了相当大的损失，在那期间，甚至连沿海贸易也受到了严重的干扰，以至伦敦的煤炭价格上涨到了饥荒年份的高位。

直持续到了1719年《泡沫法案》（Bubble Act）公布①，当然，其间也有一些我们可以预料到并可以部分归因于外部因素的波动，例如货币重铸的不便和英国与法国的战争带来的麻烦。根据斯科特的统计，截至1695年，共有140家公司，资本总值达到了450万英镑，其中有不到五分之一是在1688年之前成立的。到了1717年，资本总值进一步上升到了接近2 100万英镑。

七、政府财政的作用与外部因素、危机及周期的呈现

毫无疑问，这段历史呈现出了它所独有的一些特点，而且这些特点不会在19世纪的繁荣和危机中再次出现。我们在这里只简单地提一下其中一个特点，那就是政府支出的融资作用。在威廉国王当政时期和马尔博罗战争期间，多亏了蒙塔古（Montague）的聪明才智和戈多芬（Godolphin）的谨慎理财，才避免了多次迫在眉睫的金融崩溃灾难；不过即便如此，当时仍很弱小的金融组织也承受了它们所能承受的一切压力。而且，这在很大程度上是以牺牲股份公司为代价的。在都铎王朝时期已经开始使用的那些工具，在那个时代发展成了综合性的"汲取"体系。由于股份公司对政府的依赖、对特权的依赖以及对其他方面的依赖，它们无法

---

① 在这部法案之前就尝试过许多限制过度投机的措施。例如，早在1696年至1697年，股票经纪人的数量就被限制在了100人以内。《泡沫法案》本身的主要目的是控制新公司的成立，方法是规定一群人如果在没有议会授予的特权的情况下以法人的名义行事，那么就会触犯法律——尤其是，规定通过直接出售的方法向公众发行可转让的股份是非法的。这部法案直到1825年才被废除！那时它早就成了众矢之的。长期以来，它一直饱受历史学家和经济学家的猛烈抨击，其中不乏像阿尔弗雷德·马歇尔这样的权威人士。如果不是因为我们总是以我们这个时代的眼光来看待事物，这一点可能很难理解。无论如何，可以肯定的是，正如许多学者所指出的那样，这部法案之所以得以通过，部分原因是一些强大的利益集团发挥了很大的作用，特别是南海公司（South Sea Company），它希望借此打击竞争对手，赚取民众的钱。然而，考虑到当时的实际情况和各种各样的半犯罪手法的流行，这部法案的出台也是有一定道理的。有人声称，《泡沫法案》在实质上阻碍了一个多世纪的经济发展，这当然是一种严重的夸张说法。严肃的商界人士对它持完全赞成的立场，而且他们所使用的论据也绝不是没有说服力的。大多数经济学家似乎也同意这种观点，例如，亚当·斯密（Adam Smith）就对股份公司非常不信任，并建议将它们的活动范围限制在经济系统的某些部门之内。这些都是完全合理的。就我们的目的而言，重要的是一定要认识到，《泡沫法案》（其中包含了防止它变得真正有害的所有例外情况）只不过是股份制资本主义发展过程中的一个事件而已，而且它表面上的影响要比真正的重要性更加引人注目。这部法案几乎完全未能阻止比它本来打算阻止的更多的事情，即投机过度；后来又在它本可以在这个目的之外发挥更大作用的时候废除了它。

抗拒；同时由于城市决心支持新政府，它们也并没有真正试图抗拒。英格兰银行（Bank of England）的金融架构就是这种汲取技术的第一个"杰出"例子，同时也是展现它如何与信贷创造挂钩的最佳例子。南海公司实际上不是别的，就是政府的一个融资工具[①]；事实上，斯科特列出的大多数公司的相当一部分资本，甚至可以说全部资本，都投到了"政府"身上，而且在大部分时间都提供了相当大的折扣，并且随着政治形势而剧烈波动。因此，这些公司的兴起实际上提供了一个渠道，使得资金流出生产性用途（而不是流向生产性用途），这是解释那个时代经济史时一定要记住的一个重要事实。后来，这种状况在沃波尔（Walpole）和佩勒姆（Pelham）手里有了一定的改善；如果18世纪下半叶的战争使得政府继续留在货币市场中，直到拿破仑战争结束，货币市场完全由需求主导[②]，那么这些公司应该能逐渐摆脱政府的控制。

此外，同样很明显的是，与后来的危机相比，17世纪和18世纪的重大危机更有可能与战争和其他非周期性灾难联系起来。例如，几乎所有人都会把1640年的危机与对苏格兰的战争联系起来，并把1672年的危机和对荷兰的战争联系起来。而1667年的危机则不能用同样的原因来做出可信的解释，至于1696年的危机则属于一种中间情形。1745年是"王位觊觎者"（pretender）入侵英国领土的一年，1763年和1783年的事件则可以看作对战后繁荣的一种我们已经非常熟悉的反应。然而，我们在做出推断的时候必须非常谨慎。一方面，危机实际上确实会在这种情况下发生；但我们知道，那些并不是周期的本质。一场危机与"外部"事件同时发生——这些事件可能是造成危机的原因，而且肯定会加速并加剧危机——也不能证明没有周期性因素在起作用。另一方面，我们不能否认（也不会否认），17世纪和18世纪的政治事件对经济生活和我们现在所拥有的时

[①] 请参见 R. D. 理查兹（R. D. Richards），《英格兰银行与南海公司》，《经济史》，1932年1月号。

[②] 请参阅 E. B. 熊彼特（E. B. Schumpeter），《英国物价与公共财政：1660—1822年》，《经济统计评论》，1938年2月号。这篇论文是他关于18世纪经济周期的大型研究的一项副产品，他还慷慨地把其中一部分材料提供给了本书作者，这对本书作者对受限期的分析有很大的助益。

间序列的特点产生了支配性的影响。但是，这个事实并不能证明我们所说的繁荣与萧条并不存在——即便我们所知的并不多。

然而，我们确实可以证明我们所说的过程是存在的。即便我们勾勒的轮廓仍然很不充分，也足以证明这一点。因此，我们可以得出这样的结论：一定也存在着周期性的繁荣和萧条。现在我们发现，我们所掌握的材料允许我们观察到的所有事实都充分地证明这一结论，既然如此，我们的论点似乎得到了在目前情况下所能得到的最充分的证明。这里只需举一个例子。没有人会否认1717—1720年发生的事件（当新企业上市热在6月达到高潮时）和"泡沫"的破裂，从主要特征和细节来看都非常类似于1772年、1825年、1873年和1929年的大危机（但是，与1772年的大危机的相似性是最小的，这里不存在真正的相关性，因为正在讨论的是与19世纪危机的相似性问题）。如前所述，环境情况、危机之前发生的事件、行动和反应、清算和随后的"颓废"，所有这些全都惊人地相似。这是毫无疑问的。但人们一直怀疑，在这种金融外衣之下经济过程是否也是相似的，或者说过度的投机活动和随后的崩溃是否就是发生的一切。不过答案很清楚。1719年至1720年的狂热当然就只有这些；但正如后来发生的同类事件一样，这种狂热也是由前一个时期的创新引起的，那个时期的创新改变了经济结构，打破了原来的事物状态。这里的工业过程和商业过程（完全可以与工业革命过程相比较），是可以很明显地识别出来的。金融领域的互补性发展（金匠的存款业务、各种银行项目，最终都被英格兰银行的创始人成功地推到一边），以及贸易性和航运性的伴随性发展也是如此。此外，建筑业繁荣——这是这类周期性情况的一个常规特征——也出现了，尽管没有在法国那么明显。对于所有这些，过度投机和股票交易危机之间的关系与19世纪的过剩和危机之间的关系相同。危机以及危机之前的行动的"国际性"，也都指向了这个相同的方向。

八、关于约翰·劳的一个注记

接下来，我们尝试解释约翰·劳（John Law）1716—1720年的活动。这是唯一的机会，而且由于有了足够长的时间距离，我们理解他的举措的真正意义应该不会太困难。约翰·劳无疑是我们所说的企业家，但他属于一类特殊的企业家，就像佩雷尔兄弟（brothers Pereire）一样——他们可能会认为约翰·劳是先行者——这些企业家希望自行创造为他们的计划融资所必需的支付工具，即在企业家的职能之上再加入银行家的职能。因为一旦控制了可以生产"资金"的"机器"，马上就能使多种创业可能性变得触手可及，而且似乎可以使他们免受一般企业家无法避免的来自独立银行的苛求和限制，因此很自然地，这样的想法本身就意味着企业家心里有一个极其雄心勃勃的计划。任何这样的尝试都必定违背了资本主义的"结构"理念，就像废除议会必定违反宪政的"结构"理念一样。这一点是显而易见的，它可能会产生的后果也是显而易见的。当然，我们也不难理解，对于这样一位企业家-银行家来说，获得创造信贷的权力将比他准备实施的任何其他具体创新都显得更加紧迫，也就是说，对于他和观察者来说，手段最终变得比目的更加重要。约翰·劳也不例外。他首先（在1716年）创建了一家银行，用它来发行纸币和贴现票据。1717年，他启动了他的创业计划，即在密西西比河谷地区创办殖民企业（这个计划本身并不是完全没有希望取得成功）。约翰·劳将他的公司取名为"西部公司"（Compagnie d'Occident），它于1719年兼并了其他一些殖民企业，并在1720年与劳的银行合并，从而结束了它名义上的独立。利用该银行发行的银行票据，这家公司的股票变成了可交换的，价格为9 000利弗尔一股。

与此同时，这家银行本身变成了一个政府机构（"皇家银行"），它试图垄断全国的股份制银行的业务（并且在一个时期内实际上做到了这一点）。操纵报价、在疯狂投机的氛围中发行新股……这些东西很快就把其他一切都挤了出去——不仅是公众、企业，也许还包括劳自己——同时远在美国的公司却无人过问，出了很多问题。对狂热的细节、为防止崩溃而采取的措施以及最后的清算，我们没有多大的兴趣。但有些学者认为有一个元素比其他元素都更加重要，并且在许多描述这个金融史片段的文字中占据中心位置，却似乎与我们的解释冲突。这个元素就是劳的极其高明的操作，将国家债务变成了密西西比公司的股份，从而使得该公司变成了与南海公司有很多共同之处的一家公司。毫无疑问，这种操作不仅是大手笔的，而且确实是约翰·劳的公司唯一真正实施过的操作。尽管这一点不太容易理解，但正是这一点激起了狂热，因为它激起了人们对前所未闻的利润和普遍繁荣的种种隐秘的希望。然而问题在于，把它看成约翰·劳一直为之奋斗的最高成就是否合适？如果真是那样的话，他的银行和殖民企业——对我们来说，那才是最基本的东西——只不过是他的预备步骤。

虽然约翰·劳早期的理论和计划似乎为这个观点提供了一些证据，但是本书作者并不相信。新奥尔良的建立并不构成通往这一目标的捷径上的重要一步。不管劳在他的职业生涯每一刻的实际意图到底是什么，更可信的假设似乎是，作为一个企业家-银行家，在那个时代、那个国家的特定情况下，他严重依赖于政府的"善意"和当时的摄政王（regent）的支持，因此从一开始他就被迫给自己的计划套上一件他们都能接受的外衣，并把自己描述成一名巫师——在他的魔杖之下，摄政王永远不需要知道财政窘迫到底意味着什么。当然，我们并不认为劳对人们通常认为非常有利可图的业务有任何抵触情绪。而且同样可能的是，由于他的殖民企业在不久的将来即将失败，他应该会很高兴有东西可以代替它们。但无论如何，正确的说法可能是，他在政府财政领域的行动意味着他背离了自己的计划的逻辑，而不意味着他的计划的实现。如果真的是这样的话，那么他的得志和失败就具有了额外的重要性，即作为一个早期的例证，说明了资本主义机器的能力和弱点，以及适合用来控制资本主义机器运行的所有规则——"历史老人"每一次都试图教导我们这些规则，但结果是每一次都被遗忘。[①]

第四节 从1787年到1842年的长波

正如读者已经知道的，根据我们的暂定模式（这个模式确实是试验性

[①] 感谢 E.J. 汉密尔顿（E.J. Hamilton）教授，他对1711—1725年法国南部价格和工资的变动的描述是最令人感兴趣的，见1937年2月的《经济学杂志》经济史增刊。这篇论文对一般的周期模式的讨论也很不错。

的），这些年构成了我们所称的"长周期"或康德拉季耶夫周期。我们有理由相信，这个长波并不是人类历史上的第一个长波。然而，它确实是第一个公认的、有相当清晰的统计资料的长波。[①] 由于资料不足，并受到了政治事件的严重干扰（主要是与美国革命及其余波有关的扰动），要准确确定这个长波的开始年份很不容易[②]，而且上面给出的结束年份也不是毫无争议的。我们的选择是在结合了统计资料和工业事实的基础上给出的，主要考虑了棉纺织行业和钢铁行业的情况，进一步的研究有可能会否认这种选择。但几乎没有学者会否认通常所称的"工业革命"是一个实际发生过的过程，那也就是我们在这里所说的第一个康德拉季耶夫周期。[③]

一、"工业革命"这个术语的含义

不过，为了防止可能产生的误解，我们有必要先说清楚我们是在什么

[①] 这个时期也是本书作者尽了最大能力钻研过的最早一个时期。然而，这并不意味着他的研究是充分的。相反，必须指出，这里甚至连关于这个主题的通论性和专题性文献也没有完全覆盖。特别有帮助的论著包括：波特（Porter），《民族国家的进步》（最新版由 F. W. 赫斯特出版，1912 年）；W. B. 史密斯（W. B. Smith）和 A. H. 科尔（A. H. Cole），《美国的经济波动：1790—1860 年》，1935 年出版（以及科尔教授之前在《经济统计评论》上发表的论文）。此外还有 K. F. W. 迪特里奇（K. F. W. Dieterici）的论著：(1)《普鲁士与德国关税同盟的交通和消费情况统计概要》（*Statistische Uebersicht der Wichtigsten Gegenstände des Verkehrs und Verbrauchs im Preussischen Staate und im Deutschen Zollverbande*），六卷本，1838—1857 年；(2)《普鲁士的国民财富》（*Der Volkswohlstand im Preussischen Staate*），1846 年。当然还有克拉潘（Clapham）教授的名作《现代英国经济史第一卷：早期的铁路年代》和 M. V. 克拉克（M. V. Clark）的名作《美国制造业史第一卷：1607—1860 年》。

[②] 就某些有限的目的而言，一旦我们承认将经济演化视为一种有它自己的逻辑的独特过程，同时强调它处于有干扰的环境这种分析方法是有效的，那么就很显然必须预想到，根据这种逻辑或机制本应出现的周期性阶段往往不能出现，这是由相反的外部扰动的影响所致。从这一点出发得不出任何反对我们的周期模式的理由，而且在这个国家（英国）的特殊情况下，以下反对意见也是没有意义的：我们在一个众所周知的萧条时期（1783—1790 年），允许康德拉季耶夫周期"出现"全然违背了我们的模式。首先，这里的事实并非毫无疑问。其次，反对的理由就我们所知道的是不正确的，即对萧条和"苦难"的识别是有问题的。当然，1786 年的起义证明了这一时期的"苦难"，但这并不是决定性的证据。最后，由于独立战争和通货膨胀事件所产生的同样重要的影响，还存在着明显的和独立的物质贫困因素。1786 年的破产倒闭潮、"新时代的票据"的发行以及"欧洲大陆纸币"的最终清算，都是走向不受控制的通货膨胀的悲喜剧道路上的里程碑事件。这是一种恶性循环，在解决先前的通货膨胀所造成的局面时，要求新的通货膨胀不断出现，但经济学家的常识并非如此。

[③] 读者应该查阅一下芒图（Mantoux）那本著名的著作（这应该指的是保尔·芒图所著的《十八世纪产业革命：英国近代大工业初期的概况》一书。——译者注），它无疑是关于工业革命的最好的一般性论述。读者应该会满意地看到，这本书所描述的事实与我们的设想是多么吻合。芒图教授对我们所说的企业家创办的企业的强调特别具有启发意义。

意义上接受工业革命这个术语以及它的含义。有些现代经济史学家不赞成使用这个术语,对此本书作者完全同意。如果这个术语的目的是想表达这样一种观点,即"工业革命"所指的独特的事件(或一系列事件)创造了一种全新的经济和社会秩序,或另一种观点,即"工业革命"与之前的发展过程完全无关,是在18世纪的最后二三十年突然来到这个世界的,那么它不仅是过时的,而且有很强的误导性,甚至可以说在原则上是错误的。我们已经说得够多了,足以说明上述第一个观点是错误的。事实上,我们完全可以把这个"特殊的工业革命"与它之前的至少两个类似事件以及它之后的至少三个类似事件相提并论。我们也不接受第二个观点,因为很明显,在我们的康德拉季耶夫周期的过程中所发生的工业和商业变化,是与以前许多清晰可辨的进步相结合而发展起来的。我们更不能认为它的年代是由发明的时间决定的,例如那些最重要的发明——比如说达比(Darby)的发明、纽科门(Newcomen)或凯伊(Kay)的发明,这些发明虽然都被认为是在18世纪上半叶出现的,但是它们的谱系却可以追溯到更久远的年代,在某些情况下甚至可以追溯到古代。因此,如果工业革命这个术语是指现代工业出现的整个过程,我们不反对厄舍教授把工业革命的起点进一步推回到1700年——除了似乎没有特别令人信服的理由"就此打住"之外。然而,在去掉所有错误的内涵之后,这个术语还是有一些可取之处的。我们或许可以认为剩下来的东西说明了那些夸张的想法是如何产生的。它们包含着真理的成分。实际上,与属于创新类型的产业变化明显相关的商业活动的所有可观察到的症状都出现了"爆发",然后继之以一个将其结果吸收或嵌入新系统的过程。无论是运行的过程还是产生结果的方式,都可以用我们的模型来描述,并且在演化过程中形成了一个整体,具有完全的现实意义。[①]

杜冈-巴拉诺夫斯基的如下名言后来得到了施皮特霍夫的认可和克拉潘的证实:"如果某个人认定工业革命是一个确定的历史时代,那么说它

[①] 坎宁汉(Cunningham)把工业革命的历史界定为1770年到1840年,他似乎比任何其他历史学家都更清楚地看到了本书作者试图描述的这个过程。

发生在 19 世纪下半叶的理由比说它发生在 18 世纪末的理由更多。"这也与我们的观点相符。正如我们已经知道的，在繁荣阶段开始实现的东西，是在衰退、萧条和复苏阶段变得成熟并充分展现出来的，这样才带来了普遍性的工商业重组、对新创造的机会的完全开发，以及对过时的和不适应的元素的消除。这些可以解释每个人都承认的长期（虽然经常中断的）"萧条"时期发生的事情——从拿破仑战争到 19 世纪 40 年代。在我们看来，在我们所界定的工业革命之前，重要工业部门的产出扩张也是出于同样的原因。

此外，还应该补充一点。"带来"了 18 世纪 80 年代和 90 年代工业进步的那些创新，在很多情况下其实出现得更早（处于"预备"状态时，某些情形已经是"真实"的创新，虽然在定量的意义上不重要）；同样地，早在 19 世纪的二三十年代将会"带来"下一个康德拉季耶夫周期的那些创新就展示出了最初的成功。例如，接下来发生的一件大事，即世界的铁路化，甚至在我们正在讨论的这个康德拉季耶夫周期的最后一个朱格拉周期中就扮演了重要的角色。类似地，我们在第二个康德拉季耶夫周期的下行和复苏阶段也观察到了同样的现象，特别是在 80 年代，在第三个康德拉季耶夫周期中最重要的创新——电气化——已经超越实验室状态。为什么会这样？这无疑非常容易理解，根本无须多加解释。我们甚至可以把它作为演化过程的一个正常特征来考虑，并把它纳入我们的模型。我们现在之所以没有这样做，是因为我们希望模型尽可能保持简单，以保证能够传达最关键的要点；但是到真的需要纳入这一点的时候，并不会有任何困难。当然，无论我们在哪里发现了这种现象，它都构成了前后相继的周期之间的一个额外的联系——我们没有理由将这种联系限制在康德拉季耶夫周期之间。重要的是，读者应该能够意识到它不会使我们的模式失效。

二、外部因素，特别是拿破仑战争

外部因素除了模糊了——在某些情况下甚至是颠倒了——这个时期的最初阶段的轮廓之外，还在 1820 年之前一直发挥着非常重要的作用。而在这段时间的其余时间里，外部因素的干扰就要小得多了。本书作者所能列出的各种各样的事件，要么影响在定量的意义上并不大，例如法国入侵西班牙（我们指的是路易十八入侵西班牙，而不是拿破仑入侵西班牙）、奥地利入侵那不勒斯王国、西班牙的南美殖民地的革命、希腊革命、法国"七月革命"、比利时革命、葡萄牙和波兰革命、土耳其的动乱、英国的社会动荡，要么本身的规模非常小，例如比利时革命（尽管查斯将军炸掉了安特卫普），要么只是局部的、短暂的，对我们这里说的三个国家来说微不足道。美国和英国（1826—1830年）之间的摩擦、得克萨斯与墨西哥的战争、美国的货币和关税政策，尽管相当重要，但是从会不会严重干扰对周期性现象的解释这个意义来说，这些事件的影响从来都不是主导性的。但从1793年到1815年的世界性大战却显然是。再也没有什么比拿破仑这个人更能说明我们所说的外部因素是什么、外部因素这个概念对我们的目的的必要性，以及把外部因素当成一个至关重要的元素的那种分析框架在本质上的肤浅性了。然而，也正是因为这个因素如此重要，所以还引出了一个原则性问题，即如果我们继续谈论一个仅仅受到政治事件干扰和扭曲的独特的经济演化进程，我们是否仍然位于我们的权利范围之内。毫无疑问，对于很多人来说，以下做法似乎是挺有吸引力的：将时间序列的特点和它们背后的工业和商业过程解释为这类事件的函数，甚至认为纯粹的经济变化是由这些事件引起的，并否认在我们观察到的实际结果中存在任何纯粹的经济周期。[①]

  为了说明我们对这种立场的观点，首先，我们有必要指出，工业创新过程显然始于1793年2月英国对法国宣战之前。此外，我们可以对这个过程进行跟踪，并从我们对它的机制的了解中得出结论——如果那些政治事件没有发生，它将会产生繁荣的顶峰，然后是衰退，无论这种阶段转变在那些有着比我们更"远大的目标"的人看来是多么不科学。这些主张很

  [①] 当然，就对整个社会过程进行的更基本的分析而言，这两种观点都不具备普遍的有效性。然而，在本书讨论所处的层面上，一切都是"纯粹的干扰"，不属于我们的机制的逻辑范围。如果我们的另一项研究的目的是研究政治机制，那么我们这里所说的机制的作用就将是"纯粹的干扰"。但干扰的力量可能如此之大，以至完全抹去了经济演化的周期性过程。三十年战争对德国大部分地区的影响就提供了一个很好的例子。这是我们现在唯一要处理的问题。

快得到证实。我们当然可以说周期性波动在许多情况下是与政治事件相关的，正如其他一些波动可以直接追溯到政治事件一样。但是，我们必须非常警惕如下视觉幻象：似乎可以用一系列壮观的事件来解释时间序列的行为，当这些事件与看似与之相符的经济状况同时发生或恰好在其之前发生时，有人就会不加批判地把这当成存在因果关系的证据。另外，如果某个政治事件未能对经济状况产生相应的影响，那么这个事件就很可能会被忽视。例如，1806 年英国的国际形势完全乏善可陈，但那一年却是繁荣昌盛的一年。就像我们在前面那种情况下指出过的那样，我们必须牢牢记住，任何一个政治事件都永远不会是唯一起作用的因素；我们还必须记住，无论是在当时还是在后来的历史学家那里，都会出现一种诱惑，即超越应有范围把它视为一个原因，但要证明它真的是一个原因就必须对每一个细节进行深入的历史研究。①

其次，我们把影响大体上分类为浪费（wastage）、错位（dislocation）和通货膨胀（inflation）。实物的损坏和军备竞赛的实际成本——就德国而言，还有金钱和实物的掠夺和勒索——当然是相当可观的，但是一般只能达到局部性地和暂时性破坏经济过程的地步。除非真的破坏了经济过程，否则浪费与福利和苦难的关系，要比与繁荣和萧条的关系大。当然，工业和商业结构的短期和长期错位也会表现得相当突出，同时，国家有机体的相对地位、国际贸易条件也会受到很大的影响。所有这些都摧毁了一些创业可能性，并制约了其他创业可能性。在和平的 80 年代，英国曾经采取自由贸易政策，这种政策是与谢尔本（Shelburne）和更年轻的皮特（Pitt）的名字联系在一起的，而且使得后来的迪斯雷利（Disraeli）有资格将首倡自由贸易政策列入保守党的功绩簿。毫无疑问，这种政策进一步加快了当时已经有所进展的惊人的出口增长，而且这种情况一直持续到世纪之交。但是随后，拿破仑在法国掌权，他推出的政策最终体现在了构成

---

① 只要打个比方就能清晰地阐明我们的意思。当天空晴朗时，我们可以看到满月；而当天空布满云彩时，我们就看不到了。许多人因此而误认为满月与好天气之间有联系。这与以下事实无关：许多经济学家都在寻找外部事件与经济状况之间的任何有合理性的关联，否则他们将不得不认为后者是无法解释的。因此，即便是非常牵强和不能令人信服的联想也有可能通过检验。

所谓的大陆体系的三大法令中。在这里，我们遇到了一个典型的解释困难。无论拿破仑的政策得到的执行多么不完善，它的后果都是毋庸置疑的。从整体上说，它可以解释国内工业的产量和价格的同时下跌这种萧条现象（羊毛是受拿破仑控制的那些国家的唯一重要的原材料），而且特别值得注意的是，它还可以解释一种特殊的投机爆发及崩溃，即所谓的商品贸易危机（Warenhandels-Krisen），这是由商品的不断积累和突然释放导致的（这种积累和释放，部分是不可避免的、部分是投机性的）。但是与此同时，我们根据经验可知，类似的爆发和反应在没有拿破仑式的政策时同样会发生，事实上，我们完全可以相当有把握地认为，经济衰退和价格下跌的"时机"在1800年前后那个完全和平的时代就已经成熟（当时国内制造业的产品价格确实已经开始下降），尽管没有理论上的理由要求我们必须支持这个观点。也许，我们不可能对这些干扰的直接和间接影响进行定量评估或者将它们分离出来，尽管这些干扰在某些时候有可能主导了形势。但是无论如何，它们都不会强大到足以阻止我们的机制（根据其逻辑）明确地发挥作用——不管结果可能会受到数据突然变化的多大影响——至少在英国是这样。

在德国，情况可能与英国有所不同。我们也不可以一概而论，因为这个国家内部各个地方的命运不相同。然而，在直接或间接地被法国管治的德国领土上，以及受其他强力统治者管治的一些德国地区，许多制度上的朽烂之物实际上得到了清除［特别是在普鲁士，通过通常所称的施泰因-哈登堡（Stein-Hardenberg）改革］。然而，尽管这些都通过消除束缚、创造有利于自由企业的政治条件最终加快了资本主义的演化步伐，但是之前提到过的那些情况仍然可以充分地解释为什么我们没有观察到更显著的直接影响。就美国的情况而言，欧洲发生的各种事件对它的影响是很复杂的，而且在某些方面被它与英国的战争以及各种导致它与英国倾向于发生更多战争的条件抵消了。然而即便如此，美国的航运业、造船业及其相关行业还是从高得异常的运费和奇货可居的过境贸易中获得了可观的意外之财。当然，这些有助于融资，同时也会在其他方面制约企业。同样清楚的是，随后的禁运政策、《互不往来法案》（Nonintercourse Act）和战争，在很大程度上结束了这些刺激因素,并解释了萧条现象(如果没有这些暂时性的刺激及其消退,萧条现象不会达到同样的程度)。但几乎没有人能够否认,即便没有任何阻碍欧洲大陆的出口的障碍,那时的美国(只要它不是一个农业国家)无论如何都会首先成为一个海洋大国和贸易大国,农业利益群体也肯定会感受到英国的工业发展的刺激(工业革命使得英国在80年代变成了一个小麦进口国)。

事实是相反的。先是独立战争,然后是1812年至1814年的战争以及在它之前的几次战争,它们对工业的影响就像禁止性关税一样大,同时还鼓励了国内投资(一旦这些因素不复存在,许多投资必定会变得无利可图)。1815年出现了惯常的战后繁荣,1816年则体现为战后的衰退之年,这两者都非常符合规律,正如我们在此类事件中经常观察到的那样。当然,它们在时间序列和工业历史中都得到很好的反映。无论潜在的周期性阶段是什么,它们都会这样表现出来。但是,再一次强调,这同样不能构成在原则上否认周期性成分实际存在的理由,我们也不能以此为由假设一旦意识到非周期性成分的存在,这些就是唯一起作用的因素。在我们讨论的这个特定的例子中,如果不参照那几年在康德拉季耶夫周期所处的位置,就很难理解随之而来的萧条的深度和持续时间(一直持续到了1821年)。在这一点上,我们将在本章末尾再补充一些细节。

三、美国的保护主义

限于篇幅,我们无法在本书充分讨论保护主义对美国(或任何国家)的资本主义发展有什么影响这个问题。但是在这里,我们将利用这个机会给出一些一般性的评论。虽然1789年和1816年的美国关税政策是由更为复杂的社会、经济和财政动机导致的,但是从我们的立场来看,我们可以把这种政策理解为如下企图的表现:延续前两场战争期间普遍存在的经济条件和维护战时工业结构。无论它们在其他方面、对其他利益群体的影响如何,这个目的实际上就是通过这种关税政策来实现的(在当时和在后来都是这样),即维持那些由于通货膨胀而存在的结构,同时防止通货膨胀进一步加剧。这个目的如果没有保护主义政策是无法实现的。在那种情况下，关税肯定会减缓下行、强化上行。废除关税，哪怕是逐步废除，也可能会导致萧条的情况，突然全盘废除则可能导致恐慌；除此之外，没有别的解释。对这种直接后果的恐惧——也许这种恐惧是过于夸大的——使得因该政策而受到损害的利益集团无法采取行动（当然，它们本身就是组织不完善和领导不力的）；保护主义的恶性循环进一步强化了它自身的不可或缺性，并造成了需要更多保护主义政策的局面，这是直到今天的美国保护主义的根源。

但是，这个事实并不意味着关税政策的变化主导了周期性运动，尽管它们确实有力地影响了未来的产业结构。事实上，就美国的实际情况而言（即便是在我们这个时代之后），永远都不会意味着这一点。而且从周期理论的原则来说，也不可能意味着这一点。在前一方面，我们不难注意到1789年的关税政策仅仅保护了一些弱小的"幼稚工业"。从1816年出台的一系列法案（那是保护主义政策真正开始实施的标志），到"令人憎恶的关税"（1828年），没有人能够扭转局势，尽管保护主义者在1833年有所退却，但那只是一次策略性的撤退，是他们的最高指挥者的"智慧"的表现。在本书作者了解的范围内，从来没有人认为他们真的退却了，所以我们也不必坚持。在后一方面，我们现在可以给出一个更一般性的观点：关税的征收和取消会改变企业家创业的条件，也会改变当前在运营的企业的条件。对于企业家的创业活动来说，保护主义政策会在某些方面刺激它，而在另一些方面抑制它，从而导致一个扭曲的工业有机体。净效应可能为正，但是并不必然如此。不过，积极影响总是会比（主要是推测中的）消极影响更加明显。在任何情况下，将这种影响列为创业因素的影响之外的其他因素都是不正确的，因为创业因素本身就会像数据的任何其他变化一样发挥作用。这在一定程度上解释了保护主义政策在创造繁荣方面为什么通常是无效的，因为这种政策所能做的最多是增加一个有利的环境条件；另外，这一点与保护主义政策的取消可能通过打乱经济计算而导致经济滑坡的观点却是完全一致的。

因此，征收关税作为企业家的创业活动的一种条件，作用将类似于实施宽松的货币政策：它创造了原本不存在的利润，因此会引发创办企业的热潮和第二波扩张，而这可能成为后来的麻烦的根源。然而，保护主义不仅作用于企业家创办的企业，而且作用于原有的企业（或我们所说的"老企业世界"）。就这一点而言，它可能直接改变整体经济形势的面貌。从这个角度来看，它具有所谓的机械效应或自动效应，尽管这种效应绝不是单向的。要阐述清楚这个模式的含义绝非易事（其中有一些含义是相互矛盾的）；限于篇幅，我们不得不把这个任务留给读者。① 然而，我们在这里还要补充一点，那就是，在繁荣时期免征进口税、在衰退时期征收进口税，这种政策的使用可以想象为一种控制手段。当然，这绝不是一个政策建议；但是这样的政策措施不会产生其他同类政策的某些不良影响，尤其是信贷政策。但是，它也会显示出类似的局限性。

四、"通货膨胀"、"通货紧缩"与"不计后果的银行业"

接下来要解决的问题是，通货膨胀（政策）和通货紧缩（政策）这两个外部因素在多大程度上影响了各种事件的发生，以及它们是否提供了对那个时代的经济史的另一种独立的解释——从而证明寻找任何有自主因果关系的周期的努力都是徒劳的，特别是对于康德拉季耶夫周期而言。我们的答案是，如果通货膨胀政策就是指通过特地发行的法定货币或特地创设的信用工具来为公共支出融资，同时如果它的影响仅仅指以这种方式创造出来的数量乘以一个适当的速度系数得到的结果（无论是否根据这种政策对人们持有现金的倾向的影响来修正），那么通货膨胀的问题将会变得相当简单。但事实上，这种情况总是会因为商业信贷扩大而变得非常复杂，因为商业信贷扩大的影响会叠加到直接影响之上，很难与商业信贷的扩大本身区分开来，而且在通常的繁荣阶段这些会在同一时间发生。对于美

---

① 但是，如果不研究国际贸易和金融理论，就不可能做到这一点，而这正是不可能在这里继续深入讨论这个问题的原因。不过，这也就引出了另一种观点。正文中的论述已经表明，本书作者认为保护主义政策对国家经济发展速度的影响同时被它的朋友和敌人夸大了。然而，他并不怀疑这种政策也有可能会产生一些积极的净效应。不过，他现在想强调的是，仅凭这种效应本身仍然不足以形成对美国保护主义的正面看法——即便它没有导致任何失调，而只是以一种完全平衡的方式加快了经济发展步伐。这是因为还必须考虑到对国家社会结构和文化的影响。而且，从某些不容忽视的角度来看，加快经济"进步"的理由并不是不言自明的。在本章的最后，我们还将对信贷创造的某些相近方面做出类似的评论。

国，我们在如下情况下考虑了不同时点上的通货膨胀冲动：基本完全独立于任何财政波动、通常没有任何法定货币的数量和性质的变化，而只由柔性和宽松的货币政策和"不计后果的银行业"所采取的行动所推动。① 在美国，公众心理中的通货膨胀倾向鼓励了银行业"不计后果"的行为。这种"戈尔迪之结"（Gordian knot）式的解释是必须面对的，不管用总量命题来回避这些困难有多么方便。我们把通货膨胀政策归类为外部因素，不仅包括会引发通货膨胀的政府财政支出，而且包括上面提到的那种类型的通货膨胀冲动，只要它们是来自政治领域——这主要是指立法（虽然并非全部）。同时，我们把"不计后果的银行业"归类为投机狂热、诈骗等；我们希望表达的意思是，一方面，这些不属于没有了它们我们的模型在逻辑上就不完整的那类特征，另一方面，它们又确实属于那些会在特定环境条件下和资本主义发展过程的特定阶段上表现出来的特征（这不难理解）。

对于美国而言，通货膨胀问题只出现在"不计后果的银行业"中（稍后我们还会提到）。一般来说，在整个时期，健全的货币政策一直占据主导地位，而且当时的宪法剥夺了州议会和国会发行"信用券"和法定货币的权力——直到1870年，最高法院一直坚持这种观点，这说明美国已经吸取战争期间的通货膨胀教训。它确认了对通货膨胀主义的短期胜利，并在内战之前基本上解决了货币问题。我们不需要讨论关于白银和黄金的政策，而只需要说明它们不会产生通货膨胀影响即可。但是银行业的发展则"否决"了——不过可能需要满足一个限定条件，我们在后面将会提到——通货膨胀效应的可能性。

在德国，不同地区存在着性质和程度不同的货币失调（monetary disorder），但是，由于我们已经把奥地利排除在外，因此我们可以说这种情

---

① 关于何为"不计后果的银行业"，一个有效的工作定义是在发行纸币或创造存款时根本不考虑可赎回性，这个定义对于我们这里的目标而言足够准确了。当然，更准确的定义可能要强调发放贷款的标准不考虑借款人的偿还能力。从理论上说，这两个定义可以独立于对方而存在。但是，实际上没有人真的需要这种学究式的定义，只要他研究过萨姆纳（Sumner）的作品（本书作者必须对他表示感谢），或者阅读过古奇（Gouge）和其他同样著名的作家的作品。特别地，请参见布洛克教授的《美国货币史论文集》，第79页至第99页；布雷·哈蒙德（Bray Hammond）的论文，《早期美国银行业的长期和短期信贷》，刊载于《经济学季刊》，1934年11月。

况没有太大意义。然而，在英国，货币失调这个术语在任何意义上都包含了通货膨胀的含义。用不着过多地描述它众所周知的那些特性，我们首先来考察一下在世纪之交达到顶点的那场通货膨胀（在前面给出的定义的意义上），因为公共收入和真实的借贷在19世纪的第一个十年就逐渐赶上了支出①，其间只有一次很小的反复——尽管浮动债务在绝对数量上的峰值出现在了1814—1815年。而且，支付工具的"商业"扩张在一定程度上（尽管不是全部）是由政府的直接通货膨胀引起的，这种扩张持续了数年之久——这个事实也说明了前面提到过的解释的困难。当然，毫无疑问，这种通货膨胀和在战争期间发生的其他干扰性事件，影响了工业和商业，特别是商业，并扭曲了统计图，使它的振幅显得不可靠并导致有人质疑"真正"的波峰和波谷的位置。但是，我们不应高估通货膨胀本身的影响。这个时期的通货膨胀一点也不疯狂，影响也从未超过第一个阶段——在这个阶段通货膨胀的影响尤其是对价格的影响很小，这与被创造出来的购买力单位的数量不成比例。信心也从未受到过严重动摇——表现形式是对硬币支付最终必将恢复的信心；但真正重要的并不是这个，而是人们对保持或恢复英镑购买力的信心，而且这种信心并不一定意味着前一种信心。通货膨胀的影响既不能用英格兰银行的总预支额来衡量，也不能用未偿付票据来衡量（未偿付票据无论如何都增加了），当然也不能用其他存款来衡量（由于银行家将准备金存放在银行的习惯日益增强，这种存款也一直在膨胀）。仅看价格水平的变动会低估它们。李嘉图在衡量外汇过度发行所导致的贬值时，肯定过于轻视这个问题了。通货膨胀并没有阻止国内生产的商品价格的下降，特别是创新商品价格的下降；尽管前面提到过，根据我们的模式，创新商品的价格本应该在适当的时候下降。它也没有强大到足以抹消任何一个短周期（在短周期中，价格与国家银行的发行活动能够协调一致）。利率没有下降有它的"功劳"，同时它也没有使正常的周期性症状发生变化。本书作者认为，就对生产性有机体施加的错位影响而言，

---

① 根据熊彼特的说法，在从1793年到1816年的整个时期，总支出的70%是由财政收入支付的，但是在1793年至1801年这几年间，这一比例却仅为60%——当然，毫无疑问，即便是这个比例，也是一个令人钦佩的成就。

对农业的刺激是最重要的。在工业中，大多数时候是"一切如常"；但对许多企业来说，只是清算的日子被推迟了而已。①

更难回答的问题是通货紧缩所扮演的角色。当然，我们必须先区分以下两种意义上的通货紧缩，第一种是最初为政府融资而创造的流通工具的实际减少，第二种是为了使英镑恢复到战前的黄金平价而采取的任何其他货币政策（而不仅仅是停止通货膨胀的措施）。后者足以造成暂时的衰退。在我们这种情况下，它必须被列为导致1810—1811年的危机和1815年的危机的因素之一。但是事实上，这两次危机都不能只用外部因素来加以充分描述，更不用说用通货紧缩来描述了，因为这原本只是发生在周期性节律中的两个事件。但是，由于政治事件的直接和间接影响（间接影响主要表现在因战争条件或对和平条件的投机性预期所引起的商业行动上），以及政府的通货膨胀政策中断或最终停止，两者都恶化了，甚至变成了灾难。尤其是1815年的危机，它与19世纪的危机有着明显的"家族相似性"，无疑预示着战后的调整。1813年和1814年的工业活动没有理由仅仅归因于战争机会，因为这种机会与萧条的商业同时存在，本应导致经济衰退，而且事实上，经济衰退确实是在后一年开始的。但是，在这些隐性症状之上又叠加了一个繁荣期，这种繁荣显然与乐观的预期有关，特别是在对外贸易方面基于《巴黎条约》和《根特条约》的影响做出的乐观预期。这种繁荣一直持续到了1815年，然后被法国"百日王朝"所中断，接着又在滑铁卢战役之后重新开始，并最终在秋天崩溃，最明显的原因就在于，那些对对外贸易的乐观预期没有实现——其中一些预期简直荒唐可笑。同样的原因也可以解释银行间的"流行病"。从棉花进口的变化可以看出，经济衰退原本可以多么无害——棉花进口状况比外贸状况和投机行为更真实地反映了工业有机体的状态。1815年是9 200万磅，1816年

---

① 上面这些话浓缩了我的许多研究工作，它们始于诺曼·西尔柏林（Norman Silberling）先生1923年在《经济统计评论》上发表的一篇论文的启发。这篇论文考察了这个时期其余时间的总量方面的问题，从而大大便利了我的研究。但是，在承认自己有向西尔柏林先生致谢的义务，并表示同意其中一些解释的同时，本书作者也不愿意给人留下他接受所有这些解释的印象。不过关于事实部分，本书作者只能提出一些小小的批评。

下降为 8 600 万磅，但是 1817 年又上升到了 1.16 亿磅。失业在很大程度上是技术性的，但是如果没有外部因素的影响，它就不会像我们所认为的那样严重，而外部因素是造成英国和其他地区战后经济衰退的主要原因。

虽然很难说 1815 年的金融危机与通货紧缩有什么关系——至今仍然没有相关的度量指标——但我们许多人还是怀疑，1821 年 5 月恢复硬币支付之前的那些年一直处于通货紧缩的影响之下（在 1821 年之后则不会有任何问题，正如 20 年代和 30 年代银行业的发展已经充分证明的；此外，1822 年的法案还通过地方银行直接刺激了信贷扩张）。① 在当时，这也是关于应该采取什么货币政策的讨论中一方所持有的观点。这里有一个事实，很难说是货币科学的优点：在这场讨论中，争议双方提出来的几乎所有论点和建议，我们都是在反思我们这个时代的世界大战时才再一次熟悉起来的，其中一些甚至被当成了新思想重新提出来，而且到底是对的还是错的仍然无法做出判断。双方的推理都有很好的理由，尽管他们（根据他们的潜意识的价值判断）提出了不同的建议，而且在事实和理论上都可以证明双方都有错。② 然而，双方——或者，无论如何，双方的大多数人——的错误都出在一个基本点上：即便是鼓吹恢复战前的黄金平价的那些人（对于萧条症状，他们在许多情况下会给出货币原因之外的其他一些原因），也总是声称或默示价格水平的下降是由于这种政策（如果没有这种政策，就不会出现这种情况）。我们知道，如果是来自康德拉季耶夫周期中的某个位置，就不会出现这样的情况：作为工业发展的一个结果，长周期的正常过程不仅会导致价格下跌，而且会导致康德拉季耶夫周期萧条

---

① 读者应该牢牢记住，这种说法的含义取决于通货紧缩的定义。例如，如果通货紧缩与物价下跌的定义相同，那么就没有问题。但是这并没有多大帮助。

② 读者在之前引用过的西尔柏林先生的研究中可以发现与争议相关的大部分事实。在英格兰银行章程秘密委员会收集的证据中还可以找到更多的事实（特别是在他们报告的附录中）。瓦伊纳（Viner）教授在他发表于《国际贸易理论研究》（1937 年，第 1 期）的论文中对相关研究进行了精湛的评述。我们应该不难观察到，无论真相如何（有谣言说，对于当初给出的建议，李嘉图在后来曾表示出后悔之意），对于回到原来的黄金平价的建议，都不能百分之百地引用他的权威结论，因为这个建议是作为一整套程序的一部分，采用那个程序将会导致一些不同的后果。

的第一阶段呈现出下跌的特征。①

当然，这并不意味着货币政策对价格没有影响，而只意味着仅凭价格下跌这个事实并不能证明货币政策真的产生了影响，而且价格下跌对经济产生的萧条性影响本身不能只简单地归因于货币政策。因此，只要通货紧缩措施确实有效——再一次，它有别于直接停止战争支出——那么就不能对1815—1821年（这是价格急剧下跌停止的时期）的价格水平序列进行简单化解读；相反，事实上它变成了一个非常难以回答的事实问题，因为一方面，即便是支付工具的绝对减少也可能效果甚微（例如，在它们中的一部分因某种原因闲置的情况下），另一方面，它可能产生比那种粗糙的货币数量理论的预测结果大得多的影响——如果它出现了错位并导致了一个累积性过程的话。这个问题之所以特别令人感兴趣，是因为在1918年后英国所要面对的财政和经济状况（而不是社会和政治状况）呈现出近乎完美的可类比性。

与总收入相比，英国因拿破仑战争而背负的长期债务，一开始与我们这个时代发生的世界大战留给英国的债务一样可怕。对于这种债务，英国没有专门采取过任何措施，然而，经济的迅速发展很快就使这种债务变成了一项很轻的负担，尽管原先看起来那似乎是毁灭性的不可承受之重。②为了平衡预算（预算的平衡主要是通过迅速地清算战争支出来完成的），似乎也并不需要任何严厉的措施，而且伴随着所得税的废除。之所以有必要在这里提到所得税的废除，是因为与通货紧缩的"非机械效应"问题有关，也就是说，这些影响（如前所述）既可能增大也可能减小纯粹的定量

---

① 在采取任何可以被称为通货紧缩政策的措施之前，价格就开始下跌了。针对这个事实的明显含义，瓦伊纳在前引论文中对这种措施进行了预测。但是，即便商人真的抱有这样的期望（这一点完全是不确定的；他们希望恢复战前的平价，但是对他们中的大多数人来说，这一点与价格下跌的联系，尤其是在那个时候，可能远远不如瓦伊纳看得清楚），也不能因此而否定另一个因素的存在。然而，我们并不需要坚持这一点，因为如上所述，仅仅停止通货膨胀无论如何都会对价格造成冲击，而且人们可能会认为，如果没有采取实际措施，这种做法不会导致价格持续下跌。

② 在这里，措辞的这种变化暗示内部债务可能是一种"负担"。当然可以。如果不是因为"把钱从一个口袋放进另一个口袋"和"仅仅是转移支付而已"这类说法已经变得很熟悉，就没有必要坚持这一点。资本家的维持（其资本由于用于消费而丧失了功能），与因在战场上受伤致残而失去工作能力的工人的维持一样，都是一种负担。见本书第十四章。

效应——例如，通过启动一个螺旋式过程。在当时的氛围下，这些措施的性质当然是传播信心甚至乐观主义态度，以刺激经济活动；我们可以得出这样的结论，即在这种情况下，通货紧缩的影响要小于货币数量理论的预测。但它到底包括些什么呢？1816年通过了一项法案，结束了小面额纸币（5英镑以下）的发行。事实上，到1822年，小面额纸币的发行量已经降到不足100万英镑。

然而，这并不意味着流通媒介（通货）减少了同样的比例，甚至不意味着流通媒介减少了同样的数量。唯一可以想到的其他措施是增加银行的黄金储备和减少银行的总预付款。而且，这不是通过收紧货币市场来实现的——从我们的模型中可以看到，除了1816年和1819年初之外，货币都是宽松的——而是政府偿还了对（英格兰）银行的债务（以使它的头寸正常化）的结果。银行的黄金持有量和总预付款的变化，说明该银行完全没有对黄金实施任何严格的控制，而且放松控制似乎正符合经济状况的需要。1814年，银行持有的黄金为220万英镑，总预付款则为4 290万英镑。到了1817年，银行的黄金持有量增加到1 070万美元，总预付款则下降到2 700万英镑。但是到1819年，黄金持有量仅为380万美元，同时总预付款则略有上升。这种情况是通过自由释放黄金来调节的。不久之后又几乎恢复了原状，而且没有费多大力气——在1824年的经济繁荣期，这两个数字分别为470万和1 760万。带着典型的知识分子的自信和自命，两党的大多数评论家似乎都一致认为，银行董事是彻头彻尾的傻瓜。但是从他们自己的立场来看，或者说根据他们自己的价值体系来衡量，这些银行董事尽管可能缺乏把情况阐述清楚的技巧，甚至根本看不到真实的情况，但是他们其实做得相当出色。到1817年，情况有所好转——当时，"通货紧缩"正如火如荼——1818年则是繁荣的一年，1819年是萧条的一年，1820年和1821年又开始向好的方向转变，然后繁荣随之而来——所有这些都是周期性运动的正常节奏。

当然，实际支付工具并不像总预付款那样减少得那么多；如果认为削减的开支是从本来可以实现的支出行为中剔除掉的，那么就太荒谬了。企业按同一比例与政府将战争支出"平仓"了之。这无疑加剧了直到1821

年的价格水平的下跌，正如它加剧了其他动荡和混乱。如果简单地认为货币政策并没有阻止价格水平的下滑，反而有助于价格迅速趋向如果当时没有发生战争本来会达到的低水平，那么我们没有什么不同的意见，虽然看起来这样的话也就没有必要再说那是通货紧缩。如果认为政府支出的持续膨胀或"通货再膨胀"——而不回到黄金平价或回到一个更低的平价——本来可以阻止价格的下跌，从而可能会使形势变成更容易应对，特别是对于农业利益群体而言，因为他们乐见且已经习惯于物价上涨，那么也没有什么好反对的。实际上，政策包括为创业活动提供一个安全的框架，将负担和束缚（《谷物法》除外）降到最低限度，并努力——甚至尽一切努力——捍卫这个体系，以防范不满和痛苦的爆发。对这种政策做出判断并不在我们的任务范围之内；这种判断在很大程度上必须取决于所考虑的影响所持续的时间长短。不过，这不是无稽之谈，也不是与随后的经济成就完全无关。

五、农业的发展

正如我们在前面的讨论中已经看到的，与德国和美国不同的是，即便回溯到我们这个时代的开端，英国也已经不是一个农业国。但直到目前为止，农业仍然是英国最重要的一个产业，也是许多重要创新的中心。圈地运动仍在进行，并在这个康德拉季耶夫周期内基本完成——这个康德拉季耶夫周期是从1780年到1810年，圈地法案则是在1699年通过的。城市附近的土地得到了集约化的耕种，采用的是最早在佛兰德斯发展起来的耕作方法；养殖肉牛的更好方法得到了普及，农业技术总体上也在不断改进——比如，诺福克轮作制、蒸汽排水机，以及更科学的施肥方法（施用人畜粪）。所以这些尽管不是全新的，但改良确实在更大的范围内进行。这些创新的显著结果将在适当的时候显现出来。不过，在这个时期，需求状况的有利变化减轻了这种影响；而且战争在一开始时也减轻了这种影响，不过战争后来却加剧了这种影响，因为战时价格推动耕种面积增加的状况是难以持续的。官方公布的小麦年均价格峰值出现在1800—1801年

（当时的价格为每夸特 119 先令 6 便士）①、1810 年以及 1812—1813 年；在拿破仑战争期间，粮食生产面积增加了大约 500 万英亩。我们观察到，粮食价格的下降成了一个"不可抗拒"的趋势（不过 1815—1818 年、1826 年、1828 年和 1829 年的坏收成中断了这个趋势），尽管当时存在着保护主义政策，而且那是一个"阴郁"的时期（只是间或点缀着一些繁荣的碎片，比如在诺福克、萨福克、剑桥郡以及洛锡安），同样的事情在这个世纪 20 年代的美国也发生了。这完全符合我们的周期模式，并且是这种体现了康德拉季耶夫周期下行阶段的典型特征的经济状况的组成部分之一。我们很难找到一个更好的例子来说明农业创新是如何运行的。② 但是，拿破仑战争后的农业萧条和对农业进行保护的呼声只能解释部分原因。来自外国的竞争是一个非常真实的原因，特别是就小麦和羊毛的情况而言。在英国当时的条件下，以战时价格为根据，盲目地购买土地在导致局势恶化方面只发挥了非常小的作用，但是其他类型的盲目行动却具有相当大的重要性。调整最终以紧缩和流入工业及向外国移民的形式出现，而这必然意味着一个萧条过程。也正是在那个时候，自 17 世纪以来一直处在衰落过程中的自耕农阶级（yeoman class/yeoman classes）最终消失了（尽管在 1785 年之后经历了最后一个回光返照式的繁荣时期）。

德国的情况则完全不同。1804 年，普鲁士 80％的人口都以农业为生，这种职业结构在整个旧帝国中先前存在的几百个公国解体后出现的所有 39 个主权国家中非常有代表性。在这个时期出现的"大农"（great agrarian operations）最终创造了自由的——以及相当密集的——农民所有制

---

① 事实上，1801 年小麦的价格达到了每夸特 126 先令的水平。1826 年，官方公布的年均价格为每夸特 126 先令 6 便士。在 1820 年之后，官方公布的年均价格则从未超过每夸特 74 先令 9 便士，这发生在克里米亚战争期间。

② 因此，令本书作者感到遗憾的是，在这里不能更全面地探讨这个问题；而且，由于对这场萧条的错误诊断已经如此广泛地传播开来，这种遗憾就更加强烈了。事实上，如果不考虑周期机制，就不可能给出完整的解释。而且，对于人们通常会给出的理论，还有其他一些质疑。例如，W. 韦斯特（E. West）爵士就曾强调过，消费者购买力的不断下降就英国而言是完全站不住脚的——尽管失业人群普遍感到苦不堪言。《农夫》杂志上有很多关于这个过程的有趣资料。斯马特（Smart）的《编年史》也是一样。另外也请参见厄尼勋爵（Lord Ernle）的《英国农业的过去和现在》（*English Farming Past and Present*）以及费伊（Fay）先生在 1921 年 3 月的《经济学杂志》上发表的论文。

(peasant holding)，但这并不是作为对农民当中的创业冲动的反应而出现，而是政府强加于他们的。政府虽然在其他方面很保守，但是在这个方面却几乎完全不加批判地接受了经济自由主义的思想。关于这一点，由于它将会成为未来非常之多的严重问题的根源，所以我们在这里根本不需要说太多，而只需说明无论是农民的心理还是农民的生产方法，在我们关注的这个时期里都没有因这种重新安排而发生太大的改变——就像先前的"个人解放"并没有使他们改变多少一样——同时，大多数农民坚持旧有的生活方式，因此在很大程度上能够免受经济波动的影响，而且在任何情况下都只充当了完全被动的角色。发生的真正变化，例如之前引进的土豆种植方法的传播，同样是在官方倡议和推动下完成的。不过，那些以务农为职业的地主乡绅则处于不同的地位，尤其是在普鲁士，他们可以"享受"随时可得的信贷所带来的好处。① 特别是在东部地区，中型和较大的庄园很早——比我们的时代更早——就已经发展成为生产谷物和羊毛的工厂，它们按照一般的商业原则进行生产和出口。在它们当中，出现了属于创新的进步，而且可以与在英国发生的相比拟。事实上，这种进步在很大程度上就体现为采用英国的方法、英国的轮作制，包括深耕、钻井灌溉、修建排水设施和使用更好的肥料等。其中大部分是由当时的"学术权威"〔如特尔（Thaer）〕传授的，农业化学家〔如李比希（Liebig）〕后来也开始提供帮助。油籽和土豆的生产规模比英国的还要大。有些改进的源头就在国内，尤其是在工业企业中——酿酒厂、啤酒厂、从30年代开始的甜菜糖厂等。这个地主阶层确实能够充分利用他们新获得的自由（然而，在很多方面，他们自16世纪以来就拥有了所有他们想要的自由），他们不仅能够合理地管理自己的财产，还会通过购买农民的财产或不那么活跃的同阶层人士的财产来扩大规模。

---

① 在七年战争之后，腓特烈大帝组建了土地银行（Landschaften），专门为大庄园主（Rittergüter）的信贷需求服务。它们向借款人发行抵押债券（Pfandbriefe），这些债券必须用于出售，但有时也作为支付工具而流通，这是一种相当原始的信贷创造形式。这个系统运行得非常好。通过让土地所有者如此容易就可以借到钱，它帮助创造了一个不可持续的局面（就像此类政策总是会做的那样）：这是一个人人都知道但没有人承认的令人不愉快的真相（home truth）。

但这些事物大多是在康德拉季耶夫周期的萧条期及之后出现的。事实上，这些土地所有者的繁荣并非一般意义上的繁荣，不是价格的函数，不能用拿破仑战争以前的创新来解释。直到1805年，价格一直在上涨，然后下跌到1811年，然后又上涨到1818年。然后，由于1820年至1824年的大丰收，价格又开始大幅下跌。特别是在1824年，某些谷物的价格下降了大约70%，尽管肉类和乳制品的价格降幅要小得多。复苏（带有波动）之后，直到1842年，价格仍然停留在拿破仑统治前的水平。虽然后一个事实可能反映了农业方法的改进，因此也处于我们的模式的范围之内，但是造成了19世纪20年代这场通常被人们称为农业萧条的价格下降，与先前的价格上涨一样，都无法给出相应的简单解释。1805年至1811年的价格下跌明显是由于出口受到了阻碍；1818年到1824年的下跌则与英国的价格走势和英国的保护主义政策有关。[①] 此外，由于前几次战争，德国民众的贫困化是一个非常现实的因素。虽然农业技术改良所导致的价格下跌不一定意味着萧条，但是这种原因所导致的价格下跌自然会导致萧条。此外，它的影响还因未偿还债务的存在而大大加强了，这些债务部分来自对土地的投资——在许多情况下具有投机性质——部分源于战争期间的苛捐杂税以及支出超过收入的生活方式。由此可知，我们必须把德国农业的这种萧条看成一种独特的现象。

在美国，农业原料的生产一般是在利用它们的工业发展起来之后而不是之前发展起来的。羊毛尤其如此，尽管许多制造商付出了很大的努力、尽管出台了很多的保护主义政策、尽管与英国的战争和对羊肉的日益增长的需求提供了动力、尽管引入了美利奴羊种（Merino breed，1801年），羊毛生产的发展仍然非常缓慢，直到我们讨论的这个时期结束，才短暂地成为一种出口商品。棉花也一直是一种进口商品，同时还是一种过境贸易

[①] 羊毛价格虽然在较短的周期内会出现大幅波动，但是从来都没有长期低迷过。羊毛价格从1818年的峰值回落，但是在1821年就有所回升。1825年，羊毛价格达到了历史最高水平（截至20世纪的世界大战）。但是在1826年羊毛价格几乎下降了50%：德国羊毛在英国市场一直占据着主导地位，直到40年代后澳大利亚羊毛和拉普拉塔羊毛进入英国市场。

商品，直到1794年才变成了净出口商品，其中一个不断发展的行业在更大范围内推动了棉花的大规模生产。南方对棉花种植业的巨大投资始于康德拉季耶夫周期的衰退阶段：这是诱导性发展的一个典型例子，也是我们所说的由先前的创新创造的新经济空间扩张的一个典型例子。当然，伐木业从一开始就是这个国家整体增长的基础产业，但从周期的角度来看并不特别令人感兴趣，因为伐木业基本是服务于当地需求。小麦种植业取得了巨大的发展；这一方面要归因于丰富的廉价信贷的刺激，来自前文所说的"不计后果的银行业"，另一方面要归因于外国需求的扩大。在1790年至1795年，小麦种植业经历了一个繁荣时期，同时伴随着面粉业的发展——在小麦出口开始下降之后，面粉的出口仍然在持续增长。这是康德拉季耶夫周期繁荣阶段的最重要的元素之一。由于这种繁荣主要是——尽管并非全然——以出口能力为基础，在随后的农业萧条中的回落和所占的份额，肯定要比德国更甚，必须用各国的需求情况、价格的下降幅度和保护主义政策（特别是英国的保护主义政策）等因素来解释。就作为一个整体的美国来说，这些因素的影响由于棉花行业的有利发展形势而减轻。

但是另一个现象需要引起注意，它在这个国家所有的农业萧条中都扮演着重要的角色。这是一种创新，从一开始就是这个国家所特有的，并且这种特殊性一直持续到了20世纪20年代：创新创造了条件，使新的地区实现了耕种。在殖民地时期，谷物生产的中心从新英格兰各州转移到弗吉尼亚和马里兰，在我们所说的这个时期又开始转移到俄亥俄和五大湖地区。每一个这样的转移过程都意味着产出的增加，同时也意味着新地区的繁荣和旧地区的萧条——后者很好地说明了周期机制的一个重要组成部分，即新旧生产函数之间的竞争。顺便还要指出的是，这也说明，将"世界农业的长周期萧条"当成一个同质性现象来讨论是极其困难的，只有认识到每个国家的这一现象都是由大量的因素以非常不同的组合形式构成的，才能充分揭示货币解释以及生产过剩口号的浅薄之处。

六、英国工业和商业的发展

当然，由于利用了或受制于政治行动创造的机会，英国的商业殖民企业在我们所说的这个时期仍然很重要，甚至在这个时期结束后也很重要（罗伯特·皮尔爵士的第二个首相任期，始于这个时期行将结束之际，标志着这个方面的政治态度出现了一个重要的变化），但是它们的相对重要性明显下降了。与和平贸易和所有这些政治含义相联系的那种商业，在18世纪实现了相当稳定的增长，并在我们所说的这个时期一直以不断增长的速度继续增长（从实物数量来说）。① 外国投资已经变得足够重要——在这个时期的最后20年发生的危机中，外国投资的作用表现得特别明显。但最显著的特点是，从伊丽莎白时代开始，英国工业对国内市场的征服已经完成，英国工业的演化成了塑造英国的经济状况和诱导外贸额外扩张（即超越增长的那部分扩张）的主导因素。在我们所说的这个时代，英国的工业史几乎可以归结为一个单一工业行业的历史。这个行业的发展及其对其他行业的影响，以及经济系统其他组成部分的反应，如我们所希望的，为我们提供了一个说明周期性过程的非常好的例子。这个行业就是棉纺织业。

为了防止误解，我们有必要再重复一遍：根据我们所用的术语，棉纺织业是新的"领导者"，但从日常用语的意义来说这个行业并不是新出现的。毫无疑问，棉纺织品的生产和贸易在此之前就已经存在——在德国和瑞士，棉纺织品的生产和贸易可以追溯到中世纪，当时棉纺织品的原料来自小亚细亚——而且它的发展可以清楚地区分为若干个以创新为标志的阶段。第一个阶段是印度棉纺织品的引进，这项工作主要（甚或全部）由东印度公司承担（从而出现了一种全新的消费品）。到了1721年，它的成功已经非常引人注目，足以唤醒受到威胁的"老企业"（即羊毛产业和丝绸产业中的企业）的敌意；在那一年，有人以保护英国工人的利益为名，设

---

① 当然，这不包括各种各样的回撤。至于价值，在19世纪的头40年不是停滞不前就是在下降。

法让英国政府出台法令，禁止出售和穿着印花的、彩绘的或染色的棉布。然而，也就在那个时候，英国本土实际上出现了以棉纱为经纱织亚麻布的工业企业——这是第二次创新。1736年，这个行业获得了生产这种混合织物的豁免权，并继续在这个方向上改进，从而创造了对棉纱和其他掺入品的需求，使得它们的生产受到了重视，从而促进了创新。1774年，就在人们生产出纯棉纺织品之后不久，前述法令被彻底废除了。这项成就是经过许多个步骤才实现的，它们构成了第三次创新，这显然先于我们所说的康德拉季耶夫繁荣。但是在18世纪80年代之前，人们一直没有意识到这一点（对整个经济系统）的定量重要性。实验、抵制、失败和局部的胜利（阿克莱特的工厂，大约建成于1760年，是一个重大的胜利），就是我们在那之前观察到的一切。扩散、诱致型改进、错位，以及吸收、复制、跟随和竞争，则是我们在那之后（即在下降和复苏阶段）所能观察到的，那才是各种产品真正像雪崩一般到来的时候。价格和出口状况清楚地说明了这一切。①

再一次，正如前面提到过的，纺织业中许多最重要的发明——飞梭、珍妮纺纱机、巴克织布机等——在更早的时候就出现了，就像同样在我们所说的工业革命中发挥了重要作用的其他领域的发明一样。即便我们根据18世纪授予的专利来确定年份，这些专利实际上也可以追溯到更古老的根源。不仅如此，像水力纺纱机和"骡机"等这样的发明，极少可视为与那个繁荣期的原因直接相关；而且还有另一个事实，那就是由于技术上的缺陷，当时出现的许多发明直到康德拉季耶夫繁荣向下调头才开始真正发挥作用。例如，卡特莱特织布机的威胁似乎被织工们高估了，他们在

---

① 例如，请参见厄舍教授的《英国工业史》一书，我们在前面引用过此书。在我们所说的这个时代的开端（1779年），40号纱线的价格仍然高达16先令，然后到1784年降至10先令11便士，到1799年进一步降至7先令6便士，而到1812年则降为2先令6便士（这是衰退效应所致），1830年的价格水平则为1先令2.5便士。出口从1781年的30万磅增加到1825年的3 000万磅。正如上面引用的这些数字充分表明的那样，我们无意贬低以前的发展成果。事实上，我们的模式本身会让我们强调它们。但由于对这些发展的评估是建立在1750—1764年的相对增长同样强劲这个事实的基础之上，所以我们有必要指出对数尺度同样可能具有误导性。到1802年，羊毛纺织品作为主要出口商品的地位就被取代了。

1792 年摧毁了卡特莱特的工厂；事实上，真正成功的动力织布机是在奥斯汀（Austin）、霍洛克斯（Horrocks）和罗伯茨（Roberts）19 世纪头 20 年的工作成果的基础上发展而来的。我们再一次看到发明和创新是完全不同的东西，彼此之间从来就不是一一对应的关系，如果只从发明的角度分析经济过程，就会导致严重的混淆。当然，它们之间确实存在着相互作用，有时候发明会成为创业成就的一个重要事件。阿克莱特的形象就证明了这一点（在他自己真的发明了一些东西的范围之内）。他是我们所说的企业家的典型代表：无论是在社会层面上，他的背景很好地说明了这样一个事实，即企业家——阿克莱特和其他"布里奇沃特公爵"（Dukes of Bridgewater）——并没有形成任何社会阶层①；还是在个人层面上，阿克莱特就是那种人；抑或是在经济层面上，他的成就的性质及其对环境的影响都是企业家式的。磨坊主布林德利（Brindley）、泥瓦匠特尔福德（Telford）、牧师卡特莱特（Cartwright）、织布工哈格里夫斯（Hargreaves）、农民费尔登（Fielden）和斯特拉特（Strutt）、钟表匠亨茨曼（Huntsman），以及其他许多从事纺织和其他行业的企业家，也都很好地说明了企业家的这些特点。当然，还可以很容易地从中进一步划分出若干子类型。例如，在瓦特-博尔顿-威尔金森（Watt-Boulton-Wilkinson）联盟当中，我们一眼就能看到其中的三个。

但如果说发明不是问题的核心，那么所谓的客观机会也肯定不是。对我们所说的这个时期的研究再一次向我们表明，"做事情"——新的生产函数的实际建立——才是一种真正独特的现象。例如，我们很容易观察到每一个步骤是如何影响其他步骤的：纱线和布料，它们交替着相互提供新的需求、交替着受制于瓶颈，而瓶颈的消除又会导致下一个成功。我们看到，对棉花的需求是如何影响了惠特尼轧棉机等的发明和改进的；同时我

---

① 然而，从科学分类的意义来说，他们确实是一个阶层。但是在这个"阶层"，他们其实更像只在火车站里偶然相遇的一些人，离开火车站之后他们仍然保持着原来在社会上的角色。没有理发师会因为拥有作为"先生"的品格而成为贵族；而且作者猜测（虽然并没有费太多心思去验证这个猜测），上面提到的其他企业家在"非运河建造"时期仍然保留着他们当时的社会角色，会像其他人一样做自己的社会角色要求的事情。

们也看到，这些条件（当然，并非总是如此——正如之前所指出的，战争会影响军用品生产企业）还导致了其他创新。而且，如果我们止步于这种类型的需求，以之为最终基准，那么我们就会犯下与止步于给定成本下的价值分析同样的错误。此外，显而易见的是，这些条件从来都不会自动产生任何特定的创新，因此没有必要插入另一个因素。发生于16世纪和17世纪的纺织业的大部分早期改进，都自然而然地出现在了羊毛和丝绸领域，因为在当时这些行业处于活跃状态。进入18世纪之后，这些行业不率先进行改革其实是没有任何技术上的理由的。这种改革本来是有利可图的，尽管由于羊毛相对匮乏，获利的可能性也许没有那么诱人，但这并不能构成人们不去利用这些可能性的理由。然而，改革并没有在这些行业中出现，或者就算勉强说有，也只是在很小的程度上。富裕而完善的羊毛工业一直在落后，直到19世纪30年代，它才在压力之下开始进步起来，即它是在更有活力的姊妹行业（棉纺织业）的带动下才做出了适应性反应，而那正是下降期和复苏期的典型特征。在这种情况下，"新人"和新企业之所以能够脱颖而出，是因为他们所在的行业本身就是新的（在前面阐述过的意义上，以及在前面提到的条件下），就像那些在其他情况下推动康德拉季耶夫周期上升阶段的行业也是新的一样。

但是，这一点在那些同样参与了创新的旧行业中没有什么不同，特别是在钢铁工业［例如，炒炼炉熟铁冶炼法或炒钢法（puddling process），H. 科特（H. Cort），1784年；铸造轧辊；高炉的改进；等等］中[1]以及在同一时期的许多较小行业或附属子行业中［例如造纸业、制表业、机床制造业（全金属车床，1794年）等］。在这些情况下，不和谐和不稳定的元素同样没有缺席。任务的性质（除了要构思的具体计划、克服的具体环境阻力不同之外）在所有这些情况下都是相似的。瓦特当年面临的困难

---

[1] 直到拿破仑战争结束，英国生产铁的成本一直远远低于任何欧洲竞争对手，铁的用途也相应地得到了极大的扩展。这项成就堪与棉纺织业的成功相媲美，而且追根溯源也可以追溯到18世纪之初，例如，焦炭冶炼法是亚伯拉罕·达比（Abraham Darby）早在1709年就提出的；科特的成功的前身是 J. 罗巴克（J. Roebuck）和克拉尼奇兄弟（Th. and G. Cranage）在60年代的大量实验；亨茨曼（Huntsman）早在1750年就炼出了钢。

很好地说明了这一点。① 在铁器制造商威尔金森前来帮忙之前（威尔金森在此之前改进了大炮的镗孔），瓦特的冷凝器是几乎完全不能使用的。瓦特的汽缸也不是圆柱形的，根本装不进活塞，齿轮和轴承的性能也都很差；他的机器相当浪费蒸汽，寿命很短，而且非常容易出故障。而且即便获得了相当大的改进，这些部件也都是逐步投入使用的；直到 1800 年，博尔顿和瓦特的企业安装的蒸汽机的总马力，与水力、风力和牲畜提供的总马力相比，仍然非常小。

对这一类观察结果的片面理解使一些历史学家忽视了创新的重要性和工业革命实际达到的程度（至少一直到 19 世纪），甚至嘲笑教科书只懂得强调少数几个看上去很生动的例子。就事实层面而言，我们对这一点没有任何异议，尽管把创新等同于发明，以及有时忽视必定会牵涉到变革中的相对较小的工业有机体，在一定程度上已经解释了这种批评。然而很明显，当时工业世界有很大一部分几乎没有受到什么影响。建筑业②，连同它的大多数关联行业，再加上服装业，本身就足以证明这个事实。在大多数工业行业中继续普遍存在的小型组织也指向了同样的方向。③ 然而，那

---

① 最基本的想法至少可以追溯到 1765 年的独立冷凝器，它本身就是一项"关键"成就，总结和改进了一系列一直可以追溯到古代并在文艺复兴时期得到巨大改进的技术。然而，对于我们的研究目的来说，最重要的一个人是纽科门，请参见厄舍教授所著的《机械发明史》，第 308 页。斯米顿（Smeaton）对空气蒸汽机、轧机、泵、气缸和水力吹风机的贡献，也值得大书特书。瓦特和他的合作伙伴博尔顿是在 1782 年取得成功的。他们的合作、他们的商业方法以及他们企业的组织结构，为我们提供了一个非常有意义的研究案例，而且幸运的是，这种案例研究已经出现，例如请参见，罗尔（Roll），《工业组织的早期实验：博尔顿和瓦特的企业的历史》，1930 年。对于我们来说，博尔顿的情况其实比瓦特还要有意义。将他们的联盟描述为企业家和"资本家"的联盟是不正确的。苏荷（Soho）铸造厂的工人已经实现现代的劳动分工，工厂对生产过程中各个步骤上的工人的安排也几乎是完全泰勒式的。这些构成了改进的第二个阶段，呈现出同样有趣的另一些方面。

② 然而，这只是必要条件。在建筑业，"小人物"拥有更大、更高效的企业的现象越来越常见，特别是如果与投机性建筑活动有关的话——到 1800 年这种现象已经很常见——在很多情况下（尽管不是在所有情况下），这都属于我们的创新概念。1800 年以后的大发展，与随后的两个康德拉季耶夫周期的下行阶段发生的情况惊人地相似，这是典型的"推进新创造的经济空间"的表现。

③ 根据克拉潘教授的权威论述（见前引著作，第 70 页），我们认为伦敦工业和贸易业的雇员与雇主的比率，在我们所说的这个时代的开始阶段应该"远低于" 2∶1。即便 1851 年的普查（出处同上）得到的结果是 8⅓∶1（在英格兰和威尔士）。从劳动者的地位上升到小业主的地位，再从小业主的地位上升到"受人尊敬"的地位——这个过程在这个时期尤为明显——是资本主义社会的社会机制的一个最重要特征，值得进行统统性的研究。它常常意味着"微创新"。

些批评者从中得出的推论则可能很有误导性。如果我们要提出一个关于创新的数量充分性的思想，那么我们就一定要记住，根据我们的模式，这种充分性只需一次"点火"就足够了。我们在表面上观察到的那些东西，在很大程度上都是我们所称的次级波的影响所致；这类现象实际上用一般情况、不断增长的商业中心、独立给定的需求条件等就可以充分地加以解释。因而，对于这里所说的"点火"机制，我们在用关于社会总量的统计结果进行验证之前，总是必须先应用一个乘数。从这个角度来看，单是棉纺织业的发展就足以解释康德拉季耶夫周期的上升阶段。当然，我们并不认为它是唯一的启动器。① 但它确实是到目前为止最重要的一个，而且它的行动明显是其他行业可以跟随的。此外，我们也没有发现繁荣的征候平均分布于整个系统（也不是随机地散布于整个系统）——如果真的可以通过总量和其他系统层面的数量（如产出、就业、物价水平、利率等对应于总体增长过程的数量）的自主运动来解释的话，那么就应该可以发现这一点。相反，我们发现，典型的情况是，繁荣会集中在某些领域，其中就业和工资的增长远远超过其他领域；然后，我们观察到，这种"脉冲"是如何从这些领域蔓延开来的，并与其他领域类似的但更小的"脉冲"会合。

通常认为，1820年后工业过程的性质和经济状况发生了变化（假设

---

① 当然，道路的修建是一个重要的投资项目，它为康德拉季耶夫周期的繁荣阶段做出了贡献；不过，它不再是新的，也不再是一种"载体"，而是一种已确立的东西，在繁荣时期和繁荣时期之外都在稳步发展，尽管在每一次经济上行中它会受到新的推动。人工水道的建设则是一种不同的情况；而这正是那个时期的一大特色。我们观察到，在1790年后不久，人工水道的修建简直成了一种近乎疯狂的现象。投机过度与运河建设密不可分，这也在1815年的崩盘中发挥了显著作用。然而，启动了这个运动的先驱行动已经取得成功，方法已经明确、未来的可能性已经打开，并在更早的时候征服了公众的头脑。布里奇沃特公爵运河于1759年动工，布林德利在制订了一项庞大的计划后，于1772年去世。我们在这里还可以给出另一个例子，它证明了一种创新的存在性，这种创新甚至在成为康德拉季耶夫繁荣的载体之前，就已经彰显自身的重要性。从特伦特到默西的运河、从伯明翰到伍尔弗汉普顿的运河，以及其他一些运河，都是在我们所说的这个时代之前出现的。其中一些运河确实引发了某种"革命"。在其他方面，这些运河则属于理想的"常规"的例子：相当长的建设期（布里奇沃特公爵运河花了大约两年才建成）和巨大的建设费用、对运输成本的显著影响（在布里奇沃特公爵运河建成后，曼彻斯特的煤炭价格下降了一半），以及对位置的比较优势的明显影响，所有这些都使运河特别适合用来说明我们的模型的例子。

是，1800年到1820年的事件进程受到了拿破仑战争及其后果的重大影响），在本书作者看来，这一点似乎也是毫无疑问的。既然总量和其他系统层面的数量的行为表现出来的差异是无法确证的——而且根据我们的模式，这种行为应该在我们讨论时间序列时才可以构建出来——那么摆在读者面前的唯一问题再次变成是将商业的复杂性归因于总量的上述行为（该行为本身是独立地由某种原因引发的，例如由特定的货币政策引发），还是将总量的上述行为归因于工业过程（该工业过程形塑了当时占主导地位的长周期阶段）。答案还会进一步复杂化，因为我们不能否认系统性变量施加的影响——在一个相互依赖的系统中，任何一个数量都会产生自己的影响——或者，我们也不能否认，如果那些数量被政治行动改变，变得不同于它们原来的样子，那么情况就会有所不同。我们要否认的是如下观点：对事件序列的解释原则是可以从这些总量中找到的。为了给我们这种否认提供支持，我们只需注意这样一个事实，即它们的行为可以用周期性过程来解释。在前面，我们描述了建筑业的繁荣——尤其是1825年之前的建筑业繁荣——以及实物生产的普遍增长（这种增长符合我们的适应性扩张概念，即利用新创造的投资机会）。这样的过程集中出现在棉纺织业、煤炭业和钢铁业以及运输业，并与更短周期的繁荣交织在一起。在这种短周期中还加入了诸如使用热风鼓风炉（hot-air blast furnace，1829年）这样的创新。这就同时说明了两点：一是改良的传播，尤其是蒸汽机、铸铁机、机床以及一般意义上的机械工程，这可以解释杜冈-巴拉诺夫斯基所描述的现象；二是通过竞争将没有适应能力的更老旧的企业和没有经济基础的所有人排挤出去，手织机织布工是一个著名的悲剧性实例。这可以解释伴随着成功出现的萧条现象，并且显然允许用一种新的均衡状态来描述（这种新的均衡状态将体现新的生产函数）。我们请读者来完成进一步的说明——例如，将我们的理论模式应用于克拉潘教授的著作的第一卷给出的事实——只要这样做，就可以在无须求助任何外来因素的前提下，完全令人满意地解释社会总量和其他系统层面的数量的行为。事实上，这种行为是可以推导出来的：这个过程将拉低价格、利息、利润总和以及货币工资率等。①

对于这个时期的失业问题，我们要给出一个简短的评论。除了一些局部性的失业信息之外，我们不知道这个时期内任何一年的确切失业状况，更不用说失业率的每年变化情况了。但是，根据议会文件和私人报告的估计结果，我们可以推断，在这个时期，波动幅度非常可观，除了1825年之前和30年代初之外。而且，变化幅度比1780年至1815年间还要大，即便我们赋予如下事实适当的权重之后再行考虑，结果也一样：官方和民间的调查和评论主要针对的是陷入了朱格拉周期的萧条阶段的那些年，因而它们自然而然地着重强调最糟糕的地方的状况。但由于实际工资率几乎是不间断地一直上升，而且货币工资率的刚性在当时无法发挥主要作用，这种失业状态——它也是造成了当时最黑暗的劳工状况的主要原因——肯定主要是由心理因素造成的。事实上，这对同时代的观察家来说是显而易见的。但总就业人数还是增加了，除了严重萧条的那几年之外，甚至在纺织业中也是如此，尽管这种增加在一定程度上掩盖了以女性和童工取代失业男性的现象。②从长期的角度来看，"机器"并没有减少总就业人数，或者说总体来看，没有减少那些正在发生革命的行业的就业人数。它所做的无非是导致了周期性失业——尽管这可能意味着要失业相当长的一段时间——而且这种周期性失业主要发生在那些被低价竞争击败和挤出的行业，其次才轮到创新行业，即当它们也感受到危机的影响时。

在那个时期，蒸汽船虽然早就广为人知，也经过了多次试验，但是并

---

① 当然，不是货币工资单或实际工资率。除了极短、极深的萧条外，前者并不会下降，这个事实否定了如下观点：农业萧条可能与大众购买力下降有关。从理论上说，即便工资上涨，特别是如果伴随着失业的话，也可以与对食品的货币需求下降相容，这里因为就业者的较高收入可能不会花在食品上，因而也许无法弥补失业者需求下降的影响。但在这里的这种情况下，由于工资的绝对水平很低，这种效应不太可能会发挥任何作用。至于货币工资率，也于1810年左右达到峰值后就一直在下降，直到1845年左右（除了1820年至1824年这几年），之后它就维持在了比1780年的水平高出大约三分之一的水平上。当然，实际工资自始至终都在增加。我们将在适当的时候回到这个问题上来。这只是用我们的模型对某个给定的历史模式进行分析的初步尝试。

② 关于童工问题这一方面，读者可以从1847年的《十小时法案》(Ten Hour Bill) 出台之前的讨论和调查材料中找到一些线索，特别值得注意的是《儿童就业专员调查报告：1842—1843年》。另请参见《英国制造业儿童就业状况特别委员会报告：1815—1816年》和《英国学徒与童工》（1912年）。

没有获得定量意义上的重要性。根据波特（Porter）的说法，直到 1837 年，蒸汽船的总吨位仍然只有 51 000 吨，尽管曼比号（Manby，1822 年）的试航取得了成功，但是仍然处于试验阶段。不过蒸汽机车的情况则全然不同。在斯蒂芬森（Stephenson）获得成功之后，蒸汽机车很快就把它在铁路牵引领域的竞争对手（马匹、固定动力机）赶出了市场，尽管法令规定卡莱尔和纽卡斯尔之间的 2 号线禁止使用机车——那是在 1829 年，也就是"雨山大赛"（Rainhill Competition）举行的那一年。① 1835 年，火车的显著成功立即引发了进一步的过度投机，尽管铁路投机在此之前就已经非常突出，完全有资格称为"泡沫性投机"。利物浦和曼彻斯特成了最早的具有全国重要性的创业热土，创新不仅引发了大量"追随"行动——这是我们的模式的核心部分——还引发了我们所称的次级波的所有现象。铁路建设对 1837 年经济崩溃前的朱格拉周期的繁荣阶段的贡献也是毋庸置疑的。但是，我们不能因这种投机热潮以及它在当时激起的巨大舆论反应，而夸大在这个繁荣阶段批准的大约 1 000 英里铁路建设项目和在 1838 年之前已经建成的大约 490 英里铁路的重要性——后者是李维（Levi）在他所著的《英国商业史》（*History of British Commerce*，1872 年，第 302 页）一书中的估计。这些铁路涉及的总开支大约为 1 330 万英镑。然后，在 40 年代，英国在短短几年内就完成了几乎整个铁路系统"骨架"的建设，这是一个非常大的进展，我们认为，在前面给出的那种意义上铁路化属于第二个康德拉季耶夫周期，尽管铁路企业的所有根本要素——包括企业家的类型和融资方法——在 30 年代就已十分成熟。

由于在《股份公司法案》（Joint Stock Company Act）通过之前，社会并没有肯定地公认有限责任是一种正常的企业组织形式，同时也因为在我们所说的这个时期组建一家公司在一定意义上被认为是一种"例外措施"，这种组织形式仅仅在某个案例或某类案例特有的理由下才可以采用——对此，亚当·斯密可以作证；在这方面，他也像在其他方面一样，

---

① 据本书作者所知，在 1807 年铁路股首次出现在证券交易所的正式报价表中。该公司名为"萨里"（Surrey，专营以马力牵引的火车）。

只是表达了一种已经得到普遍接受的观点——所以我们不能指望工业革命能够在企业统计数据中得到正确的反映。工业创新在很大程度上避开了这种组织形式，而且即便是在似乎适合采用这种组织形式的特别挑选出来的领域——这些领域的特征表现为：资本规模异常大、商业模式特别简单、管理上存在比较强的可控制性，同时操作还具有（相对的）非投机性——真正的先驱性工作在一开始时也不可能采取这种组织形式（除非普遍的狂热使禁令失效），因为组建这种公司需要得到议会的批准，而且主要是那些之前就证明了自己的可行性和高"效能"的申请者才有机会。在银行业（这是当时最重要的创新产生的领域之一），直到1826年，从事银行业的公司的合伙人的规模仍然被限制在6个人以内。而在不适用该法的苏格兰，在康德拉季耶夫繁荣期新成立了7家拥有大量合伙人的银行，然后在1800年至1815年间又成立了15家。英国公司在康德拉季耶夫繁荣期的扩大在很大程度上集中于运河业，这还涉及码头、供水、桥梁、道路等业务；在较低的程度上集中于殖民企业和保险业。特别地，在运河上的投资的重要性很好地体现在了1800年之前通过的100多个运河法规上。[①]

　　但是，在新世纪来临之后的康德拉季耶夫衰退期，朱格拉繁荣期的一个明确的标志就是原来的公司扩展为具有准法人性质的企业。这也就是许多人描述过的那个出现在1807年和1808年的所谓"狂热"时期。在那些年里，公司自《泡沫法案》通过以来第一次扩展到了工业领域，主要是造纸业、毛织品业；不过在那之前英国已经有好几家面粉加工厂——例如阿尔比恩面粉厂（Albion Mills）、伯明翰面粉和面包厂、伦敦面粉和面包厂。其中一些计划流产了，其他计划的推进则遭到了（以技术理由为借口的）阻挠。不过，尽管许多重要利益集团都持敌对态度，坚冰还是被打破了，就像煤气、电灯和焦炭公司（Gas，Light and Coke Company）的案例

[①] 请比较毕晓普·C. 亨特（Rishop C. Hunt），《英国的股份公司：1800—1825年》与《英国的股份公司：1830—1844年》，分别刊载于《政治经济学评论》1935年2月号和6月号。本书作者从这两个优秀研究中获益良多。

所表明的那样，这些既得利益集团的反对往往不能很好地选择目标。① 在这个时期，公共当局的态度一直是不明确的，这一点从它们长时间议而不决可以看出。这种情况可能在一定程度上导致了公司扩展的停滞，直到20年代初局面才得到改观。但是，最后两场朱格拉繁荣以及随后"壮观的"危机再次显示了上述"狂热"病的威力。一次爆发在1824年和1825年间。外国融资、采矿（特别是在墨西哥和南美）、保险、天然气、运河，最后还有贸易、建筑，以及其他项目计划书汹涌而至，其中许多项目在还没来得及因为其他原因流产之前就撞上了"金融礁石"而以失败告终。在这期间发起设立的624家公司中，只有127家在1827年仍然幸存于世。② 在这份名单中，新奇的创业项目层出不穷，铁路和轮船无疑是最引人注目的，但是它们并不是特别重要。大多数企业的设立都意味着在康德拉季耶夫繁荣期的扩张，或者说它们只是直接扩张到新创造出来的经济空间，而不具备任何特别的创新元素，又或者说，在任何情况下，除了在规模和公司形式上进行扩张之外，无其他。读者将会观察到这与19世纪80年代和20世纪20年代发生的事情有多相似，又与我们对康德拉季耶夫下行阶段和经济复苏过程的观点有多一致。

由于在1826年以前还存在法律壁垒，股份制储蓄银行（joint stock deposit bank）是在随后的萧条中出现的。在1826年至1830年间，至少有15家这样的银行宣告成立，在接下来的三年里又成立了25家。阻力迅速瓦解；在30年代，公司的统计数据对应的是经济生活不断增长的那部分——尽管直到战后时期这些数据对英国来说才真正具有代表性——特别是在1837年的法案（维多利亚一世，第73号法案）出台之后。这个法案

---

① 如果我们试图对资本主义进行全面的经济学和社会学分析，那么我们应该强调指出，反对意见只有微不足道的一部分是来自一些反对资本主义制度的知识分子——事实上，几乎全部来自"工业资产阶级"。至于报刊记者、小册子作者以及律师，只不过是他们的代言人而已。而且，我们也不能说"工业资产阶级"的这种态度完全或主要是由于害怕公司的竞争所致。

② 请参见毕晓普·C. 亨特，前引论著，第25页，基于H. 英格利希（H. English），《对成立于1824年和1825年的股份公司的一个全面考察》，伦敦，1827年。由于亨特先生是一位权威专家，所以我们没有采纳其他人的估计。关于正文接下来的内容，也请阅读第27页给出的成立于1824年之前并在那场危机中幸存下来的公司名单，另外也请比较第二篇文章的表4和表5（分别参见第362页和第368页）。

不仅明确规定公司可以通过申请行政许可取得"有限责任特权",而且向登记原则迈出了一大步。但即便是在1844年,尽管已经有947家公司(这指的是在英格兰),然而其中却只有1家公司从事棉纺织业。在它们当中,有24家羊毛制造企业、9家啤酒厂、14家生产其他食品或饮料的公司、1家生产铁路车辆的企业和14家从事其他工业品生产的企业;占大头的是铁路公司(108家),提供天然气、水的公司和其他公用事业公司(420家),以及航运公司(51家)。经营铁路、银行、外国贷款的公司,以及从事国外冒险活动的公司,尤其与重大创新相关。从我们的观点来看,30年代的全貌很像1825年以前的情况的一个放大版。这一切符合我们根据康德拉季耶夫周期的时期和位置做出的预期,不过,"暴力式的繁荣"除外,它导致了随后出现的相应的"暴力式的崩溃"(1837年)。这些需要做出特殊的解释。

七、德国的发展状况

相比之下,德国在同一时期的发展状况几乎在每一个方面都与英国极为不同。有鉴于此,我们能够理解有些经济学家和历史学家的观点(但是我们并不赞同),他们拒绝承认那个时代德国存在任何周期性现象;在那些历史学家的圈子里,认为德国现代工业的开端是在1800年或1815年实际上已经成为一种风尚。然而,事实上,在拿破仑时代之后的那个"平静期",其实更容易发现我们所说的过程,特别是在1818年至1833年①,因为到那时一个个足以将投资的政治风险降到可以承受的程度的国家已经缓慢崛起。在1815年以前,我们可以观察到一种非周期性的冲击,它是

---

① 1818年是普鲁士全境实施普鲁士关税制度的第一年,这种关税制度至少对其他德意志联邦成员显示出了明确的自由贸易倾向(从价征收10%,对进口则征收更高的关税)。1821年的关税改革是进一步朝着完全自由贸易方向迈出的重要一步,它带来了各种关税条约并最终导致普鲁士和其他德意志联邦成员组成关税同盟(Zollverein,1833年3月22日);大多数德意志联邦成员是在1838年或之前加入的,只有汉诺威和奥尔登堡是在1851年加入的;1838年也是德累斯顿货币条约签订之年。然而,读者应该不难注意到,上述制度的变化并没有产生立竿见影的效果。毫无疑问,它们对此后的创业活动和经济增长有很大的影响,不过这种影响是在整个世纪的发展过程中缓慢地体现出来的。立即实现的是对这些桎梏的取消——在这种桎梏下,许多事物已经出现,只是严重受其束缚。更直接的影响来自(尽管最终的规模要小得多)允许在易北河(1821年)和莱茵河(1831年)自由航行的公约。

（拿破仑的）欧洲大陆体系（Continental System）施加于某些行业的，引发了一大批规模小而效率低的企业的设立，后来这些企业都随着这个体系的崩溃而倒闭了。但是，在神圣罗马帝国崩溃之前的20年里，似乎没有任何迹象表明已经进入康德拉季耶夫繁荣期。

为了得出我们的"诊断"，我们必须记住，不仅90年代出现的干扰很重要，它们足以掩盖上行期的"症状"，而且整个18世纪的发展都没能摆脱三十年战争及其后果的阴影。甚至在那个世纪末，在一些地区仍然可以清楚地看到三十年战争对实物造成的直接破坏的痕迹。在许多地方（例如弗赖贝格、奥伯哈兹等），设备匮乏或缺少生产设备的技术以及因此而遗留下来的古老的生产方法和组织形式，也都清晰可见，这一点在那些无法处理给排水问题的矿区特别明显——尽管可行的技术解决方案早就出现了——必须到更深的地层中采矿，因为容易开采的矿床早就耗竭了。从业人员本身实际的或潜在的浪费——大部分资产阶级在"肉体"上消失了——则造成了其余的损失。因此，对这些原因没有什么可怀疑的，就像工业企业规模很小时，参与这种企业所能取得的成功不可能很大这个事实一样无可怀疑。因此，正是这种"小"解释了那个时代德国工业史上外部因素支配内部因素，以及农业和商业企业支配工业企业的现象。

然而，这并不意味着我们所说的过程不存在或局限于农业和商业领域，尽管它确实意味着当时的繁荣和危机（就像更早期的繁荣和危机，例如1763年的危机[①]）在某种意义上主要是商业性的，而在后来的危机中则不是。纺织领域的创新活动非常少见。直到1831年，在普鲁士的亚麻织布机中，不到14%的织布机是由不从事其他工作的专业织工操作的，这个事实很好地说明了亚麻纺织业的特征（在整个康德拉季耶夫周期中，乃至之后，都是如此）。由于许多"专业"织工也是农民，这多少有些夸大；但很明显，几乎所有的亚麻织造工作都是在农民家中完成的，或者是由

[①] 关于那场危机，请参见施皮特霍夫，前引著作，第48页。他否认这是商业性的，并称它是一场信贷危机。然而，这似乎只是一个术语问题。的确，价格没有做出强烈的反应，而且，上一场战争以及为战争融资的方法可以解释这场危机的许多特点；但是，这两个事实都没有消除更基本的相似性。在一定意义上，每一场危机都有它自己的"历史个体性"。

"小营业者"（Kleingewerbe）完成的，在这两种情况下，所使用的都是最原始的纺织方法；而且可以说所有变化都属于这种类型的增长。不过，羊毛工业的情况则有所不同，它不仅是一种专业化程度更高的工艺——通过包买商（Verleger）进入本地市场之外的市场，这一点与亚麻工业一样——而且在某些地方进入了工厂生产阶段。在本书作者了解的范围内，这种情况最早发生在亚琛。到1807年，亚琛已经有41家布厂，虽然大多数规模较小。那时亚琛引进了好几项技术改良，尽管蒸汽机、动力织布机、飞梭、剪毛机等直到我们所说的这个时代的末期才出现，而且即便是在那时所起的作用也太小，无法加以定量计算。在我们所说的这个时代之前，丝绸业早就经历了很长一段时间的发展，有些地方已经出现规模相当大的丝绸企业（例如，克雷菲尔德），并为一些工业家族取得日后的地位奠定了基础。不过，在我们所说的这个时期，丝绸业的发展也相当停滞。作为一个非常古老的产业，棉花行业采取了一种与它在文艺复兴时期的历史完全无关的新形式，尽管与英国的成就相比，这个行业在18世纪初甚至到1842年的发展都显得微不足道。尤其引人注目的是，绝大多数新的生产方法——特别是动力织布机——都缺席了几乎整个时期，甚至直到这个康德拉季耶夫周期快结束的时候仍然非常少见。当时也算是出现了少数几个工厂，它们的规模可以与英国的工厂相比，但是都属于下行期的类型，即是复制和适应的产物，而不是真正的首创。在大多数其他行业中都是手工业者占据上风，甚至在像索林根餐具制造业那种已经获得国际声誉的行业中也是如此。

蒸汽机[①]和一般机械的使用得到了推广，但是进展非常缓慢——迟至1843年，整个普鲁士的机器仍然只有863台；弗罗因德于1812年开始制造机器，博尔西格则于1837年才开始制造。虽然我们可能忽视了一些非常分散的行业的出现，例如慕尼黑啤酒厂（Sedlmayr）可能就是一个例子。当然，德国也有几项创新，例如森菲尔德的光刻技术（1785年和1806年）、1796年建成的第一家甜菜糖厂、柯尼格（Koenig）和鲍尔

---

① 1837年，整个普鲁士地区安装的蒸汽机总共只有7 500马力。

(Bauer）的印刷机（1814 年）、克虏伯的铸钢技术（1815 年)[1]、在威悉河上航行的第一艘汽船（1816 年）……但是毫无疑问，它们都在很长时间之后才变得具有定量意义上的重要性。在其他领域，例如化学工业领域（硫黄、苏打、染料）或光学领域［例如弗劳恩霍夫（Fraunhofer）的望远镜］和外科器械制造领域，在整个时期都没有表现出重要性，或者仍然处于实验阶段（例如鲍尔的电磁机器）。还有一些发明则是最后一个朱格拉周期的成果，例如，斯洛曼（Sloman）的四艘帆船是从 1836 年开始在汉堡和纽约之间定期航行的。至于铁路，私人企业家对铁路产生兴趣的时间几乎与英国一样早，各种各样的铁路项目计划书从 19 世纪 20 年代中期就开始大量出现［F. 哈科特（F. Harkort)］。在埃尔伯费尔德附近完成了一次实验之后（1826 年），第一条铁路线路于 1835 年开通（在巴伐利亚，从纽伦堡至菲尔特）。莱比锡-德累斯顿线随后开通，其他一些公司在 1842 年前开始建设和/或运营一些线路（截至 1840 年，通车里程为 549 千米）。

把所有这一切放在一起考虑，当然不会完全没有什么意义，特别是，就像我们不得不忆起的（即使是在英国的情况下也一样），如果我们回忆起要形成一个总效应概念，就必须对任何这样的数据应用一个相当大的乘数。的确，根据我们的模式，这主要是康德拉季耶夫周期的下行阶段和复苏阶段当中繁荣的结果。这符合上面提到的许多成就的性质（尽管主要是通过政治背景来解释的），也符合伴随这些成就而来的银行业发展的特点，包括柏林存券银行（Berliner Kassenverein，1824 年）、巴伐利亚银行和韦克塞尔银行（Bayerische Hypotheken-und Wechselbank，1834 年）、莱比锡银行（Leipziger Bank，1838 年）。要想排除种种限制和干扰，真正认识到在世纪之交（或世纪之交之前）所发生的这一切的价值，并确定是否足以认定那是一次康德拉季耶夫繁荣，我们必须在我们的图景中添加另一个元素。正如前面已经指出的，在从 17 世纪开始出现的社会结构变迁中，德意志国家——君主及其官僚机构——的概念，与其他国家相比，不仅意

---

[1] 这个时间多少值得怀疑。该企业成立于 1810 年，同样成立的还有雅可比（Jacobi）、哈尼尔（Haniel）和休森（Huyssen）。

味着更多，而且有很大的不同；由此导致的一个结果是，国家不仅会监管工业（当时称为"指导"），而且真的会创建国有企业。作为公共行政人员来源的那些社会阶层——除了各城市共和国（如汉堡、不来梅或法兰克福）之外——在智力、见识、训练和动力等方面，都比当时的私人企业的从业人员优越得多；这也正是对当时德国的国家计划横加指责并把它与不同社会结构下的国家计划等量齐观是一种愚蠢的做法的一个原因。在英国，运河和公路都是由私人企业修建的，在英国当时的社会条件下，这很自然。在普鲁士，与英国的"收费公路"（turnpikes）相对应的公路（chaussées）建设高潮也出现在下行期（从1816年到1841年）——运营里程增加了两倍多。这种投资对支出和工业企业选址的影响与由私人企业建设时的影响相似，机制则当然与我们的模型描述的不同。

然而，更加有意思的是德意志各公国（各州）在采矿及其相关行业的"创业活动"，在那里这些是导致繁荣的"伟大事业"。17世纪80年代，大多数地区的采矿业开始从萧条中复苏，从那时起，我们观察到了几次温和的创业活动浪潮，它们最终导致了18世纪最后25年的大发展。关键是，这些创业项目的发起和实施几乎完全来自君主及其官僚机构。改革和清理过时的法律结构在任何情况下都只能由公共当局来完成〔作为一个突出的例子，我们可以提一下普鲁士对克勒夫-马克的"山地秩序重整"（Renovierte Bergordnung，1737年）〕。而且，德意志各公国（各州）的主动行为绝对不限于此，甚至也不限于强迫不思进取的或过于贫困的企业主进行技术上和商业上的改进。它们实际上还承担了矿山的开发和经营，并直接创办重工业企业，从而不仅指导而且取代了私人的经营活动。不过，它们在这样做时所采取的方式与我们的模式的差异并没有人们想象的那么大。经营矿山和工厂都是为了盈利。融资也主要依靠商业渠道完成。在个体层面，企业家功能也像在私营企业中一样明显地体现了出来。当然，这些企业家都是公务员，他们的行动都是官方要求的，但无论是在类型上还是在行为上，都完全符合企业家是"行业领袖"这个概念。中央政府给予他们极大的行动自由，在大多数情况下，他们的计划会理所当然地得到批准。在这方面，只需要举一个突出的例子就足够了。冯·雷登（Von Reden）对西里西亚矿区的管理一直持续了 20 多年（直到 1803 年），在此期间，矿业产品的产值增长了 5 倍多，工人的数量几乎达到了 1780 年时的 5 倍；以前无足轻重的煤矿开采在那时奠定了全新的基础；建成了几座新的铁厂（1796 年，格列维茨铸铁厂的焦炉是德国第一个焦炉）和两条运河（格列维茨运河和克洛德尼茨运河）；组建了新的销售网络，让各种工业用户（面包房、啤酒厂等）都积极地使用煤炭。在西部，鲁尔（当时实现了通航）和萨尔地区早期的大发展也可以追溯到同一时期。除了煤和铁这两种主要的产品之外，还有一些地区发展出了铜、银、铅等采矿和冶金业（后者在一定程度上受到了价格暴跌事件的影响，该事件再现了 1815 年西班牙铅市场的动荡）。

当然，生产、就业和（可以判断的）支出的总额无疑是非常小的，虽然相对于原有的工业体量来说并不太小。许多生产者，如仍然坚持用（或不得不坚持用）老旧的方法小规模炼铁的农民，被挤出了市场，但是挤出的速度很慢。然而，在下行期中，这些结果在数量上变得更重要了，尤其是在 1815 年以后。例如，在 1800 年至 1840 年间，鲁尔和萨尔地区的煤炭产量又在以前的基础上得到了大幅度的增加。直到那个时候，私营企业才开始学习英国并发展起来，尽管在此之前，在西里西亚和其他地区私人生产的铁和铜（或多或少地采用旧式的生产方法）的产量有了相当可观的增长（例如，在 1804 年，西里西亚已经有 49 座高炉，其中大部分由当地的大地主拥有；又如，在亚琛附近地区，有大约 100 家铁和铜"铺子"，其中大部分规模很小）。德国第一家炒炼厂和轧钢厂——哈科特（Harkort）——成立于 1819 年[①]，迪南达尔的弗里德里希·威廉姆斯钢铁厂（Dinnendahl's Friedrich Wilhelms Hütte）则创办于 1820 年。我们观察到，在那之后就出现了一个企业扩展浪潮，尤其是在 1837 年之前［其中两个有国际知名度的例子是，1835 年创办的劳拉钢铁厂（Laurahütte）和 1836 年创办的埃施魏勒煤矿公司（Eschweiler Bergwerks A. G.）］。据此，

[①] 在洛林，第一个轧钢厂于 1809 年建成，第一台炒炼炉则是 1810 年由德温德尔（De Wendel）家族建造的。这个家族在长达 200 多年的时间里（从 18 世纪初开始），一直保持着工业上的主导地位，这是一个历史罕见的案例。

考虑到初始数据（1780年的状态）和外部因素所起的破坏性作用（从1792年到1815年的一系列事件），我们有相当充分的理由说从这里可以识别出一个"有点破损"的康德拉季耶夫繁荣期随后的典型下行期。在本书作者看来，拒绝承认这个过程的现实性是没有任何意义的——如果只因为显然有大量的障碍阻碍了这个过程取得更大的"成就"、做出更好的表现的话。

八、美国的发展状况

在美国，正如在德国一样，农业和商业企业（就美国而言，后者也包括航运企业）是我们所说的这个时期经济状况的主要决定因素。同样，我们必须牢记，在美国，我们所说的经济演化是由高经济增长速度支撑的，无论是英国还是德国，增长速度都无法与美国相比——这一点直到今天仍是如此，或者说任何第二个康德拉季耶夫周期结束时都是如此。在美国，只需沿着显而易见的方向进行简单的扩张、只需抓紧利用机会即可——机会一旦创造出来，就几乎唾手可得，而且对大批追随者来说堪称取之不尽、用之不竭。作为对这些机会的反应，劳动力和资本不断涌入为美国提供了比在其他任何地方都大得多的推动力。创业活动要面对的数据变化一般而言都是非常有利的。[①] 总的来说，美国之外的其他国家的经济演化和经济增长也是朝着同样的方向发展。特别是在1830年以后，在不需要破坏未来实现进一步扩展的条件的情况下，就可以扩大小麦和棉花产区。这些事实太过明显，根本不需要证明或举例说明，也没有必要坚称美国人会因此而依赖英国的经济状况。然而，我们也很容易注意到，在18世纪80年代的那堆麻烦事结束之后，这些条件就导致了两个显著特征的产生，它们在90年代的繁荣期以及后来更多的繁荣期都很突出，那就是土地公司

---

① 因此，一般来说实际结果会"追认"许多事项，尽管这些事项并无资格批准其所根据的数据。我们必须指出，有意思的是演化并不是稳定的进化，这些有利的长期条件会诱导人们大胆地进行创业和投机，但效果往往是相反的，于是盛衰变化不居，人们更加疯狂地要求实施通货膨胀政策和保护主义政策，以便让本来已经非常有利的条件更加有利。然而，我们对仅有的增长因素的坚持不应被误解。虽然很真实，但并不像传统观点所认为的那样重要，因为其中大部分是诱致性创新或创新的直接效果。

（land company）和土地投机。

在我们讨论的这个时期的美国，工业生产的一个重要组成部分是在农民的家中或工作间完成的，事实上，从殖民时代以来就是如此。或者换一种说法，这部分工业生产是在几乎不会引发我们的模型所描述的那种"反应"的条件下完成的。例如，一个按次收费的锯木厂，位于某个农村社区，可以付工资也可以不付工资，平时可能开工也可能不开工，无论如何都不会在"竞争"中被淘汰出局，它不用对其他工业生产组织的行动做出反应——它所处的农业环境有效地发挥了一个冲击吸收器的作用。毫无疑问，在独立革命之前，北美殖民地的工业必定发展到了相当可观的水平（尽管英国政府对北美殖民地的工业设置了许多真实和虚构的政策障碍），以下事实可以证明这一点：英国对北美殖民地的禁运，以及北美殖民地与宗主国的战争，都没有造成太大的困境；同时，北美殖民地的熔炉和锻造厂已经相当好地满足了铸造火炮、生产其他军用武器的要求。在马萨诸塞、康涅狄格以及费城和纽约的周边地区，当时的工业化程度都已经相当高；早在17世纪中叶，北美的制造业产品就开始断断续续地出口海外，工业城镇（威尔明顿、兰开斯特等）如雨后春笋般涌现出来，而且以水力为动力的工厂大量兴建起来，至少在我们所讨论的这个时期几十年之前就具有了数量上的重要性。面粉加工业，甚至在与奥利弗·埃文斯（Oliver Evans）这个名字联系在一起的创新出现之前，就已经在技术上领先于世界其他地区。弗吉尼亚公司（Virginia Company）和"大亨"斯蒂格尔（"Baron" Stiegel）创办的玻璃制品厂，可以作为说明我们讨论的这个过程的典型例证。当时出现了一些规模相当大的铁厂。纺织业的利益集团也已经拥有相当大的政治影响力。另外，与其他行业一样，造船业也是靠奖金发展起来的。

我们在前文已经看到，英国的殖民企业，如弗吉尼亚公司和普利茅斯公司，从一开始就把工业发展纳入了它们的规划。当然，独立战争为这一切提供了非常大的推动力。但是独立战争结束之前的剧烈波动，尤其是我们观察到的巨大的投机性危机，则必须解释为由外部因素所致——例如战争、政治数据的突然变化、英国的政治形势等，它们都是通过影响商业来影响工业的，而不是直接作用于工业机制本身。既然外部因素明显主导了这幅图景，并且这一点很自然地受到同时代人和历史学家的强调，那么要回答这里是否也存在着真正的周期性运动这个问题，将涉及一个极其困难的分析，这是本书作者无法独立完成的。但是，我们应该不难注意到，北美殖民地的纸币问题和其他通货膨胀政策，不能简单地与欧洲各国政府的通货膨胀政策相提并论。至少在某种程度上它们取代了银行信贷的周期性扩张，并直接（通过贷款和补贴）和间接为创新提供了资金——创新的融资方式别无他样。因此，在扩张过程中出现的一些崩溃更类似于普通的危机，它们发生的过程可能更接近我们所说的意义上的周期。如果我们在北美殖民地的这个问题中只看到了惯常的通货膨胀，我们就永远无法意识到这一点。这种工具的使用往往是非常无远见和无系统的，因此，对这种工具通常的一般性评论可能仍然有充分的理由，但是它们并不能涵盖全部情形。同时代的观察者，以及一些历史学家，如查尔默斯（Chalmers）和威登（Weeden），在这个问题上可能本末倒置了。他们所假设的理论隐含了很多的错误，但是当他们把某些工业行业的发展，特别是造船业和炼铁业的发展，与纸币的发行联系起来，在事实层面上并没有犯什么错，尽管他们大多数人也未能把纸币发行与随后的萧条联系起来。因此，本杰明·富兰克林（Benjamin Franklin）在这个问题上的观点是有一定道理的，尽管他至今仍令很多仰慕他的人感到悲伤和震惊的其他一些论点可能是站不住脚的。

我们还要把前面提到过的18世纪80年代的那些干扰因素考虑进来，比如说它们干扰创业活动的"涨潮期"，将之涂抹上了通常与繁荣期联系在一起的颜色；或者说它们推迟了创业浪潮的兴起，直到1786年——前一年的经济形势可以部分描述为战后危机——然后我们看到了创业浪潮的开始，批地、贷款和补贴则起到了很大的促进作用。此外，其他州和市政府也给制造商以及潜在制造商提供了很大的便利。所有这些，最终改变了美国的工业，这与英国的经历在很大程度上有相似之处。到亚历山大·汉密尔顿（Alexander Hamilton）提交他那份著名报告的那个时候，进步已经扩展到各个工业领域，并达到了一个高潮。从严格意义上说，工业领域的主要特点就在动力机械的引进,它们能够把手工业作坊变成工厂。作为一个例子,我们可以提一下新英格兰和宾夕法尼亚地区棉纺织和毛纺织工业的发展。最早的一家工厂是贝弗利棉制品厂(Beverly Cotton Manufactory),该厂于1789年准许特许创办。然后,在90年代出现了"棉花狂热"的顶峰。这可以说是美国工业革命的"正性阶段"中最引人注目的单个现象。当然,这与水力利用的发展密切相关。为了开发帕塞伊克瀑布的水能而提出的伟大的汉密尔顿计划,经过多次柳暗花明式的转折①,最终

---

① 这种反复以及90年代在奠定工业基础时所遭受的多次失败(如正文提到的两个例子,以及纽约的制造业或哈特福德毛纺织业),显然是由工业传统薄弱、专业人才短缺、环境条件不充分以及融资方法上的轻率冒进所致。由于立竿见影的成功少之又少,因此许多历史学家低估了这些冒险活动的重要性。但是它们恰恰很好地说明了我们所关注的那类困难,即企业家的职能所要克服的那类困难。因此,如果能够在本书的框架内详细地叙述这些冒险活动的历史,无疑将是非常有益的。特别有意义的是分析每种情况下企业家的成就应包括哪些内容。在其中最重要的一类情况——对水力的利用——当中,企业家的成就实际上就在于为其他创业活动提供便利。我们可以用一个非常突出的例子来说明这一点,尽管它是后来发生的一个例子,那就是梅里马克河的水力利用历程。最先取得成功的是位于沃尔瑟姆的波士顿制造公司(Boston Manufacturing Company)。然后,同样是那些人创办了梅里马克制造公司(Merrimac Manufacturing)、水闸和运河公司(Locks and Canals Company),专门供应和销售场地和水力。因为他们不仅建造水坝和运河,而且建造工厂设施和工厂机器,因此一个制造商买入一家现成的工厂,在这样做的时候他几乎没有什么选择的自由,这根本不符合我们对企业家的定义。洛厄尔、劳伦斯和曼彻斯特(由另一个集团创建)等城镇,全都是以这种方式创建的,所以它们与附属产业一起构成了(每种情况下的)基本创新的次生性发展——这个特点比其他特点更好地体现了典型的"美国特色"。特别值得一提的一个人物是F. C. 洛厄尔(F. C. Lowell),以他为例可以充分说明这类企业家的特点。他是一个金融和工业集团的领导者,也是工业发展的发起者和组织者。此外,毫无疑问,他还是一名工程师,甚至是一名发明家。但这些都是次生性的。

90年代的这些创业活动虽然很重要,足以在对经济形势的解释中占有一席之地,但是还不能完成这个解释。因为它们实际上不仅在许多重要的情况下与失败为伍,而且有时候在一开始时看上去似乎不那么严肃,所以立法机关在拒绝批准它们发展成为法人制企业时表现出来的厌恶是可以理解的——事实上,当时的立法倾向是将特许证中的有限责任特权排除掉。不过,这并不是一个原则。例如,纽伯里波特羊毛工厂(Newburyport Woolen Manufactory,1794年)就获得了这种特权,但是康涅狄格州河上水闸和运河公司(1794年)和波士顿水运公司(1795年)则未获得,尽管当时的舆论普遍认为,经营目的类似于后两个公司的企业(以及为了殖民、公路、银行和保险而设立的企业)对这种特权的需要比严格的工业制造企业更加迫切。到了19世纪初,这个问题得到了更加广泛的讨论,也有了更多的立法。当时的法律状况与英国基本相同(《泡沫法案》于1741年扩展到了殖民地),但是"准"法人制企业或事实上的法人制企业,即那时成立的许多"协会"(association),除了有限责任之外,无论从经营内容上看还是从目的上看,实际上就是一个法人制企业,北美之所以能够取得比英国更大的进展,不仅是因为财富积累远未充分,从而迫使资本不得不联合起来,还因为人们乐观的心态促使他们乐于承担责任。然而,在1815年之前的10年里,实际的做法变得非常"自由"。1820年后事态终于向有限责任且无须特许证发展。(1822年,《纽约有限合伙法》通过,其他州也在我们所说的这个时期的末期通过了类似的法案。)

成就了帕特森工业中心。这是一个很好的例子。利用水力的企业的这种发展，再加上交通状况的改善（收费公路和运河，有一部分是由公共企业建设的）以及造船业的进步，构成了我们所说的康德拉季耶夫繁荣的严格意义上的工业组成部分的支柱。技术意义上的创新，更不用说"发明"了，并不是特别重要。唯一真正重要的发明是惠特尼轧棉机，此外还有许多小的发明，特别是在农具领域。甚至从英国引入创新的过程一开始也非常缓慢。例如，珍妮纺纱机、阿克莱特水力纺纱机和"骡机"都是在1790年前后进入北美的，但是直到世纪之交它们还几乎完全没有推广开来。

如果一个人只看到了表面上的数量而忽视了"启动"与有结果的"发展"之间的区别，那么他就会倾向于把"革命"的时间确定为19世纪第一个10年、第二个10年，甚至第三个10年。然而，那个时期显然是一个次生发展期，是与我们所说的康德拉季耶夫周期的下行和复苏联系在一起的。那些技术创新的性质尤其符合这一点。水力利用技术的发展是沿着先前确定的路线推进的，在洛厄尔、劳伦斯、曼彻斯特、霍利奥克、费城和福尔河等地都取得了巨大的成功——尽管仍然装着原始而浪费水力的回转上升轮，尤其是在帕特森的下游地区——并且直到我们所说的这个时期结束，一直是工业动力的主要来源。这一点以及由它所导致的一切，是1820年后朱格拉周期最大的工业特征。蒸汽机进入美国的速度很慢，这既是因为美国水力资源丰富，也是因为对美国大部分地区来说廉价的运费是推广蒸汽机的先决条件。在我们所说的这个时期，蒸汽机在有廉价煤供给的地区才有意义，尽管当时已经引进铁锅炉。

然而，康德拉季耶夫周期下行阶段的另一个特点，即中西部地区的工业的崛起，则与蒸汽机的推广密切相关。蒸汽机在工业中的使用就是从那里扩散到南部，甚至渗透到以水力为主要动力的地区的中心地带和棉纺织工业区——例如，在老鹰棉纺织厂（Eagle Cotton Mills，1831年）使用。大约是在1810年之后，O. 埃文斯（O. Evans）的高压蒸汽机开始与进口的（低压）瓦特蒸汽机竞争。但是，据本书作者所知，在克利夫兰和匹兹堡，为满足工业目的而生产的汽油机，即便在那个时期结束时也仍然很少（不过，用于汽船的蒸汽机更为重要）。冶炼是工业对燃料的需求的另一个重要来源。由于美国的木炭供应充足，在冶炼行业中，木炭直到19世纪头10年才开始逐渐让位于煤炭。虽然在殖民地时期北美就已经开始开采煤炭，甚至在1800年之前还一直从英国少量进口，但是直到19世纪30年代，煤炭才变得重要起来。在那之后，煤炭进口大幅上升，同时阻碍了国内煤炭的大规模使用的技术困难也被克服了。F. W. 盖森海纳（F. W. Geissenhainer）的发明（如果可以用"发明"这个词的话），即热风技术的引进（在英国取得了成功），以及焦化技术，所有这些都促进了最后一个朱格拉周期的繁荣，尽管真正的大发展要等到1842年之后才出现。

正如我们应该预料到的那样，钢铁工业，尤其是轧钢工业，在90年代的上升期得到了发展，但它们其实是在下行期超越了小规模生产和旧的生产方法。1817年，普德林法（puddling process，即通常所说的"炒钢法"）被引入美国，轧钢厂的规模变得大起来（在匹兹堡），然后锻锤逐渐遭到淘汰。辛辛那提的铸钢产量与泽西和匹兹堡的坩埚钢铁厂的产量，虽然早在1837年以前就步入了上升期，但是在这个时期内仍然没有达到定量意义上的重要性。由此，我们在这里看到了一个典型的例子：一个被外国创新和不断增长的国内需求又推又拉着前行的行业，随着形势的发展而不断扩张。纺织业的下行和复苏（尤其是在棉纺织业）则呈现出了不同的特征，因为这个行业在19世纪头40年向"新经济空间"的扩张要更加积极主动，它还自己创造出了新空间，而不是只会对环境做出反应。当然，它也因这个"不断成长"的环境而受益。仅仅在马萨诸塞州，在1807年至1818年间就有大约90家生产棉花和羊毛制品的企业注册成立（V. 克拉克，第一卷，第266页）。这个事实本身虽然不是度量扩张速度的指标，但是至少可以说明这些年间的扩张速度肯定大大超过了1820年之后。[1] 在这个下行阶段，国内在技术方面实现了一系列改进，其中最重要的是F.

---

[1] 克拉克先生说（同上书），在1800年至1823年间，8个州共成立了557家制造业企业，其注册资本总额超过了7 200万美元，其中一半以上是在四年战争期间成立的。在前面一个脚注中，我们指出这些数字虽然比英国相应的数字更为显著，但仍然算不上一个"安全"的指引。特别是各州的法律有很大的不同，这些数字并不能说明全美不同地方的相对速度。

C. 洛厄尔的织布机（1814年），它几乎立即导致了动力织布的大量增加，并在20年代成功地应用于毛织品。在此之前，人们发明了"摘棉机"（picker）和"扯棉器"（willow）——根据克拉克先生的说法，那是在1807年——随后出现的是古尔丁搓条机（Goulding condenser），它在30年代彻底改变了毛纺织业（在康德拉季耶夫复苏中），以及一大批小型新设备。我们知道，产品数量和价格也相应地发生了变化。①

对于我们的目的来说，这已经足够。在交通运输方面，最重要的是大量运河的修建。在我们所说的这个时期的最后30年里，东部和中西部之间的交通成本因多条运河的建成而显著下降，这不仅体现在每吨英里的交通成本上，更重要的是体现在节省的时间和少走的路程上。费城成为水路交通系统的中心。哈得孙河和尚普兰湖之间的运河于1823年开通；最重要的是伊利运河，它于1825年开通。运河的修建对实物的生产、价格和区位分布，都产生了真正革命性的影响，是我们用来说明创新的本质和方式，以及创新所带来的繁荣与萧条的一个极好的例子。这是我们的幸运之处，因为这种影响是如此明显，其定量重要性是如此显而易见，以至我们甚至不需要给出任何证明。② 运河交通是在康德拉季耶夫周期结束时达到顶峰的（1840年），在那个时候，铁路（1837年铁路运营里程大约为1 500英里，到1842年增加到4 000英里）还不能充当最后一个朱格拉周期的上行阶段的主要动力，只产生了一些局部性的影响，并通过铁路建设项目对1837年的投机狂潮起到了推波助澜的作用（与银行和土地公司一起）。

当然，对铁路的需求在1830年之前就出现了，但是蒸汽机车、铁轨和路基要等到1835年才真正达到可使用的状态。开始阶段的进展相对缓慢也是由于这样一个事实，即必须打破环境阻力的创业任务是极其困难的，这也是历史一再证明的。各种各样的障碍，比如说在有竞争的情况下

---

① 早期的普查只能提供完全无法令人满意的证据，不过，各种各样的报告和其他官方文件以及私人出版物，在一定程度上弥补了这个缺憾。但是，当然，马萨诸塞州在1820年至1832年间纱锭数从52 000增加到340 000，这样的零星信息是很容易误导人的。

② 当然，西部的发展主要是由这个创新引发的。这种发展从西部人口的增长可见一斑：在1820年至1840年间，俄亥俄州的人口从581 295人增加到了1 519 467人，伊利诺伊州的人口则从55 162人增加到了476 182人。

必须向运河公司支付通行费、地方性的"嫉妒心"阻碍了各地铁路之间的必要的连接等，在很久以后才得以克服。这个领域的公共企业是在 1836 年和 1837 年开始出现的（在伊利诺伊州、密歇根州和印第安纳州）。与其他国家一样，第一批铁路都是地方性的，由沿海或位于其他可通行水域附近的重要城镇的商人投资，目的是开辟更广阔的市场腹地。莫霍克河-哈得孙河铁路公司是奥尔巴尼的一个企业，它的目的就是想要从伊利运河与哈得孙河之间的中转贸易中分一杯羹。巴尔的摩-俄亥俄铁路公司是巴尔的摩对内地贸易投下的注码，查尔斯顿和汉堡之间的铁路则是查尔斯顿方面试图把从汉堡到萨凡纳的沿河贸易接管过来的努力。因此，"压价竞争的元素"从一开始就表现得非常明显，甚至参与各方都立即蒙受绝对意义上的损失——这不同于相对损失，相对损失等于源于一般发展的净结果。那些运河公司和公路公司如此，一般发展状况比较落后的那些城镇也是如此。铁路的运输费用下降的速度很快——粗略估计为平均每吨英里 3 美分，然而，这仍然是运河的运输费用的两倍，尽管只是公路的运输费用的五分之一。

九、信贷创造与货币政策的作用

对于德国和英国来说，要评估信贷创造在那个时期的创新融资中的作用并不是一件容易的事情。造成这种情况的原因已经讨论过了。这不仅因为信贷创造的相对重要性实际上比较小，也因为存在这样一种趋势，即无论存在多少为创新创造的信贷，都要将之隐藏起来，并把负担转移到流动资金的融资上去——让流动资金依赖信贷来运转，从而为"投资"提供自由资金。但无论如何还是有很多间接的症状。以德国为例，我们只需要看看 1763 年危机中当时人们的做法，就可以确信，即便是在我们所说的这个时期之前，人们也绝不是对金融票据一无所知。我们也注意到了拿破仑战争之后银行业的发展。在英国，从 18 世纪开始，贸易就越来越"依赖银行"。例如，请参见 R. D. 理查兹（R. D. Richards），《英国银行业的早期历史》，1928 年；W. T. C. 金（W. T. C. King），《伦敦贴现市场的历史》，1936 年。事实上，甚至在更早的时候，商人和金匠就开始频繁"购买存款票据"。然后，自 1740 年以来，随着地方银行的兴起（这些银行不仅发行纸币，而且从事存款业务），信贷创造的各种现代工具的轮廓慢慢浮现出来，其中包括银行同业存款、结算惯例及清算等。1776 年，有 150 家地方银行，1790 年则有 350 家，1810 年进一步增加到了 721 家。在《银行限制法案》生效期间和之后，这些银行创造了过剩的"钱"，从而极大地刺激了票据经纪商的发展。对这些银行的考验在 1815 年之后终于到来。银行的"高死亡率"——主要是由于投机性投资和表面上是短期实质上是长期的贷款——证明了我们对这个问题的看法。至于后来的发展（股份制银行），前文已经有所涉及。很显然，在 30 年代，"野猫"（不计后果的鲁莽行为）似乎并不只限于在美国的"兽群"中出没。

在美国，情况更是一目了然：利润——从理论上说，利润是次生的和衍生的来源——和特别创造的支付工具，显然是工业创业活动和其他行业创业活动资金的主要来源。我们在前文指出过，1780 年以后就联邦层面的政策而言，稳健的货币政策原则占了上风。在 1832 年至 1835 年期间，大量的国家债务得到了偿还证实了这个判断。但说这种政策是稳健的有几个条件，其中如下两个与我们的主题有关。首先，联邦政府从来没有真正支持过那两家美国银行，它们试图获得中央银行地位，并对宽松的有时甚至可以说是准犯罪的惯例施加限制——美国第一银行其实几乎没有真正在这方面付出过努力——在 1833 年秋季，联邦政府甚至削弱了美国第二银行的地位，并在实质上推动了私人银行的发展，方法是从美国第二银行中取出了政府存款（大约 29 000 000 美元）并分开来转而存入各州的银行。但是，这个举措的效果被部分抵消了：当《铸币流通令》（Specie Circular，1836 年）完全生效，出售公共土地禁止以信贷的形式支付，而只能用铸币支付。在当时的条件下，这相当于一项官方声明，大意是说各州的银行不可信。[①] 其次，联邦政府在任何时候都没有能力——有时它也不愿

---

① 1840 年至 1841 年间实施的独立国库制也导致了类似的后果。但是，它恰巧遇到了一种安静的环境，似乎基本上没有搅乱当时的平静——这是一个很好的例子，说明了那个等级的事物意味着什么、不意味着什么。在那个时期，《铸币流通令》是联邦政府采取的措施可能被怀疑具有限制性或"通货紧缩"性影响的唯一实例。

意——去阻止各州采用明显违背联邦政府宣称的货币政策原则的发展银行业的方法。在整个国家，尽管有若干明显的例外，在殖民时代形成的通货膨胀主义心态继续有增无减，每一次萧条都"极有规律"地对货币制度展开了"攻击"。[1] 一些州的政治甚至完全被这种心态所左右。例如，肯塔基州成立了肯塔基联邦银行（Bank of the Commonwealth of Kentucky，1820年），目的是发行总额为200万美元的纸币用于抵押贷款，在1835年，当时人们认为这种做法符合宪法。1840年，宾夕法尼亚州授权该州的银行发行300万美元的可赎回的州债券。

第一家发行银行，即北美银行（Bank of North America），成立于1782年。在它成立的头四年里，它只进行不超过45天的贴现。其他一些银行紧随其后。根据古格（Gouge）的说法，到1795年就有了21家银行；到1812年就增加到了119家（尽管1809年发生过一次崩盘）；1829年达到了329家；1837年增加到了788家；1840年达到了901家的高峰。它们以有抵押品的或有背书担保的本票进行借贷，还经常发放抵押贷款，往往只保持非常小的储备，而且不太关心资本的支付或赎回等细节问题，尽管事实是当时根本没有中央银行可以依靠，银行间的相互支持的关系在1820年之后才开始缓慢发展起来。公众头脑中狂热的通货膨胀主义保护了它们，尽管我们也会读到一些关于有人抱怨"纸币过于泛滥"的记录。在某些社区，如果试图向付款人提示票据（要求支付），会面临票据被没收或被扣押的危险，甚至有可能危及生命。虽然我们读到的这些活灵活现的故事都是关于票据的（我们对这类故事太熟悉，不需要过多重复），但支票存款的创造当时也是非常自由的。[2] 贷款期限要短、获得的资产的变现速度要快（速动资产），这样的原则从一开始就没有得到贯彻——尽管确实有些银行和银行家自始至终都坚持这样做；但是在这个国家的不同地区，银行的实际做法千差万别——而且很快就受到了一些胆大妄为的作者

---

[1] 当时所提出的措施的性质和动机，对我们这个时代的措施和观点有着惊人的预示性。1826年萧条发生后提交给参议院的方案可以作为一个例子——有人建议发行纸币，"以带来繁荣和提高财产的价值"。

[2] 请比较史密斯（Smith）和科尔（Cole），前引论著，第5页。

撰写的畅销小册子的抨击。① 在1814年至1817年间，许多银行的票据出现了严重贬值，银行停止兑付（特别是在1814年和1837年）和破产事件时有发生。我们还了解到，有些工业企业之所以申请组建银行，就是为了获得通过发行票据来为自己融资的权力，中西部的一些州就赋予了铁路公司这样一种权力。

这个细节很重要。它为解释这种做法和当时的通货膨胀主义心态提供了线索，正是这种心态使得这种做法在其他方面坚持异常严格的道德标准的那些社区流行起来。② 这两者都不能通过在道德上进行反对来克服。从古典银行理论的角度对它们进行批判也不会有太大的帮助。我们如果从其他的可能立场出发，也许会觉得自己有义务对这种做法加以强烈谴责，然而无论我们的看法是什么，无论我们的义愤是多么强烈，这种"不端"行为和公共舆论在当时不但得到了宽容，而且得到了鼓励；这个事实也仍然是摆在我们面前的能够说明信贷创造的功能的最清晰的历史实例。是的，就是通过信贷创造来为创新融资的——正如我们在我们的理论论证过程中已经清楚地看到的，在缺乏先前的经济演化提供的充分结果的情况下，信贷创造是为创新融资的唯一可用的方法——这才是所谓的"不计后果的银行业"的根源。这个视角无疑带来了全然不同的见解。那些银行有时是通过不诚实的行为甚至是犯罪行为来履行这个职能的，但是它们所履行的这个职能却可以从它们的不诚实行为或犯罪行为中区分出来。因此，强调健全货币原则的人在一味谴责这种做法的时候，是把孩子连同洗澡水一起泼了出去，尽管他们对监管和限制这种做法的大声疾呼本身是可以理解的。

---

① 请再比较这篇论文中的相关论述：布雷·哈蒙德，《早期美国银行业的长期和短期信贷》，刊载于《经济学季刊》，1934年11月。

② 作者无意为当时发生的任何事情"辩护"，尤其是通货膨胀。正文中的阐述只是试图解释或阐发经济事实，而与道德评价或其他任何评价完全无关。但是，在不触犯我们的纯分析目的设定的边界线的前提下，我们可能仍有必要指出，首先，作为一种心理学-社会学解释，它的意义在于说明某个给定的行为模式是不是会受到"共同体的良知"所谴责，或者能不能得到舆论的一面倒的强烈支持，是很重要的——在这个意义上，美国银行家虽然采取了各种各样的办法，使得他们发行的票据的持有者无法成功地兑现，但是却与欧洲银行家做出的类似行为有不同的含义。其次，在这种情况下，对于"滥用"（abuse）和"鲁莽"（recklessness），必须从不守信用和以欺诈性或其他不合理的项目为目的发放贷款的角度来定义，而不能从"古典"银行业规则的侵权的角度来定义。

当时人们也感受到了这一点。一些提倡通货膨胀政策的人则对这种做法的益处有所认识，尽管他们不能正确地阐述他们的观点。这是个"谜团"，但是它实际上在一定程度上解释了美国的道德情感史的一个侧面（也请参见本章前面的第八小节）。

关于道德就说这些吧。我们还可以观察一下美国国内价格水平的长期变化（请比较史密斯和科尔，前引论著，第15页和第68页的表格；另外请参见他们对美国与英国的指数的比较，第66页）。如果真的出现了所谓的"纸币通货膨胀"，那么情况应该不是我们现在看到的这样。恰恰相反，我们看到的与我们根据我们的模型的正常运行结果做出的预测完全相同，即价格在康德拉季耶夫周期的繁荣时期上升，然后下降。（在本书第四章给出的定义上的）产出的增长最终每一次都超过了银行扩张的影响，并将价格水平向下拉，这一切正是我们的创新机制的运行方式所应该导致的。如果我们的诊断是有严重误差的，那么在美国与英国的价格指数的变化之间就不会出现我们现在确切发现的这种差异。[1]

然而，这并不是全部情况。在1812至1813年间，以及1834年至1836年间，我们都发现了与预期相反的惊人增长。在第一个时间段，原因是与英国的战争。在第二个时间段，即便是从我们的立场来看——而不仅仅是从经典的银行理论来看——也很明显"过度"了，即大大超出了通常的朱格拉周期的膨胀。杰克逊主义政策——对中央银行的敌意，或者说事实上是对任何控制信贷创造的措施的敌意，可能是这种"暴烈"的增长的原因，同样也要为随后的急剧的下跌负责。这个案例为研究当代的一些问题提供了有趣的材料。此外，我们当然不否认，在几乎整个时期，"不计后果的银行业"在这个国家以及在英国都是一直存在的，尽管我们对它们的性质有不同的界定。毫无疑问，不仅不稳健的和欺诈性的计划在许多情况下都很容易得到资金，而且信贷被自由地大量用于创新之外的其他目的，代价则是大多数只能以不断上涨的价格或至少不变的价格来支付。在

---

[1] 有些银行发行的纸币与其他银行发行的纸币相比贬值得非常迅速，以至公平地说，并不是银行创造的纸币总量对"价格"起到了作用。但是，这只涉及前述论断一个次要的限定条件。

每个朱格拉周期,第二波繁荣(次生繁荣)都非常可观,后果则往往是随后的第二波失调(次生失调),从而导致需要额外的清算过程,并且增强了那种"猛烈"的崩溃(如果不是这样,它们本来应该会温和得多)。①不过,经济发展过程中的这种曲折和弯路,在像美国这样一个有无限可能性的年轻国家里,是不可能完全避免的——即便银行采取了最保守的行为,也是如此。

十、各个朱格拉周期的分期与对各个主要危机的讨论

最后,我们来试着确定各个朱格拉周期的年代。正如前面指出过的,在所有这些国家都无法根据作者所掌握的历史信息来确定基钦周期的年代,只能根据时间序列来确定,尽管我们可以从(而且已经从)涉及总体经济状况的年鉴或年度报告中获得一些信息。而且,关于第一个康德拉季耶夫周期(无论如何它都延续到了大约1820年),这些信息对确定朱格拉周期来说甚至还称不上刚好足够,尤其是对于德国而言。此外,读者还应该记得,在本书第四章我们阐述了"确定周期的日期"究竟意味着什么,还分析过为什么这种测定的"粗糙性"是不可避免的。因此,接下来我们要说的东西在多大程度上构成了一个合乎常识的论述,就交给读者来判断了。

在英国,与美国的战争结束后立即出现了一个繁荣期,直到1783年

---

① 我们无法在这里充分权衡"正常的"和"鲁莽的"信贷创造的最终后果,也不试图对货币政策做出任何推断。毫无疑问,我们有理由认为,如果没有这种信贷扩张——以及保护主义政策——美国的发展不会那么迅速,但同样很明显的是,如果没有这些,美国的发展将会更加稳健,而且今天的许多问题(无论是在美国还是在欧洲),都会比现在容易处理得多。但是,这里还需要再补充两点。首先,我们再一次看到,信贷创造的影响不仅仅或者说并不主要是一个数量问题,而主要取决于信贷创造所服务的目的以及与这些目的有关的成功。这是一种朴素的智慧,但是对于它,我们的很多同时代的人却在尽一切可能去令它模糊不清。我们在这个时期得到的证据的价值仅次于约翰·劳的例子的价值。其次,读者现在应该已经知道,本书作者不是哈耶克教授理论的绝对崇拜者,据称他的理论是对周期原因的根本解释。更重要的是,我们有责任指出,19世纪二三十年代美国发生的各种事件的演化过程,与20世纪二三十年代发生的各种事件一样,都需要利用这个理论来解释。事实上,我们在观察价格的变动趋势时,会发现它否定了一种定义下的"通货膨胀";我们在观察银行业的做法时,则会发现它证实了另一种定义的剧烈的通货膨胀;然后,我们在进一步观察发生在1836年至1840年之间的事物时,就会发现,迫于公正之心,我们必须向哈耶克致以我们最真诚的祝贺。

才结束于一场危机。在许多人看来，这个繁荣期毫无疑问可以视为"战后繁荣"的一个例子，它似乎不可能是别的什么东西。但是本书作者对这种诊断深表怀疑。原因是，有迹象表明，从 1782 年初开始就已经有大量的工业活动——尤其是棉纺织业——陷入更深的危机。不过，本书作者并不知道那到底意味着什么。而接下来的几年看上去则很像普通的朱格拉周期中先萧条再复苏的那几年（后者涵盖了 1785 年和 1786 年）。但必须坦率地承认，这里隐含的解释正是作者头脑中萦绕不去的几个"无法裁决的事项"（non liquet）中的一个。然而，毫无疑问，1787 年是繁荣的一年，而且这种景气持续到了 1793 年 2 月。这个繁荣期显然与棉纺织业的创新和运河的修建有关——当然，还有其他一些小的创新，其中包括与蒸汽机有关的创新，但是它们在数量上都不重要。据此，我们把康德拉季耶夫周期以及它的第一个朱格拉周期出现的时间确定为 1787 年。对于这个结果，所有的怀疑都只能指向前几年的过程。这个周期有 6 年的繁荣期，其中 1788 年至 1789 年间出现的那个"凹陷"并没有太大的重要性，相反，它可以解释为一次基钦萧条——根据我们的模式，基钦萧条意味着经济继续改善，穿过了一次朱格拉衰退和一次朱格拉萧条，因此这完全符合我们对一个完全运行在康德拉季耶夫繁荣期中的朱格拉周期的预期。然后，危机来了，萧条也在我们预期的时候出现，与法国的战争也凑到了一起（1793 年 2 月爆发）。参战双方立即采取了一系列措施，它们能够对其中一些现象做出相当合理的解释，如持续了半年左右的恐慌和 1794 年的萧条状态。但是，考虑到更底层的工业过程及其表面症状——例如，观察所谓的"运河狂热"（这是芒图教授使用的一个术语）和集中在 1793 年通过的 25 项与运河有关的法令——我们显然可以根据如此强烈的共同感受得出如下结论：这类事情总是会导致它本应导致的相同后果。事实上，这种巧合并没有什么惊人之处；外部因素既可能加剧一场本已"发育成熟"的危机，也可能会导致一场尚未"发育成熟"的危机提前到来。

1795 年，复苏紧接着就出现了——而且很短暂，正如我们根据康德拉季耶夫周期的各阶段预料到的那样短暂——对此，更可信的解释是周期性节奏，而不是某个政治事件（当时似乎没有什么特别引人注目的政治事件发生)。军事行动的进展、对外贸易的混乱、国内的动荡、入侵的威胁、铸币支付的停止以及政府的通货膨胀政策，都是当时推动"剧情"的因素，但这绝不意味着它们是仅有的起作用的因素。相反，我们知道，工业革命仍在继续，特别是在纺织业和钢铁业方面。限于信息的可得性，也由于没有令人信服的方法，我们无法把不同因素的影响分离出来，因此我们也许应该放弃1796年至1815年之间的材料，正如我们放弃1914年至1919年之间的材料一样。然而，进行一个与我们的模式有关的思想实验似乎是有益的——但不承诺肯定有益。我们从经验中（而不是从理论中，特别不是从我们的理论中）得知，一个朱格拉周期的持续时间一般为9年多一点，而且由4个阶段组成。接下来，我们就来看看这个模式对实际经济演化过程的拟合程度究竟如何。这样一来，1796年将是第二个朱格拉周期——也就是"跨越"了康德拉季耶夫周期的转折点的那个朱格拉周期——的第一年。这个朱格拉周期将会从1804年持续到1805年。对于第三个朱格拉周期——结束了康德拉季耶夫周期的衰退阶段，我们认为它从1805年的头几个月起，到1814年中期为止。第四个朱格拉周期则完全位于康德拉季耶夫周期的萧条阶段，时间为从1814年中期到1823年年底。请读者将我对这些周期的分期与索普先生对各个年度的评论进行比较，同时不要忘记术语上的差异（索普先生对繁荣和萧条这两个术语的理解与我们不一致），并考虑外部事件的性质和重要性。[①] 繁荣阶段的开始体现在

---

① 正如我们在讨论外部因素对康德拉季耶夫周期的影响时所指出的那样，经济学家往往满足于将时间序列与特定的众所周知的事件对应起来——例如战争、"动乱"、流行病甚至火灾——而不问该事件是否真的足以施加他们所暗示的会施加的影响。在每一种情况下，要给出这个问题的答案都是一个不同的任务，尽管在某些情况下答案可能是显而易见的，但我们绝不能想当然地认为在一般情况下都是如此。例如，1793年英国宣战并不一定会立即造成它实际上造成的那种巨大干扰；我们也不能从我们得到的关于后来发生的事件的知识去反推它到底是什么。军事行动的规模起初并不大。我们在正文中给出的结论，理由来自对其他措施及其后果的研究。不过，必须立即补充的一点是，对于德国来说，法国在第一次反法战争结束时造成的那种麻烦实际上并不等于某种"主导性的"干扰。在最初，在奥地利低地地区和与法国接壤的阿尔萨斯地区发生了战争、动乱和混乱，后来又在莱茵兰发生了革命运动。但是在德国的大部分地区，情况与往常并没什么两样。在一开始的时候，战争准备工作也不是非常耗费人力、物力。例如，在瓦尔米战役中，不伦瑞克公爵指挥的军队从未超过8万人。就德国的经济生活而言（我们不把奥地利包括在内，甚至不把奥地利的德国部分包括在内，尽管从当时的法律来说，这是不正确的），直到世纪之交，情况才变得真正严重起来（除了局部之外）。当然，后来情况变得更加严重，特别是在耶拿-奥尔施泰特战役之后。

所有这三种情况下，以及导致繁荣结束的事件中（这些事件显然足以结束繁荣）。在前两种情况下，复苏也表现得很明显，虽然在前一种情况下它应归功于《亚眠和约》的签订。至于索普先生所说的 1803 年下半年和 1804 年的萧条，无疑完全可以用政治因素来解释。当然，价格在战争期间是没有指导意义的。

至于第四个朱格拉周期所涵盖的时间，根据我们的模式，1814 年和 1815 年年初的繁荣期在它的范围之内是毫无疑问的。由于这可以用《巴黎条约》和《根特条约》的效力来解释——尽管 1812 年和 1813 年的复苏是在没有任何这样的刺激的情况下到来的——所以本书作者不想过分坚持。但是，从 1815 年的经济崩溃及其在 1816 年的后续（之前讨论过），再到 1823 年中期的商业历史，则与我们的模式拟合得非常好。说到底，这很可能意味着我们有一种比货币解释更有说服力的解释。发生在 1819 年和 1820 年的萧条，出现在 1821 年、1822 年和 1823 年上半年的复苏，从我们的模式的角度来看都是完全正常的。最后两个朱格拉周期的确定不会有什么困难——从来没有人否认存在工业企业和金融企业两个爆发性增长的热潮，它们分别引发了两场引人注目的危机，并且非常自然地由一次萧条和一次复苏分隔开来。因此，我们给这两个朱格拉周期确定的时间分别是：从 1823 年年底到 1833 年中期，从 1833 年中期到 1842 年年底。不管读者是否愿意接受这种划分方法，它所要传达的事实都是显而易见的。如我们在其他地方已经指出的，第六个朱格拉周期代表的是无规律性现象（特别是在最后阶段），但这也是可以解释的。

在这里，我们将插入对 1825 年至 1826 年的危机和 1836 年的危机的评论（或者如一些作者所说，后一个危机也可表述为"1836 年至 1839 年的危机"）；不过对于 1793 年或 1815 年，则似乎没有必要做任何补充。如果把朱格拉周期和康德拉季耶夫周期的阶段放在一起考虑，那么我们应该会看到价格和价值的重大下跌：出现在康德拉季耶夫周期萧条阶段的朱格拉衰退构成了前者的背景，而出现在康德拉季耶夫周期复苏阶段的朱格拉萧条则构成了后者的背景。但是除此之外，我们的模型对我们没有任何帮助（除了可以解释为什么错误和过剩行为在前几年应该特别突出这一点之外)。因此,它可以解释有利于发生非技术性术语"危机"所指的那种情况的条件;但并不能解释危机本身,更不用说解释危机的猛烈程度了。如下这一点在以后进行讨论时必须一再指出:每一次,我们发现一个经济过程由于自身的后果会使利润消失,并促使调整发生(持续的调整,尤其是在康德拉季耶夫周期的下行阶段),但是对于危机本身的现象,我们的模式却会使我们把它们看作不稳定的和非必不可少的,正如经验会导致商人这样考虑它们一样,那么我们在每一种情况下都必须回过头来依赖非常"非理论性"的观测结果——其中包括投机狂热、愚蠢举动、诈骗行为,以及各种各样的偶发事件。其中一些元素的重要性会因为对外融资和对外国证券的投机扮演了比以往更加重要的角色这个事实而得到增强——墨西哥和南美各国的证券在第一次危机中尤其突出,美国的证券则在第二次危机中非常突出。正如前面提到过的,在这两次危机之前,建筑业和企业扩张都出现了繁荣①,消费者支出也实现了惊人的增长。我们还注意到,信贷扩张以及信贷创造动力的增加是这两次危机的一个共同特征,尽管很明显,与第一次危机相比,第二次危机在这个特征上更加突出:在1824年和1825年,新成立了22家银行和保险公司,总资本超过了3 600万英镑。正如读者已经知道的,我们将1836—1839年间的剧烈波动归因于那些不计后果的"野猫"银行的所作所为及其后果。证券交易所的恐慌引发了一系列事件(1825年5月,1835年5月),而且萧条对商业的影响似乎就来自这些事件。从表面上看,并不是创新对经济结构的影响造成这些麻烦——事实上,它们确实没有造成危机——而是过度承诺、不合理的股份要求、无法兑现的预期回报率、对外融资时发生的黄金价格的不利变化等。② 因此,那些主要关注危机机制的学者之所以会形成钟爱货币解释的倾向,也是完全可以理解的,因为很自然地,货币和信贷机制既是最先反

---

① 正如图克(Tooke)早在1833年就已经注意到新工厂的建设是所有这些的基础。
② 收成也被认为是一个原因。正如读者已经知道的,我们在原则上并不反对这种观点。但是在本书作者看来,英国在1825年至1826年间其实出现了大丰收,这是没有什么疑问的,它表明即使不存在这种因素,危机和萧条也会发生。至于1836年至1839年这个时期,第一次严重的歉收(1836年的歉收只是局部的)发生在1838年,任何周期性影响都被高价格减轻了(尽管痛苦并没有减轻)。1835年的丰收则确实给农业部门带来了苦难。

映这一切的东西，也是最快被这一切所影响的东西。

关于这一点，我们不需要以美国的危机为例再讨论一遍，那只是简单的重复。① 当然，至于美国的周期的确定，我们还是会遇到在前面遇到过的困难，即如何确定康德拉季耶夫周期的开始时间。棉纺织业的发展和水力利用、小麦种植的推广以及一系列小型创新，都形成了自己的浪潮，这些都是显而易见的。在 90 年代早期，发展确实很强劲。但是，我们可以回溯多远、我们要如何评价影响工业进程的各种不利的外部因素的相对重要性——比如说"谢司起义"——对于这些问题，作者感到无法回答。但是，我们的困难还不止于此。我们看到，从 1788 年或 1789 年一直涨势如潮，并延续到了 1796 年的最后一个季度。那时之前只有 1792 年出现了一些财政问题，不过并没有什么大不了的。1796 年以后，南方继续繁荣昌盛，但在新英格兰情况却极为不利，直到 1804 年才有所好转。这样就构成了一个大的两阶段周期，其中下半部分比较不稳定，出现了一些较小的波动。但这一切真正表明的是，总体轮廓线和一般经济形势并不是能够表明经济过程中更深层次的东西的安全指示器。造成这种印象的原因并不难找。当时美国的一般经济形势在很大程度上可以说是欧洲战争需求的一个函数。农民、商人和船主都依赖于此。在 1797 年和 1798 年对外贸易因私掠船横行而陷入危机，整个国家濒临与法国开战的边缘。不过这一切很快就过去了，贸易也恢复了正常；但《亚眠和约》带来的和平其实只是一场灾难。在和平环境下，出口商品的价格下降，导致许多商人破产、大量船舶吨位闲置。而且，所有这一切都通过高度不稳定的银行业影响整个经济体的其他部门。

在 1805 年和 1806 年，同样的因素却起到了相反的作用，而且，杰斐逊总统采取的禁运政策（从 1807 年 12 月至 1809 年 3 月），理所当然地产生了强烈的萧条性的影响。1811 年 2 月美国政府恢复了《互不往来法

---

① 因为最后确定的写作计划没有打算讨论殖民地时期的美洲危机，但是它确实有许多有趣的性质，因此，为了填补这个令人遗憾的空白，建议读者阅读一下克拉克先生的著作的第一卷。也请参阅奥斯古德（Osgood），《十七世纪的美洲殖民地》（*The American Colonies in the Seventeenth Century*），1904 年至 1907 年出版。

案》，然后，美国与英国爆发了战争，这破坏了贸易和航运，同时也刺激了国内生产。然而，紧随其后的却是出现在1815年及之后的相反的状态（并因欧洲农作物歉收而进一步强化），直到危机在1818年最后一个季度爆发。最后的清算对美国来说则源于拿破仑战争带来的异常情况。但是，我们要再一次强调，一个有机体生活在一个充满暴风雨的环境中，这个环境会把它抛来颠去，时而对它有益，时而对它有害，但是这些并不能证明它没有自己的生命。它的生命力的强大时不时会表现出来，比如在1793年，尽管贸易和航运受到了英国事件的严重影响，但是这一年的商业总体来说还是相当繁荣的，或者说至少南方的繁荣并没有因贸易和金融中心遭受损失而受到多少影响。在1795年、1807年和1814年这几年，尽管美国的经济形势受外国因素的影响非常大，但是其中的"美国成分"依然清晰可见，它们与工业以及与工业互补的银行业的发展密不可分。然而，既然问题在任何情况下都在于是否存在经济生活的内生节奏的痕迹，我们就不必继续举更多的例子。现在，我们可以暂时确定如下日期：1787—1794年、1795—1804年、1805—1813年，以及1814—1822年。① 如果我们接受这种划分，那么毫无疑问接下来的第五个朱格拉周期为1823—1831年。而且，正如作者认为的那样，在30年代和40年代初的经济演化过程中，1832年至1842年这个单元的存在也是毫无疑问的。但是，就像在英国一样，这个演化过程也存在很多无规律性之处。

对德国来说，现有的材料更加不充分，或者说所需的材料只凭作者本人的努力是无论如何也无法完整收集的。然而，在1780年至1800年间存在着一波创业浪潮，这一点似乎是确定无疑的（既有公共的，也有私人的）。正如我们在前面指出过的，还有一些证据表明，在1804年后德国出现了另一波创业浪潮，但可惜的是因为政治事件而半途而废了。虽然这些碎片化的材料已经足以显示出更大尺度的运动（例如康德拉季耶夫周期）存在的迹象，但根据它们进行细分却是远远不够的。现在考虑的这个运动与发生在1814年到1822年间的那个运动有所不同。那个运动与发生在英

---

① 再一次，我们请读者比较索普先生给出的年鉴材料。

国的对应运动存在着明显的家族相似性，但是这个运动却不能归因于外国的影响（除了国际贸易物品的价格之外）。而且，这与接下来的 20 年也截然不同，那 20 年清楚地显示出了两波创业浪潮——尽管人们对它们的确切日期有一些怀疑，但是对它们的存在性却没有任何怀疑。我们给出的划分结果是 1823—1831 年和 1832—1842 年，这是根据一系列迹象得出的（其中一些如前所述）。本书作者毫不犹豫地将它们归类为朱格拉周期。将它们与发生在英国的两个相对应的周期进行比较无疑会有一些启发意义。当然，德国的这两个周期相对来说都是比较温和的——采矿业、钢铁业、棉纺织业、以农产品为基础的工业（蒸馏业、酿造业，后一个朱格拉周期还包括制糖业）的发展，即便是在相对于各自的经济有机体的意义上，也无法与英国的表现相提并论。这些本身也可以用来解释如果发生危机的话为什么会比较温和。但是实际上没有出现危机。这个过程的性质和机制与英国相同，它导致了经济衰退、物价下跌和大量损失，然而根本谈不上恐慌或深度萧条——1836 年和 1837 年在汉堡发生的问题并不是十分严重。很显然，这是因为不存在过度投机，不存在任何举足轻重的对外融资，也不存在"不计后果的银行业"。这一切所隐含的逆耳忠言式的道理很快就会在其他案例中重新强调。这可能是老生常谈，但是非常重要。

第七章 历史概述Ⅱ：1843—1913年

第一节 1843—1897年

这个时期涵盖了我们所说的第二个长波。我们在前面的章节中提到过，在那些研究经济周期并使用这个概念的学者当中，对于19世纪40年代到底是应该划入第一个长波还是应该划入第二个长波有一些不同意见；与此同时，一些历史学家（以及几乎其他所有人）则认为那时发生了另一场经济革命，并根据早期的发展情况来确定其开端。[①] 不同学者的理由——从各个研究者所持有的不同立场来看，所有这些理由都是合理的——应该是清楚的，我们做出判断的理由也是清楚的，但就美国的情况而言，我们要做出判断还需要具备一些条件。重要的是，没有人能够怀疑这场革命是真实存在的，而且它的性质和重要性完全比得上上一场发生在18世纪最后20年的革命；也没有人能够不把它与我们所称的世界的铁路化过程联系起来，铁路化毫无疑问显然是这场革命最显著的特点（虽然不是唯一的特点）。后面这种说法特别适用于美国这个国家，从经济的角度

---

① 例如，克拉潘教授的名著《现代英国经济史》的第二卷论述了"自由贸易和钢"时期，即1850—1886年的情况。这大体上（从前一个年份来看）落入了我们确定的康德拉季耶夫周期内。类似地，在他的《1815—1914年法国和德国的经济发展》，1848所起的不仅仅是一个解释性的分期的作用。但总的来说，历史学家倾向于使"现代"发展以英国工业革命为起点，或者以拿破仑战争的结束或铁路化的早期为起点，这从他们的立场来看是非常自然的。

来看，美国的西部和中西部地区可以说就是由铁路创造的。对于英国甚至对于德国来说，国内铁路的重要性无论在绝对意义上还是在相对意义上都要小得多。对于这两个国家来说，我们的结论应该修改为，世界上铁路的发展是主导这些国家经济活动的一个突出特征。关于铁路化所造成的变化和所引起的随附性发展的重要性，一再重申实在是多余之举。我们不需要做太多，而只需要呈现我们的理论模式，说明铁路建设是如何造成了繁荣和衰退——而且衰退还很容易滑入萧条——特别是，如何产生了同时出现但时间跨度不同的多个周期。但是，读者自己应该不会没有能力一步一步地把这个问题弄清楚。铁路化是我们用来说明我们的模型的工作原理的标准例子。铁路化相当长的酝酿期（就单条铁路而言是如此——每条铁路，都是我们所说的意义上的一个创新；就地方性铁路系统或国家铁路系统而言也是如此——它们构成了更高层级的创新）、相关支出的数量重要性、伴随着铁路化而来的经济生活的所有数据的大变动、有利于进一步创新的新投资机会和新经济空间的出现，以及上面这些反过来导致的（周期性）干扰，这一切结合起来，使经济演化的基本特征在铁路化过程中比在任何其他情况下都展现得更加清晰彻底。对于我们的分析通常会遇到的反对意见，只要简单地提及这些明显的事实，就能平息，这比任何其他例子都更有力。

一、"资产阶级的康德拉季耶夫周期"及其社会氛围

铁路在19世纪40年代的发展状况（尤其是在英国），是我们将第二个康德拉季耶夫周期的起点确定为这个时期的主要原因，但是这样做并不意味着铁路在1897年之后就没有周期上的重要性了，至少在英国这个国家，这种说法与断言棉纺织品的周期性作用在1842年那一年就戛然止步一样，是完全不正确的。"带来"了一个康德拉季耶夫周期的那些创新，肯定能继续为下一个康德拉季耶夫周期做出贡献，正如我们已经看到的，这些创新都是在前一个康德拉季耶夫周期的下行期和复苏期从头开始发展起来的。铁路化本身就是一个很好的例子，作为第三个康德拉季耶夫周期的"伟大创新"之一的电力，也是一个很好的例子。尽管关于第二个康德

拉季耶夫周期结束的时间，几乎所有人都没有什么不同意见，也不过相差几个月或最多一年。当然，这种比较一致的看法，可以归因于系统性的总量序列给出的强有力的证据，同时还应该归因于当时明确无误的经济面貌——这是在后世称为"大萧条"的事件中涌现出来的。但是，这也可以用这些序列背后的经济过程的性质来说明其合理性。

社会模式的性质（它们会通过各大国的外交政策、社会政策和金融政策显示出来），也支持下面这个观点：1897年可能是一个极具象征意义的时间，它标志着一个时代的结束和另一个时代的开始，这与我们的特定目标（因而也是特别狭隘的目标）无关。虽然我们在本书中分析的整个过程本质上是资本主义演化的过程——经济演化不仅影响资产阶级社会的制度模式，同时也受资产阶级社会的制度模式的制约——但是第二个康德拉季耶夫周期似乎可以对资产阶级这个"物种"（epitheton bourgeois）提出一个特殊的要求。我们这样说试图表达的意思是，工业和商业阶层的利益和态度[1]控制了政策以及文化的所有表现形式，而且在一定意义上这种情况在之前的时期都没有出现过，在以后的时期也不可能出现。在欧洲，这通常并不等于说夺占了公共事务的主导权；然而，这方面最早的例子出现在了路易·菲利浦——以及拉菲特（Laffitte）、佩里耶（Périer）、梯若尔（Thiers）、基佐（Guizot）——统治下的法国，甚至还在我们所说的这个时期之前。即便是在英国，也有格莱斯顿（Gladstone）这样的例外，他前两届内阁的名单无疑带着一种非常强烈的贵族化色彩——当然，迪斯雷利是很难分类的。在德国，在那些负责的官员中，真正的资产阶级成分是微不足道的，其中最重要的例子是米凯尔（Miquel）。尽管俾斯麦（Bismarck）试图让官方与资产阶级进行合作的尝试受到了种种（我们无法在此深入讨论）环境因素的阻碍，但他的政策——主要是经济政策和金融政策，但不仅仅是经济政策和金融政策——确实是追求工业和商业利益的。

---

[1] 利益和态度并不是一回事，而且态度并不是源于利益，例如，相对于资产阶级的目标和推定的利益来说，有时偏好和平甚于战争，有时却不是。在决定这类事物时，有时偏向于这个，有时偏向于另一个。然而，无论如何，资产阶级的生活方式确实创造了一种更适合于和平而不是战争的心态，从而导致了反对战争的态度，这是一个事实。

在英国，在张伯伦-迪尔克（Chamberlain-Dilke）式的激进分子发现新的政治权力来源之前，甚至对于那些像格莱斯顿一样培养了公众的良好意愿并能真正吸引他们的政治家来说，也几乎没有其他可以选择来献殷勤的对象。当然，肯定也有人反对"资本主义"。但是这种反对除了导致各种各样的"社会政策"（Sozialpolitik）之外并没有显著的经济意义。这些社会政策完全没有触及任何至关重要的问题，而且它们的实施所针对的正是当时资产阶级的抵抗——我们很容易根据表面价值而高估这种抵抗——因为它们是由位于资产阶级以上的非资本主义阶层而不是由位于资产阶级以下的群众来实施的。在德国，情况尤其如此。当然，在英国也是如此——例如阿什利勋爵（Lord Ashley）、迪斯雷利的托利党式民主体制。社会主义政党的力量是如此之小，以至它的领导人实际上完全忽视了自己能够以议会民主这种最不令人兴奋的、最"反革命"的途径进入内阁的可能性，因此在确定自己的"政策方针"时假设自己会永久地被排除在权力之外，从而也就为自己制造了一个相当于今天人们所称的米勒兰主义（Millerandism）的令人困惑的问题。资产阶级是那么安全，那么深信自己的安全，以致这个阶级在政治上的行动远远超出了与它自己的经济和社会模式的生存相适应的范围。它满心欢欣地认为，只要让群众获得足够的教育，群众就会认识到资产阶级世界的优越性并投票支持自己，因此完全忘记了自己的地位其实是多亏了社会结构中存留的前资本主义元素的保护，进而喜气洋洋地完全忽视了平静的表面之下正在凝聚的爆炸性力量。

二、制度变迁的本质及这个时期的政策

资产阶级以及资产阶级的理性主义向宗教、艺术、科学、生活方式扩展——事实上，扩展到了一切社会性的事物上，唯一的例外是天主教堂，因此成为一个被厌憎和被攻击的对象（这种攻击暂时取得了成功）。这是一个规律，不过只是在前面指出的有限意义上。但对于我们的研究目的来说，最重要的是这样一个事实，即资产阶级世界在政治领域的行动似乎是在尽可能地减少对我们的过程的外部干扰。这样一来，与我们的主题相关的制度变迁，就可以更加明显地从当下的经济形势中呈现出来（比其他

任何时候都要更加清晰），以至如果从任何不同于我们的目的的其他角度来分析问题，定义和处理外部因素将比以往变得困难。为了说明这一点，我们将以英国为标准和范例，并且只考虑如下主题：自由贸易、银行法案和公司法案。第一，自由贸易政策代表了一系列互补性的措施——如《航海法案》的废除——以及一个一般意义上的基本政策原则，它会在当前的事务管理中以多种多样的方式表现出来。自由贸易政策可以是对当前国家利益的一种诊断带来的结果，这种诊断似乎要求为新创造的生产力找到新的出路，同时缓解社会紧张局势。当然，更广泛的方面和对更远期的效应的远见也不会缺席，而且可以肯定的是，正是它们的存在（以及当前为它们服务的生活必需品的生产方式），再加上统治贵族对自己的经济利益的牺牲，使得皮尔政府的政策拥有了历史上独一无二的伟大性。[①] 但是无论如何，在这种行动中，充分利用英国现有的工业优势以获得利润的动机及其有利效果，一直都是显而易见的。

对我们来说，重要的是一定要注意到，英国的自由贸易政策虽然无疑提高了创业活动的长期效率，但是几乎没有影响到周期的节律——总的来说，这种政策确实减小了波动的幅度。在40年代被逐步引入和随后的发展过程中，这种政策可能产生了一种错位效应，而这可能就是那个时代未能充分表现出繁荣的正常症状的原因。从1847年到1874年，无论是价值的增长，还是修正后的英国出口商品价值的增长，都不能完全归因于自由贸易政策（尽管一些强烈支持自由贸易的人坚称如此）。增长和演化在很大程度上解释了这种现象。要对自由贸易政策做出一个更加正面的评价，就必须（有力地）证明，如果没有这种政策，我们所说的意义上的经济增长以及经济演化就会受到削弱。

1844年的《银行法案》（Bank Act）将30年代末的经历使人们无法抗拒的一些观点付诸实施了。如果以前的存款银行业务没有得到充分发展，那么就会造成对经济发展的限制。事实上，在40年代乃至之后的任

[①] 它的社会价值及道德含义在当时和后来都遭到了社会主义者的嘲笑。但这事实恰恰正是它的现实的又一个证明。

何时期，总体经济状况几乎没有多少（如果有的话）可以归因于此[1]：充其量，它最多只是扼杀了一种因技术原因正在消亡的信贷创造形式。这一点完全符合下面这个事实：每次由于其他原因产生"压力"时，系统的运行都会伴随着相当大的摩擦。伦敦的商人、银行家和交易商对《银行特许法案》（Bank Charter Act，1847年7月13日）的言辞卑微的请愿书事实上也没有指责更多的东西，而且政府采取的行动[2]实际上（尽管这样并不合法）等于修改了法令，但仅限于此，这当然也是非常合乎逻辑的。因此，我们不需要将这个衡量标准列入影响周期性演化过程的主要因素当中，除非把它作为当时总体上健全的货币趋势的一个元素。关于银行在这个法案的限制范围内做出的某些行为，我们将在讨论有关时间序列的问题时论及（见第十三章）。

1844年的《公司注册法案》（Company Registration Act），允许企业进行双重登记（不能登记为有限责任公司）。《有限责任法案》（Limited Liability Act）允许双重登记，并允许登记为有限责任公司；1856年，《股份公司法案》通过，并于1858年和1862年相继将适用范围扩展到银行和保险企业，这标志着有限责任制的彻底胜利。（不过，1862年的法案主要体现为一项法典编纂工作，本身并没有什么特别重大的意义。）这个过程提供了另一个制度变革的例子，能够很好地说明一种经济状况背后的逻辑。虽然后者的发展——后者构成了我们的模型所描述的过程的一部分——当然是非常重要的，但在这些情况下立法改革本身的重要性则相对较小。不过也有人持相反的观点，他们的观点源于一种错觉，它类似于我们被1847年以后英国出口商品价值的增长诱惑得目迷神乱时的那种错觉。毫无疑问，1856年以后创办的公司激增，1862年以后更是如此；但是，由于这两个时期都属于朱格拉周期的繁荣阶段，所以对于可能在诱惑下做出的推断，我们必须保持足够的谨慎。

---

[1] 做出这个结论的基础是肖尼西·戈登（Shaughnessy Gordon）女士完成的研究。

[2] 1847年10月25日，财政部发出了一封由约翰·拉塞尔勋爵（Lord John Russell）和查尔斯·伍德（Charles Wood）先生联名签署的信，"建议"银行的董事不低于8%的速度，扩大贴现和预付款项，并保证如果他们因为这样做而违背了法律、蒙受了损失，可以获得赔偿。

其他两个国家的情况大致相同。在德国，关税同盟（Zollverein）和北德联邦（Norddeutsche Bund）发展成为帝国。从经济上说，这主要意味着消除经济发展的束缚和进一步减少投资风险中的政治因素。一般来说，这通常能使创办企业的努力比原来更有可能成功。总体上看，正如我们预料的，很难说以往的发展成果构成了对现有结构的外部干扰。1871年之后，政策上风平浪静，但是自由贸易观点作为一股暗流始终存在——尽管农业和重工业的反抗从1870年起不断取得成功，使得对生铁的关税只剩下一个名义金额，对牛的关税则完全废除——并且在那个时期行将结束时在卡普里维（Caprivi）主持签订的一系列条约中得到重申。这一点是特别引人注目的，因为推动英国采取行动的有关自由贸易的"直接"论据并不适用于德国的情况。俾斯麦转向保护主义政策（1878年）的动机与其说是经济上的——尽管美国小麦的"倾销"对他的转变有影响——还不如说是财政上的（在1878年的德意志帝国预算中，进口关税收入达到了1.06亿马克，这在5.365亿马克的总收入中占了相当可观的份额），以及政治上的（关税壁垒能够使维系新帝国的纽带更加坚韧）。在德国境内及德国周边地区，曾经阻碍了水路交通的通行费最后也下调了（1857年对海峡、1863年对斯海尔德河、1867年对莱茵河、1870年对易北河）。此外，苏伊士运河（1869年）当然是一个重要的创新（正如大多数新贸易路线的开辟一样），尽管它对我们这里讨论的三个国家来说是一个外部因素。

普鲁士银行（Prussian Bank）也进行了改革（1846年），目的在于效仿《皮尔法案》（Peel's Act）。事实上，它在某些方面也是对《皮尔法案》的改进。普鲁士银行逐渐转型为德国国家银行（Reichsbank）的事实，并没有使创业的总体金融环境得到显著改善[①]，而且由于德国国家银行在我们现在考虑的这个时期内从来没有采取过任何积极的控制政策——相关的

[①] 普鲁士银行履行了当时人们心目中的中央银行的职能。这个改革也意味着德国自由银行学派（free banking school）的彻底失败，但一些小公国还是成立了发币银行，它们发行的纸币可以在它们的领土之外流通。1875年，这个权力被限制在了几个主要州的银行机构内，甚至在这几个州内也受到了限制。也正因如此，1875年的德国立法和《皮尔法案》之间有一些相似之处。与此同时，其他类型的银行机构也在增加，就像在英国的情况一样，它们的银行业务对经济无害。

各种细节下面会讨论——所以这种改善就更加小了。以金本位制取代银本位制——德国在 1857 年以前就建立了一种国家货币（银泰勒）——也没有带来什么改善，事实上，人们有时认为这种改变反而造成了很大的干扰。① 到 1870 年左右，这家股份公司完全摆脱了束缚——在许多州都是如此——就像在英国一样，这是导致 1873 年的崩溃如此严重的一个原因。这个经历导致了一定的倒退，但是 1884 年的法案并没有严重妨碍这种自由。

对于美国来说，真正重要的是国内的自由贸易。与此相比——美国中西部和西部的经济史无疑是自由贸易成就的最伟大的历史性实例——在第一个康德拉季耶夫周期中举足轻重的对外贸易管制，在经济上的重要性一直在稳步下降（尽管在政治上的重要性也只是暂时的）。然而，尽管存在这个事实，尽管南方的影响很大，保护主义政策却始终没有被放弃。财政上的考虑是 1842 年的增加和 1857 年的减少的共同原因，但是很可能只有 1846 年通过的非常"长寿"的《沃克法案》（Walker Act），才代表了美国人心目中的温和的保护主义，它一直对所有更重要的商品从价征收 25% 或 30% 的关税。内战之后，羊毛和羊毛制品的关税再次成为围绕关税问题展开的政治游戏的中心（1867 年）。1872 年通过的法案和 1883 年的全面修订带来了小幅的关税削减，但是 1890 年的《麦金莱关税法》又使得制造商（尤其是精纺毛制造商）感到非常满意，同时还向农民提供了

---

① 白银去货币化的效应是一个老问题了，再一次与我们不期而遇。目前我们只能说，当然，它会影响与仍然采用银本位制的国家之间的贸易。在当时讨论得很多的一个更大的问题是，白银的自由铸造或受监管的铸造是否会影响周期性波动——在当时的货币改革者看来，这是对周期性波动的标准补救措施——无疑应该在这里加以讨论。不过，这个问题与所有其他途径增加货币或信贷工具的情况的问题都类似，可以用相同的方法来处理：白银本可以设定在更高的价格水平，从而在不改变周期节奏本身的情况下使繁荣和萧条更加凸显。然而，我们至少还必须提一下如下与金银复本位制有关的问题。只要金银两种货币能够以固定的比例自由铸造、只要这两者没有把对方驱逐，那么就必定存在一个自动调节法定货币量的机制。市场价值低于法定比率所定价值的那种金属将趋向于进入流通领域，另一种金属将趋向于流出，从而增加其非货币用途的供给。事实上，这个机制在 40 年代和 50 年代一直在起作用（以法国为中心）。不过，它只能在一定的范围内发挥作用——尽管具体的范围有多大还不确定——而且很可能被后来银矿开采的发展所破坏，哪怕金银复本位制真的像那个时期的各种货币会议所建议的那样被普遍采用也一样。但是，也正是在这个意义上，我们说这个原则（它由类似于瓦尔拉斯这样的权威人士提出）并没有错。然而，在本书的分析中，这个问题只是一个次要的问题，作者将会在日后讨论货币的专著中回过头来讨论。

对羊毛的全面保护（这是保护主义者唯一能向他们提供的）。《威尔逊法案》（Wilson Act）——这是一个勇敢的人的最勇敢的行动——废除了对羊毛的关税，将羊毛制品的平均关税从91%减少到了49%，结果引起了激烈的反应，它体现在《丁利关税法》上。对于自由贸易在公众眼中的地位，很不幸，《丁利关税法》刚好出现在第三个康德拉季耶夫周期的起点——1872年和1883年的经济下滑触及了危机发生的阈值。[①] 在作者视线所及的范围内，这项政策可能缓解了某些行业暂时的困难——不过《威尔逊法案》所带来的变化无疑造成了一些干扰——但总体而言，它对事态的发展几乎没有任何实质性影响。它从来就不是周期性转折点的主要因素，更不用说将萧条变成繁荣或者将繁荣变成萧条了。它对趋势的影响能够证明的也仅限于少数几个行业，而且它在政党政治中所占的地位，以及在社会很大一部分人的思想和言论中所占的地位，都有一种奇异的不真实之处。

接下来讨论因内战而产生的货币问题。在银行业，最显著的制度变革是建立了全国性的银行系统（National Banking System），我们不妨比照前文对《皮尔法案》和德国国家银行的讨论，对这个系统加以分析。这也许是一种重复；然而，我们马上就会注意到两个重要的事态发展，它们几乎构成了制度变革。一个是纽约这个银行业中心的崛起，它取得了类似于中央银行的地位。另一个是银行惯例的逐步改革，在某些州——例如在路易斯安那州（1842年）——这是由法律强制执行的；而在另一些州，如马萨诸塞州，是由银行业自己实施的。在纽约，安全基金和债券保障系统都得到了改善；在南卡罗来纳和一些中西部州，严谨执业的银行也占了上风，尽管在西部和南部"假"银行和"蘑菇"银行仍然很常见（它们经常以高达90%的折扣发行纸币）。《国民银行法》（National Banking Act）直接和间接地为进一步改善银行业发挥了很大作用。在早期信托公司的胡作非为导致的挫折之前，这方面的进展几乎没有中断过。

[①] 这些都是很好的例子，它们说明了将巧合当作论据的危险性，特别是在用外部因素来解释经济状况时。这些例子非常宝贵，因为很明显，我们不能认为这些措施引发了恰好随后出现的周期性阶段。这应该能提醒我们在其他情况下也要小心。

要讨论我们所说的这个时期的财政政策的细节，既不可能，也没有必要，因此我们只需关注其精神实质就足够了。在美国，关税的制定通常要考虑到联邦支出，事实上，关税产生的盈余是如此之大，以至几乎令人尴尬（除了在内战期间和内战后的那几年之外）。[1] 在英国，所得税重新出现，而且变成了永久性的，不过在整个时期所得税的征收似乎有些束手束脚，表现出了一个对自己的"权利"不那么确定的"新来者"的特征。在德国，各州新开征或改革所得税时也是如此，其中米凯尔推出的普鲁士所得税和财产税（1891 年）可以说是最高的成就。有人告诉本书作者（尽管他无法证实），米凯尔认为，最高税率逐渐接近 5% 的所得税税率就是危险的高税率。德国各市政当局为了自己的目的而额外征收一定百分比的做法，并不是在我们所说的这个时期发展起来的，但是这种做法很快就使所得税成为一个严重的负担。当然，这一切都意味着接受资产阶级的经济模式。任何在政治领域有一定地位的团体都不会怀疑任何人对自己的私人收入或遗产的权利。个人赚得的收入应主要用于私人目的，国家和其他公共机构只能拿走尽可能少的钱。税收是一种不可避免的罪恶，它必须被限制在一定的数额内，而且征收方式应尽可能少地干预个人对收入的处理，最好就像不需要纳税时一样。在公共事务的管理方面，节俭或至少做到经济合理，才是值得称道的；储蓄或积累，则属于私人管理的事务。在政治权力的支持和批准下，资产阶级在一个稳固的包括健全的货币体系在内的框架下努力工作、积极储蓄（然而，我们要再重复一遍，在欧洲通常来说拥有政治权力的并不是资产阶级），他们为的是家庭的无限期的未来，并且总是尽可能地把眼光放得长远些、再长远些。

这些就是格莱斯顿式金融奇迹背后的原则，或者说是戈森（Goschen）提出的六大预算背后的原则。皮尔则是守护神。与这三位的成就相比，所有其他英国人，以及除米凯尔之外的所有德国财政部长都显得太平庸，有的人的表现甚至严重低于平均水平——即便是迪斯雷利，也只

---

[1] 在当时，对制造业产品征的税是一个相当大的负担。然而，不能认为人均税收水平是十分夸张的。废除战争税并没有导致预期的价格下降——这个事实可以构成对当时的"通货紧缩"争论的有价值的评论。

是一位平庸的所谓金融家而已——但重要的是，他们中没有任何一个人偏离了这种信条。虽然我们在本书中既不分析也不评估文化模式，但是很明显，这种金融和以它为其中一个元素的一般政策，与我们的实物序列所显示的结果有非常大的关系。

三、外部干扰

在这个"资产阶级的康德拉季耶夫周期"中，可以列出一个很长的事件清单，包括战争、外交纠葛和革命等。[①] 由于受篇幅所限，作者无法在此阐述它们为什么都是与我们所说的社会模式无关的外部因素——即便在比本书有限的目的所暗示的更深层次意义上，也是如此。但是，我们可以提示一下支持这个论点的论证将会如何展开的线索。这种论证可以从如下事实开始：由皮尔首创（再一次，我们必须提到皮尔）、在格莱斯顿手中得到了充分发展的（同样，我们必须再次提到格莱斯顿）前后一贯的缓和政策，在英国从来没有受到过严重的挑战——甚至连比肯斯菲尔德（Beaconsfield）的（主要是字面意义上的）"帝国主义政策"也没有——这种政策，可以说是资本主义社会经济文化结构的最完美的表述。但是在这里，我们将只限于讨论几个或几类实例对经济发展机制运行的重要性。首先是一组（至少从我们的立场出发）可以称为比较次要的事项，例如某个国家与英国发生的各种摩擦。对于其中一些事项，商界理所当然地完全不屑予以重视；其他一些事项则会引发一些小小的波动。甚至导致了军事行动的动乱也属于这一类，例如美国和墨西哥之间的战争，由于涉及两国之间战争赔款的支付，因此在结束后的一段时间内对货币市场的形势产生了一些影响，不过这只是短期的影响。当然，对时间序列的详细研究已经考虑这种类型的干扰，但是我们可以肯定地说，在这里忽略它们不会遗漏任何重要因素。对于美国这个国家来说，如果暂且不考虑对移民的影响，那么以下事件都是"小事"：席卷欧洲大陆的1848年革命、俄属波兰的动

[①] 黄金的供求情况——如加利福尼亚和澳大利亚的黄金大发现，因为它们主要归因于偶然的机会——当然是外部因素，而且在其他地方加以讨论更加方便。

乱，以及各种各样发生在欧洲的事件——不管从这些事件本身来看它们是多么重大。诚然，这个国家并不是一个自给自足的世界；但是这些事件的性质决定了，它们既不会实质性地影响农业出口，也不会实质性地影响资本进口。

但是对于英国来说，欧洲大陆 1848 年的大动乱在经济上的后果就严重多了。在考虑英国的经济状况时，是不能把发生在欧洲大陆的这类事件排除在外的。克里米亚战争、兵变、美国内战和土耳其-俄国战争都属于这种类型的重要外部因素。相比之下，埃及、苏丹、南非（注意，我们所说的这个时期在 1897 年结束），以及其他殖民地发生的问题都没有严重扰乱英国当时的国内经济状况。而且，更令人震惊的是，意大利和德国的战争也没有。货币市场无疑在上述每一个事件中都受到了影响（通过黄金的流通和其他途径），但是除此之外，我们关注的过程却几乎没有受到什么损害。这不仅因为该国经济系统拥有巨大的弹性，而且因为公共财政和货币从来都没有——甚至从来没有人预期——陷入危险的失序状态。即便是在经济波动与外部干扰同步发生的时候，我们也必须非常小心，不要把过多的因果重要性归因于后者。此外，几乎在所有情况下，政治动乱的消极影响至少会在一定程度上被积极影响所平衡，因为几乎总是有利益群体会从中受益。即便是在兰开夏发生了严重程度史无前例的棉花灾害时，也没有导致任何类似于普通的萧条这样的后果（尽管当时确实有很多人因此而蒙受了苦难），甚至连同一时期的朱格拉周期上升阶段的症状也没有消除掉。

当然，德国的经济状况，尤其是德国的货币市场状况，非常清楚地显示了欧洲所有事件的印记，包括政治动乱和紧张局势（例如在 80 年代，与俄国之间的紧张关系的影响），以及国外经济波动，特别是英国危机的影响。德国通过战争创造了一个统一的国家，这个事件从长远来看对经济趋势产生了强大的影响，但是除此之外，对经济生活流转的干扰远远小于人们的预期。丹麦战争本身就是一个很小的事件。奥地利战争持续的时间很短，没有造成太大的消耗，因此不会导致长期的背离。当然，法国战争是不同的。但即便在法国战争的情况下，也只出现了一个主要问题，它源于如下事实：总额高达 49.9 亿法郎的战争赔款实际上是用现金和外汇支付的（用现金支付 7.42 亿法郎，其余用外汇支付）。赔款的支付惊人地迅速和轻松——主要通过 1871 年和 1872 年的两次大规模借款完成。这些款项的转移还因为如下事实而大大加快了：有 22.5 亿法郎的国债被外国人认购（其中就包括许多德国人），同时法国资本家可处置的外国资产远远超过了所需（而且它们都很容易变现）。因此，这种压力分布到了非常广泛的地区，在法国以外的任何地方都没有达到真正令人不安的程度。法国在对外贸易中的商品平衡也在那四年中变得"有利"——总额达到了 11 亿法郎——这也正是我们根据经典的关于国际收支的理论可以预期到的。赔款的使用对德国经济状况的影响是显而易见的。一小部分赔款（1.5 亿法郎）由政府以黄金的形式囤积起来。另一部分赔偿（估计为 7.5 亿法郎）则帮助德国奠定了新的金本位货币的基础。其余的赔款则用于偿还债务、支付战争抚恤金、修建要塞等。很显然，正如经常有人指出的那样，货币财富的这种增加给那些年的过度繁荣提供了额外的推动力，这在一定程度上解释了 1873 年德国金融危机的剧烈程度（以及法国金融危机的温和性）。事实上，人们有理由认为，随时准备着对黄金货币的安全储备不仅意味着可以避免压力（否则压力就会传导到积累的储备上），而且意味着信贷条件得到了更进一步的放松。此外，可以肯定的是，当用现金取代相当一部分政府债务，同时增加战争抚恤金、军备等方面的非生产性开支时，会在同样的方向上产生更大的影响。因此，通过这个案例，我们不仅可以很好地阐明这种偶发性的外来"流动性"的一般影响，而且可以很好地说明在我们的材料所涵盖的整个时期（包括战后时期）出现的三大危机（以及萧条）之一的模式的一种因果元素（它显然是一个外部因素）。毫无疑问，指出流动性这个因果元素自身的运行方式是非常有意义的。只要我们的事实或模式允许我们做出判断，这种流动性就不会改变周期的节奏。我们应该预料到，价格会上涨，一段时间内会出现超常规的创办企业的浪潮，其他商业活动在没有这种流动性的情况下也会开始。繁荣的机制实际上在此之前就已经全面展开，而且无论如何都会遭遇重大挫折。这种流动性所能做的，就是通过促进我们所说的次级波所指的商业活动，并人为地扩大错误和不当行为的范围，从而增大波动的幅度。

四、美国内战以及随后出现的"降价时期的繁荣"

然而，这个时期最大、最有意义的"外部干扰"无疑是美国内战。我们可以不考虑这个国家的生产工具在实物层面所遭受的各种损失，因为这一点并没有太大的周期重要性（从而再一次说明了苦难与萧条之间的区别，或者说福利与繁荣之间的区别）[①]。它们的周期重要性即便有，也体现在繁荣的方向上，因为重建为战后繁荣提供了基础。美国内战的影响与20世纪的世界大战对这个国家的影响有惊人的相似之处。我们看到，在一开始，这不啻一场可以理解的金融和商业地震，紧张和停滞则几乎持续到了敌对行动的第一年结束的时候。然后，在良好收成的帮助下，一个典型的战争繁荣期应运而生，这是对由绿背美钞的发行支持的政府需求上涨的反应。战争结束后，相互冲突的战后繁荣力量和战后清算力量不断碰撞，导致了一个上升的周期波（朱格拉周期），它在这种情况下是很容易与外部因素的影响区分开来的，因为它显然基于与战争无关的铁路建设的推进。战争的大部分影响和后续影响都淹没在了这一波的上升和破裂之中——尽管60年代后期的某些波动必须归因于它们，但无论是周期性节律还是趋势性结果，都没有受到足够大的影响，以至无法辨别清楚。甚至1866年和1867年的困难也不仅仅是战后调整造成的。但是问题仍然存在：在实行美元本位制的17年间，货币因素究竟有多重要？

再一次——就像在所有类似的情况下一样，尤其是与1815年后的英国和1918年后的美国的情况类似——我们所要讨论的通货紧缩，其实是一个定义问题。在我们所定义的通货膨胀的意义上，这里并不存在通货紧缩，因为既没有出现流通媒介数量的净收缩，货币市场也没有承受任何压力，如果身临其境，我们甚至可能会预期政府将出台将汇率抬高到黄金平

[①] 在实物损失中，被损坏的植物和牲畜很快得到了修复。约翰·穆勒对此发表评论称，只要资本主义的引擎完好无损，这种修复就一定能够完成。在这类情况下，在经济上重要的是（当然，在道德上有更加重要的事情），资本主义动力和机制的损害，而不是实物损失。在这个事件中，资本主义动力和机制根本没有受到影响。

价的政策。当时的公共舆论对上述两点都持赞成态度，而且财政部长休·麦卡洛克（Hugh McCulloch）在1865年12月的报告中实际上已经预料到了这两点。他以最正统的眼光看待美元和复利票据，提议通过发行债券的方式为它们提供资金，事实上，他已经开始着手将它们从盈余收入中撤出。这项政策最初获得了高度赞赏，总统和国会都很快批准了它，但是不久之后就被1866年4月12日通过的法案所限制了。实际生效的撤出额很小，而且由于国民银行纸币发行量的扩大，回补额相比之下反而更大。① 几年之后，这位财政部长无奈地指出，如果不看财政部的月度报表，根本不会有人知道这种撤出的存在。他说的很可能是对的。最终发生的事情，正是麦卡洛克的继任者和国会宣称要达到的目标——让经济有机体在货币外衣之下生长。

货币市场的压力——除了少数发生在地方上的例外——也因为各种有利的环境条件得以避免。从来都不需要为了恢复联邦预算秩序而付出巨大的努力——特别是那种可能会阻碍商业成功的努力。恰恰相反，联邦债务甚至有可能从1865年26.75亿美元的峰值开始减少。银行的状况也进一步好转，因为美国债券几乎立即得到了欧洲人的踊跃认购，而且美国企业还从其他途径获得了大量外国信贷。总的来说，美国的银行业从一开始就很强大。1866年，国民银行的法定货币准备金达到了2.11亿美元，同时存款则为5.39亿美元。这只是一个事实的症状，而这个事实对诊断战争结束时是否存在通货膨胀是至关重要的。美国的银行业事实上并没有充分发挥作用，也就是说，在美国从来没有越过下面这个阶段的界限：不断膨胀的收入中有一部分被用于增加现金和偿还债务，即美国的银行业从来都

---

① 到战争结束时，还有4.31亿美元的绿背美钞尚未兑现。《恢复硬币支付法案》（Resumption Act）仍然批准了最高346 681 000美元——请参见W. C. 米切尔（W. C. Mitchell）的《绿背美钞史》（The History of the Greenbacks）和D. R. 杜威（D. R. Dewey）的《美国金融史》（Financial History of the United States）。1882年，流通中的国民银行纸币增加到了3.52亿美元（其中有所波折），在1891年又减少至1.62亿美元。这有一些技术上的原因，其中最重要的原因是支票付款习惯的普及，因此流通中的纸币减少并不意味着流通媒介的数量减少，也请参见D. C. 巴雷特（D. C. Barrett），《绿背美钞与恢复硬币支付》，1931年。

没有变得"疯狂"。① 1864 年的价格上涨，并非美元数量增加的机械效应所致，而应该（部分）归因于生产和贸易障碍以及投机预期；而且 1865 年底的整体性下跌形成了一个反转（与 1864 年 9 月的水平相比，下降幅度达到了 22%），这是实际法定货币数量的调整，而不是任何紧缩政策或收紧货币的政策的结果。

总的来说，工业是从战争时期开始、在流动性充裕状态下发展起来的，虽然当时的流动性仍然比不上 1918 年。流动性更强的银行很快就开始在不断上升的繁荣浪潮中扩大信贷。从 1866 年到 1872 年底，国民银行的贷款和贴现从 5 亿美元增加到 9 亿美元，而纽约市结算所下各银行的贷款在 1869 年底之前一直处于相当平稳的水平。② 这显然不是收缩。此外，货币因素显然没有抑制产出，相反，产出在《恢复硬币支付法案》之前的整个时期都一直在创造新纪录——除了 1871 年、1874 年和 1876 年之外——而且人均产出的增幅达到了 50%，尽管战后出现了大规模移民潮。这一切没有阻止货币工资率在 1872 年前提高，也不曾阻止利率下降，甚至也未能改变轻松放贷和投机过度的习惯。如果要说这种信贷情况与"黑色星期五"和 1878 年的金融危机有什么关系，那也不是因为紧缩，而是因为紧缩的反面。由此，我们得到如下推断（这似乎是不可避免的）：美元在黄金溢价达到峰值时企稳，或者任何货币的贬值实际上都会使通货膨胀持续下去，导致更多的过剩和更严重的危机。这样说并不是要否认以绿背美钞计的价格下跌（这在 1871 年之前都很快），会给很多部门造成困难，特别是农业部门（从 1866 年到 1870 年，小麦价格下跌了将近一半，棉花价格更是在不到一年之内下跌了一半）③；也不是要否认货币贬值和

---

① 唯一与这互相矛盾的似乎是 1864 年发展起来的以黄金而不是货币报价的交易所惯例。但是这一点与任何"逃离美元"的意图无关，只是因为黄金价格的变化快速且富有弹性——这种变化使得以货币计价在技术上行不通。

② 关于这个情况和下面的陈述以及这个时期的一般统计结果，参见 W. M. 珀森斯（W. M. Persons）、P. M. 塔特尔（P. M. Tuttle）和 E. 弗里基（E. Frickey）,《内战后的商业和财政状况》，刊载于《经济统计评论》，第 2 卷，1920 年。

③ 毛纺织业在战争期间的利润也消失了。但是，客观事实一般不能证明当时经济"陷入了萧条"或"无法令人满意"，尽管新闻界经常用这些措辞来形容经济状况。特别是，棉花和铁的生产得到了极大的扩张（见 1867 年税务局局长的报告）。总体情况完全符合我们对康德拉季耶夫衰退的看法。这些抱怨很可能只不过意味着利润减少而已。

持续的通货膨胀给这些行业带来了暂时的缓解,虽然货币因素显然只占一小部分。[①] 最后,我们还要强烈敦促读者注意,这种现象——繁荣的出现伴随着价格的持续下降(从 1866 年到 1880 年,下降速度为平均每年大约 4%),而且人们也预期到了这种下降——对理解经济演化的周期性过程的性质的重要性,怎么强调都不过分。

五、白银策略

1878 年之后,美国开始走向金本位制,直到 1900 年获得全面批准,这个过程似乎并不困难(1900 年 3 月 14 日,《金本位法案》通过)。然而,即便真的遇到过一些困难,那也不是因为货币体系或经济系统的运行出现了任何故障,而只是因为白银既得利益集团的暂时得势。从 1876 年到 1896 年,这个"外部因素"——事实上,这个案例很好地说明了政治在何种意义上以及为什么可以被视为一个外部因素——再三威胁要堵塞通往金本位制的道路,它还通过如下两种方式对经济状况产生了不利影响。首先,在看到了主张银本位制的政客取得成功并预期他们还会取得更大成功的情况下,美国和欧洲的商界出现了这样一种舆论,即试图为各种各样的可能性做好准备,并且以一种对任何同意有关安全和稳定的货币条件在经济上(更不用说在道德上)具有重要性的事实证据的人来说都极具启发意义的方式做出了回应。其次,与预期效应不同,实际购买白银的机械效应会冲击国家的黄金头寸,如果不是这样,国家的黄金头寸在整个时期都会非常有利。例如,从 1891 年到 1893 年,黄金的出口额达到了 1.55 亿美元,这既不是 1892 年和 1893 年不合人意的农作物收成和价格所能充分说明的,也不是当时任何其他因素所能完全说明的。当时,财政部是国家黄金储备的唯一守护者,出于上述两个原因,它不得不在某些关键时刻(1884 年是第一个这样的关键时刻)面对一个看起来毫无希望的任务。

在 1893 年的经济变迁中,通货因素是造成经济疲软的主要原因之一;在 1896 年,它还导致了一场可以证明是美国特有的灾难。然而,尽管白

[①] 第八章将继续讨论这个时期价格水平的变化。

银无疑影响了周期性情况,但是它的影响方式却与当时人们所预料的不同——我们可以通过研读《布兰德法案》(Bland Act,1878年)和《谢尔曼法案》(Sherman Act,1890年)理解当时人们的想法。前者的规定本身(虽然它的自由铸币条款被参议院否决了,而且在此之前的1873年已经取消铸币自由)就足以使整个体系产生"通货膨胀"冲动。但是,正如前面指出过的,从1886年起,物价水平持续下降,而且降得甚至比英国还要多。原因在于财政部采取的政策。这个法案的通过确实意味着一场势均力敌的战斗:稳健货币阵线[①]不得不有所让步,但是它成功地坚守了金本位制。货币体系的实际运行可以说是这两种力量合力的结果。财政部确实遵守了法律条文,它按规定的数量买入白银,并采取措施使之进入流通领域,但是与此同时也在尽力阻止其产生效果。例如,小面额绿背美钞的发行在1865年就停止了。与此同时,纽约联合银行的一些黄金被白银取代了。此外,白银也被允许作为积累进入国库的保险库,并因此被"冲销"掉。这当然是一项冒险的政策,有"顶风作案的意味",但是由于当时有利的条件不少,它还是取得了成功。

正如前面指出过的,排除这种白银实验的影响,美国的黄金头寸是有利的,在某些年份,这一点可能非常关键。此外,利率的下降也引起了美国债券价格的上涨,这是对国民银行发行的纸币的支持,并导致发行纸币的权力贬值。于是,国民银行发行的纸币的存留量在80年代缩减了大约2亿美元——当然,这个过程还因为财政部的债务偿还政策而加快了。最后,使这一政策成为可能的财政盈余也促进了闲置白银的积累。不管人们如何看待这项平淡无奇的法案所设定的3亿美元左右的支出目标,它对价格、对周期性过程的节奏和趋势的影响,即便不能绝对地说完全没有,也一定是很小的。相同或几乎完全相同的讨论也适用于《谢尔曼法案》,它更清晰地表明了在满足白银利益集团与保持金本位制之间达成妥协的必要性——尽管该法案宣称"既定的政策是维持这两种金属的平价……"。特别重要的一点是,每月购买一定数量的白银(4 500 000盎司)是以"国

[①] 读者将会注意到,就我们的目的而言,即便用"有良知的美国人""所有正派或严肃认真的人"又或者"可恶的高利贷者""资本主义剥削者"来代替这个本来中立的表达,也不会有什么不同。

库券"的形式来支付的，这种国库券无论从哪个方面来说都是法定货币，但是它可根据财政部长的要求兑换成黄金或白银。战术面纱后面总是隐藏着某种意图。但是事实似乎支持如下解释：黄金派的领导人不得不面对一项无法防御的攻击，因为就是在这些领导人当中，有一些人和他们的许多追随者为满足自己的保护主义欲望必须支持白银派，于是他们采取"以退为进"的策略（reculer pour mieux sauter）。他们的决定基于两个观察结果和一个希望。这两个观察结果都源于最近的经验：第一，财政部能承受巨大的压力；第二，白银可以转变为可赎回的法定货币——这实际上是在《布兰德法案》下完成的，虽然这并不是法案的明文规定——从而能够防止（至少在一段时间内）它"淹没"货币体系。至于那个希望，根据这种解释，就是"屠龙终有时"——战术和经济条件迟早会成熟，到时就可以把《布兰德法案》这条"恶龙"杀死。事实上，他们没有等太久，1893年这个法案就被废除了。

第二节 这个时期的农业发展状况

前面描述的这些情况概括并反映了资本主义发展的突出成果之一及其影响，尽管清晰程度可能令人大失所望。在一级近似中，"文明人"获取廉价面包并为廉价面包而奋斗的历史，对我们这个时代来说，就是美国铁路和机器的历史（不过，在这个时代快结束时，还必须加上旱作农业）。[1]

---

[1] 对于农业机械领域的一些发展，我们将在下文提到。不过，要精确地估计节省劳动力的效果将会非常困难，事实上，即便是估计某个农场生产每单位农产品可以节省的劳动力也是很困难的，因此，在实际操作中，由于存在巨大的地区差异，准确估计其实是不可能的。在19世纪，关于个体劳动的节约程度也有很多数据，但其中很多显然是不可靠的。劳工专员的第13份年度报告（1898年）载有一项非常全面的估计，由于其日期较近，这份报告很有诱惑力。然而，本书作者对它仔细分析后得出的结论是，如果轻率利用这份报告，会出现使用者无法承担的责任。本书作者完成的这些研究使他确信，美国农业经济学非常重要的迫切需要之物（desideratum）不但没有得到填补，而且在这个康德拉季耶夫周期内不太可能得到填补。但是，利奥·罗金（Leo Rogin）先生的分析值得我们注意（《农业机械的引入》，《加州大学经济学刊物》，1931年第9期）。然而，产量大幅增长的两个时期——1867—1880年和1890—1898年——显然与原有的农业机械的推广使用（麦考密克收割机、卡洪播种机）或新的农业机械的出现（圆盘钻、分离器、自黏机、大脱粒机以及许多其他机器）有关。这种机械化的目的是通过节省劳动力的机器来降低成本，而不是增加每英亩的产量。这个目的实现了——是耕种面积的增加带来了总产量的增加。

这样一来，我们马上就会注意到，这两项创新自身的运行方式各有一些特殊之处。

第一，美国内战后的土地安置政策极大地推动了这个进程，而且它是与铁路建设协同发挥作用的。该项政策使得移民涌入新土地，使得移民数量激增，如果没有它，移民速度将会慢得多。这同样符合（而不是否定）刚才所做的全面陈述：移民和土地政策都不是完全属于我们的模式，但是它们也都不独立于我们的模式所描述的过程。

第二，这两项创新都没有出现在农业领域——事实几乎恰恰相反，交通运输业整体上是创新的产物，农业机械制造业则主要是创新的产物。这就导致了一个重要的后果，特别是在交通运输部门。在当时发生的典型情况下，一条新铁路就能开辟出一个新区域，从而为未来到来的农民准备好了施展才能的舞台和其他许多东西，在很多情况下甚至可以说为他们提供了生产什么、如何生产的"指导"。任何一对有坚毅精神的夫妇——如同格兰特·伍德（Grant Wood）的《美国哥特式》（American Gothic）所体现的那种精神——都可以到中西部或更加遥远的西部去，而且确切地知道该做什么以及如何去做（其实也有许多人并非如此）。因此，每条铁路的农业效应都会以一种非常快的速度呈现出来，这在纯粹的农业创新中是完全不可能实现的，不过，通常来说，这会缩小我们所说的农业繁荣的时间跨度。①

第三，对于美国来说，结果因为如下事实而大为减轻——在这个时期的大多数时间内实际上甚至是被反转——小麦和棉花生产在整个时期所面对的全球需求按实际价值计算，一直都在上升。如果这种生产是垄断的，而不是完全竞争的，那么在康德拉季耶夫周期，扩大种植面积以及尽可能多地生产可能仍然是最好的长期策略。而在现实世界中，在那个时期与美国相竞争的供给来源尚未出现（特别是阿根廷），同时航运业正在经历大发展，远洋运费不断下降，这些因素使得美国农业仍然朝着与上面说的相

---

① 这并不是没有利润的创新的一种情况（请比较第三章），也不是没有繁荣阶段的周期（请比较第四章）。但是在我们看来，利润和繁荣都集中出现在了铁路和工业上，而没有出现在农业中。农民（在经济繁荣时期）所挣得的钱，本质上只是高得出奇的工资而已。

同的方向发展。

第四，在农业领域，我们所说的"老企业"并没有像在工业领域那样被迅速淘汰出局——它们继续维持生产的时间要长得多。这个事实进一步加剧了上述后果。对于这样一种现象，如果没有人反对使用"生产过剩"这个与许多错误推理有关的术语，我们应该称之为"农业生产过剩"。虽然这种老旧的企业主要分布在欧洲（如果允许我们所说的过程自由扩展，那么创新应该早就将它们在经济上判处死刑），但是同样的效应也在美国这个国家的东北部表现了出来。但是，奶业、蔬菜种植业等在现代制冷技术和罐装技术出现之前，能够提供比今天更多的补偿；而且新英格兰的农业可以用一种让农民相对轻松的方式进行承包，他们不用放弃农民身份，不用以放弃原有投资为代价向西部迁移。

如下这一点非常简单，同时也非常重要。为便于说明，我们在这里的论证中将假设，农作物没有任何发生偶然变异的机会，也没有任何创新会对每英亩产量产生影响（即假定创新仅仅作用于投入成本和生产面积），从而使得每年的每英亩产量都保持不变。然后，我们就可以说美国农业作为一个整体，农业收入和产品价格的变化确实表现出了非常不同的特点，尤其是不断下跌的价格与持续增长的收入是完全相容的——而且在某种程度上甚至可以说是向欧洲出口的收入不断上升的条件。但同样真实的是，在我们的假设下，对于相当多的农业部门，以及任何一个农业部门的许多个人，货币收入却只与价格成正比。这些部门和个人必然会受到价格下跌的影响——当价格下跌到与当地采用的生产方法相适应的水平之下时。价格的这种下跌必定是通过我们所说的过程来实现的，而且这实际上是按照新经济状况的要求传播进步成果和重新分配生产资源的机制的一个重要组成部分。即便不出现其他创新，也会出现这种情况；仅靠农业本身的发展就足以压低一般价格水平，更何况所有其他创新都是朝着同样的方向进行的。

现在，由于上述欧洲需求和美国需求都在向有利的方向转变，再加上其他创新的影响，在我们所说的这个时期，相较于其他价格，农产品价格并没有出现大幅度的下降。只要这一点能够保持，那么即便是那些收入与农产品价格成比例的农民，也只会在如下范围内受到损害：他们在购买商品时是按照零售价格结算的，而零售价格的下跌幅度不如批发价格；保护主义政策使得土地价格的反应与不存在这种政策时不一样。只有债务，特别是为收购资产而产生的债务，才会使价格下跌具有某种"险恶"的含义。即便不存在任何对农场土地的投机，没有人因为错误地预期农产品价格会上涨而买入农场，结果也会是这样。但说到底，这些因素都只是给画面增添了一抹暗色而已。这样说应该是公正的，同时也对把农业的繁荣和萧条仅仅与价格联系起来的观点进行了批评。根据美国农业部发布的第288号《技术公告》(Technical Bulletin，D. L. 威肯斯)，在由业主经营的农场中，有 27.8% 在 1890 年进行了抵押，抵押的价值占比则达到了 35.5%。这些数字当然表明了形势的严重性，但是同时也表明，至少有三分之二的农场没有受到致命的影响（因为将农场用于抵押的人当中肯定也有一些能够没有什么痛苦地承受负担）。当然，除了抵押贷款以外，还有其他债务，本书作者无法做出也无法找到任何可靠的估计；但是这些债务大多是短期银行债务，而且在所有正常情况下都是可以适应当前的调整的。

这种分析为讨论发生在 19 世纪最后 25 年的那次众所周知的农业萧条[①]提供了理论依据，它与拿破仑时代之后的农业萧条有着非常明显的相似之处（主要是因为它们发生在康德拉季耶夫周期的同一阶段）。对于美国来说，它的时间应该是从 1882 年到 1890 年，因为到了 1891 年种植面积又开始扩张，同时在 1877 年至 1881 年间，或者收成很好，或者价格不错，又或者两者兼而有之。1879 年是一个大丰收之年（农作物收成很好，而且叠加了高昂的价格——因为当年欧洲收成很糟糕），而 1881 年则是小

---

① 由于篇幅有限，无法在这里详细阐述这个问题，这很可能会给读者留下一个不好的印象，尤其是在农业经济学家的心目中。例如，我们没有指出，由于"农业在经济发展上的滞后"，农民在外界条件有利时得到的改善、在外界条件恶化时遭受的苦难，都会比制造业从业者更大；繁荣期土地价值的增加，会加剧萧条期的困难；由于市场销售成本是有黏性的，繁荣时农民收入的增长、萧条时农民收入的下降，都会比商业中心的价格变化幅度更大；等等。但是无论如何，所有这些都不能改变我们的核心论点。关于这个问题，已经有经济学家做出很好的论述，并得出了有普遍意义的结果，见 C. 丹皮尔·威瑟姆 (C. Dampier Whetham)，《农业的经济滞后》，载于 1925 年 12 月号的《经济学杂志》。也请参见，H. 贝尔肖 (H. Belshaw)，《农业的利润周期》，载于《经济学杂志》，1926 年 3 月。

麦价格最高的一年（12月的产地价格达到了119.2美分/蒲式耳）。读者肯定注意到了，到目前为止，我们一直没有赋予货币因素任何独立的（因果）作用，我们的分析完全是根据我们的模型所描述的过程进行的。的确，我们有理由认为这个解释已经揭示所有的要点。但是，对于1848—1869年这个时期来说，只有这些还不够充分。

当然，加利福尼亚和澳大利亚的黄金大发现是当时经济扩张和价格变化的一个因素。价格上涨持续到了1866年，再加上对农场土地的大规模投机，最后引发了内战之后的农业危机（见上一小节），然而这场危机只持续了三年。而且在那之后，我们所说的过程受到的干扰就少了，也更接近我们所要解释的事物本身。从1866年到1880年，有收成的土地从1 540万英亩增加到了3 800多万英亩。仅此一点足以证明我们所采取的论点。① 价格变化的长期趋势也完全与我们的结论相符，尽管短期的波峰和波谷的出现是不定期的，那是对美国和欧洲的收成变化的反应。从1843年到1857年，农产品的总体价格一直相当稳定地上涨（见沃伦和皮尔逊给出的价格指数，《价格》，第25页），几乎完全覆盖了第二个康德拉季耶夫周期的繁荣阶段，然后价格开始下降（再一次，可以根据我们的模式预料到这一点），直到1861年的水平（指数为75，以1910年至1914年为基

---

① 有人则认为这是前述分析的例外，这不仅包括那些把农业的繁荣与萧条（这两个术语现在已不具有本书所赋予它们的技术性含义）完全归结为货币变化的经济学家，还包括一些不这么认为的经济学家。后者可能会认为，由于我们忽视了19世纪七八十年代黄金产量的下降，我们自己的解释也有与纯粹货币解释类似的片面之处。当然，事实并非如此。我们并没有忽视黄金因素，而是充分地考虑到了（尽管我们只是隐含地考虑到了）。除了50年代和60年代，我们没有明确地提及黄金因素，因为只有在那些时间里这个因素才发挥了独立的作用。我们也不否认，货币因素的变动（或者被人为地改变），本来也许可以用来避免价格水平下跌。任何有效的通货膨胀政策都可以做到这一点，并能够缓解债务人、农民和其他一些方面的困难。但我们要反对的是，任何对农业萧条症状的诊断如果只将黄金产量作为核心的事实，那么它就不仅局限于农业问题（而未能将其视为经济演化过程的一个元素），而且在考虑农业问题时也只是从单一的表面事实的角度来看这个问题。在政策的动机问题上，我们反对的是，任何基于那种诊断的政策动机——而对于政策目标，我们既不赞成也不反对——不仅局限于从农业生产者的利益的角度来看农业问题，而且实际上忽视了农业生产者的真正问题。为了避免遭到误解，作者希望在此说明一点（这一点从本书的其他地方也可以看出），他并不是不同意那些旨在帮助和支持健康的、真正意义上的农民阶级的措施，也不认为应该听任这个阶级灭亡。但是，还有更好的方法可以帮助他们，那些方法不会影响资本主义机器的效率，也不会产生与政策目标相悖的后果。

点），这略微高于内战干扰的影响基本上消化完毕时的水平（1878 年，72）。正如我们应该预料到的那样，价格继续下行，直到 1896 年（56）。小麦的 12 月份产地价格的最低点（48.9 美分）出现在 1894 年（在同一年，棉花价格也接近最低水平）；而且在从内战爆发到 1897 年的这些年间，小麦的价格有 10 年都低于 75 美分，其中 9 年是在 1884 年至 1897 年这个区间。再一次，1891 年之后小麦价格的下降与种植面积的增加有关。

如前所述，在这个康德拉季耶夫周期，就供出售的农作物而言，英国和德国的农业基本上陷入了与我们模型中的老企业相同的惨淡境地。在上升期和 70 年代开始之前，繁荣阶段的影响因"新黄金"的到来而得到了增强和延长——加利福尼亚和澳大利亚的黄金大发现对英国的自由贸易政策来说确实是好消息——但是，当这些因素不再有效时，从 1873 年开始，远洋运费步入了下行过程（对于我们所说的这个时期，最低点出现在 1894 年，几乎仅为 1873 年的 20%），一场农业萧条就开始了，不过美国是例外——在某种意义上，除了局部性的萧条之外，美国并没有出现农业萧条。如果把美国的农产品的影响（到后来，还有阿根廷和澳大利亚的农产品的影响）作为解释的主要依据是正确的，那么我们就肯定会发现，在奉行自由贸易政策的英国，情况会特别严重。我们发现结果确实如此。虽然由于各种各样的原因，英国源于土地所有权的总收入（发表在《统计文摘》上）只能算是不太令人满意的证据，但是它仍然具有显著性：它从最高值（出现在 70 年代末期或 80 年代初期）一路下行（尽管中间确实有所波动），直到第一次世界大战爆发为止。与 19 世纪 20 年代一样，英国的农业再次幸免于难，因为土地保有制度阻止了通过信贷手段来获得土地的伎俩得逞。这就是英国能够实现"有序撤退"的原因。但是，这种撤退实际上是必要的（1881 年，农民和农业工人占总人口的 13%），尽管耕种的总面积没有减少。然而，适应不仅仅是约束过于昂贵的投资，比如用于排水的投资。在轮作、机械设备等方面也都有了进一步的改进，这些资源集中用于生产某些高档农产品，其中包括牛羊肉；这些产品还受到英国消费者偏好的"庇护"，直到 19 世纪 90 年代才出现了激烈的竞争，尽管也有一些针对乳制品的竞争。因此，我们再一次发现，在萧条中仍然有相当多的亮点。例如，柴郡、兰开夏郡、德文郡和诺森伯兰郡似乎都表现不错。

在德国，保护主义政策使得诊断复杂化（1879年出台，1885年和1887年进一步增加，但1891年减少）。但是，保护对整个德国农业来说绝不只意味着纯粹获益。由于绝大多数农民都不是粮食的重要卖家，获得的好处微乎其微，有些需要买入饲料的农民，以及西北地区的养猪场，反而因此蒙受了损失。当然，毫无疑问，进口税的开征、增加以及后来的减少，对中型和大型庄园的影响是显著的，特别是在东部地区。这些庄园在物价上涨、地价飙升的时候，欠下了非常可观的债务；从它们的角度来看，我们可以根据价格水平的变化来确定农业萧条的时间［德国的农业萧条与英国一样，不是周期性过程的一个主要元素，而要归因于来自国外的影响，即外部因素（外国的创新）］，即从1878年到1896年前后（根据金融研究所给出的价格指数）。其中，1873年是从1823年开始的增长结束的一年，1880—1886年为萧条的"急性期"。然而，土地价值并没有下降，或者下降的幅度不够大，不足以提供我们证明这个事实所需的数据。此外，债务在一定程度上是出于生产目的而形成的，其中一些生产目的是符合我们对新的生产函数的定义的①，而其他一些债务则是用于改良的，带来的盈利几乎不高于利息。许多规模较大的庄园经历了完整的重组，改良后的农业机械得到了广泛的使用，新的施肥方法也被引入，农业的扩张仍在继续（例如，食糖的生产在大多数时候仍然非常有利可图，尽管食糖价格直到1906年一直呈下降趋势——这是因为它在布鲁塞尔会议之前被人为固定）。因此，生产者能够通过增加产量来应对不断下降的价格带来的挑战，而且在特定条件下这样做并不违背他们自己的目的。之所以对价格下跌做出这种反应，还有其他原因。劳动弹性这个因素在农业中比在工业中表现得更加明显。如果收入下降，农业生产者可能在收入边际效用提高的刺激下，以更大的努力和更精细的管理做出反应。由于这两个原因，

---

① 需要改进的最重要的农业分支之一是马铃薯的种植。由于马铃薯的价格比谷物的价格下降得少，因此，种植面积和每英亩产量的大幅增加一定在很大程度上缓解了这种情况。借此机会，作者提醒读者回忆一下，在德国，制作面包的标准材料是黑麦，而不是小麦，它受美国小麦的影响较小（虽然不是完全没有影响），不过取而代之的是来自俄国的竞争。

收入下降的幅度没有农作物价格下降的幅度大。另外，在德国，这个过程有一个特点与在英国一样明显，那就是工业企业家对劳动力的需求在增长。那些主要依靠雇用劳动力来进行生产的德国地主则开始因农业劳工"逃离土地"而遭逢困境，尽管在德国东部这个问题因波兰劳工的流入而得到了缓解。

普通农民受后面这种困难的影响一般不大，他们的债务也可能没有那么大，尽管信贷之索早就准备妥当，随时都在等他们入套。[①] 如果一个农民没有债务负担，那么繁荣和萧条对他来说也就没有什么太大的意义。此外，黄油和猪肉的供给一直保持得很好——顺便说一句，这个事实本身就足以否定如下观点，即大众购买力下降与当时的农业困境有密切联系。然而，新的方法，尤其是新的机器，对他并没有什么帮助；即便这些方法和机器都适合使用，即便他本人机警到了极点，也不会有多大帮助。既然这些方法和机器是劳动节省型的，那么它们就不会——他自己和他的家人提供的劳动可以说是固定费用的一部分——提高他的竞争地位。至于他的产品的相对价格（"购买力"），只要他所适用的价格是零售价格，那么也不会有什么问题。当然，在德国，零售价格的情况比英国常见得多（至于美国，那就更不用说了）。如果不是零售价格，那么他的购买力在80年代会下降（相对于他购买的物品而言）。在1886年以前，丧失抵押品赎回权的统计数字无法让我们看到一个清晰的图景，但是有迹象表明，丧失抵押品赎回权的房屋抵押贷款的比例从来就没有太高。无论是对于小的还是大的农业资产，都如此。

农产品价格的下跌对民众生活水平的影响，远远超过了第一个康德拉季耶夫周期中棉纺织品的价格下跌造成的影响，这一点无须置评。

---

① 甚至连德国中央银行都一直被迫（有时是直接地，但主要是间接地）向农业利益群体提供支持性信贷——如果不是迫于那些贷款申请背后的政治力量的压力，德国中央银行是绝对不会考虑给予这种支持的。另外的例子还包括，非常出色的农业信贷组织——以著名的"普鲁士合作社"（Preussenkasse）为高潮，以及强迫普通人的储蓄（通过储蓄银行）进入农业渠道。这些都是从来不敢面对根本问题的政策的例子。然而，也正是在德国（见 K. 罗贝图斯），人们开始认识到一个真理，那就是，对农民和容克地主来说，通常形式的信贷并不是安全的。关于抵押债务（Grundschuld）和养老金债务（Rentenschuld）的法律制度是这个发现带来的最初成果，从它们的后续发展来看无疑是有用的。

第三节 铁路化

一、美国铁路化的早期阶段及其总体特征

虽然对于美国这个国家来说铁路化理所当然地是这个"资产阶级"康德拉季耶夫周期的"大事"或"支柱"(而不是前面提到的另外两个事件),但如果我们从铁路运营里程的增加来判断,美国的铁路化其实是在1849年启动的,这比英国晚了大约六年。1840年、1841年和1842年增加的大约1 720英里铁路并没有产生任何繁荣的迹象,即便有,那也只是30年代繁荣的余波,而不是全新的发展的第一步。1847年,新英格兰铁路的繁荣为波士顿在当时的显赫地位做出了巨大贡献(与伊利运河和布法罗港相连),但是在1849年之前,这种繁荣几乎没有任何意义。我们在这里将不再试图确定这次繁荣的时间——但是,我们欢迎读者尝试一下;而且这样做对我们给出的分析模式没有任何影响——我们的这种做法是基于这样一种理论假说,即30年代的不规则双峰打乱了事件的进程(不然的话,事件的展开就会更像在英国或德国发生的那样)[①],同时,如果给定时间的话,那么也就是"在遗迹中重建神庙"。我们在这里所说的"遗迹"(如果不采用隐喻的说法,"遗迹"即引导我们的指示器),就是时间序列:源于出售土地的收入从1842年开始增加,存款额(到期存款人:纽约市银行)和股票价格则从1843年开始飙升,当时物价也开始了上涨(见史密斯和科尔,前引论著;特别是其中的价格序列,见图17至图22)。根据这种观点,和与"野猫"银行的所作所为相关的清算过剩阻碍了新的康德拉季耶夫周期的繁荣阶段的开始,而且这同时解释了1847年末的经济回落的温和性(另一个更强的术语"危机"几乎完全不适用)。作物的好收成、与英国的自由贸易以及加利福尼亚的繁荣,都有助于缩短萧条的持续时间——事实上,随后出现的萧条仅仅持续了不到一年的时间(1848

---

① 作为对这个结论的支持,可以看一看朱格拉的权威论述,见《论法国、英国和美国的商业危机以及发生周期》,第四版,第468页。

年)。当然，根据同一个理论，这些因素还加强了经济复苏，而且经济的复苏也弥补了经济繁荣的停滞。

因此，向繁荣的过渡（这个繁荣期必须视为第二个朱格拉周期）确实是在一片繁荣的氛围下实现的：非同寻常的信贷扩张和投机热潮，尤其是在土地上和铁路股上，推波助澜的则是加利福尼亚的淘金热（1850年以后）以及对外贸易非常有利的发展势头。尽管（减去被废弃铁路里程之后的）新增铁路里程曲线在我们给出的年份（1852年）出现了下降，但我们还是能够证明当时已经进入一个新的朱格拉周期。正当理由在于，新英格兰的建筑活动大部分转移到了中大西洋地区和中西部各州，这明确意味着康德拉季耶夫周期中一个不同的新步骤；读者应该把这个结论与前面第四章讨论长周期与短周期之间的可能关系的内容对照。为什么我们不那么重视发生在1853年秋并一直持续到1854年和1855年（几乎全年）的回落？原因就在于，它似乎完全是过度投机和对铁路建设的过度反应导致的——毫无疑问，导致过度投资的部分原因在于出现了大量的新黄金。因此，我们把这个朱格拉周期的繁荣期和衰退期界定为从1852年初到1856年下半年。① 最后，除了过剩和对过剩的反应（以及诸如利率未能迅速上升和由此导致的"紧张"局势等干扰）之外，我们没有将任何东西归因于黄金的增加。之所以要这样做，是因为铁路建设的启动显然是在加利福尼亚的黄金大发现之前，而且通过观察数据可知，我们没有任何理由认为如果没有这种过剩，这个过程就不会展开、不会产生影响。当然，我们确实可以把物价上涨部分归因于黄金的增加。

铁路建设支出在数量上的充分性是毋庸置疑的：1860年，铁路运营里程达到了3万英里左右，而且仅仅是铁路的资本性债务就达到了大约9亿美元。至于实际的建设成本，虽然没法做出可靠的估计，但是肯定超过

---

① 如果读者将上面的内容与索普先生对各个年份的"评分"加以比较，就会发现他的评价与我们对事实的评价几乎没有什么不同。但是我们必须再一次指出，在术语上确实有很大的差别。特别是，他把1856年描述为繁荣的一年（直到该年最后一个季度，对于那个季度，他还提到了萧条症状），但是对我们来说，这是结束衰退阶段、迎来朱格拉周期萧条阶段的一年。因此，非常重要的是一定要记住，从"繁荣"这个词的通常意义来解释繁荣的条件并不意味着与我们所说的朱格拉周期（在我们的意义上）的衰退不相容，后者处于康德拉季耶夫周期的繁荣阶段。

上面这个数字①，而且其中有大约四分之三是在那十年里花掉的。同样毋庸置疑的是实际运营的铁路带来的真正的革命性效应。运费大幅下降——到1854年平均每吨英里运费下降了2~3美分。在这种情况下，企业家职能与其说体现为他们机敏地觉察到了新的可能性（事实上，所有人都看到了可能性，并且已经对此进行投机）、提供了特定技术问题的解决方案（那个时候的铁路机车性能已经足够好，而且通过后来出现的一系列典型的"诱致性"发明得到了极大的改进；况且新的铁路修建也没有遇到特别大的阻碍），还不如说体现为他们领导和协调各铁路利益相关群体的能力、成功地应对当地政客和相关利益方的能力、解决铁路企业管理问题的能力和推动新开通铁路地区经济发展的能力。这不是别的，就是一种"把事情做好"的能力。剥去了一切附属品后，这当然也是一种纯粹的企业家能力。但是，这种企业家能力往往会由若干个人共享，而且通常不是很容易归于任何一个人。②

二、融资问题：以伊利诺伊中央铁路公司为例来说明

在融资方面，我们必须把两项不同的任务区分清楚：一是创造企业盈利条件的任务，二是提供建设资金的任务。第一项任务本来应该是一项专门的任务，因为中西部和西部的项目能够在多长的时间内收回成本，是绝大多数普通投资者所无法设想的。在这些项目中，有许多是在需求出现之前就进行建设的；它们的投资者以最大的勇气接受了这一点，而且每个人都明白这句话的含义。这些项目必定在一定时间内赤字运行，这是数据的一部分，但是这个时间到底多长却无法准确估计。从某种意义上说，可以认为在这种情况下进行的任何建设都一定会"过度"。但其实"过度"这个概念不适用于这样一种情况，即如果不产生一些"过度效应"，那么也就意味着根本没法做成。在不同的环境条件和某种不同于美国的政治结构下，这一点可能构成由国家政府计划和实施铁路化的一个强有力的理由，

---

① 在伊利诺伊中央铁路公司总裁斯凯勒（Schuyler）向董事会提交的报告中，修建700英里铁路的成本为1 650万美元，即每英里约23 570美元。但是，在那十年里，物价一直在快速上涨，在这种情况下，实际成本必定远远高于这一水平。

② 在很多情况下，发起人就是我们所说的企业家，或者，在任何情况下，是第一个拥有一条线路的企业家。但是，有时发起人也可能只是一个金融家或政治家。

就像在俄国由帝国官僚机构主持铁路化那样。事实上，在美国铁路发展的早期阶段，国有企业就曾经扮演非常突出的角色，但是很快就失败了。

许多项目从社会的角度来看明显是有效率的（在庇古教授所说的意义上），但是在刚建成时却不能带来利润①，因此必须为它们找到额外的收入来源，或者能够覆盖成本的资金。在有可能获得补贴或相当于补贴的贷款的情况下，这应该同时有助于解决建设筹资问题。② 不过，在伊利诺伊中央铁路公司的例子中，由于国会还赠地（1850 年；直接的"受赠人"是伊利诺伊州、密西西比州和亚拉巴马州的各个铁路公司），因此问题很快就迎刃而解了。③ 因此，对于铁路建设来说，仅凭以往的利润或国内储

---

① 这短短一句话涉及好几个理论问题，不过我们在这里无法深入展开讨论。至于这样说是否意味着这种建设项目的可取性，就更加无法展开分析了。毫无疑问，民众对快速发展铁路系统的强烈愿望（无论是出于崇高的爱国主义，是出于商业上的考量，还是出于土地投机商对自身利益的追求），会导致一种强化繁荣和危机的政策。此外，以下断言也是正确的，即当我们说某个事物具有社会生产力但并不能带来利润时，必须先进行非常仔细的考察，哪怕它的"生产力"完全局限于商业领域，而且是在一般意义上理解的。

② 对资本和债券发行的利息的担保也是如此，比如内战后对南部和联合太平洋地区的担保。从法律上说，这些不是担保，而是美国国债贷款。但是从经济上看，它们就是担保，性质与对欧洲各国政府发行的铁路债券的担保极其相似。

③ 从 1850 年到 1856 年，类似这样的政府（国会）赠地总数高达 2 000 万英亩。而且这种政策在那之后仍然持续了很长一段时间，直到 1878 年危机之后才被抛弃。仅仅是北太平洋铁路公司一家就得到了 400 万英亩的政府赠地。这种政策经常被当作反面例子而受到批评。但它不仅是一类具有一般性意义的政策的一个特例（即鼓励创业活动，这种政策可以追溯到殖民地时期），而且在当时的经济和社会条件下是为了得到想要的结果而能采取的最经济和最合乎逻辑的政策，因此它既不属于无效的政策（即政策自身的本质决定了它们不能产生所要的结果），也不属于浪费的政策（如果我们把浪费的政策定义为需要付出不成比例的巨大牺牲才能得到所要的结果，或者在耗费了大量生产性资源后得到的结果部分或完全抵消预期结果的政策）。这种政策的基本思想是，把创业型企业将来能够创造出来但不能为它拥有的部分价值（在某种程度上，在所有创业活动中都会发生这种情况）拿出来，用于覆盖它的部分成本。这本身似乎完全符合经济计算原则。殖民化进程没有受到阻碍，反而进一步得到了推进。在本书作者看来，对定居者的所谓"垄断剥削"不过是一个政治口号。这种政策实际上就相当于消除国家土地所有权人在发展道路上设置的障碍。而且，一旦时代的发展使这种政策变得不再有必要，它也就会消失——大北部铁路公司的例子就证明了这一点，它没有得到政府赠地，仍然取得了成功；还有更早期的一些例子也证明了这一点。尽管所有这些只是事实分析，作者将会进一步用纯粹科学的理由为之辩护；但是在这里，他仍然必须承认，他希望避免在那些看似不可避免的地方在读者和他自己之间增加不必要的分歧。因此，他要请求读者允许他暂且稍微偏离主题（因为这个脚注似乎包含了一个需要澄清的含义），暂时放下对整体情况的分析，陈述他的如下信念：如果在政治上可行，不妨将决定所有铁路建设事务和所有土地用途的独裁权力委托给一个理想的"公仆"，而且这个"公仆"能够以无比小的经济成本和道德代价得到同样的最终结果的话。然而关键在于，在当时的环境下，这样的"公仆"是不可能存在的，即便这样的人有可能出现，也会立即被民众以私刑处死——尽管他就是来保护那些人的财产和文化立场的。

蓄是不够的，资金来源主要通过信贷创造解决。从美国的角度来看，外国（人）购买美国铁路债券，相当于信贷创造——哪怕这些债券是用（比如说）英国的储蓄来支付的；这就像预期会有债券发行时欧洲信贷的扩展，或者就像透支。有些时候，外国投资的分量很重。根据萨姆纳（Sumner）在《美国货币史》一书中给出的估计，1857年以前，英国在这个国家的投资（不限于在铁路上的投资）大约为4亿美元。透支（尽管主要是为了所谓的"常规"商业信贷而进行的透支）在许多情况下都是被允许的，而且几乎令人难以置信地自由和粗疏。国内信贷的创造甚至更为自由。我们不知道具体的数额是多少，但在大多数情况下，我们总是可以追踪到某种形式的信贷创造的踪迹：银行直接以票据或债券的形式向企业发放贷款，这些票据或债券随后又被出售给公众；为发起人群体和公众的认购提供资金（在这种情况下，正如前面多次提到的，我们还必须考虑这样一个事实，即客户还可以出于其他目的而借款，因为参与认购就意味着他限制了本可以用于那些目的的手段）；为投机活动融资（1852年铁路股价格的上涨与存款的增加之间出现了一个显著的巧合）。这种信贷是由现有的银行和许多新组建的银行"特地"创造出来的，在很大程度上为铁路和其他创新活动提供了资金，这个事实我们一再强调，而且从未受到过有效的质疑。对此，读者可以阅读一下邓巴关于1857年经济危机的著名论文（后来收录在了他的文集中）。不过在这里，我们将以伊利诺伊中央铁路公司为例来说明。[①]

19世纪20年代和30年代在中西部爆发的投机热潮，导致土地销售量在30年代中期前后达到了高峰。这个投机热潮之所以会出现，无非是所有人都相信史无前例的大发展就在眼前。然而，这种发展到底会是什么以及中西部地区的哪一部分将会引领发展，在当时的情况下却是完全不确定的，没有任何特定的地区拥有任何特定的优势。优先地位必须由人们自己创造出来，在很大程度上首先是通过政治行动，其次是各地不同社区之

[①] 以下两段叙述基于P. W. 盖茨（P. W. Gates）的著作，《伊利诺伊中央铁路公司及其殖民开发》，哈佛大学出版社，1984年。

间的无政府主义斗争，每个社区都由该社区的投机集团所控制，而各种铁路和运河项目——当时在很大程度上仍然只不过是一些泡沫——则是争夺的焦点。在这场斗争中，形形色色的动议和反动议构成了伊利诺伊州的政治面貌，并支配了该州的立法机关——在当时的情况下，伊利诺伊州立法机关是唯一可能的权力和政策手段的来源。修建一条中央铁路的计划早在1818年就出现了，1835年再一次被提起，但是都无果而终。1837年通过的《内部改进法案》（Internal Improvement Bill）为实施多个铁路和水路项目提供了略多于1 000万美元的资金，其中的一个项目就是再次尝试修建一条中央铁路，并最终决定由伊利诺伊中央铁路公司来实施。这一次总算有了一个像样的开始，但是很快就以伊利诺伊中央铁路公司崩溃和名誉扫地而告终。另一次取得了一定进展的尝试是在1843年，当时大西部铁路公司获得了一份特许状（而且在该特许状失效后，又于1849年获得了续签）。然而，同时还有另一帮人在华盛顿活动，而且他们不久之后就取得了成功。他们首先争取到了对土地的优先购买权，然后进一步争取到了土地的直接划拨（政府赠地），于是在1851年，伊利诺伊中央铁路公司重新组建并获得了授权。

以此为肇始，美国相当大一部分地区的开发轰轰烈烈地展开了。对于这个过程的性质，在此没有必要给出任何评论。我们同样也没有必要对这种活动包括什么样的企业家功能加以解释。为这条铁路融资的这群人最终发现，自己控制了这家企业（事实上，它也就是1846年买下密歇根中央铁路公司的那个财团）。当然，这个群体手眼通天，但重要的是，他们也绝不是完全缺乏严肃认真的创业态度。这家公司及其附属企业的收入占该州总收入的比例达到7%，因此也不能说它完全不符合公共利益。重要的是，当时人们必须面对如下事实，即根本没有什么方法来支付这条铁路的建设成本——预算为1 650万美元。至于这个公司的股票，起初这群人是打算自己留下；这种情况，用法国金融界人士的说法是将股票作为所谓的"发起人股"（parts de fondateurs）来处理——或者用美国人的话说，是将它们作为"天鹅绒"（velvet）收归己有。他们是商人，他们所拥有的雄厚的"财力",超出了他们自己从事其他事业所需的;同时他们的行为也很好地说明了我们的理论,即从逻辑上看,信贷创造在为创新融资中居于首位。不过在事实上,他们还是对第一批100万的股票支付了估价的20%,董事和他们的生意伙伴还另外购买了200万的债券(以分期付款的形式)。通过这么做,他们也就证明了他们是认真的,不过,人们确实有理由怀疑他们实际用于支付的钱都是从银行借来的。这也就是他们开始勘测时所用的"战争基金"。他们还促成了与(他们所控制的)密歇根中央银行的一份协议,在伊利诺伊中央铁路公司做出某些让步的前提下,再发行200万的铁路债券。然而,最基本的想法是,从一开始就出售或借入抵押债券,这些债券以政府赠地和筑路权(以及改良性设施)为抵押。这种做法在当时得到了认可,并且一度变得非常流行,只要它没有恰好等同于欺诈性陈述,就不会遭到反对——在其他一些例子中,甚至出现过将尚不存在的企业的现有合同作为抵押担保的情况。他们在英国发行了这些债券——尽管遭到罗斯柴尔德(Rothschild)家族和巴林(Baring)家族的拒绝,他们还是成功地组建了一个发行辛迪加。但是到1855年,筹集来的资金就用光了。这些发起人不得不再次准备发行一些债券,这项工作完成于1856年,在那之前,他们多次召集股东筹资,并借入短期票据。然而,资金捉襟见肘的尴尬境况并没有因此而宣告结束。1857年,灾难(而不仅仅是危险的迹象)一度迫在眉睫。不过,在一位特别能干的非凡人物的有力管理下,伊利诺伊中央铁路公司站稳了脚跟,并且依赖土地开发和销售巩固了自己的地位。至于这条线路对途经的地区和整个国家发展的意义,或者更确切地说,它对经济增长的影响,就不需要我们在这里多加强调了。

三、美国1857年的危机

我们的分析包含了诊断1857年危机所需的全部必要因素。不过,为了方便起见,我们还要再加入几个小点,并对整个画面进行"修圆磨光"般的处理,以便再一次说明我们应该如何将波动的基本机制与不属于它的固有逻辑的意外和事件结合起来。

第一，1857年这场危机是一场国际危机，我们所关注的这些国家（以及其他国家）在商业和金融上的联系，已经强大到足以使事件显著同步化，并在塑造世界经济形势中扮演重要角色。但是无论如何，以下事实都不会改变：从根本上说，只能用各国自身的发展状况来解释各国的经济事件。

第二，这场危机恰恰重合于（或者更准确地说是滞后于）康德拉季耶夫周期的上转折点。所有的统计指标都支持这个发现，而且由于黄金大发现可能会造成干扰，这个发现就更加引人注目了——黄金生产确实在一定程度上发挥了作用，但是不足以改变基本轮廓。这是后来发生的，当时内战和其他外部因素使得我们可以说在欧洲1873年的价格有"上升趋势"。但是在美国，1859年的批发价格在经历了前一年的大幅下跌后，也只是温和地回升了一点（见史密斯和科尔给出的未加权的价格指数，见前引论著，第100页），然后就又继续开始下跌，直到1861年。① 尽管黄金未能保持价格水平，但是正如之前提到过的，它显然对此前的价格上涨贡献了一份力量。这种影响部分是通过金矿商的支出、部分是通过它为信贷创造提供的额外便利实现的。但在整个上升过程中我们还观察到了反复出现的紧缩，这也是我们应该预料到的。因此，这个例子很好地说明了，在外部因素的作用下，宽松的货币政策是如何在一个上升的商业浪潮产生紧缩的，因此，这可以说是防止衰退的最无效的手段。

第三，黄金产量的增加，以及我们所说的那些"不计后果的银行业"（对于这个术语无须再次加以解释），实际上确实可以解释许多表面现象。更具体地说，是这些因素导致了1857年8月25日俄亥俄人寿信托公司（Ohio Life and Trust Company）倒闭后出现的短暂而剧烈的恐慌。在那天之后，到10月17日，共有150家银行倒闭，尤其是10月13日，出现了规模惊人的银行挤兑事件。公众的注意力全都集中到了这种事件，这当

---

① 在德国，批发价格的峰值来得更早一些，而在危机中的下跌阶段复苏的程度则微不足道，尽管当时并没有出现进一步的下跌。

然是再自然不过的了。当时和后来的许多学者都相信并描述了一个过于简化的流行理论,那就是,这个灾难是由银行的短视造成的——它们以激烈的方式收回贷款,造成了恐慌。虽然这种收缩论和前面的"不计后果论"都没有给出根本解释,但应该强调的是,这两者确实都在随后发生的"非正常清算"中发挥了非常明确的作用,而且我们的理论既不要求也不能证明任何试图贬低它们的重要性的观点是正确的。只有当人们认为信贷扩张或信贷收缩是问题的实质,认为没有这两者中的任何一个一切就都会很好时,才会产生实质性的意见分歧。但是,我们可能会与那些对这种情况更为谨慎的分析家在某种程度上达成一致,他们指出了一些辅助因素,这些辅助因素的存在会强化繁荣,而这些因素的缺席则会加剧萧条。其中有一个因素——土地投机因素——产生的影响与同时代发生的正常事件完全不成比例,因此必须被归类为一个单独的因素,需要给出特殊的社会学解释。证券交易所中的投机行为所起的作用则较小。铁路股在1852年底达到高峰,然后在1854年底开始急剧下跌,在这一年的9月引发了金融恐慌,从而导致了大量创业项目的失败。"空气"就这样得到了"净化",此后再也没有投机崩盘的事件发生,在1857年危机期间的突然下跌之后,在年内就迎来了部分复苏。另一个因素当然是资本的输入,其中1850—1857年出现的商品贸易逆差就是一个征兆。资本输入当然会使经济形势变得比没有资本输入时更加敏感。1855年的小麦和棉花质量很好,它们以非常不错的价格出售,这也给了各种各样的经济活动一个推动力,从而增加了清算的困难。造成经济下滑的其他原因还有很多。

第四,这也是最后一点,在这种情况下,从我们的模式中得出的基本解释的现实性是不容置疑的。由于哪怕是最不成熟的学者也会强调自己的结论的现实性,所以我们对此只需简单地说上几句即可。铁路建设当然是主要因素,但是正如我们将会在后面看到的,它并不是带来这一波发展的唯一因素。总而言之,这个时期的创新以及对它们的适应,大体上解释了康德拉季耶夫周期的转变。再强调一次,就像前面讨论过的那些情况一样,这样说并不意味着它们也解释了危机,除了在如下意义上:它们使得投机狂热的爆发、错误和不当行为的积累都变得可以理解，因此，它们提供了一个理由，说明为什么情况会变得如此敏感，以至不利事件的发生或由上述弱点引起的麻烦很容易就会演变成危机。人们永远无法仅仅从创新出发就能完全理解这种危机的真实情况。此外还必须记住，在那个上升期，很多事情——特别是铁路建设——都是在人为刺激的影响下完成的。我们这里所说的人为刺激，是指如果没有来自政治和金融领域的"鼓励"，这些就不会付诸实施，或者不会有如此大的规模。这里并没有隐含任何批评。相反，正如我们在前面指出过的，"过度"一词的使用必须非常谨慎。但是，这当然解释了随后形势的一些困难，也解释了"哈耶克效应"（Hayek effect）的存在：显而易见，生产周期的延长超出了经济组织目前所能承受的范围。①

四、第二个朱格拉周期的结束、第三个朱格拉周期与1868—1872年的繁荣、1873年的危机

我们继续讨论。在危机期间，朱格拉周期变成了萧条。1858年见证了多次"失败"：价格大幅下跌、建筑业进一步萎缩——该财政年度，进出口勉强实现了平衡。尽管当时的货币非常宽松，南方的农作物收成也很不错（棉花连续5个季度大丰收，1859年还碰上了好价格），然而正如当时的报纸和杂志所记载的，直到1860年，整个经济氛围都绝对说不上令人振奋；但是关键在于，这只是表象，因为从1859年初开始，复苏的趋势就已经确立了。当然，这次复苏与之前的复苏（1850年、1851年）有非常大的不同，这也是事实。我们认为出现这种差别的主要原因在于，在这个时候，康德拉季耶夫周期结束繁荣阶段并开始进入衰退阶段。这次经济衰退是那些年间多次为时较短的起起落落的基础，并且逐渐演变成了内战。另外，内战的临近加剧了1860年的困难（虽然这种困难不是内战导

---

① 对信贷创造这种做法持批评立场的那些学者——例如，哈耶克教授和马克卢普教授——可能会特别强调危机所造成的破坏，他们支持这样一种观点：信贷创造既有助于创造，也有助于破坏。这当然是有一定道理的，但如果没有信贷创造，那么朱格拉繁荣的持久成就是不可能实现的。

致的）。① 内战主导了第三个朱格拉周期（1861年至1869年；由于各种各样政治事件的发生，对1861年的诊断仍然有一定的疑问），当然也干扰了我们的时间序列的变化以及它们背后的过程——改变了顶峰出现的时间、推迟了工业的发展，从而把它们挤进了1872年之前的那几年。

1869年，新投入运营的铁路里程（已减去废弃的铁路里程）开始了前所未有的迅猛增长，并且在1871年达到一个高峰。第一条横贯大陆的铁路的成功开辟了道路，并指明了这次繁荣的独特性（尽管这条铁路的修建原本是一项战时举措，即把北方与加利福尼亚州连接起来）。我们再一次看到了同样的创业活动和融资模式：发起人确保取得修建铁路的权利，注册铁路公路并注入政府赠地，将筑路权出售给公司并获得以证券形式进行的支付，最后发行债券——股票通常被视为一种奖励——募集修建铁路所需的资金，并通过分期付款的方式购买设备（通过设备信托凭证）。如

---

① 1859年，进口额再次接近1857年的水平——在该财政年度的下半年，进口额甚至比1857年同期高很多——同时，银行贷款大幅增加，而银行存款则减少，从而导致了发生在秋季的紧缩。此外，在西部地区，还成立了许多家新银行，银行的资本金也得到了增加（直到1860年，西部还遭受着农作物歉收和面包原料价格偏低的困扰）。西部地区的这些银行虽然大体上是以纽约的自由银行系统为模板而成立的，但是它们并不稳健，也没有稳定的证券来支持它们的债务发行，而且它们关于赎回的安排实际上几乎相当于从一开始就在打算逃废债务（请参见邓巴，《经济论文集》，第297页），因此它们很快就变成了疲弱的经济形势的一个诱因。不过，南方地区的银行，尤其是路易斯安那州的银行，仍然非常稳健，纽约和新英格兰地区的银行则稍次之。1860年西部地区农业收成创下了新纪录，其他条件也非常有利，要不是当时的政治形势，也许有助于避免这场灾难。它的严重性最先是在南方表现出来的，新奥尔良的各家银行在8月就开始怀疑并限制兑付来自北方的票据。这影响了纽约的银行，而在西部地区，许多银行都由于南部各州债券的下跌而陷入了困境，因为南部各州的债券在很大程度上构成了它们发行纸币的基础。尽管资金面仍然很宽松，但是纽约证券交易所10月就发生了一起有先兆意义的恐慌事件。在11月6日的总统大选之后——在这里，我们不能详细描述紧接着这次大选发生在南方和北方之间的诸多造成了干扰的有趣现象——恐慌和混乱就迅速蔓延到了经济系统的所有部门，不过，从对工业的意义来看，这并不比1914年的恐慌更大。需要注意的一点是，为了应对这种局势而采取的新方法在银行业的发展历史中是比许多其他改革行动更加重要的一步——50家纽约银行（它们组建了票据交换所协会）决定联合采取行动扩展信贷（而不是限制信贷）。具体途径是，将它们的现金储备集中起来，建立票据交换所，对足够安全的存款（包括应收账款）提供担保，以保证在解决它们之间的索赔时会被接受。只有一家银行置身事外。这个举措取得了完全的成功，而且几乎是立竿见影的。波士顿也出现了类似的解决方法。而在美国的其他地区，银行却不得不暂停营业。这个方法和它的成功都具有很高的指导意义。不过，这种成功后来几乎从未重现，尽管这类准中央银行的政策之后就成了同样的经济环境下的常规补救措施；事实上，这次成功也正是因为如下事实：当时无论是工业还是银行业，本身并没有出现多少问题，必须面对的只有外部因素造成的扰动。

果取得了成功，那么就有可能发行更多的证券来巩固现有成果并继续推进。如果做不到这一点，那么就可能需要重建。几乎在每一个重大事件中，发起人都可能借用（据称是）威灵顿公爵在滑铁卢留下的一句名言"布吕歇尔再不来，长夜将永无止境"（Blücher or the night）。在我们举的这些例子中，布吕歇尔指的主要是来自英国（以及其他欧洲国家）的资本。据说，从 1867 年到 1873 年，美国投资在铁路上的 20 亿美元，有非常大的一部分来自英国和其他欧洲国家。① 当时已经出现一种非常有效的方法，可以将来自欧洲的资本投入美国铁路行业，而不再像早期那样依赖于个人的努力。②

有两件事非常清楚。首先，从数量上看，这个时期铁路的发展超过了 40 年代和 50 年代，正如后来又被 80 年代的发展超过一样（以英里数计算的历史峰值出现在 1887 年），在我们模型的意义上这正是典型的下行期发展，显然这是一次朱格拉繁荣叠加到一次康德拉季耶夫衰退之上的结果。这是新的一步，但从根本上说它不是新的，而只是一个将之前已经启动的事情继续推进的过程。到了这个时代，铁路建设在一定意义上已经成为前所未有地"顺应潮流"的一件事情。需要做些什么，该怎么做，都已经非常清楚，因此呈现出了诱致性发展或完成型发展的所有特征。当然，对任何一个具体的铁路建设项目来说都有许多问题需要解决，但它们都是相对容易的，而且随着环境的改变会变得越来越容易解决；这就是说，这些问题都属于"利用投资机会"和"开拓新的经济空间"那种类型。此外，这个时期的一般特征也支持这种解释。当时出现了一个巨大的建设热潮。我们看到，在 1869 年至 1873 年间，所有阶层的福利状况都发生了变化（就我们能够验证的信息而言）——特别是这个事实，即工资上涨的同时批发价格在下跌，而且前者在 50 年代初期的上升幅度小于后者——显

---

① 当然，这充其量只能说是一个非常粗略的估计，只能保证数量级的准确性。但是毫无疑问，这种规模的支出可能已经足以解释繁荣的所有主要特征。

② 皮博迪-摩根银行只是一个长长的名单中最突出的一个名字。但是这家银行，无论是在皮博迪时期还是在摩根时期，都比其他任何企业更成功地建立了一个完全独立于美国一般商业状况的地位和声望。当然，美国的商业仍然给它的地位提供了支持。只要看看它在 1871 年借给法国政府的那笔钱就会明白，这笔交易的成功掩盖了它的冒险性。

然是生产的扩张所致，而且根据我们的模型，应该能够预期到每一个康德拉季耶夫周期的衰退阶段都会如此。然而还有第二点。同样清楚的是，当时人们所采用的融资方法（它能够很好地说明我们的理论），是非常"莽撞"和不计后果的，以至于这种融资方法本身就是1873年所发生的情况的另一个原因。这种融资方法不仅诱发了异常突出的投机活动，而且在实际预设这种不正常的投机活动。如果没有这种融资方法，投机活动不可能达到它所达到的程度。

也正因如此，次级波现象发展到了一个不寻常的程度，这使得形形色色的错误和不当行为成为可能——我们的模型本身是不能解释这些的。"黄金角落"、"黑色星期五"、银行倒闭、证券交易所运营商之间的斗争以及其他纯粹的金融事件，都是这方面的"症状"。考虑到这些也就不难理解，对于铁路业务，这些事情在证据中显然比基本过程还要更加明显，而且建设过程似乎已经停止且现有线路的成功似乎是被它们而不是被任何"演化逻辑"所破坏。但是即便如此，也没有人能够否认（事实上，也从没有人试图去否认），铁路建设确实在短期内耗尽了所有可能性——这种提法可能比那个更常见的表述（即"事情做得过头了"）更正确一些——我们应该很容易看清楚这一点，它与新的建设项目对经济系统造成的直接和间接的混乱后果一起，造成了次级波爆发的局面，随之而来的则是难以维持的信贷状况和遍布工商业领域的投机泡沫。

尽管随着1873年危机的爆发（首先是在维也纳），美国"脚手架"中的外国信贷"钢丝"受到了第一次决定性的冲击。虽然这种不正常的清算已经成为历史，但我们的诊断似乎仍然是正确的。影响主要作用于新的元素，而不是作用于那些已经在进步过程显得过时的元素。当然，我们不会为此感到惊讶。因为，正如我们在阐述理论的那些章节中已经指出的，如果新事物是建立在"纤细"的基础之上，而旧事物则是矗立于安全的财务基础之上，那么这种情况总是会发生。因此，北太平洋铁路公司的破产这个事件，在这出"大戏"中所扮演的角色，并不比危险信号会首先出现在铁路领域这个事实更加不符合我们的模型的预测。铁路股的价格在1869年（那是前一个朱格拉周期的复苏阶段）就达到了最高点，而在1871年的繁荣时期则仅仅是维持稳定而已。到了1872年，工业股上涨，而铁路股则下跌了。货币紧缩、银行准备金不足、1871年10月的股市恐慌，以及1872年出口增长放缓和进口大幅增长，都与铁路融资有关。到了1873年秋，恐慌爆发了——直到那时为止，商业活动总体上看一直都不错——随之而来的是一系列典型事件。土地投机和股票投机崩盘、价格下跌、出口增加、进口减少、各类企业大量倒闭、证券交易所被迫关闭、银行暂停付款，失业也几乎立即变得严重起来。我们似乎不应该再一次重复在讨论1857年的危机时已经说过的这些东西。然而，一个显而易见的事实是，只要机制的作用是这样，我们就不得不重复。

这一次的崩溃要严重得多，紧随其后的是长期的萧条。依赖统计证据来评估危机的相对严重程度是危险的，因为对相同症状的相同反应在不同的时间点上可能意味着非常不同的事情，而且其他症状的出现或消失则可能是偶然的，或由应对情况的方法不同所致。然而，单纯从数据上看，1873年至1877年间的萧条在某些方面确实几乎与1929年至1933年的大萧条一样黑暗。例如，虽然关于失业的数据确实是完全不可信和不可比的，但是如果我们真的相信某些作者给出的数字，即在这个萧条期间有300多万"流浪汉"（在1873年末到1874年初的冬天），那么，考虑到当时工业部门较小的体量，再考虑到当时人们没有任何夸大失业问题的倾向，那么这个数字就说明相对失业率实际上比最近发生的全球危机中的失业率还要高。不过，与1930年及之后数年相比，当时价格的下跌没有那么急剧。但这只是因为价格是从内战期间的最高点一路跌下来的，这种下行趋势此前从未受到什么明显的遏制（除了1872年之外）。当时价格的下跌显得更加温和，这是因为它的跌势更加平缓，但是如果我们考虑（我们必须考虑）最终的结果，而不仅仅是在危机期间发生了什么，那么就会看到总体跌幅其实更大。政治上的动荡也是一样，格兰其运动（granger movement）、通货膨胀风潮、罢工和骚乱等；如果我们将社会与政治结构和态度方面的差异也考虑进去，那么所有这些与在最近这次萧条期间发生的同类现象相比，就有过之而无不及了，尽管在那个"资产阶级"康德拉季耶夫周期中人们对待它们的方式并不一样。

五、1874—1877年的萧条与铁路企业特点的变化

根据当时的报告，1874年到1878年（上半年）是一段几乎没有给人任何喘息机会的至暗岁月。但是调整和对难以维持的头寸的清算其实一直在稳步推进，复苏的道路实际上已经扫清。这个过程在有关铁路建设的数字中得到了很好的反映。早在1875年它就触底了（后来在1877年又出现了一次回挫），而且在1876年，在铁路股价格大幅下跌和铁路公司再一次爆发破产潮的情况下，新建铁路里程和机车数量却都有了显著的增长。因此，在人们的"萧条心态"开始向看好的方向转变之前、在诸多表面上的萧条机制停止继续发挥向下推拉的作用之前、在证券交易所出现复苏迹象（1877年）之前，底层的潮流就已经开始转向。是当时情境的客观因素（objective elements of the situation）的改善，改变了心理状态（期望）和机制（萧条效应的累积等），而不是相反。也不是外部环境（external circumstances）阻止了经济下滑。1878年农作物的长势很好，但是小麦和棉花的价格很低，而且在好收成变成事实之前，整个形势已经开始有所好转。经济系统是自行恢复过来的，而且是在整体物价稳步下降的情况下做到这一点的。我们把第四个朱格拉周期的时间确定为1870—1879年。

这样一来，根据我们的模型，19世纪的整个80年代就完全落在了第二个康德拉季耶夫周期的萧条阶段（从衰退转变为萧条大概是在1870年）。[①] 因此，这个朱格拉周期的全部以及另一个始于1880年的朱格拉周期的繁荣和衰退阶段，就构成了统计学家所称的一个下行趋势。这就是我们对这场危机的严重性、危机之后萧条的深重性的解释（这次萧条在各方面都与1826—1830年和1929—1933年的那两次萧条惊人地相似，而且在它们之前都出现了繁荣），也是我们对直到复苏阶段都那么黑暗、那么艰

[①] 因此，这种转变发生在这次大危机爆发前的最后一次繁荣之前。我们应该记得，这完全符合我们的模式（这么说并没有过分强调构成我们模式的基础的规律性），因为它使康德拉季耶夫周期的萧条阶段与朱格拉周期的繁荣阶段同时发生。这里之所以应该加上"大概"一词，原因在于，一方面，康德拉季耶夫周期的轻柔扫掠显示的是宽广的高度和深度，而没有任何波峰或波谷，因此统计上的精确位置总是很难确定；另一方面，内战的后果必须考虑在内。

难的事实的解释。所有这三种情况的共同特点是，较短的波必须减弱到一个不断下降的水平面上，而在其他情况下较短的波只需要减弱到一个正在上升的水平面上（因而在其他情况下，不会导致这种崩溃或长期的萧条）。作者认为，这没有违背任何其他事实，甚至认为这是不可辩驳的，因为就形式上的轮廓而言，同样的事实还可以用更能令其他学者满意的理论来解释。然而，作为一种解释，它可能被认为是一种同义反复。是的，如果用三周期模式描述了统计轮廓之后我们再回过头来把这种描述称为一种解释，那确实是同义反复。但我们不是这样做。我们是用形成这些轮廓的工业过程来解释这些轮廓。

在我们正在讨论的这个例子中，没有人能怀疑构成危机期间朱格拉周期的那些特定过程的现实性。而且，当我们说那些更大的过程（主要是与铁路建设相关的过程）——发生于1870年至1873年间的那些事件只构成了其中的一个步骤——使整个经济系统发生了巨变时，会导致清算、消化和适应（这些术语的含义是很清楚的）成为异常漫长而痛苦的事情。如果对三周期模式的反对意见是不可辩驳的，那么我们也不必坚持它。但是，不管我们所采用的模式有什么优点或缺点，上述事实仍然存在。然而，需要我们坚持的东西确实存在。首先，在其他两种情况下（它们分别处于另外两个康德拉季耶夫周期的类似位置，与之前的工业革命的时间间隔也差不多），我们发现了类似的严重且长期的萧条。其次，我们在任何其他情况下都没有发现同样的萧条。[①]

冲击造成的"瘫痪"一结束，康德拉季耶夫萧条期内的实物生产就恢复了扩张，这也是我们应该预料到的。铁路建设仍然继续充当着周期性运动的载体，从1878年一路飙升，到1882年，铁路运营里程又达到了一个高峰（从当年秋天到1885年），再到1887年达到了有史以来的最高峰（将近13 000英里）。如果把滞后因素考虑在内，这也就几乎给出了那个

[①] 前面提到过，时间跨度是从1787年到1934年。对于更早的时间，作者不敢做出任何肯定的断言。但是我们有理由认为发生在1720年的危机的严重程度（以及随后发生的萧条的持续时间）与上述情况相当。如果确实是这样，那么我们就有必要记住，有非常充分的理由相信，那场危机与之前的工业（和商业）革命的时间关系也是类似的。

时期的周期性波动的历史。但现在不同的是，这种情况并不像之前那样，意味着铁路建设与总体经济状况之间的关系主要体现为致因和效应的关系。恰恰相反，任何一项创新获得确认的次数越多，创新特性的丧失就越严重，它也就越来越多地变成被推动者，而不是推动力的提供者。此外，康德拉季耶夫周期的下行阶段和复苏阶段恰恰展示了各种各样的诱致性创新或完成型创新，这些创新发展了之前开创的可能性并将其发挥到极限——其中铁路建设无疑是最重要的。因此，铁路建设越来越沉淀为一个预先确定的框架，一个利用先前存在的投资机会的途径。这样一来，在我们讨论的这个时期，铁路建设更多地变成了（但不完全是）铁路有机体与其他商业有机体的一个函数，因而它们之间的关系大体上变成了一种相互依赖的关系。不过，铁路工业这时还没有开始到处干荒唐事（sow wild oats）——无论是就推进的大胆性还是就融资方法来说，都如此。

到1878年，交通量和收入已经开始恢复（后者的最低点出现在1877年），我们认为这一年是第四个朱格拉周期的复苏阶段的最后一年。然后，与总体经济状况一样，它们也实现了强劲增长。到1881年，流入铁路的新资本达到了一个高峰，并与一年后铁路运营里程增加的高峰相对应。投资继续增加，虽然增加的速度在下降，一直到1883年才出现了回挫，因为在前一年朱格拉周期进入了衰退阶段（1882年），随后是通常都会发生的萧条。尽管如上所述，我们在充分考虑铁路建设对经济的影响时，也充分考虑了经济对铁路的影响，但是铁路仍然起到了主导作用。特别是，过分强调1878年、1879年（如前所述，这两年的好收成还伴随着高价格）和1880年的农作物所起的作用，说它们成了推动铁路建设的主要因素，是不正确的。它们只是构成了有利的环境。况且，农产品（包括动物产品）毕竟占总载重吨位的比重不到20%，平均变化幅度则仅为大约5%。

我们可以把朱格拉萧条的时间确定为一直持续到1883年底，甚至说它进一步延伸到了1884年和1885年，而前一年发生的那场危机则是一个标志[1]：股票市场出现了恐慌，货币市场的紧张导致不得不发行票据交换

---

[1] 英国和欧洲大陆各国也出现了相应的萧条。但是，1882年法国发生的崩盘只是局部性事件，对美国的局势几乎没有产生任何哪怕是间接的影响。秋季的货币紧缩可以单独归因于美国的"国情"：美国正在成为一个经济自主的国家。

所凭证，银行和股票交易公司大量倒闭，失业率上升，等等。对于那些试图吹毛求疵而不得的读者，作者在此真诚地表示同情，但是我们实在无法忽视如下事实：根据我们的模式，康德拉季耶夫周期的复苏阶段本应于当年开始。而且作者坚信，这也解释了如下进一步的事实：无论是萧条的严重程度还是萧条的持续时间都根本无法与1873年至1877年间发生的事件相比。然而，还有一点需要引起我们的注意。在阐述我们的模型的运行原理时，我们强调了新产品价格的下降，这是向普通民众传播进步成果的一个重要机制。而且我们看到，虽然根据一般理论价格的这种下降应该主要影响有竞争关系的行业中的企业以及同一行业中的老企业，但是对创新行业本身也会有反作用，尤其是如果它自己的地位尚未完全稳固，如果它在演化道路上采取更进一步的步骤，并开始与之前的步骤的结果相竞争。

  对此，铁路的历史就是一个很好的例子。虽然运费的下降在非常早的发展阶段就开始了，但是直到1868年仍然高达2.5美分。在那之后，运费出现了快速下降（尽管下降的速度在递减），到1874年，平均运费为1.8美分，而且在那次萧条期间降幅更大。运费在1878年略有反弹，但是到1885年终于下降到了1美分。这个过程当然是完全正常的，但是却打乱了铁路行业的金融结构。而且，因为在这个行业中竞争是不完全的，这种运费的下降是通过各个有控制权的团伙之间的激烈斗争来实现的，这对民众的心理冲击很大，使得几乎每个人都在谈论"运费之战"、割喉式恶性竞争、歧视以及不受监管的企业的弊端，而没有多少人真正顾及这种事物到底意味着什么。不过，从实际后果来看，这些也为稳健、高效的管理制度和健全的金融体系的到来铺平了道路，从而开启了美国铁路化的最后一步。

  但是，要完成这个步骤（从1889年至1897年），还需要另一个朱格拉周期，它也是最后一个由铁路行业主导的朱格拉周期，尽管"新企业为王"的时代已经过去。关于这个朱格拉周期的特点，我们提到了一些，并且将在合适的地方继续讨论，当然，要确定它的时间和解释它也会遇到不少困难。不过就目前而言，只需要指出1893年的危机在某种意义上比其他任何危机都更有资格被称为"铁路危机"就足够了。在这个康德拉季耶夫周期内发生的前面几个危机虽然也可以称为"铁路危机"，但那主要是因为铁路化在经济演化的过程中扮演了主要角色（然后是这种经济演化过程创造的经济状况发展成了危机），铁路本身受到的只不过是次级影响，而1893年发生的危机则主要是铁路本身的危机——大约四分之一的铁路（以资本来衡量）都落入了他人之手。早在1894年铁路收益就出现了下滑，同年还出现了美国铁路史上第二次客货运量的绝对下降，铁路建设规模也缩减到了1851年以来的最低水平。萧条的持续时间很长——这对于朱格拉周期以及康德拉季耶夫周期的复苏阶段来说都是不正常的——波动也非常没有规律性，这些虽然也有外部因素的影响，但是在很大程度上可以用如下事实来解释：铁路行业的发展行将收尾，在那个时候已经变成一个"老行业"，然后在世界大战之后就变成了一个衰退下行的行业。然而，铁路建设和新的铁路企业还会出现最后一次繁盛景象，并将为下一个康德拉季耶夫周期的繁荣做出一定的贡献[1]——每一个康德拉季耶夫周期的主要创新似乎都是如此。到1910年，铁路运营里程达到了25万英里。在那之后，铁路建设净投入额迅速降到零，甚至更低。

六、英国铁路的发展和1848年的危机

行文至此，适当地讨论一下英国和德国的铁路发展状况既是必要的，也很方便。如前所述，英国和德国这两个国家与美国不同，它们在这个时期的经济史无法通过铁路建设及其效应来描述。对于英国和德国，总体上看，更好的标志是蒸汽机和钢铁业，而铁路则只是其中最重要的一个特例。特别是对英国来说，为外国铁路发展提供融资（以及在较低的程度发起外国铁路建设项目）很快就变得比在国内建设铁路更加重要。只有资产阶级康德拉季耶夫周期的第一个朱格拉周期是由铁路建设主导的；在第二个朱格拉周期之后，无论铁路交通有多么重要，它都已经几乎从人们的视

---

[1] 在［第一次］世界大战发生前的20年里，铁路建设在世界上许多地方仍然是非常重要的事情；但对于我们这里讨论的这三个国家来说，除了影响伦敦和巴黎的货币市场的波动之外，铁路建设已经不再直接影响它们的经济发展。

线中消失，而金融则贯穿始终。当然，这主要是因为铁路建设这件"必须要完成的大事"的规模在英国这个国家要比美国小得多，因此完成得也更快。真正意义上的铁路创新对英国的经济系统也有革命性的影响，但是这个伟大的时代在 1860 年前后完全结束了，当时（在英格兰和爱尔兰）投入运营的铁路就已经有大约 1 万英里，在接下来的十年里，里程数增长了大约 50%，到 1910 年又增长了 50%上下（然后增长速度迅速下降，一直持续到世界大战之后）。关键是，所有这些都是在以前建立好的框架内实现的，而且是由一些大公司在可计算的回报的基础上作为扩大生产规模的任务来完成的。当然，这里面也不乏创新；但所有创新都是次要的、附属性的，例如提高速度、安全性和舒适度，这种创新是不会导致很大的周期性问题的。① 因此，英国在 1860 年之后的铁路发展，只是我们所说的增长以及经济系统中其他地方发生的创新的一个结果，每一步都只是对现有条件的反应，而不是演化的一个积极因素。这个国家以往积累的巨额财富也缓解了融资问题，"胆大包天"的融资行为远没有在美国那么必要。事实上，在这个时期，铁路在英国构成了储蓄的主要出路之一，而且完全符合信托基金对投资的要求。

当然，这并不意味着没有任何困难、没有任何挫折，也不意味着公众完全不需要对某件事或另一件事大声疾呼。1853 年的委员会报告暗示存在着歧视，而且为了制止歧视，1854 年还专门通过了一项法案；1872 年的委员会报告则讨论了合并问题；还有对价格和费率的长期不满，以及其他问题。但是相比之下，在这方面要比美国容易多了，就像在其他方面一样。1888 年的《铁路和运河交通法案》（Railroad and Canal Traffic Act）是一项非常保守的措施。当然还必须提一下导致这种情况的另一个因素——铁路与运河的竞争。此外，公路收费站的经营者以及所有与公路运

---

① 这是因为，从我们的角度来看，它们仅仅是对原有创新的改进；如果没有这种改进，原有的创新基本上仍然是完整和可行的。当然，有些围绕铁路进行的创新在那时比铁路本身更具原创性，对使用铁路的公众也相当重要。但是这一点并不能使它们成为我们所定义的演化因素。读者应该很好地利用这个例子来更准确地理解我们所说的创新概念（如果有必要的话，纠正以前的错误观念）。

输有关的利益群体也受到了损害，在许多情况下甚至到了无法继续生存下去的地步。但是，无论这些在数量上是否足以产生任何周期性影响，作者都无法加以追踪。在我们看来，铁路对老企业的大部分重要影响并不是通过与它们的直接竞争产生的，而是通过对一般意义上的地理位置的影响产生的。不过，运河确实提供了一个直接竞争的实例，这种竞争有定量的显著性。有些运河企业的地位坚不可摧，直到今天它们还在经营自己的业务。其中有几条运河在这个时期一直繁荣兴旺，并获得了丰厚的回报；而其他一些运河（例如曼彻斯特运河）实际上刚建成就迎来了自己的末日。但是，到了1880年，大多数运河所能发挥的作用已经结束，尽管一些运河企业的财务状况非常好，它们能够继续经营下去，并通过大幅度降低运费来赚取一些类似于准租的收入。也正因如此，衰退对它们来说是温和的，不会造成财务上的困境。然而，恰恰是由于它们有能力在不破产的情况下降低运费，因此它们构成了铁路企业的危险竞争者，而铁路企业往往会像不完全竞争的所有大企业都倾向于去做的那样，试图收购运河企业，将它们置于自己的控制之下。这个策略取得了一些成功，但是到50年代末就被抛弃了，既可能是因为这种收购代价高昂（而铁路运输确实有很大的优越性。在那个时代，即便是运输煤炭，铁路也已经确立自己的优势），也可能是因为公众的阻力（那是行业利益群体煽动的结果）。

然而，直到1860年左右，铁路仍然是当时最伟大的发明。特别是在40年代，所有事件都集中体现在"铁路狂热"上，当时英国经历了一次全面的铁路繁荣。1847年是整个40年代铁路投资的高潮之年，通过发行股票和贷款[①]筹到的实际资金达到了4 070万英镑（这对应1 182英里于1848年新开工的铁路建设项目）；作为比较，在以4月5日为结算日的1846—1847年财政年度，总应纳税收入仅为20 960万英镑——这个数字源于J. C. 斯坦普（J. C. Stamp）的可比序列，见他的《英国收入与财产》一书第318页。而且，在那一年前后几年，尽管这个数字要小一些，在定

[①] 比较图克和纽马奇（Newmarch）的《价格史》，第五卷，第348页、352页和356页。

量的意义上也足以说明问题了——1844 年，670 万英镑；1845 年，1 620 万英镑；1846 年，3 780 万英镑；1848 年，3 320 万英镑；1849 年，2 960 万英镑；1850 年，1 050 万英镑；1851 年，800 万英镑；1852 年，1 600 万英镑；1853 年，920 万英镑；1854 年，1 290 万英镑；1855 年，1 150 万英镑；正在建设中的铁路所雇用的劳工数量的定量显著性，也是不容置疑的（在 1848 年达到峰值，为 188 000 人）。正如前面提到过的，直接的信贷创造——铁路企业从银行获得的短期贷款——所起的作用在英国要比在美国小得多。更重要的肯定是（尽管我们缺乏数据来证实这一点）为了认购股票和为了投机性收购股票而进行的信贷创造。当过度投机的狂热程度接近最高水平时（这大概发生在 1845 年 10 月，从 1846 年议会批准的新建铁路里程数可以看出），企业的营运资金在相当大的程度上用于认购股票，许多升斗小民也用光了他们的现金储备。在许多情况下，前一种做法实际上包括求助于银行信贷，同时还会产生一种强烈的倾向，使得存款化为乌有，这是迅速偿还贷款引发的。1845 年和 1846 年的繁荣给这样的还款提供了一些机会，而且我们所知道的关于那个时期的银行流程的任何事实都不能否定它们发挥了一定作用的可能性。[①]

在英国，铁路公司的谋划者或发起人作为一个群体与美国的同一群体几乎没有什么不同。只有部分铁路项目是严肃认真的，而且这并不仅仅是因为其中大量项目其实互不相容。这一点还可以从议会只批准了其中的一小部分项目这个事实推断出来；另外，在那些得到议会批准的项目中，实际上也只有一部分项目真的得到了实施，而且即便是这些得到付诸实施的项目，也有不少在早期阶段就失败了。起初项目都是新建铁路项目，但是很快就出现了第二种类型的创新——合并（amalgamation）。这种进行

[①] 图克非常重视储蓄（或消费者支出的减量），在铁路建设最火热的那些年里，未来支付分期付款的需要会使股票持有人不得不进行储蓄。图克认为，这种支出削减远远不止"抵消了如此大规模的工资分配的影响"。尽管由于缺乏数据我们无法进行准确的验证，但是我们有把握地断言这个观察结果有一定的道理。毫无疑问，那是一个人们能够下定决心，用当前的收入为所有能够融资的项目提供资金的时代。这个诊断与我们的诊断完全一致。

"合理化"和谋求垄断地位的尝试——读者应该记得，我们的创新概念涵盖了此类情形——早在 30 年代就偶尔出现过，但是只有 40 年代的铁路建设热潮才使得它们实实在在地走到了前台，或者说在真正意义上使得它们变得不可避免。这也是乔治·哈德逊（George Hudson）[①] 能够呼风唤雨的主要领域，作为一位铁路大王，他凭借中部铁路公司（Midland，成立于 1844 年）的巨大成功，提供了决定性的推动力。紧随其后的是伦敦铁路公司和西北铁路公司，再接着是兰开夏郡铁路公司和约克郡铁路公司，然后是东北地区和其他地区的铁路公司。因此，那个时代不仅创造了英国铁路干线的总体框架，而且涌现出了英国主要的铁路公司。价格战就是这样发生的——这些价格战再一次证明在缺乏完全竞争的情况下新产品或服务的价格是如何降低的。然而，对竞争敌手的强大实力的了解也会使价格战的手段变得相对温和一些。

技术意义上的繁荣的主导地位差不多维持了五年（从 1842 年年底至 1847 年年中），中间没有任何大的中断——我们知道，繁荣不仅不同于福利，而且在许多重要的方面是福利的对立面——因此涵盖了这个朱格拉周期的繁荣阶段和衰退阶段（发生于 1845 年 10 月的铁路投机失败大体上说明了我们应该到哪里去寻找两者之间的分界线）。这一点以及没有出现典型的衰退现象，正是我们预期会从潜在的康德拉季耶夫周期的上涨趋势中观察到的，也与从第一个长波和第三个长波的第一个朱格拉周期中得到的类似观察结果相符。但我们本来预期的是，朱格拉周期的萧条阶段可能会受到抑制。但是事实恰恰相反，我们发现萧条阶段的发展是完全的——它持续了两年多一点。这一点之所以特别引人注目，是因为在充分考虑了诈

[①] 乔治·哈德逊所属的类型（企业家还是投机分子）、他的行为、他的人生起落，都是我们非常感兴趣的。他原本只是一个小人物，作为约克郡的一名亚麻布料商，他对铁路行业的一切——技术、经济和金融——完全一无所知。但是，他拥有一种极其重要的能力，并且把这种能力发挥到了极致：他懂得如何使事情顺利进行下去、如何令他人的意志屈从于他自己的目的。事实上，他确实几乎控制了议会（尽管说这个国家已经被铁路公司接管无疑是荒谬的），而且以擅长"与杰出同辈交往"来给资产阶级中心地善良之人留下了深刻的印象，在许多容易轻信的人看来，这无疑是他的最高成就——尽管很容易看出他从来就没有真的被接受过。最终导致他失去领导地位的所有"劣迹"其实都是相当原始的。很明显，他对高级的诈骗技巧其实一窍不通。

骗行为的绝对数量（尽管相对于总交易数而言可能不算太多）以及不计后果的鲁莽行动的绝对数量之后，任何人都不可能不认识到，之前的创新有很大一部分已经得到非常好的融资，同时信贷创造被限制在了相当狭窄的范围内。也许可以用自由贸易的最初影响和1848年的政治困境来解释这一点。危机本身——它出现在朱格拉周期进入萧条的转折点上——无论是从基本因果关系还是从表面机制来看，都显然是一个铁路危机，尽管当时还有其他创新，例如非常重要的煤矿领域的创新（那是在新出现的便利交通运输设施的直接诱导下出现的）。工业区位革命也开始显山露水，但这是对大型企业来说意味着亏损和糟糕的业务。此外，铁路建设的融资要求，恰恰是因为不可能迅速削减它们，因而在金融结构中占据了很重要的位置——最明显但并不唯一的途径是，通过铁路看涨期权来融资。投机头寸（最终必须清算）、管理不善、差错以及各种次级波现象，所有这些都因这个国家有利的对外贸易（与美国、中国的贸易）的不断发展而变得更加突出，它们发挥了通常的作用；不过，黄金的走势——那些因1846年小麦和马铃薯等农作物歉收而支付的食物进口款项可能对价格水平产生了直接影响，就像经典模式描述的那样——以及金融交易（例如，1846年巴林银行贷款给法国银行），则没有仅仅限于扮演它们通常的角色。在《银行法案》被暂停执行后，恐慌就消失了，尽管直到1849年破产事件仍时有发生（然而，许多破产事件，如粮仓倒闭和一些与欧洲大陆进行贸易的商人破产，都与危机本身无关）。

"做得过头了"（过度）这个因素，或者更确切地说"穷尽了眼前一切可能性"的情况①，在如下事实中体现得淋漓尽致：通过股票和贷款筹集的新铁路资本早在1851年就触底了，尽管朱格拉周期的复苏阶段在1849年年底才开始。然而，紧随其后的是1852年（即第二个朱格拉周期的第一年）的急剧增长；在这里我们又看到了一股新的铁路创新浪潮，它带来

---

① 这里的情况似乎不包含任何哈耶克效应，虽然货币利率上升幅度不大，因为我们不能说新的投资是由于后来的增加而无利可图。然而，哈耶克教授大概会接受这一点并指出，实际上有很大一部分投资是由真正的储蓄提供资金的。

了新的铁路干线（如西南铁路公司），同时也带来了另一次大合并（东北铁路公司，1854 年）。然而，无论是在绝对意义上还是在相对意义上，它的重要性都比前一个浪潮要小，而且在规模更大的运动中也不再是最重要的单个项目。1857 年的危机不能主要依靠它来解释。

七、德国铁路发展的特征与兴业银行

接下来讨论德国的情况。铁路对德国的意义比对英国的意义更大。事实上，铁路对德国经济系统的革命性影响在某些方面几乎与美国相似；在某些情况下，铁路发展早期阶段的融资方法也与美国类似。建立全国性的公用设施是许多倡导国家统一的政治家提倡的主要经济政策之一，也是俾斯麦早年的一个梦想。在一些州，这项政策从一开始就得到了执行，并或多或少地贯穿始终。但在普鲁士并非如此，在那里，政府采取了后来成为一种"时尚"的做法（"时尚"这个词带有一些贬义的暗示），即所谓的"斯密主义原则"（Smithian principles）。也正因如此，德国铁路系统的建立在很大程度上是由私人企业家完成的，尽管德国的官僚机构由于效率极高、完全不受诱惑且完全独立于政治，也做出了很大贡献——除了在批准铁路公司时行使自由裁量权之外，还在精简项目、整顿财务和保障铁路建设稳步推进等方面做了大量的工作。

然而，到了后来，时代的风气发生了转变。对于整个帝国的铁路系统，由于遭到了各州的抗拒，俾斯麦的想法最后归结为于 1873 年成立了一个帝国铁路办公室（Imperial Railroad Office）。在许多州，这个机构并没有多大的意义，但是在普鲁士却拥有完全的影响力。在迈巴赫（Maybach）政府时期，普鲁士州（它在 1866 年获得了本州的铁路）在 1879 年购买了大约 5 000 千米私人铁路，在 1882 年购买了大约 3 000 千米，在 1884 年则购买了差不多 4 000 千米（在随后的 20 年，又购买了 3 400 千米，从而几乎实现了完全国有化）。而且在此期间，任何一个私人铁路企业都获得了批准并完成了注册。从那时起，铁路建设就完全由州政府来推进了，同时普鲁士州还统一了运费、对管理进行了合理化，最终取得成功,这一成功被全世界公认为公用事业的典范。这种"恭维"虽然可以说名副其实,但也不应该太过分。德国主要的铁路建设工作于 1875 年就完成了,也就是说,如果我们将铁路建设的滞后期考虑进去,那么铁路建设到第四个朱格拉周期的繁荣阶段就结束了;不过,私人企业继续向国营铁路公司供物——这实际上几乎是强迫它们继续改进——特别是改进了的机车、车厢、刹车设备、安全装置等——因此,国营铁路公司的优点可以归结为不抗拒并呈现出对智力的需求;事实上,在德国这个人口稠密、地势平坦的国家,无论是技术条件还是商业条件,都是非常有利的。从 80 年代初开始,新的铁路建设几乎不再涉及任何周期性情况,但是在这方面与英国同期的发展之间的差异并不像人们可能会预料的那样显著。

  在德国,从 1842 年至 1879 年,私人企业一直占主导地位,它们所面临的问题与美国的私人企业相比只是程度不同。同时,德国现有的可能性和潜在的可能性之间的比例则比其他国家更有利。但是,相对于不久之后就会出现的伟大创新所需的融资,现有的支付手段的不足程度却是与美国差不多,或者另一种略微有所不同的表达是,在任何一个时候,商业意义上的资本总额加上当前的储蓄,再减去用于消费目的的支出,所得到的支付手段全都已经被当前的经济过程及其增长所充分吸收或"绑定"。因此,只要信贷创造没有被英国贷款所取代——让我们再重复一遍,从德国的角度来看,英国贷款与国内信贷创造是一样的——我们马上就可以预料,信贷创造将会扮演我们的"纯"分析模型所赋予它的角色。事实也正如此。在德国,所有私人企业家能够控制的创新都能以下面这种方式分辨出来,企业家取得的每一点滴成功,都为下一步的创新提供了融资(在许多工业企业和家族企业中就是这种情况,它们中有许多通过这种方式逐步在全国甚至全世界站稳了脚跟)。在这种创新中,创新的性质不那么明显,而且在某些情况下甚至可能不存在,但这种现象毫无疑问是非常突出的,以至如果不考虑它,德国的经济史就会是不完整的,或者实际上是不可理解的。在这里,我们可以讨论一下解决问题的德式方法或法德式方法①。

  在英国，由于存在大量的前期利润，再加上其他一些因素，不仅降低了信贷创造在为创新融资中的实际重要性，而且在一定程度上掩盖了信贷创造在为创新融资中的作用，从而一方面使得我们很难说出信贷创造所占的真正比例，另一方面导致它被完全剔除出正统的英国银行理论和实践的视野。从"英国教义"来看，美国通常类型的银行为了实现那个目的采取的方式，就是渎职——普通美国人关于银行应该是什么样子的想法，都是以英国为样板，这简直令人绝望，因为美国银行业的经营条件和实际做法都与英国不同。在欧洲大陆，特别是在德国（和奥地利），这个因素当然也不会全然不存在。无论何时，只要它表现了出来，都不会受到赞许，理由是银行信贷应限于短期商业业务，因为官方银行理论的"英国化"程度在德国并不比在美国低。然而，关于银行职能的这种观点与我们即将描述的观点之间的实际差异绝不能被过分夸大。两者之间是有联系的，那就是

---

① 这是本书中我们唯一有机会讨论动产信贷银行（Crédit Mobilier）的地方。我们不能说它是所属类型的第一个"标本"。例如，比利时兴业银行（Société générale）的做法就大同小异，而且类似的做法可以追溯到比约翰·劳时期更早的时候。我们也不能说它就是德国同类银行的范本。这是因为至少有一家德国银行是在它之前出现的，而且同样的逻辑完全可能在没有任何范本可复制的情况下就自行表现出来。但是，佩雷尔兄弟无疑是第一批让国际社会关注这种银行业务的可能性和危险性的现代先驱。然而，失败本身就是最大的失败；在那种非自然的、不加批判的愤怒狂风席卷之下，它所依据的基本观念与执行过程中的错误和不当行为相混淆。当然，也有人给出了更接近"理解"的分析，例如，请参见，A. 普兰格（A. Plenge），《动产信贷银行的创建和历史》（Gründung und Geschichte des Crédit Mobilier）。J. E. 佩雷尔原本是一名铁路工人。后来，他推动并建造了法国第一条蒸汽铁路，并在19世纪30年代、40年代和50年代的法国铁路事业中发挥了领导作用。在从事这些工作的时候，他看上去是一个具有不同寻常的思维倾向的企业家，将自己的创业活动与圣西门式的社会重建理念协调起来。不过，更接近事实的说法也许是，他非常自觉地（不过是以一种多少有点不可思议的方式）认识到了"资本主义创业型企业"的最终意义和后果。动产信贷银行成立于1852年。在他的设想中，这是一个巨大的创新引擎，从这个角度来说，它与本书作者所认为的约翰·劳的计划的核心精神以及法国和德国的兴业银行的宗旨是类似的。然而，它的基本金融理念，即通过银行发行债券来为创业活动融资，然后用新组建的企业的股票来替换债券，却从来没有得到政府的正式批准。在这个意义上这种冒险行动从一开始就注定会失败，虽然在表面上很受欢迎并取得了惊人的成功。确实，许多得到了融资的项目并不成功或不够成功——对于任何这类冒险，这一点都是至关重要的——但我们还是必须指出，如果他的金融计划得到了实施，许多困难（它们与最终的失败密切相关）原本也许永远不会出现，而且这个计划本身并非没有可行性。我们还应该记住的是，动产信贷银行并不是英国或美国意义上的投资信托（机构）。许多人经常这样来解释它的性质，但是这种解释忽略了真正的要点。它也不同于美国的私人银行和金融机构，尽管后来也经常从事这种业务，首先是在铁路建设领域，然后（尤其）是在产业合并领域。

股票市场上的贷款，它一直被视为常规银行业务的一部分。特别是，证券交易所中的投机和新发行股票的投机性持有在所有国家都主要是由银行提供资金，因此，银行的目的始终是为长期投资提供资金，至少是以这种间接的方式（即便不是以其他方式）。法国和德国设立"兴业银行"（promotion bank）这种做法之所以新颖，只是因为它们直接面对为创新提供融资的问题，并将常规银行业务作为创新业务的附属。其他地方对短期信贷（而且是临时专门创造的）的使用会导致如下情况，即需要企业家去寻找某种融资方法（除非很快就可以获得收入），从而巩固企业家的地位，德国和法国的这种"兴业银行"却提供了由银行自己来完成这项工作的机制。这些银行负责发行必要的股票和债券，从而帮助创业型企业偿还短期债务，并为企业提供额外的支付手段。而为了达到这个目的，这些银行非常愿意把这些股票或债券记入它们自己的账户，不仅在它们无法处置这些股票或债券的情况下如此，而且在它们正常开展日常业务时如此。因此，它们能够静观事态的发展，等到合适的时候才向公众开放申购，甚至可能在许多情况下永远保留一个资产包。当它们最终将所获得的证券投放市场时，它们就再次为私人投资者提供了资金，因此，至少在短期内，这笔交易往往只是意味着资产的转移。对于这种做法在货币市场方面的含义，我们将在稍后加以关注。现在重要的是要认识到，这样做使得短期信贷创造与长期投资相吻合，其方式几乎完美地说明了为创新融资的经济本质。

由此，银行与工业之间自然而然地形成了密切的联系，学者们也对这种联系进行了很多研究。对于我们来说，证明这种联系的合理性，要比强调这种联系的存在性更加重要。如果某家银行拥有一家工业企业的控制权或相当大一部分股权，那么很自然地，这家银行就会获得这家企业的现金银行业务；此外，如果这家企业的财富和股价是与这家银行的名声和金钱利益密切联系的，那么更密切的监管就是非常有必要的，这与银行独立地处理每笔交易，并且仅仅根据交易本身的价值来处理时不同。虽然这种监管在很多情况下意味着主动监管，有时甚至意味着强制性监管（比如强制一家银行的所有客户合并，或者至少要在相互竞争的企业之间达成谅解），虽然对企业的直接利益无疑常常是银行偏离正确做法的动因，但是银行的影响一般不会达到这种程度。企业家和银行的功能，以及双方利益的基本对立，并不一定会不复存在，或者说通常不会被取消。工业企业经常会让提供融资的银行的高管在董事会中占据一个荣誉位置，这种做法很容易让财经媒体和社会批评家对所谓的"资本主义权力大联盟"的真正含义产生一种非常夸张的想法。有意思的是，银行高管有时很乐意让公众相信他们的权力是真实存在的。这种信念以及由此导致的怨恨情绪，对他们肯定是有害和危险的。当然，他们同时也借此满足了自己的虚荣心。但是无论如何，这个引擎为创业活动提供的融资和支持的有效性是不容置疑的。

在这类银行中，最早的一家大型机构是1848年成立的沙夫豪森银行协会（Schaffhausenscher Bankverein）。汉德尔和工业帝国银行（Bank für Handel und Industrie zu Darmstadt）则是最接近动产信贷银行的，它成立于1853年。1856年，当原本作为另一种类型的银行而于1851年设立的贴现公司（Discontogesellschaft）也加入这个行列时，这类银行的成立进入了一个爆发期。随后，德国信贷银行（Mitteldeutsche Kreditbank）、柏林商人银行（Berliner Handelsgesellschaft）、北德银行（Norddeutsche Bank）、汉堡联合银行（Hamburger Vereinsbank）、莱比锡信贷-安斯塔特银行（Leipziger Credit-Anstalt）以及诸多其他银行纷纷成立。尽管在当时，其中不少银行的前景相当令人沮丧，但是大多数都成功地挺过了风浪。这个事实本身就足以表明，它们的观念、结构和实践并不像许多观察家所认为的那样不健全。我们要补充的是，它们在1873年前的繁荣时期和1873年之后得到了极大的扩展，然后，经过后来的并购者的努力改造之后，整个体系终于宣告形成。在此期间成立的银行包括位于汉堡的商业和私人银行（Commerz-und Privatbank，1870）、德意志银行（Deutsche Bank，1872）、德累斯顿银行（Dresdner Bank，1872）、德国国家银行（Nationalbank für Deutschland，1881）。然而，我们应该还记得，在50年代的繁荣时期，另一种创造信贷的机器走过了它的最后一个发展阶段：如前所述，许多小的州非常乐意给更多的发行银行颁发特许状。

从第二个朱格拉周期开始，这种金融工具对铁路的发展起到了强有力的推动作用，但是在40年代它还没有出现。据本书作者所知，当时从英国输入的资本也不是很重要。因此，来自真正的储蓄的资金肯定发挥了比后来更大的作用。这个事实使得这个朱格拉周期呈现出一些独特的性质（特别是在它的繁荣阶段），并可以解释它的许多特点。铁路建设和附属行业的发展与英国一样，完全主导了整个经济形势。铁路运营里程从1840年的549千米增加到1850年的6 044千米，从相对增幅来看，这个增长速度比英国和美国都要高；但是，投机和其他次级波现象则远没有这两个国家那么明显。1847年发生的危机也是相对温和的。确实，在3月和4月汉堡遇到了一些困难，柏林和莱茵兰都出现了银行票据得不到承兑的情况，普鲁士银行则不得不向政府借款，但是所有这些都没有严重威胁到金融结构。如果不是1848年的政治动乱，再加上一个无法用任何已知的经济事实来解释的萧条时期，这些麻烦还会更小。因此，对发生在德国、英国和美国的事件进程进行对比可能有助于我们形成一个粗略的答案，那就是，在构成危机的现象中，哪些部分应归因于我们所说的演化过程的基本特征，哪些部分应归因于次级波现象（它们无疑是由演化过程引起的，但却不是演化过程的必要组成元素）。

但是，那些年的经济氛围绝对称不上是令人愉快的，特别是繁荣期的那些年。虽然农作物歉收和其他偶然情况是造成这种现象的部分原因，但根本原因还是必须到我们所说的过程本身去寻找。普鲁士的统计数据不容置疑地证明——尽管它们远远不是完整的——多年来消费实际上一直在下降，虽然同期设备品的生产和销售却在增长。施皮特霍夫（前引论著，第48页）虽然认为上述情况都是外来因素（尽管也在这个方向上起了作用），但还是得出了同样的结论，即我们在这里看到了一个重要的历史例子，说明繁荣是可以独立于消费的。因为这是一个统计上的例子，在其他层面上并不是毫无疑问的（但储蓄银行的存款一直在增加也是一个事实），所以给出下面这个附加结论也许有风险：作为一个例子，这些年的情况还说明了繁荣的真正含义以及繁荣的特性——一般来说，如果繁荣没有被源于投机收益的乐观情绪所掩盖的话。对此，我要请读者自己做出判断。在其他地方，我们将在这个意义上引用这个例子。

还有三个朱格拉周期将要到来，在那期间铁路建设将进入更大的繁荣。在50年代，运营的铁路里程再次大幅增长，到1860年又增加了将近5 500千米。从表面上看，1857年的危机并没有像美国的危机那样强烈地显示出铁路建设状况的影响。铁路似乎也不像在美国那样占主导地位。但是，我们必须记住，在德国，融资的方法是比较安全的，对现有的经济制度造成的混乱影响并不大。在接下来的10年，投入运营的铁路里程又增加了将近8 000千米，从1870年起，德国经历了最后一次铁路繁荣。进一步的铁路建设使得铁路总里程从1880年的33 838千米增加到了1913年的63 730千米。铁路建设几乎全部是各州完成的，但无论如何，它们都是"诱致性和完成型扩展"。我们不需要专门证明铁路建设支出在数量上的重要性，尽管我们所用的乘数并不大，但是很明显，铁路建设支出是周期性波动的最重要的一个因素，至少在1873年之前是这样。在德国铁路建设过程中涌现出了一种特殊类型的企业家，他们创建了德国铁路，并将业务范围扩展到奥地利和巴尔干地区。我们将在其他地方讨论这类企业家。

第四节　德国、英国和美国制造业发展的若干特点

一、德国工业的演化和朱格拉周期的各阶段

我们还是从德国开始讨论。在解释关于生产出的商品和服务数量的统计记录时（现在这不是我们的目的所在，但到后面将会是；目前我们根本无法给出统计数据的细节），必须考虑康德拉季耶夫周期的整个时间跨度，并考虑经济增长受海陆运输技术进步的影响。① 关于海上交通，第一艘德国汽船在1850年完成了横渡大西洋的旅程，这当然是一项伟大的创新，

---

① 道路和运河的建设以及可能比新建运河更加重要的对自然水道的改善，贯穿了整个时期。所有这些都是由公共机构利用公共资源和非商业渠道来完成的。普鲁士的公路系统在前一章描述的道路的基础上稳定地发展了起来，特别是在80年代后。运河也是如此，运河的建设或竣工一直到第三个康德拉季耶夫周期仍然没有结束。自然水道得到了更大的改善，到1895年，超过五分之一的德国交通是通过内河完成的。事实上，这项创新是康德拉季耶夫周期的下行阶段和复苏阶段的主要特征之一，并导致了铁路运输和国内商业数据的全面变化。投资增长的数字也非常可观。因此，"诱致性和完成型"的特征是非常明显的。

体现了不来梅和汉堡的航运业发展水平。德国的航运业在第一个朱格拉周期中发挥了不小的作用（尽管只是局部的作用），在第二个朱格拉周期中发挥了更大的作用；然而，就其本身而言，无论是在技术上还是在商业上，它都不是特别引人注目。当然，德国的航运业也取得了一系列小的成功，后来经过改革和改组，出现了一些较大的航运企业——尤其是1857年由几家中等规模的企业合并而成的北德轮船公司（North German Lloyd）——它们还进入了新的贸易领域。所有这些都意味着大量的创新（每条新路线的开辟都是一项创新），但全都是小规模的创新，与同时代的美国和英国或德国后来的发展相比微不足道。这类创新的重要性在于打破僵局，解决各种各样的门槛问题，为未来的更大进步创造条件，为取得重要的数量上的成功做好准备。重要的是，这种成功不仅是在这个时期内取得的，而且是在几乎整个康德拉季耶夫周期内——它的衰退阶段、萧条阶段和复苏阶段——取得的。很容易看到，事实上，这就是（康德拉季耶夫周期的）下行期扩张（downgrade expansion）和下行期创新（downgrade innovation）的本质所在，即不仅会受同一行业之前发生的事情所诱致，而且受其他行业的演化过程所诱致，还会受有利的环境变化（特别是政治条件）所诱致。德国的商业航运公司在崩溃于1873年的那个经济繁荣时期（它们也对这次繁荣做出了贡献）缓慢地发展了起来，总吨位"艰难"地超过了百万级，当时的船只主要是木船和帆船，少数蒸汽船主要是由外国建造的。随后，蒸汽船到1880年就增长了一倍多，到1890年增长了两倍多，然后到19世纪末大约又增长了一倍。在那个时候，德国的商船已经全部都是由钢铁制成的，而且几乎完全是由国内的造船厂和船用发动机厂生产的。大部分商船为汉堡和不来梅的24家企业所有，其中就包括北德轮船公司和汉堡-美国船务公司（Hamburg-America）。在这里，也许没有必要列出所有类型的创新——例如，德国伏尔铿造船厂是其中最重要的一项创新，尽管它与"发明"没有任何关系——就可以说明它们作为"机会利用者"的性质、阐述支出的重要性及其直接影响和间接影响（位置上的错配主要是为了促进进口，但是这并不重要）。不过，在这里还是有必要再说明两点。

首先，这种发展并不像英国观察家或英国媒体所感觉到的那样令人吃惊。在这段时间里，在德国领土和德意志民族内部，人类学和社会学意义上的"发展可能性"在中断两个多世纪之后重新出现了，而经济发展只是这一进程的一个部分。解释时必须考虑到这个情况——类似于弹簧在移去了压着它的重物之后恢复形状的现象（尽管其中有些东西仍然处于瘫痪状态）。从这个角度来看，这种发展一点也不令人吃惊。对于德国任何领域的发展，都可以给出类似的解释。在霍亨索伦帝国（Hohenzollern empire）提供了经济发展条件、发展空间和安全保障的情况下，德国人欣然接受了大规模工业化和商业化的任务，许多尚未完全消失的旧态度和老传统也都以新的形式重新出现。问题是这样一个事实是如何与我们的模式相关联的。由于环境的有利变化的影响，这个事实无疑会给德国的序列带来一种特殊的趋势。这些都与创业活动无关。但企业本身就是过去时代的继承者，它提供了一种机制，使这些新的条件能够体现出来。由此获得的成功要比本来可能获得的成功大得多。因此，没有理由认为这个因素产生了不同于我们的过程的影响，也没有理由预期演化过程会因此带来任何新的问题。[①]

这一组事实之于德国，正如它的反响之于英国，也正如移民、开发边疆之于美国。然而，在所有国家（德国并不比其他两个国家更特别），我们再一次观察到了扩大生产和向新创造的经济空间推进，这正是康德拉季耶夫周期的下行阶段和复苏阶段的特点，也是处于康德拉季耶夫周期的强烈标志。这是第二次观察到，与第一次一样，之后还会有第三次。我们了解这种现象，也知道为什么它不属于一个收获的周期（实际财富增加的周期）的繁荣阶段，而是属于其他周期。需要指出的是，现在正在讨论的这个例子特别具有启发性，因为它后来再次出现时就被称为"大萧条"

---

① 我们将会看到，上述分析对我们处理数据和外部因素还有另一个贡献。

(Great Depression）了①——那只是使用的术语发生了变化。作者认为，大多数人会将它应用于 1873 年至 1896 年，这会使得它大体上涵盖萧条阶段和复苏阶段；或 1873 年至 1886 年，这几乎完全准确地涵盖了萧条阶段。在这方面，德国的情况之所以显得特殊，只是因为康德拉季耶夫周期的繁荣受到了各种情况的阻碍，而上述事实又使收获阶段更加突出。后面这个结论对美国也是正确的——只需在细节上做一些必要的微改动——英国的情况则相反。

由于德国的工业发展在很大程度上受到了铁路的影响，因此必须从这个角度来看待德国的城市化②及德国工业对国内市场的征服。德国的工业化在很大程度上是附属于铁路发展的，或者是由铁路化直接导致的，这一点不仅适用于机器制造业的某些子行业，如机车制造业——例如，博尔西格公司（Borsig）就是在 40 年代获得了巨大的发展——而且适用于所有行业，特别是煤矿业、制铁业和炼钢业。不过，40 年代的繁荣也只是使煤炭的产量增加到了大约 500 万公吨，煤炭产量在绝对数量上的大扩张是在康德拉季耶夫周期的下行阶段实现的，或者更准确地说，是在朱格拉周期的上行阶段叠加康德拉季耶夫周期的下行阶段时实现的。当然，这正是我们应该预料到的，如果我们考虑到了煤炭需求的很大一部分都是周期性

---

① 我注意到了对经济史的一种特别优秀的修正（这种修正也是《经济历史评论》杂志的一个特点），它确实给我带来了一种极大的满足。H. L. 比尔斯（H. L. Beales）先生的文章（载于 1934 年 10 月号），对绝大多数学者赋予这个术语的一个含义（它长期以来被人们不加批判地接受了）进行了有力的抨击。这位历史学家的证据完全不受任何理论偏见的影响，应该能够在一定程度上说服经济学家。著名的、被多次引用的关于贸易萧条的《第三份报告》（Third Report）尽管所指的主要是真正萧条的那两年，但是从它实际呈现的事实来看，并不能充分证明其标题的正确性。

② 城市化的进程很显然是周期性的。但是我们应该指出，统计数字并没有十分准确地描述出它的速度——尽管在帝国建立之后有了很大的改善，统计数字在各个方面仍然是无法令人满意的。将常住人口超过 2 000 的地区划分为城镇地区、将低于这个数字的地区划分为农村地区，这种做法不仅过于武断，而且如果用来"说明工农业部门之间的区别"会产生严重的误导。

借此机会，我们还要补充一点。三次职业普查（1882 年、1895 年和 1907 年）很自然地构成了我们的主要数据来源之一，但是它们所采用的方法不同，因此既不严格可比，也不完全可靠。例如，有收入的就业妇女人数的变化，部分是由于调查所用的指导用语的不同。然而，说从事农业活动的人数保持了相当高的稳定性大体上还是正确的，因此大部分新增人口都是被工业吸收和通过移民消化的（直到那个世纪的最后几年仍然是那样）。向外移民的人数在 1880 年和 1885 年之间达到了最高水平，然后开始下滑（从 1895 年到 1905 年，出现了净入境移民）。从事农业的人数分别为：1880 年，1 594 万；1895 年，1 544 万；1907 年，1 492 万。

的这一点（家庭的煤炭消费在战前的几十年一直只占总需求的12%左右）。而从相对指标来看，从1870年到1910年，每10年就可以增长大约50%（1896年，达到了8 569万吨）。褐煤虽然既不是一种新的商品——据作者所知，它是在1549年首次被提及——也不是在我们所说的这个时代开始成为一种化学原料，但它也"顺应潮流"实现了增长。型煤的生产也是下行期的一个特征，从1885年的75.4万吨增加到1895年的306.1万吨，型煤产量增加到2 141.8万吨则是在第三个康德拉季耶夫周期的繁荣阶段实现的。除此之外，煤炭开采领域的创新主要在于更大的矿井和机器作业的增加（特别是为了开采位于更深地层的煤炭和更多的各类煤炭）；当然，这些只是部分创新。

生铁业或更一般的制铁业，也与煤炭业属于同一类型。制铁业也是在40年代奠定了现代结构的基础，然后在50年代获得了新的发展。但是，产量的大幅绝对增加则出现在后来，即康德拉季耶夫周期的下行阶段：1860年的生铁产量为52.9万吨，到1890年就提高到了接近470万吨。这种大的飞跃是在60年代和70年代初期实现的，因为从1873年到1877年，铁的消费量下降了50%。一如既往，产量和企业数量在朱格拉周期的繁荣阶段增加、在朱格拉周期的萧条阶段下降；而且，在每个繁荣阶段，生产能力都会大幅增加，以至衰退阶段和复苏阶段的绝对增量都会超过前一个繁荣阶段，这成了一个规律。当然，这与康德拉季耶夫周期给出的关于绝对数量的描述相反——尽管从比率上看不然——但是，应该很容易看出，这仍然与预期相符。① 在讨论时间序列时，我们还会回到这个问题。这个领域的创新主要包括商业上、区位上和组织上的变革，而不在于引进重大的技术创新，而且企业家的类型——其中许多企业家都是原有的工业家族的成员——也与此相对应。在1847年，所用的方法还很原始。在1850年以前，焦炭的使用还没有普及，直到1870年，木炭才（基本上）被取代。在康德拉季耶夫周期的下行阶段，这种类型的发展扩张得很

---

① 读者如果想把我们的模型作为一个有用的工具来分析不同的具体情况，那么就应该仔细地研究一下这个例子，它比其他例子都更有启发意义（请参见第九章）。

快，在相近的钢铁加工业和工程业中也可以看到，这是 1870 年至 1873 年的繁荣的一个重要特点。

当然，钢铁业则呈现出了一幅不同的画面。就其现代功能而言，这是一个新事物，同时也是技术创新的产物。德国对阿尔萨斯和洛林的吞并有重要意义，这不仅增加了可能性，而且使德国获得了几家原先就已经存在的领先的钢铁企业——例如，德温德尔（deWendel）和迪特里希（Dietrich）——从而使得德国的钢铁企业数量大为增加。然而，钢铁产量的增长却与此无关，这是一个令人惊异的结果。不过，最重要的创新都来自国外，例如，贝塞麦（Bessemer）转炉炼钢法、西门子-马丁平炉（Siemens-Martin open-hearth）[①] 以及托马斯（Thomas）转炉炼钢法等都是如此。直到最后克服了非磷矿石的相对稀缺带来的困难，德国钢铁业才真正进入了正轨。再一次，这同样是一种典型的下行阶段的发展。在这里，我们所做的仅限于增加一些数据——这些数据构成了德国企业在钢铁制造领域取得的进展的里程碑。克虏伯——它也是第一个用铸钢生产大炮的企业（1856 年）——于 1861 年引进了贝塞麦转炉炼钢法。其他钢铁公司也很快跟进。博尔西格公司建造了第一个西门子-马丁平炉（1864 年）。有意思的是，在这个方面，德国的大企业也正是从那个时候开始进入演化过程的更高阶段，即开始了"垂直一体化"的创新。例如，博尔西格公司收购了西里西亚的煤矿、铁矿和其他矿山（1847 年），并在 60 年代建造了高炉以及一个炼铁厂和一个轧钢厂，因此从一家机车制造厂发展成为一家"联合"钢铁企业。同样的趋势在许多企业家身上也可以观察到，或者说（尽管我们认为，企业家功能本质上只能是个人的，但在这种情况下还是可以说），在那些开创了德国重工业的企业家家族上观察到，例如施廷内斯家族（Stinnes）、哈尼尔家族（Haniel）、哈尔科特家族（Harkort）、丰克家族（Funke）、斯塔姆家族（Stumm）、格里洛家族（Grillo）、劳士领家族（Röchling）、纪尧姆家族（Guilleaume）、帕斯托尔家族（Pastor）、

[①] 作者认为，从本书的目的来看，威廉·西门子爵士（Sir William Siemens）其实应该算是一个英国人，虽然维尔纳·冯·西门子（Werner von Siemens）则仍然是一个德国人。

博克家族（Böcker）、亨克尔家族（Henckels）、曼内斯曼家族（Mannesmann）、塔尔博特家族（Talbot）、蒂森家族（Thyssen）。各种各样的卡特尔和"利益共同体"遍地开花；在1873年以前主要集中在铁路领域，然后就迅速地变成了工业集团的主要特征，罗伯逊（Robertson）先生在很久以前就指出了这一点。根据我们的计算，这在倒数第二个朱格拉周期中表现得尤其突出。①

在钢铁行业和有色金属行业（正如我们已经观察到的，这两个行业都是从各自的古老传统开始进步的），人们做出了很大的努力来实施新的改进。索林根的刀具行业可能就是一个很好的例子。索林根刀具行业的历史比设菲尔德的刀具行业更加悠久，不过两者仍有很大的相似之处。在这个时期，虽然刀具的生产大部分仍停留在手工艺阶段，另一部分仍停留在国内工业阶段，但是工厂层面的创新在第二个朱格拉周期就开始出现了，起初只是在锻造工序，后来发展到了所有其他工序。这些工厂全部都是小型或中型工厂，其中有很多都是高度专业化的。所有工厂都可以说是由工匠的店铺改造而成的，有些则经过了工匠企业家自己的重新创造——即便是在后来的德国，这种类型的工厂也并不少见。关于纽伦堡和其他金属加工中心，我们也可以得出类似的结论。武器、机器和机床制造业也快速兴起，它们几乎是在四五十年代的繁荣时期突然出现的，并且在接下来的三个朱格拉周期内就实现了崛起，达到了与外国竞争对手平起平坐的水平——甚至压倒了外国竞争对手（不过，美国生产的收割机是最重要的例外）。之所以能够如此，部分原因就在于上述传统，它很好地解释了德国从一开始就拥有的充足的"锁匠"类型的技术工人的供给。这些行业提供了关于企业家创新活动的很好例子。这些例子对阐述我们的过程的某些方面具有特别大的指导意义，并能完美地说明这些创新是如何"侵入"系

---

① 请比较罗伯逊的《银行政策与物价水平》一书，第11页及以下多页（第1版）。罗伯逊是最早认识到以下事实的经济周期理论家之一，对于历史学家来说理所当然的是创新与之相关。在一个注释中，他非常确定地将个别周期与特定行业的演化联系起来。在谈到"1882年的繁荣"时，他可能首先想到的是英国，但是这种说法对德国来说显然更为正确，尽管特别强调这一年似乎没有任何意义。

统、如何影响系统的。然而在这里，我们无法展开讨论，而只能指出如下一点：根据 1882 年的普查，在受雇于"机器、仪器和器械"制造部门的工人中，有一半以上的人所在的企业雇用的工人数量不超过 50 人。[①] 当然，规模最大的企业通常集中在造船业、结构材料行业，而规模最小的企业其实只是一些修理车间。然而，值得指出的是（特别是，当与 1907 年的普查结果相比时），在整个康德拉季耶夫周期中，小规模企业（即企业家可能同时兼任工程师、采购员、销售员、人事经理和效率专家等多个职位的那些企业）在取得了最显著的成功的领域中占据了非常重要的位置。把这类企业家的形象描述清楚非常重要。我们必须把他们和作为铁路发起人的企业家相提并论，并认识到两者（以及介于这两者之间的所有人）都属于我们所说的"企业家"。

现代德国纺织业本身就是康德拉季耶夫周期的产物。引进国外已经成功的生产方法，通过部分进口机械实现机械化，建立新工厂，特别是解决大规模生产问题……这些就是这个领域的大部分创业成果。德国在这个领域几乎没有什么技术创新，尽管有不少组织创新和商业模式创新。每个朱格拉周期都有自己的"主装备"，但没有一个是由纺织业的发展所主导的。随着财富的增加，古老的丝绸工业复苏了，但是在大规模机械化生产——这既体现在丝绸生产本身，也体现在纺纱废料处理以及染色等方面——出现之前，都没有表现出任何创新活动。而且，这个创业成就也是上一个朱格拉周期的特色之一。亚麻纺织品衰败，被棉纺织品挤出了市场。无论是从这个方面来看，还是从工厂和动力织布机方面取得的进展来看，这个行业都提供了一个特别"激烈"的例子，它说明了新产品如何挤出旧产品。这个清理过程主要是在康德拉季耶夫周期的下行阶段和复苏阶段完成的，尽管 1895 年的普查结果表明，国内产业的某些手工业残迹仍然存在——或者以小规模独立生产者的形式存在，或者以"包买制"的形式存在——虽然后者的衰败（以及所有随这种衰败而来的不幸事件），在第一个朱格

[①] 应该注意到，德国的统计数字以雇用 50 名以上的工人为标准来界定哪些企业是"规模企业"（Grossbetrieb）。因此，关于"什么是大企业"的非常不可靠的轻率观念，显然很可能会误导对大型生产单位的相对增长速度的争论。

拉周期就开始了。

对于毛纺织业,也可以得出同样的结论——到1895年,工厂化和机械化在纺纱和织布方面取得了实质性的胜利,尽管在织布方面的胜利还不是那么彻底——但不同的是,在毛纺织领域,还出现了一个庞大的现代工业。1870年以后,国内羊毛生产的迅速衰败非但没有阻碍这个发展过程,反而有所促进,否则对原料的保护将几乎是无法避免的。事实上,来自海外的廉价羊毛,尤其是精纺毛纺织业(这是一个新行业)所需的廉价羊毛条,极大地促进了该行业的发展。总体上看,这是一个出现在下行期的发展,尽管动力织机从40年代开始就逐渐站稳脚跟。虽然在棉织子行业中手工织机和国内生产"坚持"了下来——1895年,仍然有大约22%的工人在从事这类工作——但是棉纺子行业在第二个和第三个朱格拉周期中就迅速实现了大规模机械化生产,然后在第五个和第六个朱格拉周期中进一步向大工厂集中。在这个时期,服装和靴子仍然主要是手工制作的,甚至连包买制和大规模零售都遭遇了巨大的阻力,而从业的"小人物"则得到了官方的眷顾和优待。他们能够在周期的下行阶段幸存下来,与这种所谓的"中小企业政策"(Mittelstandspolitik)[①] 有很大的关系。

建筑业的规模通常与工业扩张、财富和人口增长率成比例。从理论上说,我们有理由认为工业建筑业和商业建筑业当然与所有周期都有正向的关联,特别是朱格拉周期,但是住宅建筑业由于依赖于抵押贷款利率,所以应该呈现出相反的趋势。总的来说,这就是我们的发现,尽管要满足这个结论需要各种各样的条件。特别是,很明显,在创新就意味着移民的情况下,在繁荣时期,一些地方将会建造工人住宅和其他住所以及工业工厂。这在一定程度上或许比法德战争期间建筑活动的短暂中断更能解释

[①] "中小企业政策"这个名字所代表的政策措施以及手工业者及其代表所倡导的其他政策措施,构成了一个很好的例子,它不仅说明了创新所遇到的阻力,也展现了受到创新威胁的阶层所能采取的防御手段。我们观察到,在英国,从16世纪开始就有这类政策,而且在今天仍然能够观察到,不仅是在德国。不过,它们究竟能够在多大程度上真正有效地缓解这种转型困难,很难讲清楚,因为现代工业并不是简单地将那些旧的生产形式挤出,而是在每一步为它们提供新的可能性——例如,廉价的中间产品,从事零售活动的机会,更好的工具和能源,等等。此外,公众的态度对这些人也有帮助,尤其是在德国。在服饰方面,除了定做的衣服和鞋子外,德国人对任何东西都深恶痛绝。而在大规模零售方面,反犹太主义倾向也有助于保护小规模经营者。

1873年危机之前的建筑业繁荣。那个建筑业热潮的暴烈程度在德国历史上从未有过,无论是在那之前还是之后。然而,还有另一个原因。从技术层面来说,建筑业在我们所说的这个时代并没有发生实质性的变化,只有砖块有了更好的生产方法。1858年出现的霍夫曼-利希特(Hoffmann-Licht)环形炉,在1869年得到改进后迅速传播开来,它和压砖机(1854年)都是根本性的创新。[①] 钢-混凝土建筑(1867年)直到第三个康德拉季耶夫周期才发挥了巨大的作用。不过,当时出现的明显趋势也为另一种创新创造了空间,那就是投机性建筑活动,它超过了直接需求,往往意味着整个郊区或住宅区的连片开发,当然更意味着对土地的投机。还出现了为这类业务融资的银行,即抵押贷款银行(Hypothekenbanken),然后它们很快就在70年代中期陷入了困境。建筑材料贸易也变成了投机买卖。房屋和公寓通常是用贷款建造和购买的。对1872年这次繁荣进行分析得出的结论将类似于我们对该世纪20年代美国建筑业繁荣的分析。在这里,重要的是要认识到它的特殊性质。然而,从整体上看,德国城市的发展仍然是整个康德拉季耶夫周期下行过程的一个典型特征,并与所有其他特征保持一致。我们将特别注意到公用事业企业——煤气、水和交通工具——在80年代获得的重要性。市政当局越来越多地承担公用事业建设任务,同时也开始在其他公共工程上大举投资,从而迅速积累了一笔巨大的债务,当时这被人们认为是一个沉重的负担。然而事实上,措辞上的变化其实比实践中的变化更大。

在这里,我们再次观察到了在第一个康德拉季耶夫周期的最后两个朱格拉周期中要求我们关注的那种现象。在第一个康德拉季耶夫周期中由铁路占据的那个位置,在第二个康德拉季耶夫周期的下行阶段是由化学工业和电力行业占据的。它们——与其他创新一起,例如橡胶制品、涡轮机、内燃机等——为我们"带来了"第三个康德拉季耶夫周期,但是,与其他

[①] 请比较 G. 克劳辛(G. Clausing),《1867年至1913年砖厂的生产过剩》(Die Uebererzeugung in der Ziegelei von 1867 bis 1913),载于施皮特霍夫教授主编的《经济波动研究丛刊》(*Beiträge zur Erforschung der wirtschaftlichen Wechsellagen*),1931年第4辑。这项优秀的研究追踪了各个周期中制砖行业发生的事件过程,描绘了一幅非常有意思的画卷,说明了在竞争和联合的环境下这个行业是怎样演变的——它对资本的要求不高(以环形炉法每年生产250万块砖的成本,包括机器设备在内,只有10万马克),而且需求的价格弹性很低但高度可变。

创新不同的是，它们取得了足够的成功，显示出了它们自身的可能性，并在第二个康德拉季耶夫周期之前发挥了一定的作用（尽管并不是主要的作用）。德国化学工业的起源可以追溯到很久以前，在解释它后来的成功时，这种传统和其他一些条件也经常会被强调——也许被过分强调了。但是在我们所说的那个时代，用于工业用途的应用化学在英国比在德国更加先进。当然，德国也不乏伟大的原创性创新，例如，用焦炉提炼煤焦油的方法。此外，氨和煤焦油染料在 1846 年首次被生产出来，偶氮染料则在 1863 年。不过，直到 1897 年，氨的产量还不到 84 000 吨，同时染料的发展也不尽如人意（尽管茜素生产在 1876 年获得成功，人工靛蓝在 1850 年就发明了出来）。更重要的是钾矿矿床获发现之后的一系列发展（斯塔斯福特矿床在 1861 年被发现，1863 年开始投产；其他矿床后来也陆续被发现）。但是总的来说，化学产品的生产——包括基本化学原料，如硫（来自黄铁矿）、硫酸（创新点是接触法，1888 年获得成功）、氯化钠和苯（在 1849 年取得了商业上的成功）；以及成品，如化肥、火柴（安全火柴出现于 1855 年）、炸药、纸（造纸的木浆①先用苏打水或硫酸盐处理）、人造黄油（1868 年就制成了，但直到 90 年代才拥有重要意义）——基本上都是追随一般的创新进程和外国的成就，而不是领先（例如，索尔维制碱法，1879 年）。从这一点来看，这些创业活动所属的类型与纺织业中普遍存在的那种创业活动相似。

1895 年的职业普查第一次承认了电力行业的存在。到那个时候，电力行业已经雇用 26 000 名工人，电力也显示出了各种各样的应用可能性——无论是在照明方面还是在提供动力方面——这远远超出了它当时的实际应用。发明与创新之间的特殊关系、创业类型、它所带来的融资和营销问题，以及它所带来的革命，都值得我们给予更多的关注。在此，我们不妨先来回忆一些熟悉的事实：法拉第（Faraday）在 1831 年发现了感应电流（发电机的基本原理）；同年和次年，H. 皮克西（H. Pixii）就分别

---

① 1803 年，木浆造纸第一次获得成功；水泥衬里纸浆蒸煮器是在前一个世纪的 90 年代初期出现的。凯勒（Keller）的发明启动了一项始于 1845 年的重要技术进步，旋转式印刷机（1846 年）的发明与它密切相关。

用永磁体和旋转磁体发出了交流电；1833 年，高斯（Gauss）和韦伯（Weber）在哥廷根展示了他们的磁电式电报；1833 年和 1835 年，萨克森顿（Saxton）和克拉克（Clark）开始研究旋转线圈；1845 年，惠斯通（Wheatstone）使用电磁铁；1849 年，诺莱（Nollet）发明了诺氏磁电机；1856 年，维尔纳·冯.西门子的梭形电枢问世；1860 年，帕西诺蒂（Pacinotti）发明了环形电枢——由格拉姆（Gramme）于 1870 年在德国重新发明；1867 年，成熟的"发电机"终于出现了。在那之后，改进一日千里——海夫纳（Hefner）、布拉什（Brush）、汤普森（Thompson）、爱迪生（Edison）等人都做出了很大贡献。德普勒（Deprez）在电报线路上实现了功率为几马力的电力传输，这个实验值得特别注意。随后，O. 米勒（O. Miller）于 1891 年在法兰克福重复了这个实验，不过功率更大（200 马力）、距离更长（超过了 180 千米）。电力用于照明的实验（法拉第和霍姆斯，1858 年）到那时也已经完成，但直到 1873 年（第四个朱格拉周期的萧条阶段结束时），电力的重要应用领域仍然只限于电报，尽管不久之后电话的出现在很大程度上拓宽了它的应用领域。当西门子和哈尔斯克的公司在 19 世纪 40 年代成立，主要经营项目也只限于电报设备和电缆。这家公司取得了巨大的成功。当然，这家公司以及它的创立者，在研究创新的学者心目中早就被封神了。我们在这里还将提到另一个例子——同样很有特点，但与西门子-哈尔斯克公司有很大的不同——那就是前钢铁制造商埃米尔·拉特诺（Emil Rathenau）的故事。他于 1883 年成立了德意志爱迪生公司（Deutsche Edisongesellschaft）。然而，在 70 年代和 80 年代，美国处于领先地位，当时在德国兴起的大多数旨在创新的企业都谈不上特别重要。在我们所说的这个康德拉季耶夫周期，德国虽然有一些伟大的技术成就，但是没有任何一项达到了数量上的重要性门槛，包括 1879 年在柏林展出的电车、电炉钢和供电所等。

这种"素描"的一个主要缺点是它不能充分地反映康德拉季耶夫周期的下行阶段和复苏阶段的一个特征：各种各样的难以控制的小变化——它们主要是诱致性的和自适应的——会在这些阶段传播到整个系统，难以追踪但很重要。我们只能大体上正确地指出各个周期性阶段。我们讨论了第一个朱格拉周期；同时我们也看到，接下来的三个朱格拉周期主要是由新的铁路建设及其效应所推动的。第二个朱格拉周期很明显在1852年进入上升阶段（对此，学界没有不同意见——除了在我们的模式中所采用的术语之外）；当时的工业形势已经非常清楚，另一个投资期无论如何都会到来（即使没有黄金大发现带来的新黄金也是如此）。[①] 铁路、铁、钢、机械、现代纺织工业的兴起和前述新类型的金融机构的出现，构成了那个时期创新的核心，它们显然已经足以引致所有的投资、产生繁荣的各种现象——这次繁荣在1856年逐渐减弱，被许多同时代的报告描述为"生产过剩"。我们可以毫不费力地证明这种现象其实体现了上述创新及其附属物对总产出的影响。

在英国，将第二波浪潮推高至如此规模的某些因素没有出现，于是随之而来的危机也较为温和。然而，在1857年11月底，汉堡发生了一场恐慌，其他地方也相继出现了许多破产事件，1858年进一步表现出了萧条的所有特征，尽管价格水平没有产生强烈的反应——当然，这一部分是由于有了新的黄金，一部分是由于潜在的康德拉季耶夫周期刚刚进入衰退阶段。1861年是完成复苏之年，而1862年则开始了一个新的朱格拉周期（同样地，对于进入了新的繁荣阶段这一点，学界也没有不同的意见，请参见施皮特霍夫，前引论著，第51页），它可以用完全相同的术语来描述，同时考虑美国内战（它对德国的影响比对英国少），以及与丹麦和奥地利的战争（它们对德国的影响比对英国大）。在1864年的最后三个月和1865年10月至1866年2月这两个期间，普鲁士的银行利率均为7%。因此，诊断是不确定的；尽管如此，从整体来看，仍然可以确定朱格拉周期是分别在1864年和1866年进入衰退阶段和萧条阶段的。然而，战争之前并没有出现什么危机，而只是发生了一场短暂的骚动。人们普遍认为1867年是萧条的一年，尽管与预期相反，物价继续上涨。随着时间的推移，到秋天时情况已经明显好转，我们可以确定经济复苏从那时开始。不过，就像施皮特霍夫把1868年整年都视为"松驰"（Stockung）的一年—

[①] 当然，另一方面，简单地说黄金不可能影响德国的价格水平或以其他方式刺激德国的工业发展也是不正确的，因为当时德国（德国各州）并没有采用金本位制。只要稍微思考一下就能明白这一点。此外，白银的产量也有所增加。

样,我们不得不指出这场经济萧条的持续时间异常短暂。1868年和1869年,朱格拉周期的复苏势头不断增强,第四个朱格拉周期的繁荣阶段可以确定为从1870年初开始。① 当然,这里也有一些不确定性,因为向景气高涨过渡是如此迅速和平稳。

这一点以及前一个朱格拉周期的萧条期之所以那么短暂,也许可以归因于第四个朱格拉周期又是一个铁路周期,而且是德国的最后一个铁路周期(然而,前一个朱格拉周期的萧条期很短的原因,部分也可以解释为60年代前半期受到的干扰延长了繁荣和衰退的过程)。我们似乎有理由认为,既然这是朝着同一方向迈出的一步,舞台已经准备好,人们会发现从一开始就很容易向前冲。这也可以解释,相比之下,金融为什么不如前三个繁荣期那么稳健,以及为什么第二波的规模达到了前所未有的水平。尽管一开始由于法德战争而略微受挫,但是繁荣随后就在一种可以理解的乐观主义氛围中达到高潮——没有理由不承认这一点,而且这种乐观是有理由的——并因战后的支出而持续。这段时间被称为"发起人时代"(Gründerzeit)。创业活动从铁路行业②和联合运输行业开始,然后轻松地

---

① 再一次,如果考虑到了术语和描述上的差异,那么我们给出的分期与索普先生是一致的,请参见他主编的《商业年鉴》,第206页。

② 这种类型的企业家在之前的繁荣中从未出现过,在之后的繁荣中再也没有以如此大的规模出现,他们与创建和组织德国工业的那类企业家几乎没有任何相似之处。在英国和美国也没有与他们完全相同的企业家群体。然而,这个企业家群体的规模很大,这一点也不意味着他们这个"物种"就是纯粹的"制造商"。那位名叫斯特鲁斯伯格(Strousberg)的铁路大亨就是一个很好的例子——他是在公共和政治舆论最终开始变得对"发起人"不利之后才被捕的(公共和政治舆论在很长一段时间内不仅表现出了耐心,而且表现出了赞许),而被捕导致他的"纸牌屋"倒塌。他早期创办的企业规模较小,后来才开始进军德国以外的大型铁路企业。他的帝国逐渐发展壮大的途径——这在其他领域也是很典型的——是这样的:先获得一项特许经营权,然后把它出售给一个辛迪加,再由该辛迪加成立一家企业,将特许经营权转售给这家企业,并从中获利,款项则以股票支付;随后,发行优先股,并尽快在证券交易所上市,然后向公众出售股票,为建设项目融资(内部人士通常在这一阶段初期就清仓离场)。项目的建设是他自己进行的,采用的方式被称为"总承包企业法"(Generalenterprise),也就是说,每英里造价是固定的,利润要在购买材料等方面通过压缩成本来获得,并尽可能多地用股票支付相关款项。一般来说,至少在德国,这些铁路的建设质量并不差,因为在德国政府会加以监管。但即便是在建设过程中,也有可能出现融资困难,对信心的任何冲击(哪怕是最轻微的冲击)也必定意味着灾难。尽管如此,斯特鲁斯伯格还是在很多方面取得了真正的成就。显然,斯特鲁斯伯格的铁路建设并不是未经深思熟虑的,而且很难说他在整个过程中是否带有恶意——他层出不穷的奇思妙想使他除了最乐观的可能性之外,再也看不到任何其他东西;据说,在他的整个职业生涯中,即使人们相信他(他也相信自己)拥有惊人的财富,他也永远无法从资产中实现净价值。他在一本名为《斯特鲁斯伯格博士以及他的事业》(*Dr. Strousberg und sein Wirken*)的书中讲述了自己的故事。

扩展到一切可以想象得到的"生意"上——在许多情况下，这种"生意"无论是从方法上看还是从计划上看都明显是欺诈性的。首先当然是建筑业热潮，一如前述。然后，钢、铁和机械行业都向前迈出了一大步。纺织业也毫不逊色。铁的人均消耗量增长了一倍多。"蘑菇银行"——它们比投机的商号好不到哪去——如雨后春笋般冒了出来。每个人都知道在这个经常被过度涂抹的画面上接下来会出现什么。投机活动在1872年初达到高峰，然后开始崩塌，股票价格在9月就下跌了。终于在1873年5月8日，一场"危机"在维也纳爆发，并以一种最戏剧化的方式持续了大约半年。在德国，大量金融企业和工业企业走向破产，但是恐慌并不太严重。

再一次，我们提请读者一定要注意到，这个画面——或者更确切地说，如果我们有足够的空间，我们将要给出的画面因为上面短短几行字甚至不能称为"素描"——没有排除这种情况下的任何历史事实。我们的目标不是对任何具体情况做出单一原因的解释，而是给出一份完整的报告，就轮廓和细节而言，它将与所有其他已发表的报告大致相同。① 尤其是"危机"本身，我们认为它不是我们的过程的逻辑的一部分，我们只能用对过剩的反应、欺诈、萧条性效应的累积（某些企业的破产导致更多企业破产等）这一类术语来描述它。从我们的角度来看，我们要补充说明的首先是，这种描述仅仅停留在了我们所称的次级波现象的表面上，那只是由潜在的基本演化过程创造的一系列情况中某个特定环节上发生的"可以理解的偶发性事件"。这个过程的现实性，以及它用来"宣示"自身的存在性的特定创新，在这里已经以一种明白无误的方式凸显出来。再一次，灾难的深重程度以及随之而来的萧条的持续时间，可以用朱格拉周期在康德拉季耶夫周期中的位置来解释，而且再次呈现出了与1825年以及1929年的情况的可类比性。不过，这种类比远远不如美国的情况那么令人信服，因为在德国，在两个时期都没有发生像美国那么引人注目的危机或螺旋式恶化。然而，这种类比在本质上是正确的。从1857年到1873年，价格走

---

① 然而，我们也非常遗憾地注意到，对于这个显然非常有意义的主题，学界付出的学术努力却少得惊人。这方面只有一些停留在泛泛而论的层面上的古老著作，后来大多数学者也满足于依赖它们。关于晚些时候情况的一手研究非常有限。

势与预期相反。根据我们的模式，它应该呈现出下降趋势——当然，毫无疑问，在每一个朱格拉周期的繁荣阶段，这种趋势会中断。很显然，黄金必定与此有关，更准确地说，新增加的黄金再加上法国赔款，要对信贷充裕和过度投机行为负责。因此，我们可以用这个例子来证明这种充裕性和这些能够压倒价格的系统性下跌趋势的条件的后果——当然，当时并没有任何旨在达到这一目标的政策。很显然，在危机爆发之前，黄金产量并没有降到让我们能够将稀缺性视为一个因果因素的程度，哪怕这样将黄金产量下降与稀缺性联系起来在理论上有一定的理由。

人们通常认为，这场萧条一直持续到了1879年。但是在德国的情况下，我们很容易就可以看到（正如我们在美国的情况下所看到的那样），经济复苏始于1877年，当时工业生产条件好转，铁的产量停止了下降。然而，这种复苏是如此疲弱和"迟疑不决"，以至整个过程仍然一直存在着萧条的气氛，因此我们对上述说法没有什么异议，只要我们明确这里使用的"萧条"一词并不具有我们赋予它的技术含义。从我们的模式来看，对这个现象的解释要比对"危机"的解释完整得多。在之前的三个朱格拉周期和第四个朱格拉周期的繁荣时期，德国经济生活的一切都发生了革命性变化，长期的影响开始显现出来。德国已经成长为一个工业化国家：建成了一个强大的工业设备生产体系，所有的工业部门都得到了扩大和改造，并做好了大量生产各自的产品的一切准备。在特定行业，对于新企业来说足够高的价格对于老企业来说却太低了；这对经济结构的大部分阶层来说意味着生意将会很难做，意味着亏损甚至死亡；在它们当中，有一些人努力进行呼吁——例如，工匠阶层和一般的小业主阶层——而其他人则在无声地走向衰败。在这个时候，前进的可能性显然已经耗尽，环境也必须尽其所能进行调整。这种适应是一个令人痛苦的过程，尤其是在德国这样一个直到1842年还基本没有什么"资本主义"色彩的国家。因此，也就难怪投资几乎下降为零，而失业率则普遍上升了。恶性循环由此深深地刺入了这个暂时无法抵抗的有机体。"富足的贫穷"（poverty in plenty）这个术语所表达的特征非常自然地出现了——但其实没有任何自相矛盾之处。

最后两个朱格拉周期显示了那个冲击的余波，以及我们之前讨论过的农业状况的影响。我们都知道黄金不能作为解释的重要依据的原因：将黄金产量与同时代的银行业发展状况及公众习惯的变化结合起来考虑是否能够产生任何净效应，这一点是值得怀疑的。再一次，最基本的事实仍然是这些朱格拉周期在康德拉季耶夫周期中的位置，它们在没有任何重要干扰因素的情况下总是会充分展现出自己的影响。我们应该会预期到产出的大幅增长、技术和组织方面的大量改进、"对新创造的经济空间的强力进入"以及适应性投资——所有这些都在前面的论述中指出过了。这就是我们的发现，用它很容易解释向上波动远没有向下波动明显这个事实。实际财富的增加、市政当局支出的扩大、宽松的货币以及失业率的上升，都符合这个框架。

第五个朱格拉周期始于1880年，伴随着新一波温和的企业合并浪潮。吉尔克里斯特·托马斯（Gilchrist Thomas）的生产工艺于1879年取得了成功，有力地推动了钢铁工业的发展，理所当然地使德国的生产可能性得到了极大的扩展。公用事业、纺织业和机械行业又向前迈出了一大步。但是，无论这项创新有多么重要——在同一领域中还有其他创新——繁荣都是弱的（如果像施皮特霍夫所做的那样，用铁的消费量来衡量，那么它是非常微弱的，尽管已经"强大"到使价格水平上升一年多）。① 1882年下半年，这次繁荣转为衰退，1884年进一步陷入了萧条，不过并不太严重，钢、铁、船、纺织品以及其他实物商品的产量几乎一直在增长。萧条事实上只在各卡特尔内部滋生蔓延。然后到1886年秋，复苏就开始了，经济很快走上了正常的道路。

从1889年初开始，价格水平的下降趋势得到了逆转，生铁的消费量超过了1873年的增长速度，从而标志着最后一个朱格拉周期的起步。正如我们应该预期的，这是典型的"最后一个朱格拉周期"——那是一个"零零碎碎"的朱格拉周期。电气工业也许能够解释一些东西，但是肯定

---

① 实际上，索普先生认为1880年处于一种"轻度萧条"当中。但是他得出这个结论时肯定忽略了许多指数的下行趋势，这对任何上行偏差都具有额外的重要性。然而，考虑到最近的讨论，我们应该注意到，当时经济学家谈论资本主义可能性枯竭的理由不会比现在少。

无法解释太多。另一个特点——对德国来说是新事物，但对其他国家来说不是——是德国开始了资本输出，即开始插手非资本主义国家的"资本化"。从小的方面说，这仅仅包括购买外国证券，但是在更广泛的层面上，德国的资本输出比法国的资本输出范围更大，因为它意味着创办海外企业，从而也就意味着对德国的机器设备行业的大量订单（尽管也出现了很多失败和亏损的案例）。至于其他方面，当然还有在钢铁、纺织、煤炭和天然气等行业出现的诱致性创新和完成型创新——然而，电炉钢则是一种真正的新事物；而对于后者，威尔斯巴赫（Welsbach）的发明提供了额外的推动力。此外，还有大规模的（公共）铁路建设。也许是由于受到了来自伦敦的影响，经济衰退早在1890年秋就开始了，尽管1891年物价还在继续上涨。到了1893年初，德国人的情绪终于低落下来，部分是德国人自身之外的原因，也只有到了那时，德国人才对这些原因变得比以前更加敏感。外国证券的贬值构成了一个非常严重的问题，并在信贷领域造成了困难，因为从工业的角度来看这种情况是没有道理的——生铁和纺织品的产量继续增加。商业上的困难则特别棘手。多年来，许多企业一直处在破产的边缘，它们赚不到什么利润，不得不在它们看似无望的生产过剩中挣扎求生。但无论是在1890年还是在1893年，都没有出现"危机"；然后到了1894年底，情况就开始好转。1895年，再也没有人谈论生产过剩，证券交易所则再次享受到了短暂的繁荣。1896年（下半年）物价和利率回升，恢复正常成了大势所趋。1897年，尽管在逐渐走向繁荣，但是总的来说，这一年给了我们一个非常好的机会，让我们看清楚处于均衡的邻域的社会在现实中是什么样子的。虽然这次复苏的时间长度不同寻常，但是在整个过程中并没有发生什么令人惊讶的事件。

二、英国工业和商业的演化、金融问题及朱格拉周期各阶段

对于那个时期的英国工业革命，由于人们都更加熟悉了，所以我们只是尽可能简短地加以讨论，并以前面描述的德国情况为参照。因此，我们应该先提一下两个突出的差别。英国在这个时期的开始，就是一个积累了

大量财富的工业化国家。因为这个原因，英国的周期性波动本来就应该比那些"年轻"国家的周期性波动更温和一些。在那些"年轻"国家中，"大胆"的进步和灾难性的挫折更有可能交替出现，同时也必须更多地依靠信贷创造。相反，英国的增长率不可能像那些国家那么惊人。此外，竞争对手的崛起不仅必定会影响相对地位，而且必定会影响绝对地位和周期性状况，如果工业设备是根据特定的外国竞争对手的情况来设计的话。从福利的角度来看，可能会出现（而且一般确实会出现）补偿和过度补偿，但是这并不能完全消除民族主义者和保护主义者在过去两个朱格拉周期开始进行施压所依据的论点。在诊断英国的经济波动及其结果的趋势时，必须记住这一点。

另外，英国从一开始就是一个资本输出国，并且越来越依赖于"帝国"与"外围"之间的对外贸易。由于这两个原因，在英国，周期往往是在外国经济状况的作用下形成的，而"危机"以及金融繁荣的起因也经常可以从发生在外国的事件中寻找根源。英国各种工业组织的状态也都深受资本输出这个因素的影响，因为与法国和德国的情况不同，英国的资本输出在很大程度上意味着直接在外国开办真实的企业。收购外国证券——其相对意义上和绝对意义上的重要性是从60年代才开始增加的——也会作用于商品贸易，进而作用于工业，但是直接为外国企业融资的作用显然更加直接和有效。从1875年到1890年，英国的资本输出（以及来自国外的收入）强劲增长，而且增长快慢与周期性状况有关（这当然是可以理解的）。[①] 后来，在康德拉季耶夫复苏的最后阶段出现了急剧的下降。

英国和爱尔兰的农产品出口值从1847年开始上升，到1874年达到峰值（之后由于价格下跌，在1879年之前一直在下降）。在那种情况下，可以合理地把这一点视为这个时期最重要的经济事实和最显著的增长率。在某种意义上确实如此。但是，同样也应该看到，任何类似论断都很容易导

---

① 请参见，詹克斯（Jenks），《英国资本的迁移》；霍布森（Hobson），《资本输出》；费斯（Feis），《欧洲：全世界的银行家》。也请参见克拉潘，前引论著，第二卷，第234页。在理论方面，读者可以参考陶西格教授讨论国际贸易的经典著作。关于资本输出与周期性状况的关系这个问题，我们将在第十三章中展开讨论。

致错误的解释：例如，考虑到 1842 年的一般形势和当时的自由贸易政策，人们就会很容易认为这种情况是自动出现的（无论是对趋势来说，还是就波动而言），因此既没有必要也没有空间建立一种自主的周期机制。事实上，尽管大多数学者都承认后者的解释价值，他们也会把对外贸易和创新列为两个单独的（尽管可能会相互作用的）因素。但是，这种观点忽视了很多东西：不仅忽视了出口的增长只能在较小的程度上归因于自由贸易的事实，并误以为这种增长的发生是独立于创新的，而没有看到除此之外的每一寸土地都必定会被（我们所说的）工业或商业创新所征服，而且忽视了 1842 年的工业机器显然无法胜任这一任务，它的转型是对外贸易发展的必要先决条件，因此，对外贸易只是在自由贸易创造的数据的基础上进行的创新的一种形式和结果。换句话说，除去英国增长的因素（其上限肯定低于人口增长）、外国增长的因素和外国创新的因素之后，英国的对外贸易和工业进步就不再是两种不同的东西，而只是同一过程的不同方面。

我们在前面分析过铁路和运河的情况（尽管可能不那么充分），现在应该还记得它们最关键的重要意义在于打破旧的工业结构并为新的工业结构创造条件——这也是前半个康德拉季耶夫周期的全部基本事实。我们还讨论过航运业和造船业的发展，它们除了为英国生产的商品开辟新的销售渠道之外，也是获得廉价食物和廉价原材料的一切可能性及其实现途径的主要因素——这是资产阶级康德拉季耶夫周期最突出的特点之一，而且这个特点在英国是最为重要的。在这方面，除了所涉及的商业和组织成就——比如说，大企业的出现，一个例子是在 40 年代早期创办的丘纳德公司（Cunard），它对航运业进行了合理化改造，使不定期船只的作用降到了适当的程度——最主要的当然以蒸汽为动力的（螺旋桨式）铁船。这种船只投入服役之后，使得英国在这个时期的（注册）吨位从不足 300 万吨增长到了超过 800 万吨；或者用按蒸汽动力调整后的近似载重量衡量（请参见厄舍，《英国航运业的发展》，载《经济学季刊》，1928 年 5 月号，第 467 页），从 1850 年的略高于 400 万吨增长到了 1900 年的将近 3 100 万吨；又或者用对外贸易的清关数量来衡量（出处同上，第 469 页），从

1840年的略高于200万吨增长到了1900年的将近2 800万吨。①铁轮船在50年代站稳了脚跟之后，迅速淘汰了木制明轮船（运气不佳的格拉斯哥市是在1850年宣布这项发明的）。至于钢船，则是倒数第二个朱格拉周期的成就，尽管这方面的尝试可以追溯到60年代早期。随之而来的是船只尺寸的增大和螺旋桨的使用。当然，还有质量更好的锅炉的出现，以及在锅炉可以承受的范围内高压膨胀式（"复合"）发动机的应用，这项发明在80年代早期获得了决定性的成功［不过早在1854年，约翰·埃尔德（John Elder）就完成了试制和初步应用］，从而在降低燃料成本的同时极大地提高了载重能力。其他的一切，特别是一系列诱致性改进，对我们来说都是次要的。这种进步对生产条件和贸易造成的巨大影响从运费随后出现了大幅下降这个事实就可以推断出来。

接下来，我们还要简单地提一下与我们的主题有关的几个要点。第一，我们既没有足够的篇幅也不需要讲述"大东方号"（Great Eastern）的故事（这是一艘铁船，同时装备了明轮和螺旋桨；从设计到下水共历时六年，于1858年建成）。这艘极其庞大的船可以说是一项过于早熟的创新，它的完全失败（不是由技术上或商业思想上的任何明显缺陷造成的）很好地说明了创业项目的性质和创业成功的条件，是一个值得仔细研究的案例。第二，配备了"复合"发动机的钢螺旋桨蒸汽船的历史，提供了一个理想的例子，可以说明环境对创新的阻力（在那个时期，这种阻力并非在所有地方都很明显地表现出来）。无声的排斥无所不在——它们就是因为缺乏动力而显得特别顽固——坚持和夸大最初的困难和缺陷；制定不合理的标准（特别是海军部，它在这方面永远都在"超越自己"）；没有正当理由地有意使用陈旧的规则和法规；当然还有受到威胁的利益群体的抵制——如果我们有足够的篇幅的话，可以把所有这些障碍全都"愉快"地一一列出，以证明如下观念的现实优点——如果真的想有所创新的话，就需要运用"快攻"的方法。第三，像铁路一样，轮船最初是被设想用来运

---

① 1865年，蒸汽船的总吨位大约为90万吨，相比之下，帆船的总吨位则接近500万吨，但是到了1875年，蒸汽船的总吨位就增加到了近200万吨，1885年进一步增加到了大约400万吨。

送旅客和邮件的，然而这一点不是不证自明的，也不合乎逻辑。事实上，铁蒸汽货船是第三个朱格拉周期的一项独特创新，它是在之前于第二个朱格拉周期取得的一项成就——铁蒸汽运煤船——的基础上实现的。拖网捕鱼船的成功也属于这类"部分征服"，它开创了捕鱼业和捕鲸业的历史新纪元。第四，上述例子也很好地说明了"老企业"所采取的各种适应形式，其中有一些企业不会经常遇到。然而，其中有一种确实相当常见，尽管在这个例子中，它在延长"旧方法"的寿命方面取得的成功只是一个例外。

时至今日，仍有一些例子表明，建造一艘帆船或者建造一艘能在方便的时候使用帆的船而不是一艘轮船，可能是值得的（即便其他条件都一样）。但是，在我们所说的这个时期的后半段，这种船极少出现——它们确实不可能有很多。使得英国的帆船吨位达到历史峰值（1875年）、使得帆船最终能够生存下来的，只能是"超理性"的偏好或习惯、为了这种目的而存在的造船厂、从经济的角度来看并不完美的海员的流动性（他们是真正的水手，在低工资下也愿意提供服务），以及当旧的贸易路线不得不屈服于轮船时可以采用其他部分是新的贸易路线的可能性——这是一个很好的例子，它说明了"老企业"是如何逐渐被推入苍茫暮色的。但更有意思的是另一种类型的适应，它在短期内可以说是相当成功的。新型船只（无论是铁船还是轮船）对英国的航运业所做的，不仅是提供了一种更有效的木制帆船的替代品，而且"唤醒"了木制帆船的生产者。英国的造船厂在那之前的很长一段时间里一直躺在过去的桂冠上"睡觉"，至少半个世纪以来英国造船厂的表现都不如美国和法国的造船厂。现在，它们要尝试新的设计和若干较小的改进，多多少少摆脱了传统的束缚。它们甚至有了自己的创新，即发明了所谓的"复合材料"（铁骨架上加装木头），这在50年代和60年代曾经风行一时。纯铁帆船的历史则可以追溯到铁汽船时代，但是与铁汽船不属于同一类。

现在，我们将煤炭、钢、铁、机械和纺织品之外的一切都排除在外，尽管这样做将对我们的图景造成致命的损害，因为我们选择这些主题不仅意味着要排除一些最新的行业，比如说电力行业（不过，英国的资产阶级康德拉季耶夫周期并不会因此而蒙受多大损失，尽管电灯和电话公司是在80年代达到顶峰的那个朱格拉周期的一个特点），以及橡胶行业（放弃橡胶行业使我们失去了一个关于创业历程和创业成就的经典实例，即托马斯·汉考克的企业，它在1820年获得了第一个橡胶用品专利即弹性手腕带专利，并在1837年之前就取得了一系列成果，然后在1843年实现了硫化，最终在50年代大获成功），而且从我们的视野中移走了许多中等规模行业的变化及"僵化"，这些行业实际上构成了竞争性社会的核心，它们在康德拉季耶夫周期的衰退、萧条和复苏过程中尤为重要。失去天然气行业、化学工业、水泥业、啤酒业、造纸业和玻璃业的故事尤其令人遗憾。

当然，从技术上说，煤炭才是在那个康德拉季耶夫周期一切发展的基础。但是，煤炭采掘业本身却没有表现出多少主要的创新。这其实并不难理解，只要考虑一下煤矿业主的类型和他们的安全地位就足够了；在这里，我们有了一个很好的实例，它一方面几乎完美地验证了一些经济学家对资本家-企业家的想法，另一方面验证了另一些经济学家所持有的关于经济发展的想法，即经济发展就是工业被不断扩大的市场所拉动、实现外部经济和内部经济的过程（而且外部经济和内部经济的获得都是"得来全不费工夫"）。煤炭采掘业的进步很缓慢，有相当大的滞后性，我们所观察到的许多改进都是外界强加于它的，例如是自1850年以来在矿井监察员的要求之下实现的。就像过去的运河所做的那样，铁路从30年代中期开始使得生产区域得到了极大的扩张。这样一来，泰恩赛德（Tyneside）向来占据的单边垄断地位就被打破了，而且再也没有其他垄断者出现，于是竞争，或者说是我们所说的非组织化的市场随之而来，价格迅速下跌。与此同时，煤炭还经历了另一种竞争，这种竞争在我们这个时代变得更加激烈：我们现在说劳动节省型设备在与劳动力竞争，在同样的意义上，也可以认为煤炭节省型设备——更经济的机器和熔炉——开始与煤炭竞争。国外资本主义的发展使得英国的煤炭（特别是南威尔士的煤炭）成为一种重要的出口商品（不包括用于对外贸易的轮船用煤，80年代初的年均出口量超过了2 000万吨，90年代初则接近3 000万吨），从而在某种程度上弥补了这一点。然而，80年代煤炭贸易萧条的严重程度反映了这两种竞争的影响，这样的竞争对当时繁重的贸易来说当然是一种急需的好处。

第二个和第三个朱格拉周期所挖下的"坑"则更深一些，并带来了更高效的卷绕机（在第五个朱格拉周期，这种机器得到了改进——钢罩和钢索得到了广泛使用，此外还有其他方面的改进）、更科学的通风方法（重要的一步是引进外国在60年代发明的机械扇）、更好的地下运输方法。尽管1861年就发明了一种可行的机器并申请了专利，但是机械采煤技术的发展仍然相当缓慢。不过，人均产煤量从1851年到1881年还是增长了大约50%，尽管随后有所下降——如果我们采用 W. St. 杰文斯在《煤炭问题》中给出的估计结果的话。

炼焦或热能及其副产品的利用则没有取得多大的进步，不过生铁的生产却显示出了更大的"主动性"，即对"点火启动"周期具有重要意义。在40年代，蒸汽锤（Nasmyth）得到了广泛应用，与此同时，控制了从矿石到成品或半成品的生产的联合钢铁企业也开始侵占中型企业的地盘。在每一个朱格拉周期都有新的矿区出现或得到进一步的开采——在斯塔福德郡、威尔士、德比郡以及作为新开发矿区的苏格兰，是在第一个和第二个朱格拉周期中矿石的主要来源；坎伯兰郡、林肯郡、北安普敦和东北部地区则是第三、第四、第五个朱格拉周期的新兴矿区。此外，来自国外的矿石在第四个和第五个朱格拉周期也扮演了重要角色，生铁的生产地区已经适应了不断变化的条件，生产方法也有了较大的改进。热风在很久以前就已经广为人知（见尼尔逊，1828年），但是如果我们接受那个时代的观察家——例如，L. 贝尔（L. Bell）——的看法，那么可以说花了整个康德拉季耶夫周期才为它的使用铺平了道路，因为它的推广遇到了巨大的阻力。废气的利用随着温度的升高而具备了现实可能性（并且随着高炉尺寸的增大，每单位支出的废气产量大约增加了一倍），最早是由 J. 沃恩（J. Vaughan）在米德尔斯伯勒地区进行的。在这里，我们有了一个明确的"新人"和一个明确的"新企业"，在连续两个朱格拉周期（第二个和第三个）中完成了两项明确的创新，从而为该行业设定了新标准，并强迫"老企业"在那个时期余下的时间内调整适应。有的人对这个适应过程的时间持怀疑态度，因为有些地区表现出的抗拒比其他地区更强烈。"漫长的糟糕时代"提供的教训对促进那些直到 80 年代还在抗拒的顽固派做出转变是有必要的。无论如何，这条总轮廓线以及产出的增长肯定是无可置疑的——产出增长在随之而来的康德拉季耶夫萧条阶段仍然在持续。

然而，这个领域最伟大的新事物终究还是钢铁。18 世纪钢铁业的发展并不是一个"英国故事"，虽然 B. 亨兹曼（B. Huntsman）和 A. 克劳利（A. Crowley）——他们都是真正的企业家，但是如果没有下面要说的这些，他们对周期的重要性就不得而知了——都开始使用新的方法进行生产，同时设菲尔德的钢铁锻造也是第一个康德拉季耶夫周期上升阶段的一个较小特点。拿破仑战争后，英国开始出口钢铁制品。那时，弹簧、高档工具、刀片等是仅有的使用这种材料的成品，直到 H. 贝塞麦（H. Bessemer）的时代，这种材料才得到了充分应用。这样的形势、这样的人、这样的成就、这样的经济成功，以一种特别纯粹的方式说明了我们的企业家概念所应当包含的那种类型，我们应该给予它的关注，远远超过了我们所能给予的[①]，就像对威廉·西门子和吉尔克里斯特·托马斯等类似例子一样。首先，虽然贝塞麦被称为一位专业发明家，但即使是他杰出的发明也很难说在科学上有很大的新颖性。使用鼓风机、加入锰，当然还有使用转炉，都是普通人都了解的"旧知识"。真正的天才，真正的有典范意义的企业家才能，体现在对生产廉价钢铁的巨大可能性的远见卓识上。然后，他全身心地投入到了这项任务中，先是把上面这些知识融合到一起，然后发明了一系列装置以消除各种各样的障碍，并且在此过程中不断修正自己的"中间目标"。他在用这种方法处理含磷的铁矿石时一度遭遇失败，再加上遇到的其他一些困难，似乎不可能再取得任何进展。而且，在这个问题得到解决（主要是通过采用无磷铁矿石）之后，又马上面临另一种失败的可能（但是这恰恰说明了创业活动的性质）：在英国几乎

[①] 贝塞麦的自传读起来非常有意思，强烈建议读者读一读。但是必须记住，从某些方面来说，贝塞麦、西门子和托马斯根本不是典型的企业家。一篇论文一开始就向读者公开宣告自己将要尝试做些什么是不典型的。就这一点而言，他属于少数派，尽管这个群体很小，但是成员都很杰出。当然，这并不妨碍我们认识到这样一个事实：在对我们来说有重要意义的那个方面，他并不是一个例外，他只是一个极其庞大的类属中最伟大的一个标本——这个类属还包括无数渺小的成员。

没有人愿意购买他的专利，尽管欧洲大陆上的一些人会买。

贝塞麦采取的做法比企业家通常会采取的做法（因而也是我们的模型的做法）更有自觉意识，他的计划也更合理：为了低成本生产和低价销售产品，必须直接冲进敌人的核心堡垒——设菲尔德。在那里，钢材虽然质量还不错，但很不便宜[①]；贝塞麦生产的钢最终在1858年上市，从一开始就获得了经济上的巨大成功。他的工厂注销的速度甚至比我们的"纯模型"中的工厂还要更快。然而，贝塞麦的公司立即取得的这种胜利，与其说是对他心目中的"敌人"的胜利，不如说是对锻铁生产商的胜利。除了曲柄和轴之类的钢制品之外，当时对钢材的用途还有不少成功的实验。贝塞麦本人和他的许多追随者很快就开始着手研究轮船用的钢制轨道、绳索和船板。但是限于阻力，同时因为价格相对较高，钢铁在60年代的用途仍然不是那么广泛。甚至在第四个朱格拉周期的顶部，钢锭的产量也没有超过25万吨，尽管在铁轨中钢材已经占据优势，而且来自外国（西班牙语系国家）的矿石抑制了原材料价格的上涨。随之而来的是钢铁行业在地区分布上的变化，以及与冶炼企业的联盟，从而在事实上构成了70年代早期的另一项有效创新。

贝塞麦法的竞争者——威廉·西门子的平炉法——获得成功的道路更加艰难。西门子的蓄热式加热炉于1861年获得专利，并且于1863年蒙吕松成功地证明了它在技术上的可行性，但是在经济上却遭遇了失败；不过，到了1867年，大西部铁路公司决定由西门子位于伯明翰的样板厂对它的旧铁轨实施改造。同年，朗多·西门子公司（Londore Siemens Company）成立，西尔库尔的马丁斯（Martins of Sireuil）的一步炼钢法取得了成功（在获得了西门子的许可的前提下）。1868年，伦敦和西北公司在克鲁采用了这种方法。到1869年，这种方法在英国和欧洲大陆的各大钢铁企业——例如，威尔第（Verdie）、德温德尔、克虏伯（Krupp）等——

[①] 特别是对于需要支付许可费用的其他生产商来说。但是对贝塞麦本人的企业来说，并不是特别便宜，因为无磷铁矿石相对昂贵，他所用的生产设备也不是很理想。他的产品与熟铁相比的优越性在一开始的时候完全依赖于更高的质量。

都得到了大规模的应用。但是直到1873年，平炉钢的总产量还不到77 500吨，不过到1882年就增加到了436 000吨，到1896年则进一步增加到了240万吨，相比之下，同样是在1896年，贝塞麦炼钢法的产量仅为180万吨。最终的成功，是在托马斯的发明（1879年）的帮助下实现的。这项发明彻底"解放"了含磷铁矿石，它立即得到了广泛的应用，从而充分显示了钢铁之战是如何在80年代赢得全胜的。事实上，直到于1882年达到顶峰的繁荣期间——暂且不考虑1878年之后的萧条——搅炼熟铁的产量一直没有下降，或者至少可以说下降的幅度一直低于人们的预期（人们本来预期从1872年那个异常高的峰值开始会有相当大的降幅）。之所以会出现这种情况，是因为钢铁进入了一个迅速扩张的阶段——而且它还在进一步扩张。在这种情况下（在资本主义过程中这绝不是例外），老企业"在竞争中每况愈下"的痛苦自然可以大为减轻。但是1883年之后搅炼熟铁的产量出现了下挫，然后就再也没有恢复过来。

当然，钢对周期性演化过程的定量影响，不能只通过钢的产量来考量。它导致了一场革命，而且这场革命还扩展到了经济有机体的几乎所有组成部分，这绝不是几个简单的产量数字能够充分反映的。以蒸汽为动力的钢制机器和其他钢制工具（比如说，更好的板材、钢轨以及结构性材料）的效率提高，只是它的"绩效"的一部分——也许到最后只能算是一部分。惠特沃斯（Whitworth）的压缩钢在1865年获得了专利，在70年代初开始发挥作用；阿姆斯特朗（Armstrong）的液压机械——电梯、吊桥、起重机、泵——在40年代开始出现，到80年代初就已经在海上重型设备领域取得全面的胜利。军械、来复枪、轻武器和军需品都在第一个和第二个朱格拉周期中得到了很大的改进（部分原因是受到了美国的成功的推动）。在第二个和第三个朱格拉周期中，全新的发展改变了伯明翰的工业面貌。[1] 木材加工机械、纺织机械、粮食碾磨机械（辊式碾磨机械在英

---

[1] 作者在此感谢 G. C. 艾伦（G. C. Allen）先生对伯明翰和黑乡（Black Country）的工业发展进行的研究，那代表了一种对理解经济周期非常重要的分析。

国直到七八十年代才出现，这是一项真正的创新，尽管似乎有些"迟到"、锡罐头和冷冻设备（即用来保存食物的机器）、缝纫机（实际上是在 50 年代从美国引进的）、源于美国并在 80 年代开始将手工制鞋业转变成一个能够实现大规模机械化生产的产业的设备、自动螺杆机械〔这种机械的使用再一次说明了人们熟知的关于平均成本不断下降的后果的命题，此外还导致了内特尔福德和张伯伦公司（Nettlefold and Chamberlain）的垄断地位〕、自行车〔在 80 年代，自行车的生产具备了定量上的重要性；专利权则是 1868 年授予 E. A. 考珀（E. A. Cowper）的〕，以及上千种使蒸汽动力得以发挥更大作用的新事物，都可以部分或全部归因于钢的影响。当然，它们全都是创新，包括从国外引入的东西，但重要的是，它们在一定程度上都是以钢的创新为条件。有几项相当新的变革前面提到过了，例如发动机或内燃机（改进的奥托发动机是 80 年代早期的一个特征）——这些变革一旦实现，就会迅速导致许多新企业的成立；我们本应该在这里对它们加以讨论，可惜不能。

还应该提到另一项发展，因为它表现出了很大的独特性，那就是精确性和标准化程度的提高，以及可互换部件的广泛使用，这些极大地提高了质量，促进了大规模生产，同时还使得成本迅速下降。惠特沃斯（卒于 1887 年）是这场运动的领袖和英雄，他在许多方面沿着莫兹利（Maudsley）的早期思路，在 30 年代初仍然默默无闻，到四五十年代才功成名就。许多步骤只构成了普通的创新，个体企业家以通常的方式引入改进并收获利润；那是一种特别"纯粹"的利润，因为任何人只要愿意，都可以"致力于确定产品规格"或者将推动标准化作为自己专攻的术业。但是，还有其他东西。惠特沃斯本人和他的许多学生不仅做了这样的事，而且在"传道"。他们不仅是企业家——他们中的一些人根本就不是企业家——还是改革者，他们像医生或科学家那样传播自己的思想。如果这个行业的每个人都及时听取他们的意见，那么就不会有利润，也不会有挤出或竞争失败。事实上，进步在很大程度上是通过协会推广和展览造势实现的，而且涉及的领域要比通常的创新更加广泛。因此，这个例子很好地说明了我们在理论讨论部分（本书第三章）设想的无利可图的进步和没有繁荣的周期的可能性。

作为竞争资本主义的典型例子，纺织业并没有像人们所期望的那样充溢着个人主义的主动创新精神。虽然纺织企业的行为不像煤矿开采商，但是它们非常符合我们提出的关于既定的产业沿着既定的路径运行的观念。它们在这个时期的大规模扩张应主要归功于一系列有利的条件（而且这些有利的条件不是它们自己创造的）——当然，也不独立于其他部门的创新——许多改进都是外部提供给它们的，甚至可以说是外部强加给它们的。所谓的"外部经济"理论尽管在这种情况下也无法十分令人满意，但是其"潜意识的根源"很可能就源于对这种模式的观察过程。

羊毛工业从40年代起出现的一系列创新中获得了新的动力（这些创新大幅降低了羊毛价格）——对于澳大利亚人来说，在这个时期末，拉普拉塔的牧羊业本身就是一种创新，而且是由其他创新（远洋运输的进步）引起的。此外，羊毛工业还从另一个来源即次品（shoddy）的使用中获得了动力，不过同时在某种程度上也经历了与后者的竞争，因为它尽管并不是一种新的替代品，但确实是一种非常有效的替代品——使用次品是当时废物利用领域的一项杰出创新。这是以某种方式秘密而迅速地发展起来的，也是从40年代开始，尽管在拿破仑战争之后不久它就成了负面评论的对象。这两种动力都产生了一种唤醒式的效果，而且恰逢当时一项伟大的技术革新——精梳毛机——马上获得成功。这项创新通常归功于海尔曼（Heilmann），不过很可能唐尼索普（Donisthorpe）和李斯特（Lister）也于1851年独立地完成了这项创新，而且诺布尔（Noble）和其他人随后很快就做出了改进。这个创业成果是第二个朱格拉周期的一个特点，也是李斯特的成就的核心。李斯特通过一种许可收费制度，实现了整个欧洲的羊毛精梳的机械化。因为这种方法非常节省劳动力，而且相应产品可以说是我们在工业领域能够找到的最接近完全竞争模式的产品，因此在这里我们就在一个实际案例中"集成"了用来构建我们模型的最基本和最简单形式的所有特征。

我们还必须提一下另一项创新，那就是机械搓条机（mechanical condenser），它也是在50年代出现的，但是遇到了更大的阻力。改进创新的时期是在60年代，当时只有少数领先者参与其中。虽然花了很长的时间，老企业还是在第四个朱格拉周期中被挤了出来，尽管花了更长的时间才消失。在某些情况下，这是因为在纺织领域许多高效的机械常常是考虑的次要因素：例如，在生产花哨的商品时，巧妙的设计和营销往往更加重要，以至通常不必为如何在技术上实现完美而烦恼。这样的例子在所有纺织行业中都可以遇到；即便到了今天，在丝绸贸易领域，高品位、对时尚的"逻辑"的鉴赏能力，甚至比竞争者早两个星期进入市场，都可能是成功的诀窍，而那些装备了最好的机器设备的公司却可能无法获得成功。不过，最主要的解释依然是大量中小企业的存在，它们效率低下，但是没有什么压力，可以近乎无限期地混日子。珍妮手摇纺纱机和手摇织布机在这个时期的大部分时间里仍然在使用，甚至一直到这个时期就要结束的时候，仍有一些企业在使用老旧过时的动力机械，或者根本不使用任何动力机械。精纺毛纺织业要更先进一些，在50年代就实现了相当高的机械化程度。黄麻工业在第二次工业革命中也发展起来了，具备了数量上的重要性。另外，将机械化称为发生在亚麻纺织领域的一项引人注目的创新也没有什么自相矛盾之处。丝绸子行业则逡巡不前。至于袜业和机织花边业，则在康德拉季耶夫周期的下行阶段实现了蓬勃发展。

来自美国的原材料和运输成本的下降推动了棉纺织业的发展。它也确实需要这样的推动力。这个行业在这个时期取得的第一个成就不是创新，而是一种适应——机械化的完成、对木制机械的淘汰等。甚至连走锤纺机（self-actor）在60年代初仍然处于创新阶段，直到70年代初才推广开来。改良后的手工纺车在高支纺纱领域存活得更久，因为老年人的工资很低。真正新颖的是精梳机，它是在50年代引进的。美国的环锭机在前后相继的几个朱格拉周期都出现过，而且直到这个时期结束才被淘汰。不过，创业活动以及行业内部的竞争也从未停止过：家庭和企业的营业额，"垂直流动的劳工"，在整个康德拉季耶夫周期内甚至之后都非常可观。同时，在这个时期，人均产出增长了一倍以上［根据冯·舒尔茨·加维尼茨（von Schulze-Gaevernitz），《棉花贸易》］。

对于英国的周期的各个阶段，如果可以进行比我们现在能够给出的分析更细致的分析，那么这种操作将不仅很有意思，而且将非常有益，因为可以将我们的模型应用到彼此大不相同的各种模式上去，并展现各种外部因素是怎样在不同程度上影响这个"老牌"资本主义国家的复杂有机体的。第一个朱格拉周期，正如之前讨论过的，是唯一可以得出简单的诊断性结论的周期。我们与施皮特霍夫教授一样，把第二个朱格拉周期开始的时间确定为1852年初。再一次，在整个期间，加利福尼亚黄金大发现（1848年）和澳大利亚黄金大发现（1851年）的影响必须牢记在心，因为它们必定要对市场利率的某些异常表现负责——如没有在一开始就迅速上升——而且部分要为价格上升的强烈程度负责；澳大利亚的黄金大发现还必须对它给予英国出口的额外刺激负责，特别是消费品的出口。所有这一切以及克里米亚战争——尽管战争支出达到了（大约）7 000万美元，其中50%左右是用税收收入来支付的，这产生了一定程度的通货膨胀效应——都让我们预期会发生一场比通常的危机更加严重的危机。制度的改变（即自由贸易的引入）给进出口带来了动力。虽然整个经济过程不能只用铁路化来描述，但是在这个朱格拉周期新增的4 000英里铁路可能代表了不低于1.5亿英镑的投资，而且肯定是迄今为止最大的单项投资，特别是如果我们把对外国铁路（尤其是对美国铁路）的投资也加到一起的话，那么经济形势就会对铁路投资的变动更加敏感。但是，正如我们在前面已经看到的，其他创新，包括航运业（以及部分与此相关的海外市场的扩大）、钢铁业、纺织业发生的创新，以及由这些创新引发的扩张，尤其是煤炭开采量的扩大（产煤量从34 000 000吨上升到了1856年的66 645 450吨），在解释经济衰退时都有同样的或更大的重要性——至于经济衰退，显然是由于新产品的影响，始于1854年中期，并持续到1855年。然而，在1856年，战争也宣告了自己的影响——它制造了一场狂热的繁荣，给整个画面增添了一些干扰。然后，在第二年，繁荣泡沫就破灭了，经济萧条则随之而来。1858年呈现出了萧条期的常见特征，1859年和1860年则呈现出复苏期的常见特征。

从1861年至1869年的第三个朱格拉周期当然受到了"棉花荒"和美国内战的其他影响的扭曲。① 在这个时期，钢开始起作用，其他各种各样的较小的创新也开始起作用，例如水泥，但更主要的是纺织业的浪潮启动了。公司上市蔚为潮流——有人错误地把这种现象归因于《公司法案》，但是该法案是在上市潮出现之前实施的，而且1863年、1864年和1865年的上市潮仅仅是繁荣的一个标志，即使没有《公司法案》的出台，这场繁荣也会出现——这个上市潮使得我们可以估计出创新活动的大致范围：采矿业和棉纺织业在1860年至1862年间是领头羊，酒店业、土地行业、建筑业则在1863年至1865年间独领风骚②；但是并不止于此，它还让我们知悉，这种过剩会偏离同时期真正重要的经济过程多远。外国政府贷款的发行也开始发挥主导作用：这是食利者阶段即将来临的第一个迹象吗？现在，棉花和货币市场方面出现了衰退——尽管在就业方面没有表现出来；在这里，预期的效果可能被合并到了棉花极度短缺引起的波动中——表明经济衰退已经在1863年第二季度到来。由于国家内部敌对行动戛然而止的刺激作用，萧条被推迟了，直到1866年初才出现；而且在那之前，促进创新的活动和证券交易所的投机活动一直非常兴旺。财务上的不当行为达到了在以往的康德拉季耶夫周期中从未有过的程度，不仅创业发起人如此，早就成立的一些老牌企业也如此，其中包括几家铁路企业。到1866年8月，有200多家企业进入了破产清算阶段，于是与1847年和1857年时一样，《银行法案》不得不"暂停"施行，这在当时的环境条件下几乎已经成为一种"例行公事"。至于各种各样的与欺诈和人们的愚蠢行为有

---

① 索普先生（前引论著，第165页）以"不均匀的繁荣"（uneven prosperity）为标题，恰到好处地表达了这一点，他描述了繁荣阶段那几年的情景和衰退刚开始时的情况。不过，"棉花荒"本身并没有表现出人们预料之外的其他特征。

② 请参阅H. A. 香农（H. A. Shannon）最有趣的一篇论文，《前5 000家有限公司》，刊载于《经济学杂志》，1932年1月号。

关的故事，虽然令人唏嘘，但还不需要我们专门停下来讲述①；不过，有一点很有意思，值得一提。除了那些可以恰当地称之为"金融黑社会所为"的行为之外，没有任何明显的理由可以说明这场崩溃为什么会如此严重。不过可以肯定的是，整个朱格拉周期都处于康德拉季耶夫周期的衰退阶段，然而作者不知道哪些工业或商业事实可以用来解释它——生铁产量在1868年刚刚创下了新的纪录②，这一年与1869年一起构成了一个相当

---

① 不过，在这里还是值得简略地描述一下其中一家银行的失败。1866年5月10日，一份"惜字如金"的招股说明书声称，奥弗伦格尼有限公司（Overend, Gurney, and Co.）将被接管。这家银行的失败虽然没有导致危机，但是确实引发了恐慌。格尼家族的成员都是贵格会教徒，他们原本在诺里奇从事羊毛贸易，从18世纪的最后25年开始进入证券经纪行业。19世纪初，他们来到伦敦，到1850年前后已经建成一家非常稳固、稳定且保守的银行。然而在那之后，经营权转入了新一代家族成员的手中——包括 H. E. 格尼（H. E. Gurney）和 D. W. 查普曼（D. W. Chapman）。该银行开始从事所谓的"融资业务"，这只是一种委婉的说法，在大多数情况下，这种业务似乎是先将无法偿还的贷款的权益接收过来，然后希望通过发行上市的方式来摆脱债务。奥弗伦格尼有限公司的主要合伙人，与其说是在做生意，不如说是在享受人生，他们很可能没有完全意识到这项业务到底意味着什么。当然，更有可能的是他们误以为繁荣会永远持续下去。更多细节，请参阅 W. T. C. 金（W. T. C. King），《伦敦贴现市场的历史》，1936年，第242页及以下诸页。

还有两点评论。第一，该公司一旦进入为工业企业提供融资的领域，无疑就会变成我们在讨论法国和德国那些类似于动产信贷银行的银行时能够想象到的那类企业，从而也就使自己犯下了违背"英国银行业精神"的"不可弥补的罪行"。然而，真正的问题不在于此，而在于无法获得真正稳健的头寸。正如每个类似的案例一贯表明的（自约翰•劳以来），会带来灾难的不是"制度"，也不是将短期"资金"用于长期目的的不当做法。这种类型的风暴应该是这些银行能够经受住的。这种解释是不充分的，且只与这类案例中的次要因素有关。真正的麻烦在于，代理人为该公司"搞到手"的那些钢铁厂、航运公司，都不再属于好行业。第二，这个例子不仅很好地说明了危机的机制是如何一步步发挥作用的——每份重组计划无论从当下此刻来看是何等合理有效，到第二天都会因为价值的进一步缩水而不再有用——而且很好地说明了企业家无能的第三代导致类似困境的另一种类型。据说，在承担损失并挽救家族的机会仍然存在的情况下，至少有一个合伙人却心存疑虑、畏缩不前。而且，他似乎没有足够的精力去采取本应采取的行动，而只是用虚幻的希望来欺骗自己，也许还曾屈服于外来交涉，并且一再犹豫。作者当然无法证明这里的每一个字都准确，但是这确实与他的印象相符。如果真的是这样，那么与这个例子相似的同类事件就非常多了。这样的事情大多数就是这样发生的。即便"戏剧"中的"演员"预见到了，它们也会发生。即便是小人物，有时也能从整体上审视和把握形势，并做出正确的诊断。然而，要在这样的诊断的基础上采取行动却需要具备一种不同寻常的能力。借此机会，我们顺便指出，像动产信贷银行这种类型的银行大量出现正是那个朱格拉周期的一个特点。然而，它们通常不会称自己为银行。其中有一些银行是严肃的，例如，1863年由英法集团（Anglo-French）创建的伦敦综合信贷金融公司（General Credit and Finance Company of London）。但是也有很多并不然，比如说英国的土地信贷和动产信贷公司（Credit Foncier and Mobilier）、格兰特暨戈士麦基金会（the foundation of Grant alias Gottheimer），以及其他六七家机构。

② 这也正是我们给出这种分期方法的主要原因。索普显然受到了棉花行业状况的影响，他把1868年称为"萧条"之年。他还进一步提到了"大规模失业"。事实上，失业率虽然比1867年高，但也只高了0.5个百分点，同时却比1858年低了4个百分点。施皮特霍夫教授则认为繁荣始于1869年初。

正常的复苏阶段。因此一个推断是，创新活动和投机活动发挥了比通常更大的因果性作用。但是，对于这一点，夸大它的危险比忽视它要大。

第四个和第五个朱格拉周期是用钢来"铭刻"的。关于第四个朱格拉周期，我们有必要回想一下：一方面，创新只是起到了"点火"的作用，它的影响要加入次级过程；另一方面，钢意味着出现多种其他商品的可能性，特别是它意味着新机器、新型船只等。至于第五个朱格拉周期，钢在数量上的重要性是如此明显，以至没有必要再一次提醒读者。在这两个朱格拉周期中，尤其是在第四个朱格拉周期的情况下，纺织业的发展和许多次要的发展都很重要。但要强调的是，外国企业和资本输出再一次成为这个时期形势的主要特点，而且比以往任何时候都更明显。到了60年代末，国际金融的发展进入了一个新的层面。外国政府贷款越来越受欢迎，尽管普通投资者之前并不是很喜欢这种投资；同时用来处理这种大规模交易的技术也已经成熟，尽管其中有不少交易从一开始就自然而然地遭到了怀疑，或者一旦借款人意识到以得到的新资金去偿还旧债务是多么容易，就变得非常可疑。外国商业和政治环境对英国的重要性也相应增加。我们给出的上述"素描"充分表明，把英国的周期归咎于外国的影响是不正确的；但是英国的狂热和危机在很大程度上确实受到了这些因素的制约。我们在讨论德国的情况时分析过1873年的事件及其余波的影响，对于英国，我们需要补充的也类似。从根本上说，诊断结果可以说是一样的——英国也有一场工业革命需要清算。此外还有很多其他要点，对英国和德国都适用，比如说建筑业热潮（从1869年到1872年）以及过度投机。但是英国因美国的危机而遭受的损失要比德国大得多。而萧条的持续和80年代的状况，如前所述，则显示了德国竞争的影响。

第四个朱格拉周期的繁荣时期包括1870年、1871年和1872年上半年，而且与德国一样，当1871年战争爆发时，金融市场出现了短暂的动荡。股市的恐慌缩短了经济衰退的时间，但是恐慌很快就过去了，这反映了潜在的工业形势。我们再一次发现，大多数观察家说萧条持续到了1879年仍未缓解，在一定意义上，这个判断是完全有道理的。但是这里的解释和评论与德国的情况相同。而且，也正是在这种情况下往往会发生游泳者在已经看到陆地时溺水而亡的惨剧——破产的流行，有时不是因为其他原因，而恰恰是因为大多数濒临破产的企业没有立即破产，而是先苦苦撑了一两年才破产，这阻碍了复苏的到来（复苏本应在1878年就出现）。第二年情况有了很大的改善。1880年，第五个朱格拉周期的繁荣阶段正式起步。由于这个繁荣阶段在康德拉季耶夫周期中所处的位置"不佳"，因此就像在德国一样，它表现出来的势头非常弱，以至这一年并没有被普遍认为是繁荣的一年，尽管施皮特霍夫教授认为繁荣已经到来，尽管来自钢铁行业的新推动力也是显而易见的。[①] 这个阶段一直持续到了1882年第四季度。这样，衰退阶段和萧条阶段各自持续了差不多两年。在朱格拉周期从后者启动之前，不少企业破产了，而且出现了一种在通常情况下很容易演变成危机的形势。不过这些都没有持续恶化，这主要是由于在前一波繁荣中价格一直在下跌，产生了一个令人警醒的巩固效应。在大部分时间里，产量都在增加，而且1887年和1888年都属于正常的复苏年份。钢铁行业非常活跃，以至施皮特霍夫教授认为1888年是经济繁荣的一年。

毫无疑问，1889年和1890年就是这样的年份。它们构成了最后一个朱格拉周期的繁荣阶段，与德国一样，在英国这也是一个"零零碎碎"的朱格拉周期，它的主要任务是做总结和收尾。不过，还有一些特征没有包括在这个描述当中（或者至少没有完全包括在内），因此还得在这里补充一二。在接下来的时期，巨大的发展势头开始显现出来，特别是在电力行业和化工行业等方面。即将到来的建筑业热潮的影子也已经清晰可见。从1894年开始，大量的资金投到了啤酒厂和酿酒厂，到1898年，也就是第三个康德拉季耶夫周期的第一年，啤酒厂和酿酒厂就已经跻身英国工业企业的前列。自行车制造业出现了复兴，并呈现出了相当繁荣的景象，最后在1896年达到了顶峰。这是一个典型的复苏案例，从数量上看完全实现

[①] 索普先生谈过，在第一季度经济实现了快速增长，但是受到了大宗商品价格下跌的抑制。有人认为，正如对1873年的经济形势的评价——扩张受到居高不下的货币利率的限制——这种说法暗示着一种理论，而不是对观察结果的简单表述。尽管我们承认在历史上存在联系，但是我们并不同意这两种说法。

了之前创造的可能性。新金矿的发现和黄金生产方法的杰出创新——氰化法——与其他因素一起，在使得英国对南非的出口大幅增长方面发挥了重要作用。从发生的事件的表面来看，经济形势受南非采矿业的极大繁荣（1895年）以及紧随其后的更加狂热的西澳大利亚矿业繁荣影响很大。在短期内（1896年4月），就有81家西澳大利亚的矿业企业上市，然后从1894年3月1日至1896年9月30日，共有731家西澳大利亚的黄金采矿企业出现，筹集了近7 600万英镑的资本金。说到这里，我们必须讨论一下另一项创新（提醒读者，这是我们所说的意义上的创新，或者更确切地说，是一系列创新）。塞西尔·罗兹（Cecil Rhodes）先将南非的大部分钻石开采业务合并，组建了戴比尔斯公司（De Beers Company），然后在1889年，他又组建了英国南非公司（British South African Company），并以它为基础，成立了罗德西亚公司（Rhodesia）。在这一系列重组中，政治行为和商业行为变得相当难以区分。戴比尔斯公司的成立以及将兰德矿区的深层矿井合并成一个统一的金矿，无疑是我们所说的意义上的创业行为。但是，罗兹本人曾经担任过殖民地政府的总理，他的许多行动和计划都超越了商业领域，这就像詹姆逊博士（Dr. Jameson）试图通过"突袭行动"来进行创新一样（1896年）。

1885年，英国的资本输出有了很大的增长。1890年又是一个大增长之年，然后在1895年却出现了大幅萎缩。我们再一次注意到，还款能力可疑的外国政府借款具有很重要的地位，甚至连最优秀的金融企业也不遗余力地提供资助。对于这些交易，有人认为它们包含许多深层次的经济学和社会学含义，但是与我们这里的主题无关。对我们来说，重要的是它们使得这个朱格拉周期在一场金融恐慌中进入了繁荣阶段，不过，正如一些观察家正确地指出的，在公众意识到它之前，这场恐慌已经结束了。股票价格的下跌有很多原因，不一定是受到某个不利事件的影响——在通常的周期性序列中，时机成熟时自然会出现这种现象。但是，巴林兄弟公司（巴林银行）的问题加剧了股票市场的动荡。事后回过头来看，巴林银行的困境，以及它在许多其他方面的特点，都与1866年奥弗伦格尼有限公司相似。巴林银行一直大规模地从事短期银行业务，它在持有数百万英镑由自己承兑的存款的同时，又让大量未能成功发行的阿根廷证券烂在了手中，因而陷入了困境。为了满足繁荣期正常业务的需求，巴林银行不得不清算自己的证券资产，于是在 11 月 8 日向英格兰银行求助。后者刚刚在不久前通过一项更加积极的政策来加强对市场的控制，当时其实完全有能力提供救助。但是，当时几乎所有顶尖的银行家都陷入了"惶恐不安"当中，其中有一些人甚至有些歇斯底里了。所幸，最后在戈申（Goschen）的建议下，最终组建了一个担保辛迪加，使得英格兰银行能够为巴林银行的债务提供担保。然后，这家银行在适当的时候进行了重组，恐慌止住了，在恐慌之际出台的限制措施也不再延续。这个案例不仅说明了资本主义金融机制的某些缺陷，同时说明了中央银行正确而果敢的行动能够真正解决此类问题。①

1891 年和 1892 年的朱格拉周期的衰退阶段因这个冲击而蒙上了更重的阴影。尽管英国的生铁产量从 1889 年的 830 万吨降到了 1892 年的 670 万吨，但这是我们本来就应该预料到的。这个评论同样适用于失业的增加和价格的下降。工业和商业组织本身并没有太多问题，但证券方面的损失是巨大而持久的，特别是在国外证券上的损失之大几乎不亚于 1873 年。因此，这个衰退阶段的最黑暗之处来自金融业。从 1893 年年中开始的萧条再一次证明，国际金融业的紧密联系不仅可以用来预测相关症状，而且会加剧相关症状：发生在澳大利亚和美国的危机，其影响可能和发生在英国的危机一样大。1895 年夏出现了强劲的复苏势头，并一直持续到了 1897 年年底。货币仍然很宽松：在萧条的那一年，即 1894 年，伦敦的公开市场利率降到了 1% 的 9/16，1896 年票面利率为 3% 的统一公债的价格

---

① 上述银行政策的改变以及随后的救助行动，似乎都是行使行长权力的结果，应该完全归功于英格兰银行行长威廉·利德代尔（William Lidderdale）。但是，关于在紧急情况下采取的救助行动本身，《戈申档案》——参见 A. D. 埃利奥特（A. D. Elliot），《戈申勋爵传》，1911 年，第二卷，第 170 页及以下各页）——表明，这位行长实际上远没有他的一些崇拜者所期待看到的那么英勇。他似乎失去了勇气，不得不向时任财政部长的戈申求助。戈申非常恰当地拒绝了由国家出面提供的任何救助，并冷静地指出了解决办法。因此，这次救助行动的成功在很大程度上似乎应归功于戈申。在他的日记中，他在评论中将由国家出面救助的做法称为"荒谬可笑的"。这就完美地刻画了一个国家官员在那个"完好无损"的资本主义时代的态度，正如他对那个时代的告诫演讲所阐述的一样。此外要指出的是，拒绝提供帮助往往是最好的帮助方法。

达到了113.5。而在复苏的那些年则呈现出了处在最佳状态时的资产阶级康德拉季耶夫周期的结果和条件。无论是从经济还是从社会的角度来看，对于资本主义的内在趋势究竟是什么，几乎没有任何其他时期能够给予我们如此清晰的概念。

三、美国工业的演化与周期"日历"

我们在前面已经看到，对于美国来说，在第二个康德拉季耶夫周期，周期性过程的历史几乎完全可以通过铁路的发展历程来描述。此外再插入资本的流动和移民（从内战结束到1900年，进入美国的移民人数高达1 400万）、农作物收成的丰歉情况以及内战等因素，我们就几乎可以解释所有的波动和趋势了。到1897年，美国铁路的"净资本"达到了9 168 072 000美元（这相当于每英里的运营铁路要投入超过50 000美元的资本）。其他东西则几乎都转向了公路，要么是由公路创造的，要么是受公路影响的，大规模融资在公路上找到了主要目标。但是，我们也不能过于夸大。铁路并没有教会美国人"资本主义方法"和"资本主义立场"。所有这些，以及大型工业企业，在此之前就已经存在。那个时期的工业过程也不仅仅是适应或利用道路所创造的条件。劳动力的匮乏和自然资源的丰富本身就会带来问题并制约成就。这些创新——特别是高效的节省劳动力的机器——成为美国创新的特征，使得美国不再在国际上落后，反而在那个康德拉季耶夫周期开始逐渐于全世界领先。然而，我们不能展开讨论太多东西，而是必须把自己限定在有助于使这幅画卷圆满收笔的几个要点上。

美国是一个新兴国家，在没有大型陈旧的结构的环境中，很难找到衰败的工业；然而，捕鲸业却是其中之一，它在60年代之后稳步下行（只有一次短暂的中断）。捕鲸业为我们说明将资源引向新目标的机制提供了一个很好的例子。航运业在总体上（除了沿海、内河、湖泊航运之外）也呈现出了同样的趋势。在头两个朱格拉周期中，在以快速帆船为主要远洋运输工具的50年代，美国商船队在大西洋贸易中几乎战胜了所有竞争对手。但是在内战期间和战后，尽管非常努力、尽管有许多补贴，它还是失去了大部分市场份额。这并不是因为美国的造船业有什么缺陷——美国的造船业比英国更先进，甚至在价格竞争中也不会失利——而只是因为美国的发展大趋势背离了大海。我们只需指出，在木制帆船的建造过程中美国的地位至高无上，这也是40年代和50年代的繁荣的一个特点。[1] 铁轮船以及铁帆船都在第四个朱格拉周期的繁荣阶段成功地建造了出来——分别由约翰·罗奇父子公司（John Roach and Son）、克拉姆父子公司（Cramp and Sons）建造。在启动第五个朱格拉周期的经济过程中，造船业也以先行者的位置引人注目。在第五个和第六个朱格拉周期中，全钢船出现了，三胀式发动机也被发明了出来。继1890年建成的战列舰，运煤船、油轮、大大改进了的沿海和内河汽船也继续投入使用。1891年，世界上最大的造船厂之一纽波特纽斯造船厂及船坞公司（Newport News Shipyard and Drydock Co.）成立。

在美国，煤矿采掘业虽然在很大程度上比在英国更受创业者的欢迎，但与其说它是一个"推动者"，还不是说它是一个"被推动者"。新矿区的发现、对现有的或专门新建的交通设施的利用，在美国的情况下都构成了明确的创新，并有助于已确立的繁荣。在我们所说的这个时期之前，上述结论对无烟煤来说确实如此，这方面的一个突出例子是利哈伊煤炭与航运公司（Lehigh Coal and Navigation Company）；而烟煤则是40年代的一个特点，在这期间蒸汽动力开始挤出水力——这个过程相比于铁路更具有朱格拉周期的特点。炼焦在那时并没有发挥什么作用，因为直到1873年之前的繁荣时期，炼焦的方法都是非常原始的。后来，焦炭业在康奈尔斯维尔地区发展起来（主要是为匹兹堡地区配套生产的），并在萧条期间得到了扩张，然后在倒数第二个朱格拉周期的繁荣阶段向前迈出了一大步。1890年的普查列出了13个焦炭产区。但是，直到那个康德拉季耶夫周期结束（以及以后），效率极低的蜂房式烧焦炉仍然占主导地位。

将石油用于照明之外的其他用途，例如发电，是下一个康德拉季耶夫

---

[1] 在美国建造的船舶总吨位一直在上升，伴随着非常明显的朱格拉周期性质的波动，直到内战，上升大致呈直线趋势（峰值出现在1855年后）。从1860年到1914年之间的趋势则可以用一条悬链线很好地代表。这条悬链线在1890年后的上升与在1890年前的下降大致持平。1914年之后又开始攀升，在世界大战期间达到了历史最高峰。

周期的"承载性"创新（carrying innovation），而在第二个康德拉季耶夫周期中则处于酝酿阶段。"1878 年，布鲁克林海军造船厂测试了一种汽化装置，将石油和煤焦油的残渣与过热蒸汽放到一起燃烧。差不多 9 年之后，有报道称，使用这种燃料的燃油机车……首次用于陆地运输。第二年，北芝加哥轧钢公司开始使用石油燃料。"（参见克拉克，前引论著，第二卷，第 517 页。）很快，石油的各种用途都得到了尝试，各种石油产品（汽油、润滑油）的重要性也迅速提高，但是所有这些都不能构成那个时期创业活动的主要特征。

照明用石油是第二个康德拉季耶夫周期的伟大创新之一，在我们所说的意义上，这是一种新的商品，而且这类创新的所有特征都非常突出。[①] 石油此前曾偶尔被开采利用，但是第一批真正意义上的石油钻井直到 1859 年才出现（钻井和管道是那个时期的两大创新）。在进入了这个非常明确的领域之后，它首先淘汰了煤油（由页岩和煤提炼而成）以及其他光源材料（例如鲸油）。后来，它不得不面对天然气和电力的竞争，并最终被淘汰出了照明领域。在这个过程中，数量、价格和利润的表现正如我们所预料的那样。这项创新的第一波浪潮始于第三个朱格拉周期的繁荣阶段——当然也有助于第三个朱格拉周期的繁荣。结果，到了 1865 年，美国就已经有 194 家炼油厂，其中大部分位于俄亥俄州、宾夕法尼亚州和纽约州——其中最大的企业是俄亥俄州由洛克菲勒（Rockefeller）、安德鲁斯（Andrews）和弗拉格勒（Flagler）创办的公司。由此引发的扩张在这个朱格拉周期的下行阶段和复苏阶段继续进行，这是因为加利福尼亚州又发现了新的油田，精炼油和原油的价格随之进一步下跌。输油管道和油罐车也是在那个时候大量投入使用的，同时消费者的抵制情绪很快就得到了克服。在这个朱格拉周期的下行阶段，经济形势如常，大陆精炼公司

[①] 照明用石油和其他用途的石油实际上是两种不同的商品。它们各自的价格表现很好地说明了这一点。当石油主要用于照明时（这从石油大规模开采的 1894 年就开始了），它的价格变化的历史几乎完全可以用我们的模式来解释：初创阶段、扩散阶段、吸收阶段，以及我们应该预料到的明显的周期性波动。然后，石油的价格开始上涨，这符合新用途的出现导致价格上涨的一般规定。类似地，对于石油的产出，平滑后的曲线的两个分支也可以区分出来，尽管断裂处不那么明显。

(Continental Improvement Company，1868年）成立，它后来发展成为南方精炼公司（1872年）。第五个朱格拉周期是石油行业的组织创新的完成阶段，成果就是标准石油公司，它为其他行业树立了杰出的榜样。[1] 标准石油公司的"托拉斯"形式仅仅保持了10年，同时独立炼油厂仍然继续存在。但是集中管理一个产业、按照计划将其作为一个整体来运营，同时努力获得对它的制约因素——尤其是铁路——的控制权，这种思想则仍长期存在。

煤气也是第二个康德拉季耶夫周期创业活动的一个主要元素，尽管它的"前史"要比石油重要得多——而且同样是在这个时期奠定了自己的地位。据报道，早在1792年，英国就开始使用煤气为房屋照明。博尔顿（Boulton）和瓦茨（Watts）于1804年在苏荷区创办的企业使煤气的照明用途广为人知。伦敦于1807年开始使用它来照明，从1816年至1819年，英国大多数城市也纷纷效仿。而在美国，巴尔的摩于1816年率先采用煤气，后来，纽约于1823年、波士顿于1828年，以及许多其他城市在1837年危机以前，都使用了煤气。但是说到底，煤气的第一波巨浪是在19世纪40年代开始启动的。这个过程一直持续到了70年代——因为美国仍然在向西扩张，也一直在提供新的目标，尽管在东部这个过程在第一个朱格拉周期结束时已经基本完成，那时煤气也开始取代松香和鲸油。市政当局的主动作为和政策监管（这种商品天然地更容易受到更多的关注），解释了实际投资偏离周期模式的原因。私人家庭所用的煤气的价格仍然很高，部分原因在于有利于公共消费的政策性歧视（例如，在1848年，巴尔的摩用于市政用途的煤气价格为每1 000立方英尺1美元，而私人消费者要付出的价格则为每1 000立方英尺4美元）。1843年，阻碍煤气领域的创业活动的其中一个巨大困难——缺乏足够的气量计（煤气表）——终于得到了彻底的解决。直到1872年，煤气都是从煤中蒸馏出来的——这个过

---

[1] 1884年，棉籽油工业紧随石油工业，进行了类似的组织创新，成立了美国棉籽油托拉斯（American Cotton Oil Trust），但是它的效率要低得多，而且从未真正征服过整个棉籽油工业。1887年，南方棉籽油公司（Southern Cotton Oil Company）成立，它由多家工厂组成，在行业中发挥了更大的作用。由于产品的复杂性和竞争地位的多变性，棉籽油的案例特别有意思。从周期的角度来看，它在过去的三个朱格拉周期中都很重要，它的创新阶段则集中在60年代末和70年代初。

程在其副产品找到了市场后重新变得重要起来——但是，也是在那一年，水煤气获得了专利。这项创新虽然在一年后就被引进了费城，但是直到80年代才开始确立自己的地位。增碳水煤气成功地战胜了煤油灯和威尔斯巴赫纱罩灯（Welsbach mantle）[在此之前有于1855年发明的本生灯（Bunsen burner）和1881年出现的隆格伦纱罩灯（Lungren mantle）]带来的威胁，并将落败于电力照明的时间推迟了大约10年。也是在第五个朱格拉周期，煤气开始广泛用于照明之外的其他用途。燃气发动机得到了相当大的发展，1879年出现了燃气灶，1883年出现了循环水箱热水器（1897年，改进后的路德加热器也问世了）。

然而，另一个竞争对手也在这时出现了，那就是天然气。在我们讨论的这个时代之前，天然气就已经开始用于照明（弗雷多尼亚，纽约，1821年），并且在这个方面取得了相当大的进展。在很多情况下，天然气与工业煤气相比有价格上的优势；更重要的是，天然气在任何情况下都还拥有其他一些优势，使它更适合工业使用。天然气的工业使用，始于西弗吉尼亚公司用它来煮沸盐水（1841年），不过，第一个重要的案例是1873年在宾夕法尼亚州铁厂的使用。第一条商用天然气管道于1875年开通（超过1 000英里的天然气管道是战后的新发展）。这项创新导致的浪潮是倒数第二个朱格拉周期的一个重要元素，它在1886年的繁荣中达到了高潮。从我们的角度来看，天然气的重要性在于它改变了工业区位，导致了好几个新工业中心的出现，并有力地影响了宾夕法尼亚州、俄亥俄州、印第安纳州和堪萨斯州的煤炭产业。但是，这些地区的天然气井的产量随后迅速下降。我们还要补充的一点是，1908年前后天然气使用量的大幅增加导致了同时期人造煤气销售曲线的断裂。

如果纯粹从技术层面来说，铁矿石开采很简单；它的发展也不需要任何评论。但是，铁矿石开采的如下两个方面却成了创业活动的重要目标。首先，在美国有一项其他国家没有的任务，即在采矿作业开始之前对一个地区进行勘探和开发。北明尼苏达公司（1884年）是这方面的一个很好的例子。运输条件的改善和新的商业组合的出现，对苏必利尔湖地区的发展有重要意义：第二个朱格拉周期中的马盖特山脉（Marquette range）、第四个朱格拉周期中的梅诺米尼（Menominee）矿区、第五个朱格拉周期中的戈吉比克（Gogebic）矿区（1885年），以及属于下一个时期的米萨比（Mesabi）矿区。其次，在80年代和90年代初，出现了大量组织创新。有一些组织创新是横向一体化，尽管大部分横向一体化的努力都失败了——其中，1893年成立的苏必利尔湖铁矿联合企业（Lake Superior Consolidated iron mines），（主要）是一个横向一体化的企业，它拥有船只，并可以使用它的股东所拥有的铁路线路；还有一些是垂直一体化的组织，它们主要是由钢铁企业建立的。在这里，竞争在很大程度上是地理层面上的。我们已经看到，在许多其他情况下也是如此，而且它解释了美国的周期的某些特征和某些地方性的结果的趋势。至关重要的是必须注意到，工业中心的兴起和衰落也是我们的周期机制的一部分。对此，现有的案例就是一个最普通的例子。钢铁工业从新英格兰、纽约、新泽西和宾夕法尼亚等地向中西部和南部各州的迁移，在一定程度上受到了铁矿石和煤炭开发的制约。在1870年至1890年间，苏必利尔湖地区的年矿石产量大约从100万吨增加到了900万吨，再加上来自亚拉巴马州和田纳西州的矿石、尚普兰矿山的矿石以及从西班牙进口的矿石（此外还从希腊、小亚细亚和古巴进口矿石），使得价格在此期间降到了原来的约三分之一。

钢铁生产中心的这种快速转变，正是内战之后被闲置的高炉占比一直如此之高的其中一个原因（即便是在繁荣阶段，也如此）。因此也不难看出，这种闲置与任何固有的生产过剩和产能过剩倾向无关。那些正在被竞争淘汰出局的地区的高炉是不会立刻消失不见的。但是，在过去的三个朱格拉周期中，技术也在迅速变得过时。熔铁技术自殖民时代以来几乎没有任何变化，直到1850年炉底活门（drop bottom）出现，才使得冲天炉（化铁炉）的操作更加便利。木炭熔炉肯定要被淘汰，尽管它们退出的速度相当慢。① 此后，焦炭炉和烟煤炉采用了与欧洲相同的改进方法——其中最重要的改进之一是采用节油再生炉——并且在体积和效率上都有所提

---

① 有人告诉本书作者，德国最后一个炭炉直到1896年才停产。但这只能是一个偶然存活下来的特殊的孤例。

高。这也正是 1873 年后试图通过协议限制产量的努力失败的原因：从 1872 年到 1897 年，价格波动很大，但是那些能够"与时俱进"的现代企业完全有能力以一个不断下降的价格提供产品。绝对数量（而不是相对数量）的大步跳升，是倒数第二个朱格拉周期的一个特点。如果我们考虑到了使用钢材的节铁效果（当时已经得到证实），那么这一点就会更令人印象深刻。

尽管贝塞麦法的基本原则在美国又于 1851 年独立地由 W. 克里（W. Kelly）重新发现了一次，但这种生产方法的引入只是 1873 年之前繁荣的成就之一。直到 1875 年，仍然只有 8 家企业采用这种方法，不过当时还有几家采用贝塞麦法的工厂已经进入建设流程（这些工厂的酝酿期落入了萧条阶段）。与此同时，还出现了其他一些新奇的事物，但是平炉法并不在其中。在最后一个朱格拉周期中，平炉法仍然算是一项创新，它是霍姆斯特德公司（Homestead works）率先采用的（1888 年）。托马斯法也是一样，尽管贝塞麦制钢公司（Bessemer Steel Company）早在 1881 年就获得了在美国使用它的许可。① 钢合金（铬钢和镍钢）是在 70 年代和 80 年代问世的，但是更有效的生产则要等到最后一个朱格拉周期，那也正是哈维钢板法（Harvey armor-plate process）在工厂中得到广泛应用的时候。钢铸件行业也得到了很大的改进。此外，废旧钢铁也开始被广泛地用作钢铁工业的原料。

至于组织创新，则可以用两个突出的案例来说明。在匹兹堡，第一家贝塞麦钢铁厂是埃德加汤姆森钢铁公司（Edgar Thomson Steel Company），对于它的创办，卡耐基兄弟（Carnegie Brothers）旗下的钢铁制造企业给予了很大的帮助。这也是一系列成功中的第一个——其他成功的例子包括霍姆斯特德公司、联合钢铁公司（Union Mills）、杜昆公司（Du-

---

① 当然，如果有足够的篇幅来对钢铁生产的历史进行充分的研究，那么我们对创新周期性节奏的描述可能会得到很大的改善。例如，直到 70 年代末，炒钢法仍然在与贝塞麦法竞争。在第四个朱格拉周期，有两项发明进一步加强了钢铁行业的地位，值得在此一提。埃勒沙申法（Ellershausen）和丹克的炒钢辊机（Dank's puddling mill）——由约翰·菲茨（John Fitz, 1857 年）首创——在 60 年代传播开来，它们相对于英国二辊轧机的优势主要依赖于美国的劳动力条件。在同一时期内，在轧钢领域，还有其他六项改进。

quesne）等，并在1891年达到顶峰，标志是卡耐基钢铁公司的成立。在那个时候，伊利诺伊钢铁公司已经成为一个同样复杂的垂直一体化组织（1889年建立，1891年完全成形）。科罗拉多燃料和钢铁公司（Colorado Fuel and Steel）的成立也可以追溯到同一时代。钢铁消费量在1890年达到了周期性的最高值。随后，产量下降，最终导致了1893年的危机。在这场危机中，截止到当年6月底，共有82家企业倒闭，其中包括很多大型企业，如费城钢铁公司（Philadelphia）、雷丁煤铁公司（Reading Coal and Iron）和宾夕法尼亚钢铁公司（Pennsylvania Steel）。就其本身而言，这种事件并不比铁路公司破产更能说明这场危机的性质，但是，结合前面的讨论，它们似乎证明了如下诊断是合理的：这场危机是对在一个主要以钢铁业为中心的演变过程中变得不适应的头寸的"非正常清算"。

工具、使用的机械所针对的对象以及机械本身都是很难量化的东西，即便我们能够量化它们，它们的重要性也不是用数字就能充分描述的。大胆的创意体现了美国在这个领域的成就，对欧洲的工业成就也贡献很大。它对周期性过程和导致的趋势的重要性无疑是显而易见的，但是个中细节却很难尽述，因为它涉及的面非常广，而且更多的是包含在大量让工作更经济、更有效的设备和方法当中，而不只限于包含在各种壮观的"发明"当中。出口统计数据表明，到60年代，所涉及的面非常之广，涵盖的范围非常之大，远远超出了那类通常被称为"美国特产"的东西，比如说缝纫机和农具。机车和"非专用型机器以及其他钢铁产品"加在一起，比上面这两种产品要重要得多。在这里，仅举几个简单的例子就足够了。虽然在"数量"上的重要性是在下行阶段才显现出来的，但正如库兹涅茨教授所观察到的那样，基础在康德拉季耶夫周期的上升阶段就已经打好，而且各种领先的创新也是在那时引入的（见《产出和价格的长期变动》，第27页）。

通常认为，赛勒斯·麦考密克（Cyrus McCormick）发明收割机的时间是1834年，但是他自己告诉我们，他的收割机要直到1845年才真正可用。① 这项创新本身——"付诸实施"的创新——是第二个朱格拉周期的一个元素。其诱致性改进和扩散对所有其他朱格拉周期都有所贡献；至于相应的组织创新，主要发生在最后一个朱格拉周期（美国收割机公司于 1890 年成立）。农业机械化的其他步骤——其中有些前面提到过了——也都很容易插入这个过程。② 与其他情况相比，这个案例在周期性波动中取得进展的事实（以及原因）无疑是更加显而易见的。

缝纫机是 E. 豪（E. Howe）于 1846 年发明的。然后，在 1850 年，辛格公司（Singer）就生产出了实际可用的缝纫机。它也是在第二个朱格拉周期出现的创新之一，并于第三个朱格拉周期在世界范围内取得了成功。除了在制鞋方面的应用之外，它对经济系统的影响与大多数创新不同，而与少数创新相似。由于缝纫机也可以由工人个人使用，所以它本身并没有导致其他创新通常会有的竞争挤出过程，尽管从效率的角度来看它确实引起了一场革命。然而，有些特殊形式的缝纫机由于能够促进劳动分工，确实产生了竞争挤出效应。接下来，我们再讨论一下金属消费品行业的情况。在这个行业中，创新在于成功的标准化、专业化和大规模生产，典型的产品如锁具（纽黑文）、钟表（康涅狄格州和沃尔瑟姆，手表在与世界各地产品的竞争中丝毫不落下风），以及小型武器（例如，柯尔特公司的手枪），都是在第一个或第二个朱格拉周期出现的创新，并且在下一个朱格拉周期确立了自己的地位。我们不妨考察一下钟表领域的典型企业美国手表公司（American Watch Company）。在 50 年代，它致力于解决手表的机械化生产问题，在 1857 年一度濒临破产，但是在 60 年代取得了

---

① 对于这项发明的优先性，还有一些疑问。根据赫西（Hussey）本人的陈述，他虽然是在 1847 年才取得了无可争议的成功，但是在 1845 年之前，他应当已经掌握所有的基本要素。请参见 L. 罗金（L. Rogin），《农业机械导论》，1931 年；W. T. 哈钦森（W. T. Hutchinson）于 1932 年 6 月发表在《政治经济学杂志》上的评论。

② 在那个世纪之初，改进后的新型农具开始取代旧日的铲子、锄头和耙子。G. 伍德（G. Wood）的犁（1819 年）、J. 迪尔（J. Deere）的轧钢犁（1849 年）以及彭诺克（Pennock）的播种机（1841 年），满足了一系列明显和迫切的需要，与许多其他设备一起，找到了自己的用武之地。1860 年后，又出现了玉米种植机和干草机；1868 年，阿普尔比（Appleby）发明了捆绳机；1870 年后，联合收割机在沿太平洋各州得到了广泛的使用。早在 1850 年，农具工业就发展到了相当重要的水平，产值到 1860 年就增加了 3 倍，然后到 1890 年又翻了一番。

非常大的成功，成了潮流引领者（其他的一些例子包括，纽约手表公司、国民手表公司在同一个朱格拉周期内就迅速跟进了，而伊利诺伊手表公司、罗克福德手表公司等则在下一个朱格拉周期跟进）。打字机大约在1873年进入工业制造阶段。虽然1880年的普查没有注意到打字机工厂，但是到1890年就已经有30家。

木工和金属加工机械（圆锯和转盘式切割机）、布兰沙德（Blanshard）的仿形车床、谢勒（Seller）的刨床和螺栓拧紧机、铣床和车刀、木螺丝、精密仪表、螺母和螺丝、干黏土制砖机、布莱克（Blake）的碎石机、连续给纸印刷机、排版机（也在60年代开始生产）、改进型锅炉、考利斯引擎（Corliss engine）、后来用于电力发动机的波特-艾伦引擎（Porter-Allen engine）——以及它们或明或暗地代表的所有其他工具，除了极少数例外之外，最初的艰难探索和成功，都发生在康德拉季耶夫周期上升阶段的那几个朱格拉周期中，扩散则发生在康德拉季耶夫周期的下行阶段和复苏阶段。这也正是我们应该预期到的。它们在周期机制中的数量重要性是确定无疑的，而且在这些情况下（经常发生在新英格兰），这种类型的工业构成了产业集聚的核心（产业集聚即马歇尔所说的外部经济），这一点甚至更加明显。大型企业也随之出现了，例如，斧刃工具公司（Axe and Edge Tool，1889年）、国民剪锯公司（National Saw，1893年）。基本原则在所有情况下都是一样的，它甚至包含在将节省劳动力、节省能源的装置应用于生产节省劳动力、节省能源的装置的过程中。一切都要服从于廉价性。在木材比较便宜的地方，人们就使用木材。能磨光，就不刷漆。英国人说这些机器过于脆弱了。但它们带来的结果是标准化的大规模生产。只有极少几个行业不受这种趋势的影响，雪茄制造就是其中之一。

我们将以制鞋业为例，说明机械化在第二个康德拉季耶夫周期给消费品行业带来的革命性变化。在我们所说的这个时代之前，美国的制鞋业没有使用过机器[①]，尽管在一些城镇由于有充足的原料来源和发达的制革技

[①] 作者要感谢 E. M. 胡佛（E. M. Hoover）博士在作者进行一项关于这个行业的技术发展的研究时提供的帮助。

术，制革业内部的劳动分工已经相当发达。然而，从1800年起，人们就开始使用木钉来固定鞋底；然后在1820年出现了一种切钉机。1845年，有人发明了用于硬化鞋底皮革的辊压机，它的效率是手工锤打的90倍。豪氏缝纫机的问世意味着该行业的机械化向前迈出了一大步，最迟是在80年代，布面的鞋面就已经广泛用于制造女鞋。据说，1851年，当豪氏缝纫机得到改进并变得适用于鞋面皮革的缝制时，人均产量翻了两番。同年还发明了一种在一分钟内就能钉好一只鞋底的机器。在随后那个朱格拉周期出现了一系列其他创新——事实上大约有4 000项专利是在1850年到我们这个时期结束之间取得的。其中最重要的是麦凯（McKay）缝纫机（1858年发明；1860年在实际使用中取得了成功），至今仍有三分之二的鞋子的生产在使用这种方法（而且几乎所有的女鞋都使用这种方法生产）。这项创新随后引发了康德拉季耶夫周期下行阶段的"雪崩"——这是一个非常典型的例子；而且在另一个方面也是如此，因为企业家利润的本质很好地体现在了当时开始成形的一种做法上——不是直接销售制鞋机，只是将它们出租。

到了1895年，已经有4 000台麦凯缝纫机投入使用，生产了大约1.2亿双鞋。麦凯缝纫机在1867年得到了进一步的改进，据信把鞋底的缝制成本从每双75美分降低到了3美分。固特异缝沿条机（Goodyear welt-sewing machine）是在1862年发明的，并于1877年开始投入使用，它的速度是用锥子和针缝边的速度的54倍。但是，固特异缝沿条机的全面成功还是要等到最后一个朱格拉周期，在我们所说的这个时期，用这种机器生产的鞋子的产量还没有超过2 500万双（1895年）。生产厚重的鞋子所用的缆式螺杆打底机（1869年）、鞋跟机（1870年；到1889年，这个国家已经有200家专门生产鞋跟的工厂）、标准的螺旋封底机（1875年），这些至今仍在使用的机器基本上使我们所说的这个时期的故事变得完整。然而，我们还要补充的是，绷楦机的成功是第三个康德拉季耶夫周期中第一个朱格拉周期制鞋业的一个突出特点（它在1882年成功申请专利，在1900年普遍获得使用），使每个工人的产量至少提高了12倍。从1850年到 1900 年，各种创新导致的货币劳动力成本出现了极其可观的净下降：每百双鞋的成本从 1850 年的 408 美元降到 1900 年的 35 美元。1900 年以后，成本没有再进一步下降。安装的动力则从 1869 年的 3 000 马力增加到了 1899 年的 50 000 马力。但直到 1923 年，工薪阶层的就业人数一直在稳步增长。

美国主要纺织行业的周期性行为以及由此产生的趋势，并不像英国那样，可以完全用随环境变化而扩张（在这个过程中存在适度创新）的已有行业的模式来描述。① 棉纺织业和羊毛纺织业也有它们自身的一些特性②，当然，这些特性是由原料生产的发展所推动的。精纺毛织物虽然早在 30 年代由洛厄尔公司（Lowell Company）进行过试生产，但实际上仍然可以说是一个新的行业。该行业起步于第一个朱格拉周期，但是一开始并没有取得多大的成功，不过，后来它却作为第二个朱格拉周期的主要创新之一进入了快速发展阶段。在那时，羊毛还是手工梳理的。精梳机虽然已经发明了出来，但是尚未成功获得应用。内战之后，李斯特精梳机出现了，不过即便是到了 80 年代，这种机器仍主要是进口的。精纺工业的扩张是这个康德拉季耶夫周期中最后三个朱格拉周期的一个特点。

至于棉纺织业，创新的动力主要来自机械化——另一个因素是向南部的移民，它从上个世纪 80 年代开始变得重要起来。在机械化方面，如果不是因为棉纺织工人自身也在更大的程度上参与改进机器、发明机器的过程，那么棉纺织业的演变将会与制鞋业类似。尽管纺织机的生产作为一个独特行业的历史可以追溯到那个世纪初，但是棉纺织工人在订购机器时表现出了更大的主动性，而且在一定意义上参与了机器

---

① 尽管下面给出的这些事实现在都成了我们最常见的知识，但作者还是希望借此表示阿瑟·科尔（Arthur Cole）教授对美国羊毛制造业的典范性研究。

② 在这里，作者希望读者理解自己的固执，同时希望他们观察到：对于某个行业的扩展，从我们所说的"增长"角度来分析，不仅总是有可能的，而且看上去相当合理——在这个例子中，这意味着诉诸移民和资本流入等外部因素。而且，在处理任何一个行业时，将环境的扩大、该行业以外的创新都包括进来也是可以的，虽然这样的话"行业"一词也就不再意味着一个单独的过程。但是，如果环境的扩大意味着其他地方的生产函数发生了改变，就不能把环境的扩大作为任何个别行业实现发展的充分解释。

的生产。① 在伍斯特、帕特森、劳伦斯、福尔里弗和费城，这个行业以及这个行业内的所有专业，在前一个康德拉季耶夫周期的下行阶段和复苏阶段已经上升到相当重要的地位。在 40 年代及之后，这种情况得到了进一步的发展。棉纺织业本身的技术发展可以说"夹"在了美国两大特有的创新之间：第一项创新是环锭细纱机（发明于 1828 年或 1831 年），它出现后很快就在这个时期传播开来；第二项创新是诺斯罗普自动织机（1894 年取得成功），它属于第三个康德拉季耶夫周期。80 年代是福尔里弗繁荣的时期，尽管它那时已经失去制铁工业。如果篇幅允许的话，我们本应该讨论一下在这个扩张过程中发生的许多有趣的事件，例如发生在不同的生产方法之间的竞争。② 但是，整个扩张实际上几乎从未间断，在每一步都没有人能够预料到任何与实际实现的结果有本质不同的其他可能性。从这个意义上讲，确实可以说当时大事已定。因此，与一般经济史研究不同，我们没有太多理由继续讨论这个问题。事实上，投资确实聚集在繁荣阶段，并对繁荣做出了贡献，而且从这个行业的角度来看，繁荣阶段是在这个时期被独立地赋予了"连接点"（conjuctures）；这些"连接点"是投资发挥作用的地方，但并不是由它自己的操作发起的。

在这个康德拉季耶夫周期的衰退阶段和复苏阶段，产出大幅扩张；而在萧条阶段，尤其是 70 年代中期和 80 年代中期，则到处都是亏损、破产、倒闭和对生产过剩的抱怨。对于所有这些糟糕的商业表现，有一点值得注意，那就是它们所带来的影响是如此不同，不仅体现在不同的地区之间——工资、税收、动力和原材料成本等方面的惊人差异可能是原因——而且体现在不同的企业之间。例如，1883 年，当"生产过剩"的迹象开始显露出来时，一些企业在忍受亏损、收缩规模，而另一些企业则在支付

---

① 特别是，除了为自己的工厂生产纺织机械之外，洛厄尔集团从一开始还对外出售机器。此外，正如我们在前面的章节已经看到的，洛厄尔集团还对外提供厂房和动力（水力）。因此，洛厄尔集团发挥着领导作用，在这一点上没有哪家公司可以与之相比。但是到了 60 年代这个角色几乎完全成为历史。

② 请参见 M. T. 科普兰（M. T. Copeland），《美国的棉花工业》，1917 年。在纺纱方面，在第三个朱格拉周期之后就再也没有出现过多少新的东西，不过韦德（Wade）的纱管夹（bobbin holder）是纱线自动收线方面的一个重要进步，它是在第四个朱格拉周期出现的。漂白和印花工艺没有出现重大的变化。

高额股息、加班加点地扩大生产（年轻的精纺行业当时正处于蓬勃发展阶段）。从这一点我们可以推断出，尽管在那个时期工厂的标准化程度越来越高——这也是那个时期一个重要的新趋势——但是不同企业的生产函数（包括商业组合）仍然存在着非常大的差别，究其原因，是因为存在一种不显眼的创新，而且这种类型的创新在康德拉季耶夫周期的下行阶段最容易被引发。结果是，企业之间的成本可能相差很大，在激烈竞争中被淘汰出局的可能性也非常高。如果真的是这样，那么我们就不难推断出，那种关于生产过剩的哭喊控诉实在不足为虑——那些哭着喊着的人，只是无法跟上竞争的步伐，或者担忧自己的企业被淘汰而已——尽管表面呈现出的图像几乎完全符合生产过剩理论的概念。

羊毛工业受到的原材料价格变化的影响较大，尽管从1870年到1890年羊毛消费量几乎翻了一番，但是行业本身则几乎没有任何重大的新发展。古尔丁搓条机（Goulding condenser）（1826年）在此之前就出现了；在我们所说的这个时期一开始，克朗普顿"骡机"（Crompton mule，即走绽细纱机）就已经广泛用于生产羊绒和羊毛；1841年，E. 比奇洛（E. Bigelow）发明了一种新型地毯织机，经过多方面的改进和发展后它实际上开创了一个重要的地毯工业——这个行业在经历了50年代的创新阶段后，在整个时期都一直在扩张；1853年发明了清纤机（card cleaning）；70年代则见证了从纺车到"骡机"的转变。下脚料的利用、混纺棉、染色技术的进步，当然还有成衣的巨大创新（在第四个朱格拉周期流行起来），所有这些都起到了推波助澜的作用。整个行业都感受到了不止一次危机，对某些危机的感受尤其深切（比如1857年的那次危机）。这种感受非常强烈，其程度超出了作者所能解释的能力范围。这个康德拉季耶夫周期的下行阶段和复苏阶段的特点，可以比照繁荣阶段来相应地做出解释。

在最后三个朱格拉周期中（尤其是在最后一个朱格拉周期中），肥料（磷酸盐）的生产取得了相当大的进步。利用木炭来生产铁的工艺迟迟不愿彻底落幕，导致在用蒸馏法生产木炭的过程中一项副产品醋酸的发现，这是倒数第二个朱格拉周期中的一项创新，就像用苏威法（Solvay process）生产苏打一样。大规模生产硫酸则始于第三个朱格拉周期。美国制糖业（1887年进入鼎盛阶段）和美国烟草公司（1890年）的故事虽然也非常有意思，但是我们在这里无法展开讨论。同样地，对于玻璃业（池窑是上一个朱格拉周期的创新）、水泥业（波特兰水泥公司的创新阶段处于第五个和第六个朱格拉周期）、造纸业（新的用途，如纸领子、纸车轮；新的工艺，机械制浆和亚硫酸盐制浆，于80年代取得成功）、橡胶业（胶靴、橡胶回收；1892年，美国橡胶公司和机械橡胶公司的合并），我们也都无法展开讨论。

在讨论英国的情况时，我们忽略了电气行业的开端，但是对于美国我们却不能这样做。无论是从有关创新者的名声来看，还是从投资额来看，都不允许。然而，由于对这些人我们已经如此熟悉，因此我们只需要顺便提一下他们属于哪种类型的企业家、他们在哪个领域可以作为最好的例子就足够了。① 自从莫尔斯（Morse）在1840年获得了第一个专利、电报线路在1847年延伸到了匹兹堡，电的商业化历史与这个康德拉季耶夫周期可以说是同步的。电话的应用始于1877年，当时A.G.贝尔（A. G. Bell）为了利用他的专利，组建了一家企业，并采用了与麦凯制鞋设备公司（McKay Shoe Machinery Company）类似的政策，即对外租赁设备。入网的电话数量在倒数第二个朱格拉周期的繁荣阶段得到非常迅速的增长（按百分比计），然后到1895年有所放缓。到1897年，就已经安装了50多万套（相比之下，1930年的电话装机量则为20 200 000套）。与此同时，一个电气设备行业出现了——产品包括电机、电线等，而不只是电报机和电话——根据普查结果，1879年这个行业的产值为270万美元，1899年为9 240万美元（不包括属于其他行业的机构生产的机器和设备）。同样是在1899年，发电量略高于3亿千瓦时（相比之下，1930年的发电量则为960

---

① 再一次，只要通过研读F.L.戴尔（F. L. Dyer）和T.C.马丁（T. C. Martin）的名著《爱迪生的一生和他的发明》（1910年出版），我们就可以极大地增进对资本主义制度如何导致发展这个问题的认识。对于创新的其中一种类型的困难，请参阅该书的第一卷第十三章"全世界都在寻找灯丝材料"。关于如何得出一个全面的想法，请参阅第十四章"一个完整的照明系统"。对所谓的"创业心理学"的一个轻松而发人深省的阐释，则可以看一看新泽西州矿石企业失败的故事，陶西格在他的《发明家和赚钱的人》一书中重述了这个故事（1915年，第17页）。读者应该多注意后一本书，因为这本书巧妙地阐述了许多与我们的主题有关的观点。

亿千瓦时）。

用于照明和提供动力的电的大规模使用至少可以追溯到1882年，当时爱迪生在威斯康星州阿普尔顿的水电站、在纽约和芝加哥的热电厂都投入了运营。而在那之前，爱迪生电灯公司（Edison Electric Light Company，1878年）和美国电气公司——后来的汤姆森-休斯顿公司〔Thomson-Houston Company；E. 汤姆森（E. Thomson）于1886年获得了电焊机专利〕都已经存在。根据C. S. 布拉什（C. S. Brush）提出的原理制造的电灯，也已经安装在几家棉纺织厂以及旧金山市。电弧灯和爱迪生发明的白炽灯相互竞争。1886年，W. 斯坦利（W. Stanley）建成了第一个交流电站。电的传输问题也开始得到解决。从1882年开始，电力开始在制造业中使用，尤其是在棉纺织厂，从而奠定了这种技术的所有基础，克服了各种阻力，并为随后的大发展做好了准备，使得复苏转变为康德拉季耶夫周期的繁荣。但是，从数量上看当时还不具备显著性。只有在电力作为牵引动力之后才会如此。这就应该提到斯普拉格（Sprague）。经过一系列规模不等的试验，1887年，电车在里士满开始投入使用，随后这种创新迅速传播开来。例如，根据E. S. 梅森（E. S. Mason）《马萨诸塞州的电车轨道》一书的统计，仅仅是在马萨诸塞州，从1890年到1897年就修建了1 400英里的架空有轨电车轨道（包括配线在内）。①

在最后两个朱格拉周期，电力和电气行业不仅奠定了技术基础，而且奠定了金融和组织基础。爱迪生电灯公司和爱迪生通用电气公司（Edison General Electric，1889年）都取得了成功，并分别拥有许多子公司，其中一些位于海外。然后是西屋电气公司（Westinghouse）和汤姆森-休斯顿公司。后来（1892年），汤姆森-休斯顿公司与爱迪生通用电气公司合并，组建了通用电气公司（General Electric），资本金高达5 000万美元。在那个时候，在斯克内克塔迪和其他地方，通用电气公司雇用的人数超过

---

① 一般来说，有轨电车是第二个康德拉季耶夫周期的重大成就——公共汽车则是第一个康德拉季耶夫周期下行阶段的特点之一。例如，在费城，历史最悠久的企业在1857年获得了特许状，在1858年之后出现了一波推广潮。不过，直到1885年，人们仍然在使用马和骡子，然后才开始使用地下电缆。从1893年起电车开始通电。在融资方面，控股企业开始发挥作用是在第四个朱格拉周期。

6 000 人，控制了几乎所有重要的专利，为 1 277 个电站和 435 个牵引企业提供电力，运营着近 5 000 英里的电车线路。由此，它本身就是经济革命的一个强大动力。

因为我们在描述铁路发展历程时已经勾勒出各个朱格拉周期的轮廓，还因为我们在评论美国工业史时构建的框架允许读者非常容易地将各种创新插到适当的地方，所以现在我们不需要在这里再给出一个非常详细的调查报告，而只需直接给出一份直白的时间表即可。根据上面描述的条件，我们把 1843 年确定为第一个朱格拉周期的第一年，这个朱格拉周期的繁荣持续到了 1845 年年中，它的衰退则持续到了 1847 年年底，它的萧条覆盖了 1848 年，它的复苏阶段为 1849 年、1850 年和 1851 年。第二个朱格拉周期（从 1852 年至 1860 年）的繁荣阶段和衰退阶段从 1852 年年初开始，一直持续到了 1856 年年中（由于波动不规则，我们很难将它们区分清楚）；萧条持续到了 1858 年年底；1859 年和 1860 年则构成了复苏阶段。第三个朱格拉周期的启动时间因受到政治事件影响而显得模糊和不确定，而且它的整个过程都是如此。我们简单地将这个朱格拉周期确定为 1861 年到 1869 年，而且从 1867 年到 1869 年的各个方面来看，似乎相当符合我们的观点，即复苏过程因受到外部因素的影响而有所改变。第四个朱格拉周期（从 1870 年至 1879 年年中）的繁荣阶段包括 1870 年、1871 年和 1872 年上半年；衰退阶段则为 1872 年下半年和 1873 年；接下来的三年构成了萧条阶段；1877 年、1878 年和 1879 年上半年则为复苏阶段（这个阶段开始时仍笼罩在前一场风暴的阴霾之下）。第五个朱格拉周期涵盖了从 1879 年年中到 1888 年年底这个时期。它的繁荣阶段持续到了 1881 年年中；衰退阶段为从 1881 年年中到 1883 年年底；萧条阶段涵盖了 1884 年和 1885 年的大部分时间，之后又经历了三年多的复苏阶段。第六个朱格拉周期（从 1889 年至 1897 年）证明了我们关于恐慌或危机的无规律性的主张。1890 年最后一个季度和 1891 年上半年的事态发展打断并扭曲了我们所认定的这个朱格拉周期的繁荣阶段。1891 年的剩余时间、1892 年以及 1893 年上半年，构成了衰退阶段；1893 年下半年、1894 年和 1895 年上半年，为萧条阶段；然后进入了复苏阶段——到 1897 年年底，复苏阶段的特征趋于消退，迎来了新的繁荣，但是1896年一度中断这个进程，不过是以一种很容易解释的方式。

第五节 第三个康德拉季耶夫周期的前16年（1898—1913年）

第一次世界大战前的16年——对1914年发生的一系列事件的分析也许非常有意思，但是不会给我们要讨论的过程带来任何额外的启示——所涵盖的范围，比第三个康德拉季耶夫周期的繁荣阶段稍长一些，它包括了第一个朱格拉周期的全部和第二个朱格拉周期的大约一半。要将我们的模式应用于此，无疑是冒险的，因为这需要（在这种情况下必定会）涉及一个仍然不完整的长波。未来的事态发展可能完全无法证明这个假说的正确性。但是，倾向于证明其合理性的证据将很快提交，我们也将有机会通过使战后事实与由此得出的预测相对照来检验它。就目前而言，我们完全可以认为1897年左右发生了一次重大的"趋势突变"——很少有人会否认这一点；甚至不会有什么导致这个确切的时间变含糊的疑问——并且陈述如下论点：导致它的是另一场经济革命，在各个方面类似于那个在教科书上很著名的"工业革命"（由铁路、钢铁和蒸汽造成的革命）。说到另一场经济革命，我们并没有偏离流行的观点——即便把它作为我们分析的这个时期所出现的周期的基础，也很难说有所偏离——因为"新工业革命"到现在已经成为一个非常常见的术语。我们再一次观察到，正如在第一个康德拉季耶夫周期的例子中已经注意到的，这种趋势适用于下行阶段——所谓的"下行"可以这样理解：由于战争在它持续期间主宰了一切，"下行阶段"实际上指的就是战后时期——而不是本节讨论的时间跨度。这样做既是对的又是错的，就像在另一种情况下既是对的又是错的一样，不仅不与我们的观点相矛盾，而且在至关重要的一点上，它实际上还提供了支持：我们之所以能够在战后时期找到更多的"革命"，原因恰恰在于结果在下行阶段比在繁荣阶段会更加明显地显示出来——根据我们的模型，它们本应如此。

我们在前面已经看到，第二个康德拉季耶夫周期在同样的意义上与铁路紧密相关。在同样的条件下，第三个康德拉季耶夫周期也可以与电联系起来。为了理解这个论断的真正含义，我们必须注意到，第一，它仅指"点火启动"，而绝不意味着我们所说的这个时期的所有经济变化都可以归结为电——至少增长和各种次级波现象无论如何都必须加进去。第二，许多在定量上非常重要的发展，要么是在第二个康德拉季耶夫周期出现的创新的简单延续，要么是由那些创新带来的新事物的影响所引发。第三，电并不是唯一的新事物，除了电之外还有好几种具备"第一重要性"的新事物，它们与电是独立的，它们与电的关系，就像新制鞋机与铁路一样。第四，虽然电确实是我们所说的意义上的创新——与我们说铁路是第二个康德拉季耶夫周期的创新（尽管铁路在 30 年代就进入了繁荣）的含义相同——但是正如我们已经看到的，电的前工业化历史至少可以追溯到 40 年代，至于它的全部历史，更是至少可以追溯到伏特的时代。因此，问电的重要性到底是大于还是小于蒸汽机，似乎没有多大意义。① 毫无疑问，电创造了新的行业和商品、新的立场和态度、新的社会行动和反应形式。它实际上从工业布局的决定因素表中剔除了动力这个因素，因而极大地改变了以往的工业布局。它改变了——或者更确切地说，正在改变——各国的相对经济地位和对外贸易条件。然而，在我们讨论的这 16 年里，上面所说的这些仍然只有一小部分得到了证实，尽管所有的基本问题都已经得到解决，大量的投资也已经到位，而且所有的基础都已奠定。在 1908 年之前，甚至在 1914 年之前，电并没有在动力设施中全面胜出。电的直接成本优势起初很小，在许多情况下甚至还不如其他动力——例如，在全钢船的情况下就是如此。而且，往复式蒸汽机和类似的蒸汽机在对这项创新做出反应的时候往往保留了过高的复杂性，这是一个非常有趣的例子。即

---

① 库兹涅茨教授的意见也许是最值得我们尊重的。他认为电的重要性要小于蒸汽机，并且将这个估计结果纳入了他给出的用来说明他认为倾向于阻碍工业增长的案例当中（见，《产出和价格的长期变动》，第 19 页）。但是，动力成本的节约程度显然不能充分衡量电的贡献，尽管我们完全同意把这视为衡量电的一部分贡献的一个有效指标。而且，库兹涅茨说这番话时所依据的是 1907 年的数据，当时既没有显示出电的使用的真实规模，也没有显示出电的其他任何贡献，这就像纺织机在 1807 年时一样。因此，这些结果并没有充分呈现出康德拉季耶夫周期的繁荣。

便是在照明方面，电也很昂贵。由于必须为大得不成比例的高峰负荷供电，所以平均利用率就变得很低，这个问题的解决进展非常缓慢。

一、新康德拉季耶夫周期的社会变迁和政策、战争的阴影及各种干扰因素

如果想要贴上一个更合适的标签，我们可以考虑"新重商主义康德拉季耶夫周期"（Neomercantilist Kondratieff）。几乎没有人会否认社会氛围在90年代末前后出现了"特征性"的变化，尽管不是所有认识到了这种变化的人都非常愿意接受我们将1897年称为"有象征意义的一年"这种说法。此外，大多数人都会同意变化可以分为两类：第一类可以通过许多"复发性"的"症状"看出来，例如保护主义的再度兴起和军备支出的增加（从第二个康德拉季耶夫周期的典型政治立场的角度来说）；第二类变化的"症状"则表现为财政和社会立法中的新精神、不断高涨的政治激进主义和社会主义浪潮、工会主义的发展和工会态度的转变等。这两类变化在不同国家、不同的时间、不同的场合都会有不同的表现。在美国，1897年通过的《丁利关税法》不过意味着从一开始就存在的贸易保护主义趋势的又一次胜利；而在英国，公众对自由贸易问题的看法的变化则非常缓慢。新工党在英国议会中的势力一开始并不大。更重要的是当时人们所称的自由党的立场的改变，亨利·坎贝尔-班纳曼（Henry Campbell-Bannerman）爵士在1905年大选中的胜利体现了这种改变——发放养老金（这被称为"人民的预算"）和失业保险，而不是减少所得税。在德国，社会民主党的权力增大了，市政开支开始成为一个严重的问题，社会保险支出到1913年就急升到了11亿马克。而在美国，除了少数几个州（如威斯康星州）的社会立法以及对"大公司"的一般敌意之外，就几乎没有什么特别值得注意的东西了。无论我们如何看待它们的即期经济影响的重要性（或不重要性），回顾往昔，我们都不可能认识不到这些症状的重要性——它们标志着对资本主义的态度的转变。

我们现在讨论的这个时代的最深刻的经济社会学问题是，这些趋

势——就我们的目的而言，我们至少可以说有两种趋势——从根本上说会不会其实就只有一种，它们究竟是源于资本主义演化的逻辑本身，还是对资本主义演化的扭曲，因而可以追溯到资本主义之外的影响因素？在本书第十四章，这个问题还会再次出现在我们的面前。不过就我们目前的目的而言，给出以下评论就足够了。

第一，这些趋势，无论它们的性质、来源和相互间的关系如何，就战前的美国而言，没有任何强有力的理由将它们列为塑造美国经济史的主要因素。古巴战争——以及更一般地，导致欧洲人抨击所谓的"美帝国主义"的一切东西——虽然影响了一些相当重要的创新，但是在这里，我们认为它在扭曲周期的任何方面都没有产生重大影响。

第二，就德国而言，这些趋势得以显著地表现出来的唯一途径是通过军备开支。因为军备开支主要是由税收和真正的储蓄来融资的——因为德国的中央政府与各州不同，是不能自由借款的——毫无疑问，这笔钱将会转而用于消费（否则，这笔钱本来主要是用来为额外的投资融资），因为我们想必能记起这种支出正好与康德拉季耶夫周期的繁荣（其间储蓄被迅速花掉）相吻合。因此，这将使德国变得比不这样做时更穷，而且会使得德国的货币市场在康德拉季耶夫周期的繁荣时期仍然比我们预期的更紧。这种症状特别明显地体现为政府在债券市场上遇到的困难。但也正是因为这个原因，这笔开支不可能对正在兴起的繁荣浪潮产生刺激作用——因为从根本上讲，周期就是不存在这类支出时本来应该会呈现出来的东西——而且由此产生的数量上的趋势在康德拉季耶夫周期的繁荣阶段可能没有多少影响，尽管如果不是在战争的动荡中失去了这种效果，这种资源的转移在随后的阶段中可能说明了这一点。

第三，英国的情况则不同。无论是它的实际负担还是国内的反资本主义态度，都使得我们不可能简单地忽视这样一个假设，即这可能与英国没有像其他两个国家那样"积极地参与"繁荣这个事实有关。我们在讨论战后时期时还会回过头来分析这一点。在这里，为了让那些憎恶任何这样的论断的人舒服一些，我们应该先补充说明一点，那就是，对于我们来说这倒是与如下更令人反感的命题几乎没有任何实际的区别：社会激进主义与创业活动动力衰减这两者是相互依存的，而且都是同一个更深层次的原因所引起的症状。不过，布尔战争（按照英国的传统）得到了非常多的军费资助，它确实可以解释为什么事态的发展方向与其他两个国家相比有所偏离，直到坎贝尔·班纳曼政府就职的那一年，这种解释似乎是相当有道理的。

在上述评论所涉及的众多事实中，至少有一些是必须明确提及的。英国和德国的战争预算是导致各金本位货币之间摩擦加剧的主要因素（尽管不是唯一的因素），虽然从1898年至1910年生产出来的黄金高达大约7 000吨；事实上，从1899年开始，英国和德国的军费预算，从所有的意图和目的来看都指向了战争，世界大战的发生在当时是可以预见到的，而且据作者所知，至少在一个例子中仅凭这些预算就可以预见到。这个现象是那时第一个可观察到的现象，后来在战后时期，它变得如此明显，以至全世界都因为它讲述了这个过于令人不快的真相而不再讲述与黄金有关的幽默笑话。对金本位制的倡导是一种符合上述原则的实际政策，几乎是一场为了争夺黄金而进行的重金主义斗争①，在德国也包括通过《银行法案》（1908年）进行的"改革"，这些都是症状的一部分。然而，在它们对资本流动和货币的短期影响中，更具直接重要性的是即将到来的战争的其他阴影。摩洛哥危机和波斯尼亚危机对国际金融关系的结构产生了重大影响，尽管从表面上看这一点在其他国家比在我们这里讨论的三个国家表现得更为明显——例如，在奥匈帝国（Austro-Hungarian Monarchy）。日俄战争、日本在战后采取的政策、俄国发生的革命、军备和铁路的发展，都分别使得英国和法国的货币市场承担了大量的贷款，然而这些贷款却不能用来生产相应的生产性资产，这就增大了压力，而黄金产量的增加无疑缓解了这种压力。最后，不管我们对这些倾向的"内资本主义起源"或"外

---

① 仅凭这一点，就足以将黄金对经济形势的自主影响降到合适的程度。1897年以后，英国的银行存款准备金率稳步上行至超过3％就是这方面的一个确凿证据。

资本主义起源"是怎么想的,它们都一定满含着人类的痛苦,并且顽强地表现了出来,因此我们不可能有任何合理的理由去怀疑,此前的康德拉季耶夫周期的资本主义演化在现阶段导致了(作为它的一个合理化的影响)作者本人所认为的——但是我无法在此给出详细的推理过程——文明衰退的最明显的症状,那就是社会中上层人口出生率的下降。就德国而言,这与财富和经济福利的迅速增长有关,导致移民几乎停止了。

二、1914年以前的农业发展

在第二个康德拉季耶夫周期产生的创新所指明的路线上,许多行业都取得了有重要意义的进步,我们必须也把美国的农业加入这个行列。因为讨论战后时期的那几章将详细分析第三个康德拉季耶夫周期中的农业萧条问题,所以我们在这里只是简单地回顾一下美国远西区(Far West)在19世纪末实现的农业成就,此外还有农业机械的改进(如脱粒机和联合收割机的广泛使用)、燃气发动机的使用增加——在20世纪的头十年就开始使用轻型拖拉机了,1914年的销量达到3 000台——电力的开始使用(总马力在1899年至1909年间上升了32%)、化肥施用量的迅速增加(从这个时期初期的200万吨,增加到了1914年的700万吨以上;在此期间,并不需要根据植物食物含量的变化进行修正)。所有这些,使得小麦种植面积增加了大约三分之一(从第二个康德拉季耶夫周期最后一个十年的平均水平,到第三个康德拉季耶夫周期第一个十年的平均水平),并使得每英亩的小麦产量大幅提高。棉花的种植面积增加得更多,此外每英亩的棉花产量也有类似的增长。尽管德国农业在技术进步的道路上迈出了重要的步伐(不过许多伟大的新事物都是在战后的下行阶段展现出来的),但是这个行业对康德拉季耶夫周期的繁荣进程的贡献却远没有那么明显(但是农业却因康德拉季耶夫周期的繁荣进程而受益)。而且,德国的农业被安排在了一个受保护的位置上:对谷物和肉类——通过肉品税(Bülow duties)——的保护主义政策日益强化。这种政策虽然不仅损害了一般民众的利益,而且不利于广大农民阶层甚至一些大型农业企业,但是确实导致粮食种植面积的大幅增加（特别是在易北河以东原来土壤贫瘠的地区）。这在很大程度上解释了德国战后的农业困境。尽管对它的抱怨从未停止，尽管也有许多人呼吁进行立法和给予优惠（特别是信贷方面的优惠政策），按照任何一种通常的标准，德国农业作为一个整体在这16年里确实获得了蓬勃的发展。相比之下，英国农业的发展虽然从其他角度来看可能非常有趣，但是并没有表现出任何要求我们必须加以关注的特点。

三、铁路建设的"最后一期"

铁路建设的"最后一期"也是在这个时期完成的。这是在以前奠定的基础上实现完成型发展的一个例子，也部分反映了从1897年开始一直持续到1911年的净收益的激增（其高峰出现在1904年、1907年和1910年——用我们的术语来说，这是一个系统性的序列）。这最后一期的铁路建设对美国这个国家的繁荣阶段有重大的贡献，而在德国和英国，贡献则要小得多（即使考虑了比例因素，也是如此）。在美国，运营的铁路里程增加了大约7万英里，"净资本"则从1897年的刚刚超过90亿美元增加到了1913年的153亿美元左右。因此，我们有理由谈论另一种铁路繁荣——尽管它是次生性现象（当然，它在数量上很重要）——并提醒读者不要忘记这种把事物适当地组合在一起的方式的意义。"点火启动"与数量上的重要性的获得并不一定会同时实现。从数量上或统计上看，每个周期性过程总是会受益于前一轮演化的"遗产"和运行所做出的贡献，即便它们也许要将自己的贡献交付给下一个周期。对于以我们的"纯模型"在教学上的简明性为基础而形成的思想力量，如果读者在这里发现了任何与我们的分析原则相矛盾的地方，那么只能说作者尽管一再重复，但是仍然未能准确地传达他自己的意思。他现在所能做的，只能是建议读者仔细反复思考手头这个例子。

这个时期的铁路成就的"诱致性"或"完成型"特征，不仅体现在建设过程上——体现在新运营铁路的商业性质上，以及它主要是在现有框架内为响应现有需求而建这个事实上——还体现在其他一些方面（甚至体现得更好)。1893年的金融危机及其余波所造成的"大清盘",使得许多铁路的控制权落入了"新人"手中。这些"新人"的类型,与早期的铁路企业家的类型非常不同。他们中的一些人根本不是真正意义上的企业家,而只是高效的管理者。根据H. 杰罗姆(H. Jerome)先生提供的指数(见《工业机械化》一书,1934年),从1895年到1910年,蒸汽铁路运营的每工时"产出"从104(以1890年的水平为基数)上升到了138.9。新型管理方法的引入使得铁轨和路基的质量得到了很大的改进,并将装机马力(装机功率)在1899年至1909年间从大约2 100万马力提高到了大约4 500万马力。同时,还安装了安全性能更高的设备,并开始采用自动列车控制系统和机械加煤机,引进了新型机车和车厢,并且极大地提高了各种铁路服务的水平(以至自那之后,这就被看作一件理所当然的事情),尽管仍然有一些东西——特别是电力机车和燃油机车——直到战后的下行阶段才开始得到广泛采用。

"新人"当中也有许多并不是管理者,而是组织重整专家和金融专家(无须提及大家熟悉的例子)。在组织重整和提供融资这两个方面,1893年确实留下了许多问题。甚至可以这样说,形势的发展已经为进行清算和重建的金融集团以及它们任命或同意的高管设定了一项明确的任务,现在他们只是着手执行这项任务而已。这项任务是综合意义上的整合巩固(consolidation),在很多情况下,这种巩固包含了联合(combination)、合并(amalgamation)和并购(merger)的特定含义。然而,对于公众和政界来说,他们观察到并感受到的却是:一方面,这意味着新的经济特权阶层的出现,在普通人的想象中,它们拥有巨大而邪恶的权力;另一方面,金融操纵的壮观场面、金融集团之间的激烈斗争,同时为"搏一把"的倾向和普遍存在的道德义愤提供了同样多的"食粮"。[①] 因为这些方面

---

① 当然,公众的心态和立场如何变化、政治家怎样发现自己在政治上的可能未来,与本研究的目的无关;什么指标可以用来度量这些因素——例如,根据《谢尔曼法案》(Sherman Act)、《赫本法案》(Hepburn Act)等提起的诉讼数量——也与本研究的目的无关。不过,这些对"资本主义社会学",尤其是对今天公众心目中普遍存在的对资本主义的敌意究竟是怎样出现的研究,却都很重要。

仍然主导经济史学的叙事和工业中的"合并热潮",因此有必要指出,对于我们来说,后者意味着一些公众根本没有意识到这些金融运作与新的生产函数、经济系统的跨部门重组、生产效率的全面提高之间的联系(或者完全没有能力建立起这种联系)。因此,我们必须把合并纳入带来繁荣的创新之列。

四、企业合并浪潮(主要在美国)及其与金融的互补性

当然,合并重组并不是一个新的现象。特别是铁路系统,在很早之前就建成了(在英国,我们早在40年代就见到了很多例子),铁路行业的合并重组始于60年代,并在80年代末变成了一个"时代特征"。然而,很多东西是新的:合并的规模、合并的方法都是新的,以及在一定程度上合并的意义也是新的。在所有情况下,无论披着的合法外衣是什么(不久之后都采用了控股公司的形式,它符合经济性质),这些合并都意味着新的控制单元、新的管理原理、新的行业研究的可能性……最后,至少意味着新类型的工厂和设备——以及新的工业布局——建立它们是为了超越已知的(有可能是尚未尝试过的)技术的绝对最佳水平。以这种方式创造出来的生产能力(如若不然,就不可能创造出这种生产能力),在解释战后下行阶段爆发的产品洪流的诸多因素中,无疑应该排在最靠前的位置。因此,简单地将这些联合称为垄断是不正确的[①],因为必须指出它们是一种特殊的垄断,在理论上和实践上都与一般的垄断大不相同。在第三章我们指出了这种联合如果发展得足够充分对经济周期的机制可能意味着什么。然而,事实上,在我们讨论的这个时期内,事态的发展过程及其统计数据是很难证明相关的政策将大大改变周期性运动这种预期的(它本身倒是站

---

① 然而,这正是已经做过的事情和从一开始就已经在做的事情。试比较"美国政府诉北方证券公司等"(U. S. Government VS. Northern Securities Company et al.)一案的诉状(见193 U. S. 197, 255)。司法部长没有考虑任何其他方面,而只是强调了"垄断"和"整个国家的铁路系统"都被"吸收、收购和整合"的危险。以前曾有人指出这种态度特别具有"美国特色",而且,至少在欧洲大陆,这种论点完全不会引起注意。

得住脚的)。这个结论要求下列条件(不过这些条件并不会使之无效):个别商品的价格(例如,铁路上的钢轨的价格)经常偏离它们本应遵循的路径,虽然这并不意味着比相同类型或不同类型(卡特尔等)的联合在任何时候所做的更多;这些联合经常包含一些本来会被竞争淘汰出局的企业,因此也可以说提供了一种既能够消除制度中过时的因素又能够避免(因为预测到了结果而进行的)"殊死搏斗"的方法。这些"巨人"一旦形成,在某些情况下(尽管在其他情况下并非总是如此)就会威胁到外来者的生存——包括新的和老的外来者——而且是以其他方式,而不是以它们的技术和商业优势做到这一点。①

在某些情况下,很难确定企业家到底是谁。铁路领域有两个突出的例子。曾几何时,美国铁路几乎所有的标准都是由两个铁路大亨——哈里曼(Harriman)和希尔(Hill)——批准的。其中一个既是证券交易公司的负责人,又是铁路公司日常行政事务的组织者和改革家。但是,这种多种能力的组合只能说明,就这种类型的创新而言,可以将一个人说成是一个纯粹的"企业家"的情况是多么罕见。在大多数情况下,合并所实现的工业功能与实现合并的任务本身是完全分离的。然而,那个在后来变成了联合企业推广者的推销员,不仅仅是一个金融鼓动家,尽管他对铁路业务的了解可能很少,而且除了试图在产业控制权方面达成一笔有利可图的交易外,他对其他事情的关心程度可能更低。在某些情况下,银行家发挥了主导作用,尽管我们必须小心,不要高估谈判中聚光灯下引人注目的代理人在创意方面的重要性。在所有最重要的交易中,商船队最接近银行家的冒险事业,但却没有成功。钢铁行业发生的合并几乎完全由卡耐基公司的主导地位决定——实际上是由它的领袖决定的。一般银行家的贡献是次要

---

① 然而,这些巨头经常否认这种优势的存在。当然,仅仅有规模确实不一定意味着优势,而且很可能是劣势。判决必须根据每个案件的是非曲直来做出。但是,统计数据表明,规模较小的企业往往比大型企业做得更好,这种观点不应被不加批判地接受。在我们的模型中,较小的企业通常处于新企业的位置,而大型企业则处于老企业的位置。上述观点认为,大的关注点(当然,也可能有例外)意味着技术和组织的改进。直到今天,人们才认为它们保留了自己的优势。我们的理论实际上会导致我们期望出现相反的结果。

的，主要是因为忘记了银行在资本主义社会中存在的目的。①

这场企业合并运动始于1898年，那时美国刚刚从1896年的困境中恢复过来。1899年见证了它的全面发展，尤其是在钢铁行业。许多大事件都发生在20世纪的头几年；然后到1907年出现了一次暂停。联合太平洋铁路公司的经历可以作为铁路领域的一个绝佳例子，它同时有助于我们理解1907年的危机。很显然，它不只是像通常的合并那样为了获得垄断地位——任何人必定都很清楚，根据经典的垄断价格理论，永远不可能利用这种地位——也不只是为了实现金融扩张，更是试图建成一个完整的体系，实现最高的经济效率，并通过提高效率来提高盈余。然而，这条路在一开始就被堵死了：这个体系中最重要的环节——芝加哥、伯灵顿和昆西——已经分别被北太平洋铁路公司和大北部铁路公司控制。也正是通过这笔交易，"担保信托债券"这种手法变得非常出名（虽然它本身并不是全新的）。芝加哥、伯灵顿和昆西的股票购买者以高于买入价50%以上的价格把股票转售给北太平洋铁路公司和大北部铁路公司，而这两家公司则

---

① 在当时的资本主义聚集区，在许多人看来，兼并者和他们的金融资助者正是R. 希法亭（R. Hilferding）所说的"金融资本主义"（Finanzkapitalismus）的化身。他们将被视为资本主义剥削的新阶段，与帝国主义有密切的联系——他们组成了资本家团伙（"资产阶级"），通过协调一致的行动，获取生产设备，以便在最大限度上从普罗大众身上攫取一切剩余价值（马克思本人没有强调的是，利用他们作为消费者的身份去攫取）；同时控制政府和政治，以便保护国内市场、维持对工人阶级的奴役，然后向外扩张（以古巴为例），以便为资本提供机会（因为国内的限制性政策使得资本剩余），并通过在更原始的环境中也可以采用的更原始的剥削方法，开辟剩余价值的新来源。这是对讨论"资本主义演化到帝国主义阶段后的特点"的新马克思主义理论的一个粗略陈述。当然，这个理论似乎也有优点，那就是试图从一个宏大原则的角度将一个历史时期的事实形象化地呈现出来。因为周期性过程并不是一个事件，而是一切以"资本主义"为特征的经济生活的全部，因此，我们有责任对上述理论进行剖析，或者接受它们，或者提出我们自己的理论，而且我们的理论的元素必须隐含在我们对模型的构建中。但是，这项任务是无法在目前的工作框架内完成的，因为在目前的工作框架内，通过以"外部因素"的形式引入运行机制恰恰是用来排除那些更深层次的问题并把注意力集中到一个更受限制的任务上去。当然，如果金融集团确实对所有这些生产和政治生活都施加了控制，并且达到了新马克思主义理论所假设的程度，那么也就不可能限制我们的讨论。也正是在这个意义上，我们可以说我们并没有真正成功地回避这些深层次问题，而是以隐含的方式对这些问题给出了一个明确的答案。这个答案就是，说金融家统治了工业，更重要的是说他们控制了国家政治，尤其是国际政治，那就像报纸上的童话故事一样，非常荒谬可笑，完全与事实不符。但是就我们需要这个命题来证明我们的过程（modus procedendi）的正确性这个目的而言，在很大程度上已经通过我们对产业演化的分析来实现。

用新发行的债券来支付，然后这些债券逐渐被出售给公众。

我们还可以立即补充说，在许多其他情况下，人们也都为了获得控制权而成立一些企业，并发行股票或债券。这是一种美国式的获取工业企业控制权的方法，在那个"大企业"时代，这种方法变得相当普遍，尽管它在其他任何国家和地区都没有达到过同样的深度，也没有在任何地方像它在美国那样直接导致了新的产业结构的出现。德国模式的不同之处主要是由于类似于"动产信贷银行"这样的金融机构的作用。但在德国，许多被称为"特殊银行"的机构其实基本上就是这样的控股公司，同时大型工业企业（例如电力行业）生存和运行的原则与美国同类企业大体相同，尽管是以一种相对来说更加保守的方式。由于一些显而易见的原因（由于太明显，所以我们不必在此详述），在英国，类似的大企业要少得多，这主要是因为对银行的态度，它们对银行应该是什么样子的看法要坚定得多。这些事情都是我们很熟悉的。但重要的是要认识到它们都非常符合我们的创业活动模式和周期机制。控制（权）本身只是一个空洞的术语。它要获得意义，必须与获得和行使控制权的特定目的和特定作用联系起来（请比较关于信贷创造或储蓄的类似命题）。

如上所述，当联合太平洋铁路公司的利益相关方看到收购道路被堵住的时候，就试图通过取得对北太平洋铁路公司的控制权来解决这个问题。对观察者来说，最能留下深刻印象的并不是这一举动本身，而是在执行过程中对代价和后果的绝对漠视。① 参加那场控制权争夺战的管理层，扮演了类似于第一次世界大战中将军的角色，他们中的许多人甚至以这样做为荣。联合太平洋铁路公司的"部队"出动了，对摩根公司的"阵地"发起了猛攻，但是后者的混凝土战壕却完全不受正面攻击的影响。欧洲人也下场"参战"，在受到攻击的股票飙升时卖空股票，并提供贷款，尽管英国的许多银行在发现或怀疑这种目的时曾试图阻止卖空。1901年对北太平洋铁路公司的角力战以平局告终，参战双方达成了和解，标志是北方证券

---

① 理想本身与实现理想的方法当然是两码事。静静地买入、明智地利用萧条的经济形势，可能会在10年或超过10年这样的长期内取得成功；但是对美国人来说，10年或超过10年的时间与"永远"完全没有区别。

公司的成立（后来被美国政府依据《谢尔曼法案》起诉，然后解散）。但是，这场争夺战对金融结构、美国货币的国际地位和信贷状况的危害已经造成，导致了一系列事件——直到1903年所谓的"富人的恐慌"；而且，这种影响非常严重（尽管没有严重到像有的人所说的那个程度），足以影响表面的股价之下的工业过程。在这里，我们只指出两点。第一，由于这类大规模的金融运作在竞争资本主义阶段的创新机制中是完全不存在的，但在这种情况下却是企业家获得企业的控制权必不可少的，所以托拉斯化资本主义形成阶段的创新必定会导致这类事件的出现。即便是在后来的阶段，如果在大型企业建立后没有别的可行方法让"新人"上升到领导地位，这也仍然适用。第二，那些早期的野蛮策略和过度行为，以及由此引发的危机，并不能仅仅用如下事实来解释，它们以这样或那样的方式，为大规模创新的目的提供了服务，或者是由后者所引发的。在这里，我们再强调一遍，危机是历史上的个体事件，它们的形成除了外部因素之外，还涉及个体和环境的许多特性。有理由认为我们的模型解释了表面的危机之下的基本过程，在大多数情况下，我们的模型甚至解释了转折点出现的大致时间，以及每一个危机所独有的特征本身的运行方式。但尽管如此，所有这些仍然是不同的事实，会产生不同的后果。例如，就当前这个情况而言，如果公众没有那么强的投机心理，如果银行体系更坚定地坚持传统的原则（至于它们的组织结构、缺乏弹性等方面，虽然被多次强调，但相比之下其实只是小事），如果企业家更少倾向于获得即期的经济成功并受到更大的约束，那么当然会有很大的不同——我们的时间序列的变动将不会那么剧烈，我们确定朱格拉周期的时间时将不会那么困难，以及其他一些更重要的不同。

还有一个方面也可以通过联合太平洋铁路公司下一步的金融安排来得到很好的说明。北方证券公司解散之后，它没有兴趣继续持有北太平洋铁路公司和大北部铁路公司的股票，于是着手清盘，到1906年年中，它就通过出售股票换得了大约5 600万美元的现金，并随时准备出售更多股票。这些钱显然是用来准备发动新的收购战的，目标是纽约中央铁路公司以及圣塔菲、巴尔的摩和俄亥俄等地的铁路公司。在这场收购战中，我们所称的目的的严谨性，至少从联合太平洋铁路公司自身的角度来看，远没有 1906 年那场已经开始的投机热潮那么明显。我们可以注意到以下一些事实。第一，联合太平洋铁路公司为这场收购战所花的资金和它以票据为抵押借入的信贷扩张到了 7 500 万美元；第二，银行对这种借款完全不加抗拒（反而主动迎合），对投机者的借款一般也没有多大的抵抗；第三，欧洲资本被高利率和投机收益的前景吸引到了这个国家，从而美国和欧洲的短期货币市场之间建立了一种额外的关系，这种关系在当时虽然通常是无效的，但是却必定会成为各种反应的一个理想的传导者。这些事物的重要性是显而易见的，对我们来说，1907 年的诊断结果同样显而易见。

五、工业并购的理论和实践——以美国钢铁公司为例来说明

工业并购也呈现出了类似的现象，对此只需要补充一些评论。如果创新仅仅体现为降低已经在使用的产品的单位成本，那么关于这种并购的金融架构的理论可以再次表述如下（因为我们之前遇到过这样的情况）。企业家的利润可以表示为同一组生产要素在新旧两个生产函数下预计能够产生的净收益的现值之间的差额。在完全竞争、不存在任何摩擦的极限情况下，生产要素能够以对应于旧生产函数的价格买到，同时，在竞争机制一步步重新建立起正常关系之前——与所谓的价值归属理论相一致——设想中的新联合下的产品也能够以原来的价格（即高于成本的价格）出售。现在假设，某种新联合所需的要素包括属于许多家独立运营的企业的工厂（它们永远不会按原样被使用，但是我们在这里只希望借此澄清一个原理），而且对这些企业能够以对应于前一个均衡的邻域的条件的价格加以收购。这样一来，我们只需要从预期这些工厂在新联合下可以实现的利润中减去上述价值，就可以估计出企业家的利润。如果我们进一步假设，对前者的收购款是这样支付的，向出售方发行债券（或优先股，或债券加普通股，其中普通股作为奖励，为出售提供动机或额外的动机），并以普通股来体现对利润的预期，那么我们就可以证明采用这种方法的理由——它自身就表达了这种情况的经济逻辑。到目前为止，它的独特之处仅在于提供了兑现未实现的利润的便利机制。当然，这种利润在真实世界中可能永

远无法赚得,然而,即便是那样,它们最终还是能(通过被提前兑现的利润)对货币发挥影响,相应机制完全不同于通常情况下利润发挥影响的机制。特别是,它们必须得到融资,除非那些普通股由创始人群体及其合伙人无限期地持有。融资则(例如)可以通过公众的储蓄或通过信贷创造(使公众有能力购买)来实现。这个过程涉及的各个方面的具体情形我们留给读者去梳理。

在这里特别需要注意的是这样一个效应:如果把不存在但已实现的利润花在了消费品上,储蓄就会产生导致消费过剩的影响。如果没有发生这样的事情,那么这些储蓄本来会履行正常的社会功能(如改善生产设备),尽管如此,即使每一件事都做得非常对,在很多情况下,那些购买普通股的储蓄者也会因为"玩这种牌"而得到更好的回报,这有利于他们的个人利益。还要再补充一点(这也许不是多余的),除了向公众出售所创设的证券之外,这样的并购——与启动工业项目不同——不再需要任何资金。这就是人们没有必要去猜测这些资本交易中的"巨额资金"从何而来的原因。举例来说,早在1899年,仅仅是用于新联合的股票和债券这两种"由投资者吸收"的证券,据说就已经达到近36亿美元,而且其中有四分之三是普通股。① 当然,这并不意味着现有的全部资金(更不用说全部储蓄了),实际上都已经花在这些股票和债券上。部分出售方可能仍然会持有债券,一些"企业家"也仍然会持有股票。如果他们为了购买其他有价证券而出售这些证券,而不是保留这些证券,那么也不能说出现了新的投资,因为这相当于证券的交换。即便他们只是为了拿到"现钱"而出售证券,即以现有的或特别创设的存款来购买,这些钱也不会被交易所约束或吸收。这样一来,从这些渠道撤出的任何款项很快又会回到他们手中,我们在第十三章讨论股票交易过程时将很清楚地看到这一点。就此而言,1907年耗尽的并不是"资本"的供应,而是"愚蠢行为"的供应。

当然,这种解释模式完全独立于实际的金融实践。上述方法天生包含

---

① 参见 V. S. 克拉克(V. S. Clark)的著作,第三卷,第 7 页。克拉克的数据来自 1900 年 3 月 24 日的《金融纪事报》(*Financial Chronicle*);但它似乎不是指合并,而是指公司,同时不是指出售给投资者,而是指公司登记。

了出现不负责任的行为甚至不当行为的巨大可能性，而且这种可能性还会因为如下事实而近乎无限地增大：在这个不断演化的环境中，道德观念和法律保障体系往往滞后于经济发展。这也正是许多学者对某些特定情况下的细节的解释，很容易将根本性的基本事实掩盖在"信贷不足"、"信心不足"、"囤积居奇"或"储备不足"等表象原因之下。在工业领域，所有类型的联合都出现过——其中一些联合将会在后面提到——但是在这里，为了说明问题，我们只需要举一个例子，那就是美国钢铁公司（1901年），它能够以不同寻常的清晰度揭示出所有本质特征。正如之前提到过的，美国钢铁公司的整个金融构架（它所采取的形式很简单，就是控股公司的形式），实际上是由卡耐基公司决定的。在1900年的朱格拉周期的衰退阶段，卡耐基公司从战术的角度来看处于一个比以往更有利的位置，它不仅在面对攻击时坚不可摧，而且做好了主动发起攻击的一切准备；当然，这种攻击本身其实也是人们早就预料到的——事实上它是以一项新的大规模建设计划的形式公开宣布的。为了将我们的模式应用于这个例子，我们首先必须认识到，主要出售方要把它分配给各出售方的角色与创造未来可能性（或大部分可能性）的企业家功能结合起来——不过在上面这个例子中，这种可能性已经创造出来——以保证转移到自己手中的证券既能代表合并后的工厂（属于他的份额）的价值（无论新联合或之前的联合的价值如何），又能代表资本化的预期利润的价值。这个分析在较小的程度上也适用于其他出售方（事实上，他们受到的待遇没有那么好）。到目前为止，偏离我们的模式的唯一可能原因源于如下可能性，新企业的固定利息债券（在向出售方"付款"时）构成的比例超过了它们根据现有价值和期望价值之间的关系应有的比例。如果出售方持有他们的普通股，这就是我们需要补充的。但是从一开始就很清楚，这正是他们——或他们中的大多数人——不希望做的事情。为了满足他们的要求，人们会成立一个辛迪加，并通过包括"匹配订单"之类的高强度销售手段创造出一个市场来。这似乎已经不仅仅限于"兑现未实现的利润"。

由于美国钢铁公司已经在一个典型的周期性行业中占据了中心地位，它未来的进一步发展方向如何以及它向公众提供的信息的准确性如何，都是非常值得我们研究的重要问题。然而,在这里只需要再指出一点。美国钢铁公司的3.01亿美元的债券当然是一个沉重的负担,但它的10.18亿美元的股本则根本不是负担。如果我们对这只股票的经济性质(或大部分经济性质)的判断是正确的,那么不发放股息或股息很少就不是财务状况不佳的迹象,因为从我们的理论来看,股息的逐渐减少和最终消失是可以预料的。(事实上,到目前为止它们还没有减少到零。)而且,我们也注意到了,随着时间的推移,这家企业的实际盈利能力(即不受短期波动、物价上涨和世界大战等事件影响的盈利能力)要想一直保持向上的趋势,唯一的途径就是不断地对获得的盈余进行"再投资"(ploughing back)[1],并进行一系列创新(其中大多是小创新)。因此,出现这种情形并不意味着存在矛盾,恰恰相反,它证明了我们的论点,即没有任何实际资本结构可以成为永久性净收益的来源,尽管严格说来这个命题只有在完全竞争的情况下是正确的。

六、美国的电气化过程

现在我们回到这个康德拉季耶夫周期的纯工业过程的主干上来,也就是说,无论是在技术上还是在经济上,在我们于90年代末期观察到的电(力)的发展之前,舞台就已经搭好,影响已经传播到整个工业领域,其本身就已经足以产生我们所称的康德拉季耶夫繁荣,从而生成一条占主导地位的轮廓线或提供一个统一的趋势(关于那个时期的经济状况),尽管在某些部门仍有独立的创新在产生,同时在其他一些部门完成型发展、增长和外部因素对实际长期结果的分析同样重要,而且对分析短期情况甚至更加重要。为了节省篇幅,我们在这里将忽略电报机和电话的发展——根据W. M.珀森斯在《一位经济学家对美国电制冷业的评估》(日期不明)一文的估计,1897年,美国的电话装机数为515 200部;然后到1914年,恰好超过1 000万部——以及电气照明的发展(弧灯、白炽灯、金属丝

---

[1] 请比较约翰·B. 威廉姆斯(John B. Williams)的《投资价值理论》,1938年。在本书中,我们也对美国钢铁公司进行了非常有意思的案例研究。

灯），后两者几乎耗尽了家庭电气化过程开始时的繁荣时期的所有进展，而家庭电气化是下行阶段非常重要的一个特征。我们要讨论的是最重要的电力生产：1899 年为 31.5 亿千瓦时（作者不知道 1897 年的数字），到 1914 年增加到了 196.52 亿千瓦时（根据爱迪生电力研究所的估计），而且在此期间没有一年出现过下降（只有 1908 年的数字与前一年相同）。

新世纪的第一缕阳光照进地球之后不久，长距离输电、三相电流、汽轮机就开始普及开来（不过，直到 1912 年，汽轮机的发电量仍然没有超过 2 278 000 千瓦时；它的巨大成就实现于下行阶段）；此外，改善后的水力马达、产能不断增大的水力发电站和热电厂以及大型发电厂"战胜"工业企业自备电厂和完成对后者的替代，也都成了这个时期的主要特征（尽管自备电厂在战后时期仍然存在，成了更大尺度上康德拉季耶夫周期的衰退和萧条阶段的一个特征）。正如我们在前面提到过的，早在 1895 年，以尼亚加拉瀑布水电站投产为标志，水电领域的创业活动就已经大规模开始。水电领域的创业者从一开始就致力于为工业提供电力，并从 1900 年开始实施一项更加雄心勃勃的计划，各种项目遍及新英格兰（霍约克水力发电公司）、密西西比（基奥库克）、蒙大拿（蒙大拿大瀑布）、圣玛丽河（苏必利尔湖联合公司）、太平洋沿岸、南方各州。（南方各州有许多地方性电力企业；1906 年成立的南方电力公司是南方第一家重要的电力企业，此外，亚拉巴马电力公司、田纳西州铝业公司的发电厂都很重要；然后，输电线路也发展起来，导致了阿巴拉契亚山脉南部地区多个供电系统之间的合作，它们向对方购买电力，并在对方出现停电等问题时予以帮助。）因此，在第三个康德拉季耶夫周期的前两个朱格拉周期，美国电力系统的基础就已经奠定，正如铁路系统的基础在第二个康德拉季耶夫周期的前三个朱格拉周期就已经奠定一样。

只有在非常特殊的例外情况下，作为工业消费者的企业才会自行建设大型电力项目，这方面最突出的例子就是铝业公司的发电厂。电力企业建设新工业企业的情况也只是一种例外，这方面最突出的例子是苏必利尔湖联合公司，它从一无所有（或几乎一无所有）开始，创建了一个完整的工业区，从事纸浆和硫化物的生产、铜的精炼和炼钢。苏必利尔湖联合公司的计划及其执行能够很好地说明我们的模型的一些性质。它的计划是完全合理的,而它的执行从技术角度来看是完全可行的。水力资源、矿石、木材在那个地区都很丰富,而且它们在一个综合性的开发计划中的作用很容易就可以想象到。当然,仅有这些还不够。资本主义制度运行的一个基本特点就在于,它要设定执行顺序和择时规则。这个计划的效力在很大程度上取决于这一点,以及它对违背了这种顺序和规则的行为进行惩罚的迅速程度。要在资本主义社会中取得成功,仅仅在理论上、在观念上正确是不够的,还必须在给定的日期上做到正确无误。这就是补救政策很难奏效的原因之一,也是怀疑社会主义制度是不是真正有效率的理由之一。

一般规律是,工业必须利用电力并依赖于新的电力供应。棉纺织厂(后来其他纺织厂也一样)、造纸厂以及冶金业和化工业的工厂是最早利用电力的。在那个时候,有些钢铁厂选择将高炉内的气体用于热电领域。不过随后出现的最重要的发展还是在钢铁业,这在第一个朱格拉周期结束之前就已经开始,后来随着电力价格的下跌,规模变得更大。由于在许多情况下,例如在棉纺织业,为了充分利用电力,必须建设不同类型的厂房,因此新厂比旧厂有很大的优越性。电力设备主要是由通用电气公司和西屋电气公司生产的,许多其他企业也能生产电力设备,其中一些企业的历史可以追溯到80年代,其中一个例子是蓄电池公司(Electric Storage Battery Company)。在最重要的那些企业中,有许多都是高度专业化的,例如,电船公司(Electric Boat Company)、美国碳业公司(National Carbon Company)等。发电机的发展速度相当快,相比之下水轮机的改进就显得不那么容易了。通用电气公司和西屋电气公司都成功地实现了出口,并在海外开办了子公司(例如,1899年成立的英国西屋电气公司)。但是在1914年的普查中,列在电机和电力设备项目下的总增加值仅为1.8亿美元左右。第一个朱格拉周期的一大特色是有轨电车,截至1907年,建成运营的有轨电车线路总里程达到了大约25 000英里。不过,汽车和公共汽车的竞争使有轨电车的前景变得暗淡起来。虽然运营的有轨电车线路总里程到1917年才达到最高峰,但是在那一年之后就不再具有周期上的重要性。不过,直到1907年,有轨电车仍然属于投机活动的热门领域,甚至连许多铁路公司都非常担心有轨电车对当地铁路交通的威胁,它们热衷于收购线路编织网络,以至损害了自己的财务状况。伦敦地铁公司的设备是由美国的公司提供的(1897年)。最后,我们不应该忘记,1914年仍有40多家企业试图开发电动汽车,打一场必败之仗。

作者在这里必须坦率地承认,在本书有限的篇幅内,他没有能力描绘出一个适当的画面,同时充分呈现电力带来的转型性影响和其他创新的影响(其他创新要么独立于电力,要么是电力领域的发展引致的),后者以前者为基础、围绕着前者,两者结合在一起,为生产品(资本品)的生产设定了速度,这种速度多次导致"钢铁荒"甚至"煤炭荒"的出现(即接近严重短缺),尽管它们的产能也进行了"响应性"的扩张。[①] 这种情况在煤炭领域特别引人注目——因为水力发电本身和其他许多类似的创新显然是燃料节省型的,所以人们本来合理地预期煤炭会遭遇"技术性失业"——例如,在爱迪生公司的芝加哥工厂中,每千瓦时用煤从1900年的6.9磅下降到了1913年的2.87磅(不过,在下行阶段,对作为化工原料的煤炭的需求增加了)。对此,我们只能给出一些显得有些散漫的评论。

七、汽车工业及其附属行业的兴起、其他工业行业的发展

首先,我们应该还记得,蒸汽行业对电的出现的反应有两条路线:一是通过技术改进,制造出更有竞争力的发动机——例如,更复杂的(往复式)发动机和高压(过热)锅炉(那时柴油发动机还没有发挥什么重要作用);二是制造出作为完成型创新的汽轮机(汽轮发电机)。按照重要程度降序排列,在这两条路线上都可以列出大量的新工业活动。读者不难回想起,用来定义我们的创新概念的企业家角色和生产函数的变化都可以分为

[①] 当然,对生产工具的这种压力(尽管在同一时期,生产工具的产能也在以空前的速度扩张),反映了融资和投机领域的活动所引起的狂热,从这个意义上说,这也是未来困难的预兆。但仅仅是资源得到了充分的利用(或者,更恰当的说法是得到了"最优的利用")这个事实本身就足以带来一个上转折点这种说法似乎是不正确的。经济繁荣并不一定需要实物产出的增加。要想使繁荣阶段的特征持续,人们试图增加产出就足够了。事实上,如果暂时不能增加产出,只会加重这种症状,而且任何成本的增加都至少会被产品价格的上涨所补偿,直到新产品出现为止。当然,这种过热的氛围也会给社会的道德规范和制度框架带来压力,并产生严重的问题。这种说法是完全正确的,但那是另外一个问题了。

许多层次。这些成就不仅包括爱迪生和卡耐基这样的人的成就，而且包括像下面这样的人的成就——他是第一个（或者是第一批人中的其中一个）使我们的汽车安装基于自动驾驶系统的人。此外，那些追随先驱者的人也是企业家，尽管这种性质会不断减少（直到零）。如果要对创新的性质、作用和在数量上的重要性有一个正确的认识，就必须将所有这些活动都考虑在内。在电力时代，非电力工程企业分布在创新的整个范围上，尤其是集中在中档位置上。例如，所有类型的工具制造企业都处在一个转型的过程中，在这个过程中，生产专用型产品的企业上升和衰退都很迅速。在这个领域中属于这种类型的大型企业值得一提的有美国桥梁公司（American Bridge Company，1902 年）的两家工厂。就发展迅猛的整个钢行业而言，虽然仍主要受那些大型钢铁公司的控制（例如，伯利恒钢铁公司就买断了 H. 格雷的型钢专利，那是一个结构用大梁轧制的重大改进），但仍然是这样。铁路机车、轨道车辆、自行车、农业机械、轮船——别忘了，还有战列舰，其制造商为克兰普父子公司（W. Cramp and Sons）——所有这些较小的创新都是由"承载性"创新直接诱致或间接制约的（通过创造新的需求）。不过接下来，我们将描述这个康德拉季耶夫周期的第二项伟大创新。

汽车工业[①]提供了一个很好的例子，说明纯粹的企业家成就不仅能使现有资源转向新的用途，而且能使现有技术转向新的用途，勒努瓦-奥托（Lenoir-Otto）内燃机、可互换零件原理、钢铁发展和现代机床所提供的无数可能性，都是这方面的例子。在现代工业中，从汽车工业所运用的金融方法来看（特别是在它的开始阶段），它自身就几乎构成了一个单独的类别。在汽车工业的生产过程中，需要将中间产品装配起来，这些中间产品通常是可以赊购的（例如，可以有 60～90 天的赊账期），这样一来，以现金出售的产品就可以直接为自己支付成本了。再后来，为汽车工业生产提供资金的零售商或机构，在向消费者销售产品之前和在交付给之前，就

[①] 作者感谢 R. 爱泼斯坦（R. Epstein）教授关于汽车工业的专题论著，同时也要感谢塞尔泽（Seltzer）先生的《汽车工业的金融史》一书。此外，请比较弗雷泽-多里奥（Fraser-Doriot）的《分析我们的工业》和克拉克（Clark）先生的《制造业的历史》。

会将款项汇过来，从而填补了资金缺口。由此，制造商根本不需要从银行借款，也仍然有可能导致存款的增多达到近乎膨胀的程度。再没有比这个行业更好的例子了，它能够说明以创新为目的的信贷创造是如何隐藏起来的。这个行业虽然不是启动者，但仍然是这个康德拉季耶夫周期最重要的"承载者"之一。这个角色表明了它对战后下行阶段的经济过程和文明的全部意义（即它已经改变人们的生活方式和人生观，而且可能远远超越了任何一个先知），正如棉纺织业在它所属的那个康德拉季耶夫周期的下行阶段充分呈现出它的全部意义一样。而在繁荣时期，它并没有走得如此之远。

德国和法国解决了汽车工业的装配问题。G. 戴姆勒（G. Daimler）和 K. 奔驰（K. Benz）在 80 年代生产汽车；埃尔伍德·海恩斯（Elwood Haynes）、杜里埃兄弟（C. Duryea 和 F. Duryea）、R. E. 奥尔兹（R. E. Olds）都在 1893 年以前生产出了汽车；A. 温顿（A. Winton）则在 1894 年生产出了汽车。在接下来的六年里，这些人创办了六家小型汽车企业——例如，杜里埃汽车公司（Duryea Motor Wagon Company，1896 年）和温顿汽车公司（Winton Motor Company，1897 年）——但是它们在数量上的重要性几乎等于零。1899 年，美国登记在册的汽车总数为 8 624 辆。1900 年，底特律的奥尔兹汽车厂（Olds Motor Works）开始大规模生产，1903 年的产量达到了 4 000 辆。福特汽车公司的发展因为在 19 世纪 90 年代与塞尔登（Selden）发生的专利冲突而在一定程度上受到了阻碍——这场冲突以及类似的专利冲突，很快就导致了人们对集中非核心专利的必要性的共识，并在很大程度上促成了合作，分析这种合作将是一件有趣的事情——但是在 1903 年也正式成立了企业（资本金 10 万美元，已认缴 2.8 万美元）。当然，在这种情况下，这些"拓荒者"的"死亡率"与我们本应预料到的一样高。随后，对于那些（在短期内取得了）成功的企业来说，利润可以支持它们的扩张。在使用汽油的汽车出现后不久，就出现了汽油割草机。最早的公共汽车线路和站台是在 1905 年左右建成的。在 1902 年至 1907 年间，有大约 322 家公共交通公司开始运营。在 1907 年，售出了 8 423 辆汽车，总价大约为 550 万美元，带来了 100 万美元的利润。到1908年，第一阶段就完成了。

也正是在那一年，创新产生了负面效应。福特汽车公司为普通大众生产的四缸汽车既轻便又廉价，成了当时"伟大的新事物"；但是，它把很多我们所说的老企业赶出了市场。企业的"死亡率"骤然增大——1902年成立的典型企业，可以维持到1910年；而1908年成立的典型企业，一般也只维持到1910年。大多数消失的企业都是成立不足四年的企业，这个事实与我们的诊断并不矛盾，因为在这样一个变化如此快速的时期里，许多新企业的计划在刚刚启动那一刻就过时了，虽然其他企业的失败无疑也是由它们自己的创新不成功所致。通用汽车公司成立于1908年（杜兰特），它为银行家提供了第一个进入这个领域的机会（1910年）。在此之前，这个领域完全不在银行家的势力范围之内，而且直到第一次世界大战基本上仍然一直如此。净利润与净资产之比虽然开始趋于下降，但是仍保持在战后水平的两倍左右，而且根据爱泼斯坦教授的估计，大体上相当于"正常利润率"的6～7倍。① 当然，价格也在下降，但比20年代的价格还是要高得多——即使不考虑质量的差异和一般价格水平的变化（质量的差异往往导致不可比），这个结论仍然基本成立。从1909年到1914年，每工时的产量（请参见《每月劳动评论》，1930年，第502页），（在对数尺度上）都比之前或之后增长得更快——无论这种情况可能意味着什么。1912年后，汽车的设计变得更加稳定，零部件也更加标准化。也正

---

① 这已经足以让我们形成一定的想法，尽管这里所说的名义利润率的意义以及用来与之相比的净资产的意义，都不是完全不容置疑的。我们应该注意的是，这么高的利润率（至少在一个例子中可以说高得惊人）都是赚得的——它是我们所定义的完整意义上的利润，同时也是很好的例子，可以说明我们的利润概念——因此，尽管汽车厂的建设期（孕育期）很短，几乎不存在这样的期间，使得汽车厂的开支可以在不被其他产品的冲击扰动的情况下产生自己的影响，虽然从所有其他方面来看进入这个行业显然是完全不受阻碍的。因此，这个例子表明，对于利润的出现，无论是漫长的孕育期，还是进入壁垒，都不像人们可能认为的那样至关重要——尽管在许多情况下，这两者都发挥了作用。它还有助于表明是什么阻止竞争迅速而有效地介入，以及在纯粹经济人的行为和企业家的行为之间做出根本性区分有多大的现实意义。进入的诱惑当然是从来都不缺乏的。也没有任何摩擦可以阻止潜在的竞争对手，也不能说这些潜在的竞争对手不够灵敏。真正的困难就在于做一件全新的事情并取得成功，除此之外什么都不是。竞争对手其实早就蜂拥而至了，而且在这样一个只需要少量资金的行业，他们不是在旁边逡巡害怕，而是实际上已经进入这个领域。只是他们中的大多数人都没能生产出一辆能够以可覆盖成本的价格售出的汽车而已。之所以如此，除了包含在我们的企业家创业活动理论中的原因，绝对没有其他原因。高"死亡率"和高利润率的巧合，恰恰完美地阐明了这种情况。

是在这一年，汽车工业的"英雄时代"正式宣告结束。1914年，338家汽车企业（不过，根据1914年的普查数据，不包括电动汽车生产商，共有415家汽车制造商）总共生产了573 114辆汽车（据美国对外及国内贸易局），其中福特汽车公司的贡献占了近一半。因此，汽车工业的重要性以及它对其他工业产品的需求，完全足以"点火启动"第二个朱格拉周期，即便在1914年汽车工业的增加值也只有2.106亿美元。附属行业的发展也非常迅速，到1914年，生产车身和零部件的企业达到了971家；汽车工业也为橡胶工业注入了新的活力。

在美国，在19世纪30年代出现过相当数量的橡胶服装面料企业，但是这个行业以失败告终，并在1837年到1839年的危机中消失。硫化技术标志着一个新的开始，那也是第二个康德拉季耶夫周期的第一个朱格拉周期（从1842年开始）的一个次要特点。在一段长时间安静而被动的扩张之后，下一个事件出现了，那就是10家企业合并成了美国橡胶公司（United States Rubber Company，1892年注册成立）。这家公司在现在讨论的这个康德拉季耶夫周期的繁荣阶段获得越来越大的成功（后来它也获得了自己的种植园）。1908年之后不久，这个行业就感受到了源于汽车工业创新的新需求的冲击，于是轮胎、橡胶管以及其他零部件也都被列入了汽车厂家的生产计划。[①]（车用布料；高压帘线方面的创新，在1913年时应用了这种创新的轮胎仅占轮胎总产量的2%，直到1918年才开始普及。）

石油工业也几乎变成了汽油发动机行业的附属产业。1899年，蒸馏的原油中只有12.8%用于生产汽油，煤油产量仍占57.7%；但是在我们讨论的这个时期，汽油和用作燃料的石油在总体上已经接近战后水平。从石油工业的角度来看，这不过是一个有利的外部事实，如果没有汽车工业，那么石油工业的衰落将不可避免；而且石油工业在这个时期实现的可观发展——在1899年至1914年间，炼油的增加值从大约2 100万美元提

[①] 第三个新兴产业是粘胶行业。在我们讨论的这个时期，粘胶行业在美国这个国家几乎没有取得成功——在1897年到1911年间成立的企业是完全失败的，而且于1911年成立的美国粘胶公司（American Viscose）其实是一家外资企业——我们根本不用提它。

高到了大约7 100万美元,同时原油的产量则在1897年至1913年间从大约6 000万桶增加到了接近2.5亿桶——主要是一种"被拉着前行"的发展或被动的适应型发展。原油价格的上涨证明了这一点。① 管道、油船和油罐车也都不再是新鲜事物。同时在勘探方法上也取得了很大进步——可以钻到更深处的可旋转钻机是在战争结束后出现的——利用天然气和水的压力合理处理油田的技术也得到了突破。不过,炼油仍然保留了"撇油"法,并且是在采用完全的直馏工艺的工厂内完成的,因此直到1914年,来自原油的汽油产量还是只有18.6%——在战后,裂解法将显著提高汽油产量,加氢技术则更是将其提高到了100%。炼油的利润率一直很高,足以为新增投资提供部分资金,尤其是在标准石油公司内部。1911年,标准石油公司被司法部门命令分拆,但是在我们讨论的这个时期这种分拆并没有影响各组成企业之间的劳动分工(尽管后来确实有影响)。②

在各个老行业当中,玻璃制造业通过一系列创新实现了彻底的革新,而且这些创新几乎完全独立于其他地方发生的任何事情。③ 直到1898年,池窑在玻璃制造业内缓慢推广,在几十年间它一直是吹瓶工所从事的工作的唯一变化,其他一切都没有受到影响。1898年出现了半自动吹瓶器,虽然它淘汰了专职的吹瓶工,但是仍然需要其他熟练工人;1905年,全自动的机器(欧文斯机)终于问世了。接下来的一项创新,我们只需在这里提一下即可,则开始出现于1917年,那就是"进料"和"输料"机("feed" and "flow" machine)。几乎与此同时,窗玻璃的生产也实现了机械化——1903年,J. H. 吕贝尔斯(J. H. Lubbers)发明了圆筒法,大约

---

① 关于原油的价格,这种上涨是在原油生产具有高度竞争性的情况下发生的——事实上,各种自然的环境因素和法律的环境因素结合在一起,使得原油生产几乎是完全竞争的,并迫使每个厂商尽其所能地生产。标准石油公司控制的石油产量占总石油产量的比例从未超过33.5%(那是在1898年),在大多数时候,它控制的产量比例要比这低得多(例如,1907年,它控制的产量比例仅为11%)。标准石油公司的地位完全取决于输油管和炼油厂。这就是在1906年管道企业要承担起共同承运人的义务的原因。

② 如前一节所述,天然气的生产始于19世纪90年代,后来天然气的消费量(主要用于工业目的)持续上升,达到了1.918万亿立方英尺。而1900年时为5 090亿立方英尺。这个行业出现了多项创新,因此有必要将其列入为第三个康德拉季耶夫周期做出重要贡献的行业的名单,尤其是对第二个朱格拉周期和战后的各个朱格拉周期。

③ 请参见,G. E. 巴内特(G. E. Barnett),《机器与劳动》,1926年。

于 1905 年引入美国。稍后的另一个发展，由科尔本（Colburn）和福柯（Fourcault）发明的钢化法，也应该在这里提一下。另一个较小的创新是玻璃工业的迁移（从匹兹堡迁到印第安纳州和俄亥俄州），这主要是因为人们希望用天然气来生产玻璃。1899 年至 1914 年间，虽然附加值（包括石材、黏土和玻璃产品）增长了 204%，但是就业却出现了强劲的、永久性的下降。例如，在经历了实物产出的惊人增长之后，即便是在 1925 年，玻璃瓶（和广口瓶）等子行业的就业水平也只有 1899 年的四分之三。不过在其他方面，情况尚属正常。总之，我们发现，产量增加了，价格则下降了，正如我们本应预料到的（在这个时期是如此。在晚些时候的 1919 年，业界同意对产量施加限制，以延长"手工业分支"的寿命，请见杰罗姆，前引论著，第 99 页）。

玻璃工业的这个特点特别有意思，因为这个行业绝非完全没有受到合并浪潮的影响，也绝不是没有受到与合并无关的企业大型化趋势的影响。于 1899 年成立的美国窗玻璃公司（American Window Glass Company）控制了相当大一部分（接近四分之三）的产能。然而，它做的第一件事就是大幅降价。毫无疑问，这个举措不仅被观察人士解读为针对实际和潜在竞争对手的攻击，目的是扼住竞争对手的"喉咙"，确立自己的垄断地位——事实上，该公司的高管的动机也是如此。但是关键在于——先不考虑马克思讨论过的动机与行为的社会意义之间究竟有多少关系这个问题——即便这种垄断地位真的确立了（即如果这样做的结果真的是这个行业只剩下了一个卖家），那么这个卖家也不可能按照垄断的理论模型行事而不失去垄断地位。这个结论有重要的含义，它化解了"现代工业悖论"——现代工业尽管一直在致力于获得垄断控制权，然而以实物产出衡量的效率仍然远远超过历史最高纪录。它还化解了另一个悖论，即尽管垄断倾向总是存在，我们的模式与"大企业"时代的统计事实的拟合度并不比其他竞争性更强的时代更低（请参阅第十章第四节）。玻璃工业的其他子行业也同样显示出了大企业化的趋势，例如，1895 年成立的匹兹堡平板玻璃公司（Pittsburg Plate Glass）以及 1899 年成立的国家玻璃（餐具）

公司（National Glass（tableware））。①

在这里，我们将略去对造纸业的分析。这个行业的生产函数几乎没有发生什么变化，除了利用水力发电提供的动力以及一些重要的企业合并——如1898年的国际纸业公司（International Paper Company）或1899年的美国书写纸公司（American Writing Paper Company）——所带来的对生产函数的影响之外。但是纸的产量却有了很大的增长。我们也将略去对印刷业的分析。到了19世纪60年代，霍（Hoe）的旋转滚筒印刷机胜出，后来又得到了进一步的改进。至于彩色印刷和活版印刷，则出现在80年代和90年代，在同一时期出现的还有麦根泰勒莱诺铸排机（Mergenthaler linotype）、兰斯顿莫诺铸排机（Lanston monotype）以及自动铸字机（automatic type casting），除此之外的其他进步则都属于第三个康德拉季耶夫周期的下行阶段。最后，我们将略过化学工业的发展：重化工生产的进步、电力的使用和企业合并是这个时期化学工业的基本特征。

然而，我们必须对水泥工业的发展做出一些评论，因为正是这些发展使得很多狂热者对所谓的"水泥时代"赞不绝口。事实上，水泥产量的增长和随之而来的价格下跌一样令人震惊，尽管当时美国实施了保护主义的关税政策，而且不存在完全竞争的情况，同时水泥工业的发展正值极度繁荣的时期——事实上，由于当时建筑业出现的创新（钢筋-混凝土建筑技术），水泥产品需求曲线向上移动的幅度，远远超过一般的繁荣时期。正如前一节提到过的，水泥工业的崛起从第二个康德拉季耶夫周期的第五个和第六个朱格拉周期开始，并且在我们现在讨论的这个时期继续发展。第一个大进步是在80年代中期出现的，当时波特兰水泥的价格开始下跌（作为对成本下降的反应），同时产量开始增加。在1897年，产量大约为270万桶，出厂价格则为1.61美元/桶。而到了1914年，产量增加到了超过8 800万桶，价格则下降为0.93美元/桶——事实上，如果把质量提高

---

① 美国的陶瓷业虽然在关税壁垒的庇护下"发展壮大"了起来，但是在这个时期一如既往地"效率低下、进步缓慢"。请参见：H. J. 斯特拉顿（H. J. Stratton），《美国陶瓷业的技术发展》，刊载于《政治经济学杂志》，1932年10月号。在战后，情况确实发生了一些变化，但是变化总体上并不大。

的因素也考虑在内，那么价格实际上的降幅会更大。但是，这个行业并没有因此而陷入困境，这个事实表明，单位货币成本也下降了，而且对大多数企业来说降幅必定相当大（与德国的水平差不多）。在前一个康德拉季耶夫周期的最后一个朱格拉周期出现的一项创新——旋转窑——得到了全面推广，而且在通过使用煤粉而变得更加经济之后，它的规模就扩大了很多（这必须有更强大的研磨机器作为支撑）。天然水泥和矿渣水泥的竞争可能与利益迅速转移到了消费者一侧有关。许多新的企业出现了——但是没有形成巨头。我们可以反复观察到这样的演变过程：高价格反而会威胁到制造商的利润空间，而几年后价格降低了，制造商的利润却有了保障。

只要与棉纺织业简单地比较一下，我们就会发现，这一点是多么引人注目，与一个新兴的、不断创新的产业所拥有的条件特征的联系又是多么紧密。棉纺织业也存在扩张。棉花的消费量在此期间几乎翻了一番，创新也并非不存在。诺索普-德雷珀织机（Northrop-Draper loom）在这个时期得到了改进，同时出现了新的克朗普顿织机（Crompton loom，1905年）和诺尔斯织机（Knowles loom，1910年）。人们还改进了环锭，从而在降低成本方面取得了相当大的成功。此外，正如前面提到过的，棉纺织业也利用了电力提供的帮助。然而，印花布的价格却从1900年开始上涨，甚至超过了80年代后半期的水平。由此，棉纺织业作为一个被环境推拉着向前进的"老行业"的特点就凸显了出来。当然，也有一些企业合并的案例——如新英格兰棉纱公司（New England Cotton Yarn Company）以及美国线业公司（American Thread Company）等；也有人曾经试图成立一个卡特尔——瀑布河印花布集团（Fall River printcloth pool，1898年至1901年）——但这些都不值得过多关注。至于毛纺织业，其特点在于大型精纺细纱机——梳毛工业甚至完全衰落了——但是，部分由于原材料价格高企，也没有任何发展值得我们细述。丝绸业取得了长足的进步，这主要得益于创新（至少在一定程度上克服了美国劳工所遭遇的一些困难），但这只是以前所取得的成就的继续。

当然，当时所有的工业过程可以说都反映在了钢铁行业的发展中。但是与19世纪80年代相比，钢铁行业对这些工业过程的"点火启动"效应却小得多。我们注意到了电力行业与钢铁行业之间的关系——那可以说是一种"礼尚往来"的关系——也注意到了钢铁行业在合并浪潮中所起的作用。① 在采矿业方面,老的铁矿区已经衰落,来自苏必利尔湖地区的矿石主导了市场。创新之处在于,梅萨比山脉矿区的开发成功地克服了因矿石质量和矿山位置而产生的技术和运输难题。同时,这个时期也见证了垂直一体化的崛起和衰落——尽管将采矿、铁路、码头和航运等业务整合在一定程度上可以说是成功的,而且部分解释了当时生产效率的提高。但是,矿石价格真正决定性的下跌其实发生在我们现在讨论的这个时期之前。② 不过,生铁的价格却有了相当可观的涨幅,尽管从生铁行业的历史来看,生铁的生产函数并没有出现多少变化,生铁的直接使用量(熟铁)也自然而然地下降了。生铁产量在这个康德拉季耶夫周期的上升期间有所提高,但是与上个世纪80年代相比,即便在经济繁荣的顶峰时期,增幅也不大。当然,这也是因为对相同数量的生铁的利用比以前充分得多。③

所有的重大进展都发生在钢铁领域。平炉工艺、废钢的再利用、碱性钢和合金,构成了钢铁领域技术进步的主要前沿。不过,前三者很难说是全新的。此外,就平炉炼钢法而言,使它最终战胜贝塞麦炼钢法的主要原因是消费者的需求,特别是结构性材料的生产者和使用者的需求。新建的钢铁厂——例如加里钢铁厂(Gary plant)——理所当然地采用了这种炼钢法。而对其他许多钢铁生产商来说,就需要先拆除它们采用贝塞麦炼钢法的工厂,并投入资金引进(碱性)平炉炼钢工艺。这也是一种创新。值得注意的是,平炉炼钢法便于利用废料,这给一些规模较小的企业带来了新的刺激,因为大规模生产带来的经济效益在采用平炉炼钢法的工厂要比在采用贝塞麦炼钢法的工厂低得多。合并在后来变得非常重要,基本上是一种全新的事物。各种合金的应用最初都是在19世纪80年代取得成功的,

---

① 读者应该注意一下V. S. 克拉克(V. S. Clark)先生的著作的第三卷,它从周期性过程的角度讨论了当时主要的钢铁企业的历史,非常有意思,涉及的钢铁企业包括拉克万纳钢铁公司(Lackawanna)、伯利恒钢铁公司、共和国钢铁公司(Republic)、国民钢铁公司(National)以及美国钢铁公司。

② 这也就说明了这一波发展为下一波发展奠定基础的其中一种方式。但需要注意的是,这与那些倡导"永久流动性"理论的学者的观察结果并不相同,他们认为萧条期原材料的低迷价格会引致复苏。

③ 在判断是否"发育迟缓"(retardation)时,必须牢记这个事实,见第九章。

尤其是在锻件方面——例如，波士顿高架铁路所用的曲轴，或者是卡路梅特和赫克拉矿业公司（Calumet and Hecla Mines）所用的矿井泵的活动部件。

然而，其他一些重要的发展（它们与伯利恒钢铁公司的关系特别密切）则都出现在我们讨论的这个时期，例如，高速切削钢适用于机器加工车间以及各种其他专业用途，相应设备在汽车、铁路、石油等行业都有广泛的应用。然而，无论这些新的发展有多么重要，无论它们在数量上对康德拉季耶夫周期的贡献有多么巨大，都只是已经实现的伟大成就的又一个例子。在康德拉季耶夫周期的繁荣时期，粗钢消费量的增长完全符合我们的预期，但价格的变化趋势却明显意味着钢铁生产并没有位于创新的最前沿。就专用的特殊钢材而言，由于可能会进入品牌产品的价格序列，因而有可能掩盖每单位有效产品的价格的实际下降幅度。在其他情况下，例如铁轨的标准价格，尽管在 1901 年之前呈现出了上升的趋势，但是从 1902 年到 1915 年一直保持在 28 美元的水平上，这可能是由于另一种类型的单边垄断——类似于卡特尔组织或后来的全国复兴总署（NRA）的那种类型。在其他情况下，如果生产条件允许，竞争就足以使价格下降。然而，除了在朱格拉周期会发生的那些情况外，在这里并没有发生。

铜矿开采业的例子也很好地说明了创新的若干方式。事实上，回顾一下这个领域在更早时期的发展也是非常有意思的，这样做有助于说明铜在资本主义发展中扮演了什么角色，尤其是在德国和英国，铜与采矿业的许多重要创新密切相关（例如，火药爆破、蒸汽泵以及其他技术手段的采用）。在美国，铜矿开采的历史始于密歇根州（基维诺半岛，1854 年）。19 世纪 50 年代，康涅狄格州的黄铜和精铜生产企业（铜制厨房用具、黄铜管和铜管；这些都不是不重要的创新），面对着不断增加的来自油灯和灯头生产商、造船厂等的需求。到了 60 年代，一个相当大的铜工业已经发展起来，并从战争中获得了巨大的收益，它的产品开始全面与钢铁竞争——而在一个世纪以前，钢铁在欧洲几乎完全挤出了铜。陶西格教授的观点（见他的《论关税问题的若干方面》）应该是正确的：美国铜工业的发展，只能在非常小的程度上归功于 1869 年的特别法案（该法案提供了额外的保护）。卡路梅特和赫克拉矿业公司在那一年开始蓬勃发展，并在随后的繁荣期渐露峥嵘。1871年，铜的年均价格几乎达到了1864年的年均价格，然后随着朱格拉周期的剧烈波动而下降，一直到1894年。铜价的下跌幅度大于一般价格水平，这在很大程度上是下行期间的诸多创新所致（如电钻、高能炸药，以及各种形式的机械化）。创新降低了成本，从而使满足"护理需求"的策略得以实施（"护理需求"是指延长老用途的寿命和创造新的用途，应对来自亚利桑那州和蒙大拿的矿山的竞争，这些矿山是在70年代被发现的）。1887年，蒙大拿矿山出产的矿石——孤峰矿区的矿石是矿脉矿石，开采成本高昂，但是含铜量很高；这种矿石奠定了阿那康德铜业公司（Anaconda）的基础——打败了密歇根矿山出产的矿石。这些新的供应来源是铁路发展的副产品之一，一方面是引致了它们的发现，另一方面是使它们的开发成为可能，因为在矿区周边无法找到冶炼和精炼所需的燃料。

然而，在我们讨论的这个时期，铜产量的大幅增长是由电力工业和后来汽车工业的发展所引致的——在这个时期的开端，就出现过一次铜工业繁荣并在1899年达到了最高峰，然后在1904年至1906年间出现过另一次铜工业繁荣。事实上，早在19世纪80年代，铜线冷拉技术的创新就奠定了铜与电力之间关系的基础，自那以后，电力就成了铜需求的主导因素。与此同时，电力也促成了铜的精炼方法的创新，新方法在90年代使得炼钢成本降低了大约一半。从1900年至1911年，在犹他州、内华达州、新墨西哥州、阿拉斯加州都发现了很多新铜矿（斑岩矿），再加上亚利桑那州始于19世纪90年代中期的大扩张，以及各种采矿方法的巨大改进，铜工业的创新清单就基本被填满了。至于解释，根据我们的模型，可以给出的解释是显而易见的；而且铜与铁（例如，早期的电报线是由铁制成的）和铝之间的竞争尤其有趣。在这个领域，有一家控股公司特别值得关注，那就是成立于1899年，然后在1899年至1901年间、1905年至1907年间都大获成功的联合铜业公司（Amalgamated Copper），它关心的主要是控制价格，以创造短期垄断的局面。这家公司之所以特别值得注意，是因为它提供了一个罕见的实例——关于垄断的一般理论大体上都适用于它。此外，它还说明了这类垄断的条件、局限性和本质上的暂时性，以及这类垄断与普通的行业联合的区别。

限于篇幅，接下来我们只能再讨论一个行业，那就是铝工业。铝在商业上取得成功的两种生产方法都可以说是电气冶金学的分支——分别是考尔斯兄弟法，以及霍尔赫劳尔特法。它们在 19 世纪 80 年代出现，导致了第二个康德拉季耶夫周期的最后一个朱格拉周期的快速扩张，而且到 1890 年就使铝的价格下降到每磅 1 美元。控制了这个行业的两家大企业〔匹兹堡冶金公司（Pittsburgh Reduction），即后来的美国铝业公司（American Aluminum Company）；克利夫兰考尔斯电力冶炼公司（Cowles Electric Smelting Company，Clevelan）〕提供了很好的样本，对它们进行研究将很有启发意义，它们的行为就像后来类似条件下的单一卖家一样。铝的价格继续下降，到 90 年代中期就降到了使大规模生产结构用铝材有利可图的水平。铝在铁路行业、汽车工业、电器工业、食品工业、化学工业等的广泛应用，则始于我们现在讨论的这个时期。

八、对周期各阶段的讨论、确定时间的困难和美国 1907 年的危机

与通常一样，我们不能指望只要利用纳入了我们的模型中的那些因素，就能解释每一次具体泡沫的发展和破灭。这些因素能为我们做的，无非就是描述这些爆发和崩盘背后的工业过程，并说明有利于它们发生的条件。我们已经有足够的事实来证明如下结论：这 16 年是一个快速演化的工业时期（不过演化到后期逐步变得平缓），它显示出了我们所说的康德拉季耶夫周期的繁荣阶段的所有特征，并以电力创新以及它引致的其他创新为核心。从我们在前面给出的关于这个时期的工业历史的素描中，读者应该能够毫无困难地发现，这个康德拉季耶夫周期的繁荣阶段可以自然而然地划分为两个时期（不过都属于与电力相关的发展，那是一个几乎没有任何中断的过程），每一个时期都可以用相应的工业过程来刻画。第一个时期的主要特点是企业合并，第二个时期的主要特点则在于汽车工业，尽管这两个时期也都受到了其他创新的影响（其中一些创新是"完成型"的）。到 1907 年，第二个时期的各个工业过程已经清晰可辨，但是在 1909 年以前，它们在经济中并不占主导地位，尽管第一个时期的那些过程在此之前显然已经暂告停止。面对这些事实，如果用我们的语言来表述，就可

以将这两个时期分别称为一个完整的朱格拉周期和一个不完整的朱格拉周期——后者的终点被淹没在了战争的影响中。

但与通常相比,更糟糕的是有几年的总体经济状况完全不符合我们从工业历史的证据出发、根据它们的复杂程度得出的预期,以至周期各阶段的时间无法确定。现在得到的时间序列的特征很好地揭示了这种困难的性质。一方面,价格、产量、生铁消费量、结算额等指标都很好地反映了康德拉季耶夫周期繁荣阶段的一般特征,并支持将其划分为两个时期的做法。如果我们像哈佛研究小组那样去除趋势,那么康德拉季耶夫周期效应就会消失,但是上述划分仍然明显成立:从1907年至1908年,两个很明确的基钦周期的序列被一个突然出现的波谷分开了。另一方面,无论是从我们的模式来看,还是从工业历史的角度来看,这个波谷都是"无规律"的。我们本来预期1907年会发生的情况在1909年下半年以前都没有发生。因此,我们的模式不能解释这个危机——无论如何都不能解释危机发生的确切日期,也不能解释持续复苏或繁荣能够主导局面的确切时间。

作者希望,以如此强烈的方式将这种情况呈现出来能够便于读者根据三周期模式记录相关事实。但是,他自己并没有这样做,因为在他看来,所有这些"无规律"的现象似乎都可以用一个在前面的历史分析中一再强调的因素来加以解释,那就是,金融领域的发展在我们讨论的这个时期有特别大的重要性。我们在前面已经看到,有一类创新在带来康德拉季耶夫繁荣(尤其是在第一个朱格拉周期中)的同时,也比其他类型的创新更容易引发纯粹的金融性质的干扰。这类创新就是企业合并。我们还看到了银行体系通常是不能按照原先所设计的目的发挥作用的。信托公司的许多做法实际上以一种现代形式复兴了19世纪30年代的"野猫银行"。而且,在处理银行业务中最困难的那部分时,即为创新融资以及为与创新相关的投机性交易融资时做出了不顾后果的鲁莽行为的并不限于信托公司。就连国民银行也几乎从一开始就陷入了困境,而且一再无法对当前的提现要求做出反应,因为它们以新证券为抵押提供了贷款,而那些新证券是辛迪加无力兑付的。无论是在当时还是在后来,许多人都把造成这种状况的原因归结为缺少一个权威的中央机构以及缺少一个银行体系正常运行所需的法律框架,尤其是关于准备金要求的法律。然而,这种观点无疑是本末倒置的。诚然，当时在危机发生之后没有适当的机制来及时做出应对。但是这与压力最初出现的方式无关。恰恰相反，正是这种压力抑制了本来可能会完全"肆无忌惮"地进行到底的那些事情。① 如果说我们能从那些经历中吸取任何经验教训的话，那么必定与当时向银行界和公众"自荐"的那些做法完全相反。然而令人悲哀的是，将鲁莽驾驶的后果归咎于刹车正是经济周期的政治心理的关键组成部分。

这个因素不仅仅扰乱了表面。在一种每个人都生活在其中并需要忍受的氛围中（那也就意味着未来的可能性），工业过程本来也应该受到深刻的影响。这是可以理解的。将这一点牢记在心，我们现在就可以"冒险"对年复一年发生的事件加以解释了。

1898年是康德拉季耶夫周期繁荣阶段再正常不过的一年。但是紧接着的第二年却出现了一个非常显著的对前进的反作用（特别是在金融领域），它显然是不正常的且极其强烈地呈现出了我们归之于次级波的一些特征，而且早在1899年2月就发生了，接下来的清算（不限于金融领域）则一直持续到了5月底（death of Flower，5月12日）。② 另一个"挫折"出现在了当年12月——在那个月的18日，活期借款利率达到了186%，实际上在一整年都起到了令人警醒的作用，尽管这是英国出现的困难所导致的；这使人们对形势有了更多的了解——但是工业直到1900年中期才开始放缓。这样也就完成了第一个朱格拉周期的繁荣阶段；根据我们的模式，衰退阶段也应该表现出一些在很大程度上相同的症状（这是由这个朱

---

① 当代观察家R. W. 劳森（R. W. Lawson）似乎也提出了同样的观点（参见他的《纽约诸银行与财政部》，刊载于《银行家杂志》，1902年11月号）。他这样写道，真正的问题不在于银行有没有达到25%的准备金要求，而在于"它们用其他75%做了什么事情"，尽管这显然不是表述这个问题的最恰当的方式。

② 同时，也有人发出了警告，这种警告可能来自被作者称为"严肃的银行界人士"的那些人（这种称呼也许体现了一种不那么科学的倾向）。这是令人感兴趣的问题：为什么这些人或者他们在媒体上的代言人，没有更加直言不讳？为什么当他们有机会发言时，他们谈论的却是菲律宾和其他实际上与形势无关的因素，而不是那些真正相关的因素？答案是——这个答案对危机机制具有一定的重要性——他们不能坦率地发声。如果我们本着务实的精神，想象一下这样一个由职责和利益编织而成、任何商人都不能置身事外的人际网络，就能理解这一点：直白坦率的言辞可能暗示了对那些能够表达自己不满的群体的某种约束，也可能冒犯了那些热衷于投机的公众，后者也许会将可能发生的任何不幸事件归咎于发出警告的那些银行家。

格拉周期在康德拉季耶夫周期中的位置决定的)。整个1902年也是如此，这一年还见证了"钢铁荒"。1901年和1902年的小麦丰收是一个有利的外部因素。但是，这条路充满了金融动荡，其中最重要的是我们已经注意到的投机狂潮的爆发以及对它的反应——以北太平洋铁路公司买断事件为核心。不过，这些金融动荡虽然扰乱了国际货币市场、干扰了国内银行体系的正常运转，但是它们并不能抹平工业过程内在的节奏。对此，我们可以这样解释：这是一次通常的朱格拉萧条，被潜在的康德拉季耶夫扩张所缓解，它始于1903年初，一直持续到1904年底，而所谓的"富人恐慌"则是它在金融领域的补充。随后不久就出现了复苏，而且在那种情况下没有理由对复苏的强劲感到奇怪，同时这种强劲还可以认为是导致一个短期的反作用出现的原因。从这个短期的反作用开始，或者说源于这个反作用的复苏，将完成这个朱格拉周期的第三个基钦周期，从而把我们带到1906年中期。

随后，经济在1906年下半年出现了强劲的上行，然后一直保持在平稳水平，直到1907年秋。但是它与工业上的任何新过程都没有什么关系，而且在那一年余下的时间里它又突然被看上去像是严重萧条的局面取代，紧接着在1908年就快速出现了复苏（只是稍稍显得不那么突然）。1909年则表现出了一次常规的繁荣所有的特点，不过在性质上比第一个朱格拉周期稍显温和一些，这也正是我们根据它在康德拉季耶夫周期中的位置应该预料到的，虽然我们不能预料到1910年和1911年的反复会出现得如此之早（而且必须追溯到以前的无规律性的余波）。1912年是经济形势很好的一年，这无可置疑；而在1913年和1914年，经济系统就滑向了一个可以称为正常的朱格拉周期的萧条阶段。[①] 因此，尽管不是完全没有外溢，但上述无规律性主要局限于1907年和1908年，即1907年的金融危机及其后果。这种危机是一种间接性的事件，它不属于我们的模式。此

[①] 对于我们给出的素描，读者应该与索普先生对各个年份的描述比较一下。在他的描述中，从1898年到1908年这个时期（首尾这两年都包括在内），关于"繁荣"的分级出现了五次，对有条件的繁荣的描述出现了四次；而在1909年到1914年间，前者出现了三次，后者则没有出现。这就很好地表达出了两个时期之间的差异。

外还应该补充一点，一旦我们接受这里给出的解释，那么就可以理解承载了第二个朱格拉周期的工业过程的开始应该会被这个危机推迟，正如如果不是发生了危机，而是发生了一场规模足够大的自然灾害或社会动乱，同样的影响也是可以理解的。这是因为，与后一类事件一样，这场危机破坏了均衡的邻域，从而干扰了从那里启动的创业活动。同时，我们还可以得出这样的结论：我们不应该接受一个从表面上看似乎"发育过度"的基钦周期——如果我们按照从波谷到波谷的方法分期，那么这个基钦周期就会扩展为从 1904 年到 1908 年——而应该允许 1906 年出现的那条凹痕将那一年一分为二，让第一个朱格拉周期在那一年（年中）结束。

我们不会详细讨论 1907 年危机的细节，也不会讨论当时处理危机的方法。但是，由于我们的诊断把它的强烈程度和它所发生的时间完全归因于金融部门的行为，因此似乎有必要对这种诊断加以辩护和解释。关于第一点，即对这种诊断的辩护，只需回顾一下 1898 年以来发生的各种事件（前面已经给出这些事件的要点），显然就可以发现大量支持性证据。特别是，我们应该注意到，从一开始，金融引擎就是由那些最接近方向盘的团体和个人掌控的，而且是以一种非常容易产生足够多的故障的方式掌控的；同时，对于那些团体和个人来说，所得到的结果又提供了充分的诱惑，导致他们不断扩大原规模来重复滥用这种地位。因此毫不令人意外，当重大崩溃最终发生时，就不会仅仅限于证券交易所和银行，还会使经济过程陷入瘫痪。但是这种"萧条"持续的时间相当短，而且正如卡尔·斯奈德（Carl Snyder）先生多次指出的，萧条程度也不如我们根据一些指标（这些指标赋予受影响最严重的行业的产出很高的权重）所推断的深，或者说也不如根据金融灾难的强烈程度所预期的深，这些事实都支持了我们的观点，即这并不是我们所说的意义上的萧条。我们也不能以这是一场国际危机为由来反对上述分析。对于德国和其他几个国家（例如埃及），我们可以证明同样存在着非常类似的情况，并证明它们在很大程度上自主地产生了类似的结果，而且这种同步很容易用原先存在的金融关系来解释。至于所受影响小得多的世界其他地区，这些关系——以及美国的过度投机的影响——足以解释所发生的危机。事实上，在关键时刻，外国资本在美国证券交易所和货币市场上发挥了相当大的作用。

因此，如果这个诊断是可以接受的，那么就可以得出结论：除了那些任何一个危机的表象之外，1907年的危机与1873年或1929年的危机没有任何相似之处。从后两个危机中发生的萧条的性质和持续时间来看，这一点其实是显而易见的。1907年的危机与1857年的危机有更多的相似之处。不过，我们不应该过于重视这样的细节，即上述每一个危机似乎都是围绕着某个重大破产事件而展开的——在1907年是尼克伯克信托公司（Knickerbocker Trust）于10月22日宣告破产。[①] 相反，更加重要的是，1907年和1857年的危机都发生在康德拉季耶夫周期的前半部分。读者应该早就注意到了，这个要点可以涵盖这两个危机中的很多事实，而且在很大程度上解释了它们之间的相似性以及它们与在其他情况下发生的危机之间的差异性。然而，这种类比不应过分强调。这两个危机在各自的康德拉季耶夫周期中的位置也并不完全相同。1857年的危机发生在一个相对较晚的阶段，因此，它可以在更大程度上用演化过程的基本阶段来解释。但是，关于资本主义引擎为何会出现如此惊人的故障，以及如何预防或减轻这些故障，在这两种情况下可以得到的经验教训却是一样的——事实上，在所有发生危机的情况下可以得到的经验教训都是一样的——尽管这类经验教训总是会被人遗忘。

这个解释是成熟的。因为我们的诊断说明了1907年金融危机的发生是由于周期性演化过程的正常运行受到了干扰，不能归因于外部因素，而只能归因于金融工具的系统性滥用。这种说法——资本主义过程受到了某

[①] 作者这么说并无意暗示尼克伯克信托公司的破产启动了任何事件。恰恰相反，它几乎没有给人留下什么深刻印象，甚至也没有在证券交易所引起恐慌。这不仅是因为股票市场即将得到很大的支持、美国财政部和一位重要银行家所采取的行动，也是由于股票市场在此之前的整体趋势。从1906年初开始，股票市场就开始走弱，甚至可以说出现了一个熊市。到1907年3月，当猛烈下跌阶段结束，股票市场再次反弹，直到4月的第二周。的确，在那之后，直到11月12日，股票市场几乎没有间断地持续下降，成交量也在萎缩。之后出现了短暂的反弹，接着小幅下跌，又再次反弹，然后出现更小的下跌——这一切都发生在12月。1908年1月的上半月，股票价格有所上涨，然后开始下降，直到2月中旬，之后开始了一个强劲的反弹。这是我们经常说的股票市场进入"反复市道"的一个非常好的例子，也说明了如下道理：证券交易所的波动不能由它自身的"动力"造成，也不能在没有更深层次的原因时就发展成灾难。

个因素的干扰，这个因素又产生于资本主义过程本身——显然提出了一个方法论上的问题。不过，我们在前面关于企业合并的讨论中已经指出在何种意义上这样做是合理的。任何经济制度或社会制度都有自身的逻辑和内在于自身逻辑的标准。符合这个逻辑和这些标准的行动所产生的影响是一回事，背离这个逻辑和这些标准所产生的影响又是另一回事。就人类行为而言，符合上述逻辑和标准的行为必须与背离上述逻辑和标准的行为分开来考虑，因为两者同样真实。这应该也可以解释为什么我们可以把对制度的滥用与对制度的正常利用区分开来，而不用做出什么道德判断或其他任何价值判断。前一个术语（滥用）的目的仅仅在于表明这样一个事实，即行为偏离了源于经济系统的结构的标准。当然，如果某种特性被称为"偏离系统的逻辑"（它在道德上不被认可是一个事实），那么可能就意味着一种关于系统的"护教学"式的观点。无论是资本主义的捍卫者，还是社会主义的捍卫者，都无法摆脱这种诱惑。但对我们来说，唯一重要的问题是，这种区分是否得到了事实的支持，并且反过来有助于阐明这些事实。如果答案是肯定的，那么对制度的"错误"处理就可能会导致崩溃（就像外部因素导致崩溃一样），而且这种性质的干扰不仅可能自动地发生在金融领域，也可能自动地发生在经济活动的其他领域。

九、英国 1914 年以前发展的特点和基本轮廓以及周期各阶段

在英国和德国，当我们谈到一次康德拉季耶夫繁荣和一次康德拉季耶夫衰退的开始时，我们脑海中会出现的所有事实在这 16 年里都非常清晰地呈现了出来。这两个国家的短期波动大体上与美国的短期波动吻合。基本工业过程的根本相似性（similarity）或者说相同性（sameness）是不容置疑的。因此在这里，对于英国和德国，我们只需以我们对美国的演化过程的概述为背景，简要地提一下若干对它们来说更重要的特征即可。

英国的情况与本节引言指出的情况形成了鲜明的对比。无论更深层次的原因是什么，只要看一下生铁或钢材产量的变化率曲线，我们就能清晰地看到这种差异的本质。生铁或钢材的产量在 1898 年只出现了微弱的增长，而且在整个时期表现出来的"活力"都要小得多。与此互补的是资本

输出实现了强劲增长（根据 C. K. 霍布森先生提供的数字）。在外国，特别是在殖民地，创办企业和对外贷款实际上是这个时期的主要特征。对橡胶、石油、南非的黄金和钻石、埃及的棉花、糖等产业的融资，对灌溉系统的投资，对南美洲（阿根廷）土地的开发投资，对日本的融资，以及对各殖民地社区建设的融资（对殖民地市政建设的融资，尤其是加拿大），都是很好的例子，可以说明英国参与那些导致了康德拉季耶夫繁荣的工业过程的方式（而只在更低的程度上通过国内发展来显示）。伦敦的货币市场实际上主要关注外国和殖民地的问题[①]，关注程度在英国其他地方或任何其他国家都是前所未有的。特别是那些大型证券发行公司，它们几乎专门从事这项业务，管理甚至有时操纵市场，几乎完全不涉及与国内工业相关的问题。尽管如此，铁路公司仍然与伦敦的货币市场保持着联系，其他老牌工业企业也不时求助于伦敦货币市场。然而，即便是在 1897 年、1898 年、1907 年、1911 年和 1912 年这几个经济活动频繁的年份，新工业企业也只占资本发行总额的一小部分。[②]

因此，我们得到的印象在某种意义上确实有一定的误导性。工业企业的资本供给主要集中在省级中心——在一定程度上是在省级证券交易所，但在更大程度上是在富裕家族的财富继承和积累过程中，这些家族更喜欢私人企业甚至合伙企业。诱致性扩张所需的资金主要来自留存的利润；例如，科尔温（Colwyn）的报告指出，除了所得税之外，企业从（所得税税前）利润中留下来的金额有 9 600 万英镑，这相当于 1912 年的 3.12 亿英镑。信托公司和投资公司也为工业企业提供了一些资金（这两类公司的重要性在此期间大大增加）。但是，无论英国的特殊条件和惯例能够在多大程度上解释这些，我们还是认为英国国内为创新提供的公共融资如此之少的主要原因仍然在于没有多少创新项目值得为之融资。

---

① 1889 年和 1893 年的《受托人法案》（Trustee Acts）以及 1900 年的《殖民地股票法案》（Colonial Stock Act）将受托人的权力扩大到将受托资金投资于英国市政当局和殖民地政府的股票。由于信托基金在英国这个"老钱之国"的地位举足轻重，因此这些措施的意义是非常重大的。

② 请参见，拉文顿（Lavington），《英国货币市场》；鲍威尔（Powell），《货币市场的演变》。当然，这种熟悉的画面在《经济学人》或《金融时报》等报刊的版面上也很显眼。

在这里，我们将回顾一些关于橡胶工业的许多人都不陌生的事实。①这个领域最大的创新是橡胶种植（至于橡胶制品的生产，正如前面的章节已经指出的，当时在英国已经是一个成熟的工业部门，它确实在那个时期继续得到了发展，但是不需要加以评论）。1876年，橡胶树的种子从巴西被走私到了英国，当时巴西是全世界最主要的粗橡胶生产国（直到20世纪第一个十年结束）。尽管种植园生产的橡胶在成本（包括运输成本在内）和质量（纯度）方面都有显而易见的优势，尽管价格的波动一直呈现上升趋势，但是在25年的时间里，橡胶种植没有取得任何进展。这成了说明创新方式的一个很好的例子。首先要克服的困难是，橡胶种植需要相当大的投资和很长的培育期：从种植到第一次收获乳胶，时间间隔长达4～7年，而且要10年之后才能达产，最高产量更是要20多年后才能达到。这个领域的创业活动始于19世纪的最后几年，但是直到1905年，所有种植园的总年产量只有150长吨（相比之下，巴西的总年产量则超过了3万长吨）。但是不久之后，来自汽车工业的新需求爆发了，1910年前后出现了一次"橡胶（种植园）繁荣"。这完全是英国人的成就，因为在荷兰人于1912年开始种植之前，所有的种植园都归英国人所有。但是到1910年，英国人所拥有的种植园的相当大一部分产权已经转到亚洲人手中，而这些非英国人的行为与巴西的咖啡种植者完全一样。我们可以看出，由于可用的地区实际上是无限的，所以战后形势的根源在那个时候就已经存在。1910年后，价格在激烈的竞争中突然下跌（这是因为种植面积在种植园繁荣之前就已急剧扩大——在1909年就超过了巴西）。这种竞争一方面实

---

① 在这里，作者要感谢如下论著：C. E. 埃克斯（C. E. Akers），《巴西和东方的橡胶工业》（伦敦，1914年）；大卫·M. 菲加特（David M. Figart），《美国和橡胶禁运》宣传小册子（纽约，1926年）和《中东的橡胶种植业》（美国对外及国内贸易局，贸易促进丛书，第2辑，华盛顿，1932年）；C. E. 弗雷泽（C. E. Fraser）和G. F. 多里奥（G. F. Doriot），《分析我们的产业》（纽约，1981年）；J. C. 劳伦斯（J. C. Lawrence），《这个世界的橡胶斗争》（纽约，1981年）；纽约国民商业银行，《印度的橡胶》（油印本，1919年）；威廉·奥尔顿（William Orton），《橡胶：一个案例研究》，刊载于《美国经济评论》，1927年12月，第617页及以下诸页；J. W. F. 罗（J. W. F. Rowe），《对原料供应的人工控制的研究》，载于伦敦与剑桥经济服务局负责的《橡胶特别备忘录》，1931年3月；美国对外及国内贸易局，《贸易信息公告》，27，180；查尔斯·R. 威特尔西（Charles R. Whittlesey），《政府对粗橡胶的控制》（普林斯顿大学博士学位论文，1931年）；唐纳德·威廉（Donald Wilhelm），《橡胶的故事》，世界出版社，1927年1月；众议院听证会，第68届国会，1926年1月6日至22日。

际上将野生橡胶挤出了市场，另一方面导致利润消失。在我们讨论的这个时期，利润和股息从1910年的高峰一路下行，直到战争需求在短期内将它们拉高一些。

从很多方面来说，这段历史都是很典型的，而且非常容易用我们的模型来解释，特别是利润的本质、出现和消失，都可以得到完美的诠释。橡胶对英国的康德拉季耶夫周期的第一个朱格拉周期的较小贡献和对第二个朱格拉周期的相当大的贡献，就像作为那个时期的"承载性"创新之一的汽车与周期之间的关系一样清晰。但是，还要再补充三点。第一，非理性行为的因素一直存在，而且异常高涨，不仅在本土种植园主中如此——这种情况在战后反而变得更加突出，因为在所有荷属印度殖民地遍布着橡胶种植园[①]——在英国的创新推动者和资本家中也如此。橡胶热本来早就应该告一段落——1910年3月，超过1.2亿英镑的橡胶股票被出清（请参见奥尔顿，前引论著，第623页）——当时形势其实很明显，因为"从1910年的橡胶种植面积来看，已经能够提供是当年全球总供给量两倍的产品"（出处同上，第627页）；同时，资本问题本应该在1911年就达到最高点，对于这些，无论对需求曲线弹性和向上移动趋势的预期有多么强烈，也无论成本的降低有多大的想象空间，都无法使之合理化。第二，这个例子由于涉及资本向非资本主义国家和地区的输出，因此可能很容易被误用为证明新马克思主义的帝国主义理论的一个实例：资本从剩余价值率不断下降的某个古老的资本主义国家逃离，到海外半开化的或完全未开化的国家寻找新的剥削劳动者的机会。当然，这里并不存在任何这种东西。在这个例子中，资本之所以流向了马来亚，不是因为任何如新马克思主义者所说的经济社会学机制，而只是因为橡胶树只能生长在那里，无法移植到挪威。第三，实施这种创新所需的英国的生产品和消费品，其重要

[①] 有人认为，橡胶种植的资本要求是相当高的。但是这只适用于大型种植园。举例来说，爪哇本地人的小规模橡胶种植几乎不需要任何资本，基本上用不着考虑任何劳动力成本。此外，作者的个人印象是（1930年），任何管制产量的尝试都会遭到当地人的误解和抵制；而且，仅仅是这种强制性政策本身就有可能带来某种效应，使得当时（至少是在那一年）本来已经很微妙的政治局势变得难以控制。

性是不足为道的。除了橡胶进口数量的增加和价格的下降之外,这个过程只涉及英国的金融领域。新巴西的崛起和旧巴西的衰落都发生在国外。因此,通常会伴随创新而来的许多现象在英国都没有出现,而其他一些现象虽然出现在了英国,也是以不同的方式出现。这并不会影响我们的模式的解释力,但是在应用它时必须考虑到这一点。

还可以举出另外几个有关创业活动的例子,但是它们都不够大胆和成功。而且英国在各个基本的创新领域都明显落后于美国和德国。汽车工业缺乏任何可以与福特汽车公司的成就相比的东西,化学工业——尽管在已经建成的无机化学工业领域有所进展、除了接下来要提到的一个例外之外——也找不到任何可以与德国的进步相比的东西。至于英国的电力工业,更是成了私人企业家无法取得良好业绩的少数几个行业之一,以至英国国内各方面都承认由政府主动对电力生产进行规划有"明显的优点"。电力照明领域在80年代就有了相当大的发展,并延续到了我们现在讨论的这个时期;海上电缆行业也是一样。在这些方面都没有太多的创新。公共供电系统生产电力,称得上一种"伟大的新事物",但是发展速度非常缓慢,直到1913年仅为25亿千瓦时,投入的资本也只有大约6 000万英镑。然而,钢铁工业、造纸工业和化学工业则都实现了电气化。工业消费者自备发电厂生产的电力也相当可观,尽管在许多情况下这种发电对煤炭的浪费极为严重。在这个时期,英国电气技术产品的生产和出口并不是十分重要,但是部分由市政企业主导的电车和地铁却取得了长足的发展。战争期间令人失望的经历带来的其中一个结果是1919年的《供电法案》(Electricity Supply Act)。与美国和德国相比,在英国相对重要的是原有工业的发展。啤酒厂和自行车企业继续扩大生产规模(这在上一节有提到过)。20世纪初见证了零售企业和贸易公司的蓬勃发展,同时还出现了一个建设热潮。但是所有这些(以及其他项目)都更多地属于增长和诱致性扩张的范畴,而不属于创新的范畴。

在这里,我们还可以总结一下对人造丝生产的若干评论。人造丝是化学工业的一个分支,它很好地说明了化学创新(就像电气化或铁路创新一样),是如何彻底地改变经济有机体中似乎过了创新阶段的许多部门的面貌的。我们将把三个国家放到一起讨论，同时为了简洁起见，我们暂且不考虑短纤维（从化学的角度来看，短纤维与人造丝是一样的，两者的不同之处在于短纤维要切成棉花和羊毛纤维的长度，然后用通常的纺织机械制成纱线），也不考虑其他特殊的化纤产品，如人工马鬃。人造丝技术的发展可以追溯到列奥弥尔（Réaumur，1734年）和尚贝恩（Schönbein，1845年）所发现的硝化纤维素和胶体。直到今天，人造丝的所有生产方法的基础仍然是一种实用的硝酸盐工艺，这种工艺是由瑞士人奥德玛尔（Audemars）发明的，后来由斯旺（Swan）加以完善。最初，这些产品只用于煤气照明，规模很小。一位杰出的企业家——他属于那种最典型的企业家——解决了商业化、组织化的问题以及其他一些技术问题，使得这些产品最终大获成功，他就是夏尔多内伯爵（Count Chardonnet）。他明确了硝化纤维素的生产流程，并在法国和瑞士设立工厂进行生产，从而成为硝化纤维素行业的创始人（可以说他比任何其他人都更全面地体现了行业创始人这种说法的含义）。夏尔多内伯爵是我们所说的"新人"——不久之后，许多人追随他的脚步在这个行业创业。

然后，在适当的时候，诱致性改进和替代方法登场了，那就是铜铵法。这种生产工艺是由M. 弗雷梅里（M. Fremery）、乌尔班（Urban）和布朗涅特（Bronnert）于1899年发明的，它在德国被称为格兰茨斯托夫法（Glanzstoff），由位于埃尔伯费尔德的弗里尼格特·格兰斯托夫联合工厂（Vereinigte Glanzstoff Fabriken A. G.）率先采用，还有一个变体是锡尔-本贝格工艺（Thiele-Bemberg process）。铜铵法所用的原料与硝化纤维素法和最新的醋酸盐法是一样的，即棉和废棉。出现在英国的一种变体则为粘胶工艺——由比文（Bevan）、比德尔（Beadle）和斯特恩（Stearn）发明——它以纤维素为原料，由于具有成本优势，是所有国家中使用最广泛的方法。最基本的创业理念最初很简单，那就是为大众生产廉价的"丝绸"。因此，在1913年，用于生产袜子和长毛绒制品的人造丝占到总工业消费量的55%（而在1924年，这一比例仅为25%），当时美国关税委员会估计的世界总产量大约为2 900万磅，而且价格与丝绸价格严格同步变动。这种情况一直持续到了1924年。然而，到那个时候，人造丝已经从作为丝绸的廉价替代品这一卑微角色中脱颖而出，并凭借自己的力量征服了更加广阔的领域。

上面讨论的只是技术意义上的创新（而不是经济意义上的创新），对于它，可以正确地描述为引入一种新的原材料。因为向公众提供的主要是消费品的成品或半成品，而不是原材料。原材料是提供给现有的纺织业的，虽然棉花产业、丝绸工业和羊毛产业都在一定程度上利用了它（在1913年，人造丝总产量的25%是由丝绸和棉花纺织工与羊毛产品的制造商消化掉的；到了1924年，这个比例进一步上升到34%）。我们必须从人造丝生产商主要是一种全新类型的纺织品生产商这个事实出发，来看待它们与"旧人"相互竞争的过程和被系统吸收的过程。而且，它们的新产品不仅满足了对纺织品不断增长的需求，而且征服了以前的"无人区"，为纺织业带来了净增长。因此，我们暂且先不提如下事实：决定性的质量改善和大规模的数量扩张是下行阶段的发展，所以创新对现有工业结构的影响是温和的，而且如果在战时繁荣时期可能的抑制作用没有失去，那么也会如此。从价格的走势来看，还需做出进一步的说明。直到战争发生，价格的变动趋势反映了一个新行业所特有的寡头垄断局面——然而，战争使价格达到了一个空前的高峰，在那之后，它们就开始几乎不间断地下降，尽管伴随着周期性波动，仍然一直在向世界危机的谷底靠拢（在1924年前后跌破了战前水平）。一方面，真正成功的企业寥寥无几，同时专利权和行业经验又使它们相对于潜在的和实际的竞争对手具有决定性的优势，这让它们感到在这个领域暂时可以安全无忧。另一方面，这个领域也必须得到发展，因此如上文所述，这种产品被视为一种替代品。

这些情况——以及其他一些情况，例如原材料没有出现重大波动——使我们观察到的有序推进得以实现；而且谨慎行事不会使这种有序推进失去任何活力。因此，对于这些企业来说，几乎都没有互相争斗、破坏对方市场的动机，因此也就不会出现戏剧性的井喷和崩盘。虽然说是例外情况，但这是一个很好的例子，足以说明创新的基本要素不受外来或偶发事件的扭曲。在创业成功的情况下，企业家的利润很高，能够迅速提供非常良好的财务基础，同时从长远来看，消费者的利益可能比在无组织的市场中进行的完全竞争下或卡特尔式的计划下更能得到满足。而且，我们还可以立即补充一点，战后的事态发展也具有基本上相同的特点。例如，在美国，美国粘胶公司（American Viscose）的利润水平，吸引了数十家人造丝企业进入市场，但是只有三家企业（它们都属于欧洲企业）获得了商业上的成功。这三家企业中的两家——塞拉尼斯公司（Celanese）和工业人造丝公司（Industrial Rayon）——与美国粘胶公司一起，占据了美国这个行业全部产量的大约90%（1929年，美国的产量达到了意大利的2倍以上）。在下行阶段，典型的产出扩张也带来了同样典型的利润下降，然而，直到1930年，利润仍然维持在异常高的水平上。

我们的概述足以表明，由于英国国内各产业的发展（在我们看来）相对较弱，因此1897年至1913年的英国经济史不能用我们的模型来描述——它也是在我们的材料所涵盖的这个时期中唯一这样的国家。相反，对于英国，我们得到的是一个引致性发展和增长的画面——让我们再次强调一下，这可能要为英国经济学家对经济过程及其货币补足物（monetary complement）所形成的一些概念负责——这种发展和增长是通过积累下来的财富的回报来融资的；由于部分财富投资于海外，因而系统的"供料器"分布在全世界的各个地方，对外国的繁荣和衰退特别敏感，因此在那些年里外国的繁荣和衰退"往往成了英国经济状况的主导因素"。而且其他干扰因素，如布尔战争或劳资纠纷，发挥的作用也比它们在国内产业如果蓬勃发展的情况下本来能发挥的作用要大得多。从第二个康德拉季耶夫周期的最后一次朱格拉萧条中复苏的势头很强劲，而且正如我们所看到的，显示出了一些在之后一段时间内将会变得更加突出的特征（矿业繁荣、啤酒业繁荣、建筑业繁荣）。因此，我们是否能够将1897年描述为经济复苏的最后一年，而不是新的康德拉季耶夫周期的第一年，是值得怀疑的。① 然而，如果我们相信生铁产量、统一公债的价格等指标，并决定支持前一种分期方法，那么我们就会得到一个为期两年半的繁荣时期，从

---

① 索普先生认为1897年是一个"无条件繁荣"之年。

1898 年初到 1900 年第二季度末。

另一个长期的繁荣时期始于 1909 年秋，并持续到了 1913 年秋。但是，这两个时期都是国内工业全面进步的时期——此前，工业的进步由于各种各样的"外部"原因而落后，例如罢工、出口目的地农作物歉收、敌对性关税等——而且主要受外国的进步影响，几乎完全与国内的重大创新无关。1907 年的危机，以及它之前的迸发和之后的萧条，还有出现在 1908 年第三季度的失业高峰和随后的迅速复苏，显然都由世界上最伟大的银行家、投资者、交易员、承运人等对一系列（不是由他们启动的）事件的反应所致。也只有在这个意义上我们才可以说在英国的情况下也有两个朱格拉周期：一个是完整的朱格拉周期，从 1898 年到 1906 年中期，其繁荣阶段持续到 1900 年中期，衰退阶段则持续到 1902 年，萧条阶段则涵盖了 1903 年至 1904 年，此外，还包括那个有点可疑的"第三个基钦周期"；另一个是不完整的朱格拉周期，从 1909 年中期开始，其繁荣阶段持续到了 1911 年的夏天，衰退阶段涵盖了那一年的剩余部分、1912 年和 1913 年，萧条阶段从 1914 年初开始。① 这两个朱格拉周期之间的 1907 年和 1908 年是一段插曲。

十、德国 1914 年以前发展的特点和基本轮廓以及周期各阶段

美国和英国之间的鲜明对比令人惊叹，同样令人惊叹的还有英国与德国之间的相似性。如果再考虑到这两个国家无论是在国情、社会框架上还是在观念立场上都有很大的差异，那么这种相似性就会更加令人印象深刻。这种差异的部分表现我们在前面提到过了，例如在军备、社会改善措施和财政政策等方面。我们在这里还要再提一个，即 1896 年 6 月 22 日通过的《股票与农产品交易法》（Stock and Produce Exchange Act）（Boersengesetz）。它不仅禁止粮食的远期交易，而且禁止矿业和制造业企业股

---

① 请参考施皮特霍夫教授的评论，前引论著，第 56 页至第 59 页；索普先生的年鉴资料。后者（索普先生）注意到了 1911 年的"进步速度放缓"。而且，当时被誉为纪录之年的 1906 年和 1912 年，也都不是我们所说的意义上的"繁荣"之年。如果我们没有忘记我们的术语的含义，那么就没有理由反对这一点，虽然我们的分期方法可能很难避免各种以其他理论为基础提出的怀疑。

票类似投机的买卖（Terminhandel）。此外，它对那些合法的投机活动施加了各种各样的限制，以期从总体上制止证券交易所的投机活动。但是，这项立法可能没有达成它的目标——至少没有达成所有的目标——但它所表达的官方在道德上对赌博式投机的反对是非常重要的，并且规定了一些规则来限制过度投机行为（而这种行为从来没有达到过像在美国那样的程度）。当然，它非常重要[①]，足以成为经济状况序列的一个重要因素。公众既有投机手段又有投机倾向，并且是由所谓的"高级银行"（haute finance）所引导的，后者长期处于被迫抛售证券的压力之下，这与美国的情况大致相同。即便是具体的刺激因素也有一些相似之处。例如，虽然德国钢铁企业联合会（Stahlwerksverband）的成立（1904年3月）并不像美国钢铁公司的成立那样需要进行大规模的金融交易，同时虽然它在工业上不意味着同样的事情，但它还是引发了投机冲动。在普鲁士商务部（Prussian Ministry of Commerce）于1904年7月出价要买下爱尔兰矿业公司的股东手中股票的过程中（以普鲁士统一公债付款），尽管没有出现与哈里曼发动的收购战相同级别的收购和反收购行动，与在那场收购战中发生的某些事件相似的现象还是出现了。这次收购行动可能带来的各种影响——例如，控制权争夺战爆发的可能性等——导致煤和铁公司的股票急剧上涨。这种类比并不限于个别的例子。基本工业过程也有相似之处，而且呈现出了组建大型企业的趋势和进行更大的合并运动的倾向，尽管前者显得不那么抢眼（这是因为在铁路领域，这项工作此前已经几乎由政府企业完成），同时后者也没有扩散到整个工业有机体。

由于我们在前面的章节中描述过的那类大型"兴业银行"占据了主导地位，因而金融实践也有所不同——不过这种不同更多的是表面上的，而不是根本性的。早在我们讨论的这个时期开始之前，那些兴业银行就确立了自己的地位和行事惯例。它们直接参与和"赞助"创业活动，促进企业

[①] 从其中的登记条款可以很明显地看出，政府试图让私人投机者蒙受"污名"。当然，通过现金交易和借用外国金融中心来规避立法意图并不困难。此外，虽然关于粮食（以及碾磨后的粮食产品）投机的条款是基于对投机在定价过程中所起作用的普遍看法制定的，但这种看法显然是错误的。在这里，我们对这些方面和其他方面的具体细节并不感兴趣，重要的是这项立法的精神。

上市（并经常在此过程中采取主动），发展出了利用承兑信贷来为长期投资融资的技术。在德国，唯一以破产收场的重要银行是莱比锡银行（1901年）。其他大型银行从来没有陷入过严重的困境，甚至几乎没有留下"偶尔受伤后的伤疤"。这不仅是因为它们的规模和地位，也是因为如下事实：它们的业务无论与英式原则有多大的不一致，在我们所说的意义上都是合理的（或者说，在我们讨论的这个时期变得合理了）：通常，它们只为合理的计划提供资金，它们会仔细研究所有计划，并且能够看透这些计划。就这一点而言，这个时期后半段的德国银行业也许是银行在演化过程中所能扮演的角色的最好例证——顺便说一句，这样也就回击了有人声称银行的角色必定始终与必将导致崩溃的滥用行为联系在一起的观点。① 不过，在这些主要银行之外，情况就不同了。抵押贷款银行是一个特别薄弱的环节。1900年，普鲁士抵押贷款银行（Preussische Hypothekenbank）和德国抵押贷款银行（Deutsche Grundschuld Bank）破产倒闭；1901年又有其他一些银行破产——这些事件说明了不注重贷款目的的贷款行为的后果。然而，在破产之前，以预期增值为贷款条件的投机建筑商及其金融资助者已经在通往现代住房条件的道路上迈出一大步。

正如在美国一样，有一点非常清楚，电力在那个时代的工业生产过程中是占主导地位的因素。一方面是直接的作用，另一方面是通过在整个工业领域诱导出来的所有东西发挥的间接作用，发电厂和电力工业构成了整个经济系统的基本条件和脉搏。而在现实中，所有症状性的数量变化都是通过当时银行业的观点与它们联系在一起，例如，利率的变化与电力和电气化的资本要求。1909年以后，工业就开始决定性地被电力"渗透"（不过，农业被电力渗透的程度要低得多）；在第一个朱格拉周期，照明和有

---

① 这一点值得进一步详细说明。1902年以后，对于工商企业（而不是对证券交易所），这些银行在困境中成了力量源泉，在繁荣中则发挥了调节缓和的作用。同时，至少在某种程度上，它们成功地阻止了欺诈行为或不计后果的项目推广。如果它们像英国的储蓄银行那样置身事外，就不可能做到这一点。尽管可以列出一份包含令人心惊的错误和可疑做法的案例清单，但是，对于那些针对这类机构以及它们将"常规"银行业务与长期投资融资相结合的独特方法的批评，也必须加以重新评估。说战争中断了一种发展过程，而这种发展本可以像任何银行体系所希望的那样有效地"控制"经济波动，也许算不上过于冒险。其中一些方面（尽管不是全部方面）仅仅与个体银行机构和银行分支机构的规模有关。

轨电车仍然是最重要的项目。我们必须记住的是，虽然技术基础已经完全奠定，但是还有一些对大规模成功至关重要的问题尚未得到解决：在这个时期开始的时候，电力的长距离传输（O. 米勒，1891 年）仍然只限于中等强度的电流；电化学工业还处于初级阶段；电工钢生产方法（1899 年）还没有发明出来；不同种类电流的相对优点仍然处于研究当中；水力发电还不发达（在德国出现的时间比在美国更晚）；电力在与蒸汽的竞争中处于不利地位；电的成本是如此之高，以至只有那些对价格相对不敏感的需求来源才有可能被挖掘出来。

第一个朱格拉周期基本上消除了这些障碍，也见证了最初的盛衰。当时的创业活动是以电气制造为中心的，而且供电企业的发展正是由制造企业及其银行伙伴促进和融资的。这个领域的创业活动的第一次爆发，就像美国的铁路繁荣一样，超出了当时的可行范围，早在 1900 年就使这个行业陷入了危急的境地。不过，大量破产和合并事件［例如，德国通用电气公司-联合公司（Union）；西门子和哈尔斯克公司（Siemens and Halske）-舒克特公司（Schuckert and Co.）］很快就清理干净了"场地"，发展迅速得到了恢复。然而，合并运动仍在继续，例如，费尔滕和吉列乌梅公司（Felten and Guilleaume）与电力公司（Elektrizitäts-Gesellschaft）——后者前身为拉梅耶公司（Lahmeyer）——于 1905 合并，然后合并后的公司又在 1910 年并入了德国通用电气公司。这些新出现的"巨人"继续到处征服，在很多情况下都越过了电力领域的边界。例如，德国通用电气公司不仅称雄于电车、供电等行业，而且进入银行业和其他非电力行业并获得了丰厚的收益。因此，在战后，产业集中化和利益共同体化（Interessengemeinschaften）的趋势和轮廓清晰可见，这在重工业中尤其突出。这些行业后来发展出了如施廷内斯（Stinnes）这样的巨型企业集团——其中包括西门子-莱茵贝尔-舒克特-联合电力公司（Siemens-Rheinelbe-Schuckert-Union）以及电力公司-蒙坦信托（Elektro-Montan Trust）。尽管还是有一些比较大的企业——如伯格曼电力公司（Bergmann Elektrizitätswerke, A.G.）、布朗-博韦里公司（Brown-Boveri, A.G.）——以及数百家电气技术企业仍然保持了独立，但我们还是可以说，在我们讨论的这个时期结束时，电气行业已经由德国通用电气公司和西门子公司完全支配。这两家企业达成了一种默契（modus vivendi），通过分工（分工主要体现在强电行业-弱电行业上，同时也体现在地区上）和合作，共同或单独垄断了德国电气市场，还与许多国外企业建立起了新的关系。到 1914 年，建立一个全面的国际电力卡特尔的时机似乎已经成熟。

电力企业的核心在于"电力金融"。只有那些最大的企业才能承担起开发"电流"这种产品的任务，而且即便是那些企业也知道没有什么问题比在经济上能够自我维持和独立更加紧迫的了。早在 1914 年，那些制造业企业与它们的银行一起就已经控制了大约 40% 的"公共"供应。它们创立了金融企业和控股公司，并发行债券或信用票据，以已经建成的或即将建成的工程为担保。在这类企业中，有许多是一开始就打算从事"国际业务"的。有一家位于苏黎世，名为电气企业"银行"（"bank" for Electrical Enterprises）；还有一家是德国通用电气公司的附属机构，即柏林电力证券"银行"（Bank für elektrische Werte）；第三家是西门子公司的子公司，位于纽伦堡的大陆电气企业公司（Continental Company for Electrical Enterprises）。但与美国不同的是，德国同时还在相对较早的阶段就开始求助于公共企业。这偶尔会导致冲突，但是总的来说这种形式的"城市社会主义"（以及在省一级和州一级的相应机构）受到了制造业的欢迎。因此，出现了公有制或"混合所有制"的电力企业，它们利用公共机构的信誉来提供电力服务。各地的电站以及在长距离输电技术发展起来后出现的联网跨地区电站，到我们讨论的这个时期的临界点时就迅速地取代了孤立的发电厂。在 1900 年前后，无论是大城市还是小城镇，都已经由至少覆盖所在区域的电站提供电力。然而，发电厂的数量还是从 1897 年的 265 个增加到了 1913 年的 4 000 多个，其中大部分发电厂的规模仍然很小。大型电站（Grosskraftwerke）在我们所说的这个时期还没有出现，不过人们已经为它们的到来做好准备：公共供电站的装机供电能力，在 1913 年已经达到大约 1 500 万千瓦，然后在接下来的十年里又增长了一倍，尽管在此期间发生了战争并导致了严重的后果。同一时期，发电量则从 22 亿千瓦时增加到了 72 亿千瓦时。水力发电能力则达到了 70 万千瓦

(到 1930 年，提高到了 120 万千瓦）。

在此基础上，电器的生产和出口取得了辉煌的成功。这是一个众所周知的事实，不需要过多描述。我们知道，由于特有的传统和环境条件，德国为这项任务做了特别好的准备。在我们所说的这个时期的初期，电气技术已经成为一门应用科学，可以在实验室和学校里学习和发展。当前在德国的工业有机体中担任领导或主管职位的那些人（人数大约在 4 万和 5 万之间），大多数都接受过这样的训练，或者至少能够在一定程度上理解并采用工程师提出的科学建议，而且不少人自己就是出色的工程师。对于许多这样的人来说，在现有的大企业中就能轻而易举地找到致富和晋升的途径，因此他们认为自己去创建新的企业只不过是在浪费时间和精力。这样一来，激烈而多变的创业活动也就变成了那些企业的技术部门的近乎即时性的冲动，企业家在很大程度上变成了员工，各种创新产品在"比赛"中不断获得或失去垄断地位，这种"比赛"尽管从来不会显示出正式的完全竞争的性质，然而却会产生通常归因于完全竞争的所有结果。起初，德国的电缆、灯泡等产品就在世界上占据了主导地位；但是这种情况在此期间很快就扩大到几乎所有的电气工业部门，到最后，在全世界电气产品总产值中，德国占到了三分之一左右（1913 年）。目前还没有官方的估计数字，但是好几家私人机构给出的估计数都在 12 亿至 13 亿马克之间。

这种发展对冶金工业和化学工业的直接影响不如对机械工业的直接影响重要。发电机、电动机、变压器以及电力的使用，都需要新型机器，这个事实对机械工业来说意味着一个新时代的到来。但是机械工业自身也有独立的发展。燃气发动机（奥托和兰根）在此之前就打下了良好的基础，并扩展了应用领域，不过柴油发动机和汽轮机的发展则显得缓慢一些。此外，在各种各样的机床工具和仪器设备领域也有许多创新。机械工业的创业活动保留了许多过去曾表现出来的特征。中小型家族企业——往往是从工匠的店铺成长起来的（有时是在某个雄心勃勃的大银行的分支机构的经理的帮助下实现的）——仍然是机械工业领域最常见的企业形式，当然也有很多规模非常庞大的企业（即便在没有出现过大范围的垂直重组的重工业中也是如此）。在第一个朱格拉周期，机械工业的产值翻了一番，在

1913 年机器设备（包括锅炉及其附件在内）的出口总值达到了 11.45 亿马克，如果将电机也包括在内则为 12.31 亿马克。不过，德国汽车工业本身却不能被列为康德拉季耶夫周期上行阶段的主要"承载者"之一。虽然德国也是汽车工业领域中起步最早的国家之一，在技术上在当时也处于领先地位，但是由于它特有的经济结构，汽车在当时还没有进入可以大规模生产的阶段。1913 年，德国只生产了 2 万辆汽车（包括卡车）。

在电力领域的成功与在化学领域的成功是相匹配的，但电化学绝不是完全从电中获得新的可能性；恰恰相反，在那个时期，电化学的决定性成就，在冶金领域之外，只在康德拉季耶夫周期的下行阶段拥有数量上的重要性。在这个时期伟大的新事物是染料和药理学产品（虽然在前一个时期就已经预示它们的出现），现在得到了突飞猛进的发展。与在电器行业一样，是一个卓有成效的"学派"（李比希、霍夫曼、凯库勒等人），帮忙培育出了一大批"半科学家型"的企业家；而且，再一次，是这种类型的企业家的态度，而不是所需的资本，导致了大企业的出现，其中特别突出的一个人物是 J.G. 法本（J. G. Farben）。他不仅创办了"染料托拉斯"（Dye Trust），而且他的创业活动远远超出了化学工业的范围，进入了采矿业、纺织业和其他行业。此外还有许多较小的创新——或者说，在那个时期仍然不那么重要的创新，或仍然处于孵化阶段的创新——我们无法在这里一一加以讨论。因此我们将仅限于说明一个明显的事实，那就是，化学工业通过它的资本需求（它作为劳动力雇主的作用并不突出，尽管在变大）以及它的产出，对康德拉季耶夫周期的繁荣阶段的"点火启动"做出了重要贡献。接下来，我们不再讨论其他工业部门，而只简单地谈一下矿业和重工业。

这两个行业是当代很多研究的主题，它们都实现了令人印象深刻的扩张（生铁的人均消费从 1897 年的 133.3 千克上升到了 1913 年的 276.6 千克）。这种扩张部分反映了纯粹的增长，这种增长从那个时期建筑业的活跃程度、对铁路设备的需求等类似的指标中可以推断出来。这些指标尽管不是由增长因素完全主导的，但至少受其强烈影响。一些外部因素也有所帮助。但主要的动力还是来自电力和其他创新。因此，就像在其他国家一样,采矿业、钢铁制造业以及其他在技术上"邻近"的行业,主要经历了一种诱致性发展。然而,阿尔萨斯和汉诺威的石油生产——几乎完全由德国石油公司（Deutsche Erdöl Gesellschaft）控制——是新出现的行业,同时也正是在我们所说的这个时期,钾肥行业发展到了顶峰。在钢铁工业的创新中,我们要特别注意煤炭利用技术的进步,每吨煤炭的消耗量减少了一半左右。因此,煤炭作为一个（决定工厂选址的）区位因素的重要性也就随之降低了,于是工业开始迁移,有些企业选择在矿石产区建造新的工厂,有些企业选择在沿海地区建造新的工厂。但主要的创新是组织重组和集中化,相比之下许多技术创新和商业创新则只是附属性的。这个运动由一些具有非凡能力的企业家领导,与美国有所不同,但也有相似之处。出现这些不同之处的一个原因源于这个行业中家族地位的普遍存在——实际上所有的企业家都来自古老的钢铁和煤炭"世家"——使得企业家没有必要像在美国那样想方设法去吸引银行和公众。另一个原因是,公众或官方从来没有对卡特尔或简单的价格协议表示出强烈的反对,因此,当在美国需要设立控股公司,在德国可能只需诉诸这种协议即可——即便不为别的,只是为了"监管"市场。

因此,1900 年的困难在一开始只是导致了控制产量和价格的辛迪加的形成。1903 年,莱茵-威斯特伐利亚煤业辛迪加（Rheinisch-Westphälische Kohlensyndikat）继续有效,它的业务范围和成员都得到了很大的扩展。同年,莱茵-威斯特伐利亚钢铁辛迪加（Rheinisch-Westphälische Roheisen-syndikat）也大幅扩张。就连前面提到的德意志标准银行（Deutsche Stahlwerksverband）,在 1904 年的时候也不过是 27 家大型钢铁厂的销售机构而已。这些钢铁厂的产量占到了西部钢铁产量的 80% 以上,而且很快就有一些领先的外部钢铁企业加入它们的行列。1905 年,上西里西亚也成立了一个类似的钢铁行业组织。此外还有许多其他类似的例子,其中包括国际铁路制造商协会（International Rail Manufacturers Association,1904 年）以及《锌公约》组织（zinc convention,1909 年）等国际组织,它们都很典型。这些组织不仅实现自身目标的效率不同于美国的托拉斯,而且它们的目标本身也不一样。它们并没有直接创设大型控制机构（控股公司），但是通过它们的配额制度——如果是在钢铁行业中，它们会把它们的工厂本身消耗的煤炭和中间产品排除在外——提供了额外的合并动机。它们提高价格刚性的能力超过了大型控制机构，但是随后出现的生产阶段的错位可能会使得价格的稳定性比这些机构直接出手"稳定"价格时更低。下面这个例子能够很好地说明后一种效应（还有其他一些原因使得这个例子很有趣）。

莱茵兰地区的褐煤（brown coal）[①] 开采业此前陷入了萧条。19世纪70年代出现的一项创新——褐煤砖——将这个行业拉出了萧条的泥淖。此后在第一次世界大战爆发之前，褐煤砖一直是褐煤开采业的主要产品，至于褐煤作为化学工业原料的用途，此时仍然处于实验室研究阶段。褐煤砖在德国的使用相当广泛，先是作为家用燃料，然后大约从1900年开始被用作工业燃料，它的成功反映在了德国褐煤产量的大幅增加上，这也是我们现在讨论的这个时期的主要特点之一。德国褐煤的总产量从1897年的2 940万吨增加到了1913年的8 710万吨，褐煤砖的总产量则从390万吨增加到了2 140万吨。由于褐煤的易开采性和有利位置，也由于消费者的抵抗，前一个康德拉季耶夫周期的最后一个朱格拉周期的繁荣，可以称为"褐煤砖繁荣"，它转为萧条后的条件贯穿了整个总体复苏过程，但是不能说它导致了价格战或市场的混乱。[②] 对于这样的事情，重要的是必须在一个行业的特定环境中去考察它，而不要把它误认为是长期生产过剩的普遍趋势的一个例子。从1897年到1899年底，消费者的需求回升了，同时电车（Kleinbahnen）提供了另一种需求来源和更廉价的运输设施，我们看到了另一场繁荣，运力得到了充分利用，但是褐煤砖的价格没有明显上涨。

对于一个相对较"新"的行业来说，这已经非常健康。这个行业的典型状态多少有一些被对生产过程和不公平竞争的抱怨所掩盖。这些只是组

[①] 在德国，褐煤（lignit）只是我们在这里用"褐煤"一词所指的其中一种"第三纪煤"（Tertiary Coal）。

[②] 对低地国家和瑞士的出口保持得很好，这支持了一个典型的、受入侵者威胁的寡头垄断局面（1890年莱茵兰地区只有4家型煤工厂）。1893年，成立了一个只有部分效力的卡特尔。

成一个联合体（Verkaufsverein）的前奏，因此，联合体并不是由于竞争崩溃而产生，最多只是作为一种预防措施而出现。价格立刻就提高了，然后在外部进入者的压力下有所回落；1902年，在消化了这些因素后，价格保持了稳定（尽管不是一成不变）：从1902年到1906年，批发价格稳定在每吨8马克和9马克之间；从1907年到1912年，批发价格为每吨10马克；在1913年和1914年，则稍高于每吨8马克。在考虑了成本的下降之后（由于实现了机械化和电气化，每个工人的产出在第一个朱格拉周期提高了大约三分之一），这个价格水平必定是有利可图的，因而会很自然地吸引新的资本流入。即便是在1901—1902年和1910年的困难时期，也出现了不少新企业。产能过剩和"生产过剩"随之而来，这是这种组织创新尝试的一个特征，或者用更委婉的说法，是"生产适应消费"的尝试。现在，联合体首先着手买下成员企业的产品。由于大型工厂有强烈的动机去防止崩溃，因此它们偶尔（比如在1904年）会别无选择，只能通过减少自己的产出来履行自己的义务（这有利于较小的工厂）。

对于这种政策的各个方面的具体细节，我们不需要费太多的时间来描述。[①] 它们在钾肥行业的例子中同样明显，结果是法律规定的卡特尔化和公共当局的定价权（Zwangssyndikat，1910年），这特别清楚地说明了卡特尔化为什么以及如何有助于导致合并。这种有强制力的组织和它之前的自愿组织，都无法用"垄断"一词来充分地加以描述。无论是产量还是价格的表现，都不像垄断理论所暗示的那样。从长远来看，它们与我们所期望的在有序运行的完全竞争条件下出现的情况并无明显的区别。这些组织的目标是在一个迅速占领新领地的行业中实现有序的发展，与此同时——就像美国的石油行业一样——利用一种短期来看取之不尽、用之不竭的"天然资源"。但是，由于该行业的特殊条件，在组织方面以避免崩溃和浪

---

① 关于这个例子的更多事实，请参见，普罗涅斯（Plönes），《莱茵煤矿开采中的生产过剩》(Die Uebererzeugung im Rheinischen Kohlenbergbau)，1935年；贝塞特（Beisert），《德国褐煤开采的发展历程》(Die Entwicklung des Deutschen Braunkohlenbergbaus)，1910年；霍托普（Hoptop）和维森塔尔（Wiesenthal），《德国的褐煤》(Deutschlands Braunkohle)；克莱因（Klein），《德国褐煤开采手册》(Handbuch für den Deutschen Braunkohlenbergbau)，1914年。

费并保持财务健康为目的是有特殊理由的,因此,它给予集中的溢价(即给予纵向和横向扩展的控制单元的溢价),发挥了它的作用。尽管以前也有过合并——例如,韦斯特格林集团(Westeregeln)早在1900年就开始了收购活动,还通过购并褐煤生产企业推进垂直一体化——但是在1910年的《钾肥法》(potash act)之后,这场运动才全面展开。该行业的大企业也就是在那个时候开始出现的——例如,德国钾肥公司(Deutsche Kaliwerke)、温特斯豪公司(Wintershall)、布尔巴赫公司(Burbach)、阿舍尔斯莱本公司(Aschersleben)等。这个领域的创业活动也主要体现在这个方面。从1898年到1913年,德国农业的消费量增长了五倍多,而工业的消费量则还没有翻倍。

然而,德国与美国最相似的还要数重工业——在德国,重工业也出现了卡特尔化和集中化的现象。合法的形式主要包括购买、合并和组建利益共同体。不过,起点不是技术上或商业上的,而是"个人化"的。例如,垂直集中并不是从生产过程的某个特定阶段开始(该阶段的特定条件决定了这样做是必需的或在财务上是可取的),而可能是不分轩轾地从原材料、钢材或成品等任何地方开始——就像取决于某个人的个性一样。在此只需举几个大家耳熟能详的例子:蒂森的企业王国始于煤炭业,之后先是在洛林地区获得了铁矿石权益,之后又建成了钢铁厂和炼铁厂;斯廷内斯企业集团的业务(德国-卢森堡)在纵向和横向上都有所扩展,不过基础也主要是煤炭业;菲尼克斯企业集团(Phoenix)的业务先回到了煤炭,后来又进入了半成品领域;好时捷(Hoesch)钢铁公司收购了包括一家机械厂在内的一系列企业;克虏伯收购了更多的矿石企业和煤矿,同时又在另一端收购了日耳曼尼亚造船厂(Germania Shipping Yard)以及其他一些制造业企业;等等。这些大企业由此而建立的地位大多是部门性的。例如,莱茵-威斯特伐利亚区和上西里西亚区之间就没有多少结构性的联系。在几乎所有情况下,生产效率都有了实质性的提高,这与其说是由于这种联合拥有我们所说的自动节省的特点,不如说是由于更有能力的管理人员取代了能力较差的管理人员;这些更有能力的管理人员更了解如何使生产"合理化",并更加迅速地推行无数的改进。

从这个时期涌现出来的大多数大型企业的历史来看——因为主导着那个舞台的企业家所属的类型——它们所显示出来的追求绩效的意愿，都远比那些金融操纵影响特别明显的国家或案例中的大型企业强烈。这就再一次给我们上了一课："控制"这个词本身是空洞的；我们不可能用客观的资本聚集来分析集中度，也不可能在"保持其他条件不变"的前提下，用它对产出、价格和社会条件可能产生的机械效应来分析集中度。关键是新的领导，即便是在那些从纸面上看合并不经济的时候（即当合并本身并不意味着任何巨大的规模经济的时候），新的管理层也可能会使困难变成好事。工资的增长比英国更有利，而且从来不意味着存在任何垄断压力。产出增长的速度也使得我们不可能认为这种效应的实质是一种准垄断（不管动机可能是什么）。相反，这些寡头垄断是为了实现扩张而存在的。推动它们前进的，与其说更多的是潜在的竞争，还不如说更多的是它们自己的创新可能性。它们还被迫相应地调整价格策略。在每一步，除了在繁荣时期之外，这无疑都意味着产能过剩，但是到创新过程理论中去寻找解释似乎更现实，而不应该诉诸静态的垄断理论或流行的过度投资理论。个别产品的价格在许多情况下是刚性的，但一般价格水平却不是。钢锭和钢坯的价格，（在大多数时间）因同时处于需求旺盛和单位成本下降这两个作用相反的因素的影响之下而波动，但是远远低于19世纪70年代末和80年代初的水平。在90年代末，出现了一个猛烈上升的趋势，价格一路上行，到1900年达到最高峰（每吨107.2马克），但是到1904年就快速下降了（每吨78.8马克），然后反弹到1907年（每吨96.7马克），在1908年和1909年又下降，然后又上升。这些都是每年的官方统计数字。它们比较粗略，但是已经足以表明价格在这种情况下并不缺乏弹性。无论如何，价格刚性造成的错位影响不会非常大，尽管当时人们对此颇有怨言。1907年的危机是相对温和的，从中或许可以看出一些对总体经济状况的稳定作用——但是这一点非常值得怀疑。然而，我们不要忘记，我们给出这样一种"素描"只是为了说明一种分析模式，从来没有打算"假装"为德国重工业发生的合并运动的一般性评价提供证明材料。

在德国，确定周期性阶段的起止时间并不比在其他两个国家容易。然而，我们应该从一开始就注意到了，德国对外国企业的参与和德国企业在国外的发展，已经足以使外国的繁荣和盛衰成为德国经济状况的一个不可忽视的因素。将 1898 年作为新的康德拉季耶夫周期的第一年这种划分方法，可以用时间序列证据来进行辩护，例如那一年的价格水平上升了，而统一公债的价格趋势在 1897 年就出现了变化——尽管这些证据本身并不是决定性的。然而，也有证据支持更早的时间，特别是资本市场的活动水平：在从 1895 年到 1897 年的这三年内，新成立的公司的资本总额接近 9 亿马克。① 但是，无论如何，对于如下事实及其性质——强劲的繁荣浪潮一直持续到了 1900 年的夏天——则都没有任何疑问。当时，每个人都在讨论"电"和"电车"。这样一个画面并没有因为其中一些重要线条的走向不同这个事实而有丝毫不符合"常态"之处。例如，就纺织业而言，家庭消费出现了下降，这种现象在 1910 年及之后依然存在。但是，随之而来的强劲反应以及由此带来的萧条"色彩"——根据我们的模式，应该将这次萧条称为衰退——则需要给出解释。②

早在 1899 年，接近转折点的迹象就已经通过就业和建筑业的下降显现出来，尽管直到 1900 年第三季度商品价格仍然在继续上涨，总体经济状况在那之后逐渐变得更糟，直到 1902 年年末。尽管我们不难回忆起美国经济依然是有利的。创新的速度和次级波各个方面的规模——尤其是建筑业热潮——是造成这种现象的主要原因；但是，金融领域面临困难，股票交易中的投机活动也隐藏着很多问题。从经济指标来看，似乎不能完全证实同时代的人关于灾难的报告。价格水平有所下降但是幅度并不大，生铁消费量确实出现了大幅下滑，但是仅限于 1901 年期间，1902 年年底前就业状况就有了一定的改善。许多人指责是不计后果的融资导致了大批企业破产。除了建筑业之外，机械工业和钢铁工业是主要的受害者；而纺织

---

① 事实上，施皮特霍夫教授认为，经济好转的时间可以追溯到 1895 年。然而，必须记住的是，根据他的模式，我们的朱格拉周期的复苏阶段无论如何都会有一部分在繁荣阶段出现。索普先生则认为 1895 年是复苏之年，1896 年同样是温和繁荣的一年，而 1897 年则进入了无条件繁荣。有利的外部因素的影响，例如 90 年代初的商业条约，也清晰可见。

② "收成理论"（harvest theory）的拥护者将会强调 1898 年的好收成和 1901 年的坏收成。

业的生产活跃度则早在1901年12月就开始提高了。但是在证券交易所无疑存在着一场严重的危机。1895年，公众的过度投机行为已经导致一次崩盘，但是崩盘之后不久就又出现了狂热的繁荣，当然这在当时的条件下并不难理解。股票市场的繁荣为前文提到过的新工业资本的过度发行提供了基础；然后在1898年和1899年增加了10亿马克，1900年又进一步增加了3.4亿马克。到那时为止，德国中央银行对货币市场的控制仍然存在很多缺陷，而且它的处境因为英国发生的一系列事件而变得更加困难。它的利率从1899年10月3日的6%提高到了1899年12月18日的7%，然后又在1900年1月12日回到了6%，到1月27日又变为5.5%。1899年的夏天，股票价格开始下跌（这是完全正常的），然后回升，直到1900年4月才出现严重的崩盘。股票市场的波动部分可以用源于美国的冲击来解释；直到1902年的秋天，股票交易量一直处于非常低的水平，这充分表明了惩罚的严厉程度。

这个诊断强调了股票交易投机、建筑业投机和不计后果的融资等因素在1901年和1902年发生的事件中所起的作用。后来发生的挫折可以给这个诊断提供更多的支持，因为那些挫折与这些因素的联系要小得多，而且事实证明没有那么难以克服。但是，这些事件其实构成了对我们的模式的偏离，因为我们在本应呈现出朱格拉萧条状况的时间上发现了衰退的特点，以及相应地，我们还发现了一次看似非常正常的复苏，它在没有任何新动力的情况下就从无数的点开始了——作为对1903年的低于正常水平的活动的反应。衰退和萧条浓缩为一个阶段，而复苏则相应地延长了。它在1904年积聚了动能，然后在1905年和1906年几乎没有中断过，总体经济活动似乎完全实现了自我维持。

1907年的春天，建筑业和钢铁工业在产量一开始并没有减少的情况下出现了亏损。后来又出现了破产潮和就业的显著下降，不过，螺旋式恶化的情况没有出现，其他重要部门受到的影响也很小。金融领域也没有发生什么严重的事情；如前所述，大型银行的实力仍然非常强劲，不需要变现什么资产。此外，在1904年初，证券交易所也经历了一个"净化"的过程。1907年的秋天，它遭受了来自美国的严重冲击，不过由于之前没有过度暴涨,因此只出现了调整,而没有发生巨幅暴跌。在这个意义上,施皮特霍夫教授否认存在任何"危机"的观点或许是对的。在随后一年半的时间里,一切就又都变好了。

1909年底,又出现了一股电气化和企业合并的新浪潮,带来了经济的上升。接下来的四年呈现出了朱格拉繁荣的所有特征,然后慢慢地从衰退转向萧条。但是,由于存在许多干扰因素(特别是那些来自国际环境的干扰,它们的重要性很难确切地进行评估),因此无法给出确定的诊断。例如,我们预期1911年将出现一个相对较小的回挫。然而,事实上,在那一年的9月,证券交易所发生了一场暴跌,几乎到了崩溃的地步,货币市场上也出现了各种各样的不正常现象,比如市场利率高于银行利率等。当然,这些与摩洛哥出现的问题和法国资金的撤出有关。1912年巴尔干战争的影响则不太明显。然后,到1914年秋的时候,"战争繁荣"就已经全面展开。

第八章 价格水平

第一节 价格水平变化的因果重要性和症状重要性

我们先来讨论价格水平序列，但是读者不应该把这种做法理解为我们认为价格水平在因果关系或"症状"意义上的重要性是最高的。在商人、政客和许多经济学家共同描绘的画面中，价格在周期性过程中所起的作用被严重夸大了。当然，商人和政客有很多显而易见的理由这么做，但是对于经济学家来说，只有一个解释，那就是他们做出了错误的分析。类似"危机就是价格的崩塌"这样的定义，以及诸如"价格体系的崩溃是萧条的真正原因"此类命题，充分地暴露出了如下事实：许多人未能认识到周期是经济系统中所有要素以某种特定方式相互作用的过程，没有任何一个要素可以被单独挑出来充当"原动力"。因此，那些经济学家在夸大价格的这种作用时所犯的错，要比在下面这种情况下会犯的错更具根本性：到经济系统中寻找导致经济周期的任何单一因素真的有一定的意义，而且理论暗示所能找到的只是一个错误的因素。

事实上，从第三章和第四章给出的理论阐述以及第六章和第七章进行的历史讨论中，我们应该可以非常清楚地看出，在经济周期中，价格波动并非如人们有时认为的那样是一个至关重要的因素。我们早就一再重申以下各个要点：价格水平的变动与我们所说的周期性过程的繁荣阶段没有因果关系；繁荣是完全可以（而且许多时候确实是）从价格水平的下降开始的；那些"点燃了繁荣之火"的创新并不以价格上涨为前提，尽管创新会导致价格的上涨，但那只是在现有水平上有利可图的创新；在现有水平上无利可图的创新在某种意义上也是"适应不良"的，就像其他所有只有价格上涨才会变得合算的业务一样。但只要创新是通过信贷创造融资的，那么在充分就业的理想条件下，价格的不断上升作为引导生产要素流向新用途的机制的一个组成部分，确实可以创造出额外的利润空间。不断上升的价格能够产生一种错位的影响，这种影响通过诱导错误、宽恕无能和不当行为，直接和间接造成了在后来的清算期间发生的许多情况，并且使得它们不"正常"，即使它们转为萧条。

再强调一次，价格的下降与货币收益的下降是不一样的，货币收益的下降与实际收益的下降也不是一回事。要想在研究经济周期问题时有一个良好的心智框架，就必须将如下偏见摒弃：价格水平的普遍下跌，只要像通常那样是由于周期机制的作用而发生，那么它本身就是一场灾难，或者必定会导致灾难；价格下跌必然意味着苦难的到来；价格的下跌必然会增加债务负担，而债务增加在任何意义上都是麻烦的同义词；价格下跌与繁荣的经济是不相容的；或者，价格的下跌只能意味着一种纯粹的邪恶，必须不惜任何代价加以阻止，而且可以在不损害资本主义机制效率的情况下加以阻止。但是，事实上，在经济衰退中发生的价格水平的周期性下降，是为了适应繁荣时期出现的事物带来的变化而进行的调整过程中的一个因素，当然，这个调整过程对许多人来说是很难熬的。此外，与上涨的价格一样，下跌的价格也会成为次级波现象的一个中间原因，而且它们可以获得动能并以一种不会导致调整但会带来额外干扰的方式运行，尤其是在萧条期间。[①]

尽管如此，我们的分析仍告诉我们，至少价格波动的症状价值应该是相当大的。确实如此，但是比我们想象的要小。这是因为，正如我们马上

---

① 如果认识清楚了经济衰退时期的价格下跌与经济萧条时期的价格下跌之间的区别，就可能会有助于达成共识，至少在诊断方面是如此——如果在政策方面不是这样的话。在政策方面，由于涉及如此多的非经济因素和如此多的受影响的利益评估，以至即便在经济观点上达成了完美的一致，也基本无助于就具体政策措施达成一致。而且，哪怕是纯粹的经济论点也不能在本书中得到充分阐述。然而，对它的各种贡献已经并将继续在我们前行的道路的各个转折点得到讨论。

就会看到的——从我们的一般经验来看，这也是显而易见的——无论是个别商品的价格（它们必定会受到某些特定条件和各个具体行业政策的影响），还是"整个世界"的价格（不管用什么指标来衡量），都不可能真的与其他代表工业条件的序列或背后的过程保持一致。我们可以肯定的是，大多数价格序列都显示了周期性运动的痕迹，而且从整体上说这种关联是相当令人满意的。但是在任何一种具体情况下，我们在预测时都必须非常谨慎，而且必须避免在只有价格数据时得出关于周期的任何有深远含义的结论。

个别价格序列会引发许多复杂的问题。那些涉及成品的价格序列在质量、地区差异等方面存在着大量可能实际上无法解决的困难。然而，这些序列至少有一个显而易见的意义。在符合某些条件的前提下，同样的道理也适用于若干不同但彼此相关的商品的价格组合——我们称之为"分组价格"（group prices）。对于我们构建一般汽车价格指数或纺织品价格指数的原因，所有人都至少略知一二。同样众所周知的是，这样的组合可能具有非常大的误导性。我们不讨论涉及的各种原则问题——这些原则问题的根源可以追溯到一般理论——而只强调其中一个要点。这类指数可以提供一幅不受它所包括的个别商品的价格变动特性影响的画面，因而可能在许多方面都有用。然而，这对于我们的目的来说是远远不够的，因为被这样一个指数抹杀掉的内部变化恰恰可能是最重要的。如果创新导致这样一种"分组"中的某种商品挤出了另一种商品，那么它们的价格之间的相对变化对理解它们所处的一个或多个周期就是至关重要的。因此很显然，从1780年到1830年，由棉花、羊毛、丝绸和亚麻纺织品的价格组成的"综合价格"在研究那个时期的经济周期时几乎毫无价值。[①]

[①] 此外，值得注意的是，分组价格指数偶尔还从其他方面模糊周期性图景。我们只需要想象这样一种情况：构成分组价格的所有价格都表现出了强劲的周期性，而且除了所属的阶段不同之外，其他方面都是相同的。因此，我们有充足的理由认为由此导致的波动会缓和。但是价格的周期性特征将部分丧失——在极限情况下将完全消失。在一般价格水平的情况下也应牢牢记住这一点，如果各组成部分的变动不完全一致，一般价格水平当然会表现出较小的波动幅度，这是不可避免的。本就该如此，而且不会误导人——只要我们只把一般价格水平作为一个货币参数来考虑的话。但是，如果我们用它来衡量各单个价格波动的平均幅度，我们就会完全误入歧途。

而且，一般价格水平（general level of prices）还会带来另一个完全不同的问题。在这里，像价格这样的东西的意义变得可疑。甚至有人怀疑一般价格水平是否真的有意义，或者不那么激烈，有人怀疑一般价格水平真的可以用来衡量某种确实存在的东西还是仅仅是一种统计数字，例如，是用来衡量所有个别价格的共同变动还是用来衡量所有个别价格变动的共同之处（这两者不一定是同一种东西）。① 在继杜托（Dutot）和卡利（Carli）之后的众多研究者中，大多数统计学家和经济学家根本不为这个问题操心，而是在考虑一些常识性的因素——如结果的合理性或荒谬性，以及计算的方便性——之后就直接继续前行，他们想当然地认为这种过程具有经济意义。毫不留情地说，除了杰文斯和埃奇沃思这两位杰出的经济学家是例外之外，这些经济学家虽然发展并应用了许多测量方法，但却不知道他们想要测量的是什么。尽管如此，还是取得了一些进展，特别是在系统化和分析在各种公式之间进行选择的标准等方面。这些进展主要与欧文·费雪和 L. 冯·博尔特凯维奇（L. von Bortkiewicz）的研究有关。他们两人在这方面的代表作分别是《指数的编制》（The Making of Index Numbers，1922 年）和《货币Ⅱ：货币价值的度量》（Geld，Ⅱ. Die Messung des Geldwertes），刊载于《政治科学词典》（Handwörterbuch der Staatswissenschaften）。庇古、哈伯勒、弗里施、列昂惕夫等人则开辟了其他一些前进路线。但直到目前为止，对于我们关心的这个问题，争论仍然是如此之多，甚至在大多数情况下表述得如此不完美，以至我们在这里必须先试着陈述它并给出一个答案②，然后才能根据我们的理论预期来讨论这类指数的"行为"，或者利用这类指数来"修正"或"平减"（去通货膨胀化）个别价格以及以货币单位表示的其他量。

---

① 商人和商业利益团体的代表在谈到价格水平时，大多只是指他们自己的产品的价格。在一本讨论稳定物价水平的可取性的小册子中，作者发现这个术语被使用了 86 次，但没有一次是指它应该有的含义，或者说没有一次是指事实上任何可以用这个术语来有效指定的东西。

② 接下来要给出的解决办法来自瓦尔拉斯。而且，弗朗索瓦·迪维西亚（François Divisia）教授也早就得出了这个结论［见他的《货币指数》（L'Indice Monétaire），刊载于《政治经济学评论》（Revue d'Économie Politique），1925 年；《经济学中的比率》（Économique Rationnelle），1928 年，第 252 页至第 280 页］。无论这个观点有什么价值，都完全归功于他。在这里还应该提一下最近在《经济研究评论》杂志第 3 卷中的相关讨论。

第二节　关于价格水平的各种理论

为了便于说明，我们不妨想象一下如下情形。在一个没有货币的与世隔绝的社会中，全部的经济生活就在于利用原始生产资料（如劳动力和土地等）生产消费品，然后在当期把这些消费品卖给提供生产性服务的劳动者和地主。由于货币和信贷既不存在[1]，也不为人所知，所以久而久之在任何两种经济商品之间就会建立起均衡的交换比率。但是不会出现绝对价格。现在，用一个共同单位来表示所有这些比率，例如，可以武断地选中某种商品，然后武断地选择该商品的某个数量，再把这些数量的这种商品的交换价值规定为共同单位。这样一来，那些比率也就变成了绝对数量，我们称之为价格。如果我们想从这个标准切换到另一个标准，只需确定一种新的标准商品，然后用各种商品的价格除以旧体系中特定数量的该商品的价格即可。然而，我们也可以采取另一种方法而不需要用到任何这种类型的标准商品：只需要令均衡市场价值的某个任意组合等于某个武断地规定的数字，就可以得出一个单位，例如，我们可以规定所有消费品的总市场价值（价格乘以一定时期内的销售量）等于100个单位或1 000亿个单位。这样也可以从每一种商品的角度唯一地确定这种单位的含义——否则将毫无意义——就像选定某种商品作为标准商品一样。当然，在实际操作中显然会遇到一些困难，但是那与这个结论无关。然而，无论我们采取的是什么方法，为了获得这样一个具有巨大优势的计数和结算单位（"记账单位"），我们都必须引入某种武断的东西。这里所说的"武断"同时体现在如下两个意义上：第一，商品数量和交换比率构成的那个系统本身并不能决定它；第二，这个特定的决定究竟是怎样的——只要同一个均衡仍然存在——也是完全无关紧要的。同样地，如果所有价格和所有其他货币度量都能在一瞬间完美地适应这种变化，那么任何变化也

---

[1]　除非，确实是将货币定义为"间接交换的标准"；在那种情况下，许多商品都可以起到货币的作用。

都是无关紧要的。

为了使价格成为一种"现实存在",有必要在决定经济数量制度的其他条件之上加上社会决策,当然,这种社会决策不一定需要任何有意的行动——事实上,这种有意的行动是不可能执行的。这种社会决策可能是(而且从历史上看,确实是)通过社会习惯的形成和演化做出的,而且社会习惯可能发展出了某种特殊的、从逻辑上看相当不正常的标准商品。在这里,重要的只是如下事实:这样一个武断的选择,无论它是如何出现的,无论它采取了何种形式,都给出了一个额外的方程,我们需要用它来唯一地确定绝对价格。如果没有一个单位来表示价格,或者就像我们在这里所说的,没有对价格水平的某种选择,这些绝对价格就都将是非决定性的,因为只有它们之间的关系才是由系统本身决定的。

因此价格水平或货币参数,并不是一个简单的统计汇总量或平均量(就像给定年龄组别的新兵的平均身高那样),而是一种真实存在的事物,它的存在独立于统计学家的操作,而且迥异于各种价格之间的关系(我们称之为价格体系)。[①] 它在性质上也不同于分组指数(group index),因而绝对不仅仅是分组指数当中最全面的那一个。当然,在现实世界中,对计算便利性的考虑无疑也会反映在它的实际测量方法当中,但那无疑是次要的,而且这种考虑不是概念上的。在同样的意义上,它也不存在加权或平均的问题。对合理性的考虑也根本没有立足之地。为了我们的目的,必须用一个单一的问题来代替对各种指数的各种检验,即一个给定的公式是否能够以及怎样才能准确地表示该参数的变化。此外,由此得出的另一个结论是,以这种方法确定的价格水平本身其实并不是一种价格,也不能用供求关系来有效地加以描述,因为这些概念范畴只适用于个别商品的世界。同样地,我们还可以推出,在效用或福利上的考虑,或者在所谓的主观价值方面的考虑(对拥有不同预算组合的人来说,他们可能会趋向相反的方

[①] 我们发现,米尔斯教授在《价格行为》一书中也用到了这个术语。

向），也都与我们这里所说的价格水平概念及度量方法全然无关。①

由此，这种社会决策固定了经济系统在那一刻所实现的均衡状态的价格水平，但是，只有在一个完全静态的社会中，价格水平才会一直保持固定。然而，在价格水平保持固定的情况下，价格水平的"值"是多少这个问题的意义，也就与对不会变化的"势"（potential）提出的类似问题的意义一样无足轻重了。在现实世界中，即便社会决策本身没有发生任何变化，价格水平也是一直处于变化当中。这是因为，在经济过程中发生的几乎每一个变化都会影响价格水平，而且这些变化的发生恰好能够补偿对价格水平的影响的情形是极不可能出现的。特别是，即便在货币和信贷领域什么也没有发生，价格水平也仍然会发生变化。而且，如何测量这个问题不仅有意义，而且很明显是非常重要的。如果价格体系维持不变（即除非所有价格都按比例变动，否则永远不变），那么这个问题是很容易解决的——那样的话，我们从任意一个价格的变化中都可以"读取"价格水平的变化。然而，不幸的是，价格体系也只有在静态社会（stationary society）中才能保持不变。事实上，价格体系随时间的变化与价格水平一样频繁。因此，正如我们在任何时候都能观察到的那样，任何一种商品的价格都必须解释为两个不同组成部分的结果：价格水平和价格体系。同样，我们也很容易看出，价格水平的变化，除了通过价格体系的变化来实现之外，在实践中几乎是不可能发生的——而且，价格体系的变化在实践中也几乎不可能在不强制价格水平发生变化的情况下发生。然而，变化的这两个组成部分尽管不可避免地混合在了一起，但在逻辑上却是截然不同的。只要我们没有从数量上把这两者区分开来，那么我们就无法理解一般价格水平或任何单一价格的给定变化。因此，我们面临的问题就成了：既然我们只能得到实际的价格，那么有没有办法做到这一点？

---

① 将这一点牢记在心非常重要，因为学界最近的讨论正好转向了效用方面，目的是定义不同的时间点上不同收入商品集合的等价性。反过来，这种等价性又可以为货币单位的"购买力"可能发生的变化提供一个标准。正是从这个角度出发，哈伯勒教授很自然地否认了任何一般价格水平的存在性。但是所有这些尽管对其他目的很重要，却与我们在这里要处理的问题无关。是的，这种思想道路上的任何结论都与我们的目的无关，就像我们的论点与福利考虑无关一样。

如果价格体系和价格水平都发生改变，同时所有商品的数量保持不变，那么实际支出总额的变化就能够准确地衡量价格水平的变化（无论个别价格发生了什么变化都没有关系）。但是，如果数量也发生变化，那么严格地说，问题就会变得无法解决。但是在这里，微分分析方法可以拯救我们。只要给定相关量（平滑后）的时间序列的可微（分）性的一般条件，我们就仍然有可能解出任意给定时点上价格水平的变化率。为此，我们从我们在每种商品上的支出入手展开分析。假设有 n 种商品，在任何一个时刻，在每种商品上的支出等于价格 p_i 乘以购买的数量 q_i（$i=1$，2，$\cdots$，n）。然后，给出如下全微分（支出的变化率）：

$$d(p_i, q_i) = q_i dp_i + p_i dq_i$$

并对所有商品求和，这样一来，如果将总支出记为 E，那么我们有：

$$dE = \sum_{i=1}^{n} q_i dp_i + \sum_{i=1}^{n} p_i dq_i$$

从而，dq 为商品数量的增量（它的值可能为正，也可能为负）；而 $\sum p_i dq_i$，换句话说，这些增量乘上"原来"的价格，近似地给出了支出变化的一部分，这部分变化对价格水平的影响可以经由数量变化的影响而抵消；而且，如果价格体系没有变化，那么为了保持价格水平不变（或者至少，如果价格体系发生变化，那么为了保持价格水平不变），支出就必须改变。再换一种说法，如果支出恰好改变了 $\sum p_i dq_i$，使得 $\sum q_i dp_i = 0$，那么新的总支出的这一部分将保持不变，它既不购买新的正的增量，也不购买新的负的增量，并可以看作在相同种类和数量商品上的支出。但是，既然商品种类和数量都不变，那么不变的支出就决定了不变的价格水平。而且，由于同一种商品不可能同时有两种价格，所以价格水平也就与以前一样。因此，为了使价格水平发生变化，充要条件是 $\sum q_i dp_i \neq 0$；那样的话，这个量对零的偏离值，通过它与 $\sum p_i dq_i$ 之间的关系，就可以近似地度量实际发生的变化。

我们下面分析一下其中的原理。要点是，要将无法处理的一般情况——价格水平、价格体系和数量同时发生变化——简化为数量保持不变这种容易处理的特殊情况。这种特殊情况总是隐含在一般情况中，而且只要变化非常小，就可以从其他情况中提取出来。当然，这意味着由此得到的解其实只是一种近似；而且，如果单个价格或数量的变化不能分解成更小的变化，那么基于它的任何方法都将崩溃。[①] 这还意味着，对不同价格水平的比较只能在相邻的时间点之间进行；对于那些在有限远的时间点上获得的事物状态，则不能直接进行比较，而只能通过所有的中间点来间接地进行比较。当然，在实践中，至于小到什么程度的距离才是足够小的，解释起来可能没有那么严格。用这类指数去除各种货币意义上的量（monetary magnitudes），意味着从中剔除货币单位的重要性（即某个因素）的变化的影响，这种操作的作用是使它们的比较几乎完全没有任何意义，而且就经济生活的真正相关的因素、商品的数量和交换比率而言，它们本身也毫无意义。这就是对"以当前美元表示"的事物的序列进行"平减"处理的含义。[②]

接下来，我们必须从已知的公式中找出这样一个公式——从这个理论的角度来看，它可以说是令人满意的，或者说接近令人满意。当然，我们不关心任何一个专用指标，读者现在应该已经意识到那些专用指标与我们所说的价格水平的测量完全无关，尽管"水平"这个词本身会与它们发生一些联系，尽管它们的构建对于它们所服务的目的来说是完全有理由的。

好消息是，我们有了一个非常令人欣慰的发现。它可以说是最常见的公式之一——它确实很常见，而且在本学科的理论中比在实际的指数编制中更加常见。那就是人们通常所称的拉斯佩尔公式（Laspeyres formula）。

[①] 因此，当出现了突然而剧烈的变化，比如说发生了极端的通货膨胀时，它就会崩溃。然而，它并不会因为新商品的进入而崩溃，只要新商品的数量不会突然激增（相对于其他所有商品来说）。这种性质的指数能在多大程度上通过费雪教授的检验？我们无法在这里展开讨论，而且这个问题与我们的目的无关。但是我们确实可以说，它满足了在这个理论中有一定意义的必须达到的所有标准。

[②] 许多著名的学者也都对这种操作的成效提出了反对意见。如果他们的反对是基于现有指数的质量而给出的，那么就太有根据了。如果他们所针对的是源于对"平减"的真正含义的不全面的理解的错误结论，那么他们也是有充分根据的。但是，如果得到了正确的理解，那么这种操作仍然是不可避免的，正如它在理论上的正确性无可置疑一样。有人向作者提出过，对于我们的概念来说，"价格水平"这个术语的这种用法可能是有一定误导性的，这也可能是真的。R. 布莱斯（R. Bryce）先生就建议采用"货币参数"这个术语。

这个公式比较了两个总量：基期的数量乘以本期的价格，以及同一个数量乘以基期的价格。如果我们用下标 i 表示当期的任何价格或数量，用下标 0 表示基期的任何价格或数量，那么拉斯佩尔公式就可以写为 $\sum p_i q_0 / \sum p_0 q_0$。很明显，正如人们经常指出的，这个公式会使得我们离基期越远，偏差越大。但是，如果我们得到了（例如）月度数据，在大多数情况下，月度代表了"很小的"时间间隔，而且我们把每个数据项的前一项确定为它的基准（这被称为"链式法"，最早是由 A. 马歇尔倡导的），那么我们可以设定 $p_i = p_0 + d\, p_0$；舍弃下标，我们得到：

$$\frac{\sum (p+dp)q}{\sum pq} = 1 + \frac{\sum q dp}{\sum pq}$$

这是我们自己的公式。我们也可以按照帕舍（Paasche）先生的建议，将当期支出总额与基期本来会发生的支出总额——如果以基期的通行价格（p_0）买入当期数量（q_i）的话——进行比较。因此克努特·维克塞尔（Knut Wicksell）的建议（不过，他只是因为缺乏在拉斯佩尔公式与帕舍公式之间做出选择的标准才提出这个建议），即取这两者之间的几何平均数（费雪教授的理想公式），虽然不太符合我们的理论，但还是可以接受的——当然，条件是变化很小。

最后一个问题是，应该包括哪些价格。如果我们所说的意义上的价格水平是一种确定的东西，那么答案就必定要来自关于这种东西的理论。事实正是如此。我们应该把家庭实际直接购买的所有商品和服务都包括进来（价格乘以数量），而且除此之外再无其他。这个原则只需一个非常简单的论证就可以证明。[①]

在我们的意义上，价格水平是对经济价值体系的一种属性的度量。这一参数源于支出流与对应物品流之间的关系，从而以特定的方式、为特定的目的确定了记账和结算单位的重要性（在商品和服务方面）。我们不难

[①] 对此，作者在论述货币问题的著作中会进行更全面的讨论。这里给出的只是我们目前感兴趣的原则。在实际工作中，由于我们不可能真的包含所有的东西，所以这个问题就会变成一个抽样问题，在那个阶段就要考虑概率，虽然这种考虑还没有进入理论。

看出，这种支出流必定会"流经"好几个"流域"，或者说经济领域。就我们目前的目的而言，我们可以把这些流域或领域缩小为如下四个：制成品市场、原始的生产资料市场（主要是劳动力市场）、生产出来的生产资料市场（主要是原材料和机器设备市场）、（借以获取收入的）产权市场（主要是股票、债券和不动产市场）。支出流贯穿所有这些市场，但是支出的每一个要素在任何一个时刻都只需要面对一个特定的市场，而不是全部的市场。而且，来自不同领域的若干项目的组合，或来自所有不同领域或不同阶段的全部项目的组合，都没有意义。消费品市场上的价格在某个方向上的变动，是不能用生产品（资本品）市场上的价格在另一个方向上的等量变动来补偿的。当然，我们可以肯定，在不同领域之间存在着许多相互依存的关系，潜在支出也可以从一个领域转移到另一个领域。但是这些与它们的具体计算方法无关。真正相关的标准是技术意义上的可替代性；为了得到正确的价格水平数据，我们必须把某个给定的领域内，在合适的时间区间上为被纳入实际购买总额而竞争的所有商品的价格和数量结合起来，同时不能包括任何其他东西。如果我们包含得过少，那么我们就可能得到一种因竞争对手之间的价值转移而导致的变化。如果我们包含得过多，我们就会把货币过程的不同阶段或时期压缩成一个，从而破坏我们的结果。这也就是我们不能把工资包括在内（当然，除了为直接消费的服务支付的工资之外）的根本原因，因为那将涉及"重复计算"的问题；尽管这个观点在有的时候还有另一个表面含义。如果我们包含"所有可以购买的东西"，我们就只能得到一个毫无意义的大杂烩。

但是，只有消费品市场才是唯一能够耗尽并恰好耗尽货币过程的一个完整阶段或时期，同时能够呈现出货币流与商品流之间的联系的市场。在生产和交易过程的许多阶段，构成"原始的"生产资料市场和"生产出来的"生产资料市场的许多东西都是可以互相替代的，因此它们的价格组合从来没有显示出我们的参数的变化。我们也不能把所有的生产品（资本品）都放在一起考虑，因为它们不具备面对支出流的一个阶段且只面对一个阶段这个条件，而是明显地按顺序连续排成组。

就"收入专有权利"领域（sphere of titles to income）而言——粗略

地说，这样的领域指的就是证券交易所和房地产市场——我们有一个特殊的理由将之排除在外。因为它们并不构成基本支出流的一个阶段，而且正如稍后我们将会看到的，它们的定价过程是如此不同于商品和服务世界中的定价过程，以至即便是对于研究"货币的价值"这个通常的目标，即便是从关于价格指数的意义的一般理论的角度来说，把它们包括进来并赋予它们任何程度的重要性都会导致一个不能服务于任何有用目的的后果。

第三节 若干实际操作问题

利用战后的材料构建我们所说的这种价格指数并不是不可能（但是很明显，它只是一个指数）。即便是对于战前，也可以得到不少可用的信息（在某些情况下甚至可以继续向前延伸几百年[①]），因此，我们可以对价格水平的长期变化形成一个概念，尽管它对微观目的来说可能过于粗糙。然而显而易见，这项任务完全超出了单个研究者的能力范围。

在这种情况下，我们目前不得不利用现在能够得到的各种价格指数，并对它们进行某些操作。由于种种原因，这些指数与我们希望研究的东西

[①] 当然，在几乎全部有记录的历史时期，我们所拥有的价格数据都是零散的。在1780年以前，关于个别商品价格的数据，有时也呈现为连续的长序列形式；例如，请比较一下索洛德·罗杰斯（Thorold Rogers）或达文内尔（d'Avenel）著作中的价格序列，以及威廉·贝弗里奇在《西欧和中欧的年度小麦价格：1500年至1869年》一书中给出的年度序列数据——另请参见贝弗里奇的《天气和收成周期》一文，刊载于1921年12月的《经济学杂志》。也请参见厄舍教授的论文《英格兰的小麦价格和商品价格指数：1259年至1930年》，刊载于《经济统计评论》，1931年8月。关于美国的数据，也涌现出了一批相关的论著，其中值得一提的有以下这些：贝赞森（Bezanson）、格雷（Gray）和赫西（Hussey），《宾夕法尼亚殖民地的物价》，1935年；G. R. 泰勒（G. R. Taylor），《查尔斯顿的商品批发价格：1732年至1791年》，刊载于《经济与商业史杂志》，第4卷；T. S. 贝瑞（T. S. Berry），《俄亥俄河谷的批发商品价格》，刊载于《经济统计评论》，1935年8月；H. M. 斯托克（H. M. Stoker），《纽约的批发价格：1720年至1800年》，刊载于《备忘录》，第142期，康奈尔大学农业实验站；R. 克兰德尔（R. Crandall），《十八世纪波士顿的批发商品价格》，刊载于《经济统计评论》，1934年6月。W. B. 威登（W. B. Weedon）则追溯到了1630年，见他的《新英格兰的经济和社会史：1620年至1789年》，1891年。关于其他国家的相关研究也有不少，其中最重要的是E. J. 汉密尔顿（E. J. Hamilton）教授对西班牙和法国的价格的研究。另外也请参阅厄舍的《法国小麦的价格：1350年至1788年》（以及他的《法国小麦价格通史：1350年至1788年》，刊载于《经济统计评论》，1930年11月），还有熊彼特的《英国价格与政府财政》，刊载于《经济统计评论》，1938年2月。其他相关的贡献还有很多。然而，对这样一些序列的解释，详细的货币史资料是不可或缺的。

只有"相当疏远的关系"。如果我们希望我们的研究至少能够覆盖18世纪之后的年代，那么我们有时就不得不利用年度和季度指数（虽然我们会尽可能地避免这种情况），但是它们不能正确地描绘出最短的那些周期的轮廓，也不能精确地给出较长的那些周期的边界或极限范围，同时也违背了时间区间必须足够小这个条件。缺乏关于各种量的必要数据这个事实本身就足以使某些指数的价值（在某些时候甚至足以使所有可得指数的价值），降到只能表示最强的那些特征的程度。在某些情况下，数据本身以及所使用的报价到底能够在多大程度上代表真正支配了各国和它们所涉及的时期的价格（尽管往往差别很大），都有很大的疑问。质量的参差不齐经常会导致一些无法克服的困难。而在其他一些情况下，无论从什么角度来看，技术上的缺陷都是无法弥补的。[①] 但以往的观念——实际工作者构建的指数，不管是完美的，还是错漏百出的，通常总能给出一些大致相同的画面——毕竟包含了真理的一些元素，相信对于我们来说这就足以证明我们接下来要利用它们来完成的事情的合理性，当然，条件是我们在得出结论时必须非常谨慎。

然而从以下这个特定的方面来说，似乎有理由比大多数研究价格指数的学者更有信心一些，那就是可以用批发价格指数来代替我们自己的理论实际上真正要求的零售价格指数。这是因为关于战前零售价格的资料严重匮乏，我们别无选择，只能使用批发价格指数，尽管对零售价格指数的可

[①] 关于技术和可靠性问题，可以从统计标准的角度进行分析，对此读者可以阅读这个领域的诸多经典文献，至少应该看一看以下这些典范性的论著：欧文·费雪教授的《指数的编制》；韦斯利·C. 米切尔（Wesley C. Mitchell）教授的《美国和其他一些国家的批发价格指数》（刊载于《美国劳工统计局公报》，第 173 号），《指数的编制和使用》（刊载于《美国劳工统计局公报》，第 284 号）；W. M. 珀森斯（W. M. Persons）教授的《指数的构造》；米尔斯教授的《价格行为》，他在该书中对这个主题进行了深刻的评论（尤其要注意的是第 237 页那张极具启发意义的插图，以及他对可靠性问题的评论）；以及已故的 A. A. 扬格（A. A. Young）为里茨主编的《数理统计手册》撰写的讨论指数问题的一章，它也极其优秀。在这个领域，任何一项更全面的研究都必须从埃奇沃思的著名报告开始（收录于他的《文集》）。在作者能够做出可靠判断的范围内，（对英国而言）英国贸易委员会的指数，（对美国而言）美国劳工统计局的指数，通常来说是最好的，或者换句话说，它们比其他任何指数都更接近我们所说的意义上的价格指数。关于后者，请参阅 H. B. 阿瑟（H. B. Arthur），《联邦政府批发价格计量方法的发展》，刊载于《经济统计评论》，1935 年 8 月。

用性也进行了研究。① 当然，使用零售价格指数也存在固有的缺点，但是我们可以合理地期望，在不久的将来，研究者可以找到可靠的方法来克服这些缺点。某些零售价格在短期内尤其具有"黏性"。还有一些则显得非常"固守传统"，而且正是在这里，质量（也包括数量）的变化取代了价格的变化。此外，我们也很难发现和评估零售商向顾客提供的服务的变化，以及家庭实际购买的各种可衡量和不可衡量的元素所形成的那些组合的性质，同时我们也很难跟踪各种似乎经常在曲折回旋的超常价格、正常价格和销售价格。尽管并非总是如此，但是零售贸易确实往往扮演了一个瓶颈的角色，阻止商品沿着正常的轨道流动。所有这些，无论对其他目的多么重要，从我们的立场来看，都是对真实轨道的扭曲。相比之下，虽然批发价格给出的画面可能会稍显夸张，但是至少真的给出了一幅图。斯奈德先生说那是"投机"的图景，而非商业现实的图景。他的说法有一定的道理，因为虽然这种图景肯定也会显示出波峰和波谷，但是这种波峰和波谷本身对振幅或确切位置的呈现并没有太大的意义。但是无论如何，这种特殊的"投机"还是反映了批发贸易对短期内迫在眉睫的商业现实以及各种事物在长期内的真实趋势的看法，而且不会受到太多摩擦、刚性和惰性的影响。在这里，"经济生活"本身为我们完成了一项重要的抽象和分析工作。这项工作，如果利用的是零售价格序列的话，就只能用一些既费力又不怎么可靠的方法来进行抽象和分析——如果想要达到更高的精确度，那就不得不如此。

由于零售价格是制成品的价格，所以它们与相关批发价格的关系会因

---

① 当然，我们现在可以得到越来越多很有价值的序列，尤其是生活成本类的数据序列（当然，在考察我们所说的意义上的价格水平的变化时，这种序列并不是我们想要的）。其中大多数都是常用的，但是也有许多有特定的用途，特别是在一些没有包括在本研究中的国家当中。纲纳·缪达尔（Gunnar Myrdal）教授的《瑞典的生活成本：1830年至1930年》一书（斯德哥尔摩经济研究出版社，1933年），无论是在材料的丰富性、可靠性，还是在研究技巧的卓越性等方面，都远远超出了同类作品，特别是其中第141页的图表，它涵盖了1830年到1913年这个时期。此外，以下论著和报告也非常有帮助：R. H. 科茨（R. H. Coats）所著的《加拿大的指数：1900年至1915年》；英国贸易委员会关于1912年工人阶级租金和零售价格等的调查的英文报告（Ed. 5955，1913年），它给出了1900年至1912年美国和其他14个国家的食品价格指数，以及其他一些数据；卡尔·斯奈德（Carl Snyder）的指数及其构成部分；等等。

具体行业的条件和政策而有所不同，甚至会随生产制造方面的情况（有时还包括批发方面的情况）而有所不同。我们发现，那些极度多变的模式是很难一般化的，从零售价格和批发价格之间接近瞬时发生的共变性（甚至是刚性，即可以观察到批发价格与零售价格的某个固定比率），到两者在短期内几乎完全相互独立，都会出现。例如，在食品行业（暂时排除深加工食品和有品牌的食品），我们应该可以比任何其他情况都更加接近（理论上的）事物的正常状态，也就是说，零售价格的变化应该滞后于批发价格的变化，但是幅度大致相等（以每个对应的单位而论）；这个原则适用于出售的任何一种具体食品，或者用来加工它的原材料或半成品，当然，同时还必须考虑存货和预期。显然，考虑存货和预期也就意味着零售价格变化的百分比会比较小。[①] 实际上，零售价格指数与批发价格指数之间的共变性比我们所预期的还要明显。因此，读者大可放心，分别通过批发价格指数和零售价格指数显示出来的周期性变化并不会有很大的不同——不用担心这种不同足以导致我们对利用前者证明或说明的结论产生疑虑（例如，请参见卡尔·斯奈德在论文中给出的美国和英国的相关图表，刊载于《美国经济评论》，1934年9月号，第390页和第397页）。

第四节　对价格水平序列行为特征的分析[②]

要进行这种分析，第一步是必须认识到——用第一章和第五章的术语来说——价格水平序列是综合的（synthetic）、系统的（systematic）、主

[①] 以上所述与鲍利（Bowley）教授在1913年12月的《经济学杂志》上发表的论文《食品的批发价格和零售价格》中给出的研究结果是一致的——在作者看来，这些研究结果到今天仍然可以说是对这个课题的主要贡献。读者还可以比较弗朗西斯·伍德（Frances Wood）的《指数的编制》，该论文说明了工人阶级的主要食物的价格变化过程（出处同上），它也令本书作者受益不小。

[②] 最早对价格水平进行科学研究的经济学家可能是W. St. 杰文斯。不过图克和纽马奇在《价格史》中也讨论了与价格水平变化相关的各种因素。虽然由于理论工具的不足和处理时的"信息模糊性"，这本著作某些特定的细节有些缺陷，但它仍然可以说是经济学家必须重视的一座"富矿"——不仅是材料的富矿，还是智慧的富矿——我们必须把它排在很重要的位置。从工业事实出发进行分析，也是W. 莱顿（W. Layton）的《价格研究引论》（1912年第一版，1935年第二版）的一个非常重要的特色。

要的（primary）、结果性的（consequential），并且它们的结果会呈现出某种趋势。我们首先要根据"纯模型"形成对它们的行为的某种预期，用构成了进一步的近似的那些条件来修正，然后与我们的材料进行比较，最后考察各个"不符点"是不是可以用外部因素或我们的材料的缺陷给出令人满意的解释。[①] 因为这些因素和缺陷的重要性在任何时候都是显而易见的（它们在某些时候甚至会占主导地位），同时由于我们所说的过程是"内在地不规则的"，因此以任何其他方式来完成我们的任务都必定是很不合理的。我们必须从一开始就做好心理准备：必定会出现相当大的不符点，而且我们能够找到的只是我们所说的过程的痕迹。这就是作者觉得不能把重点放在如何找到准确的时间上，尤其是不能放在价格水平的变化与周期性过程的其他因素相比所具有的领先性或滞后性上的原因。它们必须非常一致或数值相当可观，才可能在经济学家致力于探究的环境下具有真正重要的意义。

根据"纯模型"得到的预期是非常明确的，对此我们在第四章已经进行充分的阐述。价格水平在繁荣阶段应该上升（在信贷创造的压力下上升，而且这种压力在"纯模型"所体现的条件下是不能被产出增加或速度下降所抵消的），在下行阶段则应该下降（在自动通胀和产出增加的压力之下），而且在下行阶段的下降幅度应该超过在繁荣阶段的上升幅度。我们还知道，通过连续近似法引入更多的事实虽然确实能够使这种预期变

[①] 作者对国际关系的研究还不够深入——从每个国家自身的角度来看，国际关系构成了外部因素。在价格水平问题上，这个方面的空白尤其严重。在许多指数中——绍尔贝克（Sauerbeck）指数和苏特比尔（Soetbeer）指数都很突出的例子；内科（Necco）博士的意大利指数则更糟——共变性只是一种同义反复，因为那些指数都被世界贸易中的大宗商品所支配。而且，这些商品对任何指数都有影响，尽管从一个角度来看这是应该的，因为价格水平是周期性效应最重要的传导者之一，但是从另一个角度来看这种事实进一步降低了这些指数作为周期性症状的指标的价值。这还赋予它们一种本来不会有的因果上的意义。虽然有些读者可能会认为价格水平的"行为"差异更有意思，但是，在我们考察的这三个国家中，价格水平在多大程度上保持了同步是一个更重要的问题，对此可以通过仔细观察那些表示变化率的图表来研究。然而，国际比较会遇到一些几乎无法克服的困难。在这里，应该提一下鲍利教授在这个领域的出色研究（伦敦和剑桥经济服务中心）。最后，作者也未能对世界价格水平这个概念进行深入细致的研究。但是，在这里应当提一下W. 盖尔霍夫（W. Gehlhoff）教授的论著，《总体价格走势：1890年至1913年》（Die allgemeine Preisbewegung, 1890—1913），那是社会政策协会（Schriften des Vereins für Sozialpolitik）系列出版物的第149卷的第一部分。

得更"平和"一些，但是不可能导致逆转。均衡的邻域内存在着未被利用的资源就是其中一个事实。但更重要的不同之处是由于引入了二级近似，那就是用两阶段周期模式替代四阶段周期模式——它增加了下面这个预期：价格水平将在萧条时期继续下跌，而且这种下跌应该会在复苏时期得到纠正。然而，这并不意味着复苏将使价格精确地保持在接近萧条初期的水平上。虽然萧条也有可能通过增加产出来继续完成衰退要完成的工作，但复苏却总是会这样做。在更长的周期中，增长也会变得明显起来。因此，通过萧条和复苏的迂回路径最终实现的均衡水平，一般都会低于系统开始进入这种迂回之前就立即实现的水平。我们还应该注意到，萧条本质上是不稳定的，在每一个萧条时期都存在着一个事实问题，即复苏能够在多大程度上进行修正。

特别是，从康德拉季耶夫周期的长期波动的角度来看，恐慌等因素引发的短期波动和螺旋状运动只能发挥非常小的作用，因此预期在康德拉季耶夫周期复苏阶段价格将上升所持的理由，与预期在更短的周期的复苏阶段价格将上升的理由并不相同——价格水平的上升至少体现在有别于变化率的绝对幅度上。三级近似引入了三周期模式，这也会影响预期，因为周期之间的干扰现象会使情况变得更加复杂。在这种情况下，任一给定周期的任何一个给定阶段，都会受到同时存在的其他周期的某个阶段的影响，有可能被后者完全抹去，甚至被逆转。记住这一点非常重要。这是因为，尽管有不少经济学家，尤其是那些坚持货币周期理论的经济学家，可能认为我们的预期过于显而易见，甚至不值得郑重其事地陈述，但是其他人却会否认这些预期可以通过事实来证实。可能指向这一点的例子，绝大部分——尽管不是全部——都可以归因于对康德拉季耶夫周期效应的忽视。[①]

下面给出的图4、图5、图6和图7说明了事实与上述预期的吻合程度。图4显示了我们关注的三个国家价格水平的变化率，它们之间的相似之处和不同之处都非常有意思。另外三张图则分别给出了（对数条件下

[①] 以上所述仅指否认价格上涨与经济上行存在关联、价格下跌与经济下行存在关联。如果这些经济学家这样说只是试图贬低价格水平的因果作用，我们当然可以在很大程度上赞同他们的观点。

的）价格水平（即批发价格指数）、产出指数和若干利率指数（我们将在后续章节讨论）。在这里，我们用产出来代表通货（circulating medium）。在作者的研究小组中，大家养成了把这些图称为"脉搏图"或"脉动折线图"（pulse chart）的习惯。原因显而易见，不必多说。尽管作者认为以总量为研究对象的理论的解释性价值非常有限，尽管作者绝不可能宣称这四张图有"类似气压计的价值"，但是无论如何，它们还是给出了一幅粗略的画面，说明了我们所说的经济过程的时序，并且在一定意义上总结了我们的分析必须解释的那些东西。此外，就其本身而言，这个画面也是完整的：图中曲线没有一条是可以省略的，同时从逻辑上说，也完全没有增加其他曲线的必要（为了说明各个总量的变化的含义）。如果作者必须为经济状况构造一个指数，那么这些也就是他所能够提供的。

  当然，我们首先要考察的是，关于结果趋势，根据我们的分析会得出什么样的预测。因为，在所有周期的下行阶段，除非受到其他周期的相反阶段的干扰，否则价格水平的下跌幅度必定大于在上行阶段的上涨幅度，所以资本主义的演化就产生了一个价格水平在长期中（或从"长远"来看）必定下跌的趋势。

  这种下降的结果趋势体现了资本主义机制将工业发展成果扩散开来、让广大民众分享的方式，也体现了资本主义在"通往富足之路"。毫无疑问，在记录一个孩子的身高增长过程的时候，如果所采用的方法是保持英寸数不变，而要求每英寸的长度不断增大，那肯定是不合逻辑的；同样的道理，在记录实际收入的增长时，不能采用类似的方法。有人因此认为，应该设计其他社会核算方法，它们能够达到同样的结果，同时又不至于每次都会造成经济系统滑向萧条的危险。然而，经验通常表明的却是，如果价格水平不断下跌的趋势不存在，那么无论是资本主义本身，还是其他与资本主义联系在一起的社会制度（其中包括民主制度），都无法有效地、相对平稳地运行。[①]

---

  ① 这种说法的根据是，所有在政治上可行的备选办法都会带来其他影响，而且这些影响往往会以某种方式破坏系统的运行。然而，再次强调，我们应该记住，这个结论并不适用于萧条时期的价格水平下跌。

图 4　价格水平的变化率

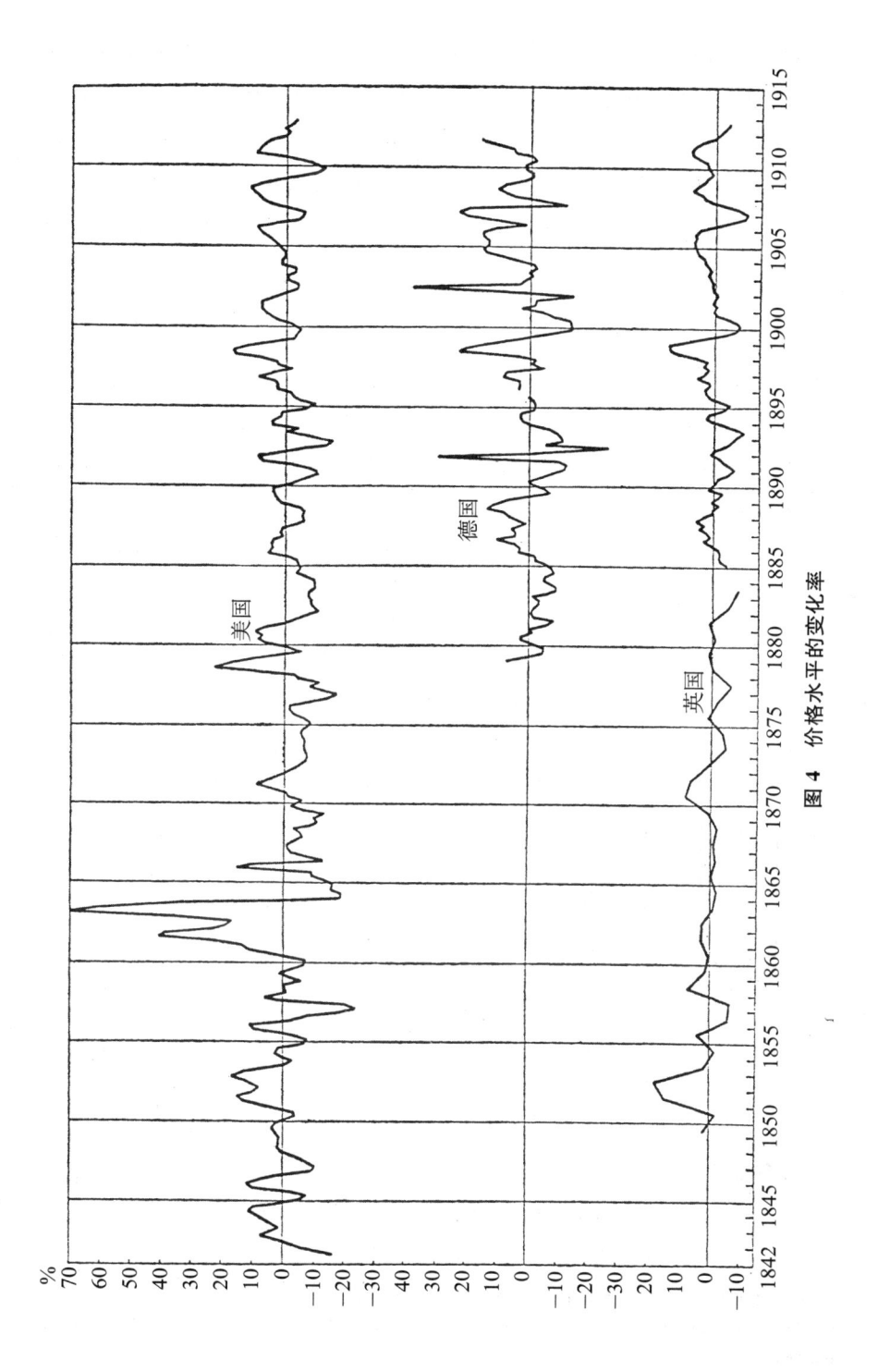

图 5、图 6 和图 7 中的价格水平曲线实际上显示了一种描述性的下降趋势。[①] 但是，尽管这种描述性趋势就是结果趋势图中留下来的东西，但前者还是不能给出后者。两者之间的这种差异源于外部因素的影响。政府导致的通货紧缩从来没有达到过足以抵消相对应的政府导致的通货膨胀的程度——就我们关注的这几个国家和我们所讨论的时期而言，政府导致的通货膨胀主要是指拿破仑时代和美国内战时期的通货膨胀（虽然并不是完全专指它们）。一方面，白银日益非货币化；另一方面，澳大利亚、美国加利福尼亚和南非等地都发现了黄金，这些当然都产生了一定的影响。在某些情况下，保护主义和资本流入也是价格水平上涨的原因（或者至少阻止了本来应该会发生的价格水平下跌）。从理论上说，货币收入总额的描述性趋势应该可以度量所有这些外部因素的净效应。然而，不幸的是，经济演化过程本身所带来的不仅仅是存款的反复扩张和收缩（我们的纯模型

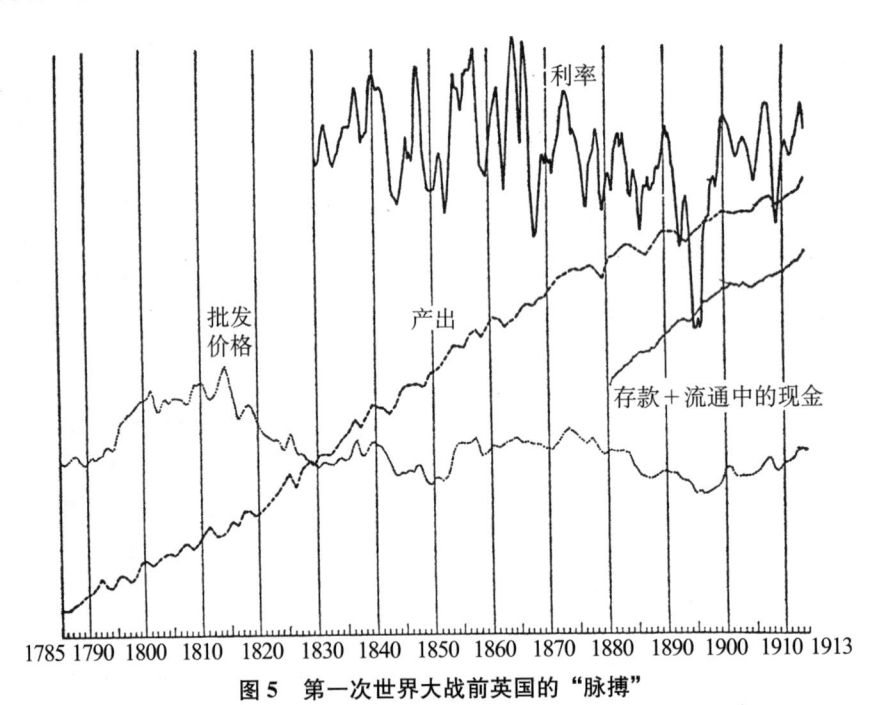

图 5　第一次世界大战前英国的"脉搏"

[①] 在零售价格方面，尤其是如果我们把租金计算在内，就会不那么明显。但是，就笔者所知，无论怎么构造，都没有任何一个指数能够成功地消除或逆转这个趋势。当然，把工资包括在内是非常不正确的。

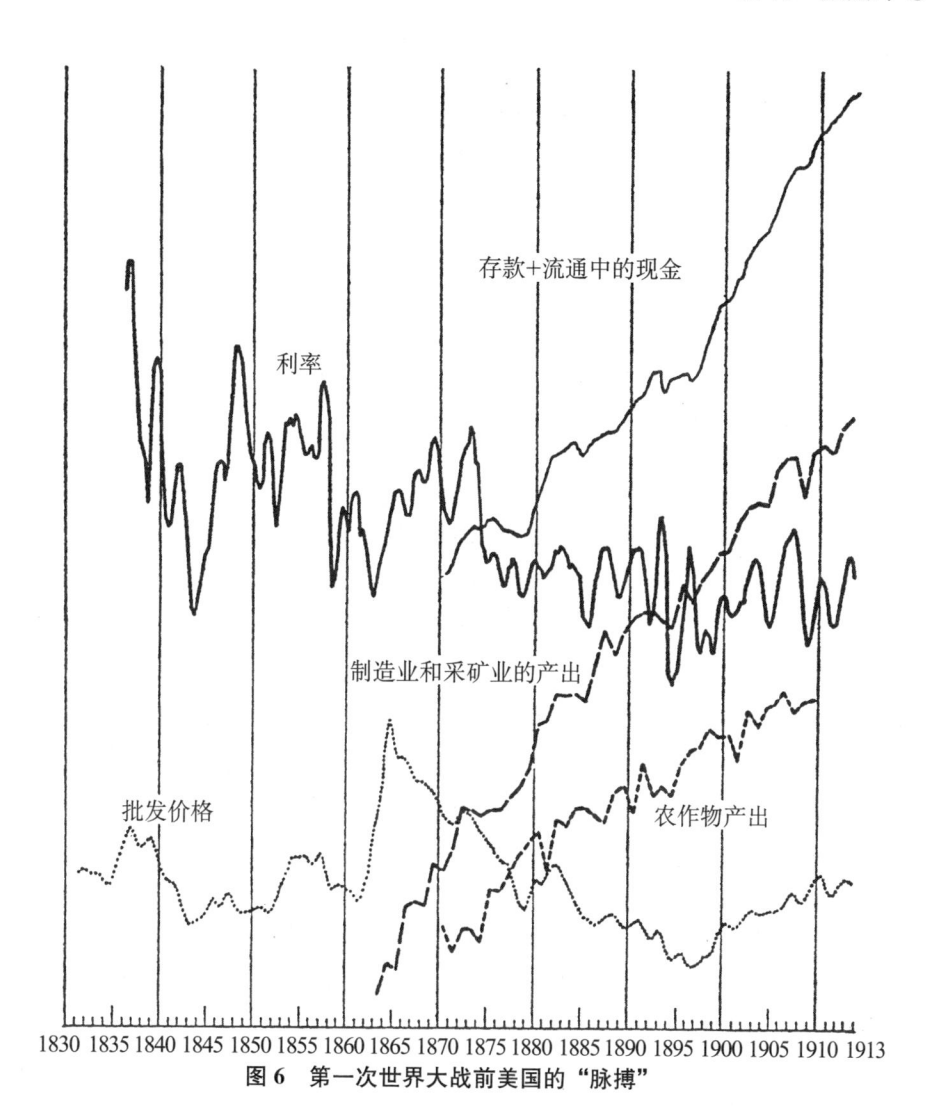

图 6　第一次世界大战前美国的"脉搏"

描述了这一点），还有持久的扩张（对此，我们在一系列近似中、在分析货币收入长期增长趋势的结果时考虑到了）。这样一来，这种扩张就成了我们所说的经济过程的一部分，因而也就不能指望将它作为把结果趋势与其他因素的影响分离开来的一种手段。除此之外，还有其他一些原因。支付习惯的结构性变化也是由我们所说的经济过程本身引发的。用作货币的黄金的供应量的增加也不能视为一个完全独立的因素。政府的通货膨胀和通货紧缩政策，以及作为经济过程的一个元素的其他政策，除了会影响收入之外，还会对经

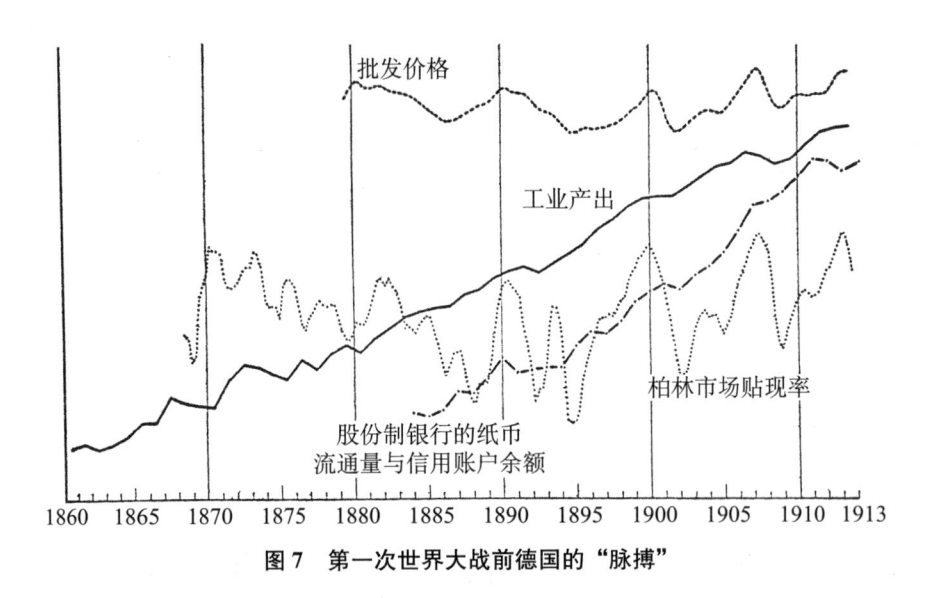

图 7 第一次世界大战前德国的"脉搏"

济有机体产生许多其他影响。对此，甚至可以给出一个非常有意思的研究纲领。然而，我们仍然可以很有把握地说，至少对我们关注的这几个国家来说，外部因素的净效应是抵消而不是强化了结果趋势的影响。

因此，有理由认为外部因素不仅影响了结果趋势，而且影响了价格水平序列的周期性行为。再者，现有的数据不仅未能准确地表达出我们所说的意义上的价格水平，甚至不正确地度量了人们指望用它们来度量的东西——这些事实在周期的情况下比在长期趋势的情况下更加明显。最后，在经济系统中，总是会出现很多个"疲软"时期和就业不足阶段，也总是会存在可以让多种因素发挥作用的多个空间，以至在每个周期阶段价格水平所受影响的显现都可能会被拖慢，而且很容易被随后的周期阶段的效应所淹没。当然，同样清楚的是这并不会导致我们的分析无效。

就康德拉季耶夫周期这种情况而言，有的读者可能会认为证明存在很长时间的价格上升期和价格下降期几乎完全是白费笔墨，因为它们本身就足够清晰、足够突出，一眼就可以看出长波中与它们大致对应的上升阶段和下行阶段。事实上，为了证明这一点，我们确实只需观察一下前面给出的各个"脉搏图"，或者美国、英国和德国的批发价格指数的九年移动平均线（见图 8）。然而，还是有必要再次重复，只是价格体系的变化就会影响我们所能得到的价格指数，尽管这种变化本身不会影响我们所说的价格水平。因此，个别价格除了产生"合法的"影响之外，还可能产生"非法的"影响。

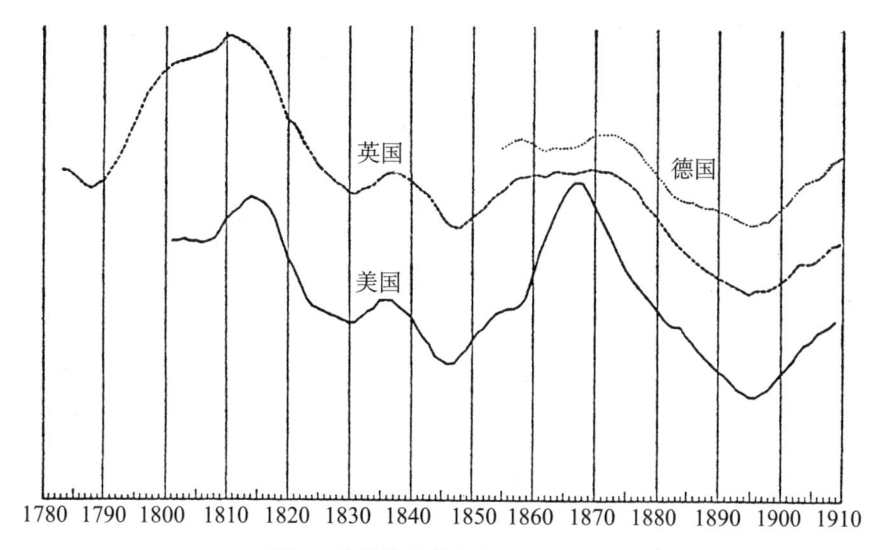

图8 价格指数的九年移动平均线

在图8中，我们看到的是几条相当平滑的波浪线，它们显示了两个长度相等的完整单元和第三个单元的开始部分。图9也呈现出一幅类似的图景，它给出的是美国批发价格的变化；它是用弗里施教授给出的"手绘简笔画"法（simplified freehand adaptation）处理得到的（我们在第五章讨论过这种方法）。回首工业史，我们很容易就会把第一个单元与通常被人们称为"工业革命"的那个经济过程联系起来。但是，图中各条曲线的最高点的高度和位置（它们显然受到了拿破仑战争的影响），却证明不了什么东西。在英国，（西尔伯林指数的）最高值出现在1814年[①]，在那之后，

[①] 吉尔博伊夫人（Mrs. Gilboy）则认为是在1813年（见她发表在1936年的《经济统计评论》上的论文），但是鉴于她使用的是收获年份，所以实际上并没有什么区别。就像先驱杰文斯一样，我们本应预期最高点会更早到来，因为英国的战争融资在世纪之交之后稳健地逐步增长（尽管稍有一些反复），尽管西尔伯林（Silberling）先生的数据与这一点并不完全相符。实际上，熊彼特已经证明（见他发表在1938年2月的《经济统计评论》上的论文），国内商品价格从1800年开始下跌，这与我们的周期模式非常吻合。然而，必须记住的是，在法国大革命之前，每年从西班牙管治的南美地区流入的贵金属都超过了700万英镑，但是在那之后就开始下降；到1825年，大约每年还有500万英镑；而到1829年，就只有400万英镑了。

政府财政正常化所导致的"通货紧缩"叠加在了（我们在理论上应该预料到的）"自动通缩"之上，使大约 6 年内的情况都变得模糊了。我们无法通过用黄金标价代替纸币标价的方法来消除这种干扰，因为黄金标价也会受到通货膨胀和通货紧缩的影响，同时还会受到通货膨胀和通货紧缩只不过是其货币外衣的那些事件的影响。就英国来说，在 18 世纪 80 年代，图中给出的价格水平没有上升，这可能是我们的材料不完善所致。事实上，很多新出现的证据都指向了重要商品的价格在上涨这个方向。在美国，正如我们已经看到的，由于革命及其后果，康德拉季耶夫周期开始时间的确定仍有可疑之处。①

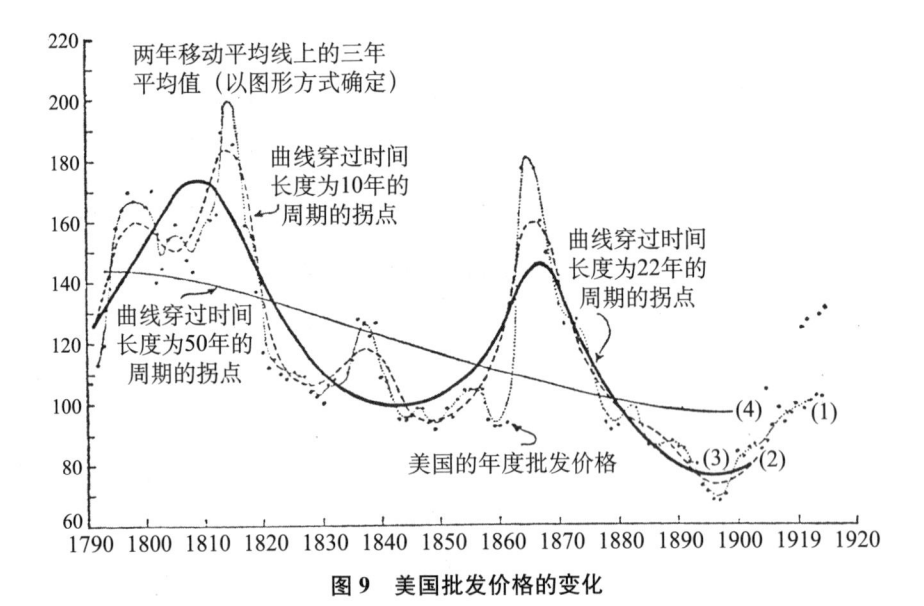

图 9　美国批发价格的变化

我们在图 8 中观察到的第三个"驼峰"明显更小一些，它提出了一个

---

① H. M. 斯托克（H. M. Stoker）先生说，战争结束之后，出现了一个持续八年之久的萧条时期（见《备忘录》，第 142 期，康奈尔大学农业实验站，1932 年，第 204 页）。但是这种观点几乎完全不符合历史证据［见 W. B. 史密斯（W. B. Smith）教授给出的评论——史密斯和科尔（Cole），《美国的经济波动：1790—1860 年》，1935 年，第 12 页］。但是事实上，现有的数据并未表明 1792 年以前价格水平有所上升。从克兰德尔（Crandall）小姐提供的波士顿价格指数来看，价格水平确实是从 1788 年就开始上涨，但那是一个"特殊"的指数，因为只包括糖蜜、朗姆酒和鱼。正如我们已经看到的，1790 年的经济是繁荣的，而且随后迅速开始腾飞（见本书第六章第四节）。汉密尔顿的政策虽然有利于繁荣，但不利于价格水平上涨。此外，原始环境也提供了大量未充分利用的资源。

更微妙的问题。就其本身而言，这样一种波动的发生称不上多惊人，而且不能证明任何与三周期模式不一致的东西，因为它可能只是周期叠加的一个后果［见图1，以及欧文·费雪教授在他为《经济文稿：献给 C. A. 韦里恩·斯图尔特教授》（*Economische Opstellen, aangeboden aan Professor Dr. C. A. Verrijn Stuart*）一书撰写的论文《作为事实或趋势的经济周期》中给出的图表，第6页］。但是，对这个处于康德拉季耶夫周期的复苏阶段的朱格拉周期来说，振幅之大实在出人意料。此外，从一些指数来看，价格水平的下跌一直持续到了40年代中后期，远远超过了我们对第二个康德拉季耶夫周期的繁荣阶段出现时间的估计。我们在历史讨论中也遇到了同样的困难。① 当然，这可能只意味着我们的模式的"设计"是错误的。确实有可能是这样。但是，正如我们在第六章已经阐明的，作者还是倾向于认为"不计后果"的银行业——毫无疑问，无论是在美国还是在英国，那都是30年代的一个显著特点——强化了第一个康德拉季耶夫周期的最后一个朱格拉周期的繁荣阶段，导致了一波极其强烈的投机热潮，这些反过来又导致了一个异常严重的萧条阶段，并引发了第二个康德拉季耶夫周期一开始时的失业。在用来解释价格水平时，这个解释似乎特别有说服力。与此同时，政治上的问题，正如绍尔贝克已经指出的（见他1886年发表于《皇家统计学会杂志》的论文，第648页）②，也相当可信

---

① 因此，康德拉季耶夫自己将第二个长波的开始时间定为1849年。然而，我们的观点得到了施皮特霍夫的权威结论的支持。施皮特霍夫认为，从标准来看，1842年至1873年属于"上升范围"（Aufschwungsspanne），它的繁荣期（他认为繁荣的年数为21年）压倒了萧条期（10年）。

② 绍尔贝克分组指数的最低点对应的时间
所有商品……………………………1849年、1851年（相等）
所有原材料…………………………1848年、1849年（相等）
食物…………………………………1851年
谷物等………………………………1851年
动物性食品…………………………1850年
糖、咖啡、茶………………………1848年
矿物…………………………………1851年
纺织品………………………………1848年
杂项…………………………………1849年

这源于《皇家统计学会杂志》，1886年，第648页。十年移动平均值在1848年达到最低点。然而，绍尔贝克指数并不是一个理想的指标。

地解释了价格水平在 1848 年至 1851 年间的进一步下降，不过，这种情况属于朱格拉周期之内的正常情况。此外，在价格水平下降最为明显的英国，自由贸易政策的实施肯定对价格水平产生了一些影响，《皮尔法案》也可能对信贷创造产生了一些限制性影响（当然，实际上这正是出台《皮尔法案》的本意）。从这些现象中如果能够得出什么结论的话，那只能是：由于一系列有抵消作用的环境因素，一个主要的周期性元素未能像我们的预期那样"行事"。但是无论如何，这并没有阻止我们所说的意义上的繁荣阶段的开始和运行，这一点是非常明显的：英国的铁路热潮就是一个非常有力的证明。

某些指标的表现也似乎为这种解释提供了一些支持。在德国，虽然在 30 年代也出现了"驼峰"，但是与英国和美国相比，这个"驼峰"明显要小得多。1845 年，德国的价格水平开始上涨（见柏林研究所的新指数）。在法国，价格水平也出现了急剧的抬升，而且至少是从 1844 年初开始的（很可能从 1843 年底就开始了）。对于美国，科尔教授给出的包括了 38 种商品的价格指数表明（见《经济统计评论》，1926 年 4 月号；1834 年至 1842 年间的均值等于 100），最高值出现在 1836 年（130），最低值则出现在 1842 年（72）。在那之后，价格水平一路持续上升，直到朱格拉周期的转折点（1847 年）。沃伦（Warren）教授和皮尔逊（Pearson）教授的全商品指数则在 1843 年达到最低点，然后开始上升。他们的金属指数、金属制品指数和建筑材料指数也是如此。将这种情况描述为一个被前述环境因素"矮化"的增长趋势，似乎并不是没有道理。

回顾一下我们在第七章就这个主题进行的阐述，不难发现，在所有这三个国家——根据法国统计局（Statistique Générale de France）的指数，法国也是一样——最高点都出现在 50 年代中期，我们可以认为它是一个完全正常的康德拉季耶夫周期的转折点。但是我们本来预料至少在康德拉季耶夫周期的衰退和萧条阶段，价格水平的下跌会继续（只是在短周期的繁荣阶段会被打断），但是这种趋势在 1858 年前后受到了遏制——在所有国家均如此，只有法国例外。1863 年左右出现的朱格拉周期的复苏和繁荣解释了这一点，不过当时德国的价格水平实际上已经开始下降。这个转折点在英国是在一年后出现的，在美国则出现在两年之后（如果我们以黄金价格为例的话）。这一点以及价格水平上涨的猛烈程度（而不是价格水平上涨的事实本身）——在英国和德国，价格水平在 1870 年到 1873 年出现了剧烈上涨，而在美国，无论是按黄金计价还是按货币计价，价格水平在 1871 年和 1872 年上半年都只出现了温和的上扬——是唯一可以用黄金产量的影响来解释价格运动为什么与预测相反的场合，尽管在其他场合下这种影响可能只会加剧由不同的因素独立引发的趋势。然而，我们应该可以看出，那些完全相信图的形式性质的经济学家将会把 1849 年至 1873 年这段时间看作一个时间很长的上升期。但是，由于我们可以很容易地解释那个高峰——我们在这里要再重复一遍，除了高度以外，这个高峰的其他方面都是不规则的——而且由于反应是如此迅速和强烈，所以认为从 50 年代中期开始下降才是潜在的趋势这种论点也许并不是站不住脚的。如果真的是这样，那么采取这种据信很有价值的"形式分析"方法而产生的结果确实令人沮丧。然后，价格水平继续下降，不仅贯穿了萧条阶段，而且贯穿了康德拉季耶夫周期的复苏阶段，尽管对于我们关注的所有国家来说，价格水平都是在以不断减缓的速度下降——特别是就德国而言，价格水平下降的现象到 1886 年几乎消失了。因此再一次，康德拉季耶夫周期的复苏未能带来价格的复苏（原因在本节的开头提到过了）。在美国，第三个康德拉季耶夫周期的启动是非常明显的，而且显得特别正常（1897 年）。

我们可以这样总结：历史记录下来的巨大的经济变化浪潮会表现在价格水平的"行为"上，但是这种联系是如此"不完美"，以至无论是在诊断方面还是在预测方面都非常不可靠。由于我们所认定的要对这种不完美性"负责"的干扰的存在性和充分性在每一种情况下都可以根据独立的历史证据来证明，因此我们不应认为这个事实与我们的模式是矛盾的。在这当中，货币失序是最重要的，它解释了那些高高隆起的高峰。但我们是否公正地对待了黄金这个因素的问题，再一次摆在了我们的面前。虽然在第四章第五节和第六章第三节我们讨论过黄金在经济周期的因果关系中可能发挥什么作用的问题，但是现在仍然需要讨论它对价格水平因果关系的重要性这个问题。

古斯塔夫·卡塞尔（Gustav Cassel）教授一直在倡导一个历史悠久的

观点：价格水平是由黄金产量与其他产出之间的关系决定的，或者更一般地，是由黄金产量与经济活动水平之间的关系决定的。[①] 这对重新启动这个问题的讨论发挥了重要作用。对比分析 1850 年和 1910 年的全球黄金存量（绍尔贝克指数在这些年间大体相同），得出的结论是，在这些年间，黄金存量的平均增速（2.8%）是"正常的"（在这里，"正常的"意味着恰好足以保持价格水平不变），然后将实际黄金数量与"正常"黄金数量之比的变化与实际价格水平的变化相比较，就可以推断出以往的情况（一直外推到了 1800 年）。约瑟夫·基钦先生对数据进行了修正，方法是将印度、中国和埃及等国的囤积行为考虑进来，并将黄金存量限制为货币型黄金存量。他最终得出的正常年增幅为 3.1%，这使拟合度得到了很大的改善，而且这个比例的变化相对于价格水平的变化的明显可取的优先性也不再是缺乏的。然而即便如此，这种方法仍然遭到了批评（这种批评并不是完全不合情理）。[②] 此外，我们或许还可以说，存款银行的发展一定缓和了 1873 年以后黄金的"短缺"、金本位制的扩展，以及 1896 年以后黄金的过剩。当然，在我们有能力、有信心解决这些问题之前，无疑必须进行更多的研究；但是就我们现在的目的而言，我们其实不需要深入研究它们。为了便于论证，我们将赋予黄金（比我们认为应该赋予它的重要性）更大的重要性，并直接接受那些证明黄金对价格水平有影响的证据。当然，这并不意味着康德拉季耶夫周期的价格水平的变化可以完全归因于黄金产量的变化。恰恰相反，很明显——因为根据理论，价格水平是用作货币的黄金存量（顺

---

① 卡塞尔在战前已经提出了他的方法，并在提交给国际联盟的《金融专家代表团临时报告》（Rapport Provisoire de la Délégation de l'Or du Comité Financier）的附件十中基本上重述了他的观点。基钦先生对这个问题的研究也是为了同一个代表团而进行的。

② 对这种方法的阐述和辩护，读者可以在 W. 沃伊廷斯基（W. Woytinsky）1931 年出版的《国际价格上涨是摆脱危机的出路》（Internationale Hebung der Preise als Ausweg aus der Krise）一书中找到；另外，J. T. 菲尼（J. T. Phinney）先生在他的文章《黄金的生产和价格水平》中很好地阐述了反对这种方法的理由。《卡塞尔 3% 的估计值》，见《经济学季刊》，1933 年。也请参见塔克（Tucker）先生的论文《黄金与价格》（刊载于《经济统计评论》，1934 年）。拟合度甚至比这种方法的提倡者所说的还要好，因为他们没有考虑到白银在 19 世纪上半叶所起的重要作用，在那段时间里，在插值的范围内，拟合度就不那么令人满意了。沃伊廷斯基忽略了这一点。他试图通过假设这段时间内的进步速度更慢来改善这种拟合度——那样可以将实际黄金供应与正常黄金供应之比的曲线拉低，直到它穿过价格水平的曲线为止。但是，这种"校正"既没有什么必要性，也缺乏正当的理由。

便指出，用作货币的黄金存量主要是经济状况的函数，而不是黄金总存量的函数）和商品产出变化的结果，还因为后者的变化反过来又源于我们所说的过程的运行——无论黄金的"行为"是怎么样的，除非它的变化刚好能够完全补偿，否则康德拉季耶夫周期的"指纹"必定会显示在价格水平图形上，尽管肯定会因为受到黄金产量的影响而或多或少地变得模糊不清。

尽管对使用移动平均线有许多相当合理的反对意见，我们还是可以从对九年移动平均线的偏离中得出一些关于各个朱格拉周期的推断。结果如图 10 所示。对于美国、英国和德国这三个国家，尽管在振幅上表现出了特有的差异，但是在作者看来，这些朱格拉周期的存在是非常明显的。在英国和美国（而且实际上我们可以肯定地说，在德国也一样），这幅图中唯一完整的康德拉季耶夫周期包含六个朱格拉周期。读者应该将它们标出来，然后形成自己对如下问题的看法：试图测量平均振幅并试图以此为基础得出结论的意义究竟有多大（不要忘记康德拉季耶夫周期的各个阶段——从上升到在每一种情况下都必定会出现的下降）。顺便提一下，我们在这里应该讨论一下菲利普·赖特（Philip Wright）先生的实验（见摩尔，《经济周期》，刊载于《经济学季刊》，1914—1915 年，第 635 页），它包含了连续的相关项目。研究发现，彼此相隔 9 年或 10 年的项目的相关性最大。这些相关系数并不高，9 年的相关系数是 0.40，10 年的相关系数是 0.35，否则这种方法就会受到批评。但是他的结果与我们的发现非常吻合。此外，还应该注意到，在这种情况下，对将相关性分析应用于时间序列的一些反对意见并不成立。E. B. 威尔逊（E. B. Wilson）教授的价格周期图显示，在长达 109 个月的时间里，只有一个不能令人满意的驼峰，但重要的是，当把时间进一步延长到这个时间段的两倍或三倍时，其他的驼峰就会出现。[①]

[①] 朱格拉周期的分期似乎不受所处的康德拉季耶夫周期的阶段的影响，但是朱格拉周期各个阶段的持续时间确实可能会受到影响，这就是说，当朱格拉周期位于康德拉季耶夫周期的繁荣阶段时，与位于康德拉季耶夫周期的下行阶段相比，不仅更加显著，而且持续的时间更长。这是施皮特霍夫教授最早观察到的。不过，作者更喜欢的说法是，在前一种情况下，衰退看上去更像繁荣，而在后一种情况下，衰退看上去更像萧条，因而不用强调持续时间的差异。但说到底，这也只是表达同一事物的另一种方式而已。

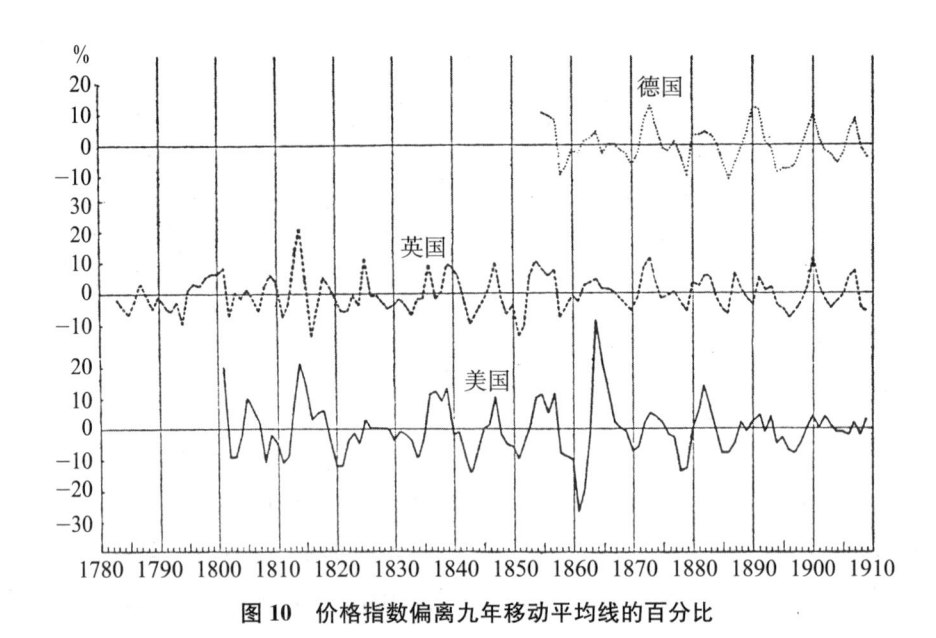

图 10 价格指数偏离九年移动平均线的百分比

图 10 及图 4 也可以用来加深我们对各个基钦周期的印象。毫无疑问，在一个朱格拉周期内，完全可能存在着周期更短的波动。我们可以相当清晰地看到，在每个朱格拉周期内大体上存在着三个基钦周期。但是它们的振幅非常不规则，有时仅仅表现为曲线的一个折弯。然而，对此总是可以用基础周期的影响来解释，正如前面提到过的，基础周期的影响可能会将它们消除。它们的周期长度并不是很不规则，但也不会偏离平均水平太多。

第五节　分组价格

分组价格指数，即一组商品的价格指数，与我们在前几节一直讨论的指数几乎有"天壤之别"（toto caelo）。当然，把它称为一种"水平"也不会有任何异议。但它并不是经济系统所特有的一个参数，也不是某种"货币韧带（monetary ligament）。一方面，无论统计学家做了什么，它都不是"真实的东西"——它的存在本身，而不仅仅是它的外在表现，完全依赖于统计学家的操作。另一方面，它仍然是一种价格，仍然受价格的一般逻辑约束（如果"分组"不是太大的话①），因此应该可以简单地称之为综合价格（composite price）或综合相对价格（视情况而定）。在最简单的情况下，这种价格不涉及其他任何问题，只涉及一类不完全相同的商品的"价格"，比如成品钢的综合价格。而在其他情况下，目标是将某些商品组合起来（在这些商品中，任何一种商品的价格都显示出了所有这些商品共同拥有的某个特征），而不是试图找出任何可以被解释为综合价格的东西。我们将从这个角度来看待分组价格指数。

其中一类情况可以以人们熟悉的纺织品、金属和金属制品的价格指数为例来说明；或者，如果关系落在了需求侧，那么也可以以建筑材料的价格指数为例来说明。另一类情况则由若干个分组组成，如敏感价格群体（group of sensitive prices）②，在美国和德国，以预测为业的学者对这类分组非常熟悉——它只不过是从经验的角度来看波动性比其他价格更加剧烈的价格的集合。这对某些目的来说是有用的，但是对我们而言，批发价格指数已经足够敏感，所以我们可以用如下评价来"打发"分组价格指数：它与一般指数的背离，是迄今为止衡量价格离散度的周期性变化最成功的指标。耐用品和易耗品的价格指数、国内产品和国外产品的价格指数、垄断商品和非垄断商品的价格指数、未加工品和加工品的价格指数、基本商品和其他商品的价格指数、食品和非食品的价格指数，诸如此类，都是这种分析方法的应用实例——我们可以公平地称之为一种独特的分析方法。不过，区域分组价格是真实的价格水平。而且，生产品与消费品的分组价格之间存在着巨大的差别。如果我们把生产品和消费品的价格都看作随机样本，那么这种差别就基本上可以定义整个领域的货币过程。

最后，我们可以用适当的权重把原材料价格指数与以下指数结合起来：首先，设备价格和建设成本的综合指数；其次，用每工时产出的变化

---

① 如果规模太大，马歇尔的供求机制就会失去意义。尽管我们仍然可以把它称为综合价格，但是，只有在那种最粗糙的流行用法的意义上，才可以继续用供给和需求的概念来表述，而且这些概念已经不能再用现代的方法来加以完善。

② 参见，例如，W. M. 珀森斯教授在《预测经济周期》一书中给出的指数（第93页及以下诸页）；也请参见法国经济研究所提供的指数。

进行修正的工资率指数。这样一来，我们就得到了一个成本指数，并可以将它与成品价格指数进行比较。但是，除非在这项工作中投入极其可观的资源，否则结果一定会暴露出非常严重的错误，以至我们完全不能相信它们能够揭示更多的东西——比我们在任何情况下可以从单独计算的原材料、工资等价格指数中推断出来的都更多。[①] 不过，至少自世界大战爆发以来，在构建工资品价格指数（生活成本指数）方面，我们取得了更多的进展。

在周期的过程中，适当选择出来的分组价格也许可以显示出各自的（相对于彼此的）特征性变化。当然，它们也确实做到了这一点。这些变化可通过将所有这种变化除以一般价格水平指数来得到[②]，并可用于度量某些类型的周期性价格分散程度和非均衡性。它们对更精细的分析的更高阶近似和对周期性情况的任何定量的精确描述都是相当重要的。但是，我们只要看一下图11（它足以说明我们想说明的这一点，而且读者可以很容易地用大家都熟悉的其他类似图表加以补充），就会明白首先给我们留下印象的并不是这个方面。恰恰相反，最引人注目的是共变性。与共变性

[①] 当然，对于不同的目的，我们需要面对的问题也不同：是否需要构建一个"社会"生产成本指数（或经营成本指数）？或者，如果目标不定得那么高，只需要构建某个给定行业的成本指数？又或者，如果目标更温和一些，只需要构建某个给定企业的成本指数？在这方面，米尔斯教授在《美国的经济趋势》一书对成本问题的研究、已故的 G. T. 琼斯（G. T. Jones）在《报酬递增》一书中给出的成本指数（该书在他死后才出版，1933 年），以及米切尔教授在他 1913 年出版的巨著中的开创性工作，都是不能不提及的。作者认为，列昂惕夫教授关于供给弹性的研究——见他发表于《全球经济研究》（*Weltwirtschaftliches Archiv*）的论文，1932 年 1 月号——为进一步的发展奠定了理论基础，这篇论文也对美国钢铁工业进行了有趣的应用研究。K. 埃尔克（K. Ehrke）在《水泥行业的生产成本：1858 年至 1913 年》（*Uebererzeugung in der Zementindustrie，1858—1913*）一书中，给出了单个企业的成本指数的例子（1933 年；方法是施耐德博士的）。当然，自世界大战以来，类似的成本调查比比皆是，但是它们的覆盖范围很少超过几年。建设成本是一个特别的亮点。例如，纽约联邦储备银行（Federal Reserve Bank of New York）和美国评估公司（American Appraisal Company）的指数。读者可以比较一下：L. J. 乔纳（L. J. Chawner），《受技术变革和其他因素影响的建设成本指数》（1935 年载于《美国统计学会会刊》），特别是第 57 页的图五；W. D. 康克林（W. D. Conklin）的《经济周期中的建设成本》。这里提到的这些研究几乎都只涉及战争期间和战后材料，因为其中涉及的一些原则问题很难用战前的材料来处理。

[②] 事实上，人们经常这样做，尤其是为了表示农产品"购买力"的变化，例如，参见康德拉季耶夫，《工业品和农产品价格的动态变化》（*Die Preisdynamik der industriellen und der landwirtschaftlichen Waren*），刊载于《社会科学与社会政策文库》（*Archiv für Sozialwissenschaft und sozialpolitik*），第 60 卷。卡尔·斯奈德先生在他讨论价格的结构和惯性的论文中（1934 年 6 月刊载于《美国经济评论》）、在分析商品价格相对于一般价格水平的变化的论文中（同上，1934 年 9 月号），都频繁地使用这种方法。对于他叙述的事实和得出的部分结果，作者完全同意。上文甚至可以看作对他的一些发现的一种解释。然而，我们绝对不应该忽视这种方法的明显危险性，特别是在应用于分组价格时。

相比,一切形式上的、幅度上的和时期上的差别和滞后都明显是次要的。① 我们在这里需要暂停片刻,以便考虑这个"广泛的真理",它虽然相当广泛,但是总能始终一致地呈现出来。

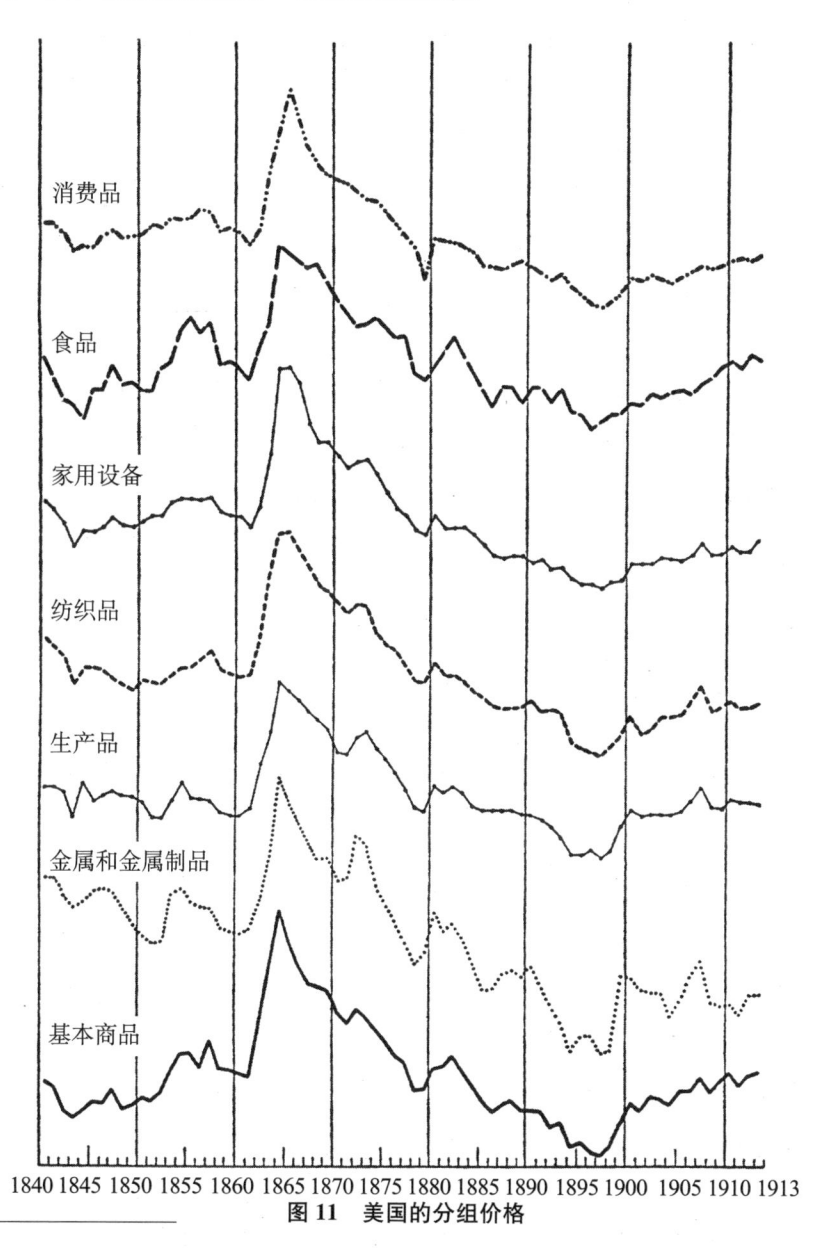

图 11　美国的分组价格

① 如果我们像某些学者所做的那样,把股票价格(比如,"哈佛晴雨表"上的 A-曲线所表示的)作为实际资本的平均价格,那么情况就会有所不同。但在作者看来,这似乎是完全不可接受的。

的确，从我们对经济演化的周期性过程的分析可以得出的结论是，将周期描述为一种能够让系统内的结构关系不受影响的总体性运动，是不可能令人满意的。这个过程的本质就是对系统结构进行重构。但是，这并不意味着对分组价格的周期性行为进行比较就一定能说明这一点。我们把前面提到的所有分组价格分成三类。第一类，分组价格的组成部分是借助商品之间的"亲和性"（affinity）联系起来的，例如纺织品、电器等商品的分组价格。第二类，由具有共同的组织或营销特征的商品价格所形成的分组价格，某些大规模生产的行业或垄断行业的价格都是这类分组价格的例子。第三类，分组价格的组成部分处于经济过程的不同"阶段"，我们认为生产品和消费品的价格是其中的典型例子。

现在，我们可以给出如下预测。无论是在较短的周期内还是在更长的周期内，第一类分组价格的表现都将有所不同，具体取决于它们是否受到在每个时间间隔内发生创新的行业价格的支配。这确实有许多限制条件。新商品在刚开始出现的时候缺乏一个可以用来刻画它们的相对行为的比较标准。只要创新是发生在完成度很高的商品上，那么这种商品价格的变动就很难被记录下来，这不仅是因为统计上的困难，还因为这种创新往往使得我们能够以同样的价格提供质量更好的产品。即便是在创新确实影响报价的情况下，这种效应也可能在很大程度上因为分组的原因而消失。此外，创新在大多数情况下也作用于其他价格（除了发生创新的行业之外），而且创业活动会从一个行业转移到另一个行业，所以我们更应该关注的是创新对价格水平的影响①（尤其是在长期中的影响），而不是创新对分组价格的影响（因为基于上述原因，各分组价格将出现"你追我赶"的状况）。但是，我们可以预料到创新会对分组价格产生影响——事实也的确如此。读者只要仔细看一下斯奈德给出的图表（我们在脚注中引用的那两篇论文中的第一篇，第189页、第190页）就会发现，他很容易就可以把化工产品和金属的分组价格或（七八十年代后期）燃料和照明工具的分组

---

① 这一点应该予以强调。许多经济学家习惯于辩称创新似乎只会影响相对价格（事实上，创新直接影响相对价格），因此，价格水平的变化似乎有可能与创新全然无关。但是很容易看出我们不能把这种变化视为单个价格的一个独立组成部分。

价格的变化特点与创新联系起来；又或者将建筑材料与皮具和皮革的分组价格的变化特点与（相对而言的）创新的缺失联系起来。给出一些更引人注目的例子也没有什么困难（例如，19世纪初的纺织品，20世纪初的电力）。同样地，农产品的分组价格也没有违背这个原则，反而切实地强化了证据。农产品的生产和运输领域都出现了大量的创新，但由于欧洲市场是对美国开放的，所以相应的分组价格在美国并没有下降多少，这一点与我们的观点以及一般理论是完全一致的。相比之下，在英国却下降了很多。在德国也没有下降，但那当然是从70年代末开始的农业保护政策所致。

第二类分组价格的周期性行为则受到了构成每个分组的成员所具有的共同属性的周期性影响的制约。垄断性定价就是这种性质的一个例子，它说明了这样一个命题：这种性质所影响的主要是对周期性过程的活跃因素的冲击的反应（见第十章）。

但是，在第三类分组价格中，我们应该可以预期基本的共变性。尽管创业活动会影响经济系统的某些特定领域，但是，经济繁荣时生产者支出的增加（数量上的或速度上的），以及在繁荣期即将结束和衰退时生产者支出的减少，都很快就会影响整个经济系统。尤其是，在繁荣期增加的工资会迅速被花掉（这是一个次要条件，但是如果增幅相当大，那么其重要性在后期会显现出来），乐观的预期（唾手可得的消费者信贷在许多情况下会给乐观的预期助力）甚至有可能导致支出超过实际收入；相应地，一旦萧条变得势在必行，悲观的预期则可能会导致消费者支出的减少超过实际收入的下降。因此，在理论上没有理由认为消费品价格总是、必然或显著滞后于生产品价格。同样也没有任何理由认为消费品价格应该领先于后者。根据我们的理论（见本书第四章第一节），我们更应该预期的是，在经济有机体的所有部门中，价格几乎同步地朝着同一个方向运动；而且在一个大国中，差异更多的是"区域性的"（regional），而不是"阶段性的"（stagewise）。这正是我们从对这类分组价格的研究中可以得出的最重要的结论。这些事实并没有给那些关于特征序列将遵循周期机制的观点提供太多支持，至于那些关于声称储蓄会将"购买力"从消费品转移至生产品的理论，就更不用说了。①

当然，这并不意味着对同步并行性（synchronous parallelism）的偏离是不重要的或无趣的。它在前两类分组价格中更为重要，不过在第三类分组价格中也没有缺席。如果根本不存在这样的偏离，那才是最令人惊讶的，因为每一个分组价格都结合了如此不同的行为和反应模式。如果结果是完全相同的，并且所有分组价格的百分比变化都是同步的，那将是一个奇迹。但这里的关键是，我们不能对这些差异进行一般化，这些差异的根源在于进入每个分组的个别商品的独特性，以及每个周期的条件的独特性，因此，关于一般周期的基本机制，它们能够告诉我们的少之又少。也正因如此，读者从我们给出的图表中可以观察到，生产品的价格综合指数虽然与消费品的价格综合指数表现出了基本相同的节奏，但是它的振幅更大，而且在总体上呈现出了一定的进动性（precession）。②然而，这并不完全是因为它们与最终消费者的需求之间的距离更远——虽然最终消费者的需求实际上是相对稳定的，但是在周期各阶段的波动仍然相当大。有些原材料，在到达家庭之前只有很短的"路程"要走，但是它们的价格波动幅度与那些要走很长的"路程"的原材料一样大。消费品的价格之所以相对比较稳定，在很大程度上是一个完全不同的因素的结果，即与生产品相比，消费品价格（即便不是零售价格，也一样）包括了更多"有品牌的"和"带服务的"商品的价格。因此，我们的解释不能过分依赖于与最终消费者的距离长短。我们还必须寻找其他的解释，比如耐用性，这是导致金属和金属制品的分组价格剧烈波动的一个原因。当然，企业家需求的冲击

---

① 也许值得一提的是，对本书给出的分析模式的众多错误解释之一就是消费品的价格应该率先下跌，并且会制造出"麻烦"。这种解释完全误解了下面这个观点：经常演化的周期性过程最终意味着所有阶层的实际收入增加，主要是通过价格水平的下降实现的。

② 在对生产品价格和消费品价格进行系统比较的最早尝试中，其中一个是由米切尔教授完成的（见《美国劳工统计局公报》，第173号）。1890年至1913年的这一时期为上述观点提供了例证：在批发市场上生产品价格波动的时间跨度更大是一个非常明显的事实。它们在1894年之前大幅下跌，1895年的下跌幅度低于消费品价格。然后在1896年上涨，而同期消费品价格仍在下跌；在经历了一次回挫之后，它们又与消费品价格一起上涨，并在1898年超过了消费品价格。1903年和1904年，当消费品价格下跌时，它们并没有下跌。1909年，消费品价格开始上涨，而生产品价格却仍在下降。1913年的情况也类似。但是，即便可以说生产品价格领先于消费品价格，强调购买这类产品的人作为一个阶层具有更大的远见，而不是强调他们在生产过程中的位置，也是更加符合现实的。

在那种情况下最为明显。但是它也会影响劳动力，从而影响消费品，因此，我们没有充分的理由假定一种影响一定比另一种影响更强烈。从我们的周期性过程模型来看，这在很大程度上是偶然的。①

尽管上面指出的这些事项——事实上，指出它们的目的也就在于这里——不利于那些假设分组价格之间存在着系统性关系的理论（这种关系并不存在，或者无法如证明那些理论所必需的那样清晰地呈现出来），但是它们并不会不利于（而且指出它们的目的也不是这个）那些对"内生性"或"自生性"理论很重要的命题，即随着繁荣期一步步地接近结束，"做生意"的成本将日益侵蚀利润。我们并不认为这本身就能令人满意地解释经济从繁荣转向衰退的原因。我们也不能同意被列为有贡献的所有因素都是相关的，例如，坏账带来的损失在转折发生之前几乎从来不会增加（或者说几乎从来不独立于转折）。但是，我们不否认这种机制的现实性，它的确构成了我们模型的一部分。许多"老"企业，如我们在第四章指出的那样，从一开始就会面临劳动力成本上升、原材料涨价（这也包括了劳动力成本）、信贷可得性差等问题，特别是对最"老"的那些企业来说——事实上，对所有企业来说都一样，只要它们获得的收入比创业活动所引发的支出少——只要创业活动开始减缓，即便不考虑"新"企业的直接竞争给它们造成的影响和困难，它们也会立即陷入困境，这种情况经常出现在制成品领域，当价格的上升因风俗、商业惯例或政府政策而被固定的时候。正如米切尔教授所指出的，对许多行业来说，这将导致原材料的买入价超过制成品的卖出价。但是，这与生产品价格和消费品价格的相对变动并没有多大关系。

---

① 由于所涉行业的特殊性，共变性是食品价格和原材料价格变化的一个突出特征。如果我们希望消费领域的邻域能够出现，那么最有可能的就是食品，因为对食品的需求的周期，肯定比对其他任何东西的需求都要稳定得多。它确实显现出来了，但是几乎从来没有出现方向上的差异，而且所有这些情况都可以用与周期性过程无关的环境因素来解释。（例如）参见绍尔贝克，《食品和原材料指数》，刊载于《皇家统计学会杂志》，1910年，第316页；1929年，第239页。

第九章 实物数量和就业水平

第一节 个别数量、组合数量和标记总产出变化的三种方法

除了价格数据,我们还会获得各种各样的实物数量数据:生产出来的、发送给工厂的、运输的、出口的、进口的、入库(保税)的、已经收到付款的、出售给消费者的(有时认为这个数量就等于生产＋进口－出口),以及直接可得的或者需要用其他指标来间接反映的(例如,在用纺锭数、在用高炉数等)。这样的序列在第一次世界大战后就已经非常多,事实上,从1870年前后开始就相当丰富,至于更遥远的过去,相关的序列也一直在稳步增长。其中许多是月度数据,甚至有不少周数据,而且可以说所有这些序列都代表了(至少接近于代表了)不需要借助理论就能理解的明确的真实事物。当然,适当的鉴别仍然是必不可少的。一些现代材料、许多较老旧的材料,都是不可靠的或至少是不准确的,例如对农作物产量或生铁产量的早期估计,或者在走私很严重的时代(和情况下)对进口规模的估计。还有一些数据存在度量单位不统一和可比性差等问题。

质量参差不齐、涉及的地区变动不居,这些都使人们对许多序列的价值产生了怀疑。数据来源和编制方法的变化也会导致虚假的中断和波动。

理论经济学家要问的一些问题——如什么是商品①、什么是生产要素以及什么是国家？——对最实际的应用目的而言，似乎具有预示作用的意义。在有些情况下——例如，关于建筑许可证的数量——数据含义本身就是很令人怀疑的。如果鲁莽行事，直接根据对某个阶段进行测量得到的数据，得出关于另一个阶段的结论，我们不仅可能会使许多严重错误的明显源头洞开，还可能导致周期性运动的基本特征变得含糊不清，比如说根据铁这种原材料的数据直接得出关于工业设备的结论，直接从小麦得出关于面包的结论，或者从进口或出口数据得出关于产出的结论。最后，在消费者的预算和生产模式中，具体消费品的重要性和有效性是不断变化的，这本身就是周期性过程的最重要的特征之一。② 但是，对于相关的各个序列，如果不从它们与行业及技术历史的关系的角度入手进行研究，那么就会导致各种各样的错误解释（因为只有这种关系才是它们的）。这也是理解其意义的关键所在。此外，还有另一种研究思路，但那远远超出了单个个体的能力范围。

如果我们用多组相互关联的商品——例如食物、家具、设备、纺织品等——来构建组合，那么我们将会遇到一个问题，它与我们在谈到一般的煤炭或咖啡的数量时所隐含的问题只有程度上的不同。这是非常清楚的。一堆羊毛和棉织品应该不会像一堆铁和草莓那么"缺乏意义"。在最有利的情况下，具体地说，在比例固定的互补和竞争的情况下——在这样的情况之外亦然——甚至可以将某种确切的理论意义赋予这种组合。但是，我们在这里不需要深入讨论这些问题，而只需依靠关于日常事物的常识，因

---

① 如果我们把汽车称为一种商品，那么就像在研究价格时一样，我们马上就会面临一个指数问题。如果我们把这个概念限定在类似于企业 Y 的 X 型汽车这样的对象上，那么材料就会变得难以管理。劳动这个要素最能突出这里的困难。在像美国甚至像法国这样的国家，会"分裂"出若干个部门，它们在性质上的差异比在委内瑞拉和哥伦比亚要大得多。

② 特别是，随着时间的推移，每单位产品对原材料（比如煤、钢、甜菜等）的需求越来越小。在用于某些目的时，应该根据这一点对各种序列进行修正。这当然会使得这些原材料的生产增长率的含义无效。废料的使用是另一个困难的例子。提高质量——经济发展的另一个显著特征——也是如此。它在很大程度上也逃过了我们的视线。我们从历史迹象中可以得知，即便是最古老、最普通的消费品，如肉类和葡萄酒，在现在也与100年前大不相同了。但是在大多数情况下，我们其实没有办法去衡量这种变化。这确实让人怀疑，除了我们的图表给出的那些最突出的特性外，任何陈述是否可能、是否有意义。

此我们将直接给出如下结论：如果这种组合的各个组成部分由于自身在经济有机体中的位置而都受到了类似的外部和内部因素的影响，那么这种组合就有了额外的合理性。我们一定要记住，与分组价格一样，这种组合也可能会严重遮蔽经济演化的周期性过程的本质事实。

但是，总产出（total output）这个概念则缺乏类似的意义或合理性。尽管它获得了"公民"资格并得到了"承认"，但是这个事实本身甚至算不上一种安慰，因为这种承认是完全不加批判地延伸到它身上的。这个问题比相应的价格问题更值得怀疑。在价格问题上，我们至少能够发现并定义一个经济量，它可以提供价格水平指数的意义。但是在这里，实际上并不存在这样的东西。尽管总产出对许多目的来说是有用的，但它终究只是一个虚构的数字。与价格水平不同，如果没有统计学家将它创造出来，总产出是根本不存在的。然而，我们似乎确实不得不面对这个"无意义之堆"。

要想克服这个困难，我们有三种方法可选，尽管没有一种方法可以说是完全令人满意的。第一种方法的优点是简单。这种方法在本书第一章提到过，它的要点在于紧扣某些序列，这些序列的项目度量的是某种可以用来表明生产活动的变化——特别是周期性变化——的东西。所有数量序列都有一定的"系统重要性"，但是那些我们真的决定称为"系统序列"的序列，要比其他序列更加重要。然而，这些数量序列的局限性是非常严重的。举例来说，哪怕在我们讨论的这个时期统计水平变得比实际水平高很多，就业序列在所有较长的时期内（比如说，在一个朱格拉周期的时间内）都必定具有严重的误导性，而且即便是在更短的时期内，也往往如此。这是因为一个好的理论永远不可能假定就业与产出成正比（参见第四节）。例如，清关吨位数对英国来说并不是没有价值，但是这种数据的使用面临着许多反对意见，这不仅因为吨位这个单位的含义经常在变、国际贸易本身的重要性也经常在变，还因为它会将一吨煤与一吨留声机唱片同等看待。出现类似困难的例子还包括铁路运量数据、装机马力数等。对生铁消费量数据的使用，当然也不可能是完全无可非议的，但是如果以我们对周期性波动的历史知识来进行检验，那么它在这几个国家的战前时期的表现确实"好得惊人"。① 因此，我们在下面给出了生铁消费量序列和生铁消费量变化率序列，详见图12和图13。

当然，图12所呈现的只是生铁消费量的趋势，并不包括其他趋势。这里无法给出总产出的趋势，因为用生铁生产的设备的增长速度快于总产出的其他元素，甚至也没有给出总"实际"投资的趋势。此外，生铁消费量也不能给出总产出的周期性变化，因为消费品生产的周期性变化与设备生产的周期性变化既不成比例，也不同步。但是，在所有这三个周期中，设备生产的波动都很好地呈现了出来（在我们考虑的这个时期，钢铁对消费品的影响没有现在这么大）。② 朱格拉周期尤其如此，在其他序列中都不可能如此整齐划一地区分出来——读者应该在这里将它标记出来，并以得到的结果作为一个参照。这里给出的三条曲线在某种意义上是可以相互解释的。美国的曲线在1875年至1885年间有一个问题（如果没有这个问题的话，它本来是最令人满意的一条曲线，给出了最确定的步骤），不过我们只要看一下英国和德国的曲线，就会知道应该怎样解决这个问题，而且反过来，英国和德国的曲线的特点又可以用美国从1885年至1892年间的曲线来澄清。这三条曲线在平均振幅和一般特征上的差异，很好地反映了这三个国家经济演化的脉络。作者认为，在图13中，基钦周期也已经足够清晰地呈现了出来。但是毫无疑问，一些读者不会同意。对于可能的反对意见，我们只能说，仅仅因为它们没有表现出一种根本不应该存在于现象中的规律性，就拒绝把性质如此相似、标记如此清晰的波动归入一个独立的波动类型，那无疑是错误的。为了说明拥有超过平均水平的系统性意义的其他序列能够在多大程度上完成同样的目的，我们进一步给出了图14。

---

① 生铁在大约20年前还能很好地维持自己的地位，尽管在19世纪60年代就开始了淡出的过程。后来，生铁铸件很快就消失了，焊接件也变得更轻了。质地更轻的合金开始出现，其他金属的价格则相对上涨，尤其是铝。人们提及废金属的利用的次数也越来越多。另外，钢铁的发展是以焚烧木材和其他燃料为代价的。正如我们在前面提到过的，施皮特霍夫教授对经济周期的分析就是以生铁消费量的变化为基石。

② 有意思的是，我们可以注意到，在英国，生铁消费在1897年之后的康德拉季耶夫周期的繁荣阶段几乎完全没有存在感，这正是英国工业的创新动力开始衰竭的一个迹象。

图 12　生铁消费量

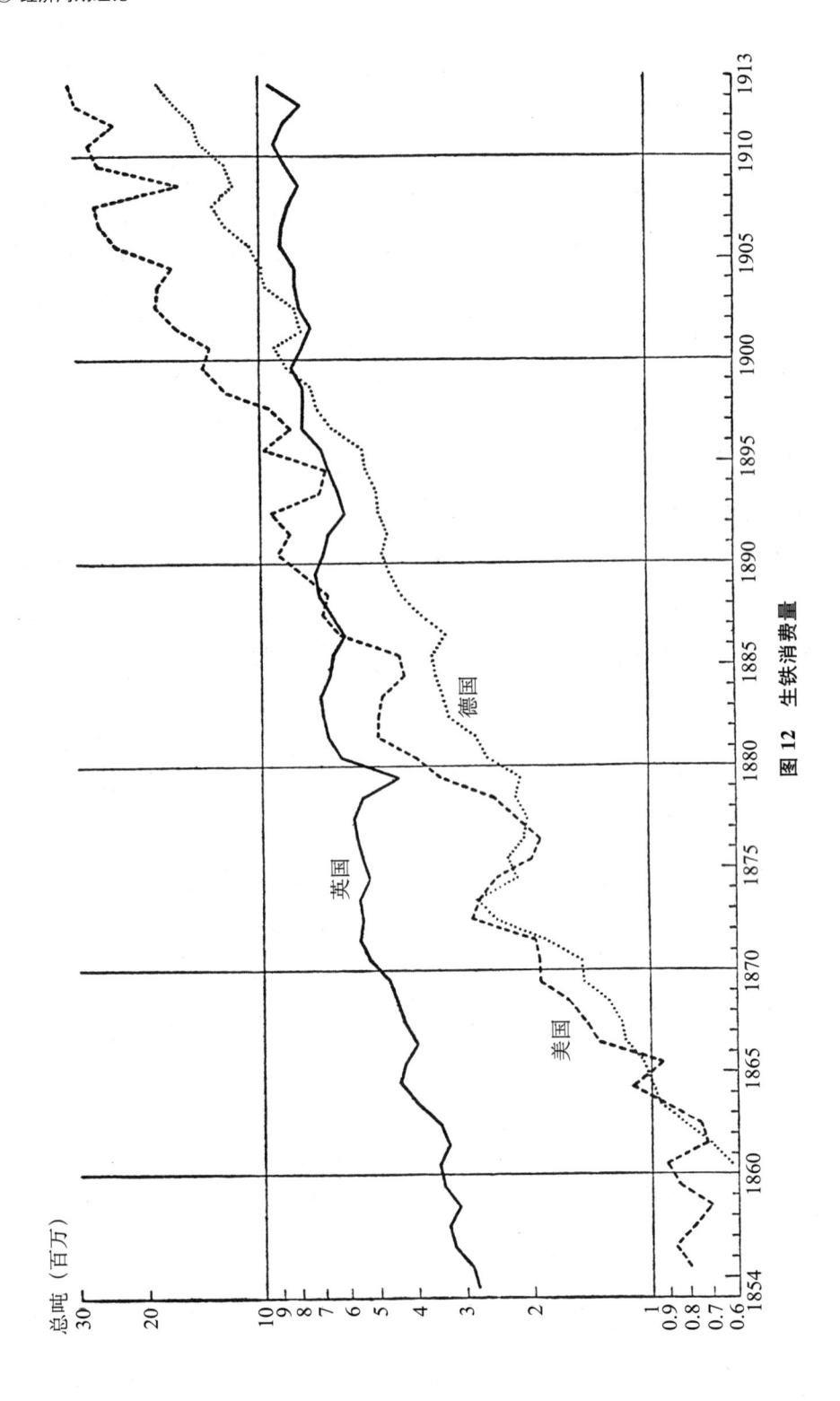

图 13　生铁消费量的变化率

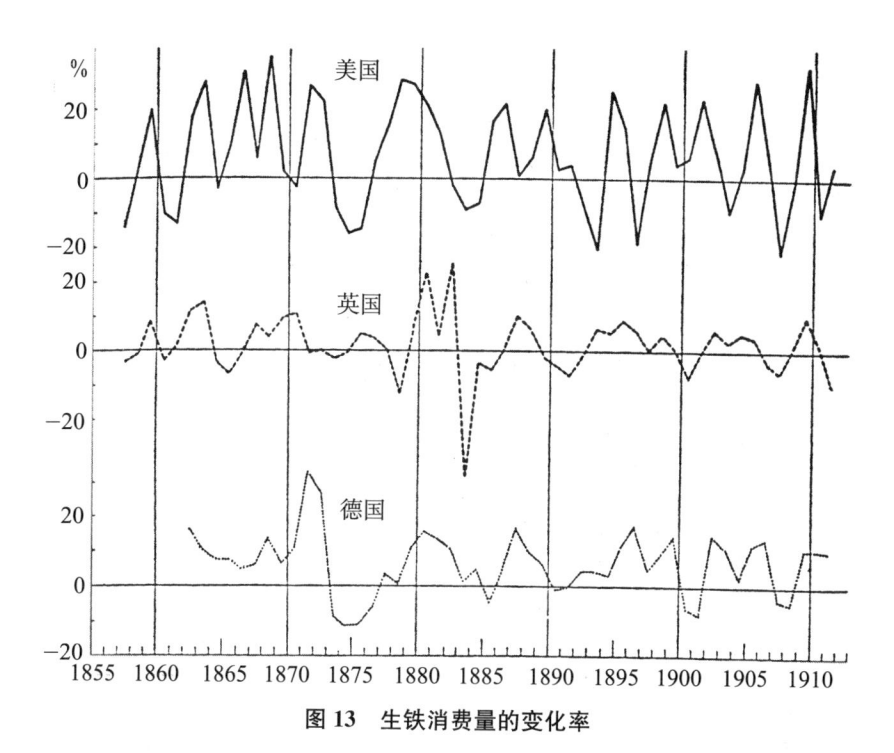

其次，我们可以定义任何一个组合的"实物贸易量"的变化，来表示它根据价格水平的变化进行修正后的美元贸易量的变化。应该指出的是，这样得到的结果仍然是一个值，而不是一个真实的实物数量，正如我们根据价格水平的定义（那种定义使它成为一种平均价格）可以预料到的那样。我们得到的这个"水平"不是价格，而只是一个纯粹的数字。因此，"平减美元贸易量"只是一个剔除了货币参数变化的影响的价值数字。然而，这仍然有明确的意义，在用于某些目的时，可以把这些修正后的数字"当作"实物数量来处理。同时还应该注意到，为了实现这一点，必须用一个能够近似地表示我们关于水平的概念的指数来进行平减处理，而不能用任何其他指数——例如，用一个特别构造的指数，它只包括那些进入了给定的组合的商品的价格，而且每种商品的权重与它在组合中的相对重要性相对应。我们不用担心后面这种程序本身是否有任何含义这个问题。重要的是，那是一种不同的含义。

总产出的货币价值（不幸的是，要连同其他项目一起）是反映在外部

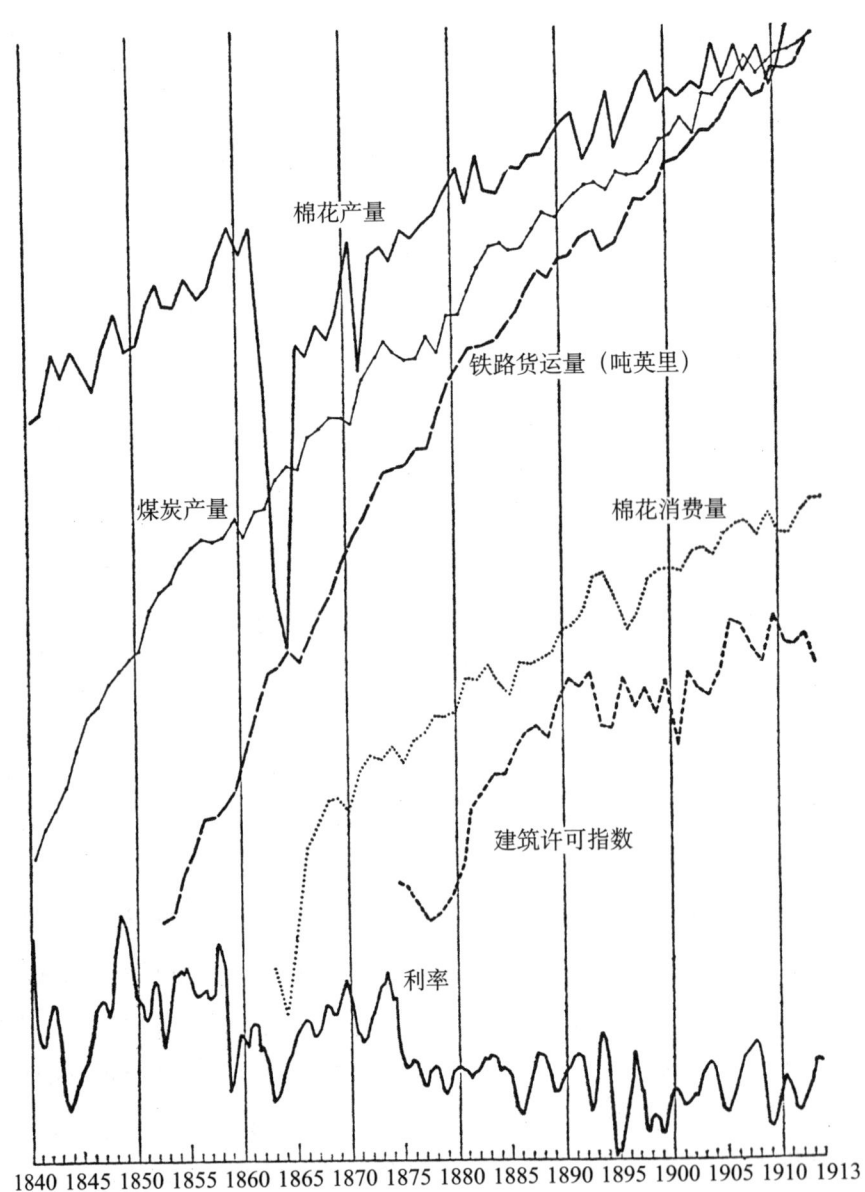

图 14 美国

结算（outside clearings）当中的，消费品总产出的价值则反映为私人收入总额减去储蓄和（用收入支付的）税收。如果我们拥有这两个数字，或者至少是其中的一个，我们就可以通过平减方法来解决这个问题。但是，我们并不会主要依赖于这种可能性——至于原因，在稍后讨论结算和收入序列时将会显现出来,不过现在可以直说的是,无法消除的理论上的疑虑并不在其中。但是,尽管我们可能会大胆地将我们明知不是水平序列的序列当成水平序列来用,尽管我们也可能同样大胆地采用结算和收入序列,但是我们却不敢把这两者结合起来,因为那会导致错误的累积,哪怕排除了各种基于统计方法的反对意见也是这样。[1]

要得到一个能够说明生产或消费的商品的实物总量的变化的单一数字(严格地说,还应包括服务和自愿的休闲在内),第三种方法是从个别数量序列中构建出一个指数。所有人都知道,生产出来的、消费掉的和库存的数量应该分别组合起来,而且我们应该利用的就是这些单独的指数,但是与此同时,所有人却又都能忍受把一切将会拥有的东西都组合起来的做法。这个领域的主要研究者都倾向于用美国的制造业增加值或英国的净产出值来对各个相对数量进行加权(或者对根据某种趋势和季节性变化进行调整之后的各个相对数量进行加权),而这种增加值或净产出值都包括了来自生产过程的不同阶段的产品。而且,在关于这两个值的数据不可得的情况下,有些研究者就会求助于其他相对重要的标准,例如雇用的工人数、工资总额、安装的动力机器的马力数等,但是对于为什么可以采用这些标准,他们却全然不在理论基础上加以辩护。[2] 事实上,这种指数的形

---

[1] 斯奈德先生的《一个新的商业结算指数:适用于近50年》一文就是这样做的(刊载于《美国统计学会会刊》,1924年,第829页),只不过他还用他给出的一般价格水平进行了平减处理。而就我们目前的情况而言,一般价格水平就是专门为了与结算数据的各个组成部分相对应而构建的一个指数。当然,作者这样说并非有意要对这个有趣的实验提出不利的批评。

[2] 对于战后时期,这种类型的数据是可以获得的;特别是对于美国这个国家来说,这类指数在构建的精细性和技术的完善程度等方面都是有优势的。考虑到材料所施加的限制,同时假设构建这类指数时所遵循的原则是可以接受的,那么或许应该说,它们在所有这些工作中——诸如组织和评价材料、调整季节性变化和纠正工作日之间的差异——起到了我们可以公平地要求它们发挥的最大作用。E. E. 戴伊(E. E. Day)先生和哈佛学会的开创性研究以及联邦储备委员会在这个研究方向上的继续和扩展、珀森斯教授和斯奈德先生的贡献、标准统计公司(Standard Statistics Company)和梁(Le-ong)先生的指数、罗伊(Rowe)先生与伦敦和剑桥经济服务局的英国指数,以及德国经济周期研究所(Institut für Konjunkturforschung)的德国指数,所有这些也都必须提到并表示特别感谢。特别是,正如我们将会看到的,设备与其他生产品及消费品之间的区别已经得到充分的关注,这是十分重要的。当然,对于战前时期,我们的资料很匮乏,但是戴伊先生、珀森斯教授在他们的论著中包含了许多有用的数据。还有一些更早的先驱也应该提一下,尤其是 E. 莱奥纳德(E. Leonard)的论著《采掘业的变化指数》(美国统计学会,1913年9月),以及 E. W. A. 凯默勒(E. W. A. Kemmerer)和欧文·费雪教授的论著,尽管他们的研究更多地涉及贸易而不是生产。这个领域的进步还要感谢 W. J. 金(W. J. King)教授、W. W. 斯图尔特(W. W. Stewart)先生(见后者的《生产指数》一文,刊载于1921年3月号的《美国经济评论》),以及 W. 托马斯(W. Thomas)先生。沃伦教授和皮尔逊

式化理论是很容易推导的。我们要做的无非是将价格水平的拉斯佩尔公式 $L_p = \sum p_i q_0 / \sum p_0 q_0$ ——见第七章第二节——变形为如下表达式

$$L_p = \frac{\sum \frac{p_i}{p_0}(p_0 q_0)}{\sum p_0 q_0}$$

这两个式子显然是等价的,其中分子部分括号中的值 $p_0 q_0$ 现在是作为相对价格的权重来使用。然后,我们还可以给出关于数量的类似表达式,即

$$L_q = \frac{\sum \frac{q_i}{q_0}(p_0 q_0)}{\sum p_0 q_0}$$

这个式子意味着各相对数量要用各个值来加权(尽管不是用增加值来加权)。接下来,像我们之前对价格所做的一样,令 $q_i = q_0 + dq_0$,再舍弃下标,我们就可以得到:

$$L_q = 1 + \frac{\sum pdq}{\sum pq}$$

也就是说,这是实际支出相对差异的一部分 $(E+dE)/E$ 的指数。正如我们之前指出过的,它对价格水平的影响是通过实物数量的变化和为了保持价格水平不变所需的支出的变化来平衡的。

因此,我们再次得到了一个剔除了货币参数变化的影响的价值数字。因

(接上页脚注)教授在基础生产和农业生产方面做出了极其宝贵的贡献。1922 年,美国电话电报公司的综合商业指数简化为一个纯粹的实物指数。艾尔斯上校的指数虽然包含 1790 年至 1855 年的价格和价值,但是对于 1855 年至 1901 年则只包含实物价格,不过该指数的这种加权方法也使它依赖在 1901 年至 1919 年间使用的戴伊-托马斯(Day-Thomas)指数。而在英国,则只有一些指标和个别零碎信息(对于我们关注的这个时期的早期,相关数据主要包含在波特和巴克斯特的著作中)。不过,现在我们可以使用基尔海运与世界经济研究所(Kiel Institut für Seeverkehr und Weltwirtschaft)的霍夫曼(Hoffmann)先生编制的指数,不过,该指数必须与一些不适用于任何合理的加权系统的材料一起使用。它可以追溯到 1713 年,但是我们只能利用 1785 年之后的那一部分,因为在那之前可用的序列太少了。斯奈德先生的英国生产指数(Index of English Production)也值得一提。对于德国,我们使用了德国经济周期研究所的指数,它是由瓦根菲尔(Wagenführ)先生编制的——不过在某些情况下,瓦根菲尔不得不用生产或消费数据、净进口数据、铁路运输数据甚至货币价值数据来代替。

此，我们可以认为这种方法只是平减方法的一个变体，它的目的本质上是相同的。然而，它不仅避免了源于结算数字本身性质的困难和在平减过程中发生的错误的累积，而且在理论上更优越，因为这种方法是从表述价格水平理论的那个方程中合乎逻辑地推导出来的，它的意义也源于此，这个事实决定了它不会给出荒谬的结果。[①] 如果我们回顾一下我们在第四章中对创新如何影响商品流的深度和广度的讨论，我们马上就能理解这样一个指数在何种意义上实现了我们关于经济周期中的产出变化的命题。它并不是按字面意义来度量实物产出，而是通过引入经济维度的方式来度量实物产出。这里需要论证的是怎样通过选择需要包括进来的商品来考虑到商品世界的结构。但是，由于这需要——在细节上经过必要的修改之后——重复我们在讨论价格水平指数时说过的东西，因此在这里我们就不再赘述了。

第二节 对工业总产出的趋势分析和发展迟滞问题

与价格不同，生产出来或消费掉的（商品）数量是必须按时间单位来计量的。它们在周期性过程中的变化，部分是主要现象，部分是次要现象，而且在这两个类别之内，对某些现象来说是结果性的（consequential），对其他现象则是因果性的（causal）——对于其中一个主要的因果关系，最重要的方法是分析新产品的实际发布或预期出现与从繁荣到衰退的转变之间的关系如何。总产出指数构成一个综合性的、系统性的、周期性的趋势序列。

要验证对存在趋势的预测，仔细看一看图 15、图 16 和图 17 中的数量线就足够了。此外，图 15 还提供了一项有一定意义的国际比较，尽管由于所用材料和方法的不同，我们不能隐含地过多依赖于这项比较。图 16

---

① 这里需要指出的是，哈佛大学给出的实物贸易量指数（它在本质上就是这样一个修正后的值）在短期内与货车装车量非常吻合——如果两者都按每个月的工作日进行调整、消除了季节性变化，并用哈佛大学的方法来处理。请参见 W. M. 珀森斯（W. M. Persons），《装车量作为贸易量的指数》，刊载于 1926 年 10 月的《经济统计评论》。德国也是如此，参见 W. 托伊贝特（W. Teubert），《货运》(Der Güterverkehr)，刊载于《经济周期研究季刊》(*Vierteljahreshefte zur Konjunkturforschung*) 第 5 号专刊，1928 年。

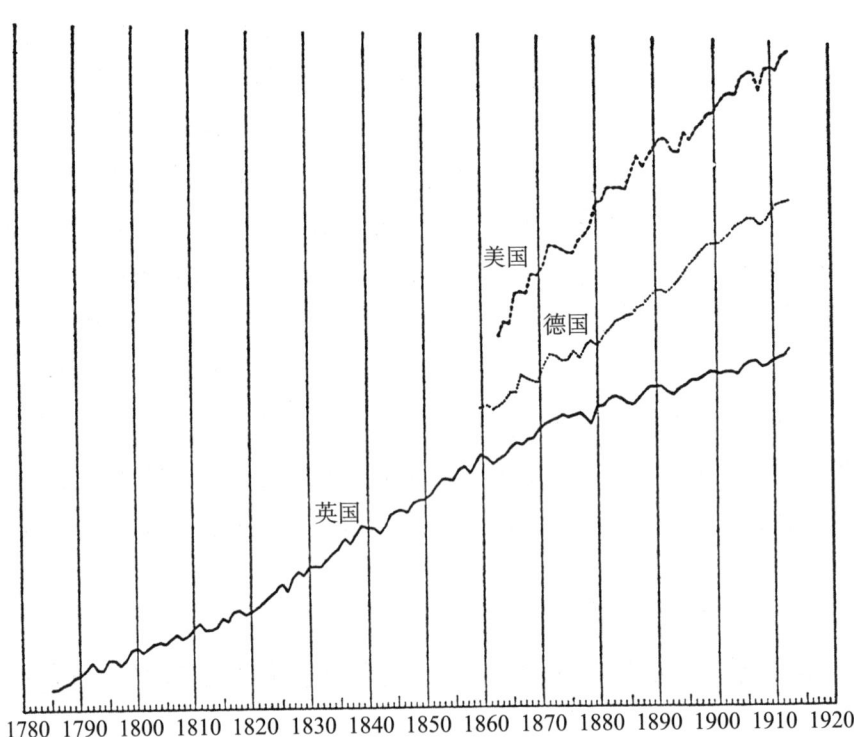

图 15 工业产出

所示的序列是同一个，不过通过经验微分操作（operation of empirical differentiation）进行了变换，并且由于它没有任何明显的趋势，因此可以告诉我们一些关于原始数字中的趋势的特征。当然，这并不意味着在利用其他数据时可以得出同样的结果，也不意味着我们能够相信研究人员的材料可以生成的特定对数化直线的梯度。有些经济学家喜欢说所谓的"复利增长规律"，但是他们就像戏剧中的女王一样，似乎提出的抗议太多了。更具争议性的或者说带有"投机冒进"危险的可能是维赫斯特公式（Verhulst formula）的应用，即 $y = \dfrac{a}{be^{-t}+1}$。这个公式最初（1838 年）是用来表示生物体的增长或类似类型增长的特定特征。[①] 即便是最小二乘意义

---

① 例如，请比较一下维特斯坦（Wittstein）在 1883 年出版的《论人的死亡率的规律》（*Gesetz der menschlichen Sterblichkeit*）一书中给出的公式。维赫斯特公式也被 A. J. 洛特卡（A. J. Lotka）采用了（以略微更一般的形式）。而在美国，$\dfrac{a}{10^{lt}+c}$ 这个式子通常被称为皮尔-里德曲线（Pearl-Reed curve）。

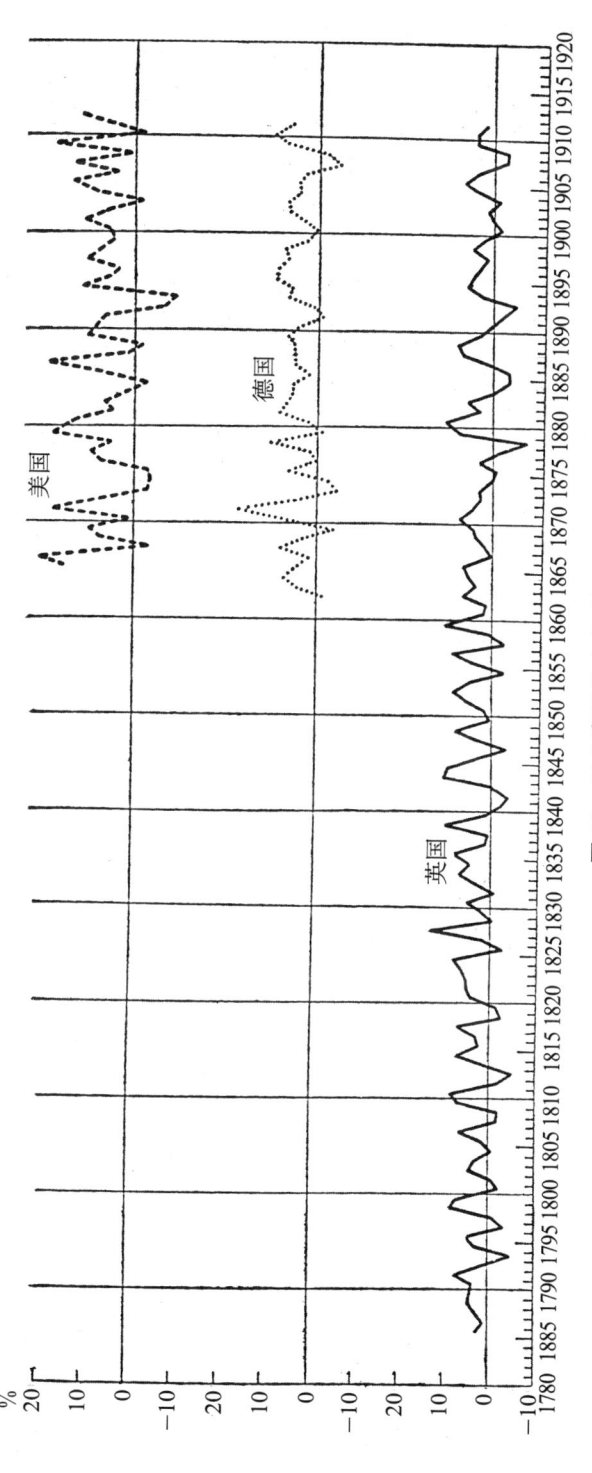

图 16 工业产出的变化率

上的完美拟合，也不能证明任何事情。然而，如果我们只是将这类表述应用于单个商品数量的行为，那么还是比较安全的。

无论如何，长期增长有很大的稳定性这一广泛事实依然成立，这不仅表现在趋势梯度的基本稳定性上，而且表现在我们所称的趋势对波动的总体支配性上——这是我们只需通过肉眼观察形成的视觉印象就可以得出的结论。一般来说，即便是像1825年英国经济出现的那种严重衰退，也很难只通过产出图就识别出来。在这三个国家中的任何一个，1873年看上去都像是灾难性的。在美国，1884年的产出几乎没有出现任何下降。19世纪90年代初的危机表明，对于德国来说，那只是一次微不足道的后撤。在英国漫长的序列中，绝对下降持续的时间超过两年的情况就只出现了两次。在德国，这种情况只发生在了1868年、1869年和1870年；在美国也只发生过一次。对关于经济演化周期过程的分析模型进行的最重要的一个检验是，它是否能让我们同时在上述两种意义上理解稳定性。

当然，我们在这里看到的只是一种描述性趋势。与价格水平的情况一样，我们把它解释为一种结果趋势，会由于外部干扰而变得模糊和偏斜，尤其是当趋势线能够用最小二乘法拟合时，即便从性质上看是"擦肩而过"型的，也可能会产生持久的影响。此外，还有增长的影响。正如前面提到过的，作者并不知道有什么方法可以令人满意地消除这些影响，因此在阅读下文时必须适当地考虑到这种无力性所隐含的限制条件。结果趋势本身必须根据产生它的周期中的产出的"行为"来解释。不过，在进入这个主题之前，我们要先偏离主题，讨论其他一些问题——这些问题虽然严格来说并不在我们的讨论范围之内，但是却非常接近，不容忽视。

我们有理由相信，如果我们的分析使我们能够分离和测量产出的结果趋势（加上经济增长的影响），而不仅仅是教会我们认识到它们存在于我们的序列中，那么产出曲线将会比描述性趋势更加陡峭，因为几乎所有会影响后者的其他因素从本质上说都是对经济有机体造成的"损害"。表达这类显而易见的历史事实的这种方法，不应被理解为意味着——从我们的立场出发并就我们目前的目的而言——要对损害所包括的那些东西做出不利判断。许多（为大多数人高度赞赏的）社会改良措施、大量（得到狂热支持的）民族主义政策，之所以都符合那个术语的意思，仅仅是因为它们阻碍了经济机制按照其设计方式正常运行；但作者最不可能赞同的就是这样一种观点，即认为"应该"允许这样做，或者认为这样做会使每个人都更幸福，或者认为富裕就是定义福利或判断某种文明的高下的标准。然而不管怎么说，产出的描述性趋势都很重要，这是因为它本身就是一个重要的事实，还因为作为一个概念，无论它多么模糊，都有助于我们了解，对于纯粹的经济分析来说，在没有其他因素的情况下，演化和增长的联合效应是什么。从某种意义上说，这可以说是关于资本主义社会的最重要的经济学事实，因为它截然不同于资本主义社会的文化以及该社会创造的人的类型。通过观察它，我们就可以看到人类利用私营企业制度和获得原则（acquisitive principle）进行的各种伟大试验的实际经济成果，这是一个衡量尺度。

我们观察到的梯度会不会只是某个更大的可能性的一种残余（正如我们在上文隐含的），又或者上面所说的那种"损害"其实只是资本主义过程本身的结果，因此应该把"账"记在它自己头上，而且无法与它自身区分开来，于是也就不需要我们在这里多加讨论？① 对于这个问题，如果不深入探讨关于社会阶层的性质和行为的理论，是不可能彻底解决的。我们也无须过于关注资本主义的表现与我们对它的表现的预期相比如何，或者与任何时候对任何其他制度安排的表现的预期相比又如何。有人提出了一些似乎颇能令人信服和认同的理论，它们试图证明以私人创业活动为基本特点的经济引擎必定能够带来最大的产出——那是（或者曾经是）在给定的自然环境和技术、政治条件下能够实现的最大产出。另一些人则提出了似乎使得另外一些人相当信服和认同的其他理论，目的是支持如下命题，

---

① 我们前面在讨论外部因素的概念时遇到过这个问题，在我们给出历史素描时也曾反复遇到过。我们在这里所持的立场与我们在那些地方所持的立场是一样的：我们认为，如果一个人因为健康状况不佳而喝酒，那么就需要将酒精的影响包括在对他的身体活动的全面描述中，这种说法明显是有道理的。但是，它仍然要归因于某个可以区分开来的因素，那是在许多情况下应单独处理的。除了第十四章的一小段话之外，我们不会偏离这一立场。

即在同样条件下无法实现最大产出恰恰就是私营企业制度的本质所在。就逻辑的不严密性和对事实的疏忽大意程度而言，这两种观点几乎不相上下，没有必要在它们之间劣中选优。因此，我们只概略地提出如下几点。

第一，资本主义的制度安排天然倾向于把最优秀的人才吸引到经济活动中来，并激励他们尽自己的最大努力，这是一个不容置疑的事实，但是它并不能说明这种努力一定会带来最大的产出（尽管这个事实仍然与上述论点有关）。

第二，在完全竞争条件下，可以证明除了一些无关紧要的例外之外，完美均衡状态的特征实际上就是最大的产出。而且，在证明这个命题的过程中必须做出的那些假定不会使得这个命题完全没有价值或变成纯粹的"套套逻辑"。对分析的精细化改进往往会过分强调没有实际意义的条件，因此反而会在这类问题上造成损害。而且可以证明类似的命题对社会主义组织同样成立。

第三，任何与之相反的观点，如果希望它完全符合经济学原理，那么就必须主要基于不完全竞争或不完美均衡。然而，这些观点给出的反对资本主义机器的虚假效率的证明是如此有力、得到的承认又是如此广泛，以至我们有必要在此先回顾如下要点：一方面，与流行的看法相反，在一个不完全竞争占据主导地位的经济系统中，在很多情况下（或许在大多数情况下）都会产生与完全竞争时的预期结果相似的结果；另一方面，即便经济系统持续地未能实现最优结果，这个事实本身也并不构成对随着时间的推移最优结果终究会实现的反证。[①] 因此，任何一个人如果试图证明不完全竞争完全颠倒了经济系统的运行，或者试图证明未能在一瞬间实现最优即意味着无法沿着（所暗示的意义上的）产出最大化的道路前进，就不得

[①] 对于任何一个动态系统（经济系统或其他系统）来说，其运行方式可能是这样的：随着时间的推移会产生最优值（参照任何标准），但代价是在任何时间点上都无法达到该值。这个事实并不比以下事实显得更加荒谬，（例如）在块状生产要素的情况下，随着时间的推移以最低成本生产很可能意味着永远不会在任何短期成本曲线上以最低成本生产，因为在达到那一点之前，另一种"生产方法"已经变得更加有利。这个观点还可以通过一类特殊的产能过剩来进一步说明——那种产能过剩是由于快速的"进步"而不可避免的。上面这句话所包含的两个命题中的第一个可以用垄断竞争的例子来说明：在垄断竞争中，每一种商品都有许多实际的和可能的"品类"，它们彼此之间具有高度的可替代性。本书第二章关于不完全竞争的部分论述也有助于证明这个观点。

不着手推进一项更加艰巨的分析任务——不仅要比从一组假设出发进行推理更加艰巨,而且要比在不与整个经济过程联系起来的情况下分析单个事实更加艰巨。然而,如果他不是从纯粹的经济角度而是从其他角度发起攻击,那么他自身的位置将会安全得多。

第四,任何一个人如果希望证明资本主义的表现在事实上达到了资本主义制度本身的可能性边界,如果希望证明描述性趋势(或者换一种说法,真实的结果趋势再加上增长)确实代表了随着时间的推移可能实现的最大产出,那么他也必须完成同样艰巨的任务。对于这样一个"冒险"的工作,理论最多能提供某种推断技术。从我们目前所拥有的事实性知识的状态来看,这项任务很可能超出了个体研究者的能力范围。[1]

但是,不管描述性趋势能不能"跟踪"最大产出的路径——无论这个最大产出是相对于资本主义条件还是相对于更一般的条件而言——如下事实在任何情况下都仍然成立:这个趋势所体现的(制度)绩效,不仅在历史上与人类集中在私人经济目的上的努力有关、与(完全的或不完全的)相互竞争的私营企业有关、与密集的储蓄有关……简而言之,与"利润经济"有关,而且从历史上看完全或在很大程度上依赖于这种"利润经济"。这一点可以从我们的分析中清楚地看出来。根据描述性趋势,通过外推法可以得到这样一个结果:"利润经济",如果允许它一直运行下去的话,在某个并不遥远的未来[2]可以消除任何根据现有标准被称为"贫困"的现象。不过,这样一种外推究竟是不是有保证的,却是一个值得探究的问题。这也就提出了增长速度为什么会不断减缓的问题,许多学者认为我们的实物序列已经显示出这种现象。[3]

在我们目前面临的一系列问题当中,上面这个问题只对总产出或消费

---

[1] 许多工程师和效率专家,特别是技术官僚型工程师和效率专家,可能不同意这种观点,他们认为能够证明资源利用不充分的证据是非常容易找到的和压倒性的。但是这种"狂妄"恰恰只能证明他们连真正的问题在哪里都没看出来。

[2] 对于美国来说,我们发现,假设人口在1978年达到1.6亿、产出一直以3%的"复利"增长,那么人均收入将会在那一年达到大约2 300美元(按1928年的购买力平价计算,当年的人均收入大约为700美元)。

[3] 这是一个古老的思想,随后出现了好几种不同的形式。但是在本书我们只会提到库兹涅茨教授在《产出和价格的长期变动》中,以及伯恩斯先生在《1870年以来美国的生产趋势》中给出的形式。

品总产出有意义。因为很明显，即便我们忽视旧商品被新商品取代的现象（这是经济发展的基本现象），也不会有任何一个行业能够以在创新阶段的速度继续扩大产出。每一个行业都会进入成熟期（在它找到了自己在经济有机体中的位置这个意义上），都会达到一个最大产出（在超过这个数量就不能实现盈利的意义上），除非这个数量因为行业内部产生的进一步的创新或某些互补性行业的创新而扩大，或者因为不断增长的财富的一般效应而扩大（然而，财富增长的效应也可能是负的），又或者因为经济增长而扩大。同样明显的是，就其本身而言，无论是绝对增长率，还是用年龄分布校正后的人均增长率，都无法为我们提供所需的信息，这是因为（用如下强有力的例子来说明），人口的绝对下降可能非常快，导致社会需求大幅减少，以至即便生产引擎出现了强大而持久的效率提升，也可能无力弥补总产出受到的影响，虽然这种下降可能会导致人均指标在我们所说的任何"进步"都没有出现的情况下上升（甚至可能在出现"退步"的情况下也是如此）。最后，我们还应该考虑自愿休闲的数量的变化，从费特-费雪（Fetter-Fisher）的意义上说，自愿休闲可能而且无疑经常是实际收入增加的一种形式。也正是在这个意义上，我们可以说工作时间的减少是经济演化最重要的"产品"之一。所有这一切都表明，如果目的是要衡量资本主义（制度）的绩效，以确定"利润经济"的运行是否存在某些天生倾向于阻碍人类经济发展的可能性的"小故障"，那么就要证明发展出现了迟滞（retardation），然而这并不容易。下面会给出一些例子，以便进一步说明发展迟滞的实际或可能原因。[1]

　　首先，我们将重申各种统计上的原因。与讨论价格水平指数时一样，我们必须接受这样一个事实，即关于总产出或消费品产出的任何一个指数，一般都会受到个人和群体的发展的影响。就产出指数而言，这意味着

---

[1] 读者应该比较一下前面脚注提到的伯恩斯先生的著作的第四章，他也给出了启发性的论述。读者应该会发现，虽然这些统计上的困难很大，但它们次要于解释上的困难，解释上的困难当然会因目前的目的而有很大的不同，且只能期望通过对工业过程进行最仔细的具体分析来解决。关于收益递增或效率提升速度的任何减缓（用服务来衡量），任何推断都有可能很容易被证明是错误的。关于伯恩斯先生所研究的直接统计结果，作者同意米切尔教授在该书序言中所表达的观点。请比较一下克拉姆教授在他发表于1934年8月号《经济学季刊》的文章中给出的评论。

向下的偏差：新商品和制成品没有得到充分的反映，服务（和自愿休闲）根本没有得到反映，而正处于生产过程中的商品则被放大了。质量的提高，尤其是耐用性质量的提高，在很大程度上被回避了，尽管在许多情况下它实际上可能变得越来越重要。由于在进入产出指数的东西当中原材料和半成品占了一大部分，同时由于在技术进步的过程中废旧品和回收物的利用范围不断扩大，从而导致由这些构成的制成品的数量越来越大，因此我们观察到的发展迟滞可能是虚假的，甚至可能指向了截然相反的方向。最后，根据我们的理论，1897年至1913年这个时期覆盖了康德拉季耶夫周期的繁荣阶段。如果拿这个时期与从1870年至1896年的康德拉季耶夫周期的萧条阶段和复苏阶段进行比较的话，这个事实本身就足以让人产生一种发展迟滞的印象。

其次，我们再来讨论若干"社会学上的原因"。在第三章中，我们提到了其中一些原因——这些原因可能导致企业家的努力有所减弱，以及所谓的"同源现象"——在后面对战后时期的讨论中，它们会再次出现。但是，也有人声称，至少在一定程度上，经济发展越来越独立于那些典型的资本主义文化价值观和动机模式。无论如何，作者认为，在解释战前美国和德国的发展时，摒弃这组因素应该是安全的，尽管就英国而言我们看到了一些对这种做法表示怀疑的理由。

最后，我们还要讨论经济上的原因。最终可能被证明是其中最基本的经济上的原因（同时也是某些"社会学上的原因"）——对日益增长的需求的满足——在我们考虑的这个时期却很难起作用。这是因为，要证明它需要比证明收入的边际效用递减更多的事实，而且在构成这个问题的诸多微妙的元素中，没有一个是可以确定地识别出来的——除非我们确实从这个意义上去解释那些为了争取更短的工作时间而进行的斗争。食品和原材料的采购难度确实在增大，但是仅从这一点并不能说收益递减在整个时期都发挥了主要作用。当然，康德拉季耶夫周期的任何繁荣阶段本来都倾向于显示出——在相当高的总财富水平上——这两类商品价格上涨的现象，而且这一点每次都会成功地"诱骗"许多经济学家，让他们相信收益递减规律是长期有效的。但这只是一个暂时的现象，或者说，无论如何，至少在我们讨论的这个时期只是一个暂时的现象。

也正是这个时期内日益丰富起来的食品和原材料，使得一些经济学家以此为基础提出了一个观点——如果他们的观点是正确的，那么不仅有机会证明某种特定意义上的发展迟滞，而且可以解释关于资本主义机制导致大众受苦受难的预测为什么遭遇失败。这种观点认为，资本主义的发展迟滞必定会因为收益递减（或者说，"利润经济"本身的性质）而出现，只是许多新国家的开放使得收益递减规律暂时停止发挥作用，但是一旦这个独特的机会完全穷尽，那么迟滞就会不可避免。我们在本书第一章指出过，把新国家的实际开放——这不同于新发现——视为经济系统的一个外部因素是不正确的。利用一个新国家开放这一机会的过程，也是一种创新，它与其他创新一样，以同样的方式改变经济过程数据。因此，它的影响已经恰如其分地包括在对资本主义绩效的衡量当中，而且从中也得不出关于发展迟滞的任何预测，因为这只是多种创新类型当中的一种——也只是食品和原材料领域许多创新中的一种——其可能性自然会被耗尽。当然，每一种类型的可能性都是这样，但是我们无法从中得出任何关于总体创新的结论。

我们大多数人在处理收益递减的概念时似乎都犯了一个共同的错。在它自身适当的意义上，它只适用于给定的生产函数和一般的稳定条件再加上增长的情况。为了让收益递减概念与对未来的生产过程的任何预测真正相关，它必须在另一种不同的意义上使用——实际上，李嘉图在这种不同的意义上使用过它。这种意义就是，收益递减"静态规律"的作用虽然确实会被创新所打断，但是后者在长期中仍然无法补偿这种影响，也就是说，存在着一个连续创新的收益递减规律。但也正是在这个意义上，这种观点可以说是完全没有根据的。由于它们的不可预测性，与以前的创新相比，未来的创新既可能更有助于增加满足需求的手段，也可能没有什么作用。"创新的到来，可以实现一些伟大的事情"，但是它们同样有可能迟迟不来。这与地球上的矿藏不一样。我们可以对地球进行全面的普查，因此更好的开采机会（相对于每种给定的技术而言）可能会最先被利用，所以较差的开采机会将会留给未来。① 但是,创新的可能性是不可能预先标记出来的。战后时期农业发展的历史有力地证明了这一点。

第三节 实物产出的周期性行为以及对产出和价格水平的变化特点的比较

先回顾一下,对于总产出的"行为特点",前面提到过两点。首先,我们的理论预测也就是我们对分别构成生产品和消费品(即进入家庭的预算的商品)的两个组成部分的行为的理论预测的净结果;其次,这种理论预测会随逐次近似而改变。对于任何给定的指数,如果我们不知道哪些商品被包括了进来,以及指数是如何构造的,我们便无法预测它的净结果。这个论点在这里比在价格水平的情况下更有说服力,因为总产出并不是一个确定的实物数量。我们的产出序列的比较稳定性(comparative steadiness)——稳定性指的是如下意义上的"好的"拟合,例如,一个形式为 $y=ax^t$ 的表达式很好地拟合了给定的材料——在理论上的严格性主要不是由于它的各个组成部分的稳定性,也不能简单地归因于对某个总量的组成部分的随机波动的平滑效应(尽管这种效应当然也是存在的),而要取决于两个组成部分的不同节奏。在生产品和消费品的综合组合中,这些节奏已经有所缓和②,而且振幅还会因为第四章提到过的一些因素进一步减小。在这里,我们将重述这些因素。

我们的预测是,总产出在整个周期的所有阶段都会有所增长——不过,"深度"萧条期间除外。之所以能够得出这样的预测,是因为这种例外几乎从来不会扩展到整个萧条阶段,因为"深度"萧条是由恐慌和恶性

[①] 事实上,在前引著作中,库兹涅茨教授就假定存在这样一个关于经济进步的收益递减规律,并试图通过分析连续技术创新的效果来证明关于这个规律的假设的合理性。然而,这种分析尽管取得了部分成功,但那仅仅是由于上面已经注意到的一些事实,即在每一个行业中,创新往往会在一段时间内耗尽自己的"精力",并逐渐减弱为相对不重要的改进,即诱致性或完成型改进。

[②] 由于若干显而易见的原因,耐用消费品会呈现出与设备的行为相一致的趋势。我们将反复提到这一事实,因为它往往会加剧波动。同样可以观察到,在经济萧条时期推迟更新设备,甚至在经济繁荣时期集中更新设备,也会导致类似的结果。

螺旋式循环造成的，通常不会持续一年以上。① 对于装备工业及其周边行业，我们模型的预测与一般公认的观点并无不同，它只是解释了一个早就得到普遍承认的事实（这个事实有时甚至被过分强调）。② 被用掉的数量在正向阶段应增加，在负向阶段应减少（或增加得更少）。生产出来的数量，特别是在较短的周期内，可能会（而且无疑经常会）受到进出口状态和其他因素的干扰，但是仍应大体保持不变。当然，首先要考虑到周期之间的相互干扰。其次要考虑到如果企业家对设备的需求减少——或者，从理论上看，更严格地说，在四个阶段中有三个阶段是没有设备需求的——那么由企业家的创业活动引起的对设备的需求不但不会消失，而且实际上会集中在衰退阶段和复苏阶段。最后要考虑到增长，尤其是在康德拉季耶夫周期内的增长。在我们可以把生铁作为设备组代表的范围内，我们利用生铁消费量的图形就能够合理地证明这个预测。此外，现在还应将生铁消费量变化率的图形与总产出变化率的图形进行比较。

我们应该能够预测到，批发价格③的变化将领先于生铁产量，或者至少是在短期内设备的批发价格是如此，这不仅是因为交易发生在生产之前的事实以及投机性预期的推波助澜效果，而且是因为批发价格一般必须弥补萧条期的降幅，因而在复苏期会呈现出上升态势。由"最大相关滞后

---

① 与在讨论价格水平时一样，我们将把它们与两个较短的周期联系起来，因为在康德拉季耶夫周期漫长而温和的影响下，它们几乎不会出现。当然，这并不意味着康德拉季耶夫周期与它们无关：基础周期的条件总是会影响在叠加周期的过程中发生的事件。

② 这种公认的观点，首先是杜冈-巴拉诺夫斯基（Tugan-Baranowsky）大力宣扬的（他的鼓吹很有效），我们可以引用马塞尔·莱诺（Marcel Lenoir）在《价格的形成和变化》（Etudes sur la Formation et le Mouvement des Prix，1913年，第77页）的一句话来说明它（当然，对于它的含义，我们是不赞成的）："经济生活周期性波动的根本原因……是对固定资本的间歇性需求，它源于时不时地进行维修和新增经济设备的需要。"如果仅仅依靠"维修"和"新增"，那么就很难看出为什么对"固定资本"的需求是断断续续的，尽管几乎所有人都同意这一事实。

③ 对于生铁本身的价格，我们就不那么肯定了。严格来说，这个价格不应在复苏阶段上升，因为为了新用途而购置新设备的需求直到这一阶段结束才开始出现。但无论是更新的需求，还是以往繁荣时期的创新所创造的投资机会所带来的需求，都将在复苏中显现出来。另外，钢铁业作为周期性行业，拥有一定的产能储备，不需要从一开始就通过涨价来应对，也就是说，不需要在复苏开始时就提高价格，甚至可能不需要在繁荣开始时提高价格。读者会发现，所有这一切都非常复杂。如果读者想说现实简单一些会更令人愉快，那么作者只能由衷地表示同意。但是，如果读者因此打算以此为根据对我们的分析模式提出反对意见，那么作者就只能表示不同意了。作者认为，任何一种理论，哪怕提出了非常简单明了的命题，如果那些命题与事实不符，那么也是不可取的。

法"可知（见《经济统计评论》，1919 年，第 184 页及以下诸页），事实的确如此。如果生产品指数全部或主要由设备构成，那么这对它们同样成立。当然，从这里不可能推导出价格或货币和信贷机制的因果作用。

但是，我们对成品消费品及其周边产品的预测，不仅与公众的一般看法背道而驰，而且与大多数研究经济周期的学者的观点大相径庭——我们对成品消费品及其周边产品的预测，归根结底是认为它们的产出会在衰退和复苏时期增加，而不是在繁荣时期增加。我们的"纯模型"得出的预测是这样的：在繁荣时期，生产品的产出在一开始应以牺牲消费品的产出为代价而增加。后者则应该下降（甚至以绝对数量下降的形式）；而且如果所讨论的创新属于铁路建设那种类型的话，前者的增加无法充分补偿的情况可能会持续好几年。然而，总的来说，随着繁荣的持续，新产品将会上市，它们的冲击构成了最终将繁荣转变为衰退的机制的一部分。因此，产出的下降只能出现在复苏与繁荣后期之间的一段时间。但是，消费品及其周边产品大量涌入的现象应该会在经济衰退阶段出现。除了恐慌和螺旋式下降之外，它们在萧条时期的产出应该会继续增长，并且在复苏阶段表现出最强劲的增长。

但是，这个原则只有在繁荣从完全竞争的完美均衡中开始的情况下才严格成立。当然，在现实世界中，事实并非如此；面对旺盛的需求，企业的反应是几乎立即扩大生产，在繁荣时期也不需要减少消费品的生产。周期性行业的存在使得同一方向上的表现更加强烈。此外，我们在"增长"这个标题下讨论过的那些事实也一定会使情况变得模糊不清。从 1839 年到 1915 年，美国人口以每年 2.28% 的速度（以复利形式）增长[①]，而且我们可以假设，在这个时期的大部分时间里，没有任何收益递减的趋势产生过明显的影响。仅凭这一点，就足以在繁荣时期增加实物产出，并消除任何相反方向的趋势所可能产生的影响——比如说我们的机制运行所可能产生的影响。然而，虽然这种趋势通常不会显示出来，但是由次级波的中

[①] 我们还应该考虑到，人口的平均年龄也一直在增长。在 1790 年至 1810 年之间，为 17 岁（只统计白人男性）；在 1820 年，为 18 岁（只统计白人）；在 1910 年，则为 23 岁（所有人）。见《1920 年人口普查》，第二卷，第 148 页。

断和其他萧条因素所造成的下降却几乎总是会显示出来。它们既影响了人们对下行阶段的性质的看法，也影响了统计数据。我们应该注意到，它们对特定的短周期的扭曲，很可能甚于对一个长周期的影响，因为在长周期中各种事物还有时间把自己"理顺"，恢复"真实形态"。因此，我们有理由预测，在康德拉季耶夫周期中，各种事实最符合上述预期，而在朱格拉周期中就不能实现那么高的符合程度了。至于在基钦周期中，符合程度当然是最低的。我们还应该记住，与所有其他情况一样，在这种情况下也会出现对预期的虚假偏离。如果一个周期有四个阶段，同时萧条阶段包含了一段实物产出下降的时间，那么复苏阶段将会成为这样一个阶段：在两阶段周期的下行阶段将会发生的那些事情，也会是该阶段的证据中最明显的。但是，大多数经济学家对周期的分期都是从波谷开始的，对于他们来说，我们似乎只是在反驳一个显而易见的事实。

　　如上所述，在这种情况下，与所有其他情况一样，我们必须参照存在着三周期运动这个基准（即三个周期相互叠加、相互干扰）来解读任何一个观点。尽管将这一点考虑进去会比较困难（因为可靠的材料所覆盖的时间跨度是如此之短），但是并不会因此而失去它的重要性。为了阐明这一点，对于每个"小波"的细节，我们都有必要进行探究。在康德拉季耶夫周期的下行阶段，消费品与它的机制相关联的增长，往往会掩盖更短周期的相反阶段的任何相反趋势。但这并不是全部。我们还必须考虑到，在这样的下行阶段中，扩张所需的任何东西在技术上和商业上都已经准备好，而且在更短周期的繁荣阶段引发的支出增加的影响下，这种扩张尤其可能出现；而在更短周期的萧条阶段（尤其是同时进入萧条时），则可能会出现恐慌和经济活动的瘫痪，从而抑制新工业设备生产的新产品的上市，强化对价格战、残酷的竞争和生产过剩的普遍抱怨。而在康德拉季耶夫周期的上升阶段——它见证了"饥饿的四十年代"和世纪之交的各种状况——周期的扫掠强化了更短周期的繁荣阶段的趋势，却削弱了衰退阶段和复苏阶段的趋势。有一个例子可以证明关注这个现象有多重要，那就是我们在前一节已经注意到的一个不容置疑的事实：从涵盖了1870年至1913年的材料中，我们可以证明，对于美国、德国和英国这三个国家以及许多其他国家而言，在消费品生产的增加中，存在着一个利率下降的长期趋势。正如前面已经指出的，这仅仅是因为1870年至1897年这个时间段恰恰处于一个康德拉季耶夫周期的萧条阶段和复苏阶段之间，而1897年至1913年这个时间段则覆盖了这个康德拉季耶夫周期的繁荣阶段和一个新的康德拉季耶夫周期的衰退阶段的几年。

　　回过头去看图15和图16，我们似乎有理由说前面给出的理论已经被工业产出的"行为"所证实，因为这个理论就这种行为的稳定性提供了合理的解释。[1]事实上，如果这个理论是错误的，那么我们所认定的"无繁荣"的较长时期就极不可能在总体上表现出与繁荣时期同样高的增长率（有时甚至更高）。如果其他理论是正确的（其他理论主要把产出的增加与繁荣阶段联系起来，同时把负增长或更小的增长与相反的阶段联系起来），这种情况同样极不可能完全不出现在康德拉季耶夫周期中，它如此强烈地显示了其他序列的周期性变化。即便是那些指向了根据我们的"纯模型"能够预期到的效果的迹象，也不完全是所需的。如果读者在图14中画出一些穿过从1898年到1913年和从1858年到1897年这两个区间的直线，那么他就会发现，正如前面提到过的，对于所有这三个国家，第一条直线的梯度都小于第二条直线的梯度。同时，米尔斯教授的结论（《美国的经济趋势》，第244页）——我们在讨论战后时期时还会再次提到他的结论——也无疑为我们的以下观点提供了支持：在第三个康德拉季耶夫周期中，衰退时期的产出实际上是以高于繁荣时期的速度增长的。类似的结论似乎也适用于英国从1820年至1842年间的指数（如果考虑到拿破仑战争及其后果，那么这个时期的起点也可以从1800年前后开始算），而不是1842年至1858年。

　　再对比一下图17所示的设备和消费品的"行为"，我们也可以发现一

---

[1] 实际上，并不存在一个完全意义上的总产出理论，因为那将意味着我们能够在某些自变量的函数中将总产出表示为一个显式的、唯一确定的变量，这些自变量也属于同样的类型，即也是系统性变量，例如价格水平、利率、流通媒介（通货）的数量等。然而，我们的全部分析都表明，这是不可能的，任何试图这样做的理论都必定是假的。我们在正文中所说的只针对一个过程中的产出行为的理论预期，这个过程同时塑造所有变量。

些熟悉的特征。首先是前者的波动幅度明显要更大一些。但是，设备的领先性并不明显。这一点似乎是没有理由的；如果我们再观察一下图中的波峰和波谷，那么就会发现，消费品甚至有可能更快地从波谷中复苏（在图中可以找出好几个例子）。但是除此之外，从我们的过程的角度来看，短期内的领先和滞后在很大程度上其实只是一个机会问题，或者更确切地说，只是个别情况的特殊性所致，这些情况并没有什么根本性的意义。然而，无论如何，暂且不论领先和滞后的问题，设备与消费品之间的关系的周期性变化已经足够明显。这一点在图17底部的三条曲线中表现得尤为明显，这三条曲线对研究朱格拉周期特别有用。只有英国的序列（它与其他两个国家的序列有不同的特点），在康德拉季耶夫周期中的表现与预期相反，而且除了呈现出一个短的不规则波和一个很容易用庞巴维克（Böhm-Bawerk）的理论来解释的趋势之外，几乎没有给出任何东西。这样也就在一定程度上支持了下面这种观点，即在这个时期内，来自其他国家的更强的周期性冲击传入了英国的经济有机体。在德国，生产品与消费品之比非常有意思。在60年代初期，它先是上行，穿过了明显异常的消费品的行为区，接着几乎水平地延伸到了1875年（不过，仍然标记了朱格拉周期），在1877年下探后出现了跳升（这虽然比在美国晚了一年，但仍然可以作为一个新的朱格拉周期的早期迹象），然后维持在同一水平上或略微下降，直到1894年。在那之后，一个新的康德拉季耶夫周期的迹象已经极其明显。这两个水平可能分别与第二个康德拉季耶夫周期的萧条阶段和复苏阶段有关。美国的生产品与消费品之比是最"活跃"的，它非常清晰地标记了各个朱格拉周期，几乎没有留下任何疑问，甚至标记出了各个基钦周期——不过，读者应该仔细核实一下，因为在这个问题上有很多的不同意见。[①] 之后，迅速冲高到了一个新水平，而且再也没有下来过，这有力地说明了第三个康德拉季耶夫周期的开始。图18更好地说明了这一点。

[①] 在关于变化率的图中，对所有国家来说，基钦周期都是最容易观察到的。

图 17 工业设备（生产品）和消费品

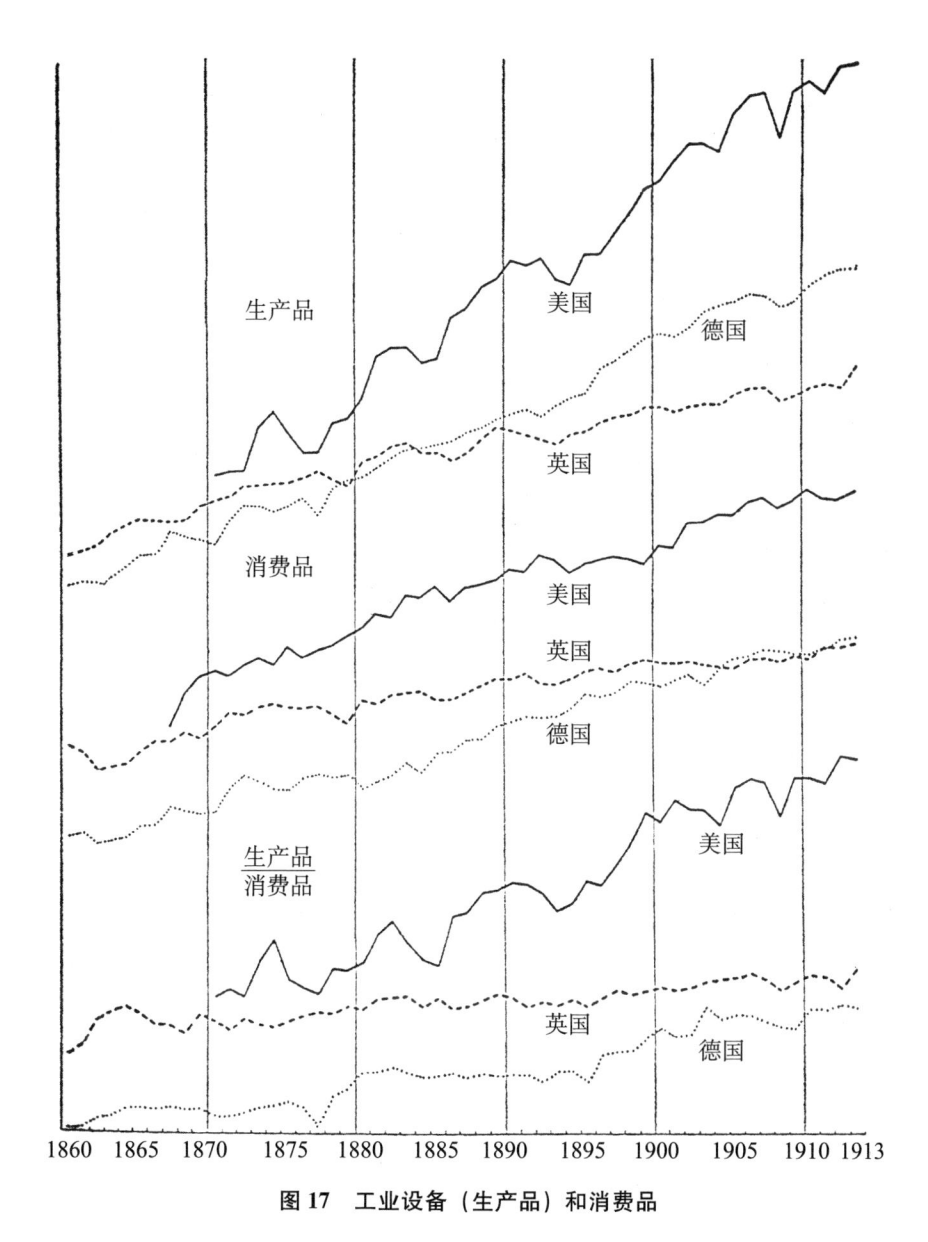

在结束这个论题之前，我们不妨比较一下产出的变化与价格水平的变化，这是很有意义的。我们回忆一下，在一开始时后者是与周期的各个阶段"正"相关的（或者至少与其中三个阶段是正相关的，即在繁荣阶段上升、在衰退阶段和萧条阶段下降）。这是正常的，因为模型的运行本身就倾向于产生这种关系，但是我们同样要记住，即便是在过程的纯理论中，

图 18 美国的消费和生产

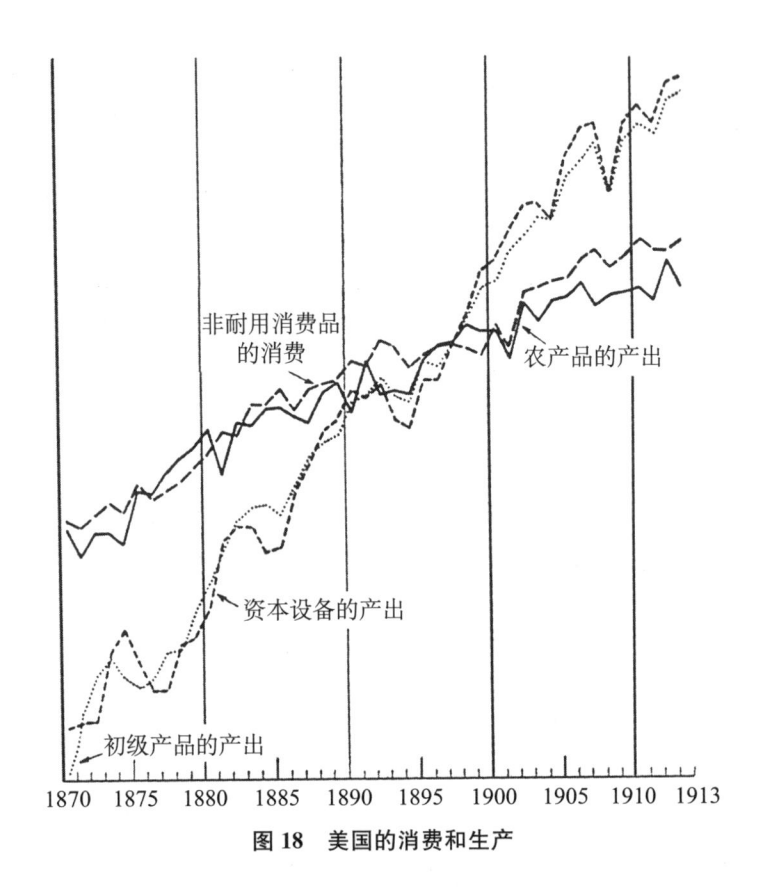

也必须以多种方式验证模型的预测——尤其是从多个周期相互干扰的角度。现在，我们必须通过考虑上面对产出行为的描述来进一步进行验证。然而无论如何，主轮廓线仍然是用我们的模型得到。读者应该再看一看图5、图 6、图 7，尽量让自己对资本主义演化的两个主要的结果趋势——价格水平的下降趋势和数量的上升趋势——产生不可磨灭的印象，这两者都是周期性过程的产物。尽管我们一定不能简单地将第一个趋势归因于第二个趋势——它们都是包含了许多其他变量的同一个过程的元素——但我们还是可以用图表来表示该过程的一个突出特性。至少，如果用工业产出来衡量经济活动的话，那么将它完全只与价格水平上涨时期联系起来（或主要与之相联系），显然是非常荒谬的。我们甚至可以利用价格水平下降这个事实（包括在每一个康德拉季耶夫周期下行阶段的下降，以及由此导致的长期下降），再加上流通媒介持续增加的事实，作为一种便捷的证明方法——尽管可以肯定的是，这可能不是完全准确的——以便证明如下命题：下行阶段和复苏阶段是创新成果的收获期（表现形式为产出的增加），同时在给定其他因素的实际表现的条件下——但是，对于这种推理方法，作者向来都是非常不赞成的（如果他发现别人使用它的话）——实际上正是这种成果的收获导致了价格水平的下降。请仔细查看一下（例如）英国的图，我们可以发现价格水平和产出一起上升，对此我们可以想象，如果没有发生与法国的战争，那么应该一直到1800年都会有相当类似的梯度（到那时，产出在一个短周期内先于价格水平发生转向）——我们怀疑，如果没有拿破仑战争的话，价格水平会发生转向。价格水平断断续续地上涨，直到最高峰（在我们的序列中，这个最高峰出现在1814年）；产出也稳步上升，贯穿了各个基钦周期。然后，价格水平开始下降，直到1820年（产出序列中的基钦周期，对应于1817—1818年的价格水平驼峰，看上去与它之前的周期没有太大的不同），而产出继续增加——全然"不顾"很多经济学家提出的所有相反的理论观点。随后，价格水平一路下行，产出则一路加速上升，直到1825年，并且在价格水平下降前那一年进入了危机。在那之后，产出继续增加——如果真的实现了任何增长的话——而且在价格水平上涨时期（1849年至1873年）的增长幅度要小于在前面的价格水平下跌时期。从1873年到1895年，产出的增长速度略低于我们的预期，但是仍然保持了大致相同的速度，价格水平则长期下跌。而从1895年到1913年，产出的增长幅度略大于我们的预期，但是再一次保持了大致相同的速度，价格水平则维持上涨。

就朱格拉周期而言，价格水平下跌与产出的下探联系在一起的情况出现得要更加频繁，而且恰恰出现在萧条期或"危机"期。例如在英国，出现在了1793年和1794年，然后又出现在了1884年、1885年、1886年、1892年和1893年，以及1903年和1904年，还有其他类似的年份，不过绝不是总如此。

繁荣阶段反复从价格水平下降开始，但只有在康德拉季耶夫周期的下行阶段才如此，例如，英国19世纪20年代的繁荣先于1825年的危机出现；又或者英国和德国在80年代的繁荣证明不了任何与价格水平在繁荣阶段上涨的"常态"相反的东西。衰退阶段与产出下降之间则没有系统性的关联。但是，在基钦周期中，则似乎存在着这样一种关联：尽管不乏相反的例子，但还是有相当有力的证据可以表明，产出与基钦周期的各阶段之间存在着正向关联，从总体上看也与价格水平存在着正向关联，而且这也得到了理论推理的支持。我们在图 19 中给出了德国的若干序列的变化率（对于它们，我们从德国的"脉搏图"中已经有所了解）。从图中可以看出共变性是非常明显的。各序列的变化似乎近似于瞬时变化，尽管产出的变化率呈现出了领先的趋势。[①]

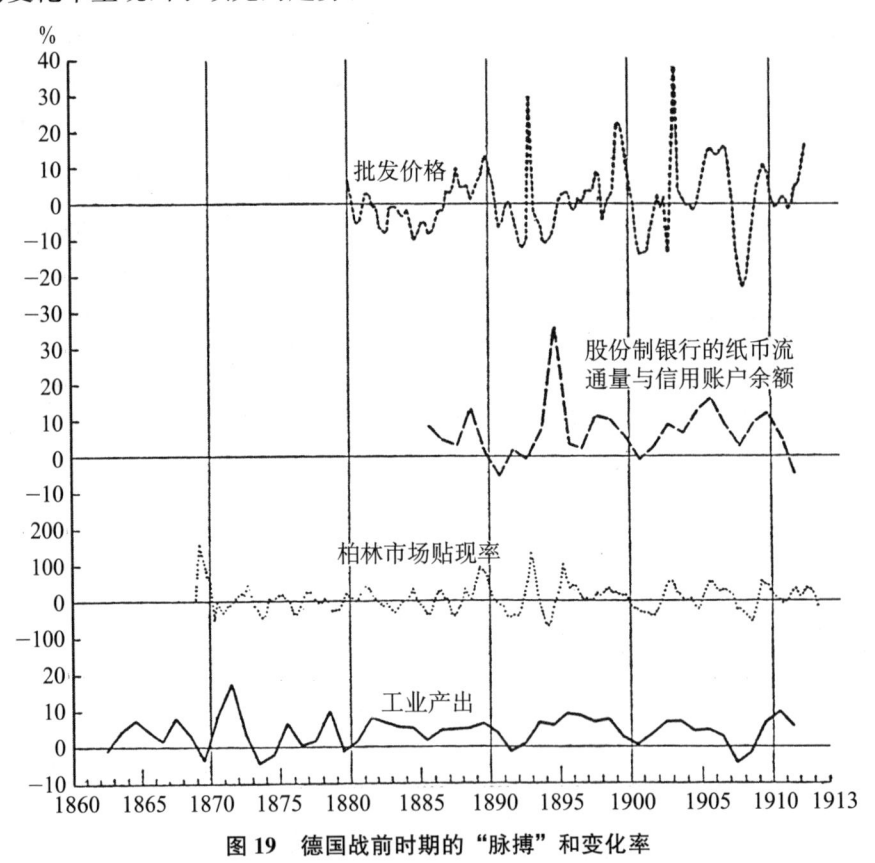

图 19　德国战前时期的"脉搏"和变化率

[①] 欧文·费雪教授通过滞后分布法发现（见他的《我们不稳定的美元和所谓的经济周期》一文，刊载于 1925 年 6 月号的《美国统计学会会刊》），在 W. M. 珀森斯的贸易量指数与价格水平变化之间，如果我们使前者滞后 7 个月，就可以得到最大的相关性。如果这种滞后分布法确实是可信的（这种滞后是变化的"影响"的重心所在，并显示了从 1915 年 8 月到 1923 年 3 月间那些指标之间的最大相关性），那么我们就会面临一个相当大的诱惑，声称在一个处于康德拉季耶夫周期的下行阶段的完全正常的基钦周期中，这种长度的滞后事实上大体对应于价格水平的峰值（出现在繁荣阶段或繁

第四节　就业水平

　　就业是我们要在这里讨论的唯一生产资源利用问题。对自然资源的利用率变化的完整考察，是我们这个研究未能实现的愿望之一。至于对厂房和设备的利用率变化，由于缺乏实现我们的研究目的所需的信息，我们不得不只限于重复如下观察结论：一个社会越是成功、进步得越快，未得到充分利用的或"产能过剩"的厂房和设备必须越明显（在其他条件相同的情况下），这不仅是因为快速进步意味着强烈的扰动以及与之相对应的严重的颠覆性，还因为进步越快，"半过时"和"完全过时"的（即尚未被企业明确地丢弃，或尚未从统计列表中删除的）厂房和设备所占的比例就越高。在整个战前时期，有关劳动力就业变化的资料非常稀少，而且有很大的缺陷。特别是对于德国，我们只拥有一些简单的指标——主要始于19世纪90年代——而且它们很容易产生误导。在美国，十年一度的普查数据对我们的目的也没有太大的用处。马萨诸塞州的数据虽然本身很有价值[①]，但是我们只拥有从1889年开始的数据。因此，在本节中，我们将只使用英国的数据，将失业率作为就业变化的一个指数。英国的失业率数据

（接上页脚注）荣阶段接近结束时）与产出的峰值（出现在衰退结束时）之间的距离。但是，我们并不坚持这种观点。试图以这种方式建立因果关系的想法在我们看来是错误的。在这个领域，只连接两个变量的函数永远不可能成事。事实上，在我们看来，对于这里的共变性，更好的描述和解释是将之视为一种不完美的瞬时变化。

　　庇古教授在《工业波动论》一书（第一版，第28页）中毫无防备地提出了这样一个观点，工业扩张"总是"以价格上涨为特征，工业萧条则总是以价格下跌为特征。为了避免出现这种说法不如与它相反的说法正确的情况，必须把它限制在庇古教授所称的"正常"周期之内，而他所说的正常周期，粗略地说就是基钦周期。只有把（工业产出的）"扩张"这个术语替换为"繁荣"，才可以将朱格拉周期包括在内。即便如此，珀森斯教授在他发表于《经济学季刊》的评论中给出的批评从统计的角度来看仍然有充分的依据（1927—1928年，第672页）。但是，他们似乎都没有意识到产出与价格在周期性阶段的真实关系，他们也没有意识到，对于产出与价格之间的滞后或领先关系，既无法形成先验的预期，也不能根据统计规律性形成预期。我们在这里引述庇古教授的观点以及对它的批评，是因为可以从中得到方法论方面的益处。

　　[①] 对美国这个国家的就业和失业的各种估计，包括贝里奇（Berridge）、赫林（Hurlin）、布里森登（Brissenden）和道格拉斯-斯廷鲍尔（Douglas-Stinebower）的估计，请参阅 P. H. 道格拉斯（P. H. Douglas）教授的《美国的实际工资：1890年至1926年》，1930年出版。作者对他的贡献感激不尽。

始于 1851 年，只提供了一个样本——工会成员失业人数的百分比[①]——而且不包括兼职人员；此外，还排除了因罢工、停工、疾病或年龄而不工作的工人。在《工业波动论》这本著作中，庇古教授就使用了这个序列，并将它与其他一些序列进行了对比（如三个月期的银行票据的市场贴现率、生铁消费量、伦敦结算所价格、绍尔贝克价格水平、银行信贷余额增量、实际工资率、肉类消费量、啤酒消费量等）。为了节省篇幅，在必要的时候，我们将引用庇古教授这本著作以及之前引用过的珀森斯教授的评论，来代替本来或许应该由我们自己提供的一些证据。

正如我们在前面已经看到的，在就业（每周工作小时数）与产出之间并不存在唯一的或简单的关系，而且产出并不与就业成比例，也不能用就业来衡量。这是经济演化的本质所带来的一个结果。只要给出成比例的如下条件，这一点就会变得非常明显：生产函数必须不随时间的流逝而变化，同时各种要素的相对价格必须保持不变。很显然，这两个条件中的任何一个都不可能在任何较长的一段时间内达成，例如在朱格拉周期内。但在很短的时间内，这两个条件却有可能近似地得到满足；不过，第二个条件即便是在很短的时间内也不一定总能得到满足，因为对要素相对价格的变化的适应可能无法在短时间内实现。这种极短的周期可能会延长到基钦周期的长度（尽管我们不能指望这一点总能实现），因此，在这个方面，基钦周期将会呈现出一幅不同于更长周期的图景。此外，我们还要注意到，总就业（或失业）在任何情况下都不可能是一个令人满意的衡量总体经济状况的指数，即便数据非常精确，甚至即便有可能根据会改变它们的重要性的环境因素及时对它们进行校正——例如，工人对失业和失业救济的态度、地理因素和行业流动性、工作日的长短等——也是如此。这是因为，总就业（或失业）的变化是各工业区、各行业（更不用说各企业了）的实际发展情况的净结果，通常倾向于掩盖差异——而在我们看来，差异往往是最重要的。季节性失业的情况可以很好地说明这一点——如果季节

[①] 鲍利（Bowley）教授则试图超越这些数字的限制，他的努力理应引起人们的注意。参见他于 1912 年 7 月发表在《皇家统计学会杂志》上的论文《就业测量：一项实验》。在这篇论文中，他还阐明了作为一种衡量一般就业的方法，我们讨论的序列为什么根本不值得信赖。

性失业因不同的行业而异，那么尽管季节性失业可能相当严重，但是产生的季节性振幅并不会太大。①

现在，我们来仔细考察我们的序列的相关图形（见图 20）。最先注意到的肯定是失业率与利率之间的负共变性（请参见庇古，《工业波动论》，第 28 页的图），这个特征非常突出，唯一使它变得有所模糊的是在后者的图形中显示出了更多的基钦周期这个事实。② 然而，像 1854 年那样的情况（它显然可以归因于克里米亚战争爆发导致的混乱），并不构成真正的例外。为了进一步分析这幅图，我们需要引入或重述如下概念和命题。

第一个概念是正常失业（normal unemployment）。我们把系统已经达到它所趋向的均衡的邻域时存在的失业称为正常失业，这包括季节性失业。然而，由于上面提到的原因，季节性失业本身并不一定会完全显现出来，而且正如第一章所指出的，由于技术变革或消费者习惯的改变，季节性失业可能呈现出一个特殊的趋势，就像在战后时期建筑业所发生的那样。正常失业还包括以下情况：由于通常会发生的某些事件而出现的失业（例如，工厂意外地遭到了破坏）、无就业能力导致的失业（不过我们可以忽视这种情况③，因为对于英国和那个时期来说，工会是不可能多次在这种情况下提供"庇护"的），以及由于住所或职业或职位的改变而发生的失业。最后，正如我们已经看到的，竞争的不完全性或均衡的不完美性可能导致制度无法吸收所有合格的工人。对于在德国人们经常使用（不过是在另一种意义上）的"结构性失业"一词，这正是我们所能赋予它的唯一含义。参照正常失业的概念，我们还可以定义超正常失业（supernormal

---

① 参见查尔斯·桑德斯（Charles Saunders），《英国就业的季节性变化的重要性》，刊载于 1935 年 6 月的《经济学杂志》。

② 因此，这两个序列之间的相关性并不是很好。即便用年与年之间出现相反运动方向的相对次数来判断这种关系，结果也不是特别令人满意。但这只是形式方法不能令人满意地发挥作用的另一个例子。然而，每个人都会被这种关系的现实所震撼。在这种情况下，一种平滑工具就足以使它在形式上显现出来。

③ 然而，可以理解的是，无就业能力的范围远远超出了技术上的"病态"情况，对于我们的目的之外的其他目的来说，它不但是不可忽视的，而且在经济上和社会上都是所有失业问题中最严重的一种。

图 20 利率与失业率

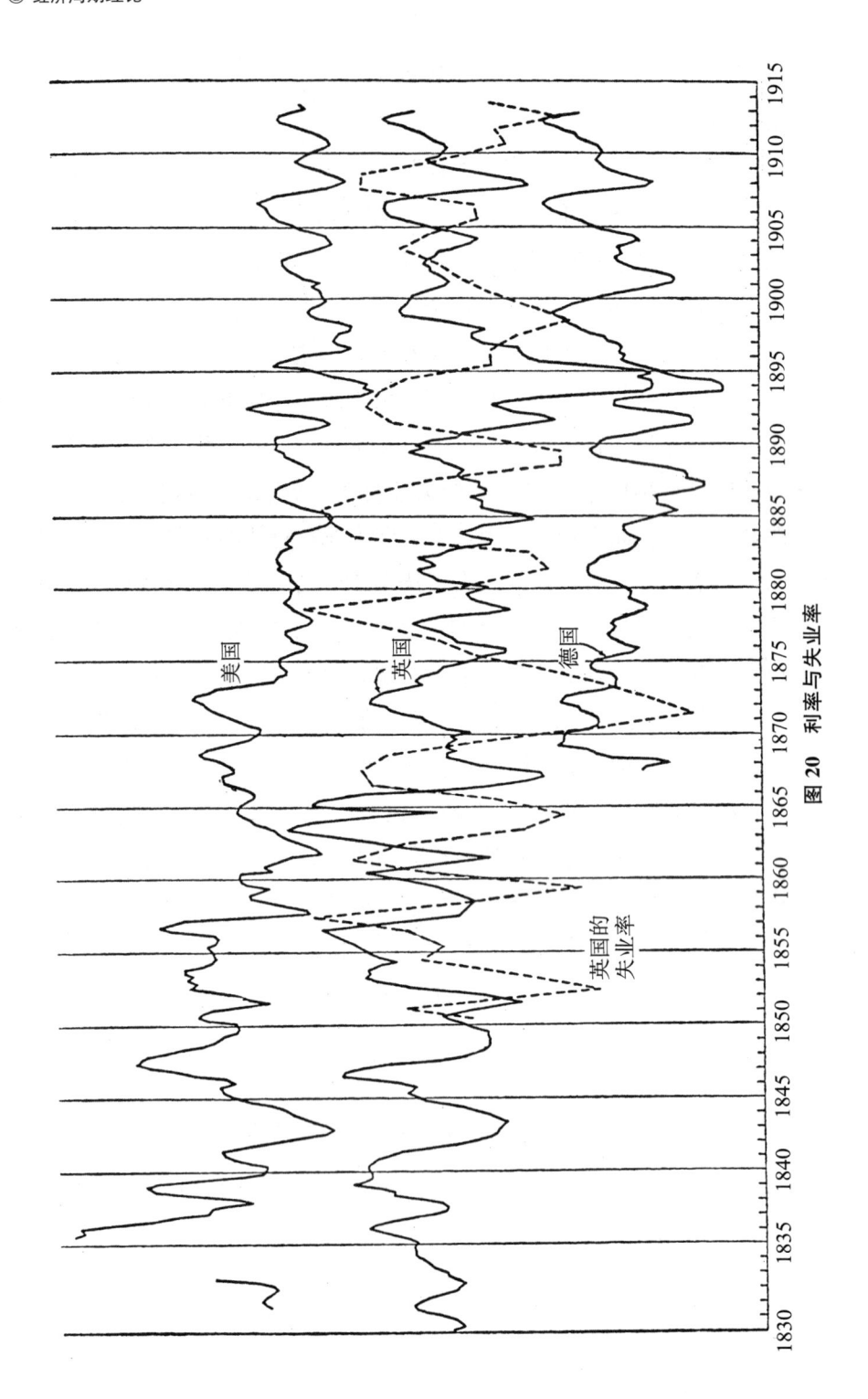

unemployment）和亚正常失业（subnormal unemployment）。我们不难观察到，亚正常失业率在这个意义上（在完全竞争的领域之外），是与高失业率相容的，也就是与如下状态相容：许多人找不到工作，尽管他们都是合格的工人，并且愿意接受通常水平的工资率。超正常就业（supernormal employment）包括加班，亚正常就业（subnormal employment）则包括工时不足；但是，如前所述，对于我们讨论的这个时期，两者都不能解释。

我们必须强调一个根本的困难（虽然我们对它无能为力）。为任何一个失业总数"做贡献"的各种来源都不是相互独立的，它们的影响是不能区分开的。特别是，周期性过程会影响所有这些来源，同时失业的周期性变化也会受到所有这些来源的影响。所有类型的正常失业，甚至无就业能力，都是如此；而且对于某个特定的人是不是无就业能力这个问题，在经济形势好的时候和在经济形势不好的时候会有不同的答案。此外，发生时所处的周期阶段不同，同样的偶然扰动也会引发不同数量的失业或不同持续时间的失业，诸如此类。因此，我们关于正常失业率的概念不应被认为是一个独立的量（可以与同样"独立"的其他类型的失业率相加），而只是在均衡没有受到扰动的情况下存在的失业工人所占的百分比。因此，为了形成关于它的数值重要性的观念，我们必须首先确定均衡的邻域——若干观测值的平均值显然毫无意义。在选择时，1897年是一个特别适合的年份，因为根据我们的模式，我们所有的周期都是在那一年经过了它们的邻域。那一年，英国的失业率是3.3%，我们可以认为这个数字在当时的英国是大致正常的，那应该离真相不会太远。

如果给定一个状态（不然它本应是完全竞争的系统的一个完美均衡状态），假设工资率（比如说）在政府公共权力的干预下高出均衡值，那么一定数量的失业（在其他条件不变的情况下）就会随之而来，我们将这称为替代性失业（vicarious unemployment）。如果均衡是不完美的或竞争是不完全的，我们就仍然可以用这个概念来表示工资率偏离了正常就业时应达到的水平所导致的失业，或者说用它来表示取代了工资率（向那个水平进行）的调整的失业——因此才有了"替代性失业"这个术语。到目前为止，这个概念是完全明确的——尽管它可能仍然无法在数值上进行测量——而且直接表达了正常失业的一个元素的特定方面（只要这种状态在我们考虑的整个周期一直持续），或者表达了某种特定类型的超正常失业（如果这只是暂时的）。但是，我们也应当用这个术语来表示那些可以通过均衡的邻域之外工资率的适当变化来移除的失业元素。无论如何，在这里这个概念是很难处理的。至于原因，在我们讨论工资的"行为"的过程中将会逐渐变得一清二楚。

在上面，我们将企业发生通常的事件所导致的失业这类情况也归入了正常失业，这类似于以下情况：一般而言，总会有一些人不幸地死于事故（即事故死亡率不为零）。如果企业遭受的经济损害达到了超常的程度，那么我们就称之为扰动性失业（disturbance unemployment）。这仍然可以用一个类比来描述——流行病所导致的高死亡率。我们在经济周期中观察到的许多失业现象显然属于这种情况。革命或战争清算也是很好的例子。从任何一个具体行业的角度来看，另一个行业的萧条状态也会引发扰动性失业。在这方面，有一类情况特别重要，那就是经济系统外部的某个长期原因导致了衰退。想象一下，如果一条新出现的边境线切断了一个国家边境与内地的一切联系会怎么样，这个例子说明了这类情况意味着什么。在讨论任何一个国家本身的状况时，我们会把发生、发展于这个国家之外的创新的影响也包括在这类情况之内，例如，新贸易航线的开发这种创新对16世纪之后的威尼斯的影响，或者热带地区大规模生产的兴起对现代欧洲的影响，等等。

但是，对于系统内部的制度创新所引发的失业这种特殊情况，我们将构造一个独特的类别，并称之为技术性失业（technological unemployment）。当然，如果只从字面上理解，那么这个术语的含义就一直只包括工人被机器取代的情况。但是，我们希望它覆盖更大的范围，不仅包括工业和商业领域的各种变化——例如，组织变革——对就业的影响，而且包括那些与引入新的生产函数的行业中的企业相竞争的企业或行业的就业因变革而受到的影响。也正因如此，那些为了调查工人被解雇的原因而设计的调查问卷，永远不能充分揭示我们所说的现象，而只能得到过于低估的结果。① 而且，在这里应该非常清楚的是，我们给出的这个更加广泛的定义也只是公正对待这种现象而已，因为它所做的一切只是把这个概念的通常含义扩展到了一些经济意义基本相同的情况、扩展到了一提到这个术语我们通常就会想象到的那些情况。举例而言，很明显，当汽车取代马车时，马车夫将会遭遇"技术性失业"（即使在狭义上也是如此），尽管这并不等于自那之后将由一台机器来驾驭他的马。这与以下情况也没有什么区别：因为使用了计算机或引入了别的什么机器，记账员将会失业；摘棉工因为摘棉机的出现而失业；棉花由于"标准工业纤维"的竞争而淡出市场。由于每一种失业都会导致进一步的失业，因此还必须在每一种失业的基础上增加 R. F. 卡恩（R. F. Kahn）先生所说的"二次失业"（secondary unemployment）。

现在，绝大多数经济学家都同意替代性失业至少在一定程度上对总失业"做出了贡献"，而总失业在周期中是会发生变化的（即周期性失业）。但是，这种"贡献"的重要程度究竟如何？他们之间却存在很大的分歧。关于这一点，我们将在讨论工资的"行为"时提出自己的观点。不管怎么说，所有经济学家都能够同意如下说法：失业问题对经济的影响很大。恐慌、螺旋式上升、导致欺诈行为和考虑不周的创业活动引发的繁荣，以及加速这种企业破产的衰退，所有这些导致了次级波出现和起伏的现象都充分说明了这个结论。在这些要点的基础上，我们要补充的是，无论货币和信贷如何变动，这些现象都源于周期机制的作用，尽管自动通缩强化了这些现象以及它们对就业的影响。但是只有极少数（如果有的话）经济学家意识到了作者想要表达的一个主要观点。他们习惯于区分周期性失业和技术性失业，并对它们进行比较研究。但是，从我们的模型来看，周期性失业基本上就是技术性失业。因为替代性失业和扰动性失业在实践中虽然在

---

① 对此，还有另一个原因。1930年进行的失业人口普查试图查明失业工人被解雇的原因，并在"工业政策"的总标题下将技术原因列为五个子目之一。从这次普查给出的答案来看，这些受访者一定认为这五个子目都是完全不重要的。然而，稍加思考就会发现，只有在极少数情况下，工人才能认识到技术的变化是他们被解雇的原因。要让他们认识到这一点，就需要在工人的注视下向现有的工厂引入机器，而且解雇工人的命令会立即生效。

数量上很重要，但基本上仍然只是一些可以理解的"意外"，我们可以对这些"意外"进行抽象，同时不会抹去任何基本的轮廓线。然而相比之下，技术性失业却是我们所说的这个过程的本质，它与创新紧密地联系在一起，本质上是周期性的。事实上，我们在历史研究中就注意到了那些为时甚长的超正常失业，恰好与创新结果在系统中扩散、系统做出反应的时期相吻合。它们主导了经济形势，19世纪20年代和80年代都是很好的例子。

这也就进一步说明，技术性失业就像利润一样，必定是短暂的；然而从另一个角度来看，它也像利润一样，可能永远存在——工业有机体中每一种单独的利润来源通常都会耗尽自己，但是新的利润来源也会周期性地出现。此外，同样是在与利润相同的意义上，我们可以将技术性失业称为摩擦，因为系统的瞬时适应可能在它刚出现时就将它扼杀。读者当然无须担心作者有任何利用这些说法来淡化这种现象的重要性以及它带来的痛苦的意图；相反，我们应该牢牢记住的是，从结果上看，工人阶级的主要长期利益在于创新对实际工资总额的影响，而不在于就业的偶发性变化，后者只不过是导致前者变化的机制的一个元素而已，而且完全可以单独通过公共政策来加以应对。

现在，我们将把这个分析应用于解释我们的序列的特点的任务。失业是我们考虑的这个过程的一个主要因素，尽管完全是结果性的，但它也像其他所有事物一样，是一种能够产生自身的次级因果性影响的"效应导体"。这个序列是自然的、系统性的，显然也是周期性的。但是，我们的理论并没有给出任何可以用来预测失业率的任何结果趋势的理由。我们现在要讨论的两种情况都属于我们的统计图的主要元素，它们一个是纯周期序列，另一个则是利率序列。读者应该仔细地从第四章开始，重构最终导出这个结论的每一步推理。失业工人所占的百分比如果不存在任何趋势，那么就意味着，在人口数量和年龄分布保持不变的情况下，经济演化的过程能够吸收它造成的所有周期性失业，包括技术性失业和其他失业。如果人口数量的净增长（自然增长减去出境移民再加上入境移民）未能产生一个上升趋势，那么就意味着经济系统也以相同的条件吸收了当前的增长，即使之处于相同的失业率水平。对从农业领域转移出来的人的吸收属于第一种情况，而不属于第二种情况，即便这些"移民"以前是地主，或者是由于技术性失业之外的其他原因而失业。

只要看一下图表似乎就能证实这个结果。我们没有观察到任何明显的趋势，而且很显然，即便能够用正规方式推导出任何可能的趋势，它们也必定是非常微弱的，因而不可能是重要的，特别是如果我们不赋予出现在1858年和1879年的峰值太大的重要性的话。回忆一下，我们一直强调个别极端值是不可过分信赖的——毫无疑问，我们的统计数据不能毫无保留地依赖它们。除了其他一些事项之外，工会的数据并没有反映出青少年失业率和首次就业延迟情况的变化，非技术工人和无组织工人的失业数据的"行为"也可能有所不同。我们本来可以预期，不管在我们这个过程中可能会发生什么都会有的储蓄的纯效应会产生一定的吸收作用。此外，制度变迁，即额外的永久性的刚性制度的插入，在出现不完美的任何时候都随时可能发生（这种不完美是此前不存在的，例如寡头垄断）。它们会导致积极的趋势，消除负面的趋势，因此我们的理论的基础与统计发现的基础并不会简单地完全一致。但是，这些因素不太可能"恰到好处"地结合在一起，为我们的命题提供一个虚假的验证；同样不太可能的是，更全面的信息除了显示特定原因造成的一些特定偏差之外，还会对它产生实质性的影响。

我们将会看到，在调查所涉及的这个时期之内，周期性失业已被实际工资率的加速增长所吸收。这个事实对我们的结果和我们的观察都很重要——而如果这种吸收是由实际工资率的下降引起的，就会变得无足轻重。然而，就目前而言，我们只需要注意到，正如失业可能可以替代工资下降一样，工资上涨也可能可以替代就业增加。在前一种情况下，对于失业率的上升，我们至少在理论上可以用（能够阻止这种失业率上升的）等价的工资下降来表示；同样地，在后一种情况下，我们也可以用等价的就业增加来表示工资上涨。当然，这里所说的就业增加是虚拟的，因为并没有相应的劳动力存在。因此，将周期性过程对工资的长期影响还原为对虚拟就业的影响，我们就可以得到一个虚拟的失业率负趋势——当然，如果吸收是由工资下降引起的，那么虚拟失业的趋势就会是正的。

对失业率的周期性行为的预测实在太过于显而易见，因此无须在此重述。如果一个周期是从完全竞争的完美均衡开始的，那么繁荣时期的就业增长就只能通过加班来体现。事实上，在我们的序列中，这是部分通过加班——因而不完美——表现出来的。深度萧条时期的失业将会像那个时期的所有事物一样毫无规则。而且，由于被我们称为"干扰"的那些事物的烘托，深度萧条时期的失业的性质足够鲜明，值得给它一个明确的名称：萧条性失业（depression unemployment）。复苏应该会使就业恢复正常，而且这种情况的发生频率实际上要比观察家所认为的要高很多，因为他们忽视了扩大正常失业规模的一长串因素。虽然从理论上看失业率的变化为什么应该是一个特别早期的症状似乎并没有什么理由，但是在大多数情况下，它确实是一个早期症状。当然，它与所有其他周期性序列的共变性（多数为负）是符合预期的；但是我们应该始终牢记，这绝不能解释为变化的巧合或任何一贯性的领先或滞后。经济生活不可能这么有规律性。

第二个康德拉季耶夫周期的萧条阶段出现的可怕的失业，第三个康德拉季耶夫周期的繁荣阶段的各种情况，也都很好地说明了这一点。但是，考虑到这种现象的性质，我们应该不会对以下发现感到惊奇：要在这些材料的两个康德拉季耶夫周期截面上画出两条不同梯度的直线，并不像在其他序列中那么容易。基钦周期能够说明的东西则很少。考虑到技术因素虽然重要，但是在它们的范围内却无法发挥强大的作用，这也是完全自然的（注意到，这与人们对基钦波动的兴趣形成了鲜明的对比），而且部分解释了为什么研究经济周期的学者在提到周期的时候指的主要是基钦周期，而不是源于技术性失业的周期。出于同样的原因，我们的序列在朱格拉周期的节律中出现的剧烈运动也是我们应该预期到的。对于创新集群或"演化步骤"（它们在朱格拉周期中的表现最为明显），我们也可以利用生铁（消费量）序列的"行为"来验证。虽然有必要指出，通常来说，它们中的每一个都倾向于吸收自己所"创造"的失业，但是我们确实无法从这一点推断出失业个人的实际平均失业时间。在讨论战后时期的失业状况时，人们考察了这个问题①，但是我们在这里并不关心它。

除了在19世纪60年代出现过双峰这个例外情况（它也很容易解释），失业率通常大约每9年就会出现一个高峰。在64年的时间里，失业率超过6%的情况一共出现了16次，而且都集中在了朱格拉周期的萧条阶段（只有1862年和1879年的高峰是例外）。但就持续时间而言，反而是在不与朱格拉周期的萧条阶段相连时，高失业状态持续的时间更长（那三个萧条阶段分别出现在60年代末、80年代和90年代初）；而且，有几年明显属于萧条阶段，但是失业率却没有达到上面这个数字。除了19世纪80年代之外，失业率超过8%的情况从来没有持续一年以上。这发生在1858年和1879年（再次略过了1862年），并在随后的一年中得到了充分弥补。后一个高峰出现的位置，恰恰是繁荣的起点，因此显得尤其不正常。尽管从理论上看没有理由期望振幅会表现出如此明显的规律性，但是我们可以很有把握地断言，在失业率超过6%的情况下，螺旋式上升等因素的作用要比创新的直接影响重要得多。除了1872年的那个波谷之外，经济衰退的波谷的出现似乎有一个"习惯"：从来不会超过2%，或者在略低于2%时就戛然而止。我们猜测，即便撇开与加班有关的历史事实不谈，衰退本身就已经意味着我们所说的（而不仅仅是统计意义上的）超正常就业。就作者所知，没有任何证据可以证明，在我们考察的这个时期替代性失业发挥过主要作用。失业率与按价格水平修正后的工资之间的相关性也证明不了什么。②

---

① 参见 D. 温特劳布（D. Weintraub），《工人因效率提高而流离失所及他们如何被工业所吸收：1920—1931年》，刊载于《美国统计学会会刊》，1932年12月。这是一篇重要的论文，读者应该充分关注。作者认为，如果考虑了战后时间的各种条件，这篇论文利用更加复杂精致的方法得到了一系列结果，极大地支持了我们的结论，尽管它未能通过周期的因果关系在失业（"流离失所"）与吸收之间建立起联系。我们将在本书的最后两章回过头来讨论这个问题。

② M. 雅克·吕夫（M. Jacques Rueff）针对战后时期的失业问题研究了这种相关性。关于这一点，请参见庇古教授的分析，《失业理论》，第十章。另外，在《工业波动论》一书第一部分的第二十一章中，庇古教授对这种共变性的因果解释的反对意见是如此有力，以至我们完全没有必要对这个问题多加辩论。

第十章　个别商品的价格和数量

第一节　个别商品（包括服务）的价格和数量

个别商品（individual commodities）的价格和数量应该放在一起研究。仅凭自己，价格和数量都不能传达自身所包含的全部信息——事实上可以说不能传达任何确定的信息——无论是价格还是数量，都必须根据它的"同伴"来进行解释。当然，在讨论一般理论及其统计证据时，这一点一直都是得到公认的。但是，研究周期性变化的学者在很多时候仍然会试图单独处理价格变化或数量变化。① 但是，我们要讨论的问题的真正变量，只能是"价格-数量对"（price-quantity pairs）或者说"价格-数量

---

① 然而，这么说并不是要表达对下面这一批论著的批评：F. C. 米尔斯（F. C. Mills），《价格行为》，1927 年；G. 丁特纳（G. Tintner），《贸易周期中的价格》，1935 年；A. F. 伯恩斯（A. F. Burns），《1870 年以来美国的生产趋势》。恰恰相反，它们都称得上"价值连城"，作者在此要对这些学者表示感谢，并强烈建议读者加以关注。S. S. 库兹涅茨（S. S. Kuznets）的《产出和价格的长期变动》（1930 年），从根本上说是一本对价格-数量对进行研究的著作，所以在一定意义上可以说是这个领域大部分后续研究的先驱，而且无论是从经济理论的角度来看还是从统计学的角度来看它都达到了非常高的水平，尽管它仍然未能将第一部分的理论阐述与第二部分的统计分析很好地融合为一个整体——构成它的第二部分的基础是马塞·勒诺瓦（Marcel Lenoir）所著的《关于价格形成和变化的研究》（*Étude sur la Formation et le Mouvement des Prix*，1913 年）。更加具体的研究，尤其是关于价格离散度的研究，读者可以比较 M. 奥利维尔（M. Olivier）的《价格变化的数量指标》（*Les Nombres Indices de la Variation des Prix*，1927 年）和 O. 兰格（O. Lange）的《论价格》（*Die Preisdispersion*，1932 年）。当然，关于价格分析的文献可谓不胜枚举，而且尽管到目前为止所有这些文献都与特定的周期性问题几乎没有什么联系（这是这支文献的最大缺点和最迫切需要纠正的问题），但是我们确实应该在这里加以引用。对此，读者可以在 L. O. 贝尔考（L. O. Bercaw）于 1934 年 10 月发表

点位"(price-quantity points)。①它们的行为才是周期机制的核心所在。再一次,又有一个庞大的研究项目摆在我们面前,但是我们却无法深入其中。在这里,我们不得不只限于直接给出如下评论——这些评论只是对我们在第二章和第四章完成的分析的应用和例证。

一、对周期性情况的反应的"无限多样性"的预期

我们首先来回顾一下前文对"分组价格"的分析。其中大部分分析同样适用于个别商品的价格-数量关系行为,只不过它们的解释力要大得多。这是因为,当讨论从纺织品转向棉织品、从棉织品转向棉布服装、从棉布服装转向棉布衬衫、从棉布衬衫转向男式棉衬衫、从男式棉衬衫转向 Y 企业生产的 X 牌棉衬衫时,个别商品的特性的相对重要性必定会相应增大。再一次,为了便利起见(虽然有些人为的痕迹),我们可以把个别商品的价格-数量变化分为两类:第一类包括那些直接由创新引起的变化(具体包括:生产中出现了创新的商品的价格-数量变化,对于这种商品,我们可以称之为"创新商品";因竞争对手和辅助行业出现了创新而导致的价格-数量变化);第二类则包括那些只是作为对总体经济状况的反应的变化(总体经济状况源于创新导致的特定的非均衡)。对于后者,必须依赖于统计上的一致性。而且事实上,对周期各阶段的印象在大多数情况下

(接上页脚注)在《计量经济学》上的《价格分析》一文中找到一个非常有用的指南。这篇论文对许多重要研究进行了综述。在这里,应该特别提一下亨利·舒尔茨(Henry Schultz)、M. 伊齐基尔(M. Ezekiel)和 W. W. 列昂惕夫(W. W. Leontief)的贡献。也请参见 E. J. 沃金(E. J. Working),《经济快速变化时期的需求研究》;H. 沃金(H. Working),《作为价格分析主题的差异化价格行为》,刊载于《计量经济学》杂志,1935 年 10 月。此外,农业部的一个研究小组编印的油印书目也很不错。C. F. 鲁斯(C. F. Roos)于 1934 年出版的《动态经济学》在很多个方向上都有新的突破。沃伦(Warren)和皮尔逊(Pearson)讨论价格的著作也与对个别价格的研究有关。还请参见康奈尔大学农业实验站《备忘录》,第 142 期。当然,这个脚注给出的仍然只是一个片段,但是作者有理由认为它为我们开始研究提供了足够多的参考文献。

在这里,我们将不再重复强调材料所固有的事实方面的困难(区别于解释方面的困难)——即便是最简单的成品,这些困难也会变得非常令人生畏。

① 这样一个点 (x, y) 可以用一个复变量 $x + yi$ 来表示,也可以用一个向量来表示,因为复变量在几何上可以解释为始于原点的向量。现在看起来,W. W. 列昂惕夫教授关于经济周期中的价格-数量波动的重要论文(刊载于《经济统计评论》,1935 年 5 月)似乎为作者开辟了一条最有前景和最具新颖性的途径。

都是足够清晰的，虽然不如有些学者所期望获得的那么强烈；这些学者拥有这样一种思维习惯：从周期性过程的总量视角来看，任何一个令人惊叹的发现的本质就在于偏离。但是，每一个行业甚至每一个企业都有自己的结构模式，并且在任何时候都必须面对一组"个人化"的环境条件，这组条件决定了它们的反应。因此，即便我们在某个行业观察到的价格-数量对行为不同于其他行业，也不能将这种现象作为认为有不同的力量作用于它的理由，或者作为认为它拥有自己特有的周期（在任何意义上，但不是在正式的意义上）的理由，又或者作为否认"一般"周期的存在性的理由。

也正是在这个意义上，我们说对统计结果存在着非常大的"误解"风险，特别是如果我们拒绝承认周期性过程的迹象——除非它们显示出了足够强的规律性，可以用正式的测量方法揭示出来。因此，读者从一开始就应该清醒地意识到，这种立场是没有根据的；而且，从我们的模型出发，应该预期的不是不一致性。我们应该预期的是，我们实际发现的东西，即各种各样的振幅、周期和序列[①]，它们都与无处不在的周期性运动的存在性毫不相悖，同时也不会表明任何理论上的无规律性——尽管确实会呈现出统计学上的不规则性。读者应该自我训练，学会把每一个行业都看作一个受外力冲击的"谐振器"，它们会根据自身的结构对这种冲击做出反应。每一个单独的冲击对这些谐振器的影响都是不同的（尽管影响它们的过程是同一个），因此它们的反应会不同，即便它们的构造相同。而且，由于不会受到同样的影响，所以它们的反应各不相同（即便受到了同样的影响，它们的反应也会不同）。由此可见，个别价格-数量对，相对于价格水平或总产出的领先或滞后，以及相对于其他价格-数量对的领先或滞后，对周期性过程本身的因果关系和机制并没有什么重要意义。

---

① 为了对这种多样性形成一个初步的印象，对那些"离散图"探究一番是很有用的（在"离散图"中，表示价格或数量随时间流逝而变化的那些曲线，在第一年时被有意设置为重合的）。例如，看一下欧文·费雪教授在《指数的形成》一书的第12页和第13页的图形。从一般的教学目的来看，这些图的价值可能因为涵盖了第一次世界大战的那些年而有所受损。从图上看，数量似乎甚至比价格更具"个人"色彩。平均价格变化率（米尔斯教授称之为"趋势"）的相关图形，请参见F.C.米尔斯，《价格行为》，第68页。这些图的优点在于，它们是从一个均衡的邻域附近开始的，并说明了康德拉季耶夫周期的一个繁荣阶段，从中可以清晰地辨识出所谓的"众数行为"（modal behavior）。

二、竞争情形与支出的周期性变化的"正常"影响

然而，我们仍然可以进行系统化推理。首先，我们可以研究这样一些行业中的价格-数量对的行为——根据前面给出的分类，这些行业既不是创新行业，也不是创新行业的"近亲"。当然，这种区分在任何实际情况下都不容易实现，因为正如我们指出过的，创新会从一个行业"跳"到另一个行业，而且必定会在某个时候"侵入"每一个行业。但是，这种区分在用于说明时也有一些很明显的优点。再者，通过利用它，从近似于竞争模式的情况开始讨论会更加方便。

经济状况的周期性事件序列对这些行业的影响是通过企业家的支出以及由这种支出引发的支出来实现的。产生的效应可以进一步分解为名义效应和实际效应。名义效应指价格和成本会相互抵消的那些影响，实际效应则指价格和成本不能相互抵消的那些影响。如果采纳支出以相同的比例影响所有价值这个假说，那么就意味着在实际上取消了我们所关注的过程的本质[1]，然而尽管如此，在实际发生的事件中，有一部分确实对应于纯粹"通货膨胀"和纯粹"通货紧缩"的模式，即不会导致产出扩张和收缩的模式，并且在事实上解释了为什么价格变化的共同点，在周期的所有阶段都要比数量变化更多。因此，用某个价格水平指数来修正商品价格是有一定意义的，尽管这类指数的内在缺陷可能会使之成为一种危险的操作。卡尔·斯奈德先生完成了这项工作（见《价格的结构和惯性》，其中第192页是关于美国的，第194页是关于英国的）。然而，他似乎认为，结果表明不存在长期趋势，但是却存在着共变性（尽管不是每个人都能看到这种共变性）。[2] 图21可以给我们留下一个初步的印象，对于我们的目的来说，这已经足够。按照我们目前的假设，在一些显而易见的条件下，货币工资

---

[1] 从这个意义上说，任何单一价格与价格水平都不存在"一对一的关系"。这当然是正确的；因此，在任何多重相关性分析中，都应该明确地把价格水平作为自变量之一引入。

[2] 然而，也可以说经平减处理后的数据存在着一种共变趋势。我们对这个发现和未平减数据的共变性的看法，将会以对斯奈德先生提出的一个问题的答案的形式给出：决定价格的主要因素是什么？是周期。

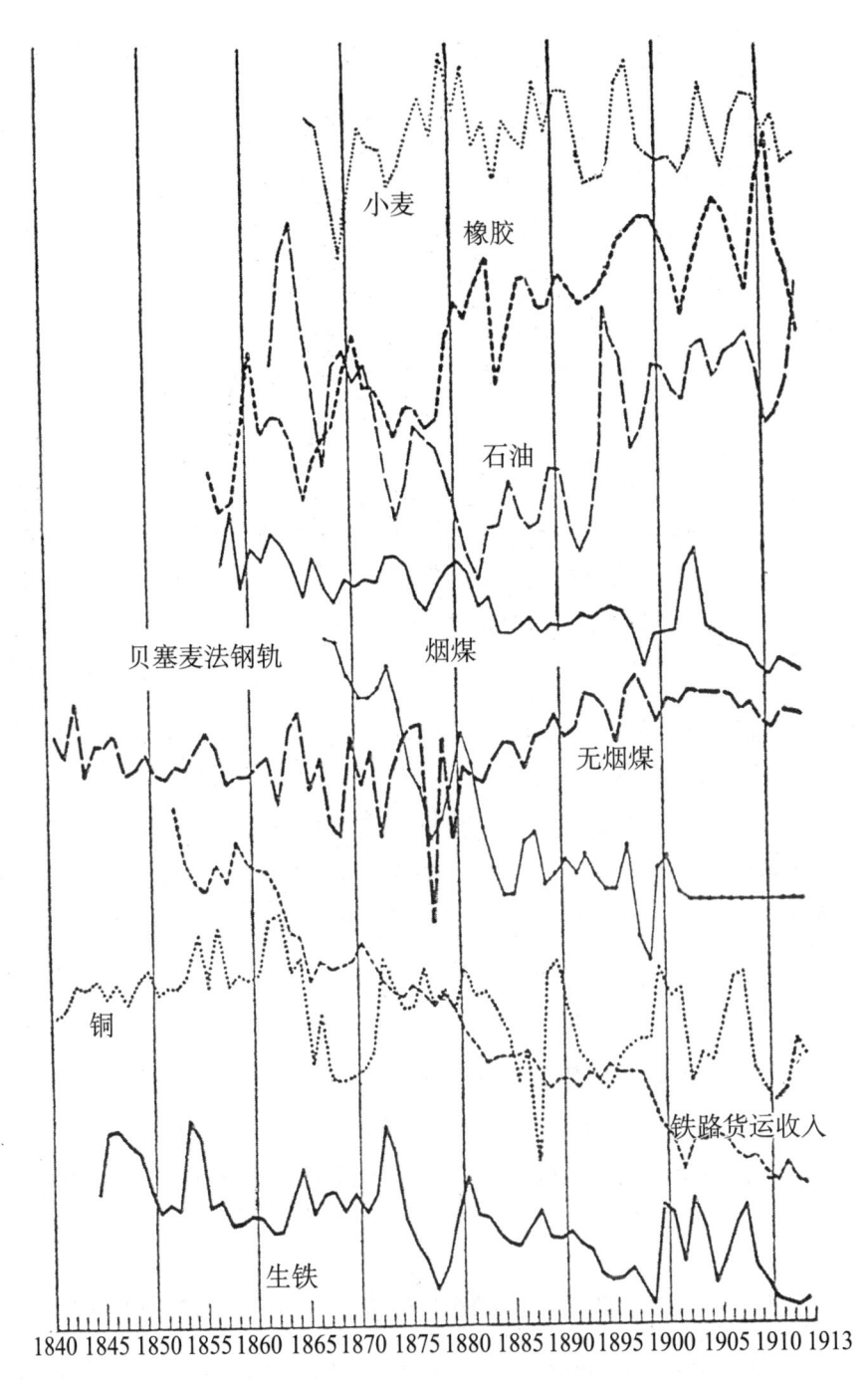

图 21 美国部分商品的个别价格（经平减处理）

总额的变化将能反映这些变化，包括成本和收入，而从企业和工资者收入本身的角度来看，这两者是相互抵消的；在现实世界里，它们也确实能够在一定程度上相互抵消。而且，只要做到了这一点，那么我们将周期性元素纳入通常的马歇尔式的需求曲线或供给曲线并不会有什么困难——只需引入（比如说）作为一个参数的工资，就可以使之以必要的方式变动。①而且，从某些周期理论的角度来看，这实际上也就是全部需要做的。

三、竞争性行业对收入的"实际"变化的反应

但是，正如我们已经知道的，支出的增加和减少并不会按照所设想的理想方式进行，相反，它们会使"购买力"在不同家庭之间转移，并且会导致不同行业甚至不同企业之间出现相对收入（和成本）的转移。因此，必须对一些真实的变化做出反应，而且这种反应在竞争的情况下是唯一地决定的（只需满足很有限的一些条件）。只不过，这种确定性并不意味着每个行业和企业都会以同样的方式做出反应。反应将根据各自的结构以及当时所处的环境情况做出——本书第二章为我们在这个方面的分析做好了准备。我们在这里所说的"结构"，不仅意味着技术体系和商业体系——这包括固有的滞后——和行业的组织（例如零售业和批发业之间的关系，以及它们各自的"行为"）②，还包括产品的性质（例如，产品是不是必须随时尚的转变而快速更新换代、是不是容易更改的、是不是可存储的等），也包括金融惯例（可以期望从自己的"银行关系户"中得到什么样的财务支持），最后包括管理层的心智状态（行动是否迅速果敢、考虑问题是否长远、是不是不愿意解雇工人等）。在这当中，非常重要的一点是，企业对存货所采取的策略是什么，因为如果有可能，生产商一般都会选择对自

---

① 如果我们用一个线性需求函数（虽然这种函数是完全不可接受的甚至是荒谬的）来表示实际售出的数量 y，它是价格 x 和"包罗万象"时间的函数，即 $y = a - bx + ct$，那么我们就可以这样解释：或者认为式中的最后一项表示上面讨论的周期性变化，且可以用 cw 来替换（w 表示工资）；或者可以将 ct 留给其他"趋势"，a 作为 w 的函数而变化（在这种情况下就是 Kw，其中 K 是一个常数）。当然，在这种情况下，我们也可以用价格水平来校正，然后再使用原始方程。

② 零售商对自身利润（空间）的不同态度可以作为一个例子。通常，零售业的利润空间不是刚性的，但在某些分支行业中可以是刚性的。

己的产品进行一定的"投机"。但是，由于战前关于库存结转的数据极其稀少（尽管有可能还会发现一些有价值的数据），因此我们别无选择，只能忽略周期性价格-数量波动的这个元素。①

价格-数量对的行为——在任何时刻以及在每一个单独的周期内——还取决于每个行业和企业在当时的实际情况，而且从原则上说也取决于以往的所有情况。如果我们能从完美均衡出发，那么我们这里所说的"情况"（situation）将会很容易定义。但是，这恰恰正是我们现在无法做到的。我们必须从第四章讨论的"二级近似"出发，考虑所有的就业不足、所有的粗疏马虎（sloppiness）、债务的所有影响、之前各阶段所有的未吸收的残存之物、正在研究的行业所特有的偶然事件的所有痕迹……总之要考虑所有可能存在的东西，并考虑对它们的反应的多样性和时间。然后，周期可能会被跳过，或者统计学家可能会看到一些特殊的周期，尽管行业可能只是对"经济周期"本身做出反应。这个故事的寓意是，只有分析一个行业的历史和状态，才能解释其价格-数量对的行为。对事实的研究除非能沿着这条路线进行下去，否则就是毫无用处。为此，我们不妨自我设限，即只限于阐述我们的理论预测，因为统计图并不能告诉我们比这更多的东西。

四、对各种类型的价格行为的说明性讨论

然而，这些只是如下"广泛事实"的条件（尽管它们相当重要）：非创新商品——或者是在完全竞争条件下生产，或者是在可以保证即便缺乏

---

① 然而，从战后时期的材料中得出一些结论并不会太危险。R. H. 布洛杰特（R. H. Blodgett）的研究（《商品存量的周期性波动》，1935 年），以及柏林经济周期研究所（Berlin Institut für Konjunkturforschung）的各种调查研究——例如，1928 年发表在《经济周期研究季刊》（*Vierteljahreshefte zur Konjunkturforschung*）上的对存货问题的研究——尤其具有启发意义。作者认为，哥本哈根大学已故教授劳里茨·V. 伯克（Laurits V. Birck）提出了这样的观点，即把存货主要由谁持有来作为判断周期性情况的一个标准，即要看存货是主要由生产商、批发商、零售商持有，还是由最终买家持有。这个领域的纯理论在很大程度上要归功于丁伯根教授的贡献。布洛杰特先生的结果则充分证实了这样一种预期，即由于个别情况和要考虑的相关因素的多样性，不同行业和企业持有存货的行为必定有很大的不同。例如，易腐烂的或受时尚影响的商品的库存当然会与周期正相关，而无法销售出去和难以改变生产速度（或改变生产速度成本很高）所导致的库存则与周期负相关。

技术性的完全竞争也能够实现类似结果的条件下生产——将会在价格上相对迅速地和相对强劲地呈现出周期,因此,总的来说,数量上的波动往往较小,除非本质上就属于通常的周期。为了验证这一点,我们只需要看一看那些敏感的价格指数的若干组成部分即可。斯奈德-珀森斯(Snider-Persons)指数包括22种商品(1875年至1889年)、哈佛大学经济社会指数则包括13种商品(自1923年起),珀森斯的另一个指数则包括10种商品(1890年至1922年)——关于这些指数,见珀森斯的《预测经济周期》。这些商品通常包括:豆类、大麦、粗麻布、咖啡、棉籽油(精制)、棉布、可乐、铜(锭)、玉米、玉米面、兽皮、猪、猪油、燕麦、生铁、铁条、猪肉、印花布、橡胶、黑麦、虫胶、丝绸、粗锌、废钢、油脂、锡、锡板、烟草(叶)、松节油、小麦、木螺钉、羊毛、精纺纱线、锌等。亨普(Hemp)给出了德国的相应商品清单。某些理论预测,这些商品与周期性过程的相关性特别高,正如读者已经看到的,如果想找到这方面的蛛丝马迹,也不是完全不可能。但是,农产品在这些商品中占据了主导地位,而农产品却可以作为"近乎"完全竞争的标准例子。而且,如果以下两个因素不存在,那么农产品将更是如此。首先,尽管所有这些农产品的价格和数量当然都会受到作物收成的偶然变化的强烈影响,但是有一些受到的影响更大。例如,土豆受这个因素的影响就比小麦大得多——见H. L. 摩尔(H. L. Moore)在《经济周期》一书第76页给出的土豆需求曲线,它的拟合度非常令人满意——尽管它是在一些极度简单的假设的基础上给出的——至于小麦的价格,则受其他因素的影响更大。其次,推导出一个领先于一般价格水平指数的敏感指数这个目标,会使得其他一些指数不再合适——这些指数对应的价格,能够完全显示出周期的影响,就像牛奶的价格那样。[①] 而对于非农产品,在这方面只需补充两点:第一,棉布、印花布和精纺纱线的敏感度丝毫不低于生铁或铜;第二,木螺钉是一

[①] 米尔斯教授认为,大麦、豆类、玉米、黑麦、小麦和其他许多农产品都没有规律性。当然,这是应用他的测量方法和他的周期性运动基准模式得到的结果的一个正确表述。其他商品(总共26种)则被他归类为"例外",完全排除在外。但是,他在前引论著附录中表15的解释(和其他一些表述)

种特别有意思的商品，它的马歇尔需求弹性必须非常小，而且这种商品肯定是在远离完全竞争的条件下生产的。米尔斯教授给出的基钦周期的平均持续时间为 40.2 个月（见前引论著，第 545 页，No. 291；对于 No. 267，铁条，基钦周期的平均持续时间则为 39.1 个月）。

当然，这并不是试图否认对周期、振幅和相对"相位"（时间）进行更深入的研究所得到的结果，可能有助于揭示周期的原因。例如，我们不难注意到，金属和金属制品的价格和数量的变化对朱格拉周期的标识，比对基钦周期的标识更加清晰（胡椒和面粉也是如此，运费[①]和某些化学产品也是如此；参见丁特纳，前引论著）；食品、纺织原料、纺织品半成品和纺织机械则相反（而且，其他一些化学产品和木材也是如此）。但是，这里无法得出简单的一般性结论，也没有任何一种正式的分析方法是能够

（接上页脚注）的警告则可以说实在是太有道理了。另外还应该补充的是，这些结果很好地说明了我们对这些测量方法的看法。如果将"行为的无规律性"解释为商品的价格"不以任何系统性方式符合一般价格的周期性运动模式"，同时再假定，"例外"的行为意味着无规律性过于严重，以至于无法承受，那么就似乎非常容易做出如下推断：这些商品的价格-数量对行为是独立于周期的，或者是与周期模式相反的。当然，米尔斯教授所说的并不是这个意思，而且这种说法是完全错误的。其中一些商品本可以被纳入敏感价格指数，而且它们对这种指数来说也比生铁还要好，这个事实本身就足以驳斥上述观点。另一个理由可以用鸡蛋和黄油与家禽之间的关系做类比来说明。鸡蛋和黄油可以归类为无规律性的，而家禽则可以归类为例外。考虑到这些"谐振器"的结构，鸡蛋、黄油、家禽以及所有通常被称为肉类的牛肉、猪肉、羊肉（作者对小牛肉并不确定），它们的价格-数量对行为与工资收入的关系正如我们所预期的那样密切。再一次，我们必须强调，这个结论主要依据的是战后数据。1927 年，黄油的批发价格的变化方向与联邦储备委员会提供的工资水平指数相反，但是除此之外，也存在着共变性。根据美国农业部的估计，家禽和蛋类的农场总值与工资收入相符。在所有情况下，消费者支出通过批发价格的变化对农产品价格发挥作用的速度都比较快。例如，1933 年 2 月 9 日，美国农业部向美国参议院提交了一份关于养猪业形势的报告，报告所涉及的虽然只是战后的事实，但是仍适用于我们所说的这个时期："显然，消费者在猪肉上的总支出在很大程度上取决于消费者的收入水平。如果消费者的收入保持不变，那么消费者购买猪肉的支出，在猪肉供应量较大时与较小时大致相同。"对于上面提到的其他农产品，大体上也是如此。可以肯定的是，这会导致价格的变化在一定意义上似乎是没有规律性的，而且事实上，我们也很难找到会对周期性冲击做出更有力的反应的例子。类似的评论也适用于丁特纳给出的一些衡量指标。例如，在前引论著中，丁特纳指出，在德国金属价格对周期"节律"的反应很小。他的方法必定会导致这个结果。但是，读者还应该看一看之前引用过的柏林经济周期研究所的《价格研究》第 96 页的图。那种过程使得我们更加难以将一些很难解释的情况区分开来，比如说对于茶的价格-数量对行为，作者觉得完全无法解释——见吉尔博伊夫人讨论时间序列和如何推导供给曲线、需求曲线的论文，刊载于《经济学季刊》，1934 年 8 月。

[①] （英国）二手船的价格在朱格拉周期内的波动特别大。

完全令人满意的。如上所述，这其实完全符合我们模型的预测。从对需求和供给的研究的角度来说，这就意味着无法用马歇尔曲线补救。在特别有利的情况下，我们仍然可以将实际的运动分解为沿着需求曲线的运动和需求曲线本身的运动。在经常引用的马铃薯的例子中，前一种运动占据主导地位，以至在那些"风平浪静"的时期，我们可以推导出一条看似可信的马歇尔曲线。然而，即便在这种情况下，这样做所能起到的作用也更多的是模糊了而不是阐明了事件的真实过程。在铁、钢、铜和其他类似商品的情况下，第二种运动占据主导地位，因而我们可以推导出 H.L. 摩尔的向上倾斜的需求曲线；然而这种曲线，正如现在普遍公认的，也正如摩尔本人最终认识到的，根本不是需求曲线，而是发生在一个需求曲线族中的周期性变化路径，每一条真正的需求曲线都仍然与数量轴呈负相关关系。但是，如果在推理时把供给或需求数量的周期性变化视为"似乎"是沿着不变的曲线的运动，那显然是不可接受的；而且，正如在后面几章我们将会看到的那样，这种错误的推理也正是许多关于工资、利率和资本品价格的错误论点的基础。同样不可接受的是，在变动时，假定这些马歇尔式函数的形式不会随着周期的阶段而改变。与通常针对在这个领域中使用的"经典"分析的许多其他反对意见相比，这一点要重要得多。

第二节　几个例子

一、关于价格分析的最新研究成果

最近的研究工作超越了上面提到的一些限制。价格的变化率[①]、过去

[①] 据作者所知，埃文斯教授是第一个将价格的变化率明确地引入需求函数（和供给函数）的人。引入它的最简单的方法是添加一个形式为 hp 的项，其中 h 是一个常数，$\dot{p}$ 是价格的时间导数。例如，读者可以读一下他在 1930 年出版的著作《经济学数学导论》（*Mathematical Introduction to Economics*）以及其他一些早期的论文。这可以被解释为考虑预期的一种方式。稍后我们还将在另一个地方使用这个概念。美国农业部的一个研究小组的调查表明，它与农产品投机活动有关。

价格的影响①，以及抵押品等情况都已经被考虑在内［见埃文斯、鲁斯以及其他一些人的研究。对于我们的目标来说，一个相当不错的综述，同时也是一项很有启发意义的对钢铁行业的应用研究，见 R. H. 惠特曼（R. H. Whitman）的论文《生产品需求的统计规律》，刊载于《计量经济学》杂志，1936 年 4 月号］。至于实际收入的变化有什么影响这个问题，则可以用帕累托-斯勒茨基-舒尔茨理论（Pareto-Slutsky-Schultz theory）来进行分析——见舒尔茨 1934 年 8 月发表在《政治经济学》杂志上的论文。多重相关性分析也为类似方向上的发展提供了帮助（见伊齐基尔和比恩的研究）。消费者对价格和收入的变化的反应也一直是国际联盟的调查主题［调查项目的其中一个组成部分，即关于进入美国的移民行为的调查，见·施泰勒（H. Staehle）先生于 1934 年 1 月发表在《计量经济学》杂志上的论文］。这些研究以及类似的努力所得到的许多结果都直接提供了我们"迫切需要得到之物"（fulfill our desiderata）。还有一些结果则容易加以改编，以适应研究周期性行为的目的，或者可以通过借用周期理论加以改进。当生产函数和消费函数（"方法"和"口味"）发生变化时，一切都会崩解，而且这最终是不可避免的。但是，对大多数商品而言，"方法"和"口味"（尤其是后者）都可以在相当长的一段时间内保持不变。任何通过创新或口味的变化（自发的变化或诱致性变化）而发生的变化，都必定可以确定它们在历史上的位置。在某些情况下，这种变化还会显示在统计材料中，但是，我们绝不能依靠统计材料来做出最终的解释。即使我们只拥有一份关于土地产物的数量的历史图表，我们也可能很容易抵御不了诱惑，试图从收益递减的角度去解释它的表现形式，尽管这样做无疑是非常荒谬的。

---

① 如果我们把数量视为过去价格（以及其他相关因素）的函数，例如，以往五六年的平均价格的函数，那么我们可能有以下两种含义：或者意味着适应这种价格的产能将维持一段时间，或者意味着人们真的愿意对过去的价格做出反应。从形式来看，这不会导致什么区别；但这也就要求，即便我们观察到农民的反应可能符合后一种意义上的解释，我们也不能仅凭这一点就推断他们确实是有意这样做的。

二、咖啡的例子

我们还可以在不放弃目前（或多或少）的完全竞争假设的前提下迈出另一步，尽管创新这个元素偶尔也会登场。在可能导致商品价格-数量对的波动不协调的各种原因中，技术滞后是最重要的原因之一，因为不考虑与产业结构有关的各种事实，这种情况就是周期机制所无法解释的。在某种程度上，它是普遍存在的，特别是如果我们把通过新建工厂或重建工厂实现的适应也包括在内的话。不过在这里，我们将只讨论几个突出的例子。咖啡就是其中之一。[1] 在咖啡的"价格-数量对"序列中，我们通过一定的预测方法应该能够发现——也确实发现了——咖啡产量的时间形态留下的痕迹。美国的咖啡价格（我们在这里只考虑巴西生产的咖啡和美国的咖啡市场）的变化，与基钦周期的各个阶段相当吻合（根据米尔斯教授的研究，在1890年至1925年这个时期，基钦周期的持续时间平均为37.6个月，No.109），但是在新建咖啡种植园大潮的强劲影响下，所有更长期的运动则完全"不合拍"。种下4～7年之后，新咖啡树开始结出果实，之后它们的产量会随天气条件和收成大小年而变化。到了80年代中期，这样的一波浪潮将咖啡价格拉低到了谷底，然后在90年代早期出现了惊人的上涨，再后来在20世纪初又一次跌到谷底。

所有这些解释起来并不会很困难，但是相当复杂。这是一个创新的例子，也是一个可以说明一种商品如何"闯入"消费者预算并导致"口味"发生变化的例子。1902年前后，人均咖啡消费量出现了系统性的提高，而且这显然不仅仅是财富增加的结果，只要对英国和美国之间茶和咖啡的消费量的相互关系的演变进行一番比较，我们就可以推断出这个结论。由于生产咖啡的目的以出口为主，各种国际因素的影响会导致对标准模式的

---

[1] 这方面的文献已经相当多，我们在这里只需要提一下 H. 罗斯（H. Roth），《对世界贸易咖啡的信念：1790年至1929年》（Die Uebererzeugung in der Welthandelsware Kaffee im Zeitraum von 1790—1929）；E. W. 吉尔博伊（E. W. Gilboy），《对咖啡和茶的研究：1850年至1930年》。也请参见 J. W. F. 罗伊（J. W. F. Rowe），《对原料供应的人为控制的研究》，伦敦和剑桥经济服务局，《特别备忘录》第35辑，1932年。

偏离。但是，巴西的货币失序和政府政策进一步扭曲了这个进程。巴西的货币失序常常给生产带来额外的好处，而且巴西政府甚至早在 Difesa do Cafe 出现之前就以各种方式对咖啡生产进行了补贴。此外还有天气的影响、新海运航线开发的影响（主要是在 1870 年至 1890 年间）、国内运输基础设施发展的影响（直到 60 年代，将咖啡从种植园运送到港口还是用骡子）、咖啡进口国相关产业发展的影响，以及竞争环境变化的影响（相对于其他咖啡生产国和茶而言）。如果我们求出经水平校正后的价格和人均咖啡消费量对平滑曲线的偏离——这些平滑曲线是手动绘制的，它们通过了平滑后的原始数据的拐点——那么我们就会发现很明显的逆共变性（见吉尔博伊夫人前引论著的图表，第 673 页），这就表明，"沿着需求曲线的运动"并不会被曲线的移动完全消灭。但是，穿过价格图拐点的那条曲线则有自己的形状。而自 1870 年以来的人均消费量曲线则最多显示了一种结果趋势。

这个例子很好地展示了我们在价格分析中遇到的一系列问题，特别是——作者感到很遗憾，但是不得不指出这一点——精确的分析方法肯定会遇到的那些困难。由于取代和扭曲了多种效应，使得出现计算错误的可能性大大增加，技术上的滞后必定会导致一系列不存在技术上的滞后就不会出现的波动，以及在这个特定意义上的周期。但是首先，如果认为实际观察到的波动只是表明适应的系统中存在着技术上的滞后的影响，那么就会是一个严重的错误；其次，如果认为这是一个内生波动的情况，它本身就可能会无限期地延续下去，甚至振幅可能不断增大，那么同样是大错特错。咖啡只是对大量的冲击做出反应。当它的生产涉及创新时，这种创新就会创造出周期；而且只要它经历了消费者支出的周期性变化，它就会受到周期的影响。如果有创新的话，那么它的影响就会比咖啡树产能滞后的影响更加明显。正是由于这些周期性因素和外部影响，咖啡的波动才是应有之义。只有这种波动的形式是由咖啡"谐振器"的结构特性决定的，滞后就是其中之一。

我们在这里试图阐明的观点，在"牲畜的周期"中体现得更加明显。相比之下，"牲畜的周期"还要更加简单一些，这是因为，无论是在德国还是在美国，供人类食用的动物的生产，都主要是一个国内产业（尽管也要满足一些条件），而且除了极少数例外情况，创新元素对整个画面的干扰也不像在咖啡行业中那么大。我们认为，这些"牲畜的周期"也源于这样一个事实，即对任何不同于正常情况的有利形势或不利形势的适应，都需要有一种技术上的滞后才能完成，这对应于把牲畜养大到适合宰杀的年龄所需的时间，这个时间基本上是固定的[①]，而且对所有的生产者来说是大体相同的。生产面临的是同样的情况，而且必须在大体相同的时间内做出决策。当然，读者应该马上注意到了，我们还有必要进一步假设在所有人都把自己的产品出手之前，他们是不会考虑竞争对手的行为的。显然，这种假设是不合理的，因为竞争对手的行为并不是秘密。因此，由一个单一的扰动引发的波，尽管有滞后，但很快就会消失。有一种观点认为，一个扰动一旦造成某种特别有利或不利的局面，就会产生一个波，而且这个波在它自己的动力的作用下可能会永远持续下去。这种观点显然是非常荒谬的。生产者在这些情况下可能会——实际上确实会——以如下方式做出反应，即使得适应性行动的"肿块效应"在与他们打算令自己适应的偏差的相反方向上造成不均衡，同时从那个很难站住脚的位置反弹同样有可能压倒原先的目标。但是，最终他们会吸取教训。相信某些方程的常数能提供相反的证明是完全欠考虑的。回顾一下我们在本书第二章和第四章对这个问题的讨论，就可以立刻得出如下结论：既然这些波明显可以无限期地持续下去，既然它们（相对来说）如此有规律，那么它们就不可能是内生的（在这个术语的完整意义上），而必须通过外部冲击或某种生成机制来

---

① 正如读者可以感受到的，我们正在尽可能地简化，因而以上说法在严格意义上都是不完全正确的。第一，即便饲养和增肥所需的时间对所有国家的农民来说完全相同，他们准备好并向市场供应的时间也会有所不同。这是因为在某些情况下，在一定的范围内，（例如）饲养更多的猪的决定可以立即生效；相反，在其他许多情况下，当超出了一定的范围，农场必须先进行重组，而这要花费不少时间。第二，农民面临的情况，特别是在一个国家的不同地区，是不一样的。有利或不利的料肉比（fodder-meat ratio）所能产生的实际影响，取决于其他生产领域的其他可能性。第三，对于最初的决策和以后的决策，都有选择的余地，还有修正所做出的选择的余地。再退一步，即便所有这些动物实际上完全相同，从而能够在几乎完全相同的某个日期做好上市准备，在同一个日期销售的必要性也可能大不相同。但是，尽管这些因素和其他类似的因素可能会使我们对解释某些惊人的规律性的信心受到一定的影响，我们还是有理由认为，就我们现在要达到的有限的目的而言，它们都是次要的。

保持。这种机制只可能是一个周期，特别可能的是基钦周期，还可能是通过消费者的消费行为来发挥作用的朱格拉周期。

三、"猪周期"和其他"牲畜的周期"

这一点是显而易见的，从标准情况下的"猪周期"中就看得很清楚。① 总的来说，猪肉价格的变动与所有三个周期都很吻合。（例如，关于德国的情况，见前面引用的柏林经济周期研究所给出的《新价格研究》第 91 页的图表；该图表涵盖了截至 1863 年的两种猪肉的价格序列，时间

---

① 牛和羊的周期也是一样的。上面所说的所有这些情况，都会因不同动物产品的商品间关系和联合效应而复杂化，当然，诸如天气（包括天气对饲料价格的影响）、消费者口味的变化等外部事件也会产生影响。尽管羊肉和羊羔肉的消费量与牛肉、猪肉、家禽和小牛肉的消费量存在着错综复杂的关系（与小牛肉的消费量存在着某种反比关系），但是至少在美国这个国家，羊肉的生产仍然是一个非常好的例子。从 1890 年到 1913 年，美国的绵羊数量没有表现出任何明显的趋势，而是呈现出了三个非常有规律的周期。从以往的下降中复苏之后，1893 年上升到了最高点，至 1897 年下降到最低点，然后在 1902 年达到几乎相同的最高点，1909 年有所上升，之后急剧下降。绵羊的人均羊场价值在 1893 年、1900 年前后和 1906 年达到了最大值，而芝加哥价格（中等可选品质）则在 1892 年、1898 年和 1905 年达到最高值。绵羊价格的变化要领先于数量的变化两三年。当然，这里存在着从羊毛的生产到羊羔肉的生产这样一个过渡，而且对羊羔肉的生产的重视与日俱增。这些为期 6 年、8 年或 9 年的周期，是不能简单地与滞后联系起来的；相反，它们全都指出了其他因素。它们似乎与朱格拉周期的"扫掠"有更大的关系，尽管这种关系非常模糊（这也正是我们所预期的）。M. 伊齐基尔（M. Ezekiel）先生对这个问题的研究最有意义，《羊肉价格的相关因素》一文是这个领域的里程碑式的研究（刊载于《政治经济学杂志》，1927 年 4 月）。他完全不受"特殊周期论"迷思的影响，发现羊羔肉的价格有 68.3% 是由斯奈德的总体价格水平"决定"的（在多重相关性的意义上）。这个结果足以证明我们的观点，尽管与薪酬水平指数的相关性可能更大。在决定因素中，只有 0.7% 的经济活动数据对我们没有任何不利影响，因为它是用哈佛经济周期价格指数（Harvard Price Index of Business Cycles）度量并用美国劳工统计局批发价格指数进行了平减处理。伊齐基尔先生本人在前引论著第 248 页的一个脚注中也表达了在这个问题上的怀疑态度。

有关"猪周期"的研究仍然在不断扩展，但是就我们这里的目的而言，我们不能也不需要对这方面的文献进行全面的综述。我们引用哈斯（Haas）和伊齐基尔在他们的论文《影响生猪价格的各种因素》中给出的结论就足够了［该文刊载于《农业部公报》（*Department of Agriculture Bulletin*），第 1440 号，1926 年 11 月］。当然，S. 本纳（S. Benner）等人的贡献也不应该被遗忘（据作者所知，本纳是"猪周期"这个术语的发明者）。他们在这方面的重要论著包括：S. 本纳，《对未来价格起伏的预言》，1876 年；萨尔（Sarle），《预测生猪价格》，刊载于《美国经济评论》，1925 年；塞维尔·赖特（Sewell Wright），《玉米与猪的相关关系》，刊载于《农业部公报》，第 1300 号；A.E. 泰勒（A. E. Taylor），《玉米产区的玉米和生猪过剩》，1932 年；A. 哈瑙（A. Hanau），《生猪价格的预测》（*Die Prognose der Schweinepreise*），刊载于《经济周期研究季刊》（*Vierteljahreshefte zur Konjunkturforschung*），特刊第 2 辑，修订版刊载于第 18 辑。对于牛，参见同一作者的研究，刊载于特刊第 13 辑。作者还应该感谢 L. H. 比恩（L. H. Bean），他就这个主题提出了很多有益的建议，见他的《农民对价格的反应》一文，刊载于《农业经济学杂志》，1929 年。

跨度接近150年。而对于美国在这个时期的"猪周期"，米尔斯教授对两种猪进行了标记，它们的编号分别是第15号和第16号，"猪周期"持续的时间分别为38.8个月和38.4个月。）它们与消费者收入的周期性变化的关系实在太明显，完全不需要多加证明。① 确实，这些需求的变化会与强劲的"沿着需求曲线"的运动相结合。猪肉在市场出售获得的收入，或者猪肉的屠宰场价值，与猪肉价格负相关（例如，请参见哈瑙先生给出的反映普鲁士1900年至1913年这方面情况的图表，见其研究的第一版的第18页），并且与大约18个月之前占主导地位的生猪价格（或猪肉价格）与饲料价格之间的关系正相关。② 生猪价格几乎只用这种关系就可以预测出来，因此乍一看，市场是完全由供给的变化所主导，同时供给的变化完全是机械化的。然而，一些学者据此推论说这意味着存在一个与经济周期无关的特殊周期，这是完全没有根据的。看着这些具有惊人的规律性的"猪周期"图形时——它们是波浪状的——我们所能想到的，只能是其中有某种特定的反应机制在起作用。

第三节 造船业的周期与丁伯根的模型

这种周期因丁伯根教授的研究而出名③，它经常被用来说明一种滞后现象，所有需要耗费一定的时间才能完工的工厂和设备的建造，都会出现这种滞后现象，因此这种周期在实质上不同于"猪周期"（在其他方面也

---

① 见O. V. 威尔斯（O. V. Wells），《生猪产销中农民对价格的反应》，刊载于《农业部技术通讯》，第359辑，1933年4月；该文的第8页研究了这一因素，此外还要注意第37页讨论的商业宰杀行为。对于周期的影响，哈斯和伊齐基尔在前引论著中再次得到了一个非常低的估计值，不过这一次他们同时用哈佛价格指数和一个工业存货指数序列来进行相关分析，但是这样做的理由就更少了。他们的论著第26页的图表显示基钦周期几乎是理想的。

② 对于牲畜增肥，出现了一些"技术变革"，它们似乎影响了这个时期，但是在战前的最后十年，德国和美国的增肥时间都差不多。然而，这并不是十分令人信服，因为猪的妊娠期加上养育期和育肥期，总计差不多15个月。农民不会根据给定的生猪-饲料价格关系立即采取行动，这种推测似乎是合理的。如果说他们总是刚好要花3个月的时间才能做出决定，似乎不太可能。

③ 《造船周期？》，刊载于《全球经济研究》（Weltwirtschaftliches Archiv），1931年7月。作者在正文中给出的阐述不应被理解为对丁伯根的研究的不利批评。在后来的论文中，他特别指出，他完全了解我们将要强调的情况的各种元素。

有不同)。我们对这种周期的讨论是对第四章第五节开头部分的一个论证的延续。我们可以把总吨位数看作时间的一个特定函数(首先是周期时间,但后来也与历史时间相联系),其形式为 $f(t)$;然后,我们根据造船活动的一级近似来确定总吨位数的变化率,即 $f'(t)$。如果在任何时候,只要总吨位数高于正常水平(无论这到底意味着什么),就会降低运费,减少造船活动(但不能使总吨位数的增量变为负)。相反,如果总吨位数低于正常水平,就会发生相反的情况,而且,在经过一段时间 ϑ 后——长度取决于航运公司订购新吨位(新船)和造船厂建成新吨位所需的时间,总吨位数将随承运人的反应强度而增加。我们假设这个强度为常数 a,并且用与对正常吨位的单位偏差相对应的订购吨位的增减来衡量。因此,造船活动水平或者说吨位变化率与时间点 $t-\vartheta$ 上已经存在的吨位有关,即 $f'(t)=-af(t-\vartheta)$。对于这个函数,用我们熟悉的方法,即代入法,就可以求解:

$$f(t)=e^{\alpha t+\beta}=Ce^{\alpha t}$$

消去 $Ce^{\alpha t}$ 项,我们得到 $\alpha=-ae^{-\alpha\vartheta}$。如果我们令 $-\alpha\vartheta=x+iy$,那么我们就可以得到一个复指数,它的虚部将给出周期性波动。① 这样一来,吨位的这种波动就可以用周期性运动和非周期性运动的组合来表示了,而且周期只取决于 ϑ 和 a。这种复数工具是极具"柔韧"性的,而且能够剔除那些没有意义的解,它的引入是一件值得庆贺的事。

但是,在应用于我们所研究的主题时,这个推理链条会引发许多疑虑。第一,从自我生成这个意义来说,这类波动是不能称为"内生"的,因为它们的存在显然依赖于某种启动它们的扰动。第二,只有当我们假设载体会有一种非常特殊的反应形式时,它们才可能是自我延续的,但是这不仅违背了经济学理论关于行为理性的一般假设,而且与常识不一致。例

---

① 外行人有误解这个程序的危险。当然,选择复指数是因为我们知道在这个现象中存在波动。但是,这些波动可以归因于进入了泛函的滞后,然后再从泛函出发利用复指数来推理,这其实是一个新的假说,可以肯定的是,这个假说可以从它对结果的拟合很好这个角度来辩护(但是我们不认为如此),但一定不能误认为它就是从初始设定本身推导出来的一个结果。这同样可以用一个非周期解来满足,其中波动的存在不会被证明是错误的;它们将不得不简单地归因于其他事情。

如，我们不能合乎情理地假定，对于异常优惠的运费所做出的反应必定是机械化的，而且可以在不考虑这种情况的原因、可能持续的时间以及整个行业同时采取行动的影响的情况下一直继续下去。以下反对意见也是没有任何根据的，即认为结果在一段时间后才会显示出来（滞后），而且会影响同时发生了变化的情况，因此，即便是就做出决定的那一刻本身而言是正确的反应，也可能被结果证明是错误的。这是因为，如果没有其他过程在起作用，或者没有发生进一步的外部干扰，就不会发生这种情况——在这种情况下，造成差异和进一步波动的是这种过程或干扰，而不是造船业任何固有的"自动性"。第三，这种论点还忽视了新船、二手船和新订船的价格反应的调节性影响。第四，还有人反对使用趋势线作为衡量吨位偏差的标准。由于这种趋势本身就是增长和周期起作用的结果，因此消除这一趋势也就消除了这个过程的一部分"精髓"。第五，这种趋势也不能作为一个判断反应的"正确性"的标准，因为需求的周期性变化不仅是承运人必须考虑的，也是观察他们的行为的经济学家必须考虑的：运费并不仅仅是吨位这一自变量的不变函数，一旦人们认识到这一点，这种特殊的周期也就会结束。

仔细观察图 22 我们不难发现，这种情况下的事实完全证实了上述含义。当然，我们看到了这个行业所有独有的特点的影响，这包括：其他国家开始实施的补贴政策和"立威"政策（policy of prestige）的影响（这对英国的国内形势产生了影响）；航运业和造船业反映了世界各地的经济和政治状况这个事实的影响；跨大西洋货运与移民的关系的影响；航运业在很大程度上与国际商品贸易有同样的命运，而国际商品贸易本身则会偏离周期的轮廓（特别是对于较长的时期）这个事实的影响；等等。最重要的是，我们必须注意这样一个事实，即在技术上和商业上航运业和造船业都发生了重要的革新，这解释了运费长期下降的趋势（即便在价格普遍上涨之后也是如此），在一定程度上还解释了价格战出现的原因。考虑到这一切，周期性在运费方面和建造吨位方面都可以说表现得足够好，特别是在建造吨位方面。它们的运动在长期意义上（就图 22 覆盖的整个时期而言）是彼此相反的，而在短期意义上则基本上是同步的、同一方向上的；

图 22　英国的航运业和造船业

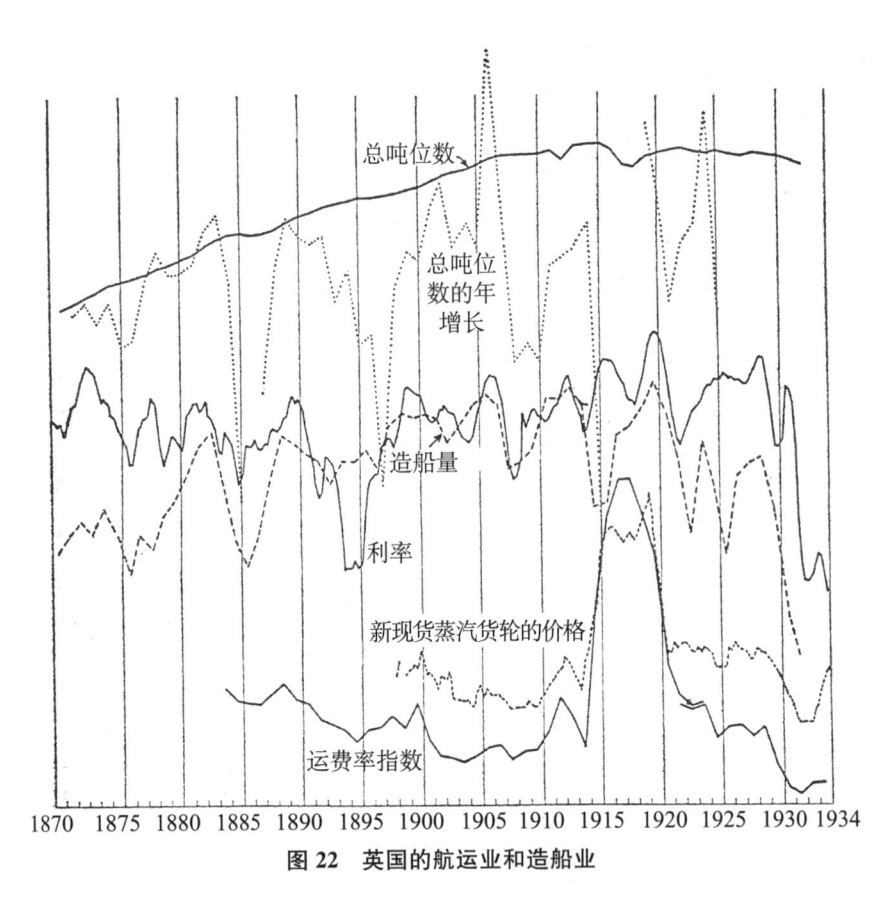

这正是我们在周期性过程作用于这个特殊谐振器的情况下所应该期待的，而且完全无须考虑滞后元素就可以做出解释。作者认为，事实上，滞后元素的影响微乎其微；有人声称，对相反观点的证明也可以通过同样的形式方法推导出来，但那在很大程度上只是一种错觉。

第四节　促进创业活动的价格政策

一、企业家面对弹性无限大的需求时的情形

假设某种创新就是生产某种商品的一种新方法，但是这种商品已经在完全竞争的条件下生产出来，而对于完全竞争条件，企业家是无力改变的。这样一来，企业家要面对的将是一条弹性无限大的个别需求曲线；对

于这种情况下发生创新的行业的价格-数量对、附属行业的价格-数量对，以及竞争者的价格-数量对受影响的方式，无须再多说。正如上面提到过的，在历史上的每一种情况下，都必须先确定创新发生在哪里①，这是对任何价格-数量对进行透彻分析的必要前提。回顾一下我们在前面阐述的观点，并运用传统概念，我们现在可以确定这种分析的最终任务如下：给定时间序列的实际价格-数量对行为，将它们分解成五个部分，即沿着供给曲线或需求曲线的运动、需求曲线在不变的无差异品类族（即恒定的口味）之内的变化（包括形式的变化）、供给曲线在不变的生产函数族之内的变化（包括形式的变化）、口味的自发变化以及生产函数的变化（即创新）。如果以数值的精确性为目标，那么这项任务就会很困难。不过，如果我们能够满足于一种看似比较粗略的常识性方法，那么完成这项任务虽然仍然有些费力，但是却不会有什么困难。特别是，解释有时因创新而"拉长"的调整期间的价格-数量对行为并不困难：在此期间，许多企业（甚至大多数企业）会持续多年亏本生产，这种"不适者生存"创造了我们熟悉的生产过剩这个"物种"。创新行业的价格-数量对偏离所有商品的平均价格的其他偏差，同样容易理解，尽管这些偏差很容易被误认为是特殊的周期或趋势。

二、不完全竞争情形特别是垄断情形

但是，如果创新体现为某种新商品的引入，那么正如我们已经看到的，企业家将会发现自己几乎总是处于一种不完全竞争状态。在大多数情况下，他的企业也会影响某个部门，而在这个部门中，不完全竞争独立于他的企业占据主导地位，因此对于我们的目标来说，在本书第二章、第四章和讨论历史的各章对这个主题的讨论的基础上必须补充的少许东西，在这方面可以方便地加以处理。在这里，我们又一次遇到了价格稳定性现象——如果我们赞同的话（如果我们反对的话，则可以称之为价格刚性）。

---

① 然而，从我们在第三章的讨论中可以看出，创新的发生可能是通过经要素价格变动修正的边际成本的行为呈现出来的。这种技术的发展以及相应的事实发现恰好是我们迫切需要的。

虽然几乎没有理由认为这种稳定性和刚性在过去的 50 年里一直在增加，也几乎没有理由相信它们确实值得最近一个时期以来让人们加以重视，但是对于我们的目的来说，重要的是搞清楚到底是什么阻止了这么多新商品和旧商品的价格像完全竞争条件下的价格那样参与周期性波动。

从我们的角度来看，对于传统上具有黏性的商品和服务，与价格受到政府监管的商品和服务相比，其价格"行为"其实并没有太大的不同。在许多情况下，有的周期，尤其是基钦周期，会被这两种类型的商品和服务错过，这个事实实在太过明显，我们没有必要多加讨论。不过，有三点值得一提，它们也都与下面的例子有关。首先，任何要求某个公共服务委员会（public service commission）批准涨价或降价的行业或企业都必定心知肚明，涨价要求极其难以获得批准，而且降价出于同样的原因很可能是决定性的。需要有极其引人注目的紧急事件——在一贯怀有敌意的公共舆论眼中，通货膨胀本身可能不足以"证明"涨价是正当的。这是一个外部因素。其次，这并不一定意味着现在数量的波动性会比价格可以灵活变化时更大。事实上，这里涉及的许多商品所面对的都是低弹性需求，而低弹性需求在周期性过程中也不会有太大变化。在通常的萧条时期，如果价格迅速下降，销售量是不是真的会显著增加非常值得怀疑。最后，在某些并非不重要的情况下，即便需求不是无弹性的，也只会对价格的大幅下跌做出反应，而价格的大幅下跌通常是不可能的，除非有重大的创新。通常情况下，只有在意图"挖掘"新的消费阶层时，降价才有意义。但是这种可能性不一定与经济周期的任何特定阶段有关，而且很可能会出现在繁荣时期。

三、价格刚性或价值稳定性问题

接下来，我们将考虑一个行业只有少数几家企业这种情况。这类行业尽管"商业精神"欠缺且反应迟钝，但是仍然能够在一段时间内不受什么影响。人们认为，这些行业内的企业本身同样是行动迟缓的，而且它们能够在不需要达成协议的情况下，在一种由产品差异化支撑的准寡头均衡状态下"相安无事"。诚然，要找到这样一个"绿洲"并非易事——人们可以想到的绝大多数例子，在严格的分析面前都可能被证明是可疑的，但是确实有助于阐明我们希望阐明的一个要点。假设繁荣阶段开始了。这些企业的产品能够更加快速地销售出去，但是除非它们没有能力在不增加单位成本的情况下增加产量，否则它们不会轻易地利用这种机会去提高价格，因为在这种情况下价格并不是像小麦那样"客观地"上涨。敢于提价的那个企业会被他人识别出来，它将承担失去顾客的重大风险；即便有些企业最终可能会效仿它，但是至少有些企业可能根本不会这么做，因为它们希望借此征服一些它们本来不敢主动侵犯的"领地"。类似的考虑也适用于下行阶段。此外还应当指出，在这种情况持续的期间，统计数字所报告的价格将非常稳定，但是这种价格的无弹性与传统的黏性价格、受管制价格或商定价格的无弹性并不一样。这种价格可以在任何时候发生变化，并且是根据严格的理性考虑主动选择的，即认定在当时的条件下这种选择随着时间的推移可以带来最大的利益。因而，在这种情况下，我们说它们"迟钝"并不是在暗示它们非理性，而是为了排除创新精神和"战斗倾向"。

当然，非理性因素无疑是有助于导致"僵局"的。然而，尽管存在着理性因素和非理性因素，这种情况也不太可能在我们所说的过程所渗透的世界中长期持续下去。不过，现有企业如果感到满意，可能会（也确实经常在尝试）"钉住"它——这对于其中一些企业来说，隐含着它们准备放弃它们本来可能有理由预期会获得的、源于我们所说的过程的不断演化的个别机会——并通过合作的行动来适应不断改变的环境。它们经常会试图通过同意禁止"交叉拖累"（cross hauling）来进行"合理化"，然而，在产品差异化的情况下，这种情况并不容易识别。它们可能会聚集到一起并相互"教育"对方要遵守某种"伦理准则"。① 或者，它们也可能直接决定阻止转售自家产品的机构自行发起促销行动；在这方面，其中一个动机

---

① 这样的尝试有时候会在无意中透出某种"幽默感"。但是，它们的含义并不会因为所用的某些论据是错误的而完全被推翻，例如，总平均成本必须永远被完全覆盖。这方面的例子请参见，E. C. 布朗（E. C. Brown），《芝加哥商业印刷行业的价格竞争》，刊载于《政治经济学杂志》，1930年。其中需要特别注意的是美国联合印刷公司通过的《伦理规范》第199页。我们当中怎么还有这么多人，出于各种各样的原因，渴望中世纪的精神！

是（虽然不是最重要的一个动机）实行转售价格控制（resale price maintenance）。① 它们也可能共同采取基准点（basing point）或交付价格（delivered prices）策略，例如，在美国，钢铁业、水泥业、木材业、造纸业、石油业、啤酒业、橡胶业、玻璃业、肥料业、面粉业和食糖业都这样做过。我们在这里不关心这些做法的具体优缺点，尽管在讨论这些做法时引入了许多"理论"，而且这些"理论"也许有值得我们引用的地方。我们只是直接指出，虽然其中一些做法可能是朝着完全竞争的方向运行的，而且肯定没有任何一项措施必然意味着价格刚性，但是所有这些措施都需要某种机制，而启动这种机制是很困难的，有时要付出很高的成本。我们在讨论历史的各章中给出了一些例子。行业谐振器在结构上受到了这些政策的影响，因而价格未能对周期性情况做出反应的原因往往可以由此得到解释，这是很明显的。

如果在德国那样的卡特尔中也实施了这类政策，那么这种行业在周期性崩溃之间可能享有的脆弱的垄断地位所发挥的作用，就可以为我们揭示不少东西。

第一，揭示了垄断情况下价格稳定的第一个主要合理原因和纯粹经济原因。我们已经从另一个角度提出，一个垄断者，如果他面对的需求在有效的时间间隔内，要么总是对价格不敏感，要么在萧条阶段经济萎缩时会变得如此，那么他就没有降价的动机，而在完全竞争中，价格总是会下降。对于许多在家庭预算中无足轻重、加工度很高的消费品，以及某些单独来看对产品的总成本没有什么"贡献"的生产品来说，情况就都是这样。但是在这里，我们应该再一次强调，价格对这种在完全竞争条件下本应占主导地位的周期性模式的偏离，在现在设想的情况下并不意味着相应的数量偏离。当然，数量毫无疑问也缩小了，但主要原因并不是价格"挺住"了，没有像不存在垄断时下降得那么多。因此，从这一点可知，某些众所周知的关于价格刚性会加剧萧条的命题是无法成立的；不过，商界利

---

① 这方面的例子比比皆是；例如，请参见 E. T. 格特（E. T. Goether），《英国转售价格的维持》，刊载于《经济学季刊》，1934 年 8 月。这篇论文的优点在于，它非常清楚地指出，这种尝试就像试图借助独木舟在暴风雨中横穿大洋一样（难以如愿）。

益集团和政界人士都采取了这种态度似乎也有一定的理由——这种态度在我们这个时代明确体现在了美国全国复兴总署的规则当中。[①]

第二，由于要为周期的高峰需求提供产能，即便严格意义上的卡特尔或垄断并不存在，也会加强垄断情况下生成稳定价格的趋势。如前所述（见第四章），这种做法可能导致最具周期性的行业的价格反而变成所有行业中周期性变化最小的。这种现象在完全竞争中是不可能的。它确实加剧了数量的波动，但是却减轻而非加剧了周期性困难。

第三，上文提到的那些合乎理性但非经济性的因素，也会对资本主义联合体产生巨大的影响。资本主义联合体知道，降价是不受欢迎的，任何降价都会被视为自己过去一直在"剥削"他人的证据，而且很可能无法（或很难）重新提高价格。因此，一动不如一静的策略往往能够"脱颖而出"。

第四，在面对有不同利益诉求的成员时，要采取行动是很困难的。这适用于任何垄断情形，对于卡特尔来说尤其如此。例如，在德国，经常发生这样的事情：最大和最有效率的企业反对提价、支持降价，而更小和更落伍的企业则呼吁提价、反对降价。后者还强烈指责前者名为"节制的使徒"，实为"害群之马"。原因有很多，其中一个重要的原因是，那些大企业其实并不喜欢自己不得不去支持下面这种政策：这种政策会阻止它们充分利用自己的权力，并且倾向于保护一种它们看不到任何必要性的经济生活。不难理解，这种分歧经常会导致僵局[②]，结果是，在没有做出任何决定的情况下，价格完全没有任何变化，或者价格的改变不定期地严重滞后。

总的来说，与康德拉季耶夫周期的繁荣阶段相比，企业进行联合的意愿在康德拉季耶夫周期的下行阶段更容易体现出来（具体例子见第七章，

---

① 但是，上面所说的这些不能被解释为对任何特定政策的辩护。它的全部含义是，在某些情况下，有些具有垄断性质的措施不能以传统的反垄断理由加以谴责。参见卡尔·普里布拉姆（Karl Pribram）教授，《控制竞争与美国的工业组织》，刊载于《经济学季刊》，1985年5月。

② 其他一些非常真实的东西也是如此，尽管要确定无疑地证明它们并不是很容易。例如，有一种所谓的会议室礼仪，违背了这种礼仪，即便是无意的，也可能会被认为是一种冒犯，觉得自己遭到了冒犯的人则会变得焦躁不安。其中还有扶手椅与普通的椅子之间的区别。大企业的秘密历史更有可能揭示这类事实的重要性，而不是揭露黑暗隐秘的行动和老谋深算的计划的作用。

特别是第四节)。但是这种概括也有许多例外。看起来，各个行业特有的结构和条件比总体经济状况更加重要。当然，这一点并不令人惊讶。当经济形势看上去前景光明的时候，企业最强烈的动机可能是寻求它们所缺乏的保护，但是其他因素的重要性也在上升，而从绝望中脱身的动机就弱得多了。在萧条期间，情况则相反。现在，既然一个组织真正构成了垄断，那么正如我们已经看到的，它肯定会强有力地影响所在行业的价格-数量对，因而它的成立或崩溃将会主导这些价格和数量的统计图，甚至有可能完全抵消周期性波动的影响。这样的例子不胜枚举，在此无须赘述。没有任何东西可以改变我们的周期理论以及根据理论得出的预测。[①]

如果卡特尔瓦解，或者寡头之间的"准均衡"被打破，那么也并不一定意味着我们现在可以以竞争模式来替代原来的模式。恰恰相反，接下来会出现的将是我们所说的无序市场（disorganized market）。我们将会观察到一系列行动和对抗行动，这些行动与成本几乎没有关系，与周期性情况同样可能几乎没有任何关系，特别是如果在卡特尔统治期间出现了过剩产能的话：总之一句话，那将会是"一切人对一切人的战争"（bellum omnium contra omnes）。美国的造纸业和20世纪20年代的美国制鞋业（后者只是在一定程度上）或者德国的水泥业（它位于不同的转折点上），都可以作为很好的例子。但是，这种情况并不总是能真实地反映在价格-数量对的行为中，因为在其他供给条件中，还存在退税、信贷和优惠政策等因素的影响。质量的变化也会取代价格的变化，使得追踪数量的变化变得更加困难。事实上，这种情况可以持续相当长的一段时间而不会影响统计数据所依据的报价。这正是一种虚假的稳定性或"统计上的稳定性"的一个例子。

[①] 对一笔大额固定资产投资承担的责任也许能够——虽然在很大程度上也许不能——解释它们为什么希望通过联合来降低风险；大额固定资产投资的必要性则可能解释了垄断情况存在的原因。在这两种情况下，间接费用的规模与维持价格稳定的策略的某些动机存在着某种只相隔了很小距离的联系。但是，说没有其他联系也许并不是多余的。仅仅是相对意义上或绝对意义上的高额间接费用这个事实本身，并不会使价格比在其他情况下更加稳定；事实上，如果会造成什么后果的话，那就是只会使价格变得不那么稳定。如果相反的观点没有从经济实践往往正是如此这一事实中获得某种重要性，那么它将只是一种错误。但是请注意，在实践中这种错误的存在并没有得到事实的证明，要么他用固定成本理论来为他拒绝在萧条时期将价格降至边际成本辩护，要么他实际上没有这么做。

这种分析也适用于如下这种情况，即用来应对令人不安的冲击的是一种新商品，尽管随之而来的竞争的经济含义大不相同，因为竞争对手的位置不仅是不稳定的，而且从根本上说是不堪一击的。只有两点需要补充说明一下。

第一点，在这种新商品顺利地"攻城略地"的一段相当长的时间里，它的价格和数量都可能对周期性波动非常不敏感。需求可能会在基钦周期甚至朱格拉周期的连续几个萧条阶段中持续上升，因而创新的公司可能没有任何理由去改变价格。这种情况在汽车业（以及与之相关的车用汽柴油业、橡胶制品业、安全玻璃业等子行业）、电器业、收割机行业、人造丝业、合金钢业、电影业和其他行业都有很多例子。无须多说，这样的行为完全没有违反我们的预期（无论它对一般行为的偏离程度有多大）。在这里，价格的稳定在某种意义上是虚假的。因为价格之所以显得稳定，主要不是因为它被保持稳定，而是因为作用于价格和数量的相反力量使它看似稳定。这是又一个很好的例子，说明在一段时间内没有变化的价格事实上并不是刚性的（在我们所说的意义上）。[①]

第二点则涉及这样一类情况，即在演化的周期性过程中，企业家在短期内享受到了我们在前面所说的可接受的接近直接垄断的"美好岁月"（第二章第六节；第三章）。在这种情况下，企业家可以自如地选择多种处理方法。例如，他们可以决定在阳光明媚的时候多晒一些干草，并利用这些干草尽快把他们的植物减记为 1 美元，这样当他们的需求曲线崩溃时，可以从容地接受失败。不过，应该指出的是，在这种拥有了真正意义上的垄断地位的情况下，通常来说，通过不断变化来保持价格稳定并不符合卖方的利益。但是一般来说，企业家不会获得这样的机会，他们也没有这样的意图。对于一个企业家来说，他必须扩大需求，然后保卫自己的领地，抵御竞争对手的攻击，因为正是他自己为这些对手铺平了道路（这简直是致命的）。因此，企业家无论是在成功之前还是在成功之后，都不可能按照经典垄断理论所述的模式行事。特别是在那些重要性自亨茨曼（Hunts-

---

[①] 参见《竞争与垄断下的价格》，刊载于《经济学季刊》，1934 年 2 月。

man）在漫长的暗夜中通过自己的双手生产出了钢铁之后不断增大的行业当中，企业家的成功就在于或者说取决于大规模生产设施的建成，因为只有通过从一开始就以低价出售并且之后永不提价，才能够创造需求、占领并捍卫市场。在这种情况下，实现成功的基本必要条件就是，能够想象到可以达成上面两个目标的好年景和坏年景的平均价格，并且有能力以低于该价格的成本进行生产。从理论上说，这样的价格并不一定是没有弹性的、趋于下降的，但是很容易看出，在这种情况下，除非基于某种具有一定永久性的条件，否则任何降价都是非常危险的一步。因此我们发现，主要是在加工度很高的消费品领域，此外还有在工具和机械领域，价格的刚性从任何一般标准来看都可以说是极其高的，以至这种刚性价格往往成了这些商品的"个性"的一部分，并且使得那些企业实际上都致力于维持之。但需要指出的是，这种刚性与通常意义上的刚性不同，也不会产生相同的周期性后果。通常意义上的刚性是用对那种在任何时候都能够理想地适应一般状况的价格的偏离来定义的（现在可以暂且不管是在垄断的意义上还是在竞争的意义上），并且其影响会激发这种偏离。

我们在上面设想的价格刚性并不符合这个通常的标准，但因为价格是根据预期状况序列来修正的，因而在成功的情况下这种价格要比一个固定价格更加接近通常意义上的刚性，后者或者是由卡特尔通过妥协来设定的（妥协正是卡特尔的特色），或者是根据某个公共服务委员会制定的规则确定的。在这些情况下，那个著名的口号"是数量适应价格，而不是价格适应数量"也是不正确的，因为对未来产出数量的考虑恰恰是生产决策的首要因素。此外，千万不能忘记，任何新商品，不论它的价格多么没有弹性，由于它对所在领域现有的价格-数量结构的影响，仍然是整个系统中一个灵活的工具。最后，如果调整势在必行，那么人们就会有动机通过改变质量来影响它，或者如果改变质量是不可能的或不可取的，那么就会以不同的价格提供另一种类型或许多种其他类型的商品。如果原有的类型没有被丢弃的话，那么统计数据记录下来的原有类型和新类型的价格都将是绝对刚性的，尽管实际上，就任何目的和意图而言，都必定存在着（受抑制的、无可置疑的和不连续的）弹性，而从价格刚性推断出来的通常结论在很大程度上都是毫无根据的（尽管当然不是全部）。如果从一开始就出现了好几种类似的商品——例如，"以各类车型满足各阶层、各种用途的需要"（a car for every purse）——那么这一点就会变得尤其明显，因为在那个时候根本不需要实际改变价格，就可以得到"价格即时可变"的几乎所有效果。

因此，对我们观察到的各种价格刚性的性质和来源的分析，以及对垄断策略或寡头垄断策略的分析（这些策略，或有意或无意，或理性或非理性，总之肯定要对其中一部分价格刚性负责），几乎完全不能给许多学者所坚持的如下观点提供任何支持：价格刚性对周期机制是重要的，或者如他们中的有些人更喜欢说的，变得越来越重要，尤其是在萧条期间，它们会扰乱经济系统的其余部分。真正的刚性要比人们普遍认为的要小，而且刚性的这种"扰乱"作用也要比人们普遍认为的要小。然而，我们也不应该犯相反的错。每一个企业，只要有机会，都会竭尽全力去获得（看上去似乎是）作为垄断者的地位——通过广告、产品差异化、控制竞争对手（例如，发电企业和照明公司试图控制天然气公司，美国铁路公司试图收购有轨电车公司，等等），以及通过先发制人式的攻击来避免竞争……但这些事实本身就足以证明这种地位绝不是没有价值的。但是，正如我们从前面给出的"历史素描"中已经看到的，它们的价值更在于它们所提供的设施，这些设施能够安全地引导它们渡过困难、不受干扰地进行规划，而不在于它们具有强制实施长期限制产出策略的任何力量。这些不同地位的存在所造成的差别，与其说是最终结果的差别，不如说是达到这些地位的方法的差别。诚然，在短期内，仅凭后者就足以打乱我们对短期中（即实际上就是在基钦周期内）价格-数量对的行为的预期，但是这并不足以打乱我们所说的过程的运行。

第十一章　支出、工资、消费者余额

第一节　关于货币的若干命题

我们在前面给出了一些关于货币的命题，必要时还将给出更多的命题。其中大多数命题都可以在第三章、第八章和第十三章中找到，还有一些则在本节中组织。由于我们不可能在本书中全面讨论这些命题所涉及的关于货币的一般理论，因此它们在这里必定是以一种不完整的、不能令人满意的形式出现的，并且脱离了能让它们获得全部意义的背景。①

（1）货币可以与商品挂钩，而且在实践中货币——至少在历史上——确实是大多与某种商品挂钩的。但是，货币从来都不是一种商品，也从来都不能像商品那样满足人们的需求。如果我们非要把某种效用归于货币，那么这种效用也只能来自我们用它来实际购买（或能够购买）的商品的效用，从而也就假定了商品有给定的价格，或者说货币和商品之间有给定的交换比率。因此，任何试图从货币的边际效用和商品的边际效用来推导这些价格的尝试，都必定是循环推理，就像我们可以从商品的边际效用来推导它们之间的交换比率一样。即便货币单位由一定数量的贵金属组成，而

---

① 作者希望《货币论》一书能提供这样的背景，并为这些现在仍然呈碎片状的命题发展出一个理论结构。

且这种金属可以自由铸造和熔化，不需要付出任何成本或利息，也是如此。这是因为，虽然在这种情况下金属在货币用途方面的交换价值永远不能脱离其在工业用途方面的交换价值，但是后者并不能从根本上解释前者：向公众关闭铸币厂就足以说明货币拥有自身的交换价值这个事实。因而，只要铸币不受限制，这种价值"决定"用于工业用途的货币商品的交换价值的程度，就如同后者决定它一样。不幸的是，我们在这里无法深入探讨理论家为了竭力避免这种影响而采取的各种手段。然而，我们相信我们自己的论证是清晰无误的。如果确实是这样，那么我们就可以得出这样一个结论：货币单位与商品单位之间的任何联系，无论它在保证货币价值方面有什么实际价值，在逻辑上都是无关紧要的，而且会使货币体系的运行受到与货币意义无关的附加条件的制约。

（2）货币不是商品这个事实解释了一个在其他方面无法解释的现象，即货币的所有权（无论如何定义）或对货币的请求权，可能具有与货币本身相同的目的。这是对"信贷创造"可能性的根本解释，也是为什么创造"准货币"① 如此容易，而阻止"准货币"的创造却如此困难的原因。就商品而言，不可能发生这样的事情。

（3）这同一个事实也构成了所谓的"货币流通速度"现象的基础。同样地，这种现象在商品和服务领域也没有可类比之物。把货币称为一种可以多次使用的耐用品，并不能正确地描述这种现象。货币只是起到了一种计数器的作用，在技术上限定的范围之内，它可以在流通中出现任意多次。然而，这种限制是必不可少的。"周期"，即货币单位完成循环所需要的时间跨度，是货币流通的基本事实。

我们必须区分清楚三个关于速度的概念：（a）所有以货币表示的交易总额除以余额加上银行外货币的结果；（b）消费者支出加上生产者支出的总额除以余额加上流通中的货币的结果；（c）消费者支出除以余额加上流

---

① 作者认为，"准货币"（near money）这个术语是通过与"淡啤酒"（near beer）进行类比而创造出来的。如果真的是这样，那么它就未能表达全部的真相。"淡啤酒"并没有真啤酒那么好，而且它必须生产出来。同样地，说"信贷"是"货币的替代品"也不太正确。

通中的货币的结果。最后这种速度，也就是通常所称的"收入速度"（income velocity）——我们则称之为净收入速度，以区别于总收入速度（总收入除以余额加上流通中的货币）——是所有这三种速度中最重要的速度；第一种速度概念本身是没有意义的，虽然在很多时候我们只能得到关于这种速度的数据并将它视为另外两个速度概念的唯一指标。

然而，更重要的是另一个区别，而且它可以应用到所有三种速度中任何一种的图形上。在静态中，速度在很大程度上将会由所考虑的周期的付款制度安排决定。假设经济过程是以如下方式组织的：所有企业在每个星期六向家庭购买生产性服务，所有家庭在下个星期一以相同的价格向这些企业购买消费品。如果这就是发生的一切，那么年收入速度为52。然而，我们可以更进一步，假设收入是在整个星期内分期支付并随时消费出去的，并且每个人的个人支付和收入序列都是随机的。当然，这种情况会给出一个不同的速度，而且会呈现出第一种情况下没有的元素。现在，家庭和企业都可以持有一笔现金，专门用于应对可能发生的不利后果。然而，根据这个新的条件，仍然有一个确定的速度，它给出了花出去的每一单位货币通过经济空间的路径（同时需要假定所有花出去的货币单位都是立即花掉的，因为在这种情况下，没有任何理由留着它们）。我们将用"效率"（efficiency）这个术语来表示这种速度，或者将"速度"（velocity）这个术语限定为"效率"。由此，经典的恒常性假设或缓慢而独立的变化假设，不仅在静态下近似成立，而且在所有情况下都近似成立，只有在极端的通货膨胀情况下是例外。

然而，当我们为了处理不断变化的经济状况而离开了静态过程的边界时，很快就会发现，除了效率之外，还会遇到一个与之完全不同的现象，尽管它对速度图形的影响类似。我们观察到，人们有时确实会留下他们以前曾经打算花且现在仍然打算花的钱；而且在消费成为一件理所当然的事情之前，是否要在任何时候进行消费这个问题就变成了每个人都要解决的策略问题，这对货币过程将要呈现的图景显然是很重要的。虽然效率指的是实际通过路径发送的任何单位的速度，但是我们现在找到了速度图形的另一个组成部分，它指的是已经以这种方式发送出去的单位所占的比例。我们称它为支出率（rate of spending），或简称为"支出"（见第一章第一节），并将其均衡值（平稳值）设定为单位。显然，这就是总速度的周期性变量。

（4）因为某些对"货币"的请求权在相当广泛的范围内都可以服务于与法定货币（legal tender）相同的目的，所以不仅必须将这种请求权的现有数额包括在货币总量当中（典型例子包括银行券和支票存款），而且很显然会使货币数量这个概念本身变得很可疑。事实上，用我们讨论商品数量的方式来谈论货币数量是不可能的。[①] 因此，正如我们在讨论价格水平和个别价格的章节中已经看到的那样，我们将失去决定价值的一个必不可少的元素。如何填补货币理论的这个漏洞，是一个无法在这里加以解决的问题。

然而无论如何，我们都无法在这里将"现有的"或"流通中的"或"可用的"货币数量作为一个独立的变量来考虑，这是因为，尽管它会随着某些在旧货币数量理论中可以被视为数量的元素的变化而变化，但是它也会随着属于我们所说的过程的其他变量的变化而变化，尤其是企业家的创业活动。在前面我们已经指出，许多现代经济学家——其中大多数都是银行投资理论（见第三章）的追随者——试图通过复兴货币数量理论来解决这个问题。他们计算出了给定的制度框架下（例如，法定的或传统的准备率规则等）信贷创造在技术上的最大值。该最大值使得银行倾向于保持最大的客户余额，他们认为据此构造的货币数量对经济过程的作用（以及在因果关系上的重要性），在很大程度上与老派经济学家所持有的货币数量理论意义上的货币数量相同。在第十三章中，我们将会看到，任何这样的银行机制理论都是远远无法令人满意的。不过在这里，直接指出如下结论就足够了（甚至可以暂且不考虑制度框架无法独立于演化过程这个事

[①] 另一个后果是速度和数量之间的区分变得模糊了。例如，K. 维克塞尔（K. Wicksell）就认为，发行银行券并不是增加货币数量的一种手段，而是加大货币流通速度（银行储备）的一种手段。

实）：上面所说的最大值并不构成余额的供给，最多构成了对余额的供给的限制，而且银行在给定的经济形势下愿意供应的数量，是无法通过考虑与那些适用于分析商品供给的因素同类的因素来解释的。

（5）货币不是一种商品，供给和需求的传统工具不能用于求解商品价格和价格水平的问题（见第八章）。用于购买商品的货币的交换，与一种商品和另一种商品之间的交换，是不一样的现象。这一点在需求方面比在供给方面更加明显。我们确实可以说，在某种程度上，货币市场对货币有需求，但是说商品市场上的卖方对货币有需求却是毫无意义的。况且，对货币的需求还有另一个含义，即它可能意味着希望持有一定的货币量或余额。瓦尔拉斯关于"对现金的需要"（encaisse désirée）的观点，在马歇尔的分析中再次出现了，而且最近似乎又获得了新的生命力，但它其实是这位伟大的法国经济学家的宏大理论建筑中最没有价值的元素之一。它只有在用于分析静态时才是无害的，而且即便是在那种分析中，它也意味着对事实的歪曲。如果人们在每个星期六获得"收入"，并在接下来的星期一用于购买消费品（这意味着企业之间的所有交易都被排除了），那么货币从星期一到星期六都会躺在金库里，但这不是因为任何对现金持有量的需求，而是因为制度安排。但是，如果我们考虑的不是静态，那么这种推理就会产生误导作用。如果我们观察到某人表达了自己对得到面包的愿望，这是一个非常清晰的事实，它本身就已经"携带"对自己的解释，因而适合用来推断对其他事实的解释。但是，如果有人表示希望持有现金，这个事实本身其实没有任何意义。即便真的存在一个这样的意愿，观察的全部价值也只能存在于引起这种意愿的所有因素当中——关于事实及其后果的一切理论，都取决于这些因素。但是，通常不会存在这种意愿。例如，一个人可能持有超常数量的现金，但这不是因为这样做对他有什么好处，而是因为他和其他人的行动碰巧产生了这种结果，而且这种结果本身并不是他希望通过这些行动达到的目标之一；它甚至可能是那些目标的一种令人不快的副产品。所有以如下"著名"格言开头的解释——"如果人们选择持有……"——都理应受到事实（ipso facto）的驳诘。

（6）在这里，还可以很方便地加上一句一般性的评论。在发展的早期阶段，科学经济学面临的首要任务之一，就是与某些流行的关于货币的观点做斗争，尽管这些观点在历史学家看来是可以理解的，甚至可能是站得住脚的。当然，这些观点其实在很大程度上是错误的。在反对"重金主义者"（bullionist）和"重商主义者"（mercantilist）过分夸大货币作用的重要性的争论中，非常自然地，经济学家觉得有必要构造一个只以实际价值为基础的学说体系。他们试图揭开货币的"面纱"，然后再来描述财富的生产和消费过程。这种努力虽然在当时是非常值得称道的，但是最终注定要失败。至少在资本主义社会，不考虑货币就无法解释经济行为，而且实际上所有的经济命题都必定与给定货币体系的特定运行方式有关。从这个意义上说，任何关于工资、失业、对外贸易或垄断的理论，都必定是一个"货币"理论，即便所研究的现象可以用非货币的术语来定义也是如此。现在，认识到这一点的人越来越多；而且很显然，我们必须把它列为我们的分析工具在过去20年的时间里所获得的主要改进之一。但是与其他时候一样，我们似乎总是无法摆脱这种宿命：要想摆脱旧的错误，总是会产生相反的错误。不过，在现在这个例子中，相反的错误其实更加古老。经济分析是不可能将货币从中抽象掉的——在庞巴维克认为它可以的那种意义上——这是一个真理，但是仅仅在得到另一个真理的补充下它才可能是有用的，那就是货币过程本身从来不会"携带"解释，也不能只从货币这个方面来加以分析。因此，对如下事实的认识——在反对重商主义者关于货币在经济生活中的因果作用的过程中，古典主义者走得太远了——还必须辅以另一个事实，即在这场"战斗"中，古典经济学所发挥的作用，也是我们今天所需的。

第二节　系统支出（外部结算额）以及生产者支出和消费者支出的同期性变化

发生在经济演化周期性过程中的货币表现（monetary expression）和

货币数量的变化，或者是通过企业和家庭支出总额的变化显现出来的，或者是由企业和家庭支出总额的变化导致的。到目前为止，与大多数货币周期理论一样，我们认为企业和家庭支出总额的变化是经济形势总体面貌的变化最重要的直接载体，也是经济形势总体面貌变化的最明显后果。在关于货币的一般理论中，将生产者支出和消费者支出视为相互依存，显然是一种适当的做法：生产者支出随消费者支出而扩张和收缩，正如消费者支出随生产者支出而扩张和收缩一样。（后者也就是说，随企业支付给家庭的收入的变化而变化）。但是，对于我们在这里要讨论的特定过程来说，假定根本的推动力来自生产者（企业家）的支出，而家庭只是对此做出反应，应该会更方便一些。

然而，在运用这个命题时必须非常谨慎。即使在我们要讨论的过程中，相反关系的例子也不少见，例如，构成我们所说的次级波的经济世界的反应，在一定程度上就是企业对消费者支出增加的反应。但是，由于这些现象都可以追溯到企业家在实施新要素组合的过程中支出的推动力，所以也可以将它们视为那种原始动力的结果。此外，并不是所有的收入都是企业支付的，也不是所有的收入都会随生产者的支出而变化。这些例外情况必须加以考虑。但是，在满足了这些条件之后，在上面这个意义上，说家庭支出随生产者支出的变化而变化仍然是大体正确的，尽管当然不能说家庭支出直接与生产者支出成正比。常识和我们的共同经验都不会"认为"现在这个看似简化的概括有什么问题：在我们所说的过程中，生产者支出是系统总支出的活性元素（active element）——系统总支出是指消费者支出加上生产者支出，或者用托马斯先生的一个术语来说，是系统支出（system expenditure）的活性因素。我们还应当设法更接近事实，方法是假设这个量不仅会作为生产者支出的一个函数而随之变动，而且会随生产者支出的变化率而变动，这样就能将对不久的将来最常见的一种预期考虑进来。生产者支出对消费者支出的形塑，不仅通过为家庭提供资金来实现，而且通过塑造家庭的消费意愿来实现，并且这种消费意愿在很大程度上取决于当前占主导地位的收入流的变化率。① 在我们执行近似推理的现在这个阶段，不需要讨论要不要引入时滞的问题——因为时滞在任何情况下都是短暂的。

综合性最高的支出序列是银行账户的借方总额序列。就美国而言，我们可以说这个总额接近所有货币交易的总额，尽管仍未入账的那部分交易

---

① 甚至在每一个会计周期，企业支出与家庭收入之间的关系，由于存在着时滞和企业之间的支付，也不是简单或一成不变的，更不用说是同一的。更加重要的是我们一定要看到，虽然家庭收入对家庭消费支出的影响方向是毋庸置疑的，但是这个函数的形式仍然有很多有待解决的疑问。它可能因国家和经济形势的不同而大不相同。法国的农民和小资产阶级，也许还有新英格兰地区的老派"苏格兰人"，可能提供了一个比较极端的例子：在这些人当中，收入的增加完全不能引起消费者支出的增加。突然增加的货币收入，例如，在通货膨胀的初期阶段获得的货币收入，有时也可能无法产生程度相当的影响——这也就是为什么在这些阶段价格上涨的幅度会低于法定货币余额或数量上涨的幅度、为什么余额上升的比例会低于政府支出上升的比例，因为新获得的财富有一部分会用于偿还债务。但是在作者看来，在一般情况下，相反方向上的效应似乎更为频繁和重要。因此，我们主要依赖的研究假设将是：当家庭收入增加时，消费者支出会出现更大比例的增加（当耐用消费品在消费者预算中占据比较大的份额时，尤其如此）；当家庭收入减少时，消费者支出会出现更大比例的下降。这实际上等于说，一般家庭的消费，在除了萧条阶段之外的所有周期的所有阶段，都有超过"收入"的普遍趋势。（然而，在萧条时期，强制去储蓄和补贴会在某种程度上抵消——在不同的历史阶段程度不同——这种影响。）不过，正如我们将会看到的，这个假设所根据的观察结果大体上全部来自"现代时期"，即从 1900 年开始。此外：

1. 作者认为，他确实观察到了一种"工业家庭"（以及如上所述，在某些国家存在的"农民家庭"），只不过，与美国相比，它们在奥地利、英国、法国和德国等国家要更加突出。这些家庭非常严格地保持着一贯的生活习惯，这主要表现在家庭住房和日常生活方式上。在繁荣时期和萧条时期，这些家庭消费支出的变化微乎其微。当然，所有阶层的绝大多数家庭的行为都是不同的。有一个阶层（其成员在珠宝、戏剧和酒店等方面的支出表现出了强烈的周期性特征）显然把所有投机所得和其他临时性收益（前者不是我们繁荣意义上的收入）都花在了消费品上。在作者看来，工薪阶层似乎也表现出了类似的倾向，而且在工资上涨的时期他们会试图"尽其所能"地消费。即便是对于非周期性的收入增长（例如国家公务员工资的定期提高）也如此；或者说，至少在德国，这些人在每次加薪时的支出增幅似乎都超过了加薪幅度。

2. 所有这些印象，都得到了分期付款这种购物习惯的发展的有力支持，虽然这种习惯本身并不足以证明这些命题。

3. 一个事实是，家庭的总体净负债会随着收入的增加而增加，尽管这个事实只在战后时期得到了充分的证明。

4. 绝大多数人只要有收入，就会用于消费品支出（除了萧条时期之外），这种倾向也可以由零售贸易每月、每周的"节律"所证明，尽管这也不是一个严格的证明——请参见：格伦鲍姆（Gruenbaum），《零售额的波动》（Umsatzschwankungen des Einzelhandels），刊载于柏林研究所的《经济周期研究季刊》第 10 号专刊。

5. 许多经济学家似乎形成了相反的印象，这种印象可以追溯到上面这些显然不适用的一个项目，即我们所说的意义上的利润。

我们马上就会回到这个主题，见本书第十二章和第十四章。

的金额几乎不可能准确地加以估计，而且必定随着银行惯例在世界大战前150年间的缓慢演变而出现了很大的变化。此外还应该补充指出的是，正如某些货币交易不会显示在借方一样，许多商品交易也不会导致货币交易——特别是，当生产者（尤其是作为生产者的农民）把自己的一部分产品"出售"给自己那种"交易"发生时。然而，这个借方数额序列在战前时期是不可得的。相反，在战前时期，我们只能得到银行结算额序列。这种序列必定与用它来代表的真实借方数额有所不同，而且即便是这种序列，我们也只能得到美国和英国的。不过，自世界大战以来，美国的数据显示出了与借方数额之间的非常密切的关系，因此我们在使用这种序列时是有信心的。当然，在银行业高度集中的那些国家和时期，情况就不那么令人满意了。

已经入账的总额的相对重要性是在不断变化的，同时还有许多我们无法在这里深入讨论的各种技术性困难，除此之外，我们还必须承认，总额本身是一个没有多大意义的综合性数字。银行间交易产生的借方数额具有特殊的性质，应该予以排除，这就像对公共账户的借方数额一样——就某些目的而言应该如此，但对于其他目的则不然。此外，这个总额还记录了每一笔慈善捐款和每一笔税款，以及其他收入（不是由企业付给家庭的收入）的支出。但是，这类因素中有一些并不重要，不足以扭曲整个画面，同时另一些则实际上已经被排除在外。真正会严重损害结算额序列价值的是如下困难：要将股票交易和房地产交易与其他交易完全区分开来是不可能的。对此，就美国的情况而言，我们所能做的只有采用人们熟悉的对纽约市的结算额与外部结算额（outside clearings，外部指"纽约市之外"）之间的区分；尽管前者包括了全世界最大的工业和商业中心的所有交易，而后者则是一般股票交易和投机交易的一个非常重要的组成部分。同样地，就英国的情况而言，我们必须把我们的信念寄托于伦敦票据交换所的城镇票据交换与伦敦票据交换所的省级票据交换和乡村票据交换之间的区分。

必须牢记，它们确实衡量了不同的东西；尤其是牢记在生产和交易的过程中，只要出现了换手并且是用支票付款的，每种商品的每个元素的价值就会被记录下来，因此，我们必须说服自己使用外部结算额序列①（主要是弗里基先生的序列）来表示系统支出的变化。然而，当我们通过假设外部结算额代表实物生产的美元数量来进行推理时，我们就承担了相当大的风险——关于这种风险的大小，从图 23 中可以看出一些端倪。无论我们对它所提供的证据抱有何种信心，它肯定有助于在一定程度上减轻极端的忧虑。考虑到相关材料的统计独立性，外部结算额与实际工业产出乘以价格之间的共变性，本身就是一个有趣的结果。在这一点上，非常简单的"理论"似乎打开了新的可能性之门。

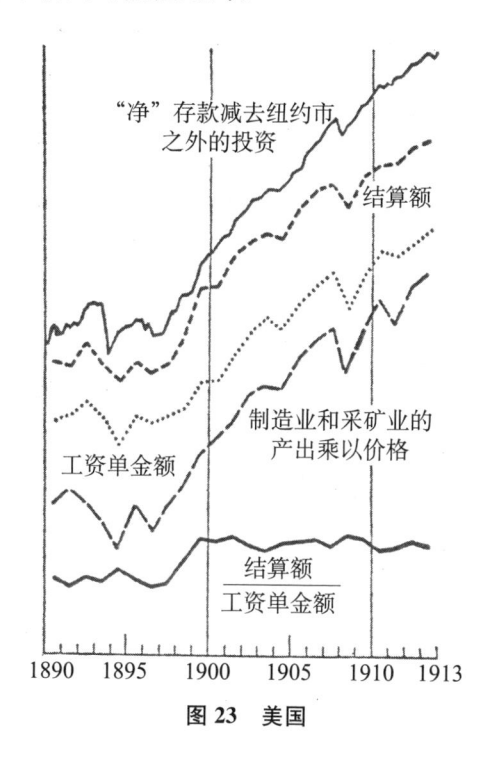

图 23　美国

---

① 根据《金融评论》、《公众》和《商业和金融纪事报》以及其他资料来源，可以提供月度序列的城市最多时达到了 159 个。斯奈德先生编制的序列最早可以追溯到 1875 年（《美国统计学会会刊》，1924 年）。他还用他的一般价格水平进行了校正。弗里基先生的月度序列选择 7 个城市（巴尔的摩、芝加哥、辛辛那提、克利夫兰、费城、匹兹堡和旧金山），是唯一考虑到这种材料的基本问题的序列，包括了时不时出现的新结算所带来的影响，可以追溯到 1903 年（见弗里基发表在 1935 年 10 月的《经济统计评论》上的论文）。经济学家进行的一些尝试很快就证明，由于这个优点以及其他一些优点，它是最好用的序列，而且除了一个例外情况之外，作者在进行关于系统支出的研究时主要利用了它。

系统支出构成了一个自然的、系统性的"速度"型序列（或者说，速度/时间型序列），具有明显的周期性。这既是主要现象（原生现象），也是一个结果性现象。对于这种现象的原生性，几乎没有什么要加以强调：系统支出的增加不仅是任何繁荣图景最明显的元素之一，而且是产生我们所认为的与繁荣有关的所有症状的最重要因素。要强调的是，它还是结果性的：要想启动企业家的创业活动（它会推动经济系统远离任何原先存在的均衡的邻域），完全不需要预先或主动增加系统支出——例如，由某种偶发性事件引发，或者根据银行或政府的主动计划。这种创业活动直接意味着并间接诱导了我们在繁荣时期所观察到的所有新增支出，但创新本身是独立于这些新增支出的，因为它们在原有邻域的系统支出水平上是有利可图的。① 如若不然，它们就是一种"适应不良"（maladjustments），随后可能不得不清算。同样地，在衰退中，系统支出增速将会放缓，甚至可能发生绝对数量的下降，这不仅是衰退最常见的特征之一，还会导致其他特征的出现。但这些本身又是由创新活动的放缓和自动通缩（autodeflation）所引发的，而这两者都是独立于系统支出的，因为它们的出现并不需要支出或信贷的主动"叫停"。毫无疑问，在任何特定情况下，货币政策都有可能会受到约束。但是（见第九章），这种约束并不一定要对"向上转折点"的出现负责（因为这种现象在不考虑这种约束时也是完全可以理解的），在系统支出中也并不比任何其他东西更可能构成一个需要给出特殊的解决方案并要求引入与创新机制无关的额外事实的不同问题。在支出以加速度增长的过程中，在缺乏所有货币方面的或其他方面的附加限制的情况下，由于这个机制的作用，经济能够而且将会不断地启动自动通缩，虽然这确实意味着支出增长率的下降或支出绝对数的下降，但这并不

---

① 参见本书关于价格水平的类似阐述（见第四章和第八章）。总而言之，到目前为止，我们既没有必要也没有空间去假设"支出"本身或提供支付手段的货币和信贷领域本身具有任何周期性机制。如果接受我们的分析模式，那么在一个正常的周期中，消费和信贷行为的所有特征都可以得到清楚的解释，而不需要给它们分配除了一个适应性的角色之外的任何东西。因为上面的内容就已经包含我们对一个可能备受争议的问题的答案——这个问题或许可以称为"支出之谜"——而且相反的观点（以这样或那样的形式表现出来）已经得到普遍的接受，并对政策制定产生了一定的影响。作者在此要请读者回忆一下正文给出的命题的前提。

是以其他原因为前提。如果没有认识到这一点，就会进入各种各样的死胡同。

对系统支出的周期性行为的预期，在算术的层面上似乎是基于价格水平和产出的行为。然而，支出不仅是一种货币表现，而且是一个真正存在并表现为货币数量的量，因此我们对支出的预期必定是独立形成的。在"纯模型"中，支出将在繁荣时期上升，并在清算期间下跌至之前的水平。在四阶段周期中，对支出行为的预期在三个阶段都非常明显，我们不必多费心思，不过对衰退阶段则有必要再思考一下。由于如下事实，这种预期会变得不确定：第一，企业家的还款实际上不会彻底到完全清偿所有债务的程度；第二，其他借贷能够部分或完全取代企业家的借贷，甚至超过它。[①] 对此，所有我们所能说的无非就是，与产出相比，系统支出在繁荣阶段将增加得更多、在衰退阶段则更少，同时我们也可以预测（尽管这需要承担一定的风险），系统支出在每个周期的衰退阶段的增长率都会低于繁荣阶段——同时应该对其他周期的相同阶段予以应有的关注。由此得到的结果趋势，当然仍要归因于我们所关注的过程，但是它的性质不同于我们所观察到的价格水平或产出的结果趋势。那些都体现了资本主义制度的基本性质，甚至在符合纯模型的世界中也会存在，而在这样的世界中，系统支出的结果趋势是不存在的，且只在二级近似的层面上才会进入我们的视野。

无论如何，结果趋势还是通过可以在图中观察到的描述性趋势呈现出来，尽管并不完美。存款银行的发展、随之而来的支付习惯的改变，以及货币制度框架和黄金生产速度的变化，也有助于这些描述性趋势的形成。此外，必须认识到，所有这些因素的影响显然都不是加性的，特别是，对于法定货币的数量变化的影响，不能用那种在原始货币数量理论的信徒看来显而易见（现在似乎仍然如此）的方法来处理。无论如何，这些因素没有一个不独立于我们所关注的过程这个状况，很可能指向了如下事实：除

[①] 这将取决于偿还速度，利用之前的繁荣阶段的创新所带来的新投资机会的速度，还取决于如何为这种"进入新经济空间"的努力融资。这也包含了关于调控政策和补救政策的若干含义。

了战争所引发的通货膨胀时期，我们的序列的行为可以用我们的模型相当令人满意地加以解释，而且它没有明显地表明除了货币和信贷的被动角色之外的任何其他作用。

之所以要给出图24，主要是为了说明一种巧妙的方法，而不是为了显示利用这种方法可以得到的结果。为了应用乔治斯库博士的方法（见第五章），必须消除用最小二乘法拟合的描述性趋势（不然的话，必须加上的另外两个微分会导致误差的累积达到危险的程度）。在这里，请读者记住这个事实，并将它与我们讨论统计方法时给出的关于这种做法的论述加以对照分析（见第五章）。① 此外，由于材料所覆盖的时间跨度太短，我们无法用任何正式的方法来证明康德拉季耶夫周期的存在，甚至无法给出关于精确的分期的可靠结果，或关于任何更短周期的任何精确的特征。然而，如果采用单周期假说，那么可以得到一个为期10.25年的周期；作者认为，现有的强大证据不但可以证明这个周期的存在，还可以证明它的一般性质"符合我们的预测"。不过，这个分析第二步的结果则不太令人满意。在假设存在两个周期的情况下对材料进行分析，得到的两个周期的长度分别为12.9年和4.2年。这两个数字大大超过了我们通常认定的朱格拉周期和基钦周期的平均长度，但是我们也不应过于悲观。这两个周期的周期性单位的数量都非常少，这种稀少性可以解释这两个周期的长度，因此，关于这两个周期存在性的证据的价值并没有受到很大的损害。但更加严重的是，引入两周期假说并不能改善单周期假说所产生的现象的图景。"拟合度"虽然有所提高，但并不是很大。②

接下来再看图25。我们马上就会注意到上面提及的事实：不仅根据我们的模型能够预测的结算额序列的性质确实都显示了出来，而且它的行为表现得好像除了我们的模型所包含的那些影响因素之外，就再也没有其

---

① 然而，读者将会反思，在统计学中，正如在生活中一样，很有逻辑性的反对罪恶的论点，并不会因为观察到传道士也会犯罪而被削弱。

② 图中没有显示两次试验的结果。应该指出的是，美国和英国的结算额序列就是基钦先生当初所用的其中两个序列。基钦先生通过对这两个系列的分析首先证明了我们以他的名字命名的周期的存在。他还指出，"两三个"基钦周期似乎可以构成一个更高的单位（即我们的朱格拉周期）。

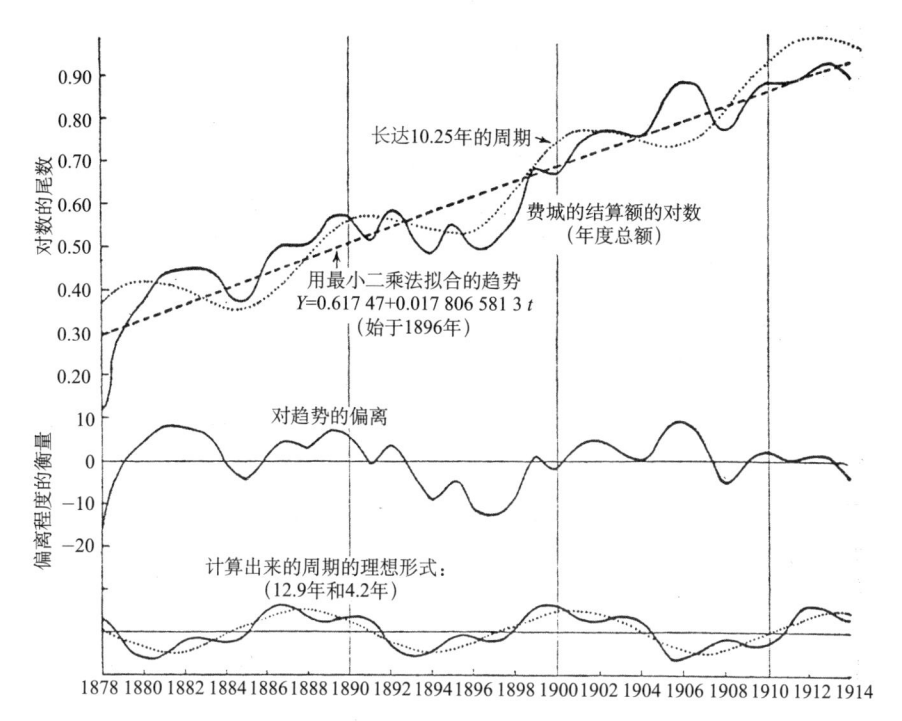

图 24 费城的结算额

他影响因素会作用于它。从 1875 年到 1913 年，这是我们所能看到的最接近事实的时期。但是，如果这种外部干扰的发生更加明确地表明了它们的存在，我们也不应该感到惊讶。详细的分析无疑能够揭示出其中的一些。例如，1878 年以来的经济增长速度之快，或许与"稳健货币"的确定性有关。无论如何，这都为我们提供了一个有意义的教训：面对许多经济学家所称的通货紧缩趋势，经济将如何做出反应。1897 年以来的上扬可能与黄金有关，或者更可能的是与信托公司的做法有关；但是如果与这两者都不相关，其实也不难理解。除了我们的演化因素之外，没有什么明显的迹象表明其他因素的存在。

在没有其他资料的情况下，长波在图 25 中不像在图 24 中那样清晰可辨，因为我们的序列只包括第二个康德拉季耶夫周期的末尾（1875 年至 1897 年）和第三个康德拉季耶夫周期的开头。但是，如果我们试图用最小二乘法拟合直线或二次抛物线的话，我们就会发现（就像在我们之前的

图 25 美国

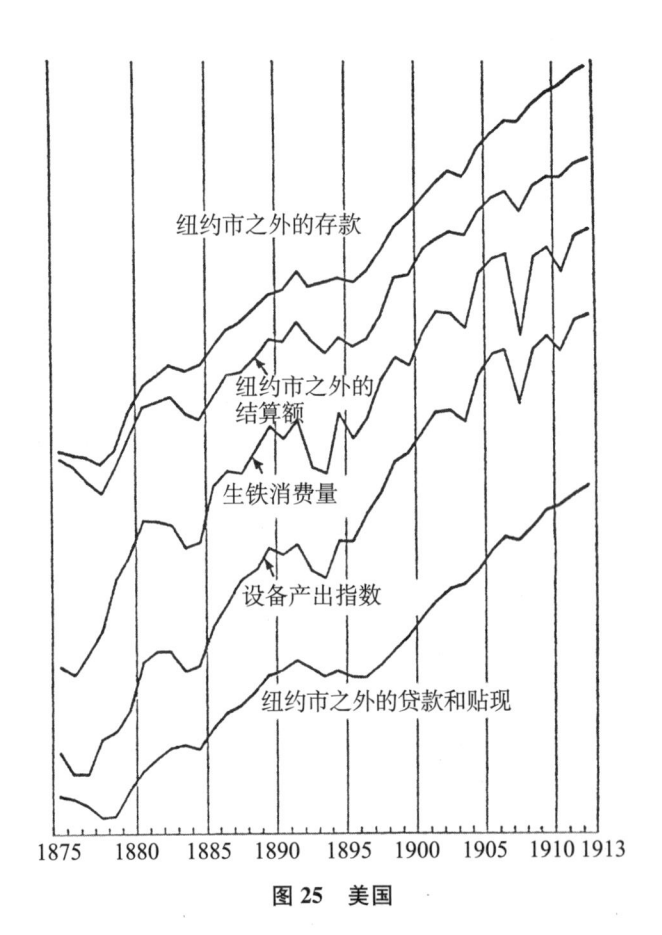

其他人一样），由于某种原因在 19 世纪 90 年代出现了"趋势的中断"。因此，如果我们继续拟合如下两条直线，一条为从 1875 年到 1897 年，另一条为从 1898 年到 1913 年，我们就会发现前者的梯度小于后者的梯度。这样一来我们就看到，既然我们是从其他证据（历史证据和统计数据）中获悉康德拉季耶夫周期的，既然结算额的变化符合我们在这些时间区间上应该预期到的结果，因此有必要将之解释为一种康德拉季耶夫周期效应。这样做不仅有助于解决趋势的中断问题，而且使得我们能够用同一组原则来解释美国的结算额序列在这个时期的基本轮廓。至于这是不是比从黄金产出的角度出发的解释更有说服力，则交由读者来判断。

其他更短的周期也很突出，并且很好地在两个区间上显现出来，正如我们预期它们会出现在康德拉季耶夫周期的衰退、复苏和繁荣阶段那样。

事实上，这个序列是非常"灵敏"的。① 我们看到，由于19世纪70年代的经济萧条，系统支出在一开始的时候出现了收缩。紧接着是两个标志非常明显的朱格拉周期（1879年至1888年，以及1889年至1897年），每一个朱格拉周期都包括了三个清晰可见的基钦周期。1897年以后，第三个康德拉季耶夫周期的繁荣阶段的强劲扩张主导了整幅图景，而且表现出了熨平其他两种周期的趋势，不过尽管如此，那两种周期仍然"顽强"地呈现了出来。关于结算额序列与其他序列之间的关系，我们在本章以及前几章中都阐述过了，读者可以回过头去看一下。至于对各个周期的起止时间的确定，我们在这里应该再次提醒读者，不要对完全一致的序列抱有过大的期望，也不要因未能找到这样的序列而得出某种过于轻率的推论。例如，考虑到系统支出与对周期性过程的"启动"冲击密切相关，而且它本身是许多一般性的繁荣或萧条症状的一个直接来源，有的读者可能会抵御不住诱惑，预测结算额的变化应该领先于其他周期性数量的变化，特别是价格水平的变化。在短期波动过程中，它们的变化虽然确实会早上几个月，但是即便排除了内部的无规律性，考虑到投机性预期的影响、价格通过签订合同的方式确定而结算额反映了实际支付这个事实等因素，从理论上看，我们也没有任何理由预测结算额会在一个周期的所有阶段都处于领先位置——事实上，只有在那些正向的阶段，且只有满足在与其他周期的对应阶段同时发生这个条件，才有领先的可能。用形式方法对共变性进行统计测量，必定只能得到令人失望的和不确定的结果②，特别是如果所使用的方法隐含了单周期假设的话。

比系统支出的变化更有意思的是它的两个主要组成部分——消费者支出和生产者支出——的变化。但即便是对于战后时期，我们也远未拥有足够的数据来编制独立的指数；当然，对于战前时期，我们绝不能对我们所

---

① 请参见克拉姆教授的《对一般经济状况指数的解释》，刊载于《经济统计评论》，第2号增刊，1925年9月。

② 哈佛委员会得出的1903年至1918年间的外部结算额与美国劳工统计局的批发价格指数（均经季节性变化和趋势调整）之间的相关性，被描述为"相当不错的"，但是前者的一致性较差，且领先4个月（刊载于《经济统计评论》，1919年，第184页）。

拥有的材料所能得出的任何推论的价值抱有任何过高的期望。然而无论如何，为经济学家在这个方面的努力创造条件，正是我们必须向掌握了必要资源的公共机构和私营组织提出的最迫切的要求之一。我们在这里所能做到的，即便与现在有可能实现的成果相比，也还差得很远。

消费者支出是货币理论中最重要的一个数字，对于消费者支出的行为，一个粗略的指标应该可以从工资单金额序列中推导出来，而工资单金额（pay rolls，即企业支付的工资总额，为行文方便，本书将"pay rolls"译为"工资单金额"）则可以用工资清册所载明的金额来代表，因为这不仅是总收入中所占份额最大的一个项目，而且很可能是与在消费品上的实际支出关系最紧密的一个项目。尽管所有的条件都是必备的，但是它们实在太过明显，所以不值得专门重述，因此再一次，我们只需直接将工资单金额和外部结算额加以比较即可（见图23）。图23底部的那条曲线对我们解释结果大有帮助。在当前这个康德拉季耶夫周期开始时，结算额与工资单金额之比的急剧上升尤其具有参考价值。由于应税收入总额与消费者支出之间的关系如何仍然存在争议，所以我们不会强行将之纳入同一服务。

衡量系统支出的两个主要组成部分的行为的另一项指标为（见图26）：消费品实物数量指数乘以消费品价格指数，以及生产品实物数量指数乘以生产品价格指数。我们的图表在很多方面都不令人满意，我们对这个图景的细节也没有太大的信心。但是，无论我们认为通过政府机构或研究小组可能进行的更彻底的调查能够在精确测量的方向上取得多大的进展，都极其不可能导致显著不同的轮廓，也就是说，即便有错误，也不可能是系统性地发挥作用并使我们的理论建构得到的支持是虚假的。

第一，我们注意到，朱格拉周期和基钦周期无论从消费品的美元价值来看，还是从生产品的美元价值来看，都表现得非常明显（我们假定这些美元价值代表了消费者和生产者的支出）。特别是就基钦周期而言，我们有必要先回忆一下，正如在前面已经多次指出的，在更长周期的非常突出的那些阶段，它们存在着被"熨平"的可能性，但是毫无疑问，它们仍然始终是可以清晰地辨别出来的，至少从比率来看是如此。在1898年至1907

图 26 美国

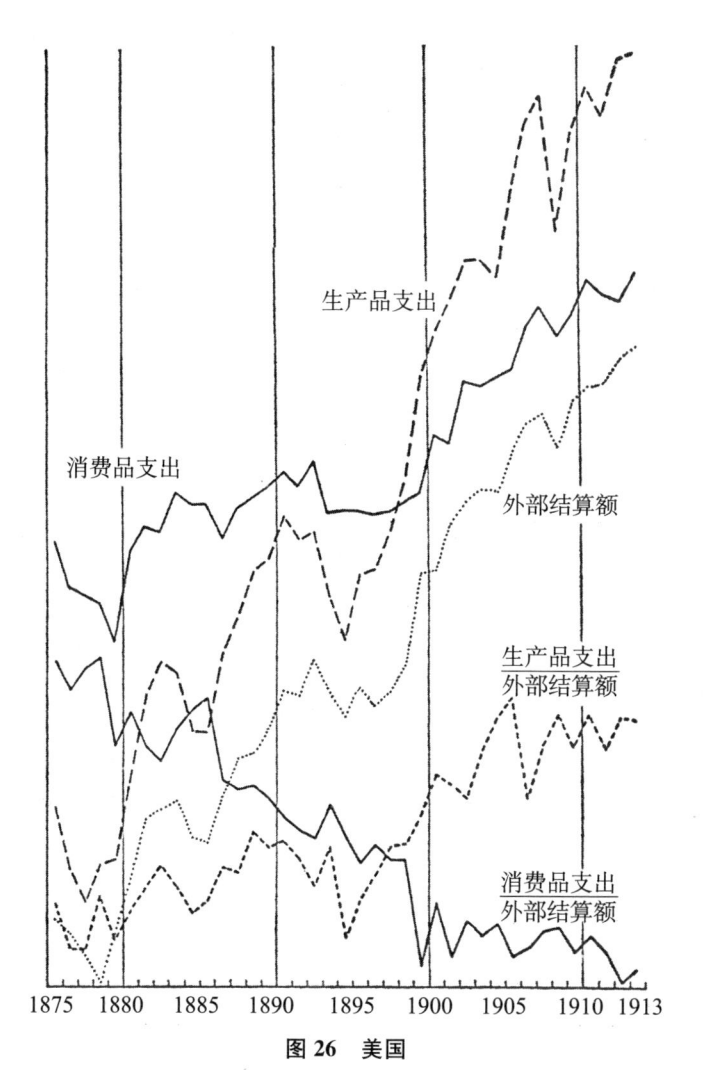

年间，第三个康德拉季耶夫周期的"崛起"无疑是令人印象深刻的。第二，我们观察到了波动幅度的差异，这是一个我们非常熟悉的特征，无须在此赘述。第三，生产者支出在结算额序列的轮廓上占据了主导地位。第四，生产者支出在总体上可以说是领先的，尽管并非始终如一。由于前面多次提到过的原因，我们认为这一点并不重要，无论我们的图表是完全准确的还是有缺陷的。我们有理由质疑对统计序列的因果解释的有效性；从理论上说，我们无法信心十足地预测生产者支出在时间上和逻辑上都领先于消费者支出，因为对消费者支出的影响很快就会显现出来，我们很可能会发现大致同时产生的共变性被次要的和随机的影响所模糊,而不一定是符合逻辑的一致的序列;而且归根到底,这种情况很好地说明了预期导致"逻辑"序列出现逆转的可能性,因为即便消费者支出是这个过程的原动力,生产者的预期也很容易使生产者支出"率先行动"。① 然而,即使不从这个立场后退,我们也仍然可以注意到一个可能很重要的事实。读者只要尝试以手动的方式去平滑这两条曲线,就可以得到一幅大体上呈现了朱格拉周期和康德拉季耶夫效应的图。在这幅图中,生产者支出的领先性是明确的、一致的。因此,也许可以证明滞后的不一致性是由更短的波动造成的。由于这些因素尤其容易受到干扰因素的影响,同时更基本的关系则在更长的周期才能更加清晰地显现出来,因此,这个事实或许还是有一定意义的。

总而言之,这四个特点无疑有助于证明我们将生产者开支视为总支出的"积极"因素的决定的合理性——而仅凭统计数字,任何这样的证明都是不可能的。当我们说用于厂房和设备的支出是生产者支出的"积极"因素时,我们也就进入了一个共同和熟悉的领域。但是,如果我们继续说用于创造新的生产函数——创新——的支出是用于厂房和设备的总支出的"积极"因素时,我们也就离开了这个领域,读者应该仔细地探究这个第三步的性质。它不像其他两步那样只是一个"公式",而是对时间序列事实的解释。它增加了一个解释性假说。但这个假说能够证明自己,方法是通过求解由时间序列事实提出的问题,即用于厂房和设备的支出的波浪状变化的性质;而且,在这样做的时候,通过诉诸企业家的间歇性的创业冲动,能够引导我们跳出那些永动机式的理论的循环。② 再者,在它所依据的模式中,所有的预期都能用可用的时间序列事实来证实。最后,经济史

---

① 请再比较一下弗里施、汉森和克拉克教授关于资本生产和消费的讨论,《政治经济学杂志》,1921—1922 年。

② 这个问题也可以这样表述:如果不是先由消费者支出给予生产活动一个刺激,繁荣又怎么可能从完美均衡开始起步呢?如果不是创新突破了现有的生产函数体系,启动了支出的扩张,为生产者支出创造了新的有利可图的机会——我们通常所称的新的"投资"——那么这就是不可能的。因此我们认为,仅仅是这类"投资"反复爆发这个事实,就足以证明能够引发其他一切的因素的存在性——除非它们可以用外部因素来解释,而且是那些外部因素中唯一的"充分理由"。

也充分证明了这一点：我们仅仅知道是什么创新导致了生产品的价值曲线在1879年至1882年、19世纪80年代末、19世纪90年代末或20世纪初出现大幅攀升。

请读者仔细观察图26最下面的两条曲线，它们分别显示了每一美元系统支出中消费者支出和生产者支出的波动情况。正如我们应该会预测到的那样，它们使刚才所解释的东西凸显了出来。我们所说的这个过程的节奏和机制，都会以一种非常有启发意义的方式呈现出来，特别是繁荣作为投资期的特征，以及衰退和复苏作为消费者收获期的特征，更加突出。此外还有另一种运动，即消费者支出和生产者支出之间关系的长期性和系统性的变化（我们在实物数量的变化中已经观察到），它很容易用庞巴维克的理论来解释。在繁荣时期，投资会侵蚀消费者支出，而且在长期中从来不会失去自己的"阵地"，这个事实在康德拉季耶夫周期的上升阶段尤为突出，解释了生产者支出的行为与结算额的变化之间存在的唯一长期差异。接下来，应该将外部结算额与外部存款和贷款进行比较；但是在讨论这个问题之前，我们要先"离题"一下，即先讨论总收入和工资的"行为"。

第三节 国民收入和工资

一、国民收入的趋势性变化和周期性变化、与其他序列的比较及利润项

众所周知，我们在定义国民收入时会遇到一个很大的困难。当然，这是因为"国民收入"并不是一个专系于某种明确用途的技术性术语，而是一个一般性的通俗说法，广泛用于多种不同的目的——那些目的是单个定义所无法满足的。不过，对于我们的目的而言，我们并不需要讨论，包含（或排除）耐用消费品的年度服务量、个体家庭为自己提供的服务的价值、实物形式的收入的价值、合作购买行为的收益等项目，或任何其他在定义国民收入和在统计上评估国民收入时会涉及的项目，一般来说会有什么好

处（或坏处），尽管它们中许多都会在下面讨论工资的特殊情况时被提及。目前，我们只需要考虑一个货币性数量（因此，它不同于产出的价值），它由家庭因出售服务而得到的收入（包括出售个人服务和其他服务得到的收入，主要是指工资、租金、准租），再加上利润和利息构成，不过要除去出售资本资产的收益、库存的升值等项目。这个总额等于消费者支出（在耐用品以及易耗品上的支出）、家庭投资（定义见第三章第一节）以及税收支出之和，减去家庭净借款和资本利得支出，再加上根本未曾花出去的资金（我们知道，这种情况可能出现在指定用于消费的预留资金上，同样可能出现在指定用于投资的预留资金上）。在大多数情况下，这是一个非常不方便的组合。但是，它适用于我们的目的。

相应的时间序列则显然是自然的、主要的、结果性的和周期性的。也就是说，只要且仅仅因为经济演化的周期性过程扩大了"货币韧带"的"弹性之弦"，该时间序列就能表现出与系统支出相同意义上的结果趋势。除了这个结果趋势之外，再也没有其他结果趋势，而且在这个意义上，国民收入在纯模型所描述的前述过程中的每一个邻域内，都会回到它的前一个值上。从这个命题在关于工资单金额的周期性行为的理论中的应用这个角度来看，在这里提到它绝不是多余的。[①] 在每一个四阶段周期中，在通常对其他周期同时发生的阶段所做的限定下，我们仍然预测国民收入在繁荣阶段的增长幅度会超过消费品产出。但是，关于它在衰退阶段的行为，除了以下两点都是不确定的：我们应该不难预测到，如果它真的增加了，那么它的速度一方面会小于在衰退之前的那个繁荣阶段，另一方面会小于消费品产出的增长率。而在萧条阶段，它一般都会下降，至少在"深度"萧条阶段肯定是这样。最后，在复苏阶段，它会恢复到均衡水平。

[①] 严格地说，要想让这个命题得到统计事实的证实，在这两个邻域中，节省下来的与用收入缴纳的税款都必须相等，这是一个必要条件。例如，为增加公务员薪金而加征的所得税将增加如上定义的国民收入，类似的命题对储蓄同样成立。这正是我们在正文中称这个定义"不方便"的其中一个原因：如果净储蓄下降，这个定义必定导致国民收入下降的后果，这当然不可能得到普遍的接受。

编制国民收入序列所需的唯一充分的数据，源于英国和普鲁士的所得税资料——或者至少在战前时期如此。① 但是，我们应该使用英国的数据。英国的所得税数据覆盖了自 R. 皮尔（R. Peel）爵士重新引入所得税以来的整个时期，而普鲁士的数据虽然可以说更有价值——这要归功于米凯尔（Miquel）在制定所得税法时高超的立法技艺——但是所覆盖的年数只比第三个康德拉季耶夫周期多了一两年。② 当然，应税收入序列并不是我们想要的，它只能粗略地显示我们感兴趣的量的运动。应税收入所能涵盖的，既可以说太少了，也可以说太多了。这是因为工资单金额，或者更正确地说，工资总额中不需要纳税的那部分，从 1860 年起就是"可加"的；而且，因为收入接受者获得的低于免缴所得税标准的"非劳动所得"可以利用税务局报告中的数据来估算，所以其严重程度要低于免税、津贴和减税的影响。这是一方面。另一方面，它包括了许多不应该包括的项目。③ 当然，我们还必须记住，不能指望来自外国的收入的变化与国内收入的变化是一样的。

因此，对于图 27 所呈现的图景，是不能毫无保留地相信的。不过，说它符合对朱格拉周期的预测并不算过于冒险，因为在朱格拉周期中，应税收入总额确实呈现出了在每个周期的繁荣阶段获得增长并在剩余时间里保持在所达到的水平上（或稍低一点）这一趋势。读者只要回想一下朱格拉周期的繁荣阶段的分期，就很容易理解这一点。由于商业利润评估技术

---

① 对于美国来说，布鲁金斯学会（Brookings Institution）对 1901 年和 1910 年至 1914 年的国民收入进行了估计；克利夫兰信托公司（Cleveland Trust Company）则对 1902 年至 1909 年的国民收入进行了估计（见《克利夫兰信托公司通讯》，1935 年 4 月 15 日）。也请参见 W. I. 金（W. I. King），《国民收入及其购买力》，1930 年。不过，作为一个极其粗略的近似，铁路总收入或许可以作为国民收入的一个指标；参见 A. H. 科尔，《铁路收入月度指数：1866—1914 年》，其中的图表对该指数与帕廷顿（Partington）的季度序列进行了比较，见 1936 年 2 月发表于《经济统计评论》的论文，第 41 页。本书图 29 复制了科尔教授的指数。

② 德国各州还有其他类型的所得税，有一些——例如萨克森州和巴登州的所得税——提供了很有用的证据。参见柏林经济周期研究所的一项研究《对战前收入波动的分析》（Einkommenschwankungen vor dem Kriege），其结果与我们接下来将从英国的序列中得出的结果没有什么不同。

③ 为了改进材料并从中提炼出真正相关的数字，我们做了许多工作。具体请参见 G. 派什（G. Paish）爵士 1909 年在《皇家统计学会杂志》上发表的论文，以及 J. 斯坦普（J. Stamp）的《英国的收入与财产》。

具有平滑效应，所以我们不难明白，为什么虽然我们很少会看到基钦式的运动，但是直到1873年，在康德拉季耶夫波中序列的行为与预期相反。①自那一年，直到1898年，我们观察到了一个显著的与产出序列平行的"趋势"（尽管只是相当粗略的），但是却没有观察到与产出和价格水平之积平行的趋势。从1876年前后一直到1913年，与工资单金额的相似之处同样引人注目。这个事实本身就足以消除关于工资与其他收入之间的关系的一些较为原始的错误。与地方结算额的关系，也正如我们应该会预期到的。

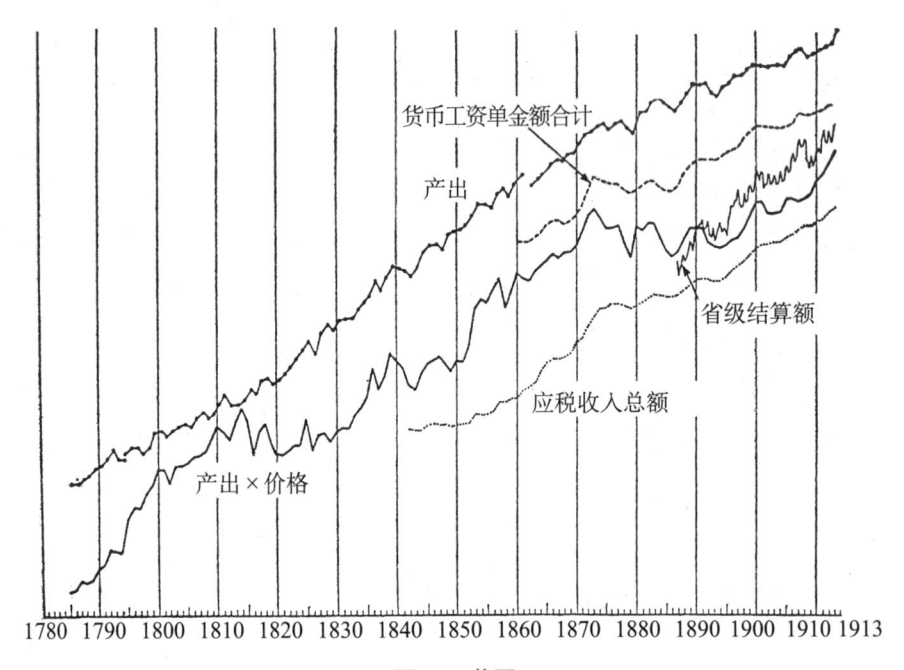

图 27 英国

应税收入总额序列的行为，显然是由通常意义上的企业利润所支配的，读者可以从图28中清楚地观察到这一点。在这幅图中，"利润"直接引自附表D中的数据，其中不仅包括利息、特许权使用费等，而且包括应归入工资类别的大量收入。当然，根据正式规则对"劳动所得"和"非

---

① 1860年至1873年应税收入总额的强劲增长表明，我们的模型存在外部干扰。由于这种异常与我们在价格水平序列中观察到的异常明显相关，我们或许可以将其归因于黄金。当黄金产量下降时，应税收入总额的行为就是我们所能想象的正常行为。

劳动所得"这两类收入所做的区分对我们毫无帮助。我们可以粗略地把这一项看作是来自"业务"的收入。但是从我们所说的意义上讲，它与利润相去甚远——利润只构成了一个部分，其比例未知且不断变化。再一次，通过阐释的方法——这种阐释不是从统计事实中得出来的，而是对统计事实的补充——我们可以断言，创业活动是我们所观察到的各个波的直接和间接原因。对于德国而言，如图28所示，我们还有一个相当长的股息序列（体现为名义资本的某个百分比）。股息当然不是利润，更不是我们所说的意义上的利润，但是它们之间的关系足够密切，可以将股息作为利润的一个指标。也许我们不需要强调通常所做的关于滞后的限定性假设，因为在许多情况下做出股息决策时的形势对该决策的影响与上一个经营年度的绩效一样大。另外，在其他情形下普遍采用的股东回报均衡化策略自然会抑制波动性。

二、关于工资的若干事实性困难和概念性困难与工资的若干不同定义

我们必须更全面地研究工资的行为。对于更早的那些时期，也已经有大量的信息，它们有时甚至允许我们构造相应的时间序列，在最低限度上也几乎总是能够让我们辨别出大致的轮廓线（尽管对于汇率和价格来说有一些困难）——至少对于德国和西欧是如此。[1] 当然，仅凭它们本身的

---

[1] E. J. 汉密尔顿（E. J. Hamilton），《巴伦西亚、阿拉贡和纳瓦尔的货币、价格和工资：1351—1500年》，1936年；《约翰·劳体系下的巴黎物价与工资》，刊载于《经济学季刊》，1936年11月。此外，在这个领域，除了我们熟悉的法语和英语论著——如索洛德·罗杰斯（Thorold Rogers）或勒瓦色尔（Levasseur）的论著——之外，E. W. 吉尔博伊的《十八世纪英国的工资》（Wages in 18 Century England, 1934），以及施穆勒（Schmoller）的很便于使用的研究报告《关于工资变动的若干事实》（Tatsachen der Lohnbewegung）是特别有价值的——当然，后者在一定程度上有些过时了；它最初刊载于施穆勒主编的《德国经济学年鉴》（Jahrbuch, 1914），后来又重新发表在他的《普通经济学大纲》（Grundriss）一书中——因为它们都坚持强调制度环境，因而能够在很大程度上挖掘出工资数据的真正意义。F. 西米昂（F. Simiand）的研究，《工资、社会演化与货币：实验工资理论文集》（Le Salaire, l'évolution sociale et la monnaie, essai de théorie experimentale (sic) du Salaire, 1932），虽然在很大程度上被价值非常可疑的关于方法论的讨论和大量很成问题的理论推理所破坏，但还是给出了1789年到1930年法国人的每日工资率和其他一些非常有用的资料。最后，我们还应该提一下D. 克诺普（D. Knoop）和G. P. 琼斯（G. P. Jones）的一篇很有意思的论文，《中世纪英格兰泥瓦匠的工资》，发表于1933年1月的《经济史》杂志。

话，这些数据能够告诉我们的微乎其微，尤其是考虑到福利的时候。最近的研究对我们了解18世纪的情况有很大的启发作用（尤其是对于英国），而且我们可以寄望在不久的将来会有更大的进步。不过，到目前为止，我们每走一步，都会发现即便是对事实问题，也有很多不同意见。① 吉尔博伊夫人在她的著作中犀利地指出，即便在当时的英国，就工资而言，也仍然不是理论家所说的意义上的经济领域，而且工资率在该国的不同地区有时甚至会朝不同的方向变动。因此，我们能够说的仅仅是，从总体上说，货币工资率在1750年以后开始上升（在某些情况下，出现了持续上升），或者说货币工资率在第一个康德拉季耶夫周期的繁荣阶段是上升的，但是，实际工资率的涨幅从总体上看则要小得多（如果说确实有所上涨的话）。② 对于19世纪，我们可以依靠伍德（Wood）先生和鲍利（Bowley）教授的研究，他们的著作还包括农业和建筑业方面在18世纪的一些数据。

对于美国这个国家的早期阶段，我们只有一些相当分散的信息，V. 克拉克（Clark）的著作复制了（或提到了）其中的很大一部分。至于可信的全国范围的数据，则至多能追溯到20世纪初。不过，我们应该提一下美国劳工统计局的第499号公告，它大体上涵盖从殖民时代到1928年的可用资料。还有第59、65和77号公告，它们涉及从1890年开始的许多数据；全国工业会议委员会（National Industrial Conference Board）关于这个问题的研究，以及鲁比诺（Rubinow）先生、汉森（Hansen）和沃尔曼（Wolman）教授的工作。尤其是保罗·道格拉斯（Paul Douglas）教授的论著《美国的实际工资：1890—1926年》，它令作者受益良多。不过对于德国，直到我们现在讨论的这个时期即将结束，资料都非常匮乏。不过，在德国还是可以找到十几个单个序列，其中最有意义的是始于1850

---

① 例如，请参见哈蒙德（Hammond）先生与克拉潘（Clapham）教授之间的争议（见《经济历史评论》，1930年，后者的回应收录于他的《早期铁路时代》一书第二版的序言），他们对18世纪末和19世纪初的经济状况的认识相去甚远。

② 1936年3月，R. 塔克（R. Tucker）先生在《美国统计学会会刊》上发表了一篇观点更为大胆的论文。同时请参见E. W. 吉尔博伊，《十八世纪英格兰的生活成本和实际工资》，刊载于《经济统计评论》，1936年。

年的鲁尔盆地矿工的工资序列。① 在下面的讨论中，我们基本上只限于英国的情况。所有数据都主要以货币的形式呈现。工资单金额在我们讨论的这个时期的大部分时间里和在大多数国家都无法获得。但是对于英国，我们有了一个始自1860年的序列，这要归功于鲍利教授。② 此外，大多数工资数据即便在最好的情况下也无法很好地反映实际支付的工资。实际支付的工资可能与官方数据有相当大的不同，特别是工会数据——工会数据有时掩盖了工资的下降，有时只代表了最低工资。但是，我们有理由相信，本节的大多数结论都不会因数据的这些缺陷和其他缺陷而面临风险。

各种各样的困难都出现在我们的材料所固有的这些困难之前，并且独立于这些困难。在这里，我们只讨论其中两个困难。第一个困难在于如何对那些应该被视为工资的回报进行划分。"工资"（wage）这个术语对经济学家和社会学家的含义截然不同，而且经济意义上的"工薪阶层"的范围要比我们用同一个词所指的那个社会阶层要广泛得多。尽管有些经济学家认为一般管理人员和高管的薪酬和其他报酬有一部分应该包括在工资中，但在我们看来，另一部分则大致相当于利润或利润分成。对独立商人的收入进行划分也出现了类似的困难，不过专业人士的收入则几乎完全是工资。当然，在实践中，我们只能直接利用现在可得的材料。第二个困难是，除了支付给同一给定企业或行业，又或邻域的同一组工人的工资之外，我们所拥有的唯一自然的序列是货币工资单金额。其他所有序列都是综合性的，而且在进行平减处理之前就会引出与劳动人口平均工资概念相

---

① 在这里还可以提一下两本书：R. 库伊斯基（R. Kuczynski），《工作时间与工资》（*Arbeitszeit und Arbeitslohn*）；泰斯卡（Tyszka），《十九世纪西欧的工资和生活成本》（*Löhne und Lebenskosten in Westeuropa im 19 Jahrhundert*）。对于瑞典，有一些非常好的数据，不过再一次，它们单独成类，请参见 G. 巴格（G. Bagge），《瑞典的工资：1830—1930 年》，《斯德哥尔摩经济研究》，第 2 卷。

② 见《国家进步的检验》，刊载于《经济学杂志》，1904 年 9 月。庇古教授继续进行了研究，见《工业波动论》所附的表 3。鲍利教授在慨然允许作者使用这些数据的同时，还希望作者顺便说明在他的著作由剑桥大学出版社出版之后，他又进行了一些修订。

关的指数问题。①

我们对工资单金额与工资率（单位时间或单位产品，或者就业人口或寻找工作的人口的人均工资，在理想情况下，为每工时工资）进行了区分，它们分别表示了劳动在国民收入或每单位产品的价值中所占的份额。工资单金额和工资率都必须同时考虑货币价值和实际价值。为了实现这个目的，它们必须用适当的生活成本指数来进行平减处理，不过这项操作充其量也只能实现对各个阶层的工人所享有的商品实际支配权的近似（在计算平均水平时已经纳入了他们的工资）。然而，实际工资的另一个概念也有它的含义，且应该使用另一个名称，那就是"修正后的工资"（corrected wages)，即货币工资单（金额）或货币工资率除以批发价格指数。这种关系本身就具有明显的周期性意义。但是，由于那个指数代表了价格水平的变化，所以它还获得了一个额外的含义，即作为消除了货币参数影响的工资过程的指标。很显然，虽然在大多数情况下利用生活成本指数也可以得到大致相同的结果，但是由于它所包含的商品及其权重，原则上说并不能实现同样的作用。

工资单金额并不是劳动收入的全部，劳动收入还包括货币收入和实物收入两项。但是对于我们的问题来说，并不一定要求将它们考虑在内，尽管在我们要考察的这个时期之前几十年以来，以直接增加工人阶级的货币收入和实物收入为目标的公共支出的重要性实际上已经大为提高（不过仍然没有达到战后时期的程度）。同样地，我们忽视了工资并没有构成企业雇用劳动力的全部成本这个事实。此外，我们还假定小店主、工匠等劳动者在不改变自身收入的经济性质的情况下"迁入"和"迁出"所属行业对工资单金额变化的统计影响是微不足道的。但是，对实际工资单金额的变化的衡量指标应该能够包括自愿闲暇时间的增加，以便根据工作时间的减

---

① 特别是，请参见 A. L. 鲍利（A. L. Bowley），《论指数》，刊载于《经济学杂志》，1928 年 6 月号，第六节。不同类别的工资序列之间的差异——无论是在短期上还是在长期上——有时相当于方向上的差异，从原则上看比地区之间的差异更大，后者在某些情况下也与周期性过程相关（一个行业的迁移可能是一种重要的创新；劳动力从农村到城镇的流动以及反方向的流动则在一定程度上是一种周期性现象）。从地理上看，实际工资的差异要比货币工资的差异小得多。不过，租金有时足以在更广泛的地区导致大体的均等性。

少情况加以校正——只要严格地说,减少工作时间并不是为了分配失业负担。如果我们未能做到这一点,就会低估实际工资在历史上的提高。只要寻找工作的人口在增加,经失业率修正的每名受雇工人的平均工资就可以用来表明工资单金额至少增加了多少(或者至多减少了多少)。

三、对工资单金额和工资率的趋势性和周期性变化的分析

所有的工资序列都是系统性的、周期性的,并且呈现了描述性趋势,这种趋势就是结果趋势遭扭曲后的图景。它们所描述的是一个主要的和结果性的现象,也是某些次要过程的原因。我们必须说明的事实很容易从图28、图29和图30看出。从整体上看,它们证实了我们对模型运行结果的讨论引导我们形成的预测。有两个重要的例外情况应立即加以处理。第一,我们本来应该可以预期,从1856年到1873年,货币工资——工资单金额和工资率——的水平不会下降,而是以比前一个康德拉季耶夫周期的繁荣阶段更小的速度增长。但是事实上,我们看到,工资在50年代末出现了下跌,而后从1862年开始才强劲上升。在美国(同样参见米切尔教授的加权日工资指数;而且可以有把握地推断,全国的工资水平至少以相同的比例上升了),这当然可以归因于"外部因素",即内战期间的通货膨胀。我们在进行历史分析时讨论过这种因素,因此在这里只需再一次强调,70年代的下降并没有完全纠正这一偏差。工资长期保持在了一个新的水平,这可以用同样影响了随后的周期性行为的货币事件来解释。就这一点而言,与(第一次)世界大战的后果有着密切的相似之处。不过,我们在英国(以及欧洲其他国家)也发现了同样的现象——尽管不那么明显——但是那必须归结于黄金因素。实际工资率和实际工资单金额没有显示出相应的对预期的背离,对于工资理论和工资政策来说,这一点非常重要。第二,在美国这个国家——而且就我们能够做出判断的范围而言,在德国也一样——货币工资单金额和货币工资率的表现与对第三个康德拉季耶夫周期繁荣阶段的预期相符,然而在英国,它们的涨幅却远远低于我们的预期。这与当时英国的其他独特之处完全相符,但是不像其他情况那么容易解释。不过,正如前文指出过的,这与公共支出和税收的大幅增加是

图 28 英国

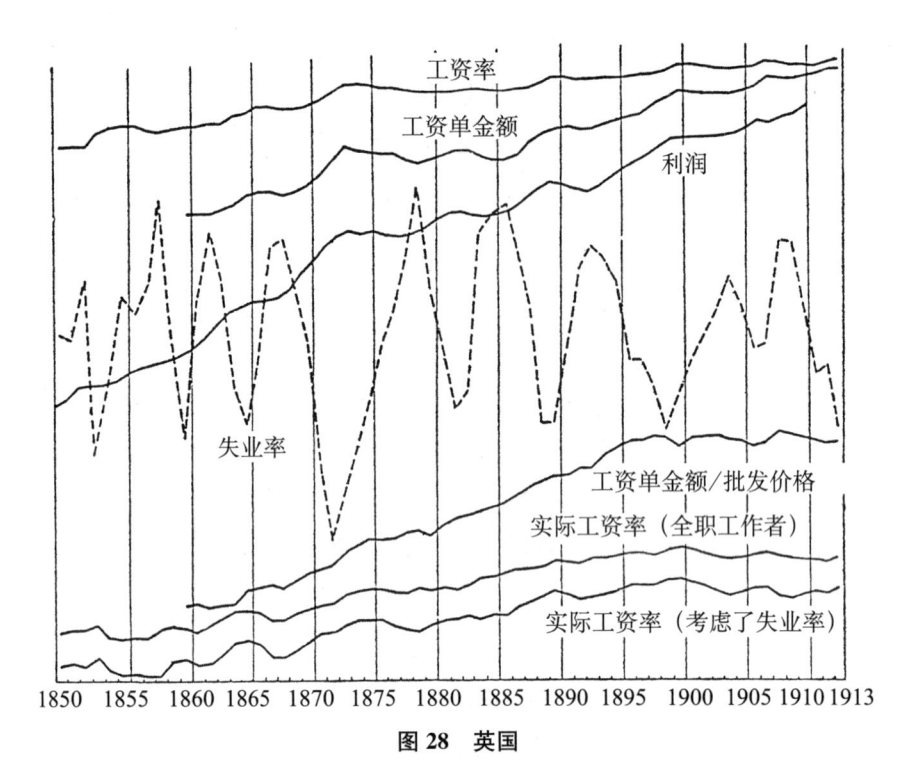

同时发生的。否则，各种周期就会像我们预期的那样。基钦周期至多是勉强可辨认的，朱格拉周期的标识则非常清晰，同时不完整的康德拉季耶夫周期也如同在结算额序列中一样呈现了出来。特别有意思的是，用失业率修正后的实际工资率的变动节奏、朱格拉周期在康德拉季耶夫周期的不同阶段显现出来的方式，以及对九年移动平均线的偏离。请仔细观察图 31。

我们必须始终牢记，我们正在处理的是年度数据，而且是不那么可靠的数据；然而就是这样，我们还是观察到英国的货币工资单金额出现了绝对意义上的下降（见图 28），这发生在两种最严重的情况下；在那些年间，第二个康德拉季耶夫周期萧条阶段的"扫掠"并没有被朱格拉周期的繁荣所打断。1874 年和 1875 年的数据与 1873 年的峰值相比，只出现了很小的下滑（1873 年，4.85 亿英镑；1874 年，4.70 亿英镑；1875 年，4.65 亿英镑）。但是，这种下降一直持续到了朱格拉周期的复苏阶段，直抵下一个繁荣阶段的门槛，而且它从来没有使工资单金额回到以前的均衡水平上（3.65 亿英镑）。然而，这种长期的下降其实并不令人惊讶。当

图 29　美国

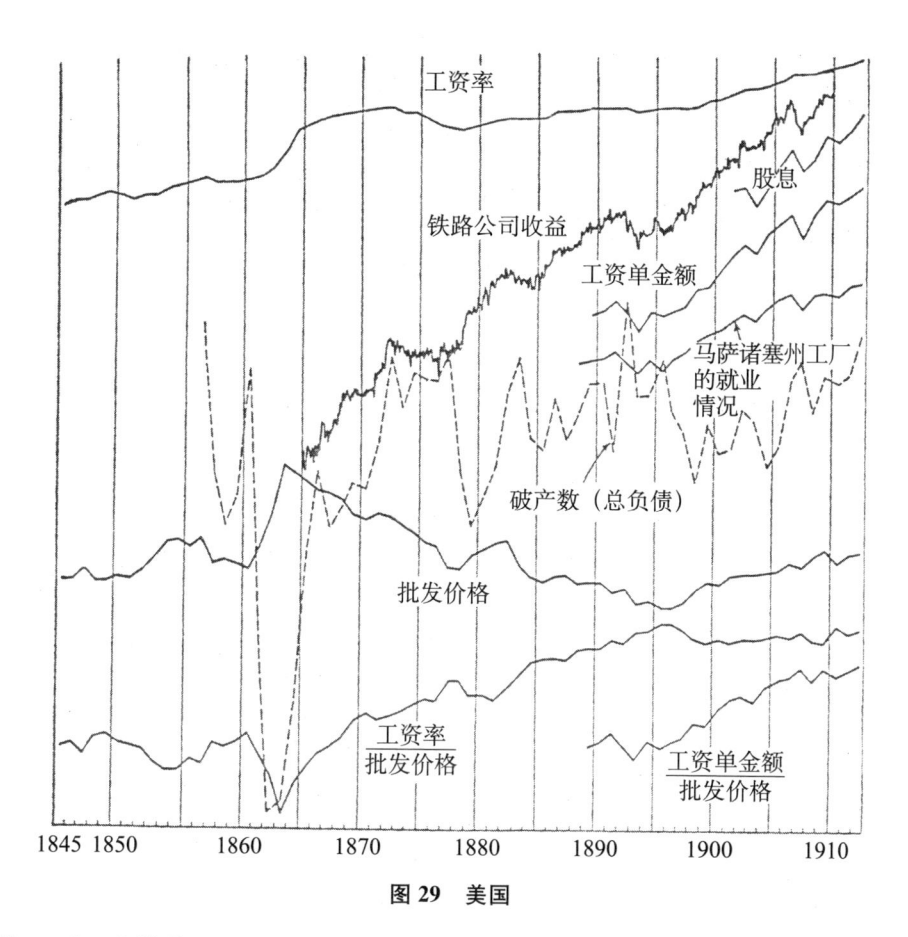

然，下一个峰值（1882—1883 年，4.7 亿英镑）比 1873 年的峰值还要低同样并不令人惊异。这些都完全符合我们的周期模式。只要人们适当地考虑干涉原理（principle of interference），即当他们乐于承认这种现象其实相当"有规律性"的时候，我们对它的相反的第一印象就会消失。当然，这样说并不意味着黄金产量没有直接地或间接地发挥任何作用（即对 1872 年出现的过剩承担一部分责任），而只意味着，它所做到的仅仅是强调了如果它没有减少将会发生的事情，以及如果它继续增加或在此之前没有增加可能会使之缓和下来的事情。1884 年和 1885 年的数字（下降于 1886 年停止，工资单金额从 1887 年开始再次上扬）很好地反映了我们根据我们的模式可以预测到的情况，即在康德拉季耶夫周期底部的朱格拉周期的萧条阶段占主导地位的会是什么。但是，在这个序列中，还有另外四

图30 德国

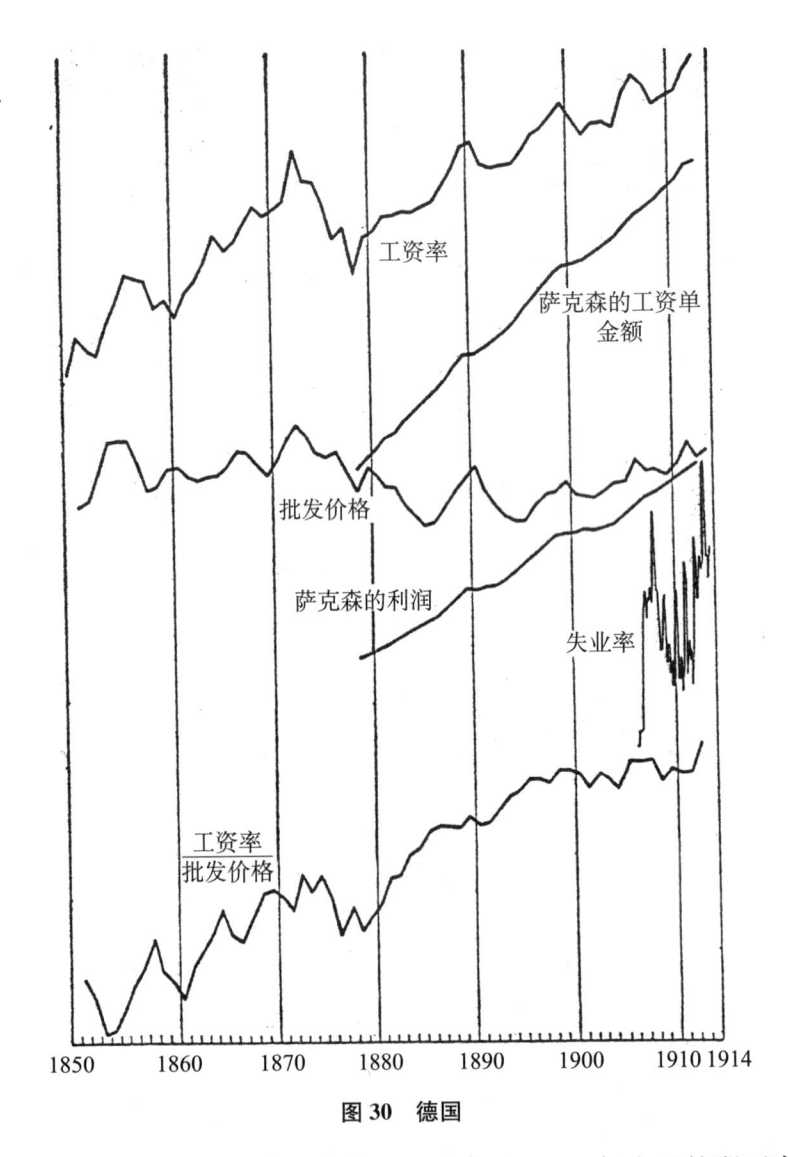

个工资单金额出现绝对下降的事件。1868年和1892年出现的那两次下降不需要多加评述。我们很容易理解，如果康德拉季耶夫周期的繁荣阶段像1907年之后那样短暂，那么作为"危机"的一个后果，在康德拉季耶夫周期的繁荣阶段出现下跌是完全可能的。但是，英国1901年至1904年的数据长期下降，这与人们的预期相反，而且除了1904年一次小小的下挫之外，英国的数据完全无法与长期下降对应。当然，这与上面提到的现象

图 31　英国

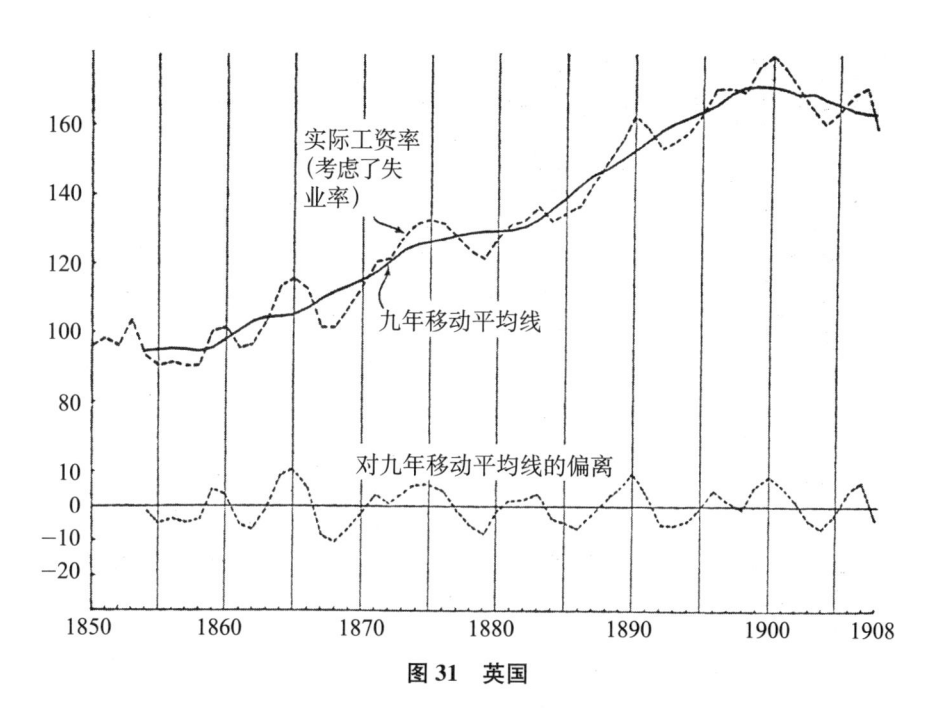

是同一种，只不过增加了一个新的特征。大多数出现了不寻常增长的年份，都很容易识别为出现在朱格拉周期的繁荣阶段，尽管其中有些年份要么属于复苏阶段，要么属于衰退阶段。

我们从未预期，也确实没有发现，货币工资单金额与可比的总额相比有任何显著的滞后。如果非要说有什么不同的话，那就是它在上行阶段领先于批发价格指数。有一些例子，比如 19 世纪 90 年代英国的序列的表现，近乎完美地说明了我们对这个机制的看法。其中一个突出的例子是，工资支出从 1893 年开始回升，而批发价格指数却仍在下跌，并且在批发价格指数转头上涨的同一年出现了更加强劲的上升。事实上，读者从我们的理论探讨可知，带来复苏的那些因素和导致繁荣的不同因素，虽然在早期确实可能会让它们自己看上去像是系统中会对投机性预期做出反应的那些因素，但是它们的机制效应必定会清晰地、明白无误地显现在工资单金额序列上。

四、滞后问题

如果在一个周期开始时的均衡的邻域中不存在失业，如果人口是恒定不变的，那么货币工资率也将会如此。由于这些条件没有得到满足，所以我们可以预测在上行阶段货币工资率将会出现滞后。结果我们发现确实如此。1868年，工资单金额提高了，然而工资率却保持不变。1880年，工资单金额上升，同时工资率却下降了，甚至在接下来的一年也是如此。1887年也呈现出类似的景象。但是我们又发现，尽管年度数据不足以达到这一目的，但是滞后程度远低于我们的预期。① 英国的序列覆盖了6个朱格拉繁荣阶段，其中有4个都是在接近年底的时候启动的，所以年度平均结果很可能会产生一种虚假的滞后，同时掩盖了一种真实的滞后。在另外两种情况下，没有可以观察到的滞后，同时也不可能出现好几个月的滞后。这种效应更多地表现在了上行阶段开始时工资单金额的上涨超过了工资率的上涨，以及到后来工资率的上涨则要比工资单金额的上涨频繁得多。值得注意的是，尽管这种滞后经常被强调，甚至被夸大，但是并没有给我们带来任何新的问题，也不需要引入任何外在于我们的机制的原因。但更值得注意的是，同样的情况也适用于下行阶段的工资率"滞后"，而且这种滞后更为明显。在1866年、1873年和1883年，工资单金额和工资率都有所提高；1884年工资单金额出现了下降，同时工资率则保持不变，1893年和1900年与此类似。工资率没有反映1907年的衰退，尽管工资单金额有所反映；同时两者都没有反映1913年的衰退，当时工资率出现了上升。

现在，大多数经济学家都倾向于用黏性等类似因素来解释这一点。我们并不打算否认这样的解释在许多情况下的有效性——至少直到新旧世纪之交，这类因素不可能拥有它们后来获得的那种重要性——但是我们仍然必须牢记，虽然有强大的理由预测在"深度"萧条期间工资单金额和工资率都会下降，但是没有理由期望它们在衰退时期应该会下降。认为工资应该下降的观点是不正确的；这种观点认为，工资下降的原因在于价格下降（且工资下降程度与价格下降程度相同），同时价格下降时工资没有下降就

---

① 然而，在某些特定行业，这种滞后更为明显。例如请参见胡克（Hooker），《煤矿工人的工资与就业人数的关系》，刊载于《皇家统计学会杂志》，1894年。

必然构成了另一个干扰来源。如果现实符合我们的模型（为一级近似的目的而设计的模型），那么货币工资确实应该会回到前一个均衡的邻域的水平，同时工资率则因此必须至少成比例地下降——如果寻求就业人口同时增加的话，则需要下降更多——除非替代性失业随之而来。创新的成就和诱致性发展的成果将完全以增加收入单位的"购买力"这一形式收获入袋。但是，既然正如我们已经看到的，这种"自动通缩"（autodeflation）从来都不可能完全发挥作用，既然只要它起作用，征服新经济空间的要求就会抵消它的影响，那么就不必然要出现工资单金额或工资率的下降：相反，我们可能会观察到持续的增加（尽管比较微弱）。在任何特定的情况下，我们可以预期的东西，在正常的衰退中，在萧条的阴影投下之前，是由存款数字的表现所代表的。如果这个数字没有下降，工资单金额就不一定下降，而且除非人口大幅增长，否则工资率也不一定下降。如果存款数字上升了，那么它们也可以并且确实将会提高[①]，而不会如同由于存在黏性而没有下降或由于某种立法行为而提高那样造成干扰。甚至在萧条时期，工资单金额或工资率也不一定会下降，尽管它们确实更有可能下降。当然，如果一个周期的衰退阶段与另一个周期的足够强劲的繁荣或复苏阶段同时发生，那么它们就不会出现下降。但更加重要的是，如果恐慌和螺旋式增强过程没有发挥太大作用的话，那么即便排除这种巧合，它们也可能会继续"挺住"。在我们所要面对的唯一康德拉季耶夫萧条阶段，英国的工资单金额实际上增长了25％左右，而且这一现象根本不需要任何演化机制之外的解释。而自主的货币影响则恰恰相反。

图29提供的证据表明（只要这些证据成立且可以相信），对于美国也

[①] 当然，这并不等于说，如果存款数字由于中央银行的行动或任何其他外部影响增加了，工资单金额就会随之提高。但是我们应该不难理解，对于如此明显的共变性——比如说，美国的工资单金额与净外部存款减去投资之差的共变性，见图23——我们必须给出因果性解释。如下事实，即如果存款被完全排除在了银行控制得最全面的项目（投资）的影响之外，那么这种共变性就特别突出，显然是与前者矛盾的。也许，把所涉及的问题用一种完全一般化的形式再说明一遍并不是没有用处。我们观察到任何由时间变量 $x_1, \cdots, x_n$ 组成的时间序列数据。我们发现其中 x_i 与 x_j 保持着不变的关系。我们认为，在对所有变量 $x_1, \cdots, x_n$ 之间当前存在的关系一无所知的情况下，我们没有理由根据这样一个发现推断出，x_i 的任意变化都将伴随着 x_j 的变化，虽然在所观察的系统中实际上是伴随着它的。

完全有理由得出类似的结论。图中插入了铁路公司收益和破产数据，从而给出了与总体经济状况的联系。前者以及"股息"与工资单金额之间的共变性的密切程度无须多加强调：在工资单金额序列中占主导地位的周期性因素当然是就业。修正后的工资率序列的行为是符合预期的，但是1895年至1908年间修正后的工资单金额的强劲增长则不然，必须用移民等美国特有的因素来解释。

五、理论解释中的一个困难

然而行文至此，又有一个问题浮现了出来：上述分析难道不就等于没有来由地假定周期性过程使得劳动在生产过程中的相对边际意义保持不变吗？因为只有在这种情况下（为了简单起见，我们先回到纯模型，并假设人口是常数），货币工资单金额和工资率在新的均衡中才能保持与在旧的均衡中相同的水平。由于大多数创新不仅本身就是劳动节省型的[①]，而且能诱发同样是劳动节省型的适应，所以似乎没有任何理由期望会如此；因此，无论总收入如何变化，工资单金额都可能会减少。这样一来，我们就又遇到了所谓的"机器和劳动"问题（只限于讨论这个特殊问题，将会带来很大的方便）。这个问题我们在前面遇到过两次。但是，我们现在将直接触及这个问题的基本方面，而技术性失业只是一种特殊的失业，而且正如我们已经看到的，它只是技术进步对工资单金额的影响的一种暂时形式。我们也曾经在演化过程所提供的新环境中遇到过它。我们不能再以不变的生产函数为基础进行推理，我们也不能继续处理劳动节省型创新的孤立效应。我们必须将我们关注的过程的所有元素都考虑进来，特别是新投资机会的涌现——这种机会不像讨论储蓄时看到的那样，仅仅是由于利率下降而出现。因此，关于技术进步对货币工资单总额的增加或减少的必要性、可能性的通常论点，无论是持支持立场还是持反对立场，都变得无关紧要了，因为在适当的范围内它们本身都是不确定的。

[①] 关于劳动节省型设备的概念，见希克斯（Hicks）先生的《工资理论》，第121页。根据他的定义，如果某项创新所增加的"资本"边际产量大于劳动边际产量，我们就称之为劳动节省型的。这种创新实际上不一定会减少后者，而且修正后的工资单金额也不一定会出现绝对的下降。

但更具决定性的是事实。虽然工资单金额和它所代表的收入份额在周期中会出现波动——即便我们从总收入排除（我们本应该这样做）源于出售资本资产的收益和损失，特别是源于土地买卖和证券投资的收益和损失——但它们与长期总收入以及其他大多数货币总量之间的关系仍然是基本稳定的（见图 27 和图 23）。由此，我们或许可以推断，如果存款、结算额和总收入在均衡的邻域之间都保持不变的话，那么工资单金额的绝对数量也可以保持不变。当然，这也就意味着，从长期来看，货币工资单金额对于创新以及创新所引发的设备产品在总产出中的相对增长，都是保持不变的。现在，我们可以得到的数据还不够好，无法令这个事实无懈可击。无论如何，如果我们接受了这样的证据，那么下一种可能性简单地说就是，一种关系无论从理论上看波动性何等之大，在实际中仍然可以保持不变，这当然是非常引人注目的，但事实确实如此。而且读者最好这样做，除非他能够接受作者的利息理论的原则，它将会提供一个理论解释：如果在一个理想的完全竞争均衡中，确实没有任何实物产品的组合能够产生任何净回报，那么就可推出，在这个系统走向这种状态的过程中，一定会出现这样一种趋势，即除了劳动服务和自然代理人的报酬之外，所有收入都将消失，即便这种状态永远不能实现也是如此。因而，"工资单和租金单"将倾向于将全部国民收入吸收殆尽（尽管这里有一个滞后），而且如果工资单金额与国民收入之间的比例关系未能在均衡前后相继的邻域之间固定不变，那么也只能要么归因于劳动的边际生产率与自然代理人的边际生产率之间关系的变化，要么归因于工资单数字据以比较的邻域的不完美程度的变化——一般来说，这两者的重要性都没有大到足以支配结果的程度。① 如果不想求助于这种理论，那么仍然可以这样辩称："实际资本"本身就是这样一种产品，当系统趋于均衡时，它的价格往往是最低的。但

---

① 列昂惕夫教授反对上面的观点，他所依据的理由是，因为作者并不认为利息或实际资本的回报（即净边际价值生产率）在我们从现实生活中观察到的邻域实际上等于零，所以不会得出上述结果，即便接受这种理论也是这样。然而，事实并非如此。如果利息没有变为零，因为它代表了生产过程中必不可少的一项支付，例如，对一项独特的生产性服务的支付，那么该项服务的相对重要性将如何变化就成了一个悬而未决的问题。如果由于其他原因，比如说摩擦，利息没有变为零，那么也就没有理由给出这样的论证。

是，如果这个最低价格仍然包括利息元素，那么就不可能就在国民收入中的绝对份额或相对份额提出任何一般性的命题，尽管就工资而言确实不存在这种最低原则。

工资单金额的"行为"就好像它是一个货币总量，比如说家庭总收入，尽管我们知道它只是家庭总收入的一个可变组成部分。不过，无论是否已经得到解释，将这个事实与我们之前所说的关于价格水平的那些东西结合起来，都已经足以解释实际工资单金额和修正后的工资单金额的周期性行为；如果再加上一些明显的条件，则可以进一步解释实际工资率和修正后的工资率的周期性行为。特别是，我们看到了这些量在经济衰退时期和经济萧条时期是如何表现的。这些行为证明了一种"老生常谈"：从总体上说，工人阶级作为一个整体，在物价下跌时期比在物价上涨时期过得更好。当然，这还需要进行验证：第一，相对"深度"萧条时期的价格下跌；第二，如果有的话，相对复苏阶段的价格上升；第三，相对位于更长周期的下行阶段的更短周期的上行阶段的价格上升。然而，这种"老生常谈"确实表达了一个广泛的真理。当然，可以肯定的是，这个真理通常就是建立在黏性和价格下跌对给定收入的影响的简单算术计算的基础上的，对周期性情况之外的那些情况——比如说黄金或政府的通货膨胀政策等情况——才是足够的，从历史上看，这些情况都与"苦难"有关。但是我们的论证表明，它与价格水平的周期性变化也有一定的关系。在类似的情况下，真实的轮廓在康德拉季耶夫周期中可以得到最清晰的展现。它们也是如此。就英国而言，我们已经有一些相关的信息，虽然这些信息不能保证我们的结论是正确的，但是确实表明这个结论的适用范围超出了我们的序列所涵盖的范围。实际工资单金额以及工资率很有可能在 1775 年到 1815 年间都有所增长，也就是说，在康德拉季耶夫周期的复苏阶段的后期、在康德拉季耶夫周期的繁荣阶段，以及在康德拉季耶夫周期的衰退阶段，被政府的通货膨胀所扭曲，因此不能被认为是正常的。此后，直到 19 世纪 40 年代，收入几乎没有发生变化，而生活成本的下降幅度却非常可观，以至即便是关于失业率的更好信息，也不太可能推翻这样一种推论，即实际工资单金额和工资率的上升幅度都要比以前大得多。在 19 世纪 40 年代，实际工资率不可能大幅上升。随之而来的价格上涨时期完成了康德拉季耶夫周期的上升阶段，同时也延长了这个阶段（因为一些我们已知的原因），修正后的工资率肯定在下降。实际工资率则很可能一直在下降（见图28），直到触及所属等级的最高点——尽管，因为就业得到了增加，实际工资单金额几乎肯定有所上升——然后从该最高点（1856年）一路大幅迈进，直到1897年，提高了将近80%，从而创造了现代生活标准。而在从1898年到1913年的这一整个时期，实际工资率几乎没有增长——当然，实际工资单金额有所提高。在正常情况下，除了少数例外情况之外，实际工资单金额和工资率在"当季之时"和"季节之外"都会上涨。但是，在我们讨论的这两个康德拉季耶夫周期，都是在最后三个阶段中的增长才构成了观察到的实际工资率趋势的主要原因。由于这个趋势是我们的机制发挥作用的效应所致（尽管受到了外部因素的扭曲），所以它也可以被确定为一种结果趋势。

从上面的分析我们可以推断出，周期性变动的经济状况往往倾向于生成的工资率和工资单金额序列在出现了不确定性的许多情况下都有适当的资格，并且在以下意义上适应了这些情况，即它们不会反过来要求或引发系统其他元素的明显适应过程。特别是，我们还可以推断，接下来出现的向上转折点或萧条，通常并不是对此前工资率的一种适应——这种适应是通过（例如）使劳动者的"购买力"未能获得经济演化过程每一步所产生的产品增值来实施的。以下说法也是不正确的，货币工资率或工资单金额必须首先上升，这通过公共权力或有组织的劳工（工会）的压力来实现，在那之后经济系统才能从较低的转折点开始上行。另外，我们也看到了，工资在繁荣阶段会上涨到与"劳动需求曲线"的向上移动相适应的程度，这个事实本身并不是使繁荣变为衰退的"原因"，同时货币工资率在后面这个阶段未能下降这个事实通常极少——如果有什么关系的话——与推动经济系统进入萧条阶段有关，就像在萧条阶段发生的这种下降与帮助企业组织走上复苏之路没有什么关系一样。

然而，这些说法并不意味着任何货币工资率的水平和变化所产生的影响。正如我们指出过的，货币工资率不是由我们所说的过程的运行所产生的，而是加到经济系统之上的。这种强加的货币工资率可能会意味着干扰——虽然并不必定如此；在某个给定的例子中，有很多原因可以解释为什么经济系统不能使它生成适应性的工资率的趋势发挥作用，即实现系统的其他元素的额外适应。而且，即便真的这样做了，这本身也只意味着它们干扰了一个过程，而这个过程本身的性质就在于产生非均衡（虽然它也消除了非均衡）。对这个过程的干扰不一定会加剧这种非均衡，相反，可能会减轻这种非均衡。我们甚至也没有通过否认（如我们的过程通常会产生的）工资的周期性行为是经济衰退、经济萧条、经济复苏得以发生的原因，对能不能通过强加适当的"非适应性的"工资率来缓和前两者、促进第三者这个问题做出完全先入之见的判断。我们没有要求为适应性的工资率保留特别的尊严。事实上，我们的分析驳斥了一些支持高工资或低工资政策的观点，但是并没有排除其他的可能政策。然而，要使这个问题得到满意的解决，就必须充分利用一般理论的全部工具，那显然无法在这里深入展开。不过，我们对战后时代的讨论将会提到其中的若干方面。

第四节　存款和贷款

我们接下来将讨论经济系统中支出的各种来源的行为，即企业和家庭的（现金和）余额或"存款"的行为，这意味着要回到第二节的论证，同时也意味着将我们在第三章第四节埋下并在第四章延伸的线索予以收拢。在谈到支出的各种"来源"时，指出如下这一点也许并不是多余的：这个术语带有隐喻特征，它可能会让我们产生一些误导性的联想。我们现在并不是在靠近周期性过程的起源，相反，我们正在远离它。正是为了避免产生任何关于"资金流动"对经济脉搏施加的机制效应的含义，余额这个主题才没有在为支出融资这个主题之前加以讨论。出于同样的原因，关于银行的行为和中央银行的作用的讨论也将推迟到更晚的阶段。在本节中，我们将只从企业和家庭的角度来研究融资。

一、支出的可能融资途径

任何支出行为都可以通过以下途径得到融资：

a. 以前的收入。读者应该可以回忆起这样一个命题，即在一个只会以恒定速率进行再生产的过程（静态过程）中，所有支出行为都能够而且确实以这种方式得到融资。现在假设，一个国家的绝大部分经济业务，在任何给定的时间点上，都是由重复着前一个会计期间的交易但带有自适应变化的交易构成的。为了便于分析，我们将每笔交易分解成一项完全的重复和一项正的（或负的）变化，并把这些重复和相应的变化分别视为两类不同的交易，它们也都区别于第三类交易，即受企业家影响或因企业家的创业活动而引发的交易。在与我们的纯模型相当的抽象级别上，我们将这个命题应用于第一类交易，即重复的交易。但是现在我们不能再这样做了。事实上，我们必须认识到这样一个事实，它在欧洲大陆比在英国或美国更为常见，那就是许多老企业实际上是用"自有"现金或"自有"存款来经营业务的，但是现在，即便是完全的重复，也仅仅限于极限情形，而不是一般的情况：大多数企业，无论新旧，目前都在借款和还款，即便是在最普遍的商业惯例范围之内。

这种惯例，正如我们已经看到的（见第三章），是经济演化过程的一项副产品，正是通过它，借款和信贷创造"侵入"经济系统的"古老地层"当中，这一部分原因在于，为了给创新提供融资而创造的余额很少能完全通过自动通缩消除，另一部分原因则在于，其他余额是为了给非创新部门的扩张提供融资而创造的，而那些部门的扩张是为了应对创新的冲击而出现的。因此，我们所称的对新经济空间的征服活动将永远处于扩张当中，尽管与实物产出和货币体系的规模并不成比例，而且与此同时，它还会在生产者的支出和收入之间造成差距，而这种差距将成为最需要银行去弥补的"常规"业务。稍加思考就会发现，这种差距实际上完全是因"进步"而出现的（事实上，这个现象我们是如此熟悉，几乎没有必要专门予以解释），而且不会出现在一个静态社会中（除非由于以前的进步浪潮）。

但是，尽管并非与我们的模型无关，但在一个货币过程已经适应了经济演化的社会中，上述重复对融资的需要，可能与正向变化或新交易一样大，这个事实会影响我们对余额的变化的预期。只要这种重复实际上是由自有现金或原始存款提供融资的，这些现金或存款就不会因为限制经营的决定而消失，而至多会变成闲置的。但是，只要它们是通过借款来融资的，相应的余额就不会变成闲置的，而是会通过偿还而消失，或者根本就不会出现余额。无论受影响的是存款的"数量"还是存款的"速度"，商人的决策及其经济结果都是相同的，但是统计数字却会有所不同。

然而，我们必须认识到，仅仅是重复也会提出一个明显的融资问题。在现实中，如何为新交易筹措资金这个问题，往往是通过令以前的收入流离开原来的渠道来解决的。例如，一个习惯于每年都存一笔钱以便每五年买一辆新车的人，可能会在其中一个五年结束时突然决定买一架飞机。不过，不仅是整个经济系统，还有消费者支出，或者如果我们从生产领域中选一个例子的话，生产者支出，都不受这种转向的影响。

b. 超支。 超支（overspending）这个术语的含义是，允许一个人的余额低于与前一个均衡的邻域的要求相适应的数额。这会影响系统支出，但是不会影响总余额。相反的情况是支出不足（underspending），或者如我们之前所说的"不支出"（nonspending），当现金余额超出了上述数额，这种情况就会出现——人们通常称之为"囤积"（hoarding）。不过，"囤积"这个词会让这种原本非常单纯的事态蒙上一种错误的色彩，因此不应该继续使用，除非是用它来指称那些从社会学和经济学的角度来看都确实符合它的真正含义的东西（例如在印度，仍然可以观察到这样的东西）。事实上，"囤积"一词含义非常明确，并且在货币问题上预设了一种与资本主义社会完全格格不入的有典型意义的立场。[①] 我们也不难回忆起（尽管是出于其他原因），根据对余额的任何需求来表述支出不足的事实，或

[①] 在资本主义社会中，唯一类似于真正的囤积的情况是，人们由于对银行的不信任而持有合法的货币，或者由于其他的不信任而持有合法的货币，又或者由于各种各样的不信任而持有某种商品。但是所有这些现象从根本上说原本都属于同一类，与"不支出"完全不同。

者将之称为储蓄,也是很具误导性的——在本例中,这种需求纯属虚构。当然,摆脱支出不足是为经济复苏的扩张提供资金的一个重要方法。此外值得注意的是,给定家庭和企业的现金总额,它们是不能同时增加或同时减少的,但是其中不活跃的部分则可以增加或减少。

c. 出售资产。如果一项资产被出售给了银行(我们称之为"会员银行投资"),客户的余额将会增加,除非银行设法消除了这种影响。如果这样做是为了给一项支出行为提供资金,那么当然会导致系统支出的增加,虽然它本身不会增加,而且本来也没有产生这种效果的意图。至于到底会增加多少,这个问题的答案取决于那些因此获得了相关款项的企业和家庭的行为,因而也取决于这个事件发生的时间所属的周期阶段。如果一项资产被出售给另一家企业或另一个家庭,那么这项交易不会增加余额的总额,但是如果它恰好将闲置的存款变成了活跃的存款,那么仍然可能增加系统支出。如果一家银行向企业或家庭出售资产,那么公众的余额就会减少。

d. "短期投资"。我们是在第三章第一节给出"短期投资"这个术语的定义的,它是指运用(或者从另一家企业或另一个家庭借入)一笔款项,而这笔款项本来是打算用于且未来仍然打算用于另一项开支的,只是因为支出时间离现在还很远,所以有可能在需要动用这笔款项之前替换或偿还。我们假设(这个假设与事实已经足够接近),短期投资是完全通过公开市场或证券交易所完成的。短期投资会增加系统支出,但是不会增加余额的总额。

e. 做出付款承诺。例如,可以发行汇票,只要所发行的汇票在付款和流通时能够被人接受(见第三章第一节第三小节)。但是,我们在这里将忽略这一项目。

f. 开采或进口货币金属并将之铸造成货币,或者将之兑换成存款,又或者用它们来伪造货币——正如维克塞尔所指出的,后者从经济上说也是同样的事情。这样做能够增加存款,并使银行的现金增加相同的数额。不过,如果不存入银行的话,这些货币就只能增加外部流通。

g. 向银行借款。 在英国和美国，从银行借款将立即增加存款（这种作用与透支相同）；而在德国，一旦企业或家庭收到的付款生效，存款就会立即增加。

h. 运用自己的或者借用其他家庭或企业的未用于投资的储蓄或积累。我们这里所说的"借用"（borrowing），还包括在纯粹技术意义上不属于该术语的方法，例如组建合伙企业等。

i. 征税和发行政府法定货币。 我们在这里忽略这种融资途径，尽管在前面各章进行历史分析时多次遇到过它。

j. 赊购。 不过，我们通常会假设（尽管这种假设往往与事实相去甚远），在这种情况下，卖方会从银行借入相同的数额。同样的假设也适用于相反的情况；在那种情况下，为生产融资的负担发生了转移——必须在交货之前完成付款。

k. 向外国借款。 如果导致了黄金的进口，那么这个融资途径的效果将与途径 f 完全一样；而如果贷款的收益用于购买外国商品，那么就正好相反。

二、（外部）存款、贷款和结算额之间的关系

因为所有这些途径是联合起来共同决定了周期性过程的不同阶段的余额，而且会在其间发挥作用的外部因素非常多，因此根据我们的模型预期会呈现出来的轮廓，会不会真的显示在存款序列上和银行贷款序列上，是值得怀疑的。当然，在这里无须重复描述这些预期。企业和家庭的（现金和）余额既是初级的（primary），也是结果性的（consequential），而且构成了一个自然的、系统性的、周期性的序列。它的表现应该与系统支出一样，并且会呈现出相同的结果趋势。会员银行的贷款和贴现序列也是这样。当然，必要的修正是必不可少的（即便在纯模型的情况下也是如此），而且我们很快就会提到这种修正。然而，更有意思的是，我们看到，现实与本来似乎应该离实际情况非常远的理论建构是多么一致！图 25 为我们给出了答案。存款、贷款、结算额，以及这三者与生铁消费量和设备生产

量的共变性之高是令人震惊的（尽管远非完美）。读者可以自行证明，就给定的这些材料而言，如果除了我们的模型所包含的那些之外，再也没有其他因素或机制在起作用，那么几乎不可能期望它会变得更强。我们面临的问题与其说是如何解释对预期的背离，不如说是如何解释这种远远超出合理期望的高一致性。

事实上，要想完成这两个解释，我们必须牢牢记住，我们的材料是有缺陷的，这些缺陷使得除了对最粗糙的轮廓线以外，我们不能对任何其他东西抱有太大的信心。我们的分析主要基于美国的数据，英国和德国的统计数据对我们的目的来说都是不充分的（不过，它们仍然可以作为支持性证据来使用），尽管德国自1901年以来已经有不少更有价值的信息。[1] 我们现在拥有的美国数据，都是来自各家国民银行（national bank）[2]，因而只代表了一个重要性不断变化的样本，不能指望它能反映所有商业银行的状况。[3] 个人存款与结算所交易额之差的序列，是我们主要使用的一个序列，它大体上给出了我们想要的企业和家庭余额数据，因为它不包括政府

---

[1] 参见 A. 哈恩（A. Hahn）教授 1927 年在《经济周期研究季刊》（*Vierteljahrshefte zur Konjunkturforschung*）上发表的论文中的分析。德国的记账方法和术语增加了解释德国银行业统计数据的难度，而且在 19 世纪，由于其他原因，这些数据本身也是无法令人满意的。然而，作者还是把他认为可以接受的余额加上"从一人之手转到另一人之手"的流通量（hand-to-hand circulation）的指标绘制在了"脉搏图"上。

[2] 许多学者都分析过国民银行的数据。其中有一位学者做出了特别突出的贡献，作者认为必须在这里向他致谢，并认为在许多问题上读者都应该参考他的论著，例如他对地区差异的论述（那是作者无法在正文中充分讨论的）：A. A. 扬格（A. A. Young），《对美国银行统计数据的分析》，转载自《经济统计评论》，1928 年，特别是其中的第 1～7 页，以及第 21～32 页。还请参见 J. P. 诺顿（J. P. Norton）1907 年的《纽约货币市场研究》（Studies in the New York Money Market）和 O. M. 斯普拉格（O. M. Sprague）的《国民银行体系下的危机》（Crisis under the National Banking System）。当然，还有其他银行数据，包括自国民银行体系建立以来和建立之前的数据。一些较旧的材料是由 A. H. 科尔教授慷慨地交给作者处理的。此外，还应该参考前面引述过的 W. B. 史密斯和 A. H. 科尔的著作。至于对 1834 年至 1935 年间的存款总额、时间和活期存款的估计工作，也已经由 C. E. 托马斯（C. E. Thomas）博士一手完成；它们将出现在作者讨论货币问题的新书中。然而，就目前的情况来看，我们最好还是暂且留在相对安全的地方，而且没有任何迹象表明结果会因此受到影响。

[3] 在 19 世纪 90 年代，特别是 1899 年以后，随着康德拉季耶夫周期的启动，信托公司的重要性日益提高，"开始在广泛的范围内入侵储蓄银行的领地"（见 A. D. 诺伊斯，《美国金融四十年》，1909 年，第 367 页）。在此期间，信托公司的存款总额从 1898 年的 198 000 000 美元增加到了 1906 年的 834 000 000 美元（出处同上，第 368 页），从而构成了对国民银行数据的症状性价值的一个进一步的和非常严重的限制。

和银行间存款——虽然应支付给储蓄银行的存款直到 1900 年 4 月 26 日一直被一些国民银行包括在内。当然，这种利用纽约市之外的国民银行的个人存款来减少我们希望将之排除在外的投机和其他交易的影响的办法，与利用结算额的方法一样，也是无法令人完全满意的。然而，纽约市之外的存款、贷款和贴现的短期波动，与纽约市的存款、贷款和贴现的短期波动负相关，这个事实不仅能够让我们在这一点上有所释怀，而且证明了银行家的银行功能（那是我们赋予纽约市的国民银行的），并没有被他们的商业和工业业务完全掩盖掉。当然，在将这个外部存款序列与我们的结算额序列（那代表了不同的样本）进行比较时，我们就又打开了另一个误差来源。

此外，就我们的目的而言，我们还应该将存款透支包括进来，因为从个别企业或家庭的角度来看，存款透支在作为可用"资金"这一点上并不亚于存款。同时，它们像存款一样也会波动①，而且波动幅度要大得多，因此更能突出我们要讨论的现象。但是，在 1898 年 12 月 1 日之前，它们都是包括在贷款和贴现中的。自 1892 年起，抵押贷款便可以与其他贷款分开来。之所以没有这样做，是因为正如我们在第一章提到过的，它们可能而且往往被用于股票交易投机之外的目的。关于定期存款，我们将在本节后面的部分以及我们对战后情况的讨论中给出理由——为什么我们没有能力将定期存款与活期存款分开这个事实，并不像有的人所想象的那么不幸。② 就目前讨论的这个时期而言，国民银行（和所有商业银行）的定期存款直到 1896 年一直都不是特别重要。然而自那以后，这方面的数字迅速上升，尽管 1915 年时的数字与战后时期的数字相比仍然偏低，但已经

---

① 请参考 L. W. 霍尔（L. W. Hall），《银行业的周期》，第 74 页。

② 当然，这种"没有能力"并不是绝对的。米切尔教授（《经济周期》，1913 年，第 321 页）给出了对 1890 年以前的定期存款进行估计的方法。托马斯博士的估计则包括了从 1834 年起可以用储蓄存折、定期存单和邮政储蓄存单证明的存款数额，因此肯定隐含了一种不同于通常的和官方的定期存款定义的定义。但是在 1931 年，这三类存款大约占到审计报告中全部定期存款的 90%。而且它们很可能夸大而不是低估了这一数额，这与活期存款当然在本质上有很大的不同。有关共同储蓄银行的早期数据，见 E. W. 凯斯（E. W. Keyes），《美国共同储蓄银行史》（*A History of Mutual Savings Banks in the United States*），1876 年。

不能再认为是微不足道的。然而，作为银行业的一种惯例，以下说法似乎是可信的：在19世纪90年代后期的繁荣时期，由于不得不面对相对来说比较紧的束缚，国民银行对真正的储蓄账户和非储蓄账户采取了同样的策略，方法是给后者提供与储蓄存款一样的待遇。如果确实是这样，那么我们直接使用存款总额数据而不试图对定期存款进行修正就可能不会有太大的损失。

最后，由于手头持有的现金和在银行中的存款余额对个别企业和家庭来说通常只是同一事物的不同表现形式，因此真正重要的是现金加上余额，而不是余额本身。然而，在实际操作中，至少对于战前时期，我们必须满足于后者（余额）。我们掌握的关于手头持有的现金的唯一指标是流通中的货币，但是流通中的货币除了与纽约市之外的国民银行存款缺乏可比性之外，还只能以一种极具风险的方式加以估计。从1813年至今，我们拥有一个连续的国库之外的全国货币（包括硬币、纸币、国库券等）序列，但是它极不可靠①，其中流通中的货币序列②必须通过减掉银行中的货币才能得到。对于从1834年到1863年这个时期，货币监理署对这两个项目都有记录。1900年，大约90%的州银行和信托公司都要向各州监管当局或直接向审计机构报告（不过，只有20%～25%的私人银行需要报告），因此我们掌握的数据与事实不会相差太大，而且可以对之进行相当令人信服的修正。但是对于1834年之前，以及从1864年到1875年这个动荡时期，我们至少可以说，进行估计是要冒非常大的风险的。而对于从1875年到1900年这个时期，

---

① 请参阅 A. 巴顿·赫本（A. Barton Hepburn），《美国货币史》，1915年，它所给出的早期数据可以用货币监理署公布的年度报告加以补充；特别请参见其中1900年、1904年、1920年和1931年的数据。当然，这个序列的质量在不同时期是不同的，但是它从未达到真正可靠的程度，它的各个项目的组成部分，除了每年的硬币数量之外，都只是粗略的估计值。关于1907年做出的更正，见《铸币厂厂长年度报告》，1907年。

② 请参见：凯默勒（Kemmerer）教授对1897—1904年的估计；费雪对1896—1909年的估计；米切尔对1890—1911年的估计；金对1880—1920年的估计；扬格对1901—1914年的估计。所有这些估计，以及另一项对1900—1926年的估计，都可以参阅 Y. S. 梁（Y. S. Leong），《估计银行持有的货币数量和一般流通中的货币数量》，刊载于《政治经济学杂志》，1927年。作者对 C. E. 托马斯博士的一份报告进行了引述，在此表示感谢。托马斯博士试图估计1813年至1933年的流通中的货币。就我们的目的而言，作者认为没有必要在此复制他的图表。

则处于一种中间状态。报告的银行持有的货币序列在 1875 年以后比在 1875 年以前更加重要。但是对不报告的那些银行持有的货币的估计，我们却缺乏可以作为依据的指标，因为财政部在 1900 年以后才对所有银行的存款进行估计。对此，出现了多种多样的估计结果，其中米切尔教授根据报告的那些私人银行在 1890 年至 1911 年间的平均存款得出的估计结果似乎可排在第一位。我们还可以从 1900 年到 1914 年间的所有存款与报告的那些银行的存款之间的比率出发进行反向推断，并将结果应用于报告的那些银行的货币序列。然而，无论如何，这都是一个在给定的假设下从一些估计中进行估计的问题，而且其中一些假设显然与事实相反。

三、预期会出现相似性的条件

如果为了从一个相对简单的模型开始，我们现在集中关注前面列出的途径 a、b、c、g 和 h，那么我们首先必须通过考虑途径 a 和 b 下的各种现象，限定我们的预期，使之与外部结算额和外部个人存款之间的差异完全一致。事实上，如果经济系统中有任何存款不是通过贷款而出现（因而也不是通过偿还而消失）[①]，那么即便是对于纯模型，对存款数量的预期也必定需要用对消费率的预期来补充。很显然，繁荣时期会出现超支，衰退时期会恢复到正常水平（现金加余额），萧条时期会出现支出不足，复苏时期又会恢复到正常水平。因此，与余额相比，结算额在繁荣时期应该上升得更多、在萧条时期应该下降得更多。同时，与结算额序列相比，存款序列在衰退时期的任何增长都应更为显著、在复苏时期的任何增长都应更加不显著。只要我们给出的图 25 是完全可信的，那么它提供的"证词"就大体上可以用来提供支持，只要适当注意周期之间的相互干扰即可。但是，如果只从周期效应出发，再进一步解释那个从一开始就给人留下的印

---

① 由贷款产生的余额不一定总是在不再需要时偿还。因客户向银行出售资产而产生的余额，尽管是"自有的"，在这种情况下也可能会消失，因为它们的所有者可能更愿意购买资产，而不是让它们闲置。正文阐述的假设是，对于目前的论证来说，借入的存款变成闲置的和自有存款消失的可能性都不是太重要。

象，即曲线有很长一段时间倾向于分开，那将会是很危险的。这涉及太多其他元素。但是，指出如下这点还是可以的：只要这种印象是由曲线在我们讨论的时期的最后几年中的行为导致的，那么它实际上就得到了解释（至少是部分得到了解释）——首先是一个朱格拉周期，然后是康德拉季耶夫周期衰退阶段的开始。

我们或许可以通过消除结算额序列和存款序列的趋势，来解决因为这两个序列之间的差距越来越大而带来的问题——对属于两个康德拉季耶夫周期的时间区间，用两个直线趋势去拟合每个序列，就可以达到这个目的——然后得出一个有很强周期性的序列，方法是用结算额的偏差除以存款的偏差。尽管这个序列会受到一些批评，比如说其组成部分不具有完美的可比性，但是它确实大致反映了在较短的周期内支出率的变化。它可能有助于解释存款与价格水平之间关系的某些性质（见图5、图6和图7）。再回顾一下我们得到的关于产出的周期性行为的结果，我们应该可以预测，不管超支情况和投机性预期如何，在繁荣时期价格水平的上升幅度要小于存款。而当存在超支时，无论产出有多大的增长，价格水平都应该上升得更多一些。但是没有理由相信这两种效应恰好能够保持平衡，从而使得价格水平的变化与存款的变化成正比；但是它们将在一定程度上保持平衡。而当再次陷入深度萧条时，支出不足——尽管它会加剧存款减少的影响——至少会在一定程度上被产出下降所抵消。在经济复苏时期，支出率和产出率也会在同样的意义上发生变化，只有在经济衰退时期它们才不会同时变化。然而，因为后一种效应在一定程度上会被消除趋势的过程所抑制，并且在最短的周期中在任何情况下都会很弱，所以我们不会像庇古教授那样[①]对卡尔·斯奈德先生的发现（即"存款速度"和"贸易活动"都显示出了能够"中和"对方对价格水平的短期影响的倾向）惊诧莫名。不过，我们还是不能同意斯奈德的结论。他认为"无论是存款速度的变化，

---

① 参见《工业波动论》，第十五章。关于他对英国数据的分析，参见伊迪（Edie）和韦弗（Weaver），《英国银行的存款速度》，刊载于《政治经济学杂志》，1930年，第398页。凯恩斯在《货币论》一书的第80页至第82页也讨论了斯奈德的发现。

还是贸易活动的变化，通常都不是决定价格水平的因素"①，因为"贸易活动"显然不是与存款的变化无关，而根据斯奈德的说法，存款的变化——与"贸易增长的长期趋势"一起——才是作用于价格水平的唯一因素。英国的数据所显示出来的图景也没有很大的不同（见图35，以及第十三章）。至于其他国家，由于材料不足，无法进行类似的尝试，但是我们仍然可以获得一些指标。例如，在法国，P. 德·埃萨尔（P. Des Essars）率先对法国银行的经常账户净额（solde）的"速度"进行了研究（见《巴黎统计学会杂志》，1895年4月号），他提供给我们的指标也是符合预期的。②

四、论支出不足、无借贷以及储蓄在周期中的作用

支出不足在存款出现绝对下降的罕见情况下尤其明显，而且外部结

---

① 请参见卡尔·斯奈德，《货币与经济稳定问题》，刊载于《经济学季刊》，1935年2月，第189页。第188页的图4也可以用来说明我们正在讨论的这个现象。但是，我们必须牢记，它所能做的仅仅是给出一个非常粗略的概念。外部结算额在除以斯奈德提供的总体价格水平指数并进行趋势和季节性波动调整后，直到1919年都与产出相对。而且，总结算额除以国民银行存款的结果则用来表示"速度"，或者我们所说的支出率。这两个比率都不能令人满意地代表它们应该达到的水平。从1919年开始，用于构建产出序列的方法则不会受到同样的反对。但是，另一个序列在1926年至1930年间的"表现"则充分表明，它不能充分反映消费和生产领域的支出速度。在这里还应该提一下斯奈德先生关于这个问题的其他论文，特别是如下这些：《商业活动的新指数》，刊载于《美国统计学会会刊》，1924年3月；《存款活动作为商业活动的衡量标准》，刊载于《经济统计评论》，1924年10月；《衡量信贷与贸易关系的新指标》，刊载于《政治科学院学报》，1930年1月，该文还附有一个书目性说明。尽管我们可能不得不请大家注意核对这些统计结果和斯奈德的解释，但是基本事实仍然没有变，那就是，正文所说的产出与"速度"之间的共变性绝对是可识别的，而且我们的分析在一定程度上支持了他的结果。如果从他在上面列出的最后一篇论文第27页的论述来看的话，这种关联性就会变得更加明显。这篇论文用我们所说的增长和进化来解释产出的长期增长率，而没有将后者与周期性波动联系起来。将斯奈德先生的研究与霍尔布鲁克·沃金（Holbrook Working）先生关于存款波动与物价水平之间关系的研究（《银行存款作为批发价格总水平的预测器》，刊载于《经济统计评论》，1925年）进行比较，应该会很有趣。沃金发现，批发价格总水平与存款偏离增长趋势的程度之间存在相当强的共变性（并且由于会滞后而有所提高），他所说的增长趋势与产出趋势大致一致。沃金没有强调"速度"的周期性变化。但是，由于产出实际上是周期性波动的，所以他的结果也就暗示了这一点。也请参见施奈德先生的《衡量信贷与贸易关系的新指标》第28页和第30页的图表。

② 请参见G. 罗鲁（G. Roulleau），《各种形式的货币存量的流通速度》（Vitesse de Circulation des Diverses Formes du Stock Monétaire），刊载于《巴黎统计学会杂志》（*Journal de la Société de Statistique de Paris*），1937年4月，第9页的图表。为了评价这些数字的意义，我们一定要记住法兰西银行在法国经济中所处的特殊地位。

算额所显示的系统支出随后会减少得更多（请读者观察1885年、1894年和1908年的下降情况；如果存款——见图6——在1874年和1875年增加了，那大概是由于国民银行体系进入稳步发展时期和货币向银行体系迁移）。这种"囤积"完全是结果性的，而且正如前面指出过的（第一小节的途径a），从根本上与收缩是同一种现象——如果业务活动完全通过银行贷款融资，如果除了由这些贷款创造的存款之外没有其他存款，那么就不会出现支出不足的现象[1]，但是它的后果仍然会存在，因为额外的收缩届时将取代支出不足。当然，这并不是说直接针对它的措施都是毫无意义的。尽管支出不足和无借贷都是结果性的，但它们本身却是足够重要的，而且作为"次级效应的原因"，有理由直接对它们进行操作。除了技术性的问题之外，在这两种情况下要解决的问题都是一样的。"立即购买"运动、公共工程甚至增发货币等，都可能有助于打破恶性螺旋式循环，缓解萧条状况。当然，这样的"治疗"仅仅是"皮肤病学式"的。除了所期望得到的效果之外，还可能带来其他效果，而且一般来说确实会带来其他效果。但是这样做并非徒劳。

然而，这与储蓄几乎没有关系。由于储蓄本身是以自有余额（包括现金）的存在为前提，而且余额（除非在破产的情况下）在不使用时并不会消失，因此，相对于存款的减少，储蓄确实会倾向于加剧支出不足。因为它是非实物形态的，所以试图通过惩罚储蓄来刺激支出是没有意义的，除了以下情况之外：只要储蓄与实际投资相联系（尽管实际上并不一定如此），而且实际投资与在耐用生产品上的延缓支出相联系，那么储蓄在事实上就会比被指定用于瞬时的、属于"必需品"类别的消费品支出时更有可能成为闲置资金。当然，仅凭这个因素并不足以"证明"一项旨在把前者转变为后者的长期政策的合理性——如果这种政策在一个世纪之前就开始了，那么现在的大众生活水平将肯定无法达到，而且从逻辑上看也必须

---

[1] 确切地说，我们本来应该说它将会减少，因为借入存款时，这种活动也会有所减少。此外，为了保持流动性，有时需要借款这样的事物存在。但是很难说它的重要性是大的，而且它更有可能发生在繁荣时期——在那时，机会可能会突然出现——而不是发生在萧条时期（在萧条时期偿还银行债务或不续借是最正统的做法）。

同时适用于原本打算用于耐用消费品的支出。此外，只要回顾一下我们在第一章的分析，以及我们在第六章和第七章对个别危机和萧条的讨论，就可以得出这样的结论，在其他条件相同的情况下，在之前的繁荣阶段的支出由储蓄和积累提供的资金越多，萧条就可能越温和。但是我们要再一次强调，当经济萧条已经开始，如果继续把这种反储蓄政策作为一种临时的权宜之计来使用，那么就比单纯的支出刺激政策更会产生不受欢迎的结果——尽管不能说它是完全徒劳的。①

当然，如果我们将储蓄和积累定义为包括"不支出"或与"不支出"一致，那么我们的论点就会有所改变，不过改变的只是形式，而不是实质。从这个意义来说，关于储蓄效应的这种套套逻辑式命题并不能告诉我们任何关于"节俭"的效应的东西。而且，这种说法也没有解决这些效应究竟是什么这个问题。因此，必须再加入一个要点，在储蓄与信贷创造之间建立起联系：尽管在一个处于我们所称的货币进入银行阶段之外的系统当中，"储蓄不会创造存款"，但是一旦将它们用于偿还银行贷款，就会"消灭"存款。实际上，这正是我们的机制的主要构成部分之一——用利润来偿还贷款会导致自动通缩，或者换一种说法，为实际投资融资的事后（ex post）积累利润，而为了获得这些利润，实际投资必须是有效的。如果除此之外家庭的储蓄也被借出用于同样的目的，那么这个过程当然会因此而得到加速。这样一来，储蓄的介入就缓解了银行信贷；从这个意义来说，旧有的理论——储蓄为工业设备的扩张提供了资金——在一定程度上仍然是正确的，即便在存在信贷创造的情况下也是如此。但是，储蓄要做到这一点是有滞后性的，这种滞后性导致了一系列现象②，如果储蓄从一开始就为创业活动提供资金，而不是在之后的阶段才介入，这些现象就会不出现；而如果储蓄根本不介入，这些现象就会不那么明显。因此很显然，我们这种做法在实践中是非常典型的。

---

① 本段最后两句话之间可能存在的矛盾也将立即消失。

② 我们可以回顾一下，这里所说的并不是指周期本身，而是指某些特征。这些特征在逻辑上虽然是次要的，但在实践中却可能是最重要的。例如，价格水平的波动会叠加在基本价格水平上，并使基本价格水平更加突出。

无论是在我们所说的意义上的创业活动中，还是在诱致性扩张的情况下，都没有什么能够比先利用银行信贷，然后通过发行股票和债券为债务"融资"更加常见。我们要引入纯模型的，就是储蓄的这个作用，而不是它作为主要的资金来源的作用——如果说我们已经引入了储蓄的话。

可以作为支持我们的过度储蓄理论和反储蓄政策的证据的，就是用储蓄和积累去偿还银行贷款这种做法的通缩效应——而不是储蓄和积累本身的通缩效应。无论是货币或商品领域的储蓄和投资过程的影响，还是类似于"储蓄的周期性释放"可以公正地归因于周期性变化，都不能为它们提供任何实质性的依据。但是，确实可以提出如下主张，只要储蓄"摧毁"了本来不会闲置的存款，它们就会在事实上加剧衰退和萧条。然后，这些过程所造成的损失就会比在消费品上花费同样大的金额时所造成的损失还要大。甚至有可能认为，储蓄如果这样使用，它就不能服务于任何社会目标，因为一旦旧理论分配给储蓄的任务通过信贷创造得以实现，它似乎就是——实际上确实是——专为制造任何情况下创新都会带来的麻烦之外的麻烦而来，而不会服务于任何其他目的。因此，在这里，我们更接近过度储蓄理论的立场——尽管造成这种额外麻烦的并不是任何"过度"储蓄——而不是与我们的论点有可能引导读者预期到的总体趋势。

然而，从这些方面可以得出的论据比看上去的要弱得多。[①] 这是因为，尽管没有办法确切地确定家庭储蓄的这种特殊用途在数量上的重要性，但是我们的序列的行为表明，它几乎不可能对存款的绝对下降或收入总额的绝对下降负责；而且只有在发生了这种情况的时候，才会产生真正严重的影响。这是由于这样一个事实：作为一个规律，特别是在繁荣时期和衰退时期，用储蓄者的资金去偿还贷款只能起到释放银行的贷款工具的作用，而且这种贷款工具马上就会被其他借款者利用；因此，除了对价格水平和利率有所影响之外，它对向上转折点的到来几乎没有什么贡献。此

[①] 既然分析是我们唯一的目标，那么就没有必要去探究根据上面的讨论反储蓄建议在给定的某个目标下（比如说促进稳定）会走得多远。在全面考虑了实际问题的各个方面之后，作者个人认为根本没有理由支持它们。但是归根到底，这要由读者根据自己的评估和对控制机构的信心来决定。

外，我们也不能忘记这种做法对稳定的作用。一方面，成功地用债券或股票替换了银行债务的那些企业，在巩固自己的地位的同时也限制了危险地带的范围。另一方面，只要这些是在繁荣时期完成的，就往往能够抑制过剩，从而减轻（而不是加重）反作用。当然，在经济衰退期间，尤其是当衰退有滑向螺旋式恶化的危险时，情况就会有所不同。在这种情况下，如果政府支出的时机恰当、力度合适，那么肯定能在很大程度上抵消不良后果——那很容易演变成瘫痪和灾难。

因此，作者认为，利用散落在本书几乎每一章中的各个"碎片"（disjecta membra）式的构件，读者应该可以构建出一个完整的储蓄和积累理论。但是，作者也得坦率地承认，这个理论的事实支柱还远远无法令人满意。这主要是因为缺乏数据（至少对战前时期来说肯定是这样），任何研究这门学科的学者都会遇到这种情况，无论他采用什么样的术语体系。由于本书基于特定的目的而采用关于储蓄和积累的特殊定义，我们对可能的反对意见的答复很明确：没有其他选择。如果一个概念有助于进行统计性评估，但是与分析正在进行的实际过程无关，那么使用这个概念将不会取得任何成果，因为如何提取相关元素这个不可解决的问题仍将是无法解决的。例如，关于实际投资（"资本形成"）和一般投资，我们的理解能够变得更好一些，哪怕相关的数字在超出我们独立于它们时能够了解的范围后就完全不可信也是如此。[①] 但是，我们不能通过以如下方式定义储蓄来增进我们的知识：令储蓄等同于投资，因为这个定义至多意味着我们可以在这个方面提出一个很有意义的问题，因为最需要我们加以阐释的，恰恰是这两种截然不同的过程之间的关系。还有一个类似的反对意见导致我们不能把公众购买的新发行的证券数量作为衡量储蓄的指标，况且，储蓄还会

[①] 这一点对于任何一个对英格兰在 19 世纪大部分时间的标准表现进行批判性研究的人来说，无疑都是显而易见的（尤其是在 1865 年至 1885 年；然而，回顾历史，我们会注意到更重要的尝试至少可以追溯到佩蒂、达文南和金，见 R. 吉芬（R. Giffen），《资本的增长》，1889 年。这些估计，尤其是对他称的"积累"以及包括在积累当中的"自由储蓄"（即通过证券交易所用于投资的储蓄）的估计，虽然是合理的，但是太粗糙了，难以使用。再后来，我们得到了某些特定年份的有趣数据，例如 1907 年的生产普查数据，以及个别项目的序列数据。不过，它们似乎仍然无法保证我们构造一个总体序列的努力定能取得成功，不过作者希望凯恩克罗斯（Cairncross）先生即将出版的一本著作可以大大促进这方面的工作。就德国而言，似乎不可能对每年的"资本形成"进行估计，但还是可能从

因为对外购买和认购在很大程度上是由银行贷款提供资金这个事实而受到损害。

至于企业积累的数据，在战前时期只能获得一些样本，而且这些数据的价值还会因为盈余依赖于折旧这个在很大程度上任意决定的变量以及资产的重估而大为降低[①]。一般来说，农民、工匠和私营企业的积累，都要

（接上页脚注）企业的行为中挑选出一些有趣的样本（其中之一将在后面提到）。在一定程度上，对于美国也可以做到这一点。而且除此之外，还有一个独特的资源最近被斯奈德先生有效地利用了。[见《资本供给与国民福利》一文，刊载于《美国经济评论》，1936年6月；《资本供应对工业化进程的重要性》（Die Bedeutung des Kapitalangebots für den Industrialisierungsprozess），刊载于《全球经济研究》（Weltwirtschaftliches Archiv），1935年9月。]这个资源就是美国人口普查局从1826年开始提供的关于制造业中的资本投资的数据，具体包括工厂价值、现金、存货、应收账款等。作者不清楚这里所说的工厂价值到底意味着原始成本、重置成本还是账面价值，同时也基于其他理由倾向于相信有关当局停止公布这项信息不是完全没有理由的（请参考关于第十二次制造业普查的注释，第一部分，第xcvi页）。此外，就美国而言，"实际资本价值"与国内储蓄之间的关系必定可以认为是一种特别遥远的关系。然而，作者也充分地认识到了斯奈德的大胆尝试的价值，并对此满怀感激。这条曲线与国民收入曲线之间的关系（参见前引论著第203页的图表）肯定是理论家所期望的。道格拉斯（Douglas）教授和柯布（Cobb）教授采用了插值法，他们巧妙地以1889年、1899年和1904年的数据为垫脚石（见他们发表在《美国经济评论》上的论文，1928年3月，增刊，第139页），方法是构造一个关于主要进入资本货物当中的商品的数量和价格的指数，以便生成年度数字——尽管它们无法直接比较，这有两方面的原因：一是它们并非每次都包括同样的东西，二是合并大大影响了估值。批评纷至沓来——对于其中一些批评，请参阅斯利克特（Slichter）教授在他的论文讨论部分的评论，但是结果可能比人们认为合理的期望更接近真实的轮廓。我们将会再次讨论这一问题，但是在着手分析战后时期之前，我们将继续只使用前几节使用的那些指标。

① 如果真的能忽视这些困难和其他一些困难，那么至少对德国来说，更雄心勃勃的尝试也是有可能的。然而在这里，我们必须提一下由柏林经济周期研究所完成的一项致力于克服这些困难的非常有意思的研究，《战前工业的投资活动和长期融资》（Anlagetaetigkeit und langfristige Finanzierung in der Industrie vor dem Kriege），刊载于《经济周期研究季刊》（Vierteljahrshefte zur Konjunkturforschung），1929年。这项研究只追踪了20家工业企业在1896年至1913年间的交易（它们在1913年的资本总额为4.04亿马克），其中有一些企业是相当"年轻"的。研究者设定，积累等于（从净利润中）"留存下来"的金额，加上实际核销的金额，再减去"技术上必要的"折旧。当然，这种"必要的"折旧并不是毫无异议的，而且如果我们可以从描述折旧的简短语句来做出判断的话，所采用的折旧方法也不是毫无异议的，但是结果并没有因此而失效。我们从这项研究中得知：积累[内在的"资本形成"（innere Kapitalbildung）]的变化与股息的变化一样大，不过要剧烈得多——在样本的平均水平上，在实收资本的0.6%～4.8%间呈现出周期性波动；平均而言（在1900年至1913年间）达到了实收资本的2.5%，这相当于大约超出总成本的净盈余的20%，而不涉及必要的折旧、股息（tantièmes）、社会支出（用净利润支付的工人福利）以及结转的金额（即支付给股东的款项加上积累的总额）；平均而言，这些企业通过发行股票和债券筹集的长期资金占到了实收资本的7.7%（按每年年初的水平计算）；在每次经济繁荣结束之前，所有这些通常都会被投到厂房和设备上去；投资超过了长期融资，甚至在经济萧条的年份也有时是如此。我们必须记住的是，被调查的这些企业都是非常"先进"的，而且正如前面讨论过的，它们在某种程度上都是比较"新"的。因此，这个样本不具有代表性，但是它足以纠正许多关于投资过程的错误观念。

重新投入到他们自己的"生意"中去，因此对它们的估计肯定是非常不可靠的。然而，对于那些仍然坚持认为至少不受支票约束的存款事实上（ipso facto）就是储蓄的人来说，最大的失望还在等着他们。就美国互助储蓄银行和股份制储蓄银行中的存款以及德国"金融机构"（Sparkassen）中的存款而言，他们的这种看法几乎是对的。但是，即便忽略欧洲大陆的储蓄机构也发挥着为普通人服务的银行的作用这个事实，即便忽略这些机构的存款的增加并不意味着储蓄而只意味着过渡为另一种持有现金的方法这个事实，我们也不一定不能忘记，这些资金的很大一部分是要集中起来用于某种明确的支出行为的——例如，用于度假、结婚、建造一座小房子等，或者说用于别的不那么明确的用途，比如说用于治病或以备不时之需。再一次，作者将打算花掉的钱排除在了储蓄之外。对于作者所采用的术语的适当性，读者自然可以随自己的意愿加以评论，但是一定要明白，如果把这些数额也包括在内，那么千万不能忘记如下事实：这种"储蓄"的总额是当前由"储蓄者"出于自己的消费目的而动用的。这一点至关重要。① 在商业银行的定期存款中，这个区别更加重要，因为这种存款本身就只有一小部分可以被看作真正的储蓄。其余部分代表了支出不足、临时投资，以及（再一次）为"庞大"的开支行为所做的准备；正如前面指出过的，定期存款总额的这一部分在性质上与活期存款并无不同。最后，有人从收入中减去税收和慈善支出，再扣除消费品支出，以此来推导出家庭储蓄②，这种方法至少在战前时期是肯定行不通的，甚至在战后时期一般来说也是行不通的。而且，即便行得通，我们也必须牢牢记住，支出行为所延续的时间远远超过收入期间，这个事实必定会严重损害结果的意义。在这里还要顺便提一下，在研究储蓄对经济过程的影响时，在研究经济周期

---

① 类似的考虑也适用于建筑业和贷款协会以及人寿保险公司的部分资产，这些资产反映了为将来的支出提供资金的一些方法，它们替代了储蓄。

② 我们需要记住，在我们所说的意义上，收入不包括资本收益。这是因为它们出现在系统支出流之外，所以就研究经济周期的目的而言，没有任何理由将它们包括在内。然而，布鲁金斯学会最近完成的研究却是这样做的，而且也正是因为这一点，这项研究得出的收入估计值和20世纪20年代的"储蓄率"增长速度的估计值都高得惊人。当然，用这些收入去购买消费品是"去储蓄"的，而且在性质上与通过借贷为消费者支出融资是一样的。见第十四章。

中过度储蓄理论的有效性时，把指定用于购买耐用品（如住房、家具和汽车）的收入包括在储蓄当中显然是荒谬的。但是，这种荒谬性不仅难以避免，而且它的影响必定会随着时间的推移而增大，因为在一个不断进步的社会中，收入的这些因素一般都将获得相对意义上和绝对意义上的重要性。

不过，还是有一些事实是相当清楚的。最重要的是，我们所说的意义上的储蓄量必定比人们通常认为的要小得多——而且，再重复一次，通过更宽泛的定义所"产生"的更大储蓄量并不能带来什么改变，因为在那种定义下增加包括的其他元素将不会产生同样的效应。这是因为除了企业隐性储备这一可能的例外之外，我们对数据的所有批评都倾向于降低这个数额。而且我们也都很清楚——事实上，这可以说是一个共同的经验——企业的积累行为必然具有很强的周期性。股息的波动一般不会像净收入那么大。但是，既然我们将资本收益排除在了收入之外，那么家庭储蓄行为就更值得怀疑了，因为实际收入增加带来的储蓄机会可能被乐观预期抵消掉，正如收入下降的影响也可能被悲观预期所抵消一样。储蓄也会随群体、国家和时代的不同而有很大的不同（见前文第二节）。但是事实上，汇集而来的各种强烈迹象都表明储蓄率是基本稳定的。瓦格曼教授针对战后德国进行的研究得出的结果正是如此。[1] 美国这个国家的数据也指向了这个结果，如果我们认为自 1880 年以来各人寿保险公司的资产[2]、各互助储蓄银行和股份制储蓄银行中的储蓄的演变轨迹是可信的话。尤其是后者，从 1840 年到 1876 年呈现出了一个（对数上的）直线趋势——毫无疑问，在我们所说这个术语的意义上，这在很大程度上是一个"特殊"的趋势——而且在 19 世纪 50 年代和 70 年代初的繁荣时期出现的对这个趋势的小偏离都明显是正的。然后，我们观察到，在 1879 年之前都是下降趋势，从那一年起又一次转为直线上升（尽管倾斜度更小一些），这个趋势

---

[1] 例如，请参见他的《经济周期理论导论》（*Einfuehrung in die Konjunkturlehre*）一书，1929 年，第 117 页。

[2] 参见卡尔·斯奈德，前引论著，第 203 页的图表。这种演化几乎总能用一条（对数上的）直线很好地拟合，而且只会显示出毫不显著的波动。只要观察一下这种关系，就会发现它几乎与制造业中的资本投资平行。

在1893年、1908年和1914年因出现了弯折而被打断。因此，在这个序列中，虽然萧条和繁荣都有自身的存在，但从事物本身来看，只有稳定才是最突出的事实，也是我们唯一可以"安全"地加以强调的。

同样，还应该注意到，就像将储蓄用于偿还银行贷款时发生的情况一样，即便储蓄和积累涉及"对货币的锁定"，反储蓄理论通常会归因于它们的那些后果也不一定会随之而来。在那种情况下，利润的积累往往会抑制过度繁荣，其作用就像中央银行采取限制性的公开市场操作一样。而发生在深度萧条时期的储蓄减少——企业积累的盈余被赤字和股息支出消耗殆尽，小储户的储蓄存款则被经常性支出消耗殆尽——则往往会缓解这种状况。如果我们观察到的这种趋向均衡的效应非常少，那是因为这种"锁定"现象发生的频率非常低。此外，我们也不能高估周期性"释放"储蓄的重要性。可以肯定的是，繁荣是实际投资水平高得超常的时期，而萧条则是实际投资低于正常水平的时期。与其他资金一样，储蓄在前一种时期是活跃的，而在后一种时期则是不活跃的。但是，正如我们已经看到的，这并不意味着在经济衰退期间投资必定减少，因为所有与征服新经济空间关联的资金要求到时候自然都会展现出来，更何况还有一种利率下降后才会出现的需求——特别是对住宅建筑的需求。

五、消费者余额与银行贷款以及各种货币比率

现在，我们再一次回到图25，以便更深入地研究消费者的余额与国民银行的贷款（及贴现）之间的关系。正如前面第二小节指出过的，在图25中"两个序列靠得很近地一起移动，但是也有明显的差异"（见 A. A. 扬格，前引论著，第5页）。如果我们消除了描述性趋势，那么共变性将会更加突出；而且，如果我们是在康德拉季耶夫周期的一个阶段之内进行这种操作，那么受到的反对就会少得多。扬格教授在他的图15 F（出处同上，第27页）上就是这样做的[①]，他的那个时期所涵盖的是1901年到

[①] 在那里是与净存款进行比较的，但这对周期性存款没有影响，尽管对季节性存款的流动会有影响；请参考同一个表格的B部分。

1914年。但是，至少对理解战前时期的银行业非常重要的一个基本事实，即贷款的流动支配着存款的流动，在任何情况下都是显而易见的。这种共变性也不限于那些传统上被认为是"周期"的较短波动。当然，我们研究的时间区间越长，就会有越多的外来因素出现，因此我们毫不惊讶地发现，在研究基钦周期和朱格拉周期的过程中发现的共变现象是特别接近的。而且，两个康德拉季耶夫周期的各个阶段都是清晰可辨的，它们对两个序列的影响也是相似的。图32给出了德国的情况。①

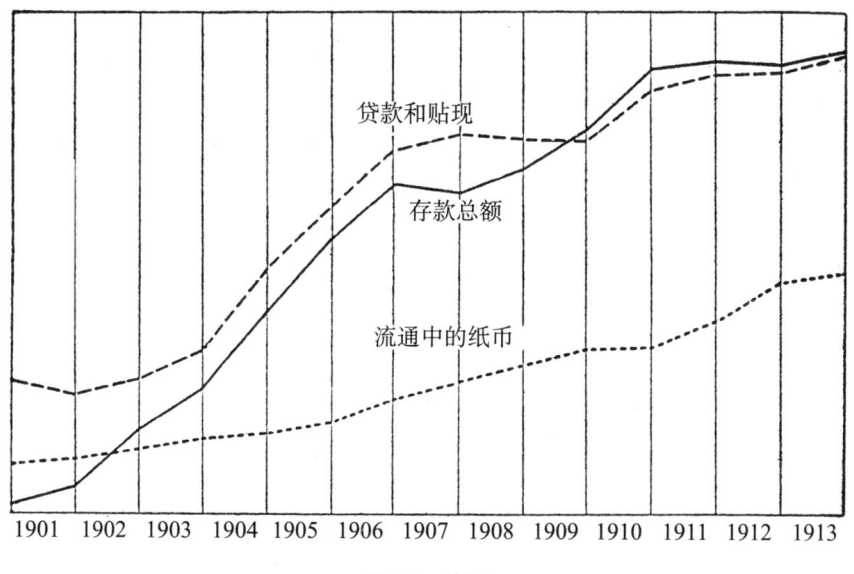

图32 德国

当然，贷款与存款之间的这种共变性必定会受到会员银行投资的干扰。纽约市之外的国民银行从这个序列开始时占贷款和贴现大约10%的水平，下降到了2 400万美元的最低水平（1873年2月28日），但是在我

---

① 在仔细研读这幅图时，我们有必要记住，存款总额并不意味着完全相同的东西，或者说就存款总额所代表的相对规模而言，并不意味着与美国相同的东西（在它们确实意味着一个可比数量的范围内），或者拥有与美国相同的相对地位。此外还必须记住，一般的存款银行业务，以及为这些数字做出了重大贡献的那些银行业务，都是在这段时间内获得了迅速的增长。因此，这就在一定程度上解释了1903年至1906年以及1910年出现的陡峭走势。为了突出这一点，我们在图中增加了显示纸币流通量的发展的序列。

们所讨论的这个时期又重新达到了 8.98 亿美元，大约占贷款和贴现的六分之一（1914 年 6 月 30 日），在 1897 年到 1902 年间的上升将存款序列推升到了接近贷款序列的位置。这个问题属于银行业务的范畴，我们将在第十三章详加讨论；但是在这里，我们立即可以注意到，除了明显存在于投资周期内的特定趋势之外①，周期内部的投资行为之所以会给人留下不稳定的印象，可以归因于以下两种趋势之间的冲突：一种是明显胜出的趋势——至少在短期的波动中肯定如此（见扬格的图 15 H，前引论著，第 27 页）——它的作用倾向于使得投资与贷款之间形成负向关联，即在经济不景气时期，银行运用闲置资金购买资产，从而生成了闲置存款，这会有助于存款序列的稳定；另一种是较"弱势"的趋势，源于企业和个人将自己持有的债券变现的行为——在经济景气时期，企业和个人对自己的资金有更有利可图的用途——这会有助于投资与贷款之间的正向关联的建立，并加剧存款序列的波动。

但是，其他因素也会导致对贷款和余额的根本相似性的偏离。一个因素是资本和盈余项目的变动。在纽约市之外的国民银行中，这个项目从 1867 年的不足 4 亿美元增长到了 1914 年的超过 15 亿美元。它清楚地显示了周期性过程的影响，正如它对收益性资产变动的更小梯度趋势的影响一样（见扬格，前引论著，第 5 页的图 2 以及第 22 页的图 9）。② 另一个因素是初始存款的变化。银行业习惯的扩展，以及随之而来的资金流入银行的现象，本身就足以使存贷比呈现出另一种特殊的趋势。除此之外，读者应该很容易就能认识到，原始存款也会出现周期性波动，而且它们反映了黄金走势的影响，虽然就后一个方面而言，有趣的是，无论是存款序列还是贷款序列，它们的表现在新的黄金引入前后都没有什么不同。如果我们所拥有的只是这两条曲线所传达的信息，那么我们就几乎不可能推断出发生了什么事情，以至在我们的过程中货币数据发生了改变。最后，只要硬币和纸币在流通，特别是如果农民、工匠、工薪阶层、零售商及其亲属的生

---

① 见下文的图 34。
② 这个梯度小于收益性资产曲线的梯度，这个事实在一定程度上反映了"从一人之手转到另一人之手"的流通量的相对减少（详见下文）。

活在很大程度上都位于银行领域之外,那么在其他条件相同的情况下,总余额的周期性增加和减少都将不如贷款明显。① 这是因为当经济变得繁荣时,现金会逐渐退出每个原有的或新开立的存款账户,而且无论重新存入的速度是何等之快,滞留在银行之外的数量在繁荣时期都会比萧条时期更多。

上面考虑的这些因素足以解释为什么贷存比本身是一个周期性变量,为什么它的波动或趋势并不总是那么容易说明。这个比率的变动,在方向上与它的各组成部分相同,但存在着滞后。这主要是因为投资和贷款之间存在着明显的负相关关系,同时还因为现金的周期性外流和回流,这些都是可以理解的。② 但是,除了上面提到的这些因素之外,还有其他一些因素,例如,由于对银行的不信任而提取存款、囤积现金,或者立法上的改变——这些因素会组合起来,干扰上述规律。我们现在来观察图 33。在这幅图中,我们把(发行在外的银行券)流通量加到了个人存款之上。这样做的根据有二:一是有理论认为,银行券从根本上说与消费者余额是同一事物;二是另一个更加可疑的理论认为,它们的数量的变化同时表明了公众手中持有的法定货币的数量的短期变化,因而也反映了财政部和所有银行之外的货币总额的变化。当然,随着时间的推移,国民银行的流通量受特有因素的影响太大,对我们的目的没有多大意义。

只要贷存比的变化是由现金流出和流入存款的周期性耗竭和充盈造成的,那么流通中的货币与存款之间的比率也必定会是一个周期性(和季节性)变量。当然,这正说明货币数量理论的几个著名版本所特有的显性或隐性假设(即它是常数),只适用于完全静止的状态。在任何一个非静态系统中,这个假设甚至不可能随着时间的推移而成立——例如,在连续的

---

① 实际上,存款的波动比贷款的波动更大,尽管在纽约市的那些银行中不是大得太多。这一点其实不难理解。但是,必须记住,摆在我们面前的并不是一个完整的系统性的数字,而只是其中一个部分的数据。

② 根据 W. M. 珀森斯(W. M. Persons)教授的研究(《银行贷存比的周期性波动:1867—1914 年》,刊载于《经济统计评论》,1924 年 10 月),这个滞后期大约为 6 个月。存款和贷款是同时波动的,并与哈佛商业曲线同时波动,而它们的比率则与哈佛货币曲线同时波动。这也正是我们应该预料到的。然而,珀森斯教授只是将我们正在讨论的这个比率用于战前时期的最后十年。我们将会发现,在 1900 年以前,这些关系并不那么清晰可辨——当然,这并不值得惊讶。

图 33 美国

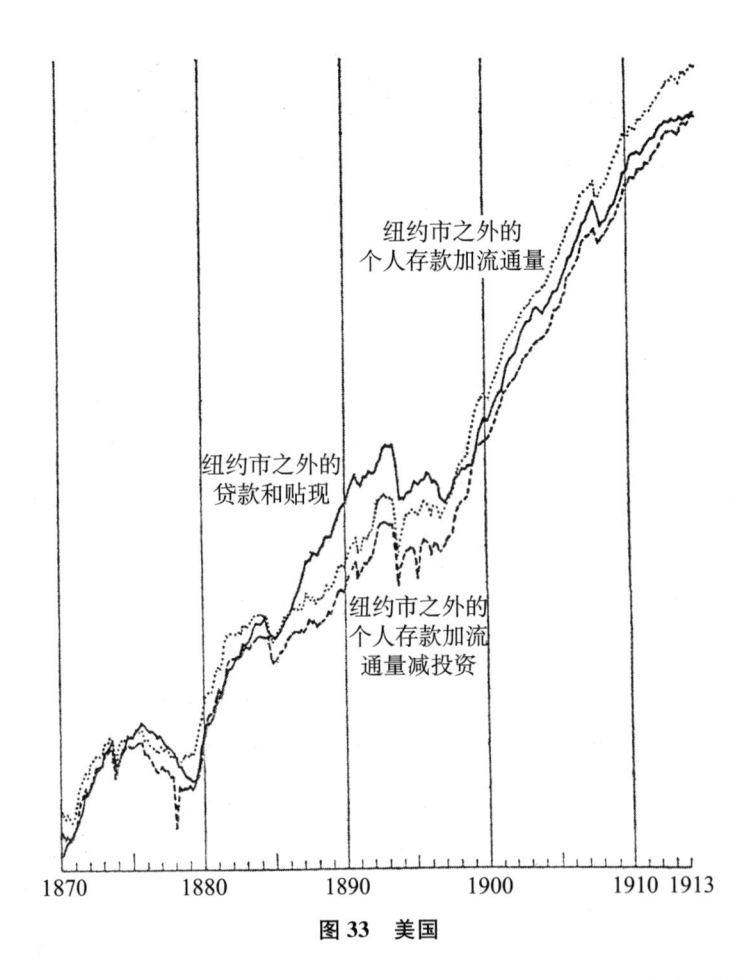

均衡的邻域中成立——因为我们所说的过程会改变用现金直接结算的交易的相对重要性：在美国，用支票支付这一习惯的流行是导致资金流入银行的最强大的因素，而这反过来又成了银行扩大贷款的最有力工具。首先，这有助于解释这样一个事实：随着时间的推移，贷存比一直在不断地稳步下降。① 虽然这个比率可以从（外部）国民银行的数据中观察到，但是正

---

① 在 19 世纪 70 年代，这个比率平均为 160% 左右，此后每个十年都在下降，直到 1910 年几乎达到 100%。当然，这不能用存款越来越少地流向外部循环来解释；而且 1879 年至 1881 年的剧烈波动也不能用这种方式来加以解释。还里需要补充几个数字：在 1875 年至 1914 年间，贷款和贴现增长了 7 倍左右，个人存款增长了 11 倍以上（11.3 倍）。1875 年 3 月 1 日，相同银行持有的"合法货币资金"总额为 7 600 万美元，1914 年 3 月 4 日则为 6.42 亿美元；同一日期的资本和盈余分别为 5.36 亿美元和 15.39 亿美元。

如我们已经看到的，对第二个比率（即财政部和所有银行之外的流通中的货币与存款总额之间的比率）的度量，就成了一个更值得怀疑的问题。但是至少从1890年起，这些数据不会再有如此大的缺陷，以至动摇我们对它们所显示的强劲下行趋势的信心。① 另外，外部流通量与贷款加投资之和的比率本身也具有明显的重要性。卡尔·斯奈德先生试图利用一个估计出来的序列——外部货币与"向上调整到1913年的所有商业银行的水平"的国民银行贷款和贴现——估算出这个比率。② 但是，无论人们以什么理由反对他的这种做法，这个突出的事实本身是不容置疑的。由于这三个比率的下降基本上是经济演化周期性过程的结果，因此我们可以从结果趋势的角度来讨论。

六、实际投资和货币投资

现在，读者应回过头去看一下图 25，然后再仔细观察图 34。现在这幅图显示了（尽管还不够充分）通常所称的投资指标的行为。之所以在图中插入表示会员银行投资行为（用纽约市之外的国民银行的投资行为代表）的曲线，只是为了表明它们的波动与工业设备的产量之间负相关的程度，恰与它们与贷款和贴现之间负相关的程度差相仿佛，也就是说，已经基本如此但尚未完全如此（如果消除了描述性趋势，那么这一点将会更加明显）。正如在比较贷款和存款时一样，再一次，在很大程度上，个人和企业把资产卖给银行成了为工业扩张提供资金的一种方法。建筑许可证的发放数量不仅仅反映了投资——因为自用住宅的建设不是我们意义上的投

---

① 请参见安吉尔教授给出的"比率 h"，《货币的行为》，1936 年，图 2。他使用的存款数据不仅包括需要报告的银行的所有存款，还包括邮政储蓄银行的存款，以及政府存款和银行间存款。然而，浮动的部分则被扣除了。不过，作者不同意他的如下论点：外部货币、流通存款（支票存款——银行家的余额——票据交换所的交易）、外部货币与流通中的货币的比率以及总存款不显示出明显的周期性，而且不存在可以证明货币和存款之间具有直接因果关系的证据。恰恰相反，我们所有的波动似乎都表现得很好：比率 h 从 1890 年的 24% 向下横扫，到 1914 年降到了 10%，但这种趋势在每个繁荣时期都被打破，同时在每个衰退或萧条时期则都被加剧。此外还应该补充的是，这种下降趋势被夸大了，因为不用报告的银行持有的资金的重要性正在下降。

② 《论货币与经济稳定问题》，刊载于《经济学季刊》，1935 年 2 月；见第 192 页的图。

678 ◎ 经济周期理论

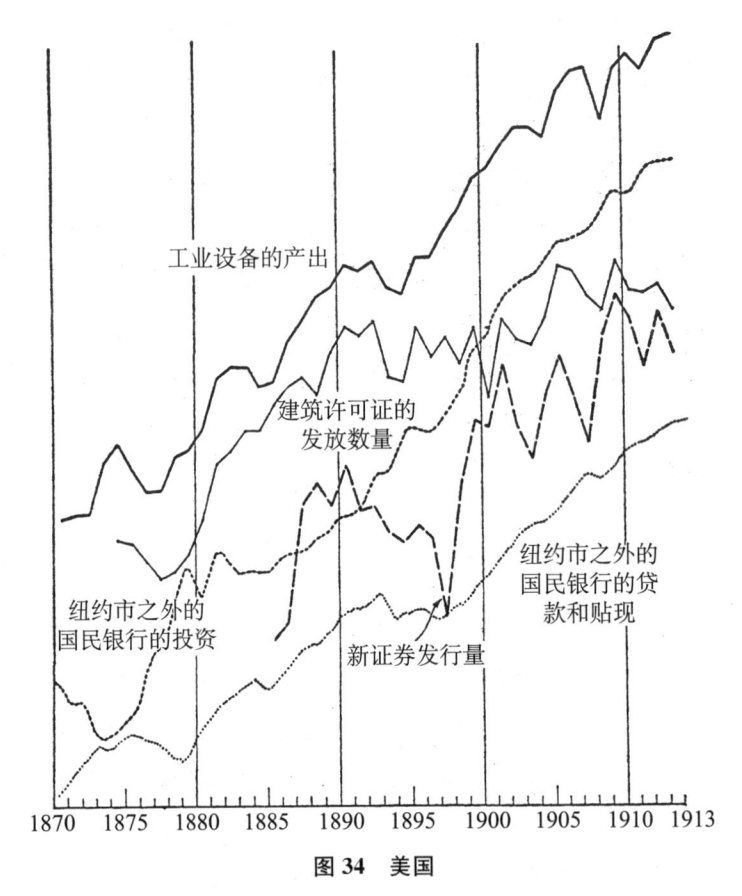

图中曲线标注：
- 工业设备的产出
- 建筑许可证的发放数量
- 纽约市之外的国民银行的投资
- 新证券发行量
- 纽约市之外的国民银行的贷款和贴现

横轴：1870 1875 1880 1885 1890 1895 1900 1905 1910 1913

图 34 美国

资——所以其行为表现就像消费品和投资品的组合应该有的那样"不规则"。① 然而，所有与贷款和贴现的变动的"密切联系"都是不需要的，尤其是在第二个康德拉季耶夫周期结束之前，尽管它更容易在对潜在经济状况的分析中显现出来，而不是通过正式的度量来展现自身。新证券发行量——它可以用来表明家庭投资的大致波动性——与贷款和贴现之间的共变性，除了 19 世纪 90 年代初期之外，完全如我们期待的那么强——如果我们记住了这两个序列的不同"性情"以及生成它们的"谐振器"的不同结

---

① 我们在前面的脚注中引用过的柏林经济周期研究所的一份研究报告，对工业投资和融资的关系进行了探讨。这份报告提供了一个图形，比较了 1895 年至 1913 年间 32 个城市的工业建筑（Fabriken und Werkstätten）与生铁消费量的增长情况（其中的趋势被清除了）。结果表明，两者之间的共变性是非常惊人的，工业建筑建设略微领先且几乎始终保持领先。从这项研究来看，工业建筑有可能是一个比生铁消费量更好的指标或预测器。

构的话。再一次，企业的实际投资是用工业设备生产指数来表示的。它的曲线始终远离贷款和贴现的曲线，但是在其他方面却随后者而变化，尽管是以一种与它的"性情"相容的形式——其中一个的强烈波动常常与另一个的轻微扭曲相对应。两个序列以几乎完全相同的方式呈现出了两个康德拉季耶夫周期，同时清晰地显示出了朱格拉周期，并在基钦周期中一起移动。读者应该能够让自己相信，这种例外的发生似乎只不过是可以理解的滞后现象。甚至就连我们所有人根据日常经验都很清楚的一个事实，即紧急借款这样的事情必定存在，而且每一个有良好关系的企业在这件事情上都可以做得相当成功，也几乎不需要提起。

因此，贷款的时间形态完全符合我们模型的预期——无论是在长期内还是在短期内，无论是在趋势上还是在所有周期中——就像它所控制的存款的时间形态一样。但是再一次，如果我们继续说它的行为可以由生铁消费量或设备产量序列的行为来说明和解释，那么我们就是在为我们的图表增加一些证据。只要重复在讨论系统支出的情况下进行的论证，我们就可以再一次认识到，尽管绝对安全且得到了"通常的看法"的支持，如下命题——投资在繁荣时期（在复苏时期则不然）是经济活动的推进器，因而也就控制了贷款和余额的行为——是对其他证据的补充，而且这个补充不像"贷款控制存款，而不是存款控制贷款"那个命题那样会被微不足道的东西所掩盖。① 然而，比较不安全的进一步补充是，贷款对实际投资的融资有很大的贡献；更不安全的说法则是，贷款在逻辑上是因创新而发生的实际投资的主要来源。就时间序列证据而言，可能同样不安全的说法是，是贷款和存款的流动（本身则是由货币条件和政策决定的）诱发和控制了实际投资，或者说主动权不在企业家手中，而在银行手中。

这个问题只能通过对资本主义过程进行理论和历史分析来解决，我们在前面一些章节已经尝试这样做，而且在讨论的时候，我们已经指出过，

---

① 当然，从另一个意义上说，这个命题并不是无关紧要的，也就是说，在我们讨论的这个时期，主导存款序列行为的是贷款而不是会员银行的投资。

贷款和贴现主要为当前的操作——在每一个周期中，也许甚至会胜过那些次级波——甚至为消费者支出融资这个事实，最多从表面上看与我们的解释相互矛盾，而且它们实际上为各种长期性的承诺提供资金的程度，尤其是为工业工厂建设提供资金的程度，则很可能被低估了，因为这种目的往往是隐藏起来的。我们已经从诸如汽车工业的崛起这样的突出例子中看到，向银行借款的不一定是企业家，这个负担完全可能被转嫁给那些提供材料或推销产品的企业；或者向银行借款的，可能是而且经常是证券交易所的投机商或认购新股的投资者，而不是企业家。但是，我们也在进行历史分析的那些章节中看到了，有大量迹象表明，银行贷款也会直接用于创新目的，在美国尤其如此[1]，德国次之，英国最少。事实上，读者只要回过头去看一下本节开头给出的为系统支出融资的途径清单，就肯定会毫不犹豫地认为必定是这样。虽然向银行借款并不是直接或间接为创新融资的唯一途径，虽然银行贷款也有许多其他用途，但是我们的模式毕竟不能距离实践太远，因为这些途径中的大多数要么不充分，要么不能用于从零开始的创新。

　　浏览一下前面给出的融资途径清单，我们很容易看到，资金使用方向的转移、超支和对临时可用资金的利用等途径，既不是新成立的企业能够运用的，一般来说也无法证明足以为大型工厂和设备提供足够的资金。积累和储蓄则只提供了巩固而不是新建工业企业的手段；在任何情况下，它们在实践中的实际重要性只能来自以前的创业成功，而它们除了偿还债务之外，也只能导致扩张而不是创建全新的东西，尽管这种功能从原始资本主义时期，到竞争资本主义时期，再到"托拉斯化"的资本主义时期，一

---

[1] 然而，还有一些进一步的迹象也可能会被注意到。事实上，默尔顿（Moulton）先生就比作者更勇敢得多，他提供了对银行在1916年开展的各种业务的相对重要性的估计结果，结果冠军属于"固定资本经营"，55%的国民银行、62.1%的州银行、68.2%的信托公司都是如此（他的论文刊载于《政治经济学杂志》，1918年6月）。当然，默尔顿先生文责自负。或者，读者也可以参考一下C.O.哈迪（C. O. Hardy）和雅各布·瓦伊纳（Jacob Viner）所做的（向财政部提供的）报告，《美国第七联邦储备区的银行信贷可得性》。该报告指出，许多短期贷款（更不要说抵押贷款了，其中那些抵押非农土地申请的贷款确实与我们的讨论相关）事实上也都在无限期地展期，即借款人用短期贷款来为厂房和设备开支等目的融资。显然，这些贷款中有一部分必定是为我们所说的意义上的创业活动融资。

直发挥了相当大的作用。向非银行机构出售资产也是如此。因此,如果我们暂且忽略所有次要的途径,实际上就只剩下向银行出售资产和向银行借款这两个途径——当然也要受到向外国借款和向外国放贷的影响。因此,创新与贷款之间的大体对应关系,以及更明显的创新与存款之间的大体对应关系,并不像乍看上去的那么不可能。

第十二章 利　率[①]

第一节　继续前面的论述

现在接着第三章第五节的脉络，继续讨论我们关于利率的观点。读者应该还记得，对于利率，一方面我们将它视为当前的支付手段或"余额"对未来的支付手段或余额的一个溢价（premium），另一方面我们将它视为系统中的一个张力系数（coefficient of tension）。在本章，我们将对第三章第五节提出的利率理论的若干方面加以发展。为了方便起见，作为第一步，先在纯模型下进行所有简化，即再一次假设，除了企业家之外没有人借款，除了会员银行之外没有人放贷（会员银行创造所需的特别"基金"），所有其他企业——它们的业务只包括购买生产品和消费品——的资金来源都只限于以前的收入。此外，由于（至少在目前）我们还要将第三章第五节定义的各种公开市场和中央市场等场景排除在外，所以我们只需面对一个利率（这至少可以令我们得到一些安慰）。毫无疑问，这种单一利率与经济系统中不同部门的工资应该是有区别的，但是仍然可以采取与工资率一样的处理方法。尽管我们在本章就会放弃所有这些简化的假设，但我们还是会将对国际资本流动问题的讨论放到下一章，同时也会尽可能

[①] 再一次，读者还应该参考作者的《经济发展理论》第五章。而且，还要再一次提醒读者注意，我们的许多命题并不依赖于作者的利息理论。

地把对虽然发生在会员银行的会议室之内但是不属于银行主动接受或拒绝企业家的申请的相关事宜的讨论放到下一章。换句话说，在本章，我们要处理的主要是只有一个"被动的"银行体系的封闭经济系统，目的是搞清楚在这些限制条件下可以分析多大范围内的观察到的事实。

一、余额需求和均衡利率的概念以及适应性利率

在不考虑消费者时间偏好、创新或我们所用的术语的意义上的对利润的预期的情况下，决定是否进行生产的唯一因素（不然那就会是一个静止的和无扰动的世界），就是当前余额的正溢价，或者说当前美元比相同数量的未来美元更加值钱。只要观察一个企业家希望运用任何数量的美元加上利润的数额（企业家将它作为那个数量的美元的"需求价格"），我们似乎就能够构造出企业家对当前美元的需求曲线，其中，纵坐标可以用未来美元来表示。然后，我们就可以经由熟悉的论证途径得出结论：利息就等于边际利润，即不仅包括边际企业家的利润，而且包括，由于我们可以假设，每个企业家都可以不断地改变自己的承诺额，所有人的预期利润的边际增量。但是，在我们要讨论的情况下，这种构造意义不大，尽管它也有一个优点——揭示了我们的货币利息理论和关于工业过程的一般理论之间联系的性质。与往常一样，我们不仅要认识到这类边际值没有因果性意义，而且要认识到它们的所有意义都在于建立均衡条件。然而，我们这里所讨论的情况本质上是一种非均衡，而且决定边际利润的环境因素每时每刻都在被我们试图描述的过程改变。[①] 因此，我们所能希望得到的，至多是利息与利润的边际前景之间的一种粗略的等价性，或者说，那不是"均衡"这个术语本身完整的、适当的意义上的均衡条件，而是在我们所说的过程中发生适应性变化的条件，即本身不会使系统的其他元素产生额外的适应性的共变的条件。这就是我们为了代替"均衡利率"（equilibrium

---

[①] 将之与对某个要素的需求曲线进行类比是危险的，这一点从任何"良态"（"行为正常"）的需求曲线都必须假定不变的生产函数这个事实也可以很明显地看出来。在我们这里的情况下，生产函数处于不断变化当中，或者说新的生产函数正在构建。此外，在我们的意义上，资本并不是生产要素，它既不进入现有的生产函数，也不进入新的生产函数。

rate of interest）这个概念的各种定义所能给出的一切。① 我们知道，真正的均衡利率，即在一个稳态过程中，当所有的元素都达到了完美均衡且没有出现任何张力时所得到的利率，是等于零的。②

即便我们决定忽视这些困难，并决定无论如何都要分析一下这种需求曲线，我们仍然必须认识到，它在周期中的变化比任何其他需求曲线都更加剧烈。这是一个无足轻重的结果，只要承认利息与我们所说的利润之间存在着任何关系，无论什么分析都可以得到这样的结果，对于任何观察经济活动的人来说，它是如此明显，以至连正儿八经的陈述也显得完全多余。然而，它确实经常被忽视。许多经济学家一直对一种夸张的想法念念不忘（尽管到了今天，他们坚持这种想法的程度比起十年前可能有所降低），即降低利率能够有效地诱导投资，但是这种夸张的想法只有当假设他们真的认为——当然是在全部"其他条件不变"的前提下——资金需求曲线至少在基钦周期这样的期限内是大体不会变化的，而且或许在长至朱格拉周期这样的期限内也是如此。我们都熟悉的一种计算最早是维克塞尔本人所强调的，那就是，利率高一个百分点或低一个百分点，会使铁路建设（投资）出现巨大的差异，这是一方面；另一方面，人们一而再、再而三地抱怨，在经济衰退和萧条时期，利率的下降为什么总是不充分，这与如下事实呈现出了非常奇异的不一致：所有新投资，甚至更新投资都是主要发生在货币利率相对较高和不断上升的时期（当然，我们也发现过一些例外）。这比任何其他事实都更好地证明了，绝大多数经济学家仍然只愿

---

① 在第三章第五节中，我们指出这个条件在某种程度上代替了维克塞尔系统所要求的两个条件。具体地说，第一个条件是，自然利率应该是处于均衡中的——例如，时间偏好利率应该等于原始生产资料单位上当前对未来的技术优势利率；第二个条件是，货币利率应该等于自然利率。关于这一理论的发展（和改进），请参见：G. 缪尔达尔（G. Myrdal），《论作为货币理论分析工具的均衡概念》（Der Gleichgewichtsbegriff als Instrument der geldtheoretischen Analyse），收录于弗里德里希·冯·哈耶克（Friedrich von Hayek）主编的《对货币理论的贡献》（Beiträge zur Geldtheorie），1933 年。而且，我们还应该将各种均衡利率理论（theories of equilibrium rate of interest）与均衡化利率理论（theories of equilibrating rate of interest）区分开来，因为很明显，这两者并不一定是重合的。再者，一个满足一般均衡条件的利率，例如，一个能够使储蓄市场出清的利率，也可能成为引起扰动的原因（例如，通过它对价格水平的作用）。无论是谁，只要认为它会而另一个利率不会，都最好将这两者的条件分开陈述。

② 但是再一次，作者并没有在这里坚持这个主张。

意在不变的生产函数的范围内思考扩张问题的局限性是多么彻底，同时也证明了，他们是多么不愿意认识到，在周期性过程中，余额需求曲线的移动和扭曲，比沿着需求曲线的移动重要得多。而且，在某些情况下，零利率完全无法诱发任何额外需求。

二、次级波与余额需求的周期性变化以及利率的滞后性

当然，构成次级波的各种行动会加剧余额需求曲线的上述变化。我们在讨论工资问题时遇到过这种现象，不过在这里，它更直接、更有力地显露了出来。然而，还有另一种转变，它更严重地妨碍了在资源得到充分利用的情况下运用供求机制。然后，作为对商业需求的反应①，余额的净增加会导致价格水平上升，进而引致价格水平将进一步上涨的预期，而这两点会使对余额的需求进一步增加，这样一来，需求会作为余额自身的函数而变化，并随余额而增加，结果是完全不再独立于"商品的数量"，而这种独立性是任何一条需求曲线都应该达到的。如果企业家真的是唯一的借款人，我们就不应忽视这一影响，那样的话将会犯下很大的错。这是因为，正如我们已经看到的，企业家的创业行动通常不是在预期价格水平上升的情况下采取的，也不是在已经上涨的价格水平的影响下采取的。此外，尽管企业家可能不会意识到价格水平下降的结果趋势，他们还是不得不意识到，他们自己的产品价格的下降会被他人预期到，而且他们自己本来也打算降价，以便充分利用他们的创新和/或以比老企业更低的价格去参与竞争；从总体上看，这就已经足以阻止他们根据价格水平将会永远上涨的假设来行事。但是，在现实世界中，由于在繁荣阶段的任何时候都存在着获得大量暴利性的意外收益的前景，所以一般的企业都愿意支付利息——这一方面是价格水平上涨抬高经营成本的机械效应所致，另一方面是不断外推的预期所致——这种意愿在繁荣阶段会上升，在萧条阶段则会下降，而且上升和下降的幅度都会比不发生这种情况时大得多。因此，利

---

① 我们不难注意到，这并不等于说，即便是在资源得到充分利用的情况下，任何余额的净增加都必然会产生这种效果。

率将不再只用基本因素就可以解释,这不仅因为还存在着其他借款人,而且因为他们中有许多人会对价格的变化率做出强烈的反应。

这也就意味着,我们所称的适应性利率(adapted rate)现在必须参照用预期意外收益来表示的余额需求曲线来定义,而在这种意外收益背后,"点燃"这个过程的企业家利润有时可能会完全消失不见。这个利率与符合企业家对整个时期的利润的预期的利率是不同的——差异在繁荣时期为正,在萧条时期则为负——而且几乎每小时都在变化。此外,总的来说,它将不同于我们所说的均衡化利率,即趋向于抵消扰动的那种利率。这是因为,这个适应性利率是不能做到这一点的,只要经济繁荣正在全面展开,只要在每个时间点上创造出来的余额都在不断地改变着相应的贷款的申请条件。① 这个事实构成了所有支持银行在繁荣时期实行积极政策和"惩罚性"利率的论证的基础。在竞争激烈的银行体系中,会员银行都将收取适应性利率,然后在周期性过程中,只有当利润和意外收益开始下降时,才会开始"迎头赶上"。

这也正是通常所说的利率滞后现象(lag in rate of interest)之所以会出现的其中一个原因。我们在这里要抓住机会,趁热打铁地把这个问题阐述清楚。不考虑那些研究经济周期的学者因为未能区分复苏和繁荣而声称的假性滞后(spurious lag),也不考虑那些可以很自然地归因于银行与客户之间建立起来的关系的摩擦性滞后(frictional lag)——在经济上行期,这种滞后会在舆论的压力下被识别出来②,而在经济下行期,这种滞后则会在风险和担忧的压力下被识别出来——那么除了前面提到过的那个理由之外,这就是我们预期利率将会滞后于其他周期性症状的一个根本原因。它可以用我们的纯模型来描述。在那里,繁荣是从零贷款开始的,因此银行的放贷能力完全没有得到利用,同时——至少在完全竞争的完美均衡中——所有生产要素的利用都达到了最优水平。当然,在现实世界中并不

---

① 这或许可以称为一个累积过程,与人们通常熟知的"维克塞尔累积过程"有一些相似之处。也许,我们想象的事实和维克塞尔是一样的,但是这两种观点本身几乎没有任何共同点。

② 然而,摩擦性滞后几乎完全不存在于公开市场利率当中,尽管公开市场利率实际上是迄今为止最活跃的利率。

会这样，但是我们给出这种抽象仍然有助于说明为什么"充分利用"并不意味着对现有的机器加以充分利用以制造信贷，以及为什么在均衡的邻域这种机器一般是得不到充分利用的。既然如此，在一个符合纯模型的世界里，利率也将从零开始，因此它将是整个系统中最先变动的元素之一。但是由于在每一个均衡的邻域实际上都存在着一个正利率，而且在这个利率下银行一般会乐于扩大贷款规模，因此利率不会立即上升。

三、余额的"供给"

因此，即便在大大简化假设的情况下，余额需求曲线作为一种分析工具的价值依然是可疑的。相应的供给曲线的价值更值得怀疑。哪怕我们像以前某些理论那样，将它解释为储蓄的供给曲线，也仍然会存在不少困难。但是无论如何，如果可以利用它来推导出特定的成本曲线，那样的话至少还是有一些明确的意义。然而，由于这是不可能做到的，同时，由于如果我们试图通过增加风险来构造银行家的成本曲线，也不会有多大的帮助，因此，更加自然的做法似乎是舍弃"供给"，转而依赖于"现有数量"。[1] 但是，这样做也将是完全不现实的，因为正如我们在第三章第四节解释过的那样，从来都不会有一个确定的银行融资数量供我们使用，如果每家银行在行动时都与其他银行有"平等权利"的话，那么即便是在一个完全竞争的银行体系中也如此，至于在不完全竞争的银行体系中，各家银行的操作空间就更大了。当然，边界并不是完全缺乏，但是我们已经看到，它们的弹性是何等之高。因此，我们有必要认识到利息问题的不确定性因素，而且这正是货币市场监管与任何商品市场监管在本质上不同的理论原因。

现在，我们可以在创造出来的余额旁边加上另外两个主要项目[2]，它

---

[1] 显而易见，无须进一步解释，存款总额不能衡量银行信贷数量或"银行信贷供应"，正如银行贷款不能衡量银行信贷"需求"一样。

[2] 只有在非常严格的"其他条件不变"的假设下，储蓄率才可能成为利率的函数。而且即便是那样，正如现在所有人都已经认识到的那样，它也不是一个简单的或单调递增的函数。但这不是否认存在着某种函数关系的理由。同样的道理也适用于反比关系（inverse relation）。在第三章第一节中，我们之所以能够以简单的方式处理反比关系，就是因为我们假设了其他平稳条件。

们是储蓄和暂时可用的资金。暂时可用的资金之所以会出现，或者是为了"块状"支出行为而做的准备，或者是因为它们的所有者决定限制操作。我们可以回顾一下前面提出的临时投资概念，并注意到这个概念在公开市场利率理论中可以发挥的作用——在公开市场中，这些资金可以与会员银行的其他未使用的支付手段结合起来。

　　类似地，我们现在可以接着加上借款总额的其他主要项目。首先，它们包括在次级波中获得的借款数额（我们在前面提到过）、诱致性扩张和适应性扩张所需的数额，以及当前业务活动所需的数额，因为实际上当前业务活动所涉及的交易至少有一部分是在信贷的基础上完成的。其次，它们包括：大量的消费者和准消费者借款（我们把企业的紧急借款也包括进来）；许多虽然名义上是生产性的，但实际上主要用于消费的借款（这种情况有很多，特别是在农业部门）。最后，它们包括公共部门和私人家庭的借款。在这些项目中，其中有一部分周期性行为是值得怀疑的。例如，我们有理由相信（见第十一章第二节），在繁荣时期，私人家庭以分期付款合同或开立账户和贷款的形式借入的资金，要比在任何持续不太久的萧条时期多。但是在战前的欧洲地区，这种情况可能不像在战后和美国那样突出。政府借款在战争期间和备战时期是不稳定的。然而，我们可能还是会观察到一个周期性的组成部分，因为收入在深度萧条中会下降，尽管萧条时期的支出在我们这个时代并没有发挥它在世界大战后发挥的作用。这种期望并不完全令人失望，只要看看墨尔本-罗素（Melbourne-Russell）政府下最后几年英国的情况就可以清楚这一点。但是在实施"稳健"财政政策的时代，这种情况是例外，而不是常态。在经济萧条时期，戈申（Goschen）的预算就是非常平衡的。而德意志帝国的大量借贷则发生在第三个康德拉季耶夫周期的繁荣阶段。

　　我们将会注意到，在剩下的项目中，有一些通常会加剧利率的周期性变化，而另一些则会减轻这种变化——我们只能从创业的冲动中期待发生利率的周期性变化。而且，我们还将会注意到，除了诱致性扩张或适应性扩张的要求之外，几乎没有理由期望它们的时间形态会发生大幅改变（诱致性扩张或适应性扩张的要求通常倾向于使得衰退期间的利率保持不变）。

四、利息在周期性过程中的位置与"准租"的资本化

正如我们已经看到的,利息会从源头扩展到遍及整个系统。在任何部门,当前美元的溢价都足以强制执行总体溢价。因此,利息会侵入每一笔交易、每一次计算和每一项估值,并把时间变成一个成本因素,从而使自己成为一种微妙而无所不在的实体,对一切事物都发挥作用并做出反应,其形式极其多变,我们很难加以追踪。现金或存款的每一个单位,无论存放在哪里或在哪里流通,要想保持在原地或继续以相同方式流通,都必须抵制货币市场的吸引力,而货币市场的边际就是通过利率来衡量的。这一点可以利用一条维克塞尔需求曲线来加以说明,如果我们假设——只限于当前这个说明目的——真的存在着一个确定的(现金和)余额及其数量,同时假设在任何一个时间点上,银行在技术上都可以创造出比它们在那个给定的时间点上实际创造的更多的数额。维克塞尔需求曲线中的价格,所指向的并不是购买者愿意以该价格购买的商品数量,而是指现有的数量,即那个数量再加上所有者在这个价格上保留的数量。这样一来,我们可以把每一单位的实际或潜在余额看作是在货币市场上"提供"的,并且会由所有者或其他人从中拿走。然后,我们必须认为所有者是向自己支付了利息——如果他在业务活动中使用了自己的钱,那么支付利息的形式是某种回报;如果他没有这样做,那么支付利息的形式是提供了某种满足(这相当于损失了相关的利息)。[①] 但问题是,除了只适用于完全竞争情形这个缺点之外,这个模式还预设了一系列假设,这些假设在货币的情况下是完全不可接受的。虽然可以用它来澄清我们的理论从分析利息的逻辑来源到分析作为一种无所不在的普遍现象的利息的出发点的微妙之处,但是它确实不值得受到过于认真的对待。

从这个意义上说,利息确实可以说是在整个系统中占据了中心地位。但是,正因如此,许多人很容易过度夸大它单方面施加的影响,却忘记了

[①] 从这个角度来看,利息也可以定义为:为了诱使持有实际或潜在余额的人放弃"他的钱"而必须支付的价格。这样一来,在非常严格的假设下,我们就得到了凯恩斯先生在他的《就业、利息和货币通论》中所采用的利息概念。但是,我们的观点和他的观点之间的相切点不如"曲线的发散性"明显。

中心地位并不意味着关键地位，在演化的周期性过程中尤其这样。不过就目前而言，以下两个同源错误特别需要我们加以高度注意。① 随着"资本主义心态"（capitalist mentality）的发展，一种明显有用的习惯形成了，以德国为例，这种习惯从 14 世纪开始就清晰可见，那就是将任何回报（除了对个人服务的回报之外）都视为一定的资本价值的某个比例。但是，如果就此认为这些回报因此变成了利息，或者更糟，认为它们就是利息所涉及的基本事实，并且从根本上决定了货币利率（除了暂时的差异之外），那么就会大错特错。任何耐用品——无论是消费品还是生产品，尽管不难理解，对后者产生的回报的理性计算更加明显——所产生的收益，一旦出现，就成了且一直是（暂时的）准租，不管我们用什么术语来表示它都是如此。它既不与利息是同种东西，也不等同于利息。另一个错误在于对贴现过程的解释。在贴现过程中，一件耐用品的资本价值得到了实现，并且在理想情况下确实能够建立起准租与利息之间的相互依赖关系，那就是边际上的相等性。但是，这只能通过将一个"逻辑在先"的货币利率应用于以货币估价的准租的预期分期序列来实现——据信，在所讨论的企业或家庭部门中，这个货币利率在该商品的整个生命周期内②一直有效——而不是通过一个在逻辑上真正独立于货币的利率来实现。因此，它是预设了货币利率，而不是控制了货币利率。

　　对于这个评价原则的所有后果及其所要求的所有条件，在这里只需要提到其中两点。第一点，再一次强调，就像在讨论余额需求曲线时一样，我们一定要记住，耐用品需求曲线——尽管可以怀疑，但是这条需求曲线更像一条需求曲线所应该有的样子——很突出出现的强烈变化、受到严重的扭曲，在周期的各个阶段中，这比沿着需求曲线的任何移动都更加重要。摩尔教授给出的对进入耐用品行列的钢铁和其他产品的递增需求曲线（见第十章第一节），很好地说明了后面这种变化受到前面这种变化的影响是多么彻底。当然，这其实正是我们应该预料到的。但是，它实际上还暗

---

① 关于下面内容的详细讨论，见《经济发展理论》第五章。
② 生命周期不是（技术）数据，而是问题的变量；但是，像其他次要问题一样，我们在此不必过分担心。

示了一个关于利息变化的影响的类似命题。虽然这并不会影响如下定理的逻辑有效性,即在其他条件相同的情况下,如果利率下降或预期利率下降,这类商品的价值将会上升,从而使它们的生产变得更加有利可图,但是确实损害了与我们的主题的相关性。与我们的主题真正相关的突出事实是,利率和资本货物价值之间的正相关关系。再一次,我们坚持这一点的动机是,在更早期以及更晚近的文献中,许多陈述只有在假设它被忽视的前提下才是可以理解的。①

第二点则与如下事实有关:即便可以识别出一个企业或一个家庭对给定准租序列进行贴现的合理利率②,我们通常也会发现由此得到的结果与耐用品或持续经营企业的实际价值之间存在着相当大的不一致。例如,农村地区的房地产的出售价格,有时要比我们根据上述原则计算出来的结果高得多,这有许多显而易见的原因,包括社会学上的原因和其他原因。这些原因并不一定会影响我们的讨论,不过其中有一个原因对现在的主题特别重要,那就是拥有一项财产所面临的贬值和升值的风险和机会。"得恒产者,必得担责"。耐用品的所有者从无数种可能的风险和机会组合中选择了特定的一种,它不仅因要购买的某个对象或一组对象而不同,而且因购买的时间点而不同。在这样做的过程中,他必须在某种程度上放弃提供给自己的更好的机会,而且采取了行动之后他就无法再做出改变,或者他要克服很大的困难才能做出改变,并且必须付出一定的代价。这种损失的

---

① 对于上述论点,有人可能会提出如下反对意见:重要的不是货币利率或自然利率,而是两者的差别;或者,如果自然利率只是我们所说的利润的第一个名字,那么直接换一个术语就可以了。但是,上述论点本来就不应该这样解读:当金融版的编辑为利率下降欢呼,称之为困难形势下的希望征兆时,他们错了。尽管其间因果关系的重要性可能几乎接近于零——但是,我们没有将它计算为零——然而,它确实是压力减少、逐步适应和清算的征兆,而且在许多情况下,特别是在19世纪的时候,当恐慌产生了迫使利率上升的影响时,它是最糟糕的阶段已经结束的标志。如果商人叫嚷着要求得到廉价的货币,那其实就意味着他们叫嚷着要求得到廉价的劳动力。

② 由于一些虽然不是很明显但很快就会显现出来的原因,要做到这一点通常是很困难的,有时甚至是无望的。此外,在竞争高度不完全的情况下,所有企业或至少一部分企业的表现并不像大海中的水滴,而更像一些离散的岛屿,它们的条件从来都不是完全相同的,不仅它们的产品有各自的特殊市场,而且它们需要的要素不一样,因此很可能其中一些企业有自己的半分离的货币市场,部分通过自己的积累或与它们有关的个人——官员、工人等——的储蓄来融资。在这种情况下,说它们存在"内部"利率,即不同于一般利率或其他企业的利率,也许是有道理的。然而,从根本上说,特别是在完全竞争的条件下,贴现率始终是市场利率。

特殊之处在于，它的危险性甚至在其他情况下完全安全的投资中也是存在的。为此，符合条件的组合的准租必须能够提供补偿，必须能够在很大程度上弥补所讨论的差异。因此，要做出决定，就必须——要么是有意识地，要么是潜意识地——对相关要素的未来行为形成大量的预期，而且这些要素的净边际结果（在当前进行修正），对于作为一个整体的公众来说，从理论上看是用偏差来衡量的。① 其中一个预期就是针对未来的利息变化。因为这个预期很可能是起主导作用的一种考虑，我们也许可以说，在一级近似的层面上，不同投资的价值之间的关系（在其他方面类似于对耐用性不同的商品的承诺），与我们的贴现原则②所给出的关系之间的偏离，表达了公众对未来利率变化的边际意见。

五、对未来余额的定价

现在我们知道了，未来余额（根据我们的理论，就是当前余额的价格）其实可以说并不存在，当前余额的卖家所收到的一切只是承诺而已。当然，所有承诺都必须体现在法律文书中。就像借款人和贷款人的类型、状况和特定目的一样，法律文书的类型也非常多样化，从储蓄（只要它不是简单地等同于活期存款）、定期储蓄、票据和汇票、往来账户等，到抵押贷款、债券和股票（从我们的角度来说，我们必须把股票也加进来），不一而足。而且，由于从精算和投资者的角度来看，未来余额的所有这些表现都与其他可出售的收益来源有表面上的相似之处，因此，刚才所说的许多东西都适用于它们。实际上，对预期利息和资本支付序列的操作——或者说，对预期股息支付加上预期剩余股权价值的操作——与对预期准租分期支付的操作完全相同。由此可以推导出债券利率与债券收益率之间的

---

① 正如我们在第二章和第四章已经看到的，这些预期可能作为一种导致失衡的因素而发挥作用——无论是它们被后来的事件所证实，还是它们未能实现，都一样。但也不一定会这样，事实上，它们作为导致均衡的因素而发挥作用的那些情况，比其他情况更为重要。

② 很容易看出，即便对耐用性工具的估值完全符合这个规则，耐用性不同的工具的价值也会因利率的变化而受到不同的影响。因此，这种变化往往不仅会改变生产资源在易耗品和耐用品之间的分配，而且会改变后者本身所采用的时间结构。

差异及两者之间的关系。①

不同名目的未来余额在经济意义上的差别如此之大，以至我们甚至可以据此构造出一个特定的经济格局，这个事实以及由此产生的以如此之多不同方式得到保障的权利主张，产生了通常所说的利率结构。没有人反对要强调这个事实。② 但是，它不应该会导致我们忽视如下事实，那就是，构成了个别利率之间的差异的那些东西，依然是构成了不同质量的商品的价格之间的差异或者同一经济领域内部不同工人的工资率之间的差异的那些东西。如果不存在其他的"××率"，那么说存在一个"纯××率"仍然是可以接受的，而且在出于某些特定的目的时甚至是有必要的。从这个"纯××率"中可以引申出各种可能观察到的"××率"，它们因上面所说的风险和机会因素而彼此相异。事实上，在我们在日常生活中这样做的时候并不会感到有什么困难。

然而，有一种分化是利息所特有的，而且比上述分化更加深刻，那就是第三章第三节所述的三个市场之间的利率分化，它们是货币市场③、公

---

① 读者应该会注意到，在最一般的角度上是不能继续说准租是以如下方式贴现的：这个过程所带来的净收益在边际上将等于纯利息再加上风险和机会，因为就这个纯粹的形式目的而言，当前余额可以带来的溢价，与它们的"资本价值"之间的逻辑关系，除了准租（尽管只是暂时的；这种差别在贴现操作中将会消失）所体现的那些之外，别无他样。现在应该说的是，无论是哪一种净回报——无论是利息还是准租——都会趋向于与风险和机会在边际上相等（或许，还要再加上购买行为所涉及的成本，如税金或佣金）。但是，这只是利息与其他量之间的众多关系中的一种，一旦利息渗透到了一个系统中，我们就可以把它们表述出来，而且不应该包含在对利息本质的任何根本性解释中。在某种意义上，下面这个类似的说法同样是正确的：我们已经看到，利息是当前余额相对于未来余额的溢价，而不是像庞巴维克所说的那样，是当前财货相对于未来财货的溢价；但是，只要"借款人"打算把当前余额用于当前财货，那么就可以说利息是当前余额相对于当前财货的溢价。然而，这种说法同样更容易误导人而不是帮助人，弊大于利。

② 然而，还是有相当多的人反对用利率指数取代旧理论中的利率，因为那将抹杀这个利率结构最重要的一切。

③ 作者也许应该为自己用词笨拙而道歉，因为这里所用的术语与金融实务毫无必要地出现了背离。在金融实务中，"货币市场"一词与公开市场同义。更加重要的是，上述三分法似乎没有为由银行和准银行以外的其他机构提供的贷款留下空间。家庭的贷款交易（例如，在德国，由家庭直接提供给其他家庭或企业的抵押贷款一直以来都是不可忽视的）和企业的贷款交易（不仅仅包括那些明显的交易，即通过向贷款企业提供银行信贷）为开户、分期付款等提供了资金，都应该被看作对货币市场本身的补充，尽管它们带来的后果当然是不同的。在许多情况下，企业尤其是批发企业（"批发商人"），必须被视为准银行；事实上，它们也往往会发展成私人银行。因此，我们在这里可以预先把这个处理掉，因为它对我们的论点的主旨影响不大。

开市场和中央市场。正是这种情况在根本上使得利率出现了"结构"。货币市场与中央市场之间是不平等、相互补充和互不竞争的,这一点显而易见。公开市场则有其独特性,这是由流入公开市场的资金和它借出的资金的性质所决定的,尽管与此同时这些资金必定也会用于其他目的。公开市场与货币市场之间的"鸿沟",无论是在事实层面上还是在逻辑层面上,都不如货币市场与中央市场之间的鸿沟那么深重。货币市场与公开市场之间的沟通更加直接,而且它们是相互竞争的。然而,货币市场与公开市场之间的区别是极其重要的,而且凸显了现代金融机制的一个至关重要的因素,我们不能不讨论它。

但是,在实际上和理论上承认总余额交易基本上可以区分为三个市场,并不意味着我们从第三章第五节最后一段强调的立场上有所后退。当时,我们反对另一种区分方法,即在货币市场与资本市场之间划出一条基本分界线。当然,我们可以区分出短期融资和长期融资,而且为了便于说明,我们可以认为长期融资集中发生在一个特殊的市场上——例如,我们可以把这个市场称为资本市场或证券交易所。① 此外,这个特殊的市场,或者更确切地说,它的各个组成部分,在现实世界中很明显是确实存在的,它们都有自己特有的问题,特别是,它们会产生自己的"总利率"(gross rate of interest)——其意义,就是人们通常所说的利率结构的意义。正是在这个意义上,我们现在将运用这种区分方法,虽然在这样做的时候,我们讨论的只是货币市场的不同部门,而且不会赋予它比这更深层的意义。例如,如果说,虽然余额就是货币市场中的"商品",但是构成了资本市场的东西却不是(储蓄或资本商品),那么这种说法不仅是完全不现实的,而且是错误的。

即便在我们刚才匆匆一瞥的那种理论的意义上可以认为货币市场与资本市场之间并不存在根本性的区别,即便正确地认识到,在这两个市场上,正在交易的除了余额之外没有其他任何东西,而且所存在的差异只体

---

① 对于证券交易所,我们在第十三章结束之前不会加以讨论。对我们来说,证券交易所只是一个处理部分属于货币市场、部分属于公开市场的交易的机构。

现在"表面装饰"的细枝末节上（只涉及未来支付承诺），过分强调这种差异也仍然是危险的，同时也往往标志着分析已经误入歧途。因为强调这种差异容易导致这样的结论：货币市场上的交易（在这个意义上的交易）与长期融资没有什么关系，而且资本市场上的交易从来都不会服务于当前业务的目的；或者说，前者只与支付的执行（Zahlungskredit）有关，而后者只与实际投资有关。这种说法错得多离谱已经不用再强调了。此外，即便不考虑目的，而仅仅考虑未来余额所据以体现的工具，认为期限长远的支付必须由长期基金提供资金的想法同样是错误的。恰恰相反，资本主义演化的金融侧的一个最典型的特征就在于，"调动"所有期限的支付能力——哪怕是期限最长的那些——来对未来余额做出任何承诺，使之反过来可以用任何类型的资金，尤其是用短时间可用的资金（甚至是隔夜资金）来进行融资。这不仅仅是一种技术。这是资本主义进程核心的一部分。

资本主义进程是伴随着货币市场（在我们的意义上）的发展而推进的，它完善了所有信用工具的可流通性，无论它们的法律形式是什么。在前面（第六章第一节）我们强调了可流通票据或汇票在15世纪和16世纪的经济演化过程中的重要性。而且，长期的金融合同，如债券、抵押贷款以及（从我们的立场来看）股票，后来在原则上都变得同样可以流通了。事实上，我们可以说，在排除了少数例外情况之后，对于余额的单个"卖方"来说，对任何此类权益的任何投资都不可能是固定的（"固定"的含义是指，他的资金在长期内或任何确定的时间内均不会变动）。因此，固定性（fixity）就被还原为，或者更确切地说，被替换为实际调动资金时所发生的成本和不能在不蒙受损失的情况下"买回"余额的风险。当然，某种新债券或股票在获得自身的市场地位之前可能不是完全可流通的；它的特殊市场可能永远非常有限；而且由于这些和其他一些原因，它的购买决策可能包括决定保留它相当长的一段时间或根本不出售它（除非有机会）。但是，这并不会改变资本主义社会的原则——而在其他社会，例如封建社会，则有不同的原则——那就是，所有的权益和请求权通常都是可以出售的，无论当初为之支付的金额的目的是什么，也无论相应的任何商品的可能用途是什么，因此都可以用短期资金的支付手段去购买。因此，（例如）债券就此成了转移余额的一种工具，这种工具只是在技术上和程度上与短期工具有所不同。一旦意识到了这一点，人们就会开始怀疑长期利率是否真的存在。当然，长期票据的合同利率在一定程度上可以使用这个名称。但是在签订合同的那一刻，这种利率只能是货币市场上的所有条件——除了与为该特定项目融资相关的那些风险和机会之外——的一个函数，短期利率也已经反映这些条件。而且，这些债券一旦问世，起决定作用的就是它们的收益率（同样是短期利率的函数），而不是合同利率。因此，我们可能应该冒被误解的风险，直接说所谓的长期利率根本不存在。不过，如果我们还是想利用这个概念，那么我们应该明确，它指的是短期利率的某种"趋势值"。①

第二节　对各种利率的讨论

这里先给出关于利息的历史进程的一些背景知识。利息在很早的时候就存在了，甚至可以追溯到古代的神权政治时期，当然，关于古希腊和古罗马世界，我们有更多的了解。例如，我们知道，罗马的社会公法（societates publicanorum）会对不幸的行省（provinciales）的民众做些什么，而且我们掌握了大量关于当时的立法和执法活动的资料。首先，有一个事实给我们留下了深刻的印象，那就是，以消费为目的的贷款占了绝大多数。无论是受保护的还是被奴役的，债务人通常要么是贵族人士的替罪羊②，要么是深陷不幸境地的穷人。立法者和法学家首先想到的就是这一方面，他们还把这方面的思想传递给了基督教的博士和圣人，后者获得了

---

① 为了避免这一点显得与后面的一个陈述相矛盾，最好指出这个术语在这里是在非技术性的意义上使用的。

② 在罗马，这些人当中有两种截然不同的类型清晰可辨：第一个类型是政治家，他们的职业生涯在很大程度上依赖于在圆形竞技场（circenses）和其他事情上的奢侈支出，盖乌斯·尤利乌斯·恺撒就是承担巨大的风险来为这类政治家提供贷款的杰出例子；第二个类型是追求时髦的年轻人，他们的所作所为吓坏了元老院的老爷子，为了避免被处于绝境的儿子杀死的惨剧，元老们通过了《马切多尼安元老院决议》（Senatus Consultum Macedonianum）。

更大的成功，因为他们发现一位伟大的哲学家（即亚里士多德）也专门强调了同样的方面。换句话说，他们和他们中世纪的继承者主要认为高利贷（即我们的理论所说的贷款）为他们的论点提供了一些支持。然而，直到现代，人们才最终发现债务可以为自己开辟出一条致富之路。罗马人从希腊人那里传承下来的一种"契约"，即海运借贷利息契约（foenus nauticum），是人们已经认识到这个真理的一个最好的例证。它提供了为海上贸易融资的一个方法，其主要特点是解除或放松了对利率的限制，因为加入了如下条款：如果冒险的商业活动未能取得成功，那么"企业家"所承担的支付利息和偿付资本的义务将会灭失，也就是说，企业家只有在船和货物都安全着陆时才需要履行这些义务。读者不妨回忆一下，我们前面说过风险要分配给资本家，因此不难看出这种契约完美地表达了在我们看来至关重要的一个方面。

从14世纪起，数据变得丰富起来，但是在作者所知的范围内，对于18世纪以前的年代，还没有足够的材料来推导出时间序列。而对于18世纪，我们已经可以追踪英国的统一公债价格。除此之外，可使用的序列大多始于19世纪的第二个25年，不过有一些重要的部门的序列是在19世纪下半世纪才开始的。[①]

一、事实方面的困难

在这个领域，事实研究能够取得成功，除了受到材料不足的影响之外，还受到许多其他因素的干扰。首先，即便我们忽略预期价格水平或预

[①] 然而，从1795年9月开始，已经有伦敦、波士顿和纽约的为期60天的票据价格序列，见史密斯（Smith）和科尔（Cole），《美国的经济波动：1790—1860年》，附录E。他们给出的贴现序列（同前，表74）则始于1831年。在作者看来，最好的（月度）美国序列，即纽约60～90天商业票据的利率序列，是所有国家中最好的。克拉姆（Crum）和弗里基（Frickey）都使用过它。作者的工作也主要是基于它。对于德国的序列，见卡恩（Kahn），《德国自1815年以来的回报率的历史》（Die Geschichte des Zinsfusses in Deutschland seit 1815）（1894年）；洪堡（Homburger），《德国的利率演变史：1870—1903年》（Die Entwicklung des Zinsfusses in Deutschland, 1870 - 1903）（1905年）；阿尔布雷希特（Albrecht），《德国的收益率演变史：1895—1908年》（Die Geschichtliche Entwicklung des Zinsfusses in Deutschland, 1895 - 1908）（1910年）；最后还有沃耶（Voye），《不同类型的利息的数额》（Ueber die Höhe der verschiedenen Zinsarten）（1902年），主要涉及普鲁士从1807年到1900年的相关数据。放到一起来看，这些作者共同讲述了一个相当完整的故事。

期利率本身的上升或下降对给定利率的影响这个问题，也不可能分离出风险和机会因素。例如在中世纪盛行的高利率在很大程度上已经被归因于这样一个事实：贷款人必须考虑到他根本无法收回任何款项的可能性，尤其是向君主发放贷款时。很难说，如果14世纪勇敢的德意志国王、奥地利公爵腓特烈三世（Frederick the Fair）的融资习惯更有规律的话，根据有关记载"支付"出去的那80%还会剩下多少。[1] 在任何时代都有很多这样的例子。在另外一些情况下，贷款人会通过收取附加费用或将实际利息隐藏在表面的让步条款之下，以避免发布某个可能会导致公共舆论大哗的数字。所有这些都对我们要研究的一些序列的"行为"产生了重要的影响，而且随着时间的推移，这些序列本身的特性也发生了变化。以英国政府为例，自从它拥有自信以来（长期以来，那已经被证明是合理的），统一公债的价格变化幅度一直很大，而且这正是我们对这种安全的年金应该期望看到的，尽管在我们所说的意义上永远不会出现完全没有风险的年金。[2] 但是在18世纪的大部分时间里，情况却并非如此，我们发现在那个时代统一公债指数的变动方向与股票的走势是一致的（尽管不是那么明显）。类似地，即便是美国最高等级的铁路和工业债券，在我们所处的历史时期也显示出风险因素递减的影响。

此外，有的时候区域之间的差异是如此重要，以至即便是对于同一种贷款，也很难说有一个全国性的利率，而且区域间和国际上的资本流动还会干扰任何特定国家的利率的行为。同样地，税收、对税收的恐惧以及公共管理部门对利息的普遍态度，都会产生各自的影响，不过这些影响并不容易辨别，因为它们可能以滞后的形式出现，而且形式各异，随不同的权益而不同。在债券发行困难和费用高昂的情况下，或者在市场受到干预的情况下，这些服务还会有一个补偿的因素。有些利率对形势变化的反应非

---

[1] 顺便提一下，历史学家在报告与高利贷有关的悲惨事实时应该牢记这一点。与利率记录相对应的是从事这类业务的金融机构的破产记录，这些金融机构在很多情况下（如果不是大多数情况的话）都因此而破产了。另外，我们也看到贷款人除了利息之外还会获得其他好处（第六章）。

[2] 已故的南非金融家阿尔弗雷德·贝特（Alfred Beit）说过，他在任何其他投资上的损失都不如在统一公债上的损失多。

常缓慢。其他一些利率则意味着不同的事情或者有不同的重要性——在不同的国家如此，在同一个国家的不同时代也是如此。美国商业票据利率就是这方面的一个明显例子。

即便银行家的银行只与会员银行有业务往来，也不能由此得出中央市场只有一种利率的结论。中央银行是一个有歧视能力的垄断者，尽管它不是一个以净收入最大化为目标的垄断者。不过，对于许多目的来说，这一点是可以忽略的。类似地，公开市场也会演化出若干种利率，这些利率之间有时差别很大，但是至少在正常情况下它们仍然呈现出一幅非常一致的画面，足以使人有理由谈论一个统一的"公开市场利率"。不过，我们所说的意义上的货币市场却分裂成了很多个部门和子部门，我们在理论上无法确证将单一纯利率的概念运用于这个市场也是有意义的，因为我们不能辩驳如下事实：不可能用某种令人满意的方式来表达它。正如我们在上面已经看到的，我们或许可以对这些部门和子部门进行系统化归类，这可以根据借款者的类型——例如，德国农民除了储蓄银行、合作银行（Genossenschaftskassen of the Raiffeisen）和乡村高利贷者之外，几乎没有任何余额来源可以求助；而对德国政府和市政当局来说，任何来源都是可用的——也可以根据资金的种类——甚至有法律规定，某些家庭和机构的资金必须流入某些渠道——还可以根据权益的类型——从发行公司的角度来看，与从理论的角度来看一样，股票和债券在本质上是相同的，然而，由于它们所体现的权利是有区别的，所以它们适合不同的人和不同的情况。事实上，许多专业化程度更高的市场就是围绕着每家发行机构或金融集团以及每个行业发展起来的。

对于这些特殊市场，我们将只对其中比较重要的一些进行简要的分析，同时还要探究它们各自的利率之间的相互作用。我们将舍弃家庭贷款市场（它又分成了许多子部门），不过对"公共家庭"的贷款除外。但是，正如前面已经提到的，农业信贷包括向私人家庭提供的消费贷款。此外，我们不会专门花费笔墨去讨论涉及制造商、批发商、零售商与家庭之间的关系的信贷问题，尽管并非所有这些信贷都是由银行提供。最后，我们还将忽视地区差异问题。

二、抵押贷款利率

许多经济学家，尤其是德国经济学家，经常会去寻找所谓的国家利率（landesüblicher Zinsfuss，这种术语的转变是一个非常传统的暗示，不过对我们的目的而言却可以说是一个不祥的暗示！），并认为那就是对城市和乡村抵押贷款收取的利率。然而，只有在对城市房地产进行首次抵押贷款的情况下，这种观点才可能是接近事实的。除了城市房地产的首次抵押贷款之外，在许多情况下纯粹是投机。而对于城市不动产之外的情形，我们必须牢记的是：一方面，在许多国家居住着很多一些特定类型的储蓄者，同时还存在着对用受托人的资金进行的投资和由储蓄银行进行的投资的立法监管，这有利于这种信贷；另一方面，对农场土地的抵押贷款意味着一种特殊的风险，对许多人来说很有威慑作用，例如在美国，这意味着必须承担起管理农场的责任或为农场找到一个好管理者的风险。这些事实指向建立一个具有特殊利率的特殊市场。无论如何，除了康德拉季耶夫周期的情况之外，我们不能从那些年复一年变化非常缓慢的抵押贷款利率中找到利率周期性行为的真实表现。

当然，考虑到这种类型的信贷组织①，虽然有一些保留似乎是必要的，但这些利率最终还是都遵循了事物的一般趋势。此外，与货币市场的其他部门还有两个主要的联系。一方面，抵押贷款总额中只有一部分是债权方打算长期锁定的余额。其他来源也是可用的，在某些时候和某些国家，尤其是在美国，银行在扩大信贷的方向上走得更远——远远超出了经典的银行实务原则和常识所能保证的范围——所以来自非银行部门的抵押贷款资金来源经常会与普通商业银行提供的信贷来源相竞争。② 另一方面，抵押贷款可能像其他信贷工具一样被"调动"起来，然后它们会侵入

---

① 例如，在德国，在过去的二三十年中，甚至在此之前，这种组织就发展到了极致。在此之前，利率从 1895 年开始上升，但在这个市场上却几乎没有体现出来。

② 然而，读者应该还记得，当银行发放用于农业而不是当前业务或城市建设的贷款时，它们并不总是会犯下与大萧条时期的困难有很大关系的违背了经典银行业规则的致命罪行。此外，正如前面提到过的，抵押贷款只不过是无可挑剔的信贷的一种额外担保。

债券市场，建立起与债券市场利率的联系。在这个方面，最完美的一个例子是德国抵押贷款银行（Hypothekenbanken），或者像"土地银行"（Landschaften）那种类型的合作信贷机构。这类信贷的实际利率，不仅是借款人根据合同要支付的利率，而且是参照债券在市场上的销售价格[①]以及机构对其服务收取的费用来计算的利率。我们已经有各种各样的序列，特别是自1870年以来的序列[②]，它们很清楚地揭示了这样一个事实，在这里，农业抵押贷款和城市抵押贷款并入了一般债券市场。我们可能会注意到（根据下文将会给出的事实），"真实的"抵押贷款的利息与只用于保证其他类似的信贷的抵押贷款的利息是不同的，这一点清晰地反映于如下事实：抵押债券（Pfandbriefe，但是作者倾向于不翻译这个术语）的利率和收益率从1870年到1895年下降，然后转而上升，直到1914年（尽管上升得不是很多）。例如，普鲁士中央博登克雷迪克股份公司（Preussische Central-Bodenkredit-Aktiengesellschaft）在成立之年（1870年），就公开发行了自己的抵押债券，票面利率为5%（对借款人而言，这意味着5.25%的利率）。1879年，它又按票面利率4.5%进行了融资，1884年则按票面利率4%，1889年按票面利率3.5%左右……然后从1890年到1894年，它不得不恢复到4%的票面利率。接着，它的抵押债券的票面利率在1895年达到了最低点，之后开始缓慢而温和地回升（见霍恩伯格，第97页的表格）。

三、债券收益率

债券市场是我们所称的货币市场机制的另一个半独立的组成部分。许多地方的"围栏"已经磨损殆尽，但是仍然可以辨认出来，这些"围栏"将这个市场与其他部门隔离开来——不仅包括成本和风险，还包括投资者的习惯和借款人的头寸。这个真实性可以用如下事实证明：在短期内，债

[①] 这个计算引出了许多困难，但是我们无法在这里展开讨论。特别是，在债券利率高于票面利率的情况下，只有当全部溢价都归借款人所有时才可能是对的，但是在现实世界中情况通常并非如此。

[②] 请参见赫克特（Hecht），《德意志的土地贷款组织》（Organisation des Bodenkredits in Deutschland），抵押贷款银行业的统计数据见第二部分，第一卷；类似地，请参见洪堡，前引论著，第68页及以下诸页。关于更早期的数据，请参见冯·西里西-旺特鲁普（Von Cyriaci-Wantrup），《农业危机和停滞的蔓延》（Agrarkrisen and Stockungsspannen），第37页。

券收益率有时不仅与"短期"利率有很大差异,而且与其他"长期"利率有很大差异。但是,债券市场也很容易就可以划分为不同的子部门——可以不断细分,以至同一个借款人的每一次发行都可能偶尔会显示出一定的"个体特征"(例如,可以看一下战前20年间德国政府的不同行为,其利率介于3%与3.5%之间)。这并不总是很容易解释。

其中一个重要的子部门是由政府债券构成的。这个部门的"个体特征"因各种各样的法律特权以及某些国家的储蓄者强烈的(有时是不加批判的)偏好而进一步加重。在法国尤其如此。然而,在英国和德国,货币兑换(conversion)政策对这个市场造成了冲击,而这种政策至少在一定程度上是由对1897年以来利率普遍下降的性质做出了错误诊断所致,也可能是由高估了当前的收益而忽视了未来的劣势所致。在美国,对货币的信心是在1879年建立起来的(实际上,可能是在1878年),但是这种信心一次又一次因纸币风潮和自由银币运动而受到动摇,其中一次运动可能导致出现了1896年的收益率小高峰,当时利率为4%的国债的收益率提高了0.25个百分点。但是进入80年代末期后,策略变成了不考虑成本尽可能地买进,这影响了报价,使之更强烈地趋向于相反的方向。直到1901年,美国政府债券的收益率一直为4%,这与1894年触及最低点的德国政府债券和1897年触及最低点的英国政府债券不同[①],这个事实或许可以用这一点来解释,尽管其他债券也呈现出了同样的走势。[②]

---

① 在伦敦和剑桥经济服务局的指数中,固定利率证券价格的最高点出现在1896年,但这引起了各种各样的怀疑;法国的租金在1897年达到了最高峰。

② 然而,麦考利(Macaulay)先生给出的美国铁路债券收益率指数("每年一月最佳债券收益率")是在1899年触及最低点的(参见《美国统计学会会刊》,1926年3月号。对于相关的技术问题以及一些相对来说更细节性的问题,读者可以参考一下这篇文章)。如1924年11月穆迪投资者服务公司(Moody's Investors' Service)公布的公司债券价格序列(1896—1914年)所示,债券价格的低点,以及60种高等级债券收益率的标准统计指数低点,则直到1902年才出现。财政部大力推行的超出了偿债基金要求的债务偿还政策有可能在一定程度上也是原因之一,因为由此而释放的资金有相当一部分在寻求性质类似的投资(这当然是可以理解的)。然而,与预期相反,这种趋势的持续时间恰恰与国民银行投资大幅增加的时间相同。此外,在1893年的金融危机结束后,如往常一样,债务人的担忧应该会得到缓解。因此,没有必要得出这样一个结论:由于各国政府债券的收益率变化与其他债券基本相同,我们所面临的是一个真正意义上的"长期利率"变化趋势,它证明了自身的独立性,并说明深层次原因要到"实际资本"领域去探寻。

当然，所有这一切不一定会给我们造成太大的麻烦。总体轮廓早就清晰可见。但是，读者应该记住，除了政府债券之外，在这个国家，战前的市场无论是从实物来看还是从公共当局的角度来看，抑或从金融结构的角度来看，都与20世纪20年代的市场有根本性的不同。铁路债券是一个很大的项目。它们以及更加重要的、在合并大潮中产生的债券，主要是由机构投资者和富有的私人投资者大量持有。普通民众与这些并没有太大的关系，而欧洲债券则逐渐被抛售。类似地，在英国，铁路债券也是债券市场最突出的"商业"元素，主要涉及地方、市政、准市政以及外国贷款。在德国则不然。从19世纪80年代开始，工业债券市场独立于铁路债券市场发展了起来，而且它的重要性足以显示自身的规律性。许多因素，包括国际市场的影响以及债务人的质量、安全性或财务状况的变化等，都必须加以考虑，这样才能解释这个市场上的利率行为及各部门的利率之间不断变化的关系。然而，对我们来说，只要对我们在上一节末尾给出的陈述稍加补充，即加上几句对债券收益率与短期货币利率之间联系的机制的说明就足够了。

在战前时期，尤其是在伦敦，有一类投机者——他们是真正意义上的套利者——能够迅速在债券收益率与短期利率之间的关系出现非常细微的变化时做出反应，并且在发现利润足以覆盖成本和风险时立即借入短期资金买进债券。不过在美国这个国家，纽约市之外的银行贷款和银行投资之间的短期负相关关系（在下一章将再次提到），却表明了另一种联系。再者，通过银行贷款为债券发行的认购融资，以及用债券发行收入偿还银行贷款，则表明了第三种联系。我们很容易就可以看到，这种机制不但从根本上说无法平衡债券收益率与短期利率（这是很自然的，因为那种特殊的承诺是与债券所体现的债权的法律结构相关联的），而且由于金融技术方面的限制是不能即时实施的，共变性也更低。甚至相反方向的变化也绝不罕见。举例来说，我们不必观察深度萧条的情况就可以说明这一点——在发生了深度萧条的时候，当恐慌结束时，短期利率可能会降到几乎消失的水平，同时债券利率和债券收益率却会保持在高位。事实上，这种事情完全有可能发生在最正常的情况下。例如，当一个大问题已经谈妥，然后借款人在公开市场上出借自己的收入时,债券收益率就会上升,短期利率则会暂时下降。虽然我们现在还没有考虑到国际关系,但是国际影响在某个市场上可能比在另一个市场上更加有效。此外,工业借贷者还有一种非常普遍的倾向,使他们自己独立于银行,这种倾向可能偶尔会提高一种利率、压低另一种利率。然而,我们也应该搞清楚从什么意义上说所有这些都"仅仅是技术性的"。尽管债券市场从根本上说是货币市场的一部分(不过是"行动最迟缓"的那部分),而且它的利率反映了——尽管有时会出现滞后,并且利率水平总是更高、振幅总是更小——短期利率的波动,但是短期利率不仅更加忠实地表达了经济状况(因为它们都是免费的即时反应),而且在塑造债券收益率方面发挥着最主要的作用。这两个利率相对于彼此的变化在事实上支持了——虽然这种变化本身并不能证明——如下结果:债券收益率,再加上1%的一半,看起来非常像短期利率的一条"趋势线"。就美国而言,这一点已经由 W. M. 珀森斯教授证明了。[1] 对这个明显的基本关系的偏离,很明显是次要的,而且很容易加以解释。[2]

股票价格的问题将在下一章讨论。在此,只需要再重申一遍,根据本书对股东地位以及股息性质所持的观点,股票市场也只不过是一般的余额市场的另一个组成部分。由于对我们来说利润是利息的支柱,因此股息在实际付出的资本中所占的比例与利润的关系特别密切,实际上是货币市场所有利率中最基本的。从总体上看,它们与债券收益率(或新发行债券的利率)及短期利率走势相同。但是,普通股所特有的那些风险和机会,对

---

[1] 请比较他 1927 年 4 月发表在《经济统计评论》上的论文(见第 94 页和 95 页的图表)和本书第五章第二节,我们在那里给出了一个"参照趋势"的例子。交叉点大致与平滑的短期利率曲线的拐点重合,同时再一次大体上反映了基钦周期,否则它们就不容易解释了。特别是,"交叉点与(四条证券价格序列曲线的)波峰和波谷并不总是一一对应";而且,"也没有任何明显的趋势显示出这些交叉点与波峰和波谷同时出现"(前引论文,第 101 页)。

[2] 请参见托马斯(Thomas)博士的论文《大萧条对债券收益率的影响》,刊载于《美国统计学会会刊》,1933 年 9 月。他的结果是(虽然主要是从战后的资料中得到的),在大体正常的情况下,短期利率下降 1% 会导致债券收益率下降大约 0.24%(第 267 页)。这个结论与他所强调的另一个观点都很有启发性:交易量是非常重要的,交易量下降的影响往往会抵消短期利率下降的影响,在深度萧条时期,甚至会使后者的影响减少至几乎为零(第 271 页)。重要的是要记住,这并不与我们在正文中的任何观点矛盾。交易量影响收益率,收益率影响债券持有人的投资的安全性(前引论文,第 262 页)。

所有其他股票则没那么特殊，其主要影响表现为削弱了将这部分市场与另外两部分市场联系起来的机制的作用。无论是投资者还是"借款者"，都无法仅凭精算理性（actuarial rationality）在购买和发行债券或股票之间做出选择。货币利率与股票价格之间也从来不存在简单可靠的关系，就像货币利率与债券价格之间不存在这样的关系一样（不考虑违约风险）。股票价格与（最高等级的）债券价格之间的相关性主要是负的，这个事实不仅表明上述机制不会全然不存在，而且表明回报（红利）的变化和纯利息的变化在周期性情况下发挥抵消性影响的方式。[①]

四、公开市场利率

因此，我们到目前为止讨论过的各种余额交易，全都以这种或那种方式指向了公开市场。这与预期相反，因为我们的模式在货币方面是以会员银行与客户之间的关系为中心。事实上，如果可以的话，我们将会在分析时选择以向客户收取的经常账户利息（Kontokorrent-Kredit，客户的信用额度）为指导，那是真实的银行贷款利率。然而，如果选择了这个，那么我们不仅无法为战前时期编制一个可靠的序列，而且会受到上文提到过的这种材料所固有的困难的阻碍。这个市场当然远不完美，费用不仅在不同地方之间相差悬殊，而且在不同银行[②]、不同顾客、不同交易之间天差地别，同时，这个市场的反应又是那么迟缓，以至从纽约商业票据利率序列[③]或者从其他公开市场利率序列（英国和德国，因为这两个国家的公开市场利率序列或多或少地与美国的序列相对应）得出的趋势会好得多。这个选择是不能令人满意的。事实上，公开市场及其"紧邻"市场，更不受（或者说几乎绝对不受）那些导致黏性的因素的影响，而且几乎是完全竞争的。

---

① 请参阅 W. M. 珀森斯（W. M. Persons），《货币利率与证券价格》，刊载于《经济统计评论》，1926 年 1 月号。

② 在一些国家，特别是在德国，这种情况产生的结果往往也就是市场不完全的结果：银行彼此签订协议（Konditionenkartelle），以期使收费正常化。但是这只影响战前最后十年。

③ 为了得出借款人实际支付的利率，还应该加上公布的数字，它介于 0.5% 与 1% 之间。不过，对中间交易商序列的补偿一般不包括在公开市场利率中。60～90 天的利率和 4～6 个月的利率之间的关系也正如我们所预期的那样，因此不需要加以评论。

但是，它们又比其他部门更容易受到中央银行调控活动的影响——在我们讨论的这段很长的时间内，中央银行调控活动的程度和方法变化很大——同时也更容易受到如下因素的破坏性影响（尤其是在英国，中央银行调控活动的主要目的就是要控制这个因素）。这个因素就是大量暂时没有得到利用的余额和信贷工具，它们要在市场上寻找"任何利息，哪怕是可怜的零头"。

也正是在这里，我们通常所说的临时投资出现了。企业手中可能有一定的富余资金（这可能是为了以后的实际投资而积累起来的，或者只是作为现金储备而存在的，又或者是因为萧条期间的支出减少了），公共机构或半公共机构也可能会出现资金富余（如普鲁士国家铁路公司和普鲁士政府，又或者印度议会）。随着资金管理合理化程度的提高，这些资金通常越来越多地进入公开市场，进行通常来说无风险的近乎理想的短期投资。在这些情况下，它们通常会雇用银行作为代理人。但是银行也会用自己的账户从事类似的投资活动，如果它们自己的信贷工具在它们自己的业务活动中尚未得到充分利用的话，或者如果它们为了获得二级储备的话（见第十三章）。它们甚至会——尤其是在英国——转移到公开市场上从事一些本来属于它们与自己的客户进行的正常业务：充当证券经纪人（或贴现公司），为作为它们的一部分投资组合的承接者服务，帮助解除一些麻烦；这种业务没有非人格化，通常在任何时候都可以压缩，而且既不会损失金钱，也不会损坏名誉，还不会遭到愤怒的客户的抗议；虽然有些商人（像伦敦和大省中心城市的商人那样）很乐意在伦巴第街上提供款项，但是他们将会发现，一般来说，他们从经纪人那里得到的利率要比从为经纪人提供资金的银行那里得到的利率要低。当然，这也就意味着，这个市场提供的实际余额和潜在余额虽然变化很大，但是缺乏弹性。利率的任何下降都不会阻碍它；除非在非常特殊的情况下，例如在投机狂热期间获得的余额，否则余额几乎从来不会随着利率的上升而增加（除了通过外汇余额的流入之外[1]）。这一点，再加上在公开市场中起支配作用的完全竞争，解

---

[1] 更正确也更普遍的做法是，通过所考虑的移民进入银行业；这是因为一个大国可能会分割成很多部门，以至利率的上升可能会有效地吸引流动资金在不同部门之间流动。

释了利率变动的频率和幅度,以及所有这些变化的密切共变性。

毫无疑问,所有这一切都使这些变化失去了它们原本应有的重要意义。但是,我们应当记住,这种重要性并不会因为这些资金所服务的业务的期限很短而进一步减小。因为我们知道,这个特征在很大程度上其实是虚幻的:至少,通过为持有股票而提供融资,即便是活期贷款或短期拆借贷款(call loan)也绝不会无法为铁路建设等项目提供融资,至于其他形式的公开市场信贷,就更加直接地服务于长期实际投资的目的了。最后,关于利率为什么会在周期性过程中落后于其他因素,我们还必须在我们的理由清单上加上一项,那就是公开市场利率明显不受其他因素的影响,这是公开市场利率所特有的。只要公开市场上浮动不定的余额带有支出不足的根源,那么它们就显然不会对利率的变化做出反应,除非工商业活动受到了很大程度的限制,也就是说,只有当清算变成萧条时才会如此。然后,借款减少的效果会随着所提供资金的增加而增强。然而,我们马上就会看到,这一点对商业节律的因果重要性是很小的。而且哈佛指数图表货币曲线出现上拐点的时间点位也并不能用它来加以解释。但是,利率下拐点之所以滞后,可能是因为,在支出不足造成的疲软得到缓解之前,公开市场利率无法从谷底反弹。

活期(经纪人的贷款展期)利率和定期利率(time rate)之间的差异,并没有与我们根据时间安排必定会具有的平滑效应本来就会有的预期相去甚远。商业票据利率会随定期利率的变化而出现很大的变化,不过一直处于较高的水平。在战前的最后30年里,在美国或德国,两者之间的这种关系似乎没有发生系统性的变化,在英国也没有太多的变化——但是其中有一种典型的周期性变化。然而,我们将只对主要由公开市场余额提供资金的一些信贷工具给出简短的评论。

短期国债(treasury bill)——我们用这个术语来表示完全可转让的短期政府债务,它适用于所有国家——从买方的角度看,只是银行家承兑汇票(banker's acceptance)大家族的一个高级成员而已。短期国债与这个家族的其他成员同向变动,并有一个溢价,不难理解,该溢价在繁荣期间会扩大,而在衰退期间则会收缩。至少就我们的目的而言,或许可以说它在我们所讨论的这三个国家意义大致相同。① 银行承兑汇票则不然，因此它的利率也不然。银行承兑汇票最重要的角色是用来为目前国际贸易中的商品交易筹措资金的一个典型工具，因此，到 19 世纪 70 年代末为止，它们一直主要属于说英语的各个国家。直到 80 年代，德国才越来越多地用它来为自己的对外贸易融资。此后，与特定的商品交易密切相关这种性质（这最初是这种信用工具所特有的），在用这种金融票据来服务对外贸易的情况下，甚至在英国也消失了，在美国尤甚。但是，英国的做法基本上仍然只局限于这一特定目的，即并没有故意将这种金融票据广泛地用于任何其他用途。

在美国，这种类型的银行承兑汇票以及它的市场，是在战争期间和战后大幅增长起来的。在战前，承兑甚至一度只是国民银行的特权（ultra vires）。但是在德国，银行承兑汇票还在很大程度上用于国内贸易（不过在战后大大减少）——事实上，不仅用于国内贸易，甚至还成了为实际投资和为工厂与设备融资的一种手段。因此，银行承兑汇票（银行不需要付出任何东西，只要签章即可）变得非常受欢迎，从而很快就在市场上占据了中心地位。与承兑汇票相关的交易技术逐渐发展了起来；通过要求承兑银行的经营状况和形式符合某些要求，通过让"商品"实现标准化，使得承兑汇票能够理想地以单一的利率销售出去（四舍五入的数字；观察英国银行在这一点上的不同态度）。它们甚至被直接用作支付手段。在英国或美国，并没有与之完全对应的利率，但是（尽管存在着相当大的疑问）作者得出的结论是，该利率（Privat-Diskont）是与纽约商业票据利率和伦巴第街利率最接近的利率。然而，必须记住的是，商业票据的重要性现在有所下降：以英国银行为例，1880 年，票据在资产中占到了 26%，到 1912 年就仅占 12% 了。

五、英格兰银行和德国中央银行的利率

最后，我们还必须记住，尽管在我们的模式中银行家的银行（中央银

---

① 关于政府出于监管目的而进行的公开市场操作，奥地利的"盐券"（Salinenscheine）提供了作者所知的第一个欧洲国家案例。

行）及其利率与货币市场利率是"一刀切"的，但是在历史上却并非如此。一直到《联邦储备法案》出台，银行家的银行才把自己局限于"中央银行业务"。在那之前，它们都从事会员银行业务（在某些时候，那甚至是它们的主要业务），而且它们的"中央银行"地位和银行家的银行职责都是逐渐演变而来的。以纽约市的银行为例，我们认为把中央银行的职能归于这些银行是有道理的，但从我们的分析来看，这样做也就排除了任何寻找银行利率的可能性。英格兰银行的利率在票据和银行券时代仅仅是它准备与非银行客户做生意的利率。在《皮尔法案》（1838年下半年除外）颁布之前的一个多世纪里，这个利率一直非常缺乏弹性（介于4%和5%之间）。然后，所谓的新贴现制度（New System of Discounting）开始实施。它包括在市场上发行纸币的竞争，并导致英格兰银行在一段时间内在这种业务上的主导地位。它的利率政策是适应于那个目的的，尽管说它只是简单地跟随市场并不正确——如果一个买家买下50%的商品，那么就不能说它在"跟随"市场行事——但它的利率肯定只是市场利率的一种。

到了1858年，英格兰银行至少已经在为证券经纪商和贴现公司提供再贴现服务，这就是说它从事了典型银行家的银行业务，这已经与银行再贴现这个术语的通常意义几乎完全相当[①]，而且在事实上有效地克服了阻碍它成为中央银行的一切。但是，也就是在那一年，票据市场的再贴现停止了。自那之后，英格兰银行必须完全依靠自身的能力，通过竞争吸引到所需数量的纸币[②]，直到70年代初为止，因为那时这种做法也不能令公众满意了。在此之前，银行利率虽然通常会处于较高的水平，但是却与市场利率一样能服务于我们的目的。但是，经过数年的犹豫之后，英格兰银行随后给出了最有力的证据，表明了它坚持会员银行业务的决心。1878年，

[①] 应该指出的是，票据经纪人和贴现公司对我们来说也是一种特殊的银行家，或者说至少是银行家的"卫星"。上面所说的这些话的意思是，为经纪人提供资金的伦敦各银行能够随意收回贷款，因为后者可以向英格兰银行申请贷款，这就使得它们拥有了几乎相同的地位，就像它们自己先贴现，然后申请再贴现一样。

[②] 在不完全竞争的情况下，尤其是在英国，完全可以接受比竞争对手更高的价格。然而，在它的省级分行中，该银行却是按当地现行利率贴现，有时甚至低于当地利率。

英格兰银行宣布，在为自己的客户贴现时，将不再钉住官方利率，而是会按照市场利率向它们收费。与此同时，在再贴现业务方面，它也迈出了重要的一步，表示它愿意给证券经纪商（贴现公司）特别的优惠，尽管真正为后者再贴现的业务——按官方利率——直到1890年才真正恢复。[1] 这两个措施之所以特别重要，恰恰是因为它们是一起发挥作用的。它们标志着英国的中央银行政策的演化进入了一个新阶段：在维护会员银行的利益的同时，又能够将这种职能与中央银行职能分离开来；正是在那之后，银行利率就不再是混合的，而是开始真正占据我们的模式赋予它的位置。

类似地，普鲁士银行以及后来的德意志帝国银行的利率也首先是一种贴现率，然后才是一种再贴现率。虽然普鲁士银行一直面临着强大的公众压力——他们要求利率更低、更稳定——而且有时不得不屈从于这种压力，但对于德国的情况，我们还是可以重复在讨论英国中央银行（英格兰银行）时所说过的那些话，即至少就19世纪的德国而言，我们对银行利率的处理完全可以与任何市场利率一样。

第三节 对利率的时间形态的讨论

本节的讨论将主要基于各个脉搏图所示的若干时间序列。这些脉搏图还表明了利率相对于周期性过程的其他元素的行为（请参见图20）。活期利率（见图36和图37）与证券交易所数字的关系则将放到下一章再加以简要讨论。我们从一开始就必须牢记，所选择的利率虽然相对来说是比较"纯"的，但是仍然不可避免地带有各种变化的影响的痕迹：立法变化、货币和信贷政策、黄金产量、国际关系……特别是恐慌，所有都会干扰预

---

[1] 金（King）先生在《伦敦贴现市场的历史》（*History of the London Discount Market*）一书的第304页强调了后面这个时间而没有强调较早的那个时间，因此忽略了这两项措施的根本互补性。他甚至（在第297页的脚注中）指责说，帕尔格雷夫认为1858年的政策在1878年被推翻是错误的。但是帕尔格雷夫所主张的，似乎并不比金先生接受的多到哪里去。这种差异似乎是因为，金先生强调威廉·里德尔（William Lidderdale）成就的倾向过于强烈。然而，他自己对恢复再贴现的解释却因此受到了损害。

期行为和人们对利率等"晴雨表的值"（barometric value）可能会是怎样的估计。但是，一个可能会遭到破坏的晴雨表依然是一个晴雨表，而且在我们所讨论的这个时期内，确实存在着这样一些很长的时间区间，其中一些影响因素对利率的影响并不十分重要——虽然不是恐慌性的影响，恐慌对利率产生的影响要比世界大战之后强烈得多。

一、序列缺失趋势的情形

由于我们不使用利率指数，因此我们所用的利率序列是"自然"的。当然，它们仍然是系统性的——事实上，有理由认为它们是最有系统性的。毫无疑问，它们所描述的是经济演化的周期性过程的一个主要因素，尽管不是所有的经济学家都会同意我们的分析得出的结论，即利息从根本上说是结果性的，而且只在次要意义上是因果性的。我们将把对后一点的补充评论放到下文，然后在这里先指出如下一点：类似地，每个人都应该会接受这样的命题，即利息是系统所有要素中最具周期性的；但是几乎没有人会进一步认为那将构成一个"干净"的周期性序列。信贷组织的改善、风险溢价的降低等，都可能是利率序列呈现出一个下降的描述性趋势（descriptive trend）的原因，但是我们的理论否认存在任何结果趋势（result trend）。尽管在纯模型中利息在每一个周期都将始于零且归于零，但是仍然没有一个普遍有效的原因来说明，为什么在考虑潜在周期的各个阶段时，它实际上不应该像在其他任何一个周期那样，接近它在均衡的任何邻域的水平。[①]

能够让我们在可比条件下就足够长的一个时间段检验这个命题的足够好的数据并不存在，也不可能存在。但是，我们所掌握的关于在我们所处的时代之前资本主义发展的各个中心的信息，却得到了证实，而不是相

---

① 然而，这里可能有一个特殊的原因，它可以归结为消费者借贷：资产阶级心态的影响（资产阶级心态会创造出一个"吝啬的状态"）被另一种心态的影响取代，导致了一个"奢侈的状态"，这可能会带来未来利率的非周期性上升，或者是另一种结果，货币的失调。在资产阶级获得统治地位以前，这种条件是普遍存在的，所设想的结果也是普遍存在的，在这种条件消失之后，所产生的结果却是相反的。也可能存在一些虚假的原因：正如正文指出过的，现代技术不允许利率飙升到令人恐慌的高峰。

反。在阿姆斯特丹，市场利率在 18 世纪时——甚至在 17 世纪时——有时低到了 2% 的水平。① 无论这种比较有多危险——事实上，不能总是用最小值来表明均衡的邻域的所在（见下文）——1897 年伦敦的市场利率水平也差不多一样高这个事实不可能是毫无意义的（那一年的平均利率为 1 英镑 18 先令 6 便士）。再一次，问题似乎在于如果没有消费者借贷，读者认为在这两种情况下 2% 的利率还会剩下多少。此外，考察我们得到的从 1875 年至 1914 年的纽约商业票据利率，我们不难发现，在一级近似中它似乎是围绕着一个完全平坦的水平上下波动。事实上，它看上去就像已经从中去除了一个趋势，而且这个趋势似乎可以用来为我们的论点提供支持——无论序列有多短——因为以下情况显然是不可能的：如果利率存在着某个系统性的下降倾向，这个趋势不会在长达 40 年的既充满活力又相对平静的资本主义发展过程中显示出来。② 顺便还应该指出的是，这些事实由于"拒绝"支持所谓的利率递减规律（或者如某些经典著作所说的，利润递减规律），也就间接地使人们对得出这种规律的理论产生了怀疑。我们对此实在不应该感到惊讶。无论是在理论上还是在实践上，都没有任何理由相信（在我们所说的意义上）利润周期性波动的趋势会系统性地增加或减少。由此很自然地得出的结论是，从根本上是由利润产生的利息也不应呈现出这种趋势。

二、利率的周期性行为

读者很容易就可以看到，如果我们使对利率的周期性行为的预期与我们的模型的较高阶近似相适应，以包括三个周期性运动的共存，那么将会

---

① 即便在英格兰的沃尔波尔和佩勒姆，利率为 3% 的统一公债——然而，对于其价格，根据第二节所述的原因，我们不可能将之视为可靠的指引——偶尔也曾经以后来未再能达到的高价售出（最高为 107），请参见 W. St. 杰文斯《货币和金融》一书中的相关表格。

② 见卡尔·斯奈德（Carl Snyder）先生，《利率和经济周期》，刊载于《美国经济评论》，1925 年 12 月，第 697 页。他指出："令人吃惊的是，这个［用纽约联邦储备银行的清算指数衡量的］峰值会如此频繁地接近当利率上升至略高于半个世纪以来的平均水平时的利率，或者说，当利率超出了平均线时的水平。"（从 1875 年至 1925 年，平均利率为 4.93%。）再一次，如果确实存在着某种明显的趋势，这种情况不会发生。

呈现出繁荣阶段的上升滞后和衰退阶段的下降滞后。① 由于利率的邻域值实际上并不是零，在萧条时期，由于经济活动水平的异常限制，一般都会出现进一步的下降。但是我们必须记住，与所有其他情况一样，萧条过程是不稳定的，即便不考虑恐慌对利率的影响（这是它所特有的）。因此，不确定性会延伸到利率在复苏阶段的行为上，而这应该会使之向邻域值回归。必须再次强调的是，这些预期在不同跨度的周期中会产生一些不同的结果。

总的来说，这就是我们的发现。由于我们的序列异常敏感，也由于短期借款利率反映了商业世界里每天发生的每一件事情并与之相联系这个事实，所以与就业序列或生铁消费量序列相比，表层的运动更加明显了，而深层的运动则相应地更加不明显了。因此，我们发现，我们的图表虽然也显示了许多其他的表层运动，但主要还是"基钦波"；任何人一眼就可以看出，"基钦波"的存在是显而易见的。事实上，利率正是证明这种周期的标准实例，并且在度量基钦周期的各种努力中得到了反复的分析。对于我们来说，只需再引用一下克拉姆教授对纽约商业票据利率序列的周期图分析（刊载于《经济统计评论》，1923年；我们在前面已经多次引用），然后指出这种现象在英国和德国的序列中也能够清楚地看到就足够了。然而，正如克拉姆教授所强调的那样，也正如不同的学者在对不同的时期进行分析时总是会得出的结论所证明的那样，形式分析的结果本身并不能完全令人信服。是的，由于要与会受到很多内部和外部的非规律性干扰的材料放到一起考虑（见第四章第四节），本来就不指望它们会如此。只要对商业反应有一丝一毫的了解，没有任何一个人会希望只利用时间序列证据就能够"证明"这种周期或任何其他周期，因为这要求周期、振幅、各阶段行为全都完全不受任何外部因素干扰——在战争期间与和平时期、在黄金产量增加时或减少时、在货币政策稳健时、在存在潜在或实际的混乱时……都是完全相同的。不过无论如何，如此短暂、如此剧烈的波动（相

---

① 作者有时会听到或读到这样一种观点：信贷的波动滞后于经济活动的波动。但这并不是一回事——而且不完全正确——尽管很明显，这种观点要表达的意思是一样的，即在美国，利率是滞后的，而货币和信贷领域的其他要素则不然。

对而言也是非常有规律的），还是提供了一个格外有利的案例。我们不可能指望在任何一个更长期的问题上取得同样好的结果。在朱格拉周期的情况下，这种形式化的方法很难产生结果。如果坚持进行形式化的度量，那么很容易否定它的存在。但是，如果读者逐年仔细观察我们的序列，从 1879 年的典型上升开始，那么他应该能够标识出第二个康德拉季耶夫周期的最后两个朱格拉周期，以及第三个康德拉季耶夫周期的前两个朱格拉周期。一些明显的低谷显然会有很大帮助，例如 1885 年、1894 年和 1904 年的低价（1908 年的低价则需要更仔细的解释），但是还应忽略那些紧接着突然下降 3% 以上的高峰。当然，在这种情况下，就像在所有其他情况下一样，只有通过对实际发生的情况加以了解——严格地说，必须逐年搞清楚工业组织发生了什么——才能得到肯定的结果。无论如何，本书第六章和第七章似乎已经提供最初的尝试所必需的一切。

在美国商业票据利率序列中与在英国和德国的同类序列中，康德拉季耶夫周期应该显示出传统分析所描述的那种趋势断裂点——就像在其他涵盖了相同时间段的序列中一样。陈述问题就是在回答问题。众所周知的是，利率在 19 世纪 90 年代中期之前一直呈现出下降趋势，直到 90 年代中期，一种相反的趋势才开始显现。尽管在美国债券收益率多年来始终未能跟随这种趋势，不过正如我们已经看到的，在德国和英国并非如此。在纽约统计数据图中，从序列的起点到 1897 年，我们有可能画出一条看似合理的下降趋势线（最低点出现在 1894 年），另外还可以在从 1897 年至 1913 年的统计数据图中画出一条同样合理的上升趋势线。对于英国和德国，也可以画出类似的趋势线，其中英国市场利率的最低点出现在 1895 年。这就意味着，我们只有一个轻微的、非常短暂的复苏上升，不过，这与康德拉季耶夫周期的价格水平并不惊人的原因是一样的，因为其长期而温和的波动几乎不受螺旋式运动的影响。我们可以再往前追溯，尽管所能依赖的材料越来越无法令人满意。在 18 世纪末，英国公债收益率的上升并不像价格水平的上升那样先于对法战争出现，而是与对法战争的开始相一致。至于 1798 年的空前绝后的高峰，用那些战争和通货膨胀就足以解释。战争也解释了普鲁士政府的倒台，直到 1813 年，普鲁士政府的财政收入才开始超过 16%。这也引发了对我们拥有的关于至少从 1787 年到 1815 年的利率的证据的怀疑，但是在 1815 年之后我们就完全可以说，利率的下降趋势维持的时间长到了不能只用战争影响的吸收过程来解释的程度，更何况其中一些影响其实倾向于提高利率。

在英国和德国，这样一个时期持续到了 1842 年至 1845 年。而对于美国这个国家来说，野猫银行式的混乱和宽松的货币政策可以解释 19 世纪 30 年代利率的急剧上升（出现在 1834 年、1836 年至 1842 年初；请参见科尔和史密斯，前引论著，第 192 页和第 193 页的表格）。德国的情况似乎也是如此，而且与预期的背离更加严重，因为不能用 30 年代末信贷领域同样严重的混乱来解释。1844 年（见卡恩，前引论著；沃耶，前引论著），债券收益率、抵押贷款利率以及普鲁士银行的贴现率都降到了最低点——分别为 3.5%、4% 和 3.5%。到了 1845 年，利率开始显著上升，这显然可以与 40 年代的康德拉季耶夫周期过程联系起来，特别是铁路浪潮。而且，这种状况一直持续到了 1870 年前后，当时最高等级的固定利率证券的收益率大约为 5%。我们可以对这些证据提出质疑。从我们的角度出发，当然有很好的理由认为军费需求和第四个朱格拉周期的过度投机要为这种不符合规律的现象负责，而且当时还出现了一些重大的反复。然而，由于这种不规律性与在价格水平"行为"中观察到的不规律性是类似的，因此将它与价格水平上升对余额需求的影响联系起来考虑是合理的。1870 年的事态发展是由法德战争所主导的，然后在接下来的三年里，利率在发行促销①和赔款热潮的影响下上下波动。普鲁士银行的政策也在一定程度上扭曲了这一局面。1872 年下半年，普鲁士银行重新采取了限制信贷的措施，而没有"适时地"提高利率。危机过后，短期利率和收益率都恢复了正常。

英国的利率"行为"完美地说明了我们的机制。我们先来看一下高等级票据的市场利率。在 19 世纪 40 年代初，这种利率迅速上升，那显然是

---

① 我们应该记得，从 1871 年到 1873 年，共有 928 家公司发行上市，资本总额为 27.81 亿马克。然而，各州也偿还了债务。德意志帝国银行甚至购买了固定利率证券作为投资。

对铁路浪潮的反应,而在那之前价格水平已经上升。1846年出现了朱格拉高峰(1847年的平均水平还要高一些,达到了5英镑17先令6便士[①],但那是一个恐慌导致的高峰),接着是滞后的下降,一直到1850年下半年(那一年的平均水平是2英镑5先令)。然后,随着第二个朱格拉周期上升阶段的到来,康德拉季耶夫周期的繁荣时期继续,利率再次上升——不过,出现在1852年的一次下挫表明了反作用力的存在,那就是黄金的流入——峰值比出现于1856年第一个朱格拉周期的峰值还要高(为5英镑10先令,1857年达到了更高的6英镑15先令,但那很显然是恐慌所致),这标志着康德拉季耶夫周期达到了顶峰,因为除了1864年和1866年的金融恐慌之外,在这个时期没有再出现如此高的年均水平。不考虑这些,也不考虑中间的那一年,我们看到,在整个经济衰退和萧条时期都存在一个下降的趋势,而且正如上面指出的,只在经济复苏结束时才有了一点上行的迹象(从1895年的19先令2便士到1897年的1英镑18先令6便士)。在这个过程中,朱格拉周期表现得非常清楚:在1860年和1861年上升;然后是直至1868年的正常下跌,不过中间在1863年至1866年间出现了中断,然后又恢复;从1869年开始再次上升,其间经历了一次下挫,到1872年达到了朱格拉周期的峰值(4英镑1先令9便士,1873年再一次显示出了恐慌的影响,年均利率为4英镑14先令);然后又下跌,直到1876年;1877年出现复苏性上升,1878年又出现了一些恐慌;对这种恐慌做出反应后,在1880年、1881年、1882年有所上升;随后下降,直到1886年;接着直到在最后一个朱格拉周期的繁荣阶段(1889年)出现滞后的上升,其间一直没有什么实质性的变化;1890年出现了朱格拉周期的一个峰值(平均为3英镑17先令7便士);然后又下跌(不过,1893年有恐慌效应),以及复苏(上面已经提到)。这个时期的统一公债的收益率也讲述了同样的故事。

读者应该注意到了,上面有一些数字因被视为恐慌所致的高峰而被舍弃,另一些则被当作回撤而被舍弃,这种处理方法当然会随着每种具体情

---

① 见帕尔格雷夫,前引论著,第33页。

况的历史依据而有所改变。读者应该还可以观察到，如果已经对三个周期的相互扰动和战争、恐慌以及货币失序的影响予以足够的关注，那么无法用构成了我们的周期机制的那些因素解释的东西就会少之又少；特别是，读者应该注意到了，在每个周期的各个阶段利率行为大体上是符合预期的。由于这个时期黄金产量的变化，这一点显得尤其突出。事实上，我们已经看到，黄金产量的每次变化都表现得很清楚。但是，无论是短期的压低利率的效果，还是长期的抬高利率的效果，都不足以战胜周期性波动。综观整个时期，英国受新生产出来的黄金的影响最大——当然，加利福尼亚的黄金大发现所影响的主要是美国。任何其他短期效应都无法如此容易地加以跟踪。然而，仍然没有哪个国家的利率变化像英国这样与理论相符。

三、利息与利润、生铁产量、总产出与价格水平

对于战前时期，我们不可能充分地证明利息与利润之间的统计关系，不过幸运的是，也没有必要完全做到这一点，因为我们的分析已经证明后者是导致前者变化的主要因素（因此，在任何正常情况下，利息和利润之间的统计关系应该都特别密切）。无论如何，就我们所能相信的德国股息序列（见图38）提供的证据而言，这两者之间的关系确实是非常密切的。美国公布的股息数据也给人留下了同样的印象；铁路收入也是如此。与其他序列相比，利率对企业短期表面波动的极端重要性——正如前面已经指出的，这是其周期性行为与就业的周期性行为之间的唯一区别（见图20）——和结果趋势都必须考虑进去。利率的滞后虽然并不总是会表现得很明显，虽然在许多情况下很难从那些使得我们的序列如此不可靠的所有不稳定因素中识别出来，但是也必须铭记在心。有了这些条件，我们就可以说，利息与生铁产量或美国钢铁公司的未交货订单量非常协调，而且在那两个更长的周期特别是在康德拉季耶夫周期中，显示出来的利息与总产出之间的关系是符合我们的理论的预期的：利率长期下降的时期，也是总产出增加最强劲的时期。如果从产出序列中消除最小二乘趋势，那么在基钦周期中呈现的相关关系主要是正的。利息与建筑业的短期关系则是不确

定的。在繁荣和萧条时期，利息与外部结算额、外部贷款和外部存款都具有正相关性，在复苏时期不太相关，但是在衰退时期则呈负相关。由于后一个事实是这些序列存在着趋势的主要原因，所以去除趋势将再次在所有阶段中产生滞后的共变性。

　　读者应该已经注意到，我们的模型所产生的对利息行为的预期，除了两个例外之外，几乎与对价格行为的预期完全相同。其中一个例外是滞后，然而，这只对短期波动有重要意义。另一个例外是价格水平的下降趋势。但是，如果不考虑这些因素，就应该存在着几乎完全一致的共变性，因为即便是外部的干扰和内部的非规律性——除了利率的恐慌性峰值之外——在绝大多数情况下也都可能在同样意义上影响价格水平和利息。实际上我们发现的就是这些，而且在长期内也完全不比在短期内少点什么：只要看一眼脉搏图，读者就会满意地发现，这种关系在康德拉季耶夫周期内与在基钦周期内一样明显，而且在出现了最不同的外部因素的集群时仍然能够维持。[①] 以从1886年到1925年这个时期为例，那是津恩先生最有意思的一项研究的主题（我们在前面引述过这项研究[②]）。他得出的结论是，虽然没有一个变量可以被认为是"基本驱动力"，但是它们都"是对活动在系统根源处的一组未知的常见的生成性原因的反应"，同时"利率在任何时候都是以一种系统性的方式与批发价格的前期值以及同期值联系在一起"。

　　然而，仅仅根据价格水平和利率只是众多变量——或若干综合变量——当中的两个这个简单的事实，就足以表明偏离这两个变量的严格共

---

　　① 请参阅凯恩斯先生的《货币论》下卷第三十章第八节"吉布森的异说"。凯恩斯正确地将之称为"整个定量经济学领域中最确定的事实之一，尽管理论经济学家大多忽略了这一点"，而且这个事实"应当是可以做出某种普遍性的解释的"。对于价格水平和利率之间的这种周期性共变性找不到这样的解释的原因是（第201页），这是一个长期现象，"而不是严格意义上的短期现象"。但是凯恩斯先生设想的长期共变性只是康德拉季耶夫周期中的共变性。从我们的立场出发，我们最好说这确实是一个"吉布森悖论"。

　　② 见1927年10月的《经济统计评论》，特别是其中的第189～197页。这个时期被进一步划分为三个子时期：1886—1899年、1899—1912年以及1912—1925年，很巧的是它们几乎完全精准地覆盖了康德拉季耶夫周期的不同阶段。对于每一个子时期，用来表达利息-价格水平关系的因素间相关系数（津恩先生很有建设性地称之为"系统因素"）对第一个子时期与其他两个子时期高达0.82，对第二个子时期和第三个子时期更是高达0.90。

变性的原因一定不是随机的。特别是，存款/价格水平的短期波动与利率的短期波动之间存在着强烈的反向关系（两者分别参照各自的康德拉季耶夫周期波动），意味着我们观察到的这种共变的不完全性必定存在系统性原因[①]，因此上面的分析只是把我们引向了更加复杂的问题。

四、利息的结果性、哈耶克的理论以及短期利率和长期利率的滞后性

在一个由相互依赖的多种"量"组成的系统中，试图将其中一些量定义为"决定的量"而将另一些量定义为"被决定的量"，其实是没有意义的。然而，在一个确定的过程中，也就是说在一个在系统中运行的过程中，问一下每个元素在事件序列中的特定角色是什么无疑是有道理的。也正是在这个意义上，我们说利息是结果性的（consequential），因为在我们考虑的过程中，它之所以远离自己的邻域值，是由于企业对余额的需求，而不是因为它自身的行为周期性地破坏了邻域。这个命题是从第一章、第二章和第三章的分析得出的，而且不能被一个完全基于以下事实的、因果颠倒的、"在此之后、因此之故"（post hoc, ergo propter hoc）式的论点所驳倒：繁荣总是出现在适当的利率之后。但是，当它受到了另一种推理的挑战时，我们仍然有必要捍卫它。这种推理我们在前面见识过了，它主要与哈耶克教授的名著《物价与生产》联系在一起。[②] 作为起点，我们假定完全竞争和完美均衡两者共存，同时存在着正利率。[③]

然后，正如我们自己的模型所表明的，将会存在未使用的信贷工具可以用来创建余额。在完全竞争的会员银行体系中，每一家银行都有利用这

[①] 这个想法、这个结果以及得到它们所用的方法，全都归功于 C. E. 托马斯（C. E. Thomas）博士。

[②] 我们在这里只对这种理论的这个方面感兴趣，尽管它是一个基本理论，但是我们不打算从整体上讨论它。为了展开论证，它一开始就想当然地假设资源得到了充分利用。其他观点见汉森（Hansen）和图特（Tout），《经济周期理论年度综述》，刊载于《计量经济学》杂志，1933 年 4 月。我们下面将要讨论的论点也是冯·米塞斯（von Mises）教授和霍特里（Hawtrey）先生的周期理论的基础，这种理论的源头可以追溯到维克塞尔那里。

[③] 为了使论证方便，这个假设也是从一开始就被视为理所当然的。如果作者的利息理论被人们接受，我们下面将要讨论的问题根本就不会出现。

些优势的"表面"（prima-facie）动机，而这会使利率降到低于其邻域值的水平——利率的邻域值，也就是那些经济学家所说的真实利率或自然利率——因此，会使所有耐用品的价值上升。① 这样一来，作为对这种刺激的反应，耐用品的绝对产出和相对产出（相对于易耗品的产出）都会扩大，但只要后者一消失，也就是说，一旦货币利率再次等于实际利率，这种扩张就不可持续——其中的含义是，当银行创造余额的能力达到了技术上的极限时，就必然会发生这种情况。这种推理似乎给出了周期性运动的一个合理模式，动力完全由银行的主动行为提供。我们将在下一章中说明为什么即便银行是在完全竞争下运行的，它们也不太可能采取这种主动行为；而按照上面这种理论，正是银行的这种主动性破坏了现有的"均衡状态"。但是事实上，没有任何一种主动性能够成为对均衡的周期性偏离的原动力，这是显而易见的，因为尽管利率的上升可能会有滞后，但是它肯定不会在繁荣时期或繁荣阶段之初下降。但是，要想对商品价值体系产生上述影响，这却是必要的。而且，对此不能回应称均衡利率必须参照余额需求曲线来定义，因此，如果需求曲线向上移动（就像它在繁荣阶段刚开始时会"做"的那样），那么货币利率就可能会"太低"，甚至相对于经济状况的数据会出现"下降"——即便它在实际上是上升的。首先，这种转变在逻辑上和时间上都将先于银行的任何主动行为——这样一来，作为解释的一个因素，银行的主动行为实际上将可以认为是多余的——而且必须独立地加以解释（要么用外部因素来解释，要么用创新来解释）。其次，对于老企业来说，余额需求曲线只会因为企业支出的影响而改变，因此，它们的生产设施独立于这些支出的任何扩大（即沿着原有的生产函数进行的扩张），都只能发生在利率出现了绝对下降的情况下，但是实际上并没有。我们还应该补充说，按新的生产函数进行的生产无须担心未来的利率如何，因为它受到了利润缓冲区的保护，更何况它颠覆了之前的条件，因此时间偏好绝不可能维持原来的样子完全不变（在那些学者所说的意义

---

① 这一提法比通常的提法更加一般，它最初是由马克卢普教授提出的。他还以一种很能说明问题的方式强调了利率的变化对当前生产成本和长期投资成本的影响之间的不同（请参阅：《作为成本和资本因素的利息》，刊载于《美国经济评论》，1935 年 9 月）。

上，时间偏好就是实际利率)。它更有可能下跌。

不过，如果我们认为这种理论不能成为一个基本的解释的话，那么我们也应该看到，它正确地描述了一大堆事实，正如我们在进行历史素描的过程中反复指出的那样。当然，我们并不认为银行的行为与周期完全无关。毫无疑问，如果没有信贷创造，周期性波动的幅度将会小得多，尽管（以19世纪40年代的英国为例）即便在没有什么信贷创造的时候也会出现"狂热"，尽管对货币利率的影响并不是它发挥作用的最重要杠杆。特别是，那样的话，次级波相关现象也会变得不那么明显。然而，即便所有这些不是由于利率过低而发生的，而是由创业活动所导致的，更高的利率也将大大有助于将它们保持在一定范围内，而更低的利率往往会助长它们。在发放贷款时，对是否要发放贷款的判断远比收取的利率重要得多，鲁莽的银行业务操作不在于廉价地提供融资，而在于不负责任地提供融资。但是，如果给定不负责任的程度，那么提高信贷成本就能够减轻相应的影响。

最显而易见的一点是，繁荣时期的宽松货币政策除了加剧过剩和随后的崩溃之外，别无他用。我们参照本章第一节引入的适应性利率（adapted rate）概念来定义它。我们应该还记得，这个利率不是一个均衡化利率，而且它不能阻止系统进一步远离前一个邻域，尽管它不会导致这种偏移。试图将实际利率保持在低于适应性利率的水平上的宽松货币政策，不可避免地向这个方向传递了一个脉冲。以类似方法定义的"紧缩性货币政策"（高利率政策，dear money policy）无疑也可以起到一些效果并发挥均衡化作用。但是，在这两种政策下，效果都不可能像通常的双变量分析能够让我们相信的那么好，因为在这种情况下其他因素不可能相等。在周期性序列中，我们注意到，导致向上转折点的主要因素与此前发生的利率上升无关。从这个意义来看，我们可以说利率不会导致经济下滑，正如它不会导致经济系统偏离通常轨道、走向繁荣一样。然而，除了这个命题之外，"导航"就变得非常困难了。为了便于进行"导航"，我们将首先忽略"滞后性"，并假定利率与系统的其他相关因素同步变动。然后，随着经济活动开始出现自动通缩，利率也将以相同的步调变动。但是即便如此，它仍然会对金融体系的不同部门造成不同程度的压力，而且肯定会成为导致次级波中的经济活动（或次级波中的部分经济活动）无利可图的因素之一。而宽松货币政策（低利率政策）抵消这种影响的效果，将与针对任何一个单一重要因素采取的行动一样有效。① 乍一看来，这种观点似乎因为如下事实而大为强化（这个事实最早是在第四章插入我们的模型的），许多重要的支出，特别是某些类型的住宅建筑支出——而且，许多适应在前一个繁荣时期新出现的事物的支出，以及新征服的经济空间的很大一部分，属于同一类——实际上只对利率的变化高度敏感，因此利率也就获得了一个"次要因果性"角色，就像其他因素或多或少可以获得的那样。但是，正如我们对时间序列的研究所表明的，由于周期机制的作用，利率下降的幅度实际上完全等于甚至超过了维持系统支出所必需的水平，因为这些支出线在衰退中事实上是扩张了。因此，对这种效应的强调——在实践中，这种效应主要依赖在区分经济衰退过程和经济萧条过程的失败——要取决于个别情况，但是它必须强大到如下程度：不仅足以克服那些阻碍了次级波活跃运行的障碍，而且可以防止因失调而遭到清算。②

在萧条时期，对宽松货币政策的这种反对意见并不适用。但是，当"危机"（如果真的出现了危机的话）结束时，利率通常会大幅下降，有时甚至是突然下降。要想说明利率本身能做到的事情是多么有限，再也没有比萧条时期的典型事件过程更好的例子了。有了更多（尽管仍然很少）的这种例子，我们就有理由辩称，在某些关键时刻，权威部门采取行动来提高利率将会更有效地刺激经济，因为它能够引发对余额的一些需求，而这种需求在预期利率将进一步下跌时会起到一定的抑制作用。要阐明这一点，我们甚至完全不需要求助于我们的模型。我们所要做的就是援引通常

---

① 在做出上述表述时，我们假设利率下降对受影响阶层的消费者支出的影响可以忽略不计。当然，在现实世界中事实并非如此。

② 有的读者可能认为这是一个令人不快的结果，为了避免这一点，作者在此必须指出，自己的论点也可以表述为意味着有必要对每种情况的具体细节进行更多的控制、监管和调查，而不只是直接提出采取低利率政策的建议，那样的话，也就会有足够多的公共活动和官僚主义行为——如果这能让他们宽心的话。见下一章第一节。

的商业经验，即便还没有形成通行的术语，这些经验也已经足以证明，在萧条时期调整利率只不过是一种"政治礼仪"（political liturgy）。因此，无论利率以什么样的速度迅速下降，它都不会因此成为导致经济出现下转折点的主要因素。这一点与如下事实无关，但是却可以通过如下事实大为强化：经济复苏——至少在开始阶段——通常只是当前经济活动的复苏，而不是投资领域的复苏，而且利率在当前交易成本当中（即便是零利率）的意义，通常远小于工资的适度下降。然而，随着复苏的持续，利率恢复了它在萧条时期失去的"次要因果性"作用，宽松货币政策将再次变得有效起来。但是，正如我们可以从理论推理中推断出来的那样，也正如我们可以在统计上和历史上观察到的那样，在流动性佳和经济前景良好的条件下，利率不会也不可能迅速大幅上升。只要利率确实上升了，这种上升就具有了一个明显的功能；在这种情况下，宽松货币政策的效果只能体现为一种哈耶克效应。

现在我们必须插入滞后性。这里需要记住的是，通常所说的滞后是许多不同因素的组合，而且其中一些因素根本不是真正的滞后量，因为利率在周期性序列中的位置比其他因素更靠后。必须区分短期利率滞后与债券收益率滞后于短期利率。在前一种滞后中，即便有摩擦，也是很小的。但是，短期利率如果未能在繁荣时期迅速上升，那么无论原因是什么，都必定倾向于加剧主要过程和次要过程——尤其是后者[①]——并导致大量的业务活动，而且这些业务活动将在今后导致困难。发生在上转折点及之后的滞后，会产生如下效应：随着经济活动自身的收缩，某个时刻将会到来，在这个时刻，适应性利率等于均衡化利率；而在这个时刻之后，从严格的理论来看，在衰退剩下的时间里，适应性利率会起到惩罚性作用。尽管这种效应是预先假定的，并不会导致衰退，但是它却加剧了衰退。然而，值得注意的是，我们期待衰退期的转折点出现滞后的理由，与我们期待繁荣期的转折点出现滞后的理由是一样的。如果这种滞后性在较短周期的所有

[①] 应该指出的是，这种滞后也是由信贷创造机制造成的：如果繁荣所需的资金完全由储蓄提供，那么利率不仅会上升得更多，而且会上升得更快。

阶段大体上均等地全都出现了——而在康德拉季耶夫周期的情况下则是值得怀疑的——那么对它们每一个的解释必须有所不同。导致经济衰退的主要因素不是风险，更不是为了弥补赤字而减少借贷，而是新的需求取代了企业家的需求，这种取代部分是立即发生的，部分则是在利率已经开始下降之后发生的。由此可知，这种惩罚效应的性质并不是造成普遍的动荡，尽管它确实会增加典型的老企业的困难。特别是，我们不能从短期利率相对于价格的滞后推断出这种普遍的惩罚效应。这是因为，正如我们已经知道的，价格水平下跌与经济繁荣完全是可以相容的。在萧条阶段，没有得到利用的余额会对利率"展开"攻击，而且这个阶段出现的任何滞后都只能归因于风险因素。当风险不断降低时，这种余额的重压必定会在利率回升之前先"消解"掉，这就解释了为什么这种情况在康德拉季耶夫周期的繁荣阶段特别明显，也比其他任何东西都更需要对很多人对低利率的有效性不可动摇的信念"负责"，这也正是在较短的各个周期内，当利率仍然在下降时，下转折点为什么会如此频繁地出现。既然是经济活动拉起了它，因此，我们其实不必对此觉到惊奇。关于这个有利因素的因果重要性，上面所说的已经足够，没有必要再增加任何东西。

债券收益率相对于短期利率的滞后根本不是一个规律性现象。除此之外，它也不同于刚才讨论的滞后，因为摩擦在它的滞后中发挥了相当大的作用；这一点从以下两个方面都可以看得很清楚：一方面，可以在美国当前这个康德拉季耶夫周期的上行阶段观察到；另一方面，在恐慌（如果出现了恐慌的话）过去之后经济往往会陷入深度萧条也说明了这一点。但是，前一类例子，就像其他可以引用的例子一样，可以用与我们的机制的作用完全无关的特殊理由加以解释。不过，后一类例子却受到了超出本应受到的程度的重视。这类实例之所以能够存在，其实应该归因于如下事实：在这种情况的氛围下，借款人和贷款人无论在什么利率下都没有开展任何业务的心情（这与利率没有什么因果性关系），同时现有债券的价格被压低了，因为人们知道这些债券所服务的项目每一天都在遭受损失。一般来说，短期收益率和短期利率的共变性是稍纵即逝的。

第十三章　中央市场与证券交易所

第一节　银行与工业的"脉搏"

接下来讨论为提供金融设施而提供金融设施的方式、为提供住所而提供住所的方式，对这些问题的讨论需要我们进一步远离我们的进程的驱动力（motor force）。在这样做的时候，我们将继续使用前面勾勒的银行业的总体模式，它作为一个工具能够帮助我们解释美国、英国和德国这三个国家的银行体系的实际运作。在以此方式前行的道路的各个不同转弯处，我们也有足够的机会去了解它们实际上是如何运行的，从而使我们能够拼凑出一幅有用的图景。与我们当前的目标最相关的那些特点可以总结并在一定程度上扩展如下。

在我们讨论的这个时期内，银行体系的制度模式（包括从业人员素质和业务传统）发生了相当大的变化，即便是在英国的《皮尔法案》出台、德国的德意志联邦银行成立、美国的国民银行体系建立起来之后，也如此。但是，无论意图如何，它们中的绝大多数——尽管不是全部——实际上都只不过是适应我们所说的进程所带来的结果，而且在事实上构成了后者的一部分。因此，我们被迫提出的关于整个时期的一般性命题，应当针对历史上的每一个子时期重新加以表述，而且对每个子时期应当严格地分别加以处理。

一、银行主动性的限度与银行通常不会"顶格放贷"

单个会员银行的规模可能变得如此之大,以至能够通过自身的行动对价格水平和货币利率产生影响,无论是通过它们开展的业务的机械效应,还是通过它们发挥的榜样作用。对于1845—1870年这个时期,英格兰银行的会员银行业务就是一个突出的案例。在我们讨论的这个时期的最后三四十年中英国和德国的大企业以及在这个时期末的纽约财团(它被称为货币托拉斯),也提供了更多的例子。不过,无论银行是否拥有这样一种地位,它都会发现自己陷入了某种两难(hedged in)——不仅由于一些人们熟悉的条件限制(这些条件虽然从长期来看是具有弹性的,但是在技术上限制了银行在任何给定的时间点上可以运用的客户的余额总额[①]),而且由于如下事实不能正常地主动放贷,甚至无法让贷款机械地扩张到极限(在不能采取主动的时候)。这个简单的事实不但被古代和近代的大量争论所卷起的尘埃严重遮蔽,而且很容易被误解,所以我们必须非常小心地把我们要表达的意思解释清楚——哪怕要冒一些被指责为重复的风险也在所不惜。我们将首先讨论会员银行与客户之间的业务,然后讨论它们在公开市场上的业务,最后讨论投资项目的其中一个特定方面。

近一个世纪前,关于银行业务的原则围绕着《皮尔法案》发生了很大的争议。在这场争论中,富拉顿(Fullarton)所坚持的观点,是那些代表银行界的学者在此前和之后一而再、再而三地提出过的,即银行不能"将钱强塞给人"。对于这种观点,有一种显而易见的回应,那就是,银行有强烈的动机(至少在完全竞争中)去充分利用它们的设施,因此它们会将自己的条件说得天花乱坠,以便引起相应的需求。但是,这种回应其实并没能做到对富拉顿想表达的真正意思加以公平对待,而是重复了他希望指出的一个错误,那也正是将做生意的一般行为模式应用于银行业务时所隐

[①] 在任何时候,对所有会员银行的存款总额的扩大所设定的限额,要与对任何一家个别银行的存款的扩大所设定的限额区分开来,这是传统教导的一部分,因此不需要专门加以阐述。然而,在这里还应当指出:第一,传统学说没有充分强调这些限制的弹性;第二,由于个别银行会一起扩张和收缩,对个别银行的扩张所规定的限制的重要性就被削弱了很多。

含的错误。除了银行之外，任何其他制造商的希望都很简单——把能够产生最大净收益的商品卖出去，而不用担心商品在卖出去之后会发生什么。但是，银行作为想要收回"自己的钱"的"余额制造商"，由于想要收回钱这个原因和其他一些原因，是不能按照相同的模式行事的。对于一家银行来说，与每一位客户进行的每一笔交易都有一些其他的因素要考虑，因此每一笔交易都会成为一宗"个案"，是不可以用像出售一双靴子那种方式来处理的。此外，这些"个案"当中的每一宗，一方面是银行与客户关系的一个元素，这种关系必须作为一个整体来看待；另一方面是银行的总体状况的一个元素，那也必须作为一个整体来看待。这样就迫使银行采取一种完全不同于其他制造商的态度。当然，这种态度并不一定总能被观察到。我们在进行历史研究时遇到过一些这样的例子。人们往往观察不到这一点，这个事实可能就是为什么在通常所称的货币学派（currency school）的"教导"中仍然有那么多的所谓"实用的智慧"。富拉顿致力于对抗这种实用的智慧，当然，货币学派反过来要反对富拉顿；根据经济学家所采用的受认可的标准方法，富拉顿的"教导"从来不符合对手的观点。然而，这种态度确实是银行家"处世规则"的一个重要组成部分。由此得出的结论是，尽管大多数店主通常会在"售罄"时为自己庆幸不已，但是银行家通常不会以"全部借出"或"顶格放贷"（loaned up）为目标，即便"全部借出"了也不会感到庆幸。相反，对于银行家来说，这意味着一种特殊的、没有银行家愿意看到的尴尬和危险的情况，在实践中，这一点是任何个人银行家和银行界都公认的。除非每家银行都有大量尚未利用的放贷能力，否则客户的业务就不能安全地、舒适地得到处理。因此，会员银行对自己的工业和商业客户的放贷能力得到了充分利用，并不是银行体系的均衡条件——也不是均衡的邻域之外的一个"适应性"条件——所以不能说它明显符合银行家的利益，更不能说它提供了对银行家行为的解释原则。那些以商业行为的一般模式为基础的经济学家则坚持认为是这样，他们必须为声称在实践中银行家会应用他们的"理论"的说法承担起责任。当然，从实际后果来看，这样一来也就完成了我们在上一章提出的论证，当然，同时也为将其应用于唯一的实际情况增添了分量，即不完全竞争情形。

现在，主动性可能意味着很多不同的东西。当然，它不可能意味着银行委员会是一台自动机器。事实上，我们对银行业的看法，远没有那些认为银行在经济周期中充当"原动机"的角色的理论家那么机械。这一点从我们对贷款目标的因素分析中始终强调的重点就可以很明显地看出来。对于我们来说，要强调的既不是商业汇票贴现等银行完成的业务的形式性质，也不是能够使得银行业务保持健全的证券，而是对所申请的余额的用途的知识和理解以及适当的关注。判断每一个贷款目标的成功机会，以及作为进行这种判断的一种方法，判断借款人属于哪一类人，即观察他获得的收益情况并相应地决定提供或拒绝给他进一步的支持，这些才是银行委员会的基本功能。它们要比下面这类简单的决策重要得多：决定银行发放多少贷款、银行要在多大程度上依赖于中央银行（如果需要这样做的话）、决定愿意承担多大的风险而采取某个特定的行动（那可能会使自己陷入困境）等。上述结论——银行通常不会在与客户的业务往来中采取主动——仅仅意味着银行通常不能发起个别交易（individual transaction）。如果我们考虑到这种个别交易将会涉及什么，事实就会变得显而易见。就以企业融资为例，它涉及包括向那些有充分的动机且通常必须比任何银行家都更加了解自己处境的人提出明确的行动计划建议，或敦促他们采取行动。当然，毫无疑问，在这个方面也有例外。动产信贷银行（crédit mobilier）这种类型的银行的实践就给出了最重要的一个例外，特别是在像并购这样的情况下，或者是在这种情况下：一项创新从同时实现的发展中获得了额外的重要性，但是这些发展并不在实施创新的人的视野或影响范围之内。除此之外，在某些情况下，银行可以通过承诺提供支持致力于帮助企业家渡过难关，从而"成功"地让自己对企业负起全部责任来——这些情况可能会成为一位大银行家在职业生涯中的高光时刻。但是很明显，这需要承担很大的风险。一般来说，对于任何一项主张来说，如果必须强加于主要负责人，那么就会成为一个不祥的预兆。这个原则同样适用于当前的交易，只是程度较低一些。银行通常能够发现加以约束的理由，但是它很少有资格这么去问客户：你借钱难道不是为了做这件事（或那件事）吗？在有些国家的某些银行会有例外，主要在于它们在与私人投资者或投机者打交道时所扮演的角色。但那是另一回事了。

或许需要强调的是，这种主动性不一定会达到如此高的程度，但是主动性的发挥通过表达某种一般性的鼓励姿态就可以实现，而并不一定需要提供任何特定的建议。鼓励姿态主要（尽管不是全部）表现为提供有吸引力的条件并让摇摆不定的客户留下这样的印象——如果他们大胆前行，他们在前路上将不会孤立无援。即便是一家很小的银行，如果观察到其他银行都这么做了，那么它也可能会这么做；但是看起来，似乎是重要性大到足以通过自己的行动或榜样影响形势的那些银行，尤其能够提供这样一种刺激。因此也就带来了这样一个问题（事实上这个问题经常被问及），即为什么银行体系不使用这种权力。甚至就像一些人会问的，为什么银行体系只会恶意地使用这种权力，比如说通过这种权力加剧了繁荣和萧条。先回忆一下我们前面的章节中对历史案例和相关论点的讨论吧。首先，我们可能需要再一次指出，繁荣阶段的开始并不以银行体系的鼓励为必要条件；而且可以证明，如果银行体系真的提供了鼓励——这种鼓励主要与我们给出的"不计后果的银行业"概念有关，证据是（例如）1837年和1907年之前发生的那些事件——那么这种鼓励也只与危机的发生和向下的螺旋密切相关。其次，银行体系的打压不是导致我们所说的意义上的经济衰退的必要因素，在许多时候，银行体系施加的这种阻抑性影响只会在那种时刻起到稳定而不是扰乱金融体系的作用。最后，无论如何，在经济形势接近或位于下转折点的时候，利率都会处于低位，而且呈现下降趋势，同时银行家所持的态度通常只可能是"大力鼓励"。因此，这个问题就被缩小到了银行在萧条之前和萧条期间的行为。我们在前一章指出过，经济衰退结束后的阶段是唯一银行有可能主动提出合作的阶段。之所以没能更多地利用这种可能性，与下面这种情况的原因类似：为什么累积下降的过程一旦开始，银行的主动行为就只能起到极小的作用。银行只能控制商人所属"情境"（situation）的某个因素；这种情境包括如此之多的"小故障"和不稳固的点位，以至我们根本不能指望这种主动行为会生效——除了它们只会变得极其困难外。但是，每个银行的自身利益（为了生存下去），确实都会驱使它们采取一系列倾向于加剧经济螺旋式起落的行动，哪怕不存在惊慌失措的贷款要求也是这样——尽管这个因素在造成危机的机制中非常重要，尽管在战前的早期阶段尤其如此。当然，所有这一切只不过意味着再一次承认（只是这次是从银行业实务的角度来看），利息并不是这个周期性的戏剧性事件的主角。

这个分析不是出于辩解目的而进行的，它也不能实现这种目的。相反，它的建议有可能发展成一项非常全面的管制计划（如果这也在我们的目标范围之内的话）；但它在本质上必定主要是限制性的，尽管并非完全如此。而且它的目标必定服务于强化实务人员的能力和加强对标准业务原则的遵守，而不是提供不同的业务原则。如果建立起一个机制，使得当局能够迫使银行采取主动行动，那么即便能够见效，在大多数情况下也只能导致更多的失调。此外，在这些情况下，尽管也许可以寄望这种机制产生某种补救性或预防性效果，但仍然不如下面这种政策，即让银行自由地履行职能，同时通过政府开支直接对经济过程采取行动。

二、会员银行在公开市场上的操作以及会员银行的二级储备、投资与贷款

对于有些经济学家来说，我们的观点可能是无法接受的。他们在经济周期中只能看到银行体系运行的影响，特别是在萧条的情况下只能看到"通货紧缩"效应，而且那几乎可以随心所欲地通过"通货再膨胀"创造存款、挫败经济自身的收缩来变成繁荣。尽管我们这种观点似乎与源于商业经验的相当明显的事实完全一致，然而，这也正是我们在讨论结算额、存款和利息的行为时，用关于"被动"的银行体系的工作假设可以取得很好结果的原因所在。① 对于那些认为繁荣和萧条只不过是商人心态的一种不同的人来说（在繁荣时兴高采烈，而在萧条时郁郁寡欢），他们也不会同意我们这种看法。因为如果在客观环境中没有任何东西可以解释这些心

---

① 然而，我们还应该注意到，"被动"这个术语其实也不能很好地表达我们的意思，而且很容易证明它是有误导性的。正文上面各段充分表明，我们的意思不过是银行主要是根据经济状况采取行动，而且经济状况不能用银行的行动加以解释。

态，那么我们就有理由假设，银行的"心理治疗"行动永远不会失效。无论那些能够证明我们观点的证据多么有力，除非它们真的以我们对周期性过程的整个分析为参照系，否则都不会是充分令人信服的。但是不管怎样，还有一些需要特别指出的地方。它们都与会员银行在公开市场上的操作联系在一起。

我们在前面指出过，银行在经济崩溃时（或预期到经济将会崩溃时）所采取的行动，可能会对"危机"的某些特性有因果性意义；上转折点通常不会是银行要求贷款所导致的，因为在那时银行已经遇到了技术上的极限限制，它们正在失去现金，因此它们必须原路返回。即便是在美国这个国家，"更多的周期性波动也都保持在了这些范围之内"，而且"没有理由相信，在银行的资源耗尽之前，这些周期性波动不会停止"。[①] 但是，银行体系看上去似乎比实际情况更接近这些限制，因为它并没有让全部盈余资金以现金和在其他银行的余额的形式存在，而是允许部分盈余资金以短期投资的形式赚取利息。实际上，我们把这种投资称为二级储备（secondary reserve），这与在实践中的称呼恰好一致。现在可以看出，这个举措确实具备客户业务所不具备的一些特点。首先，它完全由尽可能多地运用资金的愿望所驱动；其次，完全由银行委员会的主动性所决定；最后，就像任何商业业务一样尽可能地机械和常规。就会员银行而言，一旦银行委员会决定了授予银行客户的信贷额度，那么用于短期投资的盈余数量就确定了下来，并且会被用于投资；在一切正常的情况下均是如此（除了在投机性繁荣使得公开市场异常有吸引力的情况下），而很少会考虑总体经济状况。总体经济状况更多的是通过所选择的投资类型，而不是通过投资决定本身显示出来。

正如我们在第十二章已经看到的那样，在萧条期使得公开市场利率在恐慌（如果曾经出现了恐慌的话）一旦结束就大幅下降的，也就是这个了；而且即便是在其他阶段，利率通常也会保持在较低水平上。我们还看到了这种效应会延伸到证券市场，特别是体现在债券价格上。但是，它们

[①] 见 A. A. 扬格（A. A. Young），前引论著，第 28 页。

会止步于此，直到企业对更基本的刺激做出反应。而且，即便是债券发行，也不会只对公开市场上的低利率做出反应。恰恰相反，当经济复苏时，对短期投资进行的逐步清算会使正常的金融习惯得以恢复，并有助于再一次提高利率。然而，即便银行总是在这种意义上"顶格放贷"，也不会产生与在相关意义上（即在它们的客户业务中）"顶格放贷"相同的后果。特别是，它们通常不需要——如果"顶格放贷"（loaned up）这个术语是在更宽泛的意义上使用的话——以扩张已经达到技术上的极限为理由，去限制后者；尽管在繁荣结束之后可能会有其他原因意味着需要这样做。而且，在萧条阶段之外存在着二级储备的事实，证明它们从来不想在狭义的意义上"顶格放贷"。

二级储备具体包括哪些项目？这是一个事实问题，在不同的时代和不同的国家有不同的答案。在存在便利的再贴现条件的地方，高等级短期汇票、短期政府票据等都是二级储备的经典项目；如果没有这样的条件，还有来自证券交易所的短期拆借贷款（call loan）。具体要取决于市场的组织和公众的传统看法，即哪些"未来余额的化身"有资格发挥这种作用。政府债券（可能还包括其他债券）可能符合这个条件；而且，在银行拥有持有和交易普通股的合法权力的地方，甚至还包括普通股。以德国的银行为例，以这种方式使用盈余资金的动机，与支持它们所"眷顾"的证券的价格的动机，是混杂在一起的，很难辨别。我们应该已经注意到，通过这样做，每家会员银行就履行了它们对企业和家庭的职责，并在其影响范围内履行了类似于银行家的"银行"通过公开市场操作对会员银行履行的职责。在经济下行时，它买入二级储备，以此为公众提供流动资金；而在经济上行时，它出售二级储备，从而限制了公众可用的支付手段（这是一种资格，很快就会被注意到）。这种机制不是单独发挥作用，也不是在一个其他因素完全相同的世界中发挥作用，因此毫无疑问，它的调节作用常常会被许多其他因素所遮蔽。但是，利润动机足以让它启动。就普通股而言，这一点是显而易见的。但是就债券而言，我们在这里讨论的这种做法意味着，银行会在债券价格高企时买进，而在债券价格下跌时卖出，这样无疑会加剧债券价格在原来方向上的波动。然而，这种操作并不是毫无所得，因为用来实施它们的资金如若不然将会被闲置。因此，我们再一次看到，在余额的创造方面，要"满足"公众的任何悲观情绪从来都是既不缺乏机制，也不缺乏动机。不过，争论是否应该让这种操作更加有效其实没有什么意义，因为正如第十一章所指出的那样，甚至实际创造出来的余额也往往会像银行的相应资金一样被闲置。

在我们讨论的这个时期，美国银行的投资项目从性质上看相当于二级储备，这一点几乎没有任何疑问。这是一个显著的特殊趋势。但是，无论是纽约市的银行还是纽约市之外的银行（两者之间在投资上的差异并不像在贷款上那么大），它们都主要是在盈余资金增加时购买债券，而在客户业务扩张时出售债券（或者，至少是在客户业务扩张时买得更少）。就纽约市之外的银行而言（尽管对纽约市的银行来说不是如此），这意味着投资的波动与贷款和贴现的波动之间存在着很强的反比关系，这个事实足以证明我们的观点。[1]

三、影响银行投资的其他因素与兴业银行的投资

当然，会员银行的投资是不能完全用二级储备假说来解释的。首先，在政府支出异常的时候，政治上的必要性或压力可能会迫使银行增加对政府债券的投资，其程度可能完全超出正常的二级储备所考虑的范围。其次，我们知道，为实际投资甚至是为目前的扩张筹集资金的一种方法就是向银行出售资产（见第十一章），这种做法只是在技术上与借款有所不同，但是往往会使得投资项目呈现出与我们刚才描述的完全相反的时间形态。统计数据表明，在战前，后者占据了上风。当然，情况不一定总是如此。例如，在政府支出异常庞大的那些时期以及之后，不仅仅是银行，甚至连民众都可能会被政府债券所"淹没"，以至买卖政府债券很可能成为他们相互交易的核心要务。在这种情况下，一方面，企业和家庭会更加独立于正常的银行信贷，从而也更加独立于银行的建议和审批，因此它们（或者

---

[1] 流通中的银行券（纸币）的变化也完全符合我们的观点。如果不考虑1900年的法案所引入的利率为2%的"统一公债"的影响，那么它们的波动幅度将与财政部和银行之外的货币以及利率的波动幅度相当。因此，正如我们所预料的那样，它们会紧随客户业务的脉搏而动。

至少是其中的一部分）将更容易直接从公开市场上获得融资；另一方面，银行在这种情况下虽然会失去对工业运行的部分控制力，但是将更有能力在留给它们的空间内采取主动的行动。这样一来，说银行"规范了资金流动"并控制了余额数量，也就更加公平了。① 战后时期就说明了这一点。不过，如果仅凭这一点就说它们据此调节着经济活动的脉搏，就会没那么真实。事实刚好相反，这些情况的永久性所隐含的重大变化，恰恰就在于使这种调节的影响失效，因为不仅仅包括对可能使用或不使用的余额的调节。自1930年以来的发展强烈表明，这些情况，特别是从资本主义逻辑本身的角度来看是不正常的政府支出，到现在可能已经变成永久性的。资本主义机制的一个重要部分将会永远消失。我们很容易就可以看出，在这里起作用的是政府，而不是银行。政府不仅通过提供支付便利设施，而且通过支出，可能确实获得了一种"能力"（这种"能力"往往被错误地归为银行的权力），其特点是：在推动经济有机体从低谷转向更高的经济活动水平方面，比以往任何时候都更加无能为力，而在助长过剩方面则与以往任何时候一样有效。

最后，投资项目超越了完成二级储备的需要，并且对那些只在原则上参与它们资助的有风险的创业活动的银行拥有了额外的重要性，动产信贷银行那种类型的银行就是如此②，其中德国的各家银行最为突出。任何一家银行的管理委员会的其中一个任务就在于，发挥一种与业务主动性（business initiative）不同的、可以被称为财务主动性（financial initiative）的主动性，即建议（有时甚至是强迫）自己的行业客户采取某种财务策略，特别是回答如下一些问题：它们要在多大程度上、在多长时期内通过经常账户借贷来进行融资？它们为了承担这些债务要发行多少债券或股票？

---

① 尽管在正文后面还有其他一些表述，在这里应该指出，因为我们所称的银行投资理论（investment theory of banking，见第三章）的大多数拥护者事实上主要根据战后的事实和问题来思考，所以我们对银行的看法与今天大多数经济学家的看法之间的区别并不像看上去的那么大。

② 在这里应该牢牢记住一点：使用上面的表述是因为作者认为它传递了自己的意思。但是我们知道，从历史上看，这并不完全正确。见第七章。

正如我们在前面已经看到的（见第十一章），这种再融资要么会"消灭"存款，要么就是在用新债替代旧债（如果该银行或其他银行为这种发行提供融资的话），而且在这两种情况下都会产生很大的影响——不仅是对该银行本身，而且是对整个银行体系和公开市场。旨在为实际投资融资而发行股票可能也会产生同样的后果。但是动产信贷银行这种类型的银行的关键是它们自己可以获得大量的股票，这或者是因为这样可以增强它们对客户的当前业务的控制、增加它们要求继续负责这些企业未来的股票发行的话语权，或者是因为它们希望影响这些企业的经营策略（尤其是，在收购谈判中取得有战略价值的有利地位），又或者是因为某次股票发行尚未成熟到能够面向公众的程度，还可能是因为它们打算将交易永久化，或者只是为了通过升值而获利。这样的投资在许多情况下都有可能会发展成为银行的资产中最具价值的一部分，成为它们的业务的基石，并以"永久性参股"（permanent participations）或持有"证券"（Effekten）的名义进入资产负债表；当然，这在很大程度上是为了自身的目的而建立起来的，而且有很大一部分（尽管不是全部）在英国人和美国人看来都不属于正常的银行业务。无须多加强调，这一点肯定涉及不少统计问题。至于其他方面，第七章讨论过了。正如指出过的那样，即便是在这种情况下，银行的真正影响力一般来说也不等于控制企业正在进行的业务，尽管确实往往相当于控制股东大会。

第二节　处于一个孤立领域内的中央市场

在这一节，让我们来讨论银行家的银行的地位和影响力以及它们与周期相关的行动。

首先，必须始终牢记一点：以下关于银行家的银行（中央银行）在周期性过程中所起作用的讨论的目的是有限的。如果某个读者试图从接下来要论及的各个要点出发，构建出一个关于中央银行的一般理论，那么就会形成一个非常有误导性的印象。

其次，完整的分析必定包括对若干单个中央银行或中央银行体系的一系列历史解读（其中一些片段已经在前面几章中给出）。只有少量的命题是对每一个机构或某一类机构都有可能正确（这些机构部分或完全等同于中央银行），除此之外，进行一般化是极其危险的，因为环境、组织、从事业务的习惯、会员银行的态度和对会员银行的态度、对企业和投机活动的立场、与政府关系等，所有这些都存在着广泛的不同，它们在不同的时间、不同的国家有不同的含义——哪怕形式和措辞相同也是如此。为了再次强调这一点，下面给出两个例子。在我们所讨论的这个时期的大部分时间里，英国商界和银行界普遍盛行着一种古典意义上的"健全货币"和"健全银行"精神。这使得英国的中央银行——英格兰银行——所采取的任何举措的性质和影响都全然不同（尽管英国中央银行的政策和范式被其他国家广泛地"复制"了）：另一个"心态"不同的国家的中央银行所采取的完全相同的措施，在经济意义和效果上是不一样的。我们稍后还会再一次注意到英国中央银行的政策及其产生的结果，即英国债权人地位的重要性。不过就目前而言，我们可以先暂且不考虑黄金走势、国际关系和外汇市场，而假设中央银行是在一个孤立的领域内发挥作用。但是即便如此，相关的区别（债权人的不同地位只是这种区别的其中一个后果）仍然是非常重要的，也就是说，在相对来说有大量财富积累的整个时期内，这存在于何给定的时间点上——这种大量财富的积累，是根据既定的传统进行的，而且会使得英国中央银行的操作比其他国家的中央银行更加容易。仅仅根据这个事实就足以认定，把英国银行业的原则应用于其他国家，就像把英国议会政府的原则应用于其他国家一样令人怀疑。

再次，我们假设中央市场是由银行家的银行（中央银行）与会员银行之间的交易，以及前者在公开市场上的操作构成的，这当然是一项大胆的抽象。从前面的讨论中可以清楚地看出——以英国中央银行为例——我们对中央银行与会员银行之间交易的概念（在一定程度上）是一种有用的虚构，代表了事实。但它本身仍然（在一定程度上）是虚构的。此外，在美联储建立之前，几乎没有任何一家中央银行把自己局限于银行家的银行业务。我们认为，任何一家中央银行，包括美联储在内，都从未涵盖我们赋予银行家的银行的所有职能。关于后面这一点，即便是在英国，我们也确实应该谈论银行家的银行体系，而不是某个单一的中央银行。关于前面这一点，中央银行的会员银行业务在历史上的重要性历来都得到了强调。这里要补充说明的是，这种业务是影响信贷结构的最重要的一个杠杆，同时极大地强化了中央银行在"银行家的银行"方面的职能：它给了中央银行一只控制这个市场的"手"，而那必定是任何纯粹的银行家的银行难以获得的。在某些方面，它也束缚了它使之更加强大的那只手，但经过再三的思考可以看出，这一点并不会导致任何矛盾。

最后，讨论美国的情况。在此之前，一些读者可能会对我们主要将美国中央银行的职能与纽约市的银行联系在一起而感到不快。这似乎违背了一些明显的事实，其中最突出的一个事实是，根据关于国民银行体系的相关立法活动确定的规则（分别于1864年和1887年进行了修订），美国已经建立起一个储备体系和一系列中央储备城市银行，而且立法本身通过规定特定的准备金率要求——这是对中央储备城市银行的要求；此外还坚持要求将储备"完全保存在银行的保险库里"——将它们确认为银行家的银行，并允许其他银行将其余额作为法定准备金的一部分（最高可占总准备金的五分之三）。当然，这种做法——使用某些银行的支票账户作为储备，或者将储备以及一般盈余资金再存入位置更靠近中心的那些往来银行（correspondent bank）——会建立起后者与它们的银行客户（通常包括经纪人、债券交易商、投资信托公司等）之间的当期合作关系（relation of current cooperation）。往来银行既作为这些客户的代理，也作为其他客户的代理，向它们提供咨询，为它们办理外汇交易和公开市场业务，然后反过来可以让客户作为自己的代理，完成托收和其他目的；最后但并非最不重要的一点是，在出现季节性和周期性的资金紧张时为它们提供便利头寸。这种银行家的银行业务的竞争非常激烈，在我们赋予竞争这个术语的意义上，这种情况对会员银行非常有利。它们不仅可以得到大量的免费服务，而且可以收到利息（大体上按平均贷方余额计息）——事实上，在

《联邦储备法案》实施之前的最后二十年里，通常估计利率大约为 2%。[①]根据审计报告提供的数据，在各中央储备城市银行的存款中，大约有一半是银行家的余额。在这种情况下，我们对纽约市的银行数据的依赖当然也就意味着对美国银行家的银行活动的一个样本的依赖。但是这个样本包括整个"建筑物"的屋顶和它所有最重要的元素，而且正如之前提到过的，这些数字的"行为"本身早就证明了我们的选择是正确的。

我们从之前已经注意到的会员银行与客户（企业和家庭）之间的关系，与银行家的银行与它所服务的会员银行之间的关系之间的相似性开始讨论。在周期性演化过程中，一旦系统支出变化的性质与会员银行的余额创造活动（balance-manufacturing activity）——以下称为会员银行创造（member creation）——得到充分的理解，那么关于银行家的银行的余额创造活动——以下称为中央银行创造（central creation）——的原则的基本问题也就在事实上（ipso facto）得到了解决。特别是，我们很容易就会认识到，在"顶格放贷"这一点上，银行家的银行能够做得到的或有利可图的（不过程度仍然低于会员银行）。就英国和德国的情况而言，这一点以及由此导致的如下事实——中央银行始终保持了一个安全边际——是如此明显，以至专门阐述它们就等于是在浪费笔墨。只是在美国，对这两个事实的认识却都被立法过程所模糊。[②]然而，这项立法的技术是非常奇怪的，它将数量方面和安全方面的考虑混同在了一起，导致即便法定最低储备已经足以满足所有情况下的需要，也仍然必须始终保持盈余储备——那是一个严格刚性的数字，它本身的性质意味着，只要低于100%就绝对不

---

① 另外，除非这些往来银行愿意将自己与非银行客户的业务限制在本地范围内，否则如果没有这些关系，它们就几乎无法拓展业务。这个事实，这些业务往来本身盈利性并不很强的性质，以及密切监督会员银行的安全性和成功性的必要性（银行家的银行本身的安全性和成功性在很大程度上取决于此），再加上许多会员银行的管理质量的可疑性（尤其是那些侏儒式的会员银行），所有这些共同造成了一种局面，其实际困难的一个很自然的应对方案是合并加开办分支银行。事实上，"合并"运动从1900年开始就蔚为大观，当时《国民银行法案》修正案进一步加剧了大银行之间争夺会员银行余额的斗争——见 H. P. 威利斯（H. P. Willis）和 J. M. 查普曼（J. M. Chapman），《银行业形势》，1934年，第358页的图表。如果它在强化美国这个国家的信贷制度方面做得还不够，那是立法者和公众的敌对态度所致——这种态度是无法容忍大到足以真正安全和有效的银行机构的建立。

② 关于银行券的准备金的法定要求与上述论点无关。

可以。但是，从刚才简略描述的情况来看，这无疑是一件非常困难且代价高昂的事情。然而，值得特别指出的是，除了一些异常情况之外，纽约市银行的资源在周期的任何阶段都从未枯竭，而且它们几乎总是能够设法保持随时可动用的盈余储备（尽管都只是中等程度的）——在战前的最后一个十年里，在秋季储备流失期的那几个月内，平均值为 1.5% 左右。

当然，这完全符合我们对中央银行的实际作用的观点，同时也间接地告诉了我们不少东西。它们的重要地位和业务在数量上所占的权重，使得它们的态度和榜样成为银行界乃至整个商界所关注的当前急务。再贴现率——或者更一般地说，它们随时准备为会员银行提供资金的条件——配给、道义劝说、特别进行的公开市场操作等，在这里都只需要稍加提及就足以在任何一个不受理论和计划误导的人的头脑中唤起合适的想法。然而，还应该补充说明的是，配给并不是一项紧急措施，而是银行家的银行的一部分日常工作。没有任何一个会员银行会被允许去再贴现或出借它希望再贴现或出借的全部，但是，根据作者非常了解的一个中央银行的做法，以及搜集到的关于其他两个中央银行的做法的一些指标，我们可以做出判断，每个会员银行都会根据以下事项被密切关注：它的资产负债表、它的工作人员的状况、它参与的交易的性质、它下属的机构，还有它的客户的类型和质量（例如，客户是零售商还是工业企业，客户在地理和经济上的分布是集中的还是分散的，等等）。关于它们以及其领导者的一切"流言蜚语"都会被小心地搜集。因此，"配给量"就是根据这些来决定的。这个数字除了当期就要根据每个会员银行的特殊情况和"是非曲直"加以修正之外，还会周期性地发生变化。道义劝说不同于（一般性的）态度，我们用这个术语来指试图影响个别会员银行或某个会员银行群体的努力。它包括多种多样的事物，在某些情况下，最好改称为"皱眉"（scowling）或"咆哮"（snarling）。它的范围很广，从威胁——不"通融"只是其中一种威胁——到警告，再到延期邀请或根本不邀请参加官方晚宴等措施。虽然通过这种方法产生效果的可能性会因国家不同和时期不同而大相径庭，但是任何熟悉信贷机构运行方式的人都不会否认这种可能性是相当大的。因此，仅凭这一点就足以证明（如果需要给出证明的话），银行家的银行不可能有任何系统性的"顶格放贷"倾向,并证明上一节的论证在应用于它们时将会大大增强说服力。

如果认为中央银行的行动只是适应性的或被动的(除非这是典型的针对并非中央银行自己造成的局面而采取的行动),那么就会大错特错。作者承认,围绕着银行利率是"声明性的"还是"构成性的"这个古老的争论,他自己并没有看到问题的关键所在。只要银行家的银行也从事会员银行业务,那么在一个不完美的市场中,它即便不是唯一的领导者,也(至少)是其中一个领导者,而且不得不扮演领导者的角色。相比之下,如果它只从事中央银行业务,那么在某些情况下,它是垄断者;而且在所有情况下,它的任何行动都必定会成为随后情境的一个因素。即便它从不针对其他目标,而只以固定利率为目标,方法是只通过宣布或登记财务状况是怎样的,我们也应该能认识到,当某人有权随时随地让它给出一个危险信号时,就能攫取创造某种形势并宣布某种形势的权力,这是不可避免的。但是,银行家的银行发现,自己所处的位置决定了,在实际操作的层面上,只是登记当前事物的状况便是不可能的,更不用说登记市场利率的趋势了。

中央银行的利率(政策)和态度的有效性,在很大程度上要归因于如下事实:会员银行和公众将其视为经济形势的征兆,并在相当大的范围内做出了相应的反应。同样真实的是,在经济学家和商人的眼中,中央银行发挥机械效应(mechanical effect)的权力看上去似乎比实际的要大。然而,中央银行发挥这种效应所用的手段——有时是作用于敏感的边际——在通常情况下显然已经足够,而且可以保证它们得到相当大的行动自由,而且毫无疑问,在只有一个中央银行的情况下比在有若干个相互竞争的银行家的银行的情况下更是如此。然而,在这个问题上批评已经成为一种传统,批评家还描绘出了一幅不同的图景。批评家似乎主要出于如下三个理由。

首先,存在着一些特殊的情况,这也是大多数批评家集中关注的地方。毫无疑问,在分析任何一家中央银行或一个中央银行体系的运行状况时,很重要的一点是要看看它是如何度过艰难时期的。但是,如果把这当作唯一的标准，也就意味着忽视了在正常情况下要解决的所有问题（这些问题之所以很容易被忽视，恰恰就是因为在正常情况下它们成功地得到了解决）。其次，有人宣称，中央银行只是对某些指标的变化做出机械的反应——主要是关于自身状况的指标，可能还包括关于货币市场和货币本身的指标——而没有考虑所在国家作为一个整体的经济有机体，对于它们可能施加给这个经济有机体的"治疗性"影响没有任何概念。但是，我们只需要思考一下英国的中央银行——英格兰银行——对准备金率、黄金供求状况的变化等通常会做出的反应，就可以看得非常清楚，在绝大多数情况下，该银行对国家经济周期性状态的诊断（而且在特殊情况下，英格兰银行和德国中央银行都不是只根据某个单独的指标采取行动），通常都与任何外部观察者根据那些指标可能会得出的推断相吻合，而且根据这种推断采取的行动因此会对交易量、价格等起到一定的"稳定"作用。最后，多数从经济周期的银行理论背景出发的批评家都暗示，中央银行应该能够完全熨平经济周期。当然，这是一个严重的误解，它否定了现实分析的所有可能性，并以一个虚假的问题取代了真实的问题。

与此同时，从中央银行所采取的可能会影响经济过程的手段的性质来看，以下这点也是显而易见的：这些手段的有效性都有明确的限制（尽管有一些弹性），而且，如果意图是对经济"踩刹车"，那么这些手段的有效性会比以刺激经济为目标时更高。这是一个历史事实；就此而言，它是不容置疑的。但是再一次，这里又浮出了一个截然不同的问题：之所以如此，是否仅仅是因为健全货币的理念、中央银行的传统和做法（这些给出了中央银行的法定权力和职责的框架），还是因为某种更根本的原因。正如我们在讨论会员银行时已经看到的，法律上的或惯例性的限制尽管在实际上很可能有抑制鲁莽行为的作用，但是并不一定会导致采取银行业务环境所固有的那种"克制态度"的必要性；同样地，我们应该不难认识到，对于中央银行来说，也会有一种类似的态度基于它们自身状态的逻辑而强加给它们（即便没有法律或传统来强制执行）。那些意见纷纭的"学派"的信徒之所以看不到这一点，是因为受到了关于中央银行的如下观点的阻碍：作为"信贷的最终创造者"，中央银行可以免受会员银行必须遵循的那些银行业惯例的约束，因此，既然不用受法律和传统的限制，中央银行在对经济采取行动时就将享有无限的自由。除了政府绝不可能允许它们失败这个事实之外，中央银行不需要费心去考虑信贷的"质量"和"目的"问题，因为它们本身就拥有改进"质量"的权力，而且有权通过进一步创造余额来使任何"目的"的合理性达到它们想要的任何程度（在经济意义上）。接下来，我们将参照一个孤立领域内的周期性变化序列来讨论这一点，尽管我们的数据无法剔除国际贸易、黄金流动、外汇交易带来的复杂影响。在每一步，我们都会把关于实际行为的问题与关于可能行为的问题区分开来。当然，同时充当现金的法定清偿物的余额的可清偿性问题只属于前者。

正如上面已经指出的，中央银行可能会由于它所处的引人注目的位置，对商界的"脾性"产生一定的影响，这种影响在某些关键时刻可能会非常大——尤其是在防止或阻止恐慌时——但是通常不可能超过国家领导人的大力激励和其他努力，因为后者在了解到周期性阶段的出现绝不仅仅是一个纯粹的心理学问题这个真相之后，会立即付诸行动并发挥实际作用。然而，从一开始我们就很清楚，除了这一点以及中央银行对企业和家庭开展的会员银行业务所产生的影响之外，中央银行在中央市场的行动对货币市场和公开市场的影响，主要是通过会员银行的准备金来实现的[1]，这两个市场之外的经济过程只有通过使准备金发生变化这个途径——态度和道义劝说是必要的辅助——才能影响它们。但是这也就意味着，第一，即便中央银行是完全掌控会员银行体系的"全能主人"，即它们做出的任何一个最轻微的举动，都会立即转化为会员银行增加或减少贷款的意愿，也不可能期待工业和贸易受到的影响会大于我们有理由期待的源于这种意愿的变化的影响，这个理由就是，企业行动所依据的数据因此而受到了影响，但是只有在其他条件完全相同（ceteris paribus）的假设下才能预测

---

[1] 对会员银行准备金的监管并不一定是中央银行管理者明确的、清晰的、在理论上可以理解的目标。在许多情况下，这种监管隐含在他们的日常业务操作中。至少从 19 世纪初开始，英格兰银行就对国家和伦敦银行施加这种监管影响，但是在很长一个时期内并没有形成任何理论或原则。公开市场操作的历史也差不多。

出确切的结果，而这种假设在我们的过程中是完全不能接受的。第二，即便是对会员银行本身而言，放贷能力的增加或减少，也只是决定它们的放贷意愿的众多因素中的一个，而且仅仅在某些情况下（而不是全部情况下）有可能成为决定性的因素之一。会员银行是独立的经济决策中心。中央银行的任何政策，如果没有宣布要进行制裁和纠正某种行动的后果，那么就不能改变会员银行做出这些决策时所依据的所有数据，尤其是不能改变上一节所述的银行业务逻辑。因此，即便是中央银行决定了会员银行的"供给表"这种说法（如果允许使用这个术语的话），也是不正确的，尽管中央银行或多或少地愿意承担纾解可能出现的紧张局势的负担，从而会对供给表产生一定的影响。因此，将银行家的银行与会员银行之间的关系，与会员银行与行业客户之间的关系进行类比的可行性，并不会像有的人所想象的那样，会因为银行家的银行是信贷的最终创造者（在如下意义上：当只有一个中央银行时，它就是这样的）而受到破坏；只根据这种表述可能会引发的联想进行推导，将完全是误导性的。公开市场操作也不会改变这种观点。人们经常会注意到——那确实是一个明显的事实——会员银行偶尔会阻挠中央银行的行动（不过，在第十四章第六节第五小节中，对此还将增加一项条件），而且中央银行的行动有时确实被证明是"无用的"。从我们的立场来看，这当然是完全可以理解的，并没有偏离信贷机器的蓝图，相反，这恰好是其中一个部分。中央银行的行动有时有效、有时无效这个事实，对那些相信只有信贷工具的数量才能对经济产生机械效应的人来说，才会成为一个问题——当然也是一个令他们尴尬的问题。只有中央市场利率才可以说是中央银行的政策能够直接决定的，与之相当的是会员银行的储备。当然，中央银行的政策对公开市场利率的影响非常大。但是在我们看来，从中央市场上的行动到货币市场上的行动，还有很长的路要走；从中央市场上的行动到经济活动和价格的变化，要走的路就更长了。即便法律规定中央银行享有无限的创造余额的权力，也不意味着它们真的拥有创造余额的实际权力，更不用说拥有让余额发挥作用的权力了。

由于中央银行主要是通过会员银行对经济"采取行动"，因此试图证明前者与后者一样"导致"了金融体系的繁荣并无必要,尽管据信它们可以阻止这种繁荣。从严格的理论的角度来说,尤其是如果之前的邻域已经充分接近均衡状态,那么就有同样的理由说中央银行的行动在这种时候是"缺失的"或"中性的",又或者可以说仅仅局限于对方向盘的最小幅度的调整(即便在平静的海面上以最平直的路线行驶,这样的调整也是必要的)。当不存在外部因素的影响时,或者当不处于更基本的周期的某个阶段时,中央银行的态度和利率政策对会员银行的鼓励作用,与会员银行的态度和利率对企业家的鼓励作用一样,不会更大;因此,并不存在源于货币利率与实际利率之间的差异所导致的维克塞尔效应(Wicksellian effect)。外部因素的存在——尤其是资本和黄金的流动——可能会改变这一切,而且正是在与这些因素相互作用时,中央银行的主动性的真正作用才会显现出来。但是我们在这里要暂且忽略这一点。随着繁荣的到来,中央银行通常会关注经济总量和银行业活动的扩张,并相应地缓慢加息。一般来说,中央银行在这个阶段没有动机去主动施加严格的限制,而且即便想这么做也不容易,一方面是因为舆论的压力,另一方面是因为如下事实:正如我们已经看到的,我们说货币市场"举步维艰"不仅是在任何一个商品市场那种意义上,而且有一种特殊的意义,货币市场上的资金在均衡的邻域内或紧随均衡的邻域之后总是未得到充分利用,因此任何有现实可行性的加以限制的尝试都会受到会员银行的阻挠①,从而只有最激进的那类公开市场操作才能生效——比如说,以10%的利率无限量地借款,等等。

然而,随着繁荣阶段的结束,会员银行会对自己的部分二级储备进行清算——将短期贷款调给证券交易所和票据经纪商——于是不断上升的银行利率变得有效,不仅在它适用于更大的业务量从而加大了公开市场趋向中央银行的驱动力这个意义上,而且在它产生了抑制性的或惩罚性的影响这个意义上。例如,在伦敦,到了那个阶段,越来越多的票据经纪人不得

---

① 在实践中,会员银行也可以通过在相互之间转存余额以及从国外筹集资金来阻止中央银行可能试图实施的紧缩政策。然而,股票和债券的发行则主要是按照中央银行希望的方向进行。事实上,中央银行限制会员银行的政策,完全有可能就是为了强化证券发行。

不向银行提供各种资料，以获得再贴现。从理论上说，这种情况是可以一直持续下去的（从实际来看，在大多数情况下也确实可以持续下去），直到形势发生逆转为止，到那时，经济过程将进入完全正常的状态，不过不是灾难性的衰退过程。在这里，并不存在什么堪称壮观的管理行为，尽管那是热切的稳定论者希望看到的。所有的一切无非通常的货币管理而已，涉及对日常事务的一般性指导；而且我们完全可以说，各国中央银行的所作所为，例如英格兰银行和德国国家银行，其实只是在事件发生后机械地见招拆招，这与一个平常的骑手相似——他极少以大力挥鞭和用马刺猛戳的形式来催马前行，而只是安坐在马背上，通过小幅调整缰辔来控制马匹，因此在一定意义上可以说，他是"跟随着"自己的马前行。在那些时刻，也不会存在什么因中央银行向上触及技术极限和因果性上转折点的出现而导致的"突然抽搐"——如果我们希望继续使用上面这个类比的话，这就与骑马时突然勒紧缰绳，结果导致马和骑手都狼狈不堪地摔倒相似。

在没有出现外部干扰的情况下，中央银行实际上就是这么做的，尽管具体表现在不同国家和不同时期必定会有所不同，特别是在中央银行是否会直接为会员银行再贴现这个问题上。至此，我们应该已经注意到以下几点。首先，在一些相当重要的地方（尽管不是全部），我们的描述支持了经典的中央银行理论，但是它也可以用更现代的货币管理理论来表述，而且效果几乎同样好。对这两种理论，一个共同的反对意见是，它们都仍然"浮于表面"。但是就它们各自的发展而言，它们之间的真正区别并不足以证明我们有必要强调这一点。其次，应该指出的是，上面勾勒的中央银行的行为也符合利润动机所"规定"的规则。只不过，对这些规则的界定并不是根据瞬时利润最大化原则进行的，而是参照以下两个方面完成的：一方面是银行业的一般逻辑；另一方面是一个确切的事实，即当一家企业处在类似于中央银行这样的位置时，是永远不会无法将自身利益与国家整个经济有机体的状态联系起来考虑的。最后，接下来还要提出一个形式上的类比，它存在于中央银行必须面对的周期性状况与季节性状况之间。具体来说，那是繁荣仍在持续时，它们所面临的状况在技术上类似于经济学家当初所说的"发生在秋天的流失"（Autumnal Drain）。[①] 对于借贷数量和现金流（所得税支出、圣诞节期间暴涨的业务等）的这种波动以及类似的季节性变化，银行家的银行是懂得如何处理的，尽管在我们讨论的整个时期，危机事实上更经常发生在季节性压力增大的时候，而不是其他时间。就英国而言，在每一年，银行利率与伦敦票据交换所数据或流通量（纸币加硬币）之间并没有显著的相关性，尽管黄金在英格兰银行的季节性流入和流出、银行利率与黄金价格之间则存在着相关性。德国出台了特别的法律（增加免税的银行券数量以应对季节性需求；但没有为应对"发生在秋天的流失"制定专门的条款），从而为处理季节性压力提供了便利。而在美国，1907 年的经验带给了人们不少教益，有助于缓解季节性压力。但是，比这种简单的类比更加重要的是季节性问题和周期性问题之间的区别：前者只是提出了一个明确的任务，即尽可能地减少不便之处；后者则提出了一个更加艰巨的任务，即处理一个根本性的经济过程。

如果各国中央银行能够摆脱技术上的束缚，特别是摆脱汇率波动和外汇市场的压力，那么它们能够做些什么呢？这是另一个问题。我们在前面指出过，在极限状态下，它们不仅可以阻止所有会员银行创造资金，而且通过占用所有可用的资金，仅凭它们自己就能够完全阻止繁荣。同样非常清楚的是，在高度繁荣的氛围中，过度乐观行为如火如荼且无所不在，不断扩张的会员银行储备将导致放贷数量增加，并在商界产生明显的效果。因此毫无疑问，通过毫无保留地支持无止境的通货膨胀，银行家的银行就可以无限期地推迟上转折点的出现，即直到货币体系崩溃为止。然而，除非这本身就是目的，否则只要我们还记得衰退通常意味着什么，在衰退开始之后，试图与之对抗就似乎是没有什么意义的。这样我们就给出了最后一个理由，说明为什么中央银行在创造信贷方面的任何真实的或假设的无限权力，在实际运用时和在理论分析中都不会像人们想象的那么重要。

在经济衰退过程中，当企业自身实现了正常化、流动性全面增大时，

[①] 请参见 W. St. 杰文斯，《货币市场上频繁出现的秋季压力》，刊载于《皇家统计学会杂志》，1866 年。

中央银行对会员银行储备和公开市场的控制，以及对企业的间接影响会逐渐减弱。这就是说，"马儿不再为了去够马嚼头而尽力奔跑"（The horse is no longer running up to his bit）。但是，在不存在任何复杂的国际因素的情况下，这时通常不会出现任何需要通过限制性的公开市场操作来加以干预的问题。相反，在这个阶段，各国中央银行有能力也有意愿完全放手甚至去推动，方法是通过很低的再贴现率，尽管按照规则它们不需要采取任何主动行动。这种观点——意味着萧条（注意不是危机）应该是在宽松货币条件盛行时开始出现的，因此萧条的到来不是货币紧缩所致——听起来似乎与关于周期的货币理论的追随者的观念矛盾（不过，可以预期，他们中的有些人会因为1937年至1938年间那些显而易见的事实而改变立场），而且它相当于说，在防止经济萧条方面，中央银行除了通过发出警告来产生一点影响之外，能做的非常有限。而从银行业的角度来看，在那种情况下，中央银行能做的会员银行应该都能做到。这样也就几乎（但是还不能说完全）独立于对中央银行创造货币的法律束缚了，因为如果对此绝对没有了限制，如果中央银行让自身无条件地对人们准备参与的无论什么事务负责，并承担起为随后出现的所有赤字融资的任务——如若不然，当保证撤销，危机立即会发生——那么无疑会产生很大影响。

基于同样的原因，在同样的条件下，中央银行在萧条过程中也没有太大的主动行动空间。如果强迫它们提供便利（通过在公开市场上进行购买操作），那么会员银行将会阻挠这种意图的实现。首先，会员银行会利用获得的资金去偿还债务，还可以通过积累二级储备或闲置储备来进行阻挠。此外，从我们对萧条性质的诊断可以推断出，只要能说服它们不顾自己的判断，承认这是它们在这种情况下可能吸引到的业务，那么将会成为未来额外困难的一个来源。但是，如果在萧条时期银行家的银行试图强制扩大余额，那么也可能会从另一个途径带来后一种效应。很明显，即便不是"在政治上不可能"，要追溯这些步骤也是极其困难的。在会员银行和公众眼中，这样做的时机永远不会到来。事实上，初期复苏的微妙过程可能很容易就会被任何类似于限制的因素所阻碍，而公众的抵制情绪之后是不太可能减弱的，尤其是如果会员银行积累的不是闲置储备而是二级储备的话。因此，系统可能会到达一个流动性处于不正常状态的均衡的邻域，而且在随后的繁荣阶段中，中央银行在之前的萧条阶段中采取的行动，或者会员银行在萧条阶段中创造的盈余储备，将会产生实实在在的影响，包括过度投机、不计后果的银行业、"过度发育"的次级波以及最后的崩溃等。在有关信贷的争论中应该强调的，恰恰就是这种类型的治疗努力带来的恶性后果，而不是在萧条期间试图用信贷洪流来淹没悲观情绪那种徒劳无功。另外顺便提一下，我们还可以注意到，"流通媒介"（circulating medium）的永久性扩张可能会以这种方式随之而来，而且此后价格波动可能会永久性地高于以其他方式所能达到的水平。黄金的发现也以同样的方式发挥作用，而不是直接创造繁荣。

在一个普通周期的所有阶段中，如何促进复苏是银行家的银行所面临的最困难、最重要的实际问题。在萧条的最后阶段，经济可能已经出清得非常彻底，因此银行家的银行可以承担起带头作用，以使下转折点更快到来，而不会产生不想要的后果。但是，由于我们不必在这里多加重复的原因，社会上那些更有可能做过头的部门往往会比通常的"合法"企业更加迅速地跟进这种做法。在经济复苏的后期，当每个人都意识到经济呈现出了上升的趋势，并且在任何情况下都倾向于向前助推一把时，这种观察就会变得更加重要。稳步发展的必要性很快变得比加紧推动更加明显；而且我们会毫不吃惊地发现，中央银行在复苏阶段通常更关心控制一般流动性，而不是试图增加，这就是说，中央银行所采取的立场恰恰是公众不赞成的（这是很自然的）。在复苏的一般条件下，货币市场和公开市场是最有可能失控的，因此，最终导致要求采取旨在加强中央银行控制的措施的几乎普遍的呼吁的，恰恰主要是复苏阶段经常发生过剩和震荡这个经验（特别是在朱格拉周期的复苏阶段）。由此可见，在复苏阶段，各国中央银行除了稳定经济之外，本来可以做更多。但是，实现这个目标的主要障碍是公共舆论，尽管直到19世纪70年代末，人们对这项任务和技术仍然没有完全了解。如果它们摆脱了技术上的束缚，摆脱了除了如何制造繁荣之外的任何其他考虑，它们也就可能以制造相应的衰退为代价，加速复苏进程。

　　对于各国中央银行采取的实际行动，我们一直只字未提，或者更进一步地说，关于中央银行在危机中本来应该采取的行动，我们也没有涉及，因为我们要将我们的"双轨"论证放到最后。为了凸显最具根本性的问题，上面的分析是在一系列假设的"围墙"之内进行的，这些假设不仅排除了国际关系问题——特别是黄金走势问题——和非周期性的国内扰动问题，而且尽可能地排除了周期性过程本身的异常特性。在这样一些限制之下，我们看到了：中央银行通过全时段的引导和管理，让周期性过程自然而然地展开，并且只在繁荣的后期对扩张"征税"，从而它们的行动本身不会创造出任何周期性阶段；中央银行进行这种指导还有另一个理由，而不仅仅是考虑到了"金脚镣"（golden fetter）这个术语的含义和要求；极少要求（如果曾经这样要求的话）银行利率在描述经济状况的各个因素的时间序列中处于领先位置，而且即便不是这样也不会导致或加剧衰退；就监管自身的本质而言，而不仅仅是根据法律或传统，监管主要意味着限制性监管，但是这种监管从来就不是机械性的，也不是仅仅服从于某几个指标（即不是仅仅由它们决定）。仅仅考虑到这些，我们就不难理解，在英国和德国银行利率为什么通常会高于公开市场利率。但是，公正地说，对于这样一个监管机构，是不能把它的行为描述为完全排除了一些经济学家大声疾呼加以监管的所有违规行为的。[①] 在这样与外部隔绝开来的领域内，中央银行与我们所称的不计后果的银行业、过度投机、欺诈性的或不负责任的商业活动（尤其是金融活动）之间的关系是最重要的两点中的第一点——对危机或恐慌的处理则是另一点。

　　要想有效地应对前者，就需要拥有一定的警察权（policing power）；但是迄今为止，中央银行距离拥有这种权力一直相当遥远。资本主义在监督自身上的无能为力，就像在保护自己时的无能为力一样令人震惊。资本

---

　　① 本书作者当然不会这么说，但是他也承认，即便是对于最正常的事件过程，支持不同于其他监管的货币监管的特定理由也是存在的。此外还应该指出，上述观点与目前人们更普遍持有的某些观点之间的差异，在一定程度上是由于我们只处理了一个特定的方面。例如，许多关于货币管理的观点看似与我们的观点根本不同，但它们所指向的主要是国际黄金状况。

主义永远需要一个警察和一个非资产阶级保护者，他们监督、保护和利用资本主义。从伊丽莎白女王时代到今天，情况一直如此。而且，造成危机的主要原因正是这种无能为力，而不仅仅是萧条。对于这个结论，至少就战前时期而言，已经有了决定性的历史证据。一旦我们接受这类证据，我们最好立即停止从银行利率或政策不够宽松（inadequate accommodation）的角度来讨论危机的起因——这种情况施加的限制只有在"损害已经造成"时才会放松；这就将中央银行再出台一项政策时本来完全正常的情况变成了灾难。如果中央银行或会员银行从来没有要求收回贷款，那么危机早就发生了。而且，我们必须从如下事实的角度来加强理解，在任何无法防止不负责任行为和不当行为的经济和社会系统中，通过后果来纠正就是防止失常状况无限恶化的唯一方法。至少，通过回顾历史，并在上述认识的基础上真正理解到，仅从这个明显的事实是不能得出关于以后时代的可能性和可欲性的任何实际结论的；然后，无论我们对因这种方法而受到伤害的所有阶层有多么理解、多么同情，都能够承认这一点。这样一来，中央银行在那些情况下或多或少定期地采取的主动措施以及它们的局限性，都会以恰当的方式显现出来。中央银行的立场是，要将它们眼中的危机的社会意义，转化为显而易见的商业考虑。由于它们没有足够的权力和意愿去监管银行业和金融界，它们确实只能在事件发生之后采取行动，这是不可避免的——这也是说中央银行的行动总是来得"太晚"的唯一含义，而且这种含义与银行利率毫无关系。而且，当中央银行真的采取行动时，也必定是补救性的，而不是惩罚性的。在某些情况下，正如我们在历史概述中已经看到的，是否成功要看在多长的时间内防止了恐慌，以及在恐慌中信贷限制措施能够坚持多久。而在大多数其他情况下，也许很容易看出，正是由于各国中央银行采取了主动措施，后果大大减轻了，螺旋式上升或下降的持续时间也缩短了（与我们设想的不存在中央银行的主动措施时的情况相比）。

在这种情况下，它们自己的立场的一般逻辑就会清晰地显示出来，就像通过放大镜观察一样。它们显然不能简单地表示要拯救一切和所有人，因为这将意味着宽恕错误和不当行为，从而严重损害它们必须依赖的系统的效率。例如，"救护轮床"（Gurney）可能就意味着，要去拯救一些如果没有长期补贴就无法生存的炼铁厂和航运企业。但是，在这类考虑所规定的限度内，"救助之手"却是可以自由伸展的。尤其是，就英国的情况而言，一定不能像同时代的人以及许多后来的批评家那样，把《皮尔法案》的暂停实施解释为发动机出现了故障，而必须解释为发动机中已经开始运转的那些部分是为了在恐慌时刻显示出它作为"信贷的最终创造者"的所有荣耀的无限力量。当然，可以肯定的是，这个发动机并不是万无一失的；而且它在任何一个给定的时间点上的运行方式，以及它应对各种不同情况的方式，从本质上看都是历史上的"个别事件"，在另一个不同的分析层面上，可能会给批评者留下很大的空间，且完全独立于任何关于银行利率的魔法式的可能性理论。但是，这并不会影响我们所关注的原则问题。

因此，虽然我们不需要继续剖析有人提出来作为反对意见的一些显而易见的论点，也不需要继续讨论那些同样明显的理由，它们关乎制度安排问题或者说中央银行的浪费源与国家计划委员会（Gosplan）相比究竟如何，但是确实有必要强调指出，在其框架之内，中央银行所能做的，几乎肯定不可能比英格兰银行和德国国家银行已经做的更多。对于超出了这些限制的那类经济控制，是不能用银行政策来有效地进行讨论的，而只能用对基本工业和商业过程的一种更加彻底的管理来讨论，那种管理需要结构完全不同的机构。从这个意义上说，银行改革不仅是一个技术性问题，而且是一个"资本主义内部"（intracapitalist）问题，不能用"资本主义外部"（extracapitalist）的工具来进行处理，而且后者与现在要讨论的基本问题也没有多大关系。

图35就是用来说明这个分析的结果的。当然，在这幅图中，"公众持有的纸币"的变动情况，除了反映周期性过程外，还反映它们在货币体系中所扮演的角色发生的长期性变化或"结构性"变化。类似的评论也适用于"私人存款"，或者再加上银行储备占存款与银行汇票之和的比例，以及其他证券，在很大程度上符合我们的预期；由于有很多种外部因素会导致偏差，如此之高的符合程度是非常引人注目的。如果读者对照我们的历

史研究来看这幅图，那么他肯定会觉得满意，因为我们描述的过程足以解释这些序列的行为。自 19 世纪 90 年代中期以来，伦敦的总结算额以及该总结算额与英国的存款总额之间的比率有助于解释这一现象（根据《经济学人》公布的计算方法，这里所说的存款总额指的是股份制银行和私人银行的存款总额）。伦敦银行家的余额与储备之比显然包含着一种特殊的趋势。

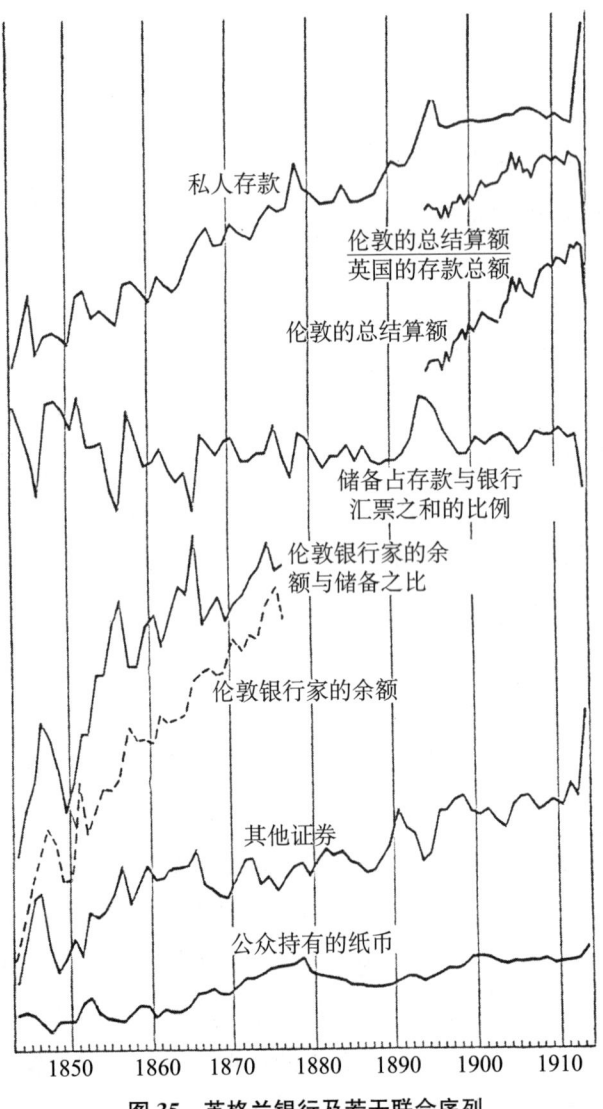

图 35　英格兰银行及若干联合序列

那么，我们给出的竞争性的银行家的银行体系的范例，即纽约市的国民银行，能够在多大程度上胜任这个角色呢？部分答案可以从图36中推断出来。还应该补充的是，1900年改革后的纽约市的国民银行的增长（它们的资本和盈余增加就是明证），要比纽约市之外的国民银行强劲得多（以资本和盈余的增量来衡量），这种增长正是因为它们成功地吸引了来自纽约市之外的国民银行和州银行的存款；也就是说，是因为它们在银行家的银行业务上取得了成功。仔细研究一下这幅图，不难发现，正如之前指出的那样，纽约市银行的存款净额和贷款额在短期内都是与纽约市之外银

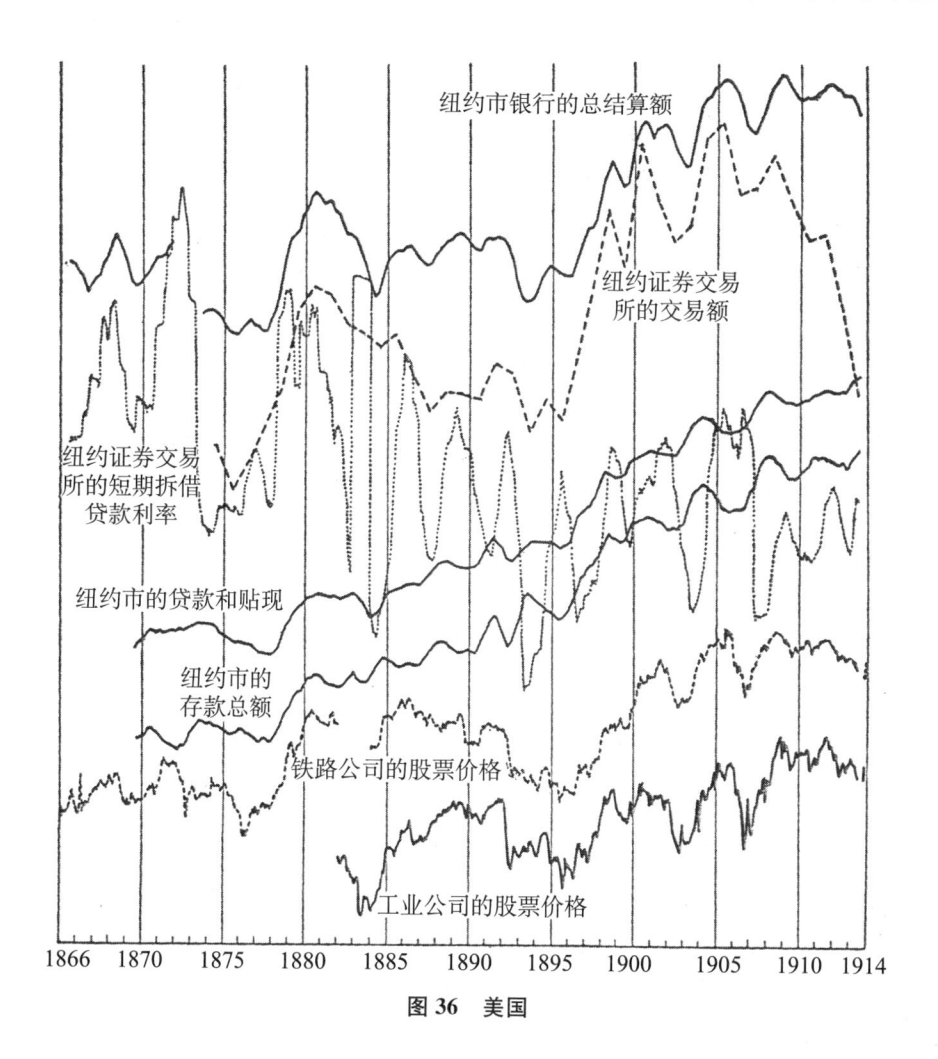

图36 美国

行的存贷款呈负相关关系。① 这也就意味着，在短期内，纽约市的贷款额与商业票据利率呈负相关关系。正如前面提到过的，在投资方面的行为差异较小，尽管纽约市之外的贷款和纽约市之外的投资之间的强烈反向短期关联性在纽约市的数据中并不存在，但是在储备货币方面则存在这样的关联性。在美国的短期周期机制中，"合法货币"以及其他资金在纽约市与纽约市之外的银行之间的分配，似乎并没有发挥任何重要作用。所有这些基本上也适用于朱格拉周期的波动，但在最大的轮廓线上这些差异自然就不再那么明显。

我们的结论是，纽约市的银行实际上充当了银行家的银行这一角色。当然，我们必须牢牢记住，银行家的银行业务只是它们的全部活动中的一部分。但是，很明显，它们的贷款和投资变化是从它们的"会员银行"流出及流向它们的"会员银行"的货币流——包括现金和存款——的函数，显然这种货币流会周期性地扩大和耗尽它们的存款。因此，对纽约市的银行的解释与对纽约市之外的银行的解释完全相反，因为首要的现象在一方是存款，而在另一方则是贷款。② 在纽约市的银行中，反映对其他银行的应付款项和应付款项之间差异的净存款，一直比贷款大得多，其波动性也比在纽约市之外的银行大得多。

当然，这种银行家的银行体系所包含的竞争性也意味着，它的组成部分被剥夺了许多中央银行所享有的自由——如果不能说被剥夺了全部自由的话。留给纽约市银行采取主动行动的权力要少得多，因此它们常常被迫"顶风航行"。每一年的秋天，存款都会被取出，现金则流向西部和南部；同样地，在每一个繁荣阶段，也会出现类似的现象，因此它们不得不将自己的临时投资变现，甚至不得不从欧洲搜罗用于支付出口账单的汇票或其他特殊安排。它们刚从康德拉季耶夫周期的萧条阶段走出来，流动资金状

---

① 要与纽约市之外银行的相应图表进行比较是非常困难的。此外，如果消除了趋势，那么短期波动将更容易揭示出来。由于这两个原因，我们建议读者参阅 A. A. 扬格（A. A. Young）给出的图表，同上，第 26 页和第 29 页。

② 由于注入货币会立即创造出存款和相应的现金，而不是贷款，所以存款和贷款之间的差额必定会显示在盈余储备项目中。事实也正如此；请参见 A. 皮亚特·安德鲁（A. Piatt Andrew），《金融图表》，第 22 号。

况稍有好转，但是从1886年下半年开始到1893年最后一个季度和1894年上半年，又经历了一个艰难的时期。然后，它们恢复了活动空间，但是受它们自身的情况所限，它们几乎无法保有这种活动空间。它们也不能像1902年之后的德国国家银行那样，系统性地巩固自己的地位，并提前做好计划。因此，在为期五年的轻松航程结束之后，它们的盈余现金又在我们在第七章所看到的那一系列事件中灰飞烟灭了。毫无疑问，这是一场糟糕的"表演"，相应责任我们在第七章已经有所论及。这不能简单地归因于制度安排。尤其是，有人认为，这种制度安排将周期性张力的负担推给了纽约市银行，同时以纽约市银行的不稳定为代价，谋取纽约市之外银行的相对稳定；这种观点似乎完全没有抓住重点。因为这正是银行家的银行的职责所在。如果真的要说它们承担了一项不公平的任务，那么也应该强调这种不公平不是因为它们必须应对这些正常的周期性波动，而是因为它们必须预防那些不正常的过度波动——那些不正常的过度波动深深地植根于时代的心理-社会模式，不但绝非任何一家中央银行所能控制，而且会使中央银行也受到"感染"。

然而，竞争性并不是这种银行家的银行体系的唯一特点。事实上，另外一个特点也许更加重要。由于缺乏有效的再贴现机制和美国特有的其他条件，纽约市银行与证券交易所投机行为之间的关系特别密切。各地的会员银行都在向证券交易所提供贷款，因此各地的会员银行也就间接地为新股发行和投机活动提供了融资。在纽约，即便是那些最纯粹的会员银行也会这么做。而且，它们用于这个目的的资金在来自它们的会员往来银行的资金中所占的份额是最大的，因此，为纽约证券交易所提供资金是对它们的银行家的银行业务的直接补充，同时纽约证券交易所的短期贷款所要完成的任务，在欧洲各国却是由盈余资金或二级储备项目完成的，这是一个非常不同的特点。甚至，纽约证券交易所的定期贷款也往往是为了达成这种目的。如果会员银行直接借出盈余资金，而仅仅把它们在纽约的往来银行当作自己的代理人——这通常是一种更加有利可图的方法——那么尽管情况大体上还一样,但是银行家的银行的主动性将更弱。这无须多加评论①;但是,纽约市结算数据与证券交易所交易价值和股票价格之间密切的(尽管不是完美的)② 共变性,肯定会给读者留下深刻的印象(如我们的图表所示)。

第三节 作为一个周期性因素的国际关系

在本书中,国际关系的周期性方面并没有受到适当的关注,除了在讨论历史的各章中结合不同情况已经进行的那些讨论之外,我们几乎完全没有专门给出评论。这受制于本书的计划和目的,而且在所受的所有限制中,这是最严重的一个。周期在不同的国家之间不仅会系统性地相互影响(以至几乎没有对任何一个周期的历史的讲述可以完全不提及其他国家在同一时期的周期性现象),而且周期本身就是一种国际性现象,特别是那些与导致了康德拉季耶夫周期的伟大创新有关的周期。也就是说,世界铁路网化或电气化这样的过程肯定会超越个别国家的边界,因而更确切地说,它们必定是世界性的过程,而不是发生在各个不同国家之内的若干过程的总和。资本主义本身,无论是在经济学意义上还是在社会学意义上,本质上都是一个过程,而且这个过程是以整个地球为舞台展开的。这两个原因——周期的相互作用以及基本过程的超国家统一性——也解释了为什么在我们的历史研究中美国、英国和德国这三个国家的周期步调会如此一致。③ 其实,这种关系存在的事实并不比产生这种关系的机制更加明显,而且——至少从原则上说——这些关系影响战前中央银行和战前金本位制

---

① 也没有必要对与"浮动"和"总存款"有关的做法专门发表评论,尽管为了更全面地诊断这种情况的性质而讨论这些做法应该是很有启发性的。

② 不仅在趋势上、在许多个别情况下会出现这种不完美性,而且在结算额的原始数据中也存在着季节性,而这在股票价格中是没有的。毕竟,纽约市工业和商业一定会呈现出来。康德拉季耶夫周期的各分支在所有的序列中都有很好的表现——"趋势的断裂"——尽管程度有所不同。在贷款和存款方面也是如此。朱格拉周期则有所不同。例如,交易价值从 76 开始上升,结算额则从 78 开始上升。总的来说,看涨价格与交易价值的一致性比与结算额的一致性要好。

③ 关于这一点,请参见 W. C. 米切尔(W. C. Mitchell),《经济周期:问题与背景》,第四章第五节。

运行的方式也是如此。

一、受周期性波动影响的进口和出口以及中央银行的角色

正如之前指出过的那样，即便国际经济关系只包括商品和服务贸易，进出口的周期性行为也不可能像其他总量那样具有规律性。甚至关于趋势也无法提出任何一般性命题，因为资本主义发展的过程可能会使得——在某些国家和某些时候，确实使得——倾向于自给自足的国家增加，而不是减少，这在很大程度上独立于任何旨在促进国际贸易的政策。与我们的纯模型相符的那种周期性运动，如果仅限于一个国家之内，同时如果其他国家的经济过程处于静态的或仅仅发生了（我们所说的意义上的）增长，那么我们就可以预期，在正的阶段，出口将减少，同时进口则会增加，在负的阶段两者都恰好相反。当然，我们不能指望真的能找到这种周期性运动，但是它的痕迹确实在很多情况下都能看到。例如，在美国，从1872年到1878年、从1881年到1882年，以及1907年发生的情景。而且，比总量更令人信服的是非农业商品的进出口数量。这是因为在这种情况下，其他国家的经济状况往往呈现出相反的"周期性"。当然，如果在某个特定国家导致了某个特定周期的创新也直接作用于外国，例如开辟购买原料或出售产品的新市场，那么我们会得到其他不同的预期。如果周期性过程是普遍的（也就是说，所有相互贸易的国家都表现出各自的周期性运动），那么国家之间的关系就会复杂得多。在最简单的情形下，所有国家的周期是同步的，同时所有的创新都是本国性的（因此，不会通过竞争关系或互补关系直接影响外国的工业和商业结构），那样的话，周期对进出口的影响就会成为这样一个问题：周期的各个阶段对进口和出口的影响的相对强度如何。但是，如果对外国工业过程的直接干预叠加在这些影响之上，那么我们得到的画面就会包含更加多样化的可能情况；作者认为，对这些情况的研究是国际贸易理论所急需的一系列改革中最重要的改革之一。[①] 这

[①] 斯宾塞·波拉德（Spencer Pollard）先生在他的一份未发表的手稿中认识到了这一点，而且在很大程度上实现了这一点。

是一个建议，读者或许可以尝试一下。

不过在这里，我们只限于指出如下观察结论：尽管在一般情况下，由于上述原因，我们得到的进口序列和出口序列的行为初看时必定是飘忽不定的，但是在足够长的时间内，任何一个国家的条件和关系还是足够稳定的，因此在很多情况下，我们仍然有可能以相当简单的理论模式来处理。这种稳定性的一个例子是，陶西格（Taussig）教授广为人知的关于英国贸易条件的研究表明，英国贸易委员会的工资指数的变化，几乎完全与净易货贸易条件的变化负相关（后者等于进口价格指数与出口价格指数之比）。①

从中央银行的角度来看，在商品的跨国运动中，有一部分是随着周期阶段的变化而产生的，这部分商品流在某些方面可以说是对中央银行必须处理的过程的一种纠正，而在另一些方面则可以说是一种干扰。繁荣时期进口的任何增长以及萧条时期出口的任何增长都可以——而且在实际上也经常——起到稳定、抑制和支持的作用。但是总的来说，外国的冲击，以及国内的创新、繁荣和萧条对外国的影响的反响，都将不停地影响贸易条件、产品数量；而且在生产过程中，就业、信贷需求与（如果世界各地都实行无障碍的金本位制的话）现金项目和储备，只要国际关系的重要性足够大，就会以某种方式扰乱国内形势，其程度与非周期性或非经济性的扰动相当。这一点还可以变得更加突出、更加清楚，只要我们假设：第一，国内银行体系也会为外国贸易融资提供助力，或者，外国的金融中心有助于国内贸易融资；第二，每一种商品或每一组商品的贸易都获得了自身的一种惯性，从而在短期内使得它们几乎完全独立于其他种类或其他级别的商品的贸易所发生的事情。② 在这些假设下，可能会出现三种结果：国内

---

① 见《1900 年以后英国对外贸易条件的变化》，刊载于《经济学杂志》，1925 年 3 月号，参见第 6 页的图表。关于美国的贸易条件，见 C.J. 布洛克（C.J. Bullock）、J. H. 威廉姆斯（J. H. Williams）和 A. S. 塔克（A. S. Tucker）1919 年 7 月发表在《经济统计评论》上的论文。

② 这也正是如下陈述的真实性：即便商品贸易（货物贸易）是国际经济交往的唯一形式，贸易也不一定是平衡的，因为这取决于相互贸易的国家对彼此商品的需求。在此，我们无意为这种陈述辩护；在大多数情况下，这种陈述恰恰表明主张它的人未能掌握国际贸易理论的基本要素。但是，如果我们做出必要的假设，以便我们能够接受通过黄金数量的变化来对收入和价格发挥作用以实现均衡的机制的经典描述，那么我们很容易就可以认识到，这种机制的作用可能会导致一场本来可能不会启动的衰退或繁荣。

经济形势会变得很复杂，即与国内的周期阶段完全不匹配，例如，来自国外的战争需求可能会把萧条变成"暴力"繁荣；信贷状况与当时的实际经济形势不一致；中央银行无法采取根据它对国内经济形势的诊断本应采取的行动——它可能会发现自己受制于国外某个国家的特定条件。也正是在这样的关头——仅仅是国内的周期之间的相互作用就可能导致——中央银行的行动相对于国内经济形势而言是最接近"主动"的。

二、资本流动与中央银行的政策、英国的情况以及对外国的短期债权的关键作用

但是，这种分析是不充分的——在这方面，关于国际贸易的一般理论也是如此——因为它把国际关系建立在了商品贸易上，商品贸易反过来需要回到原始的易货贸易，而在易货贸易中金融交易在原则上只是附属性的。我们不需要探讨为了让这个模型看上去令人满意，现实的国际贸易领域规模要有多大（或者过去曾经有多大）。无论如何，在资本主义时代，任何一个国家的经济都包含着大量的交易，因此很清楚，不仅在任何给定的时间点上周期性的演化过程为它们设定了阶段，而且就国家之间的经济关系的机制而言，优先地位早就不属于贸易（业），而是属于金融（业）。只有当我们说现代商品贸易是资本交易的后续和对资本交易的补充，而非资本交易由商品贸易产生并加以补充，那才是更正确的。现在，销售是以贷款或其他形式的"资本输出"为前提，而且商业的发展首先是在由企业家和资本主义企业创造并不断重塑的环境中实现的。

不过，就我们当前的目的而言，考虑资本流动对周期性状况和银行（尤其是中央银行）政策的影响就已经足够。我们要区分长期交易和短期交易，同时再一次，我们还要区分源于商业领域（因此主要源于我们的过程）的交易和不源于商业领域的交易（因此会随机地影响货币市场和公开市场）；后者主要是指公共借款，我们假设那是一个独立的周期性过程，虽然这种假设只是为了便于说明问题而进行的一种简化。假设在 19 世纪 90 年代末伦敦有一家银行以发行债券的方式为（例如）在阿根廷的电力公司融资，认购所用的资金部分来自银行贷款，同时假设——为了减轻来

自几个明显的反驳我们的观点的压力——所得款项原本打算在借款国使用。借款者在伦敦获得了一个余额；如果他愿意的话，他也可以在阿根廷获得一个余额——根据我们的假设，那正是他真正想要的——只需要将英国余额转换成英格兰银行的纸币，再将这些纸币转换成他可以汇出并存入阿根廷银行的主权债券即可。进一步，我们假设这笔交易足够大，这个借款者的支出会对阿根廷的经济状况产生一个冲击；而这反过来又可以解释阿根廷银行在获得现金后为什么愿意而且能够扩大贷款，等等。但是在英国，这样一笔交易，或一大堆足够重要的同类交易，可能相当于突然强制实施剧烈的收缩，从而破坏整个信贷结构。的确，如果当前的形势已经因为其他原因变得紧张，外国借款者不可能指望获得有吸引力的条件，也不可能指望发行银行能够成功地发行债券。然而同样正确的是，由于会员银行通常不会"顶格放贷"，而且由于英格兰银行一直保持盈余资金，一般来说可以减轻冲击。此外，在现实世界中，这位借款者通常也不会希望把借贷得来的所有款项都花在本国。即便他真的这样做了，他也不可能像人们所想象的那样取出黄金运走，而是会在伦敦的交易所逐渐卖出。使先前存在的商品贸易实现均衡的机制的作用，最终将通过收入的变化或收入和价格的变化发挥出来。先前存在的商品交易及其金融互补物，总是包含着草率的角落和裂缝。贷款国在借款国或其他国家所拥有的资产在某种程度上是可以动用的。因此，整个过程是在布满了额外减震器的线路上进行的。

但事实仍然将会是这样的：首先，在某个时间长度事先不确定的时期内，这种发生在资本账户上的转移几乎不可避免地会对贷款国产生净干扰影响，因为除了长期之外，并不存在完全有效的均衡机制。其次，这种扰动是由国际金本位制造成的——与事实相反，我们假设阿根廷也采用金本位制——因为如果没有国际金本位制，阿根廷可能就会像对待黄金那样去对待相应数量的国内"通货膨胀"。因此，无论金本位制在其他方面有什么优点或缺点，它都确实给那些采用金本位制的国家的中央银行带来了一个负担；这个负担并非源于它们自己的经济过程，而在于干扰了它们自己的经济过程。对于这类国际交易，我们并不认为它特别重要；之所以举这个例子，是为了强调它的一个因素。这个因素几乎关系所有国际交易，而且由此导致的形势迫使各国中央银行采取了相较于单纯的商品贸易时更加主动的行动。现在，我们可以进一步加入外国政府的发行问题[①]，并考虑来自外国的经济和非经济扰动的影响。在经济自由主义时代，外国政府的发行活动并不总是依赖于贷款国的中央银行或外交部门的同意，而且有时甚至会创造出余额，使得债务人暂时拥有相当大的权力。因此，资本主义国家的金融状况和经济状况在任何时候都是本国（周期性）因素和国际因素的共同结果，这一点至此就变得更加清楚了。就因果关系而言，这两个"要件"在很大程度上是相互独立的，因此很可能会以一种不稳定的方式结合在一起。

中央银行所处的位置和自身利益的逻辑都要求它必须努力协调好这两者，即保护国内过程，使之免受国际交易和国际动荡的影响，同时不会损害在本国境内经营的外国企业，特别是，如果有可能的话，提前管理好市场上的流动性、控制好银根的松紧程度，因为在上述情况下它们往往与国内周期的阶段不一致。努力做好这一点（在金本位制设定的条件下），成了中央银行政策的主要动机——可以理解，在英国比在其他国家更加突出——同时中央银行为控制货币市场而进行的斗争（以及为了实现这种控制所需的行动自由而进行的斗争）的主要动机也是它。当然，这种说法在一定程度上已经是一种陈词滥调。然而，鉴于许多经济学家仍然在强调中央银行在经济周期中所扮演（或应该扮演）的角色，这种老生常谈并非没有诊断性价值。正如我们已经看到的，这不是问题的关键。但是由于另一个"要件"（组成部分）的存在，完全不同类型的、在更大的范围内实施的货币管理政策——在自由放任主义（laisser faire）的全盛时期——终究还是实施了；而且即便不存在我们所称的新重商主义政策给金本位制的运行带来的压力，也应该会实施，只不过是在较低的程度上（见第七章第五节）。此外，也正是这一因素使得黄金的流动对各国中央银行如此重要。可归因于周期性因素的资金流入和流出本身，则只是要考虑的一个非常次要的因素。但是，国际资本交易导致的黄金流动不仅是这两个"要件"

[①] 在比伦敦市场小的那些市场上，外国政府的经常性操作（因长期融资和商品贸易而产生）有时会成为重大困境的一个来源。对此，在维什涅格拉茨基（Wyshnegradsky）和维特（Witte）任职期间，俄国政府在柏林的行动提供了一些很好的例子。

（组成部分）之间协调乏力的表现，而且本身可能是危险的。因为黄金的流动如此频繁地"呼吁"中央银行采取行动，以至人们很容易得出这样的结论：所有中央银行关心的都是黄金储备。

但是，中央银行的艺术恰恰就在于关注国际国内事务，在（防止）国内事务发生灾难、（避免）国际事务出现混乱这两种可能性之间把握好方向，保证两者都能"容忍"对方。鉴于英国拥有庞大的资本出口和国际利益，即便是最小的错误有时也可能造成灾难性的后果，因此在黄金储备如此之少的情况下，英国中央银行的实际表现确实令人瞩目。由此导致的外汇和黄金走势的无规律性（两者都没有表现出一致的周期模式），在这里无法展开讨论。不过在这里，只需要对英格兰银行所选择的各种程序稍加评述，就足以大致了解根据我们给出的关于货币和银行体系的模型，我们必须在多大程度上做好发现偏离预期的心理准备。从一开始我们就很清楚，这些偏差——除了在短暂时间内的重要性之外——不可能是非常重要的，否则我们仅仅用上述模型对这些序列做出的解释，就不能像现在这样提供对一般轮廓的解释。这本身就证明了英格兰银行的成功，因为它意味着这家银行在成功管理外部干扰的同时，还保留了根据上一节讨论的原则对国内情况采取行动的自由。

首先，必须认识到，外国融资给中央银行施加的压力主要在于必须更加谨慎和防止流动性不足造成紧缩。这种必要性，再加上如下事实，即在这个系统中资金的运转是非常"科学"的——只要那一刻的情况允许，公开市场利率就会立即降至最低——解释了为什么英格兰银行的行动几乎总是朝着稳定或提高公开市场利率的方向展开、为什么对公开市场的控制意味着紧缩。当然，这并不一定意味着英格兰银行希望国内企业使用的资金变得更贵。恰恰相反，在对后者的行动没有周期性指示时，英格兰银行有时会采取措施来避免这种情况的发生，例如，在1907年危机期间就是如此。另一个值得一提的例子则发生在1910年。[①] 紧缩公开市场而不紧缩货币市

[①] 要想通过阅读相关材料来更好地理解这个问题，最简单的方法就是研读各期《经济学人》和《统计学家》。但是，这两本杂志的观点都不应该不加批判地加以接受；尤其是前者，无论从一个决心走资本主义道路的世界的人的角度来看其观点有多么合理。

场（在我们所说的意义上），或者调整流动性使之适应处于主导地位的周期阶段，这在事实上可能成了一个"公式"，描述了英格兰银行——以及德国国家银行——为了协调上述两个"要件"（组成部分）而采取的举措的一个类型。毫无疑问，对国内经济施加的压力是不受欢迎的，这一点都一样，但只是在一定程度上，因为根据第十一章和第十二章以及本章前几节的分析，不能认为这类举措产生了任何重大影响。

其次，我们很容易就可以理解，为什么就中央银行所采取的旨在实现这种意义的协调的政策而言，诸如调整银行利率[①]这样的措施与公开市场操作及特定类型的劝说相比，明显是第二位的。英格兰银行在市场上借款——或者直接向伦敦的银行借款，因此它们在市场上提供的贷款是受到限制的，后者被"赶进"了英格兰银行[②]——或者出售现货和以赊账方式回购（repurchase on account），又或者直接出售（直接购买则少见得多），这些都主要是对国际经济形势变化带来的环境变化的回应，目的是根据自己的优势来应对国内经济形势的变化，尽管在许多情况下这两种类型的举措指向同一个方向。而且，特定的劝说方式还包括必须确保那些巨量余额的个体持有者愿意合作，比如印度议会（India House），或者日本政府（在一段时间内）。在上面讨论的例子中，在英格兰银行想要做的优先事项中，有一件就是要让阿根廷企业留下这样一个印象：在未来，英格兰银行有足够的手段让这些企业的日子变得更舒适或更不舒适，同时，最好不要以某种可能给英格兰银行带来不便的方式撤走黄金，也不要创造出（例如，通过在公开市场贷款）英格兰银行不愿意看到的流动性状态。英格兰银行的感激之情就是一项资产，以牺牲一定利息为代价来获得它是值得的。

---

① 这些措施反过来又包括操纵官方利率，但不如对抵押贷款利率的操纵那么多；或者，以高于官方利率的利率再贴现，以及使用类似的手段。所有这些，实质都是根据不同目的来实施利率歧视，有的时候（至少已经有几次）还可以直接诉诸这种歧视。最后一种情况特别好地说明了我们的论点。因为外国纸币尤其是美国的纸币——或者为外国目的服务的纸币，确实受到了歧视。

② 这是一个例子，是在1905年12月完成的，当时也打算用于在国内市场上踩刹车；看看《经济学人》1905年的"年度调查"吧，该调查声称那是一个"新起点"，但作者认为这种表述是错误的。

最后，如果英格兰银行只是想在不干涉国内贸易的情况下巩固自己的地位，那么诉诸改变黄金的买入价格这种手段就可以获得相当大的成功。最后还有一种可能性，它可以与外国中央银行，特别是法国中央银行，达成某种特别安排。这种操作的可行性在实践中得到了很好的验证，在应对巴林危机（Baring crisis）期间的两项交易就是有力的例子：其一是与俄国银行（即俄国政府）合作，其二是与法兰西银行（Bank of France）合作。*不过，其他实例则有些可疑。① 对于我们来说，只有以下两点才是真正重要的：第一，除非是在国际"要件"（组成部分）与英国国内经济状况有关的情况下，英格兰银行从来不会真的采取或"疑似"采取这种类型的措施，而且每一次行动的动机都是使国内经济组织免受外国扰动的影响，或免受外国金融对英国经济状况的反应的影响，这也正是为什么我们的序列所受的影响并不太大；第二，无论是《经济学人》上的文章，还是一些英国学者对应该多采用这种类型的措施的建议所表现出来的爱国主义愤怒，抑或是其他国家的学者所认为的每次采用这种类型的措施都意味着战前的银行政策被削弱，都是没有任何正当理由的。在采用自由金本位制的、实现了国际化的世界中，一个国家的中央银行向另一个国家的中央银行借款是一件非常自然的事情，没有什么值得羞愧的。

然而，对国际"要件"（组成部分）的管理之所以如此成功，只是因为在对外国债务人的短期债权和半流动性权利之间有一堵强大的墙，保护了英国的相关结构。如果没有这堵墙，英国的相关结构就不可能在如此小的安全边际内发挥作用，也不可能通过如此微妙的调整来实现目标。目前，这一大批请求权——根据哈特利·威瑟斯（Hartley Withers）先生的

---

* 1890年前后，为了弥补黄金储备的下降，欧洲各国中央银行提高了贴现率，西欧资本不再流向拉丁美洲，导致阿根廷等国出现了货币危机，在阿根廷投机的英国巴林财团面临破产，当时英格兰银行储备不足，最后是在俄国、法国中央银行和其他金融财团的帮助下化解了危机。——译者注

① 然而，明确的安排并不总是一定需要的。我们很容易看出，在某些情况下，"援助"（assistance）可能被认为是可取的，但是与此同时，外国银行家的银行如果采取相当于及时重新分配黄金储备的行动，那么也是符合它们的利益的。法兰西银行对汇率的变动深恶痛绝，因此它有特别强的动机这样做。"援助"是扩大到英国中央银行还是扩大到市场并不重要。1906年和1907年，法兰西银行接受了英国纸币，释放了黄金，从而缓解了局势，防止了银行利率的进一步上升。至于这些工作是不是根据特定的安排完成并不是一个特别有意义的问题。

估计，在1909年，其数额在1.5亿英镑至2亿英镑之间——转化成了现金，并当即用于黄金领域的投资（几乎任何地方都如此），对英格兰银行最轻微的行动做出的反应也比外国拥有的余额要快得多，从而促进了大量的资本交易，支持了外国企业，减轻了国内的严格控制。由于它的存在，收紧公开市场（即提高公开市场利率）的行为，不仅受到了监管，而且通过吸收黄金缓解了局势。同样因为这个，银行利率的周期性上升不仅具有限制作用，而且具有纾解作用[①]；另外还要顺便指出——但如果把这作为问题的中心，那么将会是非常误导人的——通常还会非常容易变成不利的交易。因此，当我们发现银行家和经济学家普遍相信银行利率的有效性时，不会感到惊讶；而如果不存在这种短期资本情况，人们将很难理解这种观点。其实，更加令人惊讶的是，竟然有这么多的人没有发现这种有效性依赖于伦敦市场在历史上独一无二的"技术地位"，而是试图用一种完全一般化的——和不切实际的——理论来解释它。这种理论一方面过分强调银行利率对外汇和黄金走势的影响——通过对国内贸易量、存款量、价格水平和收入、国际商品贸易余额的连续影响；另一方面从来没有成功地在一个关于中央银行政策的合理模型中正确地界定公开市场利率和准备金率之间的相对地位。

英国金融业这种"轻骑兵"的存在，解释了为什么相对而言，银行利率和黄金走势对经济几乎没有什么干扰，对周期各阶段的展开过程也几乎没有什么影响。特别是在汇率方面，英国中央银行的行动确立了一种周期规律性，这一点应当顺便指出。在短期余额的转移不存在任何机会、风险的情况下，前述短期资本机制显然会倾向于使不同国家的可比公开市场利率趋于相等。而在采用了不同货币本位制的国家之间，风险和机会因素会占据主导地位；但是在采用金本位制的不同国家之间，汇率的波动仍然仅限于黄金输送点（gold points）之内。因此，负责操作的银行家有可能可以计算出最大风险和机会，并将结果与不同国家的可比主导利率之间的给

[①] 后者可能比前者更重要。尽管必须牢记危险信号的影响，但是正如我们已经看到的，英国中央银行的所作所为与"阻止"正常的繁荣没有什么关系。与现代理论一样，古典的银行利率理论夸大了利率适度变动对总体经济状况的重要性。

定差异进行比较。① 考虑到短期资本机制对小幅收益的灵敏反应，这不仅会限制对市场利率相等性的可能偏差②，而且倾向于使得这些差异的变化与汇率的变化呈现出一种平行性。从伦敦与纽约之间的这种关系来看，这种预测相当令人失望；但是就伦敦与欧洲采用金本位制的那些国家之间的这种关系而言——特别是德国和法国——却表现得非常好。③ 然而，我们不能指望这种平行性是完美的。还有一些交易对这种差异不那么敏感，甚至完全不敏感。此外，我们还必须讨论一种表面机制（surface mechanism），这种机制不一定总能控制它背后的更基本因素的影响。最后，对汇率在未来的变化的预期，也会在不同的层面上、不同的季节性和周期性情况下产生不同的影响。事实上，内瑟教授已经证明，汇率曲线与市场利率差曲线之间的距离会显示出相当有规律的周期性特征，而且这些周期性特征正是汇率自身所显示的明显不稳定的"行为"背后的原因。当然，这并不意味着我们应该期待短期汇率与国内市场利率之间呈现出一致的短期关系，也不意味着我们仅仅从国内银行利率的某种给定的绝对变化本身就能够预测出任何确定的效应，无论英格兰银行在使之有效方面有多成功。因此，据说在伦敦普遍流传的那种观点（有人还试图借用戈申的权威来支持它）其实并不准确，即银行利率提高1％以上就会导致汇率出现不利的变化，而小幅提高利率则不会。

---

① 然而，做到这一点需要先克服几个困难。我们假设，除了汇率变化的可能范围所隐含的风险之外，不存在其他风险。如果我们只接受最高等级的票据，那么这个假设在正常情况下是成立的。但是，在任何真的发生过的严重危机中，这个假设都是不成立的，在政治恐惧存在的情况下也一样。此外，无论是从时间上看还是在银行之间，黄金输送点都存在着一定程度的波动性，从而使得其中一些银行可能有机会以比其他银行更低的成本运送黄金。

② 据作者所知，采用金本位制的国家的开放市场之间的这种"团结精神"，最初是N. E. 威尔（N. E. Weill）在他于1903年出版的《货币市场的"团结"》（*Die Solidarität der Geldmärkte*）一书中加以研究的，不过，关于它的主要事实当然是所有银行家和财经作者都熟悉的。

③ 关于这个主题的一项"标准"研究，见H. 内瑟（H. Neisser）的《战争前后的国际货币市场》（*Der Internationale Geldmarkt vor und nach dem Kriege*），刊载于《全球经济研究》（*Weltwirtschaftliches Archiv*），1929年4月，尤其是其中第187页和第189页的图表，它们推导出了第221页的图表，后者对伦敦-柏林交易所的汇率曲线与市场利率差曲线之间的距离，与反映英国商业环境的托马斯指数进行了比较。

三、伦敦黄金市场、英格兰银行的黄金政策以及黄金库存、银行利率与价格水平

在战前时期,资本主义世界中存在着一个黄金市场,其重要性和可及性都超过了其他所有市场,这是事实[①],但是就其本身而言,这个事实对我们的目标并不重要。它只是提供了一个供人们发表评论的机会:因为黄金会在产金国"自主"地流动,还因为在中央银行或其他货币当局的影响下特殊交易的存在,我们其实没有信心给出关于周期性行为的任何预测。况且,黄金的周期性流动过于明显,无法引起我们的太大兴趣[②],因为在不受任何约束的黄金货币体制下,在没有任何监管干预的情况下,本来就可以预期到会出现固定单位的黄金储备。这里更加重要的是如下进一步的事实,即除了美国和俄国的黄金生产属"部分例外"之外,几乎所有新生产出来的黄金都会被吸引到黄金市场上来,而且这个黄金市场就位于这个国家(英国)并由同一个金融机构控制,这个金融机构也控制着国际短期贷款基金。也正因如此,英国处于一个非常有利的地位,通过延长或限制短期信贷,它既能够让其他国家的经营者购买黄金,也能够阻止他们购买黄金——虽然不是绝对的,但却是在相当大的程度上。因此,只要英国中央银行(英格兰银行)控制了国内公开市场,就可以说它控制了国际黄金走势,并间接地扮演了"银行家的银行"的角色。这就加强了它的地位和能力,使得它能够以一种任何其他国家的中央银行都无法效仿的方式减轻外国扰动对国内经济状况的影响。当然,德国中央银行(德国国家银行)、法国中央银行(法兰西银行)和其他国家的中央银行也在努力尝试通过其他方式实现类似的行动自由。它们所采取的一些举措也被英格兰银行所采取。事实上,这是一项非常自然的发现,即可以对实际或预期的金价走势

[①] 当然,世界各地都有很多当地的黄金市场。在巴黎,金条的报价通常与英格兰银行收取的黄金溢价和黄金交易所的价格截然不同。

[②] 这并不意味着它们不能用来提出任何问题,而只是意味着与我们的论点有关的问题是很容易就可以得到解决的——我们修正一下关于黄金流动的经典理论就足够了,即引入短期余额机制理论并强调利率的差异而不是价格水平的差异。

施加直接影响，这种方法能够有效地应对一系列短期困难，而如果采取其他措施则除了这种影响之外，可能还会产生别的意想不到的效果。但是，在19世纪与20世纪之交，当其他国家的中央银行也开始转向金汇兑本位制时（这种汇兑制度意味着对金本位制基本思想的偏离，尽管它们可能没有意识到这一点），英国中央银行（英格兰银行）却直到战争爆发一直都没有做过任何指向那个方向的事情。① 它所做的一切努力都是为了让不受约束的金本位制顺利运转，当然，这在目前显然符合英国的利益，而且仍是英国要坚持的长期政策。因此，英格兰银行的行动仍主要限于通过改变金条和外国金币的价格、拒绝出售金条、给予黄金进口免费的预付款等来影响黄金输送点。因而，在正常情况下，英格兰银行将继续依赖于它对货币利率的影响。将国内价格水平孤立起来并不是这种政策的一个组成部分。如果一定要说稳定价格水平也是它的政策的一个组成部分，那么也只是在如下意义上——无论英格兰银行的掌舵人会怎么想，也无论他说了些什么——这样做通常倾向于暂时缓解非周期性因素的影响。

在19世纪80年代末和19世纪90年代初——从1879年到1888年，英格兰银行的金币和金条总量（其间稍有波动）下降了大约三分之一，而英国全国的黄金储备则上升了大约三分之一——问题主要是"稀缺"。作者了解到，也正是在那段时间里，英格兰银行第一次采用了黄金政策；而且事实证明，在90年代初的困难时期里，黄金政策尤为有效。② 很容易猜测如果黄金产量没有增加会发生些什么：人们将会采用一些能够节约黄金的新方法。事实上，来自南非的黄金扭转了这个局面。英格兰银行的操作方式很能说明问题。起初，英格兰银行只是简单地暂停了它的黄金政策，这等于允许新的黄金快速聚集到它的金库中去——其黄金储备在1891年到1895年间迅速增长，同时它的储备比例大致平行地得到了显著的提升③——

---

① 履行以最低重量硬币出售主权货币的法律义务，就无异于拒绝玩这一正统游戏。

② 1893年，当时黄金的流入已经开始，伦敦市场的黄金价格却上涨到了每盎司3英镑17先令10.8便士，同时银行利率则停留在了4%的水平。

③ 请参见W. E. 比奇（W. E. Beach），《英国的国际黄金流动与银行政策：1881年至1913年》，1935年，第71页。

或者允许黄金通过伦敦市场流入其他银行[①]和其他国家，同时价格水平仍然持续下降。对公开市场利率的影响则正如我们所预料的那么明显，而且这种影响在短期内进一步加剧了。但显而易见，即便是新黄金的这种效应，也不能仅从货币因素的角度来解释，而且这一点之所以如此明显，只是因为新黄金碰巧与特定的周期性情况相遇。因为在随后的繁荣阶段中，这种效应就完全消失了；尽管黄金产量出现了激增，但是利率仍然保持坚挺；然而，价格水平却开始了上涨。如果没有出现这样一个黄金潮，那么价格水平很可能会上涨得更多，正如货币利率无疑会比没有这个黄金潮时下跌得更多一样。这两种效应在这里都没有被否认，但是除了在对其有利的周期阶段之外，这两种效应都没有强大到能够自行显现出来的地步。作者认为，这种解释并没有遗漏任何重要的事实，也不认为在依次发生的这些事件中有任何与我们对周期性过程、其与货币因素的关系以及中央银行可能采取或实际采取的政策的观点相矛盾的地方。

要完成这部分论述，我们还需要注意到，即便是在（我们所说的意义上的）繁荣开始之前、在（我们所说的意义上的）复苏已经全面启动之际，尽管利率和价格水平都很低，尽管基建活动和一般贸易已经大规模地展开，1896年美国发生的危机和黄金的外流还是驱使英格兰银行提高了金条的销售价格。它还提高了利率，但是在一个流动性非常强的市场上，事实证明，这种做法极其难以奏效。当然，后一个举措从推出时的情况来看是比较费解的；但是后来发生的事件却为它提供了背书——到了第二年，原来的问题逐渐消失，繁荣启动了，金条的价格提高到3英镑18先

[①] 这在当时——尤其是稍后——是由所谓的黄金恐慌造成的。自从白芝浩（Bagehot）的《伦巴第街》（*Lombard Street*）出版以来，金融学者一直在鼓吹英国银行体系的"黄金基础"太小了。这些观点在19世纪90年代末开始生效，伦敦各大银行利用新出现的过剩黄金带来的机遇，建立了自己的黄金储备。无论我们怎么看待（例如）费利克斯·舒斯特尔（Felix Schuster）爵士渗透在他的演说中的那种情感，也无论我们怎么面对所谓因"终极储备不足"而导致的"危险"的真相，这种恐慌，再加上当时开始转而采用金本位制（或打算这样做）的那些国家对黄金的巨大需求，以及采用了金本位制的那些国家希望在原有黄金货币的基础上进一步扩大基础货币的打算，所产生的结果与对国际上对新黄金进行部分冲销的政策所能预期的结果大致相同。这就是为什么一方面很难解释那个时期的黄金走势，另一方面很难估计新黄金对价格水平的净影响。

令 0.5 便士，但是银行利率却没有超过 3%。然后，在接下来的两年里，美国和德国发生的一系列事件、外国的融资需求以及国内的繁荣，解释了黄金这种政策工具以及银行利率的作用；在那期间，英格兰银行的黄金储备下降到了 1894 年的水平。同样地，从 1900 年起，美洲出现的"麻烦事"和战争融资再一次解释了这些工具的使用，而不是对银行利率的额外操纵。随着康德拉季耶夫周期一天天地过去，黄金不断地流入，英格兰银行的地位越来越稳固；在这个时期末，保护主义性质的黄金政策几乎全部被废弃了。事实上，有迹象表明，它们对相反的问题十分关注，那就是，防止英格兰银行的黄金储备增加到可能会助长过度行为的程度。然而，直到 1913 年，它的年均储备一直保持在（或接近）3 000 万英镑的水平。

当然，这样的黄金管理政策在美国是不可能的，因此，我们发现，在战前的 16 年间，国民银行存款与货币黄金储备总量之间显示出了相当高的平行性。就我们的目的而言，德国的情形似乎不那么有意思。德国中央银行（德国国家银行）的主要任务是强化金本位制在德国的基础。它从一开始就是一个稳定的黄金买家，在 1876 年到 1893 年间，它一共买进了超过 4.34 亿美元的黄金储备。在随后的繁荣时期，由此取得的收益超过了流通所吸收的。但是从 1907 年起，积累更大的储备本身逐渐变成目的，所有其他考虑都不得不服从于此。通过这种购买，并利用金汇兑本位制以及其他工具——其中特别值得一提的是用帝国国库券（Reichskassenscheine）代替了流通中的黄金——它成功地获得了充足的黄金储备，为即将到来的战争做好了准备。

第四节 证券交易所交易数据序列

在论述展开的各个阶段，我们陆陆续续分析了证券交易所交易数据序列以及它们描述的现象。现在，我们之所以要再一次回到这个主题，是为了使它更加"圆满"，特别是在银行业务和银行家的银行的政策方面。为了实现这个目标，将证券交易所定义为买卖债券和股票的市场是一个很方便的做法。至于"资本价值"市场的另一部分,即房地产市场,我们在这里暂且不予考虑,尽管它对周期也有相当大的重要性。

虽然正如我们在第十二章指出过的,在最广泛的意义上,证券交易所实际上只是我们所称的公开市场的一部分,但是在这里,我们假设它独立于公开市场,不过仍然与公开市场有一定的联系。我们知道购买各种各样的"挂牌证券"(branded article)的钱是从哪里来的(这些"挂牌证券"构成了这个非常不完美的市场的"商品")。首先,来自银行的"盈余资金",在证券市场上提供资金是银行进行短期投资的重要手段。其次,来自非银行机构(尽管这往往需要通过对他人账户的银行贷款[①])、国内工商业企业,以及外国银行和资本家——这类主体也想进行短期投资,而且会员银行有时能够利用来自后者的资金阻挠银行家的银行的政策,证券交易所也能够利用来自后者的资金掣肘会员银行。再次,来自"投资者",即来自家庭(储蓄)、非银行机构,也来自希望永久投资的银行。最后,银行也可以通过向客户提供担保贷款,直接为投机和投资交易提供融资。但是,一般来说,这种贷款不能与对投机或家庭投资的融资混为一谈,尽管我们现在暂且假定,就纽约市银行的抵押贷款而言,这种看法或许是可以接受的。尽管所有银行向证券交易所提供贷款都不是无的放矢,但是它们与证券交易所之间的关系以及它们在证券交易所中的头寸就像我们已经看到的那样,在不同时期、不同国家都有很大的差异,而且即便我们把经纪公司和批发商——在巴黎,人们称它们为经纪人(agents de change)——纳入银行性公司的行列,这种差异也不会消失。所有这些,基本上仍然只是中间人,不曾拥有类似于德国银行那样的地位。至于投机者与投资者之间的区别,则可以通过"交易"意图的存在与否来界定,即是不是试图从证券价格的波动中获得利润。但是,由于投资者也会借钱,而且他们随时都可能会变成投机者,这样做并不能解决如何将投机性交易

[①] 短期投资(temporary investment)的作用,特别是它在经纪人贷款(brokers' loans)中的作用,我们将在第十四章第六节讨论。

和非投机性交易区分开来的难题。在实践中，更有用的一个标准是看保证金账户。

一、股票和债券交易的周期性及其对周期的影响、股票市场定价的特殊性

之前发行的证券在投机者、投资者和银行之间流转，可能出于各种各样的目的（这些目的是我们熟悉的，且构成了信贷创造机制中一个至关重要的环节），这种流转构成了与我们这里的目的相关的一组交易，而向投机者和投资者发行新证券则构成了另一组交易。不过，暂且不考虑后者，我们先来剖析一下"旧"股票和债券的交易以及为这些交易提供的融资呈现出来的周期性特点。无须多说，在不存在外部扰动的情况下，这种现象的存在要完全归因于周期，而且显而易见，这必定会是最具规律性的特征之一：这种规律性是如此之强，以至很难找到不会显示它的周期实例。此外，非常明显的还有一点，靠投机收益或源于性质相似的非投机交易的收益生活隐含着储蓄的减少（动用储蓄）[1]；这种"负储蓄"与繁荣阶段的消费者支出增加及精神氛围有很大的关系；同样地，衰退或萧条阶段的损失，与衰退或萧条阶段的消费者支出减少及精神氛围有很大的关系。我们不需要阐明抵押品的价值增减是如何影响这种贷款的（也包括用于商业用途的贷款），如果没有这些抵押品，这些贷款原本不会发放，也不会在后来变得岌岌可危。众所周知，这可能是导致银行业在"危机"和一般恶性螺旋式循环中的状况发生变化的一个重要因素。

证券交易所的定价过程的特殊性，以及投机活动对会员银行和银行家的银行的状况以及对企业融资的影响，只要参照"证券交易所是否吸收了

---

[1] 毫无疑问，投机者的收益包括一个操作性元素（operational element），它不是真正的资本收益，相反，它的性质与任何个人通过从事职业活动获得的回报相同，例如律师从执业中获得的收入。把这些收益花在消费品上并不会减少储蓄。但是，在这里没有必要强调这个元素。

信贷"这个由来已久的问题，就可以很方便地加以处理。① 这个问题的答案是肯定的，支持它的论证虽然看似"天真"，但确实成立，而且从实际的目的来看，只要指出如下一点就足够了：如若不然，那么在通常情况下（尽管在投机狂热时期并非如此），借给证券交易所的"资金"将会在很大程度上被闲置。我们之前对银行在周期中的行为的分析也为这一点提供了一些支持。当更新率很高时，银行和其他贷款人会从商业票据市场转向股票市场，这个事实并不会使上述答案明显变得无效，而且进一步的事实也是如此（这一事实的重要性随不同国家投机技术的不同而大不相同）——任何人要想进行投机，就必须"大手笔买入"，这很可能意味着需要将现有的余额或创建余额的支付工具从其他用途撤出，但是不一定能立即释放出同等数量的余额。

不过，更具根本性的是，股价的持续上涨并不像普通商品价格上涨那样与余额使用量的不断增加具有相同的关联性。自1919年股票清算公司（Stock Clearing Corporation）成立以来，"预先消除"（obviation，或译"回避"）发挥了比它在后一种情况下能够发挥的作用更大的作用②，尤其是在纽约。此外，在经纪人贷款中，不需要将支票兑现，因此也不会使现金进入流通领域。这样再一次，大部分源于贷款的经纪人存款实际上根本不需要继续以存款的形式出现，因为这些存款直接进入银行的认证支票账户，对此不需要任何准备金。③ 这个结论只需要经过适当的修改，就可以用于欧洲各国的证券交易所。

然而，更加关键的是下面这一点；它实际上是在相同的情况下出现

---

① 关于这个问题的相关文献不胜枚举，不过在这里，我们将只是简单地提一下一些论著：马克卢普教授，《股票市场信贷、工业信贷和资本形成》（Börsenkredit, Industriekredit und Kapitalbildung），1931年；R. N. 欧文斯（R. N. Owens）和C. O. 哈迪（C. O. Hardy），《利率与股票投机》，1925年；托马斯·巴洛夫（Thomas Balogh），《证券交易所对信贷的吸引》，刊载于《美国经济评论》，1930年12月号。1927年5月，卡塞尔、施皮特霍夫和哈恩教授在《法兰克福汇报》上发表了一篇有趣的讨论性文章；另外还请参阅R. 赖施（R. Reisch），《股票市场投机对信贷市场的影响》（Rückwirkungen der Börsenspekulation auf den Kreditmarkt），刊载于《经济学杂志》（Zeitschrift für Nationalökonomie），1929年。这个问题在第十四章第六节中还将继续讨论。

② 请参见马克卢普教授，同上，第79页及以下诸页。

③ H. 罗杰斯（H. Rogers），《股票投机对纽约货币市场的影响》，刊载于《经济学季刊》，第40卷，第453页。

的，也有助于解释为什么在这个例子中"预先消除"是如此容易。我们所称的货币效率与制度规定的支付周期有关（后者是任何货币理论的基础之一），而制度规定的支付周期又与经济过程的时序性和周期性有关。但是，在证券交易所的交易中不存在这样的时间因素，因为那里的交易不需要经过什么过程；尽管制度安排和实际成交可能性的限制仍然会导致一个最低时限，但是我们可以想象，这个时限可能只有一分钟或更短。因此，给定数量的"资金"无论多么少，它可能支持的"价格水平"都几乎没有任何限制。此外，任何一种商品都必须以市场决定的价格水平在经济有机体中沿它的轨道移动，但是对股票却没有这种限制。就商品而言，如果市场价格足以阻止它开始或完成它的过程，那么该商品的库存就会积累起来，而且这种库存本身就意味着一种令人讨厌的失调，最终必须予以清算。这就使得每个价格最终都必须与其他价格保持一致，并服从于货币政策。但是就普通股而言，它无法以一定价格"移动"这个事实，却不一定意味着一种维持下去的状况。股票的价格是由一些人的行为和估值决定的，他们可能愿意持有股票，而且通常确实可以这么做。股票不需要在经济有机体中移动到任何一个确定的位置才能实现其经济功能。事实上，如果一小群人对某只股票的估值高到了不合理的程度，那么即便是极小的交易量，也可以把它的价格推升到近乎无限的高度，而且不会吸收多少资金或信贷工具，也不会引发货币方面的压力。这就是股票定价和商品定价之间的巨大差别。[①] 因此，如果不考虑我们不需要在此深入讨论的技术性条件，例如由某种联合体和个人持有"战争基金"的条件，我们确实可以说股票投机不会吸收这个术语通常所暗示的货币、资本或信贷。[②] 当然，新发行的债券确实会"吸收资金"，但是那也只会释放出资金，除非这些资金是用于

---

① 也有人指出，在许多情况下，许多商品在一定意义上也存在类似的特征，如早期艺术大师的绘画以及房地产等。这当然没有错，尽管这些商品仍然缺乏股票的某些其他特征。但是，这个事实本身并不构成一个反驳，恰恰相反，它证明了我们想说的东西。

② 这种观点，连同接下来给出的一些主张，常常被认为代表了一种对股票投机的"友好"态度，或者"捍卫"股票投机的意图。为了消除任何可能出现的这种疑虑，作者请求读者表明自己的立场：基于道德、政治和文化的理由，他个人欢迎几乎任何敌视股票投机的举措，而不论其经济后果如何。他尤其欢迎通过立法将投机规定为某些专业人士的轻罪。

偿还银行贷款的。

二、股票市场"趋势"理论

在分析证券交易所的定价过程时,还必须考虑如下事实的另一个后果:作为这个市场中的"商品"的股票,其经济性质决定了它们是"被持有的"而不是"处于移动中的"。在这个市场中,货币"韧带"(ligament)的压力与普通商品市场中的压力具有不同的意义;此外,人们持有股票在很大程度上是为了等待其价格上涨,但是作为抵押品,当股票价格下跌时,却必须进行清算,因此,通常来说,"供给"的增加往往是价格下跌的结果,而"供给"的减少则是价格上涨的结果,或者在价格没有任何变化的情况下,"供给"也会发生变化,这样一个市场是不怎么符合传统观念所认为的供求变化规律的。如果它的行为没有表现出更大的无规律性,那么很容易验证,这是如下事实所致:形势变化所引起的各种反应在很大程度上是相互抵消的。由此产生的基调或趋势通常是非常明显的,因为投机者一旦将它们识别出来,就会根据它们采取行动。当然,从某种意义上说,任何市场都与此类似;但是由于上面阐述的各种原因,其他任何市场从程度来看都远远不如。

因此,对这种基调或趋势的解释就构成了一项独特的任务。这种感觉无疑是正确的;这项任务不仅不同于对一般市场现象的解释,而且不同于对其他投机性市场中的现象的解释。例如,原材料期货投机与普通股投机相比,更有可能彰显出那些可以列在传统的和不言自明的标题下的特征:保险、套利以及随时稳定价格。因此,持有"暂时性"的、人们不愿意长期持有的股票(或者目前还不愿意长期持有的股票)、把货币资本投入"火线",更接近于对股票投机涉及的实际行为的描述。[①] 在下文中,我们所要讨论的主要是股票价格的"行为",因为债券价格的"行为"我们在前一章讨论过了。但是无论如何,我们必须记住,低等级债券的定价包含

[①] 然而,对于"没有一家企业是净收入分配的永久来源"这种理论,经过反思后将能够很清楚地认识到,股票交易在资本主义过程中具有重要的意义,它是对传统公式所包含的各种"函数"的补充。

了投机因素，这往往会使它们的价格表现得更像股票价格。

既然股票价格比其他价格拥有更高的"自由度"，既然"金融集团"——联合体和个人——在股票市场上需要面对的公众与那些从事普通商业活动的民众相比更容易激动、不那么聪明，那么人们很容易一方面强调大众心理，另一方面强调资金的丰裕或匮乏。虽然这两个因素的存在是毫无疑问的，但是它们中的任何一个都不能单独或与另一个因素一起给出令人满意的解释。先来看第一个因素。当然，乐观情绪和悲观情绪在证券交易所能够掀起的波浪，要比在工业和商业领域大得多；同时，预期在前者要比在后者更有可能在短期内产生所预期的结果。这些都几乎是完全正确的。但是，即便是狂热也有始作俑者，我们无法仅凭狂热本身来判断是什么引发了狂热。此外还应该补充的是，公众的行为发生了缓慢但持续的变化，如果我们将对一般情况的非理性乐观和在选择对某只股票进行投机时的非理性行动区分开来，这一点就会变得非常明显。从第一个因素来看，1929年的情形也许与1873年的情形相差无几①，甚至与南海泡沫的情形相去不远；但是从第二个因素来看，它们之间的差异就很大了。一个人要想做出合理的选择，并不一定需要有能力分析整体经济形势或某个行业（某个公司）的现状和前景。他所需要知道的，无非应该听从什么人的建议、要追随怎样的榜样或遵循哪种流行的观念而已。在短期内，非理性的幻想和愚不可及的希望（或恐惧）当然很重要。这是对的；但同样正确的是，它们从来都不可能为繁荣提供原动力，也从来都没能够阻止事物的真实状态最终自我展现。② 这种真实的或客观的状态可以分解为外部因素、周期阶段以及个别行业和企业特有的条件。毫无疑问，在每一种情况下都可以加上"预期"一词，那将对我们的分析很有益。

尽管上面对股票定价特性的分析为乐观-悲观情绪理论提供了一些支

---

① 然而，即便是这一点也不是很确定。1929年的外国买家不一定是因为对美国的情况过于乐观，就优先选择了美国股票，而不是欧洲股票。如果美国股票的持有者未能及时卖出，也并不能证明他们预见到了美国将持续繁荣，而只是因为他们没有预见到股票价格下跌的损失将大于他们出售股票时要承担的所得税成本。

② 这样一来，证券交易所就提供了一个很好的例子；这个例子可以证明什么是"心理因素"，特别是"预期"能做什么和不能做什么，以及在什么意义上经济现实是独立于这类心理因素的。

持（当然，这种支持是有限的），但是上述分析更可能意味着，我们对货币市场因素的重视程度，不应超过根据我们所熟悉的统计证据进行推断。正如我们在上一章已经看到的，公开市场利率的微小变化会对债券经营者进而对债券价格产生很大的影响，但是诸如在正常周期内经常发生的利率变化，则可能不会对股票投机产生影响。因此，我们更应该关注的是可得性（availability），而不是信贷成本。而且正如我们已经看到的，除非发行新股，否则相对较小的成交量就会对股票交易产生相当大的作用。相当大的泡沫完全有可能在相当狭窄的"现金"基础上发展起来；而且，除非银行表现出了反对投机的非同寻常的决心，否则很难说投机活动会因缺乏资金而枯竭（尽管发行新股当然会）。因此，我们更倾向于将统计规律性归因于周期性过程中的巧合（下面就会解释），而不是归因于货币因素的因果性影响——例如，根据后者所依据的理论，资金会从工业和商业领域流出，进入证券交易所，从而引发投机性繁荣，然后又会回流，从而终止投机性繁荣。

三、对股票价格波动的分析与各种共变性

股票价格指数序列兼具综合性和系统性，是对一个主要的、结果性的现象的描述。当然，无论它们是怎么构建出来的，这些序列都具有很强的周期性。但是我们的模型并不能给出关于趋势的任何一般性结论。我们所能发现的趋势，仅仅反映了历史事实；在每一种情况下要考虑趋势都必须单独考虑相应的历史事实，同时趋势还取决于所选指数的性质。例如，假设现在有一个指数，它表示的是一类同质企业每一美元实收资本加积累的平均价格，那么除了货币单位的购买力和这些企业所拥有的"天然要素"（natural agents）的价值的变化之外，这个指数在经过一段足够长的时间后将趋向于零。如果当期有新企业进入，同时有一些老企业退出，那么这个指数就不会出现这种走势，但是仍然不会显示出我们所说的意义上的任何特定的结果趋势。

既然我们不认为货币市场状况发挥了主导作用，我们就不应该期待会观察到任何强烈的季节性变化，尽管节假日等因素一定会产生一些影响。关于周期性变化，我们必须铭记如下三个事实。

首先，民众对周期阶段的预期，以及对个别行业和企业命运的预期是相互依赖的，这些预期往往与投机者甚至投资者的决定有关，而且在短期或中期内通常会指向同一个方向。在大多数情况下，即便是一个老旧且孱弱的企业，在繁荣时期也会比在萧条时期表现得更好。但是，投机者和投资者都特别容易被相对较新的行业和这些行业中的领军企业所吸引（因为正是它们带来了繁荣），尽管可能不是那么容易被那些相当新的、未经受市场考验的行业所吸引。很明显，铁路、电力、电机、橡胶、石油以及其他几十个我们熟悉的例子都有力地证明了这一点。而且特别值得指出的是，这个事实很好地说明了投机的"功能"和"合理性"，因为这种行为所隐含的"诊断"一般都能被客观事件很好地证实（这些事件本身独立于那些预期）。当然，并不是在所有的个案中都如此，同时从投机者的角度来看也不一定如此，但是，即便是在投机者大赔其钱的时候，他也很少（如果真的是那样的话）是根据"梦想"来采取行动；他所依赖的发展问题几乎已经成熟，无论他在择时问题上犯了多么严重的错误。

其次，股票市场从来不是完美的，但是股票市场上的摩擦确实几乎比其他任何市场都更小。在工业领域，通常来说，决策既不可能在瞬间就执行完毕，也不可能转过头去就被推翻。在衰退阶段，经济形势可能会削弱控制之手，迫使它们放松控制，即便在舆论发生了有利于实施控制的变化之后也是如此，但是，这种变化的影响可能会因在需求复苏阶段供给的突然减少而加重。因此，在一般情况下，如果不存在不利的外部因素，人们自然会预期证券交易所的上升趋势与相应的经济上升趋势相比，会出现得更早、力量集聚得更快；也就是说，股票的上升趋势通常在复苏后期就会形成，那时情况开始一天天好转，新的可能性也不断浮出水面。类似地，我们可以预期到，股票价格的下行将先于其他指标；也就是说，在繁荣后期，当限制和困难开始显山露水时，股票价格就将会下跌，因此很明显，可能取得的成就被完全低估了。① 我们知道，在第一种情况下，利率很

---

① 这个观点得到了如下观察结果的支持：主要股票的上涨往往在市场见顶之前就停止了。投机者意识到它们继续上涨的空间在一段时间内已经耗尽，于是环顾四周，努力寻找仍然有可能提供第二波机会的滞胀股票。这也正是"泡沫"出现的时候。

低，货币市场和公开市场通常都很"宽松"；而在第二种情况下，利率高企，货币市场和公开市场通常都很"吃紧"。对于这种关系，或许可以赋予一定的因果性，尤其是如果我们考虑到了货币状况会在投机者（或他们的顾问）对经济前景的预测中发挥的作用的话。[①] 但最主要的解释则是，股票价格和货币利率对周期阶段的反应都如此强烈，以至它们的变化会有规律地联系在一起，即便它们彼此之间没有任何关系也是这样。

最后，由于反应迅速，同时由于股票市场的自我强化机制是如此强大，所以我们还应该预料到，它的趋势超越其瞬时目标的幅度将会比其他市场大很多，而且反应会相应地剧烈得多。即便市场处于"未决"状态，那也只意味着波动——它属于我们在第四章第五节中所说的那种犹豫——而不意味着无所作为。此外，尽管整体经济可能而且往往确实会以一种完全有序的方式陷入衰退，但是这在证券交易所中却几乎是不可想象的。经济衰退意味着利润减少；对许多企业来说，这会带来严重的问题。毫无疑问，这给了"熊市"发动攻击的空间。而且，即便这类事情从未发生，或从来没有人预料到会发生，仅仅因为没有理由预期会出现任何上升趋势（除了在某些特殊情况下之外），就足以让投机者对他们持有的股票失去兴趣。因此，在这种情况下，上转折点或其路径其实很可能意味着崩溃，不过这种崩溃并不一定会对总体经济状况产生很大的影响——然而，由于会扰乱信贷状况并导致某些薄弱环节显露，它确实经常会对总体经济状况产生影响（尽管并不总是如此）。很容易证明，这个论点从螺旋式上升（下降）期和萧条阶段到复苏阶段都是成立的；同样很容易证明，在不存在数量异常的不计后果的金融和不当行为的情况下（有时甚至在它们存在的情况下），熊市不会持续很久，除非熊市与总体经济状况的萧条阶段重合且是后者独立地诱致的。这与之前人们认识到的股市事件对消费者支出的影响也是完全一致的。

为了证明这一点，我们要先回到图36。再一次，我们首先应该注意

[①] 作者倾向于认为，纽约联合银行（New York Associated Banks）每周报表的影响，是星期六市场的其中一个特点，英格兰银行和德国国家银行对伦敦市场和柏林市场的影响类似。这些事实都完全是由正文讲述的这一点所致。

到的是，不同铁路股价格之间明显的共变性关系（只要它们仍然是主导因素，直到 19 世纪 90 年代为止这一点都成立）、铁路股和工业股的价格与纽约市银行的贷款和存款之间的共变性关系，以及它们与纽约结算所的结算额序列[①]之间明显的共变性关系。就铁路股价格和工业股价格而言，上述共变性在 1897 年以来康德拉季耶夫周期的繁荣阶段很好地表现了出来，在各基钦周期中也一样。然而，我们观察到的主要运动轨迹还是清楚地反映了朱格拉周期：我们看到了 1868 年至 1869 年的（预期的）繁荣，然后是 1873 年至 1877 年的典型衰退；再然后是 1877 年至 1881 年的（也是预期的）繁荣；同样的现象在 1885 年之后定期重复；第三个康德拉季耶夫周期的第一个朱格拉周期却没有这样的先例，这可能是 1893 年事件的后续影响和政治因素导致的，但是在第二个朱格拉周期中，它们的行为却更有规律性了。这恰恰反映了我们的理论所指出的存在于投机与投资之间的关系。而且正如我们已经知道的，后者对朱格拉周期的支配比对基钦周期的支配更加明显。所有与投资有关的序列，如生铁产量、就业水平等，都特别突出地呈现出了朱格拉周期的特征。因此，股票投机行为类似这个事实是有一定意义的。读者应该回过头来看一下图 34，特别是其中描述新证券发行量的曲线，因为新股的发行上市为投机铺平了道路。

下面给出的图 37 和图 38 基本上讲述了相同的故事。在第一幅图中，值得注意的是，相比于美国序列的差异很能说明问题，特别是 1895 年至 1897 年的股票价格井喷（短期贷款利率的变化突出了这一点），因为在那之后它就围绕着一个下跌趋势上下波动了。第二幅图则展示了一幅更接近于美国的画面（尽管仍然不是非常像）。德国的股票价格再现了美国工业股上涨至 1872 年的高峰然后从该峰值下跌的走势。然而，这种相似性掩盖了现实世界中的行为差异，因为德国指数包括所有创新领导者的股票，而美国指数则不包括铁路股（而在美国，铁路股更容易达到预期峰值，那是在 1869 年）。普法战争等政治事件似乎可以解释这种差异。德国和美国

[①] 请参见 A. 马修斯（A. Matthews），《纽约的银行结算额与股票价格：1886—1914 年》，刊载于《经济统计评论》，1926 年 10 月，该文比较了各种趋势比率。

的波谷则出现在了同一年，即 1877 年；但是随后的上涨在 1880 年就已经停止，1889 年的上涨（始于 1888 年）以及之后的下跌，则都领先于美国指数，一直到 1892 年年底。我们猜测，在 1893 年以后，同样是政治事件影响了上述序列的行为，不过这一次是发生在美国的政治事件。这个猜测得到了如下事实的支持，那就是德国股票价格在 1894 年就开始强劲上涨，并且一直持续到了 1898 年。这构成了一种非常正常的情况，完全不受这次上涨持续的时间长度（它超过了三年）影响，尽管在此期间证券交易所的"阴影"先于投射出这个阴影的形式（即我们认定的源自 1898 年的繁荣）。我们只需要看一看总体经济状况（它可以描述为活跃的复苏），同时看一看证券交易所中创新领导者的那些股票的走势，就会看得很清楚：事实上，所有的一切"每天都在好转"，特别是电气领域取得的成就的轮廓清晰地呈现在了每个人的眼前。同样清楚的是，到 1898 年年底，当时现存的各种可能性正在迅速耗竭——事实上，可以说比耗竭还要严重——以至在不久的将来，人们对投机的幻想将几乎没有多少东西可以支撑。

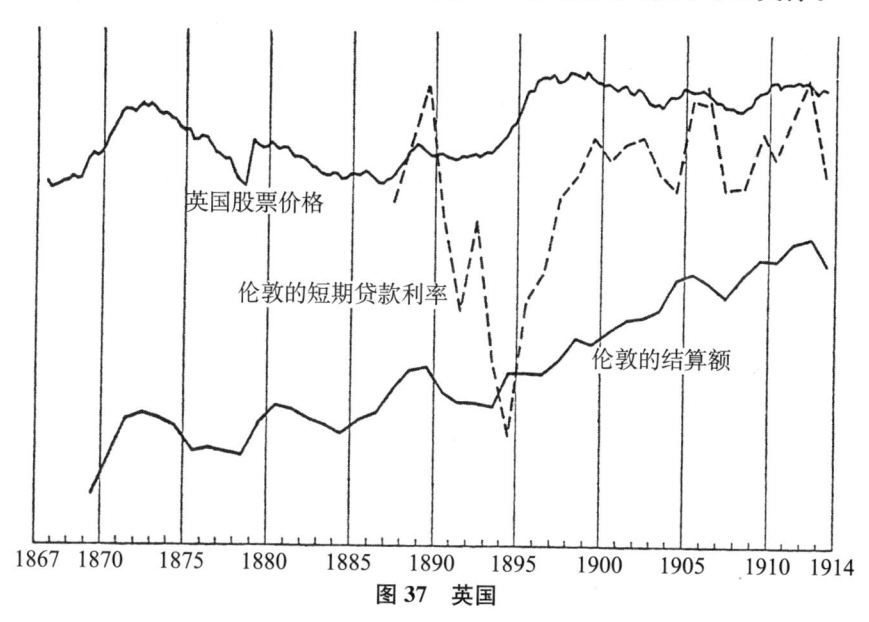

图 37　英国

这种解释并没有将过多的"有意识"的理性赋予普通的投机者。但是人们也认为，这种疯狂在客观上其实是自有一套方法的。在这个方面，我

图 38 德国

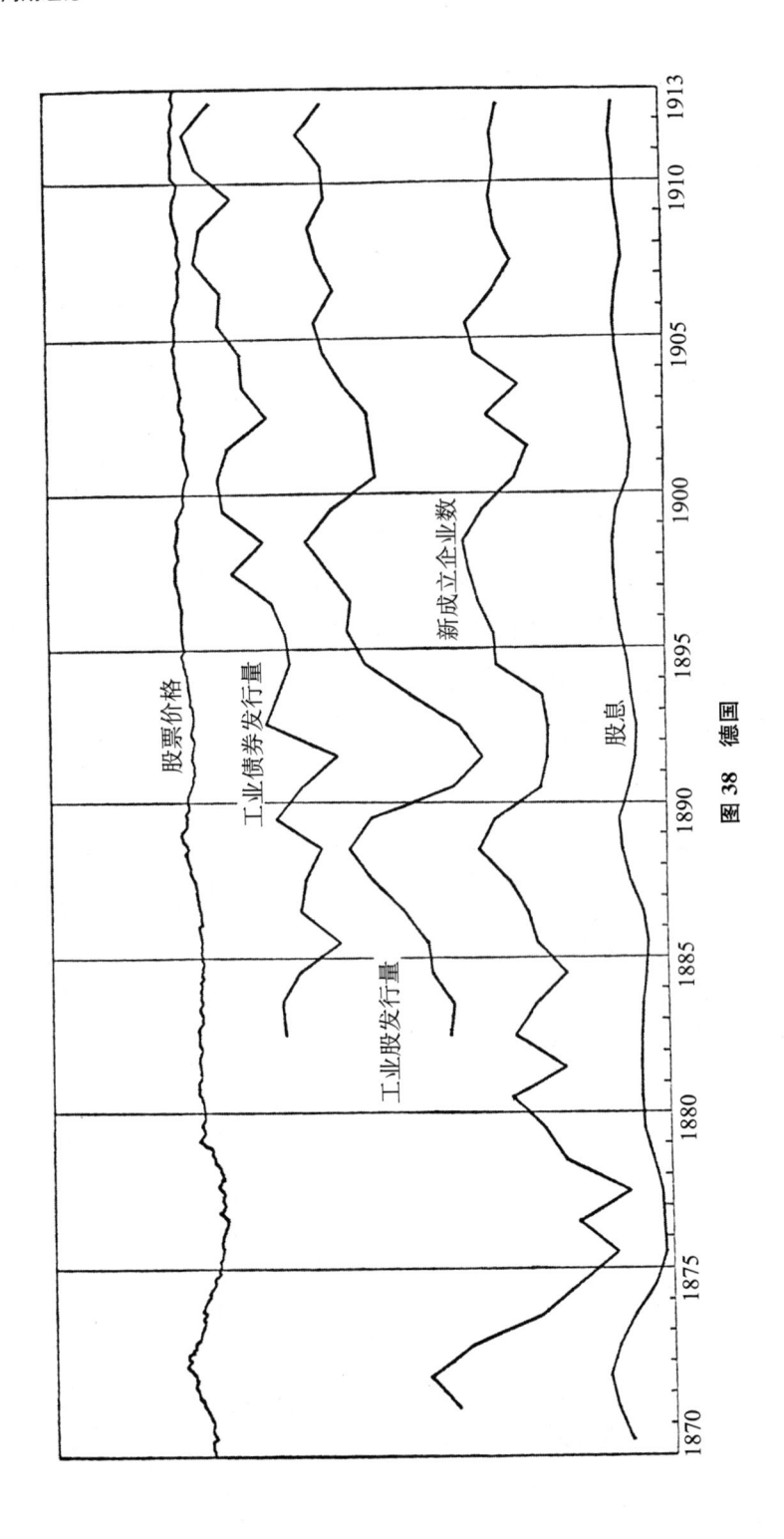

们也有必要观察一下股票价格是如何接近于再现股息的变化轨迹的。[①] 而且这两者都与新成立企业数和工业股发行量相当吻合。虽然在这里我们没有必要详细阐述这个事实的重要性，但还是应该提请读者注意几个小问题。新成立企业数和股票发行量并不像人们可能预期的那样会显示出密切的共变性；然而只要稍微思考一下我们就会认识到，前者可以说是工业繁荣的本质，将集中体现在经济活动的高峰期或之前，而后者则与投机创造的机会有关，将集中体现在股票交易活动的高峰期或之前。工业债券和工业股的发行应该表现出类似的"趋势"，但是波动方向相反。前一个预期已经得到验证，但是这两种波动之间的关系并没有我们所预料的那么一致。1911年，这两个序列都达到了峰值。朱格拉周期在股票发行方面"表现得非常出色"，而基钦周期则在债券发行方面表现得更加突出。

四、银行与股票投机活动

在这一章和前面几章中，我们给出了一系列事实和论据。这些事实和论据足以让我们勾勒出一个理论轮廓，它涉及银行与股票投机之间的关系，以及银行与以证券交易所为背景的那一部分投资过程之间的关系。我们或许可以总结说，即便是在银行最严格地坚守了传统的"存款银行业务"原则的时候，它们在向证券交易所和客户提供贷款的实践中产生的对证券交易所证券的各种考量，也仍然提供了证券价格与每个银行的财富之间最重要的联系；而且，在那些动产信贷银行这种类型的银行占优势的地方，银行会直接"眷顾"各种行业，控制它们的融资政策，管理它们的股票或债券的发行和持有，并用自己的账户进行交易，于是证券交易所就可能会成为这些银行的业务中心。但是，现在我们将只讨论银行家的银行与证券交易所之间的关系。

从股票投机不会（或者说不会在很大程度上）"吸收信贷"这个命题

---

① 单个公司股票的价格也处处与这些公司产品的价格密切相关——尽管只是在短期内如此。然而，过分强调这种关系是危险的。无论如何，这种关系都指向了显而易见的常识性因素对投机者决策的影响。然而，这种关系是瞬时改变的，同时这种类型的决策很可能是在事后（post festum）才做出的。

(即证券交易所不是一块海绵，而是一个渠道）并不能推导出如下结论：中央银行对投机活动漠不关心。首先很显然，中央银行对新股发行肯定不会采取这种态度，因为新股发行恰恰提供了中央银行要监管的功能，它们可能不仅会增强单个会员银行的放贷能力，而且会增强整个银行体系的放贷能力。正如我们之前已经看到的，如果新股发行是为了外国的账户，或者仅仅是为了国际融资，那么它们就可能会打乱短期余额机制的运行、影响黄金走势和中央银行的储备。除此之外，它们还肯定会影响公开市场的状况，而且经常与不计后果的融资行为联系在一起。显然，中央银行不可能对此无动于衷。

但是，如果各国中央银行不可能对新股发行的数量和目的漠不关心，那么它们也不可能对股票价格的走势漠不关心，因为从实践的角度来说，股票市场的繁荣是新股发行繁荣的必要条件和（几乎是）充分条件。再者，即便是原有股票的交易，也会通过提取并花掉投机收益的形式，影响经济活动（这里指次级波的强度）以及一般银行状况，特别是如果会员银行本身就是用自己的账户交易的卖方或买方的话。不过，正如我们在前面已经看到的，这一点不一定不好，甚至可能有助于银行家的银行的政策。特别是，我们曾有机会观察到，银行出售股票和债券可能有效地抑制繁荣，它们的购买行为则可能减轻衰退。但事实并非总是如此。因此我们可以这样说，投机可以吸收资金这个站不住脚的理论归根到底可能只是相当有效的实用智慧的一件裁剪不合身的外衣：虽然基于不同的——事实上几乎相反的——理由，银行家的银行有很强的动机来对股票投机做出反应，并试图在繁荣期间或复苏后期对过度投机加以打击，而在经济衰退和萧条阶段对熊市的冲击做出反应。在这个方面的行动若取得成功，就可能避免投资过程中的许多小问题，减少当前经济生活中的许多正负偏差，并能够将"深度"萧条图景中某些最黑暗的色块消除掉。

新股发行与银行家的银行的公开市场操作之间的这种部分可比性也表明，前者至少在某种程度上是有可能受到后者控制的，或者更一般地说，前者有可能受牢牢控制着公开市场的中央银行的监管。事实上，新股发行是股票市场繁荣与宽松货币政策之间最重要的联系，而且对货币政策收紧非常敏感。此外，还有其他更直接的方法可以达到同样的目的，而且这些方法现在和过去都在德国国家银行或英格兰银行的权力范围内。但是，如何采取行动来促进或限制新股发行，实在是一项非常微妙的任务。这种行动可能会在某些有潜在危险的点位上妨碍金融巩固，甚至会阻碍对银行体系中张力过大的局面的整合，从而反而造成了中央银行原本希望避免的状况发生。事实上，它不可能成为一项一般性的政策。此外，正如我们已经看到的，对经济过程的某些影响是由现有股票的价格暴涨施加的，而与它们是否会引发新股发行无关。因此，一直以来，几乎所有的中央银行从业人员都普遍认为，除非直接对股票投机行为采取行动，否则信贷管理永远不会是完全有效的，尤其是永远不会及时产生效果。

无论如何，我们观察到，在我们研究的整个时期内，为了实现这个目标而做出的努力非常少，而且偶尔做出的这种努力的效果很差。正如我们在第七章已经看到的，德国采取了一些行动，但那是通过立法进行的，不是中央银行的行动。原因何在？我们可以从我们对股票定价的分析中推导出来。由于股票投机不会吸收资金，因此中央银行要想利用任何一种普通的工具去阻止或抑制投机行为，肯定都是极其困难的。特别是，银行利率在调节生产和经济活动方面绝不是万能的，而且即便是在它实际可行的范围内，在股票投机方面也几乎是无效的——因为对股票价格进行监管的效应与对商品价格进行监管的效应是两个完全不同的问题。

经济学名著译丛

Business Cycles: A Theoretical, Historical, and Statistical Analysis of the Capitalist Process

经济周期理论

下

约瑟夫·A.熊彼特 著

贾拥民 译

JOSEPH SCHUMPETER

中国人民大学出版社
·北京·

简明目录

上　册

第一章　导　　论 …………………………………………………… 1
第二章　均衡与经济量的理论正常值 ………………………………… 32
第三章　经济系统如何演化？ ………………………………………… 79
第四章　经济演化轮廓之勾勒 ………………………………………… 144
第五章　时间序列及其正常值 ………………………………………… 215

中　册

第六章　　历史概述Ⅰ：1786—1842 年 …………………………… 247
第七章　　历史概述Ⅱ：1843—1913 年 …………………………… 341
第八章　　价格水平 …………………………………………………… 511
第九章　　实物数量和就业水平 ……………………………………… 548
第十章　　个别商品的价格和数量 …………………………………… 588
第十一章　支出、工资、消费者余额 ………………………………… 616
第十二章　利　　率 …………………………………………………… 682
第十三章　中央市场与证券交易所 …………………………………… 725

下　册

第十四章　1919—1929 年 …………………………………………… 787

第十五章　世界经济危机及其余波 …………………………… 1027

附录　对书中各图表所包含的统计资料的说明 ………………… 1190
译后记 …………………………………………………………………… 1233

目 录

下 册

第十四章 1919—1929 年

第一节 战后事件和战后问题 ······ 787
第二节 对战后时期各种周期模式的评论 ······ 789
第三节 对美国、德国、英国三个国家战后情况的进一步评论 ······ 807
第四节 经济史概要：1919—1929 年 ······ 832
第五节 20 世纪 20 年代的"工业革命" ······ 857
第六节 1919—1929 年各个系统序列的行为 ······ 903

第十五章 世界经济危机及其余波

第一节 世界经济危机和周期模式 ······ 1027
第二节 对 1930 年情况的讨论 ······ 1033
第三节 对 1931 年和 1932 年情况的讨论 ······ 1048
第四节 英国的情况：1931—1938 年 ······ 1082
第五节 德国的国家主导的经济：1933—1938 年 ······ 1101
第六节 1933—1935 年美国的经济复苏及复苏政策 ······ 1114
第七节 一个令人失望的朱格拉周期 ······ 1144

附录 对书中各图表所包含的统计资料的说明 ······ 1190
译后记 ······ 1233

第十四章　1919—1929年

第一节　战后事件和战后问题

从经济和社会的角度来解释我们这个时代是一项极其艰巨的任务，也是本书无法完成的一项任务。在本书的写作计划中，我们并不打算就补救性的政策提出建议或批评，也无意提出根本性的改革建议，甚至不打算讨论已经采取或已经有人提议的单个政策措施。无论读者在接下来的章节中会发现什么与这方面有关的内容，也无论它们是明示的还是暗示的，都只是论证过程的附带内容而已，而且这种论证的目的是非常有限的。这一点，读者应该自始至终牢记在心。在本章中，我们的目的非常明确，那就是回答如下问题：我们已经对世界大战前130年的资本主义发展的周期性过程进行了分析，那么我们可以在多大程度上证明它会在世界大战之后延续下去，并说明我们的模型在战后时期的各种条件下是如何运行的（对于这个时期，我们有了更加丰富的资料）。如果把战后世界的性质、我们的研究的方法论背景和分析意图全都抛到脑后，那么这种研究对理解战后世界的"贡献"就有可能会被证明比毫无价值还要糟。只要有可能，我们就会设法节省篇幅，因为我们可以依赖如下事实，即自世界大战以来，对当前经济事件的报告比以往有效。同时，我们还可以寄希望于读者对总体轮廓线已经相当熟悉。① 为了达成上述目标，我们先来讨论世界经济危机爆发之前的那几年，然后另辟一章专门讨论世界经济危机，这样做可以带来很大的方便。

我们排除了 1914 年至 1918 年的数据——对于德国，还排除了 1918 年至 1923 年的数据——因为这些年份是受"外部因素"支配的，这在某种程度上会使得数据对我们的目的而言没有价值。事实上，这种说法并不完全正确。在美国，经济生活的既有节奏明显得到了持续，而且战争事件的某些方面与对经济周期的研究也不是完全不相关的。特别是，军费支出还提供了我们希望能得到的关于这种特殊的繁荣的性质和后果的最好实验证据，这种繁荣与创新无关，而仅仅是通过扩大信贷和刺激消费来实现的。至于这种支出并没有直接进入那些会令这种政策的支持者感到高兴的渠道这个事实，则是完全不相干的②，因为最重要的是，在 1914 年的时候，萧条实际上已经迫在眉睫或者说正在发生，而公共支出却先将它变成了繁荣，随后造成了一种难以维持的局面。但是，尽管这个案例几乎完美地补充和说明了本书的部分论点，我们还是决定遵循大多数学者的习惯做法，即通过剔除那些年份的数据来消除那些严重的"非规律性行为"。

然而，非常明显的是，我们所说的意义上的外部因素在整个战后时期继续发挥着异常重要的作用。经济变化的第二个组成部分（即演化的周期性过程）仍然存在，并且以一种与以前相同的方式呈现出来，但是将不会那么明显。由于我们要讨论的主题特有的历史特征——或者说，由于它"受制度条件所限"这个事实——在任何情况下都会出现这个问题（即便

---

① 因此，作者建议读者通过浏览某个著名的服务商提供的图表和说明来更新自己的记忆。哈佛大学商学院的季度调查数据尤其值得推荐——对于德国，柏林经济周期研究所是一个很好的数据调查机构；对于英国，相应的调查机构是伦敦和剑桥经济服务局。对于经济学专业的学生来说，没有什么比带着他们的分析工具去解读这些报告所描述的战后事件过程更能激发他们的思考了。而要在世界范围内展开研究，最便利的基础也许是国际联盟提供的资料。

② 类似地，在路易十五的政府一贯遵循的支出政策中，这也是完全无关紧要的，以至大多数现代"扩张"政策的倡导者都不会认同这种支出的目标。而且，不管这些目标是什么，这种支出本应带来繁荣而不会再度退回到原状。如果有任何一个理论当时实际上被广泛信奉，并且在今天经历了引人注目的复兴，那么用比现在所用的措辞更有歌功颂德色彩的说法重新改写这段历史就是公正的，例如说，改写艾吉永（Aiguillon）-莫普（Maupéou）-特雷（Terray）的施政。

没有战争）：只要我们想把我们的分析应用于额外的时间段，我们就必须追问我们的过程是否依然存在。得出答案的方法是，在我们的周期模式中定位出战后时期，并据此形成预期，然后看看它们与观察到的事实在多大程度上是一致的。根据那个模式，世界大战结束之后到世界经济危机爆发之前这个时间段涵盖了我们的第三个康德拉季耶夫周期的衰退阶段和萧条阶段的一部分，而这两个阶段则是两个不完全的朱格拉周期的基础。如果波动的"表现"像战前时期那样，那么这两个朱格拉周期将是这个康德拉季耶夫周期的第三和第四个朱格拉周期。第三个朱格拉周期将完成衰退阶段，而第四个朱格拉周期则完全处于萧条阶段（但是不会完成该萧条阶段）。最后，我们应该能够分辨出叠加在这两个朱格拉周期之上的基钦"波"。所有这些时间序列必定是与背后的工业过程相应历史事实联系起来的。这里的预期是完全确定的，并且是随着我们的图景的展开逐步形成的。但是，作者建议读者现在就形成自己的预期，并将它们与给出的战后时期各国的"脉搏"（图39、图40和图41）进行比较。

第二节　对战后时期各种周期模式的评论

接下来，我们要先暂且放下一些东西（但愿只是在下面的几个段落中）：我们的任务的本质强加给我们的处理社会制度框架的惯常做法、个人和群体的态度、作为经济过程数据的给定社会模式所带来的政策，以及作为外部因素的这些数据的变化。我们将把社会过程作为一个整体来快速地加以考察，并且在这样做时采用可以带来很大便利的假设（尽管这种假设可能是不充分的）——根据这种假设，社会、文化和政治状况，以及精神和满足它们的措施，全都源于资本主义机器的运行。我们的周期模式支持这种观点，这不仅是因为它最长的波的长度（长到足以将长期社会变化纳入对经济周期的分析），而且因为它强调了这样一种经济变革——特别有可能打破现有的周期模式并创造出新的周期模式，从而打破旧的并创造出新的权力、文明、估值、信仰和政策，因此从这个角度来看，它们就不再是"外部的"。将以下这种类型的创新作为例子，可以给出标准的说明：

存款和流通中的货币

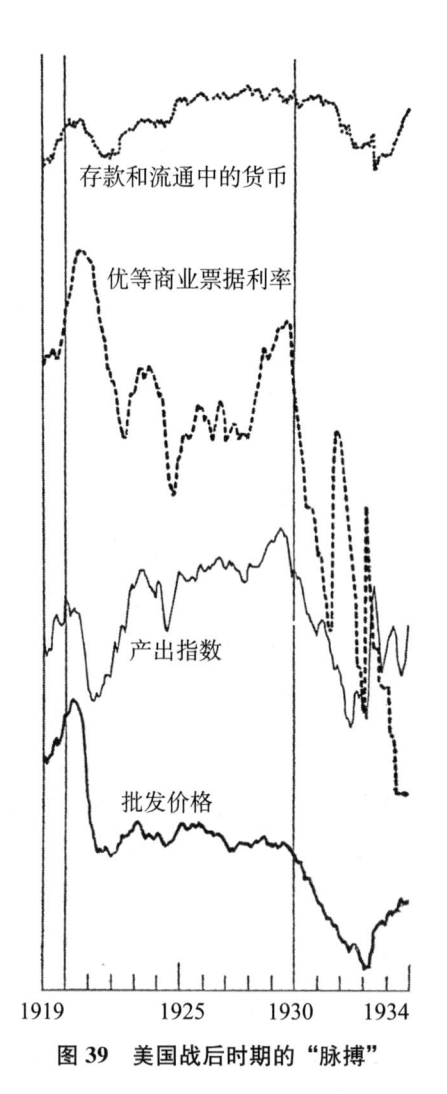

优等商业票据利率

产出指数

批发价格

1919　1925　1930　1934
图39　美国战后时期的"脉搏"

它们不仅能够将工匠的店铺适度地保留下来，而且可以利用这些店铺为工匠留下一个发挥技艺的天地。把平铺在我们的整座"大厦"上的各条线索集中到一起——尤其请参见第三章、第六章和第七章——我们就可以尝试着从前面分析的经济过程来理解战后时期的社会结构了。

但是，我们现在应该已经发现，当前的任务要比第一个和第二个康德拉季耶夫周期中的类似任务更加困难。在那里，在我们目前采用的有效假设的意义上对社会过程及其文化和政治上的"互补品"加以解释并不是很困难。所有不能用它来解释的东西，我们都可以安心地将其归类为"返祖

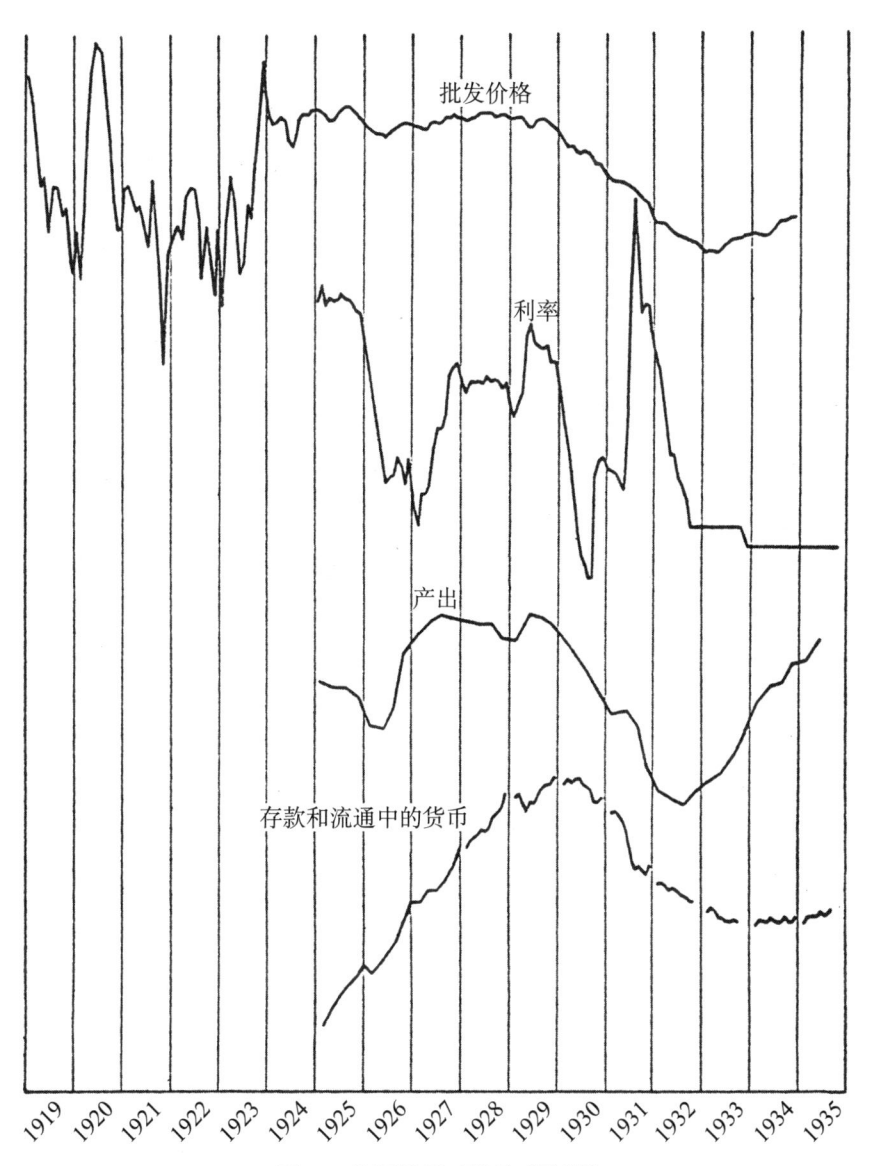

图 40　德国战后时期的"脉搏"

现象"而暂且放到一边。但是，在这个"新重商主义"康德拉季耶夫周期内，情况并非如此。只要回过头去看一下第七章第五节，就会发现，我们不得不承认，除了一些能够表明与以前的发展趋势一致的现象之外，还存在着许多其他现象，它们似乎并不符合相同的"潮流"——恰恰相反，它们似乎是在对抗潮流，或者说它们看上去像是对那个时代的理性或理性主

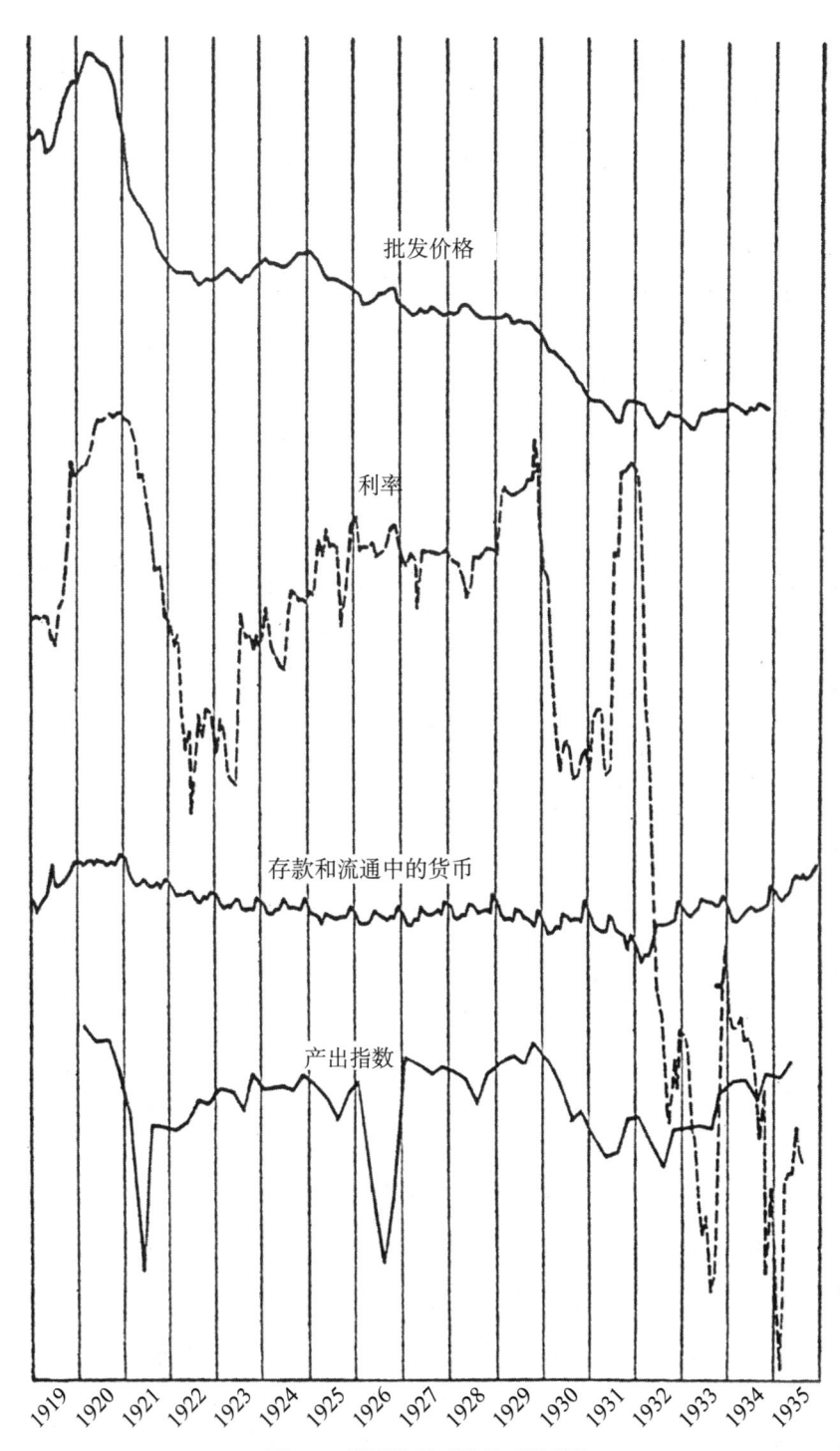

图 41 英国战后时期的"脉搏"

义文明的反抗。当然，有的人或许会轻率地给它们也贴上"返祖"的标签。在某些情况下，这似乎也是有说服力的，例如，德国颁布的保护工匠阶层的法律——《工匠法》（Handwerkergesetz, 1897）——看上去似乎就是如此。通过这部法律，我们可以看到一个垂死的阶层试图通过政治手段捍卫自己摇摇欲坠的立身根基。但是，在另一些人看来，这并不那么令人信服；事实上，任何一个开明的人都必定会承认，如此广度和深度的运动不可能只是一个返祖主义运动，或者说不可能只是一个腐朽阶层的最后一搏。在这里，作者还没有找到一个更好的名字，而只能暂且满足于用"新重商主义"（Neomercantilism）一词来给它命名，这个事实充分说明，到目前为止，作者还没有成功地使对它的解释达到令自己完全满意的程度。[①]"新重商主义"这个术语充其量能很好地"把握"许多方面中的其中一个，它对这种现象的描述，与"民族主义"（Nationalism）或"反理性主义"（Antirationalism）一样不充分。在今天，这种倾向或态度并没有消失；事实恰恰相反，它在战后时期得到了进一步的发展，并且在发展过程中更充分地体现在法团主义、极权主义或法西斯主义国家当中，在意识形态上也变得更加清晰。无论世界大战——以及那些所谓的"贫穷国家"（have-not nations）所面对的环境——可能与它的具体形式、机制、时机以及各种表面事件有什么关系，对从资本主义到正统社会主义的道路的偏离，都不能"归因于它"，而且如果它从来没有出现，历史这一页的

---

① 本书作者在 1916 年发表于《社会科学与社会政策文库》（Archiv für Socialwissenschaft und Sozialpolitik）的《论帝国主义的社会学》（Zur Soziologie der Imperialismen）一文中阐述了返祖理论。鲍尔（Bauer）、希法亭（Hilferding）等的帝国主义理论则试图把战前的帝国主义解释为托拉斯化的资本主义条件的一个产物。当然，这种解释由于保持了原则的统一性，因而对每一个有分析倾向的人都有极大的吸引力，而且可以进一步推广，以涵盖战后法西斯主义。作者在这里不可能详细说明这种解释为什么是不充分的理由。在作者看来，卡尔·伦纳（Karl Renner）提出的社会帝国主义（Sozialimperialismus）概念所包含的观点更有可能接近真理。

总体漂移可能也会完全一样。① 这种发展可能会如何影响我们的周期性过程？这个问题的答案取决于法西斯政府准备采用的计划的类型：如果授予中央政府足够大的权力，并假设它拥有足够强的洞察力，那么当然有可能对创新加以规划，以便将干扰最小化。

一、社会结构变迁的若干事实和"症状"

如果战后历史的这个组成部分可以追溯到战前，那么一切也都应该可以。对于唯一的其他组成部分——"社会主义"部分——从我们的工作假设的角度来看，则是完全"合乎规律的"（en règle），可以很容易地描述为社会发展的合理化、平等化和民主化的结果。这一点是显而易见的，我们不必在这上面过多耽搁，而只需对与我们的主题特别相关的如下几点加以详细说明。

首先是劳工利益的崛起。劳工阶层地位提高，获得了一定的政治权力，有时甚至到了需要该阶层承担政治责任的程度，这是社会结构发生深刻变革的一个最明显的"症状"，而且显然是资本主义（在我们所用的这个术语的意义上）的一项"产物"，从而创造出了一个政治世界，但该阶层的政治态度从根本上说与其地位的提高不相容，即便在劳工利益（在我们所用的这个术语的意义上）并没有在政治上占主导地位的地方，也是如此（例如美国）。"老派"的自由主义者——在欧洲人使用这个词的意义上——习惯于将资本主义世界中几乎所有他们认为不满意的东西都归咎于"政治"，但是这一点很容易招致反对——在指责"政治"的时候，他们实际上是在指责他们自己赞同的体系的一项产物和一个必不可少的

---

① 于是很自然地，问题来了：措辞的这种转变是否完全可以接受。答案是，即便从最严格的决定论的观点来看，这种分析，即在历史过程中消除一个因素会产生什么不同——这是一个思维实验（Gedankenexperiment）——也肯定是有意义的。在此还要顺便提一下另外一个问题：许多人一直认为，大规模战争只不过是一个伴随长波过程而来的事件，"有规律地"发生在长波的上转折点附近，这是生产工具扩张的结果，因为生产工具必须为市场而战。但这种"规律性"是毫无意义的。因为无论是把拿破仑战争还是把法德战争解释为资本主义剩余力量的爆发，显然都是无比荒谬的。在拿破仑时代，法国的工业在很大程度上处于"工艺"阶段，甚至直到 1870 年，德国还是一个以农业为主的国家。因此，这个问题只会出现在 1914 年至 1918 年的世界大战中。作者认为——虽然他不能在这里提供证明——历史上对因果关系的这种考虑显然产生了一个消极的结果。

基本元素。既然把资本主义的社会制度视为一个整体，那么说它——或者说它的任何部分，例如金本位制——被"政治"消灭了无疑是毫无意义的。因此，在这个分析层面上，我们应该说的是资本主义"将死"了自己。

其次，值得一提的是，资本主义还通过自身的运行演化出了一种现象："职员阶层"（clerical class）的出现。与有收入的就业人口的增长相比，劳工阶层的增长在 20 世纪的前十年就停止了，但是受薪职员（大致相当于通常所称的"白领"）的相对增长却因为资本主义技术进步方面的明显原因变得非常引人注目。[①] 这个阶层的利益——该阶层的"处境逻辑"——及态度，与"工人"的利益和态度有很大的不同；我们将会看到，这是一个重要的因素，战后的许多政治和政策，尤其是在德国，都可以追溯到这个因素的力量。限于篇幅，我们必须通过给出以下两点评论结束这个非常有意思的主题。其一，"职员阶层"也被称为"新中产阶级"，在许多国家，已经（或接近于）与农场主（农民）和小商人（主要是零售商）一起，构成大多数的人口[②]；这部分人口虽然也可以分为不同组成部分，但是其感受和行动在许多情况下是一致的。其二，从根本上说，这个阶层对大资产阶级和大有产者的利益是敌视的，就像狭义的工人阶级也敌视大资产阶级和大有产者的利益一样，虽然这个阶层也敌视工人阶级的利益。我们必须根据这些事实，而不是从与有产者和无产阶级的简单且完全

---

① 以德国为例。1907 年和 1925 年的数据是不完全可比的。但是，有收入的就业人口（Erwerbstätige）增加了 24%，工人人数也增加了 24%（不过，工业部门的工人人数增加了 34%，而农业部门的工人人数则下降了 9%），同时受薪职员——公务员（Beamte）和企业白领（Angestellte）——则增加了 66%，工业部门（及工艺部门）的职员人数更是增加了 135%。在 1925 年，其绝对人数略多于 520 万。

② 再以 1925 年德国的情况为例进行说明："独立谋生者"（包括他们的家庭成员，无论是否从事经济性质的工作，以及那些没有职业的独立谋生者，不过要扣除 100 万名"资本阶级"成员）大约有 2 300 万；受雇员工和他们的家人，大约有 1 000 万到 3 300 万。劳动者（及其家属；我们把家庭用人也包括在内）还不到 2 800 万（总人口大约为 6 200 万）。

不现实①的对比出发来理解战后模式。

再次,资本主义的演化不仅通过逐步将前资本主义阶层从政治和公共行政中清除、创造出新的政治权力职位,破坏了保护资本主义利益的社会结构,而且侵蚀了资本主义阶层本身的态度、动机和信仰。即便一个工业家族碰巧拥有一家特定的企业（全部或几乎全部拥有）、即便该家族的成员实际上管理着该企业,在现代条件下,他们也不会像过去的工业家族那样去看待这家企业。他们的态度会更加疏离,不那么个人化,也更加理性。而且,通常来说,大企业的领导者会以一种特别的精神发挥一种特殊的功能,这种精神类似于所谓的"员工精神",即他们往往把自己的成功与企业的成功区分开来,更不用说区分自己的成功与股东的成功了。此外,家族纽带——那是家族资本主义的一个典型特征——的放松,也消解或削弱了老派商人原先的核心动机,这是毫无疑问的。一个国家处于顶层的阶层（比如说,在美国这个国家排名前4万位的男性和他们的家庭;在德国顶层家庭的数量也大致如此）,也一直在下意识地通过无数的渠道吸收着不属于本阶层的各种观点、习惯和价值观（这些构成了"文化世界"）。"资本家"不再相信他们自己阶层的标准和道德模式。他们接受了——或者纵容着——很多他们的前辈肯定会认为不仅损害他们的利益而且很不光彩的东西。在进行现代经济调查的时候,人们往往会被自己的发现惊呆:在19世纪,资产阶级的典型行为竟然受到了那么多的经济以外的条件制约。当然,所有这一切都是以一种几乎不需要任何解释的方式联系到一起的,正如我们在第三章第三节第五小节和第四章第二节指出过的,这种方式降低了创业功能的重要性。

最后,不受资产阶级的态度羁绊的阶层权力崛起、资产阶级的态度失

---

① 许多社会学家和经济学家试图通过另外两个附加命题来保住这个简单的模式:第一,农民和小商人正在走向灭绝,因此,从长远来看,这将有助于中间阶层的扩大;第二,白领工人实际上属于无产阶级,就像体力劳动者一样,应该在无产阶级联合体中拥有他们的位置。我们根本不需要讨论这些命题在长期中是不是会成为事实。对于我们的目的来说,只要说明在战后时期直到今天为止这两个命题都不正确就足够了。特别是,就那个时间段而言,大部分的白领阶层员工之所以没有加入无产阶级联合体,仅仅是因为他们面临着极大的压力。这种关于压力的论断似乎建立在一种对不充分的观察结论的错误一般化之上。对一群员工施加这种想象中的压力并不容易。再也没有什么比如下事实更加清楚的了,那就是无产阶级意识正是这个阶层最缺乏的。

去了对资产阶级这一阶层本身的吸引力这个事实——因为资产阶级在越来越大的程度上允许自己接受"新主人"的教导，正如之前允许自己接受前封建"主人"的教导一样——再加上那些"新主人"的知识分子导师的影响，所有这些加在一起，使得我们这个时代产生了一种反储蓄的态度，它很受欢迎，并且在讨论经济理论和政策的科学文献中得到了提倡。为家庭不确定的未来提供收入而储蓄，不仅是典型的资产阶级的经济生活的一部分，而且是他们的道德生活规划的一部分。试图证明储蓄和节俭对公共利益有害，一直是反资本主义论证的主要内容之一；因为如果不证明这种节俭是有害于公共利益的，那么就无法应对一个危险而明显的反驳。试图证明储蓄也有害于资本主义自身利益的尝试从未停止过。但是，在我们这个时代，这个论调已经被当成一个有益的教训而被吸收，并且开始推动公共政策。无论它的优点或缺点是什么，我们都必须把它的成功理解为现代人对经济问题和形势的一种普遍的短期态度的一部分，它是随着社会结构的变化而产生的。所有这一切都表明，资本主义引擎的工作环境发生了深刻的变化，特别是，这种变化在不久的将来可能使对过去表现的推断变得无效，尽管一些学者也提出过一些观点，试图证明存在着趋于迟滞的倾向，它仍然被认为合理的（见第九章第二节；另见第十五章第七节*）。

二、作为外部因素的世界大战及其后果

但是，对资本主义演化与它的社会和社会心理的"补足品"之间的这种关系——至少包括相互依存性、可能的因果关系等——的充分认识，并不能阻止我们认识到社会活动不同领域的存在性（在给定的情况下，特定的影响可能会分别"分配给"这些不同的领域），就像认识到不同价格之间的普遍相互依赖性并不会使得我们无法区分它们和跟踪其中一种价格变化的影响一样。此外，每一个这样的领域，无论是不是某个综合过程的产物，一旦形成，就会获得生命力，形成自己的具有相当大自由度的机制。

---

* 这里原文为"Chap. XV, Sec. H"，但是第十五章到第七节就结束了，并没有第八节。从相关段落表达的内容来看，似为第十五章第七节。——译者注

这足以证明我们继续研究外部因素的做法是正确的。特别是，很明显，我们不能仅仅根据对经济状况的研究来决定政治领域将会发生什么；而且既然我们不能，那么强调我们在这种确定性中可能持有的任何准宗教信仰就肯定是没有多少实际价值的。恰恰相反，我们必须在发现每一个领域的事实时，对所有事实加以处理，而这恰恰就意味着它们彼此互为外部因素。例如，仅仅知道英国的经济状况和利益有可能在一定程度上解释了英国在美国内战期间对美国的总体态度是远远不够的，甚至可能是没有多少启发性的，因为这并不能解释为什么英国距离以武力干涉美国内战只有一步之遥（最终却又自行克制住了，没有干涉）。即便是考虑个人因素的必要性——尽管对许多学者来说，考虑个人因素的必要性是极其令人反感的——也绝对不能完全否认。因此，纯粹的经济诊断——政治行动仅仅是一个"令人不安的因素"——虽然不一定是没有意义的，但是可能只对资产阶级和社会主义者有启发意义（见前文第一节）。我们还需要顺便指出一点，一些经济学家习惯于通过指向社会和政治形势的压倒性力量来回避一些令他们困扰的问题，这是不合理的。因为对于任何一种形势，政治机制以及相应的工作人员都可以做出许多不同的反应。对某些人是强迫性的东西，对另一些人并不一定具有强迫性。无论如何，经济学家的专业技能并不能保证他有资格就这个问题发表意见。经济学家的经济主张正确与否与"政治必要性"完全无关，就像医生的诊断正确与否与病人是否愿意或有能力根据诊断结果采取行动无关一样。

也正是在这个意义上，世界大战对我们来说是一个外部因素。前述观点的意图就在于涵盖这个因素，从事实来看，它似乎并没有"创造"出战后世界的任何基本社会特征，尽管它强化了某些特征，而且可能预示了另一些特征。战争在实物层面上造成的破坏——包括生产能力被虚掷在了规模巨大的"过度消费"上——以及最有活力的青年人生命的丧失，在战后都很快得到了弥补，尤其是前者，其迅速程度如果放在另一种社会氛围中肯定会被赞誉为"工业效率的奇迹"。而对于我们的目的而言，所有这些都可以归结为以下两点。首先，战争造成的实物层面的严重损毁（而且因为长期缺乏更新和投资而进一步恶化），恰恰变成了重建需求的来源，对我们讨论的这三个国家和所有交战国来说是这样，对其他国家来说也是这样，从而强化了大约延续到20年代中期的繁荣和复兴，虽然这种影响只在美国这个国家充分地体现了出来（而在英国和德国，由于接下来要讨论的一些众所周知的情况，这种影响被抵消或推迟了）。其次，从战争环境转向和平环境所涉及的重大重组，几乎可以完全解释发生在1918年的短期"震荡"，并可以部分解释1921年出现的危机。不过，1921年危机的步调与通常的周期完全一致，上述因素只是加剧了危机（就像1815年的危机一样）。

战争和通货膨胀所造成的道德失范及其对人类文化遗产的影响，在我们这个时代的任何社会历史上，都必定占据一个更加突出的位置。到今天，它们解释了社会生活所有领域中发生的诸多非常引人注目的现象；它们要为人们普遍缺乏毅力承担主要责任——这突出表现为当今世界许多国家的统治阶层都严重缺乏耐心和毅力，还表现为许多问题都在突然之间被迫变成了现实政治问题（演化过程刚刚开始为这些问题的解决提供必要条件，但是距离真的提供条件还很远）。在这里，只需要举一个例子就足以说明这个命题以及它对我们的主题的意义。在1914年，没有任何一个严肃的社会主义者预料到——也没有任何一个严肃的社会主义者渴望看到——在许多欧洲国家，到1918年，社会主义纲领的实际实现会变成一个现实政治问题：这仅仅是统治阶层的道德崩溃所致，而所有其他方面的条件都还很不成熟。重要的是，当欧洲一些国家的社会主义政党真的需要面对这一事实时，它们不愿意或没有能力使用俄国革命的方法，它们也做不到即便血流成河也要压倒一切抵抗力量，迫使人性去适应社会主义模式（人性是不会自发地塑造成符合社会主义要求的样子的）。于是僵局随之而来，无论是"资本主义"政策，还是"社会主义"政策，谁都没能占上风。作为一种妥协，资本主义的引擎被允许继续运行，但是却被置于一种压力之下，这种压力使之无法按照原来的设计运行。我们现在可以看一看德国的情况，它特别清楚地说明了这种窘境。而且，这种窘境的基本轮廓在其他国家和地区已经显现出来，比如说在英国。人们通常没有认识到——事实上,许多人对这种认识有很强的抗拒心理[①]——这一点对解释战后经济史是多么重要;人们也没有认识到,在处理发生在这个时期的诸多本质上属于"资本主义内部"的问题时,由于执迷于那些反资本主义的方法,平添或加重了多少困难,因为除了俄国这个例外情况之外,在一个国家和地区,另一种社会制度的经济力量,至多能在一定程度上削弱资本主义的经济力量,要说取代,则还远得很。由于"社会主义化"程度不足,可以衡量资本主义制度曾经受到的和正在受到的压力的最明显的一个尺度是税收的数额和累进性。[②] 除此之外,所得税、公司税和遗产税对经济过程的直接影响也是相当大的(见下文第三节)。鉴于这两个原因,在接下来的分析中,财政政策将会占据一个突出的位置,而国内政策的其他方面将不得不被忽视。

三、战后各国的对外政策、经济关系概览与达成的各项协议归于失败的原因

因此,毫无疑问,世界大战加速了各种事态的发展,并赋予了这种发展特定的形式;我们有理由认为,即使没有发生世界大战,这种发展也会发生,但是发展的速度会变慢,形式也会有所不同。我们必须从与这种发展过程结合起来的角度来看待外交政策和更一般的国际经济关系问题。世界政治经济关系的这段历史可以很自然地划分为三个时期:第一个时期,从停战到1924年,包括伦敦会议的召开以及道威斯计划(Dawes plan)的提出;第二个时期,相关协议达成后被广泛接受并付诸行动,即从道威斯计划开始实施一直到1927年底;第三个时期,从摩擦不断增加开始,在世界经济危机中结束,在这期间发生的主要事件包括,胡佛总统颁布延

[①] 这种抗拒心理很容易理解。大多数学者和思考战后事件的人都同情某种形式的社会主义。但是就最终目标而言,他们中的大多数人并不能称为好战者。基于这种本质上的"过渡"心态,他们暂时接受高度社会化的资本主义作为替代品也是很自然的。同样自然的是,在接受了它之后,他们会试图相信它的可行性,并反对任何认为它可能产生不良后果——从他们自己的立场来看不得不认为这些后果是"不可取的"——的观点。

[②] 除了国家处于紧急状态的那些时间之外,它还为资本主义阶层的政治权力提供了最明显的衡量标准。其他一切都可能只是停留在口头上的;只有所得税和遗产税成为事实。

期清偿令（Hoover moratorium），以及后来的清算和实际上的赔偿和盟国间债务的废止。由于第一个时期与战后德国发生通货膨胀（我们将之排除在外）的时期重合，所以需要说明的是，当时美国经济并没有因这些国际事件进程而受益多少（如果非要说有所受益的话），而英国则蒙受了巨大的损失。例如，英国对德国的出口甚至在1924年以后仍然不到1913年的三分之一（根据德国国家统计局的数据）；此外，在那一年之前，英国与"最佳客户"之间的麻烦丛生的关系，无疑有助于解释英国的出口在1921年的萧条时期以及随后的无法令人满意的复苏阶段所占的份额。

  关于第二个时期，我们在前面说了，达成的各项协议都在这个时期开始付诸实施，这个论断其实是附带条件的。事实上，世界从来都没有正视过这些协议的根本后果，尤其是不可避免的德国出口的变化，而是把美国和其他国家的信贷倾注到了所有尚未解决的问题上，并且在各种本质上完全站不住的情况下拼命囤积黄金货币——在这个决心不再走资本主义道路的世界，这实在可以称为一种最奇异的返祖现象。受篇幅所限，我们无法在此深入讨论这些问题，同时因为它们所涉及的突出事实都是人们所熟悉的，所以从我们的目的出发，我们可以将我们有必要给出的评论压缩为如下结论：这种特殊的"美国资本输出"，虽然并未能发挥正常情况下的资本输出通常能够发挥的作用，但是在那个时期，它在很大程度上抵消了本来会随着国际政治上的"支付"而来的干扰。此外，尽管它缓解了许多国家的银根紧缩局面，但是它并没有在贷款国造成相应的紧缩困境，因为美国仍然是经常账户的债权人，不考虑由于我们熟悉的原因而持续流入美国的短期余额亦然。这也就解释了一个令人震惊的事实，即这些"政治上的转移支付"并不会在我们分析那个时期的过程中发挥多少重大作用，除非是在德国的情况下，而且即便是就德国的情形而言，对经济状况有影响的也是对德国的转移支付，而不是德国的对外支付。这个结论甚至适用于第三个时期，几乎一直到世界经济危机爆发为止，那时短期余额持有者出现了恐慌（尽管部分是出于政治原因）。但是在那之前，经济状况的基本事实就已经明确地确立了下来。保护主义倾向的强化、《洛迦诺公约》"蜜月期"的消失，都是它的表现，同时也强化了它。

但是，我们应该还是可以观察到，如果事实证明针对这些因世界大战而起的国际金融问题的临时解决方案是不充分的，如果它们的经济后果（包括它们在导致世界经济危机的成因中所占的次要地位）确实产生了，那么也只是它们所处的政治环境所致，也就是说，我们对它们的不充分性的断言，必须理解为是相对于我们先前所观察到的社会状况而言。它们都是银行家的解决方案，有关国家是不愿意接受这些解决方案的。事实上，正是因为这些国家拒绝让这些解决方案所依赖的机制发挥作用，才导致这些解决方案遭遇了挫败。如果将它们视为经济命题来讨论，那么在一个接受了资产阶级标准的和平世界里，它们显然不能说是荒谬的，而且在那样的世界里指望它们最终会取得成功也不是不合理的。因此，在我们看来，所有那些为讨论逐步消除贸易壁垒而召开的国际会议所提出的善意建议都犯了奇怪的时代错置错误，都是不合时宜的，毫无疑问，这些建议同裁军建议一样毫无生效的可能，因为在这个世界上，每一个重要的国家都在致力于扩张军备。但是，从纯粹的经济学的角度来看，它们确实都是合理的。虽然各国的金本位制货币体系也遭遇了失败，但这仍然只是因为贸易壁垒、财政政策、社会支出和军费支出以及坚持提高货币工资的政策等全都不允许它们发挥作用，还因为在这种充满敌意的环境中短缺的资本就像一只被猎杀的野兔四处乱窜。鉴于所有这些事实，相信自由放任主义政策拥有补救一切的力量确实在过去和在当前都是荒谬可笑的。但是，既然它们就像战争本身和《凡尔赛条约》那样，都不是只遵循我们的演化过程的逻辑，那么谈论资本主义是不是有陷入这种僵局的内在倾向对清晰地思考就没有什么益处。[①]

[①] 读者不必担心上述论点是不是源于任何"粉饰"资本主义的意图。因为，正如前面已经指出的，他其实可以随心所欲地谴责造成这种僵局的整个社会制度。但是无论如何，用错误的经济论据模糊对这种情况的诊断是毫无意义的；可这不仅是那些被僵化的公式束缚的学者所做的，而且是那些更关心传递自己的实践建议而不是进行理论分析的经济学家所做的。关于赔偿问题的讨论就是一个很好的例子。很多所谓的经济学家，特别是在英国，不愿意强调如下简单和平凡的真相——道威斯赔款计划对德国来说在道德上是不可接受的，而对接受国来说则是在经济上不可接受的，因为那些国家绝对不会听任本国的产业因德国的出口而受损，但那将是实际支付必然导致的结果——反而试图从需求弹性出发证明这种出口在经济上是不可能的，尽管非常清楚，从经济的角度来看，道威斯赔款只不过是德国为本国工业征服了大半个世界而支付的一笔"佣金"而已。如果世界不能对这种可能性采取行动，取消赔偿和盟国间债务也许是一个合理的建议，但是这并不能挽救支持这一建议的其他理由。

四、世界大战的其他类型影响

我们接下来简要地提一下关于世界大战的其他类型影响的例子。在一些国家，例如在新西兰，战争需求导致的扩张在正常情况下显然是无法维持下去的。即便不考虑实际发生的过度投机，我们也不难看到，清算是不可避免的。在新西兰，这种清算始于1921年，并持续至今，其间发生了数量异常巨大的破产事件，几乎没有任何间断，然后就进入了世界经济危机。保护主义、借贷活动和经济繁荣在世界的许多其他地方减轻了这个过程，这在世界经济危机之前意味着对英国的额外业务——新西兰的进口总额从1919年到1920年增加了一倍以上，然后就保持在了一个比这稍低但仍非常高的水平上——而在世界经济危机期间则意味着通过冻结信贷导致了更多的尴尬处境。这个例子确实很典型，它有利于我们理解一系列更加重要的案例，所有这些案例都对1929年后的世界经济"贡献"了某个特定的危机。值得指出的是，在因战争条件宣告终结而显示出来的失调状况中，新西兰的工资水平并没有起到多大作用。如果官方公布的指数是可信的，那么实际工资在1928年之前一直低于1914年的水平。这也适用于其他国家。例如，人们普遍认为澳大利亚的工资水平是该国后来遇到麻烦的主要原因，但这个观点是很难通过可观察到的事实来证实的。

在其他国家，世界大战加速了工业扩张；但是我们有理由认为，这些国家的工业扩张浪潮迟早会到来，这将导致西欧国家在世界经济中的地位下降，这种下降本身并不是世界大战影响的结果。热带地区各国的本土资本主义的兴起就是一个很好的例子。例如，印度在世界大战中获得的利润推动了本土工业的发展，而且，因为它直接影响到了兰开夏郡，因此可能是在这个时期影响英国经济史的因素之一。但是这种类型的所有其他案例的影响——在这里可能应该提到日本"大踏步前进"的工业化——或者因为分散在过于广泛的面上，因此就我们的目的而言显得没那么重要；或者在发展过程的早期阶段就已经因为对外国商品的需求而得到过多的补偿（与战前时期相比，欧洲出口构成中的投资品发生了某种特征性的变化）。

还有一种类型的结果，它或许可以用俄国崩溃以及该国随后在布尔什维克统治下的事态发展作为例子来说明。很明显，如果这样的事件是发生在一个原本"正常"的世界中，那么它们将对总体经济状况和周期性过程产生重大影响，特别是如果发生在其他几个欧洲国家的话（例如，在德国和英国）。然而，事实上，由于工业领域和贸易领域都出现了大量更大的混乱，这种影响消失了，而且对于俄国的新状态并不需要明显不同的适应过程。如果是在另一种情况下，俄国的重建和扩张会提供一定的刺激，但是世界各地的经济部分地是在不存在这种刺激时继续前行的；如果我们能够推断出俄国工业在世界大战前16年的发展状况，那么就不难得出对这种预期利润损失（lucrum cessans）的定量重要性的判断。此外，如果没有法国在俄国的投资损失，那么对赔款和盟国间债务的理解就会容易得多。然而，我们几乎没有发现任何正面的影响，对此我们不应感到惊讶。同样的推理也适用于其他一些国家。

五、战后贸易保护主义与美国"不愿意成为债权国"的原因

战后贸易保护主义在20世纪20年代的发展以及世界经济危机的起因所发挥的作用，一方面被一些研究经济周期的学者完全忽略，另一方面被另一些学者明显过分夸大；有鉴于此，为了便于论述，我们需要再一次明确重申我们为了我们的分析目的而采用的观点；必须牢记的是，我们的分析不包括这个问题的更加宽泛的方面，例如贸易保护主义政策与人类福利以及和平有什么关系。当然，在战后的头几年，关税、进出口禁令、配额以及保护主义武器库中的其他"武器"大行其道，它们是继续进行经济战的总计划的组成部分。但是，这些"武器"也是另一种东西。要让工业和贸易适应上述长期和暂时的新情况，充其量是一项困难的任务，但是在许多情况下还承担着应对突然的混乱局面的任务。这一点是显而易见的；我们只要观察一下战后生产出来的商品和完成国际交换的商品的相关数据，就会看得很清楚。在其中一些实例中，保护性关税（甚至直接禁止进出口）即便不是唯一的手段，也是避免区域性灾难的最显而易见的手段，不然的话，累积性（螺旋式）过程就会很容易发生。当然，各国货币的不平

等贬值极大地增加了这类困难。当时的许多措施,例如麦肯纳关税(McKenna duty),甚至《福特尼-麦坎伯法案》(Fordney-McCumber Act),至少在一定程度上必须从这个角度来解读。总的来说,它们可能减轻的困难要比它们造成的困难多得多。在我们研究的这个时期的另一端,即世界经济危机爆发前夕和期间,也适用类似的论证,特别是在新建立的货币制度开始"让位"之后,尽管这种论证的力度较弱,尽管当时的保护主义政策和"封闭管理式"恐慌政策已经明显发展到非理性的地步。

大约是从1924年到1928年,世界朝着自由贸易的方向迈出了一些步伐,一些国家消除了部分壁垒,同时另一些国家的关税自动降低了;而且就特定的关税而言,关税下调并不意味着一定要用黄金结算条款来补偿。然而,正如我们可以理解的,当时并没有取得更多的成就:混乱局面和难以维持的战争式增长继续存在;货币的不平等贬值被不平等的币值稳定措施所取代,它们在某些情况下高估了法定货币单位,在另一些情况下则低估了法定货币单位;政治支付,特别是(但不仅仅是)德国的政治支付,提供了一种旨在实现正贸易余额的动机,这种动机即便从自由贸易的观点来看也完全是合理的。当然,也确实存在着"民族主义"。它突出地体现在大多数新成立的小国的政策中——这些国家决定不惜一切代价促进工业发展。但是,当我们谈到现代民族主义时会想到的那种大规模运动被看得很重,被认为与当今社会氛围的两大组成部分之一紧密相连,其实与那些年间各大国(以及历史较悠久的小国)的经济政策没有什么关系。在这些国家,尤其是在英国、美国以及德国国家社会主义党(National Socialist Party)上台之前的德国,经济政策一直是由当前的形势变迁所主导。直到1932年,英国一直坚持自由贸易原则。德国保护主义政策的关注点主要在于本国的农业状况。我们有理由认为,总的来说,尽管采取了许多考虑不周的个别措施,但是欧洲在那些年间的保护主义政策几乎没有加剧繁荣和萧条,也没有在总体上造成额外的重大失调(无论我们从其他角度会怎么说)。此外,我们一定不能忘记,国际贸易在任何情况下都可能不沿着战前的趋势发展,而且作为许多经济分支部门和国家发生的技术进步的一个必然结果,一定程度上的"自给自足"是不可避免的(请参见第十三章第三节）。只是电力和化学工业的创新就足以产生那个方向上的趋势，因此事态发展的实际进程不能简单地归因于保护主义壁垒。

在美国，著名的"拒绝接受债权国地位"的倾向仍然存在；而且毫无疑问，这种说法是有一定道理的。但是，正如前面已经指出的，美国对欧洲的资本输出——在我们讨论的这个时期结束时达到了大约 50 亿美元——足以满足要求，因此，当时的结果就是加快了欧洲的重建。因此，不是这个机制导致了世界经济危机，而是世界经济危机导致了它的崩溃。当然，在那之后，由此造成的状况就变成了紧随其后的萧条的一个主要因素。但是即便如此，也很难看出，如果没有颁布实施《霍利-斯穆特关税法案》，而是通过了某个降低进口关税的法案，欧洲的短期状况本可以得到改善，同时美国的状况不会恶化。无论自由贸易论者的观点有什么优点，它们都只适用于在危机没有发生的情况下可能采取的行动方针，或者只适用于危机过去后可能采取的行动方针。但是对于这些我们并不关心。就我们的目的而言，只要能得出如下结论就足够了：保护主义本身在战后时期的周期性过程中只发挥了很小的作用，为此，只需回顾一下美国这个国家 1928 年的国际收支状况即可，因为那是"繁荣平台期"的最后一个完整年份。

当时，美国对欧洲的商品出口总额为 23.42 亿美元；从欧洲进口的商品和服务，加上移民汇款和游客支出（这只是一种粗略的估计，其中对游客支出的估计尤其不可靠）则为 20 亿美元上下。由此产生的 3 亿至 4 亿美元的贷方净额必定有对应的增项——战争债务账户收到的 2 亿美元付款和源于利息及股息的净收入。这两项加起来大约为 6 亿美元。由于 1927 年和 1928 年美国的货币黄金总量都下降了，所以这肯定主要是通过额外的信贷来"支付"的。的确，当时股市正在接近 1929 年的高点，卖空资金大量流入，使得形势进一步复杂化。几乎所有国家的经济学家在讨论美国政策问题时都极尽夸张之能事，这是不对的，尽管有些夸大的言论背后也许隐藏着值得尊重的高尚动机——欧洲各国明显更愿意发表宏论，而不愿意偿付债务——但是无论如何，以下说法应该是可靠的：如果没有发生危机（危机本身是由其他因素导致的），那么从支付总额的数量级来看，是不会制造出一个难以控制的问题的。在一般情况下，即使是在一个保护主义盛行的世界里，要完成对总额为3亿美元左右的商品余额的调整也是完全有可能的：只要让出口逐渐减少到那个程度就可以，不会严重影响美国的经济状况①，然后再投资可以吸收其余部分。再一次，正是这场危机阻止了这种调整，并突然造成了一个无法解决的问题。本来这个问题不仅不是无法解决的，而且已经在解决的过程中；这样一个解决方案虽然在未来可能会再一次被提出，但是当时并没有预设以自由贸易为前提。

第三节　对美国、德国、英国三个国家战后情况的进一步评论

一、美国的心态和财政政策

与其他任何一个国家相比，美国在更晚近的时间内仍然保持了一种更适合运行"资本主义机器"的心态，并基本上一直坚持到了世界经济危机爆发，甚至将普遍不被赞同的"非美国式的激进主义"的重要性降到了比战前还要低的程度。这些偏离了与资本主义的逻辑过程联系在一起的行为原则，与其将它们归因于某些与那种逻辑对立的思想的入侵，还不如将它们归因于旧观念无法适应的新形势，这一点从刚才讨论的美国"拒绝接受

---

① 如果那些毫无意义的促进商品出口的政策被废止，那么资本输出的减少将会自动导致这种减少。但是，为了保护商品出口减少所主要影响的那些部门，事先进行一些规划还是有必要的。因为我们必须记住，虽然美国的出口与全国的贸易总额相比并没有非常重大的意义，但是对农业、纺织业、金属制品业、机械业和汽车业却有着很大的意义。此外还应该记住，我们在这里只讨论美国与欧洲的关系。美国这个国家与世界其他地区的关系意味着不同的问题，但是在这里无法展开讨论这些问题。然而，很明显，如果将这个时期的美国与19世纪下半叶的英国进行类比，那无疑是误导性的，因为英国那时已经拥有既定的债权国地位，因而与任何一年新增债权的关系都是不同的。这样一来，保护主义政策在英国当年的情况下所造成的困难将比美国这个时期所造成的困难多得多：在债权国的地位迅速得以建立的同时，贷款国却往往处于债务国的地位。无须多说，这一切都不是倡导保护主义政策的论据，我们也无意将它们作为倡导保护主义政策的论据。而且，关于美国这个国家的债权国地位，还应该提一下一个常见的错误，那就是，有人认为，美国这种地位要归因于世界大战，如果没有这场战争就不会出现这种情况。但是，这对那110亿美元的"政治"赔款才是正确的，而且其发展速度远远超出了赔款进程。而且从根本上说，在世界大战前的最后十年里，美国已经很好地摆脱了债务国的状态，走上了债权国的道路。因此，我们有理由假设，到1920年，美国无论如何都会变成一个债权国。

债权国地位"的例子中就可以看得很清楚。

但是,除了这一点以及可能的货币政策(见下文第六节)和市政支出率之外,政治领域的其他行动没有对经济系统造成损害。相反,当美国把精力集中在了康德拉季耶夫周期下行阶段所特有的那类任务上时,联邦政府却在推行一项在本来的意义上明显属于"稳健型"的财政政策。它减少了税收(减税力度远远超出了仅仅取消超额利润税的范围);它同时减少了联邦债务,甚至开始实施一些紧缩措施,格莱斯顿本人也许可以采取更明智一些的行动,但他是完全清醒的。对于10万美元及以下的收入水平,所得税负担远远低于欧洲。诚然,1912年至1913年联邦一级的开支为7.245亿美元,而1925年至1926年以及1929年至1930年①则上升到了37亿美元上下(包括利用当前收入赎回的债务,其数额平均每年超过了5亿美元②)。但是在总体经济条件如此有利的情况下,这其实算不上一个非常严重的问题。地方总支出由1923年的45.93亿美元增加到1929年的67.20亿美元,其中州一级总支出则由12.08亿美元增加到19.43亿美元。但是,各州政府和地方当局筹集这些资金的方式并没有严重损害经济机器(无论从其他角度怎么看),部分原因是缺乏宪法权力,部分原因是出于选择。

此外,美国政府还非常迅速地废除了大部分战时控制、管制措施以及相关的组织机构,同时还尽量避免采取涉及国内社会和经济结构问题的措

---

① 在这些年,联邦一般收入总额分别为(根据财政部报表):1920年,66.946亿美元;1921年,56.249亿美元;1922年,41.091亿美元;1923年,40.071亿美元;1924年,40.120亿美元;1925年,37.801亿美元;1926年,39.628亿美元;1927年,41.294亿美元;1928年,40.423亿美元;1929年,40.333亿美元。其中历年税收收入依次为(根据全国工业会议委员会的报告,《政府费用:1923年至1934年》,第18页):1922年,34.870亿美元;1923年,30.320亿美元;1924年,31.930亿美元;1925年,29.660亿美元;1926年,32.070亿美元;1927年,33.370亿美元;1928年,31.940亿美元;1929年,33.280亿美元。1920年联邦总支出为(根据财政部报表)64.821亿美元,而后在1924年至1927年期间稳步下降至大约35亿美元,之后再次上升(1929年,38.845亿美元;1932年,51.536亿美元)。

② 这种赎回大体上通过州和市政债务的增加得到了补偿。公共债务总额只在1923年出现了(轻微)下降,在这个时期的其余时间里则继续增加,尽管未偿还的公共债务总额(减去美国政府和政府信托基金的持有量)略有下降,变为大约300亿美元。因此,我们不必过多考虑净赎回将如何影响货币市场状况,以及如何通过货币市场状况影响投机和经济状况。这将取决于赎回的资金来源以及持有赎回债券的家庭、企业和银行的行为。只要先构想出可能组合的模式,读者应该不难提出一个完整的"债务偿还效应"理论,并认识到"通货紧缩"和"通货膨胀"的后果都可能随之而来。

施,并且成功地避免了与外国的纠缠,因此创造了一种政府与私人企业①融洽相处的氛围,进而把世界上其他国家和地区的斗争、苦难和动乱对美国公民的影响降到了与一场橄榄球比赛差不多的地步。有些经济学家满怀热忱地认为,不符合他们的社会愿景和道德想象的政策(尤其是带有反资本主义倾向的财政政策),就很可能会妨碍经济系统的运行②,他们无疑也会坚持地认定,在20世纪20年代,美国的社会政治模式与经济成就之间,以及英国和德国的不同社会政治模式与不同的结果之间,都只存在着偶然的巧合。但是,当我们要完成解释特定历史事件过程和特定时间序列行为这个"卑微"的任务时,绝不能忽视得到的与这种看法相反的可能推论。在这里,我们之所以只说"可能推论",是因为在这一点上我们的论证超出了能够给出确切证明的范围(任何关于有机过程的论证在许多时候都会这样),也因为这个问题涉及如此之多的不可准确度量的因素,因而必定是一个关乎个人判断和(历史和个人的)经验的问题。

二、关于税收影响的"题外话"

不过,最主要的问题是税收本身有什么影响;如果一种税收制度构成了或被认为是普遍敌视资本主义成功的普遍社会氛围的一个组成部分③,那么它可能产生的影响就会与不这样时截然不同。我们在这里顺便讨论一下这个问题就足够了。由于我们不能在此充分讨论这个问题,我们将直接

---

① 有人向作者指出,上面这种论证读起来似乎是在鼓吹某种"党派原则"。但是作者无法从这些文字中看到任何党派倾向,也不知道该如何防范这种危险——除非插入无数个解释性的括号。如果读者误解了这段话,那么他对本书内容的误解肯定早就非常多,以至再多一个误解其实完全无关紧要。但无论如何还是要再强调一次,上面的内容(只包含对显而易见的事实的陈述,而且除了对因果关系的推论之外,没有加入任何东西)不是为了表达对资本主义或者某些特定的政治团体在一个给定的历史条件下所采取的行动路线的赞许,事实上也不足以做出这类评价。

② 然而,正如我们将不厌其烦地一再指出的那样,他们可以在不损害自身立场的情况下承认这一点,而且他们的立场显然是建立在超经济的评价上。例如,从医生的角度来看会对有机体造成伤害的举动,从许多其他角度来看却可能是最"可取的"。

③ 关于这方面的问题,我们将在本章最后再回过头来讨论。而且,以上所说的只涵盖了为了我们的目的就这问题有必要说的东西的一部分。其余的部分则被打散开来并插入到了不同的地方,目的是尽量减少所需的篇幅,例如,关于当局所筹集的款项的使用方式对"税收负担"的影响这个问题的一些评论、出于某些目的而征税是"纯粹的转移支付"的观点的评述,以及关于其他问题的评论。

引用这样一个事实,即关于间接税的影响,例如对一种商品的生产或销售从量征收的特定税种有了(比较)一致的意见。尽管这种共识的取得有赖于一个早就得到充分阐述的理论(它已经有些年月,但是仍然被经济学家所广泛接受),最近还由于借用不完全竞争理论、预期理论而得到了进一步的改进。然而,由于受假设所限,它的结果只适用于小额税收和/或无关紧要的个别商品。这个缺点的技术原因在现实生活中有一个重要的对应:既然在理论分析中税收如此之小,以至适合用微分的方法来加以处理,那么在现实世界中,它同样会很小,以至无法影响经济行为的基本轮廓(反映在企业和家庭的预算中),因而也就无法干预总体经济过程和演化的周期性过程,尤其是永久性结果。这个命题还可以推广到任何小税种,无论是部门性的小税种(如啤酒税或房间空置税),还是一般性的小税种(如某种营业税或所得税),而且在大多数情况下可以扩展到任何在实践意义上(在较宽泛的意义上)比较小的税种,而不仅仅限于严格的可以进行微分处理这个意义上的小税种。不过,不属于这种意义的"小税种"的绝大多数(严格来说不是全部)税种,一方面不能用这种方法进行处理(对于"大税种",进一步的影响、更具根本性的经济制度的变化、源于和通过货币和信贷领域的反应,都必须考虑进去),另一方面,它们确实会影响经济过程的结果,例如使民众的生活水平稳步上升,只要这些都可以归因于资本主义机器的运行。①

然而,这一点也标志着分歧的开始。在我们这个时代,主要的财政问题并不在于现代国家所需的收入在数量上应该是多少;事实上,由于道德

---

① 在一定限度内,还有一些方法可以使民众的生活水平达到最高标准,它们可能是有效的,而且不会干扰资本主义机器"自动"做出贡献,即可以让这台机器生产出比它仅凭自身更多的东西,而且不会导致效率上的实质性损失。即便确实在效率上有所损失,对劳工阶层利益的好处也可能超过它所遭受的损失,尤其是在短期内——不过从长期来看也是如此。我们在正文中所提出的命题的全部内容无非任何这种好处都只能是"总数上"的,而且必须受到严格的审查,以便扣减随之而来的损失。另外,显而易见的是,好处通常是可见的和即时的,而损失则更难以看到,在时间上也更加遥远。

批判盛行，现代财政问题主要在于必须通过征收重税筹集的收入的数量[①]，此外还在于这种沉重的税收框架的制定，不仅没有从怎样才能把对经济的干扰降到最低限度的角度出发，而且完全不考虑干扰有多大——在某些情况下，甚至根本就是以最大化这种干扰为目标。与我们的研究目标有关的分歧，或者涉及上一段最后一句所提到的影响的现实，或者涉及它们对我们所说的总产出发展的重要性。在这里，我们将只讨论这方面最为重要的一种情况——考虑一种高额且高度累进的所得税（为了给出一个确定的分析对象，我们在这里指的是这样一种所得税：对于相当多的处于较高和最高等级的纳税人来说，所得税税率将会超过 25%），我们将收入定义为包括储蓄在内，这种所得税还会辅以一种相当重的公司税，或者一种高额或高度累进的遗产税。

首先，这里存在着一类效应，我们可以称之为机械效应（mechanical effects），其中最重要的一个机械效应是税收对私人储蓄和积累的影响。我们所考虑的这些税收都可能导致储蓄的减少，甚至导致资产的剥离，同时一般来说，这些税收中有一部分是用收入支付的，而这种收入本来至少有一部分是可用于储蓄的。而且，从一般原则出发，通过一望便知的推导即可得出的一个结果是，一般来说这将再一次要由相同的人或者由征收来的款项的最终接收者的额外储蓄来部分弥补。但是，据笔者所知，迄今为止，没有人怀疑高额税收对高收入人群的净影响将体现为全国储蓄总额的

[①] "大额"收入并不意味着"高额"重税。例如，在美国这个国家，交易税——它实际上在《麦克格罗蒂法案》（McGroarty Bill）中被提出了——可以在不显著改变经济发展状况的情况下，极大地提高财政收入。根据戈登威瑟（Goldenweiser）先生的说法，1929 年的货币交易总额大约为 1.2 万亿美元（记入 141 个城市的个人账户借方的金额，再加上对从这些城市以外的银行开出的支票和现金支付的估计金额）。按这个总额的 0.5%，或者如果将某些类别的支付款项被排除在外的话，按总额一半的 1%征税应该说是一个小税种（在它不会对任何相关方造成明显的压力这个意义上）。但是，这种税每年——例如 1929 年——都可以产生高达 60 亿美元的收入。

重税则会干扰经济过程，其严重程度因具体税种而异。如果对个别部门征收重税，例如对酒精饮料征收重税，那么确实会对受影响的特定行业造成严重干扰，不过不会对整个经济系统造成太大影响。而在"通行"的那些重税当中，对自然对象的回报或价值所征收的税，就构成了一个很好的实例，说明了如下极限情况：如果改良的事实不容易与"纯租金"区分开来，那么就不会产生长期性影响。正如我们已经看到的，在这时候，"纯租金"就会喧宾夺主，替代利润，例如柏林的公寓行业就是一个很好的例子。但这里最重要的是技术上的可能性，即能不能以较小的干扰为代价获得"大额"收入（如果有意如此的话），或者小额收入却可能伴随着巨大的干扰。

减少（与不征收高额税收时相比）。因此，就目前得到的结果而言，我们对这类税收将如何影响"进步"和"工业效率"的看法，取决于我们在关于私人储蓄的重要性和所谓的"操作方式"的争论中所持的立场，而这在前文已经得到充分的讨论。①

其次，还有非机械效应，即通过动机和态度发挥的影响。显而易见的是，任何对净收益征税的做法都会改变"做还是不做"某件给定的事情的平衡。如果预期净收益为100万美元，刚好可以补偿风险和其他负效用并有少许剩余，但是如果未来要对这100万美元的净收益征税，那么扣除税收之后就无法做到这一点。这个结论对一个简单的交易是正确的，对一系列交易也是正确的，对老企业的扩张或新企业的创建也是正确的。再者，同样明显的是，经营管理和创业活动都是在某个制度框架内进行的（而且特定的目标、野心和社会价值观，都是在这个制度框架内根据其逻辑塑造的），它们能不能维持下去——至少从长期的角度来看——必定取决于宏伟的生活蓝图所提供的奖励能不能在成功的情况下完成实际交付，因此，税率高于1%且可能会随时间和地点大幅变动的税收②，必定会严重冲击利润动机和各个社会（尤其是封建社会和资本主义社会）的另一个典型动机，即提高家庭地位的动机。就一般形式的利润动机而言，我们必须牢牢记住，一项税收政策，如果征走的份额明显高于激发个体接受者努力工作所需的水平，如果对所属社区认为"足够"的回报适度征税（假设不会影

---

① 但是我们应该已经注意到，许多争论的焦点并不在于我们所说的意义上的储蓄，而是在于消费不足。如果将对闲置资金征税设想为一种临时性措施，那么可能会产生一些刺激的短期效果。这一点在第十一章中也得到了充分的讨论。储蓄和积累的另一个方面（对评价短期效果很重要）将在下一章讨论。

② 适度课税，即虽然会增大一个人达到既定经济地位的难度，但是并不会使他完全无法达到既定经济地位的那种税收，有的时候甚至可能起到刺激作用。但是，无论确定这种情况发生的时间间隔有多么困难，显而易见的一个事实是，自世界大战爆发以来，对较高纳税等级的税收远远超出了适度课税的程度。高额税收，例如在国家发生紧急情况下征收的高额税收，只要大家都认为是暂时性的，那么就可能不会对利润等动机产生影响，有时反而会起到刺激的效果。什么样的税是"过高的"，什么样的税是"适度的"，还取决于当前的利润率。即便是在1924年到1931年这个时期，美国的税收在我们所说的意义上也可能是很高的，但是由于商人能够轻而易举地取得成功，它们还是容易负担的。最后，这在很大程度上也取决于货币体系的反应，例如纳税人是否愿意并有能力借入他们必须支付的金额。

响努力的总体水平),那么就必须辅之以能够增加经营管理和创业活动带来的收入总额的政策,因为正如大家都知道的,如果出现了引人注目甚至是不可思议的个别奖励,那么与奖金在所有商人中以更加平均的方式分配相比,同样数额的奖金所能产生的激励作用就会大很多。而就前述特殊形式的利润动机而言——它体现在"家庭地位"这个术语上,并且在很大程度上被现代遗产税消除——我们同样有理由预期,由于是对"静态"的财富征税,高额遗产税不会影响工业的"进步",即新财富的创造;这就好比,如果允许乘客免费上车,然后在他们入座后才向他们收取车费,那么高得令人望而却步的铁路票价将不会影响交通。

读者当然可以反对这些琐碎的思考。然而,事实是,通过动机和态度所产生的影响的现实性,与通过积累对工业效率产生的影响相比,仍然是更经常被否认的。①

但是,对于任何一位在分析中完全只使用利润动机的经济学家来说,至少都会面临遭受"人身攻击式的批评"(argumentum ad hominem)的危险。② 这是因为,如果我们现在讨论的税率真的对资本主义机器的运转没有影响,那么净收益就必定是一个完全无关紧要的问题。此外,如果经济学家"教导"人们说(他们可能真的会这样做),相对较小的利率变化是几乎无所不能的,保护、补贴和"通货紧缩性"的价格上涨在刺激工业

---

① 然而,还是会有许多经济学家辩称,税收对商人的动机或行为的影响(不管这种影响具体可能是什么),在对产出和就业的变化进行分析时是可以忽略不计的,因为商人的动机对产出和就业并不重要;总之,商人总是会试图去寻找利润,这与源于经济过程的产出或就业无关,除非是在确实会干扰他们的时候。这种类型的观点在很大程度上只是一种想象或印象——而且这种想象或印象往往与新闻界提供的信息矛盾,在报纸上,"言辞为王"——对于这种想象或印象,除了讨论个别事实之外,是很难进行辩论的;这种事实在每一情况下都是作为对要求证实的请求的回应。然而,总的来说,我们的分析作为一个整体提供了批判这种观点的要素,也提供了它本身的社会学要素。

② 不能空想出一个马歇尔式的"巨大阴影"来证明这一点不成立。因为尽管马歇尔似乎一直持有这样一种观点,即适度的直接税不会降低工业效率,但是,除了暂时的紧急情况外,他所设想的税率是如此之低,以至他的论点实际上与我们的相当一致。也不能辩称我们所运用的是一种全然不考虑固定习惯的理性行为模式。我们确实会考虑固定习惯。但是,这种对经济理性的特殊应用肯定不是完全不切实际或牵强附会的。而且,那些习惯在不利经历和悲观预期的影响下很可能不会再发挥作用,这就好比小狗的习惯——你把香肠吊在它前面,然后等它跳起来的时候每一次都把香肠拉到它够不到的地方,它是不会在无限期中每一次都跳起来去够香肠的。无论是否愿意承认这个令人不快的事实,在这一点上几乎不会有什么分歧。

方面是有效的，而且仍然坚持否定高额税收对产出水平或"进步"有任何影响，那么他就会非常接近自相矛盾，除非他真的认为在利润和损失之间的分水岭上这种效应完全消失了。

三、德国的战后经济状况和社会氛围、支出政策和财政政策

德国的情况不如美国的情况那么容易描述。为了避免重复众所周知的事实（虽然有些事实可能已经被世人遗忘），我们在下面将以1925年为基点来描述德国的情况。由于社会民主党在1918年和1919年果断地采取了行动，社会崩溃的威胁已经暂时消除。但是，社会民主党随即发现自己处于一个非常尴尬的位置——（无论是否执政）自己不可能在当时德国这样一个资本主义社会中充当主导的政治力量，尽管自己刚刚拯救了这个社会，但是这个社会所有的"政治器官"完全被粉碎，而且该党的原则决定了它无法根据资本主义逻辑来开展活动。[①] 由此导致的结果是，无论是在社会主义的意义上还是在资本主义的意义上，经济政策都无法实现合理化，所剩下的只是一种死气沉沉的劳工主义，它威胁着每一个人，却不能使任何人满意。[②] 国家毁灭的威胁已经通过包括在道威斯计划中的防止侵略的保证完全消除。同时经济陷入僵局的威胁也已经通过全世界向德国注

[①] 然而，社会主义者仍然在竭尽全力，尽管那简直是他们不堪承受的重负（opus supererogationis）。《社会化法》（Sozialisierungsgesetz，1919年）实际上意味着社会化被搁置，而且接下来还会更久。部长希法亭是一位"很好"的经济学家，但是他没明白到底是什么出了问题；他也是一位"很好"的马克思主义者，但是他未能意识到，在有些情况下，反资本主义的政策最终是反社会主义的——实际上甚至尝试过一种非常"资本主义化"的财政改革。1927年11月，主要的社会主义报纸主张降低所得税（对所有纳税等级）。但是，什么结果也没有。这些社会主义者面临的困难还因为如下事实而大大增加了，他们的政治盟友中间派政党虽然原则上不那么激进，但是与社会民主党本身相比，愿意遵从经济推理结果的程度却要低很多。

[②] 我们无法在这里描述这个画面，但还是必须顺便提一下它的两个特点。首先，工会确保了计划中的两点：每日八小时工作制和失业保险。事实上，这些措施早该出台了。除此之外，两个相互竞争的执政党，争相为了满足劳工的短期利益而建立起一个庞大的立法和行政机构——见《劳工法》（Arbeitsrecht）。无论这个政府机构还有别的什么优点，它与我们的主题相关的只有它导致的经济浪费和摩擦，特别是由于它将效率全都"撤走了"——这里借用了中间派部长布劳恩（Braun）的说法——每一次经济好转的结果都只是为了劳工的即时利益，即将潜在资本用于消费目的。其次，社会党人不得不接受同样造成浪费的农业政策，包括对东部农业的补贴，这对经济过程造成了沉重的压力，同时又完全未能实现调和。

入的信贷化解。显然，社会民主党认为信贷和民主就是这个国家可能需要的一切。最后，通货膨胀可能会导致不可挽回的道德无序的威胁，但通过一个积极有力的（尽管可以说有点笨拙的）平衡预算计划得以化解了，这主要归功于一种相当严格的金本位制的建立，道威斯贷款和地产抵押马克（Rentenmark）的成功引入（尽管一定意义上只是虚张声势）虽然只起到了次要作用，但是仍然很重要，它们是安全保障或者说实现技术。

在任何情况下，外国投资的完全丧失和本国工商业在国外地位的完全丧失，都足以使德国这样一个主要依赖外国投资的经济体失衡。此外，德国在世界大战期间出现的工业组织的生产装置和设备是过时的；这些经济组织在后来受到了进一步的迫害，在某种程度上也受到了进一步的扭曲，因为这种非理性投资的唯一动机就是躲避通货膨胀的影响。这是说明如下流行看法的一个极好的例子：只要有支出就行，支出方向并不重要。一旦渐进式通货膨胀的支持不复存在，一场结构和价值的调整危机就必定会开始，它将为未来的发展扫清障碍；但是，当时存在的许多失调现象还是像通常那样，非常缓慢地消失。直到这个时期行将结束时，许多通货膨胀式的增长仍然在延续它们病态的"生命"，它们导致了德国经济生活的诸多弱点，是德国经济面临长期麻烦的根源，同时也构成了德国与其他国家经济关系的困难的来源之一。

德国在国际关系中的弱势地位又使得本国工业企业家特别急于与外国竞争对手签订协议，以消除敌对措施对他们造成的压力。虽然取得了一些暂时的成功[①]，但是就其本身而言，也带来了"稳定"在造成僵化和狭隘市场等方面的所有不利因素。然而，正如前面指出过的，从1925年到1928年，这些外国信贷、相对温和的贸易障碍以及全球货币体系的相对

[①] 到1926年底，已经有相当多的国际组织在活动，例如，卢加诺的钾肥公约组织（potash convention of Lugano）、欧洲瓶子制造商联盟、欧洲搪瓷和木螺丝生产商联盟、国际灯泡辛迪加、国际铁路卡特尔、德国和捷克斯洛伐克的铁管生产商卡特尔、德国-比利时管线卡特尔。与此同时，铁、铜、苯和其他产品的国际组织也在酝酿当中，其中一些国际组织实际上已经成熟。1927年以后，当法国的利益在德国出口的影响下变得越来越不稳定时，两国的生产者都获得了一些机械设备，目的是让双方达成协议，找到一种临时的办法（配额），并由各自的政府批准实施。在一段时间内，这似乎也取得了相当大的成功。

秩序发挥了平滑作用，使得一切在表面上显得很顺利；尽管当时工业投资风险在德国仍然要比在英国或美国高，而且随后进行产业转移非常浪费精力和资源（转移的必要性和新的位置是在政治恐惧的氛围下确定的），以及用来应对外国挑战的设备改造导致了严重的浪费（这个因素在人们以往"诊断"德国的情况时从未得到应有的重视）。但是，当外国资本的流动减弱并在1929年完全停止时，德国的商品贸易差额迅速地、非常轻松地（没有表现出任何"黏性"）趋向了有利于本国的方向①——这是对经典对外贸易理论的一个最引人注目的验证，也是1926年在这个方向上的一个临时性趋势——结果，顺利的表面彻底被粉碎。德国的"赔款出口"突然之间就变成了现实。在世界经济危机即将爆发时，这种出口构成了影响国际经济形势的重要因素之一，诱导和推动了各国之间相互限制出口的恶性螺旋式循环（如配额等措施），并且有效地揭示了坚持用债权国坚决拒绝接受的支付手段进行支付的荒谬性。

但是，只要资金能够继续流动，外国信贷就不仅可以消除赔偿账户在支付方面的困难，而且可以消除其他一些困难。为了更好地理解这些情况，有必要回顾一下关于那个时代的社会氛围和政治结构的观点，并考察由此产生的财政政策。在通货膨胀之后制定的第一个联邦预算，虽然通过大幅削减工业营运资本而加剧了"稳定危机"，但总体上看是一个很大的成功，产生了10亿马克左右的盈余。1925年，联邦政府、各州和各市政当局，包括社会保险和赔款支付在内，达到了173亿马克（官方估计数字），大约占国民收入的31.9%，相比之下，1913年这两个数字则分别为84亿马克和18.9%（在战后的领土范围内）。② 但是，德国的新政治结构

---

① 历年出口盈余的数据如下：1928年，－17.25亿马克；1929年，0.36亿马克；1930年，16.42亿马克；1931年，28.72亿马克。在那之后，由于世界经济危机爆发，各国普遍趋向于"自我封闭"，出口盈余开始下降。

② 这些数据指的是在德国从技术上被称为"财政需求"（Finanzbedarf）的有关数据，其中包括公共债务利息（通常人们将其归类为"纯转移支付"）等项目。1925年，税收加上社会保险缴款达到了133亿马克（占国民收入24.5%）；而1913年相应的数字则为54亿马克（11.5%）。1929年，这个数字增加到了196亿马克（占国民收入的27.8%）。所有数据请参见（例如）德国国家统计局（Statistisches Reichsamt），《国内外财政税收》（Finanzen und Steuern in In-und Ausland），1930年，第548页。不过，国民收入的数字有很大的争议（见第五节）。

无法顺应民众的要求，也无法理性地规划未来。当紧急情况得到了缓解，当庞大而笨拙的财政立法通过 1925 年的"改革"得以系统化并在一定程度上进行了调整，这个事实就彻底浮出了水面，就像 1928 年后的法国一样。尽管赔款代理人向德国政府提供了友好的帮助（不过，其备忘录和报告却是"不友好"的），但是支出却开始突飞猛进起来。1927 年，支出达到了 233 亿马克，从那一年开始出现了财政赤字，1929 年甚至出现了令人尴尬的现金短缺，尽管公共收入在 1929 年稳步增长，同时流转税的大幅削减帮助创造了 1925 年的奇迹。除了战前和战争债务的部分重估之外，公共机构的总负债在 1927 年至 1928 年增加到了 77 亿马克，到 1929 年底又增加了 60 亿马克。①

对以这种方式融资的支出进行分析，无疑可以表明德国在此期间取得了一些令人钦佩的文化和社会成就，这些成就具有显著的经济价值和超经济价值。与创造的价值相比，所花费的成本其实可以说是相当适度的。特别是，在美化城市和提升福利方面，还有很多事情需要去做，尽管许多大城市都陷入了令人绝望的财政状况。但是，无论是文化方面还是其他方面的各种缺陷本身都与我们的主题无关。重要的是如下这个无法回避的推断：我们在这里看到了公共机构过度消费的一个典型案例。公共机构的过度消费导致了整个经济系统的过度消费，还导致资本从实业中撤出——或者说，阻止了工业体系的建立（直接地，通过税收②；间接地，通过随之而来的成本上升）。这也构成了人们常说的支出原则的另一个例证。随着这种情况的延续，出现了贫困化过程；当时许多德国人非常恰当地将这种情况描述为"消费经济"（Konsum-Konjunktur），它与潜在困难之间的对比因此极为引人注目。这种"消费经济"叠加到了通常的周期之上，同时

---

① 从 1928 年 4 月 1 日到 1929 年 12 月 31 日，增加了 65.6 亿马克，但是战前和战争债务的偿还额达到了大约 5.6 亿马克。在世界大战和通货膨胀期间订立的外币债务或有贬值担保的债务即固定价值和起息日债务（Festwert-und Valutaschulden）则不包括在内。

② 事实也证明，这种政治结构与它的任务是不相称的，因为它在维持那些会损害经济引擎的税收的同时，还削减了不受欢迎的税收。以 1929 年而论，以工业净回报（包括一切回报）为税基的总税收负担，由最高纳税等级承担的大约为 90%，在许多情况下甚至更高。请参见德国国家统计局发布的第 4 期专题报告。当然，这并不意味着，如果没有了这些税收，净回报就会用来计算相应百分比的数字相等。

它产生的相关产出数据几乎引致了道威斯计划的惩罚。毫无疑问，许多经济学家会把这种情况称为可以想象的最正常的状态，并且会以适当的字眼否认任何关于这种状态在任何情况下要么将以崩溃告终、要么将以"通货膨胀"并继之以更加猛烈的崩溃告终的说法。

四、德国的"资本输入"的相关事实和理论

但是，经济崩溃实际发生的具体方式，以及崩溃发生前所出台的政策的效果，是由外国（以及移居国外的德国人[①]）的余额流所决定的。虽然数据并不完全可靠，但是有关这种资本输入的主要事实已经足够突出。[②] 虽然已经颁布了"限制"措施（1924年4月7日，"通货膨胀"一词被德国国家银行明确宣布放弃了），但是对外国信贷的需求以及发放贷款的意愿还是几乎立即显现了出来。虽然受到了阻止——直到1925年秋，仍然禁止利用外国贷款在德国向公众公开发行证券——但是道威斯计划一开始实施（甚至在那之前），英国的银行和银行家就表示出了恢复与以前的德国客户的短期关系的强烈意愿，甚至早在1924年8月，保诚保险公司（Prudential Insurance）与北德轮船公司（North German Lloyd）就开始就发放十年期私人贷款进行谈判。在赔款贷款开始发放后不久，来自美国的资本拿走了对克虏伯公司的贷款的十分之九。这些交易还引发了一系列类似的交易。各州、各省、各市、半公共企业（特别是照明和电力企业）、公共和半公共信贷机构、各种类型的宗教团体，以及银行和工业企业，全都匆忙入场，尽管德国国家银行进行了"劝阻"并采取了一些更激烈的措

[①] 无论是在通货膨胀期间还是之后，从德国外逃的"资本"数额肯定是相当大的，而且其中一部分余额很可能会在外资的旗号下回流。目前还没有相关数据，但是这对我们的论点没有什么影响，因为侨民资本的表现想必与真正的外资差不多。

[②] 第一个针对外债的官方调查是在1926年完成的。然而，在崩溃之后，当"暂停协议"仍然处于谈判阶段时，在1931年7月28日开始启动一项更加全面的调查，后来又补充了一些进一步的数据。按照伦敦会议（1931年7月21日至7月23日）的建议建立的国际委员会发布了两份报告，分别为《莱顿报告》（Layton report）和《捐助者报告》（Beneduce report）（先后在1931年8月和12月发布），现在可用的材料大部分来源于这两份报告。在关于这个问题的文献中，还应当特别提一下社会政策协会（Verein für Sozialpolitik）的一个委员会的报告（Die Auslands-Kredite 1928, ed. W. Lotz, Schriften vol. 174, Chap. III）。

施，但是它们都急于抓住机会，以外币提供长期贷款——如果算上所有因素，平均利率大约为9%。①

而且，它们所做的还不止这些。部分是因为官方对不断上升的外债浪潮的抵制，部分则出于明显的金融原因，借款者特别是企业和银行同时在最容易进入的外国货币市场借入短期资金。这些短期贷款只有在以外币发放的情况下才算得上是便宜的，但是到1931年7月底，德国债务人还欠外国债权人大约40亿马克，其中大部分非银行业的，而且并非所有的债权人都是真正的外国人。② 外国资金的流入数量不仅是经济状况的函数，而且是政治局势的函数，同时波动性很大。而且，这种情况几乎持续到了1930年底。据官方估计，那时长期外债总额已经高达92亿马克，至于短期外债，虽然在1929年的恐慌中偿还了一部分，但是总额仍然高达约149亿马克。③ 其他外国投资估计为60亿马克。这些加到一起，总额大约为300亿马克，其提供的外汇首先用于支付相当于103亿马克的赔偿，以及支付各项利息（共计大约25亿马克）。它还为外汇余额的积累和投资提供了97亿马克——甚至可能更多——的资金，并且使得德国的黄金储备净增加（扣除德国中央银行持有的外汇储备的减少数）21亿马克。最后，它还弥补了商品贸易逆差——在那7年间，扣除"提供服务"所得的30亿马克后，商品贸易逆差加起来达到了33亿马克。所有这些，在300亿马克中只占到了279亿马克。为什么会出现这种差异？对此出现了多种多样的假说。然而，差异数并不比我们对这种性质的数据所期望的高，这些数据也使许多其他问题受到了怀疑。

因此，进口超过出口的差额只吸收了货币"资本"流入总额的大约11%。在这一总额中，大约有三分之二（200亿马克）用于支付赔款和德

---

① 当然，借款人如此高的成本所反映的主要是巨大的风险溢价。但也必须记住，大部分交易的成本都非常高。例如，大多数证券都是在美国发行的——它们代表了大约三分之二的长期外债总额——而且必须历经千辛万苦才能出售给全国各地财力一般的人，由于美国所得税的累进性和附加于自由贷款的税收优惠，德国国债的回报率虽然更高，但是并不像人们想象的那样对大型投资者有很大的吸引力。

② 自1927年以来，英国的银行也给德国的银行提供了一些马克信贷。然而，它们都不是短期的。

③ 在前面的脚注中提到的那份官方调查报告提到，这个数字为120亿马克，其中包括40亿以马克发放的信贷。但是，那是1931年7月底的数据；在之前的7个月里已经撤走29亿马克。

国的对外投资，包括与外国银行之间的余额。但是，我们在这里要强调一下，用赔款和对外投资是"用外国贷款支付的"这种说法来描述这种效应是不充分的。这种强调并不是多余的，因为严格地说，这种说法只适用于上述总额的一小部分，最多 20 亿或 30 亿马克，这些才是直接借来用于这种目的的；也只有在这个范围内，德国的经济生活才暂时摆脱了所有进一步的影响，就好像有人为它承受了这些负担一样。其余部分的"操作方法"则更加复杂。所需要的数额实际上是通过征税筹集的，或者是由希望到国外投资的个人或企业支付的，而外国信贷所做的一切无非是提供了转移这些资金所需的外汇而已。大体上说，我们可以通过假设纳税人和投资者购买借款者获得的外汇，并将自己的马克交给借款者，然后将外汇交给外国政府或资产卖家，来描述这个过程。因此在采用这种融资方法时，德国的赔款和对外投资既没有增加也没有减少可用资金。外国信贷暂时阻止了所有这些收入、价格和商品贸易差额的调整，否则上述两者都将导致这些调整。但是，外国信贷是通过一种不同于也远比直接借款用于赔款支付和投资更加艰难的方式来阻止这种调整。这种特殊的方式之所以可行，是因为除了进口盈余和利息支付之外，德国企业不需要外汇，而需要马克用于国内支出。这一点在外国信贷超出赔款支付、对外投资、进口盈余和利息支付所需的数额时尤其突出。当然，这种超出——它在一定程度上反映在了德国国家银行黄金储备的增加上——也导致了存款的膨胀。

  影响是非常清晰的：不仅阻止了根据形势变化必须适时进行的调整，而且德国经济的脉搏变得依赖于外国资金的流动速度；由于外国银行间接为德国的投资和当前业务活动提供相当大一部分资金，德国中央银行的政策则遭遇了彻底的挫败；前面提到的"消费经济"得到了强力推进；而且，理所当然地，一种特别的金融状况被创造了出来，即相对较小的挑战就会带来持续崩溃的危险[①]，特别是，当德国银行和外国银行都有意无意

[①] 许多企业虽然只经营国内业务，但是也都养成了利用外国短期信贷来为自己融资的习惯，因此，无论它们的利润看起来多么漂亮，只要政治阴云密布，它们就面临着随时破产的危险。由于在这种情况下短期信贷总是会迅速消失，因此没有必要把这种现象归咎于外国（例如法国人的恶意）。但是，这种情况本身的逻辑却会使得大企业部门对不稳定的冲击非常敏感，这完全是不正常的，不能用我们通常用来分析经济波动和"螺旋"的任何原则来解释。

地、直接或间接地利用短期外国资金来为德国的长期产业发展计划提供资金时，这种崩溃几乎是无法避免的。因此，部分外国信贷所起到的作用恰好与发行"绿背"美钞可能产生的影响相同：在某种意义上，它通过在一个表面上显得非常"健全"的货币体系下运行掩盖了"通货膨胀"。

但比这些影响本身更加有意思的是以这种方式为德国国内企业融资的做法流行起来的原因。正是因为税收吸收了本应成为固定资本和流动资本的资金，企业的贷款才达到了如此高的程度。它们之所以到国外借钱，是因为这种税收——以及之前的通货膨胀——降低了储蓄者的财产，而且继续在降低，是因为公共和半公共支出吸收了德国金融机构的大部分贷款（"创造"）能力，是因为国内信贷因上述原因而变得稀缺和昂贵。[1] 税收和公共支出对信贷短缺的责任尤其明显。假设1928年底，外国短期信贷达到了130亿或140亿马克（在《莱顿报告》给出的数字基础上加上50%，就可以得出这个估计结果），然后扣除德国在国外的余额45亿马克（没有增加这个数字，尽管这几乎肯定是合理的），再减去为德国当前的对外交易融资的信贷——这个项目是"循环利用的"，没有危险，由于非常可疑，而且在某种程度上与第一个数字有所重叠，我们认为它不会超过30亿马克——这样，我们也许就可以估计出一个60亿马克上下的数字，就是这部分信贷最终造成了麻烦。那么，如果总公共支出（而不仅仅是联邦一级的公共支出）一直保持在1925年的水平，如果那一年的盈余已经在公开市场上借了出去，如果收入和公司税收减少了，如果利率和价格的行为就像它们在这种情况下一定会有的行为那样，读者认为在这些信贷中有多少会流入？还应该补充的是，尽管"消费者的繁荣"届时无疑不会实现，但是这并不意味着消费者的福利会受到严重的损害（即便是在短期内也如此）。

---

[1] 因此，实际上是税收使得赔款转移成为可能。只不过它是通过一个与很多经济学家所设想的途径截然不同的途径完成这一点的；他们认为税收会减少德国的系统支出，从而压低价格水平，进而产生必需的出口盈余。当然，事实并非如此，而且之所以不是如此，恰恰正是因为外国信贷的存在。但是税收确实会迫使人们出于国内目的向外国借款，因此用一种不同的方法产生了必需的外汇，而且就目前而言效果并不差。

如果我们在这个画面中插入市政当局的借款（包括国内借款和国外借款），并考虑如下事实——即使是工商业企业的支出，也有很大一部分在商业的意义上是非生产性的[①]——那么对德国20世纪20年代晚期出现的这个特别的繁荣时期以及随后的经济崩溃进行理论分析，我们就有了一个

[①] 有没有"生产性"这个问题（或另一个相关的问题：什么是"投资"？）是一个相当微妙的问题，除了它总是会引发一些人的愤怒之外，还有其他一些原因。它对我们的主题有两个方面的影响。首先，当沙赫特先生在德国国家银行的第一个任期内，与不断上升的外债浪潮对抗时，有一种观点认为，只有那些"能生产出外汇"的投资才应该被允许发放此类贷款。无论批评者会对这种论点的正确性提出什么反对意见，它真正的意思是，除了在商业上有利可图的项目之外，任何国外借款都是危险的。在当时那种情境下，这无疑是切中要害的。各市政当局是德国国家银行的主要攻击目标，但是它们很容易就可以对上述质疑做出回应。据称，它们所有的外国贷款实际上有不少于94%是直接用于支付这类项目［截至1928年3月31日，请参见O. 穆勒特（O. Mulert）先生在前面引述过的社会政策协会的专题报告中的文章，第38页］，其中又以电力为最大的项目。这是因为，市政当局很自然地以开发计划中最具商业色彩的那部分与外国投资者接洽，而不是说自己计划修建富丽堂皇的市政大厅，尽管如此，修建市政大厅的资金完全可以通过以前者的名义从国外借款而获得。无论如何，在全部债务中有很大一部分，包括国内和国外的公共和半公共机构以及私营部门的债务，其生产力实际上是值得怀疑的。其次，现在有一种趋势，对"投资"的定义过于宽泛，以至这个术语对我们的目的来说实际上毫无用处。正是由于这一点，才会得出那些给人留下深刻印象的真正到位的实际投资数据——见柏林经济周期研究所编制的序列（第22号专刊，1930年）——它们乍一看似乎与我们对贫困化、过度消费、税收对"资本形成"的干扰等诊断相互冲突。这里首要明确的是，在我们所说的意义上，"投资"这个术语仅仅意味着经济投资（每单位净收益的最小支出）；毫无疑问，一条铁路构成了一个经济项目，但并不是所有花在这条铁路上的东西都因此变成了投资，无论得到的东西是多么美妙（例如，德国许多车站可谓美轮美奂）。这一点甚至适用于某些有助于提高服务质量的支出。这也正是即便工业投资的某些部分也必须从这个角度加以审视的其中一个原因。很大一部分的农业"投资"，特别是仅用于弥补赤字的那部分，显然是没有生产力的。此外，公共建筑也不能构成投资，其有用性不比路易十四建造凡尔赛宫时做出的投资高。对住房的投资也是如此，除非这些住房的租金能够完全抵消成本（包括长期利率在内）。为了避免误解，在这里比在其他任何地方都更有必要声明，如果作者认为他的个人价值判断值得呈现给读者，那么就不得不承认，他完全同意从1924年到1928年在住房上支出的大约110亿马克都是值得的［其中一半以上来自公共资源。还有40亿马克来自贷款——根据1924年2月14日颁布的《紧急状态法》的规定，以对因通货膨胀而从债务中解脱出来的房屋征收的房屋税（hauszinssteuer）为付息资金，以3%的利率贷款40亿马克］。然而，这与我们现在的讨论完全无关。真正相关的仅仅是，这在很大程度上是一种消费者支出产生了消费者支出的效应。经过这样的修正，柏林经济周期研究所估计出了一个令人印象深刻的数字：从1924年至1928年，净投资总额大约为395亿马克，减少到了远远不足一半。此外还应该补充的是，只有当库存的增加不是由于无法销售出去才可以把库存的增加纳入投资；同时在解释关于企业内部积累（未分配利润）的数字时，必须考虑如下事实：折旧账户存在着一个系统性的向下偏差，因为在通货膨胀之后，对新黄金的估值通常会过低。因此，最近一项研究的发现——从1924年至1928年，"德国经济系统获得的（外国）资本供给，有三分之二是用于扩建厂房和设备"——是误导性的。对这些事实和问题的一个很好的讨论（尽管不完全符合本脚注所表达的观点），以及大多数相关的文献和材料，请参见E. 维尔特（E. Welter），《德国资本短缺的原因》（Die Ursachen des Kapitalmangels, in Deutschland），1931年。

很好的基础；不难看出，这种繁荣（及崩溃）与当时的社会政治模式有多种联系。稍后，我们还会添加其他一些特性；如果要使分析变得完整，那么还需要添加更多。我们有意不暗示存在单因素因果关系，但是事实及其后果无疑给我们上了有益的一课。

五、英国的战后经济状况、货币政策、社会氛围以及财政政策

英国战后的情况可以与1815年的情况进行有益的比较。如本书第六章所述，在这两个时期，国家债务的相对重要性是相似的，货币贬值和税收负担的情况也是相似的。然而，不同的是，在拿破仑战争期间，英国工业和商业蓬勃发展，而世界大战则使得英国的工业组织严重受损，并导致外国投资减少，英国花了十多年的时间才恢复过来。① 在这两个时期，都有一些人取得了特定的政治和经济地位，但是与前一个时期相比，最近这个时期的净收益微不足道。同时，在1815年，几乎整个世界都摆在了英国工业和贸易的面前（任其征服）；而在战后时期特别引人注目的一件事情是，几个原来领先的主要行业（煤、棉纺织、造船）都无可挽回地失去了先前的地位，尽管回到1815年它们即便不是完全没有出现，也只是刚刚冒出头来；当时唯一的"危险地带"是农业，代表着那时的"核心产业"，现在则更是沦落到了必须"加以保护"的地步。

在某种程度上，英国在1918年面对战后问题时的心态与在1815年处理那时问题时的心态也惊人地相似。在这两个时期，回归平价金本位制都被主流观点视为理所当然的事情。早在1918年1月就成立的坎立夫委员会（Cunliffe Committee）发布的第2号报告②，虽然确实包含一些对《金条报告》的某些编写者来说"不太合适"的内容，但是这两份文件的基本原则实际上几乎没有什么不同。它建议以最快的速度按战前平价重建金本位制——虽然仍然不赋予私人账户自由铸币权——途径是积累高达1.5亿

---

① 1931年，英国的外国投资达到了战前的水平，大约为40亿英镑，但即便是在那时，仍然存在着大约2.4亿英镑的短期余额。这些投资的性质，特别是其生产性也发生了重大变化。

② 即布莱德伯里报告（货币和英格兰银行纸币发行委员会，1925年）。由于它过于"简明扼要"，略去了所有的原则性问题，因此只能将它描述为一个实用的工具。

英镑的黄金储备并逐渐减少流通中的纸币数量；这个建议所代表的观点和意图，在当时无疑是最为流行的。必须把这一点作为当时情况的一种数据（datum）而接受。[①] 为了理解它本身及其后果，我们必须牢牢记住两件事情。首先，这个决定从根本上说是"超理性的"（extrarational），而且为了它而给出的所有论证——或者从金本位制的优点出发（这是一般的思路，但在当时的情况下主要是一种假想），或者从英国作为"全世界的银行家"的特定利益出发（英国作为"全世界的银行家"的地位，在任何情况下都不一定能够维持，而且受这种政策的威胁至少与得到这种政策的支持一样大）——不过是事后对已成定局的结论所做的合理化解释，而且对许多人来说，这牵涉到了英国的国家荣誉，或者至少是国家声望。其次，公众，尤其是那些支持这种政策的劳工当然不知道短期内必然要做出的或大或小的牺牲。而那些负责做出决策的人——我们有理由假设他们已经意识到这些——则似乎忽视了1918年不是1816年，也就是说，他们忽略了这种政策将不得不在一个不适宜的社会环境中发挥作用的事实。公众想要得到的、"负责任者"被推动着要做出的决策，相当于试图在不弄湿衣服的前提下横渡英吉利海峡。或许最令人惊讶的是，银行家和政客本应该想到，当一种传统游戏在其他所有领域都明显已经结束的情况下，是不可能只在国家政策的某一个领域玩这种传统游戏的！也许不是这样。但是，无论如何，必须从这个角度来理解最终的失败，而不能从这种政策的一般优点或缺点来理解，那将是一个完全不同的问题。

[①] 作者之所以把"普遍意志"或"共同意志"（volonté générale）视为一种数据，只是想强调一个与他的叙述相关的事实。但是，正如正文将充分表明的那样，他无意去为这一点"提供合理的依据"。因为许多杰出的英国经济学家对这一点以及同源的其他观点都有非常强烈的感受，所以只需在这里明确地说明作者在很大程度上同意当时和后来的一些经济学家提出的建议和批评，特别是霍特里（Hawtrey）先生的论点的实际应用价值，将会有助于更好地理解。我们还将看到，作者对当时奉行的货币政策的效果和可用的替代方法的可行性的评价都比较低。他认为，如果经济和社会模式的其他因素是以不同的方式形成的，那么对政策可能产生的影响的讨论就不是无关紧要的。但是根据"情势变更原则"（clausula rebus sic stantibus），他认为，就实际政策而言，霍特里基本上是正确的。我们可以利用这个机会，就英国经济政策的其他问题，补充给出一个类似的陈述——这些问题也必须顺便提一下。尤其值得一提的是，在本书中，作者不仅无意抨击一群杰出的英国经济学家所建议的政策，而且对他们在提出的许多建议（如果不是全部建议的话）中体现出来的智慧（包括对英国短期利益的重视）丝毫不加怀疑地予以赞赏。这与理论和诊断上的巨大差异是完全一致的。

此外，曾经尝试过实际的"通货紧缩"（即在如下意义上：减少流通媒介的数量，而没有相应地减少实物交易量）政策，但是由于民众坚决抵制这种必要的调整，所以很快就放弃了。除了清算战争支出，政府所做的一切只不过是减少了纸币的流通。① 英格兰银行继续努力积累黄金。1922 年，英格兰银行的金币和金条库存略有下降，但是到 1925 年就几乎达到了坎立夫的目标（年底时为 1.446 亿英镑），并在 1926 年超过了这个目标（到年底时达到了 1.511 2 亿英镑）。直到 1927 年，流通中的纸币的变动大致与此同步。1924 年和 1925 年，其他证券的价格都接近 1919 年的水平。其他存款在稍低于 1919 年至 1921 年底期间的水平上下剧烈波动。总结算额在 1921 年出现了下降（当时伦敦各结算银行的存款仍在增加），并在 1923 年底开始回升（见下文第六节）。这些数字应该足以帮助读者就以下问题形成自己的看法：货币因素本身可能与 1921 年的危机以及随后两年的缓慢复苏有多大关系？到目前为止，将这个时期与 1815 年至 1821 年间的历史进程进行类比可以告诉我们不少东西。

与此同时，英格兰银行实际上是允许英镑"顺其自然地"波动的。在美国停止了"钉住政策"之后，英镑开始下跌，贬值幅度在 1920 年 2 月达到了 34.5% 的高点。② 但是，它很快就恢复了大部分元气，在 1924 年夏贬值率一直在 10% 上下徘徊。这种回升基本上不能归因于英国政府或英格兰银行采取的实际措施（除了相关人士发表了一些演讲之外）。当时出现的价格水平下降也不能完全解释这种变化，因为那主要是一种国际现象。更重要的是前述同一个因素，它后来也使最后一步变得更加容易：在那个时候，全世界都在期待英国将恢复战前的平价，因此，所有人都在买入英镑。事实证明，这种诱惑是不可抗拒的；黄金将在国际市场上下跌以满足英镑的需求这种盼望至少可以说是模糊的；国内形势也不容乐观；就重建在一种能够在战前同等水平下有效运行的金本位制而言，真正的成功

---

① 流通中的纸币在 1920 年有 3.676 亿英镑，在 1925 年则下降到了 2.956 亿英镑。本书不需要讨论此后处理这些问题的措施。

② 官方对金银实行了禁运，但这不过是对"爱国主义原则"在整个战争期间所取得成果的一种延续。在官方解除了金银禁运之后，在随后出现的重重困难之下，有人试图再次采用后一种方法，包括禁止黄金出口、动员公共舆论反对金银业务经营者、诱使航运公司提高黄金运费等。

暂时是不可能的；但是技术上的成功则唾手可得。短期余额纷纷涌向英国，希望从实际上确定无疑的英镑升值中获利。到1924年12月，英镑兑美元的汇率已经只比平价低1.5%。唯一的困难在于，人们都预期到，在实现平价的那一刻会出现一种危险的压力。因为到那时，投机（资金）自然会意识到并撤出。针对这种危险，有关当局构筑了几项"防御工事"。来自美国的信贷构成了事后有必要时使用的一项保障措施。另一项保障措施是5%的银行利率，英格兰银行谨慎地保证了该利率的有效性。① 第三项保障措施是尽量压低英镑，直到暴跌的那一刻为止。这一点是通过购买外汇而成功地做到的，不过表面上是为了偿还对美国的债务。

一旦我们认同这个目标，我们就只能对这个再立新功的极佳的"转向装置"感到钦佩，它不仅取得了技术上的成功，还在这样做的过程中避免了颠簸和振荡，并将对经济有机体的伤害降到了最低。我们将会给出一些理由（见第六节），证明应该认为英格兰银行的政策在今后几年内仍然是值得赞扬的。毫无疑问，通过娴熟地运用黄金工具和巧妙地管理短期贷款市场，英格兰银行充分利用了当时非常微妙的形势。然而，《金本位法案》显然标志着真正困难的开始，而不是结束。从表面上看，由于黄金外流是不可避免的，新的金本位制是很难站住脚的，如果按照传统的原则来运行，它必定会崩溃。很显然，英格兰银行和英国政府肯定希望能够争取到一定的时间以采取必要的行动来避免崩溃的结局，并希望在此期间国内或国际事态的发展将解决这种困境。事实证明，前者是可能的，而实现后者的时机却一直不成熟。正是在这一点上，拿破仑战争之后的事态发展与我们这个时代（世界大战之后）的事态发展之间的不同之处开始显现了出来。在那时（拿破仑战争之后的那个时期），通过货币政策对价格水平和收入进行大幅调整是可能的，但是国民经济的蓬勃发展使得这种调整没有必要。而现在则不存在类似的发展背景，货币政策的大幅调整是必要的，但却是不可能的。这个事实——实质上相似的货币政策却在不同时期产生了如此不

---

① 大规模的融资操作，再加上重新发行大致相同数量的短期国债，实现了这一目标。另外，还必须让银行明白，当局目前并不认为外国贷款符合国家利益（"资本输出禁令"）。

同的结果，同时在前一个时期，几乎没有遇到过任何纯粹的货币意义上的困难，而在另一种情况下，这种性质的困难最终证明是无法克服的——应该足以说服任何人，在一般理论中，货币政策并没有资格拥有某些经济学家赋予它的那种关键地位。因此，以下说法并不会导致矛盾——相反，它只是一个简单的推论——如果社会和经济结构的所有其他因素都被认为是已知的，如果我们将货币政策作为唯一的变量，那么后者就可以获得一种因果重要性，特别是（如果与其余的结构不相容的话），它将会成为一个抑制性（会引致萧条）的外部因素。这也就是我们要讨论的情况，也决定了英国货币政策在战后周期性过程中所能扮演的角色。高估英镑（即对进口进行补贴并惩罚出口）、设定异常高的银行利率，就是英格兰银行惯用的操作方法的两个常见例子，尽管我们不应该高估这两者中任何一个的重要性。

因此从这个意义上讲，我们的论据会引导我们同意英国货币当局所持的如下看法：如果所有其他的事情都保持不变，那么回归金本位制或回到战前平价就会带来一定的压力；这种压力加剧了困难，但是可能已经被另一个货币政策缓解，它不一定会产生其他困难。然而，为了做出解释（尽管在这种情况下也许不是为了提供实际的建议），更加重要的恰恰是"其他东西"中的某些东西。无论是货币政策，还是英国在1918年的国内和国际地位不如在1815年时这个事实，都不足以解释人们普遍认为无法令人满意的经济表现。我们在第二节中试图分析的那种根本性社会变革，必定破坏了有利于资本主义引擎以最高效率运转的框架和氛围，这一点在任何地方都没有比在英国明显（除了俄国之外）。英国议会在1816年和1918年分别出台的法案对所得税采取的处理方法截然不同，即便对那些拒绝将其视为原因的人来说，这也至少是一个明显的征兆。英国的财政政策①描述的那种社会状况，几乎没有表现出任何可以用相反的意义来解释的"症状"。

---

① 正如我们在第七章已经看到的，这项政策的根源可以追溯到很久以前。然而，让我们先来回顾一下，在这项事业的长期发展过程中，最早的一个引人注目的里程碑是坎贝尔-班纳曼政府提出的第一个预算（阿斯奎斯；劳埃德·乔治先生的"人民预算"则是第二步）。关键的一点是，把布尔战争税所产生盈余的一部分专门用于支付养老金，而不是用来减少税收或债务，后者本来是可以采取的"经典"措施。

然而，在这一点上，典型的"英国特色"以及最令外部观察者感到震惊的，其实是一种非革命形式的变革方式，尽管这种变革所涉及的财富转移规模之大，不亚于任何一场革命（除了俄国的革命以外）。作者这么说并不仅仅指法律的连续性没有出现暴力性中断的事实，也是指政治航船上的人员一直保持连续性这一更为相关的事实。当然，这些人员的社会形态发生了重大变化，这是毫无疑问的。但是这种变化发生得实在太慢了。在任何一个时刻，旧阶层都成功地吸收了新元素，这既是因为它乐于接受新元素，也是因为它确实有效地吸收了正在崛起的人才。这之所以可能，是因为旧阶层本身——或者说它比较活跃的成员——具有一种非常独特的能力去接受和处理根本性的新情况和新原则。认为统治本身比通过统治来服务的目的和利益更加重要的群体，在英国比在其他任何国家都要更大，也更有影响力。当年，这个群体的成员就奉行谷物自由贸易政策，尽管当时谷物贸易是受农业利益团体控制的；此后他们世世代代都完全站在资产阶级的立场上管理国内和外交政策；他们一直或多或少地与资产阶级结盟，但两者绝不是完全相同的。因此，没有任何东西能够阻止这个群体——或者说从来不曾存在很大的不便之处——重复一些壮举，如组建工党，或者采用工党的路线，通过保守党去管理国家；因而毫无疑问，它能够自如地缩放粗糙的边缘，而不会改变事件的基本轮廓。实际上，在某种程度上这就是战后时期发生在英国的事情。[①] 因此，英国是在一种本质上保守的社会"情绪"下摆脱了战争——如果说这种"情绪"因 1920 年发生在英国的社会动荡和变革以及爱尔兰战争而有所变化的话，那也只是强化了它——并且在后来的大部分时间里一直由保守党执政，这个事实并不会影

[①] 许多英国人不会同意上面这些话，甚至可能会被激怒。但是这种分歧很容易解释为一个置身于比赛最激烈阶段的场内人与一个纯粹的旁观者在立场上的不同。对于前一个人来说，个体尺度的所有细节都是非常重要的，而且在表达自己的观点时，他将会使用且必须使用一种刻板的措辞，这种措辞除了黑和白两种颜色之外，再无其他颜色；当实际的颜色相互融合时，这种情况只会更加严重，而不会减少。而对于后一个人来说，除了泛泛而论的结果和非常简化的轮廓之外，没有什么是重要的。此外，与所处环境中流动性较差的那些因素做斗争的英国人，如果用"原则"这个术语能够恰当地描述那些如此容易被抛弃而且毫无遗憾的态度或观点，无疑将无法看出给作者留下深刻印象的是对新情况和新原则的极端适应能力。然而，这种适应性是可以证明的，也是最重要的事实。皮尔和迪斯雷利都是一门艺术的大师，而且很显然，这门艺术并没有失传。

响我们的诊断，不会影响它对英国这种特有机制的意义，也不会影响周期性过程的结果。再一次强调，工党在执政期间和在野期间实际做的任何事情，都不能构成导致经济过程偏离原本方向的扰动的主要原因。工党短暂的执政经历以及它在英国的强大地位，对我们来说仅仅意味着社会结构和氛围在发生变化的一个迹象。尤其是在金融问题上，工党所呼吁的显然是正统意义上的"稳健"。

战争融资也一直遵循传统惯例。在作者看来，这方面的成就非常令人钦佩，但是有些评论家却很不满意。很难理解他们在想什么。但是联合政府的战后预算一再受到批评的原因却是不难理解的，因为过于"奢侈"了；读者在这里可以自行加入各种各样的形容词，如"贪功的"、"邪恶的"、"偏向利益相关者的"和"令人憎恶的"等。这是与我们的主题有关的，因为它表明，战争支出清偿的迅速性几乎不能用来解释随后的衰退，除非战争支出继续以递增的速度增加，那样的话可以在一段时间内避免这种情况。随后，支出正常化，但是其水平仍然高达1913年至1914年间的四倍左右。超额利润税也被废除了。在其他调整中，我们只需要提一下，所得税的均一税率从1918年至1919年间的每英镑72便士下降到了1925年至1926年间的每英镑48便士。观察一下事物的状态，我们发现，在1925年至1926年，财政账户显示的政府支出（包括对地方当局和北爱尔兰的转移支付，但是不包括其他地方政府支出）为8.261亿英镑，收入则为8.121亿英镑，如果我们扣除用于减少债务的0.5亿英镑，那么逆差就会变为顺差。相比之下，在1913年至1914年，财政收入和财政支出均为大约1.98亿英镑，收支大致持平。地方政府在后一个财政年度的税收收入为1.661亿英镑，而在前一个财政年度则为0.79亿英镑。关于如何选择一个指数来使这些数字可以比较，意见分歧很大。但是在这里，我们只需要指出，虽然大不列颠和北爱尔兰居民的货币收入总额在这两个财政年度之间只增加了1倍左右，但是公共收入总额却大幅增加了大约3.4倍，从"完整"的资本主义的观点来看，这个公共收入水平已经非常高。与德国的公共支出不同，英国的公共支出，尤其是永久性支出，在随后的几年里表现出了一定的稳定性，从未大幅超过财政收入。政府、地方当局和社会保险的合并收支账户（Consolidated Revenue and Expenditure Account）经常表现为盈余。①

然而毫无疑问，英国的财政政策仍然干扰了储蓄-投资过程。② 如果我们考虑到这样一个事实，即税收负担不仅增大了，而且以一种不可能不影响储蓄和积累的方式发生了转移，那么这种影响就会变得更加明显。如果暂且忽略超额利润税和对公司业务征的税，那么遗产税和所得税产生的收入，在1913年至1914年间大约为0.745亿英镑，在1925年至1926年间则大约为3.89亿英镑。虽然这些税的纳税人的消费支出肯定受到了影响（任何熟悉英国人生活的人，对此都不可能有任何疑问），但是，如果把战前的数字翻一番以使它具有大致的可比性的话，我们就能得出这样的结论，即更大的一部分——可能占到了那2.40亿英镑差额的三分之二，必定来自潜在的储蓄，或者在某些情况下源于储蓄的减少。这个结果的含义——见前文第二小节以及其他各处——可能是令人不快的。对此，本书能够给出的唯一回答是，事实本身自有方法去证明那些显然已过时的观点，这实在令人遗憾。因为，我们同时在经济有机体中观察到的症状，正是老式经济学家（正如本书所充分证明的，作者的理论从根本上说与这些经济学家的理论相去甚远）所期望的会从这样的财政政策中得到的结果。

这些含义不会受到削弱。首先，对某些经济部门——农业、航空运输业、商船业、煤矿业、甜菜糖业和其他行业——的补贴数额都是相对适中的，虽然不容忽视，但是这个事实不会削弱上述含义。其次，其他一些支出项目将会得到大多数人的支持，而且一些项目肯定会"提高生产率"，

---

① 请参见：C. 克拉克（C. Clark），《国民收入和支出》，表59，第140和141页。
② 根据鲍利教授和约西亚·斯坦普（Josiah Stamp）爵士所著的《1924年的国民收入》提供的数据（1927年，第57页），1911年的总收入为20.2亿英镑，其中3.2亿英镑成为储蓄，2.25英镑则用于交税；1924年的总收入为41.65亿英镑，其中4.75亿英镑被储蓄了起来，8.55亿英镑被用来交税。非常粗略地说，"自由消费"的金额是随着总收入的增加而增加的，即翻了一倍；储蓄起来的金额则只增加了一半，即低于价格水平的涨幅；用于交税的金额则增加到了以前的3.75倍以上。当然，对于实际储蓄的绝对下降和货币储蓄的相对下降对经济过程的影响，我们可能会有不同的看法。但是，如果否认这种下降主要是因为税收增加，那肯定是非常不合理的。使用其他估计数也不会对结果产生重大影响。然而，我们有理由怀疑（见下文第六节第二小节），所有的估计都严重夸大了储蓄的数额，实际储蓄应该远远低于4.75亿英镑。

这也无关紧要。例如，社会改善政策在1912年至1913年间和在1925年至1926年间分别大约为0.16亿英镑和0.72亿英镑。[1] 此外，我们一定不能忘记，环境的改善无论多么有益，在大多数情况下都不能抵消为它们提供资金而征的税对经济的影响。例如，毫无疑问，如果政府所采取的包括增加支出在内的行动能够减少湖区国家公园的降水量，那么这个本来就令人心旷神怡的公园带给国民的享受将会大大增加。但是，为此目的而征的一般税仍然会成为一种净负担，而且这种好处将直接完全转变为一般意义上的环境条件，这好像不是"公仆们"（H. M. Servants）"苦心孤诣"的努力，而是雨神朱庇特（Jupiter Pluvius）"施法"造成这种变化一样。

最后，从关于上述问题的一个并不是非常值得称道的讨论来看，我们还必须强调税收所服务的59亿英镑的国内政府债务（那是在世界大战期间增加的），也不能排除在解释之外，因为它影响了"纯转移支付"。的确，内部债务在某些方面引发的问题不同于外部债务所引发的问题。同样正确的是，这种类型的支出并不会减少可供工业使用的生产要素数量，而在充分就业的情况下，增加（例如）警务支出则会减少生产要素的数量。但在完全相同的意义上——尽管在其他意义上不然——对伤残士兵的支付是一种负担，用于"无用资本"的支出也是一种负担。它对缴纳相应税款的人的影响与为任何其他目的而征收的税款的影响相同。而且任何一类接受者都没有收益来平衡这种损失：伤残士兵和用来资助战争生活的"无用资本"的所有者都没有缴款，他们依赖于社会其他人的生产性努力的成果，而本来他们可以为国家增加收入，并以此挣得工资和利息。"把钱从一个人的口袋放进另一个人的口袋"这种说法完全不能反驳这个事实。

除了其他影响外，这种财政政策还会强制人们求助于外国的短期余额，其方式在很大程度上类似于德国的情况。对预算的清醒、冷静的管

---

[1] 这些估计值来自德国国家统计局，《英国、法国、比利时和意大利的政府支出：1927年》(Staatsausgaben von Grossbritannien, Frankreich, Belgien und Italien 1927)。人们必须在各种定义之间做出选择时，会带入主观因素。此外，还必须考虑由于与税收无关的原因而导致的不同的经济状况，其中一种状况会比另一种状况造成更严重的失业。不过，在我们的论证中，所有这些都无关紧要。我们也不是在批评。

理，确实可以阻止德国那种"消费繁荣"的出现和发展，而且英国的一部分短期借款与海外长期贷款有关。但是，如果税收没有如此大幅度地削减潜在储蓄，那么流入的外汇余额就会减少，因而许多东西（包括货币利率）就会与现在不同，这一点仍然是正确的。然而，正如前文指出过的，英国的经济状况比其他任何国家都更容易受那些影响特定地点的因素的影响。这类因素，比如导致煤炭行业萧条的创新，或者是印度本土资本主义的兴起（这导致英国的棉纺织业趋于衰败），又或者是其中英国的国际地位大幅下降的银行、运输、保险等行业和领域，永久性地改变了英国的经济生活条件，并成了主要的外部因素。而且，在解释英国的周期性现象时，它们要比银行购买的资产数量更重要。此外，英国的国内和国际环境在新重商主义时代必定会以越来越快的速度发生变化。这本身就不可避免地迫使政策出现根本性的变化。如果现在科布登（Cobden）突然起死回生，从棺材里爬出来宣扬如下信条，即为了把大英帝国变成"铁甲世界"，必须诉诸保护主义政策、国有企业和有管理的货币，那么我们并不能说他前后不一致——尽管他当然有可能是错的。

第四节　经济史概要：1919—1929 年

只要给出一幅非常粗略的草图，就足以让读者相信，在这个时期经济生活的所有主要特征实际上都与我们对康德拉季耶夫周期下行阶段的观点若合符节，而且没有一个是与我们的观点所隐含的假设相抵触的。

一、农业的发展与对美国、英国和德国农业萧条的诊断

让我们从农业领域着手讨论。前两个康德拉季耶夫周期的负向阶段都表现为长期的农业萧条。我们已经看到，在因果关系和症状上，它们彼此之间以及在每一种情况下在不同国家之间都有极大的不同，这使得人们对关于它们的任何比较宽泛的概括都产生了怀疑，特别是关于它们发生的"必然性"或"常态性"的一般结论。然而，我们同样看到，康德拉季耶夫周期下行阶段的某些属性会在作为一个整体的农业领域产生导致萧条的

条件，同时农业创新（如果有这种创新的话）倾向于在农业领域产生导致萧条的条件，这些条件可能非常重要，足以创造出一幅农业普遍萧条的画卷。很显然，这就是我们在战后时期发现的，它提供了很容易地适用于农业状况的所有其他因素的一级近似图景。但其他因素也是重要的，不能仅仅因为采用了单因素理论和单药方疗法而忽视之。

首先，土地价格的下降不是相对价格的下降，而是绝对价格的下降，也就是说，这是整体价格水平下降的一个因素。这种下跌是周期性下行机制——尤其是康德拉季耶夫周期的下行机制——的一部分。正如我们已经看到的，它本身并不足以产生一场农业危机，尽管如果农产品价格的下降幅度大于所能购买的工业制成品的零售价格，那么就可能对农业社会的福利产生不利影响。[①] 但是，如果农产品价格的下降影响了特定债务的状况，就有可能发生"危机"，这种债务，或者是由于借款用于非生产性目的（例如用于购置土地），或者是由于借款用于生产性不够高的目的（例如用于单纯的扩张）。但是这个时期，美国和英国的农业部门不得不面对的（就像英国的农业在拿破仑战争之后、美国的农业在内战之后曾经面对的那样），并不是前面讨论的那种价格水平的下降（那是康德拉季耶夫周期衰退阶段和萧条阶段的一个正常的经济过程），而是价格在世界大战期间更加强烈的反应。此外，在第七章最后一节所指出的范围内，农业也是一个不断创新的行业，或者更确切地说，是一个被迫进行各种起源于其他地方的创新（例如内燃机）的行业，特别是农业所用的机械、电力和电器以及新的肥料。因此，我们应该可以预期到，这些创新是在周期的下行阶段才完全"征服"农业部门并产生成果；它们以及区位的变化（构成了农

[①] 当然，情况总是如此。就农业机械而言，根据美国联邦贸易委员会（Federal Trade Commission）的一项调查（1920年），在1917年和1918年，农具生产商和经销商对农具提价，价格上涨幅度远远高于"保证弥补增加的成本"所需的程度，尤其是在那些实际上是由一个企业控制的行业中，例如割草机行业和捆绑机行业。同时，农业机械行业对"创新溢价"的收取也比其他行业更加完全。而且一般而言，部分是由于当地经销商获取的利润率和运费（两者加起来在某些情况下在农民支付的价格中大约占到了25%），部分是由于垄断竞争，农业机械的价格往往很高且没有什么弹性。通常来说，农民自己无法提供的服务都很昂贵。这一点同样适用于农民作为消费者购买的大多数现代生活用品，在较小的程度上也适用于一般的工业制成品，尽管其中一些东西也是有效地和廉价地提供给农民，没有任何超常的利润。

业自身最重要的创新），在农业的某些部门降低了生产成本，导致大多数其他农业部门无法与之竞争；例如，随着经济的发展，人类的粮食问题实际上已经得到彻底解决，但这是以牺牲农业部门的利益为代价的。然而，要让这幅年复一年展开的画卷更加完整，就必须加入来自其他国家（由于战争，它们的发展加速了）的竞争、收成情况、需求条件[①]、国际壁垒和其他因素的影响

a. 接下来分别简要阐述我们关注的这几个国家的情况。我们首先要注意的是，在美国，从 1915 年至 1919 年，美国农业经济局（Bureau of Agriculture Economics）的农产品价格指数上涨 109%，而农民需要购买的商品的价格指数则在 1920 年之前上涨了 94%。[②] 到了 1920 年，价格出现了温和的下降，1921 年进一步降到了战前水平的 116%，然后，农产品价格指数迅速回升，到 1925 年达到了相当于战前水平 147% 的峰值。然后，一直到世界经济危机爆发前夕，价格一直围绕着小幅下跌的"趋势"上下波动。这种发展必定会与农业债务的积累联系在一起。[③] 即便是在战前（主要处于繁荣阶段的）各年中，农业抵押贷款总额也已经相当可

[①] 正文所说的需求条件指向了如下事实。在一些国家，特别是在美国，需求往往会变得没有弹性，而且在整个战前时期曾经促使需求向有利的方向变化的一些冲击，在其他一些国家减弱了（不是在美国）。此外，新的生活方式带来的新口味和新习惯往往倾向于减少"重食物"的人均消费量。但是，这些事实与消费者的实际购买力或货币购买力的降低都没有任何关系。再一次，正如我们讨论这三个国家的工资变化过程充分证明的那样——而且比在其他两个例子中更明显——只是一个纯粹的神话（除了德国和奥地利在通货膨胀期间的情况之外）。因此，保护主义政策更值得我们注意。

[②] 例如，E. G. 诺斯（E. G. Nourse）在《最近的经济变化》中复制了这些指数（第二卷，1929 年，第 548 页）。更新的和更广泛的调查并没有在很大程度上改变总体情况。在这里，几乎没有必要专门指出这些指数的可靠性是有限的，尤其是全国性指数。由于抵押贷款利率、铁路票价，以及农民需要用自己的收入购买的其他商品的价格都没有什么变化，或者变化幅度低于指数（根据同一来源，在 1919 年，农业财产税只比 1914 年增长了 30%），因此，1919 年的情况从表面上看似乎更有利于农民，但是这只会加剧随后的逆转。在我们所讨论的这个时期内，农业财产税上升到了战前数据的 2.5 倍以上，同期农民购买的商品的价格指数则从未跌破这些数据的 150% 左右的水平。因此，农民的不满是可以理解的，特别是如果我们考虑到了工业部门财富的迅速增长的话。但是，不满本身并不构成危机。

[③] 当然，抵押贷款只是农业全部债务的一部分。但是，由于部分短期债务——比如说，牧牛业中的短期债务——的真正目的是服务于当前的业务活动，是没有危险性的，因此我们在上述"素描"中只考虑抵押贷款。

观——在1910年达到了33亿美元。① 到1920年，农业抵押贷款总额更是达到了上述数字的237%，显然这已经足以导致许多无法维持的状况，即便我们考虑了收入的涨幅超过农产品价格的涨幅，且随后的降幅又比后者更小这个事实，也不能缓解这种担忧。而且，到了1925年，这个数字进一步增加到了大约93.6亿美元，峰值是在1928年达到的，不过并没有比1925年的高太多——为94.6亿美元。在那个时候，这种负担有一部分可能是借入短期债务的结果（仅仅是这些债务就足以令相关各方烦心），不过更大的一部分则是扩张和下文即将提到的机械化的结果。无论如何，在这两个时期债务的增加与土地价值的上升之间的相关性是很明显的，因此，以下推断也许是不可避免的：这两个时期的债务增长大部分源于购买土地的需要，其目的不是获得更多的农产品，而是获取土地的增值收益。② 这样一来，到目前为止，我们的结论是：在1920年至1921年间，农业经历了一场短暂而剧烈的危机，不过它只是战后全面衰退的一部分，尽管由于农业承受了部分非生产性债务负担，受这场危机的影响更大。在1921年之后，直到1926年，无论从我们的立场以外的其他观点来看情况是多么无法令人满意，肯定都没有出现普遍的农业萧条。1926年以后，直到世界经济危机开始爆发，农业的状况变得越来越不如人意，但是造成这种状况的唯一具有普遍性的原因仍然是非生产性债务的压力。

但是，除了许多比较小的问题之外，这个诊断还遗漏了一个重要的问题，即前面提到的创新的影响。其中一些创新，例如柑橘类水果和蔬菜种植技术的改进，又或者农产品冷藏和罐装方面的进步，并没有——或者没

---

① 上述债务数据摘自美国对外及国内贸易局出版的关于长期债务的出版物，1937年，第107页。

② 官方出版物在处理这个微妙的问题时是十分谨慎的。这当然是可以理解的。不过，上一个脚注引用的那份出版物仍然颇为直率地写道（第106页）："在战争期间和战后时期，地价上升和土地转让规模的扩大，导致了农场抵押贷款债务显著增加，因为人们可以自由地用抵押贷款来促进土地买卖。"在一个人人都在投机的国家里，应该不会有人对此感到羞耻。但是，隐瞒病人的病情不可能是找到疗治方法的正途。此外，尽管在某几个州"抵押贷款的自由使用"相当火热，但是人们并不认为整个国家的农地投机活动达到了新西兰那样的程度。在密西西比州，有83.7%的农场被抵押了出去；而在西弗吉尼亚州，这一比例却仅为32.6%。例如，请参见美国农业经济局于1937年6月1日发表的H. A. 华莱士（H. A. Wallace）部长关于农业形势的声明。

有实质性地——导致某些部门或产品与其他部门或产品之间的竞争，从而使得农业总收入实现了净增加。在较小的程度上，家禽和牛的饲养技术以及制奶技术的进步也是如此。① 其他创新，例如某些农业所用的电器，甚至可能帮助了那些被竞争淘汰的行业，特别是那些主要困难在于劳动力成本过高的行业。但是，农业领域的大多数创新和进步，虽然对提升农产品在不断增长的消费品中所占的份额有重要作用，但是根据我们的模式，这只是康德拉季耶夫周期下行阶段的一个特性，即便这种创新和进步使所在国家更多的部门都出现了因农业而繁荣的景象②，也仍然会倾向于使得某些地区陷入低于可盈利生产的边际。毫无疑问，将这个结论应用于在开垦、排水、灌溉土地等方面取得的生产成功，或者应用于将大片土地用于集约型作物种植的技术进步，以及应用于以前为"粗放型"农业目的服务的园艺技术的改进，都是完全正确的。而且，这个结论还可以应用于将卡车、拖拉机以及其他新型农业机械引进谷物种植当中，以及（在某种程度上的）电力使用等情况，那也是有一定道理的。它们大多扩大了农业生产单位的最优规模，不过其中一些只有在大平原的特定条件下才能得到充分利用。从1920年到1930年，运货卡车的数量从13.9万辆增加到了90万辆，拖拉机的数量则从24.6万辆增加到了92万辆。③ 拖拉机的广泛使用可以将以前截然不同的若干种作业活动结合起来，例如耕作和苗床的准备，从而稳步推动了机械化程度的不断提高。在同一时期，联合收割机（最初是在加利福尼亚州取得成功）也得到了普及，其年销量增长了近7倍。此外，还有必要提一下收获棉花和玉米的农业机械。但是，要证明我们的观点没有必要

---

① 相反，有一位著名的政治家声称，当他发现威斯康星州的牛奶和奶制品正在佐治亚州销售时，他感到震惊；但是很显然，在国家内部分工这个问题上，无论是农民还是经济学家，都不太可能与他"感同身受"。

② 然而，对繁荣的强化要比原本预期的小，这不仅是因为（正如前文所指出的）利润必须与负责创新的行业分享，而且因为农业本身是一个完全竞争的行业，这个特点意味着农业对成本下降的反应是迅速降低产品的价格。这一点，再加上销售不出去的那些产品没有立即消失，造成了一种有时可以用"农业生产过剩"一词来表达的现象。如果这个词意味着农民应该为他们的困境承担"责任"，那么有现成的明确回应，即通过他们的行动，农民充分地提供了环境决定他们能够提供的社会服务。然而，无论如何，这句话是误导性的，因为它所涉及的情况并不是一般意义上的生产过剩。

③ 尤其是价格低廉的拖拉机（如福特森牌拖拉机，由国际收割机公司生产），在1915年以前还没有问世。

举出更多的例子。所有这些创新都不是"全新"的,因为所有这些创新都属于典型的"诱致性发展",我们在之前的许多场合中发现,这正是康德拉季耶夫周期下行阶段的特征。我们在前面总结的模式——点缀了繁荣的萧条——与其他模式一样适用于这种情况。[①] 在这种情况下,从农业向工业的人口迁移从资本主义机制的逻辑的角度来看,是一种完全正常的适应现象。

特别是,如果我们仔细观察一下棉花和小麦的情况,我们就会发现战后时期农业状况上述特征的其他方面和一些额外的特征。[②] 自19世纪90年代初以来,棉花价格的走势一直保持着与全商品价格指数的一致性,国内棉花消费量也大体上随工业产出指数而变动。在我们考察的这个时期,情况大体上仍然如此,唯一的例外出现在1921年——从那一年年初开始,棉花消费量迅速上升。1922年至1924年,棉花出口量低于战前最后几年的平均水平,但是大致与1924年至1929年间的平均水平相当(或略高于该水平),棉花出口额则从1921年开始迅速走高,直到1925年,然后在那之后逐渐回落。在有一定影响力的与棉花有竞争关系的产品中,人造丝是其中的一种——随着财富的增加,羊毛的竞争性在许多方面也在增加——但是由于新用途的出现,这种竞争仍然只是次要的;标准纤维则还没有出现。由于拖拉机和机械采棉机的出现(再加上轧棉机的相应创新),也由于采用了新的耕作方法,许多以前不能耕种的土地变成了上好的棉花种植区,人们纷纷迁过去,这种情况尤以得克萨斯州和俄克拉何马州最为突出,东南部地区的大部分棉花种植业则因没有竞争力而消失了。

---

① 当然,由此得出的结论是,农产品和非农产品之间的"价格平价"与对农业社会所享有的福利程度的评价无关。而且,"收入平价",即农业社区作为一个整体与工业部门之间的收入平价,也没有更大的经济意义。我们也没有理由预期农产品价格或农业收入能够与其他部门的价格或收入保持一定的关系,这就好比我们没有理由预期(比如说)源于煤炭开采的煤炭数量和收入,应该永远保持其在这个不断被彻底改变的经济世界中的相对位置。如果基于某些经济以外的原因要补贴农业——确实有许多这样的原因——那么在制定补贴政策时就应该完全不考虑当前状况与过去状况之间的任何这种对等关系。然而,在1920年,农产品总市场价值的下降幅度虽然远远大于工业工人的货币收入,但也正是从那一年起,农产品的总市场价值就基本上与后者同步变动。请参见:M. 伊齐基尔,《对农民1933年状况的评估》,刊载于1934年6月的《美国统计学会会刊》,第140页的图表。

② 同样的现象在其他农产品的情况下更加突出,例如橡胶、咖啡和大米,但是这些不是我们这里要研究的任何一个国家的产品或主导产品。这里还应该提一下伦敦和剑桥经济服务局发表的——作者是J. W. F. 罗伊(J. W. F. Rowe)——关于对原料供应的人为控制的研究。

在所有这一切现象中，我们描述的过程得到了完美的呈现，劳动从"旧"阶层中抽离出来（并进入东北工业区）的过程尤其明显。在世界大战期间，标准品质的农产品价格从12.5美分上涨到了28.5美分（后一个数字是1918年11月的数据），这是完全正常的，既不会成为种植面积增加的理由，在现实世界中也没有真的导致种植面积增加。有一定收成的种植面积实际上反而从1914年至1915年的峰值有所下降。不过，在1921年、1922年和1923年，由于棉铃象鼻虫泛滥成灾，价格在1923年末上涨到了32美分，在西部地区，这可能推动了种植面积的扩大；尽管弃耕现象一直存在（这并不是完全因为棉铃象鼻虫泛滥成灾），但是种植面积仍然从1921年的2 970万英亩增加到了1926年的4 580万英亩。同一时期，美国之外的种植面积则从2 850万英亩增加到了超过4 200万英亩，当然，这不仅是对前述价格变动的一种反应，而且是许多国家多年来努力发展棉花种植业的结果，这种努力可以追溯到第一次世界大战之前，也是美国自己的关税政策间接促成的。就这样，在当前波动的表面之下，缓慢地发展出了一种无法长期维持的状况，它必定会削弱美国棉花在世界上的地位，并最终在大萧条中爆发。在这种特殊的情况下，"生产过剩"（在这个术语的正确含义上）与"有计划的撤退"的理由一样是不可否认的。[①] 至于棉籽油及其残渣（棉饼），我们不能在这里深入讨论；无论如何，它们在人类及动物食品与化学产品领域发挥作用的可能性虽然相当大，但是肯定不会从根本上改变整个画面。

在战后时期，小麦的状况也呈现出了基本相同的特点，但在重要性方

[①] 请一定要记住，我们在这里讨论的是世界经济危机爆发前的棉花问题，上文的目的是要表明，即便是在世界经济危机爆发之前（而且独立于世界经济危机），我们所说的"有计划的撤退"的理由就已经存在。我们应该清楚地认识到，这意味着两件不同的事情。首先，在这个普通的周期性演化过程中，区位上的创新和技术上的创新对东部棉花种植业的很大一部分来说意味着灾难。当然，在一个竞争激烈且被一些不会理性地、敏捷地采取行动来回应资本主义要求的人所主导的行业中，还是有可能主张通过计划或提供救助来促进转移，这本身也是正常的或不可避免的，但人们靠自身还是无法影响并减轻那令人痛苦的"血战到底式的逐底竞争过程"。其次，进行计划还有另一个理由，即对有计划的海外扩张做出有计划的反应。正是后者构成了战后棉花状况的特殊性。美国是要同外国开辟出来的新供给来源竞争还是要退出国际市场，这里无法进行讨论；为了取得成功，这两者都需要公共当局进行规划。而至于这会对规划理论有什么影响我们也无法在此深入探讨。

面则存在着不同。在战前，美国生产的小麦在世界市场上确实遇到了日益激烈的竞争——来自加拿大和阿根廷的小麦，但是相关影响总是可以通过有利的需求变化来抵消。到了战后时期，情况就变得不同了。尽管人口迅速增长，人均小麦消费量却没有提高。相反，人均小麦消费量由于口味和习惯的改变而大大减少[①]，虽然人口的增加足以导致小麦消费总量的增加（在我们讨论的这个时期的末段，消费总量比世界大战前最后五年的平均水平高出了15%左右）。在美国的战争和紧急信贷计划终止后，外国需求从世界大战期间的高峰迅速下降，外国竞争和保护主义政策共同造成了需求急剧下降的"趋势"。从1926年开始，出口量也不断下降。除俄国和中国之外的世界产量，在经历了从1915年至1917年间的下降之后，到1928年增加了三分之一以上，随后又在比战前最后几年高出大约20%的水平上波动。[②] 如果只看欧洲的生产（包括俄国的出口），那么可以看出与美国的出口呈明显的负相关关系。此外，对这些事实的解释还必须考虑到国内需求的极低弹性。一些经济学家坚持认为，生产适应了新的条件，并指出在1919年至1925年间人均收获面积出现了急剧下降。[③] 然而，生产实际上在1915年至1919年间实现了相当大的扩张（1917年的低谷是由冬小麦失收所致），而且，虽然生产随后因价格下降而快速收缩，但是持续的产能过剩、缺乏弹性的国内需求产生导致出口下降和收成变化等强烈效应。[④] 不能因为小麦的价格像任何全商品价格指数一样波动剧烈，就推断说小麦种植业所特有的条件与这些都没有关系。因此，有计划的撤退的理由再一次浮出了水面。

[①] 但是，根据斯坦福食品研究所（Stanford Food Research Institute）的计算结果（参见发表于1932年12月的《小麦研究报告》，第310页），国内面粉的消失完全与战后时期人口的增长同步。一般来说，讨论谷物问题还必须考虑到马匹和骡子逐渐被淘汰。

[②] 对于阿根廷、澳大利亚和加拿大这几个国家来说，与战前最后几年相比，它们加在一起的产量增加了40%以上。

[③] 例如，请参阅沃伦（Warren）和皮尔逊（Pearson），《价格》，第50页的图42。

[④] 只有在1918年、1919年和1924年，大丰收才给农民带来了"好生意"。1920年和1921年的歉收有助于稳定价格，而这十年间的最低产量（1925年）则带来了所谓的"价格复苏"。但是，1926年、1927年和1928年越来越好的丰收年成则给美国农业带来了在战前从未有过的压力，并导致了1929年的经济崩溃。

但核心事实是技术革命。① 在我们讨论的这个十年里，平均每年的小麦产量大约为 8.5 亿蒲式耳，这个数字看上去似乎并不可怕。但是，它并不是在全国各地"和谐地进行扩张"的结果，如果那样的话，就有可能加以限制，通过适当的、温和的牺牲为每个小麦种植者提供帮助，或者让种植者自己在萧条的那几年通过自我限制来免除灾难。这是某些地区投机大规模扩张的同时其他地区痛苦地"去投机"的净结果。扩张是普遍的，直到 1919 年为止，即便是东部地区和南部地区也对战争价格做出了很大的反应。但是，真正的种植面积的显著增加却不是这样。种植面积的显著增加仅限于蒙大拿州、堪萨斯州、内布拉斯加州、得克萨斯州以及其他几个州，而且显然不仅仅是因为战争条件。同样地，从 1919 年到 1925 年，小麦种植面积的减少是普遍的，也是不平均的，例如在蒙大拿州就几乎没有任何减少，该州随后的扩张持续到了 1929 年，恰巧与南部地区和东部地区的种植面积受到限制的时间吻合，两个地区的小麦种植面积在过去 10 年里减少了大约五分之一。对这个事件过程的诊断是显而易见的。扩张发生在大平原区，在那里机械化农场特别是拖拉机和联合脱粒机可以充分发挥作用，从而能够以每蒲式耳 60 美分或更低的价格获得可接受的回报。②当这些创新不能带来利润时，或者当每蒲式耳 1 美元的价格只能覆盖较好土地上的种植成本时，种植面积就会收缩。在这里，我们识别出了我们的模型所体现的所有特征，特别是"血战到底式的逐底竞争过程"，即大约有一半的种植小麦的农民被判处了"经济死刑"。但是在这里我们并不关心这个问题的影响。③ 不过必须补充的是，战后时期农业状况的这一组成部分实际上起源于（理应如此）之前的康德拉季耶夫周期的繁荣阶段。蒙大拿州、堪萨斯州、内布拉斯加州和得克萨斯州在 1900 年至 1915 年间的种植面积增幅最大。我们甚至可以说，这种增加可以归因于创新本身，而

---

① 当然，这一点从未被完全忽视。而且，在这种情况下这个因素的极端重要性已经由 E. 阿尔苏尔（E. Altschul）和 F. 斯特劳斯（F. Strauss）率先指出，他们的论文题目是《技术进步与农业萧条》，《国家经济研究局公报》，第 67 号，1937 年。

② 请参见 C. L. 霍姆斯（C. L. Holmes）先生的报告，《关于农场机械设备影响农业生产成本的报告》，美国农业部，1931 年。

③ 当然，这种状况导致了较低的农民人均收入。

到 1919 年的进一步增加——在大平原区，共增加了大约 1 000 万英亩——则可以归因于战争效应。就像通常一样，创新本应在下行阶段得到传播，并发挥全部作用。因此，在任何情况下，萧条状况都会随之而来。战争价格和对战争的反应又加剧了这一点，这就是价格或货币因素发挥作用的一切。

b. 就英格兰和威尔士而言，1925 年农产品总市场价值为 2.25 亿英镑，不到消费总额的三分之一。其中又有三分之二是动物产品的价值；谷物和土豆的价值则不到四分之一。在战争期间，种植面积完全没有增加——相反，在那整个十年中略有下降，并且低于 1871 年至 1875 年间的平均水平。当然，农产品价格的走势是与美国非常相似的；从 1924 年开始，动物产品的相对价格出现了强劲回升。① 根据所得税统计数据——尽管农业方面的所得税统计数据向来不那么可靠——（税收）收入的上升持续到了 1920—1921 年（为 5 400 万英镑），然后下降到了 1922—1923 年的 2 060 万英镑，此后保持了相对稳定（维持在 2 400 万英镑的水平上），直到 1929 年。在没有危险的债务负担的情况下，不会产生无法维持的状况。本来无法取得回报的投资也处于较低的水平。而且，中等规模的农场总体表现良好。显然，这个时期的农业没有对经济状况产生重大影响。直到 1929—1930 年，农业领域都没有发生过任何"危机"。当然，甜菜生产因享受到大量补贴而出现了繁荣，产量从 1922—1923 年的 5.6 万吨增加到 1927—1928 年的 147.23 万吨。

c. 在德国，通货膨胀使农业债务从 175 亿金马克（1913 年）减少到了 27 亿金马克左右（后面这个数字最终源于对抵押贷款的重估②）。但是不久，农业债务就又开始转为上升。到 1926 年 6 月 30 日，新产生的抵押

---

① 尽管牧场的数量有所增加，但是牲畜的数量却没有显著增加。不过，乳制品和家禽确实有所增长；然而，在 1924 年，消费的 82% 的黄油和一半以上的肉类都是进口的。

② 这里不需要考虑 20 亿的地产抵押马克（Rentenmarkgrundschuld），即德国为了给在货币稳定过程中所发行的地租马克（Rentenmark）提供担保，根据法律抵押的土地的价值。农业部门必须为此支付 5% 的利息，但是这里实际上不存在资本债务。当地租银行（Rentenbank）被清算时（1924 年 8 月 30 日），它就由地租银行信贷机构（Rentenbankkreditanstalt）继承了（1925 年 7 月 18 日），后者接管地租银行的资产，并作为一个中介机构为来自公众和外国的农业贷款服务。

贷款债务和其他债务（不包括零售商的流动债务等）总计达到了 37 亿金马克，到 1930 年 3 月 31 日这个数字更是高达 76.6 亿金马克。如果我们在后一个数字的基础上再加上规模为 20 亿金马克的未报告的浮动债务和重估抵押贷款债务，那么到我们考虑的这个时期的末段，总债务将达到 120 亿或 130 亿金马克左右，仅利息支出就将超过 10 亿金马克。为了更好地理解这一点，我们必须时刻牢记德国农业本身及农业设备在战争期间遭受了多大的损害。为了使之恢复正常效率，必须进行大量投资。债务虽然会成为深渊，但是有很大的诱惑力，而且农场的土地规模越大，这种诱惑力越强，尤其是在东部地区，原因有很多：那里的工资更高，税收负担也更重[①]；在那里有更多的机会去尝试新的投资方法；农场主的生活方式的适应性比农民更差；昂贵贷款的提供者（无论贷款的来源是公共的还是私人的）都很愿意提供贷款——这是主要原因，但是事实证明这种"乐意"是致命的。最终，在西部地区，所有资产中超过 78% 是以负债形式持有的，而在东部地区，这一比例更是接近 90%。

如果我们相信德国经济状况官方调查（Wirtschaftsenquete）提供的 294 个大中型农场的数据，土地的净回报在 1912 年至 1914 年间的平均水平为每公顷 93 马克，但是后来，从 1924 年至 1926 年间的平均水平来看，所有净回报实际上都被抹去了。另一份半官方资料给出的数据则显示，在 1924 年至 1925 年间，平均净回报为每公顷 3 马克，而在 1925 年至 1926 年间则为每公顷 18 马克。[②] 当然，直到 1930 年至 1932 年间，这几年可以说是最糟糕的一个时期，而且净回报开始有所回升。这些数字本身并不能直接用来反驳这样一种印象：大部分农民，特别是人口稠密地区的农民，生活得相当不错。但是，我们似乎不可能避免这样一种推论：在许多情况下，回报最多只能勉强覆盖当期的税收和利息，有时甚至无法覆盖。由此

[①] 德国西部地区对农地征的税的上升幅度比东部地区要大：西部地区从 1912 年至 1914 年间的每公顷 8.8 马克增加到了 1924 年至 1926 年间的每公顷 37.6 马克，东部地区则从每公顷 7 马克增加了每公顷 25.3 马克。但与西部地区相比，东部地区的土地的净回报要糟糕得多。

[②] 请参见德国农业委员会的出版物（Veröffentlichungen des Deutschen Landwirtschaftsrates），《第 16 号小册子》(Heft 16)。这些数据来源于那些向农业委员会会计办公室（Buchstelle）报告的单元的利润表。

导致的一个结果是，止赎规模（以面积而非数量来衡量）到 1926 年上升到了战前水平，然后又进一步稳步上升，并在 1931 年达到了最高峰。① 这其实还不能说是全部情况，因为债权人可能经常因为知道不会有投标者来投标而无法取消抵押品赎回权，也因为有许多实际上令人绝望的情况还没有发展到技术性破产的地步。的确，即便是在 1929 年至 1930 年，农业用地价格也高于战前水平，但只是对面积小于 20 公顷的土地。② 对于面积较大的土地来说，价格是低于这一水平的，而且面积越大，价格就越低。

虽然对德国的诊断与对美国和英国的诊断完全不同，但是并不困难。技术成分只起了很小的作用。根据 1925 年的普查结果，当时德国的农业还没有完全实现机械化，即便在 100 公顷以上的农场中也是如此。当然，播种、栽植和收获机械的使用在大型农场已经相当普及，但是仍然只有少数农场使用了（例如）蒸汽犁和机动犁。至于农民，他们大多数实际上根本没有任何现代机械。在 510 万个农业工作单元中，只有 644 713 个使用了电动机，拖拉机还没有在很大程度上侵入牵拉用马③、公牛或母牛的领地。在施肥方面确实有了很大的进展。然而，在 1924 年至 1928 年间，所有谷物的平均亩产都低于 1911 年至 1913 年间的水平，而且农业用地有所减少。④ 德国为实现"自给自足"所做出的不懈努力在更晚一些时候还将会更加突出。然而，我们一定不能忘记，我们的比较是在与康德拉季耶夫周期繁荣时期的创新成果之间进行的，其间每公顷土地的产量大幅增加；还需记住，我们在这里只讨论了反映全国平均水平的数据，它们掩盖了不同地区之间的显著差异。但是，进一步的创新或之前创新的传播在我们讨

---

① 在那之后，由于政府采取了多种措施，丧失抵押品赎回权的情况大大减少。
② 请参见 W. 罗斯凯格尔（W. Rothkegel），《乡村庄园和成片土地的购买和租赁价格的发展变化》(Die Entwicklung der Kauf-und Pachtpreise für Landgüter und Stückländereien)，刊载于弗里德里希·李斯特学会（Friedrich List Gesellschaft）的《论农业政策》(Deutsche Agrarpolitik)，第 1 卷。
③ 1913 年的时候，德国（战后的领土范围）有 380 万匹马；而在 1928 年，则为 370 万匹马。因此，如果说马在德国农业中的使用发生了什么变化的话，那一定是增加了而不是减少了。
④ 从 1913 年（战后的领土范围）到 1927 年，大约减少了 30 万公顷。但是，对于这个数字，我们不应该不假思索地相信它。这种减少可能是由测量方法的不同所致。然而无论如何，肯定不存在明显的增长。在本章和下一章，"战后的领土范围"这个词除非另有说明，否则就是指根据《凡尔赛条约》所划定的德国领土。

论的这个时期对德国的非创新行业几乎没有什么影响，这与美国的情况不同。原因在于，对德国来说，外国竞争才是主导因素：国内创新所能做的无非在各种不同情况下给某些地区或个人持有资产带来便利。

出于同样的原因，在德国，消费者习惯的改变也并不像人们想象的那么重要。而且，虽然对肉类、奶制品、水果和蔬菜的需求在这个时期的开始阶段出现了"令人满意"的上升，但是人均面包消费量却发生了与同期的美国类似的减少——虽然不那么明显——同时还伴随着从黑麦转向小麦，这也解释了小麦种植面积的（小幅）增加和黑麦种植面积的（更大幅度）减少。① 后者表明，走向萧条的条件——除了 1927 年和 1928 年之外——已经在德国最重要的谷物生产部门成熟且占主导地位。生活水平提高的影响肯定也关系到马铃薯的种植。德国各地的情况差别很大，而且马铃薯既可以直接消费，又可以在养猪业和养牛业中用作饲料，还可以作为工业原料，这使得我们很难获得准确的相关统计数据。然而，总体情况还是非常清楚的。事实证明，对于马铃薯这种正在丧失其作为主食地位的商品的市场来说，在战前发展起来的供给能力在技术上是有非常强的刚性的，因此随之而来的必定是"过剩"，再加上类似的黑麦过剩，在一定程度上解释了为何生猪数量能迅速从战争期间的"大屠宰"中迅速恢复过来：在 1927 年，生猪数量就超过了战前水平。这一点，再加上来自东欧和东南欧地区的竞争降低了猪肉的价格，由此德国农业中所有最重要的产品最终都无法支付成本和承受其他负担（除了在本地销售之外）。

因此，摆在我们面前的是这样一个行业：如果放任，让其自生自灭，那么在其他条件相同的情况下，这个行业自 19 世纪 90 年代末以来就必定已经收缩。保护主义政策和成功的创新使它能够在康德拉季耶夫周期的繁

---

① 黑麦的年均种植面积从 1911 年至 1913 年间的 520 万公顷（战后的领土范围），下降到了 1926 年至 1928 年间的 470 万公顷，同期小麦的年均种植面积则从 166 万公顷上升到了 169 万公顷。在这整个时期，小麦的生长条件也相对较好。这个时期作物收成的价值也超过了 1908—1909 年至 1913—1914 年间的平均水平：年均水平从 7.215 亿马克，提高到了 1925 年至 1926 年间的 7.912 亿马克。请参阅：H. 帕茨曼（H. Paetzmann），《德国农业状况研究》（Zur Lage der Deutschen Landwirtschaft），刊载于《经济周期研究季刊》（Vierteljahrshefte Zur Konjunkturforschung），第 3 期专刊，1926 年，第 13 页。

荣阶段站稳脚跟，甚至得以扩张。但是，在康德拉季耶夫周期的下行阶段，美国的优势，包括拥有更大的发展空间（尤其是有更大的推进农业机械化的空间）、更加丰富的廉价劳动力（与德国东部和东南部地区相比），必定会显现出来。接下来事情就变得很清楚了，德国的农业无法偿还其迅速增长的债务，也无法承受现代国家的高工资率和高税收负担；也就是说，它的边际价值——生产率——远远低于整个国家的总体水平。我们必须从这个角度来理解德国农业的困境。它的这种状态是不能从价格的变化中推导出来的，因为价格在某些情况下是有利的，特别是牛奶和黄油的价格在任何情况下都没有低到明显会造成灾难的程度。不利的因素是成本方面的。在认识到了这一点之后，德国的决策者却仍然希望能够回避从中必然要得出的倾向于自由放任的结论，他们实施的公共政策用尽了产业保护、禁令（最初是以贸易垄断的形式）、降低铁路运费、直接和间接补贴等一切手段，还曾试图诉诸"内部殖民"，即将一些较大的地块分割成一个个小定居点。这些措施以及进一步的借贷，使得一切可以维持下去，直到世界经济危机爆发，那时两者终于一起消失了。

二、20世纪20年代出现在美国、德国和英国的建筑业繁荣

战后出现的建筑业繁荣也需要我们给出评论。它在那个时期的经济过程中在数量上的重要性如何？很难给出一个确切的回答，但是要给出一个近似的概念却很容易。例如，如果我们接受1929年进行的建筑业普查给出的数据——它声称平均而言，建筑业每花费5 800美元，就能（直接）为一个人提供一年的充分就业机会，同时如果我们把建筑材料的生产和运输所创造的就业（我们现在可以从联邦就业稳定委员会和人口统计局提供的数据推算出来）、在建筑业的其他附属行业创造的就业，以及通过间接影响在所有行业创造的就业都考虑进来，我们就不能怀疑建筑业是战后美国和德国、英国经济活动量的主要贡献者了[①]。这并不比战后的农业萧条

---

① 正如我们马上就会阐述清楚的那样，这并不意味着建筑业与经济有机体的其他部门之间只存在一种单向关系，也不意味着那个时期的繁荣起源于建筑业。仅仅诉诸建筑业在整个经济系统的支出总额中表现出来的数量重要性，是没有任何解释价值的。在大多数情况下，很明显，建筑业只是在对有利于其扩张的条件做出反应，而不是在创造条件。只有在建筑业本身存在创新的情况下，后者才会出现。

令人意外。建筑业繁荣,特别是住宅、公共机构用房和公用事业建设的繁荣,在前两个康德拉季耶夫周期的下行阶段也曾发生过。例如,在19世纪20年代的英国、1873年前夕的这三个国家,以及1878年至1894年的美国。所有这些繁荣,除了一个例外之外①,都要比在康德拉季耶夫周期繁荣阶段发生的任何一次繁荣更加强大。

这也不仅仅是一个历史问题。为了简洁起见,我们暂且只考虑住宅建筑。我们只需要列出所有会导致超常活动的因素,就会清楚地看到康德拉季耶夫周期下行和复苏阶段的一般条件——或者更准确地说是康德拉季耶夫周期下行和复苏阶段的更短周期的繁荣阶段的一般条件——是如何比康德拉季耶夫周期繁荣阶段的一般条件更有利于产生建筑业繁荣。其中一个因素就是利率的下降。实际收入的高增长率则是另一个因素:中产阶级和低收入阶层的货币收入都有所增加或至少保持不变,再加上生活成本下降,对更好住宅的新需求自然也就随之增强了。建筑业及其附属行业的创新也朝着同样的方向发展,因为就像其他创新一样,这种创新很可能在衰退中扩展开来。租金在康德拉季耶夫周期的繁荣阶段上涨,提供了一个额外的刺激——除非随后货币收入下降,但是正如我们已经看到的,不太可能出现货币收入下降的情况。最后,工业发展一般意味着工业的迁移,以及从农村到城市的迁移,这两者都会创造出新的建筑业需求,并最终是在经济衰退期间提供这些需求的。当然,除此之外,还有其他因素,它们与碰巧占据主导地位的康德拉季耶夫周期阶段的特征无关。其中最重要的是对战争时期的更新和正常增长这两种因素的遗漏。

a. 在美国,世界大战影响住宅或其他建筑物建设的程度,当然与在英国或德国不同;但是,我们观察到的各种迹象表明,美国的建筑业在1917年和1918年处于一个不正常的低水平,这是一个毫无疑问的事实。②然后,至少在美国的大部分地区,1918年底出现了一次短暂的繁荣,其

---

① 这个唯一的例外是英国从1895年到1905年的建筑业热潮。它始于复苏阶段,并且持续了十年,几乎贯穿了随后的康德拉季耶夫周期繁荣阶段一半的时间。

② 请参阅:J. R. 里格勒曼(J. R. Riggleman),《美国的建筑业周期:1875年至1932年》,刊载于《美国统计学会会刊》,1933年6月。

间建筑成本急剧上升了 25% 或更多。随之而来的是建筑活动水平和建筑成本的大幅下降。最后，从 1923 年第四季度开始，战后住宅建筑业的繁荣肯定启动了。1924 年第二季度和第三季度出现了一个小小的回挫；接着在 1925 年达到了一个高峰，然后有一些后续的小高峰，一直持续到 1927 年 5 月左右；另一个高峰则出现在 1928 年 4 月。在那之后，建筑活动水平开始下降，不过下降速度时有变化——在 1930 年，一度出现了停滞——这个趋势一直延续到了 1933 年 2 月，最大的下降幅度出现在 1929 年和 1931 年。在公寓和酒店建设方面，1926 年达到了最高峰，不过 1925 年的数字就接近了最高峰，同时 1927 年和 1928 年的数字也并没有比它低多少。① 根据美国国家经济研究局的估计，在过去 10 年间，包括酒店和俱乐部在内的新建非农住宅的支出达到了 340 亿美元。

要对这个热潮做出诊断并不困难，因为它的资金完全来自私人部门。

---

① 关于建筑业的相关统计数据的来源及其所包含的一些陷阱，见 C. 吉尔（C. Gill），《建筑统计》，刊载于《美国统计学会会刊》，1933 年 3 月。正文所指的是合同价值，主要基于 F. W. 道奇公司（F. W. Dodge Corporation）的数据，该公司直到 1932 年才将价值低于 5 000 美元的合同排除在外，同时还排除了改造和修理合同——从我们的角度来看，这是一个优点。从 1901 年开始，这些数据的准确性、专门化程度和覆盖范围稳步提高；它最终覆盖了 1922 年以来的 27 个州、1923 年以来的 36 个州，在那之后的覆盖范围是 37 个州。作者在这里要对 F. W. 道奇公司表示感谢，它的工作人员热情地回答了问题，并允许作者使用相关材料。除了用来检验作者对特定问题的猜测之外，再也没有利用该公司的其他合同序列。我们还可以得到自 1882 年以来 7 个城市的建筑许可证数据（卡尔·斯奈德的系列）。在其他许可证序列中，美国劳工统计局发布的年度序列（因为它的信息的专业性）和美国联邦储备委员会发布的月度序列是最有用的。但是，美国国家经济研究局发布的一份报告已经预示一项利用许可证序列进行综合性研究的结果，见 D. L. 威肯斯（D. L. Wickens）和 R. R. 福斯特（R. R. Foster），《非农住宅建设：1920 年至 1936 年》，刊载于第 65 号公告，1937 年 9 月 15 日。从这份报告来看，一方面，似乎可以如此有信心，另一方面，产生的结果明显不同，以至作者现在开始有点怀疑自己在正文中对这个问题的总结的可靠性。特别是，第二个高峰（1928 年）可能是不可信的。与此相反，该报告的作者认为，新住宅建设从第一个高峰（1925 年）开始就一直在稳步下降。但是，对 1929 年股市暴跌的惨烈程度和 1925 年股市上涨的剧烈程度的描述，则没有任何区别。实物数量必须通过对这些价值数据进行平减处理来得出［不过，现在对建成的单元数有了新的估计值，例如，请参见刊载于《美国政治与社会科学学会年鉴》第 190 卷的 L. J. 夏纳（L. J. Chawner）的论著］。为了满足这个目的，人们编制了几个指数。然而，它们只包括劳动力和材料。作者使用的指数是由纽约联邦储备银行编制公布的，它将（恒定的）权重——分别为 45% 和 55%——赋予上述这两个项目（而根据 1929 年建筑业普查中的权重分配，劳动力、材料和其他项目所占的比例分别为：劳动力 33%、材料 47%、其他项目 20%）。米尔斯教授（《美国的经济趋势》，第 267 页）则用一种与之相适应的指数来对每种建筑类型的美元价值进行平减处理。他的做法是正确的。作者建议读者参考他对这个问题的处理。但是，从 1925 年到 1929 年，所有成本指数的变化都非常小，以至只有 1919 年至 1924 年的总体情况才会受到平减处理的影响。

在这个时期开始时，需求已经蓄积了很久。尽管 1921 年 5 月通过了《移民限制法案》，但是从 1920 年到 1929 年，美国人口仍然增长了 1 500 万，这是美国历史上每年绝对人口增长最多的一个时期。此外还有大规模的国内移民。同时，所有阶层的人均实际收入都在强劲增长。所有这些使需求变得有效，并且增加了新的需求来源。在人们用盈余购买的物品中，汽车是另一个仅有的"昂贵"的项目。从 1916 年到 1920 年，全国房租平均上涨了近三分之二。即便是在 1921 年的危机中，房租也只出现了轻微的下降。建筑业繁荣主要是对这些条件的反应。1923 年，建筑成本迅速上升，但是 1924 年之后相对来说就稳定了下来，而且从此一直处于较低水平。[①] 与其他长期利率相比，城市抵押贷款利率虽然在下降[②]，但并不是特别便宜，除非建筑物是通过发行债券来融资的。然而，在那个时期的特定情况下，在当时不加批判的乐观主义的光芒照射下，成本和利息费用几乎完全无关紧要。似乎更加重要的是如何迅速把想要的东西带回家——或者马上买进一幢摩天大楼，其预期租金在任何情况下都要比抵押贷款债券利息高——而不是考虑要花的这几千、几万美元是否负担得起（或者，就摩天大楼而言，那 100 万美元是否值得花），只要能够轻易地以低利率把钱搞到手就行。确实如此。首先，城市房地产抵押贷款，一方面不代表可以用于建筑物的所有贷款，另一方面不只为其他类型的建筑物提供资金，也为建筑物以外的东西提供资金。但是在这里，我们仍然可以指出这样一个事实：它们从 1922 年的大约 130 亿美元增加到了 1929 年的大约 270 亿美元，其中建筑和贷款协会贡献了大约 78 亿美元、商业银行贡献了大约 52 亿美元、互助储蓄银行贡献了 51 亿美元、人寿保险公司贡献了 48 亿美

---

① 1923 年建筑成本的增加是毫无疑问的。1924 年的下降仅为几个百分点，而且根据不同的指数得出的降幅各不相同。1931 年以前，至少就报价而言，没有发生过大幅度的降价。

② 需要指出一点，有趣的是，这股热潮的开始——就像 1932 年英国建筑业繁荣的开始一样（见第十五章第四节）——要早于抵押贷款利率的下降。因此显而易见，在这种情况下，正如在其他情况下一样，其他因素比利率更加重要，尽管正文中的描述已经充分表明作者无意否认利率的影响。然而，住宅建筑销量下降之时，也正是债券收益率开始大幅下降的时候。

元、抵押贷款债券贡献了 40 亿美元以上。[①] 这种巨幅增加是完全不成比例的，不仅与任何合理意义上的储蓄的增加不成比例，而且与银行信贷在其他业务线上的扩张不成比例，同时很好地解释了宽松货币政策对其他部门的影响，为什么会大于这种政策能够明显成功地降低利率的那些部门。如果某个这样的部门对该政策将推动其流向本部门的资金表现出非常有弹性的需求，那么该部门的利率必定只需要下降很少或者根本不需要下降，就可以在该部门产生我们通常认为的"过低"的货币利率所带来的所有后果。

创新提供了帮助。以钢材为主要结构的建筑，成本由于强化的钢筋混凝土的广泛使用而大幅降低了，可用性则由于电梯的引入而极大地增加了。自 19 世纪 90 年代以来，这种情况创造出了很多新的可能性，而且这些可能性成为现实和康德拉季耶夫周期上升阶段的一个特征。在战后的康德拉季耶夫周期下行阶段，这种创新通过若干小创新和"诱致性创新"得到了改进，并且在生活习惯的变化（这种生活习惯的变化使公寓变得越来越适合美国中产阶级家庭）和过多信贷的推动下，得到了传播并完成了"征服"大业，这很像汽车或人造丝，并与在之前的康德拉季耶夫周期下行阶段带来繁荣并得以传播的创新高度相似。同样地，预制技术——主要是通过使用新的材料实现的，但也适用于原有的石材和木材——的应用领域也远远超出了建造摩天大楼。开挖地下室所用的动力铲，由于使用了履带式踏面输送机、皮带输送机和斗式输送机而得到了改进；另外，动力升降机、动力混凝土和砂浆搅拌机以及气动铆接机的使用，全都迅速成为建筑工程承包商的"标配"[②]——所有这些，都是康德拉季耶夫周期下行阶

[①] 这些数据摘自《经济学季刊》1930 年 11 月号发表的论文《1920 年至 1929 年的信贷扩张及其教训》，作者是 C. E. 珀森斯（C. E. Persons）。它们与 1929 年布鲁金斯学会房地产研究委员会（Real Estate Research Committee of the Brookings Institution）发布的报告《城市房地产领域最早的抵押贷款》给出的数据有所不同，它是由 J. H. 格雷（J. H. Gray）和 G. W. 特伯格（G. W. Terborgh）撰写的。这两项估计都不包括二次抵押贷款以及其他项目。欧文·费雪教授则认为，1929 年的非农业抵押贷款总额高达 370 亿美元；请参见《繁荣与萧条》，1932 年，第 173 页。

[②] 请参见杰罗姆（Jerome），《工业机械化》，第 134～145 页。

段的典型特征。不过，它们的全部影响——完全标准化和机械化的廉价住宅的大规模生产——仍然未完全表现出来。在我们所讨论的这个时期，普通的家庭住宅基本上仍然是由效率低下的小公司以相当老旧的方式建造的。

但是如下结论，即从本质上说这只是一种结果性的发展——它一方面是对战争时期被遗漏以及所有阶层的实际购买力提高的反应，另一方面则是对以往创新的反应——它导致了过度建设（由于货币因素所带来的额外刺激），是不能匆忙地加以接受的，无论它看上去有多合理。对这些条件的某些回应，尤其是那些与投机性房地产买卖相关的回应，显然属于泡沫一类。迈阿密发生的事情就是一个很好的例子。另外，在"投机"成分不那么大的情况下所应用的金融方法的优点也是不容置疑的——纽约得以建成大量摩天大楼就是一个很好的例子——特别是，抵押贷款债券的质量有了很大的提高，而数量则从 1922 年的 6.82 亿美元增加到了 1929 年的 41.69 亿美元。银行也愿意放贷。当然说到最后，所有这一切都是为了让每个人都更加容易陷入债务，无论借款的目的是建造房屋还是别的什么。的确，我们很容易理解，这样的结构肯定会崩溃——不仅会在一场严重危机的重压下崩溃，甚至会只因为对总体形势的乐观预期未能实现就陷入崩溃。换句话说，我们应当很容易理解为什么那些除了"预见到"未来的繁荣之外一无所知的人"无忧无虑"地承受的债务负担，只要收入稍有下降就会成为一个严重的问题，到那个时候，建筑业对萧条做出的"贡献"，将不会比它对此前的繁荣做出的"贡献"少——它不仅会直接产生影响，还会通过影响价值已经严重贬损的房地产的信贷结构来产生影响。再也没有什么比大量家庭在极大程度上依赖商业银行的融资来应对间接开支这种情况更有可能产生累积性的抑制（经济活力）效应了。但这并不等于说存在下面这种意义上的"过度建设"——在当时的主导条件下，建成的建筑物数量超过了吸收能力（即无法不受损失就被全部接受），也不等于说这种过度建设是萧条的一个独立成因。

从 1924 年起，租金开始出现下降①，但是幅度并不大。空置的房屋增加了，但是并没有超过对这样一个现有房产迅速过时时期的普遍预期。那些又大又老旧、又丑又不方便的房子很快便很难卖出去，因为人们的品位发生了变化（其中一些变化可以归因于汽车的普及），还因为用人工资的增加和工作效率的降低。但是没有理由相信——特别是，住宅单位的增加大于已婚夫妇人数的净增加这个事实并不能证明——1925 年的井喷不可能稳定下来，变成一种适当的靠近平均水平的运动；也没有理由相信，即便是过度投机的结果，也不可能在建筑业不出现剧烈危机的情况下得以清算（更不用说在一般经济领域了）。事实上，这在一定程度上已经实现。如果我们认可美国国家经济研究局的数据，那么我们就会得出这样的结论：为期四年的调整——包括局部性危机在内——实际上是在那次繁荣之后进行的，而且没有造成什么普遍的动荡。最终的结果是，这个方向上的扩张并没有明显大于其他消费方向上的扩张，因此可以简单地用"不当投资"来解释随后的变迁。而且在建筑业和房地产业的特殊危机到来之前，人们的收入已经由于总体危机而率先下降。②

这里的分析仅涉及住宅建筑。但是，将其他类型的建筑包括进来并不会对结果产生重大影响。其中之一是商业建筑，这类建筑可能比公寓和酒店更容易受过度投机的冲击。商业建筑已订合同（contracts awarded）一直稳步增长③，在 1927 年达到了最高峰，然后在 1929 年达到了一个差不多的次高峰，其在 1922 年至 1929 年间的总价值接近 67 亿美元。商业建筑在这个时期的增长速度大大超过了住宅建筑的增长速度。工业建筑则以

---

① 所有指标在这一点上都是一致的；然而，有些人依然怀疑，在 1926 年和 1927 年，全国平均水平是否出现过短暂的上升。

② 如果读者愿意的话，我们欢迎他提出这样的观点：为了避免更加严重的问题，我们所必须做的一切，就是通过增加政府支出等方式，继续增加收入。但更重要和更有用的是指出，在这种情况下，及时限制并不是唯一的选择。通过公共或半公共机构设计更合适的融资方法本可以取得很大的成果，这些机构可以将商业银行排除在这一业务之外，并创造对萧条的影响不那么敏感的新形式的贷款合同。

③ 根据 F. W. 道奇公司提供的已订合同价值数据。但是不能将这些数据加入美国国家经济研究局对住宅建筑的估计值，也不能与后者进行比较。为了这个目的，它们将不得不调整，尽管可能不会像 F. W. 道奇公司估计的住宅建筑美元数值那么高。

更高的速度增长——已订合同的总价值达到了 48 亿美元左右——但是几乎没有理由怀疑存在任何超出总需求的地方。不同于其他物品，不过同样符合预期，这在基钦周期内运行得很好，并且同样好地扫过了两个不完整的朱格拉周期。① 最后，已订合同总额中有三分之一以上②——根据 F. W. 道奇公司的数据，接近 490 亿美元，这显然低估了——都归到了公共机构、政府机构和公用事业建设的名目下。部分原因是市政债券类债务的增加。根据联邦就业稳定委员会的数据，从 1920 年到 1929 年，仅仅是联邦一级，在新建、维修和更新方面的支出就增加到了大约 25 亿美元，而且一直保持上升趋势，在 1929 年达到最高水平（当年这方面的支出为 3.08 亿美元③）。这个事实特别值得一提，因为人们普遍谈论的是支出不足。根据同一来源的数据（再一次，这些数据与前面使用的数据没有可比性），从 1923 年到 1929 年，铁路（包括蒸汽铁路和电气铁路）、电力和电话公司在建设和维修方面的支出一直在极其稳定地小幅上升，总计达到了 204 亿美元。但是，这些支出（上述例子足以说明它们的重要性）的使用方式决定了，除了支出项目本身所暗示的之外，不会对经济过程产生任何实质性影响。

b. 在德国，在世界大战期间私人出资建设的建筑可能不到 1910 年至 1913 年间平均水平的五分之一，而且到最后几乎完全停止了。在通货膨胀时期，"逃向真实价值"给了它某种冲动，但这种冲动在通货膨胀真的进入"疯狂"阶段后便不复存在。从 1924 年到 1929 年，德国工业建筑和商业建筑行业呈现的景象与美国没有什么不同。先是从 1924 年的 12.3 亿马克上升到了 1925 年的 21.6 亿马克，接着在 1926 年有所下降，但是 1927 年反弹并创新高，然后在 1928 年达到了接近 30 亿马克的最高峰。相

---

① 1923 年的数字几乎比 1922 年高出了 30%；1924 年则有所减少；1925 年又比 1924 年高出了 30% 以上，从而标志着第四个朱格拉周期的崛起（它始于这一年的下半年）；1926 年的数字则反映了繁荣在积聚动力的事实；1927 年受基钦周期的萧条阶段影响；1928 年复苏；1929 年达到了这个时期的峰值（8.45 亿美元）。

② 值得注意的是，在 1928 年达到峰值之前，总量在 1925 年至 1928 年间一直非常稳定，不过在 1929 年下降了 12%。

③ 这种支出在 1930 年、1931 年和 1932 年上升到了一个新的水平。关于这一点和下面的描述，请参见：C. 吉尔，前引论著，第 39 和第 40 页。

比之下，当时美国的商业建筑和工业建筑合同发包数并没有达到峰值，其价值大致为 67 亿马克。虽然美国的这个数字在相当大的（未知）程度上低估了实际支出，但是显然，考虑到这两个经济体的不同规模，德国在这个方面的情况并不比美国逊色多少。1929 年，德国出现了小幅下跌，但是 1930 年尽管出现了进一步下跌，不过跌幅仅为 11%，因而从与美国对比的角度来看，德国似乎仍然"更顺利"。1924 年至 1929 年的总投资额为 134.5 亿马克，比包括道路和运河在内的公共建筑总投资额高出了大约 10 亿马克。公共建筑投资的变化轨迹是类似的，但是在 1930 年的跌幅要比商业建筑大得多。[①] 如前所述，住宅建筑能够获得补贴，因而在当时的情况下能否自行恢复是值得怀疑的，因为对老房子租金的严格控制吸收了部分需求，使人们不愿支付本可覆盖成本的租金。无论如何，大规模的建筑活动确实出现了，支出稳步增长，并在 1928 年达到顶峰，随后是大幅下降。1928 年的峰值为 34 亿马克；相比之下，1925 年，当美国的建筑活动达到顶峰时，支出大约为 30 亿美元（如果我们接受国家经济研究局的估计，那么支出为 47 亿美元）。考虑到实际人均收入的差异，这种比较尽管有一定的风险，但也并非没有意义，因为在这两个国家住宅建筑一词覆盖的范围并不完全相同，而且有其他原因。这个时期的合同价值总额为 400 亿马克，其中住宅建设贡献了 140 亿马克。与美国的相应数字不同，这一数字在很大程度上没有带来任何经济回报——而且这与任何危机都没有关系。[②]

[①] 然而，如果恰当地考虑了当时的内部和外部政治局势，并把之前的财政政策考虑进去，那么对世界经济危机的这种反应的"疯狂性"——当作者尝试了站在"支出福音派"的立场去思考时，"疯狂性"已经是他所能想到的最温和的术语——似乎不再那么明显了，从下面的章节可以更清楚地看出这一点。我们还应该在此指出，特别是在这个时期的最后几年中，融资，特别是为市政建筑进行的融资，已经不是"不稳健"一词所能概括的，可以与这个国家为摩天大楼融资的金融专家所做的任何事相比。在某些情况下，桥梁等项目的资金也来自为期 6 个月的票据。此外，总数也可能被低估了，因为有些项目被隐藏在了市政府预算中，非常低调。

[②] 经济状况调查报告——德国经济生产和销售状况调查委员会，《关于德国住房的第三小组委员会的报告》，1931 年，第 18 页——记录了经济计算在该领域停止运作的意见（ausser Kraft gesetzt）。尽管有意谨慎地给出了保留意见，而且本身可能是妥协的结果，但是这一条具有误导性，甚至是不公正的。正如前面已经指出的，确实存在着不计后果的融资，而且可能存在某种浪费。但是，在当时的一般情况下（包括康德拉季耶夫周期的阶段），大规模住宅建设是一种完全正常的现象，而且为了建造令人满意的住宅而进行的公共拨款不一定会造成财政上的困难。

c. 英国的建筑业繁荣是在 1932 年 8 月起步的。说这个热潮解决了人们的住房问题，是就意义与以下事件相同而言的：纺织业的发展在拿破仑战争后的三十年内解决了人们的穿衣问题，农业的发展在世界大战之后解决了民众的口粮问题。当然，它们都留下了很多有待进一步解决的问题，但是毫无疑问，那些问题只有"二阶"的难度和重要性。[①] 英国这次的房地产繁荣，是与美国 20 世纪 20 年代的房地产繁荣相对应的。但是我们现在讨论的这个时期的建筑业活动呈现出了本质上不同的特点。为了便于讨论，在这里我们的评论也将仅限于住宅建筑。

不管怎样，如果假设其他条件不变，康德拉季耶夫周期下行阶段的总体条件，在英国和在其他地方一样有利于房地产繁荣的发生。在 1912 年和 1913 年，这种繁荣实际上似乎是从 19 世纪 90 年代开始的繁荣的延续。当然，在世界大战之后，存在着在战争期间"堰塞"起来的大量需求，例如，结婚率大幅上升（即便只是暂时的），明显超过了 1913 年的水平。但是，其他因素并不相同，而且康德拉季耶夫周期下行阶段的其中一个特点暂时未能实现：至少到 1924 年，人均实际收入并不比 10 年前高出多少。[②] 高成本也造成了严重的阻碍，因而在 1919 年建筑业几乎没有呈现出任何复苏的趋势。在这个方面，英国的情况与美国的情况不同。英国与德国的情况也不同，不仅是在处理这种状况的可用资源上不同，在处理这种状况时的"清醒的精神"上也不同。这种精神以如下三种形式表现出来。首先，在世界大战期间开始实施并在战后继续实施的租金控制，其管理方式比德国要经济务实得多。其次，政府利用私营企业——特别是大型私营企业——来完成提供住房的目标，而不是一味地阻止它们，并通过试验发现了可行的公私混合经营方法。这项政策对英国在 20 世纪 30 年代的繁荣的其中一个贡献，恰恰就在于它"训练"了建筑业去完成它的任务，同时刺激了那些有能力住上更好住房的人。最后，一个人们公认的事实是——不管

---

① 这一点在衣服和食物的情况下是非常明显的。就住房而言，1936 年英格兰和威尔士卫生部关于人口过度拥挤的报告也给出了决定性的证明。

② 根据鲍利教授的说法，如果有什么区别的话，那就是变小了一些。这个问题将在第五节讨论。

真实的动机和表面的措辞可能是什么——要想让底层民众也能拥有自己满意的住房，唯一的道路事实上是通过为大量中间阶层人士及其家庭提供住房——包括熟练工人、职员、专业领域的低等级工作人员等——他们拥有足够的收入（或几乎拥有足够的收入），能够承担成本，只需要很少的直接帮助（而且这种帮助只需要财政部做出适度和可计算的牺牲）；尽管可能需要他们提供担保，保证必要的信贷结构不会受危机影响。至于剩下的工作，那就是通常所说的"消灭贫民窟"了。

这个政策被《张伯伦法案》（Chamberlain Act，1923年至1929年）采用了，然后又在1924年的《金融特别条款法案》（Financial Provisions Act）中得到了修正，后者为我们关注的这个时期的住宅建设活动提供了基石。这场运动其实是更早以前的《艾迪生法案》（Addison Act，1919年；1921年进行了限制性修正）启动的，它让地方政府承担建造房屋的任务，并保证地方政府不会因此而蒙受损失。再一次，《惠特利法案》（Wheatley Act，1924年）的目标也是引导地方政府建造房屋。不过，张伯伦补贴也确实起了很大的作用。这些政策措施最终使财政增加了每年不超过1 300万英镑的支出负担——但是，这种负担至少在某种程度上得到了补偿，因为税收收入增加了，用于应对失业的支出下降了（相对来说）[1]。重要的是，这种支出使得年建成住房单位数在1924年就超过了战前十年的年均水平[2]，并且在1926年至1927年这个财政年度达到了最高点——273 230个住房单位，且不包括估定价值为78英镑或以上的住房单位（在大都市区，则为不包括估定价值为105英镑或以上的住房单位）。全部1 177 863个有补贴的住房单位（保障性住房）——这是20世纪30年代末的统计数字，其中包括大约25.7万个根据《惠特利法案》建造的住房单位——估计共耗资6.71亿英镑，其中由地方政府负责的756 298个住房单位共耗资4.19亿英镑，其余则由私营企业负责。从1928年起，

---

[1] 正如读者所知的，这一理论应归功于R. F. 卡恩先生（R. F. Kahn）。就我们的情况而言，H. 内瑟（H. Neisser）教授在1936年2月的《经济统计评论》中提出的批评并没有使二次就业理论失效。

[2] 战前的平均水平是大约10万个住房单位。1922年，超过10.6万个住房单位是根据《艾迪生法案》建造的，但这要归因于人们试图赶在1921年发布的限制生效之前尽量利用该法案获利而做出的努力。

补贴开始逐渐减少，最终是 1933 年通过的《住房法案》（Housing Act）取消了这些补贴；当时，这项政策已被弃用，取而代之的是以"消灭贫民窟"的方式直接解决最低阶层的住房问题（根据 1930 年的法案）。然而到那个时候，无补贴住房扩展的条件已经成熟，这种类型的房子从 1928 年开始增加，那一年有补贴的建设活动出现了大幅下降，从而新增住房单位总数录得了净减少。无补贴住房在 1931 年继续增加，然后在 1932 年出现了一个无关紧要的下降，之后就开始了最惊人的"表演"。

然而，在我们讨论的这个时期，并没有出现任何问题。在 1928—1929 年，大约有 7.1 万个无补贴的住房单位建成，相比之下，建成的有补贴的住房则大约有 13.3 万套。这其实比我们根据成本的下降趋势所预测的要少，因为成本——这里只指建筑成本——已经下降到 1920 年水平的三分之一多一点。另一个因素，也在 20 世纪 30 年代发挥了巨大的作用，不过它此前就一直在积聚力量，那就是各种各样的建房互助协会（Building Society）。事实上，建房互助协会的历史最早可以追溯到 18 世纪的最后几十年，自 19 世纪 90 年代以来，由于在很多方面得益于公共政策，又取得了相当大的进展。然后，它们的资产——主要是抵押贷款——的增长非常迅猛：1918 年时还只比 1913 年高出了 5%，然后就从 1919 年的 7 730 万英镑飙升到了 1929 年的 3.127 亿英镑。这种增长相对于我们现在讨论的这个主题而言，当然是非常显著的。除此之外，它在增幅巨大的同时还保持了很高的稳定性。建房互助协会的组织能够很好地适应房价在 400 英镑和 500 英镑之间的建房融资需求，它们还拥有一些特权，这两方面合到一起使得它们成为该行业的领导者。保险公司是它们的主要竞争对手，但是两者都取得了成功。这种成功是已经发生的财富转移程度的突出征兆。

因此，很明显，在那个时期，英国的住宅建筑主要是补贴和有关补贴的预期的一个函数，而不像在美国那样是周期阶段的一个函数。英国的住宅建筑塑造了经济状况[①]（而不是被经济状况所塑造），因此也就"干扰"

[①] 当然，公共建设也是如此。例如，在 1924 年，地方政府仅在煤气、供水和电力建设部门就花掉了 1 750 万英镑。公路、港口、码头、船坞、运河、污水渠、堤防等花掉了 1 290 万英镑；道路和桥梁则花掉了 3 670 万英镑。

了经济周期的进程。因此，考虑到这种影响在数量上的重要性，从我们的模式的角度来看，我们应该预期会观察到某种无规律性。不过碰巧的是，这种无规律性并不是很大。它们即便很大，也不会造成困难，更加不会为反对这种模式提供任何依据。

第五节 20世纪20年代的"工业革命"

从符合我们模型的预期这个意义来说，这些过程是完全正常的，而且明显重复了先前的康德拉季耶夫周期下行阶段的历史，以至世界大战的影响或其他干扰都没能够"抹杀"这个事实，只要回忆一下那些熟悉的特征就足以证明。

首先，我们不应该指望能够找到根本性的新事物，充其量能看到诱致性、完成型的发展（其路径在前面详细描述过了）和数量上的强劲增长、品质上的显著改善、各方面的"合理化"、无数能够产生各种各样新特性的个别小创新，以及我们称之为对新经济空间的征服这一现象。这就是我们的发现。电气、化工、汽车等行业，连同它们的子行业以及直接或间接地取决于它们的各种行业，可以解释战后工业有机体发生的90%以上的变化，并可以解释增加的绝大部分实际收入。例如，汽车业可以解释战后新增的很大一部分建设：道路、车库、加油站、郊区住宅等。是它们实现了康德拉季耶夫周期的繁荣阶段所创造的可能性，在之前打下的基础上继续向前推进，并且在这样做的过程中将相关事物形塑成了康德拉季耶夫周期的衰退阶段。不仅是那些子行业，如石油精炼业和橡胶业，还出现了很多虽然较小但很重要的新事物，如钢合金、铝、人造丝、零售店，以及有利于推进企业合并、电力融资等活动的持续经营的金融组织。当然，也有一些例外，就像以前那两个康德拉季耶夫周期的下行阶段一样，但是没有一个在数量上有显著影响。在这期间最重要的是商业化的航空运输，它或许可以与19世纪30年代的铁路和19世纪80年代的电力相比。

其次，我们在这里发现了前面在进行理论分析和历史描述时得到的所有与康德拉季耶夫周期下行阶段有关的一般特征。毫无疑问，这一点在我们接下来对时间序列的讨论中将会变得更加清晰，但我们很清楚这个结论是独立于时间序列分析的，这些特征都可以用系统对新数量和新方法的吸收和反应来解释。我们发现，无论其他条件的存在对居高不下的失业率可能有什么"贡献"，失业情况的普遍存在[1]都可以说基本上是"技术性的"。虽然其他条件也会加重这种"产能过剩"[2]，但是这种过剩与工业设备的迅速重组过程密不可分，并且与产出的大幅扩大共存。我们观察到，企业会为了获得销售网点[3]、为了维持竞争力而进行近乎绝望的"奋斗"；我们还观察到，价格的下降导致数量的增加和产能的扩张。不难理解，所有这些会创造出明显是永久性的"生产过剩"或"过度投资"，并导致典型的"强烈抗议"——人们的消费能力或消费意愿已经严重不足！而且，虽然由于对调整的抵制，"血战到底式的逐底竞争"过程会被掩盖和拖延，但无论是在相对较新的行业内部，还是在新旧行业之间，竞争过程都是显而易见的，铁路业[4]和煤炭业就是明显的例子。所有这些都在很大程度上塑造了当时的社会和经济氛围，包括经济口号。

即便在美国那种相对"纯粹"的情况下，也必须考虑各种"扰动因素"。就英国和德国而言，这种因素当然会重要得多。它们对我们的过程的哪些环节产生影响，至少在定性的层面上不难识别；而且（例如），可以这么说，对橡胶生产的国际限制部分地替代了橡胶价格的下跌（如果没有这种限制，那么价格肯定会下跌），这种限制的存在恰恰证明了它在某

---

[1] 关于这一点和以下两点，见下文第六节第一小节。

[2] 正如在前面已经指出的，在这种扩张和重组的过程中，正常的产能利用率——如果可以用"正常"这个术语的话，因为在这种情况下，虽然在向"正常"靠近，但还离任何"正常"很远——必定大大低于100%，甚至还不如寡头垄断时的情况；当然，这并不一定意味着浪费，无论如何，都要比试图"维持垂死工厂的盈利运营"少得多。参见M. C. 罗蒂（M. C. Rorty），《经济平衡方程》，刊载于《哈佛商业评论》，1934年4月。再重复一遍，原材料生产的条件也以"生产过剩"的形式反映了同样的现象。在整个期间，这种情况以不同程度的严重性普遍存在。

[3] 其中的一个"症状"就是做广告大肆宣传。据估计，1927年仅在报纸广告上的支出就高达10.5亿美元，参见联邦贸易委员会，《转售价格之维持Ⅱ》，1931年。在这里不可能与战前时期进行可靠的比较，但是自1922财年之后支出稳步增加这个事实似乎是毫无疑问的。

[4] 关于英国的情况，请参考吉尔伯特·沃克（Gilbert Walker）先生对公路和铁路之间竞争的极其有意思的经济学分析。他的论文刊载于《经济学杂志》，1933年6月。事实上，在这个方向上有一个庞大的研究项目正在展开。

种程度上成功地使之"瘫痪"的趋势。这种说法没有什么可以反对的。然而，当外部因素倾向于产生的效应恰好与周期性过程的主要阶段本身倾向于产生的效应类似时，困难就有可能从定量扩展到定性诊断。在我们接下来的论述过程中，我们将会遇到好几个这样的例子，其中最具争议性的是复苏政策的效果问题。这里只需要举出一个例子就足够了。正如我们已经看到的，在德国，外在于我们所考虑的过程的一些因素促成了所谓的"消费繁荣"。但是，消费繁荣本身也是康德拉季耶夫周期衰退阶段的一个重要组成部分，而且不难证明即便没有这些因素，这个术语所指涉的一些症状也可能已经出现，只是或许不那么引人注目罢了。总体效果实际上是很难"分配到位"的。

一、英国的情况

从英国的时间序列（见下文第六节第一小节）的"行为"可以非常明显地看出，英国的产业所体现出来的这个时期的特征，远不如美国或德国的产业那么明显。正如前面几节解释过的那样，必须从英国自身的"社会学"、从英国的经济地位受世界大战影响的方式、从其他国家基于剥夺英国的经济活动空间的发展来理解这一点。后两个因素体现在了英国出口贸易的命运上。英国的出口贸易从1921年的急剧下降中缓慢复苏——1920年，英国工业制成品和煤炭的出口额达到了12.2亿英镑，而1921年的出口额却只有这个数字的大约一半——但是再也没有达到1913年的实物出口量。从1925年至1929年，英国的实物出口量增长了8%多一点（不过，以当期英镑计算的价值却是有所下降的），但是这并没能阻止1929年出现高达25%左右的失业率。[①] 持续有利的贸易条件——由于原材料价格下跌以及符合周期性预期——无疑必须与这个结果对照分析，而且这个结果当然是由这些因素促成的。

这种发展，以及由于这个原因和其他原因而陷入萧条的大片地区的存

---

① 对与出口有关的各种问题的讨论，请参阅：C. G. 克拉克（C. G. Clark），《关于英国目前经济状况的统计研究》，刊载于《经济学杂志》，1931年9月。

在，表明我们需要面对一个英国特有的研究课题，那就是生产的重定位（reorientation of production）。它提供了地理上的迁移（即迁移到大都市区和南部地区）和经济上的迁移（资源转移到了更加多元化的行业当中，这些行业瞄准的是中下阶层的国内消费）空间；就像通常新事物不会从旧事物中产生一样，这个过程会同时产生亮斑和暗斑。然而，在这幅图景中，在排除有补贴的建筑活动的影响之后（它反过来又受地理上的迁移影响，特别是在这个时期的后半段），最突出的那些领先行业——电力工业、化学工业和汽车工业——所起的作用是显而易见的。以汽车工业而论，它极大地受益于麦肯纳关税和国内的道路建设，总体上的发展要比德国好得多，并且为英格兰在西米德兰兹郡和其他地方创建新工业结构做出了重大贡献。起初，英国汽车工业的前景非常令人沮丧。在世界大战期间，汽车（和自行车）厂虽然进行了大规模的扩张，但是仍然在使用陈旧的生产线。它们效率低下，很快就失去了国内市场以及对美国的很大一部分出口。此外，那些生产设备能够适应汽车生产的工程公司随后就涌入了市场，但是市场却被战争处理部（War Disposals Department）的大拍卖搅得乱七八糟。所有这些构成了1921年危机的一个因素。但是到了1923年，随着平价汽车的大规模生产，一个新的发展开始了。从1921年开始（当年只生产了4万辆私人轿车和商用汽车），产量稳步上升，到1927年就达到了20.9万辆。① 已经参保且从事汽车、自行车和飞机生产和维修的工人，从1923年7月的19.2万人增加到了1927年7月的23.3万人；同一时期，整车的出口量，尤其是底盘的出口量，远远超过了1913年的数字。汽车工业的某些附属行业，还有航空工业的发展甚至要更加迅猛。特别值得一提的是，直到1925—1926年——当时，机动车保有量较1919—1920年增长了200%——这种现象一直持续，而且是在一些观察人士为了满足他们的理论而妄称的"无法释怀的悲观情绪"下发生的。商品的性质而不是在商品上的直接和间接支出的数量重要性以及因商品而发生的诱致性支出，决定了这种"诊断结果"。

---

① 这些数字是由汽车制造商和贸易商协会公布的。

汽车工业、航空工业和其他不断扩张的行业创造了对钢铁的新需求。然而，英国的钢铁工业尽管保持了自身的优势——拥有优质的焦炭、能够以很低的运输成本获得全世界最高等级的矿石——还是必须与煤炭工业和棉纺织业一道，被列为英国经济有机体的"暗斑"之一。世界大战期间的扩张、造船业的持续萧条、外国市场的丧失——以往，英国的产品以直接和间接方式出口的，几乎占到四分之三——所有这些都解释了钢铁价格低廉的原因，同时也解释了在这样一个作为跟随者而不是领先者的老行业中陈旧的生产方法仍然普遍存在的原因。但同样真实的是，英国国内几乎没有出现大规模的工业厂房和机械设备投资。即便是在1927年钢铁消费量显著上升的时候（1913年的数据高出了将近30%），钢铁价格也停留在了非常明显的低位上。[①]

在这里，我们略过了化学工业——尽管它提供了有关现代创业成就的最好例子，英国在那个时期的发展当然也要遵循其路径——和其他一切行业，目的是集中说明电力工业的根本作用，包括它直接起到的作用和它引致的作用。再一次，在这样做的时候，仍然要先排除建筑业。电力工业的发展并不是增长的一个纯粹的函数，相反，它起到了发起和推动作用：在我们考虑的这个时期结束的时候，英国公共电力供给系统的电力输出已经从原来的25亿千瓦时增长到了110亿千瓦时，而在发电、输电和配电等方面的投资则高达3.27亿英镑。当然，从每千瓦装机成本来看，英国电力工业的成本还不到美国的三分之二。技术改进和规模更大的发电站（英国的发电站的平均发电能力为12 000千瓦，而美国则仅为7 350千瓦）共同导致了这个结果，这与蒸汽发电厂的价格水平差异和较低的资本成本同样重要。与美国一样，英国单位发电量的平均煤炭消耗量也从1920年的3.2磅左右降到了1930年的1.8磅左右。1914年仍在抗拒电力的英国工业，最终还是被彻底改造了，尤其是许多新兴的小型化和多样化的行业，从一开始就实现了电气化。

[①] 1913年，国内粗钢的季度平均消费量为213.1万吨；1927年的季度平均消费量则为269.5万吨；1928年，241.7万吨；1929年，266.2万吨；此后大幅下跌，直到1933年第二季度才开始复苏。请参阅伦敦和剑桥经济服务局的数据。

但是，由私营企业提供冲击和创始动力的，只有电工工业的发展（尽管它本身已经相当可观）。这个行业是以 19 世纪资本主义的形式发展起来的，先是涌现出大量的初创企业，后来出现了大规模的合并，直至联合电气工业有限公司成立（Associated Electrical Industries Ltd.，1929 年），它使得这个行业拥有了更多的现代色彩。在电力开发方面，发挥了启动作用的是国家，因此是国家领导了这个时期最重要的两条前进路线。这种发展路径的意义体现在如下两个事实上。第一，在康德拉季耶夫周期的启动阶段就出现的"创业计划"，显然并不具备明确的、纯粹的经济任务；第二，公共机构于是"挺身而出"施以援手，引入了更完善的技术，并取得了更大的经济成就，尽管可以肯定的是，美国人创业成功的经验就摆在它们眼前。在我们讨论的这个时期结束时，公用事业系统的产品只有 27% 是私营企业提供的。1925 年创办的国家电网在 1926 年被列为公共政策的一部分（根据《电力供应法案》）。

我们给出的这种素描及其分析基础很容易就可以通过一系列行业的发展来验证，这些行业在这个十年间一直在扩张——或者更准确地说，比其他行业扩张得多[①]。建筑业、电力工业——以及与建筑、电力相关的行业以及它们的子行业——和汽车工业（以及航空工业）都是。家具业的发展紧随住宅建筑业，供暖和通风设备制造业也是如此。当然，人造丝业在当时仍然是一个创新行业。此外，水泥业和五金制造业的存在当然不会让我们感到惊讶，公共工程行业的存在也不会让我们觉得奇怪。但是，然后我们又发现，似乎是为了给上文提到的重新定位和康德拉季耶夫周期下行阶段的发展特点提供证据，各种繁杂的交易和服务，以及专业服务和商品配置，包括烟草、食品、饮料、丝绸等行业，都实现了大幅扩张；煤炭、其他工程、棉花、钢铁、造船和铁路等行业，则为它们提供了互补的产品。

第一次世界大战之后，经济蒸蒸日上，证券交易所也一片繁荣——其间点缀着几次罢工——这种情况始于 1919 年，并一直持续到了 1920 年的

[①] 标准是就业，但这无疑是一个不可靠的指南，其不足之处恰恰解释了为什么除了人造丝行业外无须考虑化学工业的原因，但是化学工业也可能符合当前的目的。

夏天。尽管银行的地位在加强，但是某些经济学家所声称的银行过度倾向于强化对放贷的限制的预测其实几乎从未成为现实。正如我们在上一节所指出的，政府的紧缩政策也不是显而易见的。[①] 在这里，也不需要对1921年的崩溃做进一步的评论，对于英国来说，这场危机因对本国对外贸易的影响而进一步加剧了，而且，需要再一次提出的是这场危机与我们所确定的朱格拉周期萧条阶段的开端一致。经济形势和股票市场在当年秋季都出现了一些复苏迹象，但是到了1922年上半年，经济增长的阵地便再次告失。然后，建筑业就开始显得突出起来；1923年，卡恩效应（二次就业）有助于缓解上述危机。而且，除了建筑业之外，还有其他亮点，羊毛行业就是其中之一，股票交易也相当活跃。1924年，经济复苏因不利的环境条件而受到影响的所有迹象都表露无遗。然而，有补贴的建筑活动又提供了一些支持。进口增加了，价格有所上涨，失业率则下降了。甚至，连造船业和棉纺织业的情况也得到了缓解。1925年，许多新兴行业呈现出了扩张的良好势头，但是由于劳工方面的问题（煤炭工业、航运业、羊毛纺织业）和个别行业的"特殊萧条"（即只限于某个行业的经济衰退），经济复苏的完成受到了极大的干扰。

1926年出现了明显反常的形势，使得我们很难对这一年进行归类。这一年，英国因内部斗争而陷入瘫痪——其严重程度在任何其他国家都有可能导致全面革命。困难的局势一直延续到了1927年，因为对1926年的遗漏的弥补，以及1927年标志着有补贴的建筑活动的顶峰这个事实，本身就足以解释那一年的亮斑。然而，我们可以依赖的不仅仅是这些总量和指数，还可以（主要是）依赖工业有机体发生的情况。在工业有机体内，上文提到的许多新事物现在开始积聚起强劲的动能。因此，说这是一个新的（即第四个）朱格拉周期似乎并不是没有道理——说到底，那只不过是我们表达这些事实的一种形式而已。为了便于对周期进行计数，将这个朱格拉周期确定为从1926年开始似乎是可以接受的，这是因为条件在1925

[①] 随后的崩溃的严重程度很好地说明了"自由"信贷政策的后果。应该特别提出的是，英格兰银行通过偿还特殊存款，在这方面起到了一些推动作用。请参见：S. E. 哈里斯（S. E. Harris），《大英帝国的货币问题》，1931年，第三章。

年就已经具备,如果没有发生那么多明显异常的事件,繁荣阶段就很可能从更早的时间启动。然而,我们并没有太多理由坚持这一点。

二、德国的情况

在德国,合理化(rationalization)这个术语的使用比其他任何国家都更加普遍,其实它是用来描述后通货膨胀时期的工业化过程的。它不仅表达了一种由各阶层发起(尽管部分出于不同的动机)并受到德国中央政府鼓励[①]的全国性的有意识的努力,而且表达了我们所说的"下行阶段"所指的要点,那就是(部分是在"胁迫"下进行的)按照以前确立并且在这个过程中不断改进的路线和原则,最大限度地开发利用现有的技术和组织革新的可能性;调整整个工业结构以提高效率;与成本清单上的每一项进行了系统性的"斗争"以削减成本——战后德国工业各个部门的历史都完美地证明了这些要点。几乎没有什么东西是全新的,最重要的一个创新性项目是合成氮的大规模生产[②](不过,染料托拉斯 Leunawerke 是在1916年成立的——当时是作为一项战时举措来实施的;工业制氮的哈伯-博施法的发明则可以追溯到1913年)。在德国,铝的大规模商业化生产也可以追溯到世界大战期间,无线电和飞机也是如此。无论如何,在拿破仑战争之后,与英国一样,德国的经济有机体也经历了一次彻底的变革。

如果除了研究目的还有别的目的,那么有必要详细讨论德国中央政府、各州和各市直接开展的工业活动所发挥的日益重要的巨大作用。就德国中央政府这个层面而言,它是在战争期间获得了大部分商业地产,而且

---

① 更"官僚主义"的是,这种鼓励在一个新成立的政府委员会中得到了体现,这个委员会叫作"德国经济效率委员会"(Reichskuratorium für Wirtschaftlichkeit);非常典型地,这个委员会的第一个"成就"正是界定了合理化的概念。然而,更加重要的是要注意到,工会发言人绝不是心怀恶意的。他们有时会把自己推到一个有点困难的位置。他们认为,通过实施合理化和其他推动技术改进的方法,高工资是可以自我实现的;当然,他们还必须维持对这样的改进必定会损害劳工的利益这种教义的忠诚。而且,他们同时谴责资本主义创新太慢了和太快了。不过并没有基于后一种说法(即资本主义创新太快了)设置实质性的障碍。

② 我们没有加入煤炭的氢化(或者说,短纤维生产)技术,因为它在20世纪20年代没有发挥任何重要作用,尽管它确实为30年代的发展奠定了技术基础。这项技术是在染料托拉斯中完成的,那就是通常所说的伯吉尤斯法。

无意将其用于除了满足战争需求之外的任何目的,尽管这种活动创造出来的社会形势的逻辑以及时代精神都使得扩张比清算更加容易。不过,各州分别从原来的君主制政体那里继承了重要的利益,并以之为原则加以补充;至于各市政当局,则只是沿着"市政社会主义"的道路走得越来越远。根据马莎克(Marschak)博士的估计,1925 年,所有公共企业的总营业额达到了 100 亿马克①,而 J. 赫希(Hirsch)教授则保守地估计,所有公共财产的总价值为 520 亿马克,大约占全国财产总价值的五分之一。然而其中有 260 亿马克都体现在了联邦铁路上——根据战后的制度安排,这些铁路从原先拥有它们的各州转移到了德国中央政府所拥有的一家公司手中。此外,联邦邮政局拥有 100 亿马克。德国中央政府独资或控股的其他重要企业,则合并为一家控股公司——联合工业企业集团(Vereinigte Industrie-Unternehmungen A. G.)。涉及电子和电工行业、铝业〔德国的大部分铝都是由德国中央政府独资的联合铝厂(Vereinigte Aluminium Werke)生产的〕、化肥业、钢铁业和采掘业等。德国中央政府还建立了一家一流的商业银行——帝国信用联社(Reichskredit-Gesellschaft)。②

  同样地,各州都着力强化它们各自的立足点,特别是在电力和采矿领域,当然也没有放过其他领域。各市也纷纷建造或经营更多的煤气、给排水、电力工程、铁路、屠宰场等,但是并没有实质性地超出公用事业和住宅建筑的范围。关于这些由德国中央政府和各州拥有的工业财产,最有意思的一件事情是,它们的管理方式是完全商业化的。公共权力机构是股东,有时还是(但不一定是)唯一的股东或拥有控股权的股东,但是它们对日常经营管理的干预很少。管理层所享有的独立性并不比他们在其他一般企业中少多少,他们的行为也与通常的管理层一样,他们会因为完善的技术、良好的盈利性和可观的资金储备感到自豪。整个制度安排似乎就是为了让能干的商人掌握经营权,并将政治因素排除在企业之外。作为德国

---

  ① 请参见《经济民主》(*Wirtschaftsdemokratie*),这本书的编者是德国总工会联合会(Allgemeine Deutsche Gewerkschaftsbund),1929 年,第 3 版,附录 I。
  ② 各州以及其他公共机构也不遑多让。值得指出的是,1927 年,由公共机构控制的银行的总资产为 127 亿马克,相比之下,其他所有银行的总资产则为 161 亿马克。

这个"社会化"国家所面临的工业领导权问题的一个可能解决办法——这个问题在1919年的社会化委员会（Commission on Socialization）的讨论中已经非常突出——这个因素值得研究者多加关注。

然而，就我们的目的而言，我们并不需要考虑这个因素在德国经济生活中的作用，不过电力行业除外。德国的电力生产甚至在通货膨胀期间也得到了极大的发展，总发电量在1925年就达到了203亿千瓦时，然后在1927年和1929年分别达到了251亿千瓦时和307亿千瓦时。在这当中，有20亿~40亿千瓦时是水力发电厂生产的。用褐煤发的电则大约占总发电量的三分之一。① 公共供电站提供的电力（注意，这不是指总发电量）大约有70%是由中央、各州或各市控制的机构提供的，尽管与战前时期相比，后者的相对份额出现了下降，原因是远距离输电技术的进步对地方性的中小规模的发电站造成了不利冲击。中央政府对电力企业的控制和参股——其中最重要的是联合电力企业（A. G. für Elektrizitätswirtschaft）和莱茵-威斯特伐利亚发电厂（Rheinisch-Westfaelisches Elektrizitätswerk）——是与普鲁士电力联合公司（Preussische Elektrizitäts A. G.）的成立和发展相伴随的。普鲁士电力联合公司实现了普鲁士州的利益与萨克森、巴伐利亚、巴登和图林根等州拥有的电力设施的联合。仅仅是这家公司（不用将各市的电力设施包括在内），实际上就已经等于对发电和输电的公共控制了。当然，它预示着德国正在大步朝着一个由相互联网的大发电厂组成的、实现了完美协调的电力系统迈进。但是，电气化甚至在工业领域也远远没有达到接近完成的程度；至于农业，在整个1925年只消费了4亿千瓦时的电能。即便是到了1928年，电气化的铁路也仍然只占总里程的2.4%。至于家庭生活的电气化，则几乎完全没有开始。据本书作者所知，从1925年至1929年，这方面的总投资大约为20亿马克。②

---

① 型煤（brickett）开采出来主要作为家庭燃料，褐煤则作为化学原料，并用来发电，这成就了它辉煌的"事业"。当然，褐煤开采的机械化也起到了一定的作用。煤矿安装的采掘机械的马力数从1895年的5.5万增加到了1907年的20.9万，到1925年进一步增加到76.6万。产量甚至在战争期间也有所增加：从1913年的0.872亿公吨增加到了1925年的1.397亿公吨和1928年的1.656亿公吨。

② 这里假设每千瓦装机容量的投资额大约是1 000马克。

从 1925 年的 21 亿马克到 1927 年的 27 亿马克，电工工业的产值无疑实现了很大的增长。[①] 这些估计有相当大的风险，但是它们完全可以通过更可靠的官方出口货值数据来证实。在那些年里，这个数字只增长了 20% 多一点[②]，增量达到了 4.412 亿马克，占所有国家总额的 26.7%，而美国的同一数字则为 4.175 亿马克，占美国总额的 25.2%。但是，既然在面对如此严重壁垒的情况下还能取得这种幅度的增长，而且这类产品要实现出口需要大量资金，我们应该可以基于这些事实很有把握地假设，国内的销售增长要比这强劲得多。然而，创新确实被有效地抑制了。虽然出现了新的企业，但是在战前时期一直处于领先地位的两家企业——西门子和通用电气——仍然保住了它们的地位。

1913 年，机械工业（不包括电工产品和锅炉，不过包括机车）的产能利用率几乎达到了 100%，生产出了价值 27 亿马克（在战后领土范围内）的产品，其中出口贡献了 7.4 亿马克。1925 年，按战前价格计算的产值大约为 19 亿马克，而产能则为 33.6 亿马克。[③] 在 1925 年至 1929 年，产品的数量和质量都有了很大的进步，按当期价格计算的产品价值上升了 38%，比其他任何地方都高得多，出口额到 1928 年上升到大约 10 亿马克，部分恢复了战前的水平。[④] 从许多方面来看，这都是一个伟大的创业成就——或者更确切地说，是发生在众多中等规模企业中的一系列创业成就的结果——为当时的经济过程做出了显著的贡献；与此同时，虽然在数量上的重要性较低，生产光学、医学其他仪器以及照相器材等产品的那些行业（打字机已经包含在机械工业当中），也很好地保持了同步。但是，

---

① 相比之下，美国就大大不如了，因为在同一时期美国的这一数值虽然有所上升，但是幅度不大。然而，这既可能是由于估计的不完善，也可能是由于在 1925 年以前美国就已经提早迈出了一大步。

② 然而，1928 年带来了很大的增长，尽管德国在世界贸易中所占的份额仍然远远低于 1913 年的 50%。

③ 请参见 1926 年 10 月发表的《关于世界机机械工业的备忘录》（Denkschrift Über die Maschinenindustrie der Welt），这是德国机械制造商协会（Association of German Producers of Machines，德文为 Verein Deutscher Maschinenbau-Anstalten）为国际联盟的国际经济会议准备的。这是一份出色的备忘录，对作者更好地理解 1925 年机械工业的情况有很大的帮助，理应在此表示感谢，但我们还是必须对它所建议的两种估计产能的方法（见第 17 页）提出一些不同意见。不过，对于实际做出的估计，我们还是认为该协会的官员很可能给人留下了相当好的印象。

④ 1928 年，美国的出口额为 16.88 亿马克。

汽车工业则一直停滞不前，直到 1927 年左右，尽管这段时间除了禁止进口之外，还采取了其他严厉的保护主义措施；汽车工业之所以如此，不仅是由于战后时期出现了明显的困难，还主要因为暂时无法实现生产的现代化（这一点是无法用那些困难完全解释的）。那些在战前时期处于国际领先地位的老牌汽车公司要么只能勉强苟延残喘，要么就是倒闭了，在很长一段时间内只增加了一些效率低下的新汽车公司，直到后来才出现了在税收和汽油方面足够经济的廉价小汽车。德国国内汽车工业的发展，还因为通用汽车的并购活动和福特在德国建立装配厂而得到了加速，然后价格才终于下跌到了国产汽车有机会销售出去的水平——1928 年是汽车进口数量最多的一年，也是上述情况出现的第一年。然后，最弱的那些汽车公司退出了市场。因此，我们注意到，尽管投资和销售在我们讨论的这个时期的后半段开始变得显著，但是从绝对数字来看取得的成功仍然很小。包括卡车和公共汽车在内，1913 年德国生产了 2 万辆汽车，1925 年不到 6.3 万辆，1928 年则增加到了大约 13.8 万辆。摩托车的表现要好一些。

机械化生产（如轧制）和集团化生产主要出现在那些身处最佳位置的规模较大的企业中（如汉伯恩）；此外，电冶金技术的各种进步、产品的标准化以及热能和动力利用方法的改进等都是采矿业和重工业中典型的诱致性发展所具有的特征。我们对此早就很熟悉了。下面，我们将只讨论组织方面的进步。在第七章我们指出通货膨胀有力地推动了企业合并——早在康德拉季耶夫周期的繁荣阶段，合并运动就已经蔚为大观。领土的丧失由于常常会切断企业原有市场、破坏材料供应或生产阶段之间的既定联系，也会增加"重定位"的需要。结果是，出现了许多畸形的、无法控制的"怪物"，现实的轮廓一旦从迷雾中显露出来，它们就无法生存下去。施廷内斯的瓦解、西门子-莱茵河畔联合集团（Siemens-Rheinelbe-Union）的消失，只不过是其中最引人注目的例子而已，时人把这个清算过程称为"企业危机"①；即便这种危机没有导致企业破产，也终结了许多垂直和水平购并、参股和注资。甚至像克虏伯、斯塔姆和罗姆巴赫（Rom-

---

① 德语单词"Konzern"的意思是"组合""合并"，而不是"企业"。

bach）这样的企业也不得不重新调整步伐并蒙受损失。采取的补救办法是一般的和国际化的卡特尔，以及公共当局的管制（Zwangssyndizierung）。作为后一种合理化的例子，我们下面就来讨论一下钾肥工业。①

在这个例子中，上述情况在第一次世界大战期间就已经开始出现，当时政府出台法令（1916年），禁止设立新的工厂、开挖新的矿井。后来颁布实施的另外三项法令（1919年、1920年和1921年）则特别强调要关闭一些矿山，这个任务的完成也得益于当时正在展开的企业合并大潮。虽然能够获得配额的工厂数量在1921年至1928年有所增加（在后一个年份，就有229家），但是，在同一时期仍然在运营的工厂数量却减少到了60家，不过生产方法得到了很大的改进，产品的质量也有了大幅提高。到1928年，82%的产品不再以初级产品的形态出售，而是在行业内部进一步加工，副产品的重要性也稳步提高。此外，成本也在不断下降。这一切使得产出在五年内增加了三倍以上。② 合并大潮过后，只留下了6家独立的企业，其中3家的产出就占到了全国总量的80%。钾肥的销售集中到了钾肥辛迪加（potash syndicate）的手中；1925年，该辛迪加通过谈判获得了一笔英国贷款，并编制了一个复杂的价格表，向国内各级（共五级）买家提供不同的折扣，但是它并没有将价格固定下来。固定价格是由一个公共机构——联邦钾肥理事会（Federal Potash Council，简称Reichskalirat）——制定的，并须经经济事务部批准，不必问这种价格规定是不是严格的（以及为什么要如此严格）。然而，读者在解释这个案例时（它的意义远远超出了我们这里讨论的主题③），应该记住这样一个事

---

① 请参见关于该行业的《经济状况调查报告》（Wirtschaftsenquete）。这份报告后来于1929年集结成书出版了。

② 1925年，这个行业的产量较战前增加了大约10%，1928年又进一步增加。以褐煤当量计算的电力和热能成本下降至不到一半。从1923年至1928年，该行业雇用的工人数量从40 000人下降到了19 000人。另外，从1924年到1928年，工资率上升了60%左右，因此工资总额和每单位产品的劳动力成本都下降了。

③ 这些机构所采取的措施和它们制定措施的方式尤其应该会引起关注全国复兴总署（NRA）那种类型调控的美国学者的兴趣。这些措施所处理的问题与全国复兴总署时期美国所面临的问题是极其相似的。

实：在战前时期，已投入的资本被估计为（这种估计可能是非常不可靠的）按战前购买力计算的 14 亿马克，而在《经济状况调查报告》中，则介于按战后购买力计算的 6 亿马克和 7 亿马克之间，这当中发生的损失无疑要归因于投资不当和过于浪费的竞争。

或多或少属于同一类型的例子还可以举出不少，其中就包括煤[①]和褐煤开采业。不过在这里，我们将只讨论钢铁工业。它也可以作为国际管制的一个例子；这时候，它表明，由于在全世界范围内产能在大幅扩大，再加上产品的改进和更经济的使用方法，国际管制必定发挥了作用。仅数量就非常清楚地表明上升趋势从 1925 年持续到了 1928 年——在那些年里，提高了 15%（铁）和 20%（钢）。如果仅算欧洲部分，则分别为 25% 和 30%。1925 年，德国的钢铁产量超过了战前 1 200 万吨上下的水平（在战后的领土范围内），并在 1927 年超过了 1 600 万吨[②]，虽然 1927 年生铁铸造厂的产量仍然仅为 1913 年的数字（刚好）。同一年，轧钢厂（半成品和成品）的产量则远高于 1913 年的数字（分别增长了大约 60% 和 30%[③]）。柏林研究所编制的铁矿石价格指数在 1925 年为 1913 年的 125%，1926 年就下跌到了 112%，随后又上涨，到 1928 年出现回落，直至 1930 年。

对于我们来说，最有意思的一点是，这种发展是在"组织合理化"的过程中出现的，而且这种"组织合理化"完全是由行业内部企业家的努力所促成的，并使我们联想到了出现在美国的一些早期例子。新出现的联合钢铁公司（Vereinigte Stahlwerke）成立于 1926 年。它是一个"控制单元"，目标是在占据最佳区位的工厂实现集中化和专业化生产。从 1926 年到 1933 年（在世界经济危机之后，另一次重定位和重组浪潮出现了），矿井从 48 个减少到了 25 个，炼铁厂从 140 个减少到了 66 个，铸造厂从 20 个减少到了 8 个，轧钢厂从 17 个减少到了 10 个。为了达到这个目标，需要非常大的投资，而且几乎在成立的那一刻联合钢铁公司就欠下了 5 亿多马克的债务，其中一半多一点的资金用于建造新的工厂和改造现有的工

---

① 1919 年 4 月 24 日，根据《煤炭法》成立了联邦煤炭委员会（Reichskohlenrat）。
② 在同一时期，钢铁厂雇用的工人数量减少了大约 16%。
③ 就我们的目的而言，重要的是要注意到 1928 年发生了一次严重的倒退。

厂。然而，它们在辛迪加中的份额仍然不到 40%。克虏伯、曼内斯曼、赫施（Hoesch）等企业都保持了各自的独立地位，它们结成了其他联盟，实施自己的扩张计划；更重要的是，当时还有另一个群体，它们在莱茵河畔联盟（Rheinelbe-Union）的领导下，实施了一个类似的大规模投资计划[1]，并且很快就筹到了 8 亿马克。1927 年，所有这些生产钢铁产品的企业——它们或者隶属于不同的联盟，或者是独立的厂商——组建了一个名为德国钢铁企业协会（Deutsche Edelstahlwerke）的组织。这个过程的每一个步骤，都伴随着技术上的诱致性创新，而且所有这些步骤推进到最后创造出了一个几乎全新的工业有机体。在随后到来的危机中，事情本来应该会呈现出来的图景——如果从产能过剩和投资不当的角度出发，描述这幅图景既容易又肤浅——绝不会让我们感到意外。

在化学工业，在数量上最重要的事件前面提到过了，它带来了之前的一切，并解决了战后因专利权丧失所造成的问题。从 1924 年到 1928 年，化学产品的产量增长了 33%，到 1926 年，出口额超过了 10 亿马克——有史以来第一次表明合成材料具有不可估量的潜力。没有任何其他行业如此清晰地显示出了大规模生产的无法避免的必要性——在德国，J. G. 法本（J. G. Farben）公司，即染料托拉斯生产了大约 100% 的染料、大约 85% 的合成氮和大约 90% 的硫酸；英国的帝国化学工业有限公司（Imperial Chemical Industries Ltd.）、法国的库尔曼企业集团（Établissements Kuhlmann）、意大利的蒙特卡蒂尼公司（Montecatini），以及美国的杜邦公司（Du Pont de Nemours）也都在相对较小的程度上拥有同样的地位——同时显示出为了获得利润甚至只是为了生存，必须不断进行创新的必要性。这是这个未来的领先行业所必需的。为了说明化学工业的问题，我们最好通过人造丝行业来分析。在我们关注的这个时期，人造丝行业也迈出了决定性的一步，相应产品的消费量从 1925 年到 1927 年增长了一倍左右。相比之下，与棉花、羊毛、亚麻和黄麻相关的各行业则几乎完全停滞

---

[1] 以上是指西部地区。上西里西亚地区（Upper Silesia）的重工业合并是独立进行的，同时德国中部的各家钢铁厂（Mitteldeutsche Stahlwerke）又成立了另一个集团，联合钢铁公司参股了其中的 50%。

不前。然而，我们也应该提一下 1927 年出现的显著增长，它在后来也很好地维持了下去。此外，还应该提到棉纺织业中出现的集中化趋势，这种趋势一直在持续，不过后来有所减弱——在 1907 年，存在 21 600 家生产单位，到 1925 年已经减少到 8 000 家。这里尤其令人遗憾的是，对素描图这些片段设置的限制不允许我们探讨其他行业的历史，因为这样一来就会使得我们无法描述许多能够反映那个时期的消费繁荣的事项，也无法描述诸多单一小创新的"大会演"——其中很多小创新几乎无异于在流行的广告宣传中成功地插入了一些新产品或新品牌——这些小创新在德国与在其他地方一样，贡献非常之大（这正是其过程的最大特点）。

克劳辛博士运用施皮特霍夫教授的模型①，在德国这个时期"数"出了两个周期：第一个周期是从 1923 年 11 月的波谷到 1926 年 1 月的另一个波谷，第二个周期是从 1926 年 2 月的复苏开端到 1929 年下半年至 1932 年的萧条。从我们的立场来看，对于这种周期计数，没有什么可补充或批评的。毫无疑问，1927 年也是我们所说的意义上的繁荣之年。读者可以很容易地通过如上所述的事实来证明这种繁荣与当时的工业创新有关，而且这些工业创新体现出了与康德拉季耶夫周期下行阶段联系起来的所有特征。我们稍后还将会看到，时间序列证据也支持这一点：失业率大幅下降；价格水平上升；清算、接管和破产则降到了战后的最低水平；新设企业的数量增加了，企业盈利也提高了。这些显然都是我们习惯称之为朱格拉周期繁荣的熟悉景象。虽然我们已经决定（前文第七章）不再就德国的情况对朱格拉周期进行计数，但值得指出的是，之所以不这样做并不是因为不能。与美国不同（也与英国不同），德国在 1928 年经历了一个大多数人都同意称之为衰退的时期，但是那个时期的症状并不完全符合我们对衰退的概念，甚至在某些方面是相互矛盾的。柏林研究所的产出和就业指数

---

① 参见古斯塔夫·克劳辛（Gustav Clausing），《1919 年至 1932 年的经济演变》（Die Wirtschaftlichen Wechsellagen von 1919 bis 1932），1933 年。另外请参见 C. T. 施密特（C. T. Schmidt），《德国的经济周期：1924 年至 1933 年》，由国家经济研究局出版，1934 年；他也观察到了两个周期：一个是从 1923 年 12 月的波谷至 1926 年 3 月的波谷，高点则出现在 1925 年 3 月前后；另一个大致从 1926 年 4 月到 1932 年夏末，不过波峰则很难确定（第 169 页和第 170 页）。他还指出，1927 年初以后，"国际相似性越来越明显"（第 248 页）。

下降了，但是其他因素，例如流通中的货币、生活成本和批发价格则略有上升。然后，在当年的年底，经济出现了一次反弹，并延续到了1929年的前四个月；在那之后，经济系统开始滑向萧条（刚开始时速度较慢）。而且，期待人们对之前的工业革命做出反应的理由依然充分。

这次繁荣并非始于1927年，而是在那一年的年初达到了高峰。从工业方面的创新数量、投资金额以及许多其他总量指标如股票价格、原材料进口、收到的订单、总产出、生铁产量、就业水平等来看，1926年下半年正是我们所说的意义上的繁荣时期，而且必须被视为前一段所讨论的上升的开始。然而，在那之前发生的事情则不应该被解释为一个周期（无论是在我们自己的分析模式下还是在任何其他分析模式下）。1924年是从一个向上的启动开始的（走出了1923年冬季至1924年冬季的危机和严重失业），这意味着刚刚从通货膨胀的阴霾中走出来的企业正在努力站稳脚跟。在那一年的年中，由于税收政策的影响和德意志银行通货膨胀限制措施的拉动，这个启动期被截短了。外国信贷进入的前景——以及第一批实际发放到位的外国信贷——再加上由于新马克对资产价值的评估较低而产生的虚假利润，导致当时的经济一下子膨胀到了正常水平，并且在1924年7月到1925年2月一直得以持续。在那之后，由于当时所特有的一系列情况，第四季度又出现了一次严重的反复——在就业方面特别严重。因此，把这个时期的起起落落认定为一个基钦周期是不合适的。

三、美国的情况

如上文所述，美国的情况与我们对这个时期的预期非常相符，这一点是显而易见的，以至为它提供证明显得几乎完全多余；我们认为，这个事实的价值还因外来干扰的重要性相对较低而有所增加。在电力、汽车和化学等领域发生的事件不构成我们所用的术语意义上的全新发展，只不过是诱致性的、完成型的发展，它们源于战前二十年间奠定的基础。对此，不需要过多强调，正如不需要强调正是这些发展"支持"了这个时期的经济过程。然而，我们还是可以注意到，航空工业具有实质意义上的新颖性——时间可以定为1925年——那也许是最重要的一个例外。这个行业的有趣之处在于，尽管它要解决的问题与汽车工业要解决的问题相似，但它是独立发展起来的，而不是像有些人从不同于我们的立场出发所预料的那样，是作为某个更古老的行业（比如汽车工业）的附属物而发展起来的。① 就像电话行业的创建不依赖于电报行业、其发展也不由电报行业主导，也正如汽车工业的兴起与马车行业和自行车行业——以及开发出了奥托发动机（Otto motors）的企业——没有什么关系，又或者恰似电影行业（电影行业也可以列为这个时期真正意义上的创新之一）无论在技术上、资金来源上还是在商业上都与戏院行业没有关系，航空工业也是如此，它提供了另一个可以验证第一章第三节提出的新企业（new firms）和新人（new men）假说的实例，即新企业和新人是独立于老企业而出现并与后者并立于世。② 同样的道理适用于每一个实现了重大进步的领域内的新专业，例如在电气工业领域内——至少在一定程度上，收音机和冰箱就是如此。

a. 发电量从 1919 年的 389 亿千瓦时增加到了 1929 年的超过 970 亿千瓦时③，其间只有 1921 年出现了大约 8% 的回落。在这当中，大约有 95% 是由私人投资的发电企业生产的，其中又有超过一半是由通用电气、英萨尔、摩根、梅隆（Mellon）、比勒斯比（Byllesby）和多尔蒂（Doherty）以及十几家由它们共同控制的企业生产的。虽然这种发展对一般工业活动的较为遥远的影响在这个时期的周期性变化中要比对发电厂、输电线路和

---

① M. W. 沃特金斯（M. W. Watkins）教授也很好地强调了这一点，见他的论文《航空工业》，刊载于《政治经济学杂志》，1931 年 2 月。在这里，我们所能做的，莫过于引用那篇论文的一些话；正文以上段落的其余部分几乎全部摘自该文第 67 和第 68 页。

② 我们应该引用沃特金斯教授对这种现象的评论："一个可行的解释似乎是，那些老行业的经理和董事一旦成功地在某个他们认同的特定子行业中创建了一个在经济上能够'持续经营'的企业，他们就会失去冒险的倾向。他们往往会对新工艺和新产品持怀疑态度。他们会失去作为'工业先驱'的远见。他们会被自己要处理的复杂的日常事务和不断重复出现的调整和适应问题所淹没，那些问题是没有任何一个企业领域能够避免的。在这种情况下，只有那些有远见的、不安于现状的、敢于冒险的人，愿意'随时切断'与安稳的地位和有保障的收入之间的一切联系的人，拥有将自己的热情传递给其他不安于现状的人以及更多的人（包括技术人员、销售人员、工人），拥有私人资本并愿意冒很大风险去争取获利机会的人……总之，只有那些冒险家才能发现新行业。航空工业也不例外……"

③ 这些数字源于美国地质调查局（United States Geological Survey）发布的报告，与普查及全国电灯协会（National Electric Light Association）提供的数字有很大的不同。

配电站的投资的直接影响更为重要，但我们还是应该注意到，从 1917 年到 1927 年，发电厂的资产负债表价值从 30 亿美元左右增加到了大约 94 亿美元①，同时在 1924 年至 1930 年，平均每年发行的电力股票和债券超过了 15 亿美元（发行额最高的一年是 1927 年，达到了 21.50 亿美元），其中接近三分之二是用于新建和扩建发电设施。② 到了 1929 年，电灯和电力行业的总收入达到了 21 亿美元③，其中家庭消费占了 6.04 亿美元左右，工业和商业则占了大约 12 亿美元，其余则为街道照明和动力牵引所用。

当然，电力价格差别很大，不仅在不同地区之间不一样，而且在不同客户之间不一样。例如，在 1929 年，用电 1 000 千瓦时皮革工业需要支付 28 美元，而化学工业则仅需支付 5.9 美元；根据普查数据，那一年的平均价格为每 1 000 千瓦时 12.7 美元。不过，平均价格是随着时间的推移而趋于下降的。家庭用电的全国平均价格是一个同样值得推敲的问题。半官方的数据是，按每千瓦时计，在新旧世纪之交为 16.2 美分，1912 年为 9 美分。我们关注的这个时期开始时大约为 7.5 美分，然后在这个时期内缓慢且稳步地下降到了 1929 年的 6.3 美分左右，或者换算为战前工薪阶层的美元购买力则为大约 3.8 美分。④ 对于电力价格的这种变化，一方面，不仅要从来自工业电站（有别于"公共"电站）的实际或潜在竞争的角度来解释，而且要从"商品竞争"的角度来解释（即天然气、非电力发动机等）以及从创造新需求的必要性的角度来解释：家庭特别是农场的电气化

---

① 这是普查数据；我们也可以将 1902 年的投资总额（大约为 5 亿美元）与 1932 年的近 130 亿美元进行比较，当年，每千瓦装机容量的投资额为 384 美元。但是这些数据都不太可信。除了货币单位的重要性差异之外，不同年份的普查数据严格来说是不可比的，因为它们并不包括完全相同的东西。上面的比较最多能给出一个数量级上的概念。

② 从 1922 年到 1932 年，总共有 20 亿美元是从客户那里筹集来的。这个行业整体地位的上升吸引了新型投资者对相应抵押贷款证券的投资，如人寿保险公司和储蓄银行——例如，试比较 1927 年的《纽约州储蓄银行法案》。从当时的角度来看，这是战后时期出现的一个发展。包括天然气行业在内，据说到 1932 年各类投资者投入的总额已经达到 180 亿美元，其中包括那一年可能被认为是"不良发行"的证券。

③ 这个发展过程很有意思：1902 年，0.857 亿美元；1907 年，1.756 亿美元；1912 年，3.02 亿美元；1917 年，5.21 亿美元；1922 年，10.72 亿美元；1929 年，21.07 亿美元。参见《华尔街日报》，1930 年 6 月 28 日。

④ 根据全国工业大企业联合会的生活成本指数。美国劳工部目前的价格指数略高，但走势是一致的。

在很大程度上是一个价格问题。另一方面,"控制单位"的增加、地方和部门垄断的建立,也便于实施价格歧视,并在很大程度上消除了这些"控制单位"之间的价格竞争,从而将它们之间的竞争转移到了金融领域。这也就解释了为什么加权平均价格在我们所说的这个时期没有随着生产效率的提高而相应地下降;同时,这也正是为什么大多数仍在运营的企业能够在相当大的程度上改善它们的财务状况[①],并且能够相对从容地应对随后到来的"风暴"。在这种环境下,通过不断降价来竞争的过程及其对这个时期的总体状况发挥作用的形式,特别是对后来的大萧条做出"贡献"的形式,在许多方面都体现出了独特性。它主要是通过工业区位的转移表现出来的——例如,电力的发展对南方的工业化起到了实质性的推动作用——而不是直接表现出来的,例如对煤炭工业的影响。无论如何,要阐述清楚这方面的问题并不困难。

技术进步路径与欧洲大致相同。当然,水力发电的发展起了很大的作用:从1924年到1928年,水力发电的发展速度一直高于蒸汽发电;到1930年,水力发电量达到了290亿千瓦时,尽管在这个时期的末段,蒸汽发电也开始相对普及。使用燃油和天然气也是美国的特色。[②] 除此之外,我们还观察到,美国也呈现出了向装机容量更大的发电站发展的趋势——发电厂的数量在1922年至1929年之间下降了三分之一。由于在电力企业向国外扩展的过程中资本几乎意味着一切,因此在美国发电集团的成功,特别是在南美地区,是很容易理解的(例如,在美国外国电力公司的成功)。流入南美、欧洲和亚洲的美国资本大约有10亿美元,现在看来,它们很多都落入了陷阱。

由于已经完成的许多工作的技术性质,合并——部分目的也是为了控

[①] 对于是通过向消费者"征税"还是通过借贷来为合并和投资筹集资金这个一般性问题,只需借用解决类似问题的社会主义国家的模型,就可以很方便地进行讨论。我们不能利用马歇尔的消费者租金概念的论证思路来解决这个问题,因为那充其量只涵盖了静态情况。然而,对我们来说,真正重要的是,在"刚性"、"利润"和"财务状况"这三个标题下,价格的稳定性及其对周期性过程的可能影响。

[②] 天然气的利用本身就是这个时期的主要特征之一;在1919年后的十年里,天然气的使用量从214亿立方英尺增加到了770亿立方英尺。

制天然气公司，自然就成了这种发展过程的一种不可避免的"伴生物"。控股公司手中现成的金融工具也因此得以触及众多前所未有的"新时尚"维度。电力融资最终决定性地摆脱了制造业的控制，协调则是经由电力生产领域内部的斗争实现的，也正是在斗争过程中前面提到的那些企业出现了，或者说被"征服"了。由于这场斗争涉及对战略位置的"竞标"，所以前述地理和商业合理化的实现，伴随着巨大的债务（包括封闭式抵押贷款、开放式抵押贷款和担保式债务等）和股本结构的膨胀。这种债务和股本结构与合理化的影响本身相比是不成比例的，不仅为纯粹的金融手段和类似于铁路时代的那种过度投机提供了"弹药"，还危及银行体系，这一方面是因为电力证券通过抵押品而大幅放大，另一方面是因为许多主要银行——其中包括国民城市银行、大通国民银行（Chase National）、信孚银行（Bankers' Trust）、保证信托银行（Guaranty Trust）——都直接将它们的财富与电力企业挂钩，并且在许多情况下成了最终的集中化的代理人。不过，在这里并不需要深入讨论这个众所周知的现象，因为我们已经注意到，电力融资和实际投资的巨大繁荣属于我们关注的这个十年的后半段。这正是第四个朱格拉周期的特点之一，而且显然是为它的繁荣阶段打基础。事实上，建筑施工、电力发展——再加上公用事业领域其他分支的发展，对于它们，我们无法在这里展开讨论，但是它们都非常符合我们关于康德拉季耶夫周期下行阶段的经济过程的一般概念[1]——本身就足以解释这个时期总量时间序列的行为。

关于电力发展所产生的推动和错位效应，有许多显而易见的重要实例，无须多说。同时限于篇幅，现在我们也无法在这个概述中对所有次要效应的总和加以详细描述。但是，考虑到对缺乏投资机会的普遍抱怨，这里应该强调的是，电气化工作即便是在目前或近期内从技术上和商业上看是可行的，也尚未接近完成。仅是这个来源就有足够多的投资机会去支撑

---

[1] 公用事业的发展是我们所预期的康德拉季耶夫周期下行阶段所揭示的图景的一部分，因为它们在很大程度上是实际收入及其变化率的函数。因此，我们发现，在第一个康德拉季耶夫周期的最后20年以及第二个康德拉季耶夫周期的下行阶段（19世纪80年代和90年代初），公用事业领域出现了扩张（诱致性扩张）。我们在现在这个例子中也发现了同样的现象。

将会到来的多个周期。事实上，哪怕是工业也尚未完全实现电气化——工业的电气化率可能达到了 75%——家庭更是如此，至于农场和交通的电气化，那才刚刚开始。给定目前的技术水平不变，只有电话和电灯可以合理地说已经耗竭它们的大部分可能性①，但是，自动电话——在 1892 年，自动电话的装机量为零，到 1919 年时占电话总装机量的 1.7%，而到了 1930 年，则占到将近 32%——则必须被列为我们现在讨论的这个时期的创新，它提供了一个很好的实例（如果需要的话），来说明即便现有需求已经完美地得到满足，也不需要叫停"进步"过程。

自 1915 年以来，电器设备产量一直以高于电力产量的速度增长，这种情况一直持续到 1929 年。1919 年，电器设备的总价值大约为 10 亿美元，至 1929 年则为接近 25 亿美元。② 新行业涌现——以及电力生产的"多元化"效应——的例子比比皆是。在这里，我们只需要指出，收音机和电冰箱行业的惊人扩张始于 1926 年。在那一年，插座式收音机的数量为 25 万台，到 1929 年猛增到了 700 多万台，而电冰箱则从 31.5 万台增加到了 168 万台。③ 尽管这些都是康德拉季耶夫周期下行阶段的发展的典型例子，但它们实际上都是有着自己历史的新行业。然而关键是，它们并不像航空工业和汽车工业那样，独立于电气制造业的老企业。总的来说，那些老企业都很好地保持了它们的地位；由此可知，美国的老企业与其他国家的老企业一样，都是不断创新的成功的"外壳"，这一点在强电设备领域的老企业身上特别明显（例如，通用电气、西屋电气等）。电器制造

---

① 在某些情况下，判断一个行业是否已经度过第一个"井喷"期的标准是看它在扩张过程中是否遇到了挫折。就本书作者所知，从 1876 年开始（那时还没有商业电话装机），直到 1930 年，电话装机量就一直在增长，其间没有出现任何中断，无论是不是在萧条时期，都如此。经济复苏是从 1934 年开始的，但是直到 1935 年，电话装机量仍然远未达到危机前的水平。然而，在我们考虑的这个时期，电话装机量从 1919 年的 1 270 万部增加到了 1929 年的 2 000 多万部。装机量的这种增长使得电话接线员的人数增加了大约 30%，尽管出现了能够节省劳动的自动电话，而且该行业在一定程度上实现了"泰勒化"。

② 源于普查数据。

③ 数据源于爱迪生研究所。即便是在萧条时期，插座式收音机的数量也在持续增长，到 1935 年已经接近 2 000 万台。因此，这是不受经济萧条影响的无线电产品井喷的一个例子。读者应该会记得，从我们的分析的角度来看，这种行为是完全正常的，尽管在实践中它并不是一般规则。家用电冰箱的数量也在不断增加，至 1935 年达到了 725 万台。

业产品的美元价值在 1914 年到 1929 年间增长了大约 7 倍。若从 1899 年开始计算，则到 1929 年增长了 26 倍左右（1899 年是最接近这个康德拉季耶夫周期起始点的普查年）。①

b. 在这整个时期，汽车工业引领了每一次起起落落（不仅每一次向上启动是它引领的，而且每一次摆脱下降趋势也是它引领的）——事实上，在这个时期之外也是如此，它在康德拉季耶夫周期的衰退阶段所体现的作为我们的模型的标准实例的作用，就如同在上升时期一样。仅仅是整车工厂的就业人数（不包括零部件、轮胎和车身的生产企业的就业人数），就从 1922 年的大约 25.3 万人增加到了 1929 年的 42.75 万人，相应的工资单总额则从大约 3.96 亿美元增加到了大约 7.755 亿美元。乘用车的登记数量从该时间序列的起始点，到 1929 年 12 月 31 日为止，一直在不间断地增加（从 1895 年的 4 辆增加到了 23 121 589 辆）。当然，从增长率来看是在下降的，但是萧条只能影响后者。② 即便是在世界经济危机期间，即使是在汽车年登记数量最低的那一年（1933 年），汽车零售和相关服务业的总业务金额，包括配件、加油站、车库以及由批发商销售出去的汽车在内，仍然高达 48.318 亿美元。③ 全国超过 110 万人参与了汽车分销和相关服务工作，其中包括 756 000 名员工（包括兼职员工），他们收到的工资和薪金总计高达 8.01 亿美元。数量上的扩张和质量上的提高、成本的降低、价格的下跌以及利润率的滑落，显然都是我们所讨论的这个十年里汽车工业历史的预期和实际特征。然而，由于没有令人满意的方式可用于测量质量的改进，同时由于汽车几乎不间断地从更大、更重、更昂贵向更小、更轻、更便宜转变——例如，在 1903 年，仅有 4.2% 的汽车的生产成本不高于 675 美元，而到了 1924 年，将近 60% 的汽车的生产成本变得这么

---

① 在 1899 年和 1929 年这两个普查年之间，受雇的工人数量从 42 000 人增加到了 329 000 人。

② 免税的公务用车不包括在内。直到 1930 年，卡车的登记数量仍然在增加。乘用车的登记数量则可能在 1929 年前后出现了"趋势的中断"，在那之后，乘用车的登记数量随着时间的推移而发生的变化，大体上与 25 岁至 60 岁年龄段的人口数量的变化相一致。

③ 美国人口普查局，《1933 年美国企业普查》。值得注意的是，同年国家公路支出大约为 6.66 亿美元（美国公路局），农村公路支出则大约为 15 亿美元。

低①——以至甚至连汽车在数量上的扩张也变得有些难以捉摸,虽然已经有汽车报价指数(对于这种指数,还应该就"以旧换新"补贴和其他形式的折扣导致的变化加以调整),但是它只能表明一种趋势,而且这种趋势显然被低估了。② 1916 年之后,各家汽车公司的利润不仅下降了,而且变得更加均等化。

这个行业不仅仅在实际收入增长的推动下扩张,它本身还助力实际收入增长的实现。然而,前一种联系是以牺牲后一种联系为代价而逐渐获得重要地位,拿破仑战争之后的棉花和 19 世纪 80 年代以后的铁路就是很好的例子。如果创新数量增加而单个创新的重要性降低,那么就属于下行阶段的典型类型。从 1912 年开始,汽车的设计变得更加稳定。同时,在零部件标准化和装配合理化方面都取得了相当大的进展,从而降低了成本;它的各个配套行业——工业轮胎、硝基漆和速干溶剂等——也都有了长足的进步。同样重要(或者更加重要)的是组织和资金方面的变化,这部分是由行业内部的生存斗争导致的。在这种斗争中,持续不断的创新和向低

---

① 见爱泼斯坦,前引论著,第 336 页。不用多说,那也并不能准确地度量这种转变。

② 关于这一点见爱泼斯坦教授,前引论著,第 47 页。他试图通过以一些"相当相似的型号"汽车的销售价格为例,来传达这种观点,例如在 1904 年,一辆帕卡德的售价为 7 000 美元(不含设备),而在 1924 年售价则为 2 585 美元(配备了设备)。美国劳工统计局的汽车批发价格指数(wholesale index of automobile prices)先是大幅下跌,直至 1916 年,然后在 1920 年升至峰值,随即又大幅下跌至 1926 年,而且比 1916 年的最低水平还要低 8 个百分点,接着又上升至 1929 年,部分至少可以归因于福特工厂的重建。另一项指数是由 J. W. 斯科维尔(J. W. Scoville)先生编制的——见《汽车工业在萧条时期的变化》(计量经济学会的报告,1935 年 12 月;后来又独立成文发表)——它也表明在 1916 年出现了一个低位;然而,随后的高峰则出现在 1918 年,接着又大幅下跌,直至 1923 年,然后回升,到 1927 年达到高峰,之后出现下降,而且比美国劳工统计局的指数下降得更加厉害,直到 1933 年。当然,这两个指数都未能克服前述基本困难,而且这些困难使成本数据在很大程度上失去了意义。有人曾试图通过计算"每磅汽车"或"一般汽车产品"的价格,得出一幅更能说明问题的图景。美国汽车工业协会(Automobile Manufacturers' Association)基于价格最低的每一款五座封闭式车型的平均上市价格,并以其在新车登记中所占的份额为权重,构建了一个指数。但是这个指数夸大了下跌的严重性——它在 1925 年至 1932 年间就下跌了 40%,见斯隆(Sloane)先生在 1937 年 12 月 31 日致通用汽车股东的信的第 6 页——但是在某些特定情况下,它或许并不像一般情况下那么容易引起反对。关于汽车工业的行为或利润,请参见爱泼斯坦,前引论著,第 243 页、第 256 页和第 264 页,在那里可以看到,"财源滚滚的时期"一直持续到了康德拉季耶夫周期的衰退阶段(根据爱泼斯坦教授的说法,即 1916 年),这也与我们的预期相符。然而,行业领先企业的表现可以告诉我们很多有趣的东西。福特的利润与净资产之比从 1907 年的峰值开始下降,趋向于零,其间还伴随着明显的周期性波动,直到 1927 年工厂进行彻底的重建为止,这相当于二次(尽管是诱致性的)创新。新成立的企业数量也紧随着发生波动,平均滞后期为 1~2 年。

价市场扩张对汽车厂商来说是生死攸关的。1916年后价格的提升使得破产和退出的汽车厂商数量维持在低位并不断下降；甚至1918年的挫折——当时产量和批发价格都第一次出现了绝对意义上的下降——也几乎没有导致什么汽车厂商破产。但是在1921年以后，当产量和批发价格再次出现绝对下降时，退出的汽车厂商——它们不一定已经破产——数量急剧上升，到1924年在所有汽车厂商中所占的比例达到了21%，这在整个行业的惊人扩张中尤其显得触目惊心。1923年和1924年，有不少于29家汽车厂商退出市场，其中有17家是在战争期间和战后时期创立的。在总共101家1920年的乘用车年产量不足5 000辆的汽车厂商中（仅指制造汽车的厂商，而不是泛指汽车行业的企业），只有11家在1930年幸存了下来；在年产量介于5 000辆和25 000辆之间的23家汽车厂商中，也有11家生存到了1930年。但是，我们发现，1920年的年产量超过25 000辆的那10家汽车厂商全都生存了下来。① 在1918年，美国和加拿大有70%的汽车是由最大的三家汽车厂商生产的；到1921年，这个数字变成了80%；而到1935年更是接近90%。

考虑到"国民汽车"已经成为现实②，同时这个行业一直是垄断竞争行业，早就形成了典型的寡头垄断状况，但是我们却不得不痛苦地再一次意识到，垄断竞争理论的主要理论家得出的一般性结论是相当不现实的。③ 事实上，有一点应该是非常明显的，那就是，在我们讨论的这十年中，汽车行业的行为可以用完全竞争来描述——这种完全竞争是在一个被经济系统吸收或融入经济系统的新行业的条件下展开的——那样的话说服力将大得多。在这个发展过程中（自1916年前后以来），汽车行业的融资方法发生了重大变化，即"外部资本"开始发挥更大的作用。在这里，我

---

① J. W. 斯科维尔先生，前引论著，第24页。
② 这里还应该提及的是，农场在"自动化"方面比在电气化方面走得更远。在我们讨论的这个时期结束时，大约60%的农场都配备了机动车辆，而且全国大约四分之一的卡车是用于农场的。
③ 某些鼓吹这些结论——价格上涨和利润下降对产量的限制、规模过小的汽车厂商的不经济等——的现实意义的人认识到了一个危险，即这些结论可能看起来就像漫画一样，因而他们习惯于将汽车工业视为一个例外。但是，它其实只是一个非常大的类别中的一个突出例子。轮胎工业（接下来马上要提到）则是另一个。比较一下我们在第二章和第十章关于这些观点的论述。

们只需要提一下通用汽车与公开市场之间的直接联系，以及它为汽车消费者融资的方法（通用汽车的做法很快就被其他汽车厂商跟进）。尽管如此，从利润、汽车零售商和汽车配件商提供的信贷中积累起来的自有资本，仍然是该行业最重要的资金来源，这就在很大程度上解释了观察家认为它特别"合理"的原因。汽车厂商的有形资产净值在 1926 年达到了 21 亿美元的最高水平，然后稳步下降，直到世界经济危机爆发，不过下降速度很慢。无论由此得出的结论有多么不可靠，下面这一点似乎非常明显：除了福特的工厂之外，这一波巨大的投资浪潮属于第三个而不是第四个朱格拉周期。

那么，这个时期的经济过程和总量序列的行为在多大程度上仅用汽车工业的发展就可以解释？为了以定量方法提供精确的证明，我们非常有必要就它对钢铁、铜和设备等行业的意义展开全面深入的研究。[①] 然而在这里，限于篇幅，我们只分别就两个行业给出一个评论：一是石油工业，二是橡胶工业。对于发生在石油工业领域的各种创新，我们在前文讨论过了（第七章：水驱技术、裂化技术、氢化技术、新用途的扩展——比如说为机车和船舶提供燃料——以及各种副产品）；我们还知道，由于新油田的发现和开发，汽油价格一路下跌（非含税价格）——从 1919 年的每加仑 0.241 1 美元降到了 1929 年的每加仑 0.155 7 美元，然后进一步降到了 1931 年的每加仑 0.117 8 美元（石油消费量直到 1932 年才出现了下滑）[②]；这表明石油工业并不只是被动地受需求的增长拉动。然而，它的发展确实与这种模式非常接近，足以作为一个实例。这一点在这个时期刚开始的阶段尤其明显。1920 年，石油和汽油的价格大幅上涨（达到了这个时期的最高峰），走势完全背离了与它们相互竞争的其他燃料的价格，从而限制

---

① 即便是铁路公司，虽然它们在这两方面总的来说蒙受了一些损失，也不是完全没有分到一杯羹。汽车本身、造汽车所用的钢铁、汽车所需的汽油和润滑油，都需要运输，它们对铁路公司的收入的贡献不可小视。如果我们把道路建设材料也算进去的话，这个数字就更可观了——尽管汽车制造商协会对 1934 年超过 2.65 亿美元的铁路运费的估计似乎有些过于乐观了。同一年，根据保险年鉴服务局提供的数据，所有类型的汽车保险的净保费收入接近 4.11 亿美元。

② 这是美国石油工业委员会（American Petroleum Industries Committee）的数据；罐车；50 个选定的城市。

了燃油在铁路上的使用——例如，仅仅是大北部铁路公司就把 70 辆燃油机车改装成了燃煤机车。然而，1920 年的汽车产量却在 1918 年的基础上整整翻了一番，导致当时的汽油产量无法跟上汽车发展的速度。随之而来的是石油工业繁荣，几乎与其他行业的深度萧条同时发生。石油证券发行在 1920 年初就达到了一个高峰，在该年年末和 1921 年初达到了第二个高峰。在这里值得指出的是，在美国，1920 年 11 月的建筑规模比 1919 年 11 月更大的仅有的几个城市是洛杉矶、巴尔的摩、新奥尔良，以及加利福尼亚州的其他一些城市。结算数据表明它们获得了巨大的收益，而在这个国家的其他地区，这些数据则在下降。1921 年初，发生了一起大规模的石油公司合并事件，导致巴恩斯达尔公司（Barnsdall Corporation）的成立。随后，石油公司合并愈演愈烈，原油价格迅速做出了反应。例如中西部地区的原油价格从 1921 年 1 月的每桶 3 美元下跌到了 1921 年夏天的每桶 1 美元。不过在这里，我们已经不需要更多地回溯这个特定实例的历史演变过程。①

当然，橡胶工业也是被"拉着一同前行"的。但是在这个行业创新更加明显。正如我们在其他一些地方已经看到的，橡胶工业的创新可以追溯到很久以前（例如，固特异硫化法可以追溯到 1839 年），或者至少可以追溯到康德拉季耶夫周期的繁荣阶段（例如，1899 年，再生剂发明；1906 年，加速硫化法出现；但是合成橡胶商业化却是在我们讨论的这个时期之后才取得成功）。使用各种添加剂来提高橡胶化合物的耐久性（1916 年）是 20 世纪 20 年代唯一的"发明性"创新。橡胶的新工业用途的发现和发展（用作地板、橡胶垫、橡胶衬里、衬垫、保险杠等），只是创新的"传播"，而这正是我们讨论的这个时期的特点。当然，这个领域最重要的新事物是充气轮胎（1916 年），尽管其实在很久以前它就被发明了出来（R. W. 汤普森早在 1845 年就申请了充气轮胎的专利），以及随后出现的在轮胎中加帘线（帘子布）的技术。充气轮胎立即对长途货运业产生了重

---

① 我们可以注意到，1927 年，这个行业雇了 125 万人，包括管道在内的设备设施价值大约为 110 亿美元。当时全国有 330 家炼油厂，日加工能力为 300 万桶原油，而同期的 31.86 万口油井的日产量则为 240 万桶。

大影响①，尽管直到 1920 年 7 月 1 日《印度橡胶世界》（*India Rubber World*）杂志仍然在声称自己不相信实心轮胎会被挤出市场，因为其质量有了很大的改进，能够很好地应对新竞争对手的"入侵"。与此同时，乘用车低压轮胎的商业机会也出现了，因为许多驾车者习惯于为了追求舒适而不愿意对轮胎充气过满。② 到 1923 年，已经有 21 家公司——包括几乎所有的行业领导者，或者在试验性地生产这种轮胎，或者开始了商业化生产，好几家汽车制造商也已经将其作为汽车常规配件的一部分，而另一些汽车制造商则将其列为可选产品。轮胎制造领域的一场"革命"就此宣告启动，这场革命之所以更为重要，是因为它涉及了可观的新投资。当然，仍然有阻力有待克服，但是在不断改进并实现了标准化（例如，对轮毂的统一要求）之后，这种创新似乎在突然之间就奠定了决定性成功的基础，那是在 1925 年前后，一家轮胎公司勇敢地迈出了冒险的一步——尽管当时弥漫着对其实用性的怀疑气氛，而且公众可能不买账——制造适用于所有标准轮毂的充气内胎，从而使得立即更换几乎所有在使用的轮胎成为可能。之后，市场面貌在短短几个月内发生了根本性的变化，各主要厂商迅速跟随创新者采取行动。③ 由于生产函数的这种迅速变化，降价竞争过程表现得特别明显。在这个意义上，我们可以将其解释为投资过度和生产过

---

① 卡车的登记数量从 1915 年的 13.6 万辆增加到了 1924 年的 200 多万辆，增速远远超过了乘用车。如果没有此前充气轮胎取得的成功，这几乎是不可能的。固特异"飞足快运"（Goodyear Wingfoot Express）卡车车队是当时率先炫目登场的。

② 这个例子很好地说明了"想要"与（在我们所说的意义上的）创业活动之间的关系。消费者如此清楚地表明了自己的愿望，显示出了一种完全不同寻常的主动性，从而大大促进了企业的创新性行为。然而，消费者仍然不能仅凭自身力量独立地对真正的软内胎提出"需求"，而且他们所采取的少充一些气的做法可能会无限期地继续下去，从而不会导致几乎相当于一个新行业的那些产品的出现。毫无疑问，这个发展是有条件的，但它基本上不是由消费者的行为带来，正如从织物到绳子、超捻丝、人造丝绳的发展一样。

③ 这个行业的就业量大幅增加，工资涨幅也居各基础性行业之首，并高于制造业的平均水平。有资料表明，在 1908 年，就业于轮胎工业的工人可以得到平均每小时 40 美分的工资，当时一只轮胎的售价为 35 美元，可以行驶大约 2 000 英里；而在 1936 年，轮胎工人每工作一小时可以得到 88 美分，而一只轮胎的售价则下降到了 8 美元，不过可以行驶 20 000 英里。因此，轮胎工业工人一小时的劳动能够给他换来的"轮胎服务"，从 1908 年至 1936 年大约提高了 95 倍。

剩的症状①，这些在1923年和1926年之后就已经可以观察到，而且有理由预期这个行业会对随后的危机做出自己的"贡献"。

c. 正如我们已经看到的，重化工业在世界大战之前就已经发展得相当好，但是有机化学工业创业活动的蓬勃却完全是以没收德国专利为前提条件，而且在后来受到了保护主义政策的"呵护"。②各种化学产品的价格，根据美国劳工统计局指数（按1926年的价格水平为100来计算），在1913年时均为89.4；此后，由于来自德国的进口实际上完全停止，曾一度飙升到了197（1916年），然后在1922年下降到了97.2，这种变化恰恰证明了在这些新条件下出现的创业活动的活力。③煤焦油类产品在所有的发展阶段都取得了成功（尤其是在染料生产方面），脂烃基类产品也取得了一系列进展。这些成功在我们讨论的这个时期得到了放大，并贯穿随后的萧条时期，最终创造了多个新行业。作为一个整体，化学工业的投资、就业、工资单金额、利润和销售额，都在1929年达到了最高峰（在我们关注的这个十年结束时，销售额大约为22.5亿美元）。在那之后，非煤焦油类产品的销售额继续实现无间断的增长。药物、溶剂、香水、防冻剂、四氯化碳、乙酸酐、樟脑、树脂、硝酸盐（合成碘和合成橡胶在20世纪30年代早期就问世了）都可以作为很好的例子。通过对案例进行分析，我们可以得到很多可以说明创新起作用的方式的例子。

在这里只有三点需要补充说明。首先，由于与其他行业相同的原因，

---

① 例如，E.G.诺斯及其同事在《美国的生产能力》中估计（1934年，第236页和第237页），1925年至1929年的平均产能利用率大约为85.3%。这在当时的条件下已经很高，反映了产量从1918年的大约200万只轮胎增加到了1929年的接近800万只轮胎这一事实。但是，这个事实与我们关于利用不足和生产过剩的结论（后者的意思是"老企业"经常无法支付它们的成本）是完全相称的。

② 然而，这些发展恰恰说明了将为创新创造条件与创新本身区分开来的基本理由。任何可能怀疑这一点的人都可以试着从这两个事件中，（在其他条件不变的情况下）唯一地推导出这些发展。

③ 然后，这些指数上升到了100左右（在1925年出现了一个上升的运动），直到1928年；在那一年，随着成本的不断下降，由于数量扩张，它们走上了另一条下坡路。这里有两点很重要，需要加以关注。第一，这再一次提供了一个关于刚性的流行说法的例证；第二，这告诉我们，在创新的推动下，个体价格的下降对价格水平的影响，要比自主货币因素通过创新对个体价格的影响明显多得多。靛蓝的价格从1916年的每磅2美元下跌到了1932年的每磅14美分。与战前时期相比，巴比妥和苯巴比妥的价格下跌至七分之一左右，阿司匹林则跌至八分之一左右。

在化学工业中，控制权和研发活动的集中化以及对专业化大型工厂的统一协调都是显而易见的。例如，就像 J. G. 法本公司一样，杜邦公司的产业触角远远超出了化学领域。① 另一个巨头，联合化学和染料公司（Allied Chemical and Dye Corporation），是五家在很大程度上"互补"的大企业于 1920 年合并的结果，其中有三家属于所谓的"重工业"领域。其次，围绕着所谓的化学基础产品的生产，出现了新的工业分支。一大批中小型企业进入了市场，它们生产各种各样的药品、化妆品等，其品种之多无法测度。与形式性质不同的是，垄断竞争环境的结果在这个企业群体及其零售商和广告商中，要比在少数基本产品的几个大生产商中明显。对我们来说，重要的是关注这个行业在数量上的重要性，并解释它何以实现了这种堪称"壮观"的扩张：因为它所利用的这种无与伦比的机会是民众实际收入增加的结果之一；实际收入的增加使得即便是最低收入群体也有了一些盈余，而且这些盈余不是预定分配给特定用途，而是随时可以流入广告所引导的任何地方。因此，这种现象与我们关于康德拉季耶夫周期下行阶段的事态发展过程的看法很相符。最后，与其他一些行业——比如说，汽车工业——相比，化学工业在创新路线上的（次级）降价竞争的激烈程度远远不如；但是它所显示出来的（主要）竞争过程，即化学产品与其他产品的竞争，或生产相同产品的新旧方法的竞争，则几乎比任何经济活动的分支都要激烈得多。在某些情况下，化学工业的创新是通过其他生产领域发挥作用的，例如农业。而在另一些情况下，这种作用是非常迅速地直接产生的，而且有朝一日资本主义社会结构很可能有力地证明其会带来不平等。化学工业不仅提供了对许多东西的可以接受的、价格低廉的替代品（这些东西原本构成了就业和投资的基础），而且通常能够提供与以往用非化学方法生产的产品完全相同的替代品——往往能够提供比原来更好的产品，这尤其体现在供给更均匀、质量更可靠方面，例如清漆和染料就是如此。毫无疑问，在生产与以往用非化学方法生产的相同产品时，化学工业的成本最终几乎总是——尽管也许不会立竿见影——会远远低于原来的生

---

① 对通用汽车的兴趣就构成了这种获取和支撑市场的方法的一个例子。

产方法。在这种情况下,经济有机体某些相当大的部门很可能不得不在很短的时间内就停止运转。迄今为止,化学工业带来的这种结果在我们讨论的这三个国家中尚未被人们强烈地感觉到,这是因为它们所"侵犯"的大多是别的国家和地区,例如智利和印度——或者,就茜草染料而言,受到影响的是从法国南部地区到小亚细亚的广大地区——或西西里岛(柠檬酸,1927年),又或者将来生产橡胶的那些国家和地区。在我们研究的这个时期,美国、英国和德国在这方面受到的影响不大——事实上,无论产生的是什么影响,在一定意义上都可以说是相当有利的。但是,这些发展还可能导致更严重的混乱,其中有一些显然已经迫在眉睫。"革命"一词在这个意义上有一种特别不祥的含义。这条前进路线可能产生严重的抑制性影响;相比之下,针对货币总量(包括中央银行的行动)所能采取的任何行动都是微不足道的。

当然,人造丝行业的成功在很大程度上要归功于关税(保护),而在该行业大企业的成功则在很大程度上要归功于它们对专利的控制。但是除此之外,在其他所有方面,情况都与汽车工业惊人地相似。在这个时期开始时,我们观察到了极其激烈的竞争,部分原因是战后出现了非常多的昙花一现式的初创企业;后来,正如我们在其他地方已经指出的那样,从这些初创企业中涌现出了三个巨型企业,它们的产量占到了全国产量的90%左右。在这种寡头垄断的格局下,消费出现了大幅扩张,而且几乎没有受到全球危机的影响。① 到1925年,批发价格(150旦,A级,交货地为纽约)从1918年的峰值下降到了战前水平(1914年,每磅1.96美元),到1929年又进一步下降到了每磅1.25美元。② 单位产品(每磅)的利润稳步下降;不过就美国粘胶公司的产品而言——在整个时期,它一直是粘

---

① 由美国纺织经济局计算并公布在《人造丝杂志》和其他刊物上的交货量——美国企业的出货量加上进口,再减去出口——从1923年到1927年增长了近三倍,到1931年又增长了大约50%。这还不包括醋酸人造丝在内。醋酸人造丝的市场份额逐年稳步增长;1925年,它的产量仅略高于总产量的3%,但是到了1929年,就达到了7%(至1935年则接近22%)。

② 到目前为止最低价格为50美分,那是在1933年4月达到的。同样地,对危机时期价格水平的贡献,要比危机时期价格水平对它的贡献更大。

胶的主要生产者——价格到 1928 年仍然维持在 58 美分的水平上。① 至于其他纺织品，虽然也有一些向上的推动因素——如每锭棉花消耗量的增加以及帘子布、人造革、阔棉布衬衫、花式毛织品的生产等——但都成了老行业的产品，其表现亦然。数量上的扩大和质量上的改进是相当可观的，同时在许多细节上实现了合理化。当然，这些并不会改变整个图景的基本特征——这些特征反映在价格的行为上。② 持续的区位变迁造成了地区性萧条，也带来了地区性繁荣，两者大体相当。美国劳工部的综合就业指数在这十年里基本保持稳定，不过仍然强有力地标示出了从 1925 年下半年开始的经济向上势头。

d. 仅就生产函数的变化而言，也许我们确实应该将钢铁工业——以及更一般的冶金工业——与化学工业和电力工业联系起来加以讨论。不过在这里提一下轻合金工业的发展历程就够了，第一个阶段就发生在我们讨论的这个时期，更具体地说，是从 1925 年开始的。这个行业也存在着其他类型的技术和组织变革，例如连续轧制技术出现，或者工业熔炼炉退出市场；当然，在个别创新路线上或大企业中，也出现了许多合理化改进。这里值得特别强调的一点是在炼钢以及铜、铝和其他行业中废料利用的大幅增加。③ 然而，从广义上讲，钢铁工业的特点是，在萧条时期更萧条（特别是在 1920 年和 1921 年），在繁荣时期则更繁荣（生铁产量的高峰出现在了 1923 年、1925 年和 1929 年），而且这种情况的出现都只是一般的经济状况所致，而不是由于该行业的创业活动。钢铁工业产品价格的变化

---

① 1925 年美国人造丝生产公司（American Rayon Production Corporation）合并成功，使得寡头垄断发展为完全垄断。

② 例如，从美国劳工统计局的棉纺织品分组指数来看（1926 年 = 100），1914 年为 56，1919 年为 147.5，1920 年为 190.7。然后突然出现了下降，但是 1929 年仍然维持在了 98.8 的水平上。直到 1932 年，这个数字才跌到了低于 1914 年的水平。羊毛和精纺毛织物的分组指数的变化类似。

③ 这类材料节约型技术是康德拉季耶夫周期下行阶段发展的一个典型特征，它解释了生铁产量与钢产量之间越来越大的差距，而且理所当然地会对金属领域之外的许多重要原材料的生产产生抑制性影响；在每一种情况下，这种技术除了构成一种独特的创新之外，也构成了一个独特的产业问题。废料价格对周期阶段过程的敏感程度比任何其他商品的价格都更高；正如柏林研究所（例如，1926 年）所指出的，废料价格和生铁价格之间的关系是一个很好的指标，甚至可以用来预测未来的经济状况。

也与这种印象相符。[1] 然而，尽管出现了很多节约钢材的合理化措施，但是钢材的消费量仍在强劲增长，因为节约钢材的效应被钢材新用途的发现和经济的普遍扩张抵消了——事实上，钢材日益变成一种消费品。在我们讨论的这个时期结束时，钢材的人均消费量提高到了1900年时的7倍。

铝业和铜业没有发生多少根本性的新变化。然而，正如我们在前面的章节指出过的，相比之下，铝业在发现和征服新领域方面表现出极大的主动性。在1915年至1929年间，美国国内初级铝产品的数量增长了一倍多，同期铝消费量增长了两倍多，这两者之间的差异绝大部分都可以用铝二级加工产品份额的扩大来解释。数量上的这种扩张是这个时期铝业的一个主要特征，它构成了康德拉季耶夫周期下行阶段发展的又一个很好的例子。价格的变化则与此一致，与成品钢有明显的不同。相对而言，没有出现围绕着基本轮廓线进行的波动，这就提供了一个有趣的案例，说明在快速增长和商品竞争的条件下，由一家公司"控制"究竟意味着什么。国内纯度为99%的铝锭的价格在1916年达到了战争期间的最高水平，然后至1922年达到了战前水平，或经美国劳工统计局的批发价格指数修正后的水平，比前一个水平低了将近30%。然后慢慢上升，直到1925年，之后又有所下降，一直保持在23.3美分，直到1934年。[2] 因此，它甚至在1930年也没有下跌，尽管在当时的竞争条件下它本该下跌。但是获得的利润本身并不足以证明，在给定前述保护主义政策的条件下，价格在长期中将显著高于如下水平——事实上，甚至可能低于这个水平——如果从一开始就存在竞争条件，那么只要存在与每个单个企业的竞争规模相适应的生产效率，它们将会移动的水平。这也并不等于说，如果所有或大多数行业都以同样的方式组织起来，那么它们仍然会发现采取同样的价格稳定政

---

[1] 钢铁价格从未跌至1914年的平均水平，甚至在危机期间也保持超过该水平。钢铁价格的这种变化是非常有意思的，因为不同的企业在价格政策上存在着差异，从而使得我们很难一次只讨论一个价格。独立厂商并不一定会跟随美国钢铁公司的率先降价行为；而且美国钢铁公司也并不像人们可能预期的那样，与更年轻、更有活力的那些企业争相主动采取降价措施。在某些情况下，它们比美国钢铁公司更急于发展，而又比美国钢铁公司更不愿意降低价格。

[2] 数据源于《工程与采矿杂志》(*Engineering and Mining Journal*)。美国金属市场的平均价格则为21.6美分。

策符合它们的利益。[①]

由于众所周知的原因，世界大战使得铜的消费量大大增加，但是新的矿场和采矿方法（见第七章）则仍然付之阙如，以至早在1917年美国政府就已经开始采取措施着手固定铜的价格。在整个20世纪20年代，其他国家纷纷效仿；从1921年到1928年，这些国家实际上成功地将价格稳定在了战前的水平上（12~15美分）。与此同时，由于大规模采矿方法的进一步发展、冶炼和精炼新工艺的出现以及品位更高的矿藏被发现，成本不断下降。同时，行业内部的横向一体化（发生在矿业公司、冶炼厂和精炼厂、铜和黄铜生产企业之间）以及纵向一体化也蔚为壮观。因此，出现了一种无法长期持续的状况——其突出表现是生产始终高于消费，同时库存始终远远高于战前水平——尽管从表面看那似乎是一个长达十年的繁荣期；事实上，这正是为后来的世界经济危机做出了很大"贡献"的铜业的弱点之一。再生铜的大幅增加——1929年，用废料冶炼的再生铜的产量，已经相当于用国内铜矿石生产的新铜的产量的40%——以及原料产地为加拿大、加丹加和北罗得西亚的低成本矿山的新铜也"功不可没"。根据《韦伯-波美拉涅法案》（Webb-Pomerene Act）于1926年10月成立的铜产品国际贸易卡特尔——铜出口商公司（Copper Exporters, Inc., "控制"了全球90%的铜产量），也只是推迟了灾难的发生。

因此，我们在这里看到了一个非常有意思的案例，它涉及一个原本可以完全不受任何约束的资本主义创新过程——现在只受到了资本主义利益群体本身的干预，而且这些利益群体只是通过试图使原有机制的一个元素失效来实现干预，即使"进步"对价格的影响不复存在。值得在这里加以思考的一个问题是：如果从来没有做出这种尝试，事态的发展又将如何？价格肯定会有所下降；而且很有可能，价格的这种下降——尤其是在短期内——不一定能够显著地增加消费。但这一点其实并不是重点。在任何情

[①] 在那种情况下，就所有这些价格进行"协议降价"可能是可行的，而且这种建议很可能会自行浮现出来，因为就所有这些价格而言，需求不会像对每一种价格单独加以处理时那么没有弹性。另外，在由公共当局定价的情况下，这种稳定本身就可能成为一种目的——在现实世界中，大多数由公共当局进行的价格管制都是如此。

况下，那些实际上依靠这种措施存活下来的矿山和炼油厂都应该被淘汰，当然，如果需求在相关范围内确实缺乏弹性的话，被淘汰的肯定会比有弹性时多。其好处在于，首先是能够消灭浪费——让那些只有在"人为价格"下才能生存的矿山和炼油厂继续运营下去是一种"社会浪费"。其次，这有助于缓和20世纪20年代的过度繁荣、扩大再调整的范围，以及在一定程度上减轻后来的世界经济危机。如果这一切都是不可能的，或者超出经济系统能承受的限度，那么在这种情况下，公共监管或所有权公有化——读者应该仔细分析这种干预措施与铝业中的干预措施的不同之处——就成了避免急剧的崩塌在事实上的唯一选择，虽然它们不一定能解决这种类型的经济浪费。

e. 虽然我们认为上面的论述很好地阐明了在我们讨论的这十年工业过程的所有特征，证明了我们试图证明的东西，实现了我们的目标——更具体地说，我们的目标是解释这个时期的经济状况的演变和总量序列的行为——但是，在这里必须再一次强调，这个论述仍然是非常不完整的。它甚至忽略了某些主要因素——例如，甚至完全没有提到天然气管道（出现于1927年）——当然，实际上也忽略了所有的次要因素[1]，尽管这些次要因素的"总和"对康德拉季耶夫周期下行阶段的发展尤其重要。这个时期在生产方法和商业手段方面、在家庭预算结构方面都发生了革命性变化，要掌握关于这场"革命"的全部知识，并在此基础上对这个时期及其余波进行深入透彻的分析，就必须进行大量的研究（远远超越我们现在的案例研究）。[2] 然而无论如何，在我们的论述中，最主要的特征已经非常清晰地凸显了出来。利用《1930年工业普查摘要》中的少数几个事实就可以

---

[1] 其中有一个重要的运动——它自己又分解成了几乎无限个更小的运动——就是我们通常所说的泰勒化（Taylorization）。在我们讨论的这个时期，泰勒化的广泛传播正是在康德拉季耶夫周期下行阶段的调整中发生的生存斗争的一个典型结果。在美国这个国家，来自工资水平的压力又增加了泰勒化的动力，在许多情况下，以泰勒化的方式对每一项工作进行合理化，在降低每一单位产品的成本方面比根本性创新更加有效，而且从我们的角度来看，这在所有情况下都非常重要。这是提高效率的一个特殊例子，而努力利用废料和废弃物则是另一个。

[2] 这个领域最重要的成就就是杰罗姆先生所著的《工业机械化》一书。在这里，我们再次建议读者关注这本著作，它提供了大量关于康德拉季耶夫周期下行阶段的改进的典型例子，它们可以用来检验我们对这个时期的解释。

进一步说明这一点。① 这次普查列出了 103 个行业，它们都是在 1919 年的普查中就已经被单独列出，而且在 1929 年的增加值都超过了 5 000 万美元。这些行业在上述两个年份之间的增加值（未加权）的平均水平为 2 900 万美元，同时增加值与工资单金额之比则为 16%。② 对于这个普查结果，第一，我们更感兴趣的是这样一些行业，它们在 1929 年产生了超过 5 000 万美元的增加值，而在 1919 年仍然没有被单独列出，因为这本身就意味着它们有非常高的增长速度。这样的行业共有 16 个，其中一些例子是：饮料③、食品加工器具、女帽、电影（不包括影院放映）、纸张、纸浆、人造丝、冰箱、橡胶轮胎和内胎、其他橡胶制品（不包括靴子）以及打字机等（打字机是最重要的）。除了重复我们已经知道的情况之外，这个清单还为我们的图景添加了一些新的元素。特别重要的是，这个清单告诉我们，有些行业的扩张仅仅是对消费者实际购买力的提高做出的反应，而本身则没有面临任何特别强烈的冲击。这正强调了长周期的这个阶段的一个特点。

第二，如果我们看一下这 103 个行业中增幅达到 100% 以上的那些行业，上面这个特点将会表现得更加明显。除了列在第一位（510%）的飞机及其零部件行业之外，我们发现电气机械及其材料、铝制品、汽车及其零部件等行业也包括在内，此外我们还发现了香水和化妆品、招牌和广告、商业混凝土制品、调味品和糖浆、印刷机构之外的照相制版、家居用品、冰激凌、印刷与出版（报纸和杂志）等行业。专利药品、肥皂、雪茄和香烟、谷物制品、面包等行业虽然没有达到 100% 的增幅，但是它们的增加值都比平均水平高出很多，因而也强化了我们的证据。第三，我们还

---

① 第 744～759 页。

② 如果作为衡量一个行业发展状况的指标，以及作为衡量创新或诱致性和完成型合理化的指标，增加值与工资单金额之比的局限性非常明显，无须特别加以说明。然而，我们仍然很容易看出两者在何种意义上与我们的主题相关。

③ 当然，无酒精饮料行业的发展受到了"禁酒令"的很大推动。然而，这个行业也有一些较小的创新，其中一些纯粹是商业性质的。此外，禁酒令为无酒精饮料贸易组织的出现创造了条件，这构成了我们所说的意义上的创新和一个全新的行业。这个行业的这种"非常规"特点，恰好可以说明我们的创业活动概念的某些方面。如果我们将它排除在外，可能只是因为作者不得不给出如下结论：数据太不可靠，无法使用。

注意到，其中有一些行业的增加值下降幅度超过10%，如造船、机车（不是在铁路检修车间中制造）、铁路车辆、钢琴、留声机、皮革、甜菜糖（蔗糖行业的增加值维持在了1919年的水平上）、棉纺织品、羊毛精纺产品以及面粉。

我们并不期望增加值的增长和增加值与工资单金额之比的增长之间存在着显著的相关性，也确实未能发现这一点。此外，一些新的或相对较新的行业，如汽车车身制造业或铝产品制造业，几乎没有任何迹象显示出劳动节省型设备对上述比率的影响，这是完全可以理解的；当然，其他一些行业，如汽车工业或飞机工业，排名很靠前，而一些较老的、明显没有什么创新的行业，比如室内家具制造业则排名靠后（下降了1%）。然而，观察劳动节省型合理化在创新的主要路径之外是如何发生的，还是很有意义的，这很能说明当时工业过程的一般特征。我们看到，在雪茄和香烟行业，增加值与工资单金额之比上升了120%，在肥皂行业则上升了85%，在谷类食品业则为71%，在人造煤气行业则为61%，在餐具和锋利工具行业则为52%，在冰激凌行业同为52%。即便是对于锡罐制造业，这个数字仍然达到了33%；而对于专利药品、制剂药物、咖啡烘焙和研磨以及蔗糖提炼，则为28%；肉类包装（批发）为26%，黄油也为26%；水泥及混凝土制品为22%；香水和女装为17%。只有在极少数情况下——印刷业是其中一个例子——这种情况的出现是因为发生了实质性的创新（我们一直未能提及）；而在绝大多数情况下，则是如下系统性的"努力奋斗"带来的一个结果：在价格水平趋于下滑的压力下，要深入探究生产过程和商业过程的每个细节，通过应用和发展各种技术（这些技术的基本原理早在第一次世界大战爆发之前就已经明确）来压缩一切成本项目，而且在许多时候这不仅涉及在现有工厂中进行的技术改进，还涉及机械化程度更高的新工厂的创建。①

f. 正如我们在其他地方指出过的那样，在美国还是有可能在世界大战

---

① 参见E. F. 贝克尔（E. F. Baker），《失业与商业印刷业的技术进步》，刊载于《美国经济评论》，1930年9月；E. F. 贝克尔，《商业印刷业的技术变革与劳工组织》，刊载于《美国经济评论》，1932年12月。在"雪茄和香烟"项下这个比率之所以大幅上升，部分原因就是在雪茄生产中引进了新机器。

期间"数出"若干个朱格拉周期和基钦周期的,因为战争从来都未能将它们完全抹去。但是,为了避免给出一个除非已经得到更充分的证明(而非仅仅有可能成立)否则就不可能有用的陈述,我们将只限于指出:1916年底和1917年初很有可能——由于战争的原因——是我们所说的康德拉季耶夫周期的第三个朱格拉周期的繁荣阶段的开始时间;同时,1921年的危机恰好发生在了我们根据自己的模式所预测的时间点上,即当那个朱格拉周期从衰退阶段转入萧条阶段的时候。即便我们希望强迫读者接受这一点——我们当然不会这么做——我们也有充分的自由将以下各种因素都考虑进来:战争需求和战争融资的影响、停战协议给"战争结构"带来的冲击(即随之而来的那4个月的沉闷和动摇,而不是崩溃)、带来了1919年的繁荣的国内外需求的变动,以及最后导致了1920年至1921年的衰退的战争和战后部分清算。① 对于最后一个因素,前面在各个场合都提到过了,不过在这里还是有必要补充两点意见。

第一,尽管非常清楚这次衰退其实主要是对战争效应进行的清算,同时也是对1919年繁荣的一种反应(而与创新几乎没有任何关系),但是一种全新的工业状况的出现(以及商人对存在这种全新状况的清醒意识)仍然与对制造业产出的严格限制有很大的关系——说这种状况是全新的,是因为战前创新的结果深刻地改变了成本结构。这种限制措施最早出现在1920年1月,接着有所反弹,然后在3月再一次出现。面对这样的事实,零售业在1919年的增长速度比生产增长更快②,同时出口贸易还没有显示出任何放缓的迹象,而价格则继续上涨。此外,在同一时期,由于黄金大量涌入美国(1921年进口的黄金总值达到了将近7.50亿美元),也由于政府债务在1919年6月30日至1920年6月30日之间减少了大约12亿美

---

① 参见 W. M. 珀森斯,《1920年美国的危机》,美国经济学会第34次年会(1921年12月)。这篇论文对当时形势的描述非常详尽,完全足以实现我们的目的,因此,有了这篇参考文献,我们在正文中就可以省下许多笔墨。

② 史利克特(Slichter)教授在《美国在1919年至1936年》一文中强调了这一点。该文刊载于1937年2月的《经济统计评论》。虽然由于篇幅所限,我们无法在这里逐年对1921年到1929年的经济状况进行分析——就本书的目的而言,胡佛(Hoover)教授的分析值得一看——但是非常欢迎读者对史利克特教授关于这个时期的经济史描述与我们在正文中给出的评论进行比较。

元，银行的放贷能力一下子增加了大约 15 亿美元。① 所有这些使得一些最流行的理论在这个案例中完全无法成立。于是我们再一次看到，在没有任何严重外部压力的情况下，"经济自行收缩了"；我们还再一次看到，只有将政府支出水平继续维持在战争期间的水平上（或更高水平上），才有可能防止这种情况的发生。而且，即便是在这种情况下，如果不考虑我们的机制，我们也无法回答为什么经济会收缩。

第二，反应很迅速且不受任何阻碍，而且正因为反应迅速且不受阻碍，所以反应时间相对较短。价格和工资的大幅下跌得到容忍，商品存货出清和债务清算进展迅速，企业的退出也称得上"快捷"（在 1919 年正常运营的制造业企业有超过 8% 到 1921 年时消失不见了），资金利率下降了，信贷也很容易获得。到了 1921 年 4 月，经济形势开始稳定下来，纺织业和服装业是最先复苏的——它们在 1919 年时是率先扩张的，在 1920 年时也是最早下滑的。② 由此得到的价格关系与 1913 年的价格关系大不相同，许多观察人士对此感到震惊，认为这完全不正常。但事实上，这种变化在很大程度上只是（尽管不全部是）对新环境的适应。

尽管 10 月份经济的改善有所放缓，而且有诸多迹象表明清算直到 1922 年的夏天仍在继续——例如，工资出现了进一步的下降——但是到 1921 年 12 月，"深度萧条"已经结束。1922 年 4 月，汽车工业和轮胎工业都出现了劳动力短缺的现象，而股票发行则早在 1 月份就已经复苏；也正是从那个时候开始，公用事业股票泡沫形成了。钢铁、轮胎、玻璃和石油的价格在秋季全都出现了上涨，同时汽油、汽车、水泥和食品的价格则有所下降（拖拉机的价格此前已经因福特公司的市场动作而提前下跌）。1922 年 12 月，石油工业打破了产量纪录。事实是，这种情况在那个没有人怀疑是重大危机的危机刚刚过去一年且出现了如此之多的萧条症状——

---

① 1920 年 11 月 5 日，美联储的再贴现达到了 28.27 亿美元的峰值。

② 当然，上面所说的并不包括那些要么没有下滑、要么只是下滑了一点点的行业，如石油、电力、天然气、肉类、汽车等。石油工业的活动我们在前文强调过了。至于汽车工业，曾经倒闭的几家汽车厂在 4 月份重新开业了。锡罐制造业和雪茄工业也很活跃——例如，大陆罐业公司开设了新厂，巴尤克雪茄公司的业务蒸蒸日上。制鞋业、制革业和制药业也是如此。有一家卷烟公司报告说，在 1921 年的头几个月里，它获得的利润就达到了支付全年股息所需的两倍多。

然而，对于美联储的再贴现跌入了谷底的 3.8 亿美元这一点，由于有大量黄金注入，不能算在内——的条件下本来就应该出现。从这个事实可以得出很多潜在的教训，但它们既显而易见，又毫无用场。这个案例比任何理论都更好地说明了金融体系是如何凭借自身力量走出低谷的，以及在价格仍在下降的情况下它是如何成功地做到这一点的。

因此，我们给出的诊断非常简单（而要质疑它却需要有极强的先入之见）：由于清算活动异常有效，朱格拉周期的萧条阶段异常短暂——从 1920 年的秋季持续到 1922 年 7 月。或者，我们也可以将同样的事实表述为，萧条阶段持续到了 1922 年底，但是由于它的"工作"非常有效，所以到了 1921 年 5 月"地面就已经完全清理干净"，于是第三个基钦周期的繁荣阶段就获得了一个不同寻常的机会，得以呈现出来——我们知道，这个基钦周期仍然属于朱格拉周期的萧条阶段。无论怎么"数"周期，这个基钦周期都是明确无误的，我们没有任何理由不这样称呼这个公认的短周期（即称之为基钦周期），它完全符合我们模式的预期——无论是从它的形式特征来看（如长度和位置），还是从它的工业意义来看，都如此——尽管有些以"从波谷到波谷"的方式"数"周期的学者对具体的日期可能有不同的看法。至于这个朱格拉周期内的另外两个基钦周期（它们应该早于上面所说的这个基钦周期），我们将不再坚持，尽管在统计上确定它们并不困难。

接下来的那个时期，或者是从 1922 年年中开始，或者是从 1922 年年末开始，无论从哪个时间开始算，它看上去都非常像一个正常的朱格拉周期的复苏阶段，并一直持续到了 1925 年的秋季。我们的模式引导我们预测，这个时期还包含一个回撤——那其实是基钦周期的萧条阶段，我们的模式告诉我们应该有这么一个阶段。事实上，它确实发生了。在这个萧条阶段"走完"它自己的这段路之后，经济继续复苏。从 1925 年 8 月起，基钦周期和朱格拉周期都逐渐"隐退"，因为即将转入新的繁荣阶段，那将是第四个朱格拉周期及其第一个基钦周期的开始。[①] 1923 年第一季度，

[①] 胡佛教授在前面引述过的那份报告提到："到了 8 月，'繁荣'这个词开始逐渐回归《商业和金融纪事报》的词汇列表，这是毋庸置疑的。"

经济增长达到了顶峰。失业率在 2 月份的时候达到了最低点——有些人说这时候根本"不存在"失业。绝大多数商品的价格,特别是金属和建筑材料呈现出了上涨的趋势;这一年,正如所预料的,建设活动水平刷新了纪录。无论是钢铁工业(1923 年新建了 19 座炼钢炉)、煤炭工业还是棉纺织业,都实现了大幅扩张。在同一年,有四座大型新发电站宣布开工建设。铁路"又一次进入了繁盛期",为其他行业提供了大量订单。除了农业和造船业之外,所有其他行业都在蓬勃发展。工资率也在强劲上扬。4 月份,各项数据又创下新高,同时股市也出现了突破。经济活动放缓的迹象在 8 月份终于开始显现,但是一如既往地被归因于外部因素;到了 12 月份,预期开始变得不那么乐观。1924 年春夏两季的经济状况证明这种预期是有道理的。那是一个大选年,竞选活动带来了很大的不确定性,但更重要的是汽车工业和石油工业的反应。钢铁消费量、铁路运输量、就业和价格水平都出现了下降。[①] 然而,实际上并没有发生多少非常严重的事情;商业公司的倒闭率仅略高于 1923 年的水平;住宅建设活动水平依然居高不下,电力生产、无线电制造等行业依然保持了良好的势头。1925 年的头两个月是令人失望的——绝大多数行业的就业率都低于一年前的水平——随后,股市在 3 月份崩盘了。在第二季度,仍然可称经济形势"稳定",但是各行各业"参差不齐"。然而,在这样的表面之下,新的融资到来了,反映即将步入繁荣的其他迹象也显现了出来。在农业领域创新的帮助下和投机性极强的土地繁荣的推动下(后者是在"将不动产拆成小单元分开出售"的方法出现后形成的),那个秋天的投资、银行结算(10 月份)和建设施工数据都再一次创下新高,资金利率和钢铁价格则不断上升,股票市场也一片繁荣(10 月份),破产企业数降到了创纪录的低位。[②]

[①] 在 11 月份出现过一个失败的试图联合涨价的行动。
[②] 索普先生的年鉴截止于 1925 年,我们可以把他的描述和我们的描述比较一下。我们发现,考虑了术语上的差异之后,这两种描述几乎完全一致。他注意到了我们在正文中说的 1918 年的萧条和 1919 年的繁荣。在他的描述中,1920 年是繁荣—衰退—萧条,1921 年是萧条,1922 年首先是复苏,然后是繁荣,他这样说显然是为了表达我们在正文中要表达的意思。1923 年为繁荣—衰退,1924 年则是温和的萧条—复苏。1925 年,正如我们所预料的那样,索普先生将这一年描述为"无条件的"繁荣之年。虽然作者不能确定就业是否真的"充分",也无法确定债券价格的上涨是否符合繁荣的模式,但是在诊断上没有实质性的差异。

对这一切的解释——"点火"(ignition)效应——可以在前面对这个时期的基本工业过程的论述中找到。在这几个月里，由于受一些新冲击的影响，它们明显发生了变化——而其他的推动力，例如住宅建设，则失去了力量——而且，由于它们完全符合我们所说的朱格拉周期繁荣阶段的特征，因而也就为我们所确定的日期的合理性提供了强有力的辩护。这些都是可以证明的，也是显而易见的。但是接下来我们会暂且将对我们的模式的信任推进到"荒谬"的程度，并在如下假设的前提下"预测"后续的经济状况：首先，第四个朱格拉周期是从1925年第四季度开始的，尽管我们很清楚在历史分析中不可能做到如此精确；其次，这个朱格拉周期的持续时间恰恰是9.5年——这与战前朱格拉周期的平均持续时间大体相当；最后，所有朱格拉周期和基钦周期的持续时间完全相同。这个"荒谬"的实验得出的结果如下：朱格拉周期的繁荣阶段延续到了1928年2月，但是被一个从1927年5月到1928年2月中旬的基钦周期的萧条所打断；然后是这个基钦周期的复苏（延续到1928年11月底）和繁荣（延续到1929年9月中旬），以及第二个基钦周期的衰退，应该会在延续到1930年6月朱格拉周期的衰退阶段结束。到那个时候，朱格拉周期和基钦周期都应该在一个康德拉季耶夫周期中进入它们各自的萧条阶段，这个康德拉季耶夫周期那时也进入了它自己的衰退阶段。① 就这样，1873年的构造将会再次出现。读者应该很清楚，周期起止的确切日期既没有任何价值，也没有任何意义。但是他应该也会认识到，这种"荒谬性"只限于关于确切日期的假设。如果剥除这种毫无根据的"精确性"，只限于考虑根本性质，那么我们的模式的"预测"并不荒谬——恰恰相反，它讲述了好几个重要的事实，而且不涉及任何一个错误。此外还应该补充指出，1927年出现的那个比较严重的回挫也应该发生在（事实上就发生在）朱格拉周期的繁荣阶段，而且这本身并不意味着与我们的预测背道而驰：在康德拉季耶夫周期衰退阶段结束之后，在这个位置上出现的基钦周期的萧条阶段应该是很明

---

① 我们应该记住，根据我们的模式，康德拉季耶夫周期的萧条阶段始于朱格拉周期的繁荣阶段。因此，目前这个康德拉季耶夫周期的萧条阶段可以追溯到1925年的秋季。

显的。①另外，1928 年至 1929 年的经济繁荣来得要比我们的模式所预测的猛烈，因为它本来的解释是，那只能说是一次基钦复苏及一次基钦繁荣。不过，我们也知道，这可能是由某些自发的货币因素和投机狂热造成的——前者（自发的货币因素）从来不是我们的模式的一部分；后者（投机狂热）也出现在了 1872 年至 1873 年，它始终是一个无规律性的因素。

1926 年 2 月，股市出现了崩盘现象。不过，这也只是一个正常的事件，当朱格拉周期的繁荣超过初始阶段的水平时往往就会发生。另一个同样常见的现象是，在康德拉季耶夫周期的萧条阶段，价格往往有下跌的趋势。到当年 4 月，经济形势显示出了必须"休养生息"的迹象，当时各汽车公司的经营状况不如前一年，棉、丝、糖以及其他行业则开始走向了收缩；进入 5 月之后，钢铁产量也出现了下降。这些都完全可以用此前的过度投机尤其是房地产泡沫来解释。不过，股票交易活动在 6 月就恢复了元气；而到了 8 月，几乎所有的行业都回到了繁荣时的水平，包括汽车工业和纺织业，家具制造业甚至获得了创纪录的利润。在加利福尼亚州、北得克萨斯和墨西哥湾沿岸地区进行石油勘探和开发并没有带来储量的大幅增加。然后，到了 10 月，1927 年的回挫似乎近在眼前。股票市场以下跌消化了这个因素，银行贷款则比上年同期下降了 5%～9%，钢铁需求的萎缩导致钢铁厂的产能利用率下降到了 65%。破产企业的数量也大幅增加。汽车货运量虽然在这一年创下了新纪录，但是到年末的时候已经滑落到低于 1925 年的水平。人们对分期付款也开始感到一些焦虑。②农业形势也在朝着更加不利的方向变化。

然而，尽管出现了所有这些情况，直到 1927 年 5 月，总体经济状况

---

① 米切尔教授认为，有一个周期是从 1927 年开始的。本书作者当然希望自己对周期的划分与米切尔教授这位杰出的业内权威尽可能少一些不同，因此在这里强调米切尔教授的分期并不意味着他对经济状况的诊断与我们不同，那种分期只是他坚持按"从波谷到波谷"的方式去"数"周期并且认定只有一种周期类型的结果。我们现在讨论的特定模式似乎已经足以表明，如果把出现在 1924 年和 1927 年的波谷，与出现在 1908 年和 1921 年的波谷、出现在 1875 和 1932 年的波谷等量齐观，那么就会将现实世界中的很多重要因素遗漏掉，因此，对不同类型的周期加以区分应该是刻画这些真实差异的一个非常自然的方法。

② 消费则仍然维持在较高的水平上。但是，在那一年售出的汽车当中，至少有 10% 无法完成付款，最后必须由经销商收回，这个事实很好地说明了消费不足理论或过度储蓄理论。

仍然保持在了一个较高的水平上，甚至还有所改善，这是因为一些新生事物提供了相当强的推动力，它们包括：雪佛兰汽车和北极牌电冰箱的巨大成功、电影业的繁荣、北卡罗来纳州发电厂的建设以及更多的相对较小的改进。4月，经济仍然一片繁荣。但是，随后就出现了明显的衰退（我们可以将其确定为一次基钦衰退），随着零售业和批发业活跃度的下降、众多企业的倒闭以及各大企业出于谨慎而提高储备，人们普遍认识到许多行业是不稳健的，从而加剧了这次衰退。由于佛罗里达州房地产热潮的结束，建筑业的状况也变得复杂起来，并构成了一个特别薄弱的环节。汽车产量也出现了下降（当然这主要是由于福特汽车厂的重建）。① 密西西比河流域的洪水虽然可以用来解释某些实物指标的下降，但是在其他方面也可以将之列为一种推动力。总之没有出现暴跌。棉纺织业、人造丝行业和制鞋业的景气，以及不断涌现的新事物——双引擎机车、燃气管道、冰箱行业的兼并、卡夫纸业在南方地区的快速发展、无线电产品等——是这整个时期的特色。到了12月，就业状况几乎普遍好转，不过建筑业的就业仍然比上年同期低了12%。

1928年1月，铁路运输收入、钢铁产量和汽油市场都有所改善；在股票市场上，随着汽车股、铜业股和橡胶股的率先上涨，"银行贷款热潮"开始升温。但是，一直到3月，总体经济状况才有所好转（事实上，即便是在3月也有相当多的失业人口）。② 对此，在我们的术语体系中，"基钦周期的萧条状况因朱格拉周期的繁荣状况而得到了缓解"这样一句话的描述是相当准确的。然后，进入4月之后，钢铁价格创下了新高。轮胎的产

---

① 但作者无法理解的是，为什么有些观察家会将1927年的萧条完全归因于这个事实。
② 同一时期公共媒体的评论以及公司高管的公开言论等所揭示的商界观点，都相当正确地认识到了这种情况的一些基本要素，并且对它们进行了放大。作者的印象是，商界有相当一部分人，不仅拥有比一般认识到的更强的洞察力，而且拥有比一般认识到的更大的远见，同时其观点与一些在解释萧条时过分强调错误这个因素的理论非常一致。人们还发现，他们存在着过度强调外部因素和银行因素的倾向，尤其是那些旨在给出"半科学"的解释的媒体评论者。前一个脚注提供了前一种倾向的一个例子。后一种倾向的例子是，在解释1925年的头两个月和1928年的头两个月发生的一系列事件时，过分强调了美联储政策的作用。事实上，在这两种情况下，工业过程本身提供了更加合理的解释。但是，我们其实也很容易理解给出这类解释的诱惑力有多么大，对于那些主要通过货币市场与商界接触，并深受那个时代的科学和伪科学"理论"强烈影响的作者来说，尤其如此。

量也是如此。而到了 6 月，包括建筑业、汽车工业（相对而言）和石油工业在内的所有行业都进入了繁荣阶段。随后，"高度"繁荣的各种征兆不断强化，到了 10 月，邮购销售额打破了历史纪录。新工厂的建设（无论是为了原有的生产目的，还是为了新的生产目的）、新的融资（利用繁荣的股市）、股利、货币利率等的表现也都与整个画面一致，不过无法在此详细讨论相关细节。但是，还是出现了两个明显不协调的因素。首先，失业率上升了。其次，商品市场虽然非常活跃，但是仍然没有成为真正意义上的卖方市场：在大大小小的企业组建的各种类型的销售机构做出了近乎绝望的努力之后，价格上涨幅度仍然微不足道（同时却不得不调低许多重要商品的价格），这种事实表明经济系统存在着很大的张力。

现在，如果读者还记得作者一直以来试图通过各种各样的途径表达的关于朱格拉衰退的观点，那么他就一定会表示认可，说这正是我们应该预料到的：当发生在康德拉季耶夫周期萧条阶段的朱格拉周期衰退阶段，与一个短周期的两个正向阶段相结合时——根据我们的实验性模式，严格地说只有一个复苏阶段——经济状况良好并处于不断扩张状态，不过伴随着不断增加的失业，同时还伴随着因"货物雪崩"冲破了现有工业结构的抵抗框架而造成的压力。这正是在这种特殊关头会出现的图景。然而，如前所述，毫无疑问的是，1928 年 4 月至 1929 年 8 月的事态发展又给整个状况增加了许多难以维持的因素，它们在后来加剧了危机。①

1928 年 10 月出现了经济活动放缓的第一个症状，但是这个症状到 1929 年 1 月又暂时消失了：除了福特之外，所有的汽车制造商都减少了对钢铁的采购量。② 11 月，总建筑量的降幅超过了季节性波幅。但是，除了建筑活动和建筑材料的生产继续下降之外，大多数工业和商业活动在 1929 年前 6 个月仍然超过了 1928 年的产出数据（从 1928 年 9 月开始），当时价格在下跌，但是利润依然很高。此外，工厂建设和融资似乎又获得了"新生"。相当多的新事物（至少是"诱致型"那一类）都是在 6 月出

---

① 这个问题将在下一节中讨论。但是很明显，无论是用投资狂热还是用货币因素（又或者将两者结合在一起）来解释，结果都是造成了具有相同性质的"正常"现象的"过度"。

② 然而，同一时期石油工业需求的增加减轻了钢铁工业受到的影响。

现的，当时生铁产量达到了一个峰值。飞机、无线电、冰箱等行业也蓬勃发展，展现出了一片繁荣的气象。汽车、轮胎、机床和其他工业设备、五金、棉花、丝绸、人造丝和香烟的产量也都纷纷创下了新高。[①] 此外，凯特尔曼山（Kettleman Hills）油田被发现和开采了，邮购销售额也再度创新高（且远远高于 1928 年的水平）。百货公司的销售额在 9 月达到高峰。8 月的最后一周，石油、连锁店、邮购、钢铁和面粉等行业的许多上市公司还支付了特别股息。只有农业的状况成了一个十分令人关切的问题。美国财政部 6 月支付的利率为 5.125%；到了 8 月，美联储的再贴现率上升到了 6%。

我们或许可以认为，这场（基钦）繁荣的高峰出现在 4 月，尽管对于任何这类陈述人们肯定能够找到貌似合理的反对意见。但上文的描述哪怕不那么充分，也已经足以表明，无论金融领域可能出了什么问题，在接下来的几个月直到 9 月，工商业的大部分行业虽然有的扩张[②]、有的收缩——例如，钢铁工业、汽车工业以及建筑业——但全都是以一种完全有序的方式进行的。因此以下事实是完全可以理解的：当股票市场崩盘时——这并不完全出人意料——实际上并没有导致经济领域的瘫痪，甚至没有引发特别强烈的悲观情绪。事实上，当时立即发生的事情比人们预期的多不了多少，即对"奢侈品"的需求急剧下降，而股票投机收益一直是"奢侈品"需求的一个重要来源。人们也已经预料到，对"奢侈品"的需求急剧收缩会导致经济全面收缩（事实也确实如此），但是与战前危机时的反应相比，货币利率并没有上升到令人恐慌的水平，因此，许多人都非常有信心地预测，到 1930 年上半年，情况就会有所改善。作为"大企业"典型反应的其中一些例子，我们应该注意到了，福特公司宣布大幅降价，美国钢铁公司和美国能源公司宣布额外发放特别股息。而且当时公共舆论普遍强烈反对降低工资。外国资金的撤出、农业领域的问题以及部分企业

[①] 7月，以下行业的就业人数是有所增加的：屠宰、冰激凌、面粉、管道、结构钢制造、机床、家具、造船、石油、化肥、制箱、水泥、电机、人造丝、无线电广播。机床订单在 5 月达到了顶峰。出口价值的上升则维持到了 3 月。

[②] 其中有一些行业——比如说锡、人造丝和纸张——在第三季度的表现仍然非常强劲，甚至在那一年的最后一周也一样。

的破产清算①，诸如此类的问题在当时都被认定为没有决定性的影响——这是完全正确的。

认识到以下这一点是至关重要的：考虑到当时商人或经济学家都可以观察到的实际事实，上述诊断并不完全是错误的；甚至下面这个诊断也不完全是错误的——给定当时的债务结构，这些事实再加上价格水平的大幅下跌虽然会导致很大的麻烦，但是不会导致其他严重后果。没有人看到的是（尽管有些人可能已经感觉到），诊断和预测所依据的这些基础数据本身也处于不断变化的状态，而且它们将会淹没在再调整的洪流当中，其规模与工业革命前30年相当。大多数人都愿意坚守自己的立场。但是现在，他们所站立的这块土地本身也正在塌陷。

第六节　1919—1929年各个系统序列的行为

从我们的脉搏图所呈现的四个序列中的三个（产出、价格、利率）开始讨论，将会非常方便（见下文第一小节），然后我们将讨论（外部）信贷、收入等序列（第二小节），最后讨论反映银行领域的经济过程的一些序列（第三小节）、投机（第四小节）、对货币的管理（第五小节）。

一、产出、价格和利率

首先应该再强调一次：我们在谈到一个不完整的康德拉季耶夫周期的各个阶段时，其实隐含了一个假设，未来的事态发展很可能无法证实它，即便未来不太可能比现在更容易受外部因素主导，或者（如果我们中的某些人不愿意将这个术语应用于政府行为的话）受公共支出、控制和规划支配。然而，在现在要讨论的这个时期，是可以从统计学的角度对这个假设进行检验的，方法是通过将时间序列的实际行为与根据该假设得出的预测进行对比，就像我们在上一节做过的那样。根据我们的模式，在康德拉季

---

① 这种事情——在工业和商业中——绝不是耸人听闻的。例如，在那一年的最后一周，南卡罗来纳州的一家棉纺厂和拉科尼亚汽车公司破产就都属于很重要的事件；同样是在那个星期，有一家证券公司也倒闭了。

耶夫周期的衰退阶段——从 1919 年到 1925 年（秋天）的那段时间构成了其中一部分——以及在康德拉季耶夫周期的萧条阶段（其余那几年属于这个阶段），我们在总体上可以预测：产出将强劲增长（比之前那个康德拉季耶夫周期的繁荣阶段更加强劲）；价格水平和利率将会下降；余额会增加，但是力度（除非政府或中央银行采取行动，而且货币黄金的数量发生了自发性的或者至少是外生性的变化）不及产出，而且增速低于上一次黄金价格上涨时的增速。每一种情况都需要附加一些解释和条件。但是，前面遇到过的一个困难在这里必须再提一下。因为没有办法将我们的过程的影响隔离开来，所以我们所能做的仅仅是指出它所导致的运动方向（我们或许能够做更多）①，我们也不能在数值上确定我们的过程因外部影响而在多大程度上发生了偏离，尤其是当这种影响对系统某个元素的作用方向与过程本身的作用方向相同的时候。

（一）产出

1. 工业产出与人均产出

我们要想对实物产出的行为做出预测，或者如果我们想先排除由于天气影响而造成的农产品短期波动的影响，对制造业（和采矿业）产出的行为做出预测，则需要具备下列条件。首先，我们知道它们不适用于那些通常被人们称为深度萧条的子阶段。其次，我们知道，出现在康德拉季耶夫周期下行阶段的短周期繁荣，应该会显示出更大而不是更小的增长率，这是因为，康德拉季耶夫周期下行阶段的一般条件通常会为产出的强劲增长提供基础，同时这种增长还很可能在生产者的额外支出的影响下得到特别的强化。最后，我们必须记住，对于康德拉季耶夫周期下行阶段，一般来说（我们现在讨论的这个阶段尤其如此），我们的指数仍然会比往常更有可能低估了增长率，这是因为——我们不再像大多数指数那样赋予基本生产品过于重要的角色——无形资产（即各种服务）的供给增加了、自愿性的休闲时间变多了、原材料和中间产品的利用更经济了、质量也提高了。

---

① 然而，与在过去具有可比性的节点上获得的变化率进行比较并不是一种可信的方法。我们只有两种类似的情况，每一种都有其独特之处；而且即便不是这样，也没有理由预期，例如，在每一种情况下，产出的增长率和价格水平的下降幅度应该相同。

正如我们已经看到的,这一切构成了这个时期的突出特点。在给定这些前提条件的基础上,我们下面来分析一下图 42,它展示了我们讨论的美、英、德三个国家自这个康德拉季耶夫周期开始以来的工业产出曲线,这三个国家的指数在起始点是相同的。①

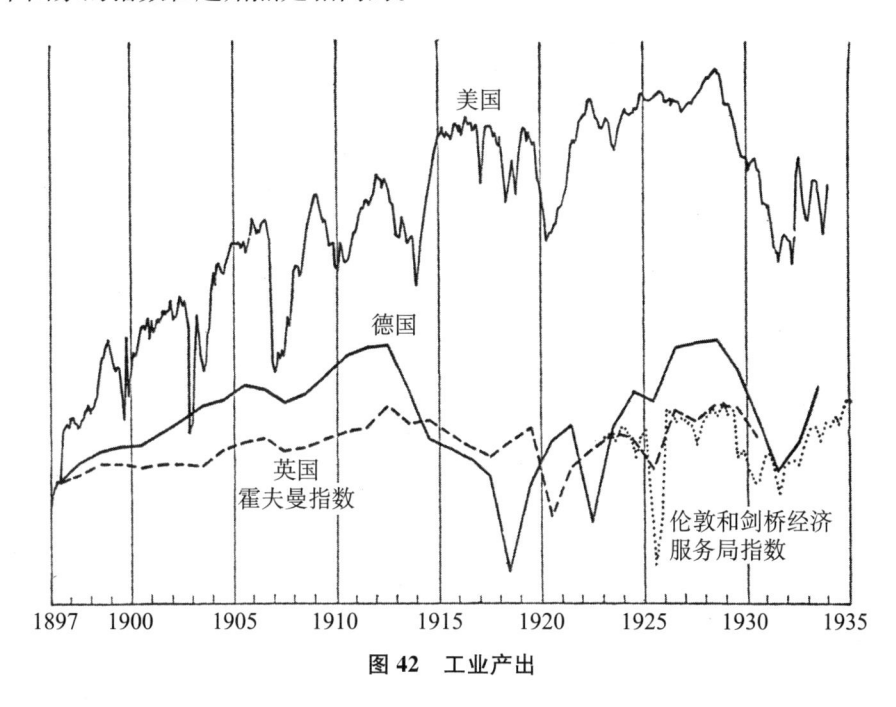

图 42　工业产出

首先让我们感到震惊的是,这三个国家的曲线在长期和短期"行为"上的差异竟然达到了如此大的程度。很显然,世界大战只是部分原因。美国的曲线始终保持着特有的更加"活泼的气质"——读者应该还记得,对于这一点,我们主要是通过美国的发展步调来解释的——从而使各个基钦周期非常清晰地呈现出来,没有留下任何需要说明的地方。战争支出仅仅强化了它们的正向阶段,不过这是以牺牲其负向阶段为"代价"的。但是,我们无法准确地标识出各个朱格拉周期,尽管如果我们从经济史的角

---

① 这幅图上的曲线和脉搏图上的产出曲线不是严格可比的(见附录)。这些指数在编制方法、所依据材料的质量和覆盖范围上都有很大的差别。国际联盟的努力也未能为我们提供真正具有可比性的指数。请参见 N. J. 沃尔(N. J. Wall),《世界工业产出月度指数》,《初步报告》,美国农业部,1986 年 6 月;G. P. 沃伦(G. P. Warren)和 F. A. 皮尔逊(F. A. Pearson),《美国的实物产出》,康奈尔大学农业实验站,《备忘录》,第 144 期,1932 年 11 月。

度解读美国的这条曲线还是可以跟踪它们。战争的影响使得我们很难检验我们关于康德拉季耶夫周期的各种预测。然而，从1898年到1912年的线性趋势所显示的坡度，明显小于从1922年到1929年的线性趋势，由于我们使用的是对数尺度，所以这个事实或许可以被认为是一个可接受的验证。但是，我们其实不需要坚持这一点。事实上，更加值得注意的是，从1899年至1912年，制造业的产出最多增加了70%～80%，而从1912年至1929年则至少增加了135%～145%。人均数据也表明了同样的结论。根据米尔斯（Mills）教授的研究，从1901年至1913年，不包括建筑和直接消费的个人服务，人均收入的年均增长率大约为1.1%，而从1922年至1929年该人均收入的年均增长率则为2.4%上下。[1] 经价格水平调整后的普查数据也与我们的预期相符。

还应当指出，在关于美国战后发展的记录中，没有任何东西支持发展陷入了停滞这一观点，特别是没有任何证据支持大型垄断企业"天生"就具有限制性倾向这种信念。从与过往类似周期的经验对比的角度来看，这个时期也没有发生什么可以称为令人震惊的、闻所未闻的或特别异常的事情。[2] 从这个意义上说，资本主义机器似乎只是在正常地运转，同它以前在类似的时代没什么两样。当然，光凭工业产出的数字（无论是工业产出本身，还是通过

---

[1] 请参阅《美国的经济趋势》，第一章，特别是第244页。在这两个时期中，年均增长率分别为3.1%和3.8%，也都符合预期。梁（Leong）先生（刊载于《美国统计学会会刊》，1932年3月）给出的结果是3.5%，而不是3.8%。特别值得指出的是，从1899年到1929年，实物产出增长了大约200%；而同期工厂的动力装机量则增长了大约330%。

[2] 如果只是从1921年的波谷或1922年初计算到1929年的波峰，那么这种增长速度将会变得非常惊人，但这是毫无意义的，特别是它将严重扭曲与英国的比较。我们也会立即注意到，这一点适用于单位时间（每小时）产出指标。1922年惊人的增长速度只弥补了之前的低增长——甚至倒退。正确地说，在战争期间，工业效率降到了一个很低的水平，美国工业也不例外，其突出表现是设备陈旧、人浮于事；事实上，可以说处于一种"昏昏欲睡"的状态。这种状态说明了"通货膨胀"的一个重要方面和"冷灌洗"的功能（比如说1921年应用的那次）。衡量"效率"的方法是，将经通货膨胀率平减后的国民收入除以工作时间，由此我们得知，1917年的"效率"是最低的。对于1923年至1929年，米尔斯教授（前引论著，第297页）给出的62个制造业行业的工资收入者人均产出的年均增长率为2.7%（对于这个指标的准确含义，请阅读一页的脚注）。至于实物产出本身，米尔斯教授认为这6年间一共增长了19%，年均增长率为2.8%。当然，经济有机体的"长期"转变也已经部分显示在各行业就业的人的收入在有收入就业总人口的收入中占据的份额上：从1920年到1930年，在农业、渔业和伐木业就业的人所占的份额出现了急剧的下降，在制造业和采矿业就业的人所占份额的降幅虽然较低，但是仍然出现了显著的下降；而在贸易业、运输业、文书工作和服务业就业的人所占的份额则出现了急剧的增加。

与货币收入的比较）永远无法证明是否存在"生产过剩"。正如我们所知，任何大小的失调都可能隐藏在总量指标中。但值得指出的是，这个过程表现出来的令人印象深刻的稳定性及与过去的完美一致自有其重要意义。①

德国的情况也几乎不需要多加评论。我们没有必要详细解释为什么战争需求在德国和美国这两个国家都对康德拉季耶夫周期衰退阶段的生产可能性造成了冲击，但是却只在美国产生了我们所预期的产出井喷，而在德国却导致了产出的暴跌。1919年，从谷底开始的反弹最初势头不错，且维持了较长的时间，但是到1923年就被通货膨胀和以最终入侵鲁尔为高潮的一系列事件彻底逆转了。随后出现的通常所称的"道威斯复苏"，又被一种由财政政策强化的反应缩短了。1926年年中开始出现的上升，在我们看来很像一场朱格拉繁荣，很明显在大体上与美国的周期同步。就产出数据而言，这种上升相对于美国而言更为强劲：例如，柏林研究所的月度工业产出指数（以1924年7月至1926年6月间的水平为基准）在1928年2月达到129.2的最高水平。关于制造业和采矿业产出的瓦根菲尔（Wagenführ）指数在细节上有所不同，但是实质上传达了相同的信息（如我们给出的图形所示）。不过，这些仅仅意味着战争和通货膨胀时期的损失得到了弥补。与美国不同的是，德国到1929年时仍然有所增长，但是与1913年相比增幅不大。从1925年到1929年，平均每位雇员的产出从总量上看增长了大约13%。

无论是事实，还是对事实的解释，英国的情况都有更多值得怀疑的地方。当然，我们的图形表明，在世界大战期间英国出现了衰退（不过比德国更加温和，这是不难理解的），谷底则出现在1921年（对于它，我们的解释与对美国的衰退的解释一样，只不过后者更加严重）。然后，我们观

---

① 在这里，再一次，作者在很大程度上同意卡尔·斯奈德先生在这个问题上的著名观点。但是，再强调一次下面这一点也许不是多余的：像伯恩斯先生那样，试图在统计数据和其他理由的基础上证明这种稳定性是停滞给人们留下的印象也是完全可以理解的，尤其是在这样一个以对原材料的经济利用为特征的时期；同时由于制度因素的影响，或出生率下降对动机的影响，又或最终达到了"饱和"（即餍足了），推断往往无法通过事件来证实。我们将利用这个机会引用伯恩斯先生在另一个问题上的说法："因此，我们可以从对1870年以来美国经验的分析中得出这样的结论：首先，总生产趋势急剧发展的时期（其特征是不同部门的生产趋势总是表现出相当大的差异），必定伴随着严重的经济萧条；其次，在大多数明显严重的经济衰退出现之前，总生产趋势都会出现大幅提高，同时不同行业的趋势则会出现相当大的差异。"（参见《生产趋势》，第251页。）至少对于康德拉季耶夫周期的下行阶段而言，我们完全同意这种观点。

察到了第三个朱格拉周期的最后一个基钦周期以及第四个朱格拉周期的前两个基钦周期；第四个朱格拉周期的开始因 1926 年发生的事件而有所模糊。图形也显示，英国曲线的长期行为与其他两个国家的曲线有不同的特征。这种差别不是从战争期间开始出现的；相反，在康德拉季耶夫周期的前十年里，这种差别一样明显，甚至更加明显，对于这一点，我们在前面讨论过了（第八章）。到目前为止，我们可以接受图 42 所给出的证据。然而，英国战后的产出行为在这幅图中并没有得到充分体现：P. 道格拉斯（P. Douglas）教授、科林·克拉克（Colin Clark）先生和其他学者已经证明，英国产出的行为其实与图形所示的美国产出的行为更加接近。[①] 我们应该可以非常有信心地假设，在 1907 年普查至 1924 年普查这个时期，英国的工业产出至少增加了 20%，同时在 1924 年至 1929 年则至少增加了 10%。[②] 为

[①] 无论是霍夫曼指数，还是伦敦和剑桥经济服务局的季度指数（也绘制在了图中），在覆盖范围上都无法令人满意，它们还都赋予那些老旧的和相对衰落的行业过高的权重。但是在战前时期，它们的可靠性并没有受到后来的研究者的怀疑，尽管在某种程度上上面这个评论同样适用于那个时期。科林·克拉克先生（《英国统计研究》，刊载于《经济学杂志》，1931 年 9 月）接受了罗伊（Rowe）先生给出的 1907 年至 1913 年的指数，并根据该指数和贸易工会失业率计算出了人均产出指数。结果发现，1913 年时，这一指数仅仅再次达到了 1907 年的水平。在本书作者看来，这个估计似乎太低了，但是无论如何，毫无疑问，这个增幅远低于美国和德国的增幅。

[②] 直到 1930 年，尽管一些反对意见〔例如，在 1929 年 3 月的《经济学杂志》上发文的 G. L. 施瓦茨（G. L. Schwartz）先生的意见〕，但是与我们的图形所传达的印象相一致的某种悲观估计普遍占了上风。鲍利教授和斯坦普爵士（《1924 年的国民收入》，1927 年，第 55 页）得出的结论是："1911 年和 1924 年，人均实际家庭生产收入几乎相同；事实上，后一个年份的人均实际家庭生产收入不可能更高，反而很可能要比前一个年份低 4%。" 1930 年 4 月发布的《伦敦和剑桥经济服务局公报》（London and Cambridge Economic Service Bulletin）也指出，从 1924 年到 1928 年，（就业人员的）人均产出 "是持平或下降的"。不过后来在 1930 年 6 月根据新的证据发布的公报更正了这一说法，称这几年间人均产出大约增长了 4%，而且在 1928 年至 1929 年间又增长了 7%。科林·克拉克先生（前引论著，第 357 页）比较了 1907 年和 1924 年普查数据中的工业净产出（从工业最终产出中减去购买的原材料，并采用了一个更加合适的价格指数），结果发现，这两年的工业净产出按 1907 年的英镑购买力计算，分别为 6.75 亿英镑和 8.2 亿英镑，增加了 21.5%。道格拉斯（Douglas）和托尔斯（Tolles）通过另一个方法计算出来的结果则为增加了 23.5%（《政治经济学杂志》，1930 年 2 月）。正如克拉克先生所指出的，这些数字表明，尽管工作时间减少了，但是每名工人的实际产出仍然提高了大约 10%。因此，在本书作者看来，这些估计不可能远离事实。不过，为了与美国进行比较，我们绝不能忘记，美国的指数本身也并非完全没有向下偏差的倾向。关于英美两国之间的这种比较，请参阅 A. W. 弗勒克斯（A. W. Flux），《英国和美国的工业生产率》，刊载于《经济学季刊》，1933 年 11 月。关于 1924 年至 1929 年的工业产出行为，英国贸易委员会的产出指数与伦敦和剑桥经济服务局的年度指数都可以使用——不过后者要先除去它所包含的农业和住宅建设数据。克拉克先生（前引论著，第 360 页）利用前者，并将从事建筑、运输、分销和服务业的所有受保就业者扣除，计算出了 1924 年至 1929 年制造业和采矿业的人均产出，结果发现它又增加了 10%。E. 德文斯（E. Devons）先生计算得出的结果则为 15.1%（《经济学杂志》，1935 年 9 月），这是在排除了就业数据中所有未被英国贸易委员会的指数涵盖的项目之后得到的。关于伦敦和剑桥经济服务局的指数，请参见罗伊，《一个实物生产量指数》，刊载于《经济学杂志》，1927 年 6 月。

了支持这个假设并提供进一步的解释，我们提请读者注意如下事实：进口产品与制造业产出之比在整个时期一直小于1913年的——从而说明，至少在某种程度上发生了从为出口生产向为国内市场生产的转变——如果用在这两种情况下都必须进口的原材料的数据进行调整，那么这个事实就会更加清晰地凸显出来（请参见科林·克拉克前引论著，第351页）。不过，这个改进后的图景仍然给我们留下了经济表现受到抑制的印象，但是在其他方面，我们对康德拉季耶夫周期下行阶段工业产出的行为并不感到意外。

2. 生产品、消费品、设备产品与生产过剩、产能过剩

同样地，在按照通常方法划分的各个制造业行业产出的总量行为中，也没有任何异常或新问题的迹象。为了说明这一点，在此举一个例子就足够了。下面，我们就来观察一下这个国家的生产品（生产者商品）和消费品（消费者商品）——以及耐用品和易耗品——的产出行为（见图43）。

在这幅图中，我们发现了我们应该预料到的差异，特别是，我们看到消费品的产出（特别是在1924年，以及在1930年初之后）在低谷时的降幅小于生产品的产出，同时在上行期间的增幅也小于生产品的产出。我们还发现，正如我们在战前的具有可比性的序列中观察到的那样，除了在1919年至1921年间和世界经济危机期间之外，两者之间的差异并不像一些理论所认为的那么强烈，也不像一些理论所认为的那么有规律性。总的来说，这两个序列"配合"得非常好。① 真正重要的差异存在于耐用品和非耐用品之间。因为耐用品在消费者预算中的相对重要性自然会随财富的增加而提高，所以我们在这里就找到了一个会扩大周期性波动幅度的因素——虽然它并不一定是一个决定性的因素——这方面的一个突出例子是，新乘用车登记数量从1929年的380万辆，直线下跌到了1932年的

---

① 这也适用于其他国家。例如，见《国际联盟统计年鉴：1931年》，表91。在德国，1927年生产品的产出（1928年=100）为97，1929年为106，1930年为82；这几年消费品的产出（1928年=100）则分别为99、94和86。后者本来应该大幅下跌时前者仍在上升这个事实，部分是因为消费者信心指数（纺织品、汽车、靴子、瓷器、钢琴、手表和纸张）有特别强大的向下偏差。但这确实是事实，并不完全是假的。从1926年到1929年，设备工业的投资是一个突出的特点。

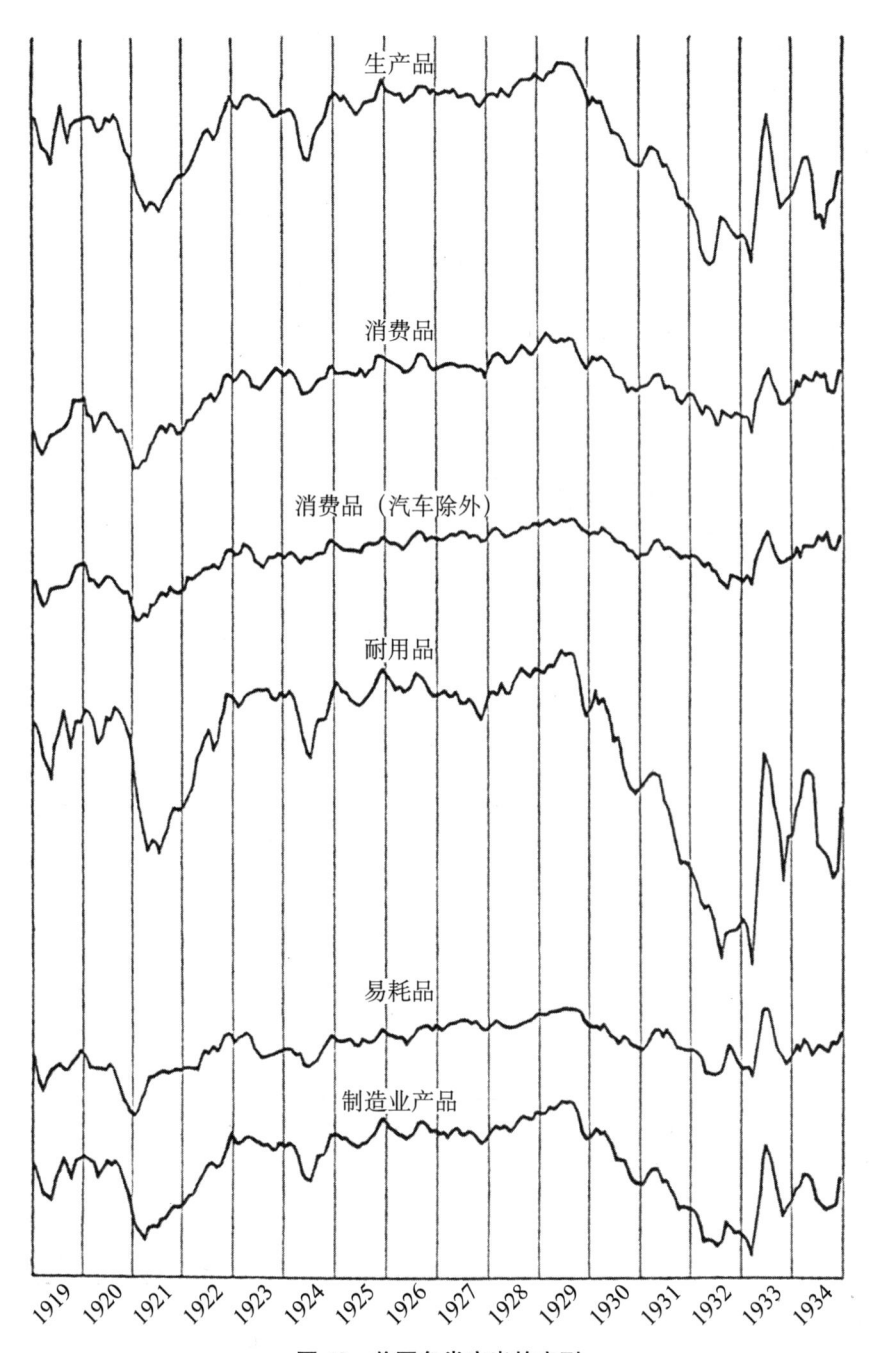

图 43　美国各类产出的序列

110万辆。① 值得注意的是，虽然耐用生产品的生产与耐用消费品的生产基本上是平行的②，但是后者的增长更为强劲。根据米尔斯教授的估计，从1922年至1929年，工业设备生产——包括非住宅建筑在内——的年均增长率为6.4%。

当然，除了一些比较特殊的情况之外，我们没法弄清楚其中有多少是纯粹用于更新、有多少是用于更新加改进、有多少是净增加的、有多少是用于新目的等。即便我们做到了这一点，将这些数字与战前的数字直接进行比较也很容易误导人，因为现在讨论的这个时期恰好以一场"朱格拉繁荣"和一场"朱格拉衰退"结束，在这种时候，实际投资将高于通常水平。但是，库兹涅茨教授给出的数据表明，实际投资其实比人们普遍认为的要少③，也几乎不能给目前任何一种"过度投资"理论提供什么支持。然而，这并不意味着设备产品的生产与危机无关，因为它无疑反映了一个以越来越快的速度进行的工业重建过程；而这种不断加快的速度恰恰隐含了快速的淘汰和大幅的调整，也意味着许多工厂和企业"被判处了死刑"。正如我们所知，这个过程就是每一场衰退或萧条的"灵魂"所在。其中一些调整，例如在汽车工业中，目前正在进行当中；其他则不然。从这个来源产生了一种可以称为"失调累积"（accumulation of maladjustments）的现象，尽管将它归因于设备生产过剩是错误的。然而，这种广泛的清算并不是为了重新建立因总量的过度膨胀而受到干扰的均衡，而是为了重新建

---

① 数据来源于R.L.波尔克有限公司（R.L. Polk and Co.），原文发表于《汽车业的事实与数据》，1937年，由汽车制造商协会出版。此外，还有转向更加便宜的汽车的趋势。

② 在1921年至1930年，这两类耐用品工业总共雇用了大约52%的工厂工人［根据艾尔斯（Ayres）上校的估计］。

③ 见S.库兹涅茨，《国民收入和资本形成：1919年至1935年》，1938年，表13，第48页。有关的项目为Ⅱ、Ⅰ、b，排除存货净额变动的企业资本形成净额（它具有特殊的性质，不应当与厂房、设备归到一起；读者应该还能回忆起我们将住宅建筑和"公共资本形成"排除在外的原因——但公共机构拥有的生产性设施不用排除在外）。以1929年的价格计算，1919年至1929年的平均水平仅为25亿美元。但是，随着各周期阶段的展开，这个系列先后在三个不同的水平上变动：从1919年至1922年，平均水平大约为10亿美元；在接下来的两年里，平均水平大约为23亿美元；在1925年到1929年，平均水平大约为37亿美元。这个事实也表明（1929年为43亿美元，这个数字是最高的），在危机之前，实际投资并没有放缓，而且与危机本身无关。机床行业的就业指数（1926年 = 100）也给我们留下了同样的印象：1924年为82，1925年为85.8，1926年为100，1927年为92.8，1928年为100.8，1929年为129.8。

立因创新而受到干扰的均衡,而且这种创新的源头可以追溯到19世纪90年代。当然,这里还只是用长波来说明,但可以很容易地插入朱格拉周期和基钦周期的影响。

其他证据也加强了我们的解释。除了其他方面之外,商人的态度也是与此非常一致的。正如前一节已经指出的,我们发现在整个20世纪20年代,身处繁荣之中的商人也要挣扎着对抗自身行为的结果——这种现象在本书中的许多地方都有提及(例如在第三章中)——从谈论生产过剩、缺乏购买力到支持某些类型的公司行动和计划;所有这些,最终都在全国复兴总署(NRA)的立法中表现出来了。事实上,这一立法的思想非常典型,其来源正是商界。这也正是我们预期会在降价过程中看到的。与此相关的一个饶有兴味的问题是:这些趋势在19世纪20年代和70年代是不是会更弱一些?当然,与我们这个时期相比,那两个时期最终取得的成功要少得多。资本主义国家的政府和议会不像那些资本主义思想不那么强烈的继任者那样急着去保证利润和避免损失。当然,这里面其实并没有矛盾。

此外,在整个20世纪20年代,甚至在高利润水平的繁荣全盛时期,都存在着相当严重的产能过剩①,而且这种情况不限于境况不佳的行业或地区,也不能完全用寡头垄断战略来解释。读者知道寡头垄断这个术语涵盖了多少种有根本性不同的情况。而且很明显,对于所有这些情况中的每一种,我们都可以非常方便地举出不少实例。与现在讨论的问题相关的一种情况是:第一,老厂与新厂并存("老厂"并不一定指建立年代久远);

---

① 很早以前就有人指出,任何真正意义上的产能过剩都是极其难以确定和衡量的,这是为什么呢?诺斯及其同事的论著《美国的生产能力》受到了严厉的批评。但是,我们似乎也可以这样说,他们在那里提出的证据足以支持我们在正文中的陈述。同样的推理也适用于R. F. 马丁(R. F. Martin)在1932年6月发表于《泰勒学会公报》的论文中对许多行业的研究:在1921年至1932年间,几乎所有他讨论到的行业每一年都显示出了产能利用率不足的迹象。哥伦比亚经济重建委员会的一个小组委员会也调查了这个问题(见该小组委员会的报告,附录I)。这个委员会得到许可,利用了L. P. 阿尔弗德(L. P. Alford)和J. E. 汉纳姆(J. E. Hannum)对四个行业的研究成果,然后在此基础上对相当数量的工程师和企业高级管理人员进行了问卷调查。最后得到的结果与效率(以每小时生产的产品来衡量)的关系比与利用率的关系更加密切,从而引起了各种各样的怀疑。然而,真正令人感兴趣的是,对于什么因素导致产出低于对可能的最高产出的估计数(不同的估计数可能相差很大)这个问题,受访者是不是(相对地)经常用"竞争和替代"来回答。正如我们通常预期的那样,缺乏有效的需求是最常见的答案,它似乎给该委员会留下了特别深刻的印象。鉴于可以从中得出的推论,指出以下这一点也许不是多余的,即这并不意味着货币收入不足是问题的根源。

第二，经常需要建设工厂和安装设备，其规模要能够适应未来需求的发展。正如我们已经讨论过的，一个经济系统越先进，产能过剩的表现就越明显——在社会主义国家也必定会表现出产能过剩。在 20 世纪 20 年代，美国的情况很可能就是如此。行业内仍然存在着在经济上未达到最优状态的工厂，显然是产能过剩的另一种类型，如石油业和制鞋业。（当然，几乎没有任何行业完全不受某个变化过程的影响。）因此，通常关于产能过剩的推理在总体上完全没有抓住要点，但是那些被用来解释随后的危机的事实的相关性只会因此而变得更加明显。当然，厂商的有计划的抵制很可能会加剧这种后果。①

3. 就业以及对失业的吸收

最后，与产能过剩一样，超常失业（supernormal unemployment）——它恰恰与产出的强劲增长密切相关——也是康德拉季耶夫周期下行阶段的一个重要因素。我们在之前讨论的两个例子中都观察到了这种现象（而且每一次都是在特征性关联中观察到的），我们在现在这个例子中也发现了这种现象。然而，战后的失业是一个复杂的现象，对此我们在下文将不得不再次讨论它。在这里，只需要注意技术性或合理化的方面。关于人均每工时产品或工资收入者的人均产出，前面已经给出许多事实和数字，它们也都表明，任何假设产出与就业之间在比一个基钦周期还要大的时间范围内存在着特定比例关系的理论模式，都必定是具有误导性的。为了进一步说明这一点，我们下面就来分析一下来自德国柏林失业研究所的一些调查数据。② 从 1926 年到 1929 年（1930 年），钢铁、金属、机械和汽车等行业的人均产出提高了 25%，采矿业提高了 18%，木材加工业提高了 16%，建筑业提高了 15%，化学工业提高了 13%，造纸业、印刷业、食品业和纺织业则提高了 10%，皮革业的这一比例为 5%。当然，并非在所有情况下都有可比的就业数字。但是我们知道（举例来说），在 1925 年至 1927

---

① 因为我们认为，像在 1907 年至 1908 年、1920 年至 1921 年、1929 年至 1933 年重复出现的这类剧烈的经济动荡，在很大程度上是由在温和收缩期间进行的清算的部分性质造成的。参见 W.C. 米切尔教授 1936 年 11 月 9 日发表于《国家经济研究局公报》第 61 号上的文章。

② A. 赖辛格（A. Reithinger），《德国失业的现状和成因》（Stand und Ursachen der Arbeitslosigkeit in Deutschland），1932 年。

年，粗钢行业的就业人数减少了大约10%；在1925年至1929年，煤炭开采业的就业人数减少了5%以上，汽车工业的就业人数也减少了5%左右；机械、造纸、印刷、电气、化工、建筑、食品、纺织和服装、木工、陶瓷等行业的就业人数则出现了增加（大部分只是"适度"增加）。在美国，我们可以得到更完整的数据，包括工资收入者的人均产出，甚至各个行业的人均每工时产出。要想看到更多的数据，我们再次建议读者参考米尔斯教授的《美国的经济趋势》一书。[①]

但是，尽管我们可以用每工时产出的提高来说明这个时期的合理化的一个重要方面，我们还是必须再一次强调，在用于现在这个目的时一定要比用于通常的其他目的更加谨慎——哪怕不管那些会导致结果出现差异的纯粹的统计问题——这种强调绝不是多余的。当然，这个指标既未能将总失业中的技术性成分分离出来，也谈不上对它进行度量（如果确实可以使用"技术性成分"这个术语的话），或者说不能度量创新对总产出的影响。把每工时产出的变化和总产出的变化视为相互影响的两个独立因素，并把实际就业情况看作两者的结果将会是一个严重的错误。此外，从对如此短的一个时期内的事实的调查中，是无法推断出经济系统的"长期"趋势或"固有趋势"的。事实上，在这么短的期限内，最终结果根本没有时间将自己的真实面目完全展现在世人面前，更何况现在讨论的又恰恰是一个迅速调整的时期。尽管如此，我们还是有可能将这些关于每工时产出的数据带给我们的印象与就业行为进行对比分析，前提是我们知道我们现在处理的只是诸多相互依赖的变量中的两个，不能由此推导出因果关系方面的结论。

当然，所有这三个国家的总就业人数都有所增加。兼职性就业——严格来说，增加这种"不经济的就业"也是有必要的，特别是在农业领域——在校学习年龄的变化、强制入学制度的实施、女性就业状况的改善、就业人口年龄分布的变化（对德国来说，还有义务兵役制的废除和食利者阶层的部分消失），所有这些，不仅使得对就业的变化与人口的变化

[①] 见该书的第296和第297页。

进行比较更加困难，而且在很大程度上消解了这种比较的意义。但我们还是可以说，美国和英国的可用指标都指向了这样一个结论，即从1922年底到1929年底，总就业人数的增长并没有形成一个关于失业率的"描述性趋势"（或者，如果读者更喜欢的话，一个大体上水平的描述性趋势）。虽然正如我们应该预期到的那样，这个时期的就业水平与康德拉季耶夫周期的繁荣阶段相比要高得多，因此在这个意义上这个时期肯定"吸收了技术性失业人口"，并且吸收了增加的可就业人口，尽管在其他方面则没有。①

当然，这一点并不适用于任何一个单一行业或某一组行业。制造业就构成了可以用于这个分析目的的一个行业；或者，制造业和采矿业就构成了任意的一组行业。此外，由于它包含经济活动中最"进步"的分支，因此它并不是一个随机样本。因此，不能仅根据它的条件就得出结论。在我们讨论的这三个国家，制造业的就业人数都有所增加——但是即便有所增加，也只是略有增加。在英国，从事制造业和采矿业的人，从1924年的略低于600万人，增加到了1929年的略高于600万人；同一时期，从事建筑业、运输业、分销业和服务业的人则增加了60万。在德国，根据柏林经济周期研究所提供的数据，在工业部门就业的人，从1925年到1929年年中大约增加了50万，或者说5%。② 在美国，普查数据表明，在世界大战期间，受雇于制造业的工资收入者的人数出现了巨大的增长。然而，在1919年至1921年这一增长结果基本上被抹去了，但是这两年的损失有90%在1921年至1923年得到了弥补。在接下来的两个两年期（即从1923年至1927年），就业人口减少了大约47万，但是在1927年至1929年又增长了大约36万。利用普查中的工资单金额数据进行比较后发现，在1919年至1929年，就业人口的损失大约为16万；但是通过扩大覆盖范

---

① 对于德国则不能得出同样的结论，因为德国的失业率在1923年的冬季至1924年的冬季达到了"稳定"的高峰。如果我们把这个峰值排除在外，那么"趋势"将取决于我们在该峰值与1925年夏的最低点之间如何选择一个精确的点。从1927年的最低水平到1929年年底，"趋势"的梯度将是强烈为正的，但是这没有太多的含义，特别是因为它可以用与我们当前的主题不直接相关的情况来解释。

② 然而，作者认为，如果把这个数字缩小到可比较的程度，它就会缩小到更适中的比例。

围，1923年至1929年的损失则可以转化为小幅增长。① 因此，从1921年起，制造业每单位产品的劳动力成本急剧下降在一定程度上反映了这个时期内存在着巨大的稳定性（见米尔斯，前引论著，第413页）。当然，这并不能证明制造业的发展对为不断增长的人口提供更多的就业机会没有任何帮助，因为所有用来满足不断增加的劳动力供应的就业岗位都是由制造业直接或间接创造的。它也不能证明这个时期的失业状况完全可以用技术性因素来描述。② 不过，可以肯定的是，它确实证明后者真的发挥了我们

---

① C. 古德里奇（C. Goodrich）和他的同事在1936年出版的《移民与经济机会》一书中指出，从1928年到1929年，移民人数增加了18.5万人。米尔斯教授（前引论著，第480页）则指出，在1922年至1929年间，制造业的就业以每年0.6%的速度增长。但是这一点很容易被误解，就像1923年至1929年的就业出现了"下降"那种说法一样（见《制造业运营诸方面》，刊载于《国家经济研究局公报》，1935年5月）。D. 温特劳布（D. Weintraub）先生发现（《通过提高效率来替代工人及他们如何被工业吸引：1920年至1931年》，刊载于《美国统计学会会刊》，1932年12月），在1920年至1926年间，不能证明出现了"永久性"的替代，更多的工人是"通过"产量的增加而被"吸收"，而不是"通过"效率的提高而被替代。在1926年至1929年间，只有0.1%的工人被替代且未能被吸收。临时被替代的人数当然还是非常可观的——每年都达到了大约25万人。参见 J·鲁宾（J. Lubin），《美国工业对失业人员的吸收》，布鲁金斯学会，1929年。总的说来，这些结果似乎既没有偏离我们对事实的印象，也没有偏离我们的解释。尽管在统计和理论基础上仍然存在一些疑问，但是由于美国工程振兴局（WPA）的一个全国性研究项目，最近出现了许多非常宝贵的可用资料。具体请参见 D. 温特劳布和 H. L. 波斯纳（H. L. Posner），《失业与生产率的提高》，1937年3月。我们将只会提到关于整个经济系统的一些数字，而不会试图评价它们的确切意义。以1920年为基数100，该书的作者给出的1929年国民生产总值为146，人均年生产总值为126，可用劳动力供给总量为118。因此，在这个时期内，整个系统吸收的"技术性失业"远远超过了它"创造"的技术性失业，事实上，它几乎完全吸引了当时的失业和同时增加的可用劳动力供给，这个结果与我们现有的其他证据基本一致。然而，这样一个结论可能会遭到无数人的反对，另外一些显而易见的推论则必然会激起更热忱的资本主义批评者及捍卫者的怒火。这些人将会反对说，虽然许多工人在统计的时候看起来似乎只是暂时失去了工作，但他们的失业通常是永久性的，实现再就业往往要很长时间且非常困难，即便能够获得新工作也可能只是暂时性的，是他们所不熟练的，或者在很多方面都不如原工作可取，至于"服务业……则通常仅仅只是一个缓冲机制，目的是确保现行体制能够为了债权人的利益而让自己的天才饱受挫败"[见 A. 麦克莱什（A. McLeish）先生，《机器与未来》，刊载于《国家》，1938年2月8日]，诸如此类。其他一些人则会指出，货币总额和实际工资金额都出现了稳定而可观的增长，这种增长是与现在这个问题密切相关的，它不仅是给作为一个整体的工人阶级的"补偿"的一个"亚种"，也因为如果工资涨幅更低一些就不一定会出现这种普遍的失业现象（见下文）；他们还指出，长期趋势是（例如）1900年以来工作岗位一直呈现净增长；他们还指责标准的任意性，即认为备选工作的优越性是理所当然的，等等。任何社会制度都注定会受到一些人的否定和谴责，同时也会得到另一些人的肯定和辩护。但是对于这些事实实在没有多少争论的余地。

② 任何失业都不可以完全用技术性因素来描述，除非是在最短的期限内。J. M. 克拉克（J. M. Clark）教授在证明他的观点——"仅仅是技术进步……似乎就能导致一种长期无法使用我们所有劳动力的状态"——的时候（《公共工程规划的经济学分析》，国家规划委员会，1935年），他机智地插入了"缺乏必要的调整"。当然，有了这个补充，每个人都会同意他的观点。

在康德拉季耶夫周期下行阶段归之于它的那种作用。

(二) 价格

接下来,我们转入对价格行为的讨论,目的是看一看我们的模型可以在多大程度上解释相关事实[1],为此,我们首先必须考虑朱格拉周期和基钦周期各个阶段的影响,以调整我们对康德拉季耶夫周期下行阶段的预测。然后我们还必须记住,价格指数会低估实际跌幅,原因就像数量指数会低估实际增幅再加上额外增幅一样;同样,我们也不能忘记,在某些情况下,实际支付的价格要比进入指数的报价更低。最后,我们还必须加入第二个导致价格下行的重要因素,即经济系统对战争干扰的反应。

摆在我们面前的显然是前述两个因素的综合效应。即便仅在理论上把它们区分开来也是极其困难的(如果说不是不可能的话),更不用说在数值运算的层面上了。尽管如此,给出以下两组命题还是有价值的。

首先,如果战争干扰"侵犯"了原本应该维持在静态的过程,如果货币领域没有出现永久性的变化(即为战争进行的融资仅仅会使得原有的不变的货币和信贷工具变得紧张起来),那么在通过税收来偿还政府债务的过程中价格最终会回落至战前水平。货币和信贷领域的任何永久性扩张都将有助于在一定程度上消除这种机械化的"通货紧缩"压力,尤其是如果所有国家都同步采取行动的话。但是这并不意味着,如果没有了它,价格的下降就不会发生,因为仅仅是经济领域的正常化过程、战争需求的消失、被阻塞的贸易通道的重新开放、正常生产秩序和生活习惯的恢复——所有这些就足以使价格猛烈下行,导致价格水平永久性地低于战争期间的峰值。企业自身的通货紧缩行为是不能仅仅通过放弃

---

[1] 在某种意义上,我们也可以将这种做法称为试图描述并与实际的"自然"事件过程进行比较。但是,如果我们选择这种表达方式,我们就应该再次回忆一下均衡影响(equilibrium influences)与均衡化影响(equilibrating influences)之间的区别。从"先验"的角度来讲,一个"自然"的经济过程并不一定比如结核病的自然过程有更多的"优点"。事实上,我们对于前者的全部主张无非是它满足了某些"生理功能"——这是一种措辞转换,无须再度给出理由——而且一般来说,对它进行干预就不可能不产生某些不希望看到的结果(或者,干预就是为了消除某些不希望看到的结果)。然而,在这个方面,经济系统对战争干扰的反应与对我们的过程的反应有很大的不同。

"通货紧缩"来阻止的,而只能通过增加政府支出来保持"通货膨胀"加以阻止。

其次,如果没有发生世界大战,如果货币和信贷领域没有发生自主的变化,那么根据我们的模型可以预测,到 1925 年前后,当一个邻域为所有三种类型的周期所共有时,价格水平应该略低于上一次三种类型的周期"共享"一个邻域的时候,即 1897 年。大约从 1911 年前后开始,"进步"带来的稳定压力(对于这一点,不需要再加解释),通过"强迫"价格稳步下降增加了人们的实际收入。正如我们已经知道的,尽管我们的过程本身需要货币领域进行大规模的永久性扩张(见第四章、第十一章和第十二章),但价格的这种下降还是已经足以使价格水平低于当前这个康德拉季耶夫周期刚启动的时候。如果没有出现这种情况,那么就一定是因为战争干扰和货币扩张的其他因素,例如自 19 世纪 90 年代以来黄金储备的增加或者通过银行立法增加更多的贷款工具,这两种因素都会在连续的繁荣中发挥作用。但是,货币和信贷领域的自发变化本身并不能消除价格水平在康德拉季耶夫周期的下行阶段出现系统性下降的趋势。它只会提高这种趋势的作用水平。因此,(例如)在 1920 年,假设为了防止价格下跌已经采取货币贬值的政策,再假设在当时这种措施成功地阻止了价格下跌,那么在这个时期价格还是会呈现出下跌趋势,这种现象对我们来说很自然,但是对许多经济学家来说却是一个"悖论",即繁荣与价格下跌并存。我们的预测是,价格的下跌在第四个朱格拉周期开始时会中断,或者暂时转变为小幅上升,然后随着萧条的到来又将会恢复原来的趋势并加速下跌。

1. 美国的情况

观察美国的价格曲线(用美国劳工统计局的批发价格指数来代表),我们首先会注意到(见图 39),我们首先注意到的是,价格水平从 1920 年 5 月的(月度)最高点 167.2(以 1926 年为基准,1926 年=100),下降到了 1922 年 1 月的最低点 91.4。价格水平的这种下降,或者说如果我们考虑到如下事实——恐慌性下跌总是会超出"既定目标",因此即便没有其他影响因素，一定程度的反弹也肯定会出现——跌到了比上述最低点①略高几个点的那种价格水平，就不会仅仅是对战争干扰的回归"常态"的反应所致：我们知道这种反应恰恰与朱格拉周期的萧条阶段一致。但是可以肯定地说，这种反应是其中的主导性因素。我们还知道，而且现在肯定看到了，整个经济系统并没有遇到明显的"通货紧缩"压力。根据在世界大战期间修订的《联邦储备法案》建立的庞大的信贷创造机制仍然完好无损，而且战争期间信贷结构的扩张也得到了强有力的支持，尽管这在一定程度上被金本位制的扩展所掩盖。因此，作为战后的一种调整，价格水平的这种下降几乎完全是由企业自身的"通货紧缩"行为所致。

现在我们看到，91.4这个最低水平仍然比1913年的年均水平高出了30%左右，因此对"战争通货膨胀"的回归常态的反应很可能在整个20世纪20年代一直发挥着作用。但由于刚才提到的情况，这种影响不可能一直都是显著的。而且，正如我们可以肯定地说1920年到1922年是由对战争通货膨胀的反应所主导，我们同样可以肯定地说这个时期的剩余时间是由其他因素主导的。因此，对于剩余的这段时间，我们必须看一看我们的模式能不能提供完美的解释。从恐慌性低点开始的反弹，加上朱格拉复苏和基钦效应的出现，可以用来解释美国劳工统计局的全商品指数一直上升到1923年3月的原因，这种上升主要是由半制成品类商品贡献的（1923年4月为128.3②）。它的走势之强劲，简直到了令人怀疑的地步，不过事实上，1923年第一季度之后就出现了回落（当年的年度价格水平——按平均月度价格计算——为100.6）。在1924年，价格基本上一直稳定在了1923年最后三个季度达到的低水平上（年度价格水平为98.1）。进入1925年后，价格开始上升（年度价格水平为103.5），随后在1926年下降（当年12月时为97.9），1927年整年逐渐下滑，1928年下跌趋势一

---

① 这种"折让"构成了一个难题。这是因为，可以合理地归结为从谷底开始并因螺旋式运动而放大的反弹的那些东西，会与基钦周期的影响以及其他影响混杂在一起，而且无法简单地从1923年3月达到的那个高点（104.5）或者从之后价格回升后所停留的那个更宽广的"价格高原"（大约99）去除。

② 然而，这一事实非常符合所谓的"反弹理论"（rebound theory），因为这类商品的价格在1920年达到了最高点（5月时为253），然后又出现了最为猛烈的下跌（1921年12月跌到了90.3）。

度中断，然后又在这一年的最后一个季度恢复下行，最终在 1929 年最后一个季度加速下跌（12 月时为 93.3）。产成品价格实际上是从 1925 年 11 月创下的高点 102.1 开始一路稳步下跌的。[①] 反映敏感价格的指数在 1926 年出现了相当大的下跌，在 1927 年有所回升，在 1928 年继续下降，到 1929 年最后一个季度再度猛然下挫。将"国内"价格与进口和出口价格进行比较[②]，可以在不改变总体轮廓的情况下极大地丰富整个画面的细节。以 1914 年的水平为基数，全国工业咨询委员会的生活成本指数从接近 200（在 1920 年中期达到），一路下跌到了仅略高于 160（在 1922 年中期达到），接着出现回升（直到 1925 年中期），然后又慢慢下滑，并在 1930 年中期之前达到低点，不过没有低至 160。

以上所述，就是许多人经常说起的 20 世纪 20 年代美国价格水平的"稳定性"[③]，他们还经常把它作为美联储的政策大获成功和/或当时没有出现"通货膨胀"的证据。我们稍后还会再讨论这个问题。与此同时，我们认为价格的上述行为并没有"辜负"我们的期望。基钦周期的行为也很好地表明，朱格拉周期确实是存在的，同时"进步"的长期效应所带来的康德拉季耶夫压力也是非常明显的。从后来的事件来看并考虑实物产出扩张和实际成本下降的程度，我们可能会产生这样一种印象，即我们看到的那个略微倾斜的"高原"——在 1922 年至 1929 年间，价格年均下跌速度为 0.5%——也许并不是我们在我们的模型不受阻碍地运行时所预期到的全部，特别是当我们考虑到了从 1927 年夏到 1929 年夏下降趋势的中断和

---

① 如果我们将农产品排除在外，那么从我们的角度来说，这个画面就可以得到极大的改进。我们发现，从 1923 年开始，价格稳定地以每年平均 1.5% 的速度下跌，同时下跌的速度又完美地随着两个较短周期的各个阶段而变化（见米尔斯教授，前引论著，图 61，第 341 页）。同样的情况也适用于加工完成的生产品，以及 1925 年之后加工完成的消费品，但是不适用于原生产品，也不适用于原消费品（同上，图 68，第 359 页）。

② 参见西奥多·J. 克雷普斯（Theodore J. Kreps）教授，《美国的出口、进口和国内价格：1926—1930 年》，刊载于《经济学季刊》，1932 年 2 月。当然，有一点是非常明显的，那就是制成品的出口价格一般低于同一产品的国内价格，而且在其短期趋势中会表现得更符合竞争格局。

③ 我们必须记住的是，不仅夸大这种稳定性成了一种时尚，而且曾几何时（我们希望，这样的时光不会再有），许多经济学家甚至认为，要想确保经济系统在整体上的稳定性、避免经济萧条等，唯一有必要的就是保持价格水平不变。

部分逆转时。从这一点出发，我们还可以继续做出推断，会不会有某种因素阻止了价格的下跌，使之无法下跌到放任不管时本应跌到的水平。但是，只要这种因素的存在还没有得到证明，我们所得到的印象就很容易使人产生误解。

2. 英国的情况

英国与美国的不同之处在于货币因素所施加的巨大压力，这个元素只存在于前者而不存在于后者；不过，英国在其他方面与美国基本相似。因为在英国的条件下，这种压力主要是通过影响进出口表现出来的，所以在1922年英镑贬值为战前平价的62.5%（这个数字大体上相当于英国贸易委员会发布的当年的贸易价格指数），价格水平获得了展示其真实面目的机会，在这种特殊情况下，正如我们在第三节已经指出的，贬值在事实上移走了一个会导致萧条且会产生扭曲效应的重负。英国贸易委员会的批发价格指数表明，在战后，价格水平一直呈下降趋势。以1913年的年度价格水平为基数（定为100），价格水平从最高的325（于1920年4月和5月达到）稳步下降（到1922年12月时为156）。随后，在1923年和1924年间，价格水平稳步上升（于1925年1月达到171的最高点）。下降和上升的持续时间都比美国要长。当然，这一点是不难理解的。不过，要想解释为什么在1926年4月会下跌至144，就不能不引入英镑的"高估"这个因素。那一年发生的扰动使得我们很难说朱格拉繁荣的影响反映在了11月的小幅上升中（152），然后在那之后，价格水平几乎一路稳步地下跌到了1929年9月的136，这比美国更符合模型的预期。① 英国劳工部的生活成本指数一直稳步下降（以1913年为基数100，1920年10月达到了276；1929年12月则为166），这个趋势只在1923年至1924年中断过一次。

3. 德国的情况

最后讨论德国的情况。德国的价格水平几乎完全由与我们的过程无关

---

① 不过，从英国贸易委员会不包括食品的价格指数来看，在1927年和1928年全年以及1929年的三个季度，价格水平一直极其稳定地保持在了相当于1924年水平的80%左右，这个事实在一定程度上是不利于上述观点的。

的因素所支配。柏林经济周期研究所的年度指数（以 1913 年为基数 100）于 1924 年恢复编制，那也是世界大战和"疯狂的"恶性通货膨胀造成巨大鸿沟之后的第一年，当年的数字为 136。在那一年，农产品价格指数为 112，食糖价格指数为 176，海外产品价格指数为 125，工业原料价格指数为 146。① 很显然，这些数字反映了过去的干扰，无论是从它们的绝对数值来看，还是从它们相互之间的关系来看，都如此（用金马克表示的"新"价格在很大程度上是实验性的）。价格指数在次年上升，然后在 1926 年下降（至 128），都是调整的结果，而与正常的周期性运动几乎没有什么关系。从 1926 年中期到 1928 年中期，总体趋势是上升的，因此也就与英、美两国的趋势相反，尽管与更短的波动相当协调。这在一定程度上可能是由于第四个朱格拉周期的繁荣阶段的影响，但更重要的因素是"消费者的繁荣"。当然，外国信贷的涌入对这两个因素的融资都很有帮助，但并不是一个额外的因素，只是让另外两个因素付诸实施。但是，由于这种信贷的供应也构成了经济状况的一个独立的因素，因此也可以从这种信贷的角度提供一个表面的解释。这可以解释 1925 年的价格涨势和 1926 年的价格波谷，但是不能解释 1928 年在价格走弱、外国资金撤出之前出现的情况。此外，我们还可以注意到，建筑材料的价格走势对 1927 年和 1928 年价格指数的上升有非常大的影响，而有色金属和化学产品的贡献则微不足道——这些因素往往会降低异常的程度。从 1924 年初到 1929 年 3 月，生活成本指数的上升几乎没有间断，因此，这就比批发价格指数更清楚地揭示了与预期相反的行为所隐含的问题。但是这样一来，用农业政策和"消费者的繁荣"来解释生活成本的上升也就变得更有说服力。

（三）利率

在试图以与解释价格水平的变动相同的实验方法去解释利率的行为时，从战争的干扰和我们的模型的角度来看是更具风险性的，因为"政策"的影响和其他外部因素的影响——在美国是公开市场操作，在英国是

---

① 因为几乎没有产成品进入这个指数，所以我们不能贸然相信它能如实反映价格水平的真实行为。

政府融资的支配地位和对英镑的管理，在德国是各种各样的无规律性的行为——很可能比在价格水平的情况下更明显地排除找到我们的过程的痕迹的一切合理希望。然而，这是一个事实问题，从一开始我们就完全可以回答在这一点上的怀疑，即只需指出管理着或影响了货币或信贷的政策和其他外部因素必定会在采取的措施和产生的效果中显现出来——不是在抽象的理论观念上，而是在特定的经济形势下——除非这个理论本身就是那种货币政策的产物。

预期当然是利率会下跌，只不过可能会被朱格拉周期和基钦周期的繁荣所打断。这个结论既适用于战争因素，也适用于周期性因素。就像在讨论价格水平的时候一样，我们把1920年出现的峰值以及1921年的下跌（在德国，由于先于公开市场上的购买行动，因此或许可以视为"真正的"下跌，至于1922年上半年的进一步下跌，则是另一个问题）部分——尽管不是全部——归因于世界大战及其"清算"，并将从我们的模型得出的预测应用于这个时期的剩余时间，尽管——尤其是对于英国和德国——可以追溯到世界大战的那些条件仍然在对利率产生影响，而且比对价格水平的影响更加明显。这样，我们应该立即就会注意到，我们的理论预测是这样的：仅仅从利率本身的行为当中发现宽松货币政策的哈耶克效应（Hayek effect）[1]肯定是极其困难的，甚至可能根本无法做到。

1. 美国的情况

当然，我们的预测是，从我们的模型的角度来看可以被称为利率的正常行为的最强烈迹象能够在美国找到。虽然美联储的出现在很大程度上改变了商业票据利率的重要性[2]，但是我们仍然可以用它来表示短期利率的走势，特别是当承兑利率、活期贷款利率（call rate）和远期货币利率不会产生显著不同的结果时。假设1921年底的商业票据利率大约为5%，而且战后出现的"驼峰"不止削平了一点点——事实上，我们可以发现我

---

[1] 简单地说，我们在这里所说的哈耶克效应是指，在投资过程中，如果利率低于放任过程本身不管情况下的水平，利率对投资的影响。我们在这里并不是要讨论冯·哈耶克教授的理论的适用性问题（是否要严格地接受它），因为战后的条件似乎无法满足这些假设。

[2] 商业票据利率的行为实际上不同于战前的模式。例如，季节性波动几乎已经消失。

们正在寻找的那种下降趋势，它一直持续到了1927年底（见图39）。1924年下半年出现的波谷显得异常深，有点出乎我们的意料，但是在1925年第四个朱格拉周期开始时的上升以及在接下来的两年间明显的水平运动，则正是我们所预测的，尤其是如果把它们与1930年的那次下降结合起来考虑的话。但是，在这两者之间还有另一个波峰：出现于1928年并持续到1929年中期的那次上升，明显与我们的预测相反，需要用另一个因素来解释——当然，不难找到它。这里面的一个明显的线索是短期贷款利率在利率变化中的领先作用。基钦周期也表现得非常完整。

利用债券收益率[①]更能说明我们的观点（见图52）。从1921年底到1928年第一季度，债券收益率（用穆迪AAA级债券指数来表示）下跌了差不多1%，而且除了从1922年的波谷短暂反弹之外，在那些年下跌几乎没有间断。从1928年第二季度到1929年第三季度，债券收益率有所上升，但是幅度很小，因此用短期利率的异常行为和投机狂热就很容易加以解释。虽然短期利率与债券收益率在整个时期内的关系不同于战前的那种关系，但是战前的关系仍然呈现出了前者的"趋势"或总体漂移程度。至于相反的印象，则只是由以下事实造成的：1924年短期利率的低谷没有再现于长期利率和债券收益率。既然1928年全年和1929年半年的上升在

[①] 再一次，这方面的主要参考文献是C. C. 阿博特（C. C. Abbott）先生于1935年1月和5月发表在《经济统计评论》上的重要研究。令人遗憾的是，由于本书不得不付印，因此未能引用F. R. 麦考利（F. R. Macaulay）先生在1938年出版的论著《自1856年以来美国利率、债券收益率和股票价格的变动》，这项研究本来可以令本书增色不少。利用我们早就熟悉的操作方法——这种操作就美国的情况而言是非常简单的，但是就英国和德国的情况而言却需要先进行"修正"，因而涉及相当任意的判断——可以用图形方式将利率与价格水平的短期变化之间的一种粗略的共变性表示出来。我们之所以没有这样做，是因为对于本书的目的来说，所有重要的东西都可以从脉搏图中看出来。同样明显的是，即便是在美国的情况下，这种关系显然也是一种受到干扰的关系——它必定要与外部干扰保持相当大的距离，因为即便是在总量指数体系下，利率和价格水平也不是唯一的因素——但从1923年到1927年，这种关系确实相当近。如果去除相反的"潜在趋势"，利率与工业产出之间的粗略共变性将变得更加明显。在之前引用过的一篇论文中（《美国统计学会会刊》，1931年6月，第5页），B. B. 史密斯（B. B. Smith）先生将克利夫兰信托公司（平滑后）业务指标与（平滑后）滞后一年的短期利率指数对债券收益率的偏离（他将后者视为"常态"的想法非常切合我们关于这类事件的观点）进行比较，结果发现两者之间存在着一种可接受的逆共变性，直到1928年。读者只需稍微思考一下就会相信，虽然我们不能忍受整整一年的滞后（但是能忍受更短的时间），这个结果仍然有助于用基钦周期的不同阶段来解释。应该注意的是，这与短期利率的"哈佛滞后"并不矛盾。

债券收益率上只实现了非常微弱的再现，那么从1924年年中到1929年年中，分别通过货币利率和收益率绘制出的正式趋势当然会显示出不同的走势。但是没有理由这样做。

我们在第十二章指出了客户贷款利率在实践中并不像在理论蓝图中那样，是利率结构的核心。尤其是在德国，这种利率只是机械地遵循德国中央银行的利率，因而调整它几乎成了一项"文书工作"。但是在美国则不一样，这种利率仍然保留了我们的模式赋予它的关键意义。因此，我们有必要考察一下它是如何变化的（见图44）。

美国国家经济研究局在1927年7月18日发布的公报中计算了27～35个城市的平均客户贷款利率，结果发现其走势与债券收益率的走势非常相似，只不过其变化更加缓慢，而且水平明显要高很多——高出了0.5%～1%。只有在纽约市，客户贷款利率到1927年夏为止一直在变化，其水平大体上等于债券收益率。这反映出了它本应反映的第四个朱格拉周期的启动，同时它对从1927年中期到1929年中期的异常情况的反应也更加强烈。在南部和西部各城市，甚至在北部和东部各城市，客户贷款利率在整个时期都位于图中远高于康德拉季耶夫周期预期值的地方；而且，如果不是因为如下事实——更便宜的其他资金来源是现成的，是那些年间企业有机体中所有"进步"最大的成员唾手可得的——那么我们应该面对的问题就不会是哈耶克效应的存在，恰恰相反，是高息资金的影响。① 事实上，客户贷款的高利率只不过证明了我们所理解的货币市场的极度不完善。②

这种不完善性以及其他资金来源的丰富性还破坏了根据我们的模型应该存在于客户贷款利率与克拉姆教授所说的利润率之间的密切关系。考察利用后者绘制出来的曲线（见图45），我们不难发现利润率与这种利率之间的共变性并不能令人满意。我们应该明白，1921年出现的利润率低谷伴随着很高的贷款利率；在这个时期结束时，我们看到了投机狂热的破坏

---

① 这个问题将在第六节第三小节讨论。
② 从1922年到1929年，国家经济研究局给出的客户贷款利率平均每年下降0.8%左右，而债券收益率则平均每年下降1.4%左右；见F.C.米尔斯，前引论著，第455页。

图 44 美国的客户贷款利率

性影响,但是我们不会为此感到惊讶;我们也允许滞后性。毫无疑问,这样可以在一定程度上改善局面,但令人失望的是,上述关系仍然非常微弱。①

2. 德国的情况

相对而言,与美国的正常利率过程相比,德国的情况确实有所不同,但是这种差异并没有人们可能认为的那么巨大。在 1924 年,利率从那一年年初的令人印象深刻的高位开始不断下行——例如,在 1 月份,近日借款的利率高达 87.64%——这当然与我们的过程全然无关,而只是对先前垂死挣扎般的疯狂投机的一个反应(那种投机是疯狂的通货膨胀的一个重要元素)。同样地,利率在 1929 年的上升也只是反映了纽约证券交易所的繁荣和外国对德国的不信任风潮所导致的外汇余额的流失。但是,如果我们将 1925 年第一季度的数据与 1929 年第一季度的数据联系起来(见图 40),或者更好的做法是将 1925 年最后一个季度的数据与 1930 年最后一

---

① 然而,客户贷款利率和净收入与资本的比率之间的共变性则更能令人满意。

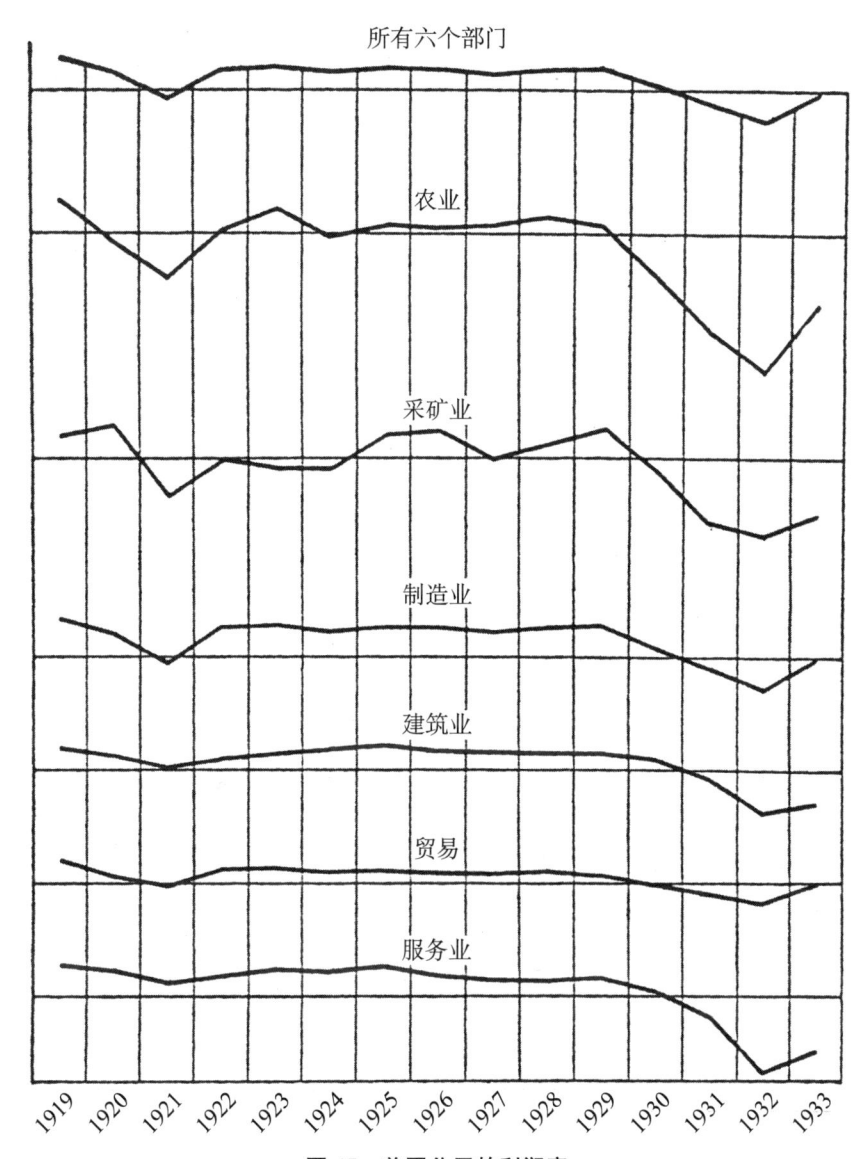

图 45　美国公司的利润率

个季度的数据联系起来，我们就能得到一条下跌曲线，它可以合理地归因于我们的趋势。其中的波动——主要是1927年的上升以及对这种上升的反应，也可以用周期性过程来加以解释。虽然我们不能反对这个解释，即1926年的下降只是此前外国资金流入的滞后效应，同时1927年的上升则只是1926年外国资金暂停流入的滞后效应——因为这种资金流入并不独立于德国的经济状况——但是利用这种为国内经济融资的方法的重要性来解释某些明显没有规律性的行为出现的时机似乎是合适的。当然，利率上下波动时所围绕的那个一般水平虽然显示出了向下倾斜的走势，但是在整个时期都是异常高的：黄金抵押债券的利率为6%（大体上与美国AAA级债券的利率相当，尽管不完全相等），在1924年围绕着大约50%的票面价值波动，到1927年2月仍然没有超过98.95%，然后就又开始再度下降——在国外销售的压力和消费者的繁荣带来的张力下。但是，这很容易用战争和通货膨胀时期的浪费和储蓄减少以及当时所奉行的财政政策来解释。

3. 英国的情况

从英国的曲线来看［见图41；关于短期贷款利率和对证券交易所的超短期（通知）贷款利率，见图54］，基钦周期很好地呈现了出来，同时我们也没有理由不把1925年的利率上升部分归因于当时占主导地位的朱格拉周期。康德拉季耶夫周期趋势的迹象最多能在1925年底到1928年底这个时期看到。1920年的波峰和1922年的波谷只需考虑各种短期因素——其中包括周期性因素——就很容易理解，但是这两个点位都不能作为周期的起点。另外，考虑到根本无法长期持续的货币状况的敏感性，1929年的大幅上升也是很容易理解的。不过，我们还应该补充一点：从证券交易所贷款利率的表现来看，国内的投机活动也是一个重要的因素。但是，即便我们削去了战后的"驼峰"，把1922年第一季度的数字与1928年第一季度的数字直接连接起来，我们还是会得到一个与美国的情况相反的趋势，即一个上升趋势而不是一个"下降"趋势，甚至1930年出现的低点也仍然高于1922年的水平。这当然是英格兰银行采取的政策所致（在英镑攀升达到平价水平之后，仍然在保护它），同时也在一定程度上揭示了这里存在着在事件正常过程中出现的干扰，尽管其重要性并不高于影响货币利率的任何因素。直到贬值解除了这种桎梏，利率才得以自由地按照自己的规律变动。

然而，英国的总体利率水平之所以较高，并不完全是由于上述原因，同时也是由于与德国的情况类似的原因。四种固定利率证券①的收益率指数从最高点（以 1913 年的水平为基准，即 1913 年＝100；最高点在 1920 年 11 月达到，为 163）一路下跌到了 1923 年 6 月的波谷；然而，即便是这个最低点（117），也仍然可能比世界大战以及战后政策都不存在的情况高出大约 30 个点。不过，偏离一般水平的变化即便在这种情况下也离预期不远。只要考虑到朱格拉周期不同阶段的影响，我们就应该预期到在波谷之后会出现上升。我们确实发现了这一点，尽管它的启动比我们预期的早、上升达到的高度也超过我们的预期——峰值为 139，出现在 1926 年 9 月；而且，尽管其他因素在令它提早出现这个方面可能是更重要的，但是再一次，没有理由不把它归因于朱格拉复苏和繁荣，特别是后者。1929 年 1 月（122）的缓慢下跌也是我们应该在朱格拉衰退中预料到的。

我们考虑的这三个国家的利率行为之间的差异性，并不比它们之间的相似性明显。它们的波动都是通过短期余额机制实现的，这种机制在这个时期的一段时间内运行得比战前更加迅速，而不是更加迟缓。这一点从如下事实看得非常清楚：从 1925 年 4 月和 1926 年 8 月直至 1930 年，英镑和美元在柏林的价格以及柏林与伦敦和纽约之间的市场利率差存在非常明显的负相关关系。② 考虑到英国、德国和美国的周期阶段虽然不是完全同步，但在本质上仍然是同步的，这些事实对我们来说具有额外的意义。③

二、支出、积累、收入、利润、工资、借方数额等

（一）美国的借方数额、国民收入、工资单金额

要了解战后时期美国系统支出的行为，我们要依赖美国联邦储备委员会提供的纽约市之外的 141 个城市的个人账户的借方数额序列。不过，它

---

① 见《国际经济统计摘要》，经济服务会议（伦敦，1934 年）；或者，《伦敦和剑桥经济服务局特别备忘录：第 83 号》。

② 请参见 H. 内瑟（H. Neisser），前引论著，刊载于《全球经济研究》（*Weltwirtschaftliches Archiv*），1929 年。在 1926 年 8 月之前，美元的情况并非如此，因为德国中央银行（德国国家银行）将美元汇率严格地控制在了 4.20 的水平。

③ 银行利率等问题稍后再讨论；见下文第三小节。

还包括几个我们应该排除在外的项目，否则就不符合我们的目的。特别是，它既没有剔除投机交易的影响，也不具备与我们下面将要联系起来讨论的序列的可比性。① 尽管如此，我们在使用它的时候心情仍然可以比在前面使用结算数据时轻松，它毕竟还是值得信任的（见图46）。

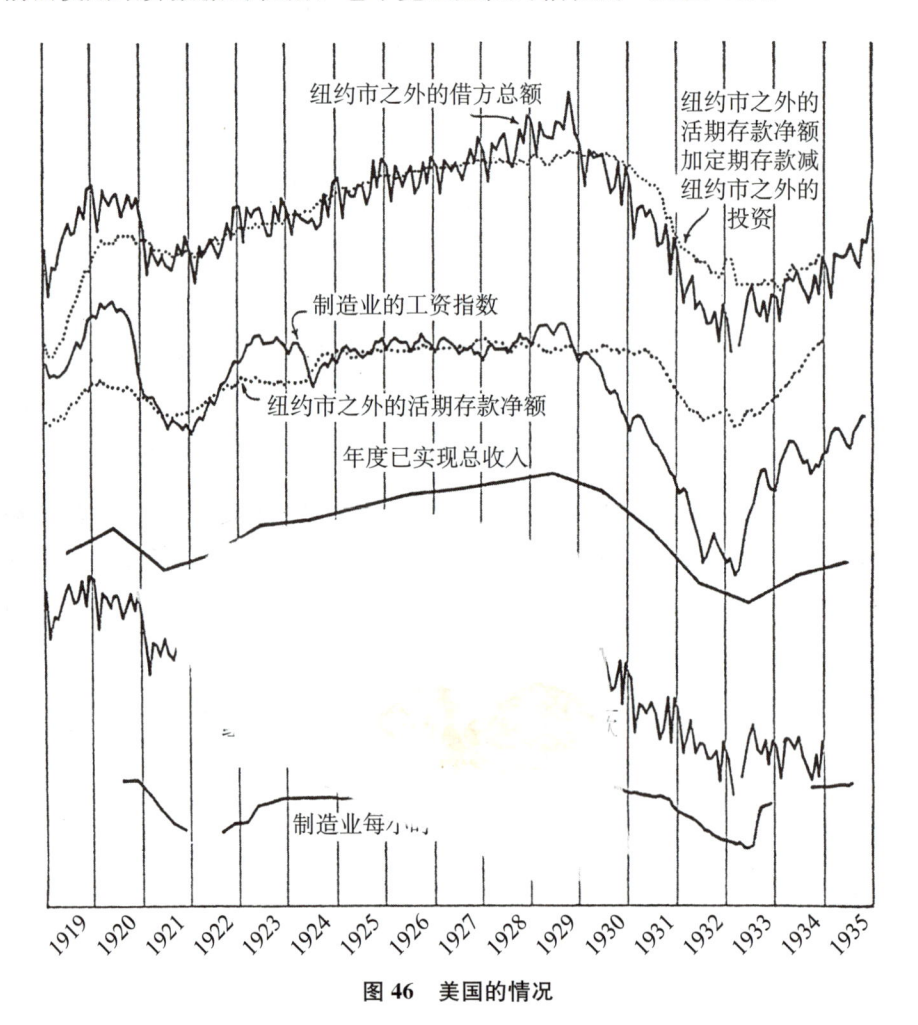

图46 美国的情况

给我们留下深刻印象的第一件事情是，对战争干扰的"回归常态的反应"非常弱——事实上，可以说几乎没有。1921年的年度支出数字比1920年（明显异常）的年度支出数字低了25%左右，但是与价格水平或

---

① 这一点在国民收入的情况下是显而易见的，不过不应该强调的是对存款序列也如此。

利率的下降不同，这次的下降只不过是在消除战后繁荣的影响；而且到了1923年，1919年的年度支出数字就已经被超越。没有任何其他序列能够像它一样有力地说明如下事实：战后并不存在任何明显的"通货紧缩"，同时信贷工具则因战争而实现了永久性扩张。如果我们将它与英国的地方和省级结算额序列的行为进行对比分析，那么这一点将会显得尤其令人印象深刻（见图51）。然后，如果我们将这个作为一个基准点，那么就会看到，其余部分，即从1922年166亿美元的月平均水平上升到1929年277亿美元的月平均水平曲线，要比从1900年到1913年的纽约市之外的银行结算额曲线陡峭得多，从而也就证明信贷工具的能力并未耗尽，尽管我们当初预测的增长率要更加温和。对这些数字取对数后就可以很好地用直线形式的描述性趋势来拟合。基钦周期显示得非常清晰，而且第四个朱格拉周期（1925年）开始的标志看上去似乎是一个新的水平（除了1928年和1929年之外[①]）。

我们的图形使用的是已实现的国民收入减去推算的国民收入的科普兰-克拉姆（Copeland-Crum）数据（见附录），不过，如果使用库兹涅茨教授的数据（前引论著，第8页，表1第3栏），我们这个粗略的结论也不会有什么不同。这个序列还证明了已经发生的"货币革命"的持久性。此外，它给出了关于这场货币革命的一个简化的——同时因为这种简化主要是由于资本利得被排除在货币革命之外，因而也更加真实的描述。[②] 战后时期的繁荣影响了1919年和1920年的数据，后者为690亿美元，比前者高出了大约12%——而1921年的国民收入则恰好相当于1918年的水平（574亿美元）。然后是连续的上升，从1922年的612亿美元一路上升到了1929年的876亿美元。其短期行为可与借方数额的行为相对应（已经考虑两个序列之间的统计差异），如果计入了未分配利润，那么就更是如此。

从图形上看，工资单金额指数的增长似乎更为温和，从而引出了另一

[①] 当然，这两年来的数据受投机交易的影响是最大的。

[②] 从长期的角度来看，或者从国民收入的"潜在趋势"或趋势值来看，我们可以说，按当前货币单位计算的国民收入衡量的是价格和价值中可以——或者至少可以直接——归因于货币因素的那个组成部分，见第八章和第十章。

个问题。但是，如果仔细观察就会发现事实并非如此。在 1920 年至 1921 年间，国民收入和（工厂）工资单金额的下降幅度都大于 1919 年至 1920 年间的上升幅度（与借方数额不同）。后一种情况下的上升和下降幅度都比前一种情况更为明显。但在 1922 年工资单金额反弹的速度也比国民收入的反弹速度更快，以至不仅 1924 年的下探（只发生在工资单金额指数上）不值得感到奇怪，连它本身在其余时间内的行为也可以很自然地解释为对这种增加的一个反应——把 1921 年（对于工资单金额，从当年的年中开始）至 1929 年（对于工资单金额，至当年的第三季度）这段时间作为一个整体来考察，我们可以发现大量的相似之处。然而，除了时间形态上的差异和年际变化的影响之外[①]，工资单金额与收入之间的长期关系也可能会出现明显的变化——在科普兰教授对银行业和非农行业的工资单金额与已实现收入的可比部分进行的比较中这种变化非常清楚。[②] 从长期的角度来看，这种关系在战前是相当稳定的，两者的比率大约为 73%。我们应该能够预测到而且实际上也确实发现战争支出干扰了这种关系——在一开始时是降低了这个比率——我们都记得，与创业活动带来的需求不同，偶发性的需求总是倾向于如此。而且，对此的反应在 1917 年就可以观察到；同时，劳工谈判地位的提高、各种战争委员会制定的劳工政策以及战后出现的繁荣条件，使它远远超过了战前的水平——如果我们可以相信这些数据的话——大约达到了 84%。然后在全面正常化（回归"常

[①] M. A. 科普兰（M. A. Copeland）教授，《国家财富和收入》，刊载于《美国统计学会会刊》，1935 年 6 月，第 385～386 页。科普兰注意到，工资单金额占已实现收入的比例、最贫穷的那 90%非农人口的收入占总收入的比例显示出了类似的增长（但是，农业总收入的变化趋势在很大程度上与产业工人收入的变化趋势相类，请见 M. 伊齐基尔，前引论著，第 140 页）；他还说，在 1918 年至 1929 年间，后者随经济的兴衰而起落。的确如此，但是这必须完全归因于以下几点：第一，把"非常态"的 1919 年包括在内了；第二，1923 年工资出现了异常强劲的上涨；第三，排除了未分配的或未提取的利润。因此，作者无法跟随科普兰教授的思路，认为这个发现可以从一种"霍布斯主义式的观点"来考虑（然而不幸的是，这种观点现在得到了一些不那么知名的人士的支持，其中包括伊齐基尔博士等人）——"繁荣时期集中度的提高是储蓄起来的收入不成比例的原因"，尽管作者非常高兴科普兰教授在一般立场上拒绝支持这个不合理的学说的含义。不过，在经济衰退时期，总利润趋近于零，而在经济萧条时期，总利润趋向于负值，这个理论与现实并没有太大差距。

[②] 科普兰教授给出的序列以及正文接下来将给出的论点涉及对两个不同且不完全可比的序列的使用，一个是金（King）教授给出的从 1909 年到 1920 年的序列，另一个是科普兰教授构建的从 1920 年到 1929 年的序列。如果我们继续讨论下去，那么就不得不使用第三个序列，即库兹涅茨教授的序列。

态")的过程中出现了下降——尽管由于康德拉季耶夫周期阶段的变化，不一定会降到战前的水平——实际上这可以从这些数字中看出，虽然在1929年该比率（77.9%）仍然远远高于战前的正常水平。在下面，我们会再次回到这个主题（并讨论相关的主题）。

（二）美国的企业积累

如上所述，企业积累是不包括在上面讨论的收入之内的。[①] 我们可以用企业积累的变化来作为表示所有积累的变化的指标。[②] 当然，在这样做的时候，我们必须记住，正如官方收入统计数据所显示的那样，企业积累——净收入减去支付给个人的现金股息——在某些情况下是武断决策的产物，而在另一些情况下则是不合理的记账惯例的产物。特别是所谓的"过时"（obsolescence）问题，无论是直接做出相关决策的那些公司高管还是外界的观察者，都很难充分考虑到。此外，净收入中未分配的那部分

[①] 也就是说，它们没有加进去。但是，只要它们不是用于增加现金项目（而且只要它们确实存在），它们当然最终会重新出现在个人收入中，尽管有一些经济学家辩称它们似乎是被储存起来了。

[②] 我们不提供家庭储蓄的估计数，而只提供某些指标，因为我们对家庭储蓄的了解不够充分，特别是关于大约39 000个（1929年的数据）净收入超过了50 000美元的家庭的储蓄情况。在这个方面最雄心勃勃的尝试［莱文（Levin）、默尔顿（Moulton）和沃伯顿（Warburton），《美国的消费能力》，1934年。随后，又出版了两本解释性的著作：H. G.默尔顿，《资本形成》，1935年；《收入与经济进步》，1935年］在统计上和理论上都遭到了极其严厉的批评，以至我们在这里没有必要解释为什么不利用它的结果。特别是，对于H. H.维拉德（H. H. Villard）先生对默尔顿博士的论文《储蓄和投资的估计》（刊载于《美国经济评论》，1937年9月）的批评，本书作者几乎完全同意，而且几乎没有可补充的，它完全消解了净货币储蓄超过净生产性投资的论点，因此也完全消解了用于战后时期的一种类型的过度储蓄理论。关于另一种类型的理论，有必要指出，作为前面提到的第一本著作的合著者之一，沃伯顿先生曾指出（《消费能力》，第111页；他后来再一次指出，《储蓄的趋势：1900—1929年》，刊载于《政治经济学杂志》，1935年，第84页及以后诸页），在1917年至1929年这整个期间，即便是在布鲁金斯学会的调查数据中，也没有出现显著的"趋势"（如果可以就一个持续了13年的序列讨论"趋势"的话）。这里会有一个下降的趋势；或者，对于1922年到1929年有一个非常轻微的上升趋势，如果——我们必须这样做——排除资本收益的话。（见第101页的图2，从该图可以推断，在国民收入中储蓄所占的百分比大致等于财产性收入的百分比。）"除去资本收益之后，在1920—1929年这十年间，（储蓄的）比例低于战前的1909—1914年"（第100页）。这一点本身就足以摧毁从该材料得出的过度储蓄或过度投资推论。我们还可以借此机会把W. H.洛夫（W. H. Lough）先生对布鲁金斯学会对家庭储蓄的估计的批评向读者指出，它源于洛夫最有帮助的一本著作《高水平消费》（1935年，附录G）。洛夫来说，他自己得出的估计（见下文），尽管由于使用不同的储蓄概念以及其他一些原因，远高于我们所说的意义上的储蓄——回忆一下，储蓄要将由业主用于住宅建设而筹集的资金以及其他一些东西排除在外——但是在1919年至1929年仍然没有显示出上升的趋势（当然，在1922年至1928年确实有所上升），而且在他的实际收入总额中它所占的百分比有所下降。

不仅能够实现我们所说的意义上的积累功能，而且具有均衡基金的功能，因此，它们所指向的实际上不应该是某一年，而应该是一个周期（比如说，一个朱格拉周期）。最后，所有数字必须进行调整，因为计入成本的通常折旧与按现行价格计算的适当折旧之间存在着巨大的差异。这项工作已经由 S. 法布里坎特（S. Fabricant）先生完成，他提供的调整后的序列涵盖了除免税的公司和人寿保险公司之外的所有公司。我们在下文将会用到这些序列。① 1919 年的经济繁荣使企业积累实现了 33.1 亿美元的峰值，后来再也没能达到同样的高度；这个数字说明了未分配盈余的均衡功能。无论企业是否打算通过积累这种"储备"来为应对即将到来的困难做好准备，积累实际上在 1920 年（−10 亿美元）和 1921 年（−32.4 亿美元）两年之内几乎全被消灭。从 1922 年开始，我们看到了一个全新的开始，在接下来的两年里（这两年大体上完成了朱格拉周期的复苏阶段），总共实现了 40.9 亿美元的积累。在接下来的三年里（大致涵盖了第四个朱格拉周期的繁荣阶段），又增加了 47.6 亿美元，其中超过一半是在 1925 年实现的。当然，这些都完全符合我们的预期。但是，1928 年所贡献的 20.4 亿美元超出了我们的预期；1929 年虽然少了一些，但是也达到了 9.7 亿美元，同样超出了预期。② 这种情况必须列入我们关于这两年不断增多的异常情况的清单。于是，在这 8 年里，平均每年的积累为 14.85 亿美元；如果按 11 年计，那么平均每年的积累则为 10.84 亿美元。

当然，强调这两个数字本身并没有多大意义，因为无论是从 1922 年至 1929 年，还是从 1919 年至 1929 年，都不构成任何有真正意义的周期单位。但是，强调它们相对较小却是有意义的。此外，对于前一个数字，还必须根据如下事实来加以判断，即它所适用的范围并不包括朱格拉周期的萧条阶段，而正如我们将会看到的，这个萧条阶段不止抹去了全部积

---

① 参见《资本消耗的计量方法：1919—1933 年》，《国家经济研究局公报》，第 60 号，1936 年 6 月 30 日，第 12 页。在这项研究中，法布里坎特全面深入地讨论了材料的局限性和处理这些材料的困难，建议读者仔细读一下。

② 然而，它们与基钦周期的阶段是一致的。基钦周期在这个序列中有非常好的呈现。1924 年和 1927 年的下探是非常明显的。

累。虽然我们不能用这么短的一个时间序列来谈论我们所说的意义上的趋势——如果可以的话，那应该是一个结果趋势——而只能说那是朱格拉和基钦波动，但值得指出的是，从1922年到1928年的形式上的趋势不会显示出明显的倾向性。[①] 而且，从储蓄理论的角度来看，如果真的要把1928年的数字固定地与对随后出现的起伏的解释联系起来，那么我们在回应时应该问一下，一个只比平均水平高出5亿美元的数字，是不是真的可以说足够高了（即便是以平均水平为基准来看），同时为什么1925年的更高数字没能阻止一场完全正常的朱格拉繁荣和一场超常活跃的朱格拉衰退。总额的数量级排除了累积效应的任何倒退。尽管当时股市不断向好，但这甚至不足以阻止长期债务的大幅增长。

在描述企业积累过程的特点之后，我们来对它与图43呈现的证据进行一番对比。在这里，我们又看到了一些经常能够观察到的东西，那就是，在这些积累的变化与耐用消费品的生产之间存在着清晰的对应关系，尽管关于滞后的性质和平均大小可能有不同意见。此外，我们还要补充的是，前者与厂房和设备支出之间也存在着清晰的对应关系。当然，本来就应该如此；但是，从这种对应关系可能得出的推论，却因如下事实而大为削弱：与制造业生产的共变性几乎一样好，与消费品生产的共变性几乎差不多同样好。借用列昂惕夫教授一句开玩笑的话来说就是，这三个量——以及其他许多的量——只不过是在同一个过程中一起运动，就像行军中的士兵一样，几乎没有理由去寻找它们之间是否存在任何关系，更没有理由去随意解释它们。[②]

[①] 现金股息也呈现了朱格拉周期和基钦周期的各个阶段，但是周期性显得很轻微：从1921年最后一个季度到1929年底，现金股息几乎呈为一条直线。1929年的现金股息比1922年增加了31亿美元左右，这意味着它吸收了这个时期除税收之外净收入的大部分净增长。因而，企业积累与企业分配没能保持同步。毫无疑问，在讨论这个事实的影响时，必须考虑到股东的家庭储蓄。但是，从我们了解的情况来看，并不能否定如下显而易见的结论，那就是，就这个收入来源而言，"储蓄"的比例是随着收入的增加而降低的。

[②] 但是，我们对以下发现应该不会觉得惊奇：更常见的"因果"关系现在已经被某些研究消费者信贷的理论家倒转了过来，他们认为刺激消费能够刺激投资，甚至能够刺激"储蓄"，因而是经济过程事实上的"命根子"和活力之源。当然，任何类似的说法都必定有其错误之处，也必定有其正确之处，而正是这些不足之处产生了孕育政策的各种"发现"。

(三) 美国的已实现收入、消费支出、家庭借贷以及对家庭消费的推断

最后，我们将尝试着就已实现收入（不包括企业积累）与消费者支出之间的关系提出一个理论，它还可以揭示所有家庭的净储蓄总和的数量级和变化。尽管它肯定只是一个非常不完美的理论，但这种尝试无疑是有意义的。从 1923 年中期到 1929 年的头几个月，百货公司销售额的变化率大体上与非农收入的变化率相等，这个事实就是一个很能说明问题的迹象。① 在 1920 年和 1921 年，百货公司销售额上升时的升幅大于非农收入，而下降时的降幅则小于非农收入；但是在那之后，这两者的指数（以 1928—1929 年为基准，1928—1929 年＝100）收敛到了一起并一直保持到 1929 年第二季度；然后，它们都开始下降，且步调非常一致（只不过非农收入的增长略高于百货公司的销售额），在 1932 年，两者曲线几乎完全重合。没有任何系统性的趋势表明，随着总收入的增长，销售额的变化会有所滞后或变得相对较小。由此，隐含的结论得到了实质上的证实，如果把消费者在耐用消费品上的支出也充分地考虑在内的话（尽管由百货公司来销售耐用消费品并不那么典型），最主要的例子就是在乘用车上的支出以及购买住房的支出，而且这通常不包括在对消费者支出的估算当中。这项工作可以通过利用洛夫、金、库兹涅茨和沃伯顿等人编制的数据来进行。② 此外，这些数据也显示，尽管事实往往被定义和分类上的不同所遮蔽，但我们还是可以看到，不仅已实现收入总额和在消费品上的总支出完

---

① 这一发现要归功于路易斯·比恩（Louis Bean）博士。请参见《非农收入作为衡量国内需求的一种方法》，比恩、布林格（Bollinger）和韦尔斯（Wells）著，美国农业部，农业调整管理局，农业产业关系科，1937 年 6 月，第 8 页。非农收入指标与已实现收入指标并没有严格的可比性，但它们的轮廓线是一致的。

② W. H. 洛夫（W. H. Lough），前引论著，第 26 页以及第 27 页的图表（总支出大体上等于他所说的已实现收入，后者还包括估算的租金，以便与"商品"和"无形资产"进行比较）；W. J. 金（W. J. King），《国民收入及其购买力》，1930 年；库兹涅茨，《国民收入》（1938 年），表 15，第 53 页；(他所定义的) 消费者支出在 1921 年至 1929 年波动了大约 88%，最后一年显示了最大的百分比（90.7%），对它进行重新安排以符合我们的概念后，大约占到了他所给定的国民收入的 95%。C. 沃伯顿，《国民收入是如何支出的：1919—1929 年》《美国统计学会会刊》，1935 年 3 月，第 96 届会议论文，第 177 页；不过，与其他估计之间没有可比性）得出的结果是，在（他所定义的）每一美分国民产品中，用于消费的部分所占的比重介于 79.8%（1919 年）和 102.6%（1921 年）之间；由于在 1925 年该数字为 85%，所以，这是唯一在萧条和衰退时期该比例明显高于繁荣时期的序列。

全没有像有些理论所认为的那样显示出"各奔东西"的倾向,而且它们彼此之间并没有非常大的不同。①

读者也许倾向于把这些结果归因于统计错误,并且可能会觉得很奇怪,它们怎么可能是正确的呢?一方面,日常经验告诉我们,家庭确实一般都会进行储蓄②——事实上,我们还被告知,收入持续提高时的储蓄,要比收入不断下降时多。另一方面,消费者对支出时间的重新安排(例如,消费者的需求转向更耐用的消费品)在深度萧条时期减少支出,更多

---

① 洛夫先生(前引论著,特别参见附录 A 和第 306 页的"基本表")确实计算出了在 1919 年至 1929 年"源于已实现收入的储蓄"的总额,而且这一数字离 1 000 亿美元不远。当然,这里有一个相对较小的差距,这是他对现金持有量的增加、所有的人寿保险费、用于购买房地产的付款所采取的处理方法所致。如果全部是按比例缩小以适应我们的概念,收入和支出之间差异的数量级就会减少到前一个量的 5% 左右。我们也可以通过重新整理沃伯顿先生给出的数字来说明这一点,前引论著,第 178 页。如果我们从消费者的商品和服务总量中扣除租金估算项目,并加入住宅建设项目(当然,并不是全部住宅建设项目都应该加进来,而且我们要忽略其他应该忽略的项目),那么我们就会发现结果其实相当接近科普兰-克拉姆调整后的已实现收入序列。其间的差异(收入减去消费者支出)为:1919 年,18 亿美元;1921 年,-34 亿美元;1923 年,-18 亿美元;1925 年,-40 亿美元;1927 年,8 亿美元;1929 年,32 亿美元。这些数字听起来可能有些荒谬(尤其是那些负值),但是实际上一点也不荒谬。在这个每个人都负债累累的时期(顺便说一句,当时还有很多人指责储蓄过度),已实现收入低于消费者支出的可能性并非完全不存在。而且,在比较两个本质上独立且具有可比性的总量时,并不会发生统计错误(尽管有时会显比较粗糙),也不能得出结论说科普兰-克拉姆的估计过低(那将意味着回避这个问题的实质)。当然,我们不能从这些差异的行为细节中得出任何推论。然而,它们确实表明,在我们目前的信息条件下是否存在净储蓄是一个误差幅度问题,因而这充分说明了我们希望给出的观点。我们观察到,不同阶层的消费者支出类型出现了变化,虽然它们从许多角度来看都很有意思,但是我们在这里无法也不需要去深究这些变化。与我们的目标相关的是向耐用消费品的转变,这在前面提到过了,而且是显而易见的。

② 但是,由于有些收入是用于应对不时之需,还有些收入是用于购买耐用品(包括房屋),此外,还有资本收益(非支出),这些都不属于我们的储蓄概念——作者相信,读者肯定记得这样做的原因——因而事实上,对于我们现在讨论的这个时期,这个事实并不像看上去的那么明显。前两个项目实际上包括通常被认为是中低收入群体储蓄的大部分;第三个项目则涵盖中等收入及以上群体的大部分所谓储蓄。不要忘记,我们讨论的是美国这个国家和一个普遍存在着投机态度和不加批判的乐观主义的时期。那些成功的律师、医生和企业管理人员都在证券交易所上进行投机交易,只要一切顺利,比如说,不包括这些收益在内,他们最多还能有 5 万美元的收入,那么他们很容易把当前收入看作经常开支的基金。然而,对于规模更大的(包括规模最大的那些)季节性财产性收入来说,情况可能有所不同。1929 年,美国有 513 份收入超过了 100 万美元的个人所得税申报单,而 1924 年只有 75 份。如果我们把后者的收入视为"季节性"收入的话——假设到那个时候,"战争红利"的收获者也冷静了下来——那么我们不妨猜测,关于"有钱人"的真正储蓄的普遍观点可以相当好地适用于这些人的家庭,尽管众所周知,一些属于这个收入等级的家庭在自己的消费上挥霍无度,而另一些家庭则将许多钱用于其他人的消费。但是这种观点几乎不适用于其他家庭。当然,如果我们选择的是一个低于百万的上限,那么这个结论的方向也不会受到什么影响。

地用保险替代储蓄，以及用收入支付直接税[①]……所有这些都必定至少会导致（即便不是导致储蓄，或者不是导致我们所说的意义上的储蓄）我们的总量之间存在差异，抬高已实现收入的数字（并使之越来越高），超过消费者支出。然而，答案其实很简单。所有这些项目在很大程度上都是通过储蓄的减少（主要是用资本收益来支付）和借款得到补偿的，后者还包括一些自称用于商业目的的借款。显然，在社会的各个阶层，都有许多人是"入不敷出"的[②]，这一点从致力于满足"奢侈品"需求的那些行业的销售收入对任何繁荣或萧条（尤其是股市）的灵敏反应中就可以看得很清楚。[③] 因此，我们要再一次强调在前一章分析战前时期时给出的观点，那就是，与企业积累不同，家庭净储蓄的数额被严重夸大了（即便是目前来看比较冷静的那些估计数字，也如此）。为了支持这个观点，我们可以再一次引用如下证据，即有证据表明，家庭为了扩大消费而使自己可用的资源高度紧张（在较低的程度上，战前时期也一样）。

根据洛夫先生的说法，从 1919 年到 1929 年，消费者短期债务增加了大约 40 亿美元。[④] 这里面包括了人寿保险保单贷款和退伍军人联邦贷款，

---

① 有证据表明，1921 年出现了支出不足的情况。不过除此之外，由于没有出现深度萧条的年份，因此不可能出现明显的支出不足。对支出时间形态的重新安排，主要是通过借款来实现的，但是借款必然会对"临时保留"（暂不支出）产生一定的影响。当然，在某些情况下，指定用于支付人寿保险保单的款项是可以归为储蓄的，但是在另一些情况下却并非如此。州政府和联邦政府的税收能够被"公共消费品"、公共建筑、高速公路和道路支出所抵消（但 1919 年除外）。

② 当然，严格地说，这种措辞只适用于我们所提到的部分情况，否则就会产生误导。例如，没有人会认为自己过着"入不敷出"的生活。当然，更不会有人认为如果他用兑现升值的股票来获得的钱为自己买了一套房子，他是在储蓄。

③ 当然，所有收入阶层的"奢侈品"都是如此。只不过，对于那些收入水平更高的人来说，这种情况不会变得不真实，而是变得更真实。例如，1929 年，邮轮上人满为患的不是三等舱，而是头等舱。在 1931 年至 1933 年间，还经常有客人包下高级宾馆的整层楼。即便是最显而易见的暂时性收益，也很容易被花掉，并且在为高收入阶层的消费提供资金方面发挥了重要作用。与战前时期相比，收入水平越低的所谓中产阶级，用于消费的支出占比越高，这也许可以从奢侈品的生产不断扩大的角度来说明；又或者，这样做本身就是合理的，因为社会保险体系发展得越来越完善，同时人们的生活态度也出现了明白无误的转变。但是，前者也可能是因为口味的变化，不过我们目前掌握的些许证据很难令人信服。关于支持这个观点的论述，请参见（例如），沃伯顿先生《储蓄趋势》一书的第 97 页。在统计原则问题上，如果不犯"蔑视法庭"罪，就不能从目前的数字中得出任何结论。

④ 见前引论著，第 312 页。这个数字从 54 亿美元增加到了 94 亿美元，当然，部分要归因于分期付款的利息和手续费。

以及分期付款、开户费、逾期项目、贷款机构贷款、典当行贷款、商业银行个人贷款，但不包括建筑贷款、股票贷款或住房抵押贷款。在已经公布的估计结果中，有些是非常高的①，但是这里所引用的就已经足以表明趋势的存在——而且，由于短期债务在收入快速增长的年份增长得最多这个事实，这一趋势变得更加重要了：1923年（7.76亿美元：最大的增幅），1928年（6.09亿美元），1929年（6.91亿美元）。最突出的单一"症状"是以分期付款形式进行的购物的增长。分期付款购物很快就从汽车、新型家用电器——如冰箱等——扩展到服装等日常消费品。这种快速增长的购物形式涉及对未来收入的预期。我们只能获得单个行业的分期付款购物的准确数据。对于总数，现有的各种估计相差很大：第一个是基于M. V. 艾尔斯（M. V. Ayres）的仔细调查得出的，即1925年为57亿美元。但是，它受到了塞利格曼教授的批评，后者将它缩减到了48.75亿美元，后来的经济学家又进一步将它缩减到了更低的水平。② 然而，正如我们所知道的③，在1927年，23 779家零售店的销售总额超过了47亿美元，其中包括大量的"现购自运"；分期付款形式占销售总额的9.2%，以无担保信用形式付款的占32.2%，只有58.6%是以现金形式支付的。在汽车经销商销售的汽车中，有近50%是分期付款的（另一个估计值则为58%④）；

---

① 作者注意到，最高的估计值是F. W. 瑞恩（F. W. Ryan）给出的（见《美国的国内债务》）：1929年时为220亿美元。

② 这些数字指的是分期付款的销售总额，而不是指分期付款的未偿付金融。从1919年到1929年，作者所看到的每一个序列的估计都显示出了一种上升的"趋势"，洛夫先生的估计则翻了一番。不过，我们绝不能夸大这一点的重要性，它只能说明用于购买耐用品的一种新的付款方法正在普及开来。但是在它"攻城略地"的同时，也意味着用于购物的资金超过了消费者的收入流，这对我们来说已经足够。我们没有必要专门指出通货膨胀往往发生在相对繁荣的年份，而根据流行的理论，那时人们本该忙于储蓄才对。

③ C. C. 汉克（C. C. Hanch），《汽车金融公司的综合经验》，1927年。根据同一资料来源，1925年时这个比例为75.5%。消费者金融公司的快速增长本身就是一个重要的事实。

④ 参见德国国家统计局发布的第14号专题报告。对国民收入的估计一度有变成政治事件的危险，从编纂者提供的数据中可以推断出他们是持支持工会还是反对工会的政策立场。不过，我们现在使用的这种估计结果似乎是值得信任的，它的主要依据是关于所得税和工资税的统计数据，而且仔细地进行了交叉对比，有效地防止了重复计算。然而，这并不意味着它与美国的序列具有完全的可比性（哪怕考虑到了其中的不同）。

在家具销售中分期付款的比例为 57.7%；而在木材和建筑材料销售方面，则有 90% 的销售额是通过无担保信用形式实现的。

借款和动用储蓄在 20 世纪 20 年代的经济过程中所起的作用，以及它们与后来的经济崩溃的关系，无疑都是显而易见的。不过，下面先来考虑这种普遍存在的观点：消费者在面对货币收入或企业收益的增长时，表现出了缺乏敏捷性的特点，而且这正是许多问题的根源之一；虽然这方面的事实乍一看时似乎是很零碎的，但是它们本身都很重要，而不管所用的理论是什么。当然，尽管我们并不认为储蓄额增加或储蓄率上升会带来任何可怕的后果，但是我们仍然可能会注意到，过度储蓄理论在这里并不适用，哪怕它在逻辑上是无可非议的。

(四) 德国和英国的国民收入、工资单金额、消费者支出和储蓄

在德国，比较可靠的国民收入估计数是由德国国家统计局提供的。① 由于最早的数字是关于 1925 年的国民收入（为 590 亿马克），所以我们总共只有 5 个数字。从 1925 年到 1928 年，实现了很大的增长（1928 年为 734 亿马克），但是从 1928 年到 1929 年则增长不多（后一年为 736 亿马克）。不过，前几年的强劲增长在一定程度上是由于加入了以往被排除在外的赔款。全国工资单金额（包括所有薪金，无论在相对水平上，还是在绝对水平上，都要受各个阶层受薪员工数量的影响），也从 1925 年的 337 亿马克稳步增长到了 1928 年的 426 亿马克（1929 年则为 430 亿马克），其增幅高于国民收入 2%，或者说与后者相当（如果将薪金的权重增大考虑在内的话）。② 这是完全正常的，尽管这种年际变化还揭示了多种异常情况，其中最重要的是 1927 年至 1928 年工资单金额的增长在绝对数量上几乎完全等于国民收入的增长。然而，尽管如此，1928 年的工资单金

---

① 工资的数字不太可靠。工资税有许多免税和退税事项，研究证明，它可能并不像人们想象的那样是一个非常有价值的工具。与战前没有工资收入数据的时期进行对比会是一项极大的冒险行为，因为 1913 年的工资收入数字几乎完全是臆测的。这也使得人们对 1924 年至 1925 年的大幅增长（工业工资单金额大约占到了 40%）的确切意义产生怀疑。

② 然而，重要的是一定要记住，收到工资和薪金的人的收入会因"社会租"和养老金而增加不少，但是它们并不包含在工资单金额中，而且在 1928 年它们在国民收入中所占的比例达到了 11.2%。它们在很大程度上是（尽管不完全是）加性项目。

额仍然只达到了国民收入的58%[1],考虑到前者的全面性,这个比例绝不能算高。

在对德国的国民收入与消费者支出进行比较时,我们同样发现了在美国观察到的现象,而且在德国更加明显。德国的国民收入是将企业积累包括在内的,不过尽管如此,一项对消费者支出的精细估计[2]——不包括业主自用的住宅建设——还是与这个数字相当接近。在1925年至1928年间,两者之间的差距(收入减去支出)分别为:13亿马克、14亿马克、19亿马克和17亿马克。如果把用收入支付的税款计算在内,那么每年都会出现负数。这一点与柏林经济周期研究所的一项研究的结果一致。[3] 当然,有的人可能会认为——事实上,有不少人真的认为——这只能证明收入的数字太低了。也许确实如此。但这个结论是不能仅仅根据这个事实推断出来的,因为认为这个事实在逻辑上不可能或极其不可能是错误的。它是完全可能的,而且非常符合这种情况的总体图景。在许多情况下,人们只是简单地借入款项——表面上是用于生产目的——并动用储蓄。

对于英国,我们使用科林·克拉克(Colin Clark)先生对1924年至1929年国民收入的估计结果。[4] 最开始的时候是33.6亿英镑,然后出现了一次朱格拉跃升(我们认为它出现在1925年,当年的国民收入为37亿英镑),之后发生在1926年的下降也是不难理解的(35.3亿英镑),接着在1927年和1928年大体上得到了弥补(分别为36.7亿英镑和36.4亿英镑),并且最终以一个在一定意义上构成了反射的强劲反弹结束(1929

---

[1] 沃瑟·莱德尔(Walther Lederer),《我们消费了什么?》(Was verbrauchen wir?),刊载于《劳动》(Die Arbeit),1932年。

[2] 这两个序列都包括了估算的租金。

[3] 见《经济研究季刊》(Vierteljahrshefte zur Konjunkturforschung),第五卷,第四期。莱德尔先生对这个结果提出了多种反对意见,因为这四年来每年都是赤字。这些反对意见似乎在一定程度上是合理的。但他最多也只是成功地将赤字转化为微小的盈余。

[4] 见《国民收入和支出》,1937年,第88页。当然,这意味着我们要接受另一个概念。不过,对于克拉克先生最重要的"秘方",即通过间接税、直接税等公共收入来增加国民收入,我们有很好的理由不予接受:表35的总额已经从表37的总额中减掉,由此得到的是未分配利润(表85,第187页)。与美国或德国序列的不可比性无须再次加以强调;应当牢记的是在1927—1928年,三年平均线出现了中断。克拉克先生最值得称道的是,他试图揭开农业税收特权的面纱。英国的所得税立法不允许摊销递耗性资产(wasting asset),但是却允许将损失结转。

年，37.3亿英镑）。英国的所得税制度（截至1927—1928年）发挥了平滑效应，但是即便将这一点考虑进去，波动仍然显示出了应有的效果。我们预期到的上升趋势的迹象也很明显。但是，从整体上看，英国的货币政策还是非常克制的，尽管与美国或德国的情况缺乏可比性，但从特征来看有许多显而易见的不同之处。当然，与世界大战之前的最后几年相比，货币革命也显示出了自己的"存在感"，但是当时英国还没有像美国那样建立起一种货币扩张机制——在世界大战结束后，这种机制将依靠自己的力量继续前行。恰恰相反，货币因素对总收入的压力明显存在——这个因素的作用是保持战前水平的连续性。所有这些本身就足以证明如下"预测"的合理性，即随后的萧条应该是相对温和和短暂的。

英国的工资单金额序列[①]包括家政服务人员的工资，但是并不包括所有受薪劳动者甚至不包括最低工资阶层的工资，因此，它的含义与我们在前面使用的美国和德国的序列完全不同。但是，它在很大程度上保持了与国民收入的长期关系，同时呈现出了某种更加明显的上升趋势，而利润所占的比例则较1911年时要小。当然，这一切都符合我们根据康德拉季耶夫周期做出的预测。1924年的总工资为13.99亿英镑，1925年为14.37亿英镑，1926年为13.82亿英镑，1927年为14.92亿英镑，1928年为14.79亿英镑，1929年为14.86亿英镑。

未分配利润（总利润）[②]显示出了一个下降的"趋势"。克拉克认为，未分配利润是"现代条件下储蓄的主要来源"，这个观点摆脱了偏见，令人钦佩。最高的数字（1.86亿英镑）出现在1924年；然后在1925年（1.69亿英镑）和1926年（1.34亿英镑）出现了下降，不过在1927年（1.58亿英镑）和1928年（1.58亿英镑）又实现了不完全逆转；1929年开始下降（当年为1.38亿英镑），但是在英国这个数字从未变为负数（最小值出现在1931年，但是仍然有0.28亿英镑）。而且，我们再一次发现，消费

---

① 前引论著，第28页。
② 前引论著，第187页。

者支出与收入总额非常接近。A. E. 费瓦尔里耶（A. E. Feavearyear）① 先生曾试图估计 1924 年至 1927 年的平均年度国民开支。如果我们在他列出的消费者支出项目基础上再加上在新房子和家具上的支出（他把这两项包括在储蓄项目当中），那么我们就会得到 37 亿英镑这个数字，它比除了 1929 年之外的任何年份的收入都要高。尽管概念上的安排存在各种各样的差异，克拉克先生仍然得出了一个大体上相同的结论——尽管只是对于 1929 年（前引论著，表 112，第 252 页，以及图 4 和评注）。事实上，"很明显，在 1929 年，富人的消费水平（根据克拉克先生的标准，'富人'指的是所有收入超过了 2.5 亿英镑的人）与他们的个人收入大致相当"。由此，一个不可避免的推论是，私人家庭的净储蓄（如果有的话）不可能太多。房屋贷款的偿还与对消费品的分期付款没有什么两样，房屋协会的资金在很大程度上并不代表新的储蓄，而只代表投资的转移。当然，工人和中产阶级下层的"安全储蓄"以及人寿保险公司和其他保险公司的净积累，都必定是存在的。但即便是这些——如果我们出于当前的目的，同意把它们当作储蓄来对待——也必定是在一定程度上通过公共和私人的过度消费来平衡的。因此，关于英国的国民收入与消费者支出之间的关系，我们得出的结论与美国和德国的情形类似。但是，还是存在着一个显著的差异。部分原因在于英国人对未来缺乏各种令人神迷的希望，部分原因在于英国人似乎从来不会像美国人和德国人那样普遍急于通过债务来加杠杆——对此，除了用"国民性"或"道德上的毅力"来形容之外，作者没有别的词可以用。② 信贷创造机构对英国的诱惑也要小。

---

① 见《国民收入的支出》，刊载于 1931 年 3 月号的《经济学杂志》，第 60 页的表格。费瓦尔里耶先生计算储蓄——不少于 4 亿英镑——的方法，构成了一个很好的例子，可以用来说明通常的估计值是如何得出的：买一架钢琴意味着储蓄；买一套房子也意味着储蓄；平均每年新发行的资本总额为 2.56 亿英镑（其中重复发行或从特别设立的基金中支付的款项不予扣除）；等等。当然，还"一定"有私人企业利用收入进行的扩张，事实就是如此。费瓦尔里耶先生在另一篇论文（《资本积累与失业》，1936 年 6 月）得到的结果，即英国私人财富的价值总额（在按照资产价格进行平减处理之后），到 1929 年为止每年大约增加 3 亿英镑，虽然是经过仔细的调查研究才得到的，但是分析之后也并不像它看起来的那么有意义。

② 住房可以视为一个例外，但是，由于有补贴、有保障，并且实行了"租即买"计划，它还是可以被公平地视为一个特例。

(五) 美国的利润的特点

这三个国家的利润和工资需要补充说明一下。关于前者，美国公司的利润率，即净收入减去所得税后的余额与总收入的比率，见图 45；美国公司的盈利情况，见图 54；德国的股息——股息充其量能作为一个相当可疑的盈利指标——见图 48；英国的"利润"——所有数字中最令人怀疑的一个——见图 49。在下面，我们将只讨论美国的情况，因为美国对这一问题的研究比其他任何国家都要优秀，几乎完全成功地揭示了这一错综复杂的事实的主要轮廓。[①]

然而，尽管我们出色地完成了不少工作，但是我们远没有看清楚整个画面，而且任何推论都有误差——我们必须不断努力减小误差。利润不但可能是不准确的，因为记账过程中的原材料和产品等项目的数量不可避免地与事物的实际状态有所偏差——而且这种偏差在某种未知的程度上肯定会因行业和个人的不同而有所不同；利润也在很大程度上根本不能充分代表那些流产的、夭折的、"短命"的创业尝试所属的中间状态；而且，即便不存在上述问题，利润数据在最好的状态下也只能给出多种在经济上异质的元素的混合结果，而创业利润[②]只是其中的一个元素，虽然我们也许希望作为最活跃的一个，创业利润在这个总量的波动过程中能更好地显露出来——比我们有理由从其他方面看到的更加明显。

[①] 作者在这里首先要感谢克拉姆教授，特别是他于 1928 年出版的《公司盈利能力》一书中的杰出贡献，以及他在关于这个课题的其他许多论文中的贡献。其次，R. C. 爱泼斯坦（R. C. Epstein）教授的巨著也有很大的帮助：《美国工业的利润》，国家经济研究局，1934 年，该书由米切尔教授作序。此外，关于对数据的解释产生了影响的理论，请参见塔潘·霍隆德（Tappan Hollond）女士 1935 年在《经济学杂志》上发表的评论。最后，还应该提到 L. H. 斯隆（L. H. Sloan），《公司利润》，1929 年；S. H. 内洛夫（S. H. Nerlove），《这十年的企业收入》，1932 年；R. T. 鲍曼（R. T. Bowman），《利润统计研究》，1934 年；W. A. 帕顿（W. A. Paton），《审计报告显示的企业利润》，国家经济研究局，1935 年。另外，还有米尔斯教授的《美国的经济趋势》；L. 巴格维尔（L. Bagwell）、L. R. 罗宾逊（L. R. Robinson）等人撰写的一些论文。当然，要获得真正的洞见，唯一的方法是对单个企业的"生命史"进行详细深入的研究，所需要的一部分资料可以在金融类报刊的年度报告和评论中找到。就德国的情况而言，《经济学家》（*Deutsche Volkswirt*）杂志的"资产负债表分析"栏目就是这类信息的极佳来源。

[②] 正如我们在第一章已经看到的，在每一个单独的例子中，这个元素都趋向于向零收敛，但是除此之外没有任何趋向于均衡化的倾向。

由于上面这些困难会对计算出来的各种比率的意义造成特别严重的影响，所以我们最好先从所有企业（缴纳所得税和分配股息前）的总收入开始讨论。[1] 在我们关注的这个时期，最开始时的剧烈波动是世界大战的战前效应和朱格拉萧条所致（1919 年，93 亿美元；1921 年，64 亿美元），但是从 1923 年（66.4 亿美元）到 1929 年（91.3 亿美元），我们看到的是一个近乎稳步上升的"趋势"，与国民收入的趋势大体相同：企业收入占已实现国民收入再加上调整后企业积累的百分比（科普兰-克拉姆序列），几乎是一个常数——从 1923 年到 1929 年，分别为 9.2%、8%、10.2%、9.5%、8.3%、10%、10.3%。而且，在这个轮廓之内，周期的各个阶段无论从绝对数字还是从百分比，都可以清楚地看出来。第四个朱格拉周期的"崛起"尤其明显：从 1924 年（57.4 亿美元）到 1925 年（接近 80 亿美元），出现了一个典型的跳升，之后逐年减少（1926 年，78.4 亿美元；1927 年，68.4 亿美元），然后被 1928 年（86.7 亿美元）和 1929 年的异常繁荣所中断。但是，这恰恰表明了我们对这种"趋势"的看法。一方面，1923 年和 1924 年属于朱格拉周期的复苏阶段，随后是朱格拉周期的繁荣阶段；另一方面，那两个异常繁荣的年份恰好是这个序列的最后两年。[2]

在其他比率当中——我们没有恢复为克拉姆教授所说的那种利润率——最低的是净利润率或净利润占总资产的百分比，因为并不是所有公司都对外提供资产负债表，这是一个需要大量估算工作的问题。在克拉姆教授所计算的 1924 年至 1926 年这三年时间里，把所有部门加在一起，净利润率为 2%～3%；以单个行业而论，制造业以 5% 左右的净利润率领先。比较特别的是 1926 年，总资产的回报率为 1.98%；而单算制造业，

---

[1] 不含免税的企业和人寿保险公司。参见埃伯索尔（Ebersole）、伯尔（Burr）和彼得森（Peterson）发表于《经济统计评论》1929 年 11 月号上的论文；法布里坎特，《美国近期的企业利润》，国家经济研究局，1934 年 4 月 18 日。从其他公司获得的股息不包括在内。

[2] 因此，不能用这种"趋势"来表示资本主义演化过程中固有的长期趋势，特别是不能将它作为分配份额的长期趋势。即便不考虑修正投资增长总额的必要性，也只有将随后的萧条包括在分析中，真实情况才会显现出来。但是，对股息支付总额使用"趋势"一词是完全误导性的——更不用说股息加上股权的现金价值了——因为正如前面所述，它们吸收了企业净收入总额中越来越大的比例。这是关于那个时期所谓的储蓄倾向的有趣证据，但是除此之外，这纯粹是资本主义内部的"事务"，与分配过程中社会阶层的相对财富无关。

资产回报率则为 4.36%。[1] 后一个数字大体上等于同一年最高等级债券的收益率，这是一个重要的事实，尽管摆在我们面前的是一个平均值，而不是一个边际量，尽管利润和利息显然不是相互独立的。现在很明显，不管其他比率与其他目的有什么关系，这个比率显然与我们的目的相关。而且，由于它与我们在康德拉季耶夫周期的下行阶段所应当预期到的几乎一样低，所以我们可以得出的结论是，不太可能出现普遍的"利润膨胀"(profit inflation)[2]，因为这恰恰反映在了单位资产的一般收入水平上。1928 年和 1929 年的情况可能有所不同，但是我们所看到的这些迹象并不表明净利润率明显更高。在某些情况下，这个数字甚至低于 1926 年的。它如此低的原因当然是仍然在提供报表（即仍然"活着"）的那些企业出现的亏损与盈利一起进入了计算。如果只考虑那些仍然在盈利的企业，克拉姆教授的估计结果是，1926 年，制造业部门的利润率为 6.95%，所有部门的利润率为 3.66%。而且，根据他的研究，几乎一半的企业是亏损的，或者不盈利，或者几乎没有任何盈利。[3] 由此可见，我们模型的预测得到了证实——不仅对净利润率大小的预测得到了证实，而且给出的盈余得以产生的原因也得到了证实。因为很明显，这种普遍存在的亏损，或者在商业意义上的回报不足，只不过是我们所说的降价竞争过程正在发挥作

---

[1] 克拉姆教授没有加入利息费用，因为如上所述，他考虑的是净收入。我们在前一段中也是这样做的。事实上，加入利息（或者只加入长期债务的利息）是不是有助于形成关于利润率的正确印象，仍然是一个有待商榷的问题。或者也可以说，我们应该做的是扣除自有资本的利息。

[2] 这个术语并不是在凯恩斯先生所说的意义上使用的（见《货币论》，第 155 页），而只是用来指所有如下情况：利润，由于明显存在异常，可能被视为其他异常或混乱的症状、后果或原因，例如，被视为产出或投资过度扩张的原因，或者被视为资源因为被垄断而利用不足的症状。

[3] 爱泼斯坦教授的研究基本上证实了这整个时期的这一发现，见前引论著，第 457 页：在制造业企业中，有"净收入"的企业大约占总数的 60%（在 1919 年至 1928 年，企业的总数在 7 万至 9 万家之间）。"因此，在从 1919 年至 1928 年的所有年份里，有'净收入'的制造业企业每年都在 5 万至 5.5 万家之间——除了 1921 年之外，在那一年这个数字略低于 4 万家。"因此，如果爱泼斯坦教授对如下观点——"在这个国家，普遍的印象是大约有 50% 的企业是亏损的"——是有理由的，那么我们还应该补充说，这种普遍的印象比通常的"印象"更加正确地表达了一个非常重要的事实。

用的活力的又一个表现①，也是战前过程仍然存在这个事实的又一个表现：从我们的观点来看，这一切都是完全正常的，都只是经济"进步"的一个方面。②如果能够更加深入细致地加以说明的话，我们就会发现更多的与预测的一致性。③

接下来我们来看看"所有"企业的股权账面价值回报率。法布里坎特先生给出的从1927年至1930年的数据就足够了。④它们分别为5.3%、6.2%、6.2%和2.2%；而如果只考虑制造业的话，则为6.2%、7.6%、8.3%和2.6%。它们与净利润率的不同之处体现在各种资本主义权利主张人群体达成的协议上，因此，就我们的目的而言，它们本身并不重要。但是再一次，可以用它们来与债券收益率比较。暂且抛开那些很能揭示内情的细节，我们再一次得到了这样一个印象：在这个方面，即便是这些利润率也不意味着"利润膨胀"。1927年，AAA级债券的收益率略高于4.3%，1929年接近5%。欧洲各国在世界大战前的经验告诉我们——美

---

① 当然，有些企业的存在就是为了一直在亏损的状况下经营；它们的利润，或者还有更多的其他东西，是归高管所有的；还有一些企业身为其他企业的分支机构，原则上就是要按成本价出售产品，甚至亏本出售。但是，我们很难说这种情况的严重程度已经足以影响我们的结论。同样，我们也不能反对如下观点，即经济演化过程不能消除过时的、考虑不周详的或其他不成功的因素。我们在前几章详细阐述了为什么那些亏损的企业往往会"再坚持"一段时间。但是无论如何，破产率自始至终都是相当高的，只是没有在这些材料中体现出来而已。最后，不可否认的是，这个过程在大公司、巨型公司领域没有很好地发挥作用，因为这些公司或多或少一直都是成功的。因为规模与成功之间的关系虽然不是比例关系，但确实不是单向的。此外，还可以补充一点，既然降价竞争过程是需要时间的（如果不需要时间，那么经济生活将会成为一场连续的灾难），那么我们就不应该像爱泼斯坦教授那样，因如下发现而惊讶不已：基本上所有的经济部门和企业，都身处亏损的分水岭或分水岭附近。所有这些都证明，经济生活不是一场碰运气的游戏，把利润描述为意外之财也是不恰当的。

② 一些从我们的分析的角度来看十分"正常"的情况，在其他经济学家看来却并非如此。克拉姆教授似乎认为"企业的数量……在很低的资产回报率的拉动下缓慢增加"、"全部企业中有相当大一部分是在亏损状态下经营的"的事实，可以成为怀疑"企业的长期健康性"的理由。我们认为，只要关注资本主义过程的逻辑和节奏，就可以完全消除这种疑虑；当然，这位杰出的经济学家如果打算用他这种谨慎的陈述来暗示即将到来的变迁，那么他也是完全正确的。还有其他一些经济学家习惯于把所讨论的这些事实作为竞争或更一般资本主义制度会导致浪费的证据。然而，如果他们这样说并不是在开玩笑的话，那么他们就错了。因为只要出现在适当的位置上，这些亏损就不是浪费，也不是浪费本身的迹象（如果把浪费定义为整个社会有机体得不到任何回报的话）。当然，在计划经济中，浪费也是不可避免的。

③ 尤其是在一项关于享有高于平均水平的收益的企业的研究中。斯隆先生对545家大企业的研究（前引论著）对这个问题很有价值，在此向读者推荐。

④ 前引论著，第8页；净收入取的是"税后收入"。

国在 1909 年以前采用的记账方法，使得我们无法将这个时期与美国战前的经历做比较——这种收益率大体上是正常的。1930 年的数据对于萧条的早期阶段来说也是"正常的"。从 1927 年到 1929 年，纺织、皮革和橡胶等行业都呈现出了下降趋势；食品饮料、烟草、纸张和纸浆、石黏土玻璃等行业则是相对稳定的一些例子；至于化学工业和金属制品行业的强劲增长，那当然没有什么值得惊讶的。

最后，爱泼斯坦教授给出了利润与总资本的比率数据——利润指净收益加上长期债务的利息，按"税前"计；总资本包括股本（包括普通股和优先股）、盈余、未分配利润、长期债务（但不包括其他债务）——在 1924 年到 1928 年分别为① 5.9％、7.5％、7.2％、6.4％和 7.3％；不过，对于一个由 3 144 家企业组成的样本，则分别为 9.2％、10.7％、10.9％、9.4％和 10.2％。② 后面这些数字可以用来说明——如果这是所有企业的结果，甚至是随机抽样的结果的话——我们应该把什么作为利润异常高的证据。只考虑 2 046 家制造业企业时，相应的数字要更高，但是 1926 年时的众数则在 5％和 9％之间，而且较高的平均水平既是因为包括所有最成功的企业，也是因为几乎可以说没有出现多少亏损的企业（远远不到 4％）。周期性波动，特别是第四个朱格拉周期的崛起，在这里是非常明显的；特别有趣的是，与普遍的印象相反，1925 年（或 1926 年）是最有利可图的一年，当然，与 1919 年以及更早的 1916—1917 年相比，这一年还是黯然失色了。在 106 个群体之间的变化范围，以及在这些群体内部企业之间的变化范围，也是我们应该预料到的。③

---

① 前引论著，第 50 页。
② 前引论著，第 53 页。
③ 我们这种素描的目的有限，因此无法公正地对待爱泼斯坦教授在其作品中所提供的极为丰富的信息。然而，我们必须再一次强调，在 1919 年至 1929 年这样一个时期内，在这样一个样本中，额外的收益就应该与额外的损失相平衡，这种说法是没有道理的。不容易理解为什么爱泼斯坦教授会如此明确地断言，不同行业的收益率差异"不能被视为由卓越的商业能力租金导致的差异"（第 582 页）。当然，作者绝无为这个古老的说法辩护之意，而且它指向了错误的方向。但是，看看爱泼斯坦教授列出的那些特别成功的行业，人们很可能会想成功是否与某些行业的产品质量和其他行业的广告投放无关。而且，这句话中有什么是如此"不可能"的呢？一方面，能干的人得到了有前途的工作，另一方面，工作在能干的人手中变得有前途了。

(六) 工资率的"行为"

将我们在分析工资和就业时得到的线索概括起来（本节第一小节、第二小节，第三节，第五节，以及其他地方），我们现在再来讨论工资率的"行为"[①] 及其可能产生的影响。美国的情况见图 47。

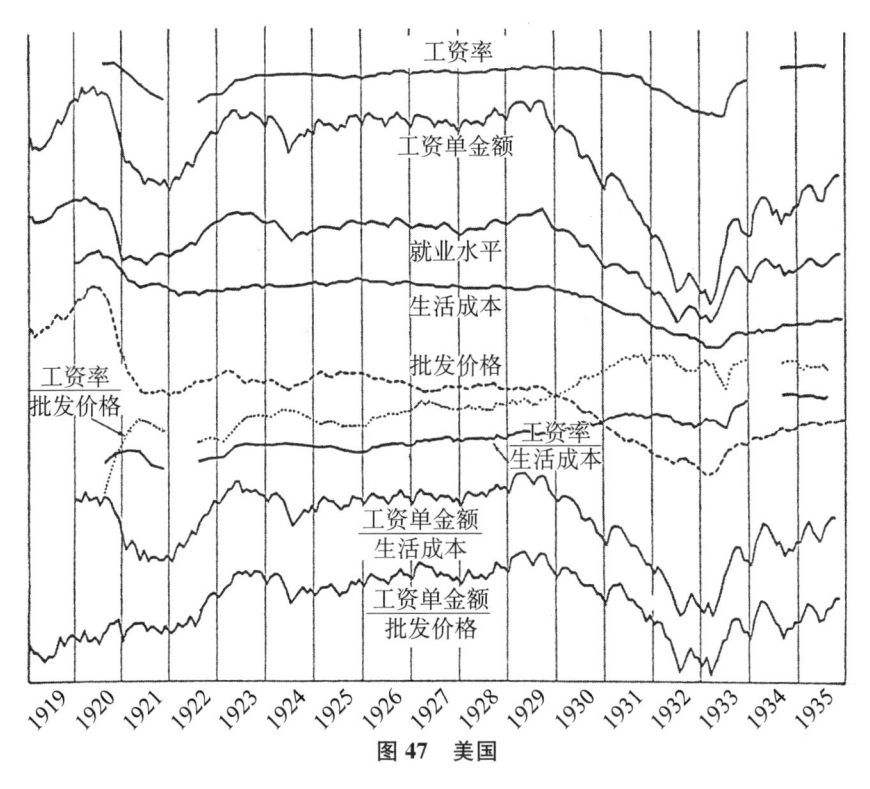

图 47 美国

1. 美国 20 世纪 20 年代的工资率

在评估这些曲线所包含的证据时，必须时刻记住存在一些限制，它们

[①] 只要有可能，我们在任何情况下都会使用工资率，因为它最接近对一定数量的劳动力的价格的完美表示。当然，考虑到福利、社会公正等因素，每个工人或每个受雇工人或每个工薪阶层家庭的每周收入更加重要。如果我们能够研究工人阶级在这个国家相对不受约束的资本主义的一段时间内（尽管这段时间既不能被视为典型时期，也不能被视为接近平均时期）的境遇，那么对我们来说，它将比工资率更为重要。然而，这个问题并不在我们的研究范围之内。在这里，我们只需要注意到，在这个国家，制造业工人的实际每周收入在 1920 年上升到了 29.48 美元的峰值，在 1922 年经历了"正常化"的下降之后，降至 23.23 美元，然后又回升到了 1929 年的另一个峰值（27.36 美元），比前一个峰值低，但不到 10%。参见 L. 沃尔曼（L. Wolman）1933 年 5 月 1 日发表在《国家经济研究局公报》上的文章，第 2 页。

要求我们在做出推论时必须非常谨慎。图中重新绘制了工资单金额曲线，所以现在将工资单金额与"调整后的工资单金额"①、"实际工资单金额"和就业水平进行比较。当然，这里给出的只是制造业的工资单金额和就业水平。② 因此，即便不考虑它们并不完美的事实（从附录的说明中可以明显看出这一点），它们也没有说明工人阶级的总收入和总就业过程，而只是说明国民经济的一个特定部门发生了什么情况。当然，只要我们回想一下如下事实，这一点的充分重要性就会变得显而易见：制造业的发展在为其他部门——特别是所谓的"服务行业"——创造更多的就业机会和劳动收入方面，起到了非常重要的作用，因此，在将制造业的工资单金额与制造业的总产值进行比较时——或者正如我们之前做过的，与国民收入总额进行比较时——我们不是在将某种自成一体的关系分离出来，而是切断了一种更全面、更相关的联结。③ 此外，这里使用的所有序列都有可能面临

---

① 这个论点使用的这个术语，与我们讨论战前工资和就业时所用的术语相同。

② 有关更详细的分析，见 W. A. 贝里奇（W. A. Berridge）在 1930 年 11 月的《经济统计评论》上发表的文章。

③ 许多人会不加批判地将工资单金额或工资率与其他总额进行比较，并经常将这种比较的结果作为对分配份额进行推断和做出价值判断的基础，这种做法即使不是完全没有意义的，也经常是比文中所提到的那类错误更大的错误的来源。例如，就对周期性波动进行研究这个目的而言，比较工资单金额的波动与美国普查数据提供的制造业产品总交易额的波动，可能是有一定意义的；但是这个总交易额有时会被错误地当成这些产品的总价值，它不同于增加值加上国内原材料的价值，再加上进口的生产品的价值这些主要通过企业间的商品交易实现的价值。但是，为了衡量劳动份额而进行这种比较是完全没有意义的。将受雇员工的人均收入与股东的现金收入总额进行比较，或者更加糟糕的，与股东的现金收入加股息的总额，或者与股息加未分配盈余的总额进行比较，也是没有任何意义的。许多错误的论点都是由如第二章所指出的将人时产品（单位时间内单位工人的产出）和劳动生产率混淆起来导致的。这种混淆解释了像谈论劳动的"社会贡献"的变化那样讨论前者的变化的习惯，也解释了对它们与工资率的变化进行比较的习惯（在如下假设的基础上：两者之间的成比例共变性在一定意义上是正常的，而偏离它则是令人惊异的或值得批评的）。我们想攻击的并不是任何可能被当作前提的观念，而是经济上的错误，这种错误成了有些人对事实的判断的基础，有时甚至成了他们对事实的陈述的基础——其实对于这种错误，按庞巴维克的思路，进行简单的思考就足以消除。道格拉斯教授在把经济学意义引入对这类统计的讨论方面做出了最大胆的尝试。在许多方面必须给出的许多保留意见中，没有一项会有损于他在 1934 年出版的《工资理论》的价值。然而，我们还应该补充说，很多经济学家在处理工资问题时虽然并没有忘记他们这个学科的基本理论，但还是没有意识到如下事实的重要性：关于劳动生产率的边际价值的基本定理只是一个均衡命题，它在最好的情况下也只能（近似地）应用于均衡的邻域，而不能应用于均衡之间的区间。我们所说的意义上的利润，恰恰就是在这些区间产生和消失的，因此，与"生产率工资"没有任何明确的关系。此外，如果读者能够原谅一件在流行的讨论中总是会被遮蔽的无关痛痒的小事，那么生产率工资的变化以及相应的产出变化，与本书作者通常所理解的工人的个人效率或者在这个意义上哪些东西可能归因于他们的努力的关系，远远不如与使用的其他要素的变化和"生产方式"的变化的关系密切。

来自各个方面的异议；特别是生活成本序列面临着一个古老的反对意见，那就是，进入美国工薪阶层预算的商品——包括食品、服装等，尤其是我们称之为现代生活的"小玩意"的各种设备——的质量改进，正是这个时期最突出的特征之一。最后，正如我们在前一章已经看到的，工资率在不同地区之间、在同一地区内部、在不同行业和企业之间的变化是如此之大，以至全国性的工资率及其变化这种说法可能会被有些人认为是不可接受的，尽管全国每小时工资率这个概念本身似乎是无可非议的。但是，事实并非如此。计件工资、奖金等因素会导致每小时工资率（hourly rates）与每小时收入（hourly earnings）之间出现一个"楔子"（wedge），从而使得我们无法在这两者中从一方推断出另一方、从每周收入或每周工资单金额中推断出其他工资率。把每小时工资率和每小时收入当作同义词来使用可以说犯下了一项虽然很常见但却相当严重的"轻罪"，而要想减轻这种罪行，我们只能辩解说，1923年至1929年的困难没有后来那么大。

对于这个时期内康德拉季耶夫周期各阶段的工资率，我们的预测是，货币工资率将适度上升，调整后的工资率和实际工资率则将大幅上扬。如果我们从1923年中期开始算，那么我们的发现总体上确实就是如此，同时朱格拉周期和基钦周期的变化也是清晰可辨的。[1] 换句话说，只要这个证据是成立的，那么就没有理由假设工资率的变化是绝对不正常的；这样说的意思是，它们不会因为"过高"而干扰业务量的扩张或导致业务量随后出现收缩；唯一的问题是，它们会不会"过低"。然而，再一次，我们不但观察到——通过对整个时期进行调查研究，并对工资率的变化情况与战前的最后几年进行比较——这里存在着货币革命的痕迹（就像我们在其

---

[1] 纽约联邦储备银行的新综合工资指数序列所显示的工资率的变化过程，要比我们使用的序列（见附录）好，这个指数是斯奈德指数的最近一次改进的结果（见《对信贷和商业情况的月度考察》，1938年2月1日，第12页；其中的综合指数以1926年为基数100，是按"自然比例尺"绘制的）。1923年至1929年的货币工资率的增长是相当可观的，同时第四个朱格拉周期的崛起也表现得非常充分。这一点特别值得注意，因为人们普遍认为，自1923年以来，工资率根本没有提高过。

他类似的数量上观察到的那样)①，还发现了如下事实：战后峰值之后出现的向下修正相对较小，而且只是暂时的。因此，至少有一种可能性是，世界大战和战后的繁荣使得劳动力这种生产要素变得比以前更加昂贵。当然，毫无疑问，它也成为一种相对来说更加昂贵的消费品。这样的观察结果几乎可以从所有可用的工资率序列中得到，但是我们在这里提到一个就足够了，那就是美国钢铁公司报告的匹兹堡地区的普通工人的基本工资率序列。② 1913年，工资率略低于每小时20美分（月平均值），到1920年提高至接近每小时51美分。接着在1921年和1922年的部分时间里有所下降，但是到1924年又回升到了每小时50美分（月平均值），然后直到1930年，基本保持不变。③ 说出现在我们这个时期的"门槛"上的无规律性掩盖了货币工资率上升的程度，与说它们推高了"正常"发展启动时的水平（我们在上面就是这样说的），其实并没有太大的区别。无论采用哪种表达方式，我们都必定会把工资的增长过程视为是由两种倾向造成的：一种倾向于降低之，另一种倾向于提高之。然而，总体而言，对于我们的目的来说，采用后面这种表达方式来陈述美国工资的相关事实似乎更加可取，因为它让我们看得更清楚，那种"水平"——由世界战争和战后的非正常行为导致，并由于环境对向下修正的抵制而基本上保持了原样——是一种非周期性的、几乎在整个时期都持续存在的力量。

---

① 与人们普遍认为的相反，价格水平不在那些可比较的数量之列。读者应该可以回忆起对商品价格和工资的预期存在根本性差异，认为工资在衰退中应该下降的理由与认为商品价格应该下降的理由是不一样的。

② 这个序列有很多值得推荐的地方，但是从含义来看并不完全一致。特别是，这些工资率分别适用于不同长度的工作日，因而不仅与日收入有关，而且1918年至1921年的数据反映了较高的加班费率。公路局（Bureau of Public Roads）公布的受雇于道路建设工程的普通工人按小时计酬的序列数据则显示出了一些不同的情况。1915年是20美分。至1920年，这个数字稳步上升到了49美分，1921年和1922年则下降到了32美分。之后3年的工资率则为38美分，1928年（最高）仅上涨到了40美分。1922年后，软煤（烟煤）开采的时薪持续下降（从85.3美分下降到了1929年的65.9美分）。

③ 我们在上一个脚注中提到过，这个指数出现了两次大幅上涨，分别是在1919年和1920年（后一年中有三个季度），然后在1921年大幅下跌，尽管在1922年后尤其是在1923年大幅回升，但是仍然没有达到文中所讨论的历史最高水平。另外，它继续上升，并在1929年以高于峰值的水平结束。因此，含义基本上是相同的。

2. 美国的工资率对失业和经济繁荣的反应

即便我们从这个角度来看待工资率,我们也很难找到任何理由必须从上面给出的结论(即工资没有因"太高"而阻碍繁荣或导致重新下行)的基础上退缩。没有任何证据表明作者可以认为它会那样,而且从理论上说也没有对这种效应的预期,因此在一定范围内,一种能够维持10年的工资水平,自然会成为一个基准,经济系统通常可以适应这个水平,而且不用改变其运行方式。[①] 但是,这仅仅意味着连续经营的企业的一般情况并没有受到它的实质性影响,这就是说,在美国,不仅繁荣依然是繁荣、衰退依然是衰退,而且所有阶段的"密集程度"想必都与工资水平相对较低时相同。当然,这并不是说它没有任何影响,特别是对就业的影响。因为制度适应高工资水平的方法之一,恰恰就在于使昂贵的劳动力要素或劳动商品尽可能经济地得到使用(即节约昂贵的要素)。因此,我们有理由怀疑,在这个时期内,可能有一种额外的失业来源使得总失业人数增加:我们在前面已经注意到,我们的时期所处的康德拉季耶夫周期的那些阶段,会"自然而然"地显示出相当多的技术性失业;此外不消多说,还必定存在周期性的扰动性失业(这类失业不能直接追溯到创新),特别是在1921年——不过在其他年份也存在,例如在1927年——以及随机因素所导致的失业,如密西西比河流域的洪水,等等。最后,我们现在可能还不得不加上我们通常所说的替代性失业(vicarious)。

[①] 从本段其余部分可以明显看出这个命题成立的条件。当然,这并不是说一切偏离了"正常状态"的事情都是不正确的。但值得注意的是,它在一定程度上也与许多经济学家目前持有的观点相一致,尽管他们既不强调长期层面也不接受这些条件。在说明时,我们还可以引用缪尔达尔教授和凯恩斯先生的思想。换句话说,上述命题构成了真理的一个方面,而这个真理则包括在——不然就站不住脚——如下观点中,即货币工资率的绝对水平无关紧要。然而,其中还有另一个事实因素是微不足道的:如果所有其他货币量和表达式都同时(uno actu)按比例变动,那么货币工资率绝对水平的变化并不重要。

现在，鉴于我们掌握的关于事实的知识和分析工具[1]的状况，我们无法非常有信心地给出结论，也不能提供多少坚实的证据。直到1930年开始启动全国性的失业人口普查，我们才开始对美国的失业情况有比较充分的理解。[2] 然而，从得到了韦斯利·C. 米切尔教授认可[3]的一项估计中，我们仍然不能推断出有任何意义的"趋势"。这一点与之前的研究结果也

---

[1] 此外，我们在反驳最近有人提出的关于这个主题的理论推理时，也处于不利地位，因为我们不能在不把这一节扩大为一篇关于工资的论文的情况下陈述我们的理论理由。但是，我们应该早就注意到了，上面关于节约昂贵生产要素的论点，是不能用如下观点来反驳的，即由工资增加所导致的生产费用的任何增加，至少可以通过生产者收入的同等增加得到补偿。这是因为，即便总是能够这样得到补偿，单个企业仍然有动机通过减少单位产品所使用的劳动力来对工资上涨做出反应。因此，各种要素的重新组合，在朱格拉周期这种时间范围内是不能忽略的，在许多情况下，甚至在基钦周期的时间范围内也是不容忽视的。而且，这一点在不完全竞争的情况下和在完全竞争的情况下是一样的。此外还应当补充的是，在其他方面，不完全竞争条件的普遍存在，对关于货币工资率和实际工资率的变化对就业（和产出）的作用的争论的影响，比人们可能认为的要小。1937年，P. 斯威齐（P. Sweezy）博士在美国经济学会的年会上提出的一个精巧的论点，可以拿来作为一个例子。本书作者完全同意他对产品需求曲线周期性变化对就业的重要性的强调（第157页），也一直在讨论工资和利率问题时煞费苦心地强调这一点（第十一章、第十二章）。部分由于这个原因，正文没有把工资率变动对周期阶段的短期影响列为更重要的作用。但是，只要斯威齐博士的论点是基于如下命题，即在不完全竞争情况下，企业不会对成本曲线的变化做出反应，因为这要么涉及提高产品价格（而提高产品价格将会导致业务流失），要么涉及降低产品价格（而降低产品价格由于会引起竞争对手跟随，也将会弄巧成拙），那么它尽管在逻辑上似乎是正确的，但是也极少会被认为比其他观点更具现实性。因为很明显，该企业那些因工资增长而减少了产量并提高了价格的竞争对手，也更有可能采取同样的做法，而不太可能去试图征服后者现在退出的领域；同时，同样明显的是，在一个高度"动态"的社会中，扩大产出的动机，以及（为了实现这个目的而）降低价格的动机，几乎完全不会因为知道竞争对手将会在同一方向上采取行动而有丝毫弱化——这方面的"最标准"的例子，仍然来自汽车行业；汽车行业是非常典型的由创业活动主导的行业，行业的领先企业会一再降低价格，尽管它必定非常清楚地知道，在斯威齐博士所采用的那种静态分析的意义上，这种措施将会弄巧成拙。我们之所以必须强调这一点，是因为在讨论这些问题时已经对各种特殊情况进行非常多的讨论，也因为不完全竞争理论在这种情况下是如此丰富多彩——虽然这些情况都很有意思，但会使更一般的问题显得混乱不堪。

[2] 其实，即便是那次普查的结果，也受到了不少有资历的评论家的严厉质疑。

[3] 请参见《最近的经济变化》，1929年，第二卷，第879页以及讨论劳动的那一章。这些数字的作用只是传达一种观念，即在1920年至1927年的每一年，失业率至少有多高。如果这些失业率数字实际上要更大，那么我们在这一段和下一段中的论述将更有说服力。但是，目前还不确定是不是这样。虽然参加讨论的一方，包括行政当局在内，可能已下定决心要让失业率显得尽可能低，但是参加讨论的另一方同样决心要让这个数字尽可能大。夸大的倾向体现在有些人的估计（做出这种估计的动机非常明显）中：在一段时间内，很明显大部分非农人口对资本主义过程的结果完全满意；批评家几乎没有其他什么可以依靠，因此非常自然地充分利用了它。结果在很大程度上取决于定义。但是，无论我们如何定义，肯定还存在许多"看不见的失业"。

是一致的（见前文第一小节）。1920年，年度数据已经显示出衰退的影响，非农部门工薪阶层的失业率为5.1%。萧条的那两年（1921年和1922年），相应的数字分别为15.3%和12.1%。与15.3%相对应的绝对失业人数（427万人）很可能已经"超过以前所有的记录"，但是没有理由认为这个百分比本身也是创纪录的。无论如何，到1923年，这个百分比回落到了5.2%，但1924年上升至7.7%。1925年和1926年，则分别为5.7%和5.2%，这表明了朱格拉周期繁荣阶段的影响，但是1927年，这个数字再一次上升到了6.3%。作者认为，1928年的数字应该高于1927年的数字，同时1929年的数字肯定不会低于1928年的数字。解释这些数字比相信它们还要困难。由于当时没有政府的救济金，这些失业很少包括后来那种典型的虚假失业或"诈病"式失业（伪失业）。但是，美国工人向来有"游动"的习惯，而且由于他们的收入水平已经相当高，因此挨过一段短暂的失业时间并不困难——有的人甚至会把短期失业视为一种假日。所有这些都表明，这些数据可能包括许多接近自愿性失业的情况，这是不可忽视的。由于这些原因和其他一些原因，美国这个国家的正常失业率一直高于欧洲各国。此外，即便我们试图从主导的康德拉季耶夫周期的各阶段来解释我们的预期，最多也只能得出非常初步的结论，即对最低失业率的估计值哪怕是在变得很活跃的那些年也从来没有下跌至5%，这表明至少还存在另一个导致失业的因素。

不过，对日常经济运行状况的直接观察，不仅证实了这个结论，而且揭示了这个因素到底是什么。尽可能经济地努力利用已雇劳动力（即上文所述的劳动力相对昂贵的直接后果），实际上正是那个时期的一个明显特征，也是观察美国工业和私人生活的那些外国观察家首先会想到的事情之一。当然，在我们的正常生产过程中，无论工资水平如何，生产方法都会朝节省劳动力的方向发生变化。这当然是对的。但非常明显的是，在这种变化中有很多都是以劳动力价格水平相对较高（与其他要素相比）为条件，而且发生在1920年、1921年和1922年的绝大多数生产要素的非创新性重组，也很明显是对较高劳动力价格的反应。① 单位产品的劳动力的货币成本在1925年出现了大幅下降，然后在1927年至1929年又再一次下降。② 但是我们很容易看出，由于单个企业对劳动力的需求在长期中具有很高的弹性，所以这个事实不但没有削弱反而强化了我们的论证。不过在这里，还必须提一下两个在相反的方向上起作用的因素。首先，我们讨论的工资率都指平均水平。实际工资率往往（尽管不总是）③ 差异很大，并且会减轻对就业的影响：在地理位置相对较差或工业部门相对薄弱的地区（例如，在美国的南部地区），或者在烟煤采掘行业，工资率通常较低，而在其他能够忍受高工资的地区和行业，则相对较高。其次，如果工资率高到了足以导致用其他要素替代劳动力或者用其他形式的劳动力替代"手工"劳动力的程度，一开始往往倾向于增加就业，因为这会产生对节省劳动力的设备的额外需求，而这种设备大部分都要利用劳动力生产出来。在我们讨论的这个时期，对节省劳动力的设备的当前一部分需求，既是对现行工资水平的反应，也无疑有助于保持对劳动力的总需求。无论何时，如果要讨论工资率对就业的影响，就不应该忘记这个对高工资理论的危险"验证"的可能来源。

当把劳动力视为一种消费品时，它的价格相对于其他消费品的价格来说要高很多，当然家庭也做出了相应的反应。这一点实在太明显了，我们无须在此多加阐述。④ 不过应该补充的是，这种反应比初看时要大得多。

---

① 在更晚近几年的经济过程中，我们也将会观察到同样的现象。例如，对于1936年和1937年的工资增长，工业立即通过"合理化"的形式做出了反应；而且，在许多情况下都几乎成功地保持了单位产品的劳动力成本不变。南方的农场主虽然没有立即受到工资这种增长的影响（或者说，没有受到同等程度的影响），但是已经准备通过机械化来满足从而做出应对。

② 参见F. C. 米尔斯在《美国的经济趋势》一书的第404页给出的62个行业的有关数据。从1927年的数据中可以看出，下降的趋势出现了中断，这符合我们对朱格拉繁荣的预期。

③ 从地理位置的角度来看，马萨诸塞州，甚至整个新英格兰地区，构成了一个明显的例外；而且该州的工业在1923年至1929年的命运也随之改变。请参见D. H·达文波特（D. H. Davenport）和J. J. 克罗斯顿（J. J. Croston），《马萨诸塞州的失业和再就业前景》，[哈佛大学] 工商管理研究生院，《商业研究》，1936年，第15期，第63页，图R。

④ 当然，家庭也直接对用于生产用途的劳动力的价格做出反应。相对而言，消耗较少劳动力的消费品的使用量增加了，同时消耗较多劳动力的消费品的使用量则减少了，这方面一个很好的例子是，消费者的穿衣需求从手工定制转向了成衣。

家庭劳动力的机械化在美国这个国家比在其他国家要成功得多，因为它不仅节约了劳动力，而且使得人们更容易完全取消在家庭中使用雇用的劳动力。因此，即便是那些相当富裕的美国家庭，也都学会了由家庭成员为家庭提供服务。如果工资率——尤其是每单位服务的工资率——没有这么高，这些服务本来会由非家庭成员来提供。此外，美国家庭还学会了从一些很少或根本不需要雇用他人的活动中寻找乐趣，以替代那种需要直接雇用他人来劳动才能享受到的乐趣。因此，美国人的私人生活方式深受高工资水平的影响——甚至可能是受后者支配的。[1] 对耐用品的需求是20世纪20年代的一个重要特征，而在对耐用品的需求中，相当一部分最终都是为了避免使用劳动力，特别是为了避免使用相对来说最昂贵的纯手工劳动力。

有人可能会问，工资水平影响了就业，与此同时却不会对我们所说的总体经济状况产生影响，这到底是怎么做到的呢？答案是，第一，高工资水平本身就在很大程度上补偿了对就业的影响之外的其他影响。从我们的日常经验可知，如果工资率比现在的水平更低，那么美国制造业雇用的劳动力就会更多，但是这并不意味着工资单金额一定会出现很大的不同，更不意味着工资单金额必定会高于现在的实际水平（见下文）。第二，伴随着工资率降低而增加的一部分就业机会，即便能够使全国工资单总额有相当幅度的净增长，也不会增加在商品上的总支出，因为增加部分只会在消费者中重新分配。这种情况在人们通过用"帮手"一词来指代的职业中表现得最为明显：家政服务、小型零售业中的导购员，以及木匠、油漆工、水管工等人的助手，甚至在中小型工厂中也有这样的情况。对于总就业人数来说，这些情况是极其重要的（虽然一直被当前的工资理论所忽视）——尽管相对来说，在德国和英国比在美国更加重要。它们揭示了就

---

[1] 有些人认为，这种生活方式本身就是一种"效率上的成就"，同时另一些人还认为它意味着民主化的提高和道德上的进步。要这样说当然也可以，作者不会对此提出批评。可能还会有人认为，服务业的扩张与正文中的说法有互相矛盾的地方。但是，只要稍做思考，读者就会明白情况恰恰相反，因为很多服务行业都只不过是通过提供服务来节省劳动力的组织，如果没有了这些服务，就需要投入更多的劳动力。"有女佣和男仆服务"的公寓式酒店就是一个很好的例子。

业与工资率之间的一个特别简单的关系。将经济理性的传统模式应用于现实生活的图景,再也没有比下面这个更加真实的了:一个零售店的所有者兼经理不得不"权衡"——是享受不必早起去打扫商店的好处,还是享受多喝一杯啤酒的乐趣。但是,虽然这些领域都会对工资率的变化迅速做出反应,虽然这些反应对满意程度和收入总额绝不是无关紧要的,但是它们并不影响工业产出或制造业(或商业)收益的统计结果。对于总体经济状况来说,某个特定的零售店店主到底是雇一个帮手(这个帮手将会购买一些消费品),还是自己把雇帮手的钱花掉,都无关紧要。在绝大多数这种情况下,发生的事情无非是:一些以劳动收入为主要收入的人,与他人分享他们自己的消费品流,以换取他人的服务。也许,另外100万名男性(女性)本来可以投入到"生产性"活动中去,而且牺牲的工资率相对较小;这样一来,在统计意义上,全国工资单总额可能会相应地增加。但是无论如何,这对总体经济状况的影响无疑仍然是非常小的。①

我们不难看出,上面的分析并不排除这样一种可能性,即更高的工资率可能带来更高的货币工资单总额,甚至更高的实际工资单总额。为了让读者相信这一点,最好的办法是设想这样一个综合性组织,它由所有受雇员工组成,并且是一个能够实施歧视行为的垄断者。这个垄断者将不得不在许多时点上接受低于实际支付水平的工资率,特别是如果它的行动目标是在长期中最大化实际工资单金额。但是,它的货币工资率加权指数以及由此产生的工资单金额则都可能高于实际水平。这不仅是可能的,而且是

---

① 我们当中有些人可能会认为,店主的储蓄倾向更强,这会对经济过程产生很大的影响;这些人肯定会认为这种差异很重要。即便事实真的是这样,正文给出的论点仍然近似地成立。在这种情况下,这将会成为反对高工资理论的另一个论据,不过作者并不在意有人会强调这一点。我们可以顺便指出,此外可能还存在另一种推理思路。根据这种推理,更高水平或更低水平的工资率是通过利率作用于就业和产出的;工资水平并不是像传统学说所认为的那样,通过相对减少或增加的"实际资本"的供给来引导利率发生变化,而是通过减少或增加未使用的贷款工具的数量来引导利率发生变化。的确,劳动力这种商品的价格变化非常重要,它不仅会影响所有其他价格和数量,也会影响所有的货币指标和表现形式。事实上,这也正是一个完整的工资理论如此复杂的原因。但是,以这种方式提出的如此简单的联系仅在极其不切实际的假设下才具有可操作性,而且归因于它的所有重要性,完全系于一个把工资率变化的所有重要机制都排除在外的理论模型,以至我们不需要继续对它进行讨论。当然,在它的假设下,命题在同义反复的意义上是正确的。

可信的。我们的论证，连同我们在前面给出的那些事实，无疑表明在这种情况下，总产出可能会更少，或者无论如何都不会明显增加，而且失业人数则会更多。但是说到底，我们已经证明的无非是，特定数量的产品所用的劳动力，以及对劳动服务的直接消费，都要小于它们在相对较低工资水平下的数量。尽管我们也看到了总就业的这个组成部分在事实上是非常强大的，任何因工资的进一步上涨而产生的总产出的增长都必须非常大，才有可能抵消它，但是这种情况最多是一种合理的可能性。当然，没有任何迹象表明这里存在消费者支出"不足"——无论是由于储蓄（为了便于论证，暂时承认储蓄会产生这种效果），还是由于任何其他原因——而且有比这更能令人信服的理由来说明这种资源的利用不足。关于世界经济危机的理论，不可能从工资"过低"的影响来进行推导（合理性不会比从工资"过高"的影响来进行推导更高）；事实上，所有在这个方向的努力——例如，消费者无力购买生产出来的产品，或本来应该能够生产出来的产品——都可以归入众所周知的可证明的错误。但是，这个结论也并不构成存在或不存在由工资率引起的扰动的确切证据。①

3. 德国20世纪20年代的工资率

经过必要的修改后，上面给出的很大一部分分析可以直接用于德国的情况（见图48）。

然而，工资单金额数据由于所具有的综合性，因此携带了不同的含义。另外，失业数据虽然更准确，但仍然需要纳入一些在统计数据中看不见的"失业"②；尽管公众思想观念的改变和每一种失业保险制度所提供

---

① 读者将会注意到，这完全是如下事实所致：这个时期的数据除了不充分之外，也不允许我们插入一般理论的框架内，因为一般理论所能做的只是提出问题并描述各种可能的情况和事实性假设，明确到足以让我们能够在这些情况下进行选择的程度。我们在下一章还会遇到其他一些情况，在那些情况下，这样做会更容易一些。但是，也有一些经济学家在任何情况下都不会对明确的断言感到内疚。这一部分是由于理论模型的简单性已经使他们觉得满意，一部分是由于他们只愿意接受特定的事实假设。

② 即所谓的"无形失业"。我们在这里用"无形失业"一词，指的是无法用统计方法衡量的失业，例如，因为失业时间超过了领取失业救济金的期限。我们并不是指那种只是人为定义所导致的失业，这种失业存在于一些理论家的著作中，而且可能包括那些认为自己已充分就业的人。

的滥用可能性，都可能会对绝对数产生影响。① 再者，我们还必须记住——当然，这一点也适用于英国——尽管在美国每小时工资（至少，如果我们认为对每小时工资的计算达到了理想的准确性）近似地等于雇用劳动力的每小时货币成本，但在德国这两者却是显著不同的，特别是在德国是由雇主缴纳社会保险。

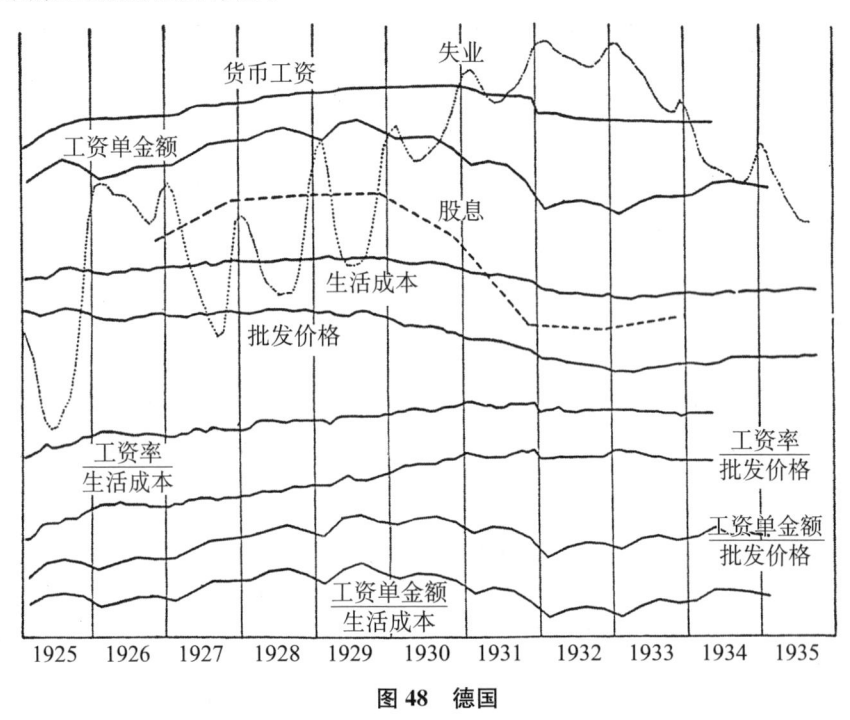

图 48　德国

从 1925 年 1 月至 1929 年 12 月，德国联邦统计局提供的平均每小时工会工资率（tarifliche Stundenlohnsätze）提高了 47%。② 这种提高一方

---

① 毫无疑问，有些人轻率地夸大了这种滥用行为，而另一些人则轻率地予以全盘否认。然而，美国有关当局对所谓的"黑人劳工"滥用失业保险所进行的"战争"表明，这并不是微不足道的。但是我们既不需要相信也不需要过于重视关于当时发生的激烈冲突的遗闻轶事。

② 一直到了 1930 年，这个数字仍然继续在增大，但是增幅并不大。然而，必须注意的是，"有效"工资率（等于官方基础工资率加上各种额外收入，即"Zuschläge"；我们只拥有若干行业的"有效"工资率数据）的增幅则要小得多。当然，即便我们采用"国税局"的工资率，这种增长也并不意味着，即便是在 1930 年，按照一般的文化标准，它仍然很高。1929 年，实际每小时工资率仅仅比 1914 年高出了 10% 左右，1930 年则仅仅高出了 16%。另外，如果我们真的要考虑文化标准和福利因素，那么就必须将工人阶级因公共开支而获得的实际收入所包含的相当可观的非劳动所得的增加纳入进来。

面与生活成本的上升有关（同期生活成本上升了大约 10%），另一方面与失业率的大幅提高有关。[①] 这两者都不是简单地"由于"工资率的提高。第一个方面还与其他几个因素有关，其中最重要的是农业政策（在我们讨论的这个时期的最后三年生效）和房租的逐渐正常化（从 1925 年至 1929 年，住房开支增加了 55%）。但是，与根据康德拉季耶夫周期做出的预测相反，还是有一个"残差"，除了工资率的上升之外，几乎不能把它归结于其他任何因素。当然，这也就意味着，第二个方面的因素有效地使货币工资率提高到了超过它本来应有的水平——因为工资单金额的增加是康德拉季耶夫周期下行阶段的"自然"结果，我们从理论推理和历史中都看得很清楚，它不会增加生活成本。然而，在这种情况下，就那个时期而言，说工资率的提高实际上导致了工资单金额的大幅增加却完全有道理，因为它是压缩在不到 4 年的时间里完成的，这么一点时间不足以让系统完全适应。

关于失业问题，不仅必须再次强调直接与就业有关的各种负担的相关性，而且必须强调看似与就业无关的那些负担的相关性。我们已经看到，高企的公司税和所得税增强了经济过程对大多数其他干扰的敏感性，特别是对（任何程度的）成本增加的敏感性。由于这类税收是战后德国最突出的经济特征，而且比其他任何国家和地区都高，因此我们无法理清如果工资率的提高单独发生可能产生的影响是什么。也许，代表工会利益的那些鼓动者的论点也有一定的道理，即工资率本身（至少在短期内）并没有对整个时期实际上普遍存在的异常且不断恶化的失业状况有重大的推动作用。[②] 当然，我们不能直接对德国套用对美国的分析，因为在德国工资率的起始水平即便是从 1925 年开始看，也要低得多。而且，美国的工资总体水平高在整个时期都是由高工资率维持的；而在德国，较高的总体水平

[①] 然而，1928 年的冬季至 1929 年的冬季出现的"超级季节性"高峰是鲁尔区劳工斗争的间接影响所致（罢工和停工的直接影响已经排除在外）。当然，对于我们的目标来说，1923 年的冬季至 1924 年的冬季达到的峰值（当时大约有四分之一的工会成员失业）不用计算在内。

[②] 当时就这个问题展开的长期而激烈的争论失去了意义，因为任何一方使用的论据今天听起来都过时得令人绝望。而且，即便基于当时的情况对他们的论据进行评价，大多数论据也乏善可陈。

则在很大程度上是通过另外一条路径实现的,其中特别重要的是高税收——工资率、"社会负担"再加上税收,这些合起来可能可以对德国劳动力市场的状况做出合理的解释。如果只用一项来做出解释,那么任何一项显然都做不到。①

4. 英国20世纪20年代的工资率

上面说的这些对英国同样成立。不过,至少在一个很重要的方面英国的情况更像美国而不是德国。从1924年底到1928年初,英国的货币工资率保持了显著的稳定性,然后出现了轻微的下降,这种下降到1930年时变得更加明显。与美国一样,在此之前,英国也经历了一个战后峰值(向下修正的过程出现在1921年1月至1923年底间),以及一个贯穿整个1924年的回升过程(但与美国的情况相比,只是轻微回升)。② 然而,到那时货币工资已经高出1913年的水平大约96%——从而与超常的失业率联系在了一起——这个失业率水平当然会增加实际工资;此后,由于康德拉季耶夫周期的趋势、自由贸易以及货币政策,到我们讨论的这个时期结束时,仍然比1913年的数字高出了将近20%(年平均值)。见图49。

这正是工会和多个公共机构③试图在我们讨论的这个时期内达到的目标,也是它们努力的成果。朱格拉繁荣所施加的轻微的向上拉力不但在这

---

① 上述情况只限于通货膨胀、物价稳定努力及其直接影响出现之后的几年。如前所述,1923年冬季至1924年冬季存在"扰动性失业"。但值得注意的是,在1924年余下的时间里,完全失业的人数只处于中等水平——这个事实,应该与中等水平的工资率有关。

② 这些说法要面对一个统计上的困难。我们使用的是鲍利教授的每周工资指数(见附录,对图46的描述)。这个指数从1925年1月开始在一个新的基础上运行。因而,两个序列是"拼接"而成的,但是我们对这种拼接过程并没有太大的信心。这也正是为什么我们不给出关于战争期间的工资过程的结论。从旧的序列来看(没有在图中显示,除非通过拼接转换),工资率相对生活成本有所滞后,并且在1919年赶上了生活成本(或者更确切地说,是在1920年)。在最高工资率出现之后(1921年1月,相当于1913年的277%),生活成本的峰值随之出现(相当于1913年的278%),不过滞后了3个月。

③ 随着工会权力的不断增加,对工资的公共管制也在增强;从立法上看,1909年的《最低工资法案》发展到了1918年的《最低工资修正法案》;从管制机构上看,设立了联合工业委员会、铁路调解委员会和农业工资委员会等机构。如果把工会在同一时期进行的活动包括在内,并考虑到官方裁决的影响必定会超越所裁决的案件和所管辖的行业,那么我们或许可以说,英国几乎所有的工资合同都是由公共机构管制的。当然,这样也就对曲线的解释提出了一个问题。但是,我们认为,正文接下来阐述的观点是不能在这个基础上加以反驳的。

图 49 英国

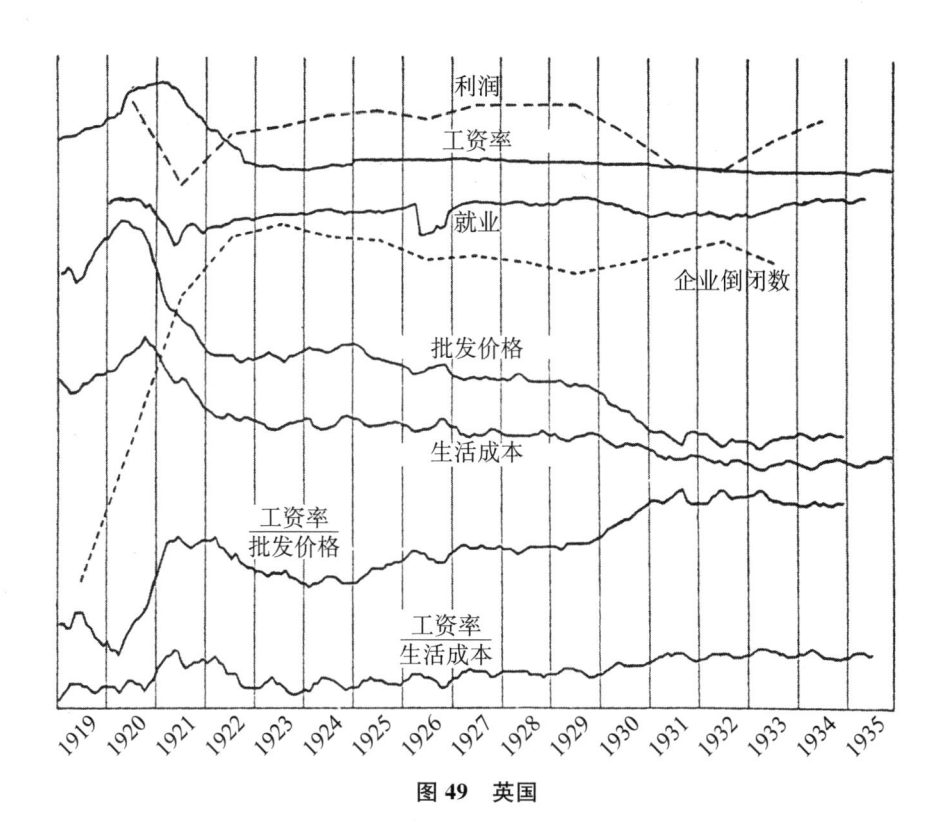

幅图中完全看不到，而且在时间序列中几乎全然不可见——指数只是在一个很短的时间段内增大了 1‰（从 1926 年 12 月到 1927 年 4 月）。同时，还缺乏与利润的共变性，这既是不同寻常的，也是很重要的（为了说明这一点，我们在图中插入了利润曲线）。毫无疑问，对于这些特征以及相伴出现的失业问题需要给出一种与我们在美国的情况下试探性地采用过的类似解释。从这个时期一开始，英国的工资总体水平就"过高"——事实上，大多数英国经济学家确实都这么认为[①]，而且工会领导人对此肯定是普遍认同的，因为尽管他们积极努力地捍卫这个工资水平，但是从未认真试图提高它。但是，本书作者却怀疑它的正确性。在英国实际工资的增长

---

① 这个事实不仅被其中一些经济学家给出结论时的谨慎所掩盖，而且被另一些经济学家表示同意时的拐弯抹角所掩盖（他们这种表达方式很可能能够避免他人的关注）。"货币扩张"的主张也许意味着、保护主义关税的主张必定意味着对实际工资的攻击，但是与此同时，主张这些措施的人却很自然地表示自己反对降低货币工资。

并不那么令人印象深刻。这种增长肯定比如果战争没有发生的情况要小，也几乎肯定不比我们对英国这个迄今为止基本上坚持自由贸易的国家在康德拉季耶夫周期的下行阶段（尽管发生了战争）应该预期到的更大。对于紧张和失调，任何基于 1924 年至 1929 年实际工资每年涨幅几乎不超过 1%这个事实的解释，都是有风险的（如果不是完全误导性的话）。[①] 全国工资单总额变得很"繁重"，因为伴随着使它必定如此的财政政策。即便劳工利益集团不极力要求提高工资率，也会通过在法庭内外施加压力、促成税收改革来达到同样的目的，因为税收对财富转移[②]的影响远远大于工资率任何可能想象的提高所能产生的影响。

然而，在我们讨论的这个时期，还有许多其他因素会导致失业率上升。失业成为引发非常多的焦虑和关注的一个重大问题，它始于 1923 年。直到 1920 年的最后一个季度，工会给出的（按失业男性统计的）失业率都低于任何标准下的正常水平，这是可以理解的。1921 年 6 月，失业率飙升到了 23%以上，当然，这也很容易理解。然而，到了 1923 年——我们现在转而利用失业保险人数百分比数据——失业率已经降到 11.7%（按年平均值计，1921 年为 17%，1922 年为 14.3%），然后在这整个时期一直徘徊[③]在这个数字附近（1924 年，10.3%；1925 年，11.3%；1926 年，享受工会利益的资格被取消了的罢工者已经被排除在外[④]，12.5%；1927 年，9.7%；1928 年，10.8%；1929 年，10.4%）。正如前面指出过的，这里并不存在任何明显的"趋势"，即使将 1926 年的数字排除在外（它反映了当年发生的重大劳工斗争的间接影响），也一直维持在了大约 10%的"水平"上。但是，这些数字不能直接与战前的（工会统计的）失业率相比，因为失业率很可能（这是理所当然的）大于工会统计的用作战

---

① 在阅读上述结论时，读者应该牢记前面的讨论（在此无法重复）。如果不与那些讨论联系起来，这个结论必然毫无意义。此外应该补充的是，实际工资增长的代价在很大程度上是由外国生产商承担。

② 读者应该注意到了，上面的陈述只强调了税收，而没有强调造福大众的支出。这是因为就实际情况而言，这几乎不可能在不影响资本主义机器效率的情况下实现。

③ 然而，1924 年工会给出的数字明显较低（最低值出现在 5 月，仅为 7%）。

④ 1921 年也是如此。

前指标的失业率；还因为，出于与德国相同的原因，统计上可见的失业率在战后可能会更高（即便我们有其他可比的数据）；也因为工会的监督、社会保险等因素会导致劳动力在地区之间和行业之间的流动性下降。首先，由于这些原因，我们所说的意义上的正常失业，在其他条件相同的情况下，将会比统计数字所显示的更大。据估计，即便是在经济活跃的时期，这种失业率也不会低于2%至4%[1]——作为一种妥协，我们可以暂且接受3%。其次，因为我们还必须将康德拉季耶夫周期下行阶段的正常影响考虑进来，根据19世纪七八十年代的经验，考虑了这个因素之后，上面的数字可能会轻松翻番。这已经包括下行阶段出现的工业和商业转型与再调整，不过这些调整都只是该国的内部演变所需的。最后，由于出口萎缩，英国工业不得不经历从世界市场到国内生产的巨大转变，但是上述估计没有将这一点考虑在内。如果我们接受科林·克拉克先生的数字[2]——假设英国的"作为出口国的地位没有恶化，那么它在1929年的失业人数将会只有大约90万人，而不是125万人"——并忽视这种恶化也许与工资有关的可能性，那么我们就可以给出一个独立的因素，它的影响我们可以确定为平均2%上下（这当然是偏保守的）。由此，我们可以得到的结果是，在这个时期10%的失业率水平中，有8%似乎是能够得到解释的，如果不是完全不参照劳动政策，然而，除了在我们的过程中最正常的工作范围内甚至在自由放任的条件下会出现的行为之外，我们不考虑工资率的任何其他行为。这种说法在统计和理论上都可能招致反对[3]；但是，作者认为，它仍然给出了一个粗略的概念：可以用"刚性"工资率加上财政政

---

[1] 参见科林·克拉克（Colin Clark），《统计研究》，刊载于《经济学杂志》，1931年9月，第349页。然而，工会统计的失业率在1920年4月低至0.9%。
[2] 同上，第349页。见前文第五节第一小节。
[3] 庇古教授在他的《失业理论》一书中强调了一个不容置疑的真理：要想将给定的失业者分配给不同的原因是不可能的。但是，这个"真理"并不会对我们的阐述构成障碍，因为它本身并不反对估计某一特定因素的存在或不存在所造成或将造成的差别，而且我们的陈述恰恰应该在这个意义上得到理解。但更严重的问题是，其他因素当然会在不同的工资水平上产生不同的结果，而且永远不能区分开来单独处理。为此我们重申：假设给定实际采取的财政政策和货币政策，假设工会的政策（包括发动总罢工的威胁）和管制工资的公共机构的政策，将货币工资固定在了不存在这些工会和机构时原本应有的水平之上，那么，无论这种差异是什么，其所"承担"的对失业的"责任"最多占有保险的工人总数的2%。

策来解释的替代性失业的数量级是什么。无论如何,战后失业问题在很大程度上并不是一个系统性的趋势,而是外部因素的干扰,这一点是不容置疑的。

三、反映货币和会员银行信贷领域过程的各个序列

在继续讨论事件在银行业及其"同源领域"的过程之前,我们要再一次提醒自己,现在涉及的这一系列主题并不意味着一种从影响到原因的推进;同时还要记住,虽然进入了我们过程的数量、货币和其他事物之间都是相互依赖的,但是,如果我们必须建立因果关系的话,我们应该更倾向于相信相反的东西(即应该更相信不存在因果关系)。这种提醒是有道理的,因为"存款逻辑"犯下了最"明目张胆"的罪行,主要是针对战后发展,且主要是与战后问题有关。此外还应该牢记,在任何一个国家——尤其是在美国——银行数据都无法保持它们在战前时期的意义,统计上的原因(由于制度发生根本性的变化)不是主要的,更重要的是要在新形式和新用语下看到原来的本质性的东西,而且原来的本质性的东西确实还在那里。[①] 我们接下来的讨论将几乎完全限于美国的事态发展。

(一)"活期存款"的性质

首先,我们要澄清一点(不然的话,这一点可能会使读者在检视图46时感到困惑)。在美国的战后脉搏图中,为了遵从当时流行的观点,余额是用外部活期存款净额加上"流通中的货币量"(解释见附录)来表示的,并在图46上对贷方余额与外部存款总额(活期存款加上定期存款)减去外部投资后的数额进行了比较。根据那种当时流行的观点,只有活期

[①] 我们也可以提一下国民银行的数据,尽管这类银行的地位在《联邦储备法案》出台后发生了变化,而且它们的重要性一直在下降,但是这种数据在我们讨论的这个时期仍然可以使用,而且其合理性与战前时期相差无几。已故的 A. A. 扬格(A. A. Young)也有同样的看法。除了一个例外之外,我们将不讨论季节性变化,因为季节性变化受到了制度变化的相当大的影响,因此我们将只在这里提一下,秋季从纽约提取的现金失去了其重要意义。关于更一般的季节性变化,见 A. A. 扬格,《银行统计分析》,第 53 页及其后诸页。

存款才是我们所说的意义上的余额,或者就像大多数经济学家更喜欢说的那样,是"货币"。① 我们已经有一个很好的调整后的活期存款序列,它排除了银行间存款,但包括政府存款。② 当其他序列无法达到目的时,我们大多数人都会使用活期存款净额来代替。但是,如果银行有设立定期存款的习惯,那么将定期存款包括进来的理由并不比将债券也纳入进来强多少。这种观点就定期存款代表了家庭投资——它是真正的"储蓄存款"——而言是正确的,但是,对于存于商业银行的大量定期存款(以及存于储蓄机构的定期存款)来说却不是这样,这些存款并不构成投资,且与储蓄无关;将它的投机性增长视为储蓄率变化的一个指标是错误的做法。③

第一,就实际支取的定期存款而言,从存款人的角度来看,取出来后的定期存款的用途与活期存款完全相同。④ 这种做法的普遍程度究竟如何(这种做法于1933年遭到了禁止),对此向来众说纷纭;但其重要性是无法从营业额的统计数字中看出来的。当然,这种存款的规模肯定要比活期存款小得多。但是一方面,以定期存款形式持有的自然是流动缓慢的"现金",另一方面,重要的是(实际上可以)随意支取的可能性。⑤

---

① 我们现在遵循这种惯例并不只是为了避免不必要的争论。事实上,支付工具(means of payment)这个术语更不容易引起反对,但是由于"支付"一词的模糊性,它可能仍然包括一些没有人愿意包括进来的东西。

② 请参见 L. 柯里(L. Currie),《货币的供给与控制》,1934 年,第 13 页。建议读者对这本书的第一章细加研究,以更好地理解与这里说的统计困难有关的主题。

③ 有些经济学家对战后储蓄活动的夸张看法有时正是由这个错误所致。例如,以前曾有人指出,劳(Lough)先生对储蓄的估计在一定程度上就是由于他对待定期存款的方式,尽管他并非没有意识到这一点,并试图满足这一点。

④ 柯里博士(前引论著,第 15 页)有力地反驳了这种观点。但是,即便本书作者对柯里博士的假设的现实价值有更大的信心,这个论点也不能满足上面阐述的要点。

⑤ 一家拒绝承兑以定期存款开立的支票的银行,必须做好面对一场不愉快的讨论甚至可能失去客户的心理准备。作者注意到,在某些情况下,银行办事员完全有权力兑现这些支票,但是如果他们想拒绝,就必须向某个负责的高层报告。最后,具有决定性的重要意义的是,这类协议似乎已经相当常见(尤其是在西方国家)——这是主管机关告诉本书作者的——根据协议,定期存款持有者被赋予了有限的权力:不必另行通知,就可以开出支票(例如,每年两三次)。这就证明了,定期存款在银行眼中可以视为一种特殊的活期存款,即银行在竞争的压力下,让活期存款获得了定期存款的一项特权:更高的存款利率。1931 年,会员银行储备委员会(Committee on Member Bank Reserves)的报告似乎也持有大致相同的观点。我在这里必须提一下 B. 安德森博士,他对定期存款这个课题做出了重要贡献,尤其请参见他的论文《银行扩张 VS. 储蓄》,刊载于《大通经济公报》(*Chase Economic Bulletin*),1928 年 6 月 25 日。

第二，即便从来没有以定期存款开具过支票，即便就像对债券一样，人们有时也确实不得不"将定期存款转换成货币"，它们也非常像现金——因此，不像债券，它们总是可以按平价转变为现金——从而从持有人的角度来看，一定要做出这种区分就非常接近"吹毛求疵"了。无论是谁持有这类资产，其行为相对于持有活期存款时都肯定会有所不同，尤其是他会觉得持有紧急储备时受到的约束要小得多。无论如何，当你把定期存款和客户的投资归为一类时，货币状况的一个重要特征就会完全丧失。①

第三，越来越多的人养成了将尽可能多的现金余额存入定期账户的习惯，这个事实就足以解释定期存款相对于活期存款的增长。假设某个国家只有活期存款和"真正的储蓄存款"；前者全部都处于"流通"中，但是表现出了不同的流通速度，从每年周转几百次到每年的周转次数几乎为零不等。然后，对于那些在某个任意指定的时间范围内周转次数小于某个任意指定数字的余额，指定一个新名字，比如说定期账户，并赋予它一些特权，再邀请人们注册这种账户，条件是他们只能在特定日期或提前通知的前提下动用这些余额。根据我们对人们的行为的了解，我们必须假设他们会注册这类账户：首先，对于活期存款的一部分，他们在特定日期之前无论如何都不使用，或不需要在另行通知之前使用；其次，对于另一部分，也只需克服一些很小的不便之处，就可以满足条件。注册者的行为没有任何改变。特别地，这些新的定期账户的持有者花钱的时间和花钱的多少也与过去几乎完全相同。但是就这样，定期存款成形了。而且，顺便提一句，定期存款也可能与活期存款一样，反映着信贷创造。

我们举出这个"范式"只是想用它来说明一个原则。我们并不认为这种新的业务在其他方面也起不到任何作用；特别是，如果当局通过立法，要求就活期存款缴存比定期存款更高比例的准备金时，那么余额从前者到

---

① 也许有人会认为，对所有高流动性资产也都应加以类似的考虑。在如下范围内，这是完全正确的：忽视我们所称的"准货币"的任何一个类型，事实上都会阻碍对货币过程的分析，并且正是货币数量理论的当代倡导者所描绘和建议的图景不充分的一个原因，或者用安德森博士的话说，有些经济学家不知道别的，而只知道"单调的三部曲——货币、信贷、价格"。但是对此，我们可能会回答说，这类资产通常不能像定期存款那样，代表着对一定金额的迅速控制。

后者的转换将会增加银行的贷款能力。在美国这个国家，20世纪定期存款的增长就是这样成了货币扩张的一个工具；而且，任何时候支付的定期存款，无论是直接支付还是先转换为活期存款再支付，如果使得从活期存款转换为定期存款的数量少于从定期存款转换为活期存款的数量，那么就会产生相反的效果①，正如存款准备金率上升所产生的效果。这就是为什么我们要强调这种习惯的加强或传播确保了总是存在着向定期账户的净转移。我们还可以进一步运用这个范式，对美国的现实情况进行近似的分析。我们不妨先入为主地认定许多大企业和富裕家庭由于"本性温和"，不愿"纡尊降贵"地去利用那些与定期存款联系在一起的好处②，因此会这样做的主要是属于中低阶层的存款者，于是他们允许储蓄机构通过努力去获得那些流通缓慢的余额；然而，一旦掌握这里面的窍门，商业银行就

---

① 柯里博士正确地强调了这一点。如果上述银行碰巧达到了"贷款限额"，即"顶格放贷"（loaned up），那么为了完成这笔支付，它将不得不相应地减少贷款或投资，尽管数额不一定全然相同。但是，如果定期存款自由流入，或活期存款基本上都倾向于转换为定期存款——毫无疑问，这当然只是一种临时状态，但是在20世纪20年代确实曾经盛行一时——那么通常来说，这家银行就没有这样做的必要性了，即便它真的像柯里博士所假设的那样彻底达到贷款限额。根据他的理论框架，柯里博士必须假设任何银行原则上都是这样的，因此使用定期存款必然会导致活期存款的收缩。也许，另一种意见更有用，尽管它已经隐含在正文中。让我们回到这个假设，即付款只能通过基于活期存款开立的汇票来进行，这样，定期存款就只能以间接的方式，即通过实际支付之前取得的活期存款来完成支付。这样一来，企业和家庭每天都必须以自己的定期存款为基础，来取得足以完成当天预期的付款的活期存款，但也不能过多，其余的余额仍然存在定期账户里。活期存款和银行准备金都因此而有所"节约"。但是给定任何一天的情况，正如我们不会将存款的概念限定为那一天转手的活期存款的数量变化，而将它扩展为当时存在的活期存款的总额（原因显而易见），我们也会因为同样的原因认为定期存款包括不转换为活期存款、仍以定期存款形式存在的那部分，即便转换为活期存款的那部分总是会（必然地、完全地）被其他活期存款的连带性收缩抵消。这就是我们的范例想要说明的。存款准备金率方面的差异很重要，但不是本质性的，虽然会产生一定的影响，但不会改变定期存款的性质。

② 关于银行业务的陈述在这一点上还存在分歧。安德森博士认为，纽约市银行的定期存款主要由"大企业或外国银行或富有投资者暂时闲置的资金组成，这些主体暂时处置了投资，等待着新的市场机会出现"。（见他的《对劳克林·柯里的著作的批判性分析》一文，在美国统计学会纽约分会发表的演说，1935年4月26日，第20页。）另一些人则认为，"银行统计数据清晰地表明，在国民银行的大储户中可能并不存在从定期存款向活期存款的明显转移"[D. R. 弗伦奇（D. R. French），《定期存款对信贷扩张的意义：1922—1928年》，刊载于《政治经济学》，1931年12月]。这两种说法并不像表面看上去的那么矛盾。但是，那些有如此好的机会进行临时投资的大公司不太可能比那些没有机会进行短期投资的小公司更少地求助于定期账户。同样值得注意的是，这一点对我们的论证其实并不重要。

有一个额外的动机去寻找真正的储蓄存款，而且它们在这方面拥有优势①；最后，增加的暂时闲置的资金自然会倾向于放在定期账户里。②

第四，正如前面所设想的那样，《联邦储备法案》真的降低了定期存款准备金率，并于1917年实施了进一步降低准备金率的规定，从而提供了一种具有很强的激励作用的"特权"。定期存款的惊人增长可以追溯到那个时期，这个事实本身就有力地说明了两者之间的联系。虽然银行自己提供的优惠条件——为定期存款提供的利率比活期存款更高——本身就应该足以证明银行认为前者比后者对自己更有利；但是许多专家学者却认为，由于要承担一定的利息成本，从活期存款转换为定期存款，银行预期可以得到的收益非常少，因此它们没有太大的动力（如果有的话）去鼓励客户这样做。这取决于银行如何处理由此而增加的放贷能力。那些认为银行只会购买政府债券的经济学家当然可以毫不费力地证明，银行的收益很小。事实上，作者认为，在某些情况下，银行甚至可能还要承担一定的（微不足道的）损失。然而，在银行业务中，这种收益的微小性是一种常

---

① 当然，就像我们在前面看到的那样，储蓄机构和商业银行都是这样做的，而且在美国和其他国家都是这样做的。《联邦储备法案》只是增加了另一项刺激措施，同时对国民银行来说增加了额外的权力。

② 我们认为（与安德森博士的观点一致），大部分定期存款更多地与信贷创造有关，而不是与储蓄有关。下面的事实不能驳倒这个结论：自1928年秋以来，在国民银行的有银行存折证明的存款中，平均大约72%是定期存款。根据这个事实，D. M. 戴利（D. M. Dailey）先生推断称（《储蓄存款领域中国民银行的地位》，刊载于《商业杂志》，1931年1月），"在国民银行所报告的定期存款中，超过4/5代表了储蓄的积累"。我们没有理由推断——尽管存在着大量使用银行存折来这样做的迹象——中等收入的企业和家庭是利用定期账户提供的机会的主要群体。但是，尽管我们否认定期存款与储蓄之间存在着这种所谓的关系，但是我们并不完全否认定期存款与消费不足之间的关系。为了使作者认为很重要的这个原则凸显出来，我们构建的范例不仅独立于支出率的变化，而且能够证明定期存款的投机性增长在不存在任何支出不足的情况下、在没有任何储蓄时都会出现。因此，将定期存款作为人们的"消费厌恶倾向"的一个指标将是危险的。不过，尽管活期存款可能（而且经常）会变得与定期存款一样被闲置起来，但是我们仍然有理由假设，预计在一段时间内根本不需要动用的资金要比其他资金更有可能转入定期账户。这与定期存款增长率的剧烈波动非常吻合，但令作者吃惊的是，柯里博士竟断然否认了这一点（前引论著，第132页）。从1921年12月至1927年12月（给会员银行的报告；对每周数据取月平均值），在此期间的增加额大约为34亿美元。其中近三分之二的增长发生在1921年至1922年、1923年至1924年以及1926年至1927年，这些增长明显与银行的投资活动有关（见图50），而银行的投资又明显与美联储在公开市场上的购买行为密切相关。无论如何，这三分之二都是纯粹的货币管理的创造，而且都出现在定期账户，因为与我们在本书中一直强调的论点相一致，这种创造出来的货币往往会被闲置起来。与此相反，在国民储蓄银行中存款的增长事实上要稳定得多（从1921年到1927年，每年大约增加5亿美元；数字统计截至每年的6月30日），而且"从来不会在很大的程度上受储备资金流入和流出的影响"，这是柯里博士对定期存款的断言（第99页）。但是，由于前面一个脚注已经说明的原因，我们不愿用它们的增长率来作为区分真正的储蓄和定期存款的标准。

态；为了获得一个在其他方面很有价值的客户（或为了使这样的客户满意），银行愿意承担一些微小的损失。而且，如果增加的放贷能力扩大了客户的信贷额度，或者增加了抵押贷款——房地产贷款从1919年的不到6亿美元，增加到1929年的接近32亿美元（仅包括所有会员银行），增长速度远远大于收益性资产总额——那么银行就不仅可以获得收益，而且可以获得非常有吸引力的收益。但这仍然不是要点所在。只要银行客户方面有动力就足够了，而这是毫无疑问的。此外，虽然定期存款的溢价——定期存款的利率比活期存款的利率高得多就是这种溢价的体现——是不可忽视的，但更重要的是，习惯的改变大大降低了意外的不便的发生率，至少对家庭来说肯定是这样的：耐用品在支出预算中的相对重要性越高、付款额越大，付款期越可以推迟，以记账方式购买商品的做法越普遍，就越不需要持有绝对现成的现金（持有现金的好处就越少）。

图46最上面的两条曲线相互之间的关系证明了上述观点，即在20世纪20年代，定期存款和活期存款本质上是同一种东西。在这幅图中，我们将银行的投资从外部存款总额中扣除了，理由是它们往往处于闲置状态。但是我们这样做无疑已经有所越界——因为我们知道，即便是在战前时期，认为银行的投资总是来自银行的主动行动也是不正确的——正如当我们把所有的定期存款都包括在内时就有所越界。更有意思的是这个实验的结果。从1921年到1927年，我们的存款曲线非常优异地拟合了借方数额曲线，而且这两条曲线在1919年至1920年、1928年至1929年表现出来的不同行为，都是很容易用那些年的非规律性的行为来解释的——主要是因为过度投机，它也会影响外部借方数额。纽约市之外的活期存款曲线的拟合度不是很高，从而提出了一个典型的伪问题，即这些存款的流通"速度"为什么会提高得这么多[①]且流通速度的这种提高是怎么实现的，

[①] 美国各主要城市的活期存款周转率指数，已经由纽约联邦储备银行（1919年至1925年的水平为100）编制并发布，大体上，这个指数始于1921年初，当时为100，1922年出现了下降，之后又回升，然后到1924年，一直维持在这个水平上下，接着又一路上升，只在1926年中断了一下，直到在1929年达到了200。这个指数已经包括纽约在内。但是即便我们把纽约排除在外，矛盾也依然存在，尽管有所缓和。

或者换种说法，纽约市之外的借方数额为什么会出现这样的变化（从1919年的176亿美元增加到了1929年的277亿美元），而同期的活期存款却仅从稍高于60亿美元的水平增长到大约80亿美元。[1] 相比之下，外部存款总额的"速度"曲线（见图46）则更为自然，这大大增强了我们的信念，即我们实际上接近掌握真实的图景，同时我们对定期存款性质的诊断是正确的。[2] 但必须补充的是，事实证明，外部活期存款如此小的（相对）增幅之所以也是足够的，还有另一个可能的原因。战争期间和战后的繁荣带来的利润并没有在随后的崩溃中完全湮没。1921年，外部活期存款只出现了一次微不足道的萎缩。1920年的月波峰和1921年的月波谷之间只相差了大约10亿美元，而且很快就得到了弥补。换句话说，我们再一次看到，美国的货币体系在战后一直保持了扩张的步伐，并没有因为价值暂时向下修正而出现收缩。因此，后者给人们留下了充足的自有资金（至少在一段时间内），即在这个空缺得到填补的同时，经济实体在一定程度上能够在现有的"外衣"内实现增长。[3] 但是，从可能的最高价值来看，即便到了1924年底，这个解释也不能被认为是充分的；而且在那之后——更确切地说，在"速度"提高现象最明显的那些年里，这种解释根本不适用。

（二）外部存款和外部贷款以及资产结构的变化

在这个时期，储蓄总额减去投资后的余额，没有像活期存款那样，显示出一个总体倾向或描述性趋势（战前的经验让我们有理由这样期待），

---

[1] 这是除美国政府存款外的每月平均存款，包括到期应减去的存款（到期的和正在收款的项目）。柯里博士的总货币"供给"序列（前引论著，第83页，包括银行外的现金；作者对他所用的"供给"一词持反对意见，在这里它会导致很多误导性的联想，对此不需要加以重复）当然也展现出同样的现象。它从1921年的将近220亿美元（当时借方数额为333亿美元）增加到了1929年的接近267亿美元（当时借方数额接近780亿美元）。由于借方数额中充斥着大量的投机交易，这个数字与正文给出的数字相比并不比前者更加引人注目。

[2] 或许可以说，同样的诊断适用于英国的存款账户以及与之相对应的德国的存款账户，尽管由于缺乏美国银行业立法所提供的特殊激励，在程度上要更弱一些。

[3] 由于业务减少和价格下跌而释放出来的部分盈余资金，可能会在经济衰退初期甚至更早的时候就转入定期账户。这可能解释了1920年定期存款强劲增长的部分原因，那一年的月平均水平比1919年高出了将近8亿美元。然而，我们一定不能忘记，转向定期账户是一般趋势，不过在那个时点很难是正向的。

尽管观测到的梯度的"正常值"——在工资率的情况下类似——是与它异常高的水平相容的（那是由起点的位置所致）。然而，如果接受后者，我们也要看到波动本身并不比它们所产生的描述性趋势更不正常。特别是，我们可以清楚地看到朱格拉周期的复苏阶段和第三个朱格拉周期的最后一个基钦周期的所有四个阶段的足迹。[1] 1925 年及以后，第四个朱格拉周期的繁荣和衰退，也通过这个数量的增长和下滑很好地显示了出来。而且，这并不仅仅显示在外部活期存款上，另一个具有特别意义的特点也可以清晰地观察到，即存款相对于借方数额的行为（从 1929 年最后一个季度开始）。尽管借方数额大幅下跌，但是外部活期存款和外部存款总额减去投资后的数额的降幅则要小得多。正如我们在这个时期的初期看到的，当时通货膨胀已呈山雨欲来风满楼之势，但是最终并未发生；我们在 1930 年时也看到，所有经济活动都是在最丰富的"货币供给"条件下收缩的，也就是说，外衣"拒绝"按身体收缩的比例缩小。接下来，应该着手研究外部存款总额、存款总额和纽约市活期存款净额的行为，以及这些存款与外部借方数额之间的关系（见图 50）。

纽约市之外的银行贷款（和贴现）与纽约市之外的银行借方数额之间存在非常密切的共变性，这个突出的事实值得我们关注。很显然，在我们研究的这个时期，前者在与以往相同的意义上并在同样的程度上支配了后者。在讨论战后银行业数据的过程中，有两个特征是怎么强调都不过分，但是这两个特征丝毫无损于这种绝对正常的状态的重要性。

首先，我们马上就会注意到，尽管贷款主导了借方数额，但是贷款并没能主导存款和借方数额之间的联系。这一点在活期存款净额的情况下是

---

[1] 我们在活期存款中也能看到这种情况，否则就不能很好地反映"趋势"或波动。有人指出，活期存款在 1924 年和 1927 年这两个经济景气度下行的年份里出现了强劲增长，从而证明情况与战前时期相比发生了根本性变化，也证明了公开市场操作的压倒性影响。当然，我们不必否认这种说法包括真理——即便是我们这个序列也不完全独立于公开市场操作，尽管受这种操作的影响要小得多——但是我们应该不难注意到，与战前经验的背离只有在年度数字和活期存款中才是非常明显的。例如，就 1924 年的情况而言，即便是活期存款也相当真实地反映了经济状况，从 1923 年年中到 1924 年年中，与贷款和贴现相对应的活期存款下降了（见下文）。至于纽约市的活期存款，那是另一回事，不应包括在内。

图 50 美国

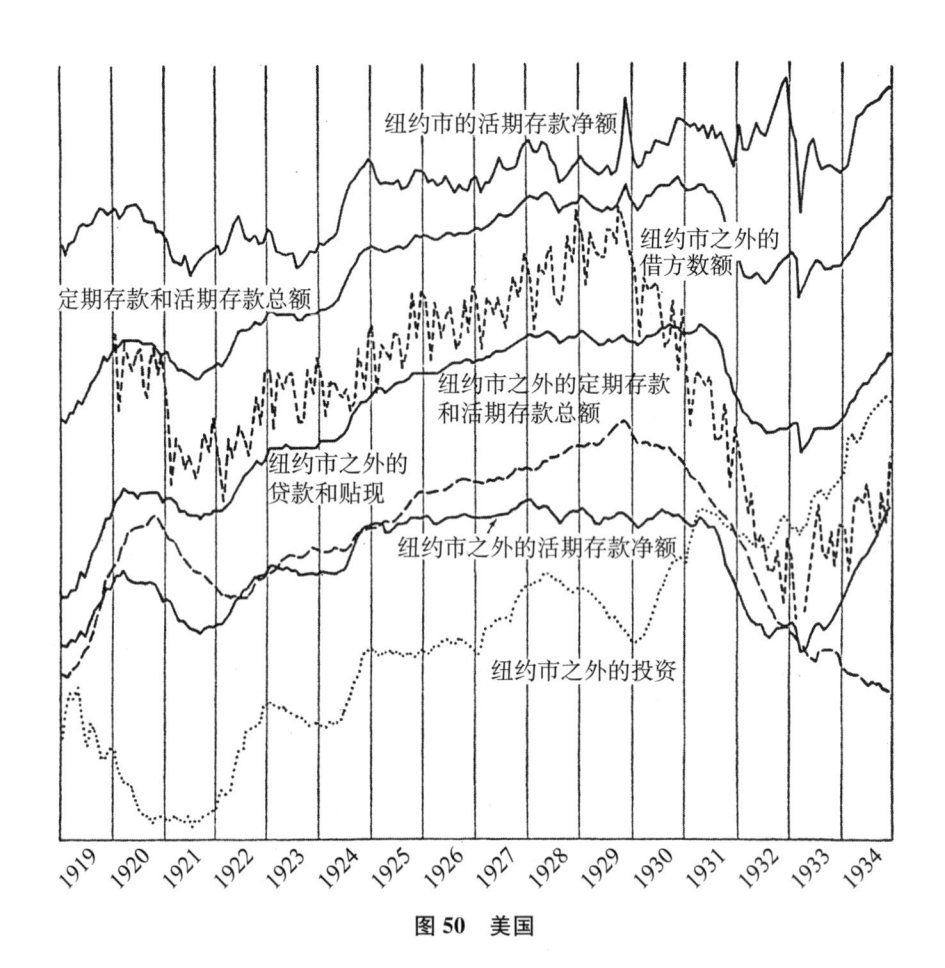

很明显的，虽然不像一些理论家让我们相信的那么明显①，在一定程度上，定期存款加上活期存款的总额也是如此。这个结论无疑适用于我们这个数量（当然，它与贷款的共变性只不过是一种同义反复的说法）。不仅如此，这种情况也恰恰证明了我们的观点，同时构成了对修正后的（货币）数量理论的反驳，因为宽泛地说，这种情况证明，只有那些对应于贷款的存款的变化，才会转变为支出的变化，而其他可以归因于其他因素的

---

① A. A. 扬格（前引论著，第 62 页）正确地强调指出，对于国民银行来说，"无论是在纽约市之内，还是在纽约市之外，贷款和贴现的变化与活期存款的变化之间的一般关系是很重要的"。然而，分歧主要是在他的讨论结束的日期之后（或在该日期前不久）显现出来的。当然，在其他细节上还存在着相当大的分歧。更重要的是与投资项目相关的情况。但这种解释并不总是充分的，在某些情况下还会引出一些很好的问题，但我们在这里不可能对这些问题展开深入的探讨。

变化却不会，但是根据修正后的（货币）数量理论，它们也应该是这样的。因此，事实再一次表明，调节存款并不意味着调节支出或"经济脉搏"。而这一点也就意味着，存款行为的这种新特征以及造成这种现象的相关因素，并不拥有人们通常赋予它们的那种重要性，尽管我们将会看到它们可能会拥有另一种重要性。

其次，人们常常指出，无论贷款和贴现总额有多大，以银行统计数据中的"其他所有"科目来代表的商业贷款在这个时期内几乎没有什么变化。[①] 确实是这样，前提是，我们必须将这个时期的前几年忽略，并以1923年为起点。在那一年，对危机的清算可以认为已经结束，我们得到的是一个近乎一直稳定向上的运动，到了1929年，仅仅是各主要城市每周报告的会员银行，增加额就达到了将近20亿美元。[②] 但是，如果不将房地产贷款包括在内，那么所有会员银行的数字（以6月30日那一天为准）从未达到过1921年的峰值，而且只有1926年、1928年和1929年这几年出现了明显的增长。即便我们不考虑这个数字，"其他所有"贷款在总贷款中所占的比例也从1921年的70%左右降到了1929年的55%以下。当然，这不是什么新趋势，而只是延续了战前（国民银行的数据）的一种趋势。新颖之处仅仅在于，它现在已扩展到绝对数层面。[③] 虽然这种变化只是数量上的，而不是性质上的，但是在赋予信贷领域的这些数字和过程次级重要性的范围内，这种变化就是一种基本的变化，因此必须加以慎重考虑。

有一件事情再清楚不过了：它并非起源于银行，因为从长远来看，银行最有利可图的业务将因此遭受损失。一定是客户放弃了这种融资方式。

---

① 让我们回顾一下，对于这个科目，我们所能说的无非是，它与通常所说的商业贷款比其他贷款更有关系。但是许多证券贷款并不亚于真正的商业贷款。房地产贷款的大部分则不是。

② 见《纽约联邦储备银行月报》，1932年10月1日，第78页。纽约市也包括在内。米尔斯教授（前引论著，第450页）指出，对于所有要报告的会员银行，包括纽约市在内，1922年至1929年贷款的年均增长率为3.2%，而证券贷款的年均增长率则为10.5%。

③ 安德森博士提请我们注意（《大通经济公报》，1927年4月8日，第18页），从技术意义上讲，合格票据在会员银行总资产中所占的比例很低。柯里博士也强调了这一点（前引论著，第117页）。《联邦储备法案》背后的理论模式越来越不符合美国的国情。前一位学者不喜欢这种发展，后一位学者则喜欢，但是对我们来说，重要的只是事实。

在这些客户中，我们可以忽视家庭，因为它们可以继续自由地借贷——实际上，比以往任何时候都更加自由——正如房地产贷款和个人贷款部门的发展所显示的那样。它们还通过各种向银行申请贴现的金融机构间接从银行贷款，也通过帮助创建分期付款票据向银行贷款（这构成了"其他所有"贷款中所占比例越来越高的一个组成部分）。中小型贸易和制造企业也不能对这种变化负责，因为这类企业仍然和过去一样，在很大程度上要依赖于客户的信贷额度才能满足其所需，包括为实质上的长期投资进行融资。因此，按照常识和一般看法，在这个"消理"过程中生成的是只能由大企业从事的一种业务。那么为什么只有大企业才会采取这种新的做法？原因很简单，只有在有海量资金可用时，从事这种业务才会变得容易，才会变得有利可图。这种业务本身就对那些对任何涉及一定程度的监管的事物都心存嫉妒的大企业高管有非常大的吸引力（正是因为存在这种嫉妒心理，他们从没真正喜欢过与银行的联系）。如上文所述，在我们讨论的这个时期的头几年，更成功的那些企业有充裕的资金可以使用。这些钱源于以前的利润[①]，而且在很多情况下是通过及时撤离前线而得以保全。后来，当债券收益率下降并且股票市场蓬勃发展时，大企业的资金流动非常便捷，其速度之高以至没有任何一家银行可以与之竞争。这些大企业充分利用了这种有利的情况，它们在扩张的过程中成了债权人而非债务人（就便捷的资金流动而言），并且在财务上一直保持着领先位置，最终带着堪称豪华的全套金融装备进入了大萧条。[②] 在这些大企业中，有一些甚至有能力在 1935 年和 1936 年实施大规模投资，而所用的资金正是它们在 1928

[①] 我们可以回顾一下，1919 年，企业的未分配利润（没有对按成本进行的折旧与按现行价格进行的折旧之间的差异进行调整）达到了 43.1 亿美元，这个数字没能再达到。但是来自利润的融资当然还在继续。

[②] 企业资产负债表上的现金项目对这一点的反映虽然不完全，但是它确实有所反映。从 1926 年起，其占总资产的百分比可以利用公司税资料计算出来。将现金免税证券（它是一种临时投资）包括进来，并从所有企业的这个项目扣除现金，再加上银行和金融公司的免税投资，我们就可以计算出工业和商业企业的下列数额（我们加入了大萧条的那几年）：1926 年，99 亿美元；1927 年，103 亿美元；1928 年，111 亿美元；1929 年，109 亿美元；1930 年，104 亿美元；1931 年，91 亿美元；1932 年，91 亿美元；1933 年，88 亿美元。占总资产的百分比分别为：5.65%、5.86%、6.13%、5.57%、5.37%、5.20%、5.37%、5.41%。这个序列特别值得注意的是它的显著稳定性。

年和1929年的投机热潮中筹到的。①

现在,"货币"仍然来自银行或者通过银行流动。货币在很大程度上是由它们创造的,就像当企业直接向它们借钱时一样。只不过,货币不再是通过向工业发放贷款而创造出来(工业贷款会使其他贷款膨胀),而是通过向债券和股票买家发放贷款而创造出来(这会使证券贷款膨胀)。至少,这是直接贷款给工业部门的另一种选择,它能够最清楚地表明我们试图表达的观点。当然,银行也会购买债券——并通过它们的附属机构购买股票——而且这种购买行为变得如此重要,以至出现了一种新型银行高管,他们几乎不了解银行业务,看上去更像是债券推销员。但是我们将暂且搁置这个现象,目的是聚焦于如下事实:在相当大的程度上,通过证券贷款实现的信贷创造,构成了"企业贷款"的替代品——因此,在同样的程度上,并不构成余额的一个净增量——它服务于同样的目的,而不是另外的目的。当然,这并不是说所创造的实际余额与传统方法所创造的余额是相同的,也不是说这种变化仅仅是技术性的,是不重要的。相反,我们可以肯定地说,在剧烈动荡的股市,货币的创造速度与银行家在会议室里设定的速度截然不同。资本主义机器的转向和平衡部件已经受到严重损害,甚至可能已经永久性地受损。从最终应用于随后情况的补救措施开始,很可能会演化出一种新型银行机制,从我们的模型的角度来看,这种机制很可能无法退回到所谓的正常状况。尽管如此,如果我们要讨论20世纪20年代的"通货膨胀"的话——本书作者并不关心要不要讨论它——就有必要考虑到一种存款创造方法对另一种方法的替代。而为了眼前的目的,重要的是必须认出这个在"新外衣"下进行的创业融资的"老过程"——制造这套新外衣的材料包括证券贷款——并从这个角度去看待"商业"的停滞和证券贷款的扩张。

---

① 截至1934年9月,银行购买的承兑汇票和商业票据都被包括在"其他贷款"(other loans)中。但是从大企业界(corporate industry)与银行之间的关系来看,这些项目也应该从其他贷款中剔除,列入独立融资方法当中。对于大企业来说,可以直接求助于或者——通过他们所拥有的中间机构,例如承兑公司——间接求助于公开市场(就像美国财政部一样)。尽管银行不得已而求其次(faute de mieux)被迫购买此类票据,但是这种购买并不构成"对客户的贴现"。实际上,这种做法意味着,在短期贷款领域,原有的银行-客户关系将彻底破裂,就像在长期贷款领域发行债券时一样。

因此，外部贷款和贴现总额才是真正具有相关性的数字。从 1922 年至 1928 年，它们在收益性资产总额中所占的份额变动不居，在 71% 和 74% 之间。①而且在这个时间段内，它们的平均增长率（即"描述性趋势"）没有出现任何明显异常或前所未有的情况。它们在各个基钦周期内均有变化，并证明了第四个朱格拉周期的上升，这些都完全符合预期。各个组成部分的行为之间的差异提出了一些细节问题，但是我们无法在此深入讨论。"其他所有"贷款序列的原始项目的一阶差分，对短期经济状况的反映，要比证券贷款序列的一阶差分更加忠实——这一点从金融技术的角度很容易理解——因此，对于某些特定的目的，前一个序列比后一个序列更加有用。

(三) 银行的投资与通常的业务惯例

现在讨论会员银行的投资。②我们将利用这个机会从另一个角度，即各银行自身的角度来研究前面两个小节讨论过的一些新发展。当然，贷款与存款之间的并行性从来都不是完美的，而是一直受到以下因素的干扰：第一，货币从银行流出再流入银行；第二，货币金属流出和流入国境（包括艺术品的流入和流出）；第三，银行的投资。在我们讨论的这个时期，这些因素所发挥的作用没有一个与战前相同。不过，最能给理论家留下深刻印象的一个变化——它实际上构成了对银行业惯例和收益性资产结构的一场革命——发生在上面第三个因素的绝对重要性和相对重要性上（见图 50）。

这种变化可以追溯到很久以前。正如我们已经知道的，自 19 世纪 90 年代以来，国民银行的数据就显示了它的踪迹，而且对它的理论解释我们

---

① 1920 年、1921 年和 1929 年的数字显示出了更高的百分比。值得注意的是，在这些百分比的年际变化与存款的"速度"之间，在贷款和贴现与活期存款净额之比与商业票据利率之间，以及在商业票据利率与贷款和银行投资之比之间，都存在着粗略的共变性。从我们的立场来看，对这种共变性的解释非常明显，不必在此多说。

② 图 50 中的数据实际上是纽约市之外的（每周报告的）会员银行的数据（见附录）。但是读者应该还记得，在我们的一般推理中，会员银行一词（有时也只用"会员"一词）有着特有的技术含义。纽约市之外的每周报告的会员银行，一方面只是这个术语的通常意义所指的更完全的总体的一个样本，另一方面，对于我们来说，它只是一个理论实体（等于所有非中央银行）在真实世界中的代表。

已经耳熟能详，即银行投资理论。最初的灵感同样可能是受到了发生于1899年到1908年的一系列事件的启发，那个时候的"担保"贷款和投资的行为方式强烈地暗示战后时期的各种发展。一方面是《联邦储备法案》以及1917年的修正案，另一方面是黄金的流入，这些都提供了额外的信贷工具；战争融资也带来了一个冲击①，但是它只意味着在特殊情况的压力下产生的一种非常自然的暂时偏离，本身对周期的金融机制没有永久性的重要意义。事实上，我们观察到，一旦这些情况变成过去式，银行就会急于将自己的头寸正常化，并努力减少自身在那些仍在货币市场上漂浮、阻碍航行的"冰山"中所占的份额。由于这些工作都是在1919年和1920年进行的②，当时战后的繁荣正处于全盛期，所以我们可以推断，它们在努力恢复正常条件的同时也在为满足工业和商业的需要而努力争取空间。③ 然而，在这个时期开始的时候，尽管它们（以及联邦储备委员会）似乎认为这是一种不正常和不受欢迎的情况，但是消除这种情况的努力很快就被放弃了，而且再也没能恢复。到1922年底，总投资几乎回到了峰值④，然后在这个时期的剩余时间里，总投资还将达到前所未有的水平。⑤

要做出解释就必须首先观察到，在这个描述性趋势中，至少波动的方向和发生时间，是与我们模型的预期相对应的。银行在1921年和1922年的萧条期增加投资，在1923年减少投资，然后在1924年再次增加投资，在1925年至1926年大致保持稳定，在1927年增加投资，在1928年和

---

① "所有银行"的投资从1914年的55亿美元增加到了1919年的119亿美元。在1917年以前，国民银行会将持有的政府债券限制在仅仅足以覆盖自身的纸币流通和政府存款的范围内。在那一年，纽约市的国民银行迈出了巨大的一步，纽约市之外的国民银行在1917年和1918年也迈出了一大步，并在1919年初达到了顶峰。

② 纽约市的两家银行也清算了政府债券以外的资产。纽约市之外的银行则只是在相当小的程度上这么做了，而且只持续了几个月。

③ 事实上，正如我们在第五节已经指出的，贷款出现了大幅度的增长，而且这种增长还会再次出现——事实上，这种增长将不断重复——这一点对任何关于"通货紧缩"的理性评估都是非常重要的。1921年，流通中的货币减少了9.4亿美元，库藏货币增加了将近2.2亿美元，黄金也大幅流入（7.49亿美元），这些都进一步增强了银行的地位。

④ 然而，截至1922年底，纽约市之外的银行持有的政府债券只达到峰值水平的三分之二左右。

⑤ 1928年6月30日的数字是178亿美元，在那之后的两年里，这个数字一直在下降。1921年（6月30日）所有会员银行的投资大约为60亿美元，1928年接近107.6亿美元，1929年为100.5亿美元。

1929年适度减少投资……总体上看，其行为大体上符合战前的模式，那就是：投资变动率与贷款变动率之间存在着相当明显的反向共变性，在消除了描述性趋势之后更是清晰可见。这表明前者一定保留了它们原来的一些作用。我们还将补充一个事实，即（我们所说的意义上的）会员银行的行为也符合战前的模式，也就是说，它们继续主要关注客户的信用，并将之作为它们的业务的核心（即便要做出暂时的牺牲亦然）。① 除非清楚地认识到这一点，否则就不可能真正理解20世纪20年代银行业的发展。

但是，投资的这种描述性趋势之所以形成，完全是由于出现在1922年、1924年和1927年的三次井喷，而且这三次井喷显然与美联储的三次重大购买行动有关。② 但是，我们应该注意到，这种联系由于许多其他因素而变得复杂，而且只有在第二次购买行动中纽约联邦储备银行的行动才领先于会员银行的行动。在另外两次购买行动中，都是会员银行率先采取了行动。这个事实应该足以使我们相信，这些井喷包含一个独立于美联储行动的因素。美联储的行动提供了额外的动力和额外的流动手段，但并不是唯一的有效原因（causa efficiens）。从1922年1月到1929年10月，美联储在政府债券上的重大交易的净结果是−6 500万美元，这个事实也证实了这一点。③ 然而，这确实是影响会员银行投资的一个重要因素④（这是第二个重要因素；如果我们把战争的影响也计算在内的话，那就是第三个因素）。

---

① 自1928年10月起，监管要求（官方意义上的）会员银行提供信息，使公众能够区分客户贷款和公开市场贷款。这方面的信息要在联邦储备委员会的公报和年度报告上发布，它们具有非常大的启发性，我们在正文的讨论中已经加以利用。就当前的问题而言，重要的一点是，这些银行并没有像1929年那样，在回报更高的情况下，以放弃客户贷款为代价，转向公开市场上的临时投资。这也意味着，对于它们来说，出售和购买债券与客户贷款相比是次要的或附属性的。

② 但是，请比较下面描述的公开市场操作的具体做法。

③ 对于美联储的购买行动的因果性影响，总是存在高估的风险。因为很自然地，美联储会在如下情况下进行购买：各会员银行发现存在资金闲置，打算增加它们的投资（这独立于美联储的任何行动）。这一点在下文很快就会变得更加清楚。

④ 本书作者对伟大的经济学家A. A. 扬格（A. A. Young）所坚持的任何看法都非常尊重，因而非常不愿意对他的观点提出异议。但是，本书作者确实不能理解A. A. 扬格为什么认为纽约联邦储备银行的公开市场购买行动对纽约市国民银行持有的政府债券数量"似乎没有任何可以辨别出来的影响"（前引论著，第59页）。

第三（或第四个）因素是最有意思的一个，它由银行的客户业务的条件构成（我们在前面第三小节讨论过）。在 1922 年及之后，当银行发现这项业务在充裕的资金浪潮的冲击下逐渐远离它们而去的时候，严格地说，它们并没有新的动机去寻求投资机会，来作为它们的存款创造设施的永久性使用渠道（即期限超过了临时的）；正如我们已经看到的，这种情况在战前的图景也并非不存在。相反，是它们原有的动机获得了额外的分量。因此，它们越来越多地开始持有和交易债券，并且不限于政府债券，特别是纽约市之外的银行。这种持有提供了一种回报，尽管这种回报不太有吸引力，而且一直趋于下降，但是它得到了资本利得和处置（尤其是配售）带来的收益的补充。所以，尽管它们仍然继续按照上面描述的方式来调控它们的过程，它们确实已经在系统性地多买少卖（在买的时候买入的要比在卖的时候卖出的多），这就是我们对观察到的描述性趋势的基本解释。但是，这也事关波动和本序列与其他序列的关系，这是因为，只要为满足工业和商业需求所采用的融资方法（通过发行新债券或出售旧债券）越来越依赖于工业和商业企业的主动计划，即只要越来越多地取代直接从银行贷款，就会因此而加入一个与周期阶段正相关（而非负相关）的因素。我们在对战前时期进行分析时已经观察到这种现象，但是在 20 世纪 20 年代，这种现象变得更为重要。我们预期，在持有政府债券以外的资产方面，这种现象会更加突出。事实正是如此——对于纽约市之外的银行，似乎与经济状况相关；对于纽约市的银行，则与投机活动相关[①]，事实本应如此。这也就解释了上面提到的负相关性中那些无法令人满意的地方。

但这种负相关性只是被这种因素削弱了，并没有被完全破坏。而且，只要没有被完全破坏，我们就可以预期，投资与定期存款会出现某种共变性，因为银行主动计划的投资可能会创造出闲置的存款，而闲置的存款——尽管需要满足我们上面讨论的若干条件——更有可能被存入定期账户而不是其他账户。定期存款的增长速度要快得多，这与我们的理论是一

[①] A. A. 扬格（前引论著，第 58 页）观察到，纽约市的国民银行的证券持有量比纽约市之外的国民银行表现出了更大的变异性和更快的反应速度。他说："纽约市场作为一个集散地，暂时地'持有'大量证券，直到它们被其他地方所吸收。"这反映在了 1927 年到 1929 年的一些波动的特征上。

致的。我们的理论认为，定期存款不包括闲置资金，而是代表一种用来处理某些类别的流动资金的新方法，投资与定期存款之间的对数比率近乎直线地稳步下降这个事实说明了这一点。但是，除了意味着这种共变性之外，这些数字有更多的含义，特别是纽约市1921年至1922年和1924年的数字。这说明了一个极其错误的理论的残余影响——该理论声称，银行把储户"委托"给它们管理的定期存款用于投资。我们知道，定期存款与储蓄之间这种隐性的关系，最多包含部分真相，而且我们在原则上[①]一般不会说某家银行利用定期存款进行的投资比利用活期存款进行的投资更多，尽管对于银行家来说，如果他们非要坚持照搬这个行业的传统措辞[②]，那么看上去确实像是在"投资"。此外，政府债券是最具流动性的资产之一，说银行购买政府债券（以及其他债券）是一种糟糕的投资，除非能够用低流动性资产来平衡，这种观点听起来确实很奇怪，特别是当它出自那些在发放抵押贷款时丝毫不感到有什么不妥的银行家之口时。

为了描绘出一幅完整的画面，我们还必须处理许多额外的问题，但在这里我们只能讨论其中最重要的几个。第一，银行会通过增加资本金来改善资产负债表。在研究存款行为和讨论是否存在"通货膨胀"时，必须始终牢记人们可以将存款转换为银行股票。不过，我们只需要注意到1917年至1921年银行资本金的增加[③]，以及1919年至1921年与为了使银行地位正常化而做出的其他努力同时发生的一些事件，特别是对投资的部分清算。第二，《联邦储备法案》的出台改变了纯粹的会员银行（我们所说的意义上的会员银行）与同时履行着中央银行职能的会员银行之间的关系——前者大体上以纽约市之外的银行为代表，后者则以纽约市的银行为代表。但是，这两类银行之间关系的持续性超出了我们的预期：纽约市银

---

① 用他人的账户贷款的情况将在后面提到。

② 对于那些在其他方面都吸收了"信贷创造"理论的理论家来说，同样的借口是不能成立的。保留旧学说的残余实际上是非常不合逻辑的。

③ 1917年，国民银行的资本和盈余为18.45亿美元，其他银行（不包括储蓄银行）的资本和盈余总计为19.53亿美元。1921年，国民银行的资本和盈余达到了23亿美元，其他银行的资本和盈余达到了27.20亿美元。此后这种增长仍然在继续，并在1928年至1929年有助于增强银行的放贷能力：1922年至1929年，会员银行的资本、盈余和未分配利润增加了大约20亿美元。当然，这个数额再加上存款总额，与贷款加投资再加准备金的增长相当。

行在很大程度上保留了其在纽约市之外银行的业务中的角色。① 但是，向美联储转移准备金影响了银行间存款。纽约市银行的存款与所有银行的存款之间的战前关系不再可见。不过，纽约市银行的活期存款净额与纽约市之外银行的活期存款净额之间的战前关系、纽约市银行的贷款和贴现与纽约市之外银行的贷款和贴现之间的战前关系，至今仍然有所保留。这种关系的其他方面也已经被注意到。第三，中央银行业务对各银行的行为也有影响；尽管新设的机构及其政策将在稍后讨论，但是现在就必须审视这种影响。

可以预期的是，如此容易获得的额外"资金"来源的存在，必定能够为会员银行省去许多流动性方面的麻烦，并因此深刻地改变它们的经营策略。在关于货币"供应"如何调节的机械论观点中，认为这种资金来源确实发挥了这种作用的假设，在事实上建构了一个根本性的联系。房地产贷款的增长和其他"症状"实际上也都指向了这个方向。② 但是，无论是出于联邦储备委员会的强制要求，还是出于传统，抑或是出于对遵循观察到的"合理"原则的长期优势的认识，银行确实都"屈服"于这种诱惑，尽管这种诱惑远没有人们想象的那么大。可以肯定的是，不同银行的行为差异很大，尤其是在一流银行与二流银行之间。③ 联邦储备委员会的年报反复出现的一些段落暗示我们，那些为了增加运营资源或至少从公开市场利率和再贴现率之间的差额中获利而倾向于依靠欺诈手段的银行，其面临的困难无疑是非常巨大的。然而，就整体而言，不可能有太多这样的事情发生。一般的模范银行和其他更高等级的银行，都不喜欢欠往来储备银行的

---

① 这一点除了可以通过其他一些事实证明之外，还可以通过如下事实证明：在整个时期内，往来银行（纽约市和其他地方）进行的再贴现虽然规模不大，但是却一直在进行。关于这个事实以及相关的点，参见 S. E. 哈里斯（S. E. Harris），《联邦储备委员会二十年来的政策》，第二卷，附录 C，特别是其中第 773 页的图表。

② 但是，在这方面应该指出，会员银行的储备余额在 1922 年 1 月至 1927 年 1 月增加了将近 5.6 亿美元（尽管"美联储未偿信贷余额"减少了 1.4 亿美元，流通中的货币则增加了 3.75 亿美元），这主要是由于黄金进口。1919 年的（月平均）储备余额为 17.42 亿美元，1921 年为 16.55 亿美元，1929 年为 23.75 亿美元。有些学者认为，这 7 亿美元左右的增长是这个时期货币过程中的一个关键数字，特别是可以作为"通货膨胀"存在的正面证据。

③ 由于最大的几家银行恰好都位于纽约市，因此这一差异大体上可以说对应于纽约市银行与纽约市之外银行的行为差异。请参见柯里，前引论著，第 91 页及以下诸页。

债，事实上，它们通常急于减少债务。① 正如前面提到过的，银行关注的主要是自己的客户业务，会对在公开市场上的承诺和投资进行更多、更专业的监管，以保证在融资时不求助于再贴现储蓄——除非在非常特殊的情况下。这一点要到1928年10月才能看清楚，因为必需的资料从那时起才第一次获得：在这个时期的最后一年，会员银行的客户贷款在总体上实际上是增长的，在同一时期它们还偿还了1928年上半年增加的对储备银行的债务；它们直到1929年10月都做到了这一点，还通过减少发放给经纪人的贷款、减少持有的承兑汇票和商业票据买入了当时储备银行出售的政府债券，当然同时涌入的黄金也给了它们极大的帮助。但是，再贴现序列的"行为"（见下文）表明，可以将这个推断推广到整个时期。② 因此，毫无疑问，在得到了这些异常有利的条件的帮助之后，银行从来不会发生"顶格放贷"的情况，除非是在这个术语包括二级储备在内的那种不相关的意义上。在这种不相关的意义上，这种情况可能在大部分时间里都存在，尽管在1929年第一季度存在着少量的超额储备。银行从来没有在相关意义上"顶格放贷"（所谓相关意义是指，如果不进行公开市场操作，它们会因为在客户申请贷款时无法发放贷款而感到尴尬）。因此，我们得出的结论是，会员银行的做法说到底与战前的模式差别不大，会员银行有关数字的含义也与战前相差不大，而且这些数字比我们预期的更容易根据我们模型所包含的过程加以解释。当我们试图评价20世纪20年代所有会员银行的储备增加了将近7亿美元（1922年至1929年）或所有会员银行的贷款与投资之和增加了大约115亿美元这个事实在这个过程中所起的作用时，必须牢记这一点。

---

① 就纽约市的银行而言，正如柯里博士所指出的那样，负债的增加实际上经常伴随着活期存款净额的减少（前引论著，第93页）。但是，我们绝不能忘记，还有其他原因，它们起源于周期的节律，尽管银行不愿负债，它们也往往会导致这种结果的产生。

② 上述情况与再贴现和纽约市之外的银行贷款与贴现之间的共变性是完全相容的，如果没有公开市场业务，那将会更加清楚。它们在战后的繁荣中一起上升，在1922年中期又一起下降，接着在1922年至1923年的复苏中又一起上升，然后在1925年和1928年再一次一起上升。只有在1924年出现了明显的、在1927年出现了不那么明显的歧异——当然，这也很容易解释。

(四) 德国和英国银行业的发展

对德国银行在战后德国特有的困难条件下的挣扎进行讨论，会引出许多有趣的观点，但是它们并不会对我们对战后时期的周期性过程的理解有实质性的帮助。最重要的一个特点——外国信贷——已经在本章前面得到充分处理。当然，这些特点都有力地影响了"存款和流通中的货币"的行为（见图40），也反映出了银行在通货膨胀之后逐渐恢复到正常的持有余额的习惯，以及朱格拉周期的各个阶段。主要银行的"贷方"数额（大致相当于美国的活期存款＋定期存款），在1924年时曾经低至38亿马克，到1929年上升到了120亿马克，但是给定德国特有的情况，这种增长并没有什么值得令人惊叹的地方，特别是没有迹象表明储蓄率发生了变化；如果非要说有什么不同的话，那就是它表明了货币购买力的过度扩张。经常账户中的应收账款（包括预付款和持有的票据——这大体上相当于美国的"其他所有"贷款）稳步增加——尽管利率有所变化，但也在预料之中——从1924年的略高于33亿马克增加到了1929年的将近94亿马克，这表明，在德国，传统的银行信贷并没有像在美国那样失去许多"领地"。同样的结论也可从已开立汇票的序列中推断出来，在德国，汇票仍然具有根本性的重要性，尽管汇票在未偿还信贷总额中所占的份额出现了迅速下降。[①] 流通中的货币在1929年也呈现出了上升的趋势，但是那一年的数字只是轻微地超过了1913年的水平。其他方面的特点将在稍后指出。

对于英国的情况，实现我们的研究目的所必需的一切都可以在图51中看得很清楚。

这幅图与美国和德国的相应图形之间的最引人注目的一个区别（因为前者有一些"经典"的曲线）不需要我们在此专门发表评论，它只是提醒我们，这些曲线不仅是政府追求的货币和财政政策的结果，也是完全独立于这些政策的英国经济过程的结果。为了避免忽略这个重要事实，即公共

---

① 无论该总额是增加了还是减少了，银行持有的票据的数量几乎一直在稳定地增加。这可以作为一项证据，证明它们的流动性一直都很强。

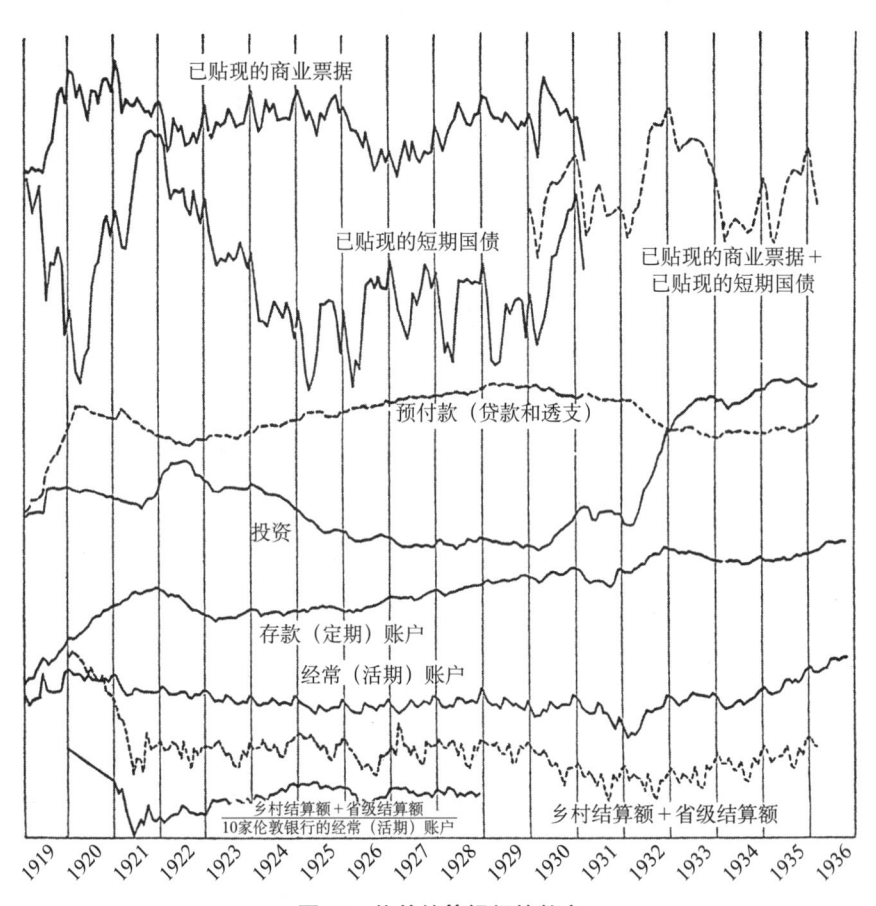

图 51 伦敦结算银行的数字

融资一直是货币市场的核心因素，其他一切都是围绕着它展开，我们还在图中加入了已贴现的短期国债序列。预付款与投资之间呈现出了一种最正统的反向共变性，而且在这个时期，投资在英国从未获得像在美国那样的重要性。我们要再次重申的是，经常账户（current accounts）① 余额在1920年和1921年上半年保持不变，与此同时，结算额则降到了一个新的、非常稳定的水平（通常认为，英国的结算额与美国的外部借方数额大体相当）。此外，它们只显示出了关于周期性波动的最温和的暗示：它们

---

① 如前所述，在作者看来，英国对经常账户和存款账户的区分，似乎比美国对活期存款和定期存款的区分更加明显。这就是为什么在这幅图底部的曲线中结算额只除以经常账户。

缓慢下降到了 1925 年，然后停止下降，在 1927 年和 1928 年略有上升，从中勉强可以辨认出朱格拉周期的各个阶段。然而，值得注意的是，正如这幅图底部的曲线所表明的，这种缓慢下降并不与结算额（反映货币业务量的指标）平行，因此不可能会对经济过程产生重大影响。

四、股票投机与货币投资过程

前面给出的分析（第三小节）隐含着对 20 世纪 20 年代投资过程的货币方面部分情况的讨论，但现在必须加以明确说明（至少在一定程度上），并且要用来自金融部门的其他数据（主要是来自股票市场的数据）加以补充。

（一）经纪人投资理论

为此，我们首先需要在前述图景中加入短期投资（temporary investment），这个现象的重要性在世界大战之后的第一个十年不断上升——在世界各地均是如此，在美国尤其如此。① 我们在前面已经看到，工业企业有时候会拥有超过它们当时所需的资金②，例如，未分配利润或发行债券或股票筹集的资金。另外，保险公司、公共机构以及富裕群体在试图转变投资的时候，往往会发现获得那些可"快速"转手的资产有很大的便利之处，这种类型的资产正是银行在为了满足二级储备目的时会购买的，甚至是银行不是为了这个目的或任何其他目的而买入的；通过这样做（或者是在一段时间内，或者是定期地），它们就可以参加公开市场上的游戏。当然，除了购买承兑汇票、短期国债甚至债券之外，它们也可以将最狭义的贷款发放给票据经纪人或股票经纪人。这种特殊类型的临时投资影响银行状况的方式，与购买债券影响银行状况的方式并无二致；事实上，我们也可以把这种交易称为"购买贷款"。如果"买进"的贷款是原来就存在的，而且是那家持有用于这种投资的存款的银行所"拥有"的，那么这家银行

---

① 这个术语应该在我们于第三章和第十一章给出的技术性意义上加以理解。
② 虽然我们在这里只限于讨论自有资金，但我们应该记住的是，这种现象本身其实并不一定局限于我们所说的意义上的自有资金。此外还应该记住，说（例如）保险公司永久性地进行临时投资并不矛盾。

的存款和贷款就会减少相同的数额,这样一来,在其他条件不变的情况下,它的现金或储备存款所受到的压力(如果存在这种压力的话)就会减轻,它的放贷能力也就会增强。① 从而,银行体系的总放贷能力得到增强,于是我们可以说,原有的存款现在可以发挥更大的作用了,或者说它们的"速度"提高了。如果该贷款以前并不存在,而是在交易中新创造出来的,那么如果收款人与放款人是同一家银行,就不会影响银行的存贷款,也不会增强银行的放贷能力。② 如果是购买现有贷款,或者一笔新贷款的出现导致相应数量的投资者资产转移到另一家银行——在美国大多数情况下会这样——那么就会出现一个额外的特征,从其性质上看这对投资者的银行来说是一个冲击。要吸收这种冲击,有好几种显而易见的方法,比如说利用银行事先早就足够明智地留有的缓冲空间,或者向储备银行或接收银行借款。此外,在储备余额发生实际转移的情况下,接收银行的地位将会有所改善,其贷款能力也会增强,同时支付银行的贷款能力通常会减少相同的数额。但是,不能将这一点加以推广,那没有任何现实的意义。银行体系总贷款出现净收缩也是完全有可能的,特别是如果上述转移碰巧是发生在从一家"弦绷得很紧"的银行到另一家处境舒适的银行的话——尽管在这种情况下对整个经济的最终影响也仍然更加类似于银行贷款的扩张。

到目前为止,我们讨论的都是临时投资,或者用一个特殊的例子来说,是非银行机构在一个封闭经济体中的贷款。如果将新输入的资金同样用于这个目的,那么逻辑不会有什么不同,但如果这些资金的输入需要增加会员银行的储备,那么影响就会更复杂,实际效果也会有所不同。为了说明这一点,不妨让我们想象一下,(在 20 世纪 20 年代)突然有一个外

---

① 然而,其他的(cetera)却不一定是相等的(paria)。但是,假设银行现在能够发放更多的贷款,那么值得注意的是,在这种情况下,正如在其他一些情况下,存款减少将伴随着货币市场宽松程度的提高和货币利率下降的趋势。在把存款的涨跌与利率的涨跌联系起来的理论面前,这个原本微不足道的观察结果变得重要起来。

② 然而,也许可以这么说,如果贷款的接收者本来可以向银行申请贷款,那么贷款可能会增加,这是一个非常现实的情况:他原本会提出的申请既然被拒之门外,银行现在就可以带着"更大的善意"对待其他申请。

国人从天而降,随身带着相当于 100 万美元的黄金,这个人也许是预料到自己会受到政治迫害,携款逃难来的,总之,他在某家会员银行开了户,拥有了一笔存款。毫无疑问,这肯定会使那家银行在美联储的准备金有所增加;而且无论这个存款人怎样处理他获得的余额——我们当然可以想象,他在身体完全恢复之前(从天而降,受点伤似乎不可避免吧),会进行短期投资——银行准备金增加这个事件的影响,都将会掩盖他的行动可能产生的任何其他影响。

这些短期投资者的盈利动机非常清楚。然而,他们之所以要利用银行作为中介,也有技术和其他方面的动机:例如,银行可能会成为一道有用的"屏障"。首先,银行必须答应下来,因为它们不得不这么做。当然,这些短期投资者也是银行的竞争对手,他们的存在本身就是银行对金融架构的控制弱化的一个症状。但是,其次,银行将会获得比佣金多得多的资金,因为这些资金还是要交由银行来安排。特别是,银行可以利用这些资金来改善自己的状况,也可以利用这些资金去为自己可能直接或间接感兴趣的目的融资,银行这样做的好处是,即使是在有许多吹毛求疵的批评者盯着的时候,也不用担心以自己的名义公开地支持那些项目会有什么问题。于是,合作就达成了。这没有改变这些贷款的操作方式,而只会给统计造成一定的影响:在报告中,这些贷款现在被列入了"其他贷款"。由于它们主要是针对证券交易所,所以它们就作为经纪人贷款的一部分出现了①;同时银行会将另一部分经纪人贷款记到自己的账上,作为自己日常业务的一部分。

接下来给出的另一个评论将使关于这种特殊短期投资的理论变得完整,同时还可以顺便完成我们在第十三章第四节的讨论。在实际操作中,任何一个股票经纪人都不仅必须有自己的资产,还要保持良好的银行余额。然而在这里,我们不妨假设,他可以将自己的其他资产作为抵押,从这笔余额中借用一部分,这样一来,利用他原本为开展业务准备的这些东

---

① 对于任何一家单独的银行,这个部分也包括它借用其他银行(外地银行)的账户发放的贷款。这种行为介于借用银行客户的账户发放的经纪人贷款的行为与用贷款银行自身账户发放的经纪人贷款的行为之间。我们的讨论主要针对后两类。

西，就能创造出一些经纪人贷款来。现在，如果投机者采取我们在第十三章所说的"买入"操作，即将一定数额的资金转移给经纪人，开立他们的保证金账户——当然，他们不一定需要这样做，也可以存入证券——那么这些资金会减少经纪人贷款总额，虽然它们也可以是借入的。当经纪人忙于执行买入或卖出的指令时，剩余金额的总和则不会发生变化。① 这是因为，虽然单个经纪人在当天交易出现"逆差"时就不得不借款来补足自己的存款，但是其他经纪人却必定可以在事实上获得良好的余额；该余额最高相当于他们的负债，将会减少经纪人贷款，减少的数量等于因为买进的经纪人贷款而增加的数量——除非被客户取消了。的确，这将非常迅速地完成，尤其是如果卖家不是投机者，而是他们要出售的证券的发行者，或者是没有保证金账户的外部人士的话。然而，经纪人的这种"共同的融资行为"，既不是用于购买，也不是用于持有，而是用于提取，或者我们也可以说，是用于把经纪人的余额转换成银行的余额。因此，虽然经纪人的债务从技术上看是为了偿还客户的债务而产生的，但是经纪人贷款总额一般只能通过转换客户的债权来增加。

　　这种转换可能会造成非常尴尬的局面。事实上，它的"持续威胁"正是货币市场机制正常运转必不可少的刹车装置之一。但是，如果大量被他人持有的余额随时都准备着去"购买"对经纪人的债权②，那么就不一定会有那么多的新余额被创造出来，而且投机者在经纪人处的原始存款（加利润，或减损失）就可能会被引导到消费者和生产者的支出渠道中，而且在短期内不会——对银行或任何人——造成任何干扰，除非迄今为止闲置的存款变得活跃起来。这个论点有不少有趣的含义，我们无法在此一一跟进，但是我们应该马上就会注意到，它几乎完全推翻了一种理论——这种理论不仅是许多政治家和知名作家所坚持的，而且显然是一些经济学家和

---

　　① 这一点经常被人们忽视。作者对有关证券交易操作的文献不是很熟悉，但是据作者所知，对这一点的强调要归功于 W. J. 艾特曼（W. J. Eiteman）先生，《经纪人贷款的经济学分析》，刊载于《美国经济评论》，1932 年 3 月。
　　② 因为这就是借给经纪人的钱带来的。然而，从银行的角度来看，这些贷款却是新发放的。我们应当记住，这个论点既适用于卖方是股票发行者的情况，也适用于用"旧"股票进行交易的情况，几乎不用做任何修改。

联邦储备委员会成员所赞同的，即在 20 世纪 20 年代经纪人贷款吸收了"合法业务"极度需要的资金。事实恰恰相反，经纪人贷款可以说是一种榨取投机者的利润并将其注入经济生活洪流的手段。因此，我们可以认为它们是"通货膨胀性的"，这种说法明显符合这个术语的真正含义。如果想反对这种贷款，可以从这个角度入手提炼出一个适当的论点[①]，但是这挽救不了另一个论点。

因此，在这个意义上，我们必须把经纪人贷款看作已实现的投机者收益或股票发行收入的伴随物或载体。在 1921 年至 1922 年、1924 年至 1925 年和 1927 年至 1929 年，这个数字都出现了强劲的增长。但是，银行用自己的账户所做出的贡献不仅是相对稳定的——即便是在过去的三年中，也维持在了 10 亿美元上下[②]——而且实际上在 1928 年的大部分时间里都倾向于下降，在这一年的最后一个季度强劲增长后又在 1929 年上半年下降。1928 年和 1929 年出现的惊人增长——总额几乎达到了 70 亿美元——完全要归功于用他人的账户发放的贷款，这部分贷款从 1928 年初的大约 10 亿美元增长到 1929 年的最大值，将近 40 亿美元。[③]

（二）投机爆发、短期贷款（同业拆借）利率、不动产投资及若干次要问题

我们现在来观察一下图 52。

考虑到刚才提出的论点，我们不应以通常的方式去解释经纪人贷款与工业股价格之间的共变性。虽然"通常的方式"既明显又容易理解——可以用于股票交易的大量资金是股市繁荣的原始推动力；在某种程度上，特别是在外国资金大幅流入的情况下，股市繁荣就是资金充足的结果。然而，

[①] 见第十三章第四节。事实上，不难推测，当联邦储备委员会试图打击投机活动时，这就是它的意图所在。此外，联邦储备委员会可能对那些它自己无法控制的贷款人屡次越线感到不满，也对它自己不得不听取银行高管的意见深感不快，后者在回应它的警告时宣称，这些贷款人是完全独立于他们（高管）的，他们之间的关系，就像现实中的人与"月中人"的关系一样。当然，事实并非如此。

[②] 然而，在 1929 年的秋天（见下一个脚注），股市先是大幅上涨，然而在几周内出现了更大幅度的下跌。这里给出的是纽约市会员银行的数字，也包括其他银行的贷款。

[③] 其余部分是外地银行的贷款。应该记住的是，这 70 亿美元涉及需要报告的那些会员银行。1929 年 9 月的总额其实为大约 85 亿美元。

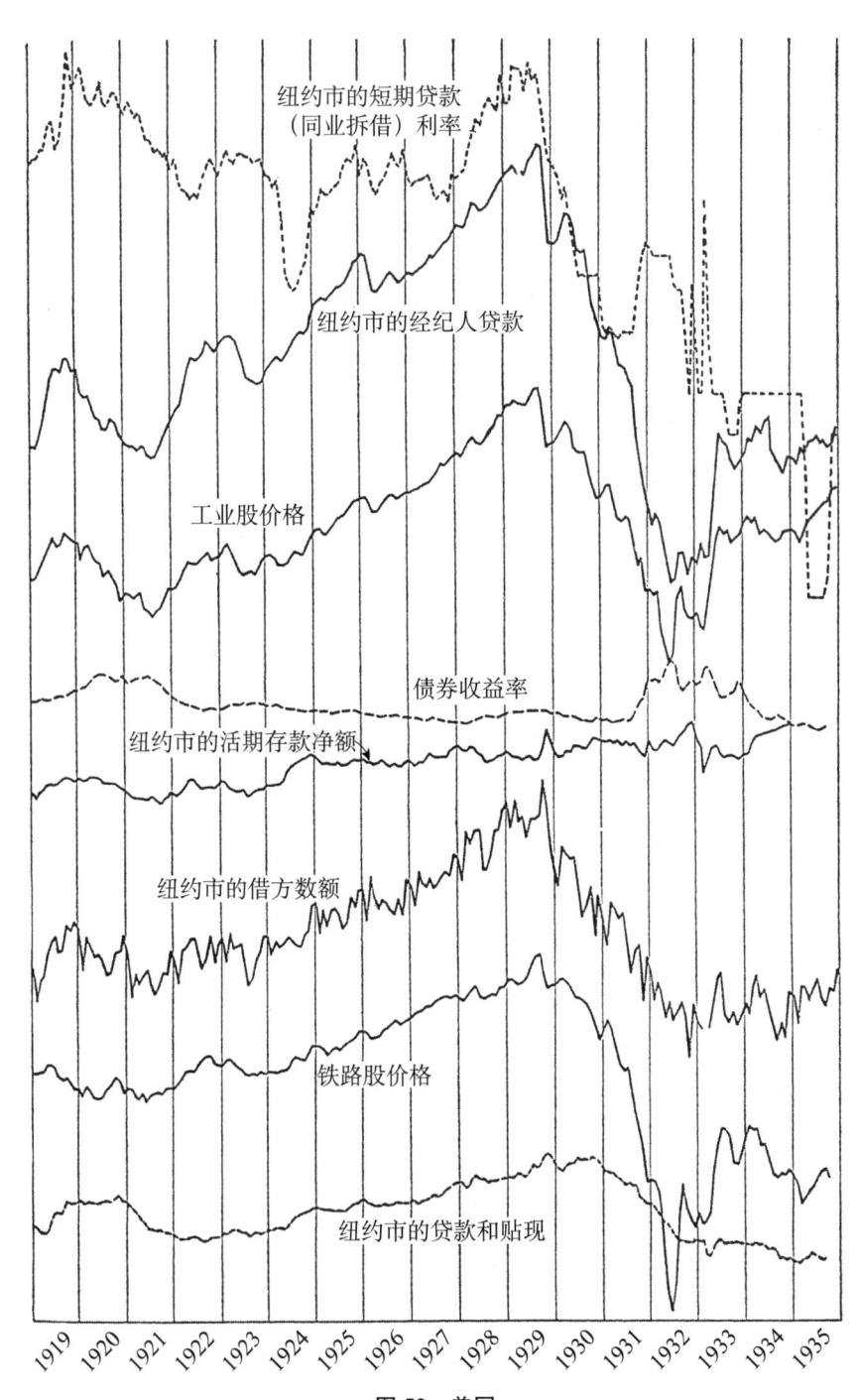

图 52　美国

这种关系实际上要复杂得多。和往常一样，原始推动力只能是工业上的成功。但是，充裕的资金确实是投机者发现将收益转化为余额如此容易、企业能够以高价卖出如此多的新证券的一个条件。在过去的几年里，收益远高于覆盖成本的要求，同时转贷部分收益又增加了经纪人贷款。这种做法进一步减轻了银行的压力（否则，前述转换就会给银行带来压力），并且使得发动机的刹车装置暂时失灵。因此，转换促进了进一步的转换，而不是像通常那样会阻碍进一步的转换，而充裕的"资金"又创造了额外的充裕性。

我们在这里要指出的是，这种"资金"在往返时经常会（但不是必须）流经定期账户——从而使得对活期存款的利用达到最大的经济性。同时，我们还要指出，转换而来的资金——或者说，通过转换创造出来的资金——如果既不重新流向经纪人，也不立即用于消费或实际投资，那么就会经常存放在定期账户里。这就是定期存款与股票价格之间的唯一真正重要的关系，即除了意味着它们在共同的环境条件的影响下都实现增长（上升）之外，还有更加重要的含义。这种关系与储蓄的投资无关，因此，无法验证任何相关的理论。

上述分析也可以转而用货币利率来描述。那些试图通过利率在充裕的资金与繁荣的股市之间建立起简单的因果关系的理论家，是无法从 20 世纪 20 年代发生的事件中获得多少有效证据的。诚然，上述机制使得货币利率低于应有的水平。然而，争取转换的斗争虽然获得了最大程度的便利，但是仍然不得不以相对较高的同业拆借利率的形式显示出来——不过，这并不意味着所有地方的货币都会紧缩。关于第一点，我们注意到，直到 1925 年第一季度末，同业拆借利率才得以保持与其他公开市场利率（尤其是商业票据利率）之间的正常关系，即从它在银行业务结构中的地位自然形成的关系。在那之前，同业拆借利率确实（几乎）一直都低于商业票据利率，到 1924 年 8 月达到了（月度）低点，当时为 2%，而同期商业票据利率则维持在了 3.25% 的水平上。但是在那之后，同业拆借利率就（几乎）一直高于且越来越高于商业票据利率，两者之间的差距在 1929 年 3 月达到了最大值（3.71%）。因此，即便我们暂且搁置理论上的反对意见，低利率对投机行为的刺激作用也很可能只在1924年下半年才能观察到。至于第二点，公开市场利率当然是同时波动的。而且，正如我们已经看到的（见图36），在1928年至1929年，客户信贷额度的利息大体上平均增长了1％。但是正如我们同样已经看到的，在那个季度没有出现任何限制性的措施。① 债券收益率的反应也相当温和。通过发行股票筹集的资金则创下了历史新高。1928年和1929年的"张力"主要局限于证券交易所。当时到了一个关键时刻（这个时刻必定会到来），不过不是因为用于发放经纪人贷款的资金已经耗尽，而是因为它们被撤出了；这些资金在为投机者和发行人服务（具体方式见前文）的同时，也被它们的所有者（其中包括其他发行人）预留了用途——他们指望可以将它们用于其他支出目的。最终，恐惧可能把这种撤出变成一场大溃逃。而且，这种恐惧可能在一定程度上是由人们对"股价已经高得离谱"这种看法引发的，从而可能与经济过程正走向萧条这一基本面的事实有关。但是，当时股票市场的情况不可持续与所有这些都无关。更准确地说，如果经济继续一片繁荣，那么非银行贷款人本身最终也需要资金。仅仅是出于这个原因，以他人的账户提供的贷款构成的金字塔，以及建立在这种贷款基础上的股票价格，最终都肯定会崩塌。②

---

① 对此，有人可能会说，提高利息就是一种限制性的措施。我们在正文中的这种说法的意思是，首先，银行没有限制贷款发放。正如前文指出过的，它们其实是增加了贷款，而且它们之所以能够这么做，是因为各种有利的环境和它们自己主动采取的行动，即减少它们在公开市场上的承诺。其次，我们认为，在繁荣的环境下，利息提高1％并不会对商业行为造成重大限制。也许，在严格的逻辑推理的层面上，提高利息应该是紧缩性的，但是事实并非如此。经济世界不是台球桌。那么，利息的这种上升意味着什么呢？除非环境给了银行提高利息的借口，否则它们是不会这样做的。说1928年和1929年出现了货币紧张纯粹是胡编乱造。或者更确切地说，当时很紧张这种说法透露出来的信息其实是，当他谈到经济状况时，他想到的只不过是他的保证金账户。1929年，当"其他"银行的资金开始出逃时，纽约市需要报告的会员银行挺身而出，将活期存款增加了将近16亿美元。如果事先存在任何货币紧张，它们又怎么可能做到这一点呢？

② 在本书的第五章，我们是从另一个视角来展开这个论点的。读者应该会注意到，这个论点与卡斯滕（Karsten）理论虽然在表面上有相似之处，但是两者之间存在根本性的区别，参见1926年12月的《美国统计学会会刊》。也请参见，珀森斯和弗里基（Frickey），《货币与证券价格》，刊载于《经济统计评论》，1926年1月。此外还应该提到布雷夏尼-图洛尼（Bresciani-Turroni）教授的重要贡献：《关于晴雨表经济学的思考》（Considerazioni sui Barometri Economici），刊载于《经济学家杂志》（*Giornale degli Economisti*），1928年1月、5月和7月。最后，还要请读者比较林德利·M. 弗雷泽（Lindley M. Fraser）教授对这场繁荣的分析，见1982年6月的《美国经济评论》。

在这幅图中，还有一些比较小的细节需要注意一下。铁路股价格的涨幅明显低于工业股。然而，由于作者只能看到铁路的前景一片暗淡，因此实在很难理解为什么铁路股的价格仍然能够上涨那么多（尽管涨幅比工业股的涨幅小得多）。不过，纽约市的借方数额则能够很好地反映股票市场的交易情况，这是由于"回避"情况的存在，而且由于交易总额在增加而股份规模却在逐渐缩小，所以它的相对重要性必然会增大。短期投资——尤其是经纪人贷款——解释了纽约市银行的贷款和存款净额的"平静行为"。

接下来的图53给出的是发行股票筹集新资本的相关数据。对于这类数据的价值，人们向来不太重视。

然而，我们还是应该注意到这幅图显示出来的一些重要特征。第一，自1926年以来，投资、信托、贸易公司的证券上市数量出现了"不祥"的增长，这个事实很好地反映了这个时期最后三年投机者的所作所为，也让人们对这场大危机的"美国特色"有了更多的了解。第二，我们接下来应该注意到的是土地公司和建筑公司那一组的证券上市数量，这些公司大部分与前一组类似，同样预示着即将出现的大麻烦。第三，承载了第三个和第四个朱格拉周期的各个行业，也正如我们预料到的那样，大部分都有体现，尽管其中一些非常有限。公用事业成了资本的最大消费者。第四，如果我们抛开那些与股市狂热直接相关的行业，我们就能清楚地看到第四个朱格拉周期的上升。如果说本来可以看得更清楚，那么就是因为如前面所述，企业利用了1928年至1929年的股市繁荣给它们提供的机会——尽管它们的直接投资计划也许根本不需要任何外部融资。[1]

一项旨在得出更贴近实际投资过程的数字的研究表明[2]，事实上，在

---

[1] 与长期债务总额的增长对照来看，这幅图给出的证据可能会显得更有用。1922年和1930年，铁路行业的长期债务分别为119亿美元和134亿美元，公用事业的长期债务分别为84亿美元和140亿美元，工业的长期债务则从68亿美元增加到了108美元（美国商务部，《美国的长期债务》，第6页）。

[2] 很快，事实证明，要将这项研究扩展到最先处理的1929年之外的其他年份，是一件过于劳心劳力的事情；最近发表的论文，请参见乔治·A. 埃迪（George A. Eddy），《证券发行与实际投资：1929年》，刊载于《经济统计评论》，1937年5月。仔细阅读这项研究的附录，读者就会明白这个问题到底难在哪里。例如，为了偿还银行贷款而发行证券，如果那些贷款本身是"生产性"的，而且没有超过三年，那么就会被认为是"生产性"证券发行活动。

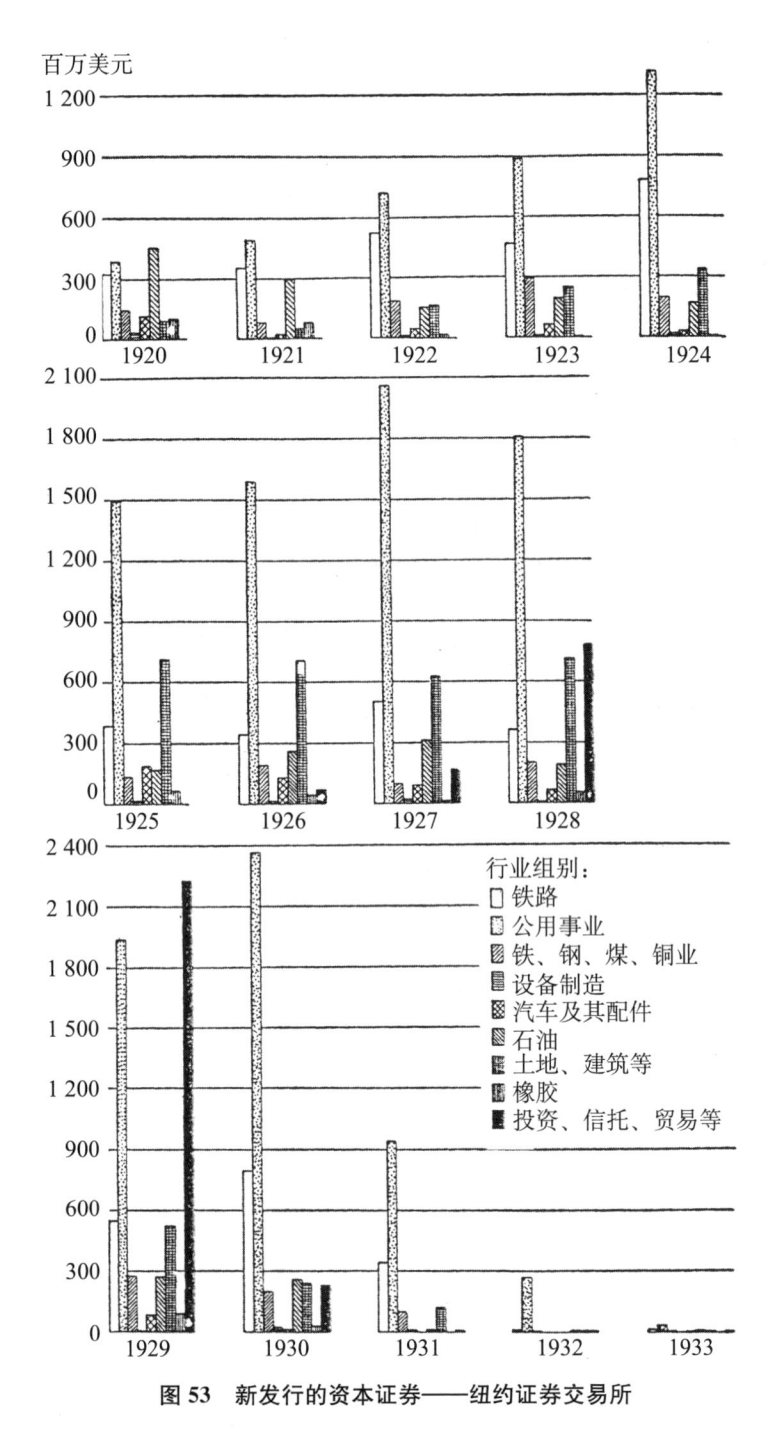

图 53 新发行的资本证券——纽约证券交易所

行业组别：
- 铁路
- 公用事业
- 铁、钢、煤、铜业
- 设备制造
- 汽车及其配件
- 石油
- 土地、建筑等
- 橡胶
- 投资、信托、贸易等

1929年，在国内企业公开发行的接近 94 亿美元的总额中，最多有 20 亿美元是（直接）用作真实资本（或者说，成了"非金融资本"或"生产性资本"）；而且，即便是在这 20 亿美元当中，也已经包括以筹集营运资本为目的公开发行活动。分期付款金融公司和房地产贷款公司在公开发行时，绝大部分都对发行目的含糊其词，以至到底是将它们纳入真实资本还是排除在外，完全成了一种外交辞令。不过，其中一个结果是增强了人们对穆迪投资调查（Moody's Investment Survey）发布的"生产性"证券发行序列可靠性的信心。[①] 我们在图 54 中使用了这个序列。

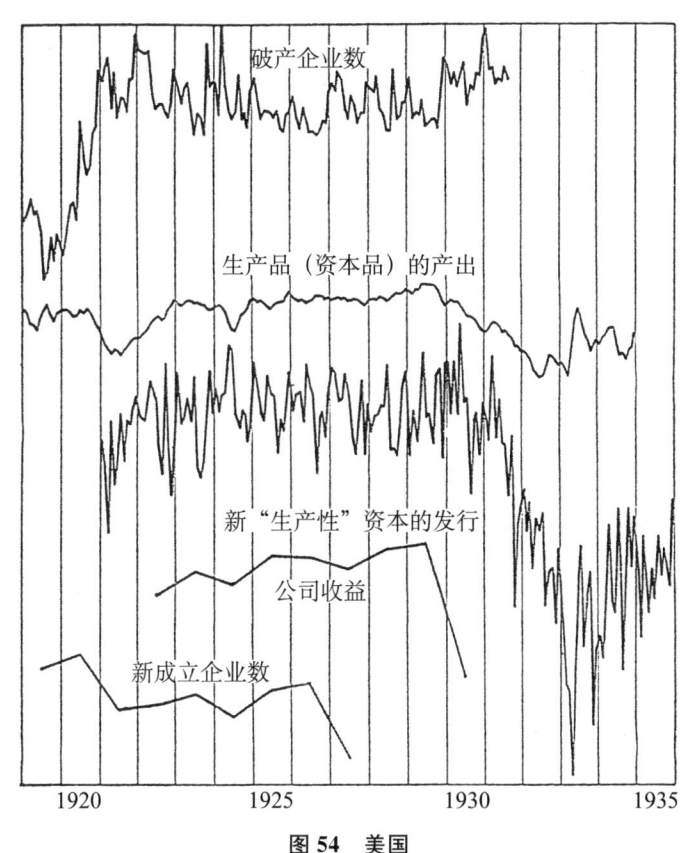

图 54　美国

[①] 1933 年 10 月，第 25 卷，第 86 期，第 1671 页。本系列不包括增加的营运资金，因此，包括主要项目的工厂和设备，真正更好地为我们的目的服务。与此同时，穆迪的调查还结合了另一项调查，其中包括市政和农业贷款问题，这些问题也被认为是富有成效的。总数是已绘制的数字，但文中给出的数字仅指（国内）公司问题。

"生产性"证券发行的数量级和周期性波动非常有意思，仅凭它们本身就足以消除人们对 20 世纪 20 年代的投资过程的许多错误认识。每一年发行的证券从 1921 年的 8.64 亿美元上升到了 1924 年的 19.41 亿美元，这是所调查的那个时期的最高值（尽管在 1930 年几乎再一次达到最高值），然后下降，1928 年的数字比 1924 年低了 4.46 亿美元。1929 年过度投机的影响已经显现出来，但是那一年的数字仍然只有 17.87 亿美元。这些数字，更像是我们预期会在我们关于当时的工业过程的报告中看到的。这里特别值得注意的是，证券发行完全独立于各种利率的走势（例如债券收益率的变化）。当然，贸然断言这些年间的证券发行量构成了总体投资的一个完全可靠的指标无疑是危险的。事实上，可以肯定的是，企业发行证券在时间安排上往往与通过其他途径为实际投融资以及实际支出的发生存在差异。它们与这幅图描绘出来的其他序列也没有令人满意的共变性。

（三）德国和英国的证券交易和投资过程

接下来，我们考虑德国的情况。规范性（符合我们的模式）是我们在德国的图形上第一眼看到的东西（见图 55）。

对于新成立企业数和破产企业数，我们必须视之为"部分例外"；它们在 1928 年至 1929 年先升后降，走势与其他指标或预期都不符。不过，同业拆借利率并不比美国低；在 1925 年，它相对于其他利率实现了正常化，并且之后一直保持在了这个水平上——除了 1927 年前 7 个月和 1929 年之外。1926 年至 1927 年的繁荣反映在了股票价格和证券交易所的成交量上，那是朱格拉繁荣的一部分；尽管在这个过程中，它的到来要比平常晚。在那之后，我们观察到股息和发行量也在下降，这在康德拉季耶夫周期萧条阶段的朱格拉衰退中是正常的，完全符合预期。事实上，尽管"前路坎坷"（无论是从银行业内部看，还是从银行业外部看，都如此），但是在随后的萧条中，股票市场从来都没有成为困难的中心。然而，无论是公开市场上的宽松政策，还是利用他人账户提供的贷款，都没有缺席。外国信贷的流入创造的条件与美国当时的情况也没有什么不同。1925 年至 1927 年的宽松与此类贷款及发行工业债券和股票的收益密切相关——见图 55。1926 年前 9 个月，国内发行的债券总额约为 30 亿马克，其中有一

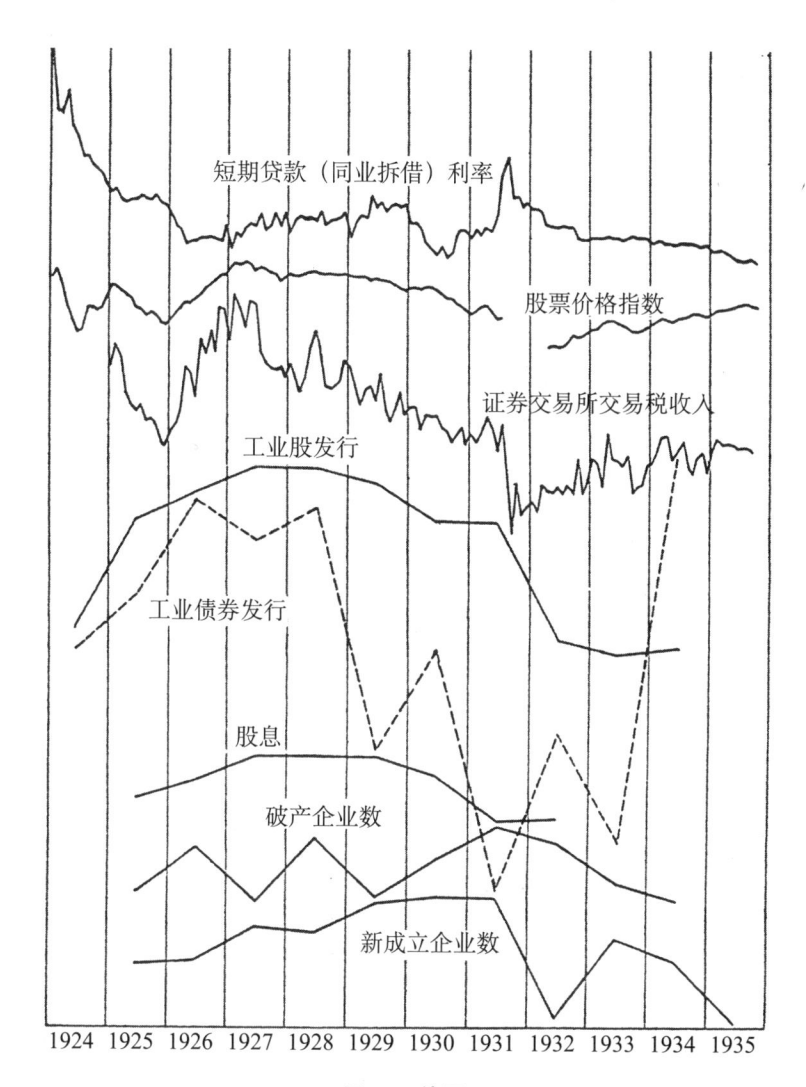

图 55　德国

部分被用于偿还对银行的短期债务或向市场发放贷款。与之相对应的是，各主要银行的证券交易所贷款（Reports and Lombards）在 1926 年快速增长之后，在 1927 年初达到了 10 亿马克的最高水平。但是，在沙赫特先生的整个任期内，德意志银行一直都积极地发挥了监管影响力，这有重要的经济意义。后来的事实证明，1927 年对投机行为的严厉惩戒和训斥对阻止股市累积性地向上攀升有很大的作用，并且在这个时期的剩余时间里预防了股市的猛烈崩盘，从而避免了德国以一个类似于美国的结局收场。[1]

从1925年年中到1928年年中，伦敦股市一片繁荣，其间几乎没有发生过任何回撤。在那之后的大约一年时间里，股市在上转折点上出现了"犹豫"的盘整。见图56。

当然，这种繁荣在周期模式中是正常的，同时很好地反映在了"城镇"结算额当中；但是它值得我们适当加以强调，因为银行在整个过程中都在撤资（见图51），也因为它是紧随着《金本位法案》之后出现的。从我们的立场来看，这本身并没有什么好奇怪的；然而，作为一个机制问题，我们还应该注意到，银行撤资的时间选择恰恰与伦敦结算银行对证券交易所的短期通知贷款（loan at short notice）大幅增加相一致。此外，虽然在短期中有少许例外，但是股票价格走势与同业拆借利率走势之间的反向关系在整体上可以说几乎完美。短期货币指数[2]从最高点的相当于1913年平均水平的163%，一路下降到1922年7月的该平均水平的48%，然后转而上升，并在1926年一直保持在远高于这一平均水平的水平上。然而，1927年，该指数又跌破了这一平均水平。直到1929年，在纽约市

---

[1] 由于研究目的的有限性以及作者希望对美国的情况进行更充分的讨论，所以对德国投资过程的金融方面的分析、对德国中央银行在那些关键时期的政策的讨论就只限于这些了。不过，在以此结束这个问题时，作者还想补充三点。第一，德国的情况有诸多异常之处，因此德国银行业的正常状况在很大程度上必须归因于德国中央银行的大胆而有效的政策，尽管正是1927年后令工业前景蒙上阴影的那些因素使它的控制变得更加容易。第二，德国中央银行的政策无疑是以敢于及时使用银行利率手段为前提。但是，部分因为银行利率在任何情况下从来都不是决定性因素，部分因为外国信贷无法在这种情况下充分发挥作用，以银行利率为工具的政策说到底只有第二位的重要性。后者的困难表现在用他人的账户提供的大量贷款，虽然进行了顽强的斗争，但是却从未真正克服。回忆一下，1927年6月，对于德国中央银行将利率从5%提高到6%的决定，股市的第一反应是股价的普遍上涨！这个事实对我们所有人都很有启发意义，对那些相信利率有关键作用的人当然更是如此。对此，有人辩称，因为这个政策吸引了外国资金；"股票就是要用更多的钱去买"成了当时的口号。因此，第三，德国中央银行的政策并不是通过提高银行利率起作用，而是通过迫使银行从自己的账户中提取出与经纪人贷款相对应的资金，这才起到了作用。的确，这项措施之所以能够迅速生效，是因为在德国用他人的账户发放的经纪人贷款并不像一年后在美国那样，几乎完全流向了证券交易所。而且，即便是在这种情况下，这种政策也是有效的。因为无论银行用自己的账户做出的"贡献"多么小，这一点点贡献都有首要的重要性：一般来说，银行这种撤资对想要实现的任何程度的"阻尼"都已经足够。当然，这并不是说银行没有直接为经济繁荣提供资金就不需要承担一些责任：正规军的军官对于那些他们实际上无法控制的非正规武装分子所犯下的过分罪行看上去也许完全是"无辜"的；但是，如果他们为了给非正规武装分子提供集结点而使用了哪怕是规模再小的正规军分队，他们就不能推卸责任。

[2] 《国际经济统计文摘》，国际经济服务会议，1934年，第105~107页。

图 56 英国

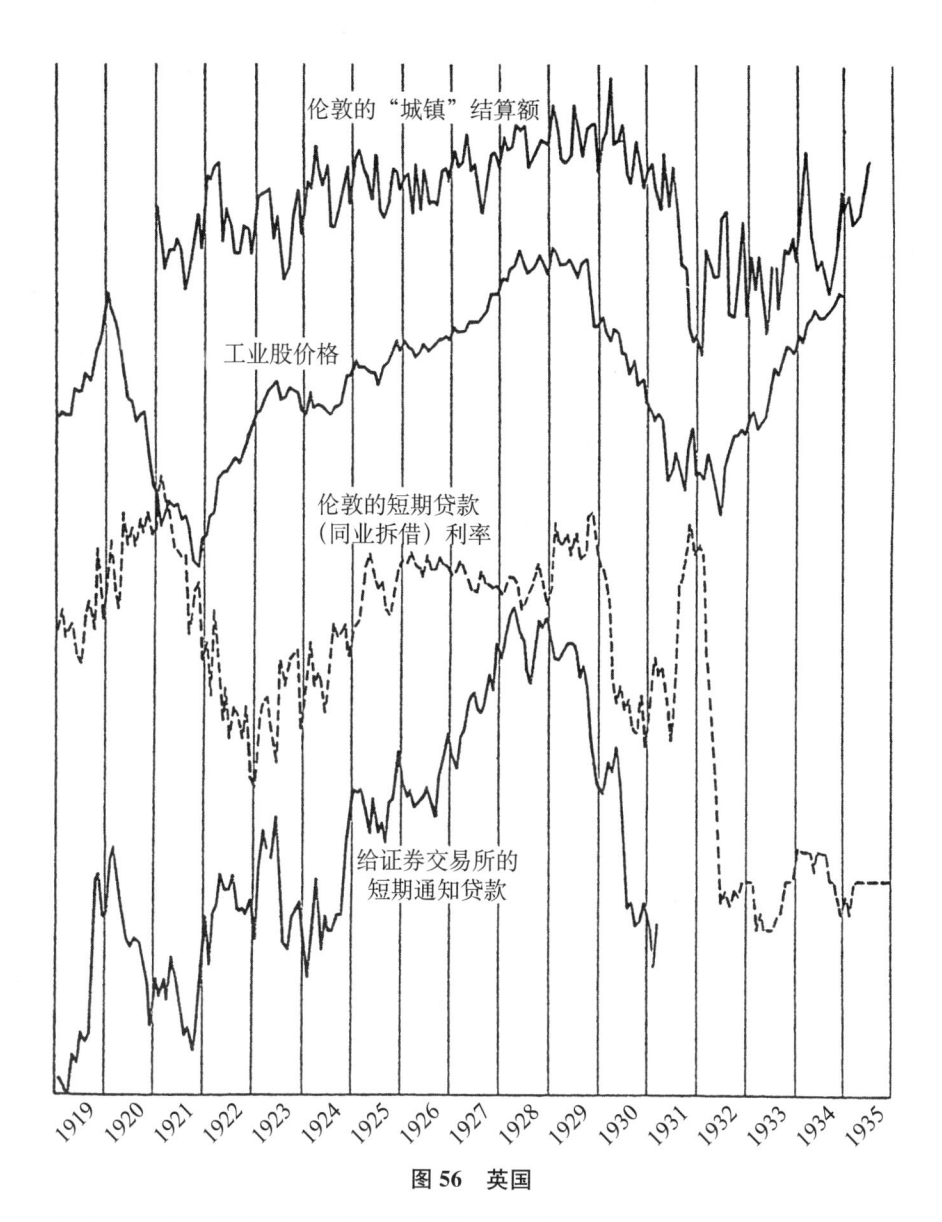

发生的一系列事件的影响下,该指数才上升到了异常高的水平。当它仍然在下跌的时候,股票价格曲线就开始盘整了,而且银行利率一直没有上升到高于繁荣时期开始时的水平。与美国的情况形成鲜明对照的是,随后的股市崩盘——它在很大程度上并非对纽约市发生的一系列事件的一种反应——更多的是一批不稳健的企业的倒闭,而不是结构性的崩溃。

我们将回过头来讨论英格兰银行的政策。但是不妨先插入一幅关于证券发行的图并稍加解释。首先，我们必须牢记，在那段时间内，对证券发行的严格监管几乎相当于全面禁止。为了便于通过对比来展现战后时期的特点，我们将这幅图的范围扩展到了整个康德拉季耶夫周期。事实上，这幅图足以说明一切（见图57）。

从金融部门走向实际投资的道路是曲折的，而且不一定是安全的。然而，回顾一下本章早些时候在不同场合就这个问题给出的评论，并再一次接受科林·克拉克先生的建议，我们发现以下在各个国家都广泛存在的事实，即20世纪20年代的投资在国民收入中所占的比例要比1907年时小得多。[①] 正如我们已经看到的那样，生产的扩大是相当壮观的，而且实际上是在实际积累和货币积累大幅相对减少的情况下实现的。从这一点得出的经济增长率不取决于"资本"积累速度的结论，还恰好与得出产出不取决于资源利用程度的结论一样合理。我们知道，生产函数的变化比这两者都更加重要。单变量关系在这种情况下并不比在其他情况下更有效。但是，对于"反储蓄学派"的经济学家显然希望从中得出的结论，上面这些仍然不足以给出一个安全的基础。

五、美国和英国的中央银行操作

（一）美国战后的经济形势

欧洲传统的关于银行业务的学说与美国发生的紧急情况之间的歧异过去在于、现在也在于美联储[②]，它是最早获得额外扩张权力的监管机构（1917年又新增了更多的权力），其行动与这些学说并不相符。由于所谓

[①] 《国民收入和支出》，表84，第185页。克拉克给出的数据是：1924年为2.35亿英镑，1929年为2.55亿英镑。海外投资甚至在绝对数量上也低于战前水平。但是，他对净固定资本的定义要比我们宽泛得多。与我们有关的数字更接近克拉克所说的"工业和商业资本支出"，分别为8 100万英镑和7 200万英镑（表88，第193页）。

[②] 在思考这个问题时秉承了德国传统思维方式的杰出银行家留下的影响清晰可辨——当然，这也就意味着，这种传统部分是"英国式"的。法案中有一些条款暗示了原来的德意志帝国银行的影响——这是一个很好的例子，说明没有人会像只懂得理论推理的人那样完全无视事实；同时它构成了另一个真理的例子，即任何法规最终都会随着环境的变化而改变。

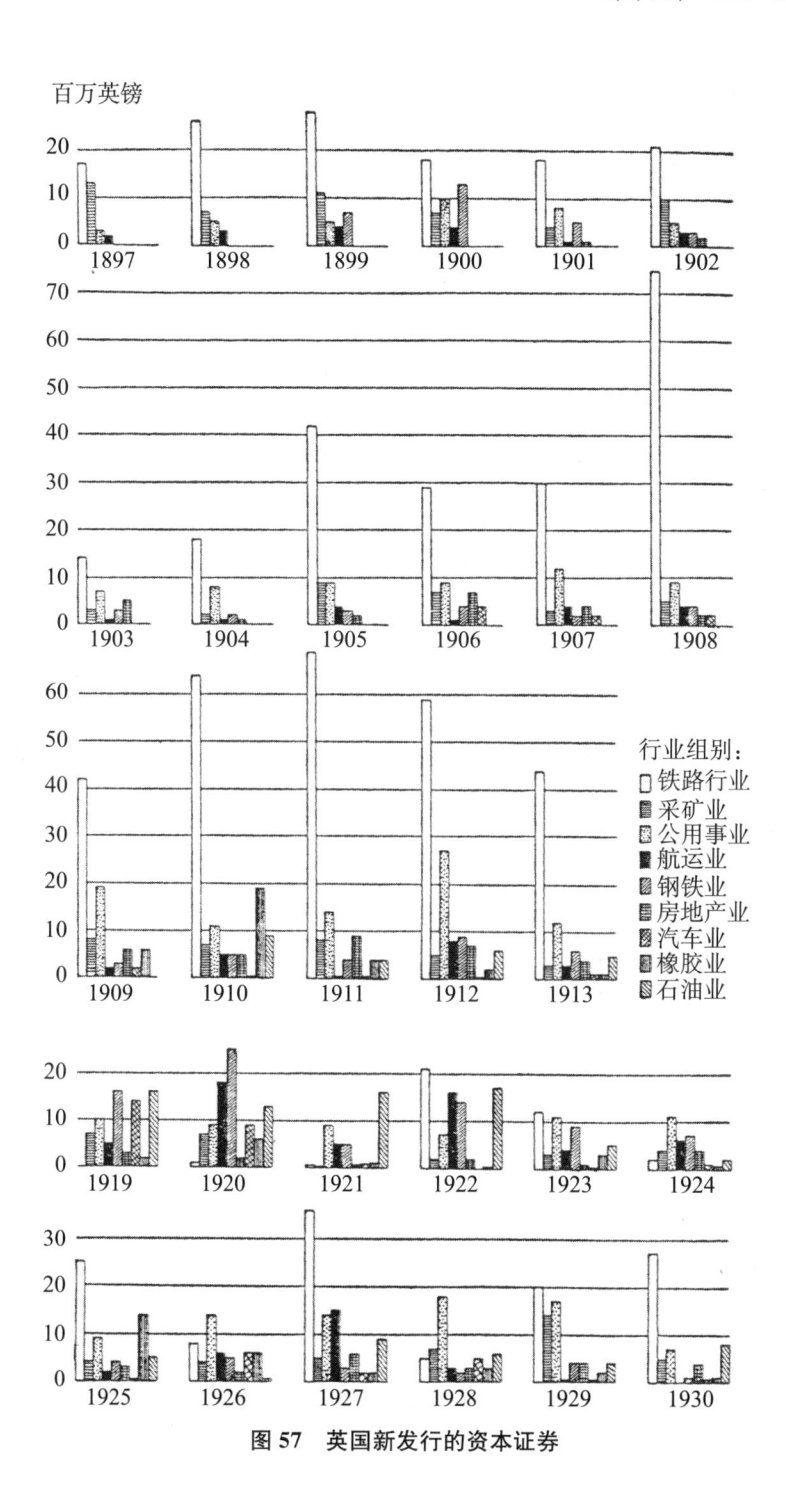

第十四章 1919—1929年 ◎1003

图 57 英国新发行的资本证券

行业组别：
- 铁路行业
- 采矿业
- 公用事业
- 航运业
- 钢铁业
- 房地产业
- 汽车业
- 橡胶业
- 石油业

百万英镑

的紧急情况太熟悉了，不能以它们为由对外汇采取行动，但是从所有其他方面来看，《联邦储备法案》及其修正案所代表的政策对所谓的"储备经济"①的影响，都已经相当于美元贬值政策。就像任何货币贬值政策一样，这种政策本来也许会无限期地处于蛰伏状态，但是世界大战却使它的效果显现了出来，而且是以一种必定会使货币数量理论家欢欣鼓舞的形式：从1914年到1920年，所有银行的存款大约翻了一番——从大约186亿美元增加到了大约377亿美元——同时劳工统计局的批发价格指数也在1914年至1919年大体翻了一番；在1919年这一年，由于许多进入了批发价格指数的价格都有一定的投机性质，因此选择这一年来进行适当的检验应该是一种合适的做法。②然而，系统的扩张力量并没有因此而耗尽。正如现有的时间序列数据提供的证据所表明的那样，这种力量完全取决于在新的价格和价值水平上提供的资金，而且正如指出过的那样，它不仅能够维持随战争而来的扩张，而且能够进一步扩张。在这里，还应该简单地提一下另外两个原因。

首先，流通中的货币（财政部和所有银行除外）与存款总额之间的比率"在两年战争期一度急剧上升，不过随后重新恢复了原来的、至少可以追溯到1893年的稳步下降趋势，就连每年相对下降的平均速度也恢复为

---

① 这种"经济"之所以会产生，首先是由于直接降低了存款准备金率，其次是由于会员银行的准备金集中到了联邦储备银行。对存款准备金率的直接降低所导致的"经济"的估计结果，会随着就这种措施的操作方法所采用假设的不同而有所不同。现在，里士满联邦储备银行提供的估计数得到了广泛接受，它将《联邦储备法案》颁布前所有银行的平均存款准备金率定为21.09%，并将1917年该法案修正后的平均存款准备金率定为9.76%。如果我们对定期存款的性质的看法被接受，那么定期存款准备金率的特别下降——首先降至5%，然后进一步降至3%——的重要性就会大幅提高。会员银行的储备转换成了在联邦储备银行的存款，后者只被要求持有35%的"现金"；同时，用包含40%黄金的联邦储备券（纸币）取代金币券（gold certificate，黄金凭证），意味着整个银行体系的准备金要求进一步降低了，并且可以将降低会员银行准备金要求的潜在影响放大好几倍，从而为"典型的"通货膨胀战争提供了武器。当然，短期内采用的优先用金币券而不是联邦储备券（纸币）支付外债的政策也在一定程度上（pro tanto）减轻了最后提到的那种效应。

② 读者现在大概已经意识到，作者对数量理论尤其是对它的现代复兴，并没有太多的好感。在通货膨胀战争的情况下，数量理论的解释相对较好，这个事实恰恰表明了，它凭自身的力量，即依靠交易方程本身的逻辑是无法成立的，那样的话，它将不但没有起到帮助的作用，反而会使情况变得更加糟糕。但是，我们必须给"魔鬼"应有的惩罚，不能同意那些试图否认或将这个事实本身搪塞掉的经济学家的观点。当然，期望价格和货币数量的精确共变性存在也是不合理的。外国对美国商品的需求也没有提供独立的解释，而只是数量理论假定存在的机制的一部分。

与以前几乎相同"①。很显然，我们所称的将法定货币转移到银行的过程并没有完成，这在过去是银行信贷扩张的一个非常重要的组成部分。根据美国货币监理署公布的年度数据，我们可以判断，财政部和所有银行之外的货币在1920年迅速增长到了最高水平，然后在1922年迅速下降到了最低水平，两者之间的差额大约为10亿美元。1923年的数据显示出了一种"正常化"的增长，但是1924年和1925年的数据则表明有所下降，1928年和1929年的数据只显示略有增长；总之，周期性的"排水"和"再回注"都显得非常微弱。对于财政部和联邦储备银行之外的货币，我们现在已经有一个经季节性因素调整的月度序列，它很好地显现了周期的各个阶段：第四个朱格拉周期的上升波、1927年的下降、1928年的保持恒定不变、1929年上半年的下降、中间插入的一次不难理解的猛然跃升、1929年年底和几乎整个1930年的再度下降。考虑到某些理论认为现金流动在周期机制中扮演着关键角色，记住这一点很重要。然而，对于我们来说，重要的是这一发展给会员银行以及联邦储备银行带来了可不断扩大的权力。

其次，尽管——就像大多数经济学家所做的那样——强调战后和战前的金本位制及更一般的货币机制之间存在差异是正确和恰当的，但是这种强调绝不能过分。② 毕竟，在我们讨论的这个时期的大部分时间里，我们

---

① J. W. 安吉尔（J. W. Angell），《货币的行为》（Behavior of Money），第17页。下降趋势虽然不那么明显，但是也存在于外部货币与受检查的调整后存款之间的比率中（同上，第19页）。还应当提请读者注意该书第17页下的表格；该表格显示，在英国，这个比率虽然高出两倍以上，但是也在下降，而且下降的速度大致相同。

② 在这本书的初稿中，强调的正是这种差异，但这项任务已经是过去式。任何与传统思维习惯"斗争"的真理都有被过度强调的危险。因此，坚持下列区分并不是徒劳无益的。首先，如果无论是在货币体系还是在世界经济和制度模式等方面都没有发生过任何变化，我们也许仍然会对金本位制持有不同的态度。客观地说，20世纪20年代的金本位制与过去相比可能并没有什么不同，但是人们的想法可能会使它显得有所不同。这一点也许挺琐碎的，但绝不是多余的，因为有许多学者确实会将新观点和新现实混淆起来。其次，同样的金本位制在战后的环境中——例如在刚性、壁垒、政治赔款等因素的影响下——会产生不同的效果。这种差异确实是最重要的，但是无论它可能会对"古典"实践产生什么影响，它本身都不能构成放弃"古典"理论的理由。事实上，我们甚至可以观察到"古典"实践的更强痕迹——无论它是好是坏——只要我们不再"诽谤"它、将它定义为一组与经济主体的总体状况无关的僵化规则，只要我们无视有些人的措辞（然而它们也不是很新奇）。最后，游戏规则本身可能已经改变；不过，虽然它们改变了，但是变化并不像现在人们普遍认为的那么大。要等到30年代的到来，真正的"巨变"才会发生。

关注的这三个国家一直都在采用金本位制，而且在所有重要方面（虽然不是在所有方面），战后金本位制的运行方式实际上与战前一样，它的管理原则和服务目标也与战前完全没有区别。这一点在下文很快就会变得更加明显。就目前而言，我们只需要注意到，在美国（毫无疑问，即便没有任何黄金也可以做得很好），是黄金的流入（加上国内生产的黄金——包括菲律宾生产的黄金在内——1915 年为 490 万盎司，1923 年减少到 250 万盎司，然后继续下降到 1929 年的 220 万盎司）便利了货币和信贷领域的扩张，尽管货币黄金储备（流通中的黄金加上财政部国库以及联邦储备银行中的黄金减去指定用途的黄金）的增长只维持到了 1927 年（当年的日均数据为 46 亿美元；此前的 1922 年为 38 亿美元），而且总是会有"自由黄金"。① 这是因为，如果没有黄金的这种大量涌入——以及自由黄金的存在——那么美联储将不得不更进一步冒险"顶风而行"②：要么会面对如何保护美元的黄金价值的问题，要么会被迫进行一定程度的贬值。事实上，这种资金流入虽然是"异常"的，但它发挥的作用却是正常的；可以肯定的是，它的影响是处于"有效管理"中的或者说被监管的——在那些拥有中央银行的国家里——这并不比在战前的最后几十年里更大。③ 在更正常的情况下，黄金的流出可能会持续下去，但是实际上，在 1920 年的最后三个季度，这种流出变成了流入。尽管有资本输出，这种流入一直无间断地持续到了 1924 年 12 月，然后在 1926 年恢复，到 1928 年 8 月再一

---

① 关于这一点以及与之相关的点，请参见：S. E. 哈里斯（S. E. Harris），《联邦储备委员会二十年来的政策》，特别是第二卷，附录 B，第 761 页的图表。

② 与在其他许多方面一样，它不可能如此轻易地向外国政府和中央银行提供帮助，尽管这些交易的大多数都在没有实际使用的情况下就达到了目的，尤其是 1925 年春对英格兰银行的 2 亿美元信贷。另一种形式的帮助可以从为了平抑黄金流入而实施的贴现和公开市场政策中看到。对于这个问题，我们在这里无法详述，但是 A. 戈德斯坦（A. Goldstein）却巧妙地讨论了，参见：A. 戈德斯坦，《联邦储备委员会的国际政策》（International Aspects of Federal Reserve Policy），刊载于《经济统计评论》，1935 年 8 月号。

③ 在 20 世纪 20 年代，人们讨论得很多的黄金"冲销"（目的是防止"黄金通货膨胀"）因此可以归结为一个事实：从技术上讲，黄金总有一些未被利用的差额。见下文。那些对这种冲销计划做了大量铺垫工作的经济学家似乎对体系的运行条件以及这种差额的必要性缺乏足够的认识。或许他们也是如下信念的受害者：在一个黄金正在流入的国家里，价格必定会上涨，只有黄金冲销才能解释价格为什么没有如他们所料地上涨。

次恢复，并且一直持续到了 1929 年 10 月，然后在 1930 年再次开始。货币黄金储备的这种变动与存款总额变动之间的一致性并不比过去差多少。因此，我们明确地认为，各种"经典"的关系都得到了维持。

（二）联邦储备信贷机制

人们通常所称的联邦储备信贷（federal reserve credit）作为一种机制，可以用图 58 和图 59 来概括。① 首先，让我们看一下图 58。

所有联邦储备银行的合并资产负债表所记录的储备银行业务，可以用八个账户和它们之间的一系列统计关系来总结。②

这些账户包括：

（1）总储备（total reserves）：黄金、美国金币券（数量较少）、其他现金（包括白银，数量较少）。

黄金在这个账户中占据了主导地位。1919 年，黄金在总储备中大约占到 97%，1926 年则约占 95%。③

（2）美国政府证券（United States securities）：该账户记录政府证券持有量的变化，即记录了大部分公开市场操作。

（3）买入的票据（bills bought）：该账户记录各储备银行购买的票据。银行承兑汇票也包括在这个类别下。在我们讨论的这个时期内，各储备银行会经常性地买入或出售票据，以抵消货币需求的季节性变化和其他日常

---

① 当然，这两幅图压缩了大量的事实。这两幅图最初是卡尔·E. 托马斯博士帮我准备的，他不仅提供了基础材料，而且完成了这一小节的分析工作，正文的这一小节大部分是逐字逐句从他的报告中摘录的。为了方便起见，这两幅图将说明的内容（见附录）延伸到了 1937 年。对一个不能完全公正地加以对待的问题进行讨论似乎是危险的。但是就目前而言，我们的论点是自成体系的。其余部分请参考以下著名的有典范意义的论著：博格斯（Burgess），《储备银行与货币市场》；哈迪（Hardy），《美联储的信贷政策》；哈里斯，《联邦储备委员会二十年来的政策》；里夫勒（Riefler），《货币利率与货币市场》。

② 在所有账户中，都是按照"月底数"来计算账户总额的。当实际报告的是该月最后一天的数字时，就使用那些数字。如果每个周末都有报告可用，则使用当月最后一周报告中的数字。虽然所有主要账户都有"平均每日"数字，但是不能使用这些数据，因为它们不够详细，无法对内容进行检验。

③ 在 1934 年 1 月之前，黄金在合并资产负债表上标定的价格为每盎司 20.67 美元。在那之后，黄金的价格为每盎司 35 美元。当时，黄金账户和黄金本身以 20.67 美元的旧价被转移到财政部国库。取而代之的是一个新账户"美国财政部的借款"。1934 年 1 月以后，这一账户的变动按每盎司 35 美元报告。

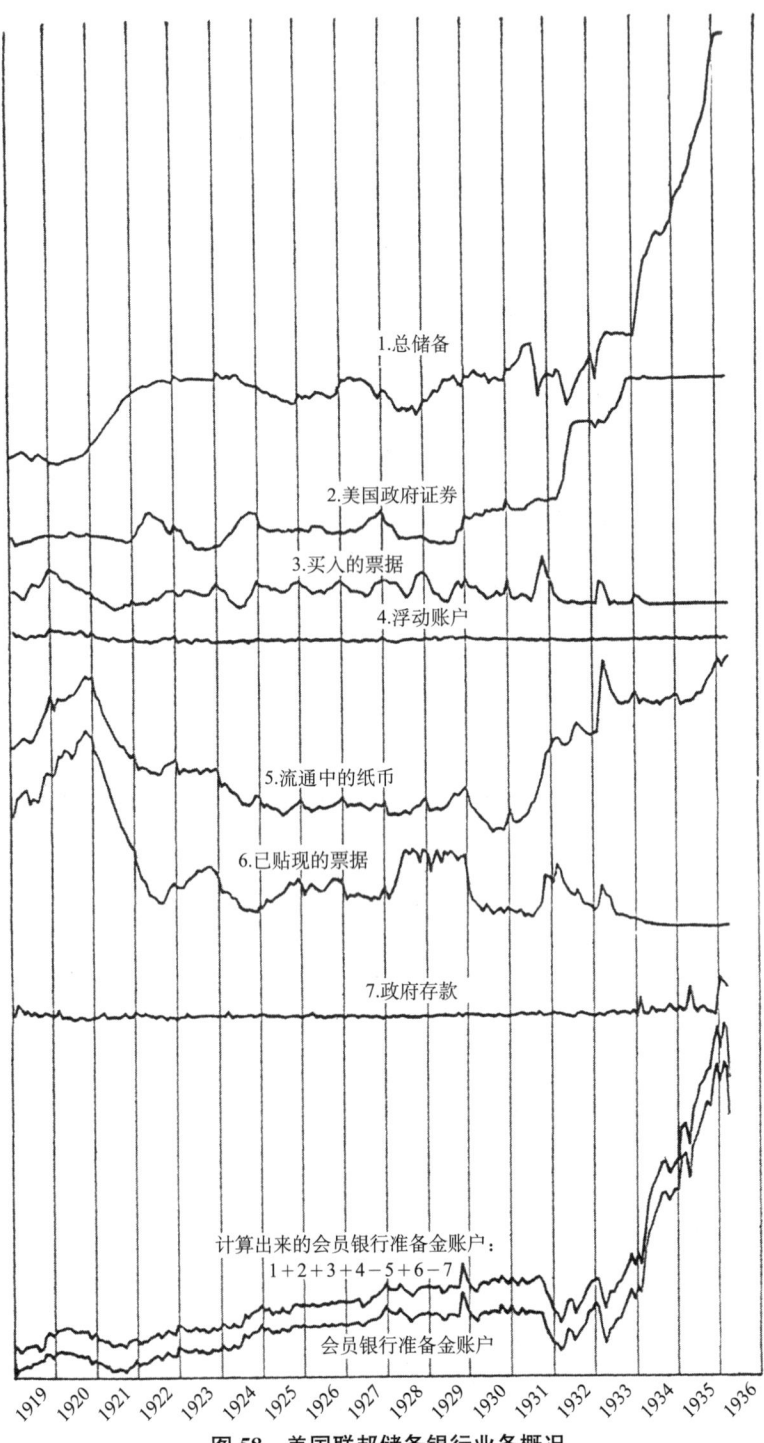

图 58　美国联邦储备银行业务概况

性的中央市场波动（例如，财政政策导致的波动）。在这个范围内，将这些交易视为公开市场操作是合适的。但是，它们实际上也构成了介于第二个账户与第四个账户之间的一种情况，因为交易的发起者往往是会员银行。

（4）浮动账户（float）。①

（5）流通中的纸币（notes in circulation）：已发行的联邦储备券（federal reserve notes）和联邦储备银行券（federal reserve bank notes）。这个账户也包括其他储备银行发行的纸币（notes of other reserve banks），但是自有记录以来，其数额一直不大（由于记录的时间足够长，我们有理由假定这个组成部分不重要），因此该项目可能大致相当于流通中的纸币。

（6）已贴现的票据（bills discounted）：会员银行的再贴现或负债。

（7）政府存款（government deposits）：这个账户一直都是可以忽略不计的，直到最近。②

（8）会员银行准备金账户（member bank reserve account）：在现实世界中，银行家通常把这个账户视为会员银行与各储备银行之间的清算账户，它记录各储备银行对会员银行的负债情况。

读者至此不难看出，求账户一至账户七的代数和，得到的时间上的轮廓与账户八（会员银行准备金账户）基本相同。两者之间的差额，就是各储备银行资产负债表上"其他所有账户"项目的净额。③ 而且这个总和实

---

① 1926年1月以前，这一账户记录的是未收项目（uncollected items）和递延的可用项目（deferred availability）之间的差额。1921年及之后几年，它的变动无足轻重。1925年12月以后，"未收项目"和"递延的可用项目"的等额和抵消额出现在了储备银行的对账单上。之前的差额则记录在两个单独的账户中，即"浮动账户"（float）和"其他储备银行的联邦储备券"（federal reserve notes of other reserve banks）。很明显，其他储备银行以前的银行券现在被视为未收项目；由于它们是流通中的纸币的一部分，因此有必要将这个项目添加到已公布的浮动账户中，这样才能得到与以前记录的"未收项目"和"递延的可用项目"之间的差额可比性的数字。

② 1936年1月发布的《储备委员会公报》就曾经明确指出，最近政府存款的增加是各会员银行购买政府债券的结果——这些银行要用它们的储备余额来完成这种购买。这种政府融资方法与以前的程序在技术上有所不同。

③ "其他所有账户"包括：非储备现金、其他有价证券、外国黄金贷款、对外国银行的欠款、银行建筑、其他所有资源、5%的赎回基金、外资银行存款、其他存款、实收资本（capital paid in）、盈余、其他所有负债、税捐储备。

际上不存在日常性波动。它的数量一直稳定在 3 亿美元左右。

现在，我们从总储备中减去流通中的纸币，然后加上美国政府证券，再加上买入的票据和浮动账户，就会发现得到的结果与已贴现的票据之间存在着近乎完美的线性负相关关系。见图 59。

从统计意义上说——在短期内——会员银行的债务在很大程度上是可以用这五个账户的净额来"解释"的。而且，会员银行准备金账户也是如此（因为它是这个净额的函数），它与再贴现或债务的关系也是一样。① 因此，这也就进一步证实了本章早些时候给出的结论：会员银行整体上并没有为了扩大业务而习惯性地借钱。它们之所以借钱，主要是为了避免不得不收缩业务，也就是说，它们借钱是为了充实自己的准备金账户（当那五个账户的净额减少的时候）。当净额增加时，也就是说，当它们获得资金时，它们并没有扩大经营——它们首先减少了债务。在很多情况下，这种补偿都是很精确的，或者是几乎精确的。例如，从 1924 年 11 月到 1925 年 3 月，各储备银行出售了价值 2.6 亿美元的政府债券，购买了价值 7 500 万美元的承兑汇票。这里的差额实际上是由会员银行的借款弥补的——它们的借款总额大约为 1.75 亿美元。当然，在其他一些情况下，补偿数额并不十分准确。我们这样说并不意味着贷款和存款的扩张从不伴随着无补偿的借贷盈余，当然更不意味着我们这里的净增长完全由偿还来补偿。然而，最突出的再贴现确实是一个主要受这个净增长影响、几乎不受任何其他因素影响的变量，这是一个对任何关于美国中央市场的理论都非常重要的事实。

这幅图还显示了另外两种关系，不过它们所说明的本质上是同一个问题，刻画的是同一个机制的特征。第一种关系是，以商业票据利率表示的公开市场利率与再贴现率在短期内的密切共变性（但是在 1929 年略有波动）。没有什么比这个事实更能说明会员银行不愿负债的倾向的了，因为如先前所注意到的，它们在这种情况下履行公开市场承诺时的行动是极其

---

① 对于政府存款，设定一定的条件是有必要的。正如上文指出过的，在过去几年中，政府存款的增长有时是以牺牲会员银行的储备为代价的。为了得到正确的轮廓，必须把这种增长加入后者。不过，在我们考察的这个时期，这一点并不重要。

第十四章 1919—1929年 1011

A＝总储备
B＝A＋美国政府证券
C＝B＋买入的票据
D＝C＋浮动账户
E＝D－流通中的纸币

已贴现的票据

纽约联邦储备
银行利率

商业票据利率

总储备的逐月变化

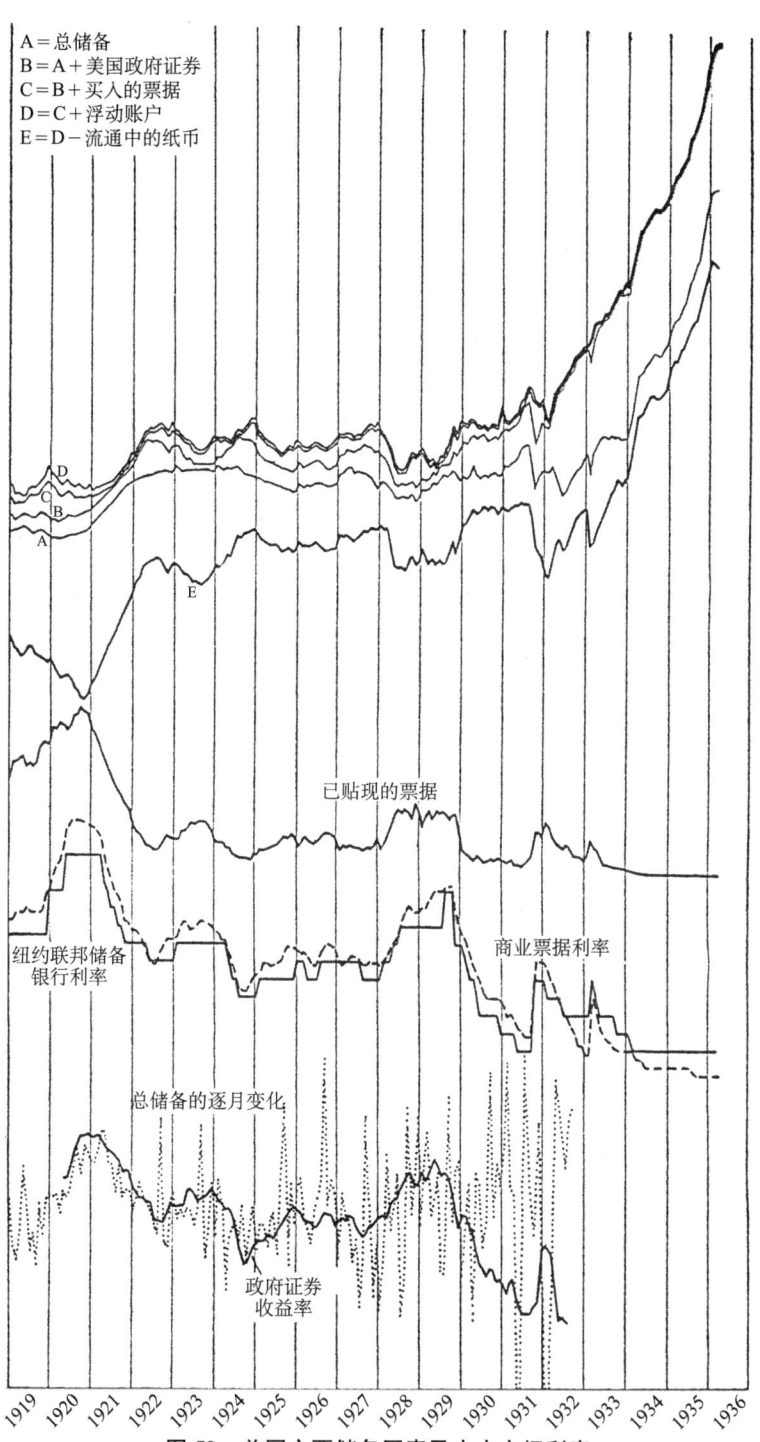

政府证券
收益率

图59 美国主要储备因素及中央市场利率

迅速的。或者，也可以反过来说，公开市场利率与前述五个账户的净额之间的反比关系表明，公开市场利率实际上完全依赖于"资金"的涨落：作为一种表面机制，在短期内，这些"资金"的变化（体现在会员银行的现金加准备金上）是会员银行对储备银行的债务变化的主导因素，而这种债务的变化又是利率变化的主导因素，因此，利率的变化很容易通过对"资金"涨落的调节来加以控制。现在，暂且不论现金的内部流失和重新注入（正如我们已经看到的，在现在讨论的这个时期——或者至少在1923年以后——这只有第二位的重要性），我们或许可以说，会员银行的"资金"变化是中央银行的货币创造和黄金流动的一个函数。中央银行的创造，要么源于会员银行的"提议"（会员银行请求再贴现；下文称为响应性中央银行创造，responsive central creation），要么源于储备银行主动采取的行动（在公开市场上对政府证券进行操作，在一定程度上也包括承兑汇票，尽管后者构成了一种中间情况；下文将这种情况称为自主性中央银行创造，autonomous central creation）。不过，现在只讨论后面这种控制"资金"涨落的方法。

最后，黄金的变动，无论原因是什么，都是以一种与自主性中央银行创造相同的方式起作用，因此，在求代数和时必须加上它。但是，如果我们把它隔离开，如果我们选择足够短的时间间隔，我们会发现它与公开市场利率正相关，而且滞后程度在不断减小。① 在图中，短期黄金走势是用总储备的逐月变化来表示的（因为如前所述，总储备主要就是由黄金组成）；同时公开市场利率是用政府证券收益率来表示的（不过任何一个公开市场利率都可以）。这样也就完成了我们的整个图景：作为公开市场利率短期变化的主要决定因素之一的总储备，反过来又受到了公开市场利率短期变化的影响，从而在相互依存的一般关系中提供了一个特定的联系。

因此，战前模式非常熟悉的一些特征（见第十三章）同样出现在了战后的图景中。无论我们提出的是一个什么样的理论，在我们考察的这个时

---

① 这种滞后的时间长度似乎稳定在了4个月左右。不过，1930年以后，这种关系就不再成立。但是在那个动荡的时期新出现的许多因素——比如说，"资本外逃"——都可以很容易地用来提供解释。

期，表现出来的事实和发挥作用的机制，都绝不是革命性的。

（三）美联储在战后时期的政策以及它为什么不能预防大萧条

我们还需要从美联储的角度总结前面描述的图形的含义，并评价它的政策对周期各阶段过程的影响。根据其意图去描述美联储的政策是一项不可能完成的任务；这是因为，在任何情况下采用这种方法本来都是很冒险的，现在我们面对的又是这样一个没有生命的机构，那就更行不通了。在这个国家的条件和一般社会心态下，这样一个中央机构总是要与公众、商界、投机者、自称"农民的朋友"的国会议员、会员银行……进行艰苦的斗争，因此很难获得足够的权力来持续推行任何政策。但是，这个中央机构到底是什么东西，或者说，它到底是"谁"呢？第一是各储备银行本身，《联邦储备法案》从一开始就赋予它们相当大的主动权和自治权，而且它们很快就获得了一种发起或"提出"系统性总体政策的习惯性权利。第二是纽约联邦储备银行，必须把它列为一个特殊的"储备权威"，因为它在全国拥有特别突出的地位，与欧洲各国的银行体系建立起了密切的联系，许多特殊利益群体也赋予了它远远超出同侪的权力；还因为它自己也显然渴望得到，并且在某种程度上确实获得了作为"唯一"的"中央银行"的角色。第三是与纽约联邦储备银行有密切联系的公开市场操作委员会，它最终发展成了这个机构最活跃的一个组成部分。第四是美国财政部，它从未忘记自己在货币市场中扮演的古老角色。第五是联邦储备委员会，它有时会与制定和执行一般银行政策的一个或多个其他机构发生冲突，起初也曾努力试图行使赋予它的权力，但是很快就变成了一个协调机构。然而，这个角色却取得了惊人的成功，尽管事实上（或者正因如此）有明显的迹象表明，这个委员会内部存在严重的意见分歧，而且这种分歧往往导致决策陷入瘫痪。作者非常清楚，当选这个委员会的成员是一项令人垂涎的荣誉。但是想要舒舒服服地坐稳在联邦储备委员会的位子肯定是非常不容易的，即便所有国家的经济学家没有列出所有令人恼火的事情——他们发现美联储是一项全新的事物，隐含着无数闻所未闻的可能性，目的是确保杜绝萧条的复发等，从而激起了人们的奢望（即便是那些理智和聪明的人也会对它抱以极大的希望），也是如此。对它的许多希望，就像对它的失望一样毫无根据，但是无论如何，那些热衷于对它进行科学的或超科学的描述的人，肯定会把一切的失望都归结为联邦储备委员会的无能。①

但幸运的是这种烦恼与我们无关，因为我们并不需要考虑意图和措辞。观察实际的行为对我们的目的来说就已经足够，因为相关事态的逻辑本身很快就塑造出了一种明确的模式——1922年至1923年，演变过程的决定性步骤完成了。而且，在那个时间之前，唯一需要注意的是在战争结束后出现的一种有助于正常化过程的趋势，例如提醒银行战争信贷不会无限期延长的通知就很好地证明了这一点。对关于战争信贷的这种态度的批评，以及发现《联邦储备法案》所设想的储备"资金"的出口将不会出现——例如，在1922年初，商人因缺乏足够的收入而普遍表现出一种"过苦日子"的倾向——或许成了促使人们开始购买政府债券的第一个动力。

接下来，让我们回过头去看图59。我们立即就会发现一个令人震惊的事实，那就是贴现率从来没有得到充分的利用。这不仅表现在它总是保持在甚至比商业票据利率还低的水平上——因此从未发挥过像德国或英国的银行利率那样的作用——而且在每一种情况下都随市场而变，除了唯一的例外，那是在1928年年初，人们努力试图对它"加以控制"；而且甚至连这个唯一的例外也异常明显。但是与此同时，从我们的分析可以看出，除了大胆地使用这种武器的"政治不可能性"，还有另一个原因：在某种程度上，美联储事实上控制了市场利率作为其结果和症状的那些情况，因

---

① 这个委员会是如此不幸，以至在"理论"之战中甚至引来了对方的火力攻击。有些经济学家并不怀有上述希望，并且相当正确地评价了作为这种希望的基础的那些学说的局限性，但是他们都有一个习惯，那就是指责该委员会的误导性措施必须为大多数经济学家所称的"通货膨胀"负责，并必须为随后的崩溃承担部分或者全部责任。除了不正确地将这种责任推给联邦储备委员会之外，这种指责还有两个错误。首先，这种批评似乎隐含着这些经济学家其实也在某种程度上赞同他们的论辩对手的部分观点，即对中央银行的政策能够带来什么或破坏什么的重要性有过分夸大的理解。其次，他们似乎并没有充分考虑美国金融引擎的结构和该委员会从一开始就必须面对的数据。本书作者绝对不打算向联邦储备委员会献殷勤。如果让他为该委员会大楼寻找一座最合适的雕塑来装饰，他肯定不会首先想到大力神的雕像。但是这些批评者确实让他们的任务变得更容易一些。此外还应该补充的是，我们在正文中给出的"中央机构"名单绝不是完整的；但已经传达最重要的信息。

此在遵循或认可市场利率的过程中，它真正遵循和认可的是自身行为的结果，因而作为独立武器的银行利率实际上已经几乎完全不复存在。因此，它的领导和管理主要是通过前述那五个账户来实现的，特别是主要通过公开市场操作来实现的，并且辅以劝说（suasion）。正如我们在前面已经看到的，这种方法要想发挥作用，需要会员银行一方采取某种特定的行动，特别是那些对储备银行负债的会员银行，必须表现出一种特定的立场，因为如果它们全都"冲"进来，要求得到更多的信贷并要求允许永久性地使用这种信贷，那么理所当然地，它们会得到公众"团结如一人"般的支持，从而来自联邦储备委员会或储备银行的任何抵制都会被彻底消灭。但是，等级更高的那些会员银行在整个过程中所显示出来的这种纪律性也是联邦储备委员会的最大成就，即成功地训练更多的会员银行遵守这种纪律，并建立起这样一种职业传统：除非是为了渡过暂时的难关（或者，对一家真正第一流的银行来说，即便是在美联储似乎通过很低的利率来"引诱"它的情况下），否则如果与储备银行的往来账户出现了赤字，就会对会员银行的地位造成实质性的贬损。然而，还必须添加一个限定条件。我们说过，这种纪律在危机爆发前一直得到了遵守；这在整个时期都是正确的，但只是在形式上。而在精神实质上，却只适用于1928年年初。在那之后，有许多重要的银行，尤其是纽约市的银行，开始不顾一切地开立承兑汇票，并将其出售给储备银行，与其说是为了逃避更高的贴现率——那只是一项副产品——不如说是为了避免陷入更深的债务陷阱。储备银行则毫无异议地买下了所有这些票据，而且是在联邦储备委员会的允许之下。这正是最重要的一个实例，它促使我们在上文中认定，可以将购买承兑汇票纳入公开市场操作。

除了上面这种情况，这个机制能正常发挥作用。正如前面指出的那样，虽然公开市场操作并不会直接增加和减少非银行企业的可用借贷工具，因为会员银行会（在很大程度上）补偿这些企业——如果它们从一开始就不打算进行补偿，那么就不能通过黄金的流动得到补偿——因此这项政策也就不会遭遇失败，只要公开市场操作使得那五个账户出现了净减少，会员银行就会被迫借款，或者减少它们在公开市场上的承诺（对上述目的将会更有利)。而且，由此推导出来的结论是，公开市场上的出售行动绝不会走得更远，即超出银行的补偿能力。也许它们并不是有意为之。公开市场操作委员会完全有理由担心，如果它的措施触及了"合法业务"会引起怎样的反应。无论如何，这种"武器"所能产生的影响，除非同时得到了拒绝购买承兑汇票和对会员银行实行信贷配给的强大支持，否则只能限制在它自己的弹药的火力范围之内——而且它可用的弹药可能无法搜集到。1919年，各储备银行对政府证券的年均持有量仅为2.61亿美元，因此如果试图以上述方式对当时的形势施加影响的话，即使全部出售也不会给人留下深刻的印象。幸运的是，出于"疗治"目的而进行的第一次公开市场操作是购买而不是出售：从1922年1月到5月，在黄金稳定流入的基础上，购买了价值约4亿美元的政府债券。从某种意义上说，这是具有决定性意义的一步，它使那五个账户达到了除1923年外再也不允许下降的水平，从而实现了货币过剩的永久化。当时另一种可能的选择是，强制清算会员银行的债务，而不提供所需的资金。那将意味着巨大的压力、缓慢的复苏、稳健的进步、更少的投机，以及1929年后更温和的大萧条。

第二次公开市场操作并没有产生真正的压力，那也是第一次为了抵消黄金流入而进行的公开市场操作——在1922年6月至1923年7月出售了大约5.25亿美元的政府证券。在出售期间，出售的速度实际上比黄金流入的速度要快，所以会员银行在当时不得不借入款项，但黄金继续不断流入，很快就弥补了这一点。即便是在那段时间里，这种影响也在很大程度上被黄金＋票据的买入＋借款抵消了，所以这种影响并没有超出中央市场的范围。此外，我们还应该注意到，为了更好地评价这项政策的成就，只要以往在公开市场上的购买行动和黄金流入以及会员银行的负债减少额超过6亿美元，确实加快了复苏——而且，尽管我们否认中央银行的政策能够创造经济复苏局面，并认为通过中央银行的政策来摆脱萧条必定徒劳无功，但是我们确实也承认，在经济繁荣阶段景气度是可以通过中央银行的政策来提高的——那么这项政策就也将有助于导致联邦储备委员会或储备银行当时感到有必要加以限制性调整的局面。因此，目前对这项政策的成功的看法需要从两个不同的方面加以纠正：第一，在影响周期性情况方面取得的成功，要远远小于那种"在此之后、因此之故"式的事后分析所预期的；第二，这种成功很大一部分体现为纠正了美联储自身政策的影响。

接下来就是我们所说的第一个魔术般的把戏了。1923年至1934年属于基钦周期的衰退和萧条阶段，当时金融界和商界觉得前途迷茫，无所适从，也不清楚自己在前一年所做的一切是好是坏；于是美联储挺身而出，驱散了黑暗和迷雾，在1923年12月至1924年9月买入了大约5.1亿美元的政府证券，从而确保价格的稳定和新的繁荣时代的到来。在有些经济学家看来，这5.1亿美元的操作相当于增加了51亿美元的"活跃存款"。① 当然，这并不是现实。不过存款确实做出了反应，会员银行的债务也有了变化，同时公开市场利率和储备银行利率的下降扭转了黄金流动的方向。后一种效应实际上是保证成功的最重要一个部分；部分原因是回应欧洲各国的抱怨，部分原因是人们认为，持续不断的黄金流入最终可能会带来困难，因此，扭转黄金流动的方向成了这种政策措施的目标之一。② 紧接着，在1924年11月，公开市场操作委员会又开始求助于出售措施，并一直持续到了1925年3月，售出的政府证券总额达到2.6亿美元。我们在前面说明公开市场操作委员会的"操作方法"时提到过这次操作。效果和以前一样，但是，这次行动值得作为成功的标志和衡量标准特别加以强调，因为美联储在克服许多困难之后，仍然紧紧地掌握方向盘，一直沿着一条明确的道路前进。对于另外两次规模较小的操作，情况可能也是如此：1926年4月开始买入总额为6 500万美元的政府证券，同年8月和9月卖出总额为8 000万美元的政府证券。

随后，当一个类似于1923年至1924年的情况出现时——这种相似性还延伸到了来自欧洲的影响上，只不过这一次更加突出，似乎是一场"朝

---

① 然而，会员银行的定期存款在1924年增加了将近7.5亿美元。

② 就本身而言，购买操作可能已经给联邦储备委员会的那些成员留下了很好的印象，尽管他们要么不相信其作为挽救不景气的经济的工具的功效，要么不赞成使用这种工具（即便他们已经相信其功效）。因此，正如在生活的各个领域经常发生的那样，人们可以从完全不同的前提出发，怀着不同的和相互矛盾的目标，就具体的衡量标准达成一致意见。

圣之旅"——又一次购买行动发生了,从 1927 年 5 月持续到了当年的 12 月,并使对政府债券的持有量增加了大约 3 亿美元(或者总额增加到了以前的大约两倍)。那时,无论是当时的情况,还是操作的效果,抑或是操作的数量,都没有什么异常之处。如果我们不知道有相反的情况发生,那么我们应该不能从当时的事实推断关于这次特定的操作会出现很大的争议,或者有些人会认为这次操作特别令人钦佩,而另一些人则对它嗤之以鼻,又或者对它的赞扬或指责最终都应该归结到某个特定的人身上。[①] 当然,出现这一切"麻烦"的原因在于,这是 1929 年股市崩盘前的最后一次购买操作。我们完全理解这一动机,也正因如此,我们不得不在历史叙述和时间序列分析中强调 1928 年和 1929 年经济过程中的许多反常现象。[②] 但是,再仔细的搜索也无法构建出一种人们有充分的权力去怀疑的联系。这样的研究确实揭示了许多指向存在"人为刺激"可能性的单个事实。例如,黄金的出口得到了极大的抵消,会员银行的投资、存款总额以及——特别重要——会员银行用自己的账户发放的经纪人贷款(而不是用其他人的账户),都增加了。但是正如我们已经知道的,所有这一切的影响很容易被夸大,而且无论是对于 1928 年至 1929 年的繁荣,还是对于随之而来的崩溃,都没有任何东西能够真正充分地将购买操作本身解释为唯一的或主要的原因。

事实上,我们有充分的理由怀疑它是否在这种因果模式中发挥了任何作用,因为美联储以比以往更大的活力扑灭了它自身的行动可能引发的任何火花。首先,由于黄金在流出,仅仅是停止购买操作就产生了一些限制性的影响(早在 1927 年 12 月)。[③] 而且在 1928 年 1 月,美联储着手开始

---

① 在这种场合下,斯特朗(Strong)先生的影响可能已经很明显。但是,联邦储备委员会显然没有设置明显的障碍,因为当芝加哥联邦储备银行表现出不愿与其他银行一道降低利率时,联邦储备委员会强制要求它与大家保持一致。要striking斯特朗先生"将死",再也没有什么比让芝加哥联邦储备银行各行其是更容易的方法了,因为那将使纽约市场更加紧张。

② 我们无法再次将它们一一列出来,但是如果读者想要完整地理解这里的论述,他现在应该回过头去看一下,然后自己列出来。

③ 然而,财政部对第二笔自由贷款的转换所产生的资金需求可能暂时抵消了这一影响。自由贷款的转换导致财政部接受并在一定程度上使用了在联邦储备银行的透支额。但仅仅是那一年的 12 月黄金净流出量就达到了 6 742 万美元。

它有史以来最大规模的出售操作。在这次行动中，只要仍然安全，它就坚持全力卖出：到1929年4月，它在公开市场上的出售总额达到了4.05亿美元，如前所述，这使得1922年以来的公开市场操作的总余额变成了－6 500万美元。与此同时，银行利率不断提高，最终（于1928年7月）达到了5%①，会员银行的负债（正如我们在前面已经看到的，这种负债在这种情况下没有发挥应有的作用）则超过了10亿美元的红线，自1922年以来，这条债务红线从未被突破过。②用自己的账户发放的经纪人贷款则低于10亿美元，同时黄金的出口一直持续到7月。就中央银行采取过的行动而言，这些似乎已经是相当激烈的行动。而且，这些行动也不像有些人所认为的那样完全是徒劳的，更加不像另一些人所认为的那样是压迫性的。美联储只是收紧了中央市场。它并没有对工商业企业施加压力，这一点从之前已经注意到的同时增加的客户贷款就可以看得很清楚。1928年下半年，当8月重新开始的黄金流入开始生效时，这个计划就被合理地终止了。

　　如果说联邦储备委员会需要吸取什么教训，那么上述经验就可以提供给它。这些经验总结性地表明了：第一，（相对）较高的利率会吸引黄金流入；第二，由于这个原因以及其他一些原因，在通常的范围内采取各种常规的方法——除了非常短暂（如1928年年中）——不会对股票交易产生什么影响；第三，防护墙上最直接的危险缺口将会从用他人的账户发放的贷款那里打开。因此，从上述经验可以推导出来的结论是：首先，应该降低银行利率③；其次，必须直接针对向证券交易所发放的贷款采取措施，虽然通过降低银行利率、扭转、停止或减少黄金的流动完成了这项工作的一部分。如果说第一种措施没有实施，那可能是因为它看起来太不正统了。但是，第二措施恰恰是联邦储备委员会所采用的——或者至少是它

---

① 不过，只有8家储备银行完成了从4.5%加息到5%的最后一步。
② 1920年的月平均额为接近26亿美元，1921年的月平均额为超过17亿美元。
③ 因此，我们发现自己在这个范围内赞同许多经济学家同行的观点，其中包括费雪教授和柯里博士。当然，我们不同意他们的其他许多观点和结果。然而，我们一定要认识到，我们是从非常不同的前提得到这个相同结果的，并预期会有非常不同的后果。

尝试过的。① 很明显，联邦储备委员会既要拿出勇气，又要放弃那种威严而矜持的态度。它在那份发表于 1929 年 2 月 7 日的著名备忘录中宣布，"要直接或间接地限制用美联储的信贷工具助长投机性信贷的行为"。但是，这个公告是令人尴尬的、过分谨慎的，而且所明示和隐含的论点也不能说完全合理。不过，从精神实质上看，它所宣布的其实是沙赫特先生于 1927 年采取的政策，即迫使银行撤回向经纪人发放的贷款，从而诱使其他放贷机构退出。毫无疑问，如果早一点采取这种措施，例如早一年或早两年（那将更好），就可能会取得相当大的成功。如果那样的话，后来的股市崩盘就可能得以避免。但是，在 1929 年初出台，它就只能加剧崩盘。理解了这一点就既能够解释为什么有人会对这种措施表示坚决反对——以纽约联邦储备银行为首②，也能够解释联邦储备委员会为什么在当年 6 月就迅速地屈服了，在政策的有效性得到充分的证明后（使得股票价格停止上涨，并将经纪人贷款减少了 6 亿至 7 亿美元）。然而，到那个时候，它是否屈服已经无关紧要。

我们请读者自行阐明，根据上面的分析，当时实际采取的政策措施的优缺点，或者当时及之后所提议的各种备选政策措施的优缺点。就本书的目的而言，只要陈述或重申我们一直在强调的三个结论就足够了。

第一，正如我们已经看到的，无论各种"理论"与意图之间可能存在什么样的冲突，在美国这个国家，中央银行机构的实际行为揭示了一个非常明确的模式。当然，这种模式与我们试图用当时的（类）中央银行机构的实际行为拼凑出来的模式有非常大的不同——在战前时期，美国的这类机构几乎没有任何协调行动的能力。但是从本质上说，与当时就拥有独立的中央银行的那些国家的中央银行的行为模式、政策形式和政策方法的区别要小得多。特别是黄金的变动以及黄金储备的状况，确实从来没有发挥

---

① 要达到同样的效果，有许多方法；例如，征税相当于没收股票投机和其他行为的收益，但实际上选中的那种方法可能是联邦储备委员会可用的唯一办法。

② 纽约联邦储备银行试图继续发挥之前在中央银行政策领域的作用，它在联邦储备委员会宣布采取直接行动几天后，提出了提高再贴现率的建议。如果正文中的分析是正确的，那么，由于能够吸引更多的黄金流入，纽约联邦储备银行建议的这种政策会提供另一种投机动力。读者应该不难回忆起我们之前在讨论德国的类似情况时所做的类似观察。

过战前的中央银行理论通常会赋予它们的作用。但是，这在一定程度上是由当时异常有利的环境条件所致，在战前时期，对于任何国家的中央银行来说，那些有利条件会把储备考虑推入背景；而且，尽管黄金变动的影响无疑一如既往地受到了监管，但是这种影响并没有因此而消失。公开市场操作并不是全新的事物，也没有以全新的方式发挥作用，而且不能说它是为全新的目的服务。美国的环境使公开市场操作成为人们关注的焦点，并迫使联邦储备委员会系统地使用这种方法，但仅此而已。

第二，从上一点和我们对中央银行的角色和可能作用的一般立场，可以推导出来的结论是，这个时期的周期性过程并没有受到美联储政策的重大影响。它对经济状况起起落落的态度，与战前数十年来各国中央银行的态度大致相同。它试图"规范"中央市场，干练而认真地做到了它能够做到的一切，当然，它不可能完成的那些任务，它也没能完成，这与以前那些同样干练而认真地履行管理职责的中央银行一样。它在1924年和1927年取得的成功，以及在1929年"未能阻止大萧条"的失败，在很大程度上都是当时错误理论的虚构。然而，关于这个失败，还是必须给出一个虽然是第二位但仍然很重要的限定条件。

第三，这一限定条件关系到一个众所周知的争议，即当时是否存在"通货膨胀"或"通货紧缩"，以及美联储及其政策是否对此负有责任。用不那么模棱两可的术语，问题可以这样表述：在各个时间序列的行为中，是否存在任何偏离了预期的、可以追溯到美联储或其他自主货币因素的行为或态度的偏差？现有的所有证据都指向了这样一个结论，那就是，就波动和"趋势"而言，直到1928年的春季，上面这个问题描述的那种情况才出现。数量、价格、价值、收入等，它们的表现都与在没有受到来自货币领域的干扰的情况下我们所预期的基本一致，尽管货币的数量和表现的变动，只能由未经修正的战争和战争融资造成的货币扰动来解释。许多经济学家试图将发生大萧条的责任"推给"货币和银行因素，或者"推给"主要由它们形塑的经济因素的行为，但是这种主张完全没有任何说服力，无论它们是来自"通货膨胀论者"，还是来自"通货紧缩论者"。特别是，这种主张与那些只会强调利率或价格要么过高、要么过低，要么下降太慢、要么下降太快的理论相比，几乎没有多出什么东西来。当然，我们自己所用的方法也相当粗糙。因此，我们必须承认，在所有这些以及与它们类似的主张中，甚至在某些相互矛盾的主张中，都有可能存在真理，这是可能的，甚至是极有可能的。但是，它们显然不足以解释我们最关注的现象，即常识和共同经验应该足以让我们相信，如果只用诸如此类的"失调"来解释，那么大萧条本身仍未得到解释。特别是，美联储的政策似乎是阻止了而不是造成了干扰，似乎是有利于而不是阻碍了适应，似乎是带出了而不是摧毁或限制了周期性过程的基本轮廓（如所预期的）——最后一点，可以用（例如）再贴现在周期各阶段的变化都非常合乎节奏来证明。那些敏锐的经济学家（和非经济学家人士）早就感觉到了其中的悖谬之处，那就是即便不能说经济有机体的一切都"很好"，至少也有非常大的一部分"相当不错"，既然如此，大萧条这样的事情又怎么会发生呢。很显然，这个悖论要求我们给出更具根本性的解释，并只能通过这种解释来化解；当然，这种解释只能由资本主义过程的逻辑来提供。

但是，即便"大萧条为什么发生"可以这样加以解释，它的强度也不一定可以。后者与股票市场的崩溃有关，而股票市场的崩溃又与这个时期最后两年的异常情况有关。然后事情就失控了，尽管美联储似乎已经在它的权力的性质所允许的范围内充分发挥自己的监管职能。但是，究竟是什么事情失控了呢？最直接的问题出在股票市场和用他人的账户发放的贷款上。我们只要顺着这条线索追踪下去，就能得到一个答案。而且这个答案也将为上述有关美联储政策及其效果的结论提供补充性的限定条件。用他人的账户发放贷款不过是整个时期都极充足的货币和存款制造引擎威力的一个征兆。从1922年到1929年，所有银行的贷款和投资增加了大约185亿美元（年度数据之间的差异），但这还只是故事的一部分。故事的另一部分是，任何一个时刻存在的资金都远远超过经济活动的需求，而过剩的资金并未得到控制——而且无法控制。当然，只要在1921年教训的影响下，资金所有者和所有银行都严守纪律，美联储就有可能成功地运转。但是，一旦它们停止照章办事（这是迟早会发生的事情），一系列后果就会自动产生。我们不打算细究这是谁的责任，也不打算讨论这种诊断是否应该表述为一直存在潜在的"通货膨胀"——而且这种潜在的"通货膨胀"在1928年变成了实际的"通货膨胀"。我们指出下面一点就足够了：事件的这种发展（无论人们将这些事件称为什么才算合适），在1922年的时候原本是可以——尽管不是通过常规的方法——避免的，而且没有任何一个人（除了投机者之外）的境况会因此而变得更糟，同时这必然会使后来发生的大萧条的强度发生极大的差异。

（四）对英国中央银行的政策的评论

在英国，英格兰银行的政策和公开市场的条件可以说与前文描述的基本一致（见第三节）——这是从中央银行努力水平的角度来说的：英格兰银行一直试图让英国的金本位制回到战前平价并保持下去，这种努力一开始似乎越来越成功，后来则越来越不成功。正如我们已经观察到的，这确实意味着对经济过程的压力。同时，英国的黄金流动和黄金储备状态，也不能再像战前那样，享受身为全世界的银行家的唯我独尊的地位所提供的保护——特别是，不再享受由训练有素的银行构筑而成的铜墙铁壁和在国外可快速变现的短期资产的强力护盾所提供的保护——因此，英国的货币利率也比以往任何时候都更重要，处理起来也更加微妙。英国中央银行在这个方面的"作为"从图60中可以看得非常清楚。

恢复对外长期贷款的实际需要——特别是在大英帝国内部[①]——使英国的情况变得更加复杂；不过，在实践中虽然困难，但是在理论上却毫无问题。如果在分析英国经济和就业的短期波动以及大萧条的原因时，英格兰银行的政策没有被赋予如此过分的重要性[②]，那么就没有必要做出进

[①] 在战后的十年中，发放给自治领的贷款（或者，向自治领的借款者发放的贷款）的相对重要性大大增加了，尽管对外长期贷款总额从未接近1913年的数字（1.976亿英镑）。历年发放给海外领地的贷款分别为：1925年，6 920万英镑；1926年，5 750万英镑；1927年，9 820万英镑；1928年，8 150万英镑。同期英国的国际收支余额分别为：5 400万英镑、900万英镑、1.14亿英镑、1.49亿英镑。

[②] 在作者看来，支持这种严重错误的观点的主要权威是霍特里（Hawtrey）先生。例如，请参见他的《贸易萧条与出路》，新版，1933年，第20页等处。他在这本书中勾勒了英国战后的经济波动，并将之几乎完全视为银行利率的函数，而银行利率又是法国和美国吸收的黄金的函数。他认为，由于英格兰银行——考虑到英镑的不稳定地位——不得不非常谨慎地遵循传统的政策（在经济下行阶段降低利率、在复苏阶段将利率保持在低水平上、在繁荣阶段非常迅速地提高利率），所以不难构造出相关关系或滞后的相关关系。但是我们知道，这完全不能证明因果关系是否存在。

一步的评论。由于过度重视英格兰银行的政策，所以我们必须花点时间讨论一下这个问题。

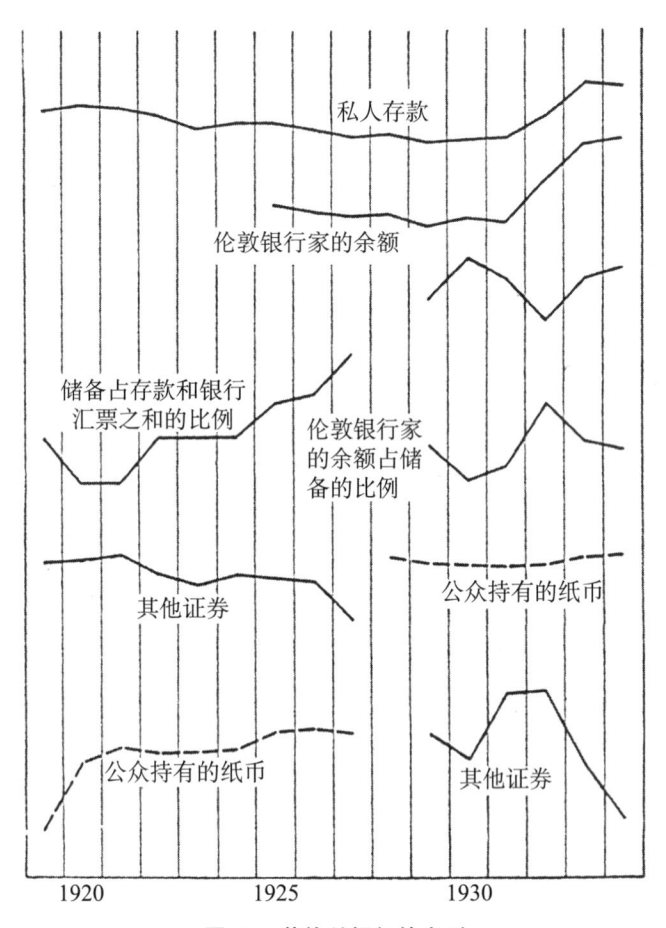

图 60　英格兰银行的序列

英格兰银行所采用的总体政策是由操作过程中的紧急情况主导的，它对当时经济状况的反应，在精神实质上与战前时期完全相同，而且在具体形式上大体相同。1920 年，它的行动没有以前那么迅速，也没有以前走得远，尽管如此，它还是在那年 4 月 15 日将利率提高到了 7%，然后一直等到 22 个月之后（1922 年 2 月 16 日），才将利率恢复为 4.5%。然而，英国经济的暗淡前景并没有因这区区 2.5% 的降息幅度而变得光明起来，同时光彩耀眼的美国经济前景不可能因 7% 的货币利率而有所失色；很显然，对于这两个国家经济复苏速度的差别，这提供了一个更加合理的解释。

在那之后，廉价货币政策占据了主导地位，正如英格兰银行在"深度"萧条之后总会做的那样；不过，在这种情况下，它不可能像在前一个康德拉季耶夫周期的对应阶段那样，将这种政策推行得那么彻底。① 在接下来的3年里，即在英镑达到平价之前，平均利率实际上低于达到平价后的水平，这是很自然的，因为通过操纵来实现高于平价要比通过操纵保持平价容易得多。要做到后者，不仅无法"借助"国际投机者，而且要化解国际投机者必将持续发动的危险攻击，因为卖空从那时起（高出了成本）就没有了任何风险。实际上，从国内情况来看，没有什么能阻止英格兰银行继续维持3％的利率（那是在1922年7月13日达到3％，并一直保持到了1923年7月5日），尽管美国联邦储备委员会在那一年出售了大量政府证券。② 但是最后，由于压力过大，1923年7月5日，英格兰银行将利率提高到了4％，尽管当时美国联邦储备委员会已经停止出售政府证券的操作。这种情况一直持续到1925年3月5日，尽管当时美国联邦储备委员会早在1924年就进行了购买操作（这可能是增加对英格兰银行的地位的影响），尽管随后美国联邦储备委员会就进行了抛售。但是，在接下来两年多的时间里，利率一直高达5％，中间仅仅中断了2个月。毫无疑问，如果没有发生异常情况，利率水平肯定会更高。但是复苏变成了繁荣；或者，如果有人反对使用这个术语的话，那么产出指数的表现无论如何都构成了一个有力的决定性证据，证明当时出现了相当大的进步。这是真的，尽管被发生在1926年的激烈的社会斗争所严重削弱。1927年，纽

---

① 如果我们可以认为1865年至1874年是一个大体上可比的时期，那么我们将可能注意到，这10年间的平均月波动在最高的4磅8先令8便士（11月）和最低的3磅2先令2便士（9月）之间。从1875年到1884年那个10年的平均月波动在最高的3英镑18先令2便士（11月）和最低的2英镑15先令8便士（4月）之间。请参见《银行利率与货币市场》，第97页。

② 因为我们的理论是：当美联储卖出黄金时，在其他条件相同的情况下，纽约的公开市场就会变得更有吸引力，从而吸引黄金流向美国，同时这也会使伦敦市场变得更有吸引力，从而导致英镑贬值；反过来，当美联储买入黄金时，道理也是一样的。事实上，在1924年和1927年，基于同样的理论可知，欧洲的影响很显然是有利于购买操作的。但对某些学者来说这似乎太明显了，不值得多说；而对其他一些学者来说这似乎是错误的。

约的宽松货币政策得到了英格兰银行的谨慎回应，银行利率下降为 4.5%，但这个政策似乎并不是那么有效。当然，1929 年发生的一切暴露了经济状况的内在弱点。英格兰银行将利率提高到了 6.5%，这从表面上看似乎并不比 1899 年在明显受到了类似的条件制约时出现的峰值更高，同时该中央银行的黄金库存下降到了坎立夫时代的水平以下，从而导致英镑不得不为了生存而奋力挣扎。但这种利率并不是造成大萧条的原因，就像 1899 年同样高的利率没有导致萧条一样。

第十五章 世界经济危机及其余波[①]

第一节 世界经济危机和周期模式

我们现在应该能够回答如下问题了：从 1929 年秋到 1938 年夏发生的那一系列事件可以在多大程度上用本书给出的分析模型来描述？在解释时，又必须在多大程度上依赖于各种其他因素——外部的或内部的，新的或旧的？仅仅是从上述问题的角度出发，而且仅仅作为应用这个模型的最后一项"实操训练"，我们接下来将考察这个时期的状态序列及当时采取的若干政策。这个目标看似微不足道，其实不然。从经济和社会的角度来看，上述问题的答案的直接含义和隐性含义、经济意义和社会意义，都比乍一看要广泛得多、重要得多。但是也正因如此，我们应该再一次提醒读者，我们可能得出的任何结论，都只能帮助他更清楚地认识事物。从这一点到实际评价或政策建议，还有非常长的路要走。我们每个人都必须带着自己的渴望、偏见和幻想独自前行。

每当一组命题和观察结果引导我们期待某个事件发生时，那个事件的

[①] 尽管为了避免下文将会给出的论述受到某种误解（这种误解的特点是，有些陈述，如果只从它们自身来看的话，似乎是可信的），我已经做出很大的努力（代价是可能会有一些重复），但读者还是不应该在尚未完全掌握本书提供的分析工具时就阅读本章，那就是从本书第一页开始就在讨论的关于"世界经济危机"的理论。本章也不会给出新的图表，而前一章使用过的图表涉及并有助于阐明本章要论述的主要观点，因此读者应该随时准备回过头去看一看。

实际发生总是会增强我们对这些命题的信心。在这种情况下，正如我们将会有充分的机会观察到的那样，我们往往倾向于冒着某种违背逻辑的危险声称那个事件"证实"了那些命题，或者那些命题"解释"了那个事件。也正是在这个意义上，当时发生的长期持续的严重萧条本身，就验证或认可了我们模型的应用，即给了根据我们的过程做出解释的正当理由。因为根据我们的解释，我们只需要考察自 1898 年以来的事态发展，就可以了解为什么这场萧条本来就会作为这个过程的一部分而发生。再重复一遍，对于我们的三周期模式，除了可以说它是一个有用的描述性工具或说明性工具之外，我们没有给出任何其他断言。然而，只要利用它作为描述性工具或说明性工具的能力，我们实际上就可以得出（见第十四章第五节）1929 年会发生严重萧条的"预测"，因为它已经包含在公式当中：所有三个周期的萧条阶段恰巧重合。我们最好再回忆一下这个公式的确切含义。出于我们已经知道的原因，资本主义演化本身就意味着扰动。我们还知道，它会同时引发重要性等级不同、延续时间和范围不同的扰动。因此，这里会出现一些节点，在这些节点呈现出来的场景是由各种倾向于相互打乱后再重新排列的症状所主导的。在这些节点中，有一些节点发生了更长期的和更根本的调整，但在同一时间并没有发生较短期的和不那么根本的工业变革，也有一些节点是这两类调整同时发生。在第一种情况下，症状会减轻；而在第二种情况下，症状则会强化。或者，用我们的模式来说，在第一种情况下，一个或两个周期的萧条阶段将会触及另一个或两个周期的非萧条阶段所提供的"底部"；而在第二种情况下，则不存在这样的"底部"，因此会出现一个更严重、更宽广的波谷[①]——所有这些，都容易转而用实实在在的经济事实来描述。

在第十四章第五节中，我们更进一步提出了一个"荒谬"的假设，即所有的周期都具有严格的周期性，而且一个周期的所有阶段的持续时间相等。根据这个假设来"数"周期，我们应该可以得到这样的结果：朱格拉

[①] 阿尔文·汉森（Alvin Hansen）教授曾指出，1930 年的情况非常符合三周期模式的描述，见《不平衡世界的经济稳定》，1932 年，第 95 页。

周期的萧条阶段——这个朱格拉周期本身也位于一个康德拉季耶夫周期的萧条阶段（始于 1925 年的秋季）——将从 1930 年 7 月持续到 1932 年 11 月，它是一场严重的萧条，紧随其后的朱格拉周期的复苏阶段延续到 1935 年 3 月，对于这次复苏，考虑到它在康德拉季耶夫周期中的位置，我们应该可以预期到它将是缓慢而脆弱的。因此，大萧条将包括基钦周期的三个阶段，即到 1931 年 4 月中旬止的萧条阶段，到 1932 年 1 月止的复苏阶段，到 1932 年 11 月中旬止的繁荣阶段；而且后两个阶段应该主要（不是全部）是通过降低下降速度来表明自己的存在。除了说明性意义之外，这个模式没有任何其他意义，涉及的各个日期也没有任何附加的价值。[①] 然而，强调广泛的诊断常识是很重要的，因为这样一来在涉及细节的时候就拥有了"表面精确性"。当我们在历史观察的基础上认识到工业结构中所发生的革命的范围和颠覆价值体系的行为的限度，还会对如下情况——在美国，也许有四分之三以上的企业（包括农场）不得不让自己适应变革，不然就要面临"经济死亡"的威胁——的发生感到惊讶吗？而且，对于如下说法——只有这种情况才是全球危机的基本事实，与之相比，其他所有因素，无论多么重要，说到底都是减轻或加重之的附属品——真的有那么多要反对的吗？

在给出限定条件并进行详细说明之前，我们还需要特别注意一下，如果这种诊断能够得到证实，将会带来什么样的后果。资本主义及其文明可能正在衰退，并逐渐转化成其他东西，或者正摇摇欲坠地蹒跚着走向"暴烈的死亡"。作者个人认为确实如此。但是全球危机本身并不能证明这一

[①] 但是，我们至少仍然可以对我们的模式的一般含义与其他预测者在 1930 年给出的预测进行比较。例如，沃伦·珀森斯教授（《预测经济周期》，第 44 页）曾预测，到 1931 年 2 月至 4 月，经济状况将会好转。这个预测绝不像一般人和珀森斯教授自己所认为的那样是一种失败的妥协。它是用一种相当精妙的方法得出来的，而且这种方法是有可能加以辩护的。追问他的预测失败的原因也不是一个无趣的问题。我们注意到，就基钦周期的复苏阶段而言，珀森斯教授给出的日期与我们的相当吻合。这不仅仅是一个巧合。他也在论证短周期的运行过程——虽然那与我们的这个基钦周期不完全相同——而且那是他所识别出来的全部周期。因此在这个意义上，他的预测本身并没有错。但是他忽略了——像商人一样——在表面的短周期的运动之下还有其他事物在漂移，即更长的周期及其不同阶段。因此，他的预测未能变成现实，这种事实可以用来说明我们所称的单周期假说的缺点。它还说明了理解产业演化的逻辑对预测的必要性。

点，事实上，它与此无关。全球危机并不是资本主义体系衰弱或失败的征兆。如果说全球危机说明了什么的话，那就是它是资本主义演化的活力的一个证据，而且这种活力在实质上只是一种对资本主义演化的暂时反应。无论如何，这——再一次，在实质性上——并不是什么新奇的事情，也不是什么前所未有的、标志着新因素出现的灾难性表现，而只是重复了以前在类似的时刻发生过的事情。

第一个限定条件是，到目前为止，上述论述都只涵盖了走向大萧条底部的过程中的一系列事件（我们将会看到，大萧条的底部出现在1932年下半年）。随后的事态发展引发了与复苏策略有关的问题，但对于复苏策略，我们目前还不能发表任何看法。

第二个限定条件是，应该指出的是，我们既没有承诺要解释一切与任何危机或萧条相关的东西，也确实没有成功地做到这一点。特别是，存在一类重要的"可理解但非本质性的事件"。对于这类事件的特点，或许可以用哈特里（Hatry）或克鲁格（Kreuger）等公司的所作所为来举例说明。如果不是达姆施塔特国民银行（Darmstädter und Nationalbank）行长的冲动个性，甚至德国的经历也可能会有所不同。这类现象还有一些更加重要的因素，其中一个例子是美国股市激烈的暴涨暴跌——虽然这种激烈性所指的并不仅仅是事件发生时的情况——这种暴涨暴跌并不是构成我们这个过程的必不可少的一个要素，但是却对这个过程产生了巨大的影响。不过，这个类别的边界不应该扩展得太远。例如，建筑业的繁荣以及从1928年前后开始的衰退，或者说农业部门出现的大部分困难，都不属于这一类，它们都是这个过程的完全正常的要素。

美国的债务状况和美国银行业的"流行病"（共有三种"流行病"），构成了单独的一个类别。考虑企业和家庭在20世纪20年代变得债台高筑的途径，很明显，在许多情况下（尽管不是在全部情况下）对价格水平的下降非常敏感的累积性负担在造成经济萧条方面发挥了重要作用。更具体地说，它引发了一个恶性螺旋式循环——在这个恶性螺旋式循环中，每个人都试图在一段时间内减少负担，但结果却只是增加了负担。因此，没有人会反对关于美国危机的债务通缩理论，前提是它的含义不能超出这个范围。① 它所强调的元素是严重萧条的机制的一个组成部分。但是，在美国这个国家表现出来的总负债增长速度，既不是康德拉季耶夫周期下行阶段的机制的正常元素——债务的偿付受大企业利润或发行债券和股票影响的情况，更符合这里的图景——也不是一种"可理解的"事件，就像它们引发的过度投机和债务一样。它一定要归因于时代的境况、廉价货币政策，以及急于推销自己产品的企业的做法；而且，只有在我们的数据中纳入具体的美国条件之后，它才会进入可理解的事件的类别。类似地，在任何重大危机的过程中，银行倒闭当然是经常发生的一种事件（尽管仍然不是必然的），而且永远都是造成次级现象的一个重要原因，特别是对于那种不断下降的累积性过程而言。然而，我们并不能据此就认为，这些"流行病"用关于危机的一般机制就可以完全解释清楚——最不济，或者通过该机制加上全面过度负债这个事实，又或者通过所有这些因素再加上证券交易所的崩溃。它们并不比德国在银行领域遇到的困难更容易解释。德国的崩溃在一定程度上可以归因于非常特殊的"超经济环境"，如果没有这种特殊的环境条件，任何事情都无法动摇人们对奥地利克雷德坦施泰特银行（Kreditanstalt）或德累斯顿银行（Dresdner Bank）等企业的信心。美国银行的"流行病"，只有当它们可以用美国银行业结构特有的弱点来解释时，才是完全可以理解的；这些弱点会使它们屈服，但是没有任何一个欧洲国家的银行体系会在类似的情况下屈服——具体来说，在立法和公共舆论的推动下，出现了大量规模小、效率低下的银行，而且缺失任何类似于英国传统的东西。与此相比，外国债务人的资不抵债状况是次要的，特别是因为它所影响的主要是一些强大的企业。

　　第三个限定条件是，还有一些外部因素会起作用。我们在第十四章第三节讨论外部因素时，已经发现就世界经济危机的起因而言，它们的重要性很容易被高估。战后时期，那些最引人注目的政治和社会变革，例如俄

---

① 例如，欧文·费雪教授在他的《繁荣与萧条》一书的第 85 页似乎也没有提出超出这个范围的观点。我们可能会对他的笼统说法提出异议，即价格下跌总是会削弱债务人的偿债能力。但"过度负债和通货紧缩是强大的因素而且确实是主导因素"这一点是不容否认的。

国的革命和奥匈帝国的覆灭，都干扰了经济引擎的"正常"运行，这是无可置疑的，但是——除了维也纳银行业中心的瓦解之外——它们对世界经济危机的影响（如果有的话）微乎其微。国际贸易的转向和对外交往受到的障碍，使许多国家（特别是英国）变得不如没有发生这种变化时那么繁荣，并且削弱了受世界经济危机影响的那些经济体，从而改变了整个图景的若干细节，但是也仅此而已。特别是，将美国大萧条的任何主要特征（更不用说原因了）归结于"进口商品的涌入"都是没有根据的。事实恰恰相反，进口在关键时刻出现了迅速的下降：1929 年的进口总额为 44 亿美元，1930 年略高于 30 亿美元，1931 年减少为略高于 20 亿美元，1932 年进一步下降为大约 13 亿美元。在 1929 年和 1930 年，德国的出口是一个不可忽视的因素。但是它本身以及它可能产生的影响，与其说是原因，不如说是结果。再者，英国和德国的财政政策和社会政策也无法直接解释为什么这两个国家对大萧条的影响的抵抗力会大幅减弱。① 更何况，要抵抗大萧条，就必须在之前的繁荣时期开始发挥财政政策和社会政策的抑制作用。

确实，我们已经看到这些政策对短期资本流动的间接影响——当然，这是在德国的情况下，也可能是在英国的情况下——与更狭义的、或许也更恰当的意义上的"危机"有很大的关系。就国际支付问题达成的临时解决方案，在任何大型萧条中都必定会崩溃，而且在崩溃发生前还会加重萧条期的困难。我们甚至无法指望在萧条有机会摧毁那些脆弱的伪黄金货币组织之前就发生的货币失调的影响能够有所减轻。在南美各国，尤其是在阿根廷，动乱和白银价格的下跌无疑也起到了一定的作用。② 但是所有这些之所以会被放大、显得如此重要，完全是由其他原因造成的经济萧条使然。这就像一个人虽然患有多种疾病，但是仍然有可能在相当长的时间内

---

① 这完全符合我们对它们的重要性的一般估计。前文给出的结论只是为了防止高估它们在萧条成因中的重要性。

② 黄金库存的变动被短期资本的变动覆盖。尽管货币贬值、国际贸易萎缩、债务大量偿还，但是根据国际支付银行的估计，1934 年国际短期信贷总额还是从 290 亿瑞士法郎增加到了 300 亿瑞士法郎，这大约相当于战前数字的三倍。而且，如前所述，如果没有它们，黄金就不可能发挥任何重要作用。

充满活力地过着积极的生活，那些疾病似乎一点也没有拖累他，直到某一天，当他的活力减弱，那些疾病或任何其中一种疾病可能在突然之间就获得了在专家看来似乎最关键甚至致命的重要性；同样地，尽管经济有机体总是会因各种各样的创伤而受损，但是这些创伤在周期四个阶段的三个阶段中显得比较轻微，是经济有机体可以承受的。当一个周期进入萧条阶段时，经济有机体会出现"不适"；当两个周期同时进入萧条阶段时，经济有机体就会承受苦难；当所有周期都处于萧条阶段时，经济有机体就会出现灾难。在这种情况下，外部伤害对经济有机体有着非同寻常的重要性[1]，这一点毫无疑问，但是仍然不能用它来解释。

第二节　对 1930 年情况的讨论

一、美国的情况

很多商界人士和预测专家在 1929 年的秋天就已经认定，他们接下来要面对的，最糟糕的也不过是一场经济"衰退"，而且它肯定不会比 1924 年的衰退更加严重。对于这些人来说，1930 年上半年的总体形势应该不会让他们感到非常失望。在年初，股票价格强劲反弹，新证券发行量也很大，许多地方都出现了改善的迹象，同时资金也很容易获得。但是，所有这一切——除了宽松的货币之外，优等商业票据利率（prime commercial paper rate）从 1 月的 4.89% 下降到了 8 月的 2%，并且到 12 月仍然维持在 2.88% 的低位上，只有在 6 月曾反弹到 3.54%——很快就都成了过眼云烟。事实证明，这一切不过是一场毫无意义的"躁动"（flurry）而已，原因或许是，人们普遍觉得自己必须显得很有信心，或者是政府有组织地表明了促进消费的立场，从而导致了一些额外支出。但是直到大约 6 月底，经济仍然只是处于一个缓慢下滑的趋势当中，几乎所有行业的相关数

---

[1]　然而，我们不应该忘记，这场危机在其他任何地方都没有在美国这么严重，尽管美国几乎没有受到外部因素的伤害。

据都没有比 1929 年低多少。①

下半年的情况则完全不同；它最突出的特点就是人们普遍认为的"全面清算"。经济收缩速度加快了，相关数据与 1929 年相比变得越来越令人沮丧。正如前面已经提到的（第十四章第五节，最后一句话），人们感到脚下的土地正在塌陷。然而，直到那一年的年底，银行领域才发出了陷入苦难的信号。美国银行（12 月）的倒闭引起了国内外的特别关注②，在那之前，人们并未感到恐慌，甚至连警觉性都不算高。从表面上看，不仅仅是那一年的总数，即使是年底的数字也远远称不上是灾难性的。发行的公司证券总额虽然仅相当于 1929 年水平的 55% 左右，但是仍然达到了 54.73 亿美元，甚至略高于 1926 年的水平——或者，如果不把为了偿还债务而发行的证券也计算在内的话，这个数字就会减少至 45 亿美元，略低于 1926 年的水平。纽约市之外（共 133 个城市）的外部债务规模达到了 1 375 亿美元，仅略低于 1926 年，也只比 1929 年低了 14% 左右，但是从 7 月初至 9 月初，经济严重萎缩。正如我们在上一章所指出的，外部活期存款净额在那一年基本稳定，在那一年的下半年也没有出现明显的减少，即在 7 月底为 81.17 亿美元，到 12 月底仍有 79.11 亿美元。但是，从 1929 年 11 月到 1930 年 5 月，"其他所有"贷款都已大幅缩水，并且在那之后继续下降。从 1930 年 12 月的情况来看，一些人囤积货币，从而增加了"流通中的货币"和美联储的未偿还信贷总额。实际上，暂停营业的银行数量（1 345 家）是 1921 年至 1929 年的年均暂停营业银行数量（627 家）的两倍多，但是其中有 1 158 家是非会员银行。③ 除了 7 月和 8 月之外，每个月都出现了黄金净流入，再加上额外的国家银行券的发行，使得会员银行的超额储备到 11 月中旬就达到了大约 4.75 亿美元——因此，尽管抵押品的价值已经严重受损，但是从技术的角度来看，整个银行体系的

---

① 哈佛"晴雨表"中的商业曲线在那 6 个月里几乎一直都是水平的。到了 5 月，A 曲线（投机）已经失去第一季度的上涨阵地。

② 不过，本书作者一直未能说服自己相信如下观点：欧洲人真的认为这家银行有点像英国的中央银行（英格兰银行）或法国的中央银行（法兰西银行），而且这种想法对后来的事态发展产生了重大影响。

③ 然而，受影响的存款总额接近 8.65 亿美元，是 1921 年至 1929 年平均水平的 4 倍多。

地位并不是太弱。

制成品的价格加速下降——仅在年内就下降了大约10%——在当时的情况下，这没有什么异常的。中间产品价格的下降，尤其是原材料价格的下降，导致了批发价格指数的下行。原材料价格在12月的平均水平比1月低了整整20%。农业部门的货币工资率大幅下降，但是工业部门的货币工资率（见下文）却基本保持不变。然而，在第四季度，个别行业的工资率降幅很大，足以影响整个指数，但是实际每小时工资要高于1929年的水平。即便是在第一季度，每周的货币收入也在下降，而且每周的实际收入最终降到了仅相当于战前水平的90%。[1] 工资单金额继续从1929年第三季度的峰值下降。例如，在纽约州，从1月至12月，工厂的工资单金额下降了大约25%。

至于那一年的总货币劳动收入，根据美国商务部与国家统计局合作的一项研究（请参见库兹涅茨的论文，刊载于《国家统计局公报》，1934年1月26日，第5页），仅比1929年低7.9%，同期总货币收入则比1929年低了15.1%。但是，所有公司在扣除所得税之前的净收益（不包括免税的公司和人寿保险公司），则比1929年整整低了78%（1929年的数字为19.6亿美元）。印刷出版、食品饮料、烟草、化工、金属和金属制品、纸张、纸浆及其制品等行业相对较好，纺织业的情况尤其糟糕。[2] 但是，最严重的特征是由工业产出和就业指数反映出来的。总体而言，设备和耐用品的产量在5月之后就出现了大幅下降，例如，钢锭的产量就很好地反映了这个事实。汽车厂的销售额低于28亿美元，而前一年同期为46亿美元。哈佛学会提供的制造业指数（index of manufacturing）下降了22%以上，美国联邦储备委员会发布的就业指数（index of employment）在那一年内就下降了16.2%以上。[3] 其中，前一个指数几乎触及了1921年创下

---

[1] 用于得出上述结果的生活成本指数见：《国际经济统计摘要》，1934年，第205页。
[2] 请参见S. 法布里坎特（S. Fabricant）的论文，刊载于《国家经济研究局公报》，1985年4月11日。
[3] 16.2%是12月的数字相对于1月的数字而言的，也就是我们所说的年内发生的损失。然而，产出指数并不是单调下降的，而且1月的数字（虽然该指数已经根据季节性波动进行修正）似乎并不能代表典型情况，因为它反映了一些在1929年底决定的限制措施的影响，而且这些措施恰恰在开始影响指数的时候遭到了部分逆转。所以我们在这里采用前三个月的平均值。

的最低点，而后一个指数则比那时的最低水平还要更低一点。①

采矿业的表现略好于制造业，同时电力生产在 1930 年的头 6 个月里高于 1929 年同期的水平，而在下半年的 6 个月，电力生产则与 1929 年同期的水平相差无几。以合同衡量的总建筑量（37 个州的道奇数据）比 1929 年低了 20% 以上，如果公共和半公共融资的建筑量没有跟上甚至有所降低，那么这个数字还会更低。但值得注意的是，公用事业投资增加了建设支出（从 1929 年的 4.73 亿美元增加到了 6.44 亿美元），并且住宅建设没有减少太多。因而，正如我们所预料的那样，工业和商业建筑量的下滑导致了总建筑量的下降。

这个画面最突出的一个亮点出现在消费领域。消费数据好得令人惊讶，但是并没有受到应有的重视。百货商店的销售额尽管始终低于并越来越低于 1929 年同期水平，但是仍然维持在了 1923 年到 1925 年平均水平的 102% 以上；而且，在 12 月的假期纽约地区的销售额只比前一年低了 4.5%（不过，1930 年的假期比 1929 年多了一天）。考虑到价格已经出现大幅下跌的事实，不难想象实物销售量显然是不可能下降的。这一点也可以从铁路零担货运量的变化中看出来，与总货运量相比，这个类别的货运量有所下降，但是幅度很小。香烟、汽油、家用电器、电话、收音机、冰箱等商品的消费量有增也有减，但是幅度都不大。为了节省篇幅，我们对此不再详述；想了解这方面更多细节的读者，请参考特巴特先生深入细致的研究。② 到 1930 年底为止，倒闭企业的数量尽管一直高于且越来越高于 1929 年的水平，但是远远没有达到令人担忧的地步：每个月大约有 2 000 家企业倒闭，低于 1921 年 10 月至 1922 年 6 月的平均水平。

我们可以在多大程度上"相信"这些事实反映了我们的模型的运行

---

① 小麦、棉花、牛和猪的产量仅略低于 1929 年的水平；农业部门的总体表现亦然。1929 年，小麦作物的价值仅略高于 1929 年水平的 60%，而棉花作物的价值则不到 60%。

② 阿瑟·R. 特巴特（Arthur R. Tebbutt），《商业萧条中的消费行为》，在哈佛大学商学院主办的《商业研究》的第 3 期发表。对于这一年以及接下来的一年，这项研究给出了一个非常有启发性的画面，尽管它的细节（比如糖果和女性睡衣的消费）有时并不容易理解。借此机会，我们建议读者阅读同一系列的其他研究，例如关于连锁店经营结果的研究，这些研究提供了关于大萧条后期和随后复苏阶段的许多宝贵资料。

（包括"可理解但非本质性"的特征）？对这个问题的回答可以很自然地分为两个任务。一方面，我们必须追问我们的模型的预期是否得到了充分的证实。情况显然正是如此。即使完全无视实际发生的事件的日期与我们实验性地计算出来的日期的高度相符，我们也很容易看到，不仅这一年的全部过程作为一个整体用"衰退滑入深度萧条"这个公式来描述是相当恰当的，而且这一年上下两个半年的经济面貌判若水火，这个典型表现也非常符合我们对在这种情况下会出现什么"症状"的预期，除了最开始短暂的反弹之外。读者应该不难自行证实同样的命题对价格、产出、利率、存款、结算额、收入、就业等数量的行为的一般轮廓也成立。因此，我们在这里只需提请读者注意以下几点。

正如我们在前面已经说过且将在下文进一步解释的那样，1930年最开始时的反弹是由于某种有组织的努力，但是不应认为这种努力有很大的重要性，因为在任何情况下对那个时候仍然表现出了相当好的持续性的经济形势的预期都是如此。特别是，它完全符合我们的模式，即工业部门的货币工资在那一年的上半年没有出现明显的下降——读者应该记得，我们没有理由预期工资在衰退阶段会下降，也不能从工资没有下降这个事实推断随后的扰动会是什么样的。在这些环境条件下，货币市场的宽松也是正常的[①]，这是"经济自身的收缩"的一个直接后果。它不需要用美国联邦储备委员会的政策来解释，尽管后者无疑也对此做出了贡献（见下文）。同样正确的是对这种宽松货币的效果的预期：就像在经济衰退中通常会发生的那样，宽松的货币能够帮助维持住宅建设水平，并吸引某些类型的投资，例如公用事业公司的投资，但是公用事业公司之所以进行投资，也是受到了其他刺激性因素的推动。对价格的"不平等"限制——对于有些产品，特别是新产品，限价率为负——下半年各种"滞销品"的销售严重下滑、消费者行为的变化，这些都应特别加以注意。

因此，尽管我们所用的方法并不能使我们给出可以用具体数字表达的

[①] 我们观察到，在1873年和1893年的金融危机之后，货币也出现了类似的宽松，同时利率也出现了大幅下降。

预测,尽管我们不能断定我们的序列是不是完全在按照我们的理论"表现",但我们还是可以说,在我们所知的范围内,它们确实是那么"表现"的。即便我们大胆地说再无其他,只要我们的过程对经济系统起到了作用,事实也不可能"反驳"我们;而且,如果我们断定这个过程确实构成了主导因素,事实当然也证明了我们的观点;而如果没有我们这个过程,那么那一年发生的各种事件以及随后的事态发展就将不得不用生产过剩、储蓄过剩、投资过剩等"口号"来解释——那就等于完全没有解释。那些平时在判断经济状况时表现出了无可置疑的极强能力的"法官",除了声称会出现短暂的衰退之外无法解释或预测任何事情,这就是一个明证。

另一方面,我们还必须考虑到这样一种可能性,那就是,其他因素以某种特定方式影响了事件的进程,从而产生了一种虚假的验证(spurious verification)。对这个过程施加影响的企图是不能完全排除的,而且必须加以考虑——即便我们根据前面的论述,忽略了来自国外的影响可能通过证券交易所以外的其他方式对美国经济状况产生重大影响的可能性。①

首先要考虑的是援助农业的措施和要求执政党对某些家庭进行救济的呼吁,即《霍利-斯穆特关税法案》。前者的影响虽然肯定不容忽视,但即便是在农业部门也未能使条件发生足够大的、能够使经济过程偏离预期的变化,因此更加不能说它对整个经济系统有什么重要的意义。而后者的影响大部分被报复性劫掠抵消掉了,在许多情况下可能等于零。②

其次要考虑的是总统的劝诫行动,即总统要求企业不降低工资并呼吁刺激投资,以"确保国家的基本经济活动能够一如既往地继续下去"③。我们之所以对这种做法以及类似的尝试感兴趣,主要原因是可以利用它们来检验那些只把大萧条视为商人情绪的结果的理论——这种情绪本身就是

---

① 我们当然不否认这种影响可以通过股票交易业务来发生。但是,只要认识到繁荣和崩溃的程度比它们本来可能出现的情况更高,就可以充分解释这一点。

② 作者这样说的目的并不是试图否认在某些行业情况可能因为这种关税而变得稍微稳定,也不是否认更彻底的分析可能会得出更有力的理由。但是,在出现相反的证据之前,作者还是倾向于认为,《霍利-斯穆特关税法案》的稳定效应和错位效应都非常有限,而它的净效应就更低了。

③ 参见胡佛总统1929年12月在国会发表的演讲。当时各行各业的许多权威人士都发表了类似的言论,请参阅:沃尔特·李普曼(Walter Lippmann)先生在1931年出版的《美国在世界事务中》(The United States in World Affairs)一书,里面有很多引语。

最终数据，由个人行动引发的累积和加速塑造了经济状况。如果这种理论是对的，那么这种情况下的条件应该是非常有利于成功的。正如我们在前面已经指出的那样，美国商界在当时绝对没有过于悲观。事实上，美国商界有一个习惯，就是遵从少数几个企业领袖的教导和引领——这些企业的规模足够大，能够通过它们自己的行动"机械地"影响经济状况。毫无疑问，扩张对这样的企业非常有利，确实也是它们真正希望看到的。接受政治领袖的引导绝不是美国商界人士深恶痛绝的事情，相反，他们中的许多人对"高工资"理论非常信服，也确实努力尝试通过避免降低工资或做别的什么来帮助美国经济走出大萧条。他们还用大力投资——特别是对公用事业公司、铁路公司（见图53）的投资——来回应政治领袖的呼吁，为此目的甚至不惜大力举债，以保证所谓的"加速度原理"能够发挥作用。当然，也不能简单地说这一切的结果等于零。事实上，这个案例完美地说明了什么可以、什么不可以用这种方式来实现——以及解释。我们在前面提到过那一年年初出现了一阵"躁动"，它可能就是这种努力导致的——虽然这也许只是部分原因。

最后要考虑的是我们在前面看到过的持续增长的公共支出，特别是用于公共建设的支出。据估计[①]，这一年联邦政府的净收入创造型支出（income-generating expenditure）为 4.5 亿美元，仅下半年就达到了 2.51 亿美元。* 这是不容忽视的数字。但是，我们完全可以怀疑，总数中可以合理地假定为已经在这一年充分发挥作用的那一部分是否真的对事件产生了重大影响。最后，美联储仍然维持了宽松的货币政策——正如我们在前面已经看到的，这种宽松的货币政策就是对当时情况的一种"认可"——从

---

① 参见 A. D. 盖耶（A. D. Gayer）教授，《前路何在?》，刊载于《新共和》，1938 年 2 月 2 日，第 391 页。1930—1931 年的联邦赤字超过了 9 亿美元。这主要是——赤字中有四分之三——由于财政收入下降。相比之下，英国和德国的财政收入却实现了增长；英国增加了 4 300 万英镑，不过德国的财政收入增长并不明显。征税有可能可以通过动员闲置的存款来产生收入，即便这不需要从银行借款。

* 此处原文为 "net federal income-generating expenditure for the year was 251 and for the second half alone $450 millions"，说"这一年联邦政府的净收入创造型支出为 2.51 亿美元，仅下半年就达到了 4.5 亿美元"。现按上下文的文意改。——译者注

而给了经济有机体可能希望得到的一切放任和鼓励。① 很明显，一旦经济陷入"衰退"，在恶性螺旋式循环形成之前，美联储就会诉诸大规模的公开市场购买操作，那是公众和众多经济学家当时深信不疑的一种补救措施。从 1929 年 10 月到 1930 年 12 月，美联储购入的政府债券达到了 5.6 亿美元，或者更准确地说，它持有的政府债券从 1929 年 10 月 23 日的 1.36 亿美元，增加到了 1929 年 12 月 18 日的 5.33 亿美元，然后在 1930 年 1 月下降到 4.77 亿美元，到当年 8 月底再一次上升到了 6.02 亿美元。在那个日期之后，购买量降到了微不足道的水平。对于为什么停止购买操作，似乎有两个很好的理由。第一，在 1924 年和 1927 年，那些被认为在刺激经济活动方面非常有效的购买操作在这个时候却似乎没有任何效果。② 会员银行的反应主要是付清再贴现，尽管它们也增加了投资，很显然，它们在为它们的资金找到客户方面遇到的麻烦，要比为它们的客户找到资金更大。③ 因此，任何愿意就这个问题进行辩论和取证的人应该都可以看得很清楚，在这个方向上采取的任何进一步措施都必定是徒劳无益的。第二，后来出现的黄金大量涌入现象则为停止执行购买操作提供了另一个理由。④ 因此，我们可以在这里得出这样的结论：美联储的行动虽然有利于廉价资金和扩张，而且确实不会产生任何的抑制性影响，但应该不是塑造经济状况的主要因素——事实上，我们的过程的展开似乎完全不受美联储行动的干扰。

---

① 1928 年和 1929 年实施的"紧缩性货币政策"（dear money policy）是不是要对 1930 年的事态发展承担全部或部分责任？这个问题在前一章第六节就讨论过了；涉及的原则问题则在第十三章阐述过了。

② 这个结果当然不会使我们吃惊。但考量这个事实的含义并不是多余的，根据一般的推理规则，这个事实足以使人们对前两个事例产生怀疑。

③ 在 1929 年的夏天，再贴现大约为 10 亿美元，到 1930 年 7 月下降到了 2 亿美元左右。需要报告的会员银行的投资从 1929 年 8 月 28 日的 54.86 亿美元增加到了 1930 年 8 月 27 日的 63.29 亿美元。读者应该看得出来，从我们的角度观察这一切是多么"有规律"！

④ 那一年，黄金净进口量大约为 2.8 亿美元。专项拨款净发放量为 -440 万美元；新增黄金库存 3.054 亿美元。一位杰出的经济学家（他对公开市场操作的热情超过了作者的想象）认为，这些操作之所以没能见效，应该归因于政策力度不足，以及这些政策在"面对"自 10 月起出现的黄金进口时就被放弃了。这种观点意味着，他不仅将黄金进口视为美联储的未偿信贷下降的技术性原因，而且将其视为支持而不是反对公开市场购买操作的理由。对于这一点，本书作者完全无法理解。

二、英国的情况

英国在大萧条时期最突出的一个事实就是它的温和性——甚至使得有人怀疑这个词是否适用于英国。对于许多读者来说，这句话听起来可能有些奇怪，因为只要涉及世界经济危机，他们就会显露出除了最高级别的东西之外，对任何事情都没有耐心的架势。然而，这种温和性可以归结为一个显而易见的现象——如果我们考虑到英国一些最严重的症状已经充分体现在出口的下降和外国企业破产事件的冲击上——而且它确实在很大程度上是由周期性因素（及其"长期"净结果）所导致的，不过，这些因素从英国经济有机体的角度来看必须被列为外部因素。[①] 但是，即便不考虑这些因素，英国的萧条在许多重要方面也比美国要温和得多。对此，我们确实不应该觉得奇怪，因为如果演化过程是繁荣和萧条的根本"原因"，那么它的正向阶段的相对弱点本应伴随着负向阶段的相对温和。

1930年，伦敦和剑桥经济服务局发布的年度总产出指数下降到了略低于1928年的水平（1928年，108.7；1929年，115.8；1930年，106.5）。然而，一些行业仍然实现了增长（如皮革、与印度的橡胶贸易），还有一些行业仅出现了微不足道的下降（食品、饮料、烟草、有色金属）。[②] 在与钢铁有关的各个行业中，汽车产量几乎没有下降。[③] 对建筑活动指数的深入分析（它的下跌幅度超过了构成指数的任何其他部分），逆转了根据这个指数进行简单推断时得到的结论：在那一年，完工住宅的数量之所以出现了下降，完全是政府出台的法律所致，即主要的影响来自

[①] 对于作者来说，这一点再也明显不过了，但还是会有不同的意见，这个事实实在令人沮丧。例如，霍特里声称（《贸易萧条与出路》，第27页），到1929年下半年，英国已经成为一个"致命的传染中心"，"悲观主义的枯萎病"即将从这里向全世界蔓延开来。这与他的另一个论断（同上，第26页）是一致的，那就是，自1920年以来，萧条就一直主导着英国经济（原文如此）。在某种程度上，这些差异可能是由对术语的不同用法所造成的。但是，在设想了一切能够想到的可能含义之后，本书作者还是觉得这些说法——以及其他一些说法——实在无法理解。

[②] 该指数包括农业产出，农业产出也有所下降，但降幅没有该指数那么大。

[③] 伦敦和剑桥经济服务局发布的造船业指数也是如此。然而，值得注意的是，吨位在下半年开始急剧下降，特别是在接近年底时。煤炭价格也有所下降（见下文），但是降幅小于钢铁价格。纺织业的状况也无法令人满意。

《张伯伦法案》，它要求大批建筑活动停工，同时在较小程度上也受《惠特利法案》的影响，它要求临时削减建筑量——尽管在这种联合效应下出现的"空缺"50％以上由私人融资的建设项目填补了。事实上，后面这种无补贴住宅建设的增长在那一年的下半年不但没有减弱反而变得更加强劲，这个事实本身就足以否定英国的萧条空前严重的观点。但是与此同时，居高不下的失业率似乎难以与"温和的萧条"调和；不过出口的下降（见下文）在一定程度上化解了这个明显的矛盾。①

批发价格和生活成本都出现了稳步下降，这正是我们应该预期到的——读者应该还记得，前者的下降部分意味着（尽管不是全部）生产原材料的那些国家送给英国的一份大礼。在这一年的前5个月，短期贷款利率继续从1929年秋达到的峰值下降。在那之后，利率围绕一个较低的水平上下波动，例如，3个月期利率大约为2.3％，较银行利率低了大约1％。②那一年下半年，9家结算银行的存款超过了1929年的水平，投资和贴现也是如此。城镇和大都市结算银行的数字都只比1929年略小一点，而省级结算银行的数字却比1929年高出了15％。英国的新资本发行规模下降幅度不到20％；同时，固定利率债券价格上涨，工业股价格下跌，在这种情况下这些都是正常的。鲍利教授提供的平均每周工资指数在1927年下降了1.5％，在1928年下降了2％，在1929年下降了1％，在1930年下降了1％，因此只是持续了以前就已经显示出来的趋势，而没有出现加速下降。但是，实际工资率却在那一年内出现了大幅上涨。

读者应该自己判断这种模式在多大程度上符合我们的模型。在这样做的时候，读者应该牢牢记住，为了解释这种模式和美国的模式之间的巨大差异，我们不需要依靠这个模型之外的任何东西。而且，即便我们想引入

---

① 从1930年1月到12月，有保险的失业者人数增加了将近70万。这年的平均数为16.1％。不过，这部分是前期"合理化"的结果。

② 1930年3月20日，银行利率下降到了3.5％。然而不要忘记，银行利率最高的时间似乎近在眼前，那是在1929年9月26日至10月31日之间，高达6.5％。1930年初是5％，从2月6日开始，降为4.5％；从3月6日开始，进一步降为4％。再一次，与在美国的情况下一样，假设1929年利率的影响问题已经在前一章第六节解决。黄金的情况直到11月才开始恶化，这留待以后讨论，届时会更方便。

模型之处的东西，我们也不能这样做，因为尽管英国的经济有机体（在我们的意义上）受到的外部影响要比美国大得多这一点毫无疑问，但是它们都只能产生抑制经济活力的萧条性效应。最重要的外部因素前面提到过了：出口总额的货币价值下降了大约五分之一（1929年，7.2亿英镑；1930年，5.71亿英镑；1924年的峰值，8.01亿英镑），其中制造业的损失占到了大约四分之一，而且大部分损失的发生都集中在了下半年。来自对外投资的收入也有所下降。就目前的讨论而言，国内政策可以说是中立的。在这一年里，清理贫民窟的运动和关于煤炭行业的立法也没有发挥多少作用——前者完全没有影响，后者只有微不足道的影响。① 1930—1931年的预算——源于斯诺登（Snowden）先生的第二份预算案，虽然他对第一份预算案负全部的责任——规定一般开支将有相当大的增加，但是其中大部分可以归结为1929—1930年的"减额计划"，即将某些地方负担转移到国家预算中来，它直到那时才完全生效。每单位所得税增加了6便士，对低收入者的补贴也进行了调整，但是仅对所有所得税缴纳者中的四分之一左右有效；附加税和遗产税也提高了，但这种额外的负担只有在较高的阶层才是相当可观的。在不放弃对这类财政政策的效果的总体看法的前提下，作者认为，预算的增量不会在实质上加剧大萧条，相反，这种预算可能会增强人们对解决劳动者面对的严重融资问题的信心。② 当然，所有这些都不构成"泵注启动型"（pump priming）刺激，但也肯定不是"通货紧缩型"刺激。

三、德国的情况

虽然对于德国在这些年间的事态发展（不像美国，而更像英国），必

---

① 然而，在1930年12月底的时候，煤炭的坑口平均净销售产值和每班工人的工资都略高于1929年12月底。

② 根据账目记载，赤字最终达到了3 400万英镑，但是如果对不应计入赤字的项目进行适当的修正，赤字就会消失。对中央政府、地方当局和社会保险系统的综合收支账户进行查验（参看科林·克拉克，前引论著，第140页），收入（10.22亿英镑）超过了支出（9.82亿英镑）。除非我们假设这10亿左右的英镑都是用现有的和活跃的存款支付的，否则我们就必定会得出这样的结论，即公共支出使收入总额有所增加，尽管只是增加了一小部分，这也就是说通过公共支出实现了少量的"收入创造"。

须借助外部因素才有可能完全理解，但是其基本轮廓仍然符合我们的模型。正如我们在第十四章第五节所解释的那样，我们把德国紧接着1927年的经济繁荣出现的早期困难归因于经济过程的外部因素。德国的工业产出和就业在1928年就出现了下滑——更准确地说，是从1927年第四季度开始的。而且，1929年的工业产出变化在图形上只显示为一个很弱的凸起——相比之下，美国和英国的变化在图形上则非常突出；但当年的失业率变得越来越有1926年那么严重。从1927年4月开始，股票价格就在下降，当然，这是完全正常的，甚至比美国的情况还要正常。固定利率债券的发行量也下降了，这与我们对处于朱格拉周期的衰退阶段的经济过程应该预期到的相反，不过利用德国经济的其他条件就很容易解释清楚。与此同时，中央政府财政以及地方当局财政从1928年开始就成了焦虑的一个重要来源。因此毫不奇怪，从进入1929年的第一天起，人们就都在谈论"危机"。这种普遍的不安情绪又因为紧接着发生的一系列事件而加剧了：一些大型企业破产，它们表明存在着大量不稳健的金融业务（法兰克福保险有限公司于1929年8月破产，它的失败与经营的保险业务没有任何关系，而主要与进行的并购活动有关，这可以说是哈特里公司事件的德国版）；德国接受了扬格计划（Young plan）[①]；外汇余额在1929年4月和5月突然被撤走；有人一直煽动的暴乱终于在5月爆发；社会负担不断膨胀；政府无力或不愿解决劳工问题；对当时脆弱的政治结构的认识达到了普遍程度；等等。

尽管1929年的客观事实并不能完全证实这种悲观的看法，但是到了1930年，德国的情况确实比英国或美国恶化得更快。是的，公共支出（见下文）在一定程度上维持了消费水平，合作社的销售额——甚至连家具等传统零售商品——也几乎没有下降。同样地，这也是真的，每小时工资率直到1930年的最后几个月才开始下降，在那之前每小时工资率略有

[①] 不管这个计划的意图是什么、有多少优点，扬格计划都肯定削弱了政府和要为决定接受该计划负责的那些政党的政治力量，这种后果比它们最初意识到的要严重得多。该计划虽然没有立即造成任何困难，虽然充分提示了人们认为可能出现的所有困难，但是确实——在实质上，而不是在表面上——对公众的这种心态造成了影响，因此与我们要讨论的主题有关。

上升，一直保持在了高于1925年25%的水平上，而且在整个1930年都比1929年更高。但是，这一点并不能反映实际情况，因为工资水平是在政治、法律和管理压力下才勉强维持住的，具体来说，在实践中是由官方派出的仲裁人（Schlichter）决定的。而且，因为这种官定工资率通常就是工会要求的最低工资，因此实际支付的工资率即便下降了也不会影响工资的统计数据，只要仍高于上述最低工资就行。[①] 然而，根据对柏林地区德国工业家协会（Verband Deutscher Metallindustrieller）的调查结果，后面这种情况直到1930年的秋天才在柏林地区出现（至少在相当大的程度上如此）。毫无疑问，实际工资是在上升的，德国的生活成本指数（1913—1914年=100）从1月的151.6，加速下降到了12月的141.6。

其他很多症状则都表现得很正常。债券价格一直上涨到了7月——道威斯贷款的伦敦报价是从5月开始下跌的——当时的政治形势为解释货币利率的这种下降提供了一个理由。此后，货币利率一直降到了8月，而银行利率则从4月到8月都一直维持在了4%的水平上，那也是通货膨胀之后的最低水平；德国中央银行（德国国家银行）的结算额和对邮政账户的借方数额只是温和地减少了；经常账户的预付款则增加了，银行持有的存款总额也增加了，尽管在货币宽松政策的推动下德国中央银行的投资组合在这一年的前三个季度出现了大幅下降。

从9月中旬到10月中旬，黄金的提取额达到了大约10亿马克，黄金储备因此大幅减少，然后从政府通过谈判达成的一项外国紧急贷款中得到了一半数额的补充。这种贷款本质上完全是政治性的。[②] 由此导致的银行利率的提高又使得各种利率变化更加僵化，但是从当时的形势来看，利率即便提高1.5%（当时主要银行家愿意接受）也很难说是一项很重大的短

---

① 因此，在严重失业的情况下，实际支付的工资率肯定低于这种最低标准，这种做法显然得到了工会的默许。因此，"工资刚性"在一定程度上可能只是假象。

② 由于德国货币利率的下降，无论如何都有可能出现小额提取。但是由于其他国家的利率也已经下降，而且可能下降得更多，这种情况不太可能会发生。在目前所讨论的这种情况下，1%的银行利率上调幅度也不太可能产生任何保护性或吸引人的效应。就这一点而言，此次加息只是一种"仪式"。由于没有什么过度的活动需要抑制，因此很难看出它的目的是什么。对利率的有效性充满了神秘信念的经济学家无疑会用利率的变化来解释之后发生的一切。对此，我们别无选择。

期操作，因为无论如何都不会有人愿意在那种情况下准备进行长期投资。

相对来说，德国工业产出萎缩的幅度与美国大体相当，或者更大一些，而且它的萎缩从这一年的年初就开始了。与1929年1月本来就已经很低的数字相比①，这一年1月粗钢和轧钢制品的产出分别下降了大约13%和10%。到了12月，（不那么完善的）产出指数进一步降到了仅相当于1928年72.5%的水平。这一年前10个月，失业总人数大约为300万，到12月升至将近440万。毫无疑问，这里提到的各种"超经济"因素与这种情况有很大的关系。这些外部因素叠加在了本来就会发生的萧条上面，从而极大地加剧了萧条，就像其中一些外部因素在之前抑制了繁荣一样。作者不知道还有哪些事实没有包含在这个诊断中。特别是，（当我们回顾这些因素是什么时）我们完全有理由说，这些因素本身不可能造成如此大规模的经济衰退——如果经济有机体正处于某个"正向阶段"（positive phase）的话。

政府决策受到了两种相反的考虑的影响，或者更确切地说受到了来自两个不同的阵营的压力。一方面，许多特殊利益群体的状况是不断恶化的，特别是农业利益群体；劳动利益群体（劳工）由于预期自己的失业保险会中断、失业率会进一步上升，也非常需要帮助，并急迫地要求政府提供帮助；此外，呼吁立即进行"泵注启动"的声浪也在不断增大。另一方面，其他一些利益群体则指向了另一个方向，它们向政府施加压力，要求利用大萧条的机会使总体情况重归"正常化"，即戒除公共机构的支出习惯、重新进行社会立法、降低货币工资率、支持货币及其购买力等。此外，并不是只有这些有利害关系的群体持有这种观点。许多人甚至认为，这样的政策不仅能够为今后的经济进步提供良好的基础，在目前也可以产生补救效果。"从1927年到1929年，我们一直在经济、金融和社会政治的迷宫中徘徊。现在我们必须回到清醒的现实中去。"早在1931年12月，

---

① 然而，1月和2月的煤炭产量高于上一年同期，1月的焦炭产量亦然。

劳工部长斯特格瓦尔德（Stegerwald）就这样公开宣称过了。[①] 无论这种政策的优点或缺点是什么，也无论有些人过去如此不明智地推荐它、另一些人又如此不明智地拒绝它的原因何在，重要的是，我们一定要追问在这关键的一年里它是如何推进的，取得了多大的进展。在这样做的时候，我们必须认识到，上面描述的这两种政策并不像它们表面上看起来的那样是完全相互排斥的。为了给第二条路线争取"机动"空间，先采取第一条路线的某些步骤几乎是完全不可避免的；与此同时，如果想避免让这个刚刚经历通货膨胀的国家再一次陷入混乱，即便是第一条路线政策的拥护者，也不得不采取第二条路线的某些政策。一个骑手，带着两匹马上路，然后交替着骑它们，难道就可以因此说他自相矛盾或者说他缺乏目标吗？

当然，政府确实挥霍无度。德国的赤字超过了10亿马克（1930—1931年），前一个财政年度的赤字则为7.12亿马克（1929—1930年），这比美国的赤字还要大。政府向农业提供了援助，为那些没有失业保险或参保受到财务限制的失业者提供生活用品，进行了"泵注启动型"经济刺激，还强化了信贷（口号是"启动信贷、接续信贷"）……这些做法说明，政府肯定"发现"了不平衡预算理论，并以它为依据采取了行动。根据1930年3月13日的《银行法案》（修正案），中央、各州和各市的长期债券都可以作为抵押品，以此来获得德国中央银行的信贷，然后到年底时，德国中央银行又对短期国债进行了自由贴现。这当然不可能是"通货紧缩"，不管这个术语的含义是什么。这就需要采用另一条路线的两项政策，它们都是为了提供长期的保障而提出的。首先，一些旨在保证市政当局不会轻易陷入债务困境的规定出台了（1930年12月3日），给市级财政系上了约束的缰绳，保证其未来的行为不会越界。其次，德国中央银行将1924年《银行法案》的第31条付诸实施，从而公开表明了自己的立场。该银行法案的这个条款规定，德国中央银行必须履行迄今为止它没有义务履行的义务，即用黄金或外汇兑换纸币（4月19日）。这两项政策在未来可能会产

[①] 他当然不是一个社会主义者。但是社会主义劳工领袖并没有表示强烈反对，如果他们真的认为他说错了，应该会强烈反对。作者的印象是，劳工领袖也认为事情做得太过了，现在有别的人承担起了引导车子重新回到不受欢迎的路线的责任，他们反而大大松了一口气。

生一些影响，但是在 1930 年肯定不会展现出任何效果。

这里唯一重要的另一点是，政府采取了措施，试图降低价格刚性（8月底），不过这与它维持农产品价格的努力是同步的。从批发价格指数来看（柏林经济周期研究所发布：1913 年＝100），1930 年为 114（而 1929 年为 131），而且年内迅速下降。但是德国政府和公众对这种"有管理的"价格的担忧，与美国政府和公众现在的担忧一样大。此外，这种论证本身就可能表明，如果政府同时针对价格结构的其他要点采取措施，降低工资率应该会更加容易。由此，政府开始启动一场降低价格和成本的运动，但是德国中央银行却一直忙于其他事，直到 10 月才全面降低利率，特别是东普鲁士地区的利率。① 我们对所有这些举措的逻辑并不怎么在意。由于是顺着水流的方向发挥作用，而不是逆流而行，所以除了在一些黏性较强的地方稍微加快一点适应速度之外，这些可能不会有什么太大的影响。在 1929 年整年和 1930 年的头几个月，一些刚性很强的原材料价格根本没有任何变动，但是在接近年底时就下跌了 10% 多一点。在 1931 年的前 4 个月，工会的加权平均工资率下降了 5.8%，而产出指数则在那年第一季度增长了 9.1%，同时就业在 1931 年 4 月和 5 月上升了 5%——后面这两个指标都已经消除了季节性影响。有人声称这与采取的政策存在因果关系，这种说法可能并非完全没有根据。②

第三节 对 1931 年和 1932 年情况的讨论

对于 1930 年，我们有必要把相关事实深深地刻在读者的脑海中。不过，对于跨越了真正的"灾难"——既是资本主义制度的灾难，也是每一

---

① 见在 1931 年 4 月 29 日股东大会上发布的年度报告。

② 例如，请参见，《危机情况下的工资政策曲线》(Lohnpolitische Kurvenbilder zur Krisenlage)，德国机械工程学会（Verein Deutscher Maschinenbau-Anstalten），1931 年（备忘录）。即便是那种没有根据的、论证"不完全"的"可能性"，所能走的也比大多数现代经济学家能想到的要远得多。对于现代经济学家的这种倾向，本书作者不再多说什么。但是，作者确实打算证明这种可能性。上面这本小册子并没有注意到产出增长和就业增长之间的时滞，这种时滞部分可以用统计数据方面的问题来解释，部分是因为在这种情况下所雇用的劳动力并没有得到充分利用。

个经济价值系统的灾难——的那两年，1931年和1932年，讨论起来则似乎更加方便，我们可以只对其中一些方面加以评论，而且很容易就可以把这些评论联系起来，发展为一项完整的研究。①

一、实物产出

关于实物产出，需要强调的基本观点仍然是，在美国、英国和德国这三个国家中，深度萧条的各种症状仍然占据着主导地位，从我们的角度来看，这个事实并不需要额外的解释——也没有任何东西需要我们去辩解，这个事实完全符合我们模型的预期。正如我们在前面第一节阐述过的，粗略地说，这幅图景反映了一个之前没有明显证据的因素，那就是，自1930年中期以来，这几个国家已经陷入"恶性螺旋式循环"（vicious spiral）——在将近两年的时间里发生的一切本身就足以提供所需的表面证据。但是，我们知道，这个词汇所指的过程，或多或少正是任何萧条的一个特征。事实上，它要承担的主要"罪责"是将衰退的"正常清算"变成了萧条的"非正常清算"（见第四章）。在那个阶段，用"累积或加速度原理"、用"债务通缩"理论描述的那些现象，就成了周期机制的一部分。如果所有三个周期恰好都处于最有利于这种现象的阶段，那么这个组成部分将变得特别重要。② 但是，因为我们也知道这种"恶性螺旋式循环"

---

① 当然，这样做可能会导致对许多问题的解释具有不确定性，这是有一定风险的，而且这些不确定性只有通过对每个细节的深入探讨才能消除。但是我们别无选择。从我们的图表中可以得到一些总体印象。《经济统计评论》近期发表的一些研究，以及伦敦和剑桥经济服务局提供的最新报告，应该会有所帮助。除此之外，要检验和补充我们在正文中给出的结论，最简单的一个方法是阅读 J. B. 康戴夫（J. B. Condliffe）教授的《世界经济调查》（国际联盟经济情报处）。对于1931年夏天的事态发展，贝蒂尔·俄林教授的《世界经济萧条发展过程和各阶段》也将会被证明是一项有价值的指南。请将这些论著提供的解释与我们在这里给出的解释进行比较。此外还应该提到的是莱昂内尔·罗宾斯教授在《大萧条》一书中的分析。

② 因此，说这些年来发生的事件不需要用创新理论来解释，而只需要用恶性螺旋式循环或加速度原理就可以得到充分的解释，将不会构成有效的反对意见。这种观点和那种观点完全不在同一个层面上，是不能用来反驳对方的。作者相信自己在整本书中已经非常清楚地阐明这个道理，所以在这里只想补充两点。首先，"加速"这个词似乎意味着变化速度的加快；但是，即便只从字面上理解这个词，也不会与正文对当前情况的预期矛盾，因为这个词只指向一个组成部分，而预期则指向一个结果。其次，有人认为，"恶性螺旋式循环"一词所涵盖的事实是那些年的突出特点，因此我们或许应该就此打住，然后在不超越这些事实的情况下讨论有关的理论和实际问题。然而事实并非如此。无论是"诊断"还是"治疗"，引发恶性螺旋式循环的原因都不是无关紧要的。

的运行本身就是不稳定的（"内部无规律性"）和对各种事件、意外以及外部因素极其敏感，同时它所创造的波谷本质上是不可靠的，所以我们必须——特别是在面对在这两年中逐渐成形的各种各样的复苏政策时——认识到，任何在这一基本事实之外进行验证的尝试都是有局限性的。除了危机和恐慌之外（它们可能发生在任何时间点上，而且其影响是可以直接记录的），我们预计经济萧条将表现为逐渐减速的经济收缩，直到它转为复苏为止。在康德拉季耶夫周期中这意味着一个非常"宽广"的底部，在朱格拉周期中则意味着底部将延续大约一年，而在基钦周期各个阶段将显示为统计学家所称的要对序列加以季节性修正的"表面运动"。即便不赋予我们在实验性地划定周期时确定的各个日期不同的权重（见前文第一节），我们也肯定能够注意到，因为朱格拉周期的萧条阶段必定包含基钦周期的各个正向阶段——而且，如果我们完全相信我们的模式的话，最终会以基钦周期的繁荣阶段结束——所以，在底部应该会出现一个可观测的、虽然也可能很微弱很短暂的底部回升。当然，这里所用的仍然只是一个我们用来表达经济经验中熟悉的事实的方式。

那么，有哪些事实呢？根据一项得到了普遍赞同的观点（我们在这种情况下也同意），一个初步的答案或许可以从工业产出的行为中推导出来——在萧条后期和复苏期，没有任何其他东西能够与工业产出一样好地充当反映经济系统客观状态的指标。首先，我们要找出下转折点，或者更确切地说（请记住我们对低谷的看法），在我们的图形中——或者，在任何一幅同样性质的图中——找出最低的那一段。[1] 几乎所有国家，无论政治

---

[1] 尽管在可比性上出现了一些问题，显示不同国家的产出指数行为的图形仍然是对危机进行科学和流行分析的最常用工具之一。不过，在这里应该特别提一下国家经济研究局的一系列工作，包括1933年2月20日的公报发表的米尔斯教授的文章，1935年6月26日和11月15日的公报发表的布利斯（Bliss）先生的文章，以及1934年12月15日《经济统计评论》发表的 D. 韦斯科特（D. Westcott）女士的论文。另外请参见 N. J. 沃尔（N. J. Wall），《世界工业产出月度指数：1920—1935年》，农业经济局，1936年。

经济结构和一般情况如何不同①，工业产出的低谷都出现在了1932年（年中），特别是奥地利、比利时、法国、德国、匈牙利、意大利、波兰和瑞典等。不过，加拿大工业产出指数的低谷出现在了1933年2月。日本则一直都是一个例外，事实上，它是那些提倡通货膨胀政策的人心目中的一个"典范"。但是我们一定要记得，日本只是一个特例，因为这项政策为该国的快速工业化创造了一切现成的条件。就英国的情况而言，有的人也许会有一些疑问，不过，这些疑问应该很快就会消失。② 对美国也是如此。向下探底出现在1933年的春季，使美国的工业产出指数回到了之前的低位，虽然这一点本身没有什么值得吃惊的——即便不参照基钦周期的各个阶段，而只根据常识，在如此深重的萧条之后，在复苏的第一阶段出现这种再次探底也是完全可以理解的——但是它的严重程度意味着存在某些扰动因素。不过，既然新一届政府承诺实施积极的财政政策，同时银行间的第三个流行病——我们将在下文讨论——爆发了，因此将1932年出现的那个低谷视为"真正"的低谷应该是合理的，尽管有些指标显示——但是，美国联邦储备委员会的指标则不然——1933年3月出现的低谷比它还要深。对于制造业和采矿业，包括钢铁业、木材业、炼油业、焦炭（及其副产品）业、食品业（其下降几乎难以察觉）、纺织业、汽车业和建筑业（按价值计），下降趋势到1932年中期左右就停止了。只有水泥业、橡胶制品业和电力生产行业③，可能还包括烟草业，在1933年的春季之前

---

① 然而不幸的是，不仅是经济结构和条件缺乏可比性，而且指数之间的差异大到了无法比较的地步。然而，我们还是认为，我们的论点的有效性并没有因此而受到实质性的损害。不同曲线之间，底部那部分的形状往往不一样，这提出了各种各样的细节问题，但我们将只针对美国和英国的情况来讨论这些问题。如果我们可以相信这个指数或现有的指标，那么罗马尼亚和西班牙的情况并不符合。不过在西班牙，事态的发展显然受到了政治条件的制约（1931年4月，西班牙第二共和国宣告成立）。另外，在捷克斯洛伐克，曲线的底部横跨了1932年和1933年，但是跌幅最大的部分出现在1931年第四季度和1932年第一季度，此后该指数一直沿水平方向爬行，直到1933年末。

② 在伦敦和剑桥经济服务局的年度指数（包括农业和建筑业）中，最低水平出现在1931年，但是钢铁、有色金属、食品、饮料、烟草和皮革等行业的年度最低水平都出现在1932年。此外，采矿业的最低水平出现在1933年，纺织业的最低水平出现在1930年。

③ 然而，电力生产确实先是在1932年的两个季度（第二、第三季度）进入了一个平稳期，之后又开始下降。如前所述，即便是在1932年，家用电器的销量仍在持续增长。

一直没有停止下降。而皮革和皮革制品业则在1931年底开始转头向上。货运量和进口（按当前价值计）的表现也符合上述总体情况，倒闭企业数也是如此。1932年的夏季，倒闭企业数达到了峰值，然后大幅下降。美国联邦储备委员会发布的百货商店销售指数直到1933年春季还在下降，但那是由于价格持续下跌。

因此，就实物产出而言，大萧条底部的位置似乎完全符合我们关于它应该出现在哪里的预期。然后，我们来看看向底部下降的具体过程是怎样的。我们发现[1]，英国的产出是在1930年出现最严重的萎缩，在1931年收缩的速度就变小了，在1932年则更小了——即便忽视1931年秋季与1932年秋季之间出现的那个小驼峰，这一点也很明显，而且在这整个过程中经济形势的变动都比较温和。至于德国，从1930年中期至1932年底的数据很好地拟合了一条平滑的曲线。它先是以单调递减的速度下降，然后逐渐转为上升。美国的工业产出在1932年的降幅总体上要比1931年的降幅小得多，而且由于1932年年末出现了好转，这一年的平均变化率也更小。但是，1932年年初的收缩（按百分比计算）是所有收缩中最严重的。至于1931年的衰退是否比1930年下半年的衰退更加温和，则是一个依赖于指数构造方法的问题。[2] 然而，这些没有规律性的行为之所以会出现，部分原因可能在于美国在信贷和银行领域碰到的特殊困难。

其他有意思的地方还有很多[3]，但是由于篇幅有限，我们不能花太多的时间一一加以讨论。但是，有一个事实是我们不能简单地略过的，它能

---

[1] 参见，例如，D. 韦斯科特，前引论著，第256页，或我们在本书给出的图42。对于德国的情况来说，韦斯科特女士的曲线比我们的要好。当然，美国从1929年的波峰到波谷的总跌幅，比绝大多数国家大得多。这是确定无疑的，尽管对可比性仍然存在种种疑问。布利斯（Bliss）先生（前引论著，第2页）的估计结果是，美国的跌幅达到了53%，德国相应的数字为43%，而英国（季度数据）则仅为22%。我们还可以补充1932年前9个月粗钢产量与1929年同期相比的下降幅度：德国，66.4%；英国，46.3%；美国，76.5%。

[2] 根据我们选中的指数，1930年上半年的下降同样急剧。但是，这种下降显然与当时的总体经济状况不符。

[3] 例如，请参见查尔斯·A. 布利斯，前引论著，第10页，以了解1929年至1932年在单个项目上的变化百分比的巨大离散性。特别值得注意的是，冰箱和人造丝仍然实现了增长，而火车车厢、机车、生铁和铁矿石则出现了特别剧烈的下降。

够很好地揭示这个过程的本质，那就是大萧条发挥了一个"效率专家"的作用。这一点对所有这三个国家（以及其他国家）都适用，在美国尤其明显。每个人每小时的产出（"人时产出"）从1923年到1929年大约提高了22%，然后，到了1932年，人时产出又大幅超过1929年的水平——具体数字极大地依赖于计算所用的指数，但是通常认为这个幅度在20%左右。[1] 当然，之所以会这样，不仅是因为在危机中生存下来的那些企业在重压之下继续努力推进合理化，而且因为那些破产倒闭或永远消失的企业通常效率更低——这可以作为一个一般规则，当然，正如我们都知道的，并非永远如此。然而，还有第二个"组件"，它也与这第一个"组件"一样进入了我们的模型。对雇用或打算雇用的工人的更加严格的挑选，也可能会产生一定的影响，这种影响是未得到充分利用的固定生产要素所不能产生的——在现代工业条件下，后面这个因素以另一种方式发挥作用，至少在许多情况下肯定如此。至于分组指数（group index）的行为，只需要回过头去看一下图43。正如我们所预料的那样，食品和一般的易腐商品在整个大萧条底部阶段的表现总体上相对较好。[2]

对大多数国家来说，工业产出和制造业产出都是在1932年下半年开始复苏的，正如我们所预料的那样，复苏的幅度很小[3]，而且到年底时复苏开始放缓——我们会说，在那个时候，朱格拉周期的最后一个基钦周期

---

[1] 米尔斯教授得出的结果是12%（前引论著，第4页），布利斯（前引论著，第6页）计算出来的是21%（仅包括制造业），不过，布利斯在我们前面引用过的论著中把这个数字减小到了18%。请参阅前文对这两位学者的评论。根据我们对周期的负向阶段的一般看法——也正如这两位学者指出的——这种增长在任何程度上都不能说是由"革命性的"创新所致。但是，如果他们两人都指向了1931年至1932年机械设备产量下降的事实，试图用它来支持新设备的安装不是每个人每小时产出增长的主要因素这个论点，那么我们一定不要忘记，新设备的安装要产生影响是有一个滞后期的。即便在单个企业中也是如此；当然，在整个工业领域就更是如此了，因为适应和消除机械化程度不够或效率较低的企业是一个非常缓慢的过程——而这个淘汰过程正是萧条阶段的关键所在。

[2] 关于家庭消费序列的行为的细节，再一次请参见阿瑟·R. 特巴特，前引论著。特别是有意思的是，1931年，经平减处理后的百货商店家具销售额，只比1929年低了不到12%。盥洗用品和药品杂项甚至完全保持了以美元计的销售额。1932年之前，香烟的消费量并没有大幅下降，当时仍保持在1928年的水平。1931年汽油消费量还出现了上升，1932年也只下降了10%。

[3] 国际联盟（不包括俄国）和农业经济局（N.J. 沃尔，前引论著，第2页）的世界产出指数恰好在年中发布。奥地利、比利时、法国和瑞典的指数也是如此。在意大利和匈牙利，情况好转的时间要稍早。波兰的指数从年初开始上涨，但在12月又跌至新低。

进入了衰退阶段。在那个时间节点上出现的这种"回撤"本身是完全没有问题的。大多数有指数可用的国家都显示出了同样的特点，但是德国和法国都没有。在法国，工业产出在 1933 年年中开始下降；而在德国，从 1932 年第三季度到 1934 年年中，工业产出保持了稳步而强劲的上升势头。在美国，制造业和采矿业的产出（用联邦储备委员会发布的经季节调整后的指数来衡量）在 8 月和 9 月大幅增长——从相当于 1923 年至 1925 年均值 58% 的低点，增长到了同一均值的 66%——在 10 月仍然维持在了这一水平上；然后，在经历了一次轻微的回挫之后，在 12 月重拾升势。值得注意的是，棉纺织、羊毛纺织、丝绸、人造丝、制鞋等行业的活跃带来了 8 月的增长，同期汽车产量仍然在下降，钢铁业和木材业甚至没有出现季节性的增长。那一年 9 月，尽管钢铁业略有扩张——它在 10 月前三个星期的产能利用率达到了 20%——总体情况仍然呈现出同样的特征。10 月，汽车产量有所增加，但是投资领域仍然非常不活跃。这与通常的模式是一致的。我们知道，在一个四阶段周期中，从下转折点开始的复苏通常都不是由创新启动的（或者更一般地，不是从投资开始的），也不是由企业的借贷启动的，而完全是由从位于由工厂、设备和余额构成的现有框架内部的数量不定的点向某个均衡的邻域的移动所引发的。

但是，为什么 1931 年初工业产出的好转出现在了美国和德国，而没有出现在英国？这仍然需要解释。与其他国家相比，美国的股价、工资、贷款、存款流通速度和百货商店销售额随工业产出而改善的幅度要更大，而且就业率至少在 4 个多月的时间里停止了下降。有的读者很可能会觉得，我们不需要为这种"中间状态"操心：这么长时间的下跌不是应该会被暂时的上升所打断吗？这似乎很容易理解。人们对"复苏即将到来"的乐观预期，在解释这种数量级的现象时，可能也有一定的作用。但是，应该还有更多的原因。虽然还没有到复苏的时候，但是萧条的症状确实在逐渐减轻。通过萧条过程，将那些无法维持的企业和只有在遭受重大压力的情况下才会"让位"的障碍清除掉，这个任务在一定程度上完成了。我们在描述德国在 1930 年的事态发展时注意到的那种成本结构调整，可能对个别企业和个别行业产生了推动作用。如果确实是这样的话，接下来的变迁将不得不主要用事件、意外和外部因素来解释，在这种情况下，1931年上半年将会使我们对以下问题形成一个大概的概念：如果没有了这些因素，大萧条在剩下的时间里将会是什么样子的？

二、在德国发生的事件、意外和德国的政策

在1931年上半年发生的一系列政治事件中，有一个事件至少就其确切的形式和时间而言，无论我们接受的历史理论是什么，都不能不认为其纯属偶然。建立德奥关税同盟（Austro-German customs union）的计划突然横空出世，令全世界措手不及。人们很自然地把这个关税同盟理解为政治联盟的前身。糟糕的是，这个计划在3月提出后遇到的反应，并不是两种能够避免任何进一步的后果的反应中的任何一种，即坚决反对或坚决接受。相反，久拖不决发展成了民众愤怒和担忧的根源，在经历了旷日持久的躁动和挣扎之后，到9月3日，它终于不光彩地结束了，这对最后一个相信能够在现有条约范围内采取行动的德国内阁的声望造成了致命的打击。然而，在一般情况下，这个事件的影响本来应该会局限在政治领域之内，而且在开始时似乎确实如此。总体上的改善仍在继续，德国中央银行的黄金储备有所增加，仍有能力从海外借款，甚至在5月的头几天，新成立的柏林电力和照明公司（Berlin Power and Light Company）1.2亿马克的股票被一个外国财团认购。但是随后，反对关税同盟的各个派别集聚了能量，外汇余额开始"走上回家的路"——而且，要做到这一点，不需要任何政治引导①——这必然会给英国市场造成困难，并导致德国市场崩溃，因为它们在很大程度上依赖外汇余额来给经常账户融资。在从5月底

---

① 奥地利克雷德坦施泰特银行的停业构成了另一个冲击。这家银行的绝望境地，公众迟至1931年5月11日才开始知悉一二，银行董事也只是早几天知道这种危机情况。但是在作者看来，这个事件的重要性似乎被过分强调了。毫无疑问，这家著名的金融机构（尽管实际上只不过是其前身的一个影子）的失败，特别容易给全世界留下深刻的印象，这尤其是因为它与罗斯柴尔德家族的关系。罗斯柴尔德家族在维也纳设立的分支机构的领导者，刚好是克雷德坦施泰特银行的行长，这个事实使得两者之间的关系更加紧密——但是，与私人银行S. M. v. 罗斯柴尔德（S. M. v. Rothschild & Co.）之间并没有直接关系。但是，无论这个破产事件对奥地利来说有多么严重，它在数量上的重要性都不足以对整个世界（哪怕是德国）的事态发展产生任何重大影响。公开宣布的损失为2 000万美元——这确实吞噬了不少资本和储备。

到 7 月中旬的 8 个星期时间里，德国损失了至少 20.5 亿马克，这还不包括国际支付银行、英格兰银行、法兰西银行和纽约联邦储备银行于 6 月 25 日向德意志银行提供的 1 亿美元信贷。而且德国中央银行的黄金和外汇储备（不包括短期紧急信贷的收益）在那一年内就从大约 22 亿马克降到了 5.3 亿马克（12 月中旬的数字）。①

这种情况的某些方面在上一章讨论过了，在这里我们只需要描述德国金融结构随之发生的灾难的大致轮廓，这种灾难除了摧毁一些原来就根本不稳健的企业之外，还使得德国的经济有机体陷入了瘫痪。② 在挤兑压力下，达姆斯塔德特银行（Darmstädter）和国民银行（Nationalbank）在 7 月 13 日关闭，而外资在此之前就已经纷纷撤离。然后，依赖达姆斯塔德特银行和国民银行融资的一家重要公司也倒闭了，其他银行也纷纷遭到了挤兑。最终，政府发布法令关闭银行；而且即便是在重新营业后，银行也没能恢复对储户的无限额支付，直到 8 月 5 日。此前，一纸"反对资本外逃"的法令（7 月 18 日发布）宣布德国进入外汇管制时期。从 8 月 1 日起，德国政府进一步收紧了外汇管制，并且在那以后变得越来越严格。另一家有重要地位的银行，德累斯顿银行，也不得不由政府出面实施重组，以避免破产的结局。③ 储蓄银行的流动性状况更糟，但是它们从 8 月 8 日起恢复了支付。尽管股市从 7 月 13 日至 9 月 3 日被迫休市，但是股灾并没有人们预期的那么严重。有些股票在一年内跌幅都没有超过 10%，而

---

① 8 月 19 日签署的《暂停偿债协议》于 9 月 1 日正式生效。此后的一段时间，德国暂停了对外支付——最开始时，并没有得到德国主要债权人的同意，不过后来得到了非正式同意——这限制了黄金和外汇的流出，但并没有使其完全停止，这种流出在当年的最后 8 个月超过了 5 亿马克。以马克支付对外国人的债务余额以及《暂停偿债协议》出现的各种漏洞，造成了进一步的损失，其准确数额难以估计，但是贸易顺差在一定程度上弥补了损失。

② 企业考虑不周的冒险行为所造成的损失并没有对卡斯塔特公司（Karstadt）和油毡行业企业的债权人造成太大影响，但是布鲁门斯坦公司（Blumenstein）的情况要严重得多，该公司的破产导致纺织实业银行（Bank für Textilindustrie）的 100 万英镑贷款违约。更加严重的是负债总额高达 2.4 亿马克的北德羊毛精梳厂（Norddeutsche Wollkämmerei）破产，达姆斯塔德特银行正是这个破产事件的主要受害者。这次破产发生在 6 月，诺德斯特恩保险公司（Nordstern Insurance Company）陷入困境也发生在 6 月，不过这家保险公司最后得救了。10 月，舒尔特-帕岑霍费尔公司（Schultheiss-Patzenhofer）倒闭了，虽然它原本只是一家酿酒厂，但也进入了水泥业和纺织业。

③ 7 月 20 日，施罗德银行也暂停了支付。除此之外，再也没有其他主要银行倒闭。不过，我们确实无法肯定地说，如果没有"银行假日"和随后的限制取款措施会发生什么。

且在英镑贬值造成的冲击之后，在那一年的剩余时间里还出现了一波反弹。

有理由认为商业交易在这段时间内不仅是危险和无利可图的，而且在许多情况下是不可能完成的。更加重要的是，导致货币机制产生这种完全混乱的环境条件的特殊性和超经济性是必须再三强调的。这个案例对金本位制的运行、经典理论的优缺点以及任何其他有关价格、利率和黄金走势的理论都毫无帮助。政治因素使得所有这一切都失了效。[①] 外国信贷在很大的程度上资助了德国的经济，要不是政治因素（第十四章第三节），这种资助的强度会是独一无二的，完全无法解释的。这些政治因素使得德国不但不会受到国际金融机制固有的任何刺激，而且完全无视这些刺激。因此，既然黄金的流出和清算的实施所包含的意义，与它们在通常的经济波动过程中的意义全然不同，也就没有理由以通常的方式（即通过限制贷款和提高利率）加以应对；相反，"自然"的做法是，努力填补由于德国国家银行信贷扩张而从德国经济机体中剥离出去的营运资本，同时暂且让德国马克的外国价值自行决定。这种方法本来也可以避免银行倒闭和许多其他尴尬局面，因为这种方法只涉及用信贷的"信托"基础去取代信贷的黄金基础（后者已经被外部经济事件摧毁），根本不会带来"通货膨胀"。当时的许多观察家认为——其中大多数人今天仍然认为——德国政府和德国国家银行完全没有看到这一点，它们不加批判地接受了一个陈腐的信念，并执迷不悟对其他一切视而不见，它们坚持金本位制，并通过惩罚性措施加速并加剧了这场灾难。当然，我们认为事实并非如此。

诚然，德国政府和德国中央银行（德国国家银行）既不打算也不具备条件宣布并持续实施"扩张主义"政策。它们不准备直面来自国内和国际的批评，因为在当时抛弃金本位制还很不得人心（英国和美国这两个值得尊重的榜样还没有这样做）；在这种情况下贸然取消金本位制肯定会被批评和谩骂淹没。人们担心，马克的海外价值会受到投机者的攻击，跌至低

[①] 当然，鉴于这个事实，我们可以指出这个机制是完全不可依赖的，必须制定适当的政策并提出一个理论来精确地说明这种情况。简言之，这也正是本段其余部分所要做的。我们只关心诊断。作者无意为"古典"观点辩护。

位，进而容易引发实际的通货膨胀；而在国内，一旦民众不再相信马克，流通媒介的真正通货膨胀式扩张就不会停止；这种担心并不是完全没有道理。对条约、承诺和最近颁布的法令的尊重无疑是有价值的。而且，对当时掌控德国政权的主要政治家来说，最重要的也许是这种补救办法可能会阻隔通往根本性的正常化（fundamental normalization）的道路[①]——这条正常化道路是历经了千辛万苦才开创出来的，而且它的目的正是要排除再次发生类似情况的一切可能性。因此，这位政治家坚持原来的政策不变——6月5日颁布的紧急状态法令标志着一个新的步骤——他以此来处理他所面对的每一个紧急情况，并寄希望于那将会是最后一个紧急情况。当然，这种希望似乎不无道理。到了那年6月，这种希望似乎很快就会变成现实：胡佛总统发布了"缓债计划"，尽管它在本质上并不能解决那时面临的经济问题[②]，但是它确实有可能会缓和气氛，并阻止政治因素对经济形势产生影响。如果"缓债计划"真的能达到这样的效果，那么德国的处境就会因为它坚持"金融礼仪"而有所改善。可惜事实并非如此。但是，等到这个结果变得对所有人都清晰可见时，官方坚持正统政策所要付出的代价已经基本全部付出。

然而，上面描述的只是那几个月德国政府出台的政策的一个方面。更深入细致的观察表明，另一个方面，即政策的扩张主义性质，也从来没有缺席过。我们不妨首先回顾一下到5月底为止国际经济状况的一般特点。当时，世界各地的货币利率都出现了下降——到5月16日，荷兰的银行利率降到了2%。结束这种局面的是短期收支余额的动荡，最初仅限于德国（奥地利和匈牙利也受到了影响）。起初，德国中央银行根本没有做出任何反应。直到德国仅从6月1日到6月11日就失去了大约6亿马克的

---

① 没有人能说清楚是不是真的会这样。特别是，某些躺在室内舒适的组合式扶手椅上的人，似乎特别有理由认为一项大胆的扩张政策会让这种正常化变得更容易。考虑到德国的情况，作者并不认同这种观点。但也很可能是50%的机会。

② 这个计划最初于6月20日提出，但是遭到了法国的反对，直到8月11日才最终通过。将计划未能见效归因于这种拖延几乎已经成为一种传统。但是对作者来说，这个案例似乎更能说明"心理"因素的局限性。提出这个计划的目的当然是消除"地平线上的乌云"。但是对于个体商人来说——作者认为他们不像一般人认为的那样容易受到非理性情绪的影响——这个计划在当时并不能带给他们多少希望。这就是为什么它只带来了短暂的股市繁荣。

黄金和外汇，并在 6 月 11 日和 12 日面对恐慌性的提款需求，德国中央银行才手忙脚乱地将利率从 5% 上调到 7%。在这个过程中，它一直假设这样做可以促使会员银行使用自己的储备，同时平抑一部分需求。事实上，紧张的氛围确实有所缓和；而且，在胡佛总统的"缓债计划"所带来的希望的推动下，德国中央银行没有采取进一步的限制措施。尽管关于达姆斯塔德特银行破产的传言引发了新一轮挤兑风潮，但是由于前述 1 亿美元的信贷，德国中央银行发行的纸币到月底时仍然覆盖了 40.1% 的支付。当时，危机正在集聚动力，黄金储备却急剧下降，德国中央银行将利率提高到了 10%（7 月 15 日）甚至 15%（8 月 1 日）——然后又在 8 月 12 日、9 月 1 日和 12 月 9 日下调了利率（依次分别下调至 10%、8% 和 7%）。但是与此同时，它用票据和预付款取代了黄金资产。不包括为了再贴现而被送到国外的票据，它到 11 月 30 日为止持有的票据、短期国债和预付款超过了 42 亿马克，相比之下，在 5 月底的时候这个数字还只有 20 亿马克。[①] 这是暂停实施要求银行纸币的覆盖率必须达到 40% 的法律条款，并创建承兑和担保银行（7 月 26 日）才得以实现的（尽管后者的作用仅仅体现在创造用于再贴现的金融票据）。因此，政府已经尽其所能地来维持马克在国外的价值——事实上，它其实走得更远，因为为了维持马克的价值而采取的措施使得它即便在当时也基本上只是名义上的了——而且对经济施加的压力也比人们普遍认为的要小。在那一年第三季度发生的产出和总体经济的严重下滑，主要是由于货币危机，我们不准备对这个说法提出疑问；但需要指出，这是要归因于货币危机的整个复杂的因果关系，而不能归因于中央银行的行动，特别是在利率方面的行动。相反，这些因素在原因中没有发挥作用，在结果中也只起了很小的作用。

如果忽略各种小困难——马克在国外市场上的疲软，也是其中一个"小困难"——我们可以说，当英国放弃金本位制时，德国就已经为一些改善做好了准备。当然，对于德国来说要不要放弃金本位制是一个严肃的

[①] 同一时期，柏林六大银行的负债减少了大约 30 亿马克。

问题。① 为什么德国不能像北方国家那样效仿英国放弃金本位制这个问题从来没有得到过令人满意的回答。② 考虑到贬值的一些影响也可以通过同步降低所有价格和收入来保证，我们也许可以找到部分答案（见下文第五节）。因此，有人可能会说，政府只有继续推行其政策，才能通过另一种途径来达到类似的目的。无论如何，这就是政府试图通过采取各种措施达到的目的，其中最重要的措施是12月8日的紧急状态法令（它要求降低工资和利息）。③ 无论人们对此持有什么看法——本书作者绝对无意为它辩护——都不可能没有任何合理性，在任何通常的意义上也都不可能意味着通货紧缩政策——这一点从与贬值的相似之处很容易推断出来。当然，也并没有什么可怕的后果随之而来。1932年第一季度的产出水平确实要比1931年第一季度低很多——尽管1931年第一季度已经比1930年第一季度低了不少（虽然在1930年，由于进行国际贸易的障碍大大增多，总出口的价值降到了只比1929年最高值的一半多一点的水平）——但是下降已经停止，柏林经济周期研究所发布的经季节性调整的指数表明，那三个月的数字分别为（以1928年为基准，1928年＝100）52.9、55.1、56.7（而且第二季度还要略高一点）。然后，在7月和8月又回到了一个新的低点，再之后经济就决定性地回升了。

之所以提到这些数字，是因为它们涉及一个至今尚未解决的问题，那就是，这种增长是否有可能是下半年采取了不同的政策所致。这些数字很

---

① 在一些行业，来自英国的订单突然中断了，还有许多订单被取消。然而，立竿见影的效果并不太大。未来的影响则难以估计。我们将略过9月证券交易所和银行业发生的事件，那也是其中的后果之一，并最终导致德国申请扬格计划委员会召开一次会议。由于援助的扩大，特别是来自纽约联邦储备银行的援助，德国国家银行相对较好地经受住了这场风暴。10月底，它发行的纸币仍然覆盖了将近30%。

② 作者当然知道一个应该知道此事的人给出了答案，大意是说，英国"不会同意"的。但是，英国又能做些什么呢？重复上面提到的那些论据也不能令人满意。因为英国的榜样起到了至关重要的作用，而且将马克与英镑挂钩本可以避免因担忧通货膨胀而造成混乱的危险。

③ 11月17日的法令向农业债务人提供了援助，当时他们的处境确实已经变得极其危急。就像以后在其他地方采取的一些措施一样，可以把这项法令描述为一种实施"有管制的破产"的企图，贬值也是针对同一个目标的另一种手法。这种措施以及对类似措施的预期，加剧了德国债券价格本来就很严重的下跌——无论是以马克支付还是以外币支付——这种下跌在那一年的最后两个月同时在国内外发生。截至12月4日，纽约市场上票面利率为6%和6.5%的德国国债的收益率下跌至20%以下。不断强化的限制也使得在德国的余额和对德国的债权对外国人来说几乎毫无价值。

清楚地表明，答案是否定的——我们没有任何实际的理由相信（除了诉诸意外之外），紧随前两个季度那种底部走势而来的只可能是复苏——通过对实际上已经采取哪些行动进行调查，可以为这个答案提供支持。"帕彭计划"（Papen plan）所包含的一些颇有意义的措施给纳税人提供了一些救济①，而比实际提供的救济更加重要的是这项政策的精神，其目的是维护而不是不断地骚扰经济系统。此外，政府启动了一项公共工程计划，同时提供了用途多种多样的补贴——当然，前一届政府也并不是完全没有提供补贴——特别是对修理房屋的补贴，政府还鼓励推动工业建设。但是，从定量的角度来看，所有这些举措都明显不足以产生一个反周期运动，当然也不足以引导经济走出萧条。当时密切关注事态发展的那些观察家也从未声称这种"顺势疗法"（homoeopathic treatment）可以做到这一点。如果认为随后复苏的稳定性至少在一定程度上可以归功于这种政策，那么这种政策就得到了充分的公正对待。从这个意义来看，它似乎也正是因为自身的适度而有资格获得这种对待——因为适度，所以防止了狂热的爆发以及随之而来的探底。但是，如果就此把这种趋势的转变归结为在经济真正好转之前最多可以增加的几千万美元支出的机械效应，或者归结为预期导致的结果，那就太荒谬了。② 诚然，《洛桑协定》（于1932年7月签署）将德国的赔偿责任降到了7.14亿美元。但是，认为德国人一定会为此而感到宽慰这种心理推理是错误的，这只能说明我们倾向于夸大事件对短期经济行为的影响（这些事件不会立即改变单个公司的数据）。事实上，在那个时候，大多数德国人对任何进一步支付赔款的想法都感到不满，国际委员会的报告（1931年12月24日发布）更是强化了他们这种态度——该报告认为德国完全没有能力支付赔款。因此，至少可以说，《洛桑协定》的影响是值得怀疑的，而且毫无疑问，即便真有什么正面影响，也会完全被充满敌意的关税和配额造成的越来越浓厚的迷雾所产生的真正的、直接

---

① 这个计划最有意思的一个特点是它规定要签发一种纳税凭证。这种凭证实际上包含了日后的税收减免，持证者还有资格在会员银行和德国国家银行享受折扣。

② 将帕彭计划付诸实施的法令的出台日期是9月5日。如果9月的产出指数改善真的可以归因于这一温和但经过深思熟虑的政策措施，那么冯·帕彭先生的确创造了一个奇迹。

的萧条性影响抵消。当然，货币环境的相对正常化更为重要。1932年，德国中央银行的利率降到了4%。但是，这不能列在外部因素当中，因为这是深度萧条消退的自然伴生现象，而且是姗姗来迟的。

三、在美国发生的事件、意外和美国的政策

在美国这个国家，经济复苏政策的基本原则是在1931年上半年经济活动停滞不前的平台期开始形成的。1931年第三季度的再次下跌比我们预期的要深，但是在较小的程度上也是这个国家作为一个债权国必定要体验的不愉快经历所致。不过，外国债务人拖欠长期贷款和其他长期投资贬值或恶化所造成的损失，不论数额有多大，相对于美国经济有机体的规模来说，都是很小的。[①] 更重要的问题出现在冻结对外国银行的短期信贷之后，因为这会导致抵御外汇余额被提取的第一道防线陷入瘫痪。但是，直到1931年9月，仍然几乎没有任何迹象表明在这方面会出现严重的困难。将这些余额的一部分汇回国内是可以预料的，因为在这里没有什么办法能够对这些余额加以处理。然而，在那整个夏天，相反方向上的流动却远高于这种损失，到9月中旬，货币黄金储备最高达到了50.15亿美元；也就是说，美国货币的"黄金盔甲"似乎变得更强大了，美联储波澜不惊地度过了那几个麻烦不断的月份。

对于始于9月20日的提款——那一天，英格兰银行宣布暂停黄金的支付——作者不能给出其他的解释，但是这个突发性事件使得全世界相信没有货币是值得信任的，并由此发现美国所处位置的弱点和发生通货膨胀的可能性，其中包括美国国内出现挤兑的可能性[②]，以及美国只拥有数量相对较小的自由黄金的事实（根据美国对"自由黄金"的定义）。与此相

[①] 此外，考虑一下：外国企业的股票价值只占在纽约证券交易所交易的股票价值总额的1.5%，因而前者在贬值总额中应该也只占大致相同的比例（从1929年9月至1931年12月，贬值总额为大约585亿美元）。当然，这种方法很容易低估对外工业投资的实际总损失的相对重要性。

[②] 就黄金而言，这种可能性在这两年内的任何时候都没有在显著的范围内变成现实。黄金总量和流通中的黄金凭证一直保持在低于1927年的水平上，其间在1930年底和1931年初还发生过一次"膨胀"，尽管1932年初出现过恐慌。它与流通中的"货币"是不同的。这个项目的大幅增加发生在1931年的下半年。

吻合的事实是，最初是欧洲各国的中央银行匆匆忙忙地将自己持有的美元外汇兑换成了黄金。到了10月22日，出口到法国、比利时、荷兰和瑞士的黄金，导致各储备银行的黄金减少了7.22亿美元（出口和专项拨款），虽然这本身并不是一件很严重的事情，而且在这种情况下这种外流并没有产生典型的后果——实际上，产生了恰恰相反的效果：出现了一个"美元危机"，在那期间，巴黎远期美元的贴水率从5％上升到10％。胡佛总统发布的第二个计划（10月6日）成为另一个理由，尽管实际上可能没有理由对美元的前景感到悲观。但是10月22日，拉瓦尔（Laval）先生抵达纽约。事实上，他和胡佛总统仅凭"职业忠诚"（professio fidei）就足以阻止甚至扭转这种外流，这个事实证明了这种间奏曲的相对无害性。此外，当时法国人的私人余额在很大程度上都已经汇回国内，而且法兰西银行同意暂时停止取款，条件是不要让它重复它与英国人打交道时的那种经历。最后，"驻扎"在阿姆斯特丹和苏黎世之间的国际投机部队——说他们撤走了5亿美元可能是一个夸大的估计，尽管这个数字源于权威机构——在当时是一个更有趣的攻击对象。1932年的2月、5月和6月也发生了类似的取款浪潮，但是规模相对较小。下半年出现的逆转使得美国的货币黄金储备出现了小幅增长——主要是从专项拨款和国内生产等方面释放出来的，超过了平衡出口所释放的——不过此前在1931年也仅仅下降了1.334亿美元。[①] 这实际上满足了法国人其余的要求。

出于对"心理学"的"尊重"，美国这个国家的状况的任何主要特征都不能归因于黄金的这种流动本身或它对利率结构所产生的影响（见下文）。但是，在1931年，随着时间的推移，另一个因素变得越来越突出，那就是债务，尤其是抵押贷款债务；而且它的重要性只用停业的银行数量来衡量是不充分的。当然，停业的银行数量多得令人感到可怕：在1931年，共有2 298家银行不得不拉下它们的百叶窗；或者，更突出的一个数字是，仅仅是从1931年9月到1932年1月，就有多达1 702家银行停业。

[①] 数据来自美国联邦储备委员会公报或声明。货币黄金储备的最低值出现在1932年6月，当时为39.19亿美元。

这构成了银行间第二个流行病的大流行期①，当然也是 1932 年上半年经济普遍下滑和当时倒闭企业数飙升的一个主要因素。此外，银行和其他债权人因坏账而遭受的损失也不能充分衡量债务问题。后者的某些类别，例如来自分期付款销售的债务，表现得非常好。但是，成功偿还的款项的紧张和枯竭——这就是费雪教授所称的债务型通货紧缩——以及人们普遍意识到抵押品的价值受损，许多人的净资产变为负值，所有这些部分强制性地要求、部分暗示着对所有业务的限制，从而对价格造成了压力，也减少了就业。这种情况直到大约一年之后，即在我们所说的意义上的萧条到来之后，才完全表现出来；这个事实没有什么值得令人惊讶的。它的发展需要时间、民众认识到这一点并停止基于复苏很快就会到来的希望采取行动也需要时间（并且会产生超过正常的债务负担）。在深度萧条应该被更平缓的下降所取代的这段时间内，它会导致凹陷和下探的出现，而且这并不是唯一的例子，前面对 1875 年至 1876 年间情况的分析也表明了这一点。

以上就是对在美国发生的"事件和意外"的本质的诊断。那么，它们叠加到受复苏政策或政府和美联储所做的任何其他事情影响的萧条的基本过程之上会产生多大的影响？再一次，这种政策必须用实际采取的措施来界定，而不能以不连贯的、经常自相矛盾的（不仅是表面上的，而且是实质性的）且总是不充分的声明来界定。首先给我们留下了深刻印象的是，政府和美联储协同努力，很有远见地应对了国际局面，从而做到了：（a）通过直接提供帮助或限制美国人提出偿债要求，避免或减轻了外国信贷结构的崩溃；（b）通过暂停政治性赔偿来缓和紧张局面；（c）尽量减少对国内货币市场的影响。特别是最后一点，达成目标的程度比人们普遍认为的要高得多。正如我们已经看到的，在 1929 年股市崩盘后不久，它们就迅速采取了行动，将货币市场"还原"至宽松状态，并且——由于各种"自然"的原因——这种状态一直持续到了 1930 年，在 1931 年上半年更是如此。5 月 7 日，纽约联邦储备银行的利率降到了 1.5%。不仅如此，从 6

---

① 1932 年 2 月至 10 月，银行的"死亡率"相对较低。

月到 8 月，美联储又购买了 1.3 亿美元的政府债券，其结果不仅体现在主要金融中心的会员银行由此积累起了大量超额储备和债券收益率的被迫下降上，而且体现在新的融资出现了复苏上。① 但是，在 9 月 20 日之后，短期余额的流出使得会员银行再次陷入了债务缠身的境地，并且迫使许多会员银行出售债券。直到《格拉斯-斯蒂格尔法案》（1932 年 2 月签署）允许以迄今为止不合格的抵押品作为担保来发放贷款，消除了它们向储备银行借款的障碍（因为障碍就在于合格票据的稀缺性）；同时还通过允许将政府债券作为对联邦储备券的抵押品，消除了美联储在公开市场上扩大购买的障碍，也就是说，在这 5 个月，大萧条时期的一些学者所称的"通货紧缩压力"确实存在。但是，这种压力与由此得出的推论是完全不相称的。

虽然纽约联邦储备银行的再贴现率——遵循传统的金融规则——先于 10 月 9 日提高到了 2.5%，再于 10 月 15 日提高到了 3.5%，并一直保持到了 2 月 26 日，然后降到了 3%②，但是会员银行向自己的客户收取的利率在 1931 年 9 月达到了月度最低点 3.93% 之后，又于 1932 年 3 月上升到了月度最高点 4.72%（这指的是纽约；《联邦储备公报》）。这是对所施加压力的严重性的真正检验，而且它以最普遍的经验的力量打消了工业和商业受挫的想法。然而，就在美国总统签署了《格拉斯-斯蒂格尔法案》之后，美联储开始了历史上规模最大的公开市场操作。从 3 月至 8 月，一共买进了 11.1 亿美元的政府债券，从而压低了各种利率并使得超额储备不断增加，远远超过了平衡 5 月和 6 月黄金流出的影响所需的程度——尽管那是这种政策出台的初衷。当然，在这一点上提出一个"在此之后、因此之故"式的论点似乎是顺理成章的。不过，我们不需要在这上面多花时

---

① 然而，在此期间，从 6 月起，产出和就业都出现大幅下降。再一次，这种经验虽然并不足以推翻关于利率政策或公开市场操作的有效性的某些理论，但是也不应该轻易忽视。在这种情况下，不能说螺旋的力量是牢不可破的。因为在此之前的 5 个月里经济一直在"好转"。

② 1 月 12 日承兑汇票的买入利率出现了下降。6 月 24 日，再贴现率回到了 2.5%，完全无视当时的黄金外流情况。

间，因为创造出来的支付工具的冗余性是显而易见的。①

国家信贷公司（National Credit Corporation，提出设立的时间为 1931 年 10 月 13 日）、住宅贷款银行（Home Loan Banks，包括格拉斯附则②的法案签署于 1932 年 7 月 22 日）和重建金融公司〔原始法案于 1 月 22 日签署，扩充版为《紧急救济和建设法案》（Emergency Relief and Construction Act），于 7 月 21 日签署〕，都是当时为了弥补国内"事件"和"意外"的最严重后果而做出的尝试的代表，人们希望只要消除那些后果，就能够使系统恢复过来。显而易见，第一个措施不足以带来实物产出的改善，至于帮助银行业脱离困境——或者，保证经济系统不受银行部门的影响——就更不用说了。第二个措施的局限性同样明显，不过它还是在一定范围内改变了抵押贷款的混乱状况。第三个措施的重要性远远超过了前两个，尤其是作为扩充版的《紧急救济和建设法案》——这个法案稳住了一些摇摇欲坠的结构，从而阻止了许多传染源的扩散，不然的话这些传染源会导致累积性混乱的传播，尤其是在银行和信托公司、铁路公司、建筑公司和贷款协会、保险公司和抵押贷款公司之间。到 1932 年 9 月 30 日，实际预付的（而不仅仅是批准的）总额达到了将近 12 亿美元——其中 1.85 亿美元已经偿还——重建金融公司还发行了 7.5 亿美元的利率为 3.5% 的债券，其中 6 亿美元由财政部持有。仅凭这几个数据③，就不仅足以表明重建金融公司成立后前 8 个月所采取的行动的目标和金融性质，而且足以评估在经济过程处于产出指数的下转折点附近时它能够发挥的影响的类型和程度。成立重建金融公司主要是为银行和相关机构提供支持，并作为一个承担发放一部分在储备银行立法意义上不合格的贷款的执行机构，它服

---

① 这并不一定意味着对这种措施的不利批评。创建冗余的工具以便为复苏可能需要的任何需求提供支持可能是一件合理的事情，尽管在不使用现有或可能拥有的资金的商业领域，这样做并不太可能引发向上的变化。

② "格拉斯附则"（Glass rider）赋予政府债券额外的流通特权，扩大了国家纸币的发行，不过并不是很重要——如果作者认为它具有足够大的重要性，早就在前面提到了。

③ 这些数据源于重建金融公司提交给国会的第三份报告。

务的范围很自然地包括当时唯一受到了严重威胁的那类企业——铁路公司。[1] 这样做的理由是显而易见的[2]，同时也带来了相当大的（有人说是消极的）后果：虽然避免了更多的灾难，但是也没有产生多少积极的推动作用。

此外，在这个计划下，特别是在它的扩充版中，还建立了一些农业信贷机构——例如，创建了许多新的地区性农业信贷公司——以便为农产品的运输和销售等商业活动提供融资，它们与先前存在的其他机构和政策协同服务于农业。但是，与农业部门的绝大部分领域所面临的困境相比，这两年间所做的一切努力是不足的。自1929年以来，农产品的地头价格指数下降了60%以上。[3] 根据农业部的估计，农业生产总收入在1930年时大约为94亿美元，1931年时降到了略小于70亿美元，到1932年进一步降至大约50亿美元；全国地价指数也大幅下降，在1930年是115（以1912年至1914年的平均地价为基准100，1920年达到的最高值为170），1931年下降为106，1932年进一步下降为89。但是，这两个总量数字并没有告诉我们整个故事。有一小部分人——但是他们的人数不可忽视——的净收入必定是负值；而且有相当多的人，他们的农场的净值必定是零或为负。丧失抵押品赎回权的案例迅速增加，因拖欠税款而被迫出售房屋的

---

[1] 《紧急救济和建设法案》还对《联邦储备法案》的第13条进行了修订——授权储备银行为无法从（我们所说的意义上的）会员银行获得"足够"信贷的个人、合伙企业和公司贴现票据。这是迫使会员银行"自由放贷"的一个举措，并在1933年、1934年和1935年的银行业立法中得到了延续。就其本身而言，它只是欧洲各国银行业的一种通行做法，但是作为政策的一部分，源于对早期美国银行业经历的理想化想象，也是对如下理论的屈从——这种理论从根本上说是错误的——银行在复苏开始的时候处于一个关键的位置，如果它们的贷款没有扩大，那只能是因为它们厌恶放贷。但是，由于储备银行在行使这种新的权力时非常清醒，因此没有必要深入研究这个问题。

[2] 但是，对于普通人来说，当然不是这样的；他们看不出自己的命运与政府的这种政策有什么关系。他们认为，一个信奉资本主义思想的政府只试图使资本家不受他们自己的愚蠢行为后果的影响，却听任受苦受难的民众颠沛流离。这种态度很快在国会和其他地方得到了证实，而且是正在酝酿的反资本主义风暴的最初症状之一。但奇怪的是，当局却完全忽视了它。

[3] 当然，仅仅根据这个事实本身并不能得出结论，甚至加上农民所购买的商品的价格指数只下跌了30%多一点这个事实也一样。正如我们在前面已经看到的，这本身可能会带来痛苦，但并不意味着崩溃，而且我们还必须将它与20年代的土地革命联系起来考虑。但是，如果再加上如下事实，那就肯定会是一场灾难——1930年"美国39%的自有农场背负着平均占其价值40%的抵押贷款。这意味着，在那一年，美国大约五分之一的农场的抵押贷款高达其价值40%以上"。见约翰·D. 布莱克（John D. Black）教授，《1933年1月的农业形势》，刊载于《经济统计评论》，1933年2月15日。

比例也迅速上升。① 因此，很明显，大萧条的过程在农业部门面对的是一路绿灯，从而以最容易的方式发展下去，尽管当时人们认为对那个保守的政府而言最迫切的事情就是阻止它。

《紧急救济和建设法案》（第一章第一节）标志着在批准救济支出和"以工代赈"支出方面的一个新起点。根据我们的模式，它出现在这里的措施被提出后两年多一点，或者在1931年的平稳期瓦解后一年多一点。然而，截至1932年9月底，已批准的3 550万美元和为此目的已实际支出的1 420万美元并没有产生什么可衡量的影响。难以适应这种行动过程的心态（这种行动方针只能说是新异的或激进的），以及这种心态的持续存在，与它所引发的强烈反应一样奇怪，同时通过行政长官对削减公共开支和增加税收的不断呼吁得到了证实（例如，1931年12月1日，1932年1月8日、3月8日、4月4日和5月5日，发布的消息和公告）。② 在某些情况下，这也许有特定的原因，例如，1932年3月和5月初美元汇率的疲软。但是，在所有情况下都必须考虑这样一个事实，即在这种心态转变为相反的心态之前，它构成了一种"情况基准"，但几乎不可能把这种基准调整到近乎合理的程度。在这种情况下，所谓的"预算危机"其实已经无关紧要。只要没有超出说服所有人相信预算在未来会自动实现平衡、当前暂时的非平衡支出是必要的这个范围，那么坚持那些通常公认的作为好的融资方法的原则，并不能帮助经济在萧条后复苏，也不能促进财政正常化。这正是政府真正想要做的。由于无法克服且导致销售税立法提案未能获得通过（3月24日）③的偏见，这个计划的第一部分实际上没有什么内容，1932年6月6日签署的税收法案和1932年6月30日签署的综合经济法案也最多能带来一些令人安心的"心理"效果。但是，第二部分却相当充分地发挥了作用。根据以前使用的一个估计结果，1931年④联邦净收入

---

① 布莱克教授（前引论著，第10页）认为这个比例高达三分之一。
② 这在《加纳-瓦格纳救济法案》（Garner-Wagner Relief Bill）遭到否决一事中也表现了出来。不过作者认为这个法案并不容易理解。
③ 本来，无论是在大萧条期间还是之后，都可以在不产生任何不良影响的情况下通过这种税收筹集到20亿美元，用于弥补100亿~200亿美元的萧条支出的其中一部分。
④ 阿瑟·D. 盖耶，前引论著，第391页。

创造型支出达到了17.48亿美元，1932年（日历年）也有16.46亿美元。毫无疑问，这是政府政策最直接有效的部分——真正的紧急救济——而且只有在官方同时强调那些乍一看似乎与之完全不符的"健全"原则时才能实现这种效力。由此可以推断，它避免了许多潜在的灾难。然而，既然支出——当然，对它必须应用一个很小的乘数——不能使借方总额出现收缩（尽管它在一整年的时间里都在下跌），这种推断似乎是合理的，通过在一定程度上补偿"事件"和"意外"的影响，这虽然为潮流的转变提供了便利，但是并没有扭转潮流。

最后，我们来看一下银行间的第三个流行病。它也属于我们现在正在考察的一系列事件，虽然在我们的讨论中它似乎有点姗姗来迟，但它的整个过程其实是在复苏刚刚开始的时候就完全展开了，因而它在一两个月内仍然带有深度萧条的色彩。它始于1932年11月——11月1日，内华达州宣布了"银行假日"，那可以视为一个起点——并且在1933年1月和2月增强了势头，然后在1933年3月9日因为针对它的紧急立法的出现戛然而止。银行停业和"银行假日"从2月14日开始迅速蔓延（先是密歇根州；紧随其后的是印第安纳州、马里兰州、阿肯色州和俄亥俄州），直到3月5日，在新总统就职典礼举办那一天，全国的银行几乎完全停业。（当然，银行停业必须得到国会的批准。）这一次，农业危机，更精确地说是农业贷款危机，不再只是一个"附带原因"，而是成了主要原因之一。这一点从这场"飓风"最初从中部和西部的各个农业州刮起，然后席卷东部各州这个事实就可以看得很清楚，从而也可以说是因为忽视农业困境而受到的惩罚。这场银行业风潮足以把恐慌因素加入我们的画面。它的特点是众所周知的。对银行的不信任——在某种程度上还要加上对货币的不信任——导致存款人不加区别地从银行取款，从而迫使银行从储备银行取回现金——从2月8日到3月3日，（官方意义上的）会员银行提取了超过17亿美元的现金——以及从纽约市的往来银行取回现金，单就纽约市的往来银行而言，就失去了接近8亿美元。特别是，仅仅在3月2日和3日这两天，"流通中的"货币就增加了差不多7亿美元，联邦储备委员会的信贷余额则增加了将近7.3亿美元。储备的损失和未偿付票据的增加使得储备银行的超额黄金储备减少了11亿美元（余额只剩下4亿美元）。国内的困难局面还由于同期发生的黄金外流而恶化（这种困难虽然并非由黄金外流引发，但在一定程度上是通过黄金外流表现出来的），在2月和3月，黄金外流达到2.7亿多美元。纽约联邦储备银行不得不向其他储备银行申请再贴现，并将政府债券出售给其他储备银行。在"银行假日"结束后，特别是在3月9日颁布的《紧急银行法案》（后来于3月24日修正）的压力下，金币和黄金凭证迅速回流，到3月底已经有超过6亿美元回流到各储备银行[1]，以至它们的超额黄金储备增加到了11.72亿美元（因为发行纸币而需要持有的储备数量减少了）。然而，尽管黄金的流动受到了种种限制，但是截至那一年的3月，美元的国际地位仍然相当强劲。3月15日，持有大约90%会员银行存款的（官方意义上的）那些会员银行重新获得了营业执照。到了1933年年中，持有执照正常营业的全部银行的数量（包括各州政府监管下的私人银行以及互惠银行和股份制储蓄银行）达到了14 530家——当然，毫无疑问，其中有许多银行是很弱小的。[2]

这场恐慌的直接后果是，它导致了一场新的螺旋式运动，对此不需要给出更多的评论；但是，它的更长远、更隐秘的后果却怎么强调也不过分。它使全国所有阶层都士气低落，并借此从根本上改变了下一届政府所要面对的问题。如果这场恐慌没有出现——它当然是一个可以避免的事件——那么美国政府在制定复苏政策时将会面临一种完全不同的情况。事实上，整个美国社会的"心理结构"在那之前仍然一直得到很好的支撑，现在终于垮掉了。在这段时间里，除了持续不断的灾难之外，谁也不能预见到任何别的东西，而且大家都决定不再忍受。有人宣称革命一触即发，这种说法也许是无稽之谈；但是它确实很好地反映了民众的普遍心态，即所有人都觉得极度困惑和愤怒，每一个群体都通过自己的途径认定是出现了某种严重的错误，因而要求立即采取政治行动，以纠正错误。政治家和"知识分子"突然变成了救世主和法官，并得到了供他们尽情表演的广阔

---

[1] 所有类型现金的总额为11.85亿美元，其中大部分用于消除储备信贷——会员银行的债务到3月29日减少到了5.45亿美元，而且当时纽约市的银行再次拥有超额储备。

[2] 1928年中期的银行总数为25 941家，1932年中期则为18 794家。

舞台。但是，美国人的心态、获胜政党（民主党）的传统、必须立即加以处理的这场灾难的性质以及通货膨胀主义利益集团的强大力量，最终使得其中大多数人在货币扩张上实现了"团结"。

四、美国和德国的其他时间序列在大萧条底部的行为

现在本来应该开始讨论英国的情况，但还是得再推迟一下。在这里，我们先回过头来考虑这个问题：美国和德国的其他时间序列是不是能够证实前面主要利用实物产出序列识别出来的第四个朱格拉周期的底部？[①] 考虑到刚才讨论的"事件和意外"，结论显而易见：它们在其他方面的表现也正如我们所预料的那样。特别是，似乎并不需要对货币利率进行额外的评论——在德国，基准银行承兑利率（prime bank acceptance rate，德语为 Privatdiscont）从 1932 年下半年的峰值稳步下降（当时为 7.95%），到 1933 年 12 月时已经降到了 3.88%；在美国，银行间的第三个流行病也未能导致恐慌性利率，而只是在短时间内中断了利率不断向下的过程，就像 1931 年的黄金恐慌所能做到的一样，即 1933 年 2 月 28 日，银行家对 90 天无背书票据的承兑利率为 1.125%，在 3 月 31 日时也仅为 2%，其他利率也在相应地变动。

哈佛学会"A"曲线（投机：所有已上市股票的价格指数）非常清楚地显示了 1932 年 6 月至 7 月的波谷，而且很好地反映出了那一年第三季度刚刚开始的复苏。同样有力的证据是德国股票价格的表现，价格指数在当年下半年大幅上涨，攀升到了 1925 年水平的一半多一点。但是，纽约市之外的银行借方数额（以及百货公司的销售额）却继续下行，在最后一个季度快进入 1933 年时才出现了一个无关紧要的向上波动（百货公司销售额的向上波动则出现在第三季度），因此乍一看可能会使人怀疑我们所研究的波谷的位置。[②] 然而，考虑到价格水平的持续下跌，以及银行借方

[①] 这里应该注意的是，使用工业用电量序列也有同样的效果（总发电量序列则不行）。

[②] 然而，建筑合同的价值（道奇公司）在第三季度出现了非季节性的增长，尽管它们在第四季度的降幅大于季节性波幅。私人融资的建设支出（主要是住宅建设）也是如此。参见 J. B. 哈巴德（J. B. Hubbard），《萧条中的建筑业》，刊载于《哈佛商业评论》，1933 年 1 月。

数额对银行业灾难尤其敏感的事实,这种现象其实并不意味着什么。此外,正如我们已经看到的,这种刚刚出现的复苏也是与商业交易的美元总额的进一步收缩相适应的。它甚至可以与破产企业数的进一步上升相容——尽管在这种情况下最大数量的企业破产确实发生在波谷。这些症状和其他症状[①]都可以与一种特殊疾病的症状相比较——在恢复期,症状往往表现得最为明显。真正的问题出现在就业和价格方面。

在德国,根据疾病保险数据统计,1929年的(月平均)就业人数为1 760万人,1930年下降为1 630万人,1931年则为1 425万人,1932年上半年则略低于1 220万人。在那之后,出现了一波回升,到1932年10月就业人数提高到了1 290万人;但是1932年12月和1933年1月的降幅超过了季节性波幅——然而,我们应该都记得,这与根据我们的模式得出的预期并不矛盾——这种下跌出现在上升势头形成之前。至于失业人数,与1930年的310万人相比,1931年的(统计上可见的)平均失业人数增加了大约50%。1932年第一季度,失业人数达到了最高数字,超过600万;第二季度为566万;第三季度略高于520万。正如我们在前面已经注意到的(我们也应该预料到的),全国受雇的工人数量的降幅比产出的降幅小得多,同时增幅也小得多[②],而且增减变化都滞后于产出。这个观察结论同样适用于美国,那里的就业行为与德国非常相似。当然,每年就业人数的最低水平都出现在了1932年。更加重要的是,在7月下旬,制造业的就业人数开始增加(起初只是略有增加)。随后,美国联邦储备委员会编制的指数显示,8月的增幅超过了季节性净增幅,不过汽车行业和相关行业以及机械行业的增幅有所下降。到了9月,就业人数的增加开始扩散到其他行业(经季节性调整的指数显示,9月的就业水平是1923年至1925年平均水平的60.3%,而在8月这一比例仅为58.8%),并且持续到

---

① 以德国为例,在1932年第三季度,家庭消费,即便是实物消费,也出现了明显的下降。与此同时,消费品工业的产出却在增加,起初是为了补充批发贸易以及在较低程度上补充零售贸易的存货。在货币方面,合作商店的人均营业额在第三季度下降了3.04马克。

② 读者应该很容易回忆起,这不仅是因为统计原因和工人无法迅速遣散这个事实(后者导致在最开始时产出增加在短期内是减函数,或者会出现劳动力未得到充分利用的情况),而且因为生产函数的变化(即合理化)。

了11月中旬——当时，汽车行业的就业人数大幅增加——但是在12月和次年1月又出现了超过季节性波幅的下降。失业率的变化则与此相应。然而，与德国一样，1933年第一季度出现了一个新的低点，而且这次的低点完全可以归因于银行业危机。

但是在所有坚持金本位制的国家和一些没有采用金本位制的国家，在整个1932年以及之后的一段时间，价格水平一直呈现出"毫不含糊"的下降趋势。[①] 其他序列之所以未能反映1932年的上述低谷和复苏，主要就是由于这个事实。有的读者虽然坚持读到了这里，但是可能仍然保持了一个习惯，即认为周期各阶段主要与价格水平的变动有关（甚至认为两者之间有因果性的联系），对于这样的读者，上述结论可能会令他不安，为此我们有必要提醒他，复苏的过程并不要求价格水平先有所上升，甚至不要求价格水平先停止下降。也就是说，我们可以先回顾一下，在这样一个节点上，即处于康德拉季耶夫周期萧条阶段的一个朱格拉周期的复苏阶段刚刚开始之际（之前是基钦周期的繁荣阶段），我们应该对价格水平的变动有什么预期。一方面，尽管在某些情况下价格水平可能会出现迟到的"下降"——由于生产商意识到市场瘫痪已经结束，降价可能会在刺激需求方面产生一定的效果，因而决定降价促销——但是在现实世界中大部分批发价格都将从恐慌性的低点反弹。[②] 另一方面，这种"矫正性"变动都是叠加在一个基本趋势之上的，后者对指数的影响与它们相反。我们知道（而且也知道为什么），价格水平在每一个均衡的邻域都应该比前一个均衡的邻域更低，而且在一个位于康德拉季耶夫周期萧条阶段的朱格拉周期中，这种趋势可能会导致经济复苏阶段结束时的价格水平比在前一个转折点处要低。由于在前一个朱格拉周期的萧条阶段，价格水平出现了极其猛

[①] 然而，许多单个产品价格，其中大多数是世界各国的主要产品，要么已经降到曲线的最低点并开始回升，要么已经趋于平缓（即在"盘整"中），这是一个周期底部的形状特征（数量也是）。例如，在美国，从棉花、橡胶（在6月的低点仅略高于1913年全年平均水平的5%）、锌、铅、铜、铁和废钢的报价（期货或现货价格）中就可以看到这种情况。但是，它们中的大多数在上个季度失去了部分升幅——尤其是铜，由于卡特尔组织面临困境，更是如此。甚至羊毛和石油的曲线也变平了。

[②] 或者，这是由于生产商对预期的价格上涨的反应过于积极，结果导致价格非但没有上涨，反而下跌了。

烈的下跌，即便随后没有出台那些旨在拉高价格水平的政治举措，上面说的这种情况也不太可能会发生。但是，作为对深度萧条的反应的价格水平的任何上涨都可能姗姗来迟，甚至批发价格指数和生活成本指数的下降在周期性过程的转折点出现之后仍然可能继续，这既不令人惊讶，也不构成质疑我们确定的周期的日期的理由，更不能用它来说明我们将周期低谷定在1933年2月是不成立的。值得注意的是，这个论点与以下事实无关：对美国这个国家来说，"银行假日"和导致"银行假日"的那些事件，构成了导致那个低谷出现的一个特殊原因，同时根据我们的诊断，还构成了导致这个低谷的一个"意外"原因，因此足以排除这种确定低谷日期的方法；这是因为，尽管这确实是事实，但是其他国家的价格水平呈现出了同样的下降。①

价格变动的种种特定情况的细节值得讨论。但是关于这个主题的文献非常丰富②，我们在很多时候很好地引用它们就足够了，因此在这里我们只给出几点评论。

第一，如果不考虑货币政策变化的影响，价格水平和生活成本的下降非常一致。例如，即便是在基于可比性"得分"的所有条件都得到满足的时候，指出下面这一点也有重要意义：美国和德国的批发价格指数——如果将1929年作为基准年——的曲线几乎是完全一致的，同时从1929年到1932年，这两个国家的生活成本指数都下降了大约22%。而且，这并不

---

① 这种流行病对银行的影响虽然是无法精确测量的，但却是显而易见的。生活成本指数的最低点（由美国全国工业会议委员会提供），以及批发价格指数的最低点（由美国劳工统计局提供），都出现在了1933年2月，显然与这种流行病有关，尽管这些低谷恰好位于可以用我们的模式来解释的下降区间：在1932年的夏天，有一大堆价格都集中在了那里，这种情况在德国并不存在或几乎不存在——然而，在德国，对价格敏感的商品的价格指数在那一年的下半年，从相当于1913年时的45.3%上升到了相当于1913年时的53%——但是在美国和其他一些国家却非常明显，对此我们认为可以与位于朱格拉周期底部的基钦周期的繁荣阶段建立起关联。美国劳工统计局指数在7月小幅上涨，到了8月，许多主要商品的价格出现了大幅上涨，而此前价格上涨的一些商品则有所下跌。这种上下波动在9月仍然在继续，但是这个指数却几乎没有显示出任何变化。到9月底，下跌已经占据主导地位，10月这个指数下跌了1%左右。在11月和12月，这种下降仍在继续，次年1月的数字比8月低4.2%，这可能是因为受到了银行业危机的影响。但是，毫无疑问，与1930年和1931年相比，这一年的价格水平稳定性要高得多。

② 还应该特别提一下米尔斯教授的论文：《经济衰退与复苏中的价格》，1936年。

仅仅是因为进入了指数的国际价格的影响。

第二，从本书作为一个整体给出的观点可以推出，或者更具体地说从前一章阐述的观点可以推出，价格水平的下降仅用所谓的"不可预见的灾难"或肆意妄为的货币政策造成的恶果又或者恶性螺旋式变化（特别是债务型通缩）等来解释，肯定是不充分的。毫无疑问，这些因素（和其他因素）助长了价格波动的剧烈性，而且就许多原材料和半成品而言，加剧了它们的价格从1931年年中开始的下降，当时的批发价格指数较1929年的平均水平下降了大约22%。但是，我们已经证明，在这样一个时间点上，明显低于1913年那种如果没有发生战争的普遍水平——即便是在发生了战争的情况下，也一样——的价格水平必定会出现，那是演化机制的一个结果（result），是那个时代的工业革命的一个后果（consequence），也是对工业革命的一种适应。① 读者不妨尽情发挥想象力，思考一下如果听任这个过程自发演进有什么可取之处或不可取之处。但是无论对它的评价如何，都不应该忽视它的经济功能及其潜在的长期结果。②

第三，正如经常有人指出的，不同种类的商品受到的影响是非常不同的，并因此引发了价格体系的变化。原材料价格的"行为"与制成品价格的"行为"之间的差异，引起了人们的特别关注，通常认为这种差异反映且加剧了日益强化的非均衡。所有这些看法在某种程度上都是正确的，但无论是从事实的角度还是从推理的角度来看，都未能说明全部情况。美国劳工统计局的批发价格指数的最低点（出现于1933年2月），相当于1929年7月水平的62%。美国国家统计局发布的年实物总产出指数的最低点③，也几乎正好是1929年全年水平的62%。但是，这个指数的其中一个组成部分——建筑业的实物产出，在1932年的低谷时却萎缩到了1929

---

① 然而，我们应该回忆一下，批发价格指数从1930年年初到1932年年中的下降，要比从1873年年初到1875年年中的下降剧烈得多，后者只是一种长期稳步下降的一部分，它几乎不间断地从1866年持续到了1879年年中（不考虑内战期间出现的高峰）。

② 当然，只要不是社会主义者，就没有人会完全赞同这些结果。因为其中一个结果正是独立的或半独立的从事农业、商业和工业的广大阶层将会被排挤，那将构成向社会主义迈出的一大步。但是这一点对本书的目的并不重要。

③ 请参见米尔斯教授对这个指数的描述，《国家经济研究局公报》，1933年2月20日，第6页。关于价格，见《国家经济研究局公报》，1933年10月31日。

年水平的 31.5%，同期的建筑材料价格指数则仍然达到了 1929 年水平的 75.9%，每小时工资率更是相当于 1929 年水平的 80%。因此，我们在这里看到了一个明显的"不适应"的例子。另外，经济大萧条对 1931 年的农产品产出没有影响，对 1932 年的农产品产出的影响也很小："农民接受了降价"，这既是因为他们是在竞争条件下生产经营的，也是因为他们的生产的技术特性。然而，相反的理由并不能完全解释矿物原料的产出降幅比总产出的降幅更大这个事实；此外，还有一些主要成本元素没有出现相应的下降，尤其是工资。① 当然，随着我们一步步靠近非食物类最终消费品，这些元素——销售费用属于其中的一个——对制造业的重要性越来越大；因此，对于非食物类深加工消费品的价格指数在 2 月的那种表现（仅相当于 7 月 29 日价格水平的 73.2%），我们实在不必惊讶。但是，许多制造业行业也都"接受了降价"，例如石油精炼业、食品业、烟草业和皮革制品业、造纸业和印刷业、服装业和家具业。② 然而，设备制造业的降价幅度则要小得多，或者根本没有降价。当然，也恰恰是在这种行业中，降价很难刺激需求。

这些观察结论与以前在讨论价格刚性问题时得到的结论是一致的。它们也与萧条过程对先前存在的（相对）价格结构所造成的破坏的性质和后果有关。确实，我们的模型可以让我们预期到——由于价格刚性以及其他一些导致非均衡的原因——不同商品的价格的行为会分散化。但是，这样说并不意味着萧条导致价格体系发生的每一种变化都必定属于这个类别，也不意味着回归均衡必定要求重建以前的相对价格体系。相反的情况完全有可能发生，铜的价格很可能是一个很好的例子，新的供应来源的开辟已经变成一种不能长期维持的"不适应"，这种"不适应"只能通过不加批判地试图恢复价格或收入平价才有可能得到保持。这也不意味着价格体系的每一次变化都必定会阻碍复苏。它可能促进复苏，或者对复苏无害。第

---

① 农民在"接受降价"时扮演了两个不同的角色：第一，作为生产者；第二，作为劳动者。

② 在相当多的情况下，价格实际的降幅要远远大于根据标价编制的指数所显示的降幅。而且更重要的是，在一些情况下，对农产品价格的降幅与工业产品价格的降幅进行的比较，会因为工业产品质量的变化而变得毫无意义，因此有必要加以调整。

一种可能性的一个例子是外国生产的原材料价格的任何恐慌性下跌和暂时性下跌；第二种可能性的一个例子是，由于设备产品价格的短期刚性，复苏通常不会从实际投资的扩张开始。然而，德国的许多具体情况都有所不同，不过在这里我们只简单地提一下其中一点：德国农产品的价格并没有像美国那样下降得那么多。1932年12月，德国的农产品价格指数大约相当于1929年平均水平的65%，与总价格指数保持同步，从而在实际上避免了美国在1931年发生的那种灾难性的价格下跌。

除了纽约市之外的其他有储备银行的城市需要报告的会员银行调整后的活期存款，一直维持到了1931年年中，之后却急剧下降，一直到1932年5月，接着出现了一个小幅度的回升，但是这个增幅在1933年第一季度就几乎完全被抹去了。如果把"乡村银行"单独列出，那么可以看出它们的活期存款下降的速度在1932年下半年有所减缓。1931年年中之后，纽约市之外的需要报告的会员银行的活期存款净额就开始下降了，下降速度先是不断加快，然后不断减慢，曲线趋于平缓，之后在1932年略有上升。这并不完全符合我们的预期，但是可以用投资项目的变化来解释，投资项目在1930年全年和1931年的前4个月大幅增加，然后一直下降，直到1932年年初，之后有所回升，直到那年的年底；相比之下，其他所有贷款则在这个时期全程强烈地、持续地下降，并延续到了这个时期之后。主要城市的活期存款周转率指数一直在以不断减缓的速度下降，直到1932年年终，然后开始回升。我们认为，这要归因于纽约联邦储备银行的行动。①

按1929年的价格计算，国民收入从1930年到1931年的降幅，要比从1929年到1930年的降幅大很多；从1931年到1932年的降幅，则比从1930年到1931年的降幅还要大。② 公司净收入（所有公司——除了免税的人寿保险公司——在缴纳所得税之前的收入）在1931年为负值，具体数字为−28.50亿美元，而1932年则录得了最高损失，为52亿美元。早

---

① 参见1935年6月1日的《月度评论》。
② 参见库兹涅茨，《国民收入：1919—1935年》，第8页，表Ⅰ，第4栏。

在 1930 年，报告陷入亏损的公司数量就超过了报告取得正收益的公司数量；1931 年，两者之比变为 284∶176；1932 年则是 366∶80。更重要的是企业积累数额，尽管必须再次充分考虑这种会计科目的价值的有限性。早在 1930 年，这个数字就达到了－41.1 亿美元，1931 年是－60.4 亿美元，1932 年为－65.5 亿美元，1933 年则为－30.6 亿美元。① 类似地，美国商务部（《国民收入》，1929 年至 1936 年，1937 年）提供的这几年的"企业储蓄"数据分别为：1930 年为－49.03 亿美元，1931 年为－80.52 亿美元，1932 年则为－89.42 亿元，然后直到 1935 年才达到了一个很小的正值，但是在那一年，库兹涅茨教授所说的"企业的净储蓄"仍然为－32.52 亿美元。② 这里提及的最低点都出现在 1932 年这个事实（不包括以当前美元计算的国民收入），对我们来说毫无价值，因为毫无疑问，政府在 1933 年采取的那些行动就是为它们而来的。③ 否则，不管这些数据有什么缺点，我们对它们都会很感兴趣。

对于那个时候，即将上任的下届政府所面临的局面肯定是无法维持的，从未来的角度来看也是如此。再融资公司业务虽然不受欢迎，但它的必要性是无可置疑的，如果再一次接受国家经济研究局用来调整企业积累的方法，这一点将尤其明显——减去基于成本的折旧与基于当前价格的折旧之间的差异（尽管这仍然没有考虑到报废准备不足），我们就能够认识到，从 1919 年到 1933 年，这个时期的总积累为－71.10 亿美元。④ 当然，

---

① 参见 S. 法布里坎特（S. Fabricant），《资本消费的测量》，刊载于《国家经济研究局公报》，1936 年 6 月 30 日，以及《收入统计》。

② 库兹涅茨教授也讨论过这些差异（前引论著，附录 B）。在导致这些差异的原因中，在数值意义上最重要的两个，一是政府的储蓄减少了，二是对存货估值变化的调整已经包括在他的估计中，但是没有包括在商务部的估计中。在他给出的以 1929 年价格计的商业净资本形成序列中（前引论著，表 13，第 48 页，第 II 行 Ib）——我们已经使用过他的序列——负值始于 1931 年，为－4.58 亿美元。最小的数字出现在 1932 年，为－26 亿美元，而且 1935 年的数字仍然是负的。

③ 但是，这一说法以后必须加以限定。

④ 参见法布里坎特，前引论著，第 12 页。正如我们在上一章已经指出的那样，除了个别公司必须进行积累，随着时间的推移，这种积累可能被证明根本不是积累之外，从这一点不能得出任何其他东西。例如，我们不可以辩称，这证明了任何过度储蓄理论都是错误的。相反，这个事实本身同样可以用来验证这样一种理论，即个人积累的企图恰恰可能会导致更大数量的损耗（伊齐基尔，凯恩斯）。

这并不意味着现金项目的总额出现了巨大的下降。恰恰相反，与1929年相比，缩水最小的项目恰恰是现金，它从1929年的75亿美元左右降到了1932年的61亿美元左右——尽管在形式上对当前价值重估的遗漏也与其他方面保持一致，而且无须赘述，这一现象完全是结果性的（consequential），它只是反映了而绝不是导致了螺旋式运动。当然，这也不意味着股息的跌幅与收益率的降幅一样大——收益率（即作为资本的一个百分比的净收入）在1931年为－0.6%，在1932年为－2.8%[①]；只有公用事业、食品业、饮料业、烟草制品业、化工行业和军工行业以及（大部分的）印刷出版业，在这个时期保持了正的收益率。[②] 不过，不仅许多公司的股东仍然能够依赖资本带来的收入为生，而且如果把所有的股东看作一个阶层的话，那么在相当大的程度上这个阶层也还是能依赖资本带来的收入为生。因此，在1930年，由于支付了总额将近57亿美元的现金股息，因而产生了负积累，同时在纳税后所剩的净收入还不到13亿美元。1931年，股息为42亿美元，相比之下，净赤字加上税收才刚刚超过32亿美元。虽然我们应当根据我们自己构建的积累理论或储蓄理论来考虑这种情况的长期影响，但我们不能对这种行为在短期内一定会产生的治疗性或收缩性效应有任何异议——无论这些效应可能会被其他因素过度补偿多少——尤其是因为它发生在深度萧条开始之前。新证券的发行情况完全符合这些轮廓线。1931年，发行的公司债券（包括外国公司债券）仍然达到了17.36亿美元，不过1932年则大幅缩小为只有3.25亿美元，同时市政债券则非常活跃，联邦政府净借款超过了30亿美元。

当然，工业部门工资单金额水平的降幅大于就业水平，并在1932年年中降到了1923年至1925年平均水平的40%左右。1931年的降幅不如1930年那么大，而且随后不久就戛然而止了：在6月中旬至7月中旬的

[①] 由于净收入还包括我们所定义的利润之外的其他元素，因此后者应该是负的，具体数额未知，但是其百分比显然要大得多。

[②] 全国平均水平掩盖了许多细节，而这些细节有助于我们了解这个过程。早在1930年，纺织业的收益率就已经是－6%，1931年为－6.4%，1933年为－8%，这使得纺织业在"输家"名单上名列前茅。但是，如果把新英格兰排除在外，它的排名就会接近平均水平。我们在这里特别清楚地看到了萧条与"比劣过程"之间的联系。

大幅下降之后，几乎在所有的制造业行业和许多其他行业（主要的例外是羊毛制品行业），工厂支付的工资总额在 8 月出现了次季节性（subseasonally）增长，而且增幅在 9 月和 10 月继续扩大，之后在 1933 年 2 月至 3 月下探到了一个新的低点。我们对此的解释，与对借方数额的变化的解释相同。德国的事态发展类似：根据柏林经济周期研究所的估计，工资和薪金（养老金不计算在内，但包括公共部门雇员的薪金）从 1929 年创下的最高点 445 亿马克降到了 1930 年的 410 亿马克，然后继续降到 1931 年的 335 亿马克，并于 1932 年创下了最低点 259 亿马克。1932 年下半年没有出现进一步的下降，因而 1933 年的数字略高于 1932 年上半年，但是低于 1932 年下半年。因此，在这两个国家里，实际工资（按工资单金额除以生活成本指数计算）都出现了大幅下降。根据美国劳工统计局的月度数据，从 1929 年到 1932 年，美国制造业的人均每周收入下降了大约三分之一，而公用事业就业者的收入降幅则很不显著，同时零售和批发贸易业就业者的收入降幅也只有 12.5%。[①] 直到 1932 年，下降的速度一直是递增的，而进入 1933 年后，虽然仍然在下降，但下降的速度则是递减的。最终的总降幅，如果按货币收入计算，大约为 36%，而如果按实际收入计算，则大约为 16%。

到 1933 年年中，每小时工资率有所下降，但是在无烟煤开采等一些行业，每小时工资率下降的幅度要小得多。就制造业整体而言，每小时工资率从 1929 年的 59 美分下降到了 1932 年的 50 美分、1933 年的 49 美分。[②] 剔除物价因素，每小时工资率的这种变化给工人带来了实际收益；而且，根据美国公共道路管理局的记录，即便是非熟练工人，在货币工资率的这种变化过程中也能得到一定程度的实际收益（尽管比较小）。而且，任何对在全国范围内具有重要意义的单个数字的估计，都不可能得出实际工资率下降的结果。在德国，我们可以得到的每小时工资率来自官方的

[①] 甚至制造业的数据也只是一个平均数，包括大量有很大差异的项目，在判断其效应时必须考虑到这个事实。其他工业领域的数据与此有很大的不同，它们彼此之间也相去甚远——例如，对于烟煤，这个数字为 45%。

[②] 数据源于全国大企业联合会。

"税率厘定"数据，但是统计数据可能在一定程度上低估了货币工资率的下降。不过，在1932年年底，这个数字仅为1930年创下的最高年均水平的78%左右，在那几年间的降幅几乎与生活成本指数的降幅相当。从每小时工资率的这种演变过程中我们可以得出两个非常清楚的观察结论。首先，工资和薪金都不可能是引发大萧条的一个因素——无论我们在这个问题上坚持的是什么理论，它们的下降都不可能是，因为在一开始的时候它们基本保持住了，之后也只是对已经全面展开的大萧条做出了反应而已；它们之前的增长也不可能是，因为正如我们在前面已经看到的，它们的增长完全不足以产生这种后果。其次，如果我们在前一章分析过的那种观点有任何东西是站得住脚的，即美国的货币工资率的长期水平，有别于它们的周期性变化，是"太高"了（在它们构成了20年代的部分失业原因的意义上），那么很明显，发生在大萧条时期的这种下降并不足以纠正上述水平，尽管后者可能已经被随后的物价上涨所纠正，而工资率却没有提高。

但更加难以判断的是，工资率的这种"表现"到底是加剧了大萧条还是缓解了大萧条。因为在短期内，尤其是对于"深度"萧条，主导因素是单个企业对劳动力的"需求曲线"向下移动，同时还因为很多这种需求曲线毫无疑问都在向下移动的过程变得更加没有弹性，所以工资率的这种变化不仅有可能在实际减少破产的企业数量，在那个时候还可能"唤起"对劳动力的更多需求，足以使工资单总额提高到超出它本来应该达到的水平，更大幅度的削减反而会更加彻底地无法做到这一点，但是肯定也会发生另外一些情况[①]，例如，工资率的降低仅仅导致了产出和就业的减少。

但是，我们不难看到，当系统接近复苏点时，上述论点就会逐渐失去效力，而且在越过了复苏点之后，就要给出相反的结论。这样一来，我们的问题就有了更明确的答案。我们面对的依然是以前遇到过的同类情况。但是，当劳动力的"需求曲线"倾向于向上移动并变得更具弹性时，它们

[①] 在1934年3月发表于《经济学杂志》上的对庇古教授《失业理论》一书的评论中（第28页），哈罗德先生指出了这类情况的各种可能性。

的相对重要性就会发生变化。正如我们知道的，这意味着个别地方的业务已经开始恢复甚至开始扩大。当然，在摆在我们面前的案例中就是这样开始的，因此，对单个企业的主要成本的影响，就是我们必须考虑的全部因素。这样一种环境已经不再是令人沮丧的，但是也说不上令人振奋（即仍然不能提供我们所说的意义上的利润或者任何利润的出现所带来的收益），当企业试图在这种环境下恢复或扩大业务时，周期后期温和的工资率变化可能会变得无关紧要。这些企业可能会精打细算。即便是在短期内，特别是在暂停营业后又重新开门纳客时，它们会在考虑各种重要因素的组合时留有一定的回旋余地。由于廉价货币触手可及，它们会倾向于机械化，机械化还可能会因工资上涨而加速，或者被之前的工资下降所抵消。因此，只要存在不正常的失业，在工资率不提高时，工资单金额的增长就会比工资率提高时快。因此，我们似乎可以推断，不仅工资率的下降有利于经济复苏的开始，而且更大幅度的下降会更有利于经济复苏——至少在美国情况是如此。①

第四节 英国的情况：1931—1938 年

在前一节中，我们暂且让英国的事态发展从我们的画面中消失，首先是部分地，然后是完全地，因为在那里对英国所特有的某些特征无法给出公正的判断。现在，我们转而讨论英国与我们的主题有关的几个特点，并将在尽可能接近目前的时间段内进行我们的考察。在整个过程中，我们必须牢记，在世界上几乎任何地方、任何事情出了问题都会给英国带来负面影响。英国是世界经济危机中出现的各国普遍"自我封闭"现象的主要受害者，尽管它也是原材料价格下跌的主要受益者。对于所有这些，英国的反应是，放弃基于金本位制的政策，强化帝国内部以及自己与一些国家之间的经济纽带，最后（但并不是最不重要），加快将自身的资源转向为国

---

① 认为某个特定事件可能会加剧萧条，并且在萧条之后促进复苏，这并不矛盾。有人可能会觉得上面的内容引出了一个问题，即既然"收入"被压低了，"需求曲线"又怎么会向上移动呢？要解决这个问题应该不会有任何困难。

内市场生产，这些举措最重要的一个结果——同时也是症状——就是建筑业热潮。

一、放弃金本位制

导致我们将英国放在叙述主线之外的关键事件，或者不管怎样使得读者认为英国不属于"主流"的关键事件，是英格兰银行在1931年9月20日暂停支付黄金，并于次日得到了《暂停金本位制法案》的正式批准。世界性的大萧条所起的作用，只是使一切比以前变得更加明显：在当时的国内外社会和经济条件下，试图回到战前黄金平价的政策举措造成的失调是不会自行消失的，给定那些条件，为那个黄金平价而"努力奋战"也几乎不会带来什么益处，但需要做出的牺牲却是实实在在的，同时还会带来残酷的内部斗争。既然如此，从事后的角度很容易理解，当英格兰银行的黄金储备状况也开始扮演起"皮尔马铃薯腐烂病"（Peel's potato disease）的角色时[①]，放弃金本位制实际上就已成定局。尽管在1930年的大部分时间里，由于当时特别有利的环境（对此，我们不需要进行讨论），黄金储备一直维持得很好——实际上在1929年9月以后重新得到了补充。[②] 但是，到1930年11月，事实证明，黄金的外流起了决定性的作用。英国政府和英格兰银行的行事方式很容易同时招致支持和反对放弃金本位制的人士的敌意评论，但无论真实意图是什么，这种做法从"客观的角度"来看

---

① 这个类比很有道理。爱尔兰马铃薯瘟疫及其造成的灾难很可能给惠灵顿公爵和皮尔内阁的其他成员留下了深刻的印象；但是，相关影响并没有通过取消谷物进口税来弥补，而是通过直接的救济"女王的支付"来弥补。如果保留对农业的保护，"女王的支付"也不会减少。同样，黄金的损失也并没有"绝对"地要求政府或中央银行出手。但是它提供了一个论据，促进了艰难的过渡任务的完成。本书作者始终无法理解为什么有些英国人会对这个建议感到不满，并坚持认为英国是由于迫不得已而放弃金本位制。社会和经济数据，无论是英国的还是整个世界的，都告诉我们，放弃金本位制不管怎么说在经济上一定是合理的。在作者所能看到的范围内，陈述这一点并没有任何冒犯之处，而且除此之外我们没有进一步说明更多的东西。在自己的书中对所谓的英镑"悲剧"极尽渲染之能事的那些作者，他们关于悲剧的概念一定与本书作者完全不同。英国政治家所特有的一个伟大之处恰恰就在于，他们有一种独特的塑造各种事件的能力，使得每一个行动看上去都完全出自客观需要，而且似乎是唯一有可能采取的行动。

② 其中还包括从日本和阿根廷等国家进口的黄金，这些国家的货币处于极端情况，不得不放弃黄金。在大英帝国内部，澳大利亚也处于同样的情况。

都是非常明智的。为了正面冒险一试,将《金本位制法案》下的政策完全扭转过来,同时也为了化解国内的批评——事实上,尽管这种批评很少,而且在政治上没有什么重要意义①——首先有必要做到的是,任何人可以对英镑提出的要求都必须得到满足,不然就会被公共舆论认为是不合理的。为此,英格兰银行向美国和法国银行借入了 5 000 万英镑 (1931 年 8 月 7 日),差不多是在同一时间,英国财政部也宣布了一项类似的总额为 8 000 万英镑的交易 (8 月 28 日)。② 此外,英格兰银行在 7 月就已经分两步将利率从 2.5% 提高到 4.5%,而且在那之前,即在 1931 年 1 月,它就已经开始减少银行部门持有的政府债券。

这就提出了一些问题——从货币和银行业"正统"观点的捍卫者的角度来看,这些问题非常自然:为什么没有尽早采取这两项措施?不过这些正统捍卫者的措辞会是"及时"而不是"尽早"——或者更直接一些,英格兰银行为什么在最关键的时间,即从 5 月 14 日至 7 月 23 日,一直将利率保持在 2.5% 的水平不变?当时纽约联邦储备银行的利率水平 (1.5%) 和法国中央银行的利率水平 (2%) 至多能给出部分答案。更加重要的是,利率调整在当时的情况下充其量能产生非常有限的影响。但是,既然政府通过大力运用中央银行的政策工具能够对黄金走势产生某种影响是毫无疑问的,那么另一个结论也就自然而然地浮出水面:尽管已经完全准备好了做出某些牺牲(例如因对外借款而带来的负面影响),英格兰银行当时依然没有打算为了英镑而对国内经济施加过大的压力。前文提到,英格兰银行的公开市场业务只是吸收了在任何情况下都会闲置的资金③,其时机和规模都证明了上述结论。然而,从技术上讲,英镑与美元不同,是被"推离黄金"且是"被推向战场"的。因此,这在全世界范围内引起了极大的

---

① 毫无疑问,许多人都对经济利益和影响不管不顾,一片真心地为金本位制大旗的倒下而感到悲痛。事实上,"不光彩"这个词频繁出现在《经济学杂志》上和私人谈话中;人们可能会说"英格兰银行破产了"。但是,所有这些"感受"都没有任何意义。当然,如果工党仍然执政的话,情况可能会有所不同。但是,这一方面展现了令人钦佩的政治家风度,另一方面展现了同样令人钦佩的纪律性和爱国精神,因此这里不存在任何党派问题。

② 这些贷款都非常迅速地得到了偿还:英格兰银行于 1931 年 10 月 31 日和 1932 年 2 月 1 日,英国财政部于 1932 年 3 月 4 日、29 日和 4 月 5 日。

③ 我们可以非常欣慰地指出,这一点也已经得到霍特里先生的认同,见前引论著,第 33 页。

震动——而当普罗维登斯债券违约的消息传来时，欧洲大陆各国的银行家和经济学家都并未感到特别震惊。

不过在英国国内，人们既没有感到恐慌，也没有丧失信心——这是英国政府处理事情的方式所致，或者如果读者更喜欢的话，是事情到来的方式所致。事实上，英国人可以说是松了一口气。然而，所做的这一切都是为了保持纪律，并且向全世界证明，这并不是宽松金融时代的开始，那些"邪恶"的"欧陆专家"绝没有任何理由将英国的情况与南美进行类比。银行利率在休市那天提高到了6%，然后实际上在那个简直令人眩晕的高点停留了大约5个月。1932年2月18日，银行利率第一次降到了5%，但是直到4月21日才降到了3%，6月30日进一步降到了2%，并一直维持到了本书动笔时为止。在此期间，外汇交易曾暂时受到限制（至1932年3月2日止）[①]、资本发行也暂时停止（1932年8月30日重新放开），最重要的是，通过真正的"英勇努力"维护了正统的公共财政原则（其中包括一项经济法案，它是在《暂停金本位制法案》通过8天后由下议院通过的），到1931—1932财政年度结束时，这些努力带来了3 290万英镑的盈余。[②]

从我们的立场来看，有必要指出一点：尽管我们中有些人可能认为这项财政政策是值得钦佩的，但是它也对经济过程施加了一些压力，而且在那个时候很可能抵消了英镑贬值可能产生的刺激作用。这个结论当然意味着承认6%的银行利率可能产生了特别强的抑制性影响。就作者个人而言，我有些怀疑，在那5个月里，在其他条件相同的情况下，如果银行利

[①] 1932年4月，这些限制措施被新设立的外汇平衡账户取代了——该账户被错误地称为一个"基金"——后者能够更有效地服务于相同的目的以及其他目的。即便从我们的研究对象的角度来看，这个原创的"小玩意"也值得我们给予更多的关注。必须指出的是，它的运行可能会有力地加强或抵消英格兰银行的公开市场操作，而且在监管货币市场方面同这种操作一样有效，尽管观察起来要困难得多。如果这个"基金"只是简单地买卖黄金和外币，那么它对会员银行的现金和在英格兰银行的准备金的影响，将与对黄金走势的影响大致相同；在这种情况下，唯一的差别在于该"基金"的操作是有计划的。然而，这种影响可能会被与之相伴的短期国债的出售和购买抵消，但是，实际情况可能并非如此。如果该"基金"出售美元并将收益存入英格兰银行，而不向会员银行发行相应数量的短期国债，就会产生大的限制性影响。因此，我们在这里看到的可以说是一个新的中央银行机构，如果我们能够对它进行详细的讨论，那么对我们来说将是非常重要的。

[②] 官方的结果是盈余只有40万英镑。但是在"支出"中有3 250万英镑是用于偿债基金。

率更低是不是会导致另外的结果。无论如何，既然利率也许很容易——在这里，"很容易"的含义是它本身不产生任何灾难性的后果——保持在 3％而不是 6％的水平，因为根据我们的中央银行理论，如此可观的利率差异对生产者的经营活动来说不可能是一件无关紧要的事情，因此，为了达到把问题讨论清楚的目的，我们将首先承认这种利率带来的压力必定会超出公开市场的范围。作为交换，读者也应该做到两点。第一，注意观察，在任何一幅熟悉的图中你都应该会观察到，在这 5 个月里，经济并没有比我们预期的更不景气——在这几个关键的月份里，伦敦和剑桥经济服务局发布的季度产出指数上升了并保持在相对高位。第二，要敢于承认，即便在 1932 年的晚些时候出现了什么"后遗症"也不可能特别可怕，因为到 8 月建设热潮就启动了。然而，这些措施与所有其他措施一起——特别是，以平衡预算为目标的措施——无疑极大地促成了英国经济过程的所有特点，从而使之与美国的事态发展形成了鲜明的对照：投机活动的突然爆发以及随后的再次下探被有效地防止、扩张也"耐心"地等待着机会，从而为持续而冷静的进步奠定了坚实的基础，这种进步几乎没有中断，一直持续到了 1938 年的春天。

二、放弃金本位制后对货币和信贷的管理

我们这个素描的下一部分是这样的。英格兰银行感到自己脚下有了安全的土地后，它就采取货币扩张的举措，并将利率从 6％下调至 2％，同时还购买了政府债券。[①] 这样做的直接目标是提前为那一年的大量还款和兑换业务做好准备。[②] 但最终的结果却是结束了那个高利率的宽松货币时

[①] 在这样做的过程中，它不仅抵消了黄金的损失，在 1932 年偶尔还会超出黄金的损失。关于这一点和一些类似的主题，请参见 S. E. 哈里斯（S. E. Harris），《英国和美国的汇率政策Ⅰ：英国的经验》，刊载于《经济学季刊》，1934 年 5 月号。

[②] 再一次，我们必须记住，货币市场和银行政策一直是由财政部的要求和行动以及公共财政机制所主导的。政府贷款红利的发放、政府资金的申请和拨备、收入税的解缴、财政部对大额付款的准备，以及为了便于完成这一切或为了抵消其影响而进行的操作，都是非常重要的，以至英国在那些年间的货币市场史用这些就几乎完全可以写成。这是另一个重要的问题，不过我们不得不在脚注中简要地说明一二。当然，为了消除通往廉价货币道路的障碍，这种公开市场操作和将 20.86 亿英镑的利率为 5％的战争贷款转换为利率为 3.5％的贷款（于 1932 年 6 月 30 日宣布）是有绝对必要的。

期——没有理由把这种说法视为一个悖论而加以反对——从而迎来了一个低利率的宽松货币时期。举例来说，按日贷款利率在 1929 年的平均水平高达 4.57%，到 1932 年第三季度降到了 0.68%，1933 年的平均水平为 0.66%，1934 年的平均水平为 0.81%，1935 年的平均水平为 0.73%。在那之后，从那一年的 4 月到写作本书时，一直维持在 0.75% 的水平。利率"压力计"似乎瘫痪了，就像在美国一样。

然而，所有这些公开市场操作都保持在了清醒的范围内。1930 年和 1931 年，英格兰银行的两个部门所持有的政府债券的年均规模大约都是 2.95 亿英镑，到了 1932 年和 1933 年，年均规模也只分别增加到 3.12 亿英镑和 3.35 亿英镑。但是，这种操作以及黄金的大量涌入，帮助会员银行增加了它们的现金储备（伦敦各结算银行，1931 年的平均现金储备为 1.82 亿英镑，1933 年则为 2.12 亿英镑）和投资（伦敦各结算银行，历年的平均投资为：1931 年，3.01 亿英镑；1932 年，3.48 亿英镑；1933 年，5.37 亿英镑；1934 年，5.60 亿英镑；1935 年，6.15 亿英镑；1936 年，没有增长[①]；1937 年，小幅增长；1938 年第一季度，有所下降）。

投资的增加当然要反映在存款上，尤其是 1932 年至 1933 年的大幅增长。然而，这种增长也伴随着一个"真理"的表征，那就是，银行的投资往往会产生闲置的存款；例如，经常账户占存款总额的比例，在 1929 年时大约为 54%，然后自然而然地一直下降（我们应该还记得，1930 年存款总额没有下降）——这个比例在 1931 年的下跌幅度微不足道，尽管当年黄金损失惨重，从而也再次表明，在这种情况下，货币的紧缩性不可能是萧条过程中一个达到最低的主要元素——到 1932 年降到了最低点（50%），1933 年也一直留在了接近最低点的位置上（略高于 51%）。[②] 九家结算银行的存款总额在 1932 年就已经超过了 1929 年的水平——那一年发生的经常账户比例的进一步下降，则被（活期）存款账户的增长所抵消——而且，1933 年的平均水平达到了 19.14 亿英镑。1934 年，经济经

[①] 这是会员银行投资在周期中"正常"运动的"痕迹"，自 1936 年以来可以视为朱格拉繁荣的一部分。

[②] 1935 年，该指数攀升至接近于 1929 年的水平，这是周期性规律的又一迹象。

历一个轻微的挫折,这也反映在了存款总额的小幅减少上,尽管(全年的)投资在继续增加;不过,1935年*的平均水平达到了19.61亿英镑——比1929年高出了2亿英镑——1936年的平均水平为21.00亿英镑多,而1937年还要更高。1938年(至9月止)没有减少,相反,有进一步的增加。

到1935年最后一个季度,预付款对存款的上述扩张几乎没有任何贡献。我们在英国观察的这个现象,在美国和德国的情况下也必须提到——两个国家的银行资产也发生了类似的结构性变化。1932年,预付款大幅萎缩,并且在那之后两年多的时间里一直在大致相同的水平上爬行。但是,从1935年第四季度到1938年第一季度,它们开始出现显著的增长——这完全符合我们的模式的节奏——而且,在那段时间里,它们主导了存款的变化。如果我们从分别公布这些数字的三家银行的收益来判断,商业票据贴现也是如此。不然的话,如果是国债构成了大部分投资组合,那么贴现项目对我们没有多大帮助。

三、放弃金本位制及同期其他政策的影响

因此,对于英国这种不通过国际关系来发挥作用的货币管理实践,可以这样加以总结——我们马上就会用时间序列来验证这个结论——它凸显了而不是抹杀了经济过程的特征,这些特征是我们在事物的"正常"过程中原本应该观察到的。毫无疑问,英国的货币政策利用了那个令英国人难堪的"黄金韧带"(gold ligament)的断裂所带来的自由,保护了英国的经济过程,避免了一些可能发生的意外,同时还省去了一些令人痛苦的操作——如果仍然坚持金本位制,那么那些操作就是必不可少的。但是,它没有针对且没有影响在任何有用意义上可以被称为"通货膨胀"冲击的任何东西,事实上,这种冲击并不一定是贬值或贬值所固有的。它(以及伴随而来的其他政策)不但不是以增加"收入创造型"公共支出为目的,而且恰恰抑制了这种公共支出以及收入的增加或商品价格的上涨。因此,它没

---

* 原文为1936年,但从上下文来看应该是1935年。——译者注

有去做的事情，要比它已经做的事情更加引人注目，也更加成功。至于通过国际关系发挥作用的那些效应，也必须在这样一项重新确定方向的全面政策的范围内考虑它们的位置。

（一）对出口的支持

由于货币工资率和国内价格已经稳定下来，对外贸易的困难状况立即得到了缓解，而且这种势头还有效地维持了下来。但是，这种缓解很可能被低估了①，因为它的主要作用体现在防止出现更大的收缩上——那本来肯定会发生，至少在1932年是这样。因此，我们实在没有什么理由来对未曾明显表现出的任何重大的直接影响表示失望。此外，其他国家采取的措施在一定程度上抵消了这种缓解——它们采取这些措施既是为了报复英国，但也独立于英国的行动。②然而，必须强调的是，即便是在国际贸易领域，只要这些反应不体现为收紧配额等保护主义政策，而只是体现为"礼尚往来"地使货币贬值，那么就不可能完全挫败英国的目标。因为无论"黄金韧带"是在哪个国家断裂，只要那个国家取消"黄金韧带"，就都将有助于改善自己国家的总体形势，从而促进英国的贸易。③而且，如果那些国家在取消"黄金韧带"之外辅以一定的支出政策（那恰恰是英国着力避免的），那么甚至会使得英国既能获得绝对优势，又能获得相对优势。由于这个原因和其他原因，拒绝考虑将英镑稳定在某个特定的价值水平上是完全合乎逻辑的，而且永久拒绝这样做也不失为一项可以理解的政策。

此外，还必须考虑另外两个因素：

---

① 有好几种方法可以用来粗略估计这种影响。然而，就我们的目的而言，没有必要深入探究这个问题，因为它十分费力且成本高昂。

② 确实还有第三类反应：如果不想报复，其他国家会发现放弃金本位制并修改对债权人的承诺更容易，因为这种做法已经有英国作为先例，能够被人认可，不再像过去那样"不堪"。这个事实的含义对关于道德准则的一般理论来说是最为重要的。例如，1931年12月14日放弃金本位制的日本，无疑有很好的理由这样做。但是，日本也非常重视自己无可挑剔的财务记录，如果没有三个月前英国创造的先例，日本很可能会犹豫是否真的要采取这个措施（尽管这在后来可能是不可避免的）。

③ 因此——用当时的话来说——认为英国试图通过放弃金本位制"把大萧条的负担转移给其他国家"这种说法是不正确的。然而，公平地说，这句话也包含了一部分真相，但是这部分真相应该这样理解：英国试图把当初加在自己身上的负担往后推。

首先，如前所述，制造业出口值的大幅下降发生在1929年最后一个季度至1931年初。在1931年，出口收缩速度在暂停支付之前的三个季度里迅速下降；而且尽管出现了贬值，1932年的月均制造业出口水平仍然较低（虽然无疑高于没有贬值时的水平）。1933年，平均水平略高（为2 340万英镑），甚至1936年的平均水平（2 840万英镑）也只相当于1924年平均水平的55%，或1929年平均水平的59%。只是在1937年上半年出现了强劲的上升（经季节性修正的6月数字为3 700万英镑），然而随后就又回落（1938年6月的月均水平为3 070万英镑，不过，这已经比4月和5月的数字都要好）。但是，这个轮廓只是简单地描述出了（英国和外国）周期阶段的过程，而且在某种程度上我们本来应该在较低的水平上观察到这种轮廓。由此推出的关于暂停支付的影响程度的结论无疑是显而易见的。再者，所取得的很大一部分成功必须归因于对新情况的适应，不论是否出现了贬值，这种适应本身都是成立的：虽然在1931年和1932年贬值的直接影响在对远东出口的纺织品上表现得尤其明显——英国出口商在它们出口的商品的国外价格上迅速做出了让步[①]——然而，以1934年为例，实现的出口增长只有15%可以归因于纺织品；在其他崭露头角的商品纷纷走上"前台"的情况下，纺织品越来越倾向于隐入"背景"。这种适应或转变无疑受到了英镑贬值推动或制约，但是并不能简单地认为它们就是英镑贬值的自动结果。

其次，这种暂停支付还伴随着英国向新重商主义的明确转变。英国的货币政策实际上只是对它的一种补充。

（二）英国向保护主义的转变和"渥太华共识"的成就

《反常进口法案》（1931年11月30日；而且在这一年之内，随后还出现了三份紧急任务清单）是上述转变的标志，而且它本身在某种意义上无疑是一项紧急措施。它增加了贬值在减少进口和（总体而言）缓解当时形势方面的效力。这两项措施合在一起，可以解释所有商品的批发价格指数以及食品、非食品和原材料价格指数曲线的凸起。在1931年的最后一个

[①] 参见哈里斯教授，前引论著，第487页。

季度，这些指数出现了上涨，但是到 1932 年年中，涨幅就消失了，而且消失的部分甚至比凸起的部分还要多。但是，除了对投机预期有一些影响外，贬值并没有立即影响国内价格（或者说，国内的经济状况），除了影响英国对外贸易的价格和数量以外，对经济活动本身没有任何影响。

英国光明正大地通过 1932 年的《关税法案》，采用了（温和的）保护主义原则，这种政策有重要的历史意义，将它与英国分别和大英帝国的不同成员签订的 11 项双边协议放到一起来看，其无限可能性的魅力就能够更加充分地展现出来；这些协议是下议院于 1932 年 11 月 3 日通过的，它将"渥太华共识"（1932 年 7 月 21 日至 8 月 20 日）落到了实处，从而为 30 多年来的努力加冕。然而，这并不意味着这些成就对我们的主题和我们研究的这个时期同样重要。在第六章我们已经看到，德意志关税同盟对周期性过程所产生的直接影响，与人们从长期发展的角度可能得出的预期完全不符，尽管有一部分框架恰恰是它提供的。在细节上做必要的修改之后，这个结论也适用于现在讨论的这种情况。从我们的立场来看，我们可以给出如下三个评论。

第一，虽然新政策对工业制成品进口总额产生了相当大的影响——对汽车等个别商品的影响尤其大——但是，贬值和保护主义措施都没能阻止 1933 年和 1934 年净进口总额的恢复，其水平完全不亚于农产品或制成品的出口总额。1935 年、1936 年，尤其是 1937 年上半年，净进口总额的增长速度超过了出口总额。这就意味着，新政策并没有阻止进出口按照周期模式运行。

第二，特别值得指出的是贬值对渥太华会议取得成功的贡献。这次会议如此顺利，几乎是一件不可想象的事情；试想一下，如果英国以强硬债权人的角色出现在会议上，而不是以一个理解他人处境的朋友的身份出现（英国刚刚放弃了自己的相当一部分权利），那么又会是一个什么样的结果。此外，货币贬值和货币管理还使得英国恢复了借贷能力——而黄金失调和危机则几乎摧毁了这种能力——从而使英国恢复了以往的地位，即成为所有"金融快乐"的馈赠者。

在判断英镑贬值和货币管理方法给英国带来的利弊时，我们必须牢记这一点。这两件事情在很大程度上都与英国在全球危机期间从海外投资中获得的相对不错的收入有关，而这反过来又减轻了大萧条对英国国内经济过程的影响。例如，英国在海外证券投资中已实现的或伦敦市场人士所知的收入[①]，实际上只从1929年的2.124亿英镑减少到1933年的1.383亿英镑（这也是最低值），到1936年的时候，则为1.644亿英镑。而且，源于向大英帝国各自治领、各殖民地、外国政府和市政当局的贷款的收益，在危机期间仍然维持在相当高的水平上，尽管后来因为其他原因继续下跌，但是与不这样做时相比，总数看上去仍然是相当令人欣慰的。

第三，由渥太华会议定下基调的这些政策并不止步于大英帝国的边界。"英镑集团"的影响范围并不仅限于自身，还涉及另一些很有价值的"征服领地"。例如，英国和那些非常迅速地将本国货币与英镑挂钩的国家签订的条约，保证了对英国商品降低关税和放松配额（这样的国家包括丹麦、挪威和瑞典等）；更加重要的是英国与阿根廷签订的条约也很及时（1933年5月1日签署，9月26日进行了增补）。在阿根廷的情况下，债务的减轻本来就隐含在英镑的贬值中，此外又增加了一项额外的贷款，这些构成了阿根廷解除对信贷的冻结和取消对商品贸易、外汇交易的控制的基础，后者非常有利于英国。[②] 当然，如果把这种安排称为授予阿根廷自治领的地位，那可能过于煽情了。但是，这确实是一个非常出色的例子，说明英国有关当局有能力处理好且认真地处理了实际损失和潜在收益的若干来源，这无疑大大减轻了英国国内的周期性过程。

四、英国的工业过程，特别是巨大的建筑业繁荣

如前所述，英国的工业过程所呈现出来的，除了与康德拉季耶夫周期阶段相适应的一般特征和这个康德拉季耶夫周期下行阶段的特殊特征之外，还有英国因自身的国际地位发生了变化而对本国经济进行重新定位的

---

① 参见《经济杂志》发表的 R. M. 金德斯利（R. M. Kindersley）爵士关于这个主题的一系列文章。上述数字取自1937年12月发表的一篇文章，第654页，表9。

② 请参见 R. B. 斯图尔特（R. B. Stewart），《英阿贸易协定》，刊载于《加拿大经济学和政治学杂志》，1936年2月。

影响。对于第一类现象，我们不需要给出更多的评论：电力（在越来越大的程度上彻底演变成国有企业）、电气制造（电线、电缆、安装、灯具、电气仪器和电机）、汽车、有色金属、化工（包括人造丝）、航空等行业都在继续发展，即便是在最糟糕的那一年也没有中断过。英国的橡胶种植园也属于这一类，是在危机期间遭受了最大打击的一个行业。对于这种重新定位的主要受害行业，如煤炭业和钢铁业，情况当然是变得更糟，因为即便没有发生这种重新定位，正常的创新过程也会令它们成为萧条的中心。① 不过，纺织业和造船业的情况却并非如此——造船业在 1934 年和 1936 年经历了一次强劲的复苏，且持续到了 1937 年。

在第二类现象中，最重要的一个项目——事实上，几乎可以说是这个项目"带来"了复苏和繁荣——是建筑业热潮。② 这是一个出现在消费品行业的热潮。从 1932 年到 1934 年，在批准的建筑计划中，住宅占到了 70% 以上；直到 1936 年，工厂所占比例才达到 8.6%。而且，这个热潮主要与转向为家庭需求而生产的一般趋势有关，但又不仅仅与这个趋势有关，作为这种趋势的一项助力或症状，还与对外投资时会碰到的各种障碍和对外投资不被看好的前景有关（在大多数国家，或者投资不安全，或者回报率过低）。财政政策、20 世纪 20 年代出台的政策性补贴的引导、有补贴的住宅对高效的大规模建筑业的发展的推动作用、稳定的收入和不断下降的生活成本所造就的庞大的中产阶级受失业影响相对较小因而有比较可能的消费余地、"深度"萧条期间不断下降的建筑成本、随之而来的廉价货币政策……所有这些都有力地推动了对住宅的需求、改进了满足住宅需求的手段，从而有助于没有国家资助的建筑业热潮的出现。不过，其中一些有利条件只是暂时性的。1935 年春季，生活成本开始由下跌变成上升（之前在 1931 年至 1932 年有过上升，然后回落了），随后就转为大幅

---

① 铁路就是这样的重要行业的突出例子，它只受到了经济"进步"的影响，而且受到了严重的影响。

② 见第十四章第四节第二小节。关于这个"热潮"的事实和理论，请参阅：M. 斯托尔珀（M. Stolper）先生即将出版的著作；特别是，关于建房互助协会的兴起和政策，请参阅 H. 贝尔曼（H. Bellman）爵士 1933 年 3 月在《经济学杂志》上发表的文章。建房互助协会的总资源最终增加到了超过 7 亿英镑。

上升，直至 1937 年夏季。从建筑成本指数来看（1924 年＝100），在 1930 年时为 124.2，在 1931 年时为 107.5，在 1932 年时为 124.5，至 1933 年一举跃升到了 165.4。抵押贷款利率从 1931 年的最高水平缓慢下降。第一次重要的下调发生在 1932 年底，即在建筑业热潮启动之后；1933 年抵押贷款利率的进一步下降，再加上其他条件放宽的影响，都被建筑成本的上升完全抵消了。因此，廉价货币政策是通过将原本必须用于满足其他地方的资金转移到建筑活动中，才促成了建筑业热潮。从 1932 年中期开始，用于其他地方的资金不到 4%；英国政府通过这种途径增加了为家庭住宅建筑融资这台专门机器的威力，而没有选择提供直接的刺激。

无补贴住宅建设规模可以用在没有国家资助的情况下完工的房屋数量来衡量（见英国卫生部的报告；不过，这些数字并不十分完整；涉及从 10 月 1 日到次年 9 月 30 日这段时间）。住宅建设在 1930 年进入了高潮，那也正是《张伯伦法案》规定建筑业停工的第二年，当年有 110 375 幢房屋竣工，而 1929 年的这一数字仅为 71 083 幢。1931 年的相应数字——不要忘记，这一年发生了前所未有和难以忍受的灾难[①]——为 132 909 幢；然后是我们关注的这个时期中最糟糕的一年——1932 年的数字达到了 132 886 幢。接下来，一路加速增长到 1935 年（283 453 幢）。在那之后，数量有所下降，但是截至本书写作，住宅建筑仍然保持强劲的增长势头。即便是在 1938 年第一季度，批准的住宅建筑计划的总额仍然与 1937 年第一季度相同。建筑计划批准总额的下降，完全是工业建筑减少所致，而且 1938 年第二季度的数字仅仅比 1937 年第二季度低了 7%。当然，这种热潮在我们的模式中是完全符合规律的。它的自然结束，也将会对当前这个朱格拉周期的萧条阶段做出同样有规律的贡献。

在这里，我们可能还需要提一下实际和潜在军备支出在周期性过程中的作用。这个因素恰好是在建筑业热潮的顶峰刚刚过去时开始显山露水。

---

① 的确，对于某些规模很小的行业来说，由于自身所处的特殊环境，它们的繁荣可能从深度萧条开始，但不会影响深度萧条总体情况。但是，就我们在这里讨论的住宅建筑业热潮而言，这是不可能发生的。住宅建筑业热潮的出现，以需求的存在为前提，而且会对总体经济状况产生影响，因而与深度萧条不相容。在这样的热潮开始之际，谈论深度萧条或无法缓解的悲观状况，那是在滥用术语。

虽然这样的支出是新重商主义政策的一种几乎不可避免的伴生物，但是真正导致它脱离当前的预算框架，成为一个影响经济形势的新因素的，其实是阿比西尼亚事件。这个事件，一方面意味着为军备工业建立一个新的工业结构，无论军备工业占的比例是多少，都是"首要的迫切需要之物"。① 无论军备生产是由私营企业来承担，还是由公营企业来实施，我们在这里都看到了一项"调节"任务，这项任务也许完全足以维持一个朱格拉周期的繁荣阶段（即便我们暂且不考虑那些一时的恐慌所引发的惊人军备支出）。另一方面，这也意味着政府的财政政策将会中断，在此之前，对类似美国那样的公共支出（例如，通过公共支出来创造收入）的节制是财政政策的主要内容之一。许多东西，以前是拒绝给予公共工程的（对于原因，作者认为后来的结果证明是有道理的），现在则必须给予军备工业。或许有一天，军备支出的影响会主导整个图景，使得周期性轮廓完全消失，但是到目前为止，情况远非如此。在 1937—1938 财政年度，所谓的"特殊重整军备支出"是通过贷款融资的——它被附加到了通常的预算中的国防项目上——总共只有区区 6 500 万英镑，很显然，真要诱导出人们委婉地称之为"扩张"的那种现象，所需要的远远不止这些，尤其是只要税收收入严格地与经济状况联系在一起——同一个财政年度，民用支出节省了 2 100 万英镑——那么就肯定如此。在衰退和萧条时期，军备支出能够起到一定的"稳就业"作用，但是生活水平则会受到一定的压力，这些都是可以立即预期到的。②

预算赤字——如果出现了的话——仍然是微不足道的。国家债务的增加也是如此（如果我们不考虑在通过外汇平衡账户购买黄金时产生的那部分债务）。但是，如果我们试图证明英国政府的任何"通货膨胀"政策都没有对那些年的稳步发展提供帮助，那无疑就是在强行打开争辩的大门。

---

① 从 17 世纪开始，英国的军备工业一直相当发达，但它的规模是国外需求的函数，而不是国内需求的函数。在世界大战期间实现的发展，在战争结束后的 15 年里，在很大程度上被破坏了。武器（包括鱼雷等）、弹药和军舰的出口额在 1934 年仅为 336 万英镑，这个数字很好地说明了英国军备工业的规模。当然，这个时期航空业也在迅速扩张。

② 上面这段话是 1938 年夏末写的。

五、若干时间序列证据，特别是产出、失业、价格、工资、收入、结算额、证券发行量、股票价格

时间序列证据证实了我们迄今得到的印象：无论是新政策，还是英国经济受到的诸多干扰，都没有抹去周期性轮廓——考虑英国的具体情况后，我们应该从我们的模式中预期到这种轮廓。

无论我们采用的是英国贸易委员会的产出指数，还是伦敦和剑桥经济服务局的产出指数，都不能不为英国陷入萧条过程的温和性和复苏的稳定性而感到震惊，这是英国的曲线区别于其他国家的曲线的典型特征，即便是奉行同样的货币政策的北欧国家也不能排除在外。[1] 这种稳定性在放弃金本位制之前和之后同样明显。[2] 在1931年年中到1932年年中之间，出现了一个小的驼峰，在一些仍然采用金本位制的国家，这个驼峰也没有消失，只是远远没有那么明显，因此，至少部分原因可以归结为英国的货币贬值。然而，出现在1932年的最低点要低一些——但是，在第三季度，伦敦和剑桥经济服务局的季度指数为77.8（1924年＝100）——然后从第四季度开始的复苏则非常强劲，持续到了1933年，但是没有伴随着任何明显的价格上涨，导致1934年第一季度的指数仍然仅为102.5。在那个季度，我们可以清晰地观察到普遍的改善，这与所得税的暂时减少有关。然而，无论如何，无论各种指数可能有什么缺点，我们都可以清楚地看到一个宽广的底部，它延伸的范围覆盖了1931年和1932年，在时间和形状上完全对应于我们所设想的朱格拉周期的萧条阶段应该处于的位置，紧随其后的则是一个完全正常的复苏阶段；如果认为货币政策就是导致这些的原因，那么将是非常不合理的，因为正如我们在上面已经阐述清楚的，毫无疑问，这种货币政策只是起到了一种"保护"作用，避免了如果坚持金

---

[1] 例如，参见之前引用过的 D. 韦斯科特 1934 年 12 月发表在《经济统计评论》上的文章，第 256 页的图 1。

[2] 这种"扫掠"的温和性——直到 1933 年，在很多情况下仍然是接近水平的——在大多数构成项目中，特别是在食品和饮料、皮革和靴子中，以及从 1930 年年中开始，在化学品、纺织品和有色金属中，也都可以清晰地观察到。到 1932 年年中，包括造船和采矿在内的工程行业表现出了较强的下降趋势，其中钢铁序列是最具周期性的序列。从 1932 年年中开始，钢铁产出的稳步上升明显可以分为两个阶段：第一个阶段包括 1933 年、1934 年和 1935 年上半年；另一个阶段是 1935 年下半年、1936 年和 1937 年的前三个季度。

本位制将会带来的后果。然后，经济复苏在1934年逐渐放缓，这同样是完全正常的，1935年最后一个季度的强劲增长也是如此。如果我们想强调后面这一点，那么可以把它看作第五个朱格拉周期的上升波。

然而，如果我们接受伦敦和剑桥经济服务局发布的季度指数的证据，那么要得出经济复苏完全正常的结论，就需要满足一定的条件；1934年的数字虽然高于1924年，但是仍然低于1927年至1929年间的任何一年，因此低于预期。但是我们知道，这是该指数的覆盖面不足所致。伦敦和剑桥经济服务局的年度指数显示，1934年为120，1935年为126.3，均大大高于战后时期的上一个最高点（即1929年的115.8）。1935年完成的生产普查初步报告，为我们提供了确凿的证据。这次普查可以说呈现了大萧条的"资产负债表"，伦敦和剑桥经济服务局对数据进行分析之后，得出了"1935年的实际产出比1930年高出了大约20%"的结论。[1] "所有行业"单位产出的增长幅度则更高。[2] 单位产出增长幅度排在首位的是工程行业，其次是有色金属行业、纺织业、造纸业和建筑业；这就表明，在这个周期节点上，我们应该能够发现相当强大的技术成分。

与这一技术成分有关的一个事实是，在这一时期有部分创新的结果是自行呈现出来的，即与英国经济的总体重新定位有关的创新，包括经济区位的改变，因此也包括移民。仅仅是这一点就足以说明即便是在康德拉季耶夫周期的那个阶段，为什么会有相当数量的超常失业。[3] 此外，我们还

---

[1] 《特别备忘录》；A. L. 鲍利（A. L. Bowley），J. L. 施瓦茨（J. L. Schwartz）和 E. G. 罗兹（E. G. Rhodes），《英国的产出、就业和工资》，1924年，1930年，1935年，第27页。

[2] 同上，第35页。

[3] 就业形势最轻微的一个不利变化，一度被部分小型媒体（日报和周刊都有）欢呼为资本主义失败的明证，并且被恶意地用于资本主义与法西斯主义之间的比较——在那个时间点上，许多作家即便不赞同法西斯主义，也会不吝笔墨地赞扬它几句。这种比较似乎有一定的道理，但值得说明的是这种失业的实际组成部分。只要生产组织的变化涉及大量工人家庭在地理上的转移，任何行政手段就都不可能完全避免经济意义上的那种失业。虽然这只是"暂时"的，但是可能会持续数年之久，尽管强有力的政府可能会通过命令工人在此期间做些什么来阻止它的出现。不过，这种"暂时"的失业也许真的不需要像在资本主义组织中可能持续的时间那么长。如果能够不顾及工人自己的意愿而强制性地命令他们工作，并且在他们不服从的情况下立即对他们实施严厉的惩罚，那么这种失业情况以及其他来源的失业的重要性自然会大大降低。没有必要用任何关于投资机会消失的理论来解释失业的这种大量增加，这种失业的存在是由于在现代资本主义中工人是一个自由和非常强大的公民群体。不愿承认这个显而易见的事实，是我们许多人躲在那些空洞的理论背后喋喋不休的原因之一；但是对于那种理论，他们又认为如果不采用上述强制措施，几乎不值得讨论。

必须牢记造成战后时期的超常失业的其他一般因素（在这里，我们不再列出这些因素）。因此，在这个框架设定的高水平上，英国的失业率波动在我们看来是完全"正常的"。以参加了失业保险的男性数量为指标，试着回忆一下，1930 年这个数字上升到了 20 世纪 20 年代的水平（超过了 100 万），现在我们发现，在几乎整个 1931 年这个数字高达 200 万（甚至更高），而在 1932 年则接近 240 万（从这个方面来看，那也是最糟糕的一年，虽然那一年价格足够稳定）。进入 1933 年之后，失业人数急剧下降，在 1934 年全年和 1935 年的部分时间里，失业人数继续逐渐下降，然后又以更快的速度下降，到了 1937 年第三季度，失业人数重新回到了 100 万上下这个水平。1937 年 12 月，又出现了失业人数的超季节性增长，使得失业人数超过了那个水平（达到了 131 万），并且一直维持到了 1938 年 7 月。如果没有外部因素，没有理由预期在今后两年或三年内失业形势会有很大的改善。但是，军备支出或其他支出计划也许有可能"有所作为"。此外，移民也仍在进行中，并有可能降低短期内的波动"水平"。

很显然，失业的这种"行为"严格落在了周期模式之内，而且几乎不受货币政策的影响。考虑到英国经济有机体所承受的负担，失业率的下降速度并不比我们在考虑了英国的特殊情况后应该预期到的慢或小，最近的上升速度也不比我们预期的快或大。但是，地区和行业之间的不平等问题必须充分强调。① 例如，1936 年 6 月，伦敦、东南部、西南部和中部的失业率为 7.3%，而东北部、西北部、苏格兰、威尔士和北爱尔兰的失业率则高达 18.7%。1936 年 8 月，所有行业的失业率为 12.1%。② 但是在有轨电车和公共汽车服务业，失业率却仅为 2.9%；而在造船业和港口运输业，失业率却高达 30.5%。③ 在有轨电车和公共汽车服务业内部，从事电

---

① 请参阅以下这篇参考文献给出的极具启发意义的分析：D. G. 钱珀瑙恩（D. G. Champernowne），《英国失业的不均等分布》，刊载于《经济研究评论》，1938 年。必须记住，正文给出的这些失业率涉及的是所有有保险的人，与德国不同，英国的立法不包括家庭用人。

② 1937 年 9 月，这一比例降到了 10% 左右，当时正值经济繁荣的高潮，一些行业和地区特别熟练的劳动力严重短缺。其中，伦敦和东南部的失业率为 5.3%，北部为 16%，威尔士和北爱尔兰则分别为 19.6% 和 21%。

③ 请参见贝弗里奇爵士，《失业分析》，刊载于《经济学》，1986 年 11 月、1937 年 2 月和 5 月。

气工程方面工作的人的失业率为2.6%；在造船业和港口运输业内部，从事电气工程方面工作的人的失业率也只有6.3%。这些例子足以表明差异是何等之大。这种差异最终表明，失业人数中有很大一部分与个别行业特有的条件密切相关，而且很大一部分现象必定会被各种总量理论、诊断和补救措施所忽略。当然，这并不意味着这些"原因"不适合用一般的框架来解释。恰恰相反，这些差异正是我们所说的"重组"和"消灭"过程的结果——我们用"逐底竞争"一词来表示这个过程——其中也包括地理上的重新定位。我们既面临着不均衡的状态，也面临着趋向新均衡的运动。因此，无论暂时的困难和险阻有多么大，只要资本主义机器能够运转，只要能够排除资本主义机器所承受的可能是永久性的社会压力，那么真正的问题就不是永久性的。它与资本主义的结构特征没有任何关系——除了前面一个脚注提到的那一点之外——特别是，与资本主义机制本身没有任何能力达到均衡无关或与资本主义机制建立低于正常水平的均衡的内在倾向没有关系。

英国贸易委员会的批发价格指数在1932年出现了一次下探之后，在1933年大幅上扬并保持了下来。这首先是因为食品价格和非食品价格的走势相反，其次是因为总体上看商品价格一直稳定。这种情况一直维持到了1935年第三季度，然后出现了普遍的上涨，这也与我们的预期相符。这次价格上涨是以原材料价格为主要组成部分，一直持续到了1937年7月——正好与根据周期图预测的应该持续的时间一样长——并在那个月使指数达到了1924年平均水平的80.2%，这接近1929年的平均水平（相当于1924年平均水平的82.2%）。至于生活成本（用经季节性修正后的劳工部指数来衡量），在1932年下探后达到的水平上停留的时间更长，直到1935年春天才出现实质性的提高。随后，该指数在1938年4月达到了最高值——相当于1924年平均水平的92%，因此也接近1929年的平均水平（相当于1924年平均水平的94%）。虽然这些波动都是有规律的，但是批发价格指数和生活成本指数的这种行为并不完全符合我们的模型的预期。这种经济复苏和繁荣应该只是暂时阻止了经济下滑，而世界各地促进价格上涨的政策则必须对其余部分负责。就进口原材料价格上涨所导致的价格上涨而言，尽管它可能间接刺激了出口，但是显然对英国的复苏贡献不大。1936年英国的贸易条件早就不再像前六年那么有利。

利用伦敦和剑桥经济服务局编制的一个新指数——平均周薪（尽管我们知道这个指数并不是非常合适）——我们将会注意到，货币工资率在1928年年中之前一直非常稳定地维持在了1924年的平均水下上，到1930年1月也只比那个平均水平低0.5%，直到1931年1月达到了那个平均水平的98%多一点。在那之后的整个1932年一直缓慢下降，到那一年的最后一个季度达到了上述平均水平的94.5%。然后，周薪开始上涨，并且在经济复苏和繁荣阶段的剩余时间里继续上涨。但是，直到1938年4月，即在经济衰退开始之后，才达到了最高水平——上述平均水平的103.25%。在撰写本书时，它们仍然保持在那个水平上。与1924年相比，实际工资率增长了大约15%（或者，与1929年相比，则大约增长了6%）。因此，新的政策虽然减少了，但是并没有消除我们的过程在这种节点上通常会导致的实际工资率的提高。

货币工资单总额（包括薪金在内）[①] 的最低点出现在1932年（22.23亿英镑，相比之下，1931年为22.51亿英镑，1929年为24.30亿英镑，后者是20世纪20年代的最高值），1933年的水平也没有高出太多（22.69亿英镑）。但是，如果看实际工资单总额，那么这两年都超过了1929年的水平——因此，实际收入（工资和薪金）接收者的行为在某种程度上再一次否定了那些持悲观看法的人的观点。1934年和1935年的数字（23.64亿英镑和24.57亿英镑）也与我们对正常的复苏阶段货币工资行为的预期相符。英国的发展的惊人稳定性和"通货膨胀"的完全消失——与1937年至1938年出现的向下转折的温和性联系到一起来看，就更加令人印象深刻了——更加明显地反映在了货币国民收入减去政府支出的走势上（它在20年代的最高值为35.92亿英镑，出现在1925年，正如我们的周期模式所预期的），它的周期性最低点出现在1932年，为31.38亿英镑（1929年为35.53亿英镑），到1935年就恢复到了37.45亿英镑。伦敦的乡村结算数据

[①] 这些数据，还有国民收入数据，都取自克拉克，前引论著，第94页的表39。

和省级结算数据也讲述了相同的故事，此外，还得到了用于国内目的的新公司资本发行量（这种资本发行直到1935年才真正复苏）以及工业股价格的走势（从1932年第三季度开始到1937年第三季度结束，几乎一直在稳步上涨）的进一步证实。

第五节　德国的国家主导的经济：1933—1938年

在德国，由国家主导的经济提出了一系列关乎经济学和社会学原则的问题。这些问题只有在比我们现在这个项目更广泛和更深入的研究中才能加以处理。尽管如此，我们还是有必要把对德国的素描延续下去，直到1938年春天为止。

德国的一个显著特点是，向各种资源的充分利用方向进步的速度非常快，尤其是劳动力，而且中间几乎没有出现过任何反复；事实上，对劳动力这种资源的利用已经不仅仅是"充分利用"——早在1937年，某些行业就显示出了确凿无疑的劳动力过度利用（在我们所说的意义上）的症状，因此不得不采取一些措施来缓解劳动力短缺的状况。[1] 柏林经济周期研究所发布的月度平均工业产出指数（1928年为100；1929年为101.4；

---

[1] 在我们的术语体系中这种被称为劳动力过度利用（过度就业，指高于均衡的邻域的就业水平）的现象，其重要性受到了两个方向上的质疑。首先，有人曾指出，德国的就业统计数据会把在美国被视为失业者的那些人作为"就业者"纳入。事实上，绝对就业数字是无法进行国际比较的，绝对失业数字就更是如此。虽然只对变化进行比较不那么容易造成误导，但我们还是更愿意通过强调是否存在劳动力短缺的明显症状来认识这个问题。如果充分就业只是统计上的一个结果，那么显然就不会出现应对劳动力短缺的各种努力（考虑到工资水平，以下可能性是可以排除的，即缺乏的是廉价劳动力），例如，通过允许临时移民、增加工作时间、提高女性就业参与率、让年长的工人重新加入劳动大军等；也不需要采取任何针对性的措施，像1938年6月的法令那样，为了"有特定公共重要性的任务"而引入一般强制性服务。失业人数从1932年4月的570万降到了1938年4月的40万，这一统计数字不能就此被忽略。1938年5月底，工业领域的标准职位空缺达到了19.5万个。

其次，军队的重建、"党卫队"的重建和党的一般活动、劳动营和其他类似的青年组织，以及工人的休假，确定有助于吸收不少人力。但是，有很多被吸收的人，所做的无非是那些无论如何都必须做的工作，比如交通管理，甚至是工业领域的工作。此外，还必须把就业人数的增加与这种吸收相对照，妇女和外国人就业的增加以及退休年龄的延长亦然。最后，从1933年4月到1938年4月，就业人数（包括有保险的公务员和领薪水的雇员）增加了大约700万，比失业方面减少的人数多了大约200万。1933年的无形失业人数虽然相当可观，但是绝不可能达到如此之多。

1932年为54），到1935年时就提高到了95.3，1936年为107.8，1937年则为118.8，1938年第一季度为120.7，1938年4月为125.9（而1937年4月为118.5）。类似地，柏林经济周期研究所的生产品工业产出指数，也从1932年年初的40多一点，增长到了1938年4月的135（如果只考虑设备产品工业产出指数，那么是从30增长到了138）；消费品工业产出指数，则从不足70增长到了110。1937年，粗钢产量提高到了将近2 000万吨（相比之下，美国为5 170万吨）的水平，并在1938年第一季度超过这个水平——尽管出口出现了萎缩，仍然达到了历史最高水平。在1938年头几个月里，机械行业接到的国内订单几乎是1932年月度平均订单的7倍，同时汽车（包括乘用车和卡车）的产量则增长了6倍。1933年至1937年，电力产量也几乎翻了一番。不过，工业建筑的和商业建筑的价值（按当前马克计）[①] 在1933年基本没有增长（1932年为6亿马克），在1934年和1935年也只出现了温和的增长，直到1936年和1937年才有了明显的增长（在后一年，达到了18亿马克）。住宅建筑的价值增幅则更小（1932年为8亿马克，到1937年增至将近20亿马克）。然而，如果说德国的建筑业从1937年开始满负荷运转（到了必须努力节约劳动力和材料的程度），那也是因为公共建筑的巨幅增加：从1932年的9亿马克，大踏步地增长到了1937年的62亿马克。那一年，总建筑体量大大超出了1928年和1929年的水平（不过，其中的住宅建筑则基本持平），尽管由于成本要素的组合发生了变化，我们很难准确地说出具体超出了多少。柏林经济周期研究所的建筑成本指数从1933年开始上升，但是到1937年仍然仅相当于1928年的76.8%。

这正是我们的模型所期望看到的不受约束地自由发展的资本主义的表现。然而，很明显，资本主义并非不受约束。在试图诊断政府对经济的引导和控制的性质和效果时，我们可以忽略那些旨在彻底改变农业部门结构和组织的政策（尽管从其他角度来看，它们是非常重要的——在解决农民

[①] 关于建筑价值的数据来自由帝国信用联社（Reichs-Kredit-Gesellschaft）出版的半年一次的调查报告《德国的经济发展》（Deutschlands Wirtschaftliche Entwicklung）。这些调查报告给出的主要是根据柏林经济周期研究所和德国国家统计局的数据所做的解释，可作为德语材料的入门，在此特向读者推荐。

问题上，它们甚至可能是开创性的），因为就我们的目的而言，需要注意的只是如下事实：1934—1935年和1936—1937年的平均农业产出指数，比1927—1928年和1928—1929年高出了19%，1936年和1937年的土地价格指数也比1933年初的最低点整整高出了32%。

我们还可以忽略通过冻结马克、直接补贴和双边协议等安排来强行增加出口的政策。这种政策使得出口额从1934年（年度出口额最低的一年）到1937年，增长了40%以上（按当前马克计），主要目的是获得外汇以改善外债状况和向外国购买原材料。但它只是部分抵消了外国货币贬值的影响，并没有产生很大的收入，因为直接补贴所需的资金是通过对工业征税来筹集的。

对我们的研究主题来说，更重要的是德国走向"自给自足"的努力。正是在这种努力的影响下，在1932年下半年有所恢复的进口额很快就又快速回落，然后在一条水平线上下轻微波动，直到1937年才转而上升。这项政策对福利的影响当然是消极的，但是却成了刺激经济繁荣的一个重要因素。工业方面的新投资大部分都用于开发资源，以取代进口的原材料，例如用于开采铁矿石或铝原料、生产合成汽油或短纤维，或用于生产合成橡胶。这些例子很好地说明了我们对为创新创造条件与实施创新的区分。如果对这项政策的反应仅仅是扩大现有的生产线，例如扩大亚麻或羊毛的生产线，那就只是"被动适应"，这样的话这项政策本身就构成了一个完备的解释。但这并不是全部。很多新事物出现了，它们涉及那种特有的创业行为，从而构成了"创造性适应"。所以，通过在那些领域提供创业机会，这项政策无疑促成了诸多创新；正是这些创新带来了繁荣（这场繁荣也许可以从1935年第一季度算起），但是我们只能在如下意义上这么说：它所提供的机会（或创造的条件）与数不尽的反应都兼容。[①] 然

[①] 当我们说这种自给自足的政策本身为某种类型的创新提供了条件，但是也只限于提供条件时，并不意味着政府就不能再做其他事情。它可以提供线索。它可以施加压力。它还可以在融资和推广方面发挥多种多样的作用。例如，对合成汽油的生产的补贴，就是用对褐煤工业征税来融资的。为了扩大铁矿石的生产，德国成立了赫尔曼·戈林帝国矿业公司（Reichswerke Hermann Göring），它的绝大多数普通股由德国中央银行持有。此外还创办了很多完全国有的企业。当然，这种积极的领导与单纯的"控制"或"管制"有着很大的不同，与单纯的创造条件也有着很大的不同。但是，必须将它与自给自足的政策区分开来。

而，在评价它的效果的时候，不仅需要考虑到对工业有机体的其他部分所造成的损害——这非常困难——还要记住，它并不意味着，如果没有这种鼓励朝着这个特定方向努力的推动力，创业活动就会减少。企业家可能会在其他领域取得进展。读者现在应该注意到了，未能掌握这个简单的真理，或者我们也可以这样说，那种过分强调已经得到利用的特殊机会的重要性的习惯（那是以牺牲利用机会的力量或主体的其他作用为代价的），是一个古老的错误，我们一次又一次地遇到（例如，在第六章讨论"资本主义的崛起"时），这也是错误诊断的一个异常丰富的来源。

在讨论德国政府的支出政策的显著成功时，我们也必须保持警惕，以防止这个错误以另一种形式出现。我们首先应该严格区分两种类型的支出政策：第一类是简单的"泵注启动型"的——德语中对应的术语则与之前一样，为"ankurbelung"（创造就业）和"arbeitsbeschaffung"（维持就业）——在这个意义上，这种支出政策以及它所引致的支出，对经济系统在它们不存在时本来就会有的支出来说是加性的；第二类则是替代性的，即将会取代经济系统的一部分支出。这种区分并不对应于收入创造型支出和非收入创造型支出之间的区分。例如，公共支出可能有很强的收入创造性，但并不一定是加性的——如果收入创造型私人投资会受到同样数量的限制，那么收入创造型公共支出就不是加性的。当然，我们不能根据收入创造型支出的对象来划定界限。道路、运河、公共建筑、城市美化工程、军备等支出都可以归入这两种类型中的任何一类，不过，我们通常会优先将军备支出归入第二类，尽管像莱茵河-多瑙河运河支出（根据1938年5月11日的法案）也属于这类支出。但是，我们确实可以在时间上画出一条很明确的界线：收入创造型支出，不管动机是什么，只要是在1935年第一季度结束之前发生的，就主要是"泵注启动型"的或加性的，而在那之后则主要是替代性的。

"泵注启动型"的收入创造型支出政策虽然只是之前政策的扩大版，但却是所谓的"第一个四年计划"和复苏政策的一部分——而且德国的复苏政策在很大程度上与美国的复苏政策相似。德国的"AAA"政策虽然是以不同的精神去应对不同的情况，但在提高农产品价格方面仍然与美国的"AAA"政策类似。德国的"NRA"政策是由1933年7月15日通过的法案确立的（引入了强制性的卡特尔）。它强调了德国政府对生产和实际投资的限制——通过"帝国经济部"（Reichswirtschaftsministerium）下达的命令——限制程度远超美国的"NRA"政策。在一系列行业中，建立新企业、建设新工厂和恢复已关闭工厂的运营、安装新机器或以其他方式增加产能，都被明令禁止了相当长的一段时间。后来，这些卡特尔的权力在其他方面也得到了强化——当然，前提是它们没有被其他控制机构所取代；特别是，价格监督"专员"办公室的设立；另外，1934年11月5日的法令还恢复了1931年12月8日设立的一个办公室——从而成了政府对生产实施控制的一个永久性的手段。但是，作为复苏政策的一部分，除了某些特殊的情况之外一律禁止投资的禁令（例如，禁止开设新的零售店），一经认定达到了促进复苏的目的，就立即终止，取而代之的是根据政府命令被迫进行的投资。我们要讨论的第一个案例（1934年10月）是前面一个脚注提到的褐煤工业。这个行业被组织成了一个强制性的"共同体"，并根据政府指令向它的成员征税，以资助褐煤合成汽油公司（Braunkohle-Benzin A. G.）研发氢化工艺。[①]

在这一系列复苏措施中，德国政府仍然在试图通过救济和公共工程支出实现刺激经济增长的目标，与其他国家一样，资金主要来自德国中央银行贴现的短期政府票据，或德国中央银行对银行、储蓄银行和其他机构的再贴现承诺。具体数额并不容易估计，但是本书作者认为，不包括国有铁路和邮局所做的投资，到1935年中期为止，它的数量应该介于30亿马克到40亿马克之间。[②] 前面的论证证明了下面这种观点的合理性，正如1933年美国的支出计划一样，这种支出是事后支出，即在本轮周期的下转折点出现之后，因而并没有解开大萧条的魔咒，否则大萧条将使得经济系统无限

[①] 我们很快就会看到，强制在某些方向上投资往往意味着禁止在其他方向上投资；而且，这些禁令不再由复苏项目所支配，它们具有了不同的含义。此外还有第三类，即原材料和外汇状况所规定的限制。然而，我们对这些不感兴趣。

[②] 仅仅是旨在创造就业机会的三个项目的支出就达到了19亿马克。作者还补充一点，用于修缮建筑物的全部政府补贴（5亿马克），以及用于机动车道路和其他公共建设项目的部分支出（这些都带有很高的猜测性）并不包括在这19亿马克当中。主要的困难在于确定总收入中有多少创造了额外的收入。

期地停留在最低位置。但是，它在助力和加速复苏方面取得的成功令人瞩目，这表现在持续的改善和对失业的迅速消化上。由于这样的成功并不包括所有的"泵注启动型"经济刺激政策，因此有理由将其归因于在这种情况下所采取的行动方式以及伴随而来的政策。已经支付的金额相对适中，而且所有支出都做到了厉行节约。创造出购买力是一个偶然事件，本来并不是追求的目标。投机活动也不受鼓励。违反社会纪律则会受到劝诫。也没有试图提高成本。特别是对货币工资率的调整，其目的是在不比萧条阶段的最低点高多少的水平上保持稳定（见下文）。储蓄和积累受到了鼓励，或者说要让储蓄和积累受到的阻碍尽可能少，而且在许多情况下强制进行储蓄和积累。① 所有这些，都最小化了错位（mislocation），同时最大化了刺激性效应中不会反复的那部分。"法西斯"国家在打击利益群体时的强大力量，还有它对经济生活的基本态度（即经济本身不是目标，而只是服务于超经济的国家目标的"仆从"）在这种情况下促成的行为，似乎与长期经济理性的原则相符。

在随后的繁荣时期，与复苏时期相比，政府支出并没有减少，同时政府的领导作用更加明显。但是，自此之后，政府支出获得了一种不同的经济性质。我们之所以说军备支出属于另一个类别，既不是因为它的动机显然不是要成为一项经济刺激措施（能不能刺激经济并不是军备支出要考虑的问题），也不是因为它不能创造收入（它其实能够产生收入），而只因为它不是加性的（前文定义的那种意义上的加性）。当然，我们也没有理由认为，如果政府的命令是针对洗衣机和婴儿车下的，而不是针对战争装备

---

① 由于受篇幅所限，我们无法讨论更多的技术细节，不过主要的论点还是必须提一下。第一，工资政策总体上有利于增加储蓄。第二，税收调整方式在一开始的时候也是有利于储蓄的，但是到了后来，当税收负担不得不加重（例如，在 1936 年 8 月，公司税从 20% 增加到了 30%），税收调整方式在某种程度上至少已经不对储蓄加以区别对待。第三，1934 年 12 月 4 日颁布的《企业利润分配法》对分配利润的限制不是对未分配利润的限制，而是对已分配利润的限制。第四，在强制要求对工业厂房和设备进行实际投资的情况下，这样做的方式实际上也强制要求储蓄或积累。第五，利率虽然受到了管制，但是水平相对较高。这可能与储蓄存款的增加有关——尽管读者很清楚，本书作者对关于储蓄的任何数字都没有多大信心——具体增长情况如下（储蓄银行和其他机构的年际增长）：1933 年，6.2 亿马克；1934 年，9.57 亿马克；1935 年，12.44 亿马克；1936 年，10.84 亿马克；1937 年，18.23 亿马克。德国中央银行的估计如下（然而，它的估计更值得怀疑）：1933 年的货币储蓄总额为15.71 亿马克，1937 年为 68.95 亿马克。

下的，结果会有不同。但是，同样也没有理由认为——除非那是一个基于偏见的特定假设——在走上了通往充分就业的道路之后，如果没有了这样的政府需求，整个经济有机体就无法达到充分就业状态，也无法进入繁荣阶段。这是因为，一方面，会有同样数量的现有货币手段和创造更多货币手段的工具被释放给企业和家庭；另一方面，私人投资项目将大量涌现，同时家庭显然不会反对扩大私人消费。事实证明，为了给自己的投资计划和消费计划筹措资金、提供物质资源（枪支弹药也是政府的消费品），政府必须对私人发行证券、实际投资和消费等施加严格的限制。特别是，对政府项目之外的证券发行和投资的限制不可能仍然是出于克服萧条的愿望。因此，这种限制政策也像政府支出一样，获得了一个全新的含义：它们继续存在，以便为政府"留下"那些正在流向其他用途的生产要素，并且必须将它们转移出来。但是，这也就意味着，政府并没有创造出对那些本来就短缺的生产要素的需求，而只是用自己的需求取代了其他来源的需求——这也正是我们希望证明的。①

上述观点并不否认如此明显、强劲和稳定的需求极大地促进了事态的发展，更加不会否认政府的劳动和储蓄政策对产出和就业数据所显示的成功做出了重大贡献。它们也不否认国家对工业的实际管理所涉及的重大变化的重要性。但是，这些仍然说明，繁荣最多只是国家引导的（state-directed），而不可能是国家创造的（state-created），因此，它比人们乍一看时所认为的更加符合我们的模式。1937年之前的发展实际上使得朱格拉周期的复苏阶段和繁荣阶段都完美地呈现了出来。因此，那个有趣的问题——对于德国经济的未来的周期阶段，尤其是萧条阶段，人们会得出什么样的推论——或许并不难回答。从理论上说，对创新的顺序进行规划是

---

① 这个证明的显而易见性不能再高了；对此，我们要感谢德国政府以尽可能不引起通货膨胀的方式来做这件事的决心。如果不是——几乎——"霸占"了国家所有的生产资源，转而采用在自由市场上出价购买的形式（这应该只能通过大量额外的信贷创造来实现），那么它的需求将会是加性的，同时也将会更难证明我们的诊断在实际层面上是正确的。还应该指出的是，虽然可以提出更一般（也更正确）的理论论据来支持我们努力试图掌握的经济真理，但我们的证明还是只利用了当今德国的特殊情况，因此它本身是不能加以一般化的。它也不能证明，在国家领导下实现的繁荣，与没有国家领导时的繁荣完全相同。情况也许会更好，也可能会更糟。

有可能的，那样的话就能熨平周期；但是，我们认为，在经历了异常艰难的进步时期之后，即便是在一个公司型国家（corporative state）中，也会出现衰退；然而，萧条的大多数症状并不一定会出现，或者出现后可以被非常强大的中央政府迅速消除。

根据上面的分析，还需要对另外几个时间序列的行为进行分析。由于德国的国际经济关系实际上已经完全社会化，价格受到严格管制，脱离了国际水平，因而对商品的国际流动没有任何影响。此外，在德国商品的价格还受到德国形势所造成的各种扭曲的影响，但是它的行为并没有因此而完全不符合我们模型的逻辑。这是因为德国施行的那些管制，虽然导致了我们在现代定价条件下可能会遇到的一些偏差，但同时避免了这种偏差。在这届政府掌权以后，在5年中，批发价格指数（从1933年4月至1938年4月）从64.8（1928年＝100）上升到了75.4。但这种上升主要是由农产品价格和进口原材料价格暴涨所致，例如，橡胶价格上涨幅度超过600%。制成品中的工业生产品的价格有所下降，而制成品中的工业消费品的价格却差不多提高了25%。官方公布的生活成本指数同期上涨了8.5%。[①] 因此，如果将德国特有的诸多情况考虑进来，那么这个画面所反映的趋势是与康德拉季耶夫周期的阶段相符的。当然，这并不表明政府有任何提高价格水平的意图。实际上，除了农业部门之外，似乎并不存在任何将价格上涨作为刺激因素来运用的趋势。相反，德国政府做出了一些努力，以防止流通媒介扩张并产生通货膨胀效果。然而，尽管强迫出口的政策导致了持续的损失（虽然损失可能一直在减少）、原材料价格上升或替代品质量无法令人满意（又或者因为大于最优产能的超负荷生产）导致了运营成本的持续上升，以及必须允许货币自由贬值导致了总成本增加……但是在我们所考察的那些年间，工业净收益一直在提高。不过，增

---

① 生活成本上涨幅度没有超过这一水平的一个原因是，零售商的利润率承受着巨大的压力。在食品零售方面，据说许多小商店的年净收入已经降到了1 000马克，其购买力仅相当于每年300～400美元。当然，这不仅是由于价格政策，而且是由于各种限制，限制了实际销售量，增加了购买的困难，此外还有其他一些原因。从根本上讲，在一个将监管延伸到消费领域的社会中，几乎没有资本主义类型的独立零售商的生存空间。

长的速度却在不断下降，这暗示着衰退将要来临。股票价格也是如此。

这种价格政策之所以见效，有赖于德国政府采取的工资政策。在实现充分就业之前，德国政府的工资政策所产生的结果，就是我们在完全竞争条件下所预期的结果。根据官方数据，到1937年，年度平均每小时工资率只上升到了76芬尼（从1933年的最低点70芬尼起步），与生活成本大体相当①，因此仍然远远低于1929年创下的最高每小时工资率（96芬尼），而实际工资率则稍低于1929年的水平（低了大约3%）。这种使劳动力成为一种廉价生产要素并一直保持下去的政策，大大提高了工人阶级的总收入。在1933年至1937年，工业的工资单金额几乎翻了一番（1933年，59.21亿马克；1937年，119.00亿马克；为了保证可比性，这两年的数字都不包括萨尔地区在内），这简直是对高工资理论的完全"无视"。柏林经济周期研究所的一项调查表明，这种增长的大约65%可以归因于就业人数的增长，大约11.5%可以归因于更长的工作时间，大约10%可以归因于晋升到薪酬更高的职位，只有大约13.5%可以归因于工资率的提高。所有工资和薪金的总额，则只是从1937年的121亿马克增加到了1933年的209亿马克，国民收入也只是从466亿马克提高到了685亿马克（1929年为759亿马克）；这种情况是德国政府实施的一项政策的结果，它以努力保持而不是逆转大萧条对货币价值的向下修正为原则。但是，实际人均收入其实一直在增长，1936年和1937年都超过了1929年。虽然经济复苏和繁荣的成果在很大程度上被公共消费和投资吸收了，但是民众的消费却扩大到了现代生活用品、家用电器等领域；在某些部门，消费因自给自足的迫切需要而有所收缩。但是无论如何，人均数据最多只能为人们普遍认为的食品消费全面萎缩提供非常微弱的支持。对1937年数字与1929年数字的比较表明，柑橘类水果、啤酒、鸡蛋和人造黄油的消费量

---

① 如果福利与我们的主题相关，那么我们就应该考虑两个方面的问题。一方面是对工资征税的变化，尽管不需要用工资缴纳社会保险费（1929年税率为3.5%，然后变为3%，直至1932年，1933年为3.5%，1936年和1937年分别为4%和4.5%；包括人头税；数据源于德国国家统计局、柏林经济周期研究所以及帝国信用联社的报告）。另一方面，许多福利，包括假期、收费低廉的旅游、结婚贷款、禁止解雇等都很难评估，但却相当重要。

确实显著出现了下降，但是小麦消费量的减少则是微不足道的。而且，许多商品的人均消费量提高了，例如黑麦、肉、鱼、黄油、糖和咖啡等。

通过工资政策、通过政府对储蓄的鼓励和对储蓄的完美控制、通过将权力完全授予一个"非常能干"的人，德国政府对货币和信贷的管理得到了极大的促进，有效性也大幅提高。但是，无论是在有待解决的问题上，还是在解决问题的方法上，我们真正感兴趣的那一部分①与英国或美国对货币和信贷的管理都没有根本性的不同。德国的货币市场几乎完全与外界隔绝——比德国仅仅通过放弃黄金平价能够实现的隔绝程度高得多——对于德国国家银行，政府允许它持有的黄金和外汇减少至几乎没有的地步（在吸收合并奥地利国家银行前，它拥有的黄金和外汇超过了7 000万马克），然后通过1933年10月17日颁布的一项法律，它获得了进行公开市场操作的权力，以及完全只用国内票据和某些类型的固定利率债券来"覆盖"自身票据的权力。德国国家银行还通过1934年的《银行法案》加强了对其他银行的控制。拥有了上面这些武器之后，它立即着手扩大信贷规模，但是仍然只限于用来进行"泵注启动型"公共支出所需的范围。到1935年底，德国国家银行和它的附属机构——黄金贴现银行（Gold Discount Bank）——的中央信贷余额增长了大约27亿马克（这里所说的

---

① 其余部分，即德国对外国货币和信贷体系的管理——对外汇交易、商品流动和收支余额的完全控制，只是德国政府在这方面的管理中所使用的最引人注目的工具——也与我们讨论的主题有关，不仅通过这种管理所实现的德国货币市场与外界完全"隔绝"，而且通过它对投资过程的影响。但是我们不能在此展开讨论。指出下面这一点必定已经足够：德国货币政策的这一部分，是德国政府和德国中央银行根据1932年的债务状况以及当时所采用的暂停支付和延期偿还等处理方法制定的。德国的国家社会主义政府实施的某些超经济政策导致了"资本外逃"；同时外国信贷不仅难以获得，而且从国家的角度来看也是不可取的，这些事实当然加剧了这种情况和原材料供应方面的困难。外国货币的贬值以及部分偿还和回购，所有这些都使外债从1933年初的大约190亿马克减少到了1938年初的大约100亿马克，但是这并没有带来多少解脱。在这种情况下，从当初采用的临时紧急措施发展出了一项政策。我们可以将它描述为在不贬值的情况下确保贬值的某些效果的一种尝试，或者更能说明问题的说法是，它试图进行的是一种"逐步分级"贬值，分别适用于从大约40%到零不等的利率。由于国家完全控制了对外经济关系，因此德国政府变成了一个可以实施差别定价的垄断者。价格歧视的实现，依赖于一个"马克价格清单"，根据每一马克的用途和每种用途的需求弹性来分级定价；例如，在德国度假，对于外国人来说是一种高度可替代的商品，因此，德国政府提供了特别便宜的"旅游马克"。因此我们的结论是，如果不附加任何条件，说德国的货币根本没有贬值就是不正确的；同时，说德国马克的官方平价毫无意义、只是一种假象也是不正确的。如果那只是一种假象，那么政府和工业界都极为反感的出口补贴办法显然就不必采用。

"中央信贷余额"，与美国联邦储备委员会信贷余额大致相当），这已经足以将1933年和1934年仍然被"冻结"的那部分工业和银行机构完全解冻，同时也足以帮助市场吸收各种各样的短期政府债券——那是用于为各种政府支出融资的，例如帕彭计划引入大约150万张退税账单、为数十亿马克的就业融资买单，以及支付其他特殊账单和普通短期国债，从1932年最后一个季度到1935年最后一个季度，所有这些使得各类未偿付票据总额净增加了50亿至60亿马克，增幅大约为50%。短期利率并没有受到太大的压力。事实上，允许大量空头票据进入公开市场的做法，减少了会员银行的闲置资金和闲置设施，因此也减轻了它们为其他渠道而竞争的必要性。随之，短期利率自然下降，不过始终保持在了相对较高的水平：从1933年至1938年，银行利率一直为4%，主要银行的承兑汇票利率也只是从3.88%降到了2.88%，逐日货币利率从5.11%降到了2.63%。本来不必这样。但是，为了促进正常化，为复苏提供的资金的利率却是相对较高的（这种正常化一直受到人们的密切关注）。一些部门的长期利率由于政府采取的行动而有所降低，但是在那些长期利率没有降低的地方，特别是在债券市场上，对短期市场流动性的适应得到允许，但是速度很慢。票面利率为6%的工业债券的价格，到1935年才达到了平价（在1936年之后，这些债券的价格仍然高于平价，但是当时利率已经降为5%），利率为4.5%的政府债券（直到在1935年3月31日完成转换，它们的利率一直为6%）则一直没有达到平价，直到1938年5月（99.7）。

在繁荣阶段，"扩张性"的短期融资仍然在继续，但是它也越来越多地被政府向公众发行的债券所取代。政府债券在1933年和1934年时仍然是微不足道的，但是在1935年就达到了16.36亿马克。然后，1936年为26.70亿马克，1937年为31.50亿马克，而且1938年的第一季度就达到了19.34亿马克①，当时政府刚刚宣布了一项正常化计划。然而，在德国中央银行（德国国家银行）又发行一期"扩张性"债券之后——这期债券

---

① 根据帝国信用联社的统计，在1935年到1938年，各种各样的公共债务的偿还金额达到了17.5亿马克。

不可以在德国中央银行再贴现，尽管能够作为贷款融资的抵押品——通过"特别票据"进行的融资中止了；德国中央银行将帮助吸收现有的"特别票据"，但是不再对它们或任何新的"特别票据"进行再贴现。因此，政府将通过税收或普通贷款来融资，而工业和商业则通过普通银行贷款来融资。就其本身而言（不考虑政治事件的干扰），这个计划是完全合理的，因为它是可以执行下去的，而且没有理由认为这样做会导致"正常化危机"。但是，重税是其中一个重要因素。由于收入和税率的提高，德国的财政收入在 1932—1933 财政年度与 1937—1938 财政年度之间增加了 73 亿马克，当然，仅仅用于失业救济的开支就减少了将近 25 亿马克。但是，企业所得税为这一增幅贡献了超过 14 亿马克，同时——不包括工资税——收入所得税也贡献了将近 17 亿马克。从长远来看，在这种法西斯国家，"国家意志"的效果是否与我们在其他社会条件下应该预期到的效果不同，还有待观察。

德国各种银行业务序列的"行为"，不仅反映了国家主导和国家资助的经济复苏与繁荣过程，而且从上面这个角度来看很容易解释。① 在 1933 年第二季度，当外国观察人士从贷款和存款的持续收缩中推断［在这里，"存款"指的是"应付款项"（相对应的德语单词为"kreditoren"），而不是德国人通常所说的"deposit"］真正的复苏没有出现时，他们不仅没能看到外国货币的贬值和对外国债权人的偿付会自动导致资产负债表项目的收缩，而且没有看到国内解冻和偿还紧急信贷的过程会自然产生同样的效果。但是，德国国内的观察人士并没有对此视而不见，而且他们还预计会员银行的信贷将很快开始扩张。因此，他们对似乎没有出现"次级效应"、公共

---

① 然而，这一点只适用于最一般的轮廓。正如我们在此之前已经看到的，德国银行的统计数据绝不是容易详细分析的。除了其他原因之外，由于各种各样的"中间情况"（如所谓的"就业计划"等）的增多，以及由于"特别票据"与其他票据的合并，自 1932 年以来，困难其实并没有减少。我们将只讨论德国中央银行（德国国家银行）和柏林的几家大银行，不过借此机会还要再提两点。首先，我们看到了在 20 世纪 20 年代市政当局的自由支出使它们陷入了什么样的困境，在危机期间，这些支出导致市政当局的财政完全崩溃。因此，金融重建行动的首要任务之一是为它们的短期债务进行再融资，这项任务是通过《市场债务重新安排法》（Gemeindeumschuldungsgesetz）完成的。其次，为了尽可能降低德国中央银行的信贷余额，黄金贴现银行向各银行发行了单名票据（Solawechsel），以吸收各银行的流动资金，并将其用于减轻德国中央银行的负担。

支出未能刺激私人投资等问题感到非常失望。① 事实上，五大银行的贷款甚至在整个繁荣阶段都在下降，一直到 1937 年底才刚刚超过 30 亿马克，而在 1933 年底和 1929 年底，这一数字分别略高于 40 亿马克和 60 亿马克。② 它们的存款，包括"储蓄"存款，在 1929 年时就超过 100 亿马克，然后一直到 1935 年都在下降，到 1938 年 4 月才慢慢恢复到 68 亿马克。现金总额也在下滑。③ 然而，票据（当然，绝大多数都是"特别票据"）从 1933 年第一季度到 1937 年最后一季度翻了一番多；同时投资——拥有的证券——大幅增加。

这个画面没有什么奇怪的。它表现出来的这些特点是政府融资的结果。商界并没有到银行那里去寻求可以从政府那里得到的东西，因此业务的扩张并没有直接显示在银行的统计数据上，除了流通中的货币——流通中的货币在 1933 年 2 月底达到了 54.18 亿马克，到 1938 年 2 月底进一步增长到了 72.19 亿马克，这也是最后一个未受吞并奥地利影响的数字。④ 而且，在复苏期间，乘数效应和对私人投资的刺激表现在生产和就业领域，而不是在通常的银行信贷领域，在实现充分就业后再去寻找乘数效应的迹象则根本没有意义。毫无疑问，这些影响很难加以评估，但是在我们所界定的"泵注启动型"经济刺激时期，只要没有受到原材料等方面困难的阻碍，这些效应的存在似乎是足够明显的。在我们所称的军备时期——繁荣阶段——通常的繁荣阶段的货币过程已经被国家资助的货币过程所取代，正如其他过程被军备支出和以自给自足为目的的"投资"过程所取代一样（"第二个四年计划"）。因此，政府逐渐停止"泵注启动型"经济刺

---

① 对于其中的一些评论，以及布雷夏尼-图洛尼（Bresciani-Turroni）教授的解释，请参阅后者的论文：《现实世界中的乘数：从德国近期的经验得到的一些结果》，刊载于《经济统计评论》，1938 年 5 月。

② 商品贷款（warenvorschüsse）在 1929 年底达到了 20 亿马克，但是在 1935 年至 1937 年则只有数亿马克。但是我们不用强调国际贸易融资（rembours-kredit）和证券交易所贷款（报告）的下降，因为它们明显是由某些特殊的原因造成的。

③ 由于其他资产的很大一部分可以在接到通知后立即在德国中央银行清算，因此持有超过当前要求的现金实际上不会有什么问题。

④ 在这两个日期，德国中央银行持有的普通短期国债以外的其他票据分别为 24.39 亿马克和 56.37 亿马克。

激的做法变得不为人知,因为繁荣支出流也源自政府,但它确实是真实存在的。对银行贷款的需求并没有出现,因为除了政府批准和提供资金的贷款以外,不可能扩大其他贷款项目。出于同样的原因——这一点在这里更加明显,因为除了政府批准的债券以外,禁止发行任何债券——新工业债券发行的迟滞和疲弱复苏并不能证明什么。直到1937年,这个数字才达到2.58亿马克。股票发行从1933年的最低水平稳步上升,但是直到1936年仍然只达到了3.95亿马克(1937年为3.33亿马克;而1927年创下的最高水平为14.38亿马克)。但是,在这种情况下,并不能据此推断出没有或缺乏企业家精神和创业冲动的结论。

第六节　1933—1935年美国的经济复苏及复苏政策

根据我们的模式,应该是一个朱格拉周期的复苏阶段覆盖了从1932年秋天到1935年1月这段时间。① 单独对这个时间段进行分析是必要的,这不仅因为属于不同的阶段,而且因为存在着另一个区别,虽然严格地说这也只是程度上的区别,但它是如此重要,以至相当于种类上的区别:正如我们已经看到的,复苏政策在1931年很明显只是一个次要因素,在1932年虽然有重要意义,但不具有决定性意义,但是1932年后复苏政策就占据了主导地位。这一点是如此明显,以至提出了这样一个问题:继续谈论周期阶段并试图确定它们的日期,或者将实际经济状况与我们的过程联系起来,是否还有任何意义?许多经济学家都会毫不犹豫地给出否定的答案。事实上,他们还给出了各种各样的理论,显式或隐式地以如下假设为基础:从1914年或者从1929年开始(根据一些经济学家的说法,这是

---

① 更准确地说,我们对周期的这种实验性"数"法是从1932年11月中旬到1935年3月。在这个时间段内,基钦周期的衰退阶段到1933年8月底止,基钦周期的萧条阶段到1934年6月中旬止,基钦周期的复苏阶段则覆盖了剩下的几个月。再一次,我们给出的这种"数"周期的方法,并不是用来作为一个参照模式,而只是用来说明问题。但是,应该注意的是,如果理解得当,它其实并没有与实际事件相脱节。

一系列全新的资本主义变革的开始，它们在以往的历史上是闻所未闻的，没有任何东西与它们具有可比性），又或者从1933年开始，一种新的经济模式或多或少地突然出现，它永远取代了以前的模式，需要给出一个新的分析模型，并对数据和机制做出全新的基本假设——特别是关于投资过程的数据和机制。

我们不关心这些理论背后的方法论，也不关心它们的内在优缺点。[①] 我们要面对的不是一个原理问题，而是一个事实问题。这里涉及的唯一原理，我们在本书一直在反复强调，它依赖于资本主义社会的经济过程最终必定会转变为某种根本不同的东西的确定性，以及我们的过程会在短期内被某些更强大的因素的作用所抹杀这种永远存在的可能性（例如，在1914年至1923年德国发生的那些事件）。事实上，我们不仅知道战后时期直至世界经济危机的所有本质特征，而且知道世界经济危机本身的本质特征完全符合我们模型的预期，即根据过去的经验给出的预测。此外，从第四章的理论讨论中我们知道，有一些东西从我们的道路上掠过，否则会成为一个极其棘手的问题：我们不需要问如果没有政治行动来刺激经济系统摆脱颓势，它是否真的"能够"复苏。因为它就是如此。[②]

既然如此，对于我们的问题，肯定的回答就是不可避免的：将那些事

[①] 本书作者对这些问题的看法包含在本书的整个论证中，无法用几句话概括出来。但有必要记住的是，这个问题可以划分为两个问题来处理：这些模型的逻辑正确性问题，以及它们的"拟合度"问题。这两个问题是完全相互独立的。一个经济学家在构建他的理论模型时也许犯了错，但是他仍然可能正确地看到现实的模式、它的意义和趋势。一个模型本身可能是完全正确的，但是却不能拟合事实，特别是不符合同时期事实所揭示的趋势。本书作者认为，如果他试图在这个时候全面地批评当前的各种理论，那么他就必须强调指出，在他看来，这两种理论都有大量的错误，部分是因为从最近的经验中毫无根据地进行了一般化。但是他也怀疑，如果他在10年后再来尝试这项任务，那么他就必须捍卫这些理论在这两个方面所包含的真理的核心。对相关理论的评论，将在第七节结束时给出。

[②] 本书作者虽然经常痛苦地意识到，他的论点不得不与对其真实或假想的含义的强烈反感抗衡，但他还是非常彻底地享受他的思想之旅达到这一点所获得的心理优势。因为，读者对接受作者的观点的任何反感，都会因他们面对的唯一选择而大大减轻：无论是谁，如果拒绝认为1932年的经济复苏是在经济系统正常运行的过程中发生的，那么他就不得不相信是胡佛总统扭转了形势。他的政府如果只是由于政治议程中的某个突发奇想就能够在全世界的掌声中大放光彩，那么从政治心理学的角度来看，在任何情况下都是非常合理的。

件与我们的过程联系起来，不但是有意义的（因为我们假设，每一个连续的情况均是这个过程运作的结果和政府行为发生效应的结果，同时，不仅自我叠加，而且相互影响），而且我们必须这样做，因为没有其他选择。这是因为，说我们的过程（对于这个过程，可以严格地证明它至少自16世纪以来就一直在运行，直到1932年底）就是应该在1933年3月4日突然停下来将违背一切经验、一切常识（当然，这在逻辑上并不是完全不可能的）。然而，我们也应该看到，我们的任务如何严重地限制了我们对这个时期的政策的讨论范围。如果我们只关注这些政策对作为本书的主题的过程的影响的话，那么对很多人来说——尤其是对那些欢迎这种政策，将它们视为社会重建时代的黎明曙光的人来说——最重要的那些方面，就必须全都排除在外，尽管那样一来本书作者将会面对完全缺乏社会视野且无力把握所涉及的广泛社会问题的指责。虽然对这种指责无能为力[①]，但是我们希望我们已经做出足够的工作来保护我们的论点，使其免受由于我们把复苏政策说成是影响我们的过程的一个外部因素而可能引起的不同但却同源的误解。我们已经指出不仅任何经济政策——以及任何其他政策——都产生于它试图应对的经济形势，并受其影响，而且在摆在我们面前的例

[①] 我们把这个时间段的经济政策称为"复苏政策"，这个事实似乎不仅表明视野的狭隘性，而且表明采用的是一种完全不公平的标准。因此，至少应该明确地指出，人们已经充分地认识到，那些制定或捍卫这种政策的人，其目的不仅仅在于促进复苏，因此，他们必须在不同且在许多情况下相互矛盾的目标之间达成妥协。这种冲突——"改革还是复苏"的冲突——在过去和现在都是不可避免的，本身并不构成指责对手段的选择有逻辑不一致之处或出了错的理由。但是，它确实在讨论复苏问题时引入了偏见和不真诚的因素。由于大多数人真正想要的是复苏，所以反对改革的人形成了一种倾向，认为所有产生了有害后果的措施都是为了推行改革所致；相反，提倡社会改革的人则习惯于全盘否认这种冲突的存在。我们必须抗议的正是为了这些目的而构建起来的理论。此外，在许多情况下，个人利益或团体利益的因素在一方的论点中与在另一方的论点中一样明显。在另一些情况下，"心理战术"的作用比专业能力更加突出，例如，通过归因于背后的动机或情感来攻击一个令人觉得不安的推理。

子中 1933 年春天的短期形势就是这样的,除了最强有力的人之外①,任何人都被迫去"做计划"(无论是爱好"做计划"的,还是厌恶"做计划"的)。

一、各种"比较小"的政策措施略述

因此,这样缩小范围后,我们的任务还可以进一步简化,即将那些不可能对后来的经济状况产生重大影响(或者说,不可能在 1935 年以前产生重大影响)的因素排除在外。例如,没有人会认为 1933 年 3 月 20 日颁布的《联邦经济法案》、1933 年 6 月 16 日对有关退伍军人的法律的修订有重大的经济意义要求(《独立办公室拨款法案》,第 20 条);也没有人认为禁酒令的修订以及随后的完全取消对整体经济有重大影响,尽管毋庸置疑,它确实有一定的刺激效果,而且超出了直接受影响的行业。到 1933 年 6 月 16 日为止,第 73 届国会通过了 80 多项法案,但是从我们的目的来看,它们大多数都是无争议的、不重要的,因此可以不予考虑,尽管这些法案合在一起无疑起到了稳定当时局势的作用。以这种分类方法处理这些法案,唯一可能

---

① 读者可能会将美国的经济复苏政策称为愚蠢的犯罪或深刻的智慧,这要看他自己的喜好了,但是,在这种巨大分歧的表面之下,有两个重要的事实。首先,1933 年及以后所采取的各种措施,其实都只是继续和发展了做过的或已经开始做的一些事情,这一点远远超出了一般公共讨论所普遍承认的程度。其次,各种社会改革措施实际上是按照人们熟悉的"欧洲路线"进行的,有些措施其实是由俾斯麦和塔菲(指的是 1880 年至 1892 年担任奥地利总理的爱德华·塔菲伯爵)这样一些并不那么激进的人开创的,其他措施则是德国在 20 世纪 20 年代出台的《劳工法案》中早就陈述过的。简单地认为美国在这个方面"落后"了当然是一种"坏"的社会学思维,但是只要简单地考虑一些最具特色的新政措施,就可以自然而然地得出一个结论:美国在这个方面确实不是一个先锋国家。关于新政政策,这里还有两点评论。第一,对一项政策措施的评价,不应该随其倡导者所使用的论据或起或落,例如,不能仅仅因为这些论据是愚蠢的,就将政策措施称为愚蠢的。第二,一项政策措施最终要服务的目标,不仅与我们的研究目的无关,而且是极其难以理解的——如果不是不可能的话。1933 年的货币立法可以说明这一点。它曾经被称为——甚至它的一些支持者也是这样——通货膨胀政策。我们在诊断各种支持"通货膨胀政策"的利益群体——债务人、投机者、金银匠、出口商等——的目的时,也许会感到相当自信,而且在作者看来,甚至代表了"金融礼仪"的银行很可能也不是全都对信贷解冻感到遗憾,但是毫无疑问,对于具体实施的实际措施的主观意义,作者是无法明确界定的。考虑到如下事实(不妨假设它是一个事实),"通货膨胀主义"利益群体当时已经强大到足以推翻一切,可以随心所欲地通过任何政策措施,那么将实施"通货膨胀政策"的权力授予总统,以便争取时间让复苏积聚力量、争取空间单独处理每个群体的诉求,这种方法本身是有可能令那些支持稳健货币、秉持传统的古典立场的人信服的;而且毫无疑问,对这种方法也能给出反通货膨胀主义意义的解释,特别是因为这些群体后来实际上分别得到满足的途径在某种程度上拯救了这个古典传统的相当一部分。对此,下文很快就会加以证明。

引起疑问的是 1933 年 5 月 27 日颁布的《证券法案》。我们简单地讨论一下这个法案，认为它不仅是一种常见的反应（自南海泡沫事件发生以来，当不计后果的金融行为造成经济系统出现异常严重的故障之后通常都会有这样的反应），而且是一项清醒的、有严密构思的立法，不会带来抑制经济的后果。但是，它引发了一场骚动，而且不仅仅是在该法案所针对的领域，其攻击的重点是发行机构和证券交易者所背负的债务的结构。然而，这些责任似乎并不比一个人"知道或应该知道"的那种责任更大，而且这个法案不要求强制实施比任何一家体面的公司惯常采取的谨慎措施更多的措施。要想解释当时证券非公开发行活动的严重停滞，还有许多比这个法案更加可信的理由。①

1933 年 3 月 9 日通过的《紧急银行法案》（Emergency Banking Act）、1933 年 6 月 6 日通过的《银行法案》（Banking Act），以及 1933 年 5 月 12 日通过的《紧急农场救济法案》（Emergency Farm Relief Act）极大地促进了复苏。《紧急银行法案》给出了让那些停业的银行重新营业的方法。②《银行法案》则引入了一系列重要的改革——其中最重要的包括：加强美联储对会员银行的监管权，特别对用于投机目的的信贷扩张进行严密监控；监管控股公司以及附属于它们的证券公司；更加严格地收紧进行公开市场操作的权力；加强对银行开设分支机构的管理；等等——对我们的研究目的来说，尤其重要的是存款"保险"制度。③《紧急农场救济法案》的第二章专门处

---

① 有人向本书作者指出，这里给出的解释是基于这样一个假设，即该法案的各项规定都会得到合理实施，执行者不会带有"报复心"或损害"小众"利益群体的意愿。确实如此。同样地，根据该法案提起的毫无根据的诉讼可能会损害企业的地位，即便最终发现它的行为是完全无可非议的。但是，无论人们如何看待这些和类似的观点，认为这个法案对经济复苏不会有什么重大阻碍的结论似乎仍然是成立的。有关相反观点的权威论述，见 C. J. 布洛克（C. J. Bullock），《1933 年的证券法案》，刊载于《经济统计评论》，1934 年 1 月 15 日。然而，如果它的长期影响与我们当前的目的有关，那么改革的理由就会更加充分。

② 我们在前面提到过，这个法案以及《联邦储备法案》13b 小节的修正案（即《工业促进法案》，1934 年 6 月 19 日）还授予美联储贷款给单个企业的权力，特别是工业企业；但是，所有这些权力并没有在很大程度上被使用。

③ 从银行的结构和技术的角度来看，这个法案代表了试图对美国银行体系最令观察者震惊的最明显缺陷加以处理时做出的最具系统性的尝试。这涉及更广泛的方面，超出了我们的范围。但是，应该指出的是，这些措施仍然只是使小型和效率低下的银行的问题受到了间接的冲击，长期和非流动信贷的问题则根本没有受到冲击——反而使这类贷款变得更加容易。任何暗示限制信贷的建议，除了限制用于投机目的的信贷之外，都是公众、立法者和专家所不能接受的。

理了农业信贷，尤其是再融资问题。类似地，1934年1月31日通过的《农场抵押贷款公司法案》（Farm Mortgage Corporation Act）和分别于1933年6月13日、1934年4月27日通过的两个《房主贷款法案》（Home Owners' Loan Act），也是针对彻底冻结的信贷结构的另一部分，因此也可以缓解银行业的糟糕状况——它们看起来都相当保守，因为还向"当地的节俭模范"表示致敬。我们还可以举出这类措施的更多例子。例如：根据1933年6月10日和14日颁布的法案，将重建金融公司的援助范围扩大到了各个领域（特别是对保险公司）；为合并、合理化和重组提供便利的《紧急铁路运输法案》（Emergency Railroad Transportation Act）；1933年6月6日颁布的《美国就业服务法案》（United States Employment Service Act）；等等。①

当然，所有这些措施以及类似的措施都没有使经济复苏；它们提供实现复苏的条件、制度，而不是直接的刺激，使得复苏过程在发生于1933年春天的灾难之后迅速重新开始；这是通过逐一解决具体问题、扫除障碍、化解潜在的风暴中心、构建保障制度、减轻民众的恐惧心理……一言以蔽之，是通过改善总体氛围来实现的，否则的话，上面所说的都会成为迁延甚久的困难和浪费的来源。在这些方面，我们必须给予这类复苏政策措施的综合效果很高的评价，尽管如果它们单独出现，我们就应该毫不犹豫地只讨论由我们的模型所包含的力量推动的复苏过程。

二、农业调整总署与复苏

对于早期新政政策的两大"丰碑"——AAA（农业调整总署）和NRA（全国复兴总署），我们不会得出截然不同的结论。围绕着这两座"丰碑"的所有或大或小的原则性问题（特别是那些涉及福利经济学的问

---

① 《农业信贷法案》（Farm Credit Act）（1933年6月16日）是一个一般性的农业信贷政策法案，但是对特别紧急的情况几乎没有直接影响，因为有关保障措施严重限制了救济性贷款的发放。而且，在我们看来，1933年5月通过的《田纳西河谷管理局法案》（Tennessee Valley Authority Act）如果不是因为它可能对私人电力融资和投资产生影响，就只能归入政府支出的范畴。激烈的公共讨论所赋予它的深远意义以及它由此而获得的象征性意义，都与我们的主题无关。参见E. S. 梅森（E. S. Mason）教授关于田纳西河谷项目电力方面的研究，刊载于《经济学季刊》，第50卷，第377页。

题)①，以及它们最终对这个国家的经济过程的制度框架和经济过程本身已经产生的或可能产生的一切影响（我们很容易就可以推导出这些影响，不过没有包括在我们的讨论中）——暂且忽略插入其中一个法案的货币条款和包括在另一个法案中的劳动条款——总的来说，这两者都只对复苏起到了通常的促进作用，而没有引发另一场必须用不同的原则来解释的复苏。当然，它们确实使通常的资本主义机器的某些部件不再起作用，并且用其他部件取而代之，但从作为一个整体的国家经济有机体来看，它们所起的作用，无论是在方式上还是在程度上，都是修正性的，而不是构建性的。

这一点在农业调整政策方面表现得尤其明显。② 正如我们在之前的讨论中看到的，农业调整总署不同于全国复兴总署，它要处理的不是一个简单紧急情况，而是这样一种紧急状况：长期发展造成那些根本无法维持的条件突然达到顶点。对农场进行大规模清算本来是一种"自动"恢复均衡的方法，但是因为那肯定会冲击工业失业现状，当时工业失业问题就已经无法控制，而且已经引起一股重新向土地迁移的潮流。另一个替代性思路是我们所称的"有序退出"，它恰恰隐含于临时性地甚至——对于那些出于某种原因（这样的原因有很多）而渴望维持一个庞大的、心满意足的农业人口的人来说——永久性地维持农业部门的非均衡，这种非均衡不可避免地需要由工业部门的（正常）剩余来提供资金。③ 这样做实际上会促进全面复苏。它将重建农业部门以往的过程以及农业部门与工业部门之间以往的关系。因此，它也将减轻债务、改善银行业状况，从而有效地切断产生实际的和可能的累积性抑制效应的一个源头。与此同时，由于这两个部门的相对财务实力差距如此之大，这种方法不会对非农业部门产生足够大的压力，以打开另一个累积性抑制效应来源。这个论点更适用于这样一种

---

① 事实上，这两种情况都很好地说明了我们为什么要区分福利和繁荣。

② 由于不可能在这里"公正"地深入讨论这个问题，所以建议读者参考布鲁金斯学会的一系列出版物，它们讨论了应该如何处理农业调整总署对经济复苏的影响。特别是，请参见：J. S. 戴维斯（J. S. Davis），《小麦与AAA》，1935年；H. J. 理查兹（H. J. Richards），《棉花与AAA》，1936年；J. D. 布莱克（J. D. Black），《乳制品行业与AAA》，1935年；H. B. 罗（H. B. Rowe），《烟草与AAA》，1935年；E. G. 诺斯（E. G. Nourse），《AAA之下的市场协议》，1935年。尤其请关注：诺斯、戴维斯和布莱克，《农业调整管理的三年》，1937年，特别是其中的第十四章。

③ 从这个观点来看，许多关于公平、收入或价格平价的讨论尽管容易遭到相当明显的反对，仍然具有完全合理的意义。

情况，即转移支付手段是临时特别创设的，或者是从目前正在使用的非农业收入的那一部分以外的来源取得的。但是，我们还应该注意到，即便非农业消费者的支出减少了同样数量，即如果从事农业的甲真的就是从从事工业的乙那里得到了消费所用的钱，这种方法也是适用的。这样一来，问题就会变得完全清晰起来，而且是可以解决的，为了化解那些真正的农民所面对的丧失抵押品赎回权的威胁而进行的再融资、对农产品贸易（尤其是出口贸易）的国有化、对农业生产的严格计划，一个简单的方案就此成形，更根本的调整措施和进一步的合理化举措随时都可以加入。当然，根据当时的宪法，这些措施中的绝大多数都是不可能付诸实施的，同时，由于公共舆论准备不足，最终选择的是一条众所周知的非常艰难曲折的道路（见1933年5月12日的《紧急农场救济法案》第一章），它导致了一长串问题，其中之一就是加工税的开征及其后果。

但是，只要我们同意净效应是大大增加了农业收入，我们就不必再去研究这些问题；因为只要接受了这一点，余下的结论，即它对一般复苏做出了贡献这个命题，也就能自然而然地推导出来。而要接受这个观点，首先，我们没有必要去接受那种关于农民的困境在大萧条中所扮演的角色的明显的夸大言论，例如，一位知名的权威人士曾宣称，所有失业者中有60％的人"之所以会失去工作，是因为农村购买力剧降"；其次，我们也没有必要去赞同那些热心鼓吹农业复苏对总体经济复苏的重要影响的人的意见，他们中的一些人甚至把农业部门所获得的好处称为国家获得普遍利益的一个纯粹的"偶然事件"；再次，我们也没有必要求助于那些可疑的理论，它们强调储蓄减少的影响或"不消费"的影响（后者不那么不正确）；最后，我们也没有必要故意忽视干旱等灾害天气、美元贬值以及整体复苏本身的作用。这种净结果就是我们所拥有的全部，只是解释起来有一定的困难而已，而对根据《农业调整法案》实施的管理活动本身的无谓赞美，无疑是极不可信的。例如，如果我们读到的第一份报告声称，在农村社区长期拖欠的税款已经付清、欠银行的债务已经清偿、学校重新开办，以及购买服装、家具、电器、汽车及其零部件的订单增加……所有这一切都是因为有了《农业调整法案》，那么我们不可能不感觉到这是在夸大其词。此外，我们甚至很难确定实际取得的成果当中有多少可以归因于限制生产的基本思想（即"为不生产付费"），又有多少应该归因于其他政策工具（这些政策工具并没有，或者不一定，与这种基本思想紧密相连，如营销协议和半垄断性的出口惯例）。事实上，在《科尔-史密斯法案》(Kerr-Smith Act) 的支持下，充满活力的烟草项目取得的成功是最引人注目的，远远超出了预期的目标①，但那是需求条件特别有利的缘故。相比之下，在乳制品行业，由于存在一个相对较好的基本面情况，所以并不需要特别采取行动（业内领袖选择接受提供给他们的东西，而没有主动去施加压力要求得到什么，而且对制订生产计划的反对多于支持），从而，限制（购买奶牛）的作用是次要的，需要做的事情主要是通过市场协议完成的——在某些情况下，市场协议还要辅以类似于"内部进口禁令"的规定——尽管并不是总能取得成功。② 撇开结果有些模棱两可的"化谷物为猪肉的行动"(corn-hog action) 和其他项目不谈，我们肯定还记得，"小麦项目"(wheat program) 的影响不管是大是小，都在很大程度上被连续出现的四个坏年成（1933 年到 1936 年）吸收掉了，因此，如果忽略各种次要的辅助措施，对小麦种植者来说，从农业调整总署的补贴中获得的实际好处——除了 1934 年这个例外之外③——可能大幅减少为只剩下由加工

---

① 这个目标本身并不像在其他情况下那样得到了明确的界定。事实证明，1910 年至 1914 年的基准期给出的"平价"在现有价格下已经实现，人们然后又找到了有关更高的"公平交换价值"的理由。

② 请参见布莱克给出的评价：J. D. 布莱克，《乳制品行业与 AAA》，1935 年。

③ 当然，天气和种植面积的限制——或者更精确地说，自愿限制——都是"影响复苏过程的外部因素"，它们的作用部分是交替性的，部分是累积性的。但是，人们通常认为，即便是在后一种情况下，天气也是更重要的因素。不过对于 1934 年，这个结论可能会受到质疑——其实已经受到质疑。农业调整总署的拥护者声称，农业调整总署的工作使得当年的农作物产量减少了 5 000 万至 6 000 万蒲式耳，或大约 10%。如果真的是这样，那么正文给出的那一年的有关叙述就必须修改，因为 10% 的产量变化足以使价格和价值发生非常可观的变化。戴维斯教授估计（《小麦与 AAA》，第 349 页），农业调整总署对种植面积的影响仅为 5.4% 左右。即便是这样，也是不可忽略的。这里应该补充指出的是，对此农业调整总署没有可以感到自豪的，如果它的工作加剧了干旱的影响，如果它没有做到这一点就不构成对这种农业调整政策的批评；恰恰相反，后者应该被记为这种安排和农业调整总署管理工作的功劳。作者认为（再一次，忽略关于出口和西北部地区剩余结余额的指标的影响），干旱（对于 1934 年，还有农业调整总署的限制措施），再加上总体经济的复苏，基本上可以解释小麦价格的变化，而戴维斯教授（前引论著，第 366 页）则高估了货币政策的作用。1933 年 5 月至 7 月的惊人增长，当然可以归因于通货膨胀传言，以及对歉收和政府将针对农业采取进一步行动的预期所引发的投机活动。但是，后来价格并没有降到（比如说）1931 年的平均水平不能归咎于货币原因——除非在非常小的程度上因为联系环节（出口）的重要性严重不足。我们不否认货币政策发挥了一定的作用（下文将再次提及），但是若将 1932 年至 1933—1934 年增长的"大约一半"归因于此，未免有些过了头。

税提供资金的福利支付。在这种安排生效的那三年里，加工税总额为3.26亿美元，可以视为一项简单的补贴。

棉花项目也受到了不利的自然条件的干扰，不过程度不大。这个项目的参与者从一开始就很广泛，后来在《班克黑德法案》（Bankhead Act）的压力下，再加上许多特权都只限于参与者（如种子贷款、商品信贷公司的贷款），参与率就更高了。这个棉花项目的作用就像小麦项目的作用一样。事实上，1934年和1935年推行的减少种植面积的政策，因为1933年农作物减产了大约25%而更加有效。1934年，对种植者的收购（年度）价格，相较于1932年差不多翻了一番——不过，1932年的（年度）价格非常低迷，原因是政府持有超过300万捆的棉花，那是联邦农业委员会（Federal Farm Board）在1929年到1931年进行市场操作的结果，其目的是重新夺回（部分）由于前些年的价格钉住政策而失去的国外市场。由此，棉花种植者的收入从1932年的4.83亿美元提高到了1933年的8.80亿美元（包括收到的相关福利），并于1934年进一步提高到了8.93亿美元。而且，这甚至还不是全部。因为如果没有这个项目，1933年的产量将会是有记录以来最高的产量之一。当然，在这种情况下，由于出口利益的相对重要性，货币政策的作用也更大（见下文）。①

财政部的净成本和损失（包括对糖的进口关税的减少）大约为9亿美元——其中大约三分之一是由于不再征收加工税——我们可以粗略地说，这构成了系统内部的一笔额外支出。除此之外，类似的额外支出还包括执行整个计划的支出，尽管最初的打算是让它自我维持。无论我们如何看待技术、细节、所宣称的目标或所使用的论据，在消除复苏道路上的一个主要障碍、在重建经济有机体中原已失去活力的组织等方面，这项政策取得的成功是无可置疑的。

---

① 第一年的棉花选择计划和10分、12分贷款政策，对美国棉花的国际地位所产生的影响，在某种程度上类似于农业部门在此之前采取的挂钩政策。关于这一点和其他观点，请参阅布莱克教授的文章，《美国棉花的前景》，刊载于《经济统计评论》，1935年3月15日。本书作者对美国棉花出口的长期可能性的预测，无论如何都要比布莱克教授更为悲观，而且并不是十分重视人们讨论得很多的这类政策在长期内可能对棉花出口产生的不利影响。再说一遍，我们只是在讨论那个复苏期间的直接影响。

三、全国复兴总署与复苏

1933年6月16日通过的《全国工业复兴法案》（National Industrial Recovery Act）声称体现了公平竞争的准则，但是它引入了一种国家监管下的"工业自治"体制，其要点是剥除措辞上的伪饰和关于劳动的规定后，这是对德国卡特尔组织的改良版的法律认可和官方鼓励（而且这种认可和鼓励其实相当于一种强制），它们完全独立于这项法案本身，通常是从各种贸易协会的活动中成长起来的。因此，一些"自由主义"经济学家对这样一项将计划与限制和价格刚性联系在一起的措施表现出来的热情是难以理解的（尽管这种限制和价格刚性通常被当作最大的缺陷，记在大企业的账上），除非假设仅仅是"计划"这个词本身和政府办公室的景象就会对某些人产生无法抗拒的吸引力。但是，要理解它如何有助于复苏却是更加容易的：正如德国的卡特尔组织一样，它紧紧盯住各行业内部的弱点，能够打破许多地方出现的螺旋，并修补混乱的市场，特别是在需求无弹性和"生产过剩"的情况下——"生产过剩"通常与低价销售过时产品的过程有关。显而易见，它在某些情况下使正在发生的产业转型过程瘫痪这一点上的有效性是毋庸置疑的：根本未能发现这样一个过程的存在性，或者在事实上除了崩溃和僵局之外什么也看不到，其实正是那个时代的思维的一部分。同时在另外一些情况下，它在改善那些因缺乏组织而实际上出现巨大破坏性的状况方面的有效性也是毫无疑问的，就像在石油和烟煤[①]等行业中那样，只需采取不那么彻底、不怎么引人注目的措施。

然而，对于总体经济状况，直接结果只会更强，因为这个政策在整个适用范围内是不加区别的——虽然执行时是非常不平等的——而且它的纯粹的心理影响也是如此。在这种情况下，我们可以认为心理是一个重要的

---

① 该法案第九节专门处理对石油的限制。如果说它没有以德国《钾肥法》（Kaligesetz）的方式去实施这种限制，那大概只是因为缺乏权力和避免落入违宪陷阱的必要性。在烟煤工业的技术进步中，自世界大战以来，对煤炭越来越合理的利用，以及对其他燃料越来越多的使用，所有这些造成的形势，无论是从必要性还是从监管的难度来看，都提供了一个教科书般的例子。1933年和1934年政府都曾尝试过控制价格，但随着最高法院废除了1935年颁布的《烟煤保护法》（Bituminous Coal Conservation Act），价格控制政策宣告失败。

因素，当复苏的客观条件齐备时，士气低落才是问题所在，这时即便是一个简单的蓝鹰标志也很重要。* 最高法院（于1935年6月）宣告《全国工业复兴法案》因违宪而无效，标志着这个目标已经实现，这对罗斯福政府来说可谓因祸得福。但是，它的"后遗症"般的副作用并没有因此而完全消除。商界吸取了教训。那个"大骗子"（chiseler）仍然非常不受人待见。而且，我们必须记住，对于在随后的繁荣阶段中产出数据未能达到预期这个事实（也正是出于这个原因，大多数经济学家更愿意称之为不完全复苏），这就是一种可能的解释，即便只是部分解释。①

由于可能会面临来自劳工阶层的反对和来自社会的批评（这种批评很容易被称为"反社会倾向"），作为交换条件，该法案和相关法案增加了劳工条款（labor provisions）。许多反对者在看到关于童工、工作时间和最低工资的规定之后，都降低了反对的声音，这些条件是所有法案（包括有待制定的法案）都必须具备的。他们也肯定会因该法案7a小节关于集体谈判和组织相关活动等的规定而觉得欣慰，它们远远超出了1932年通过的《诺里斯-拉瓜迪亚反禁令法案》（Norris-LaGuardia Anti-Injunction Act）的范围。因此再一次，在社会立法方面所取得的更广泛的进展超出了我们的范围——尽管我们中有许多人都认为这只是一个姗姗来迟的进

---

* 1933年，为了保证《全国工业复兴法案》的实施，美国政府发动了一场以"人尽其职"为宗旨的运动。凡遵守该法案的企业，都可以悬挂蓝鹰标志，因此这场运动史称"蓝鹰运动"。——译者注

① 在《全国工业复兴法案》被宣布违宪后，总统工业分析委员会（President's Committee of Industrial Analysis）编写了一份名叫《关于〈全国工业复兴法案〉第一章实施效果的评估报告》。这份报告本身并不是十分有趣。但是该委员会的成员完成的五项研究（未发表但已开放索阅），还有其他许多官方和非官方的研究——特别是那些发端于研究和规划部（Research and Planning Division）的研究——都很好地利用了该法案实施过程积累起来的材料，这些研究不仅是一个重要的历史材料来源，而且是一个集中了各种各样的问题和模式的宝库，只是到目前为止经济学家对它的利用仍然非常不充分。关于全国复兴总署，这个研究领域的一般文献，既缺乏对事实细节的充分把握，又充斥着研究者的种种先入之见，在大多数情况下，这些先入之见从一开始就是显而易见的，甚至会影响到对事实的陈述。罗金（Rogin）教授在1935年2月发表于《经济学季刊》的《新政》一文中，非常有技巧地讨论了这个领域一本精选出来的重要出版物的样本。但是，本书作者到目前为止完成的研究使他自己确信，就手头上这个非常有限的研究目的而言，上面这段话表述的观点应该能够得到对这个领域进行研究的大多数经济学家的认可（或者，与德国卡特尔组织的类比以及最后一句话除外）。读者可以参见E. S. 马森教授的杰出贡献，《经济复兴计划中对工业的控制》［D. V. 布朗（D. V. Brown）等，1984年］；L. S. 莱昂（L. S. Lyon）等，《全国复兴总署：分析和评估》，1935年。

展——因为我们唯一的问题是一般劳工政策特别是工资政策对复苏的影响。关于前者（一般劳工政策的影响），作者认为，在我们关注的这个时间段内，没有发现它有任何抑制性影响。① 关于后者（工资政策的影响），从前面的论述可知，在美国当时的条件下，在所处的周期阶段中，官方以提高整体工资率为目标的持久努力在总体上必定会对产出的扩张和单位劳动产出造成不利的影响。虽然这种影响在1933年第一次大力向上冲击时很可能很小，但是产出、工资单金额，尤其是就业率的进一步提高，很难说达到了预期，这个事实说明"制动"效应确实是存在的（见下文第六小节）。读者应该能够认识到，这与许多个别情形表现出来的相反结果是完全相容的。例如，这与反储蓄论所包含的真理是相容的；与如下认识也是相容的，即价格水平的上涨在一定程度上会被吸收掉，同时政府支出在一定程度上会抵消这种影响。② 再一次，尽管价格水平上升了，但是劳动相对于实际资本而言变得更昂贵。在所处的周期阶段以及美国这个国家的条件下，高工资政策（再加上廉价货币政策）正是造成当时出现最高失业水平的原因。但是，我们还应该注意到，虽然抑制了复苏，但是这并不一定会影响这个阶段的一般性质和持续时间。

让我们暂停一下，先做一次简单的盘点。到目前为止，摆在我们面前的有1933年形势的下列元素。第一，从1932年年中开始，出现了一次复苏。第二，这次刚刚开始的复苏被1933年春天发生的银行业危机打断了，独立于银行业灾难的农业领域出现的困难状况、仍然普遍存在的过度负债状态（及其结果），以及存在于某些个别行业的抑制性因素，又进一步拖

---

① 换句话说，仅仅承认集体谈判的权利和废除"黄犬契约"（yellow-dog contract）本身并不会阻碍经济复苏。（"黄犬契约"指企业雇主以"劳动者不得加入工会"为条件与劳动者签订的契约。——译者注）当然，这样说并不意味着，在新获得的采取行动的机会的推动下，有组织的活动不会增加；同时也不意味着，在相同路线上的进一步立法可能不会出现。但是，在《全国工业复兴法案》生效的两年时间里，全国复兴总署在制定关于工资和工作时间的规定时，以及其他联邦机构和州政府在制定相关规定时，并没有出现过这样的动机或行动。因此，这个问题有必要在下一节进一步讨论。

② 由于政府支出在一定程度上是失业人数的函数，因此我们甚至可以说这种工资政策造成的任何失业（相对于本来会出现的失业情况而言），都可能导致系统支出的净增加。然而，我们将会看到，这一点并不会使我们的论证无效。就相应的工作时间、工资及就业情况而言，全国复兴总署下属的研究和规划部组织编写过一份相当有价值的资料汇集（1935年）。

累了经济。第三，在这种情况下，前面提到的一系列措施，除了从1933年开始实行的高工资政策之外——尽管就连这种政策也没在那一年产生多少重要的直接影响——从实际效果来看都是救助性的，它们不仅是被设计来移开那些"磨石"的，而且在这一点上是有效的。要得出经济系统会强劲反弹——甚至急剧反弹——的预测，我们需要的无非这三组事实[①]；这次反弹不止补偿了前六个月低于正常水平的复苏，但是被当年年末启动的基钦萧条打断。

上面描述的这些也可以用两个词来表达——但是，它们被不加批判地严重滥用了，以至我们现在再来用它们很可能只会招来轻蔑——自然（natural）而健全（sound）的复苏。对于"自然"，我们所指的含义是，复苏是在周期性过程中产生的，且完全由于它自身的机制。对于"健全"，我们所指的含义是，带来复苏的那些因素没有携带如下固有的倾向，即复制出同样类型的困难，或产生其他类型的困难，这些困难正是它们作为工具所要克服的——重新下探是第一类困难最突出的例子，萧条过程所导致的调整措施的取消则是第二类困难的一个例子。因此不难看出，"自然"和"健全"并不是同义词。"自然"的复苏能不能做到总是"健全"的，取决于我们是否排除了所有那些"可以理解的非必要因素"，因为正是这些因素很容易使经济系统陷入无法维持的境地。但是，由于萧条本身是一个"病理"过程，"健全"的复苏也不一定是"自然"的。在我们讨论的情况下，现在考虑的这次复苏——无论全国复兴总署可能会产生什么样的最终影响——是相当"健全"的。在它的底部，是一次"自然"的复苏。但是，公共部门扮演的助产士角色也非常重要，以至我们不能得出自由放任的结论。

当然，这样说并不意味着国会或政府"应该"或者"可以"停止前面提到的这些措施。这个时期的失业状况本身就足以驳斥任何这种建议。但

[①] 这个结论在我们的诊断性论证过程中是一个重要的环节，也许应该加以扩展并给出更多的支持。但是作者不知道怎么才能在不出现令人无法忍受的重复叙述的前提下做到这一点。然而，这里有一点应该是显而易见的：在已经从根本上做好实现改善的一切准备的情况下，螺旋式下降的停止和"心理状态"的逆转将会带来一次强劲的井喷。

是，这样说确实可能意味着，作为一个"诊断性结论"，1933 年的复苏在很大程度上不考虑当时出台的货币政策和支出政策也可以得到解释——这个程度要比人们通常认识到的更高。确实，对于这个命题，我们还没有找到类似于事实集合这样的证据，使我们能够证明一个同源命题，即复苏的启动是完全依靠它"自身"实现，而不仅仅是对复苏政策的反应。但是，我们确实有了确凿的表面证据来初步证明这一点，而且得到了如下事实的进一步支持，那就是，在 1933 年关键的第二和第三季度，新支出计划仍然处于酝酿阶段，不可能对经济过程产生重大的、机制性的影响。[①] 货币政策基本上也一样。接下来，我们就来讨论货币政策。

四、货币政策

1933 年 3 月的"银行假日"结束之后，银行重新开业。除了事先得到财政部的特别许可之外，银行一律不得支付黄金——从 3 月 4 日开始，停止赎回黄金票据——但所有的影响只是美元的国际价值出现了微不足道的下跌。4 月 19 日下午，即在宣布对黄金的（部分）禁令之后，美元在国际交易中出现了大约 9% 的折价，而在接下来的 8 天内，折价率一直在 8% 和 12% 之间波动。因此，没有像英国那样出现恐慌。这个事实非常重要。它表明，一方面，国际投机者不相信美元会大幅贬值，尽管事实上 4 月 20 日提出了一个法案，它所包含的一个主要条款后来体现在了（《农业调整法案》的）《托马斯修正案》中；另一方面，美元自身没有应该贬值的理由（连投机者也没有这样的预期）。因此，美元的命运与英镑的命运没有任何相似之处。无论是在短期还是在长期，无论是来自国外还是来自国内，美元都没有遭受经济压力。尤其是，我们不难回忆起，它在之前就度过了风暴期，那是它在这个大萧条时期的第三次：美联储对整个局面的掌控非常老到，在"银行假日"结束之后不到三个星期，此前为了补足损失的黄金、为了满足各中心城市的取款需求以及纽约市的银行家提取余额

[①] 根据柯里先生和维拉德先生提供的数据——见 A. D. 盖耶（A. D. Gayer）教授，前引论著——在那一年，联邦净收入创造型支出为 18.56 亿美元，仅比 1932 年高出了 2.10 亿美元。如果产生的影响大于这个比例，那么只能归因于周期阶段的差异。

的需求，而从储备银行借入的款项就已经偿还一大半。而且，几乎所有储备银行遭受的损失都得到了补偿。

当时美元遭受的压力完全是政治上的；事实上，直到全世界确信"通货膨胀"迫在眉睫的时候，美元才真正"屈服"。而这种信念则是5月12日通过的《农业调整法案》第三章带来的一个结果——这一章甚至被官方一本正经地称为《紧急救济和通货膨胀法案》（Emergency Relief and Inflation Act）。我们不打算浪费时间去讨论政府在这段时间内实际奉行的到底应不应该称为"通货膨胀政策路线"——如果答案是肯定的，所说的"通货膨胀"又是哪种意义上的通货膨胀。虽然任何人都不可能有任何疑问，各种能够从通货膨胀政策中获利的群体——作为这种政策的鼓吹者，他们通过互投赞成票确保了这个法案的通过——所瞄准的就是通货膨胀（在这个术语的任何能想到的意义上），但这个法案本身却是一个妥协的结果。这种妥协使对他们的让步比表面上看起来的要少，也比所有人出于各种各样的动机假装相信的要少。它的规定除了仅仅是允许性的而不是强制性的之外，还提供了大量的可能性（随后又得到了进一步的扩展）[①]，可以用来击败任何形式的通货膨胀，并且在事实上得到了有效的利用，直到1937年。然而，很明显，至少货币贬值是不可避免的了。然而，即便如此，美元还是表现出了它所拥有的自然力量，因为它的下跌非常迟缓。因此，当秋天来临复苏前景变得暗淡、人们对全国复兴总署和农业调整总署的热情开始冷却下来，而重建金融公司宣布愿意借给银行10亿美元用于先前未能见效项目的再贷款（这种失败再自然不过）。政府随后就遭到了

[①] 这个法案的第46条修改了《联邦储备法案》的第19条，授予联邦储备委员会改变会员银行必须缴存的存款准备金余额的权力。1933年的《银行法案》禁止会员银行为公司和个人提供证券贷款（用他人的钱发放贷款）。1934年6月6日的《证券交易法案》（Securities Exchange Act）授予联邦储备委员会另一项权力，即规定经纪公司向客户提供的贷款以及银行提供的证券贷款的利润空间的权力。1934年1月30日颁布的《黄金储备法案》（Gold Reserve Act）在一定程度上就是为了消除货币贬值的"通货膨胀"效应。财政部的"刹车"能力本来就很强大，而且由于社会保障立法赋予了它对可能用于这个目的的巨额资金的控制权，它的这种能力得到了强化。这些都还只是"机器内置"的一些"刹车"装置。诚然，它们的效果是有限的，而且其中大多数必须通过明显且不受欢迎的行动才能真正发挥实际作用。因此，它们并不能完全消除通货膨胀的可能性。而且，对价格水平在未来的波动性进行数值性的预测是一件风险极高的事情，这应该是显而易见的。

通货膨胀主义者的猛烈抨击，他们声称，政府在 10 月采取的一项政策（即买入黄金的政策①），在没有产生"通货膨胀"效果的情况下却导致美元走低了；他们还声称，通过将由此而获得的政治资本迅速用于投资，至少在目前，可以阻止《黄金储备法案》这种"试验"。② 而且，美元仍然在抵抗：大量黄金转而滚滚流入美国这个国家。接下来，我们就来快速地看一下，在 1 月 31 日的总统公告发布之后，黄金储备在 2 月的波动情况，每金衡盎司黄金的价格从 20.67 美元上涨到了 35 美元；同时黄金储备货币的价值——包括重建金融公司和财政部先前获得的黄金，但是不包括仍然作为流通中的货币而报告的硬币——达到了 70.3 亿美元。在那个月里，美国至少输入了价值 3.81 亿美元的黄金（其中有 2.13 亿美元的黄金来自英国）——从而创下了新纪录——主要是因为，作为对新的黄金价格的反应，美国国内外的银行利用了美元被低估的机会。专项拨款也释放了一些出来（860 万美元）。

为了评估这个政策对经济过程的影响，我们首先有必要弄清楚它与宽松货币政策之间的关系到底是很大还是很小。当然，毫无疑问，黄金的流入，到 1934 年 2 月就已经使得所有会员银行的超额储备上升到超过 10 亿美元的新高峰，这在当时和后来都是导致利率低得惊人的一个主要因素

---

① 当然，德国式的通货膨胀会自动压低美元。汇率下浮（depreciation）和货币贬值（devaluation）政策所获得的部分支持，也是因为能够与这种通货膨胀联系在一起（虽然不一定是与这种程度的通货膨胀联系在一起）。但是，这些"通货膨胀主义者"忽视了一种可能性，即美国采取这种政策可能是画虎不成反类犬——只得其表，而无法实现其实质内容。尽管有助于未来的通货膨胀，但是通过购买黄金来降低美元的黄金价值的政策——通过在交易所直接投放无限量的美元余额应该是一种更有效的方法——实际上（无论意图如何）会变成一种避免通货膨胀的手段。在战术的层面上，这种政策的全部优点都系于如下事实，尽管它是一种避免通货膨胀的手段，但是它却可以满足一些能够从通货膨胀中获利的利益群体，例如出口商和投机者，他们特别直言不讳，为鼓吹通货膨胀提供了强大的动力。因此，这种政策会打破通货膨胀"方阵"。

② 读者将会注意到，我们是从战术和利益群体的角度出发做出解释，而不是根据"理论"和"实验"做出解释，同时还严重地忽视了措辞问题。在作者看来，如果我们的目标是对情况的掌握而不是对措辞的讲究，那么本来就应该如此。我们也没有给出任何关于实际动机的暗示。但是，这种解释直到 1937 年才被事实所证实。尽管有关通货膨胀的措辞、"理论"和目的，后者都是出于战术目的而几乎随意地确定，但是在每一种情况下，对政府施加的压力都比政府所施加的压力更加明显。不断地呼吁银行自由放贷尽管是错误的，但从这个角度来看，这种呼吁也具有重要的意义。因为现有的信贷工具得到利用将使那些鼓吹"货币通货膨胀"的人失去立足之地。

（至少从1935年春天开始）。随着政府支出的恢复和经济的复苏，到了1934年11月，（例如）优质银行承兑汇票（90天期）的利率非常勉强地达到了0.125%并保持不变，同时优质商业票据的利率到6月也才勉强达到了0.75%～1%的水平，并在那之后降到了0.75%。虽然说如此之低的利率超出了我们模型的预测，但低利率如此盛行却没有超出预期。另外还有一点，尽管不很明显，那就是，（例如）纽约市银行的客户贷款利率稳步地从并不算很高的"恐慌性峰值"——1933年3月的4.88%——降到了1935年3月的2.64%，这也大大超出了我们在没有出现贬值引发金价波动的情况下应该得出的预期。换句话说，后者没有创造出宽松货币政策的条件。到1931年秋季，商业票据利率已降至2%，尽管随后一度有所回升，但是到1932年秋季，又降到了更低的水平。在刚刚开始的复苏过程中，没有任何因素能够推动利率回升。就这个角度而言，贬值并没有给经济过程带来任何影响；事实上，这一点从前面描述的1933年美元的波动中就可以看得很清楚。此外，利率在那一年遭受这种压力不仅是由于汇率下行，也是由于美联储在公开市场上的购买操作，那是对当时《通货膨胀法案》所隐含的美元危机的一个反应——从5月到11月，政府动用了5.7亿美元，然后戛然而止，因为这样做只能导致超额储备膨胀。但是，这一步在不放弃黄金的情况下也是可能实现的。最后（这也是对我们关于这个主题的观点的最后一次核查），这种无效性帮我们证明了这样一个命题：无论什么外部因素对利率和信贷安排产生了何种影响，这些因素对经济过程的影响都几乎为零。

其次，必须从与公共支出政策的关系的角度来考虑货币贬值问题。事实上，有人认为，前者的意义主要在于执行后者，后者才是真正产生结果的。毫无疑问，这种观点是有一定道理的，它无论如何都要优于如下这种天真的信念：重新确定美元的黄金含量，就能够使价格水平发生同样比例的变化——这是货币商品理论（commodity theory of money）时代遗留下来的一种奇特的思想。因为，尽管价格水平的提高既不会是（原则上通常如此）也从不曾是（在这个例子中这是一个事实问题）以反萧条为目标的公共支出政策的主要后果，但是在下面将会给出的条件下，货币贬值确实可以只对价格水平发挥影响——如果它诱发或促进了支出的增加的话。因此，如果本来在技术上不可能的公共支出确实是通过货币贬值才得以实现的，那么我们应该把货币贬值列为影响复苏过程的主要因素之一。但是，完全足以产生那些实现了的效果的那种公共支出，在美元与旧黄金平价的情况下也是有可能实现的。货币贬值可能消除了人们对货币限制的所有担忧，从而促进了这种目标的实现，但也仅此而已。

最后，直接效应当然仍然存在。我们在这里只提其中两个。1933年是货币失序的一年，人们普遍担心通货膨胀是不是马上就会到来。这种心态刺激了人们在证券和商品上的投机，这一点在股票交易和农产品交易中可以看得非常清楚。尤其是股票价格（以及次级债券的价格），对美元的每一次贬值都有明显的反应，直到9月这种情况才有所改变。唯一的问题是，这种效应在何种程度上超出了广义投机的范畴。正如我们已经看到的，生产性企业对货币政策的反应充其量是模棱两可的。1896年和1878年是两个突出的例子，它们应该足以表明对货币扩张的预期不一定是一种推动力，对"稳健"货币的预期也不一定是一种抑制性的力量。这个结果当然一点也不令人惊讶。因此，尽管弃守黄金导致的预期无疑推动了1933年3月至7月批发价格指数的频繁上升——正如斯奈德一再强调的，这种价格波动很好地反映了令人不安的投机活动——而且，虽然毫无疑问，这种激增必定会对生产活动产生一定的影响，但是我们不应过分重视这个组成部分，特别是考虑到，正如前面所指出的那样，没有了它，强劲的复苏仍然无论如何都是可以理解的。

汇率下浮和货币贬值政策的另一个直接影响发生在对外贸易领域。在我们讨论的这个时期，进出口的价值或数量在总量上所发生的变化——并不能给人留下深刻的印象——证明不了什么。关于美国商品的出口，有人说汽车工业和机械工业是获益者，这种观点是有道理的。然而，由于工业品出口在任何情况下都没有重要到足以产生重大影响的程度，所以我们不需要深入探究如何分离出货币贬值的影响，尽管这是一个不错的问题。在这个时期，官方公布的农产品出口数量指数一直在下降，1935年的年度数据略低于1932年水平的58%。然而，毫无疑问，小麦种植者，尤其是棉花种植者是因货币贬值而获得了一些好处。就棉花而言，它还起到了抵消卢比、埃及镑和密尔雷斯（milreis）贬值的作用。然而，这个例子也只是进一步加强了支持如下更一般命题的理由，即在满足一系列不需要在此重复强调的条件的前提下，公共支出是唯一能够对我们的过程起积极推动作用的政策措施——有别于讨论过的政策措施，它的主要作用是清除障碍，因此（主要①）是以一种"消极"的方式提供帮助。

五、收入创造型支出政策的相关事实与理论

事实上，表面证据确实显示，从1933年12月到1937年年中，联邦政府的收入创造型支出是国民净收入增长（按当前美元计②）的主要因素。

我们无法在此深入探讨这种支出计划的实施方法和负责实施的组织机构。这种支出计划与支出活动的直接目标一起，从它的基础得以奠定的那一天开始，就一直处于不断变化当中——1933年3月31日通过的《失业救济法案》（规定了用于植树造林、防止水土流失、防治植物病虫害等的支出）、1933年5月12日通过的《紧急救济法案》（对重建金融公司的权力进行了调整，创建了联邦紧急救济总署，为直接救济失业者而向各州提供补助金）、1933年6月16日通过的《全国工业复兴法案》的第一章和第二章（公共工程项目，向各州提供公路建设补助金，拨款33亿美元）。当然，方法和对象对复苏或任何其他方面都不可能是无关紧要的。甚至，对经济过程的直接影响，给定数额的支出是用于直接救济，还是用于从库存

---

① 有些机构，尤其是农业调整总署，也增加了整个系统的支出；也正是因为它们这样做了，所以又凭借这个由头加了进来。当然，由于任何公共机构都会产生行政开支，所以在较小的程度上可以说所有的国家机构都这样做了。

② 见库兹涅茨教授的《国民收入》，第8页，表1，第3栏。联邦净收入创造型支出的数据则仍然源于盖耶先生（前引论著）。此外还应该补充的是，他们所根据的柯里先生的方法，也包括源于房地产税收的收入，理由是，在这种情况下，房地产（业主）即便能够用所拥有的现金和"准现金"支付这些税款，也是从闲散资金抽出来的，从而会使它们进入流通领域。因此可以看出，旨在增加收入的支出与官方统计的赤字有很大的不同。所有与再融资交易有关的支出均不包括在内，而名义上独立的那些机构（信托基金等）的收入创造型支出则包括在内。对国家和地方机构的收入创造型支出的差异进行修正不会产生重大影响。

中购买材料然后由接收者利用这笔收入来偿还债务，这种不同也绝不会是无关紧要的：支出方式不同，对系统支出的影响也不一样，大者会使系统支出增量数倍于支出的数额，小者则不超过再融资的数额。① 然而在这里，我们只需要注意到，国民净收入在 1934 年增长了大约 86 亿美元、在 1935 年增长了大约 52 亿美元（1936 年则增长了 88 亿美元②）。相比之下，联邦净收入创造型支出在这几年的增量分别为：1933 年，18.56 亿美元；1934 年，32.38 亿美元；1935 年，31.54 亿美元（1936 年，40.25 亿美元）。

用这些数据和其他数据——例如，用就业的数据（见下文）——来衡量，影响似乎小得惊人。事实上，即便是那些将观察到的国民收入增长全部归因于联邦政府的收入创造型支出的经济学家，也会有这样的感觉。但是很明显，我们不能这样做，因为认为收入创造型支出是导致这种增长的唯一原因，或者意味着循环论证，或者（如果不进行循环论证的话）需要一个假设经济过程将继续萎缩或将无限期地维持在最低水平的理论。③ 我们没有理由相信这些。相反，正如我们已经看到的，我们有理由相信，在任何情况下都会出现复苏，而且复苏的力度足够大，足以产生实际发生的大部分增长，尤其是产出增长，甚至还会更大。因此，在将受联邦政府的收入创造型支出影响的周期阶段考虑进去之后，我们对其影响的预期只能提高，而不能降低。我们将从以下四个方面重申这种预期。

---

① 在这里还可以提出另一点。有一种公共工程相当于直接救济。但是在另一端还有一种类型的公共工程，即便是出于救济的动机，也只不过是公共机构对在萧条时期或刚开始复苏时所获得的各种因素的价格和利率所做出的一种"类商业"反应。严格地说，这种性质的支出不应列入救济支出的估计数，因为它不是作用于这一过程的外部因素，而只是这个过程的正常机制或自主机制的一个因素。随着"国有企业"的扩张，这种支出必定会变得越来越重要，而且，即便有很多支出根本没有产生货币收益，或者不能带来充分的商业回报，情况也是如此，因为公共工程所使用的那些生产资料如果不用在这里就会被浪费掉，因此公共工程可以说是没有任何社会代价的。

② 库兹涅茨教授的数据截止到 1935 年，1936 年的数据是从商务部的序列中提取的，因此严格地说，那一年的数据与前几年的数据并不可比。

③ 科尔姆（Colm）和莱曼（Lehmann）教授在 1936 年 5 月于《社会研究》上发表的《公共支出与美国经济复苏》一文对此进行了出色的研究，他们的推理正是基于这种假设。柯里博士则认为（见他在 1937 年 12 月 30 日举行的美国经济学会会议上宣读的论文），商业存款在 1933 年至 1935 年出现了强劲增长，商业借款则下降了，因而这种增长只能归因于政府收入创造型支出的净增加。他据此认定，公共支出必定是复苏的启动力量。这显然是一个不合逻辑的推论（non sequitur），除非我们把复苏等同于存款的增加，并且毫无理由地假设借款的下降完全独立于这种支出。见这一小节的最后几段。

第一，政府支出能够使任何经济状况得到改善，哪怕它只是增加了当年的国民收入，或者只使国民收入增加了与支出相同的数额或者比支出还少的数额，甚至在最极端的情况下，哪怕它根本没有增加任何国民收入，因为它能够帮助公众积累起原本会耗尽的余额、偿还债务。如果企业用政府从现有但闲置的存款中筹集的资金去偿还银行贷款，这种改善甚至还可能伴随着存款总额或活期存款的下降，但是正如我们以前看到的，这可能是一个有利的征兆。① 因为一般来说，在恢复阶段的早期只会剩下少量的"解冻剂"。但是，鉴于之前发生的灾难的严重程度和持续的过度负债状况，我们有理由假定，在这种情况下，"巩固"（consolidation）也是支出政策的主要救济效果之一。② 虽然主要作用于货币领域，但是这种影响主要表现在货币领域之外。

第二，还要预期到我们所称的政府花钱的"直接结果"（只要这些钱不会在补充余额和偿还债务的过程中被吸收掉）：失业的人有失业救济金可花、被那些得到了政府订单的企业重新雇用的人有工资可花、零售商也有钱下更多的订单等。这种效应无疑是相当大的，但是给定我们现有的信息，要单独对它们进行评估是不可能的，因为除了其他一些未知因素之外，我们也无从得知货币收入效率的具体值（第十一章第一节），而政府创造的收入的相关部分必须乘以它。③

第三，企业——特别是在复苏阶段时——不仅会直接对政府订单（或

---

① 当然，这种征兆在美国这个国家的任何存款序列中都没有出现过。然而，贷款序列的"行为"表明，这个因素绝不是完全不存在的。

② 如果我们把这种效果称为补救性的，同样的术语也适用于在其他标题下所注意到的效果，我们就不能因此"证明"支出政策是正确的。一种药物可能对头痛有"治疗作用"，但对心脏"有害"。作者毫无疑问地认为，除了"深度"萧条（大约从1930年中期到1931年中期）之外，公共收入的产生降低了资本主义进程的效率，原因到现在我们应该很熟悉了。它们特别适用于在复苏的后期和繁荣的第一阶段创造公共收入。应当特别注意公共支出和企业支出的效果的差异，后者涉及生产职能的改变，而前者不涉及。

③ 当然，我们可以算出"平均收入速度"（average income velocity），即效率乘以支出率，通常的方法是用总收入除以存款加上"从一人之手转到另一人之手"的流通量。但是，经过深思熟虑之后，我们将会发现，我们不能通过将联邦收入创造型支出的数额乘以上述"平均收入速度"来计算出这种支出的效果。要想做到这一点，就不得不借助上面提到的循环推理。当然，我们并不认为这个问题是完全不可解决的，但是要解决它需要制订一个庞大的计划并进行艰苦的研究。

得到了政府资金的第一批企业的采购行为）做出反应，而且会在预期将出现这种订单或采购行为的情况下扩大业务，或者采取其他会"放大"政府支出的直接影响的措施，从而间接地做出反应。然而，应该指出的是，在复苏初期的一般条件下，我们不能指望新的投资会有太多明显的表现。如果在这个例子中是这样的，那么就说明在1935年以前肯定出现了某种完全不正常的东西。当然，这样说并不是否认对投资的刺激在关于政府创造收入的一般理论中所占据的突出地位。在1935年及以后，这种刺激就可能已经存在。然而，在经济萧条和复苏阶段，需要给予刺激的是消费者领域和"附近"领域的当前业务，而且事实上已经这样做了。

第四，与上面这一点提到的那种类型的反应无关，政府支出还会对经济活动产生一种隐秘的"后效应"（ulterior effect）。债务结构的优化、价格的稳定、会立即受到政府支出影响的那些部门的改善，以及对政府正在进行"托底"的普遍感觉，将会消除人们在心理上的各种禁忌，有利于所有方面的发展。在如下情况下，这种效应会特别强烈：不仅为复苏奠定好了基础，而且本来业已开始的复苏被某种令商界神经高度紧张的经历所打断（这种经历成了银行间的流行病）。因此，虽然本书作者无意否认这种效应的现实性，但是却必须对一些经济学家不加批判地引用这种效应的做法提出抗议，因为那等于是在回避问题。

此外还应该补充的是，联邦层面的收入创造效应也必定会通过——直接地和间接地——使许多以前因各种问题无法获得信贷的家庭重新具备"对其发放信贷的价值"，从而起到刺激消费的作用。实际上，1934年各中介机构和现金借贷机构的未偿还信贷以及零售商的应收账款都比1933年高很多；这在很大程度上就是因为，这种融资方式为银行提供了最明显的机会去对当时不断高涨的"放松"信贷的呼吁做出回应。由于上述分析不仅适用于政府支出的收入创造效应，也适用于消费者信贷的收入创造效应（几乎不需要进行任何修改），因此很容易看出前者强化了后者的效果。

很明显，这种分析完全没有低估"泵注启动型"经济刺激政策的潜力，正如前面指出过的，世界大战期间的经验也证明了"泵注启动型"经济刺激政策的潜力甚至可以充分地持续下去，将萧条转变为一个展现繁荣的所有表面特征的状态。读者应该还会注意到，在某些方面，我们不像政府收入创造政策的倡导者（和反对者）那样感到失望。例如，我们没有因为1934年私人投资没有被更有力地刺激而感到失望。我们也不认为将政府创造的资金用于补充余额和偿还债务在一定程度上构成了对政府支出政策的反对。然而，观察到的结果并不比如果该政策就是所采取的行动的唯一组成部分时所预期的好。由于我们不能轻率地忽视另一个足以产生这些结果的组成部分，所以我们不得不得出这样一个结论（在下一节将予以证明），即其他因素削弱了这两个组成部分的联合效应。

既然有如此多的经济学家认为购买力的注入在数量上足以产生观察到的结果，并认为这种"充分性"可以作为一个事实证据，证明经济过程本身不可能有任何贡献——或者只有"负向"的贡献——那么我们最好回溯一下我们的论证步骤，以便明确地说明支持可选的其他可能性的理由。我们在前面讨论第一点时提到了其中一个步骤：在净收入创造型支出当中，对于只使国民收入增加了与支出相同的数额或者比支出还少的数额的那一部分（尽管我们不知道具体数额是多少），如果同时出现了与它无关的扩张——比如说，利用现有的存款实现的扩张——那么很显然，记在它名下的"功绩"就会超过它的实际贡献；而且，如果收入创造型支出总额与国民收入增加总额之间有一个可信的定量关系，即两者相关的话，那么也一样。一方面是普遍负债过高的状况，另一方面是周期阶段，两者结合在一起，使得这种巧合对形成统计图景具有一定的重要性这种可能变成了一种现实的确定性。

同样地，如果政府资金增加了企业存款（这是理所当然的），那么它们将为接收企业的后续交易提供资金，不管这些交易是否由政府支出行为引发。因此，光凭这一点就能得出结论说这些企业每一项业务的扩大都必定与收到的这些资金有因果关系，没有了这些资金，它们就不会扩大业务。在这种情况下，政府支出如何推动经济复苏确实比在另一种情况下更容易看清楚。但是，由于复苏的继续或扩大在这个周期性节点上是独立地被激发起来的，因此不能把最初由政府支出所注入的资金所资助的一切都归因于它们所带来的推动力：我们不可以推断政府背负着经济前行，就像埃涅阿斯背着安喀塞斯千里跋涉一样。* 不过，至少在某种程度上，这种"收款"融资取代了借款融资。我们将会看到，这方面有充分的证据。

有人或许会回应说，这只是一个关于可能性 vs. 确凿的统计事实的猜测。不是的，这是常识 vs. 某种类型的货币理论。我们看到的是收入创造型支出和某些特定的事态发展。至于它们之间的关系，我们是看不到的。我们对这种关系的解释的假设性或推测性，并不比完全依赖于两者之间的机械性关系的解释更多（只会更少），因为我们的角度需要的假设和断言要少得多。

最后，还应该指出的是，这里还没有将政府支出可能妨碍企业扩张的可能性考虑进去（当然，银行贷款的扩张除外）。这种可能性所引证的一些论点可能是值得我们加以关注的，尽管人们通常会对此不屑一顾，例如，不平衡的预算会摧毁信心这种观点。其他论点则不必关注。但是无论如何，就支出政策本身而言，若只考虑短期经济形势的总体情况，其净效应为正；在作者看来，这一点实在是太明显，因此有理由无视那种类型的任何可能性。①

六、相关统计图景

现在，我们再来看一下统计数据。我们应该还记得，在解释 1933 年的繁荣时，我们不需要过分依赖"通货膨胀"预期或一般的投机行为（1933 年的繁荣在 7 月达到了顶峰）。我们也不需要将其简单归因于补充库存的需要（"补库存繁荣"）。尽管所有这些因素和其他因素——例如，试图从不需承担额外成本的买卖或生产中获取利润（因为成本将由全国复兴总署和农业调整总署来承担）——无疑都是有所帮助的，但是这场繁荣从根本上仍然可以理解为一个对因此前肆虐的螺旋姗姗来迟而更加强烈的反应，而且有合理的理由认为它的强度是可以衡量的。另外，也没有必要

---

* 在希腊和罗马神话中，特洛伊城陷落后，埃涅阿斯背着他的父亲安喀塞斯，牵着他的儿子阿斯卡尼俄斯，逃离了特洛伊城，辗转来到意大利，创立了罗马。——译者注

① 然而，请参阅前面一个脚注。无论是美国全国复兴总署的法规，还是大量的资金注入，本意都不是振兴资本主义过程。

强调对过剩的反应这个因素，尽管过剩无疑加剧了经济在第三季度的下滑，且在程度上几乎比之前的任何一次下滑都更加严重，也比第四季度几乎处于同一水平的波动严重一些；这次下探仍然完全符合通常的规律（基钦周期的萧条阶段）。但是毫无疑问，公共支出缩短了下探时间，并且增强了——实际上始于前一年的12月——1934年上半年的强劲扩张。1934年第三季度只出现了适度的放缓，第四季度又恢复了扩张。在1935年第一季度，扩张仍然在继续以更快的速度推进。纽约市之外的借方数额（141个城市；美国联邦储备委员会的数据）的月际变化很好地呈现了上述基本轮廓。在讨论的这几年里，月均借方数额（1929年达到了顶峰，为276.6亿美元；1930年为230亿美元；1932年为128.7亿美元）在1933年触及了122亿美元的最低点（我们知道，这主要是银行业的问题所致），1934年回升至138.3亿美元（1935年进一步上升到了158.5亿美元）。如果是在不存在政府收入创造型支出的情况下，那么我们可以认为这种表现是符合预期的。但是现在增长的幅度太小在事实上成了一个问题。我们对这个问题的解决办法其实已经在前几段中给出。

如果将季节性因素考虑进去，那么可以发现利润从1932年第四季度到1933年第一季度都是下降的，接着在第二季度强劲回升[①]，但是仍然低于未经修正的数据显示的水平。然后是再一次的下探，但是在1934年的表现大大超出了根据我们的模型给出的预期：那一年的季度平均水平（纽约联邦储备银行提供）相较于1933年的高出了75%。作者认为，大体上可以将这种增长的四分之三归因于政府支出和全国复兴总署的努力。[②] 股票价格的走势也很好地复制了这个轮廓。然而，我们不应忘记，所有这些都只是延续了1932年第三季度的上涨势头。新公司资本发行的月度平均

[①] 请参阅W.L.克拉姆《论企业利润》，刊载于《经济统计评论》，1934年3月15日。本书作者将会比克拉姆教授更肯定地断言，企业利润的真正低点出现在1932年第二季度。无论如何，只要克拉姆教授挑选出来的那个由163家公司组成的样本是有代表性的，那么企业利润在下半年的大部分时间里都在改善这一点就肯定是毫无疑问的。

[②] 每月平均现金股息（据《纽约时报》，1930年达到了最高峰3.865亿美元，但银行除外）：1932年为2.165亿美元，1933年为1.815亿美元，1934年为2.06亿美元（1935年为2.263亿美元）。

数（国内；《商业和金融纪事报》；1929 年达到了最高值，为 6.668 亿美元）在 1933 年下滑到了 1 380 万美元的最低点，1934 年也仅仅回升到了 1 480 万美元。这甚至比我们的预期还要低，尽管我们认为复苏通常不一定从实际投资开始，更加不一定从资本发行开始。因此，政府支出提供了部分资金，否则的话，它们就需要通过资本发行或从银行借款来筹集资金。此外还有一点是，1929 年通过资本发行获得的资金在很大程度上仍然没有动用。

从需要报告的会员银行的"其他所有"贷款的走势中，我们可以了解到政府支出在多大程度上取代了银行信贷（即使得企业能够通过这种"收款"来融资）。正如我们在前面已经看到的，在 1932 年的复苏初期，"其他所有"贷款并没有增加——这完全符合预期——而是继续下降，并且以 1933 年第一季度的急速坠落结束了这个下降过程。然后，它们开始温和回升，直到第四季度初，之后它们再一次下降。到目前为止，没有什么是不正常的。但是，它们根本没有参与 1934 年上半年的上升波，尽管同期银行持有的美国证券在第一季度增加了大约 10 亿美元，然后到第二季度末又增加了大约 5 亿美元。第三个季度贷款的增长是微弱的、短暂的，而且到年底为止的跌幅超过了这个小小的升幅。贷款也没有伴随着 1935 年第一季度的强劲增长而增加：企业没有向银行申请政府会提供的那些东西。我们应该还记得，前面对于德国我们观察到了同样的现象。

1932 年下半年，纽约市之外的活期存款净额有所增加。在第二年春天出现了可以理解的下滑之后——这种下滑使得其触及一个很低的水平，但那在我们看来是虚假的——到 1933 年 7 月，它们的增幅超过了其他所有贷款的增幅。当然，这主要是由于会员银行的投资增加，而且与美联储在公开市场上的购买行动有关。同时，它们的周转率也提高了。直到 1934 年年中为止，纽约市之外的活期存款净额与纽约市之外的借方数额一起涨跌，而在创造它们时，投资再一次取代了贷款。但是，在那之后，它们仍然继续在增加，作为对不是用来替代本来会出现的贷款的投资的反应，直到这个时期结束：政府通过出售不足填补票据（deficiency bills，政府为填补亏空而发行的票据）——在 1934 年，用日报表来衡量，现金赤字已经达到 45 亿美元——来获得存款；当这些存款投入使用时，就会产生其他存款：这是在战争期间融资时屡试不爽的老方法。当然，盈余资金向中心城市的转移，以及黄金以新的平价流入，也增加了活期存款净额。① 这些变动或超额储备的增长都没有什么问题。

我们在前面描述了利率在这种货币制度下是如何变动的，因此在这里只需要补充说明债券收益率的表现（公司发行的债券；用标准统计组织的综合指数来度量）②：（月度平均水平）从 1932 年的 6.27% 下跌到了 1933 年的 5.92% 和 1934 年的 4.86%，到 1935 年 3 月则为 4.78%。不包括食品和农产品在内的美国劳工统计局的批发价格指数，按每月平均水平计，由 1933 年 4 月的最低点 65.3 上升到了 1934 年的 78.4（1931 年则为 75）。③ 这种增长的绝大部分是在 1933 年结束之前实现的，也就是说，是在支出计划还没有时间产生全部机械效应的情况下实现的。这也落在了对一个从恐慌性低点开始的反弹的预期范围之内。除了存在大量未得到充分利用的资源之外，不断提高的生产效率所带来的压力，是价格未能对政府的"提价政策"做出更有力的反应的主要原因。④ 这种价格政策在食品和农产品方面显然更加"成功"。从 1933 年 3 月到 1934 年 12 月，农产品的价格上涨了 84%（这是美国农业部的指数）。但是，美国劳工统计局的农产品指数则从 1933 年 2 月的 40.9 上升到了我们这个时期末（即 1935 年 3 月）的 78.3，或者说与最低水平相比，上升幅度超过了 91%。但是读者应该会意识到，要选出某些日期，使得价格的上升与美元的黄金含量减少之间呈现出几乎完全一致的对应关系，其实是非常容易的——当然，读者

---

① 直到 1935 年 8 月 23 日为止，"活期存款净额"这个术语一直保有它原来的含义。在那一年，需要报告的会员银行的存款总额增加了大约 30 亿美元。

② 1934 年第三季度，随着股票价格的下跌，债券收益率有所上升，同时黄金出现了短暂的流出。这其实只是赤字融资的一种自然的伴生现象，但是总体而言，这种效应应该说已经得以成功避免。然而，债券收益率不够低，不足以明确地否定市场对货币存在不信任的观点。事实上，这种"非常便宜"的利率是被严格地限制在（我们所说的意义上的）公开市场之内的，这种事实指向了这个方向。

③ 费尔柴尔德（Fairchild）零售价格指数，也不包括食品（1930 年 12 月 = 100），月度平均水平在 1933 年 4 月触及了最低点（69.4），1934 年回升到了 88.3。

④ 以美元计的价格直到 1933 年 11 月才开始下跌，直到 1934 年 5 月才真正开始上涨。但是，没有必要深入探究这个问题涉及的各个方面。

也应该会意识到,这种做法是完全没有意义的。

在不同行业之间,平均每小时工资率的波动有很大的不同——在无烟煤开采业中,平均每小时工资率的增幅非常小;而在烟煤开采业中,增幅却非常大——这再次说明,泛泛地谈论一般工资水平往往没有现实意义。然而,从总体上看,这些不同的增幅似乎都在朝着一个更加平衡的工资结构的方向"努力"。从1933年6月(每小时工资率的最低点)到12月,制造业工资("所有工资收入者":25个行业)的整体增幅超过了22%。在那之后,制造业的工资水平没有再次下探——尽管批发和零售贸易业的工资水平有过一次下探——而是继续增长,只是速度要慢得多;尽管速度很慢,但是到1935年3月,这种增长也已经足以使实际工资率增长大约6%。1933年,从事制造业的熟练工人和半熟练工人的年均每小时工资为55美分,而1934年则略高于64美分。① 这显然与我们模型的预期相反。也许,1933年工资率的提升,除了在任何情况下对恐慌性低点的一般反应都会导致的那一部分之外,其余的都必须归功于政府的政策,因为那是唯一可以用来解释向上移动的劳动需求"曲线"是怎样在普遍失业的情况下导致工资率上升的一个因素。关于后果,除了之前在关于这个问题的讨论中已经给出的那些评论之外,无须补充任何东西(特别见上文第三小节)。

工厂的工资单金额和就业水平,都是在货币工资率提高之前开始上升的。事实上,重要的是要记住,这种增长是从1932年第三季度开始的,从1933年3月至9月间的增长,只是一种延续,而不是中断。对于每月平均的工厂工资单金额(据劳工部发布的综合指数),1933年比1932年高出了6%以上,1934年则比1933年高出了近21%,而1935年又比1934年高出了13%;同一时期,相应的平均就业水平的增速分别为大约10%、13%和略高于4%——最后一个数字显然可以说明存在某种"抑制"。失业或再就业的情况与我们所预期的完全一样,在此不需要讨论。

制造业和采矿业的产出,除了可以用联邦储备委员会的指数来衡量之

---

① 早在那一年春季,制造业的人均每周收入就开始上升了,然后一路起伏着上升到了1936年第三季度。当然,制造业的实际收入也提高了不少,因为每周工作时间比1932年34.8小时的最低水平有所增加。

外，也反映在电力的产量（从3月到7月，即便是修正了"趋势"，发电量也增加了19%以上）和装车数上（装车数的变化，完全符合根据我们的模型得出的经政治因素修正后的预测）。例如，建筑合同，当然受到了公共工程项目的影响，否则在1933年就不会增加得那么多——事实上，私人建筑的表现确实低于预期。1933年第二季度钢锭产量的大幅增长虽然是从一个非常低的基数开始的，但是增幅实在令人惊讶——在4个月内增长了300%以上，从而达到了1923年至1925年的平均水平——因此后续出现了50%以上的反复性也是可以理解的。然而，无论钢铁的产量是起还是落，都不再意味着往日的那种含义——钢铁可以很好地代表设备的日子已经一去不复返。但是，还应该注意到，任何可能在1929年就已经存在的储备产能（很明显，由于随后几年的收缩，这种储备产能大大增加了），必须根据对损耗程度的评估——其中一些损耗与使用程度无关——和对老化过时程度的评估予以大幅扣减。

虽然机床订单在这个时期末上升到了相当高的水平，但是在1933年和1934年这两年间，钢铁产量的波动主要受耐用消费品的影响。1934年的汽车产量达到了将近300万辆（包括乘用车和卡车）。[①] 冰箱销量、空调安装量[②]以及其他"无萧条行业"（如汽油、香烟、人造丝）的产量均显示出了可观的增幅。

关于产出的这种"行为"，我们必须注意三点。首先，短期波动并不完全符合我们关于它们应该是什么样的想法。1933年3月至7月，产出增长了66%，达到了1923年至1925年的平均水平，这种增长以及随后的下滑至少都是在预期的时间内发生的。但是1934年上半年的增长却比我们所预期的提前了6个月——而且实际上又出现了衰退——至于1935年上半年的衰退和停滞，我们只能从政治方面的影响来加以解释。其次，即便是在1935年年初的下跌之前（除了1933年的峰值之外），产出指数也

---

① 这已经不仅仅是"反弹"。在大萧条的年月里，这个行业发生了很大的变化，而且这种增长在一定程度上要归因于它自己的推动力。"汽车业引领我们走出了萧条"这种说法虽然有些夸大其词，但还是有一些道理的。

② 但是，后者在数量上并不显著。将它们视为下一个朱格拉周期的创新应该更加合适。

没有达到过 1925 年至 1926 年的水平（之前的均衡水平），尽管它本来应该超过这一水平。我们可以将这种情况归因于大萧条的严重程度——读者或许还记得，1873 年后的复苏并非在各方面都能令人满意。然而，全国复兴总署的政策的影响可能是部分原因。最后，我们还必须注意到，就业与相应的产出之间存在着显著的落差，这可以作为工资率提高会对就业产生不利影响的额外证据。与前述 66% 的产出增幅相对应的，只有 33% 的工厂就业增幅。部分原因在于，在大萧条底部阶段雇用的那些劳动力未能得到充分利用——事实上，平均每周工作时间（可以作为一个衡量指标）从 1932 年到 1933 年增加了将近 5%。还有部分原因则在于大萧条时期一直在进行的以节约劳动力为目标的合理化过程。但是，我们绝不可以忽视工资政策为这种合理化所设定的溢价。

综上所述，读者应该可以毫不费力地将在政府收入创造型政策的影响之下明确无误地表现出来的所有症状一一列举出来。然而，尽管如此，我们现在看到的统计图景也并没有从根本上不同于我们在没有这个因素的情况下预期会看到的东西。既然——正如我们在第五小节指出过的——这种情况在正常的复苏过程中原本就是有可能出现的（尽管现在有了公共支出），因此结论似乎是不言自明的，这种支出并没有产生什么效果（除了它所造成的小小偏差之外，比如我们观察到的存款的波动）。但是，我们没有得出这样一个结论。如果我们真的这样做了，那么我们实际上就会犯下与那些将发生的一切全都归因于政府支出的经济学家一样的错误。但是，我们确实得出了另外两个结论：第一，将观察到的一切事态发展都归因于正常的复苏进程尽管是错误的，但是与相反的观点相比，绝不会错得更加厉害——或者说，更具"投机性"；第二，我们从第五小节开始给读者留下的初步印象是有误导性的。

第七节　一个令人失望的朱格拉周期

如果过去的经验可以成为未来的指导，同时如果我们的模式大体上正确地表达了过去的经验，那么本来到 1935 年的春天就应该是一个新的朱格拉周期——这个康德拉季耶夫周期的第五个朱格拉周期——开始出现的时候（尽管根据我们实验性的"数"周期的方法确定的日期，即4月初，可能是毫无意义的）。尽管正如读者们已经知道的——我们接下来马上会讨论——在这个几乎恰恰等于朱格拉周期繁荣阶段的平均长度的时间段内，事实并非完全不能证明由此而得到的预期；当然，在这个上升波中发生的情况，与上一个具有可比性的上升波（1879—1880年）相比，确实差别很大（见表1）。在那个时期，对于美国出现的农业繁荣，无疑可以用外部条件来部分解释。但是在当前这个时期，政府政策对农业的作用，在很大程度上已经相当于当时欧洲的需求对农业的作用，而且如果我们考虑政府的总支出、对农业的支出和其他支出，那么整个图景将会变得更加令人失望。事实上，这也正是人们普遍的感受。人们谈论得最多的也只是复苏，而且这种复苏很难令他们满意。然而，如果我们也满足于这么做，那么就不会有多大的帮助；对于根据我们的模型得出的预期，真正的麻烦不在于"繁荣"的疲弱，而在于如下事实，即在它之后出现的不是我们所说的意义上的衰退，而是一场崩溃——在短短几个月的时间里，就使经济系统陷入了一个显示出严重萧条的所有现象的状态，速度超过了在1930年至1932年所见过的一切下滑。从我们的模型的角度看，将它视为复苏阶段的后续要比将它视为繁荣阶段的后续更加出乎意料。那么，这是不是意味着资本主义过程已经耗尽自身的力量，是不是私人投资机会的消失已经严重到使它不得不依赖于政府支出来提供动力的程度，或者说，发展到了只要政府一结束支出行为，经济系统就会崩溃的程度，就像有些孩子玩的那种气球一样，只要停止往里吹气就会完全瘪掉？

表1　1932年至1935年制造业的工作时间、劳动收入、产出和价格的变化（月度数据）

	总工时指数	平均每小时收入指数	产出指数	平均每工时产出指数	每单位产出劳动力成本指数	除了农产品之外的所有商品的批发价格指数
1932	100.0	100.0	100.0	100.0	100.0	100.0
1933	107.3	98.1	119.0	111.0	88.0	101.0
1934	114.4	116.0	124.0	108.0	108.0	112.6
1935	126.2	120.1	143.0	113.0	107.0	117.4

资料来源：《每月劳动评论》。

我们认为,这种情况不太可能发生,理由在前一节已经给出。但是,似乎有证据表明,这几乎具有实验的性质。许多人提到了1935年和1936年联邦政府的收入创造型支出数字。① 再一次,从"表面证据"来看,似乎足以证明这种支出直接或间接地导致了这两年的繁荣——如果我们考虑延迟效应,繁荣期也包括1937年上半年。尽管有一些事态发展似乎超出了这种政策的后果的范围,但是说当时的支出政策"最终生效了"这个结论绝对没有任何荒谬之处。不过,这种效应之后就停止了。而就现金账户而言,财政部摆脱了赤字。② 紧接着,经济衰退随之而来,那也可以算是出现在了一个适当的时候。此外,作者毫不怀疑,不仅随着在1938年秋季40亿美元赤字预算范围内新支出计划的展开,那场衰退让位给了复苏,而且在随后支出逐渐减少的过程中,经济再次呈现出了衰退或萧条的症状——具体取决于经济受影响的方式。③ 这种情况应该足以让我们既"嫉妒又感恩":嫉妒是因为我们的经济学家同行将很快就能够享受到他们的观点得到验证的快乐,感恩是因为在其他学科领域——比如说在医学领域——人们是不会这样进行推理的,不然的话我们现在早就成了吗啡成瘾者。

---

① 从1936年6月15日起,退伍军人可以获得19亿美元的现金津贴。这里面有一半进入了柯里先生的数据,并且已经分配给了付款的当月、前两个月和后三个月,这似乎是合理的。作者本可以用这种方式把它全部分配掉。而在现实世界中,大约有12亿美元马上就被取了出来,并且迅速地反映在了连锁店和百货公司的销售额上。

② 1937年的收入创造型支出为9亿美元,在解释这个数字时,必须充分考虑到该款项几乎全部用在了这一年的头七个月这个事实。

③ 这个判断可以一直沿用到1938年7月或8月。不过,不妨加上下列评论(1939年5月)。

在1938年的第三季度和第四季度,各个指标,特别是制造业产出、建筑量、装车数、百货公司销售额、就业率等指标,均有明显的改善,价格也跟预期的一样继续下降。这些事实显然证实了我们在正文给出的结论的第一部分。

但是,1939年第一季度的再度下探(持续到了4月)却不能证明结论的第二部分。的确,由于出售储蓄债券和代表各种公共信贷机构发行的证券,2月美国财政部的存款有了相当大的增加,并且在几个星期使得政府的现金收入超过了政府支出。然而,这几乎不足以产生观察到的结果,除此之外就只有一些口说无凭的东西。我们仍处于支出上升的浪潮之中,如果没有更明显的效果,除了因为存在抑制性的超经济系统因素,还应归因于周期阶段。如果读者引用我们的模式,那么就会看到,除了对1937年至1938年的异常衰退做出的可能反应之外,我们没有什么理由预期根据我们的过程的机制在未来几年会出现非常强劲的回升。

一、各时间序列的轮廓

为了更精确地弄清楚我们需要解释的东西到底是什么，我们首先来研究一下各个时间序列的轮廓。1935 年是第三个年度数据几乎一直高于前一年的年份。然而，月度数据却并不是这样。对于这一点，钢铁业的周开工率可以作为一个很好的例子。在 1935 年，除了头两个月之外，直到 6 月底，钢铁业的周开工率一直处于 1934 年的水平上或更低的水平上；直到那一年的下半年，钢铁业的周开工率才超过了前一年的水平。到 9 月底，开工率仅为 50%——这个数字本身就足以说明这个上升势头的疲软程度，尽管最终达到了 90%（1937 年 3 月至 4 月）。此外，还有其他许多不符合规律的行为，其中两次回挫说明各主要序列的表现有些不协调：一方面，那一年上半年，制造业和采矿业产出指数以及联合指数——如装车数都出现了下滑，但是同期纽约市之外的借方数额却在稳步增长①；另一方面，秋季发生的小型下探则主要表现在纽约市之外的借方数额上，而生产却几乎没有受到什么影响。这种再次下探和不协调在 1936 年又发生了②——虽然只是在一个非常小的范围内——不然的话，这一年的增长将会是那几年当中最强劲的，并且几乎不会出现中断。在这一年年末，美国联邦储备委员会的制造业和采矿业产出指数几乎达到了 1929 年创下的峰值（相当于 1923 年至 1925 年平均水平的 120%；从 1935 年 5 月到 1936 年 5 月，这个指数上升了 16 个百分点，而且以当前美元计算的国民收入——638 亿美元——几乎达到了 1929 年水平的 80%）。③ 700 家工业企业和商业企业的总利润（据纽约联邦储备银行），在 1935 年比 1934 年高出了 80%，然后在 1936 年又进一步增长了大约 50%，其中利润增幅最大的是航空业，钢铁、汽车、轮胎、石油、化学品和药品、机械和设备等行业的表现也特别好。在

---

① 在繁荣初期货币交易量的增长应该超过实物产出，就其本身而言并不是一种非规律性，但是产出下降了，尤其是在钢铁、棉花和丝绸纺织品以及烟煤等领域。

② 但是，请回顾一下我们实验性的"数"周期的方法，我们不应该像 1935 年那样，认为这些回挫的发生是不正常的。

③ 4 月中旬后，钢铁业的周开工率达到了大约 70%，甚至更高；9 月中旬后则大约为 75%。

这些企业中，只有 6.4％报告出现了净亏损。

如前所述，我们认为，朱格拉周期的衰退阶段将在 1937 年到来（实验性的数法是，将在 8 月中旬到来）。但是，实际情况却大不相同。就外部借方数额而言，在 1 月的下跌之后，5 月就恢复了——尽管并没有恢复到前一年 12 月的水平——然后一直徘徊在同一水平上（这是符合预期的），此后迅速萎缩。1938 年上半年，外部借方数额继续下降（这不仅仅是因为价格下跌了），不过是以递减的速度下降。到了 6 月，它们似乎达到了一个平稳的水平。从 1937 年 1 月开始，制造业和采矿业的产出不再有规律性，而且 1937 年下半年其不规律的程度超过了借方数额；与我们预期会出现的增长相反，我们发现在 1 月有所下降，直到 5 月才开始恢复，然后在那之后又下降了大约三分之一，直到 1938 年年中为止（从 1937 年 11 月开始，下降的速度开始递减，到 1938 年 6 月明显触底）。① 当然，耐用品，特别是设备，由于需求在短时间内完全消失了，受到的影响最大。②

利润的表现类似，因此直到 1937 年最后一个季度，利润才比较符合预期。根据需要提供季度报告的那些企业给出的数据，我们可以判断，1937 年第一季度的利润较 1936 年同期增长了 50％，而第四季度则下降了大约三分之一。从全年来看，利润的增幅大约为 7％。③ 在这 700 家企业中，有 9.6％的企业报告出现了净亏损。与 1936 年相比，钢铁、铁路设备、机械、农具、电气设备、石油、金属以及包括铜在内的采矿等行业的产出大幅增长，不过汽车业则成了最主要的"伤心人"之一。

工厂就业率的上升和下降速度一直都比产出低。1935 年的月均工厂

---

① 在 1937 年的头 8 个月里，钢铁和汽车这两个行业保持了良好的势头，而棉花、羊毛、皮革制品和其他行业的产出在上半年就出现了下降。然后，在 4 个月内，钢铁产出指数下跌了 65％，汽车产出指数下跌了 50％以上。电力产量在 1935 年强劲增长，在 1936 年更是如此，直到 8 月超过了后者的记录，然后急剧下降。1937 年 3 月和 4 月，钢铁业的开工率为 90％（见上文），但是到 1938 年 1 月初急剧下降为 25％。它是在 6 月初开始回升的。

② 从 1935 年年中到 1936 年年中，百货公司的销售额增长了大约 16％，这种增长势头很好地维持了下去，即便到了年底，也没有比 1936 年的峰值低多少；农村地区的销售情况则更好，而且下半年的销量要高于上半年。

③ 国民收入为 690 亿美元。

就业率只比1934年高出4%多一点，然后在1936年以略高的速度上升，并在1937年第二季度达到峰值，略高于1923年至1925年的平均水平。从7月到12月，工厂就业率下降了14%，但是1938年年初，仍然相当于上述平均水平的84%，到4月也还有79%。随后，大多数行业就业率的变化都很小，只是钢铁、机械、汽车和男装行业的降幅较大，从而在5月进一步拉低了该指数。当然，工资单金额也是先升后降——到1937年上半年，工资单金额提高到了1923年至1925年平均水平的上下，但是从7月至12月，则下降了23%，降幅大于就业率。但是，这种高于比例的上升和低于比例的下降，不仅反映了工资率在提高或降低，还反映了支付的工资高于平均水平的那些行业的就业在增加或减少，以及兼职性就业的增加或减少，甚至加班的增加或取消——但是，因为加班很大程度上是由于工作时间减少，所以这只不过是工资率提高的另一种形式。[①]

正如我们在前面已经看到的，1935年货币工资率的增幅要比1934年低，不过之后得到了进一步的提升。1935年，熟练工人和半熟练工人的平均时薪为66美分，1936年为69美分（1934年则为64美分）。没有技能的男性就业者的情况变糟了，没有技能的女性就业者遭受的损失则比较轻，因为之前她们的货币工资率出现了特别强劲的增长。到了1937年，货币工资率又上升了10%，达到了远远高于1929年的水平，同时实际工资率则比1929年的水平高出了25%多。[②] 每单位产品的劳动力成本也上升了。因而再一次，从前面的论述中可以得出的结论是，这一定是工业状况的一个主要因素，它使得工业状况倾向于对抑制性影响更加敏感，它也是尽管失业率在1936年一度出现了相当大的下降（当时甚至出现过零星

[①] 与往常一样，零售销售额指数的变动与工资支付总额指数的变动密切相关。例如，克利夫兰信托公司于1936年4月15日发布的商业公报最后一页底部的1929年至1935年情况图表就清晰地表明了这一点。

[②] 实际工资率在1933年有所上升，之后在1934年、1935年和1936年基本保持不变。1937年，实际工资率提高了大约6%——在经济衰退时期就应该如此。1938年上半年又有了进一步的提高。根据全国工业联合会的《1914—1936年美国的工资、工作时间和就业情况》，表2，1936年工厂工人的平均工资为每小时62美分（每周工作时间大约为39小时）。相比之下，1914年的平均工资为每小时25美分（每周工作时间大约为51.5小时）。全国工业联合会发布的生活成本指数（1923年=100）的月均水平为：1914年，61.3；1936年，82。也就是说，这个数字大约提高了34%。

的劳动力短缺），但仍然居高不下的一个主要原因。而且，除了驱使劳动节约型合理化的步伐加快之外，在繁荣持续期间，它甚至可能在某些地方妨碍产出的扩大。建筑业就可以作为一个很好的例子。

我们在 1935 年第四季度观察到的授予合同（contracts awarded）数量的强劲增长，在 1936 年没有重现，尽管在这一年建筑总量和私人融资的建筑都出现了相当大的增长。1937 年，公共财政资助的建筑（略多于 10 亿美元）减少了 15% 以上，但是私人融资的建筑和工程合同（在 37 个州中，大约为 18 亿美元）较 1936 年增加了将近 40%，其中公用事业部门做出了相当大的贡献。相关指数在年底开始上涨，并一直延续到 1938 年 1 月。① 然而，在 2 月非住宅建筑出现了大幅下降——不过 3 月就在一定程度上"收回了失地"——而且第二季度私人融资的建筑合同较 1936 年第一季度减少了 30%。但是，即便是在经济衰退之前，就像在经济复苏之前一样，这个数字也低于我们考虑了各种可能性（见下文）和货币状况下的预期。建筑成本在 1936 年上升到了 1929 年的水平，然后到 1937 年又上涨了近 20%，工资水平的上升显然是最主要的原因。然而，必须再一次强调的是，每小时工资率从 1935 年春季到 1936 年最后一个季度的上升，不仅完全符合预期——因为货币工资率的上升是繁荣的一个正确的因素②——而且不能把它视为经济衰退的原因。而且，即便是对于从萧条时期低位开始的总体上升，也不能这样看待，除非将之作为某种复杂的模式的一个元素（见下文，第七节第五小节）——在这里，与往常一样，我们必须注意双变量论辩。

二、货币市场、银行领域与价格水平的变化

极度宽松的货币政策在整个时期盛行。例如，在 1937 年 3 月之前，优质商业票据的利率为 0.75%。随后，这个利率上升到了 1%，但是到 1938 年 6 月又回落至原先的水平。消费者贷款利率在 1935 年 5 月 31 日为

---

① 然而，要部分归因于纽约市于 1 月底实施的新建筑规范。
② 我们不能提出这种反对意见：这是基于一个没有将繁荣时期非正常失业可能性包括在内的模型。它包含了；因为只要劳动力市场是不完美的，失业就无法阻止工资率的上升。

1.83%，降到了1.67%，然后回升到了1.71%，到1938年5月又降到了1.63%。尽管财政融资压力很大，但美国长期国债的收益率还是一路降到了略高于2.2%的水平（只在1935年第三季度出现了一次小幅上升），而且这还伴随着从1935年年初开始的大规模再融资操作；同时AAA级公司债券的收益率几乎从不间断地一路下跌到了1935年年底的4.5%，至1936年年底更是下跌到了3%多一点。接着，在1937年4月有所上升，但是到了5月又再创新低。不过，抵押贷款利率则一直保持在一个高得多的水平上。短期利率和收益率的这种行为显然需要解释，但是这种解释无法直接从我们的模型中得到。由于货币管理措施带来的各种结果（见下文），我们甚至无法在经济回升后期出现的轻微增长中看到任何预期效应的痕迹。但是，这种无规律性不应该被过分夸大。如果我们还记得1873年至1896年英国利率的表现，我们应该能够看出它的真实比例。

此外，还必须再一次强调的是，在1929年完成的那些融资仍然在发挥着作用，而且应该能够在一定程度上减轻人们对国内企业证券发行量偏低的惊讶之感。1936年，证券发行量的月均水平为3.78亿美元，完全达到了1925年至1929年的平均水平，但这种发行行为绝大部分都是为了还款。直到1937年第二季度，每月新资本发行量才达到了1.40亿美元，超过了1931年比较适中的水平。[①] 但是，在这种情况下，这种融资水平与当时在用的设备和机床车间数量是完全相容的。就这一点而言，民间投资在经济增长期间并没有真正复苏的通常说法必须加以修正。事实上，其他贷款的表现更接近预期，而且作为繁荣特征的银行资产的变化也并非完全没有表现出来：需要报告的会员银行（101个城市）的其他贷款从1935年年底就开始增加，并且一直持续到了1937年最后一个季度，然后出现了下降，与此同时，投资（至少与其他贷款有部分联系）也在增加，然后从1936年年中开始下降，接着从1937年第四季度和1938年年初开始再次上升。存款的变化受货币政策和政府行动的影响太大，不能认为它能很好地

---

① 然后，又在第三季度和第四季度分别下跌了7 500万美元和4 500万美元。1938年第一季度的相应数字为8 700万美元，第二季度则为每月6 800万美元，但是后者还包括针对偿还银行债务的发行量。

反映了我们的过程的脉搏——也许 1936 年下半年除外（见下文第四小节）。

关于股票价格，我们所要说的无非是，它继续相当忠实地复制了利润的趋势，甚至到了"完全无视"保证金要求降低和保证金交易规则放松的程度——前者于 1937 年 11 月 1 日生效，后者则是于 12 月在保证金交易规模下降之后出台的。

如果根据我们在早些时候大胆做出的猜测，可以说批发价格指数（包括所有商品的美国劳工统计局指数）在 1933 年的上升足以弥补因前一个螺旋而产生的下降，那么它从那个时候起就应该已经恢复下降的趋势。事实上，如果不是农产品和食品价格的上涨，它早就该如此：直到 1935 年第二季度，其他商品的价格指数一直在下降。① 后者的上升缓慢且迟疑，并且在开始上涨后又经历了一次回挫，然后一直持续到了 1936 年 10 月，而这正是我们在康德拉季耶夫周期的一个朱格拉周期的繁荣阶段应该预期到的：我们知道为什么在这个特定的模式中——试比较 19 世纪 80 年代——价格会对任何试图使其上升的因素表现出强大的抵抗力量，对繁荣机制产生的内部因素如此，对任何外部的政治因素或其他因素也如此。

但是，正因如此，我们不同意那些观察家的看法，他们因价格在 1936 年第四季度出现的急剧上涨而欢呼雀跃，认为那就标志着繁荣——更不用说"复苏"了。从我们的过程的角度来看，结论恰恰相反，这种现

---

① 1935 年，作为对 1934 年下跌的一种反应，纺织品、毛皮和皮革的价格开始上涨，纺织品的价格没有达到 1934 年年初的水平，而毛皮和皮革的价格则超过了 1934 年年初的水平。直到在 1937 年最后一个季度价格普遍上涨，金属和金属制品、建筑材料、家具设施的价格几乎没有发生任何变化，同时其他产品的价格虽然表现出了更大的波动性，但是其行为基本类似。

在正文中，我们将只讨论其他商品指数（other commodity index）的行为，这是因为农产品的价格受与我们讨论无关的公共政策的影响太大。然而，我们可以证明——甚至可以说这很明显——它不是完全不反映我们的过程。我们应该还记得，继 1933 年的农产品价格大幅上涨之后，1934 年和 1935 年第一季度的农产品价格也出现了几乎同样强劲的上涨。从 1935 年 5 月到 1936 年 5 月，农产品价格从总体上看呈下降趋势；但是，1935 年的农产品销售的现金收入仍然远高于 1934 年。从 1936 年 6 月到 1937 年 3 月，我们看到农产品价格又一次出现了强劲的上升，带来更高的现金收入，然后，到 1937 年，农产品销售的现金收入又增加了大约 7%，尽管从 1937 年 4 月到 1938 年 3 月，农产品价格急剧下跌，导致农产品价格降到了低于 1934 年第四季度的水平。因此，"回到农场去"运动的长期持续——这是由农业人口普查局的一个特别调查部门（与美国农业经济局合作）的调查所揭示的——也就不足为奇了，尽管对它的解释必定不同于对发生在 1930 年至 1932 年的同名运动的解释。

象是不正常的，需要从外部来解释——当然，要找到外部解释并不困难。价格上涨预示的不是一场繁荣而只是一轮通货膨胀。① 由公共支出和新创造出来的信贷扩张工具构成的引擎的齿轮开始啮合。至于前者，这个例子可以用来证明如下命题，即就算存在未得到充分利用的资源，收入创造型支出也可能提高价格水平；至于后者，这个例子则可以用来证明如下命题，即增强银行系统的借贷能力在经济萧条时期不能起到任何预期的救助作用，在经济复苏时期也几乎起不到什么救助作用，但是在本不希望它起什么作用的时候（即在经济繁荣时期）却会发挥作用。所以，它同等程度地说明了这个机制的两个杠杆作用：一方面是预期，另一方面更重要的是价格和工资之间的"竞赛"。② 当然，这种存款创造机器的强大力量实际上只是部分得到了利用，但是这并不构成对上面这种诊断的反对证据。值得注意的是，它多用于为家庭支出融资。试图为闲置的现金找到去处，同时也为了对不断的融资请求做出回应，银行带着威胁强调说，它们应该有权力更自由地放贷，有时甚至应该允许它们通过报纸广告邀请个人提出贷款申请，不过，更常见的则是资助中间贷款机构和为零售商提供应收账款融资，从分期付款到开户，等等。其他类型的贷款机构的现金贷款也有所增加。因此，曾因大萧条而大幅减少的消费者贷款回升到了1930年的水平（或者至少接近这一水平）。在这里，我们不需要重提消费者贷款所涉及的理论问题，而只需要指出这样一个事实，即它与价格之间的关系，以及它在任何一次重新下探中所起的重要作用，在相当大比例的家庭违约之前就会导致恶性螺旋式循环的出现。

---

① 在这种情况下，那个术语（通货膨胀）的含义是显而易见的。但是，无论我们中的某些人多么不喜欢这个术语，在这个方面都找不到其他有同样丰富的含义，能够让我们联想到货币价值、收入和成本的自我强化的增长序列——除非从外部强行使增长停止，否则这种增长将无限期地进行下去，每一步都会强制执行下一步，同时挫败前一步努力的效果。但是，军备需求在某些商品（铜、废金属等）的价格上涨中所起的作用、对那个繁荣阶段的其他特点（如钢铁业的开工率）所起的作用，也绝不能忘记。

② 如果从一开始就不允许这样的"竞赛"，那么结果可能会有所不同，而且会更类似于由那种比较好的"通货再膨胀"理论所预测的结果。这可以通过在适当的条件下采取相应的政策来实现，德国和日本的成功例子很引人注目，而英国的成功例子则不那么引人注目。在这方面的进一步评论，参见下文第五小节。

既然存在如此强大的信贷创造力量,那么这个过程就应该不仅可以无限期地进行下去,还可能以超出扩大实物产出可能性(边界)的速度进行下去。因此,我们不能完全依靠我们的过程的自动机制对以下现象做出充分的解释:为什么价格在最后一个季度出现了急剧下跌(上涨在第一个季度就结束了),而且到了 1938 年上半年就迅速减缓。但是,我们的模型提供的预测本来就是针对经济衰退阶段的价格下跌——处在康德拉季耶夫周期下行阶段的朱格拉周期的衰退阶段结束时,价格应该低于该朱格拉周期的启动邻域的水平。如果实际发生的价格下跌是由更高的水平开始的,因此下降曲线比我们的过程所能解释的更加陡峭,那么如果没有别的因素在起作用,最终的结果与本来应该有的结果就不会有太大的不同。我们甚至应该预料到,价格会降到比 1935 年第二季度的数字还低的水平上。除了农产品、食品和纺织品外,没有哪个类别的产品达到了如此之大的跌幅,而除农产品和食品之外的商品指数甚至从未回到过 1935 年的年度水平。一种强有力的假设是,如果不采取货币管理政策和其他会导致价格上升的政策——这里指的是那些实际上起到了提高价格的作用的政策,无论意图和措辞如何——那么价格还会再下降十多年,尽管速度会减缓一些。

这里需要指出的是,进入了美国劳工统计局的"全商品指数"的 784 种商品的价格变化情况彼此相去甚远。在 1926 年至 1933 年价格下降幅度最大的那 189 种商品(它们在 1933 年的价格仅相当于 1926 年价格的 5.4% 到 42.9%),到 1937 年年底时平均价格在 60% 左右。除了 10 种商品之外,其他 179 种商品全都属于原材料提取物、农产品和几乎未加工的主食。而价格下降幅度最小的 190 种商品(它们在 1933 年的价格相当于 1926 年价格的 78.1% 至 118.3%),到 1937 年年底时平均价格在 100% 左右。这一组商品大多是高度加工的制成品,例如化学产品、农业机械等。在许多情况下,如果将质量方面的变化也考虑进去,那么这种差别的含义将会有所减弱,在某些情况下甚至会逆转。在另一些情况下,可以用它们的特殊条件解释这种"刚性"。但是,在任何情况下,都不可能仅仅根据这些事实就推断出价格体系出现了失衡或每一服务单位的价格缺乏弹性的结论。① 原材料价格的相对下跌则预示着产出大幅增长后会出现一个新均衡，并且是这个新均衡的一个条件。

三、工业过程

因此，我们有理由继续讨论朱格拉周期的各个阶段。然而，我们这样做的主要原因仍然在于当时的工业过程的性质。如果我们问一下自己应该期望发生什么，那么这一点就会变得非常清楚。例如，我们可以回想一下19世纪各个"铁路朱格拉周期"发生了什么。它们具有家族相似性，并且从数量上看都是由铁路建设（投资）所主导的——不仅在铁路还是一种全新的事物时如此，而且在铁路实现"完成型发展"的那段时间内也如此。当然，历史经验并不会引导我们做出这样的预测：金融意义上的第一波创新浪潮会出现在康德拉季耶夫周期的下行阶段。事实上，尽管每一个"铁路朱格拉周期"除了标志着铁路系统演进的一个步骤之外都做出了各自的创新性贡献，但是从定量上看，与创造出了"铁路康德拉季耶夫周期"的创新相比，它们的直接重要性并不大——例如，就连贝塞麦钢铁公司（Bessemer steel）的创立也不是那么重要。我们知道当前这个朱格拉周期是由什么造成的，因此我们有能力给出一个明确的"预测"，以便与实际发生的情况相比较。我们还知道，康德拉季耶夫周期下行阶段的特征是非常多的和小规模的诱致性创新。要"一视同仁地"——分别详述这些创新是不可能的，但主要的大线索则是可以很方便地列举出来的。

而且，在这样做的时候，总的来说我们不会在第一步就感到失望。首先，这是一个"电力康德拉季耶夫周期"。当前这个朱格拉周期"继续推进"前一个朱格拉周期的"工作"的程度，至少应该与第二个康德拉季耶夫周期的第五个朱格拉周期"继续推进"它之前的第四个朱格拉周期的铁路建设工作的程度相当——之所以说"至少"，是因为当前情况下的投资

---

① 关于这个问题，参见：E. S. 梅森教授发表在《经济统计评论》（1938年5月号）上的讨论价格无弹性问题的优秀论文。

机会似乎大一些（考虑到需要完成的工作与现有的技术和经济图景）①。事实上，电工制造业的生产和创新完全符合我们的预期，这一点非常明显，我们不需要多花时间去证明。1935年，发电量超过了1929年的水平。电力行业的发展与一系列重大公共投资密不可分，如顽石坝（Boulder Dam）*、博纳维尔大坝（Bonneville）、大古力水坝（Grand Coulee）、佩克堡大坝（Fort Peck）和马斯尔肖尔斯大坝（Muscle Shoals）等，此外还有一系列根据1936年的《农村电气化法案》（Rural Electrification Act）获得资助的小型项目（它们主要由农村合作组织实施），它们带来的新增装机容量超过了40亿千瓦。但是，私人公司完成的公用事业工程数量则确实令人失望。我们本来期待会看到私人发电厂、变电站和输电网络的蓬勃发展，与此相对应的经济投资的大幅增长以及随之而来的设备行业的扩张，本来应该会对繁荣过程做出决定性的贡献。不过，实际发展的失败（无论如何，那都是不容忽视的）是不是仍然符合这种预期，还是要根据产生这些预期的原则加以核对，最终取决于工业有机体外部的某些抑制性因素是否能够充分解释这种情况。这一点将在稍后讨论。

其次，这又是一个"汽车康德拉季耶夫周期"。汽车工业的发展从来都没有突然中断过。因此，当前这个朱格拉周期应该包括，或者说应该部分包括另一个"汽车上升波"。正如大家都已经看到的，我们这个预期没有落空。繁荣非常明显地集中在了汽车工业和它的各个卫星行业，即生产和制造轮胎、内胎、平板玻璃、钢铁、副产品焦炭和汽油的行业，这一点解释了不同行业之间的"不平等上升"特点，即使是在1936年经济状况普遍好转时，这种不平等性仍然非常明显。汽车产量（小汽车和卡车；包括美国和加拿大）在1935年越过了400万辆大关，到1937年更是一举突破了500万辆，这个产量高于以往除了1929年之外的任何一年，或者换

---

① 在1985年的时候，680万个农场中仍然只有80万个实现了电力供应。城市居民的电力消费水平则为平均每个家庭673千瓦时；但是根据塞缪尔·弗格森（Samuel Ferguson）先生的说法，则已经达到8 400千瓦时。从1920年到1936年，增长了50%。

* 它的另一个名字——胡佛大坝——更加广为人知，是美国政府综合开发科罗拉多河水力资源的一项关键工程，位于内华达州和亚利桑那州交界处，具有发电、防洪、灌溉、航运、供水等综合效益。——译者注

个角度，如果我们考虑到了以出口为目的的汽车产量的下降，而只计算为了满足国内消费而生产的汽车数量，那么已经大约达到1929年水平的94%。的确，由于那一年下半年出现的衰退，其中一部分产量只是增加了经销商的库存，但是我们必须记住，美国乡村地区的"汽车化"浪潮带来的需求（根据农业部家政局的估计，这个浪潮使得82%的农民拥有了汽车），超过三分之二是通过二手汽车得到满足的。然而，至关重要的一点是，这个行业并不像我们针对其他行业所说的那样，不仅仅是被外部环境的改善或进步（如公路网络）"拖着前行"，也不仅仅是在现成的市场中拥有了一席之地，更重要的是，它还创造了新的经济空间。汽车产品的变化也不仅仅是外观设计等方面的常规改动（那种变化的一个例子是发生在纺织厂中的变化），还包括一系列创新——尽管从单个来看也许都只是小规模的创新——自1934年以来，在这个领域就颁发了33 721项专利。这类创新的一些例子包括，车顶的"坦克炮塔式设计"（整个全钢车顶）、汽车收音机、独立悬挂系统、永不褪色的喷漆等。此外，还有一些仍然处于"孵化"阶段的创新，例如，短轴盘式电动机。

此外，汽车工业，或者说，该行业的一些企业还延伸到了很多相邻的领域，并且成为那些领域创新的主要推动力。例如，通用汽车的柴油发动机部门（新工厂设在拉格兰奇和底特律），就曾有力地促成了这个时期列车速度的提升。通用汽车在制冷、空调、小型光源、电力生产和航空等领域的扩张和渗透，也提供了一系列很好的例子——包括德科电冰箱和空调部门（Delco Frigidaire and Conditioning Division）、德科无线电部门（Delco Radio Division）、德科电灯和发电厂（Delco Electric Light and Power Plants）、本迪克斯航空公司（Bendix Aviation Corporation）、北美航空公司（North American Aviation）等。当时用于研发的支出非常可观，同时用于新建和改进工厂产能的投资也很庞大，这些都推动了这个方面的发展。在这个行业，三个领先的大企业所占的市场份额越来越大，从而无比清晰地凸显了"降价竞争"的过程。股票价格、工资和产品价格的波动，也都非常符合我们对一个在创新的驱动下成长并不断创新和扩张的行业的总体概念。例如，不包括加班费在内的平均每小时工资率，在

1937年提高将近20%，较1929年的平均水平高出了28%以上。① 至于价格，由于质量一直在改进，直接比较通常会有问题。② 1937年的汽车零售总额大约为38.5亿美元，相比之下，1929年的汽车零售总额则大约为47.7亿美元。

相关行业也在不同程度上表现出了相同的特点。特别是对橡胶工业来说，上面说的每一点几乎都成立。③ 创新的类型是相似的（再一次出现了"超级扭曲"现象，就拖拉机轮胎和农机具轮胎而言，1936年的产量比1933年整整高出了1 775%，促进了橡胶甚至棉花种植和棉花轧铣等行业的发展），但是价格及其对产出的影响必须进行修正，因为现代高质量轮胎所包含的服务单位增加了很多。据业内估计，轮胎的平均行驶里程在1927年已经增加到31 446英里，相比之下，在1929年仅为18 546英里，这意味着每英里价格下降了大约38%。工资率的演变类似。

质量的不断提高和更经济的使用方法的不断涌现，逐步剥夺了钢的产量作为"周期温度计"的价值。④ 只有当我们考虑到这一点，1934年钢锭产量为3 340万吨、1936年则为4 690万吨⑤这个事实的真正意义才会显现出来，与前一个朱格拉周期的繁荣阶段的数字才有一定的可比性；也只有这样，我们才有可能认识到1937年前五个月的产量确实可以作为朱格

---

① 1938年上半年的平均工资是每小时90美分多一点。每周工作时间则略多于31个小时（1938年4月的水平）。

② 此外，折扣和交易补贴也会使报价变得没有什么意义。

③ 根据汽车制造商协会的估计，这几年交付的汽车轮胎的出口销售额（包括外壳、内胎、固形件、垫圈以及其他配件）分别为：1932年，2.98亿美元；1933年，3.07亿美元；1934年，3.24亿美元；1935年，3.84亿美元；1936年，4.36亿美元。因此，1936年不仅仍然低于1929年（7.22亿美元），而且低于1930年（5.32亿美元）。

④ 但是，正如我们在其他地方指出过的，对于如下事实，一般来说，钢的用途比以往任何时期都更多了，同时优质特种钢和钢合金的比例大幅提高了，我们必须对照另一个事实来看：用一单位钢锭能够生产出来的优质钢成品的数量减少了。当然，消耗的铁矿石数量则受到废料使用量迅速增加的影响。

⑤ 当时，人均产能处于1929年以来的最低水平，但是由于上述原因，这个事实的含义并不像它看起来的那样。产能在1934年达到了最高水平，之后由于大规模报废而降低，这是技术进步迅速的又一个迹象。

拉周期高潮的显著象征。① 轻钢、钢板、带线、锡板等产品，可以说是更接近消费品的材料（尽管它们也进入了农机具和一般的机械设备），它们的相对重要性当然比以往任何时候都更加突出——绝对产量也在1936年和1937年的前三个季度创下了纪录——但是其变化也表明了周期子阶段的展开：在1935年"更轻型"的产品在总量中占到了47%，在繁荣进了正轨的1936年则只占42.5%，而在繁荣逐渐减弱的1937年却大约占到了43%。轧制技术的新进展（"连续式轧机"），刚好出现在萧条的门槛处，构成了当时最引人注目的一项创新，但是还有大量的"小创新"，主要出现在合金制品行业和其他专用材料制造行业（例如取向电工钢），以及其他行业（例如焊接技术的进步），它们有效地开拓了新的市场。钢铁工业用于新厂房和设备的支出，在1935年至1937年略低于7亿美元，这个数额当然不意味着多么不可忽视的投资，因为这个数字一方面包括设备的更新和纯粹的扩张，另一方面包括对应该在其他项目融资的技术改进的补贴。新的高炉——在1937年，新建了三座高炉，其中两座是替代被拆除的高炉，尽管这当然也包括了改进——100万吨以上的焦炭炉、平炉、电炉，以及新建的轧钢厂构成了主要投资项目。价格、就业和工资的行为也都符合预期。（美国钢铁协会发布的）钢铁综合价格，在1923年为每吨67.71美元，在1933年为每吨47.41美元，在1937年上升到了每吨56.85美元；这几年的平均每小时工资率分别为59.6美分、52.4美分和（1937年3月16日的数字）大约83美分，远高于工业平均每小时工资率和1929年的平均每小时工资率。尽管一些创新是劳动节约型的，但是就业水平（用工资收入者人数衡量，而不是人时）仍然在上升，到1937年夏天，已经比1929年的水平高出了30%左右，与1879年相比则高出了3倍以上（不过，1879年是普查数据，并不完全具有可比性）。

---

① 但是，即便不考虑这些因素，1937年1月的钢锭产量也接近历史最高水平，当时该行业得到利用的产能占到了总产能的86%。因为只有1929年的几个月的产量超过了这一水平，因而这显然是个例外。此外，我们应该还记得，在1873年以后出现的生铁产量的峰值，在相当长的一段时间内都低于1872年创造的峰值。

在评价钢铁工业的发展和前景时，还必须考虑到军备和建设活动的需求。[1]但后者是作为一个"否定项"出现的，也就是说，在解释钢铁产量对周期的重要性时，必须考虑到如下事实——这个组成部分的贡献没有达到我们的预期。我们已经注意到这一事实，也注意到了其中一个成因，但是在这里还必须补充一个评论。我们并没有预测在这个繁荣时期会出现一波特别高的住宅建设浪潮，尽管这种情况更有可能发生在康德拉季耶夫周期的下行阶段——例如，在1925年和1926年——而不是上升阶段。但是，我们忽视了这方面的创业行动，在这种情况下，有特别的理由预期按企业生产方式建造房屋会有出彩的表现。廉价的预制性房屋的大规模生产，是那个时期和不久的将来最为耀眼的创新之一，而且，在高建筑成本的推动下，如果应该出现什么创新的话，那也只能是这种创新了。这些企业最早是在当前这个康德拉季耶夫周期刚刚开始的那个时代出现的——1896年，城市和郊区住宅公司在纽约创办；同一年华盛顿卫生改进公司成立——预制性生产、国内电气化、钢材研发以及其他创新都是重要的推动力。[2]然而，至少在1936年《联邦住房法案》（Federal Housing Act）得以通过之前，这个趋势一直没有形成规模。根据《联邦住房法案》，联邦住房管理局（Federal Housing Administration）成立，它有权为最高达1 000万美元的项目的抵押贷款提供"保证"。

化学工业也没有令我们失望。在这个行业两家主要企业的内部和外部，扩张、创新和投资都在大规模地展开，合成有机物、制冷剂、防护涂料（这也给了造纸工业很大的推动力）以及塑料等领域的进步，都表明了一种类型的改进，它们合起来则构成了一个非常重大的项目。人造丝行业

---

[1] 也许，还必须考虑如下事实：对铁路设备的需求在1934年及之后做出了实质性贡献，这种需求大于铁路业务的结果和前景所能保证的范围——在整个复苏和繁荣时期，铁路行业这个例子很好地说明了我们强调的"降价竞争"过程。一级铁路的货运收入在1929年达到了峰值，但是这个峰值只比1920年的水平高出了10%，然后到1932年（创下了最低水平）降到了1929年水平的60%以下，到1936年底仍然不足1929年水平的75%。除了1923年之外，铁路客运收入一直在下降，1932年只达到了1920年水平的30%，1933年的更低，直到1936年底仍然仅略高于1920年水平的30%（全年来看，则低于30%）。

[2] 其中有一个甚至是全新的，即"棉花屋"。建筑的机械化也得到了进一步的发展，但是在那个领域没有出现什么新的东西。零件装配技术的改进仍然落后于零件本身的改进。

的发展打破了以往的所有纪录,部分原因在于开发出了新的用途、征服了新的市场,部分原因在于技术进步,其中包括一项重大创新。标准纤维当时甚至还没有开始显示出它的可能性和威胁。在我们所说的意义上,空调是新事物。虽然空调的安装始于1919年,但是直到1930年才达到了1 700万台的最大安装量。不过,总体上看,这个行业仍然处于"试水"阶段。直到当前这个朱格拉周期的繁荣阶段,空调安装量才上升到了"适当"的高度:1935年,3 500万台;1936年,5 300万台;1937年,大约8 500万台。① 至于航空业,可能发展到了铁路在19世纪30年代所处的那个阶段。飞机制造业每年都是一片繁荣景象(1938年也包括在内),创造了新纪录,但是主要原因在于军备支出的膨胀——这占到了1937年飞机销售额的60%左右,也使得飞机出口利润率极高(出口在1937年的销售额中占到了34%)。然而,即便如此,决定性的技术进步仍然几乎完全没有开始显现出它的强大影响,行业内八大主要企业的总销售额(1937年为1.09亿美元)和总利润都明显偏低。更加重要的是,除了设备和服务质量以外,行业内三家最大的企业在其他所有方面都取得了长足的进步,尽管在1937年这三家企业的营业收入都没有超过2 500万美元,而且都出现了亏损。它们在那一年的投资总额大约为1.2亿美元,其中三分之二将可以视为亏损。除了这个行业所遭遇的特殊困难(以及一系列灾难)之外,还有许多原因可以解释这种情况。但是,这个行业对当前这个朱格拉周期没有什么数量上的重要性,这一点是显而易见的,所以我们不需要深入探讨它的其他问题。

四、对等贸易协定、货币"限制"和"扩张"以及收入创造型支出政策的停止

在令人满意地证明过去"为我们带来"繁荣的那些过程在当前这种情况下同样未曾缺席之后,我们就可以讨论这是不是一场朱格拉繁荣,我

---

① 对主要企业相关数字的(不完整的)估计,请参见拉鲁·阿普尔盖特(LaRue Applegate),《年鉴》,1937年2月12日,第268页。

们也可以从经验证据中推断，即便不存在任何作用于经济系统的外部冲击（来自政府支出或其他因素），这场繁荣也会呈现出来。特别是，没有任何证据表明，与1925年相比，客观机会减少了，或者资本主义动机减弱了。那么，为什么繁荣会如此疲弱？为什么在繁荣之后会出现如此严重的下探？现在，这些问题在恰当的背景下浮出了水面。

首先，我们不考虑如下可能性（事实上，据作者所知，没有任何一位经济学家认为存在这种可能性）：美国政府为了推动更加自由的贸易而采取的那些政策措施——包括召开蒙得维的亚美洲国家会议，以及部分为了实现美国在这个会议上做出的承诺而于1934年6月12日通过的《互惠贸易协定法案》和1935年7月8日发布的总统公告——实质性地抑制了繁荣或加剧了萧条。在1938年3月之前实际签订的17项协议中，只有与古巴（1934年9月）和加拿大（1936年1月）签订的协议可能在某些方面产生了不可忽视的影响[①]，但是即使它们确实产生了抑制性影响，也必须扣除其他部门因此而获得的收益——在两者相权之下，它们甚至可能对复苏和繁荣做出了净贡献。当然，如果真的是这样，也不可能具有重大意义。1929年，出口额达到了52.41亿美元，然后急剧下跌，接着从1932年的16.11亿美元"增长"到了1934年的21.33亿美元（以不变价值计）（以"足重美元"或贬值后的美元计则为12.80亿美元），并且在随后的几年中分别增长到了22.83亿美元（13.70亿美元）、24.56亿美元（14.74亿美元）和32.95亿美元（19.77亿美元）。世界各国经济状况的普遍改善、货币贬值和军备需求的影响，可以解释这种增长的绝大部分。

不那么明显的一点是，货币和信贷领域发生的重大变化（这种变化一直是许多争论的主题），除了为政府支出提供便利之外，并没有对我们现在考察的这段时间的经济过程产生决定性的影响。为了证明这一点，我们

---

① 甚至，这种"在某些方面"的影响在很多情况下是非常可疑的。对于巴塔集团（Bata concern）所带来的所谓危险，美国鞋类生产商可能并不是公正的"法官"（至少，它们仍然身在美国境外）；或者，对于与比利时签订协议后的第一年"钢铁进口就增加了173%"对钢铁生产商的生存造成危险，美国钢铁企业的说法也可能是不公正的——因为那一年的钢铁进口总额只有区区1 500万美元。

不需要探讨这些变化所涉及的原则，也不需要探讨未来可能会产生什么样的长期结果。我们在前面已经注意到这些变化对货币利率、价格水平和消费者贷款的影响。但是，长达一个半世纪的经验教训，以及可接受的信贷申请的稀缺性——到最后，即使是那些为了给"不安分"的银行"定罪"而专门设立的"事实调查"机构也承认了这一点——阻止了当时美联储并不鼓励的过度行为。① 1935年8月23日通过的《银行法案》将之前引入的主要创新纳入并使之永久化，但是在这样做的过程中，它强调的是其中的限制性因素，而不是扩张性因素。在取消了以前对外汇交易施加的限制（1934年11月12日）之后，尽管受到了"稳健货币"政策鼓吹者的批评，但人们普遍是从这个意义上去理解这个法案。② 后来，事实证明——至少有一次——对发动机踩刹车绝不仅仅是装饰门面。因此，与我们的主题相关的唯一问题是它派上了什么用场，以至那么多人认为它要对衰退的发生或严重程度负责。

面对源源不断流入的黄金——这是很自然的，因为如果将所有的超经济因素都排除掉，那么任何商品都会流向价格过高的那个市场（当然，这些因素也起到了帮助的作用）——也许还因为担心价格会大幅上涨，美国财政部和联邦储备委员会采取了行动。财政部不想回到货币贬值的老路上，因此选择在法国的货币贬值时采取行动（1936年9月28日），它与英国和法国签署了采取秘密行动的三方协议，帮助暂时控制了黄金的流动。

---

① 例如，参见1987年9月在《联邦储备公报》上发表的联邦储备委员会对参议院农林委员会主席的"保守"答复。

② 这个法案确实允许系统之外的小型州银行在不加入系统的情况下享受存款保险。它对财政部和联邦储备委员会在货币政策上的责任分配只字未提。它加大了而不是削弱了联邦储备委员会的独立性，就像过去那样。它开发了公开市场操作工具，批准了联邦储备委员会改变存款准备金率的权力，并在其他方面加强了对会员银行政策的控制。它也没能在众议院的法案中加入关于"稳定经济"的条款。它保留了对联邦储备券和存款的黄金覆盖要求。它还保留了资格要求，尽管也使这些要求变得更虚。它无疑鼓励会员银行的长期贷款，但是鼓励程度并不比以前大。它延续了存款保险。许多不相干的讨论是由一系列混淆引起的：对资格要求不能在技术上令人满意地发挥作用的工作方式与它们错误地表达的原则之间的混淆、对会员银行负责任的做法与自由放任原则的混淆、对会员银行在经济过程中的作用与它们"对存款人的义务"的混淆。根本性的真理常常披着错误论证的外衣，同时根本性的错误则会披着正确论证的外衣。对公共道德和公共福利的关注，往往披上了群体利益、反社会倾向和轻浮的"进步主义"外衣。然而，总的说来，这个法案所构想的一系列做法，仍然都属于严肃的银行业务。

此外，1936年12月，财政部启动了"黄金禁锢"计划（gold sterilization plan）*：通过直接收购和拦截扣押新流入的黄金（直到1937年9月），它隔绝了黄金流入对银行储备和存款的一切影响，货币黄金储备和财政部国库现金的增量，则全都纳入一个不活跃的黄金账户，这是一个重要的（尽管也可以说是消极的）政策措施。

联邦储备委员会利用它的新权力，通过提高存款准备金率，直接调控超额储备的累积规模，它先是一下子就将存款准备金率提高50%（于1936年8月16日生效），然后又两度出手，将存款准备金率分别提高了$16\frac{2}{3}$%和$4\frac{2}{7}$%（分别于1937年3月1日和1937年5月1日生效）。从1933年年初开始，所有其他银行的总储备和超额储备就一直在稳步上升，从1934年年初开始，纽约市会员银行的总储备和超额储备也加入了这个行列，从而吸纳了大部分"洪水"，并再次证明银行总是会"用光贷款限额"去"顶格放贷"的理论的价值。尽管1934年美国的黄金流入量已经很大，但是1935年的黄金流入量又增加了50%以上（黄金净流入总额大约为17.5亿美元，其中一半以上来自法国）。加上我们不需要过多关注的各种黄金小物件，美国的货币黄金储备增加了大约19亿美元——"流通"中的货币增加了大约3.5亿美元，同时会员银行的储备增加了大约15亿美元，而它们的超额储备则增加了大约10亿美元。在整个1936年，黄金流入仍然在继续，尽管力度有所减弱，而且间或也出现过明显的中断：货币黄金储备增加了10多亿美元，会员银行的储备也增加了几乎同样多的数量；流通中的货币有所减少，不过几乎完全通过各储备银行的联邦存款余额的减少而得到了补偿。1937年，黄金流入的浪潮再一次涌动起来，尽管黄金流动的方向在11月和12月出现了逆转，全年流入的黄金仍然达到了13亿美元之巨，使得货币黄金储备增加了15亿美元。但是，如前文所述，由于执行了"黄金禁锢"政策，这些资金没有进入各银行的储备；不过，在整个1937年，银行储备一直保持在1936年年底达到的高水平

---

* "黄金禁锢"政策是美国财政部在1936年采取的出售国债以收购黄金，并将黄金入库的一个举措。——译者注

上——所有会员银行的储备差不多达到了70亿美元。历年存款的增加情况为（调整后的活期存款；所有需要报告的会员银行）：1935年，大约25亿美元；1936年，大约17亿美元，这主要反映了政府支出政策的影响，以及1936年5月之前的投资和在那之后其他贷款的影响。① 1937年第一季度末存款开始下降，并且是全年几乎没有任何间断地持续下降——尽管纽约市之外降得更多——对于这种事态发展的第一部分，直到1936年年中都不需要额外的评论，而第二部分则带着我们回到了我们的问题上来。

我们在对时间序列的轮廓进行考察时发现，繁荣并没有导致货币利率的"固化"——尽管在一个康德拉季耶夫萧条阶段内的繁荣时期，我们应该能够预料到货币利率会有所"固化"。不过，我们刚才很快一带而过的那些事实——其实是与超额储备有关的事实——已经足以解释这一点。而且，同样应该指出的是，给定这些条件，某些利率——商业票据利率不在其中——在1936年出现的微幅上升，还有发生在1937年的更加明显但仍然不显著的债券收益率的提高，也不能主要用商业借贷的温和上升来解释，而主要是由货币管理政策所致。实际上，这只是对存款准备金率提高的一种反应——因为在不完全竞争条件下，即便是在供给过剩并出现滞销的情况下，减少供给也仍然会对价格产生影响。② 不过，虽然货币管理政策产生了这种效果，但是它确实没有通过利率产生任何其他效果，因为在实际操作中任何商业计算都不可能受到如此微小的增长的影响。

但是，随着其他所有贷款的增加，存款准备金率上调50%这个措施成了各会员银行应该开始减少投资的信号。然而，这个信号之所以有效，可能只是因为会员银行出于其他原因原本就已经开始对自己的投资组合感到不安。因为这个措施本身并没有带来任何反应，它只是将超额储备从29亿美元（7月15日）减少到了18亿美元（8月19日），因为几乎同时

---

① 在1936年年初，纽约市之外的100个城市出现了一次不能说很轻微的收缩，但是很快就得到了弥补，这从周期的角度来看是完全可以理解的。

② 当然，这个论点也适用于对企业贷款需求上升的解释。但是有理由认为，大幅提高存款准备金率的措施是一个更有力的因素。

发生的财政部支出吸收了大约 3.6 亿美元的效应。① 的确，除非所有会员银行的储备头寸完全相等，否则对这种"武器"的应用将不可避免地造成一些困难。但是在当前这种情况下，这些困难可以忽略不计，而且几乎没有会员银行必须在关键时刻向储备银行借入少量资金。甚至从纽约市往来银行那里提取的资金也不算多，在 7 月中旬至 8 月 19 日间（1.6 亿美元）以及 11 月进行的投资销售也不算多。调整后的活期存款在 8 月有所下降，但只是略有下降，随后就又大幅上升了。

至于联邦储备委员会为什么没有就此罢手，这是一个令人颇感兴趣的问题。毕竟，联邦政府的收入创造型支出在远期将会减少，这早就不是一个秘密了，而且在未来对黄金的流入也已经有"黄金禁锢"政策来应对。考虑到工业过程所处的阶段，企业借款的复苏和"流通"中的货币的强劲增长并不是采取进一步行动的理由（企业借款维持了会员银行的总收益性资产，甚至导致了外部存款的增加）。关于货币供给的机械论观点似乎又一次承受了不可承受之重。但是即便如此，我们也不能认为，1 月 30 日宣布的将存款准备金率进一步提高 33⅓％的政策，对 1937 年第三和第四季度出现的任何萧条症状，尤其是企业证券发行量的迅速下降负有责任。如果认为各种利率的"行为"仍然未能提供充分的证据，那么我们可以观察一下市场是如何经受住这一系列"实验"措施的考验的。某些货币管理措施可能确实是有必要的，特别是在提高存款准备金率要求的第二步，当时的过渡并不像第一步提高 50％时那么容易。那一年 4 月，银行为第二步做好了准备。在这一举措刚刚宣布的时候，似乎应该能够将超额储备减少到 5 亿美元，但是由于总储备增加、存款减少和政府支出减少，结果只是将超额储备减少到了 8.50 亿美元左右。美联储也通过一次公开市场购买操作（9 600 万美元）帮了一把。所有这些，使得 4 月底的超额储备增加到了 16 亿美元。就这样，市场毫不困难地应对了财政部的融资和 6 月的季度纳税。甚至连纽约市的那些银行（有人认为它们本来应该会表现出某种承受不了压力的迹象）也不需要向储备银行借款。在 6 月 17 日和 18

---

① 这就是 8 月 15 日超额储备达到 32.5 亿美元的原因。

日，当2亿美元美国国债在不需要置换的情况下得到偿还时，票据交易商立即就在6月22日下调了银行承兑汇票的利率。银行间有一些借贷发生，但是规模很小。诚然，从1936年的峰值到1937年9月底，会员银行清算的投资金额达到了20亿美元上下——其他所有贷款则在10月达到了峰值，然后下降——这很自然地削弱了政府债券市场。但是，正如我们的阐述所充分证明的那样，这并不是因为银行有压力，也没有引起任何压力。此外，它是每一个繁荣时期都会发生并且不会导致任何萧条的现象。

由于需要遵循对货币供给的"高效率"（gratia efficiens）的普遍信念，那些让货币市场状况走向正常化的政策步骤突然被重新采用。当经济衰退开始出现，联邦储备委员会和财政部都尽最大努力在相反的方向上采取了行动，但那完全没有必要。尽管说事实证明货币管理"已经学会"如何制造衰退是不正确的，但是将出现的恐慌性回落视为那些"刹车政策"的实用价值的一个迹象则是正确的——对刹车的应用是如此之快，以至导致了超速。财政部先是在9月对3亿美元的黄金进行了"解禁"处理①，然后又在1938年2月14日颁布法令，将以前的"黄金禁锢"政策降级为一个"影子"，最后在1938年4月14日将14亿美元的黄金全部投放到了非活动账户，实际上是将等量货币转移到了储备银行的财政部账户。而且，在那个时候，联邦储备委员会早就已经授权进一步开展公开市场操作——当然，要维持在适当的限度之内——并且在11月降低了证券交易的保证金要求，接着又在1938年4月15日将存款准备金率降低了13.25%。② 由于前述3亿美元黄金的释放、货币白银的增加、公开市场上的操作，以及后来买入黄金，会员银行的超额储备又迅速增加，所以到1937年年底，总储备一直在上升。到1938年4月20日，这个数字达到了25亿美元；接下来到6月继续增加到了27.5亿美元，7月则进一步达到了

---

① 这或许已经足以阻止会员银行取消投资，因为这会让它们明白，总是会有一种"仁慈"的力量介入，让它们摆脱流动性不足带来的任何危险（无论这种危险看上去多么遥远）。然而，事实上，当会员银行停止出售政府资产的时候，同时出现的另一件事情是贷款开始下降——在一年内下降了大约5亿美元。投资下降趋势的逆转，对这一点的依赖与对释放黄金的依赖一样大，甚至可能更大。

② 定期存款的准备金率从6%降低为5%，中心城市银行的活期存款准备金率则下降到了22.75%，城市储备银行的准备金率降至17.5%，乡村银行的准备金率降至12%。

31.5亿美元。

财政部赎回国债——这是迄今为止利用此前不活跃的黄金的主要方式——使得它们的收益率几乎为零。调整后的活期存款则朝着与贷款和投资总额相反的方向移动，在1938年第二季度增加了7.68亿美元[①]，而贷款和投资总额则下降了2.50亿美元；此外现金也增加了。这些举措最近还得到了在另一条路线上推进的扩张主义政策的补充，它们的表现主要是为会员银行的贷款业务制定新的规则，以促使其"自由化"。因此，我们现在看得很清楚了，1933—1934年各项政策的主要思想没有受以往经验的影响，但是却通过更加有力的工具得到了实施。毫无疑问，很快就会有人利用"在此之后、因此之故"这种逻辑进行推理，而且他们提出的观点会让不少人信服。此外，我们还应该注意的是，某些已经采取的步骤是无法回溯的，其余步骤要回溯起来也非常困难，而且正如我们在前面所说的，这样的政策虽然在萧条时期无效，但是在萧条之后却往往会变得非常有效。因此，货币政策本身可能会在不久的将来成为一个主要因素，但是它与1935年至1937年的繁荣却几乎没有任何关系，与紧随其后的经济衰退也没有关系。

最后，我们再一次回过头来讨论通过政府支出来创造收入的模式，并尝试评估1937年停止这种政策带来的后果。我们的历史研究（第六章和第七章）为我们提供了发生在朱格拉周期上转折点附近的危机的实例。尽管经济衰退不是萧条，但是从繁荣到衰退的转变在艰难的重新定位过程中总会带来一些崩溃的危险。的确，我们还看到了，在这个上转折点或在这一转折点附近发生的严重下滑，毫无例外地与人们一般所说的过度投机有关，更重要的是与工业发展速度异常迅猛所引起的过度投机有关；但是，我们现在要面对的显然不是这种情况。另外，这种思想本身已经表明，政府支出可能发挥了在过去属于创业型企业支出的作用，而且考虑到它在数量上的重要性，政府停止支出在很大程度上起到了与以往创业型企业停止支出同样的作用。这个论点的真理成分并不比它的局限性更加明显。

---

① 当然，速度迅速下降，到1938年年中，比最高年度数字（1936年）低了25%左右。

因此毫无疑问，不仅政府的收入创造型政策肯定会导致各种各样的"适应性问题"（problems of adaptation），而且就我们正在讨论的这个时期而言，这种政策出台的时机也是极其不恰当的。[①] 它的高潮恰好出现在了即便没有它经济过程也能够很轻易地完成的时候，而它的退出又恰好出现在了经济过程最敏感的阶段。只要参照我们给出的实验性周期计数，就能够非常清楚地说明这一点。因此，我们的分析在一定程度上支持了下面这种普遍流行的观点[②]，即收入创造型政策的退出是经济衰退的"原因"，尽管我们不需要特别补充（那将是多余的）不能从这里推导出永久性赤字政策的理由。

但是，我们也不能夸大对经济系统的这种冲击的解释价值。由于此前的支出政策并没有引发任何——超过了"自然"繁荣时期那种程度的——过度扩张或投机，同时正如我们已经看到的那样，当时也不存在货币紧张，因此通常会引发螺旋式下降的因素并不起作用。"注入"并不是突然停止的，而是逐渐减少的。因此，与之前发生在上转折点附近的上一个危机进行的类比终究是要归于失败的。因此，显而易见的推论是，收入创造型政策的退出所引发的崩溃是如此严重，同时使得在任何情况下人们能够自然预期到的震荡变成了一场衰退——因为在由收入创造型政策维持的表面之下，我们所说的衰退的特征性过程，已经不再像以前那样起作用（见第四章）。也就是说，降落伞"拒绝"打开。

五、资本主义过程的停滞

（一）关于投资机会消失的理论

对于上面这个观点（它意味着，还存在着另一个更根本的问题），几

[①] 支出金额的处置也是如此。在美国这个国家，资金的投入几乎是随机的，没有系统地考虑过现有的结构和可能的发展，从而创造了一系列工业和商业地位，这种地位只依赖于这种暂时的资金洪流，一旦资金洪流退去，这种地位就会消失。

[②] 由于在《社会保障法案》（Social Security Act）下进行的支付对维持联邦现金账户的收支平衡（略大于）起到了实质性的帮助，因此，正如一些经济学家所说，我们甚至可以说，这些支付在当时起到了"通货紧缩效应"。从长远来看，这当然是不正确的。还有一点要顺便提一下。1937年的经济向下转紧接着1930年的经济向下转而来，对当时具有极强的"危机意识"的商界造成了很大的冲击。此外，许多企业经营者也许都能详细地回忆起他们在1930年所采取的"立场"让他们付出了什么样的代价。

乎没有任何争议，事实上，许多经济学家同行持有同样的观点——正如读者所知，他们是在解释关于投资机会何以消失的理论时提出了同样的观点。① 这种理论在美国这个国家之所以广泛流行，显然是由于在那场普遍公认的异常疲软的繁荣（或"复苏"）之后又出现了经济衰退。由于要想理解我们这个时期的经济状况——以及其他许多东西——必须充分认识到为什么不能接受这种解释，所以我们将冒着重复论述的危险再一次重申反对这种解释的理由。

那种理论的正确性并不是因为它的基本命题是错误的而遭到否定。根据我们的分析，这个基本命题可以这样表述。资本主义本质上是一个（内生的）经济变迁过程。若没有变化，或者更准确地说，没有被我们称为演化的这种变化，资本主义社会就无法存在，因为如果变化停止，那么资本主义社会的经济功能就会彻底崩溃，同时它的领导阶层（即维持资本主义引擎运转的阶层）的经济基础也会彻底崩溃：没有了创新，也就没有企业家；没有创业的成功，也就没有资本回报②，也就没有了促进资本主义社会发展的动力。工业革命的氛围——"进步"的氛围——是能够让资本主义社会存续的唯一氛围。因此，在创新机会不复存在的情况下，资本主义有机体不可能安稳地进入一个静态阶段而不受到任何重大影响，那只有在"生产函数的变化"只是生命过程中的一个偶然事件而不是其本质时才有可能。从这个意义上说，"稳定的资本主义"原本就是一种自相矛盾的说法。此外，我们有理由认为，这种"维稳努力"本身会产生一系列异常情况和不稳定性。人们将会变得越来越不愿意增加投资，甚至连拿出利润来再投资都不愿意，而只想以"吃老本"为生；不愿意保持平衡；不愿意通过对一个阶层开放的一切可能的转变来重新创造消失的回报，这个阶层虽然那时在经济上没有功能，但是会像它的封建前辈一样，在一段时间内保留以

---

① 汉森对这个理论进行了令人钦佩的阐述，请参阅：A. H. 汉森，《全面复苏，还是停滞》，1938年。

② 当然，这样说也许有点言之过甚了。但是，我们必须假设读者现在必定熟悉所有必要条件，正如读者必定熟悉这句话所总结的论点一样。应该注意的是，这里并没有单独提到我们所说的"增长"。我们认为以这种方式指定的这类现象对下面的论证并不重要，而且理由很快就会变得显而易见。

前履行功能时获得的权力及与之相关的权力。失调、失业和资源利用不充分——尽管现在具有了不同的性质——还有中性的、不稳定的、低于正常的均衡,所有这一切都很可能会继续存在于一个不再扩张的世界。①

如果适当地考虑到向静态的过渡不可能是突然发生的,而一定是通过一个缓慢的过程完成的,那么这个画面就会褪色(见下文)。此外,还必须记住,现在讨论的这个命题一般来说并不是以这种方式表述的。一些经济学家试图用模型来阐述它,这些模型假定了不变的生产函数或"生产方法",但是这样就把它得以转动的主轴抽走了。而且大多数经济学家都过分强调了储蓄-投资过程的单一机制。但是,如果就结果而言,他们的观点与作者在本书中给出的观点倒是一致的。我们甚至可以承认,这种过渡的困难之一可能来自那些希望进行投资和准备好了去投资的人,只是他们无法以他们所能接受的回报率进行投资罢了(见下文)。因此,如果只是为了讨论的目的,接受目前这个口号无疑是方便的。我们之所以能够这样做,关键的联系纽带在于这样一个事实,那就是,创新是——直接的和间接的——投资机会的最大来源。

我们也不反对随之而来的另一个命题,即这种意义上的投资机会可能——实际上,很可能——在未来某个时候消失。通常会给出的那些理由我们都很熟悉了。② 例如,虽然我们认为征服无垠的太空对于创业者来说,与征服印度(市场)一样重要,甚至更加重要,而且从我们的分析的角度来看,这两者完全是同一类型的东西,但是我们不能否认后面这种征服所带来的机会正在被我们耗尽,或者说最终将会被我们耗尽。或者换一种角度,尽管我们认为无法做出可靠的预测,但我们无法否认技术创新有一天可能会耗尽,要么是从"客观上"看穷尽了一切可能性,要么是因为人们不愿意继续利用可用的技术创新。③ 我们甚至还可以加入我们自己的

---

① 这样的世界不会表现出我们所说的意义上的周期:在一个没有扩张的世界里,"周期"也是一种自相矛盾的说法。但是,被我们称为"适应波"(waves of adaptation,见第四章)的那种类型的波动则将会持续一段时间。在过渡持续期间,正文提到的那些情况也有可能造成另一种类型的波动。

② 请参见本书前文的阐述,尤其是第三章、第四章和第九章。

③ 但是,应当重申的是(见第九章),关于这一点的任何断言都纯属猜测。任何类似的断言都是如此——例如,断言到目前为止已经实现的创新比未来的创新更重要、更有利可图或更能吸收资本。这样的断言极大地重复了马尔萨斯的方法论错误。

一个元素。"进步"的"机械化"(见第三章)可能会对企业家、资本家和资本主义回报产生类似于技术进步停止所能产生的效果。即便是在今天,私人企业家也不再像过去那么重要了。此外,我们还注意到(见第七章和第十四章),化学工业和其他方面的发展,可能导致创新资本的节省,或者至少会导致被吸收的资本要比铁路时代少。此外,以下这个观察结果很可能是对的:越来越多的"必须要做的事情"将借助公共企业而不是私人企业来完成①,虽然这本身只不过意味着独立于公共企业而存在的向公共企业倾斜的趋势的又一个组成部分罢了。

最后,我们甚至不能排除投资机会可能会因"餍足"而消失的可能性。特别是,以出生率不断下降这个事实为基础的论证,尽管表述往往不够充分,合理性仍然几乎没有受到任何影响。在一个人口增速递减的社会中,对扩充资本设备的"需求"会减少,而在一个人口保持不变或者下降的社会中,这种"需求"就更少了。但是,这并不是关键。不论生产设备的扩充或重新定位所要达到的目的在观察者看来是不是特别"必要",也不论所需要的是无线电设备还是摇篮,都不是最重要的。只要生活在文明国家中的大多数人——至于生活在野蛮国家中的人,就更不用说了——在整体上仍然像今天这样远远没有达到"餍足"状态②,任何一种特定的需要实现"餍足"就都不会导致总体投资机会的收缩;即使我们暂且忽视(在当前非常重要的)年龄分布变化的影响,结论仍然如此。但是,就我

---

① 当然,从历史上看,决定一个提议是否在经济上更适用于公共企业而不是私人企业的标准各不相同,而且,在目前这个时期,由于普遍倾向于前者而变得更加模糊不清,因为前者在很大程度上是非经济性的。但是,我们在这里不需要深入讨论这个问题,而只需要提醒我们自己:在某些情况下,私人利润的不足就表明了对社会的好处不大。

② 再一次,我们遇到了对在现有路径上进行扩张的可能性的过分强调,这种情况我们以往遇到过多次。但值得注意的是,即便是这些也是足够重要的,足以在相当长的一段时间内否定任何来自这种来源的"僵局"概念。另一个观点也可能需要在这里提一下。人们一直认为,为人口提供"资本主义"设备的过程——进行庞巴维克所说的"迂回生产"所需的资本品——是一项在历史上独一无二的、资本吸收能力空前绝后的任务,而且这项任务在19世纪已经一劳永逸地得以完成。这种观点似乎不仅假设了在任何时候都存在的生产函数中资本设备已经达到"饱和",而且忽视了在许多情况下插入的新的生产函数(我们暂且先不说实际上通常必须如此)使旧的生产设备在经济上变得过时,因此,这个任务必定定期重复进行。另外,正如历史经验所充分证明的,是通过新的储蓄和新的信贷创造完成的。汽车长途运输"取代"了铁路长途运输,所需的资金肯定不是由铁路折旧账户提供的。

们现在分析的这种状态而言，还有一个读者应该很熟悉且更具根本性的反对意见："需求"，无论它们是什么，从来都只是调节因素（conditioning factors），而且在许多情况下仅仅是创业活动的产物，正如那些古老家族的经历所表明的那样，并不是它们启动了资本主义引擎；经济发展（包括资本消耗）在那些在观察者看来需求从不匮乏的国家也从来就不是引人注目的。不过，这个论点至少在某种程度上可以从另一个途径得到支持：正如已经指出的那样，为一个无限延续的家庭的未来做准备在资产阶级动机体系中是至关重要的，如果家庭中没有子女，那么许多驱动力就可能会消失。

（二）投资机会消失论的不充分性

但是，我们确实要对第三个命题提出异议。这个命题断言，上面考虑的这些与对1938年经济状况的诊断具有相关性。显然，我们刚才谈到的是一些长期趋势。我们不能认为，技术创新、组织创新或商业创新的机会在长期中是不断趋于消失的（如果它们正在消失的话），除非非常缓慢。如果资本吸收确实存在一个下降的普遍趋势，那么这种趋势也只能间或显现，尽管个别行业受到的冲击可能是突然的、严重的。人口增长率每年都在不知不觉中下降。进行创业冒险的召唤实在太过深入人心，不可能突然之间就自行完全消失。其他趋势亦然。这种趋势即便已经充分确立（其中一些趋势毫无疑问是如此），也不能解释某个特定的朱格拉周期的特征。随着时间的推移，它们可能会影响轮廓线并使其向下弯曲。但是，它们无法解释任何一场给定的繁荣相对于前一场繁荣的弱点，而且在作为突然出现的经济下滑的解释因素时，它们看上去显得荒谬可笑。如果有人认为某个趋势或所有趋势在任何给定的历史时刻突然拥有了主导性的重要地位，那么要想他人对这样的断言认真对待，就不仅必须证明长期趋势或"倾向"确实存在，而且必须证明足以解释像突然的行动这样不太可能发生的事件的环境存在。

我们在上文指出了这些趋势的运作方式从根本上说都是激进型的，对预期由投资机会消失导致的现象的任何推测，都必须考虑这一点。例如，有这样一种假设，即面对上述趋势，人们仍然会继续以某种足以产生困难的速度储蓄，它成了一系列影响深远的结论的基础，但却是完全没有根据的。由于习惯的持续性，在萧条阶段，这从短期的角度来看是可以想象的，尽管我们已经看到很多怀疑它的理由。但是在短期内，投资机会不可能会明显减少。而且，从长期的角度来看，我们没有理由假设储蓄——以及一般的事物和心理——无法自我适应。此外，很明显，不但储蓄率将伴随着出生率的下降而下降（因为这两种现象有同一种社会心理来源），而且两者之间存在着因果关系。

还有一些不那么笼统的理由阻止了我们接受这个理论。无论人们怎么看待这些"趋势"以及它们的运作方式，在美国这个国家，从来都没有一种趋势发展到足以证明这个理论的程度。我们通过一些细节可以看得很清楚，"客观"的机会从来都不缺乏。到今天，我们离一场我们见证过的充满活力的繁荣、离一场可以证明主要归因于前面的"进步"步伐的萧条，都还不到十年。有人认为，那场繁荣的性质不同于以往的繁荣，因为（耐用）消费品生产发挥了特别重要的作用，这一点也就表明，就在那个时候，周期性过程发生了根本性的变化。当然，那场繁荣与康德拉季耶夫周期上升阶段的朱格拉繁荣不同，但是它在性质上与先前的康德拉季耶夫周期下行阶段中可比的朱格拉繁荣并无不同，因此并不表明资本主义有机体的运行发生了任何根本性的变化。消费品生产的扩大，包括公用事业和公共工程领域的扩张，在19世纪20年代、30年代、70年代和80年代的发展中，都是一个同样突出的特点。我们也不能要求人们相信，从根本上说，不存在"第一等"的新机会。对此，我们不用考虑是还是否的问题，而只需回答说在18世纪20年代几乎没有人能预见到即将到来的铁路革命，或者在18世纪70年代几乎没有人能预见到电力的发展和汽车的出现。就连约翰·穆勒这样的权威人士也在这个问题上栽过跟头[①]——他在1870年声称，资本主义发展的可能性已经基本耗尽。何其惊险的一跃（vestigia terreant）！

如果用来分析美国今天的经济状况和当前这个朱格拉周期的异常情

[①] 这一点是R. 阿贝尔-马斯格雷夫（R. Abel-Musgrave）先生向作者指出的。

况，这种理论——资本主义过程因其逻辑固有的内在原因而停滞不前，同时政府的收入创造型支出政策也只不过是一个趋于收缩的有机体的自我防卫措施（因而是完全不能匹配的）——在最好的情况下也只能对世界性萧条的某些后遗症给出一个错误的解释，而在最坏的情况下却会成为那些渴望为自己认同的政策提供一个有点像样的基础的人的一厢情愿的产物。然而，这种理论仍然保留了两个优点。第一个优点是，它包含真理的许多元素，当然，正如我们已经看到的，这些元素可以用于论证与它的应用是两回事。第二个优点是，它认识到了（至少是隐含地）下面这个事实，即正如任何一种社会制度的运行和存续全都依赖于它所声称能够提供的"溢价"的实际交付，资本主义制度的运行和存续也依赖于回报的实际交付，而对回报的预期则提供了驱动力。[1] 毕竟，这就是强调投资机会的意义所在。因此，对这句话的含义稍加扩展和修正，我们就可以继续使用它，并且同意投资机会正在消失确实就是当今资本主义的问题——事实上，只要资本主义过程的结构原则仍然是这个样子，那么任何东西都可以转变为这种形式。然后，我们的任务就变成了用更有说服力的理由来替代那些无法令人信服的理由，以说明投资机会为什么正在消失。

（三）从资本主义演化所产生的社会氛围角度给出的另一种解释

第十四章第二节的分析提供了这样一种解释：资本主义通过自身的运行，造就了一种对它自己满怀恶意的社会氛围——或者说，生成了一种道德准则，如果读者更喜欢后面这种说法的话。而且这种社会氛围反过来又产生了不允许资本主义正常运行的政策。没有任何制衡机制能够保证这种氛围或这些政策只在它们占主导地位的成熟时机才会出现，那就是（以美国为例）当资本主义过程真正用尽或快要用尽它的"力气"的时候。只要它们在此之前就占据上风，那么就有陷入僵局的危险——我们用"僵局"一词来指无论是资本主义还是对它的可能的替代方案都行不通的局面。在

---

[1] 见本书第十四章第三节第二小节。在原来那个"完整无损"的资本主义时代，这是理所当然的。然而，在我们这个时代，以一种反资本主义的方式管理资本主义的企图引发了许多几乎完全否认资本主义的观点。因此，这个声称投资机会消失的理论承认了这一相当明显的观点，这很可能是值得赞扬的。

某种程度上,这正是美国这个国家现在发生的事情,不过可能还不至于永远如此。

对此,也许有人会回应说,反资本主义态度像人们通常接受的投资机会消失理论所提出的那些趋势一样,也是一种增长缓慢的事物,因而同样可以用上面给出的反对那种理论的意见来进行反驳。但关键是,在这种情况下,我们能够做一些对那些趋势无法做到的事情,也就是说,我们能够证明这种反资本主义态度是可以突然出现并立即获得主导地位的。而且,与人们的这种态度不同,对于反资本主义政策我们是有可能确定其发生时间的。[1] 事实上,它们与经济引擎令人失望的表现在时间上的重合度之高令人震惊。我们从财政政策、劳动政策和产业政策(我们实在找不到一个更好的表述了)等方面来加以考察。

至少自1932年以来,在直接税强加给国民收入的负担中,由较高和最高纳税等级承担的那部分无疑已经足够高[2],即高到了足以影响"主观"投资机会,或者用我们前面的一种说法来表示,足以改变"投资还是不投资"之间的分水岭的程度。然而,直到1933年至1934年,除了直接效应或机械效应之外,任何其他情况都不必归因于这种负担,因为当时这种加税政策被当成了国家紧急情况下的一种牺牲而被广泛接受,就像在战争期间一样。但是从1934年的税收法案开始,情况就不再一样了。负担变得永久化,而且理由与国家紧急情况完全无关,它涉及的转移支付或者说财富再分配意味着,最高纳税等级的私人收入的大部分都要被"社会化",

---

[1] 读者应该立即就会注意到,反资本主义政策措施必定是敌视私人投资机会的措施,而且投资机会消失理论的主要倡导者必定会同意由这一点推导出来的结论,因为投资机会不足的后果显然与其原因无关。无论这些原因是内在的还是外在的,它们都是一样的;也就是说,无论这个过程本身——由于其生命周期规律——是不是只能产生不充分的利润空间,或者无论这种利润空间(如果产生了的话)会不会被从接收者那里拿走,又或者对这种利润空间的预期会不会在其他方面受到阻碍而无法产生通常的效果。因此,无论如何,这些经济学家将不得不把我们的理论纳入他们的模式,即便他们不相信我们针对他们关于投资机会消失的解释提出的反对观点。如果他们确实将我们的理论插入适当的位置,使之与其组成部分的重要性相称,那么就不会有多少导致意见分歧的余地。

[2] 对这种负担的详细评估(包括遗产税,涵盖1924年、1927年至1933年),请参见:M. 雅佩尔·斯威齐(M. Yaple Sweezy),《根据收入阶层征收的直接税》,刊载于《美国经济评论》,1936年12月。

甚至在某些情况下，完全是为了征税而征税，全然不管对国库有无意义[①]；从那时起，这成了一项既定政策的一个组成部分，总体趋势到1938年都没有得到扭转。关于这个主题的理论的一些纲要，我们已经在上一章给出。除了对经济演化过程的影响之外，其他方面都与我们的目标无关。这一变化对有关利益群体在数量上的重要性是不容置疑的，也从未受到质疑。因此，我们不需要详细讨论1934年至1937年税收立法的细节及后续，而只需要给出如下评论。

如前所述，本书作者将倾向于强调所得税、公司税和遗产税的重要性，而相对忽略了其他一些"新事物"，因为它们已经被广泛地讨论。个人所得税的免税限额很高（最高达3万美元），而平税（统一税）的税率很低，附加税则明显是适度的，这些事实与上述论点无关。重要的是高于这个收入范围的那些人——主要由不超过3万或4万名纳税人组成的群体——的税收负担；在美国工业的当前结构下，税收在几年之内就提高到当前的水平对"资本供给"[②]和经济行为产生了严重的影响；而且，这种影响还因为未能通过立法允许结转经营亏损[③]、针对个人控股公司的新政策，以及对实际资本或潜在资本的其他侵入式控制，而大大地加强了。

人们普遍认为，所谓的资本利得税是加剧（如果不是引发的话）经济

[①] 从对1935年《税收法案》带来的额外收入的估计来看，财政上的结果微不足道，这一点令人吃惊，因为它们的目的在于增加财政收入。例如，附加税的提高带来了4 500万美元的新增收入，累进所得税的提高则导致收入增加了3 700万美元，超额利润税的提高带来的额外收入为1 000万美元，遗产税（加上赠与税）的提高也只使财政收入增加了1.01亿美元——这不过是"赤字大山"上的一只"小老鼠"而已。有人辩称，这与预算的问题有关，而且在未来的繁荣期，预期收入将会大幅提高，前一种说法完全没说到点子上，后一种说法还回避了根本问题。

[②] 作者并不想过度强调在过去几年里货币资本数量及其增长率所受到的短期影响。就这些影响而言，通过强制增加总支出，财政政策甚至可能产生在繁荣期有利于增长、在萧条期不利于增长的净结果。科尔姆和莱曼在一项很有意思的研究中最早强调了这个因素，见《美国近期税收政策的经济后果》，刊载于《社会研究》杂志的增刊I。他们试图对资本供给的差异进行定量评估。但是，对于本书作者来说，"出售意愿"意义上的资本供给——在这种情况下，也就是"投资意愿"——在受到影响的东西中似乎是更直接、更重要的。

[③] 这一特征，在作者所知的范围内，从未得到合理的论证，但是它比初看时要重要得多。可以不受惩罚地结转的亏损是一回事，不能结转的亏损则完全是另一回事。某种风险在第一种情况下人们承担它是合乎理性的，但在第二种情况下人们往往不得不拒绝承担。当然，这个结论不适用于"小额"甚至"适度"的税收。

衰退的原因。然而，作者无法看出这种税如何与当前这个朱格拉周期的进程发生太大的关系，除非通过抑制投机热情，从而使股票发行变得比原本更加困难。考虑到资金既充裕又廉价，正向阶段的融资应该不会受到这种情况的严重干扰；如果说真的有什么影响的话，那么随之而来的经济衰退本应得到缓解。其他方面，特别是它通过强制提取储蓄——而不是通过减少"过度储蓄"——所施加的影响，虽然与对资本主义引擎在未来预期会产生的结果的"预后"有关，而且不会实质性地受到1938年《税收法案》引入的修改的影响，但我们在这里不需要多加关注。

各种各样的"反储蓄"理论和社会上蔓延的仇富心理，非常典型地表现在了对未分配的公司收入征收的特别附加税（未分配利润税）上，税率范围是从7%到27%。再一次，我们暂且抛开这种政策措施如果被纳入了法案会在长期中产生什么影响这个问题不论，而只考虑它的直接效应。我们可以把直接效应分解为两个部分：一是进一步加重了企业的负担所带来的影响，二是对企业积累所施加的这种特别的惩罚所带来的影响。现在只讨论后一种效应。它可能导致被分配的收入的绝对增加和相对增加，但是它们既不确定也不容易评估，因为实际发生的增加还有其他原因；但是，无论具体数额是大还是小，这应该都能增加系统支出，或者有助于抵消系统支出的减少。不过，这种政策措施很可能会对创业活动和投资产生极其严重的影响——令它们陷入瘫痪。这是因为，积累起来的"储备"的实际存在，以及迅速积累起这种储备的可能性，能够加强一家勇于直面创新和扩张的风险和机会的企业的地位。私人商业活动效率更高的主要原因之一就在于，与政客或公职人员不同，人们必须为自己的错误付出代价。但同样是"必须为自己的错误付出代价"，不同具体做法的后果仍然可能是非常不同的，这取决于用来进行有风险的创业活动的"资金"是自己拥有的还是借入的、亏损是只会减少盈余还是会直接减少原始资本。充足的账面储备与充足的原材料库存一样，也是一项必要条件。如果没有了这种储备，或者购买或补充这种储备的支付工具减少，一种完全不同的、谨慎得多的商业策略就会自动强制实施。这样一来，在繁荣时期，人们能够看到的投资机会将会减少；而在萧条时期，企业将不得不更经常地在风暴面前低头退缩。特别是在后一种情况下，有一类重要的商业考虑（包括纯粹的商业考虑）将会从商人的头脑中消失，而在以往它们本来通常能够诱使许多企业在一段时间内"坚持抵抗"（哪怕会蒙受相当大的直接损失）。当然，一旦某位经济学家陷入总量理论的机制的泥淖当中，所有这一切商业考虑就会立即从他的脑海中消失。但是，许多行业（它们是美国这个国家的主要经济资产之一，其中汽车行业是一个标准的例子），如果一直处在一个要对未分配利润征税的制度下，那么永远不能像现在这样发展起来。而就当前这个朱格拉周期而言，无论是在繁荣时期还是在衰退时期，事态发展的实际进程都与以下观点相一致：对公司财务基础的这种攻击不仅削弱了前者，而且在一个不可小视的程度上加剧了后者。①

还应该指出的是，这是一个资产价值问题，而不是一个流动性问题；事实上，自1931年以来，在美国普遍存在的条件下，对一家没有受损的企业来说这从来就不是一个问题。类似地，认为积累使企业能够通过保持红利发放和工资支付，让自己在萧条时期更有机会生存下去、更容易"缓冲"萧条对经济过程的影响，这种论点也不能仅仅通过指出只有部分积累是以现金或准现金形式持有、其余部分不能"付出去"就成立。的确，从个别企业的管理的角度来看，良好的流动性构成了一种优势。1931年和1932年，美国的大部分大型工业企业轻而易举地克服了沧桑巨变，这在很大程度上要归功于它。同样正确的是，以高流动的形式持有的储备，往往具有反周期的作用。但是，读者一定不能把这一点与作者试图阐明的观点混淆起来，在美国当前这种情况下，后者完全独立于现金因素，尽管在其他时候和其他国家则不一定如此。

我们在前面提到过政府所选择的为社会保障计划融资的方法对联邦现

---

① 一位"反储蓄理论"的倡导者表示他对这种观点不屑一顾，认为它无非是在"大吹法螺"而已。在表明他的如下信念（他认为美国这个国家已经不需要更多的投资；而且，如果需要的话，资金也很容易通过借贷得到保障）之后，他这样问道："为什么它（指未分配利润税）没有在更早的时候就导致这种令人悲哀的后果（指经济下滑）？"在本书作者所知的范围内，没有一位严肃的经济学家认为经济下滑完全是由这项税收导致的。但是，如果这项税收产生效果的"时机"确实有什么作用的话（读者知道，我们只赋予时间序列有限的重要性），那么在这种情况下，它的时机就不能说不完美。这个法案于1936年6月生效。它的影响在1937年第一季度就显现了出来；而到第二季度结束时，即将到来的困难的第一个症状就出现了。

金账户组合的影响。因此，在这里不需要进一步讨论老年储备账户（Old Age Reserve Account）和失业信托基金（Unemployment Trust Fund）款项的货币市场操作和支出方面的问题。除此之外，在1937年的"财政总负担的增减额"中，就工资单金额对企业征收的税当然是一个不可忽视的元素。[①] 效果问题引发了转移中的不少困难。在工资率坚决保持不降、"大企业"的产品价格不允许上涨这种特定情况下，将税收提高到全额最终可能不仅会造成更多的失业，而且足以导致某些行业陷入瘫痪（与企业净收益的对比说明了这一点），进而导致（例如）需要创建另一个更加严格的全国复兴总署。但是就目前而言，这项税收本身并没有产生多少重大的影响。

劳动政策主要是通过迫使工资率提高，从而——除了降低单位产出的就业之外——减少了投资机会。然而，正如我们已经看到的，并不是所有实际发生的工资率上升都可以归因于这种劳动政策；而且，正是因为工资率的上升在很大程度上需要通过劳动节约型的合理化来应对，所以对投资机会的影响可能不是那么大。[②] 此外，在雇用劳动力时发生的成本也在以其他方式增加。因而，在这里比在其他地方更有必要从更广泛的意义来识别投资机会，并将另一个很难具体衡量的影响也考虑进去，那就是，新管制法规的不断增多导致工厂的经营变得越来越困难。这类管制措施的其中一个例子是1937年7月5日通过的《国家劳动关系法案》（National Labor Relations Act）。正如每一位读者都知道的，这个法案所创造的工具立即得到了比实际内容所暗示的更加有力的使用；尽管该法案的条文声称一切措施都应该保持在现代民主国家最普通的劳动政策的限度之内，同时该

---

① 例如，在1937年，钢铁行业（美国钢铁研究所；对同样的企业的统计）支付了1.566亿美元的联邦、州和地方税款，大约占净利润的40%，或占工资单金额的15%，这比前一年高出了大约60%。在60%的税收中，大约有37%来自工资税的增加。

② 应当指出的是，只要以这种方式去应对工资上涨需要在工厂和设备上增加支出，投资机会就可能暂时增多。1938年7月，钢铁行业产品的综合价格略低于1923年至1929年的平均水平，而劳动力的平均每小时工资则比1923年至1929年的平均水平高出了大约33%，这类事实就必须从这个角度加以解释。然而，以下结论仍然成立：工资的这种变化，是该行业未能修复受损的财务结构的原因之一。这一点从以下事实就可以看得非常清楚（美国钢铁研究所）：到1937年底，钢铁行业的盈余和储备仍然只略高于1920年的一半。

法案只是对早期立法原则的一个发展，如《铁路法案》中的劳动条款、《克莱顿法案》、战争期间通过的若干法案、《复苏法案》的第 7a 节，以及其他一些法案。官方给予工业组织委员会（Committee for Industrial Organization）发起的运动支持，以及给《国家劳动关系法案》抹上一层不是它自己的天然颜色的不同颜色，都有必要单独列出来。但是，即便最充分地考虑了这些元素和其他元素，我们所能得到的结果仍然是，劳动政策——或者，更准确地说，在劳动政策领域实际上已经做的那些事情——从其本身来看对塑造那些年的经济状况并不具有决定性的重要意义。

关于我们所称的不利于投资机会的"产业政策"（我们暂时使用这个术语）——或者，在经济上等价地，当时可能存在的针对任何"客观"的投资机会采取的政策，不论是否减少了投资机会——以下两点就足以说明我们想要表达的意思。

首先，我们有理由预期，公用事业领域的发展将是当前这个朱格拉周期的一个主要特点，就像它们在前一个朱格拉周期那样。同时，我们还看到，除了联邦一级的"创业"活动之外，这个预期并没有实现。作者不明白，在这种情况下，现有的投资机会之所以没有发挥正常的作用，与其说是由于实际采取的行动，不如说是因为背后的全面威胁，这一点怎么可能被否认掉。在某些行业，对来自联邦一级的发电厂或市政发电厂的竞争的预期，是一个非常重要的因素。① 例如，《公用事业控股公司法案》（Public Utilities Holding Company Act）就危及了美国解决电力建设融资问题的根本途径。但是，经济状况的决定性因素是不确定性带来的威胁：企业高管和投资者如果打算对大规模的新投资承担责任或进行合作，他们就将不得不假装对那些集结起来反对他们的政治力量完全视而不见。因此，这个例子不仅可以用来说明，任何投资机会理论如果未能将政治因素考虑在

---

① 即便这个因素比它当时更加重要，也必须把它要满足的条件与它一并列出。当然，新资源的开发及其与旧资源的竞争是我们的过程的一部分，而不是障碍。从原则上说，开发新资源的，无论是公共企业还是私人企业，都无关紧要。这个因素是否能够在经济车轮的辐条清单上占据一个位置，取决于人们预期联邦一级的工程和市政工程能够在多大程度上享有特权，并成为攻击经济（在成本会计上的）合理性的工具。

内,那就是不切实际的,而且可以用来说明,与资本主义过程固有的原因导致的投资机会的减少相比(即便每年都确实以某个显著的速度发生,那种减少也是可以忽略不计的),政治因素导致的投资机会减少是多么容易获得重要性。

其次,在这种情况下,针对"垄断权力"的古老敌意本来就应该会在整个工业领域再次抬头,这个事实并不令人意外。但是,"垄断"真正的含义其实可以指任何大规模的企业。由于在美国这个国家,经济"进步"在很大程度上是无数小企业——它们雇用的人数从来都没有超过300人或400人——努力的结果,因此任何导致这些企业无法运转的严重威胁,使经济有机体陷入瘫痪的程度,均要远远高于任何其他国家相应数量的企业受到类似威胁的时候。联邦政府极度渴望不对私人企业表现出敌意,也极想避免做出任何可能导致商界强烈抗议的事情,但是,仅仅有这种意愿并不能提供任何补偿,因为受到政府偏爱的阶层对"进步"的贡献和投资不但相对较小,而且在很大程度上都是由大企业世界中发生的事情引发的。那种敌意推动或促成了我们在前面讨论的财政政策和劳工政策。除此之外,几乎没有什么实际行动;但是,甚至在最近发起的垄断调查之前,在不同时期就已经出现很多预兆。这些预兆可能毫无意义,也可能意味着一切,这取决于这些威胁是不是受到那些其决定可能受到了影响的人的重视——毫无疑问,再一次,这还是不确定的。但应该注意的是,如果是这样,由此导致的行为与"投资机会消失导致的流动性偏好"(liquidity preference)就会很相似。

(四)认为我们这种解释是充分的理由

至此不难看出,如果分开来单独考虑,在我们前面提到的所有措施中,没有一项可以合理地被认为在塑造当前这个朱格拉周期方面发挥了主导作用。因此,一条更容易的道路似乎指向许多(如果不是绝大多数的话)经济学家在事实上已经接受的一个结论——从这些思路出发无法解释经济过程在这个时期为什么缺乏活力,因此投资机会的消失必定是由这个过程的内部原因导致的,尽管我们现在已经看到的一切都指向了相反的结论。然而,我们认为,下列因素大大加强了支持这种解释的充分性的理由。

第一，对于这一系列不利于投资机会的措施的综合效果，显然不能简单地通过将它们各自在没有其他措施的情况下所产生的效果相加来进行评估。我们已经多次遇到类似的情况。例如，读者应该还记得，我们对德国工资率的过程的讨论并没有产生任何足以证明——或者更准确地说，这种讨论反而会引导我们否认——如果单独发挥作用，这个因素会造成严重的扰动的证据；而且既然没有造成严重的扰动，那也就不是一个相关的问题。同样地，在我们现在面对的这种情况下，对于低估我们前面快速考察的任何单项措施或所有措施的效果的普遍倾向，我们也可能会做出更大的让步（比作者能够为之提供理由的让步还要大），但是与此同时，我们还是不得不得出结论，即它们的联合效应或综合效果足以产生所观察到的结果。这些单项措施显然倾向于相互加强。"客观地说"——不考虑任何单项措施所包含的意图[①]——它们合到一起，相当于对各个领域的投资机会的系统性攻击：发动正面攻击的是税收，它直接减少了收入（或总净收入中用于运营的那部分）——如果确实存在着导致投资机会减少的内在趋势，那么税收的这种攻击将会更加有效；与此同时，从后方发动袭击的是成本的不断上升；第三种攻击则是对前面两种攻击的有力补充，那就是对"大企业"的传统管理、定价和融资方法发动攻击，它们与"大企业"的涌现和成功密不可分。毫无疑问，对于这种联合攻击的重要性如何、遭到攻击的到底是产业结构的哪些具体点位，人们可能在所有方面都仍然存在着不同的观点，这是合情合理的。但是，对于作者试图强调的解释原则的相关性，却不可能存在任何意见分歧。[②]

第二，任何试图估计出这种加性的联合效应的努力，都不可避免地要

[①] 作者希望读者不会基于下面这种理由反对上述结论：他十分确定X先生或Y先生没有任何恶意。然而，如果真的有人提出了这种反对意见，作者将不会反问"那你又是怎么知道这些的呢？"，也不会指出政策很少是由处于或接近最高职位的那些人制定的；相反，他将会简单地回应说，意图如何完全无关紧要。历史只是一种关于各种"影响"的记录，绝大多数影响都不是任何人有意地制造出来的。

[②] 这一点被忽视的程度令人惊讶，即便是在对所隐含的结论没有任何反感的情况下。审计和税务当局习惯性地讨论财政影响，劳工当局孤立地讨论劳工政策，即便它们的意图是证明"有害"影响的存在，但是显然都没有意识到它们因此就将它们的论证简化为对一般理论的温习。

犯错，但是这种错误并不比如下错误更加严重：在评估单独效应或联合效应时，只局限于考虑法案的书面条文、国会的政策声明和行政首脑的官方言论。确实，任何一个以自己的研究的实用性而自豪的经济学家都应该非常清楚，执行一项或一套措施的人员和方法，在此过程中秉持的精神，要比法律条文所包含的任何内容重要。我们在上文遇到了不少这样的例子。围绕《国家劳动关系法案》展开的一系列事件将再次说明这个简单的真理，特别是如果我们对美国和英国在这个领域的经验加以比较的话。在一种情况下，某种措施可能会对投资机会产生影响，而在另一种情况下，期望会出现同样的影响却可能是荒谬的。这一点是显而易见的。至此，我们实际上讨论了我们所说的社会氛围的一部分。

但是，第三，这种社会氛围本身也应该作为一个额外的因素单独列出。当然，经济学家理应认识到人类社会的行为与动物社会或物理系统的行为是不一样的，这个要求并不过分，因为人类不仅会对"扰动"做出反应，而且会对关于这些扰动的解释性的和预测的——正确或错误的——诊断做出反应。在创造国家完成自己的任务所依赖的社会心理环境方面，真实的或假想的漂移和趋势可能与事实同等重要，甚至可能比事实更加重要，威胁可能与行动同等重要，不确定的威胁比具体的威胁更加重要。我们非常清楚，在所有这些政策措施背后，政府的所作所为是基于某种更具根本性的东西，政府当然也预期到了它的存在，那就是对工业资产阶级普遍怀有敌意的态度，而且这不是暂时的个体情况和一时一地的紧急政治需要的联合产物，而是产生资产阶级的同一个社会过程的产物。商人很可能不赞同这种理论。但是，他们并不需要赞同任何理论，这样也能认识到这些措施和计划所包含的内容，比30年前类似的措施和计划所包含的内容要多得多。他们不仅受到了威胁，而且觉得自己受到了威胁。他们认识到，他们是在事先已将判决结果装在口袋里的法官面前接受审判的；他们还认识到，公共舆论越来越不赞同他们的立场和观点，对他们的任何一项起诉一旦成功定罪，紧接着就会提起另一项诉讼。再一次，对于这个因素的重要性以及它通常会使哪些功能陷入瘫痪，不同的人给出的估计可能会有所不同，但是无论如何，我们都不应忽视这一点。①

第四，对投资机会的所有这些影响——或者，如果读者希望表述得更准确一些的话，它们对商人眼中有一定吸引力的投资机会的影响——会由于环境的突然变化而大大增强。为了说服我们自己相信这一点，我们只需要反思一下，个人与国家之间关系的任何重大变化，包括私人总收入分配份额的有利于国家的重大变化，都与基本思维习惯和生活态度的改变，以及（至少是）直接相关的那些人的价值观的改变密不可分。不过在这里，我们不需要在这个方面的社会学研究中投入太多的时间。但是，从历史的角度来看，很明显，这种变化通常是分成多个阶段逐渐发生的，而且是缓慢的教育过程的结果。要想把原则编纂成一套新的法律体系，并取得成功，教育必须取得长足的进步。我们观察到，事实上，英国的现代税收原则花了30多年才发展起来，而英国现代社会政策体系的构建则至少可以追溯到19世纪80年代，当时张伯伦和迪尔克的构想在格莱斯顿第二次组阁时的同僚之间的传播，伴随着满满的沮丧之意。② 因此，英国资产阶级是有时间去适应的。这也正是为什么——正如读者应该还记得的——在讨论英国的情况时，我们在解释任何单个朱格拉周期阶段的特征或任何一般性的短期现象的过程中，从来没有运用现在讨论的这些因素；我们只用它们来解释长期的轮廓和水平。

但是，在美国这个国家却不存在这样的"准备时间"，因此，出现的

---

① 当然，这是两码事。关于前者，作者认为，现有的观察结果表明，"氛围"对企业家和"资本家"的行为的影响是相当大的，但是同时也得承认，这种情况本身的性质排除了证明的需要，任何用后果来证明它的企图都是循环论证。关于后者，如果论证的出发点是厌恶投资，几乎没有人会怀疑这些影响的重要性。但是，如果有证据表明敌意的氛围的影响也包括对企业家和管理人员的效率的影响，那么意见分歧就会立即出现。因为，正如第十四章第三节第二小节所指出的，那些有理由觉得自己受到了威胁的人无论如何都不能履行任何职能，这是当时的信条的一部分。但这只是一个信条，而不是以对任何一个经济学教师都很容易阐明的关于经济实践的相关事实的熟识为基础；这种信念只出现在人生的某一个阶段，在这个阶段，没有人能够明白经营一家大型企业意味着什么，更不用说创建一家大型企业了。

② 然而，在另一个意义上，更公允的看法是，这是从迪斯雷利政府的前一届政府开始的，即是从19世纪40年代开始的（阿什利勋爵）。

是一种全然不同的反应。① 如果不考虑战争造成的间隔期，除了反对"垄断"和公用事业的情绪之外，没有什么能表明存在任何怨恨，同时这种情绪只属于中产阶级，而且很容易控制。总的来说，商人的道德世界在危机之前一直就是这个国家的道德世界。而且正如我们已经看到的，在上台后将近两年的时间里，民主党政府——尽管对于它做的许多事情，它的朋友和它的敌人都觉得是"非传统"的——推出的政策措施实际上并不是非常不符合美国的传统，在任何方面绝对都没有显示出我们现在正在讨论的这种态度，恰恰相反，只显示出了彻底的有关资产阶级态度的迹象。政策风向的变化迟至1934年至1935年才开始出现。因此，政策的变化是在民众思想激进化之后发生的，而不是在民众思想激进化之前发生的，而这种激进化则是1930年至1933年发生的危机的后果，这就类似于，在那些权威与军事价值观密切相关的国家，激进化的发生往往是军事失败的结果。

上面最后一个评论揭示了与德国在1918年的崩溃的可类比性，这也就意味着，我们在解释时应该聚焦于，这样一个长期过程，在边界关闭后的整整四十年里，一直未能在任何真正显著的程度上确立自己的地位，为什么会以及又是如何在突然之间就变成了政治局势的主导因素。对此必须加以解释。而在这样做的时候，我们无疑必须深入研究美国的环境，特别是美国政治所特有的情况，以便了解态度的变化和由此产生的政治格局的细节。但是，事实、广泛的原因以及对商业行为的影响，全都已经很明显，无须对细节进行任何分析就可以证明我们的观点。② 然而，还有两个方面是不能忽视的。

一方面，如前所述，我们坚持认为人员和管理方法是重要的。新的措

---

① 对这个因素的认识常常隐含在当前有关"缺乏信心"、"资本罢工"和"政府制造的萧条"等问题的讨论中。这些说法以及类似的说法可以从多个角度加以反对，而且它们显示出的是一种幼稚的怨恨，而不是正确的诊断，不过，在它们所着意传达的印象中，也有一部分是真实的。

② 然而，这种突然变化的一些经济原因在前文已经给出，其中包括农业状况、上一次发生在银行间的"流行病"、股票市场的崩溃、失业等。美国政治的结构和技术，以及"知识分子"所起的作用，都是我们描绘的图景所欠缺的主要因素，而且现在它们必须继续"缺席"。一个完整的分析还必须考虑随机因素，其中一个在前面提到过了，即如果在下转折点出现几个月后进行总统大选，那么在当时的社会心理中萧条带来的"宿醉感"应该处于最大值。

施和新的态度要求必须有一个熟练的公务员体系来负责落实。无论如何，它们给那些最有经验的官僚机构设置了一项艰巨的任务。然而，通常来说，正在推行改革的政府至少享有一个很大的优势，即它们已经拥有不可缺少的工具——而且，在大多数历史案例中，这种工具都是随着其所代表的趋势发展起来的。例如，在英国的情况就是如此。不过在德国，1918年上台的政府从它的前任手中接过来的，除了一个优秀的公务员体系之外，还有一个支离破碎的公共机构。但是，美国这个国家则面临着必须在一夜之间突然创造出一个新的官僚机构的任务。无论所能利用的大部分"原材料"有多好，也无论那么多的个体和群体的表现有多么值得称道（考虑到当时的条件），当时都没有经验，也没有所谓的团队精神（esprit de corps），甚至连公务员体系到底是什么也没有明确的概念，更不知道它可以做什么和不能做什么。要掌管这个笨拙的体系的那些人同样没有经验——他们甚至完全没有看到根本性的管理问题。老练的官僚机构所具有的第二天性——机智、谨慎和处世技巧——同样根本不存在。有的只是一些充满激情的个体和群体，他们制定了自己的政策，并试图向国会和公众兜售这些政策，他们轻蔑地拒绝了要自我克制和保持耐心的建议。结果，人们觉得不确定的威胁大大增加。英国的政策可能同样会让人觉得有压迫性（oppressive），甚至可能更有压迫性，但是它们从不显得咄咄逼人（aggressive）：在英国，引人注目的咄咄逼人的行为从来只会出现在——被所有各方①——牢牢控制的地区，而从来不会出现在公职人员身上。英国的方法可以用猎鹿（deerstalking）来比喻，倾向于尽量减少由任何给定措施引起的麻烦和扰动。但是美国这个国家的管理方法却似乎倾向于最大化这些东西，因而更像是猎狐（fox hunt）。这种区别很重要。

另一方面，任何突如其来的变化，除非是像在俄国发生的那种惊天巨变，否则必定只能是不完全的变化。它影响了一系列非常不成熟的经济和

---

① 因此，工党的官方领导人经常发现自己被简单地描述为"笨蛋"和"叛徒"。但是这其实无关紧要，每个人都知道，如果根据激进分子的观点来采取行动，那么很快就会以失败狼狈收场。

政治条件。这种变化使得新举措的支持者和反对者都站在了错误的立场上，从而歪曲了他们的论证，令他们无法公正地面对问题。一个例子是非工会工人的就业问题。在英国，这个问题很久以前就被提了出来，有了成熟的应对方法，现在已经变成一个次要的问题。但是在美国，非工会工人的就业问题甚至还不能摊开到桌面上来公开讨论，它是许多"谋略"和"斗争"的基础；而且，正因为这个问题尚未成熟到可以做出决定的地步，所以必须预期这些"谋略"和"斗争"在相当长的一段时间内仍然会是有关各方困难和损失的一个重要来源。不过，一个更标准的例子是关于公用事业的政策。在这个问题上，如果要说有什么共识的话，那就是有一种几乎一致的公共舆论——或者，至少在对所涉及的私人利益的敌意方面，公共舆论是一致的。此外，欧洲各国的经验隐含地指向了电力生产和传输的国有化；如果投资者的利益得到了充分保障，那么国有化的推进就不会对"经济信心"造成任何冲击，而且即使投资者的利益被牺牲，也只会对"经济信心"产生一个剧烈而短暂的冲击——当然，前提条件是不会有人紧握着拳头进行激烈的抗议，而且不会有其他国有化的不确定的威胁接踵而来。在美国，直到今天仍然完全没有尝试这种国有化。① 然而，"紧握的拳头"和不确定的威胁却更加明显，结果是，正如我们已经看到的，它们使一种力量瘫痪了，却无法代之以另一种力量。毫无疑问，这是在问题能够得到有效解决之前就提出问题所致，同时也说明了前面提出的僵局是怎么形成的。否认这损害了经济引擎的效率——或者，如果我们继续使用这个"口号"的话，减少了投资机会——在作者看来似乎是不合理的。

如果赋予上面考虑的这几点适当的权重，那么对于外在于我们的过程

---

① 最近，有一项政策措施付诸了实施，它鼓励市政当局购买为市政当局服务的发电厂和配电系统。这项政策措施恰恰——通过它的弱点和时机——说明了我们的观点。另一个例子是美国公共工程管理局（PWA）采取的做法，即让市场当局只收取低于成本的费用，其余成本则通过以极低的利率贷款给市政当局来弥补，以此来促进建成与田纳西河谷管理局（TVA）下属的私人配电系统相同的配电系统。

的外部因素①是否足以解释当前这个朱格拉周期令人失望的特点和经济系统对政府支出的软弱无力的反应，特别是是否足以解释后者何以未能对投资和就业产生更大的影响，就不应该会留下太多的疑问。我们不能像证明一个数学定理那样去证明，气球之所以会收缩，不在于它的结构本身固有的原因，而是因为里面的空气被抽掉了。然而，这是非常合理的，而且说到底，如果我们清除了我们头脑中的一切伪饰，我们应该会预期到，在过渡阶段发生的也只能是这些了。对于美国这个国家，在进行预测时必须比任何其他国家都要考虑更多：要考虑到"中场休息"甚至逆转的可能性；要考虑到"适应"的效果；还要考虑到如下事实，即如果我们的模式是可信的，那么在接下来的30年里，与过去的20年相比，复苏阶段和繁荣阶段应该会表现得更明显，而衰退阶段和萧条阶段应该会表现得更不明显。但是，无论如何都不能指望社会学意义上的漂移会发生改变。

---

① 然而，让我们再加上一句——这是最后一次了——"在为实现本书目的而采用的狭义的角度上"。从更广泛的意义上说，这些因素及其背后的心理原理或道德准则并不是经济演化过程的外部因素，而是经济演化过程的一部分，与任何其他因素一样必不可少和不可避免，特别是，就如同投资机会的任何"客观"减少一样。因此，如果把上述论点理解为，"只有"政治或幽默才是问题所在，而资本主义过程的原始活力很容易在选举钟摆的下一次摆动中恢复，那么它就会完全被误解。就这一点而言，我们的诊断的现实含义与投资机会消失理论的现实含义其实没有太大区别。甚至当政府支出作为一项长期政策时，在我们的诊断下也可以得到合理的辩护：抑制性因素发挥作用时的模式在所有方面都类似于储蓄投资理论所设想的模式；它将显示出同样的弹性不足和同样的朝向低于正常水平的准均衡的趋势；特别是，它总是会造成或再度导致大规模失业。因此，考虑到保护这些抑制性因素的普遍意愿，政府支出始终都能够"自行证明"，它是对短期困难的一种补救办法，但是每一次应用这种补救办法都会强制要求下一次继续应用，否则就会受到崩溃的惩罚。然而，即便是那些在原则上对政府支出政策持最强烈反对立场的人，对这种崩溃的恐惧最终也可能成为他们的主要动机。

附录　对书中各图表所包含的
统计资料的说明

图 1　算术坐标

分别绘制了三条"正弦曲线",它们的周期分别为 684 个月、114 个月和 38 个月(或者,57 年、9½年和 3⅙年),每条曲线的振幅大体上与其周期成正比——两者之间的比值分别为 18、3 和 1。第四条曲线表示的是它们之和,即:

(1) $\alpha = 18\sin\left(\dfrac{360}{684}t\right)°$

(2) $\beta = 3\sin\left(\dfrac{360}{114}t\right)°$

(3) $\gamma = \sin\left(\dfrac{360}{38}t\right)°$

(4) $y = 18\sin\left(\dfrac{360}{684}t\right)° + 3\sin\left(\dfrac{360}{114}t\right)° + \sin\left(\dfrac{360}{38}t\right)°$

图 2　算术坐标

这张图表示了三条正弦曲线之和的导数(时间变化率),其周期分别为 684 个月、114 个月和 38 个月。

图 3　算术坐标

(1) 平均铁路货运收入——美国每周的数据。

(2) 序列(1)的两项移动平均线的三项移动平均线的四项移动平均线。

(3) 超季节正常水平。这是一条通过移动平均线的拐点绘制而成的曲线。

(4) 序列（2）对序列（3）的偏离乘以"通货膨胀因子"。

对弗里施的方法的一般讨论，请读者阅读第五章。关于通货膨胀因子的讨论，请参阅霍斯特·门德豪森（Horst Mendershausen），《统计技术的年度综述：消除季节性波动的方法》，刊载于《计量经济学》，第5卷，第3期，1937年7月，第244页。

令

$I=$通货膨胀因子

则

$$I = \frac{\sin 2\lambda}{2 \sin \lambda} \cdot \frac{\sin 3\lambda}{3 \sin \lambda} \cdot \frac{\sin 4\lambda}{4 \sin \lambda}$$

其中

$$\lambda = \pi \cdot \frac{D}{P}$$

且

$P=$法线点之间的时间距离的两倍

以及

$D=1$，测量 P 的时间单位

图4 价格水平的变化率。算术坐标

每个序列的变化率是通过将以下公式应用于指数的对数计算出来的。对于年度指数，公式为

$$D_k = \tfrac{1}{2}(_1\Delta_k + _1\Delta_{k+1}) - \tfrac{1}{12}(_3\Delta_{k+1} + _3\Delta_{k+2})$$

对于季度指数，公式为

$$D_k = 2(_1\Delta_k + _1\Delta_{k+1}) - \tfrac{1}{3}(_3\Delta_{k+1} + _3\Delta_{k+2})$$

各个 D 项的反对数减去 100%，就可以得出变化率。

变化率公式之所以更适用于对数而不是绝对数，原因类似于为什么在图中使用对数坐标而不是算术坐标。这样一来，序列变化的重要性就将取决于相对（百分比或几何）变化。

(1) 美国。批发价格。1842—1913年。数据经许可采集自《价格》

一书，作者为 G.F. 沃伦（G. F. Warren）和 F. A. 皮尔逊（F. A. Pearson），由约翰威立父子出版公司（John Wiley & Sons, Inc.）出版，纽约，第12～13页（也请参见正文中的讨论）。已经按季度构建出月度数据的12个月平均值。

（2）德国。批发价格。1879—1913年。从1879年到1902年，使用的是奥托·施米茨（Otto Schmitz）编制的月度指数，这似乎是一个最好的选择，数据源于：奥托·施米茨，《1851年至1902年德国商品价格的变化》（Die Bewegung der Waarenpreise in Deutschland von 1851 bis 1902），柏林，1903年。这个指数是自1879年以来由帝国统计局（Imperial Statistical Office）发布的29种商品（几乎全部是原材料）的价格的未加权算术平均值。从1898年到1913年，作者（经许可）使用的是10种商品的月度指数（1898—1913年的平均值为100）。这10种商品分别是棉纱、棉布、生丝、羊毛（有两种）、小牛皮、生铁（有两种）、铅和锡。数据源于：E.W. 埃克斯（E. W. Axe）和 H. M. 弗林（H. M. Flinn），《德国的商业环境指数：1898—1914 年》，刊载于《经济统计评论》，第 7 卷，1925年，第282～285页。这两个指数每季度的12个月平均值被拼接到了一起，基数也进行了改动，以便尽可能使它们在1898年至1902年间重合。在当时，这似乎已经是最好的办法。作者在后来的著作中利用了新的和无可比拟的更令人满意的柏林经济周期研究所的指数。不过，这里的图形仍然保持了原样。

（3）英国。批发价格。1850—1913年。从1850年到1870年，使用的是年度绍尔贝克指数（商品和贵金属价格，《皇家统计学会杂志》，第49卷，1886年9月，第648页），已经得到皇家统计学会的许可。这个指数是56个批发价格的简单算术平均值（1867—1877年的平均值为100），它们几乎全都是原材料：22种食品、8种矿物、11种纺织品和15种其他材料。棉花和其他一些商品被计算了不止一次。从1870年到1885年，使用的是英国贸易委员会的年度指数（见 Cmd，6955，1913年，第308页）。这是一个食品和原材料的价格加权指数（1900年=100），赋予各种商品的权重是根据1881年至1890年间的估计消费量确定的。从1885年到

1913年，每季度的12个月平均值是根据皇家统计学会的每月指数计算出来的（请参阅《1921年的商品批发价格》，刊载于《皇家统计学会杂志》，第85卷，1922年3月，第275页），该指数是绍尔贝克指数的延续。在图中，这三个指数是利用了彼此重叠的年份拼接在一起的。

图5　第一次世界大战前英国的"脉搏"。对数坐标

（1）利率。1824—1913年。从1824年到1850年，经许可使用的是伦敦的季度平均贴现率（最优等级票据），见诺曼·西尔柏林（Norman Silberling），《英国的价格与经济周期》，刊载于《经济统计评论》增刊，第5卷，1923年，第257页。在大部分情况下，这些利率也就是欧沃伦格尼银行（Overend, Gurney & Co.）收取的费率。然后我们利用这些数据构建出了四季度移动总数。从1850年到1857年，欧沃伦格尼银行对最优等级票据收取的月平均利率的季度12个月移动平均数，是根据《英国议会文件集》（1857年，第10卷，第1部分，第464页）中的数字计算出来的。从1858年到1861年，高等级票据的季度平均市场利率引自：R. H. I. 帕尔格雷夫（R. H. I. Palgrave）的《银行利率与货币市场》（*Bank Rate and the Money Market*），第33页，引用经出版商约翰·默里（John Murray）许可。从1862年到1913年的曲线是根据伦敦《经济学人》杂志上年度"商业历史与评论"（Commercial History and Review）栏目的伦巴第街汇率数据绘制的。伦巴第街汇率是根据每个月月初两个月期或三个月期汇票的利率计算出来的。这四个序列都是利用重叠时期法拼接而成的。

（2）产出。1785—1913年。这是W. 霍夫曼博士的年度工业总产值指数，请参阅：《十八世纪以来英国的工业产出指数》（Ein Index der industriellen Produktion für Grossbritannien seit dem 18. Jahrhundert），刊载于《世界经济档案》（*Weltwirtschaftliches Archiv*），第40卷，1934年第2部分，第396~398页，经作者和主编普雷德尔（Predöhl）教授许可使用，不胜感激。1785年，有10种商品被列入其中。具体商品及其权重见上面那篇论文。最终包括进来的50个序列的大部分从1800年前后开始。据信，从那一年起，数据覆盖了英国大约三分之二的行业。为了进行加权，这个指数进一步划分为六个较短的时期，同时也分为较广的行业组。生产品指数和消费品指数是分别计算的。食品、纺织、材料、化工、钢铁和机械、采矿、运输和电力是主要的部门。我们在这里还建议读者关注一下霍夫曼博士出版的关于这个主题的一本新书，题为《英国工业经济的增长及其增长形式》(*Wachstum und Wachstumsformen der Englischen Industriewirtschaft*)。

（3）批发价格。1785—1913年。从1785年到1850年，西尔柏林先生的季度指数（《经济统计评论》增刊，前面引用过），在此处使用已经获得许可。它是35种商品价格的简单几何平均值，大部分是原材料（1790年=100）。图中给出了四季度移动总数。从1850年起，这个序列如图4的序列（3）所示，所有的拼接都是在重叠年份的基础上完成的。

（4）存款＋流通中的现金。1880—1913年。英国股份制银行和私人银行的存款（英格兰银行除外）。流通中的数量是指英国每年年初和年中纸币的总发行量。这两个序列都引自《经济学人》对英国股份制银行的报道。

图6　第一次世界大战前美国的"脉博"。对数坐标

（1）存款＋流通中的现金。1870—1913年。这些数据是纽约市之外所有国民银行的"个人存款"和"未偿付票据"在取回那天的数字（每年取回5次），源于 A. A. 扬格（A. A. Young），《美国银行统计分析报告》，哈佛大学出版社，马萨诸塞州剑桥市，1928年，第8~13页，经《经济统计评论》许可使用。图中绘出的五项目移动总数是以第三个项目为中心。"个人存款"是货币监理署报告的个人存款减去票据结算所的数字后的结果，它们不包括政府存款或银行间存款。然而，在1900年4月26日之前，有些银行将储蓄银行的存款也算作个人存款。当然，"流通中的现金"并不表示流通中的国民银行纸币的变化（最多是非常不完全地表示）。

（2）利率。商业票据利率。1831—1913年。所用月度数据经伦纳德·P. 艾尔斯（Leonard P. Ayres）上校许可，引自他给出的经济活动图表和四个价格序列，见《克利夫兰信托公司公报》(*Cleveland Trust Com-*

pany Bulletin），1932年7月。艾尔斯上校引用的资料来源包括：从1831年到1860年，E. B. 毕格罗（E. B. Bigelow），《关税问题》，波士顿，1862年；从1861年到1865年，J. G. 马丁（J. G. Martin），《波士顿股票市场73年的历史》，波士顿，1871年；从1866年到1913年，W. L. 克拉姆（W. L. Crum），《商业票据的利率周期》，刊载于《经济统计评论》，第5卷，1923年1月，第28页。月度项目的12个月总数已经按每季度在图中绘出。

（3）制造业和采矿业的产出。1863—1913年。绘制这条曲线所根据的年度数据经W. M. 珀森斯（W. M. Persons）教授许可，引自他的著作《预测经济周期》（Forecasting Business Cycles），约翰威立父子出版公司出版，纽约。这个指数是两个分别单独给出的指数的组合；后两者都是加权算术平均数，以1909—1913年=100为基数，在组合中赋予制造业7/8的权重。关于该指数及其两个组成部分的说明，见珀森斯，前引论著，第172~173页。

（4）批发价格。1831—1913年。月度数据。见图4的序列（1）。图中曲线给出的是按季度绘制的12个月平均值。

（5）农作物产出。1870—1913年。这是珀森斯教授的年度指数，它是一个加权算术平均数（1909—1913年=100）。有关说明见前引论著，第171~172页。再次感谢纽约约翰威立父子出版公司。

图7 第一次世界大战前德国的"脉搏"。对数坐标

（1）批发价格。1879—1913年。月度数据。见图4序列（2）。按季度绘制12个月的平均值。

（2）工业产出（制造业和采矿业）。1860—1913年。年度数据。这里所用的是柏林经济周期研究所的指数，见罗尔夫·瓦根菲尔（Rolf Wagenführ），《论工业经济》，刊载于《经济周期研究季刊》（Vierteljahrshefte zur Konjunkturforschung）特刊，第31卷，1933年，第58页。这个指数是从57个序列计算出来的，这些序列都要根据雇员人数和1907年的装机马力数进行加权。作者衷心感谢柏林经济周期研究所主任瓦格曼（Wagemann）允许自己使用这些数据。

(3) 柏林市场贴现率。1868—1913 年。从 1868 年到 1898 年，使用的月度数据引自《伦敦经济学人年度商业历史与评论》(London Economist's Annual Commercial History and Review)。1899 年至 1913 年的月度数据引自 E. W. 埃克斯（E. W. Axe）和 H. M. 弗林（H. M. Flinn）的论著，出处见图 4 的序列（2）。它们是每个月第一个星期的最高利率和最低利率的平均值。按季度计算了 12 个月的平均值。

(4) 股份制银行的纸币流通量与信用账户余额。1884—1913 年。年度数据。数据引自：《应付账款加流通纸币》（Kreditoren plus Notenumlauf），刊载于《德意志经济学人》（Der Deutsche Oekonomist），第 24 卷，1906 年，第 464 和 466 页；第 32 卷，1914 年，第 538 和 580 页。

图 8　价格指数的九年移动平均线。对数坐标

所有序列均以年平均值的形式表示，图中给出的是以第五年为中心计算的九年移动平均值。

(1) 英国。批发价格。1779—1913 年。有关资料来源，见前文对图 5 序列（3）的说明。

(2) 德国。批发价格。1851—1913 年。从 1851 年到 1902 年，采用的是由奥托·施米茨（Otto Schmitz）给出的指数，见对图 4 序列（2）的说明。直到 1879 年（德国帝国统计局从那一年开始编制指数），这个指数就是汉堡 24 种原材料价格的未加权平均结果。1903 年至 1912 年的数据引自：英国贸易委员会的《关于工人阶级租金和零售价格等的调查报告》，1912 年，Cmd. 6955，1913 年，第 356 页，它是施米茨指数的延续。

(3) 美国。批发价格。1797—1913 年。见前文对图 4 序列（1）的说明，所描述的是同一个序列。

图 9　美国批发价格的变化。算术坐标

原始数据（图中的点所对应的）是美国 1790 年至 1920 年的年度批发价格，引自：《农业部公报》，第 999 号，第 2 页，五年平均值，1909—1914 年的平均值为 100。

(1) 两年移动平均线上的三年平均值（以图形方式确定）。

(2) 曲线穿过时间长度为 10 年的周期的拐点。

(3) 曲线穿过时间长度为 22 年的周期的拐点。

(4) 曲线穿过时间长度为 50 年的周期的拐点。

图 10　价格指数偏离九年移动平均线的百分比。算术坐标

图 8 所使用的序列的年平均数，除以其九年移动平均数的相应项目，并减去 100% 后以百分数表示。

图 11　美国的分组价格。1840—1913 年。年度。对数坐标

（1）消费品。批发价格。从 1840 年到 1890 年，指数（1890 年＝100）是由 M. J. 菲尔兹（M. J. Fields）根据奥尔德里奇（Aldrich）1893 年的报告所记载的数据计算出来的（美国参议院财政委员会，第 52 届国会第二次会议，第 1394 号报告第一部分，第 91～94 页）。这是三组消费品价格的简单算术平均数：(1) 食品；(2) 衣服；(3) 家用设备。从 1890 年开始，所用的指数引自：《美国劳工统计局公报》，第 284 号，第 48～49 页。另见《美国劳工统计局公报》，第 149 号。这两个指数拼接在了一起。

（2）食品。批发价格。绘制这条曲线所依据的数据经许可引自：G. F. 沃伦（G. F. Warrren）和 F. A. 皮尔逊（F. A. Pearson）的《价格》一书，纽约约翰威立父子出版公司，第 25～27 页。1910—1914 年＝100。

（3）家用设备。批发价格。数据来源同序列（2）。

（4）纺织品。批发价格。数据来源同序列（2）。

（5）生产品。批发价格。从 1840 年到 1890 年，该指数（1860 年＝100）是由 M. J. 菲尔兹根据奥尔德里奇 1893 年的报告所记载的数据计算出来的——见序列（1）。它是对两组商品的简单算术平均数：一组是金属和工具（不包括小折刀），另一组是木材和建筑材料。从 1890 年到 1913 年，该指数就是第 284 号《美国劳工统计局公报》发布的指数〔见序列（1）〕。这两个指数拼接在了一起。

（6）金属和金属制品。批发价格。数据来源同序列（2）。

（7）基本商品。批发价格。数据来源同序列（2）。该指数包括了 30 种基本商品、农产品、矿产品、纺织品等的价格。

图 12　生铁消费量。年度数据。对数坐标

（1）英国。1854—1913 年。原始数据来源于英国内政部印发的《关于矿山和采石场的年度报告》以及《联合王国贸易年度报表》。这个序列引自：《国会文件》，Cmd. 2145，第 24~25 页，以及《第十七次劳工统计摘要》，第 44 页。它也见于庇古，《工业波动论》，第二版，伦敦，1929 年，第 386 页。

（2）美国。1855—1913 年。从 1855 年到 1870 年，这个序列是由 E. M. 胡佛（E. M. Hoover）根据美国钢铁协会的生产数据和历年（日历年）的进口数据构建的。而历年进口数据则是根据该协会 1871 年年度报告所记载的各财政年度进口总额用内插法计算得出的。计算时忽略了出口和库存的变化。不过，直到 1870—1871 年，美国的生铁出口量仍然只有 3 480 吨，只相当于 1870 年生铁产量的 0.02%。从 1871 年到 1913 年，序列数据来自美国钢铁协会在年度统计报告中发布的估计数，它们是根据生产、进口、出口和（自 1874 年以来）所持有的库存的净变化数估计出来的。我们在这里的使用得到了美国钢铁协会的许可。1871 年至 1873 年的数据原本是以净吨为单位，图中已经改为总吨。

（3）德国。1860—1913 年。这个序列（S. 库兹涅茨也给出了这个序列，见他的《产出和价格的长期变动》，第 469~470 页）来自《德国统计年鉴》（Statistisches Jahrbuch für das Deutsche Reich）。这些数字已从公吨（2 205 磅）改为总吨（2 240 磅）。

图 13　生铁消费量的变化率。年度数据。算术坐标

图中绘制的三个序列的变化率，计算时使用的公式同图 4 的说明。

图 14　美国。对数坐标

（1）棉花产量。1840—1911 年。这些数字（按"棉花年"）引自：美国农业部的第 32 号公报，《美国的棉花产量：1790—1911 年》。从 1899 年开始，棉绒也包括在内。

（2）铁路货运量（吨英里）。1852—1913 年。年度数据。从 1852 年到 1887 年，这个序列经卡尔·斯奈德先生许可，引自他的《经济周期和经济测量》一书（第 238 页，另见第 39 页的脚注），该书 1927 年由纽约麦克米伦出版公司出版。这个序列给出的是一级铁路（Class I railroads）货运的净吨英里数，系根据《普尔手册》记载的主要铁路线路的数据估算出来的。1888年至1913年，这个序列引自：《美国铁路统计资料》，1916年，第99页，编纂者是铁路新闻和统计署的S. 汤普森（S. Thompson），芝加哥，1917年。直到1908年，转接铁路公司和枢纽铁路公司都包括在内。这些数据指的是一级、二级和三级铁路，年度则为财政年度。

（3）煤炭产量（无烟煤、烟煤）。1839—1913年。年度数据。这个指数（1926—1930年＝100）经许可，引自：G. P. 沃伦（G. P. Warren）和F. A. 皮尔逊（F. A. Pearson），《美国的实物产出》，康奈尔大学农业实验站，《备忘录》，第144期，伊萨卡，1932年。

（4）棉花消费量。年度数据。这些数字摘自《统计摘要》，年度指的是"棉花年"。（见《人口普查局公报》，第166号，第57页）。

（5）建筑许可指数。1874—1913年。年度数据。这个序列——A. F. 伯恩斯（A. F. Burns）也使用过这个序列，见《1870年以来美国的生产趋势》，第302～303页——是卡尔·斯奈德（Carl Snyder）先生构建的，并于1882年发表在他的《经济周期和经济测量》一书中，第275页。承蒙斯奈德先生和麦克米伦出版公司允许使用，作者不胜感激。它表示的是建筑许可证数量除以建筑成本变化得到的指数，先是一个城市，后来增加到七个城市（自1895年以来有七个）。1879年的数据（不是斯奈德先生给出的）是参照生铁产量的行为加上去的，当时生铁产量的行为与经平减后的建筑许可指数非常接近，因此这里采用了这样一个假设：在这两个序列中，两个比率1878年/1879年和1879年/1880年是相同的。

（6）利率。见图6序列（2）的说明。

图15　工业产出。年度数据。对数坐标

（1）美国。见图6的序列（3）。

（2）德国。见图7的序列（2）。

（3）英国。见图5的序列（2）。

图16　工业产出的变化率。年度数据。算术坐标

本图使用的序列的说明见图15，公式见图4。

图17　工业设备（生产品）和消费品。年度数据。对数坐标

（1）美国。生产品。1870—1913年。资本设备的产出指数是E. M.

胡佛构建的。1890—1900 年＝100。它是一个加权算术平均结果，包括以下产品：铁矿石（14%）、锌（2%）、铅（4%）、铜（13%）、天然气（5%）、水泥（2%）、铁轨（3%）、钢锭和铸件（31%）、生铁（12%）、焦炭（5%）、船舶（6%）、机车（3%）。权重大体上是根据制造业增加值或产品价值计算出来的（取 1890 年和 1900 年的平均值）。

（2）德国。生产品。见对图 7 序列（2）的说明。

（3）英国。生产品。1860—1913 年。见对图 5 序列（2）的说明。不过，对于 1785 年，这个指数仅覆盖了煤炭、铜矿石、铜和锡。钢铁、机械等均为 1787 年以后才覆盖的产品。但是在作者绘制这幅图的时间内，覆盖范围扩大到了 9 个采矿行业、2 个钢铁行业和机械行业、6 个有色金属和金属制品行业、3 个化工行业、1 个电力行业和 1 个橡胶行业的序列。

（4）美国。消费品。1867—1913 年。这个非耐用消费品消费指数是由 E. M. 胡佛编制的。1867—1914 年＝100。权重大致与所消费的商品的价值成正比（取 1880 年、1890 年、1900 年和 1910 年的平均值）。这些商品包括：糖（16%）、咖啡（7%）、茶（1%）、葡萄酒（1%）、麦芽酒（17%）、烈性酒（9%）、烟草（18%）和小麦粉（31%）。

（5）英国。消费品。1860—1913 年。见图 5 的序列 2。对于 1785 年，这个指数覆盖了棉纱、毛料、亚麻、麦芽和纸张；1787 年进一步覆盖了羊毛纱线、丝绸和糖。在制图的时间里，又增加覆盖了如下产品的序列：6 种纺织品、8 种食品、饮料和烟草、2 种皮革、2 种纸张、1 种木材、2 种化工产品。

（6）德国。消费品。见对图 7 序列（2）的说明。

（7）序列（1）除以序列（4）。

（8）序列（3）除以序列（5）。

（9）序列（2）除以序列（6）。

在绘制序列（7）、（8）和（9）时，我们设法使这整个时期的平均比率代表"正常水平"或 100%。

图 18　美国的消费和生产。年度数据。对数坐标

（1）非耐用消费品的消费。见图 17 的序列（4）。

(2) 农产品的产出。见图 6 的序列（5）。

(3) 资本设备的产出。见图 17 的序列（1）。

(4) 初级产品的产出（不包括"土地直接产品"）。1870—1913 年。这是卡尔·斯奈德先生采用的指数，经许可引自：G. F. 沃伦（G. F. Warrren）和 F. A. 皮尔逊（F. A. Pearson），《美国的实物产出》，康奈尔大学农业实验站，《备忘录》，第 144 期，伊萨卡，1932 年，第 63~64 页。它包括了煤、生铁、铜、锌、锡、铅、钢、银、石油和镍。

图 19　德国战前时期的"脉搏"和变化率。算术坐标

对这些序列的说明见图 7。计算变化率的方法见图 4。贴现率的变化率按其他曲线的十分之一绘制。

图 20　利率与失业率。对数坐标

(1) 美国。见图 4 的序列（2）。

(2) 英国。见图 5 的序列（1）。

(3) 德国。见图 7 的序列（1）。

(4) 英国的失业率。1851—1913 年。这个序列经许可复制自 A. C. 庇古，《工业波动论》，麦克米伦出版公司，伦敦，1927 年第 1 版，第 353~354 页。这些数字代表了参加工会的工人的失业率，发表在《英国与外国的贸易与工业》（第二辑），Cmd. 2337，第 89~92 页，以及《第十七次劳工统计摘要》，第 2 页。正在罢工的人、被工会拒之门外的人、生病的人、退休的人都没有包括在内。前几年的失业率有一部分是根据失业救济金的支出数额计算出来的。

图 21　美国部分商品的个别价格（经平减处理）（除以一般价格水平）。年度数据。对数坐标

(1) 小麦。1866—1913 年。给出的每蒲式耳的农场价格，摘自《农业部年鉴》，1914 年，第 522 页。

(2) 橡胶（巴拉橡胶）。1856—1913 年。从 1856 年到 1889 年 7 月，数据引自：《奥尔德里奇报告》（Aldrich Report），第二部分，第 291~292 页——参见图 11 的序列（1）。从 1890 年到 1913 年，数据摘录自：《美国劳工统计局公报》，第 149 号，第 175 页。

(3) 石油（原油，桶装）。1862—1913 年。从 1862 年到 1892 年 7 月，数据引自：《奥尔德里奇报告》，第四部分，第 1835～1836 页。除 1867 年外，这些是 1862 年至 1873 年的月度平均值。从 1890 年到 1913 年，数据摘录自：《美国劳工统计局公告报》，第 390 号，第 134～135 页；这是相对于基数（宾夕法尼亚）的年平均价格（1913 年＝100）。1890 年之前的价格都转换为了同一个相对价格基数。

(4) 烟煤。1857—1913 年。从 1857 年到 1891 年 7 月，数据引自：《奥尔德里奇报告》，第二部分，第 178 页。从 1890 年到 1913 年，数据摘录自：《美国劳工统计局公报》，第 390 号，第 130～131 页；这是相对于基数的年平均价格（1913 年＝100，对于 1890 年至 1912 年，为"乔治溪"FOB 纽约港；对于 1913 年，为波卡洪塔斯矿道 FOB 弗吉尼亚州诺福克）。1890 年之前的价格都转换为了同一个相对价格基数。

(5) 贝塞麦法钢轨。1987—1913 年。从 1867 年到 1889 年，数据引自：《奥尔德里奇报告》，第二部分，第 215 页。从 1890 年到 1913 年，数据摘录自：《美国劳工统计局公报》，第 390 号，第 149 页。

(6) 无烟煤（"炉子"）。1840—1913 年。从 1840 年至 1891 年 7 月，数据引自：《奥尔德里奇报告》，第二部分，第 177 页。从 1890 年到 1913 年，数据摘录自：《美国劳工统计局公报》，第 390 号，第 126～127 页。

(7) 铜（锭）。1840—1913 年。从 1840 年至 1889 年 7 月，数据引自：《奥尔德里奇报告》，第二部分，第 185 页。从 1890 年到 1913 年，数据摘录自：《美国劳工统计局公报》，第 390 号，第 150 页，较早的价格都已转换为同一个相对价格基数。

(8) 铁路货运收入。1852—1913 年。每吨英里的平均货运收入。从 1852 年到 1892 年，数据引自：《奥尔德里奇报告》，第一部分，第 615～617 页，给出的是不同数量的铁路数据。从 1889 年至 1913 年，计算截至每年 6 月 30 日，数据源于州际商务委员会出版的《美国铁路统计年报》。这两个序列是拼接在一起的。从 1908 年至 1912 年的数据严格来说是不能与其他数据进行比较的，因为它们包括源于转接铁路公司和枢纽铁路公司的回报。

(9) 生铁（第一无烟煤铸造厂）。1844—1913 年。从 1844 年到 1890 年，数据经许可引自：J. M. 斯旺克（J. M. Swank），《各个时代的铁器制造史》，费城，1892 年，第 514 页。从 1890 年到 1913 年，数据摘录自：《美国劳工统计局公报》，第 390 号，第 138～139 页。

上述每个序列都进行了平减处理（除以批发价格指数），见图 4 的序列（1）。根据个别价格的报价性质，分别采用了黄金或纸币价格指数。

图 22　英国的航运业和造船业。对数坐标

(1) 总吨位数。等于蒸汽净吨位数加上《英国统计摘要》中记载的帆净吨位数的三分之一。1914 年的增长必须打个折，因为 1907 年通过的《商船法案》（Merchant Shipping Act）在这一年的 1 月 1 日全面生效。从 1923 年起，爱尔兰自由州也不再包括在内。这是根据年底数据绘制的。

(2) 总吨位数的年增长。这是序列（1）的一阶差分，按每年年中的数字绘制。

(3) 造船量。蒸汽净吨位加上按三分之一计算的帆吨位。按年中数字绘制。1870 年至 1888 年，为外国政府建造的军舰也包括在内；但是从 1886 年起，另有一个不计这方面的产量的序列。这两个序列已经拼接在一起，它们都来自《英国统计摘要》。1897 年，工程师罢工使所有的造船工作都停止了。

(4) 利率。见图 5 的序列（1）。

(5) 新现货蒸汽货轮的价格。吨位为 7 500 吨。季度数据。这个序列经许可摘录自：《Fairplay 航运周刊》，第 134 卷，1935 年 1 月 10 日，第 102 页。

(6) 运费率指数。年度数据。这个指数是用四个不同来源的指数在重叠年份拼接而成的，它们分别是：

英国贸易委员会的数据，从 1884 年到 1903 年。

C. K. 霍布森（C. K. Hobson）在《资本出口》（1914 年，伦敦）第 182 页给出的 1904 年至 1912 年的数据，延续了英国贸易委员会的指数。

从 1884 年到 1924 年的指数则引自：F. 西里尔·詹姆斯（F. Cyril James）的《航运和造船工业的周期性波动》（宾夕法尼亚大学论文，1927

年），第 78 页。这个指数是由伦敦航运协会的统计学家伊瑟利斯（Isserliss）博士编制的。我们在这里的引用得到了伊瑟利斯和詹姆斯的同意。这个指数的基础则是 E. A. V. 安吉尔（E. A. V. Angier）每年在《Fairplay 航运周刊》的"统计数字"（statistical number）栏目上、《50 年航运生涯记：1969 年至 1919 年》一书中揭示的海洋货运数据，Fairplay，伦敦，1920 年。这些数据只表示每年进出英国的运费的加权平均结果，而没有给出那些年间运费变动的全部面貌。1897 年的工程师罢工运动影响了运费——当然，西班牙和美国的战争以及南非发生的战事也对运费有影响。1915 年，运费由政府统一规定，而到了 1917 年，所有船只吨位都被征用了。

还有一个指数，覆盖的范围是从 1920 年到 1934 年（以 1920 年＝100 为基数），引自：《统计学家》杂志（伦敦），1921 年 10 月 29 日这一期以及此后的各期。这个指数也是由伊瑟利斯博士编制的，是 8 条进出英国的不定期航线的运费报价的几何平均数。更重要的航线要由多个报价来代表。

图 23　美国。对数坐标

（1）"净"存款减去纽约市之外的投资。1890—1914 年。这些是纽约市之外所有国民银行的实际存款，为到期之前实际可取出的数字。这些存款是"净"存款，即个人存款——见图 6 的序列（1）——减去票据交换所结算额，再加上来自其他银行的应付金额与应收金额之差。"应付款项"（或"应收款项"）包括应付给储备代理机构、其他国民银行、州银行、信托公司和储蓄银行的款项。由此可见，这些不是审计员所关注的、为求得准备金率而计算出来的"净"存款。相关数据来源于 A. A. 扬格，前引论著，第 8～13 页——见图 6 的序列（1）。这里的"投资"不包括为了支付流通所需而持有的美国证券和为了支付存款而持有的美国证券和其他证券。这些投资数据也是纽约市之外所有国民银行实际赎回日的投资数据，而且都是同一来源。

（2）结算额。1890—1913 年。这些是年均值，经 E. 弗里基同意，引自：《纽约市之外的银行结算：1875—1914 年》，刊载于《经济统计评论》，第 7 卷，1925 年，第 260 页。它们对应 7 个被选中的城市。关于这个序列的进一步描述，请参阅弗里基教授的文章。

（3）制造业和采矿业的产出乘以价格。制造业和采矿业指数见图 6 的序列（3）。批发价格指数见《美国劳工统计局公报》，第 284 号，第 131 页——这是全部商品的价格指数，1913 年＝100。

（4）工资单金额。这条曲线所依据的数据经许可摘录自：保罗·道格拉斯，《美国的实际工资：1890—1926 年》，波士顿，霍顿·米夫林公司出版，1930 年，第 440 页和第 463 页。这个序列是以下两项的乘积：(a) 估计出来的制造业和运输业从业人员总数；(b) 制造业和运输业从业人员的平均年收入。对这个序列的详细描述，读者可参阅道格拉斯教授的论著。由于这两个组成部分本身都是估计的结果（且相当粗略，这是不可避免的），因此，当把它们的乘积作为一般事态发展的指标时，显然是非常值得怀疑的（即使不考虑它在任何情况下都不能与图中其他序列做严格的比较这一点）。

（5）序列（2）除以序列（4）。请记住上面对序列（4）的评论，这条曲线至多是对我们想要得到的测度的一个高度猜想性的近似。

图 24　费城的结算额

这幅图展示了将乔治斯库博士的方法应用于 1878—1914 年费城银行结算额的结果。见正文第五章。

图 25　美国。年度数据。对数坐标

（1）纽约市之外的存款。这些是上面描述的"个人"存款中通知取出日数字的年均值，详见图 6 序列（1）的说明。

（2）纽约市之外的结算额。见图 23 的序列（2）。

（3）生铁消费量。见图 12 的序列（2）。

（4）设备产出指数。见图 17 的序列（1）。

（5）纽约市之外的贷款和贴现。这是纽约市之外所有国民银行报告的通知取出日的贷款和贴现的年平均值，引自：A. A. 扬格，前引论著，第 8～13 页，见图 6 序列（1）的说明。在 1898 年以前，贷款和贴现包括透支在内，之后则不包括。

图 26 美国。年度数据。对数坐标

（1）生产品支出。图 17 的序列（1）乘以图 11 的序列（5）。

（2）消费品支出。图 17 的序列（4）乘以图 11 的序列（1）。

（3）外部结算额。见图 23 序列（2）的说明。

（4）生产品支出/外部结算额。即序列（1）除以序列（3）。

（5）消费品支出/外部清算额。即序列（2）除以序列（3）。

图 27 英国。对数坐标

（1）产出。见图 5 的序列（2）。

（2）货币工资单金额合计。年度数据。从 1860 年到 1901 年，本序列经原文作者和伦敦麦克米伦出版公司许可，引自：A. L. 鲍利（A. L. Bowley），《对国家进步的检验》，刊载于《经济学杂志》，第 14 卷，1904 年 9 月。此后，鲍利教授又发布了一个经过修正的数据集；参见他的新书《1860 年以来英国的工资和收入》（剑桥大学出版社，1937 年）。从 1901 年到 1913 年，本序列经许可引自：A. C. 庇古，《工业波动论》，第 2 版，伦敦麦克米伦出版公司出版，1929 年，第 383～384 页。这些数据是根据鲍利教授提供的工资率和对工薪阶层人口数量变化的估计得出的。

（3）省级结算额。1887—1913 年。这是用月度数据计算出来的季度平均值，经许可引自：D. S. 托马斯（D. S. Thomas），《英国的经济周期指数》，刊载于《美国统计学会会刊》，第 21 卷，1926 年 3 月，第 61 页。数据的最初来源是伦敦的《银行家》杂志。

（4）产出×价格。上述序列（1）乘以图 5 的序列（3）。

（5）应税收入总额。已经对评估方法的变化进行修正。1842—1913 年。年度数据。应该记住一点，将利润定义为实际利润的平均值——见图 28 的序列（3）——会对应税收入总额有一种平滑效应。从 1894 年起，这个序列的各项就严格可比了（160 英镑的免税和维护津贴限额）。这个序列经许可引自：J. 斯坦普，《英国的收入与财产》，P. S. 金父子出版公司出版，第 318～319 页，1916 年，伦敦。

图 28 英国。年度数据。对数坐标

（1）工资率。从1850年到1903年，这个序列经许可引自：G. H. 伍德（G. H. Wood），《实际工资与舒适标准：自1850年以来》，刊载于《皇家统计学会杂志》，第72卷，1909年3月，第99~103页。伍德先生的货币工资指数部分是基于鲍利教授的研究，部分是基于其他材料。这个指数是一个加权平均结果，考虑了不同行业（农业、建筑、印刷、造船、工程、煤炭、水煤浆、棉花、羊毛和精纺毛、天然气和家具）就业人数的变化。之后，这个序列通过英国贸易委员会发布的数据延续了下来，见W. T. 莱顿（W. T. Layton）和G. 克洛泽（G. Crowther），《价格研究导论》，伦敦麦克米伦出版公司，1936年出版。经许可，本书也引用了这个序列中相关的若干项。

（2）工资单金额。见图27的序列（2）。

（3）利润。附表D评估总额（Gross Schedule D Assessments）（商业利润）。在1908—1909年间，大约有四分之三的企业的评估是基于前三年的平均值进行的。因此，作为一个粗略的近似，这个序列（除了运河、铁路、钢铁厂、煤气厂以及矿山之外，前四个行业的企业是根据前一年的利润进行评估的；矿山则是根据前五年的平均值进行评估的，不过斯坦普也给出了详细的年度数据，因而进行个别调整是可能的）有两年的滞后期，而且图中所描述的各项是年中的，而不是4月份的。这些数据经许可引自：J. C. 斯坦普，前引论著［见图27的序列（5）］。

（4）失业率。见图20的序列（4）。

（5）工资单金额/批发价格。工资单金额序列，见图27的序列（2）。批发价格数据经许可引自：G. F. 沃伦（G. F. Warrren）和F. A. 皮尔逊的《价格》一书，纽约，约翰威立父子出版公司。他们的指数接上了图4的序列（3）——绍尔贝克指数和皇家统计学会的指数。

（6）实际工资率（全职工作者）。数据来源与上面的序列（1）相同。在估算实际工资率时，伍德先生假设，在1850年，总工资中有4/5用在了住房之外的商品上；他还假设，序列中靠后的项目呈稳步增长之势（在租金的增幅中，一半归因于住房质量的提高，另一半归因于其他原因）。而对于余下的那部分，伍德先生计算了所有能够得到价格序列的普通消费品的未加权平均价格。这个指数根据英国贸易委员会的数据仍在继续编制。

（7）实际工资率（考虑了失业率）。伍德先生［前引论著，序列（1）］利用工会失业率数据［序列（4）］修正了序列（6）。从1896年起，这个序列就不再与庇古的序列一致［见图20的序列（4）］，同时也不符合《劳动统计摘要》所给出的序列——后者已经被用来替代它。

图29　美国。对数坐标

（1）工资率。1840—1913年。年度数据。每小时工资率（不包括农业）指数，1910—1914年＝100，在内战期间是以货币工资为基础的。这个序列据说是基于"所有可用的材料"构建的。没有对每周工作时数的减少进行"补偿"。资料来源是《每月劳工评论》，第32卷第2期，1931年2月，第143页。

（2）铁路公司收益。1866—1913年，这是按季节性因素修正的月度数据。1914年时仍然存在的14个铁路系统的总收益，通过追溯后来被这些系统租用或吸收的铁路的数据（来进行调整），已经使总收益变得尽可能同质化。进一步的描述请参见阿瑟·H.科尔（Arthur H. Cole），《铁路收入的月度指数：1866—1914年》，刊载于《经济统计评论》，第18卷，1866—1914年的铁路月报。科尔教授非常热心地提供了他搜集的数据，对此我们不胜感激。

（3）股息。1902—1913年。月度数据。工业企业的支付，摘自《经济统计评论》，第1卷，1919年，第164页。而最初的资料来源则为《纽约商业杂志和商业公报》（*The New York Journal of Commerce and Commercial Bulletin*）。

（4）工资单金额。见图23的序列（4）。

（5）马萨诸塞州工厂的就业情况。1889—1913年。这个指数（1914年＝100）经许可引自：拉尔夫·G.赫林（Ralph G. Hurlin），《三十年的就业波动》，刊载于《年鉴》，第18卷（1921年10月24日），第387～388页。很显然，我们不能只依赖马萨诸塞州的数据来描述全美的就业情况。

（6）破产数（总负债）。1857—1913 年。总负债。源于 1914 年的《美国统计摘要》，第 681 页。

（7）批发价格。见图 4 的序列（1）。

图 30　德国。对数坐标

（1）工资率。1850—1913 年。这是多特蒙德矿区鲁尔河谷的矿工获得的每小时工资——芬尼数，经许可引自：恩斯特·瓦格曼（Ernst Wagemann），《经济节律》（Economic Rhythm），由 D. H. 布列洛奇（D. H. Blelloch）译自德文版，纽约，麦格劳-希尔图书有限公司（McGraw-Hill Book Company, Inc.），第 265 页。

（2）萨克森的工资单金额。萨克森王国。这些数据经许可引自：瓦格曼教授主编的《经济周期研究季刊》（*Vierteljahrshefte zur Konjunkturforschung*）增刊，第 2 卷，第 3 期，1927 年，第 33 页。通常认为，萨克森王国的情况是德国一般情况的典型代表。

（3）批发价格。1850—1913 年。这些数据引自：《经济与统计》（*Wirtschaft und Statistik*），第 5 卷，特刊 1，1925 年，第 19 页；《统计年鉴》（*Statistisches Jahrbuch*），第 47 卷，1926 年，第 263 页。直到 1878 年，资料的来源都是：阿道夫·索特比尔（Adolf Soetbeer），《解释和评估贵金属与货币之间的经济关系的资料汇编》（Materialien zur Erläuterung und Beurteilung der Wirtschaftlichen Edelmetallverhältnisse und der Währungsfrage），柏林，1886 年。

（4）失业率。1906—1914 年。月末工业失业率数据，经许可引自：恩斯特·瓦格曼，《经济周期理论》，柏林，R. Hobbing 出版，1928 年，第 195 页。

（5）序列（1）除以序列（3）。

图 31　英国。算术坐标

（1）实际工资率（考虑了失业率）。见图 28 的序列（7）。

（2）九年移动平均线。这是序列（1）的九年移动平均线。

（3）对九年移动平均线的偏离。

图 32　德国。年度数据。对数坐标

（1）贷款和贴现。柏林的 9 家主要银行（Grossbanken）。年末数据。

（2）存款总额（在这个术语的英文含义上）。柏林的 9 家主要银行（Grossbanken）。年末数据。

（3）流通中的纸币。德国所有发钞银行的流通中的纸币。

上面这三个序列都是基于官方数据。有关这些序列和相关数据的完整介绍和讨论，请参见 L. A. 哈恩（L. A. Hahn），《对银行资产负债表数字的理解》（Zur Frage des volkswirtschaftlichen Erkenntnisgehalts der Bankbilanzziffern），刊载于《经济周期研究季刊》（*Vierteljahrshefte zur Konjunkturforschung*）增刊，第 1 卷，第 4 期，1926 年。

图 33　美国。对数坐标

（1）纽约市之外的个人存款加流通量。见图 6 的序列（1）。

（2）纽约市之外的贷款和贴现。见图 25 的序列（5）。

（3）纽约市之外的个人存款加流通量减投资。序列（1）减去图 23 的序列（1）描述的投资序列。

所有这三种情况都使用了通知日期（call date）的实际数字。

图 34　美国。对数坐标

（1）工业设备的产出。见图 17 的序列（1）。

（2）建筑许可证的发放数量。见图 14 的序列（5）。

（3）纽约市之外的国民银行的投资。这是一个略有偏差的样本。见图 23 的序列（1）。图中绘出了包含五项的移动总数。

（4）新证券发行量。在纽约证券交易所上市的股票和债券，减去以前的发行量和用来取代现有证券的新发行量。这个序列经许可引自：纽约威廉·B. 达纳公司（William B. Dana Company）出版的《商业和金融纪事报》（*Commercial and Financial Chronicle*）和《金融评论》（*Financial Review*）。

（5）纽约市之外的国民银行的贷款和贴现。见图 25 的序列（5）。图中绘出了包含五项的移动总数。

图 35　英格兰银行及若干联合序列。1844—1914 年。对数坐标

除序列（2）和序列（3）之外的所有序列均为年平均值，对于 1900 年以前的各年，经许可引自：R. H. I. 帕尔格雷夫，《银行利率与货币市场》(Bank Rate and the Money Market)，约翰·默里出版公司出版，伦敦，第 12~13 页；对于 1900 年至 1914 年，则引自《银行家年鉴与年刊：1935—1936 年》。

（1）私人存款。1873 年出现了一个缺口，这是因为从那一年起衡平法院的结余归到了政府存款的类目之下，平均余额为 100 万英镑上下。

（2）伦敦的总结算额/英国的存款总额。总结算额的计算方法是，6 月或 12 月的每工作日月平均值乘以 306。这个序列经芝加哥大学出版社许可，引自：莱昂内尔·D. 伊迪（Lionel D. Edie）和唐纳德·韦弗（Donald Weaver），《英国银行存款的速度》，刊载于《政治经济学杂志》，第 38 卷，第 4 期，1930 年 8 月，第 397 页。这些存款数字是 6 月 30 日或 12 月 31 日英格兰和威尔士（英格兰银行除外）的所有股份制银行和私人银行的月平均存款总额，由伊迪和韦弗从《经济学人》上收集而得。

（3）伦敦的总结算额。见序列（2）。

（4）储备占存款与银行汇票之和的比例。

（5）伦敦银行家的余额与储备之比。

（6）伦敦银行家的余额。

（7）其他证券。

（8）公众持有的纸币。

图 36 美国。对数坐标

（1）纽约市银行的总结算额。1866—1914 年。从 1866 年到 1902 年，这个序列引自：艾达·马修斯（Ada Matthews），《纽约的银行结算额与股票价格：1866—1914 年》，刊载于《经济统计评论》，第 8 卷，1926 年，第 188 页。这个序列的数据是经《商业和金融纪事报》许可使用的。从 1903 年到 1914 年，相关数据则是在纽约道琼斯公司的许可下从《华尔街日报》获得的。图中所绘制的是以第三项为中心的季度总额的 4 个季度移动总额。

（2）纽约证券交易所的交易额。1875—1914 年。年度数据。按股票交易量乘以平均价格计算。1875 年至 1909 年的数据引自：美国国家货币委员会，《美国统计：1867—1909 年》，第 9 页，以《商业和金融纪事报》为资料来源；另外，1909 年至 1914 年的数据则直接引自：《商业和金融纪事报》。

(3) 纽约证券交易所的短期拆借贷款利率。1866—1914 年。每日更新的利率的月平均值的 12 个月移动总额（以第 7 个月为中心）。这个序列经许可引自：标准交易和证券服务公司（Standard Trade and Securities Service），《标准统计公报》，基本图书出版社，1932 年 1 月，第 42 页，以及 1934 年 4 月，第 6 页。那里申明的消息来源是奥格尔·邓恩公司（Ogle, Dunn & Company），使用其材料的许可在此得到了确认，为《经济统计评论》和《金融评论》。

(4) 纽约市的贷款和贴现。1870—1914 年。见图 25 的序列（5）。图中绘制的是五项移动通知日期总额。

(5) 纽约市的存款总额。1870—1914 年。国民银行的"净"存款。关于"净"存款的定义和来源，请参见图 23 序列（1）的说明。图中绘制的是五项移动通知日期总额。

(6) 铁路公司的股票价格。月度数据。从 1854 年到 1882 年，这个序列经许可引自：《年鉴》，第 40 卷，1932 年 10 月 28 日，第 580 页。它是克莱门特伯吉斯股票价格指数（Clement Burgess index），对高的数字和低的数字取平均值，并对股息进行了调整。从 1883 年到 1935 年，所用的是标准交易和证券服务公司的 20 家铁路公司股票价格指数——以发行的股票数量加权，经许可引自：1934 年 4 月出版的《标准统计公报》，第 30 页。这两个序列是拼接在一起的。

(7) 工业公司的股票价格。月度数据。从 1883 年到 1900 年，包含 10 只工业股票的埃克斯-霍顿（Axe-Houghton）加权平均价格，经许可引自：《年鉴》，第 37 卷，1931 年 1 月 16 日，第 177 页。从 1900 年到 1913 年，使用的指数经许可引自：标准交易和证券服务公司，《标准统计公报》，1934 年 4 月，第 30 页。这个指数由 50 只工业股票的价格组成，用已发行股票的价值加权，并已经对股票权利、股息、票面价值变化和合并调整后的股票价格进行了修正。这两个指数都是高值和低值的平均结果，它们被拼接在了一起。

图 37　英国。对数坐标

（1）英国股票价格。1867—1914 年。月末数据；1890 年＝100；未加权的算术平均值。这个指数经伦敦和剑桥经济服务局许可引自：K. C. 史密斯（K. C. Smith）和 F. C. 霍姆（F. C. Horne），《特别备忘录》，第 87 号。所包括的股票涉及以下几个类别：①煤、铁等；②电子产品；③纺织品；④食品；⑤饮料；⑥建筑材料；⑦照明；⑧化工产品；⑨商店；⑩综合；⑪交通运输。

（2）伦敦的短期贷款利率。1888—1914 年。1906 年以前，为即期或短期通知的年均货币利率，数据来源是美国国家货币委员会，《英国、德国和法国的相关统计资料：1867—1909 年》，第 143 页。从 1907 年到 1914 年，这些数据是《经济学人》公布的浮动年均货币利率。

（3）伦敦的结算额。1870—1914 年。1870 年至 1902 年为总结算额；在那之后，则为"城市结算额"。这两个序列都来自《英国统计摘要》，并且拼接在了一起。

图 38　德国。对数坐标

（1）股票价格。1870—1913 年。月度数据。这个序列经许可引自：奥托·唐纳（Otto Donner），《论股票价格的形成》，刊载于《经济周期研究季刊》(*Vierteljahrshefte zur Konjunkturforschung*)，第 36 期专刊，1934 年，第 98 页。它由数量不断增多的公司的报价组成，其中 70 家公司的报价可以追溯到 1890 年，包括银行、航运、铁路、矿山、电力、制造和建筑等行业。

（2）工业债券发行量。1883—1913 年。年度数据。国内的发行量（按市场价值计）数据引自：H. 克莱纳（H. Kleiner），《德国的债券发行统计》，刊载于《慕尼黑经济学研究》(*Münchner Volkswirtschaftliche Studien*)，第 131 期，1914 年，表 1，第 119～124 页。该表所载材料的主要来源是《德国经济学人》(*Der Deutsche Ökonomist*)。不过，这本期刊编制的指数所指的是在证券交易所上市的债券，而不是指发行的债券，而且数据并不十分完整，特别是对于在较小的证券交易所上市的债券而言。在这些方面和其他方面，《法兰克福汇报》(*Frankfurter Zeitung*)、德国国家统计局（自 1897 年以来）或德意志银行的统计部门等汇编的资料可能更加可取。但是，《德国经济学人》的材料可以提供最长的齐次序列，而且从整体上看使用它似乎是最好的。

（3）工业股发行量。资料来源与序列（2）相同。

（4）新成立企业数。1871—1913 年。年度数据。这是新成立的股份公司的"名义"资本，摘自《德国经济学人》，第 26 卷，1908 年，第 28 页，第 32 卷，1914 年，第 412 页。

（5）股息。"名义"资本的百分比。1870—1913 年。年度数据。这个序列经奥托·唐纳许可，引自他的研究，见上文对序列（1）的说明。这些数据是关于帝国统计局发布的股票价格指数所包含的工业企业。从 1890 年起，这个百分比已按各公司的股本加权。

图 39　美国战后时期的"脉搏"。对数坐标

（1）存款和流通中的货币。这里的存款是纽约市之外 100 个主要城市每周都需要报告的会员银行的活期存款净额。所使用的月度平均数据（这是 1929 年修订后的数据）是作者从哈佛经济学会（现为贸易周期研究委员会）的档案材料中发掘出来的。这个序列后来延续到了 1935 年 8 月 23 日，但是在写作本书的时候则截至 1933 年 2 月。因此，我们将它拼接到了另一个序列之上，后者从 1932 年 1 月起覆盖 89 个城市、从 1934 年 1 月起覆盖 90 个城市。此外还应该注意的是，1935 年的《银行法案》改变了活期存款净额的定义，但是在这里使用的是它原来的含义：它包括所有活期存款（然后减去美国政府的存款），同时对其他银行及信托公司的可即时支取的应收余额和正在收付的现金项目，要从对其他银行及信托公司的可即时支取的应付余额中扣除（对每家银行分别处理），所以我们仍然可以非常粗略地说，这些数据大体上显示了"公众"所持有的活期存款的变化。

流通中的货币序列，经许可引自：J. W. 安吉尔（J. W. Angell），《货币的波动》，第 178～179 页，该书于 1936 年由纽约麦格劳-希尔图书公司出版。这个序列是对每月发行但尚未赎回的货币的估计值，再减去财政部（作为资产）、联邦储备银行或联邦储备委员会的代理机构持有的货币，以及所有需要报告的银行（向货币监理署报告）存放在金库中的现金（即库存现金）。其中，银行每年只有在6月30日才会提供库存现金的数字，因此必须根据通知日期所有会员银行库存现金的信息来估计。然而，关于流通中的货币与所有银行库存现金的总额的数据却是可以获得的。由于把这些存款和流通中的货币加到一起会使得流通中的货币获得太大的权重，因此，按照安吉尔（前引论著）的估计，上述银行的活期存款净额占"流通中的存款"总额的比例，应该是相当稳定的，在1926年的平均水平为37.6%上下。因此，在这样一个明显大幅简化和非常大胆的假设下，会有38%的流通中的货币被计入每个星期都要报告的会员银行的活期存款净额。此外，使用安吉尔的"流通中的存款"是不可能的，因为它们包括纽约市和美国政府的存款。

（2）优等商业票据利率。月度数据。1919年至1931年，纽约优等商业票据的利率，经许可引自：标准交易和证券服务公司，《标准统计公报》，基本图书出版社，1932年1月。从1932年到1934年，4~6个月期票据的利率数据取自《当前商业调查》。

（3）产出指数。月度数据。这是美国联邦储备委员会发布的经季节调整的制造业和采矿业指数，摘录自：《联邦储备公报》，第19卷（1933年9月），第584页；第21卷（1935年5月），第282页。这是每个工作日的加权平均数。1923—1925年的平均值用于给采矿业加权，而1923年的制造业增加值则用于给制造业加权。关于这个指数的进一步说明，见《储备委员会公报》，第13卷第2期（1927年2月）、第13卷第3期（1927年3月）和第18卷第3期（1932年3月）。

（4）批发价格。月度数据。这是劳工统计局发布的指数，基数为1910—1914年＝100。对于1932年至1934年这几年，通过将以往的基数（1926年）改为1910年至1914年，使用了新的指数。

图40 德国战后时期的"脉搏"。对数坐标

（1）批发价格。1919—1934年。每月的平均水平。这是帝国统计局发布的指数，引自：《经济与统计》（*Wirtschaft und Statistik*）（1913年＝100）。从1919年到1924年，这是不到50种商品（主要是原材料和半成品）的算术平均价格，按战前消费量加权。从 1924 年到 1934 年，这是包括制成品在内的大约 400 种商品的算术平均价格，所依据的报价则从 800 种增加到了 1 000 种，然后以战前和战后的消费量的平均水平或 1925 年的消费量加权（战后消费量接近战前消费量）。各个类别的商品的权重如下：农产品占 35%，进口杂货占 3%，工业原材料和半制成品占 38%，制成品占 24%。最后，再将这两个指数拼接在一起。更详细的相关信息，请参见：《经济与统计》，第 6 卷（1926 年），第 875 页；《德国帝国统计季刊》(*Vierteljahrshefte zur Statistik des Deutschen Reiches*)，第 36 卷（1927 年），第 37 页，第 41 卷（1932 年），第 139 页。

（2）利率。银行承兑汇票利率，月平均数据。经许可引自：柏林经济周期研究所，《经济周期统计手册》(*Konjunktur-Statistisches Handbuch*)，1936 年，第 113 页。

（3）产出。每个工作日的工业产出的季度指数（1928 年＝100），经许可引自：柏林经济周期研究所，《经济周期统计手册》，1936 年，第 52 页。已经消除了季节性变化。萨尔地区是从 1935 年 3 月才开始包括在内，所以这个序列并不是严格同质的。这个指数于 1927 年首次计算，并于 1929 年、1931 年、1933 年和 1935 年经过了多次修订。它是一个算术平均值。在每一组内，这个序列按增加值、雇用的人数和已安装的马力数加权。各组按增加值分别加权。目前，这个指数占到工业净产出的 66%。关于进一步的讨论，见《经济周期研究季刊》，第 4 卷，第 4A 期，1930 年，第 6 卷，第 1A 期，1931 年，第 7 卷，第 4A 期，1933 年；柏林经济周期研究所，《每周报告》(*Wochenbericht*)，第 8 卷，第 24 期，1935 年 6 月 19 日。

（4）存款和流通中的货币。存款（Gläubiger，在德国这个国家通常所说的商业存款）指的是五大银行的存款的月底数字（这五大银行的存款显然可以作为总存款的一个样本，但却是一个无法令人完全满意的样本），源于柏林经济周期研究所，《经济周期统计手册》，1936 年，第 136 页。这五家银行分别是：柏林德意志银行、柏林德累斯顿银行、柏林私人商业银行、慕尼黑巴伐利亚抵押和兑换银行，以及莱比锡德意志信贷银行。上述数字已经包括合并的影响。每年 1 月没有数据可得，而 1925 年至 1927 年的数据只给出了 2 月、4 月、6 月、8 月、10 月和 12 月的。流通中的货币序列指的是流通中的货币总量的月末数据，源于柏林经济周期研究所，《经济周期统计手册》，1936 年，第 130 页。在银行中的货币不予考虑。

图 41　英国战后时期的"脉搏"。对数坐标

（1）批发价格。1919—1934 年。月度数据。该指数在 1913 年等于 100，引自：《贸易委员会杂志》。对这个序列的描述，见：A. W. 弗勒克斯（A. W. Flux），《对价格变化的度量》，刊载于《皇家统计学会杂志》，第 84 卷，第 2 部分，1921 年 3 月。它是 150 种商品批发价格的几何平均数，这些商品被分成了 8 组，每组的产值大致相等，或者就进口消费品而言，1907 年的进口额大致相等。估价的基础是 1907 年的生产普查。在这 8 组商品中，商品的类别由一系列随同样的标准而变的价格序列表示。新近修订的指数覆盖了 200 种商品，根据 1930 年生产普查得出的价值加权，权重几乎完全符合 1930 年至 1934 年的情况。因此，即使有了新的指数可用，我们认为也没有必要重新绘制曲线。

（2）利率。月度数据。这是每个月 15 日所在的那个星期的期限为三个月的商业票据的平均利率。这些数据经许可引自伦敦和剑桥经济服务局发布的《每月公报》。

（3）存款和流通中的货币。这些存款是 10 家伦敦的结算银行的活期账户的月平均数，引自：《金融与工业委员会报告》，1931 年，Cmd. 3897，第 284~289 页。后来几年则引自英格兰银行的统计摘要。就国民银行有限公司而言，只有与英国办事处有关的数据才会包括在内。早些年的那些项目是估计数。流通中的货币序列表示英格兰银行和每月 11 日至 17 日的流通中的纸币，经许可引自伦敦和剑桥经济服务局发布的《每月公报》。

（4）产出指数。季度产出指数经许可引自：伦敦和剑桥经济服务局，《每月公报》，第 8 卷，第 4 期（1929 年 4 月 23 日季度特刊），以及之后的各期季度特刊。这是各单个产出序列的算术平均（1924 年＝100），根据 1924 年生产普查给出的净产量加权。进一步的讨论请参阅 J. W. F. 罗伊

(J. W. F. Rowe) 编写的《伦敦和剑桥经济服务局的特别备忘录 8：实物产量》。各子指数包括：①煤炭开采；②生铁、钢材、造船、铁路车辆；③铜、铅、锡、锌；④棉、丝绸；⑤小麦、面粉、可可、烟草；⑥油料种子粉碎、重化工产品；⑦纸张。

图 42　工业产出。年度数据。对数坐标

（1）美国。这个指数经许可引自：标准交易和证券服务公司，《标准统计公报》，1935 年 12 月，第 39 页。由 64 个序列加权合成。已经根据季节性因素修正。1933 年修订。关于序列和权重的说明见：标准交易和证券服务公司，《基本统计数据》，第 80 卷，第 29 期，1936 年 6 月 5 日，第 D-36 页。

（2）德国。见图 7 的序列（2）。

（3）英国霍夫曼指数。见图 5 的序列（2）。

（4）伦敦和剑桥经济服务局指数。见图 41 的序列（4）。

图 43　美国各类产出的序列：1919—1934 年。月度数据。对数坐标

本图所有序列经许可引自：Y. S. 梁（Y. S. Leong），《生产品、消费品、耐用品和易耗品的实物产出指数》，刊载于《美国统计学会会刊》，第 30 卷，第 189 期，1935 年 6 月。所有序列均为日平均产量，并根据季节性变化进行了调整。1923—1925 年的平均值为 100。采用集合法将单个序列（组）组合成综合指数。权重是按制造业增加值计算的。1923 年、1925 年和 1927 年普查年的增加值平均数分别用于 1922 年以后的生产品和全部耐用品、1922 年以后的制造业总产出，以及 1923 年以后的不包括汽车在内的消费品和易耗品。然而，这些权重在前面几年似乎并不是非常合适。因此，梁先生利用 1919 年的增加值数据计算出了另一组指数，然后将它与第一组指数组合到了一起。由此产生的指数是，从 1919 年到 1922 年，对不包括汽车在内的消费品和易耗品，前两组指数的简单几何平均；从 1919 年到 1921 年，对生产品、所有耐用品、制造业总产出，前两组指数按不同权重加权的几何平均。这个方法虽然从一般原则上说不容易辩护，但是在这个图形的情况下却可能是对第九章所概述的理论的一种相当不错的近似。

（1）生产品。未加工完成的货物或者用来生产其他货物的货物。包括一些纺织品、林木产品、纸张、印刷用品、化工产品、皮革、石材和黏土、钢铁、有色金属及其制品、运输设备。

（2）消费品。这个序列表示的是立即消费或几乎立即消费的制成品。包括食品及其同类产品、某些纺织品及印刷制品、汽油及煤油、橡胶制品、鞋、手套、散热器、卫生洁具、汽车、烟草制品。

（3）消费品（汽车除外）。与序列（2）相同，但是不包括汽车。

（4）耐用品。平均使用寿命超过两年的产品。林木产品、焦炭、石材、黏土、玻璃、钢铁、有色金属及其制品、运输设备。

（5）易耗品。平均使用寿命不超过两年的产品。食品及其同类产品、纺织品及其制品、纸张和印刷产品、化工产品、橡胶制品、皮革产品。

（6）制造业产品。以上指标所使用的全部序列：15种食品及其同类产品；4种纺织品及其制品；2种林木产品；10种纸制品及印刷产品；7种化工产品及相关产品；2种橡胶制品；5种皮革及皮革制品；2种石材、黏土、玻璃制品；4种钢铁产品；4种有色金属及其制品；5种运输设备；3种烟草产品。在1923年、1925年和1927年的普查中，这些商品代表了制造业增加值的50%左右。

图44 美国的客户贷款利率。年度数据。算术坐标

图中所有这三个序列都是各银行向联邦储备委员会报告的月平均利率的年平均水平。月平均利率是基于三种类型的客户贷款利率、商业贷款利率，以及定期和活期证券（抵押）贷款利率计算出来的。平均值已经根据这三种贷款的相对重要性、每家报告银行的相对重要性以及每一组别中每个城市的相对重要性进行了加权。

图45 美国公司的利润率。年度数据。算术坐标

本图所有序列均经许可引自：W. L. 克拉姆（W. L. Crum），《当前大萧条下的企业盈利能力》，刊载于《商业研究》，第10期，哈佛大学工商管理研究生院。利润率指的是（减去联邦税收后的）法定净收入除以总收入的结果。数据来源是联邦所得税报告。关于这些序列的进一步解释，请参阅前面提到的文章。

图 46　美国的情况。1919—1934 年。月度数据。对数坐标

（1）纽约市之外的借方总额。这是美国联邦储备委员会公布的数据，显示的是纽约市之外 140 个城市的银行借记个人存款账户的数额。在很大程度上，这些借方数额来自用存款人账户开具的支票，并代表了付款。然而，个人、公司、企业和美国政府、郡（县）、市账户的所有借方数额，还包括战争贷款存款账户、储蓄账户、信托账户的支付以及已付存单的借方数额，但是不包括结算所余额结算的借方、其他银行账户的借方、银行本票的支付、费用和杂项账户的借方，以及更正等。见：《联邦储备委员会第 22 次年度报告》，1935 年，第 175 页。

（2）纽约市之外的活期存款净额加定期存款减纽约市之外的投资。见图 50 的序列（4）和序列（7）。

（3）制造业的工资指数。这是美国劳工统计局发布的修订后的指数，见：《美国劳工统计局公报》，第 610 号，第 22 页。它代表工厂发放的周平均工资（1923—1925 年＝100）。1925 年，纳入这个指数的共有 54 个行业，这些行业雇用的工人占受雇于所有制造业行业的工人总数的 83％。而接受调查的企业则雇用了这 83％工人中的大约 50％。自 1931 年以来，调查覆盖的行业增加到了 90 个。权重是根据 1923—1925 年的工资单金额确定的。这个指数没有根据季节性变化进行修正。但做出的另一项修正在这里应该提一下。由于这个指数与两年一度的普查所显示的趋势相比出现了一个向下的偏差，因此进行了调整，以便使之符合那个趋势。这种操作的基本方法是对普查的那两年的平均薪金表进行直线调整，也就是说，将一个适当的累积单位应用于 24 个月的时间间隔，以便将每年的平均薪金提高到普查所显示的数额。例如，对 1919 年至 1921 年的原始数据，要调整为这两年的年度普查平均数。然后在接下来的两年，在继续调整为 1921 年至 1923 年的普查数据之前，有必要对 1921 年至 1923 年的普查数据进行初步的调整，以便重建上次调整所破坏的可比性。

（4）纽约市之外的活期存款净额。见图 39 序列（1）的第一个组成部分。

（5）年度已实现总收入。莫里斯·A. 科普兰（Morris A. Copeland）

提供了一个序列（见《我们的国民收入有多高？》，刊载于《政治经济学杂志》，第40卷，1932年12月，第773页），名为"调整后的已实现收入"，是威尔福德·金（Wilford King）的序列的一个修正版。它不包括未分配利润和资本收益。反过来，W. L. 克拉姆（W. L. Crum）又修订了科普兰教授的序列（见《国民收入及其分配》，刊载于《美国统计学会会刊》，第31卷，1935年3月，第36页），扣除了"个人所拥有的城镇住房和其他耐用消费品的估算收入"，所依据的数据源于《美国的消费能力》一书，它的作者是莫里斯·莱文（Maurice Levin）、H. G. 默尔顿（H. G. Moulton）和克拉克·沃伯顿（Clark Warburton），布鲁金斯学会，1934年，第153页。

在本图中，克拉姆教授的调整后的序列（经许可引自《美国统计学会会刊》）拼接到了商务部发布的一个序列之上——后者引自商务部于1936年7月发布的《当前商业调查》，罗伯特·R. 内森（Robert R. Nathan）主笔（他是商务部经济研究部门的收入研究小组的主任）。这也是《国民收入：1929—1932年》（参议院档案第124号，第73届国会第二届会议）的工作的延续。使用的是"已支付出去的国民收入"数据。它们表示支付给个人（或个人收到）的款项，如工资、薪金、利息、股息、创业金提款、租金净额和特许权使用费等，与企业正储蓄或负储蓄所产生的"收入"不同。

（6）纽约市之外的借方总额/纽约市之外的活期存款净额加定期存款减纽约市之外的投资。参见序列（1）和图40的序列（4）。

（7）制造业每小时（劳动）收入。这个序列可能会随着加班时间和劳动力构成的变化而变化。从1920年到1926年，这是24个行业的季度数据；从1927年起，则为25个行业的月度数据。1926年及以前的数据经许可引自：全国工业会议委员会，《美国的工资：1914—1930年》，第44页；从1927年起数据则经许可引自：《当前商业调查》，第12卷，第12期，1932年12月，第18页，以及以后各期。1931年底，覆盖的工厂超过了1 400家。用来计算每小时工资率的周收入，是根据1923年制造业普查所揭示的各行业的相对重要性，对每个行业的平均周收入进行加权得到的。此外，权重是为了反映每个行业中每个劳工群体的相对重要性，后者是由大企业联合会在 1927—1929 年的调查确定的。工时数据的来源与周收入相同（相同数量的工厂和工人）。基数为 1923 年＝100。

这幅图是在美国全国工业会议委员会出版《工资、工时和就业：1914—1936 年》一书之前绘制完成的。这本书中的每一个序列都以月度数据为基础，同时虽然所用的一般方法相同，但是程序的若干细节有一定的调整。不过，结果与上面描述的序列相差不大，因此作者认为没有必要重新绘制本图，并重新用这些数据来计算各个序列［见图 47 的序列（6）和（7）］。

图 47　美国。对数坐标

（1）工资率。见图 46 的序列（7）。

（2）工资单金额。见图 46 的序列（3）。

（3）就业水平。制造业。所用材料的来源和说明见图 46 的序列（3）。在这个指数中，权重是根据 1923 年至 1925 年在某个行业或组别所启用的有薪工人的年平均人数确定的。

（4）生活成本。这个指数是由美国全国工业会议委员会编制的，我们的使用得到了许可。它特别针对与美国工薪阶层预算相关的那些价格（1923 年＝100）。五个主要的类别（战后预算权重）分别是：食品（33%）、住房（20%）、服装（12%）、燃料和照明（5%）以及杂项（30%）。所使用的食品价格指数是美国劳工统计局每月 15 日发布的零售食品价格指数。从 1920 年到 1925 年，这些数据是基于每年 3 月、7 月和 11 月的三次全面调查得出的，其他月份的信息则不那么全面。1925 年以后，每月的计算都是在综合的基础上进行的。这些数据经许可引自：标准交易和证券服务公司，《标准统计公报》；美国商务部，《当前商业调查》，第 16 卷，第 1 期，1936 年 1 月，第 19 页。自那以后，美国全国工业会议委员会在《美国的生活成本：1914—1936 年》中发布了一个改进后的指数，那个指数与现在使用的指数有时相差多达 2%，它给出了较低的早期数字和较高的后期数字。

（5）批发价格。见图 39 的序列（4）。

(6) 序列（1）除以序列（5）。

(7) 序列（1）除以序列（4）。

(8) 序列（2）除以序列（4）。

(9) 序列（2）除以序列（5）。

图 48　德国。对数坐标

(1) 失业。在职业介绍所登记的失业人数。月底数据。资料引自：柏林经济周期研究所，《经济周期统计手册》，1936 年。从 1935 年 3 月起，萨尔地区也包括在内。

(2) 工资率。最高标准年龄组工人的平均标准小时（或计件）工资率。第一个月的数据来自柏林经济周期研究所，《经济周期统计手册》，1936 年。德国帝国统计局提供的 1925 年至 1927 年的旧指数，与 1928 年的新指数拼接了起来。旧指数包括较少的工业集团，而且只包括男性工人。新指数还包括女性工人，并根据 1928 年至 1930 年的平均就业人数进行了加权。更多信息请参见：《德国帝国统计季刊》(*Vierteljahrshefte zur Statistik des Deutschen Reichs*)，第 40 卷（1931 年），第 94 页及以下诸页。

从 1932 年到 1934 年，使用了第三个指数。它代表非熟练男性工人最高年龄组的标准工资率，引自：《德国帝国统计季刊》，第 55 卷（1934 年），第 279 页。它已经与另一个指数拼接在一起。

当然，我们不能认为标准工资率能准确地反映劳动力价格。

(3) 工资单金额。工资和薪金收入——这是柏林经济周期研究所的估计，不包括抚恤金，但是包括了所有的紧急和救济就业收入。1935 年第二季度和第三季度的项目不包括萨尔地区。这些数据经许可引用自：柏林经济周期研究所，《经济周期统计手册》，1936 年。

(4) 股息。据信，柏林经济周期研究所的数据大致描绘了总股息的走势（《经济周期统计手册》，1936 年）。每个季度都有两个数字。其中一个数字与上年度同一季度的数字有可比性（包括了公司），另一个数字则可与下一年度相应季度的数字相比较。但是不能用于同一年内不同地区之间的环比关系。因此，1926 年第四季度就成为每年第四季度数字之间的环比的基础，因为所有股息的一半以上都是在第四季度发放的。然而，股息支付日期的任何重大变化，都将破坏上述环比关系作为已支付股息总额指数的任何价值。

（5）生活成本。适用于1925年至1928年的旧指数，以及1928年以后建立的新指数，都引自：柏林经济周期研究所，《经济周期统计手册》，1936年。从1925年到1928年，各个组别的权重主要基于1907年的预算调查结果，同时也考虑了战后发生的一些变化。从1928年起，新指数是根据1927年至1928年的预算调查结果加权的。新旧指数之间是用链式法联系起来的。

（6）批发价格。见图40的序列（1）。

（7）序列（2）除以序列（5）。

（8）序列（2）除以序列（6）。

（9）序列（3）除以序列（6）。

（10）序列（3）除以序列（5）。

图49 英国。对数坐标

（1）利润。1920—1934年。年度数据。"工业资本"总体收益率的一般指数。基数为1924年＝100。自1924年以来，没有考虑投资资本的增加。这里所说的"资本"包括债券和其他收益变化缓慢的项目。1932年、1933年和1934年的数据是有条件的。这些数据引自：J.C.斯坦普爵士于1935年8月9日写给《伦敦时报》的信，第6页。很明显，这个序列显示了我们想要度量的变化，但是并不完美。

（2）工资率。这些数据经许可引自：鲍利，《一个新的工资指数》，《伦敦和剑桥经济服务局特别备忘录：第28号》。从1919年到1925年，它是11个职业的工资率的未加权指数（1924年12月＝100）。然后，将它与1925年开始可得的平均周薪新指数挂钩。新指数涵盖了20个职业，并根据每个组别在基期的工资单金额进行加权。这些是每个月15日的数据。自那之后，鲍利教授也修正了他的数据。有关这个新的指数，请再一次参考他的近著：《1860年以来英国的工资和收入》。

（3）就业。这个指数摘录自1933年10月21日的《经济学人》增刊，第 6 页，以及以后各期。它是根据《劳工部公报》上每个月第三个星期英国有保险的工人的就业人数计算的，不过没有消除季节性波动的影响（1924 年＝100）。

（4）企业倒闭数。英格兰和威尔士每年的工商业企业倒闭数，引自《英国统计摘要》。

（5）批发价格。见图 41 的序列（1）。

（6）生活成本。这个指数是一个算术平均值（1914 年 7 月＝100）。零售商品的报价（每月的第一天）是从若干大城市和小城镇收集来的，零售商品分成了五个大组，从每个大组中取若干种商品。每个组别都根据它在一个"典型的"工人家庭预算中的重要性来加权（这种重要性是贸易委员会 1904 年对 2 000 个工人家庭进行调查后确定的）。这个指数经许可引自《劳动统计数据摘要》。另见，《生活成本指数：编制方法》，H. M. S. O. 。

（7）序列（2）除以序列（5）。

（8）序列（2）除以序列（6）。

图 50　美国。1919—1934 年。月度数据。对数坐标

（1）纽约市的活期存款净额。纽约市每个星期都要报告的会员银行的周数据的月平均值。1929 年修正后的数据。联邦储备委员会的数据。见序列（2）。

（2）定期存款和活期存款总额：纽约市以及纽约市之外主要城市的每个星期都要报告的会员银行的活期存款净额加定期存款净额。周数据的月平均值。1929 年修正后的数据（见《储备委员会公报》，第 15 卷，第 1 期，1929 年 1 月）。关于活期存款净额的进一步说明见图 39 序列（1）的第一个组成部分。对于定期存款，也要注意城市数量的变化和拼接操作。

（3）纽约市之外的借方数额。见图 46 的序列（3）。

（4）纽约市之外的定期存款和活期存款总额。见上面的序列（2）。

（5）纽约市之外的贷款和贴现。城市数量的变化和拼接操作，参见图 39 序列（1）的第一个组成部分。1929 年修正后的月平均水平。有关这个序列的进一步描述，请参见《储备委员会公报》，第 15 卷，第 1 期，1929

年1月。

（6）纽约市之外的活期存款净额。见图39的序列（1）。

（7）纽约市之外的投资。纽约市之外每个星期报告的银行的月平均数据。美国联邦储备委员会1929年修正的数据。对于城市数量和拼接操作，请参见图39序列（1）的第一个组成部分。有关这个序列的进一步描述，请参见《储备委员会公报》，第15卷，第1期，1929年1月。

图51　伦敦结算银行的数字。对数坐标

（1）已贴现的商业票据。10家伦敦结算银行。数据来源请参见图41的序列（3）。

（2）已贴现的短期国债。见序列（1）。

（3）已贴现的商业票据＋已贴现的短期国债。1930—1936年。这是9家伦敦结算银行的数据（不包括国民银行有限公司）。月度平均值，经许可引自：伦敦和剑桥经济服务局，《每月公报》。

（4）预付款（贷款和透支）。从1919年1月到1931年3月，见序列（1）。而对于1931—1936年，是用9家结算银行的数据拼接起来的，见序列（3）。

（5）投资。从1919年到1931年，见序列（1）。而对于1931—1936年，是用9家结算银行的数据拼接起来的，见序列（3）。投资不包括对附属银行的投资。

（6）存款（定期）账户。从1919年到1931年，见序列（1）。从1931年3月起，数据引自：英格兰银行，《统计摘要》。1931年，某些存款的分配发生了一些小的变化。1936年的数据是针对11家银行的。

（7）经常（活期）账户。数据来源与序列（6）相同。

（8）乡村结算额＋省级结算额。这些是伦敦票据交换所的乡村结算额和11家省级票据交换所的结算额。从1920年到1928年，相关数据经芝加哥大学出版社许可，摘录自：L. D. 伊迪（L. D. Edie）和唐纳德·韦弗（Donald Weaver），《英国银行的存款速度》，刊载于《政治经济学杂志》，第38卷，第4期，1930年8月。对于这个时期的剩余时间，这个序列与伦敦和剑桥经济服务局发布的序列拼接在了一起。

(9)（乡村结算额＋省级结算额）/10 家伦敦银行的经常（活期）账户。1920—1928 年。数据见序列（8）的描述，经常（活期）账户由伊迪和韦弗估计（见前引论著，第 395 页）。关于这个序列及其计算方法的进一步讨论，读者可以参考那篇文章。

图 52　美国。对数坐标

（1）纽约市的短期贷款（同业拆借）利率。纽约证券交易所。每日续期利率的月平均数。这个序列经许可引自：标准交易和证券服务公司，《标准统计公报》，基本图书出版社，1932 年 1 月及以后各期。那里给出的资料来源是：奥格尔·邓恩公司，使用其材料的许可在此得到了确认；美国联邦储备委员会。见图 36 的序列（3）。

（2）纽约市的经纪人贷款。从 1919 年到 1926 年，这些数据是由纽约市要报告的银行以其往来银行用它们自己的账户发放的拆借贷款（包括通知贷款和定期贷款）。对于一些银行来说，这些数据不包括发放给证券交易商的贷款。从 1926 年到 1935 年，这些数据是由纽约市每个星期都要报告的会员银行提供给经纪人和交易商的抵押贷款的月平均水平。它们代表了联邦储备委员会有据可查的用自己的账户、外地银行账户和其他账户发放的通知贷款和定期贷款。这两个序列虽然不完全可比，但是已经拼接在了一起。不过从 1935 年 9 月开始，就有了一个更好的序列。

（3）工业股价格。这个指数经标准交易和证券服务公司许可，引自《标准统计公报》。这是每周股票价格指数（351 只工业股）的月平均值。权重是根据已发行股票的数量确定的。1926 年的平均值是 100。

（4）债券收益率。这个指数经许可引自：标准交易和证券服务公司，《标准统计公报》。它是 60 种高等级债券、15 种工业债券、15 种铁路债券、15 种公用事业债券和 15 种市政债券的到期收益率的算术平均值。每周三收盘价的月平均水平。

（5）纽约市的活期存款净额。见图 50 的序列（1）。

（6）纽约市的借方数额。见图 50 的序列（3）。

（7）铁路股价格。这个指数由 20 只铁路股的价格构成，按已发行股票的数量加权，经许可引自：标准交易和证券服务公司，《标准统计公报》

(例如，见 1934 年 4 月，第 30 页）。1926 年＝100。

（8）纽约市的贷款和贴现。见图 50 的序列（5）。

图 53　新发行的资本证券——纽约证券交易所。年度数据

这是所有公司（国内的和国外的）发行的"新资本"总额，按行业加总，引自：《美国统计摘要》，1934 年，第 278 页。没有面值的优先股和所有的普通股均按发行价计算，其他股票按面值计算。关于这些数据的进一步讨论，请参阅：《商业和金融纪事报》，1921 年 3 月 26 日，第 1216 页，那是原始来源。

图 54　美国。对数坐标

（1）破产企业数。负债，月度数据。数据经许可引自：标准交易和证券服务公司，《标准统计公报》，原始数据由奥格尔·邓恩公司编制。

（2）生产品（资本品）的产出。见图 43 的序列（1）。

（3）新"生产性"资本的发行。这个序列经穆迪投资者服务公司批准使用。为了再融资、并购、补充营运资金而发行的资本，以及保险公司、银行等发行的资本不包括在内。另外，"房地产抵押贷款"和"一般公司用途"的发行的一半也不包括在内，这种发行属于不确定的发行。无论如何，这些只占总数的很小一部分。联邦政府发行的债券也不包括在内，但是 1934 年 10 月的数字包括由房主贷款公司（Home Owners' Loan Corporation）发行的 5.3 亿美元，因为其发行目的是增加和改善项目融资。不过，从本书所采用的术语的定义来看，将这一项包括在内的理由其实是相当软弱无力的。

（4）公司收益。所有公司的收益，即收入减去法定扣除额后的数字，它们的来源是财政部发布的《收入统计：来自国内税务局局长的报告》，并已由 W. L. 克拉姆就其他公司收到的股息进行了修正。作者感谢克拉姆教授允许自己使用这些尚未发表的材料。1931 年、1932 年和 1933 年的项目是负的，无法在图中标绘出来。

（5）新成立企业数。年度数据。这是指核准资本为 10 万美元或以上的新企业。它们摘自《美国统计摘要》，1928 年，第 309 页。在那一年之后，这项信息不再可得，必须从 48 个州议会的文件中自行挖掘——那是一项远远超出作者能力范围的工作。

图 55　德国。对数坐标

（1）短期贷款（同业拆借）利率。1924—1935 年。这是 1925 年至 1935 年的月平均短期贷款（同业拆借）利率。从 1925 年到 1935 年，数据引自：柏林经济周期研究所，《经济周期统计手册》，1936 年，第 112 页。1924 年的数据源于《国际经济统计摘要：1919—1930 年》，第 93 页（国际经济服务会议）。

（2）股票价格指数。1924—1935 年。这是帝国统计局发布的股票价格月度指数（1924—1926 年＝100）。它涵盖了大约 325 只股票，包括采矿业和重工业、制造业、贸易和运输以及银行业。参见奥托·唐纳（Otto Donner），《论股票价格的形成》，刊载于《经济周期研究季刊》，第 36 期专刊，1934 年。从 1931 年 7 月至 1932 年 4 月，柏林证券交易所一直处于休市状态。

（3）证券交易所交易税收入。为了获得关于证券交易所交易的指数，对于证券交易所的交易税月收入，已经根据税率的变化进行调整（摘录自柏林经济周期研究所，《经济周期统计手册》，1936 年，第 115 页）。

（4）工业股发行（在德国证券交易所）。年度数据，经许可引自：《法兰克福汇报》的附属刊物《经济曲线》，第 13 卷（1934 年），第 267 页，其参考了帝国统计局的汇编材料。对于 1933 年，相关数据包括退税账单，见正文第十五章第六节。1934 年的数据只是该年前 10 个月的数据。

（5）工业债券发行。参见序列（4）。

（6）股息。每年的百分比。来源和计算方法见图 38 的序列（5）。

（7）破产企业数。1925—1934 年。数据引自：《德国统计年鉴》，第 55 卷（1934 年），第 368 页，代表了进入清算或破产程序的公司的名义资本。当然，这些数据并不包括重组等，尽管后者在经济上可能等同于破产。

（8）新成立企业数。1925—1935 年。新企业的总股本数据引自《德国统计年鉴》。

图 56　英国。对数坐标

(1) 伦敦的"城镇"结算额（区别于大都市结算额和乡村结算额）。月度数据，涵盖两个股票交易所结算日、一个统一公债结算日的三个星期以及次月的第四个星期。这些数据经许可引自：伦敦和剑桥经济服务局，《月度公报》。

(2) 工业股价格。原有的指数（1919—1924年）是 20 只工业普通股价格指数（1913年＝100）的算术平均值。1922年12月及以前取每个月的最后一天，之后取每个月的中旬。权重是根据 1907 年的生产普查确定的。新指数（从 1924 年开始）以 1924 年＝100 为基础，包括了主要或完全在英国经营的 90 多家公司的股票价格（银行和铁路股票除外），为月中数据的算术平均值。对行业组别进行加权的依据是 1924 年生产普查的净产出数据，而对单只股票进行加权的依据则是它们在 1924 年的市值。将新指数调整为旧指数的方法是，令 1924 年的平均价格为 163 ［见 A. L. 鲍利（A. L. Bowley）、J. L. 施瓦茨（J. L. Schwartz）和 K. C. 史密斯（K. C. Smith），《一个新的证券指数》，伦敦和剑桥经济服务局，《特别备忘录第 88 号》，第 14 页］。这两个指数都是在伦敦和剑桥经济服务局的许可下使用的。

(3) 伦敦的短期贷款（同业拆借）利率。日利率。这是每个月中结束于 15 日的那个星期的平均水平，经许可引自伦敦和剑桥经济服务局的《每月公报》。

(4) 对证券交易所的短期通知贷款。这是伦敦 10 家结算银行的数据，来自《金融和工业委员会报告》，1931 年，第 284 页。它们不包括货币市场上的即期货币或短期通知货币。就国民银行有限公司而言，只包括与英国办事处有关的数据。早些年的一些项目是估计数。

图 57 英国新发行的资本证券。年度数据

这是所有公司（国内的和国外的）新发行的股票和债券的总额（用于以新换旧的除外），引自：《伦敦经济学人》和《年度商业历史与评论》。

(1) 铁路行业。英国的、殖民地的以及外国的。1918 年和 1919 年，只有殖民地的和外国的；1916 年和 1917 年，只有英国的和外国的。

(2) 采矿业。包括了大洋洲、南非和其他国家。

(3) 公用事业。包括电灯、电力和电报；电车和公共汽车；天然气和水。

(4) 航运业。码头、港口和航运。

(5) 钢铁业。钢铁、煤炭和工程。

(6) 房地产业。

(7) 汽车业。电机牵引及汽车制造。

(8) 橡胶业。

(9) 石油业。

图 58　美国联邦储备银行业务概况。对数坐标

本图所有序列的数据均引自：美国联邦储备委员会的年度报告和公报。

(1) 总储备。这包括了 1922 年 12 月以后单独报告的非储备现金。1934 年 1 月以后，人们认为总储备是美国财政部所欠下的。1934 年 1 月之前，这些账户中的黄金按每盎司 20.67 美元的价格计，1934 年 1 月之后则按每盎司 35 美元的价格计。

(2) 美国政府证券。

(3) 买入的票据。

(4) 浮动账户。从 1919 年 1 月到 1926 年 12 月，这个序列代表了未收项目和递延的可运用资金之间的差额，其他储备银行的纸币也包括在了递延的可运用资金当中。从 1927 年 1 月到 1936 年 3 月，这个序列表示的是报告的浮动账户和其他储备银行的纸币的总和（1926 年 12 月以后单独报告）。

(5) 流通中的纸币。这个序列包括：从 1919 年 1 月至 1924 年 5 月，流通中的纸币总量和流通中的联邦储备银行券；从 1924 年 6 月至 1926 年 12 月，流通中的联邦储备券；从 1927 年 1 月至 1936 年 3 月，储备银行之外的联邦储备券、由其他储备银行持有的联邦储备券以及流通中的联邦储备银行券。

(6) 已贴现的票据。

(7) 政府存款。

(8) 计算出来的会员银行准备金账户。(1) + (2) + (3) + (4) - (5) + (6) - (7)。

(9) 会员银行准备金账户。

图 59　美国主要储备因素及中央市场利率。算术坐标

(A) 总储备。见图 58 的序列 (1)。

(B) = (A) + 美国政府证券。见图 58 的序列 (2)。

(C) = (B) + 买入的票据。见图 58 的序列 (3)。

(D) = (C) + 浮动账户。见图 58 的序列 (4)。

(E) = (D) - 流通中的纸币。见图 58 的序列 (5)。

(F) = 已贴现的票据。见图 58 的序列 (6)。

(G) 纽约联邦储备银行利率。摘录自《联邦储备公报》。

(H) 商业票据利率。纽约 60~90 天到期的优质商业票据利率，经许可引自：标准交易和证券服务公司，《标准统计公报》。

(I) 总储备的逐月变动。

(J) 政府证券收益率。资料来源与序列 (H) 相同。

图 60　英格兰银行的序列。对数坐标

所有数据都是周三公布的数据的年度平均值，发表在《银行家年鉴》和英格兰银行的《统计摘要》中。1928 年 11 月 22 日，英格兰银行和纸币委员会（Currency Note Commission）发行的纸币宣布合并，同时靠信用发行的纸币数量则确定为 2.6 亿英镑。因此，储备和证券的数据是不可比的。1931 年 8 月 5 日，靠信用发行的纸币的最高限额增加到了 2.75 亿英镑，1933 年 4 月又恢复为 2.6 亿英镑。1928 年的纸币、储备或证券的相关数据，至今仍然付之阙如。从 1929 年到 1934 年，"其他证券"等于贴现加预付款再加政府证券。

译后记

《经济周期理论》一书在熊彼特自己的心目中应该是总结性的集大成之作。这不仅可以从它的标题和篇章结构看出来，而且可以从他投入的写作时间看出来。英文书的上册扉页写着"1923年8月首次印刷，1939年重印"，而下册扉页则说下册是在1939年才出第一版。由此可见，熊彼特在这本书上投入的时间，可能长达二十年甚至更久（也许是断断续续写的）。

但本书得到的评价在熊彼特的所有著作中可能是最低的。究其原因，一是"生不逢时"。这本书问世的时候正值凯恩斯的《就业、利息和货币通论》处于洛阳纸贵的阶段，更何况"自命清高"的熊彼特还有意撇开了一大拨读者——他强调"我在这本书中没有给出任何政策建议，也根本没有提出政策建议的打算。想看到这些东西的读者，应该直接把本书放到一边"。二是本书本来就写得非常"绕"，要读下去确实不容易。有可能，即便是英文版，也没有多少人从头到尾全部读完吧。

我认为，本书无疑被严重低估了。而且，放到今天来看，它的价值和意义可能比刚问世时更大了。我们实在不应该继续"错过"这本书。

译事艰难。有人说，翻译成中文的许多学术著作很难读懂，还不如读原著，因此建议读者去读原著！其实一般人不了解的是，翻译在某种意义上要比自己创作更困难。自己创作的时候，有些不那么明白的地方还是可以想办法避开的，并且完全可以做到不在文字中留下任何痕迹，但是翻译却无法这么做。因此，我在从事翻译工作的时候，从来都不敢自诩做到了信、达、雅，而只希望能够帮助读者在阅读时提高效率、节约时间。就本书而言，我想把目标定得更高一点：因为原著本身就以"难以卒读"而出名，我希望中译本在忠于原著的前提下会比原著更容易读一些。至于这个目标有没有达成，那就只能请读者来评判了。

时光飞逝如电。中国人民大学出版社高晓斐兄约我翻译"熊彼特全集"应该是十年前的事情了吧。具体的日子记不清了，只记得当时接到电话时，我倚在大运河畔大关桥的桥栏上，看着儿子贾岚晴和几个孩童在樱花树下追逐如雪片般落下的花瓣。

现在，晓斐兄早已另有高就，我却只完成了三本书的翻译（除了这本《经济周期理论》之外，另外两本《经济发展理论》和《十位伟大的经济学家》已经出版）。这套"熊彼特全集"到底什么时候能够完成，现在实在是说不准了。一叹。

本书的翻译工作得以完成，我最要感谢的是我的太太傅瑞蓉，她为我、为我们的家庭付出的实在太多了。还要感谢儿子贾岚晴，他的成长和进步是我坚持下来的一大动力。

同时感谢中国人民大学出版社编辑的耐心和辛苦付出，这本书对译者和编辑而言都是不小的挑战。

我还要感谢我现在就职的农夫山泉股份有限公司和钟睒睒先生。公司使我衣食无忧；它一贯注重品质、强调利他，也正与我的追求相契合。钟睒睒先生既是我的老板，也是我的良师和益友。令我惊叹的是，他对熊彼特的思想也有很深的理解。感谢他为我提供了阅读、思考和译书的空间。

贾拥民
于杭州崀谷阁